lancez vous

APPRENDRE
À FAIRE SOI-MÊME
C'EST FACILE

Lancez-vous, un guide qui simplifie le bricolage

Avec une édition entièrement renouvelée de ce guide, Castorama souhaite vous faire partager l'essentiel de son savoir-faire et vous accompagner en matière d'aménagement de l'habitat.

Parce que nous savons qu'il est parfois difficile de se lancer, nous avons conçu ce nouveau guide : une présentation plus claire, plus intuitive qui s'adresse aux bricoleurs de tous niveaux.

Vous découvrirez au fil des pages des conseils, des idées, pour vous aider à concrétiser vos projets, des plus simples aux plus complexes.

Des travaux de gros œuvre à la décoration, à l'intérieur comme à l'extérieur de votre habitat jusqu'au jardin, cet ouvrage rend pour vous les techniques de réalisation et les bons gestes plus facilement accessibles. Tout est expliqué, par des schémas et des photos qui vous guideront pas à pas avec simplicité.

Avec un regard résolument nouveau, ce guide deviendra vite un outil indispensable pour vous permettre de réussir tous vos travaux.

Apprendre à faire soi-même c'est facile. Alors lancez-vous !

L'équipe Castorama

Préparer, réaliser, valoriser votre habitat

De l'intérieur à l'extérieur, du plafond jusqu'au sol, vous pouvez apprendre à tout faire vous-même. Il ne reste plus qu'à vous lancer avec nous.

sommaire

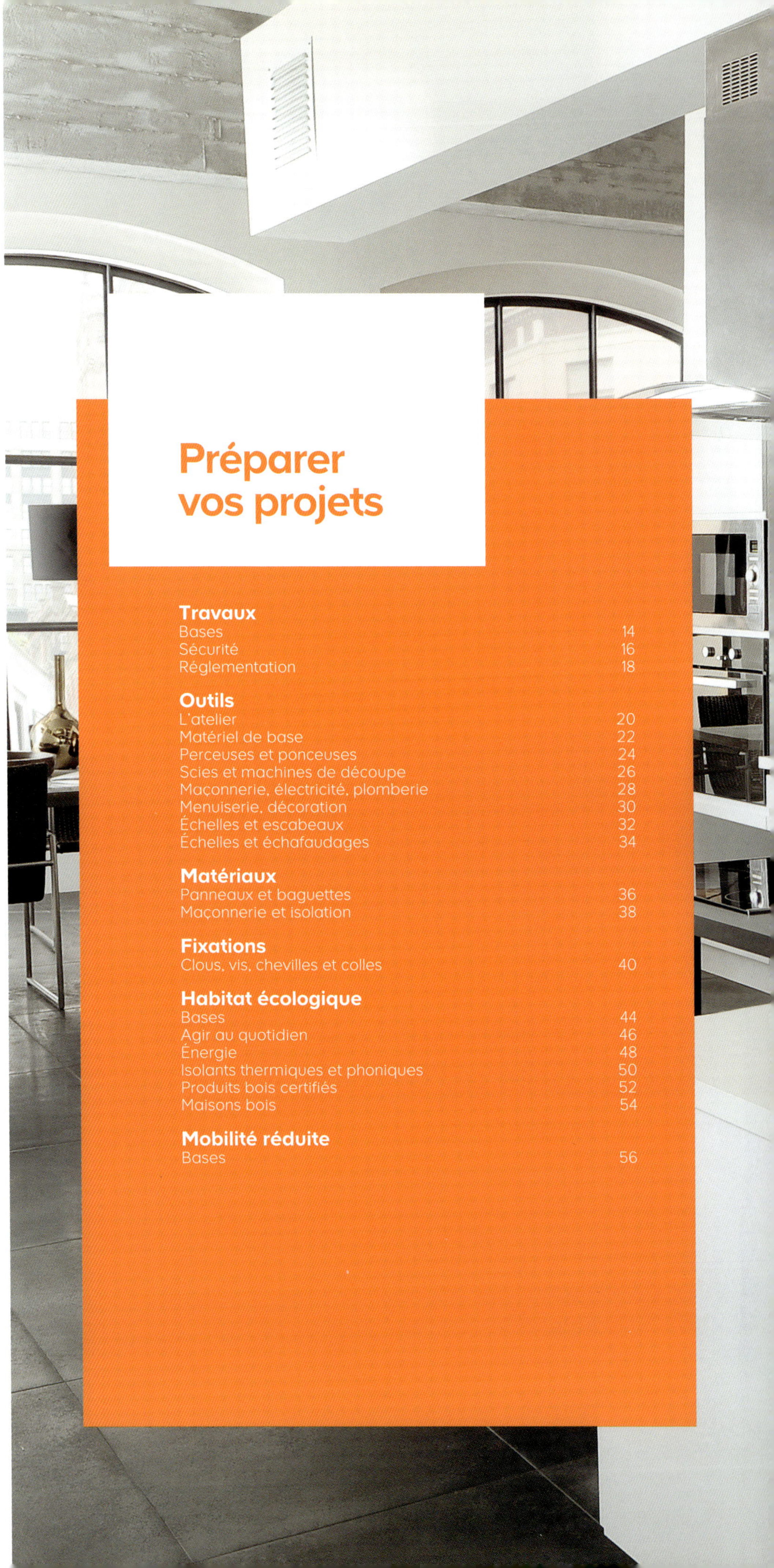

Préparer vos projets

Réaliser vos travaux

Intérieurs

sommaire

Réaliser vos travaux

Intérieurs (suite)

Valoriser votre habitat

Glossaire Index

Pour faciliter la lecture, ces pictogrammes vous guideront au fil des pages...

LES BONS OUTILS

pour vous donner la sélection des outils adaptés à la réalisation de chaque projet

LA SÉCURITÉ

pour vous mettre en garde sur les risques liés à la mise en œuvre d'un projet

UN SYSTÈME D'ÉVALUATION DU NIVEAU

Facile — Moyen — Assez difficile

LA BONNE ASTUCE

pour vous conseiller des produits facilitant la réalisation de vos projets. Disponibles dans vos magasins Castorama

LA BONNE INFO

pour vous communiquer des informations pratiques tout au long de la réalisation de vos projets

DE DIFFICULTÉS

Boiseries

Travaux
Outils
Matériaux
Fixations
Habitat écologique
Mobilité réduite

Préparer vos projets

LA BONNE **INFO**

FAITES VOTRE PROPRE DEVIS

Si vous envisagez des travaux d'envergure, entraînant l'achat de matériels et de matériaux importants, établissez votre propre devis pour avoir une idée précise des dépenses vers lesquelles vous vous dirigez. Il n'est rien de pire que de devoir suspendre un chantier par manque de moyen. Cela vous permettra aussi de faire des comparaisons entre différentes solutions auxquelles vous n'auriez peut-être pas pensé.

Que vous envisagiez de rénover complètement une maison ou simplement de redécorer une pièce, avant de commencer: évaluer l'ampleur du travail à entreprendre, mesurer le temps qu'il vous faudra pour le mener à bien, apprécier vos propres capacités à le réaliser. Prenez aussi les précautions qui s'imposent pour écarter, dès le début du chantier, tout risque d'accident.

1. Choisir outils et matériaux

Lors de vos achats de produits nécessaires à vos travaux, la première chose à considérer sera la résistance des matériaux et leur aptitude à répondre aux différentes contraintes de l'endroit où ils doivent être posés. De même, un outil adapté vous facilitera toujours le travail. Pensez dès à présent aux différents chantiers que vous envisagez de réaliser car la durée de vie de l'outil dépendra de sa qualité mais surtout de l'usage auquel il est destiné. Une pince multiprise, par exemple, très utile pour de petits dépannages, ne remplacera pas une clé à molette pour le desserrage et le serrage d'un corps de robinet chromé. Ne minimisez pas un investissement qui est fait pour durer. Pour les bons conseils, reportez-vous aux encadrés LA BONNE INFO que vous trouverez tout au long de ce livre.

2. Prendre les choses dans l'ordre

Quelle que soit l'opération que vous allez entreprendre et son ampleur, vous devez planifier les travaux de façon à ne pas commencer un travail qui risquerait d'être dégradé par le suivant. Il est logique de commencer par les travaux de gros œuvre qui sont salissants. La plomberie et l'électricité nécessitant souvent des saignées dans les murs devront par exemple être réalisées avant les travaux de finition et de décoration. Si vous voulez refaire complètement la décoration d'une pièce, commencez par le décapage des peintures, le rebouchage des murs, le ponçage, l'enduisage avant de repeindre le plafond puis les boiseries. Vous terminerez par la pose du papier peint puis du revêtement de sol. De la même façon, si vous envisagez de rénover plusieurs pièces d'un appartement ou d'une maison, commencez toujours par l'endroit le plus éloigné de la porte d'entrée pour éviter de repasser dans les pièces que vous auriez rénovées en premier.

LA BONNE **ASTUCE**

PERCEUSE-VISSEUSE SANS FIL

Quand vous vous lancez dans un chantier, profitez de l'occasion pour acquérir un certain nombre d'outils et de machines polyvalents. Cette perceuse-visseuse sans fil de 14,4 V convient pour percer le bois, le métal, et pour tous travaux de vissage. Elle permet de sélectionner le pictogramme représentatif du travail à réaliser et la perceuse règle automatiquement la vitesse et la force de serrage (couple) adaptées.

3. Protéger ce qui doit l'être

Beaucoup de travaux sont salissants. Si l'on n'y prend pas garde, certaines opérations risquent de dégrader des éléments de votre intérieur auxquels vous n'aviez pas envisagé de toucher. Le cas classique est la moquette tachée parce que vous avez repeint le plafond après l'avoir posée... Pensez à étendre une bâche de propreté sur le sol, à protéger vos meubles ainsi que les endroits de passage (entrée ou escalier).

Pensez "écocitoyen"

Aujourd'hui, il est exclu de mettre en œuvre un produit sans se préoccuper de ses conséquences écologiques, pour soi-même et pour les autres. Il devient de plus en plus important de se préoccuper de l'impact de ces mêmes produits sur les richesses naturelles de notre planète. Fixez-vous comme règle de donner la préférence aux essences de bois écocertifiées provenant de forêts faisant l'objet d'une gestion durable, et aux sources d'énergie qui n'émettent pas de gaz à effet de serre. Privilégiez les peintures, les vernis et les colles écocertifiées. Leur efficacité est aujourd'hui comparable à celles qui ne bénéficient pas de ce label.

Bien aborder les travaux

Quels que soient les travaux à entreprendre, vous devez vous poser un certain nombre de questions préliminaires qui vous éviteront bien des déconvenues.

DE COMBIEN DE TEMPS AVEZ-VOUS BESOIN ?

Il n'est pas toujours facile d'évaluer le temps nécessaire pour mener à bien un chantier. Cette durée dépend très largement de vos compétences, qu'il faut savoir apprécier raisonnablement. Mieux vaut toujours surestimer cette durée que la minorer.

• **Intégrez le temps de préparation** (par exemple, le fait de débarrasser une pièce de tous ses meubles), celui de l'acquisition des produits et du matériel, le temps de travail proprement dit, mais aussi celui du séchage ou de la prise pour un certain nombre de travaux (séchage de la colle, prise et durcissement du mortier ou du béton). L'addition de ces temps va induire souvent une durée d'indisponibilité des lieux ou, au minimum, un laps de temps où vous ne pourrez pas utiliser normalement la maison.

• **Planifiez la durée des travaux** en tenant compte des plages de temps dont vous disposez et que vous pouvez consacrer raisonnablement à ces travaux.

AVEZ-VOUS LES COMPÉTENCES NÉCESSAIRES ?

Les travaux que l'on est susceptible d'entreprendre dans une maison relèvent des corps de métiers les plus variés : plomberie, menuiserie, maçonnerie, électricité, décoration, etc. Le meilleur des bricoleurs ne peut dominer parfaitement tous ces savoir-faire. Avant de vous lancer dans une opération, demandez-vous si vous avez les bases nécessaires pour l'entreprendre.

• **Appréciez le niveau technique requis** et documentez-vous pour envisager tous les aspects des travaux dans lesquels vous allez vous lancer. Il existe pour cela des livres, des sites Internet et des émissions de radio et TV spécialisées.

• **Prenez conseil auprès des vendeurs** du magasin où vous comptez faire vos achats et demandez si des stages spécifiques ne sont pas organisés sur le sujet. Si vous avez des doutes sur vos capacités, n'hésitez pas à faire appel à un professionnel pour la réalisation de certaines parties des travaux.

LA SÉCURITÉ AVANT TOUT

En bricolage, quelle que soit la difficulté du travail entrepris, l'utilisation de matériels ou de produits peut comporter sa part de risque. Afin d'éviter tout accident pour soi mais aussi pour les personnes présentes sur le lieu du chantier, il est important de respecter certaines règles de sécurité.

• **Préparez votre travail,** choisissez des outils adaptés à vos besoins et à l'usage que vous en aurez. Utilisez-les en respectant les techniques et règles de sécurité figurant sur les notices. Portez un soin particulier lors de la manipulation de certains produits (décapant, diluant, additifs, etc.). Pour un bon usage d'un produit de droguerie et un résultat de qualité, veillez à bien lire la notice et à respecter les recommandations d'utilisation. Stockez-les dans leurs emballages d'origine hors de portée des enfants et des animaux.

• **Protégez-vous de façon efficace des risques encourus** lors des diverses manipulations. Portez des gants adaptés (protection contre les coupures, les brûlures chimiques, les écrasements, etc.), des lunettes pour protéger vos yeux des projections, un casque et des chaussures à bouts renforcés en prévision des chutes d'objets (voir pages suivantes).

• **La sécurité concerne aussi l'impact de vos travaux** sur la structure même de la maison ou sur certains de ses composants.

– N'envisagez jamais de percement important dans un mur sans vous être assuré qu'il n'est pas porteur.

– Ne modifiez pas inconsidérément une installation électrique, notamment en la prolongeant sans étudier la puissance disponible et le dimensionnement des protections (coupe-circuits à fusible et disjoncteurs).

– N'installez pas un nouvel appareil de chauffage à tirage naturel (insert, poêle, chaudière) sans connaître l'état du conduit et savoir s'il est compatible avec les normes en vigueur.

LA SECURITE

CHANTIER INTERDIT AU PUBLIC

Que votre chantier fasse l'objet ou non d'un permis de construire avec affichage obligatoire, prenez la précaution d'indiquer clairement que son accès est interdit au public s'il est effectivement accessible à des tiers. Cette précaution vous garantira contre tout risque si quelqu'un venait à avoir un accident en y pénétrant pendant votre absence.

LA BONNE INFO

TENEZ COMPTE DES INTEMPÉRIES

Dans votre prévision de planning des travaux, tenez compte des risques de retard du chantier lié aux intempéries. Si, par exemple, vous devez couler du béton à l'extérieur en hiver, vous pouvez devoir reporter cette phase des travaux s'il vient à geler. De même si vous attaquez des travaux de couverture en automne, vous risquez d'avoir à les interrompre par fortes pluies et devoir en plus bâcher la toiture pour protéger la maison.

Avant d'attaquer un chantier, prenez toutes les précautions pour réduire le plus possible les désagréments qu'il peut engendrer. Le bricolage doit rester une activité de loisir sans risques. Or tout chantier passe par l'utilisation d'outils et de produits qui, mal utilisés, peuvent s'avérer dangereux. Habillez-vous et équipez-vous de façon à travailler confortablement en minimisant les risques d'accidents.

LA BONNE **INFO**

DEMANDEZ CONSEIL
Si vous rencontrez un problème en plein milieu de chantier, et que vous ne voyez pas comment le résoudre, n'hésitez pas à contacter un vendeur-conseil dans le magasin le plus proche. Il vous indiquera les outils et les ingrédients qui vous permettront d'obtenir les meilleurs résultats. Mieux vaut interrompre un chantier que de poursuivre dans une mauvaise voie.

Vêtements et accessoires

Les professionnels revêtent en général une cotte de travail à bretelles, avec une poche frontale, deux poches latérales, une poche arrière et une poche "mètre". L'idéal est de pouvoir se procurer ce genre de vêtement. À défaut, enfilez un blue-jeans usagé, passez une chemise confortable à manches longues ou un sweat-shirt : ces vêtements ne doivent jamais être trop amples. Prenez toujours le temps de vous changer avant de vous mettre au travail. Pour certains chantiers, notamment très poussiéreux, couvrez-vous les cheveux.

LES GANTS

De gros gants épais de bricolage sont indispensables pour certains travaux, notamment de maçonnerie. En revanche, quittez-les dès que les travaux deviennent plus délicats.

CASQUE DE CHANTIER

On hésite parfois à porter un casque de chantier. C'est pourtant une sage précaution quand on travaille en hauteur et que l'on manie des outils pendant que l'autre tient l'échelle ou l'échafaudage. N'oubliez pas que la chute d'un marteau depuis plusieurs mètres peut tuer.

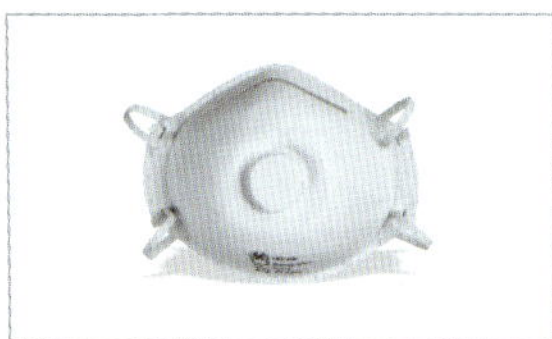

MASQUE ANTIPOUSSIÈRE

De nombreux travaux de bricolage génèrent beaucoup de poussière, parfois toxique (ponçage de peinture, par exemple). Un masque antipoussière constitue une précaution élémentaire mais ne dispense pas d'un système d'aspiration efficace et d'une bonne ventilation.

LUNETTES DE PROTECTION TRANSPARENTES

Des lunettes de protection sont indispensables pour tout travail pouvant entraîner la projection d'objets, de particules ou d'étincelles (décapage mécanique, ponçage, meulage, etc.).

CHAUSSURES DE SÉCURITÉ

Portez toujours de bonnes chaussures de sécurité à bouts renforcés par des coques d'acier et à semelles antistatiques et antidérapantes quand vous manipulez des objets lourds. Lacez-les correctement.

Portez toujours...

- **Une combinaison de travail.** Peu coûteuse, elle est aussi très pratique. Choisissez-la dans un tissu facilement lavable en machine, à base de coton. Elle ne doit être ni trop ajustée, ni trop large pour ne pas gêner vos mouvements.
- **Une ceinture porte-outils.** Elle est très utile pour avoir toujours à portée de main tous les outils et petits objets dont vous aurez régulièrement besoin : tournevis, marteau, mètre ruban, vis, pointe, etc. Elle évite les pas inutiles et les occasions de descendre et de remonter à l'échelle ou sur l'escabeau.

Ne portez jamais...

- **Des vêtements flottants**, surtout aux manches et au col, ainsi que des accessoires : chaînes de cou, bagues et bracelets, qui peuvent s'accrocher à des obstacles en travaillant.
- **Un foulard ou une écharpe** qui pourraient être entraînés par une machine rotative (ponceuse, perceuse, etc.).
- **Des vêtements pelucheux** dont les fibres risquent de se coller sur la peinture ou sur le vernis.

PROTÈGE-OREILLES

L'utilisation de certaines machines ou de certains outils peut être très bruyante (scie, perforateur, par exemple). Or certains bruits peuvent causer des pertes d'audition. Il est alors prudent de porter des protège-oreilles pour une atténuation jusqu'à 25 dB.

BOUCHONS ANTI-BRUIT

Certains bruits extrêmes justifient d'utiliser des bouchons d'oreille, capables d'atténuer le bruit jusqu'à 37 dB. Il s'agit généralement de bouchons en mousse polyuréthane, très faciles à utiliser.

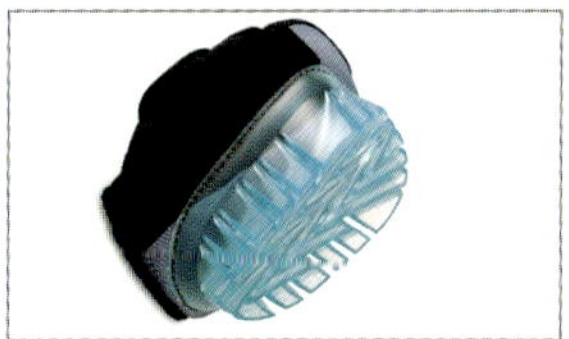

GENOUILLÈRES

Beaucoup de travaux imposent de se mettre à genoux, notamment la pose de carrelage au sol. Il est prudent de porter des genouillères de sécurité adaptées à la nature du sol. Il en existe pour surfaces abrasives, lisses ou rugueuses. Certaines sont imperméables.

Ce kit de protection comprend des gants de travail, des lunettes de protection, des bouchons anti-bruit et un masque.

Travailler en toute sécurité

Créez toujours les conditions optimales pour travailler dans les meilleures conditions de sécurité.

- **Un bon éclairage.** Assurez-vous de travailler dans de bonnes conditions de visibilité, pour éviter fatigue et risques d'accident. Pour tous les travaux mettant en jeu des machines rotatives, l'éclairage fluorescent est à proscrire car il peut laisser croire qu'un objet est immobile alors qu'il est en rotation (effet stroboscopique).

- **Un téléphone mobile.** Si vous travaillez seul (ce qui est toujours à éviter), il peut vous permettre de demander du secours en cas de besoin.

- **Une trousse de premier secours.** On doit en trouver une dans tout atelier, toujours garnie des éléments indispensables et conservée dans un endroit aisément accessible et bien repéré.

- **Attention à la fatigue.** Concentrez-vous sur ce que vous faites. Ne vous précipitez jamais, surtout quand vous travaillez sur l'électricité, ou avec des outils électroportatifs, ainsi que lorsque vous entamez un chantier long et nécessitant un investissement important. Faites des pauses fréquentes.

ÉQUIPEMENTS INDISPENSABLES POUR CHAQUE TÂCHE

- **Si vous devez passer beaucoup de temps à genoux,** par exemple pour poser un revêtement de sol, équipez-vous de genoullières, pour ne pas transformer votre travail en supplice.

- **Si vous devez travailler dans une atmosphère bruyante,** portez des protections d'oreille ou des bouchons anti-bruit. Un bruit continuel, même de niveau apparemment supportable, accroît la fatigue, donc les risques d'accident.

- **Portez les lunettes adaptées au travail :** lunettes de protection transparentes, mais aussi lunettes de soudeur pour les travaux de brasure et de soudure, surtout électrique.

- **Si vous devez manipuler des liquides corrosifs,** portez des gants jetables. Pour effectuer une tâche exigeant la manipulation de produits ou d'objets agressifs envers la peau, portez des gants de travail à paumes renforcées.

- **Si votre travail produit beaucoup de poussière,** protégez vos poumons, autant de la poussière que des fumées et vapeurs nocives. Il existe des masques assurant des degrés divers de protection, depuis le simple tampon de gaze qui arrête les fines particules, jusqu'au masque respiratoire à cartouche qui stoppe les émanations toxiques. Prenez le masque qui correspond à votre travail.

La propreté est une priorité

Nettoyez vos outils après les avoir utilisés et balayez le sol de l'atelier après chaque travail. Quand elles ont séché, les bavures de peinture, de mortier, de plâtre et de colle sont difficiles à enlever, voire impossibles à éliminer. Suspendez les outils coupants pour ne pas en ébrécher le fil. Remettez en place les protections des outils électriques. Tout ce qui traîne crée un risque. Redoublez de prudence si vous devez manipuler des substances toxiques. Suivez les instructions du mode d'emploi à la lettre et ne transvasez jamais ces produits dans des récipients dépourvus d'étiquetage ou pire portant une étiquette alimentaire. Ne les mélangez jamais.

LA SECURITE

Sécurité autour de vous

Si votre activité risque d'être bruyante et très salissante, tenez compte de votre famille et de vos animaux domestiques. Tenez-les à l'écart de la peinture ou du béton ou du mortier frais, jusqu'à séchage complet. Chaque fois que possible, isolez la zone du chantier et veillez à ce que tous les outils et matériaux restent constamment hors de portée des enfants et surtout jamais sous tension quand vous ne vous en servez plus.

LA BONNE INFO

Pensez à vos voisins

Si vous vivez en habitat collectif ou dans une résidence, mesurez les désagréments que votre activité peut causer aux voisins. Prévenez-les lorsque vous entreprenez des travaux bruyants. Respectez des horaires normaux de travail tant pour vous-même que pour les autres. Des arrêtés municipaux ou préfectoraux précisent souvent les horaires d'utilisation possible des matériels de bricolage et de jardinage, notamment les samedis, dimanches et jours fériés.

En cas de recours à une entreprise, assurez-vous qu'elle offre toutes les garanties de sérieux nécessaire et qu'elle bénéficie d'une assurance responsabilité civile professionnelle.

Lorsque vous prévoyez un chantier, vérifiez au préalable si ce chantier nécessite une déclaration préalable ou un permis de construire. L'une ou l'autre de ces démarches est presque toujours obligatoire lors de travaux importants. Certains travaux sont subventionnés. N'hésitez pas à vous renseigner auprès de votre mairie, de l'ADEME ou de l'ANAH. Interrogez aussi votre banquier sur les éventuels crédits bonifiés.

Déclaration préalable de travaux ou permis de construire ?

DÉCLARATION PRÉALABLE DE TRAVAUX

Ce document administratif doit permettre à l'Administration de vérifier qu'un projet de construction respecte ou non les règles d'urbanisme en vigueur. Avant de commencer des travaux, il est nécessaire de déposer une demande de déclaration préalable auprès du service d'urbanisme de votre commune, notamment avant :

- **d'entreprendre des travaux modifiant l'aspect extérieur** de la maison (ravalement, changement de toiture, agrandissement d'une fenêtre ou d'une porte, pose d'une fenêtre de toit, etc.) ;
- **d'installer ou de construire** un abri de jardin, un garage, un atelier, une annexe de plus de 2 m^2 et de moins de 20 m^2 ;
- **de poser ou modifier une clôture** ;
- **de faire une extension ou d'aménager des combles** de moins de 20 m^2 dans votre maison ou dans une annexe.

- **Le délai d'instruction** de votre dossier est de 1 mois et, si vous ne recevez pas de courrier de l'Administration dans ce délai, vous bénéficierez d'une décision de non-opposition à ces travaux ou aménagements.

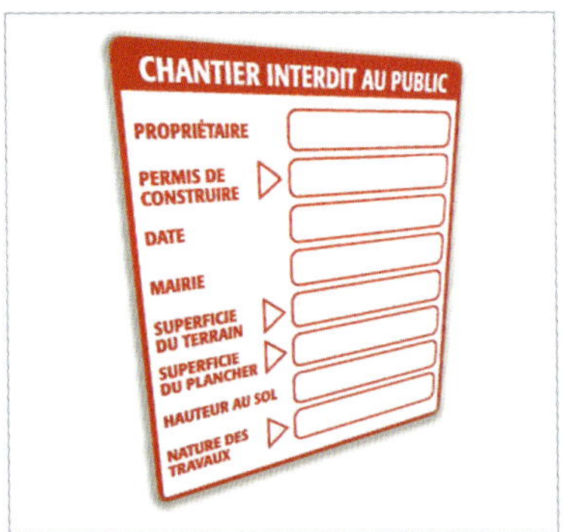

L'affichage du permis de construire doit se faire par un panneau visible de l'extérieur de la maison, depuis la voie publique, en limite de propriété.

PERMIS DE CONSTRUIRE

Le permis de construire est un document administratif qui donne les moyens à l'Administration de vérifier qu'un projet de construction respecte bien les règles d'urbanisme en vigueur. Obligatoire pour les travaux de grande importance, ce document ne doit porter que sur les biens immobiliers.

- **La demande de permis de construire est obligatoire :**
  - dès que vous souhaitez réaliser une construction de plus de 20 m^2 (extension d'une maison ou d'un bâtiment, et construction neuve) ;
  - en cas de changement de destination du local.

- **Le délai d'instruction est de :**
  - 2 mois pour le permis de construire d'une maison individuelle et/ou de ses annexes ;
  - 3 mois pour une demande de permis de construire ou permis d'aménager comprenant ou non des constructions et/ou des démolitions (une fois le dossier complet) ;
  - l'Administration dispose de 1 mois, pour réclamer les pièces manquantes, par lettre recommandée avec avis de réception ou par courrier électronique (si vous avez accepté ce mode de transmission) s'il est incomplet. Dans ce cas, vous disposez de 3 mois pour compléter votre dossier.

En l'absence de réponse de l'Administration à l'issue du délai d'instruction de 2 mois, vous bénéficiez en principe d'un **permis de construire tacite.** L'Administration a alors 2 mois pour vous faire connaître les contributions financières que vous aurez éventuellement à supporter.

MESURES D'AFFICHAGE

Après instruction du permis de construire, et une fois l'autorisation d'urbanisme accordée, celle-ci doit faire l'objet d'un affichage sur le terrain et à la mairie de la commune où se situe le terrain dès le premier jour des travaux. Vous devez :

- **avertir la mairie dès le début des travaux** et effectuer une déclaration d'ouverture de chantier ;
- **remplir et déposer une déclaration attestant l'achèvement et la conformité des travaux** (DAACT) à la fin des travaux, garantissant que les travaux réalisés sont conformes au permis de construire ou à la déclaration préalable de travaux.

LA BONNE INFO

ATTENTION, LE RECOURS À UN ARCHITECTE EST OBLIGATOIRE

Lorsque vous effectuez un agrandissement inférieur à 170 m^2 mais qui porte la surface totale à plus de 170 m^2.

Exemple : votre maison fait 150 m^2, vous agrandissez de 30 m^2, 150 m^2 + 30 m^2 = 180 m^2.

Professionnels

Un projet d'extension, de construction ou d'aménagement important touche à de nombreux paramètres : sécurité, hygiène, Code de la construction, Code de l'urbanisme, etc. Pour éviter tout problème, n'hésitez pas à vous faire assister par un professionnel (économiste de la construction, maître d'œuvre, architecte, etc.).

Le label QUALIBAT certifie que l'entreprise possède les compétences nécessaires dans son corps de métier.

CHOISIR UN PROFESSIONNEL

Dans le cas de rénovation, d'amélioration de votre habitat, vous pouvez préférer l'intervention d'une entreprise pour réaliser tout ou partie de vos travaux. Pour vous aider à la choisir, assurez-vous que le professionnel est inscrit à la Chambre de métiers ou/et à la Chambre de commerce. Demandez-lui s'il bénéficie de labels de qualité professionnels.

Demandez-lui de produire une attestation d'assurance responsabilité décennale en cours de validité. Les labels de qualité servent de points de repère. Mais cette qualification n'est ni automatique ni obligatoire, les artisans de qualité ne sont pas tous nécessairement certifiés. Pour le choix d'un architecte, c'est plus simple. Pour être reconnu, il doit faire état d'un numéro d'inscription à l'ordre des architectes.

Les labels de qualité

Les labels de qualité constituent un gage de sérieux des entreprises.

Garantie de qualité et d'économie d'énergie : QUALISOL

Le label Qualisol déposé par l'ADEME constitue une garantie de la qualité des matériels utilisés (capteurs et chauffe-eau solaires notamment) et du savoir-faire des professionnels qui les installent.

Garantie de qualification des entreprises : QUALIBAT

Qualibat certifie les entreprises pour la qualité des travaux pour tous les métiers du bâtiment (sauf l'électricité). Ce label apporte aussi une aide en cas de litige sur le chantier. Il existe une qualification Qualibat différente suivant les corps de métier, aussi choisissez bien celle qui correspond à vos besoins.

Garantie de qualité sur installations et équipements électriques : QUALIFÉLEC

Complémentaire de Qualibat, Qualifélec est une garantie de qualité et de compétence pour les installateurs et les vendeurs d'équipements électriques.

Qualité et respect des normes : marques NF et EN

Lorsque vous faites réaliser des travaux, pensez à demander aux professionnels de privilégier des matériaux et des produits certifiés NF ou EN. Ces marques sont le gage que les produits ont été réalisés dans le respect des normes en vigueur. Le label CE ne constitue pas un label normatif de qualité, mais une autorisation de mise sur le marché intracommunautaire.

Qualité des travaux de jardin : QUALIPAYSAGE

La certification Qualipaysage garantit les compétences des entreprises dans la qualité des travaux effectués (par exemple, création d'un jardin, entretien, arrosage enterré, etc.) et dans le respect des délais et du devis.

Qualité des installations électriques : labels PROMOTELEC

Association créée pour promouvoir la sécurité et la qualité des installations électriques dans le bâtiment, PROMOTELEC délivre des labels qualitatifs, garantie d'une installation fiable et d'un confort optimal, et réalise un certain nombre de diagnostics.

Les nécessités en matière d'assurance

Il est très important de vérifier que les professionnels à qui vous confiez la réalisation de vos travaux soient couverts correctement par leurs assurances respectives. N'oubliez pas de vérifier que les attestations que vous demanderez couvrent bien les travaux engagés et fassent bien apparaître une validité des assurances à la date d'ouverture de votre chantier.

LA RESPONSABILITÉ CIVILE PROFESSIONNELLE

Cette responsabilité du professionnel fonctionne en tant qu'assurance en cas de dommages corporels, matériels et immatériels causés à autrui. Il s'agit de dommages intermédiaires : dommages qui affectent l'ouvrage dans les 10 ans suivant la réception mais qui ne compromettent ni sa solidité ni celle de ses éléments d'équipement dissociables et qui ne rendent pas l'ouvrage impropre à sa destination.

L'ASSURANCE DOMMAGES-OUVRAGE

Tout maître d'ouvrage (c'est-à-dire, vous) doit souscrire cette assurance (loi Spinetta de 1978). Elle vous garantit l'application, sans discussion, de la garantie décennale, même si l'entreprise est défaillante ou a disparu.

Cette assurance est obligatoire et s'impose même quand on construit par soi-même et pour soi-même (bien que dans ce cas aucune sanction ne soit prise pour défaut d'assurance), faute de quoi on reste responsable de la construction pendant 10 ans, même si on l'a vendue (ce qui dans les faits est presque impossible car on ne trouve généralement pas de clients et les notaires refusent le plus souvent de participer à l'acte). En cas de refus d'un assureur de vous couvrir, adressez-vous au Bureau central de tarification des assurances : 1, rue Julien Lefebvre - 75009 PARIS (bct@agira.asso.fr).

Il est important de posséder un atelier où l'on pourra travailler en toute tranquillité et où l'on pourra ranger correctement outils, machines et accessoires, mais aussi tous les produits qui peuvent être nécessaires pour intervenir dans la maison. À défaut d'une pièce dédiée, on rangera dans un placard ou au garage une servante d'outils et un établi pliant.

LA SECURITE

UNE BONNE INSTALLATION ÉLECTRIQUE
L'atelier doit bénéficier d'une installation électrique sûre, délivrant un courant électrique en rapport avec la puissance des machines électriques pouvant y fonctionner. L'essentiel est d'installer un tableau électrique spécifique, avec un disjoncteur 40 A/30 mA. Toutes les prises comme les éclairages doivent naturellement être raccordées à la terre.

L'atelier et son équipement

L'atelier permet de s'isoler et de clouer, visser, percer, scier sans risque pour les autres. Si le garage ou un abri de jardin peuvent accueillir un coin pour bricoler, rien ne remplace une pièce consacrée exclusivement à cette utilisation.

LA PIÈCE POUR L'ATELIER

L'atelier idéal fait une quinzaine de mètres carrés, avec au moins une fenêtre, et des proportions permettant de mettre en place un établi, un plan de travail, des rayonnages et deux armoires de rangement, dont l'une fermant à clé pour stocker les produits dangereux. La partie centrale sera réservée à une table portant des machines à poste fixe ou un combiné, machine regroupant plusieurs fonctions. Dans la mesure du possible, l'atelier comprendra un évier pour laver les outils.

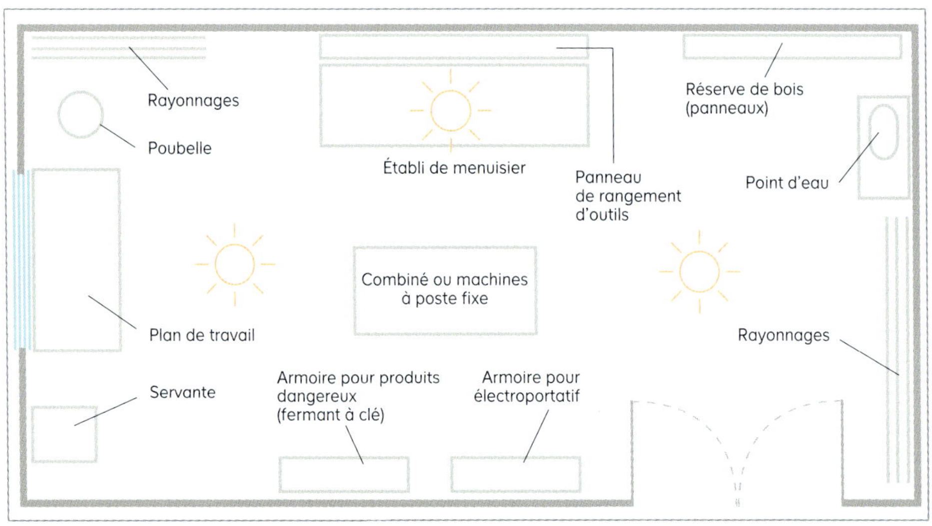

L'ÉTABLI

Massif et très stable, l'établi est dérivé de celui des menuisiers, avec une presse latérale ou en bout, des trous pour des valets (pour serrer les pièces à plat) et des taquets (pour serrer les pièces en long). Une rainure en fond accueille les outils à manche (ciseaux, bédanes, gouges, etc.). Il a des tiroirs et un espace de rangement avec porte.

L'ÉTABLI PLIANT

Léger et donc facile à transporter, l'établi pliant offre à la fois une surface de travail et un plateau en plusieurs parties pouvant servir de presse.

TRÉTEAUX

Plus ou moins sophistiqués, les tréteaux (réglables, si possible) permettent de créer un plan de travail avec un simple panneau de bonne épaisseur.

Machines à poste fixe

Cette perceuse à colonne, indispensable pour les perçages précis et ceux en série, est l'une des machines à poste fixe les plus utiles dans un atelier. Il faut citer aussi le touret à meuler, ou encore la ponceuse à bande. Elle prendra place sur une table au centre de l'atelier pour bénéficier d'un bon dégagement.

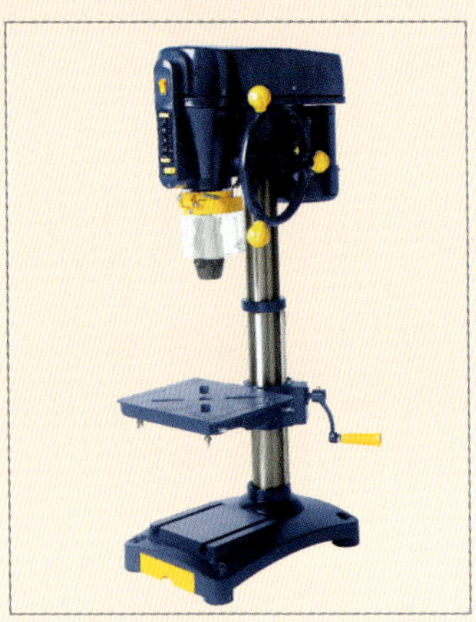

Le rangement des outils

Un bon rangement des outils, des machines et du matériel fait gagner beaucoup de temps en évitant les pas inutiles. Panneau d'accrochage des outils, rayonnages, étagères pour les produits lourds, boîte à outils et accessoires de rangement sont ici indispensables.

LE PANNEAU D'OUTILS

Installé sur le mur où est adossé l'établi, un panneau perforé permet de suspendre les outils les plus usuels. Il faut toujours les ranger au même endroit.

RAYONNAGES

Il y a dans un atelier beaucoup de choses à ranger. Il faut donc un grand nombre de rayonnages et d'étagères pour entreposer produits et accessoires nécessaires et les avoir toujours à portée de main.

SERVANTE

Une servante d'atelier permet de ranger un grand nombre d'outils et de les emporter facilement sur un chantier. Elle doit être solide pour résister aux chocs mais aussi maniable pour un transport facile.

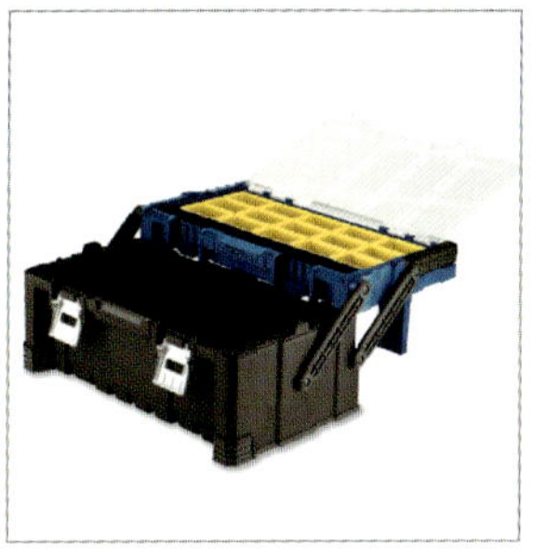

BOÎTE À OUTILS

Elle permet de ranger les outils de base pour les transporter facilement sur site. Outre un bac pour les outils, elle comprend aussi des casiers, pour les clous, vis et autres petits accessoires.

TOUR DE TIROIRS

Une ou plusieurs tours de tiroirs transparents facilitent le rangement de la quincaillerie pour la retrouver rapidement quand on en a besoin. Les tiroirs en plastique doivent être résistants.

ARMOIRE CADENASSABLE

Le bricolage fait appel à de nombreux produits plus ou moins toxiques, comme les colles et différents produits de droguerie qu'il faut pouvoir mettre sous clé pour les tenir, notamment, hors de portée des enfants. Une armoire à porte cadenassable est donc indispensable dans l'atelier. Celle-ci, est en résine, à double porte et offre un vaste volume de rangement avec 4 tablettes réglables en hauteur. Placez-la de préférence loin d'une source de chaleur.

ÉTAGÈRES CHARGES LOURDES

Pots de peinture, bidons de grands volumes, boîtes et sacs de produits divers doivent être entreposés sur des étagères très solides conçues pour de fortes charges. Dans l'idéal, un petit rebord d'étagère préviendra les chutes. Une structure métallique associée à des panneaux fera parfaitement l'affaire. Attention, néanmoins de ne pas surcharger les étagères pour éviter toute chute de produits. Des bacs pourront aussi y être rangés.

Le nettoyage

La propreté dans un atelier est un gage d'efficacité mais aussi de sécurité, car il n'est rien de plus dangereux qu'un atelier dont le sol est encombré de sciure et de déchets de toute nature. Vous aurez donc besoin d'un aspirateur d'atelier de type "bidon", pouvant aspirer la poussière mais aussi les liquides. Prenez un appareil puissant, avec filtre antipoussière et tous les accessoires nécessaires pour bien travailler.

L'éclairage

Pour bien travailler, prévoyez un ou plusieurs éclairages au plafond avec abat-jour diffusant largement la lumière, ainsi que des spots ou lampes articulées sur les postes de travail.

LA BONNE ASTUCE

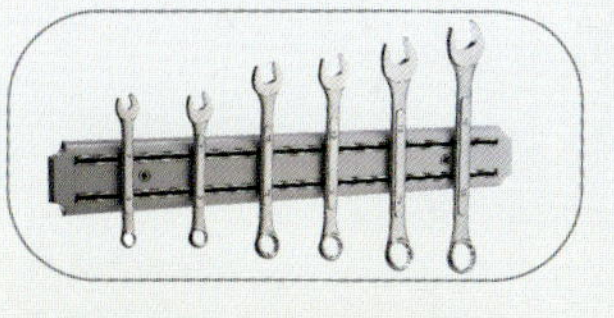

BARRETTE MAGNÉTIQUE

Cette barrette aimantée permet de ranger facilement les outils métalliques comme ces clés à fourche et à œil, ou encore un jeu de tournevis, pour les avoir toujours à portée de main.
Elle se fixe sur le mur par vissage.

OUTILS — Matériel de base

Les outils modernes et tous les nouveaux équipements facilitent grandement les travaux de bricolage. Avec les outils et matériels présentés dans ces pages, vous pourrez mesurer, couper, fixer, assembler et réaliser vos chantiers dans de bonnes conditions.

Ranger

Servant 3 en 1
La servante d'atelier est très utile pour strocker les outils, mais également pour les transporter sur les chantiers et avoir toujours tout ce qu'il faut sous la main. Conservez les emballages des lames de scie et de tous les outils coupants pour les protéger.

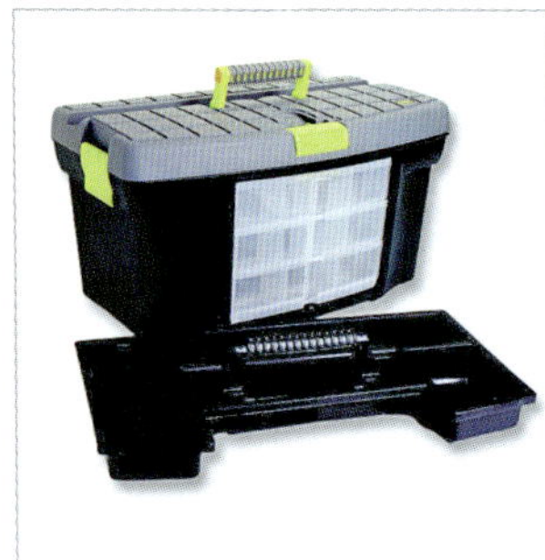

Boîte à outils
Ce type de boîte à outils légère et compacte est équipé de casiers (parfois à bascule) très pratiques pour ranger la quincaillerie, et d'un plateau porte-outils. Certains modèles ont un grand nombre de petits tiroirs, ce qui permet de trier pointes, vis, boulons, écrous, etc.

Maintenir

Établi pliant
Il est essentiel d'avoir un plan de travail stable pour pouvoir bricoler en toute sécurité. Ce type d'établi pliant se transporte facilement, et se range derrière une porte après utilisation.

Tréteaux
Une paire de tréteaux est utile pour faciliter le sciage des panneaux, des barres ou des canalisations sur chantier. Il faut qu'ils soient légers mais bien stables avec compas d'écartement ou tige de verrouillage.

Serre-joint
Il est indispensable de pouvoir tenir solidement les matériaux à scier ou à coller. Les modèles de serre-joint à pompe sont à blocage automatique. Ils sont très faciles à utiliser, car ils peuvent se serrer et se desserrer d'une seule main.

Mesurer, tracer

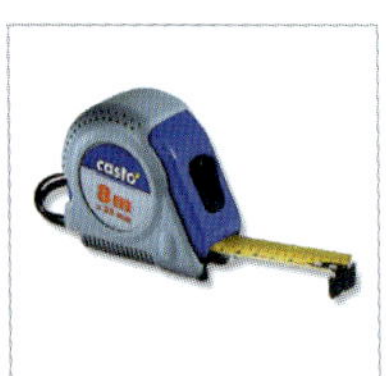

Mètre ruban
Le mètre ruban doit être suffisamment rigide pour qu'il ne plie pas. Choisissez-le aussi avec un bouton d'arrêt.

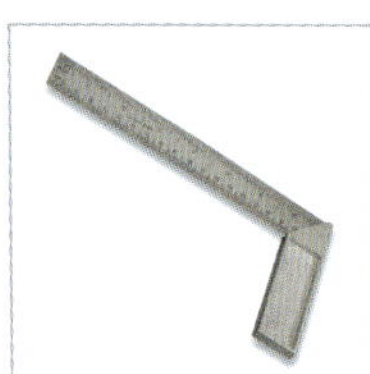

Équerre de menuisier
L'équerre de menuisier possède une lame en acier inoxydable de 25 ou 40 cm graduée en millimètres recto/verso, à talon en aluminium anodisé.

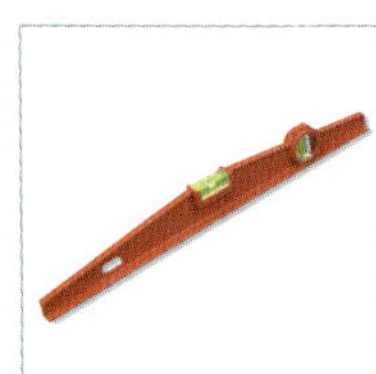

Niveau à bulles
Outil incontournable pour vérifier l'horizontalité et la verticalité des réalisations. Choisissez-le à deux bulles, en matériau léger et résistant.

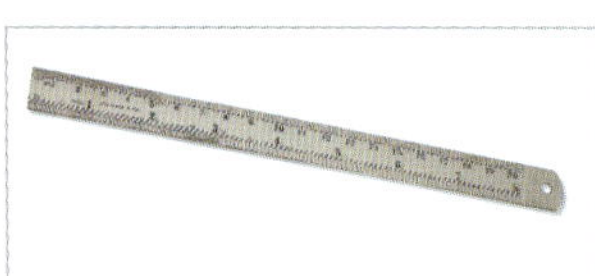

Réglet métallique
Avec un réglet de 30 cm vous pourrez tracer et mesurer avec précision. Prenez un modèle en Inox flexible gradué en millimètres sur une face et en demi-millimètres sur l'autre.

Crayons
Les crayons noirs, à mine grasse, sont indispensables pour reporter des cotes, indiquer les coupes à réaliser ou repérer l'endroit exact d'un perçage.

Couper

Scie égoïne

C'est la scie la plus polyvalente. Elle vous permettra de couper aussi bien du panneau que du bois de charpente. Comme pour toutes les scies, la denture doit être adaptée au matériau à couper : choisissez un modèle polyvalent à lame de 400 mm à 7 dents/pouce.

Scie à métaux

Adoptez une scie à monture solide et suffisamment lourde, à poignée revolver, avec une lame en acier HSS ou bimétallique, pouvant s'orienter à 45 et 90°. Il existe des lames à 18, 24 et 32 dents/pouce.

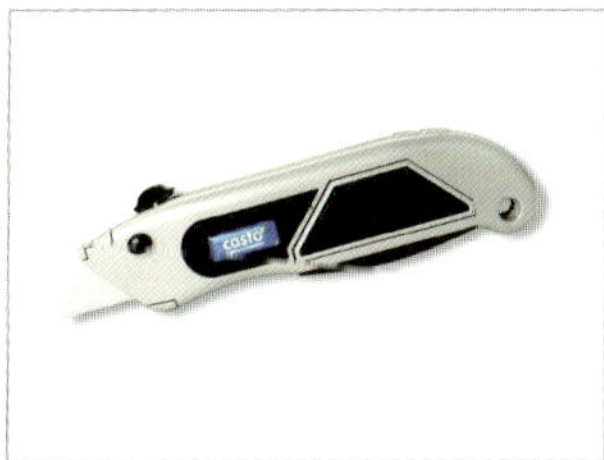

Cutter

Toute boîte à outils doit contenir un cutter ; il sert très souvent, pour couper différents matériaux. Les lames de rechange sont stockées dans le manche. Pour plus de sécurité, il sera à lame rétractable.

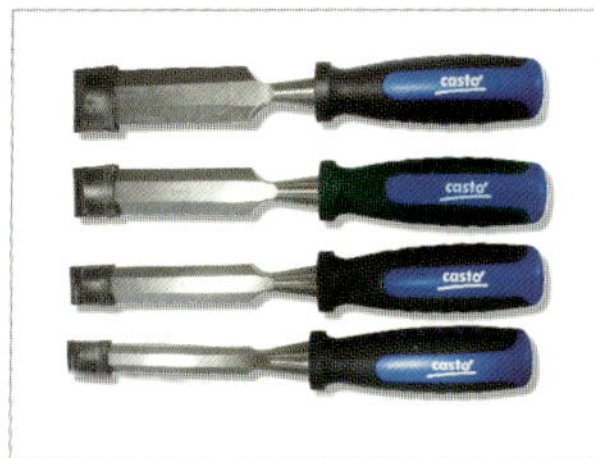

Ciseaux

Pour la plupart des travaux de menuiserie, vous aurez besoin de ciseaux à bois, avec un manche en matière synthétique, sur lequel vous pourrez frapper avec un maillet. Un jeu de ciseaux de 6, 10, 15 et 20 mm est suffisant. Les ciseaux doivent toujours être bien affûtés.

Serrer

Pince universelle

Cette pince polyvalente, chromée à poignées gainées, est indispensable dans un grand nombre d'opérations : serrer, tourner et couper.

Clé à molette

Cette clé à ouverture réglable, permet de serrer et de desserrer écrous et boulons.

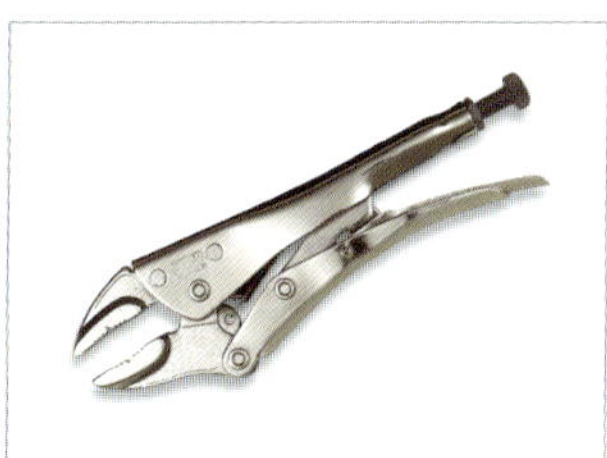

Pince étau

Permet de serrer, de bloquer ensemble et d'immobiliser deux pièces en même temps. Choisissez un modèle offrant une ouverture de 100 mm.

Tournevis à cliquet

Ce tournevis à cliquet alliant force et précision possède une poignée ergonomique bimatière. Il est livré avec 6 embouts de vissage répartis dans le socle de rangement.

Frapper

Marteau d'emballeur

Appelé aussi marteau américain, il possède une frappe ronde et une panne fendue pour l'arrachage des clous. Son manche, en acier, est généralement gainé.

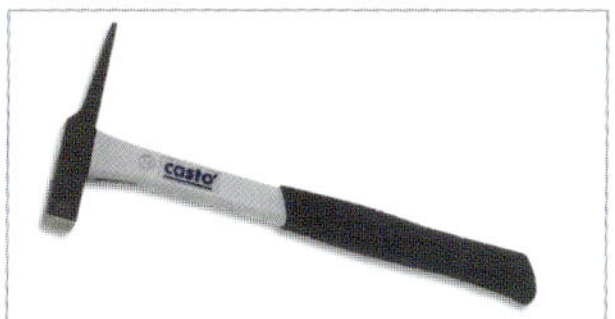

Marteau d'électricien

La tête mince à frappe étroite de ce marteau est idéale pour planter les clous des pontets utilisés pour fixer les câbles multiconducteurs.

Visser

Tournevis

Les tournevis modernes ont un manche en matière synthétique ergonomique antidérapant. Si vous avez un grand nombre de vissages à faire, vous aurez intérêt à utiliser une visseuse-dévisseuse électroportative.

OUTILS Perceuses et ponceuses

L'outillage électroportatif est en constante évolution. Il devient de plus en plus performant et polyvalent. Si ces outils deviennent très fiables, ils sont aussi de moins en moins chers. Les machines sur batterie offrent une autonomie accrue.

Perceuses électroportatives

La perceuse est sans aucun doute la machine électroportative la plus utilisés. Aucun autre outil ne fait autant de tâches différentes : percer, visser, dévisser.

QUEL MODÈLE ?

Les perceuses sans fil sont très pratiques car autonomes. Parmi les critères de choix considérez la puissance, l'ouverture maximum du mandrin, la présence ou non d'un variateur de vitesse, le fait que la perceuse soit ou non à percussion mais surtout le type de batterie. Préférez les batteries lithium-ion (Li-Ion), plus compactes, plus légères et se rechargeant plus vite que les batteries nickel-cadmium (Ni-Cad).

QU'ALLEZ-VOUS PERCER ?

Pour percer dans de la pierre ou du béton, vous avez besoin d'une perceuse à percussion. Pour les trous de grand diamètre dans la maçonnerie, choisissez un modèle capable de tourner à vitesse lente. Si vous devez utiliser la perceuse dans des matériaux différents (bois, plastique ou métal), achetez un modèle possédant un variateur de vitesse.

QUELLE PUISSANCE ?

La puissance des moteurs de perceuse est exprimée en watts (W). Celle-ci est généralement comprise entre 500 W pour les modèles de base et 1200 W pour les plus performants.

LA FONCTION VISSEUSE-DÉVISSEUSE

Si vous pouvez varier la vitesse, contrôler le couple (puissance de rotation au lancement du moteur) et la faire tourner en sens inverse, vous pourrez utiliser votre perceuse en visseuse-dévisseuse.

Perceuse sans fil
Ce type de perceuse présente l'avantage de pouvoir être emporté partout sans se préoccuper du raccordement électrique. Une vitesse lente et un inverseur de marche permettent aussi de l'utiliser comme visseuse-dévisseuse. Choisissez un modèle à vitesse variable et à percussion afin de pouvoir travailler dans tous les matériaux (béton, bois ou métal). Certaines batteries peuvent fonctionner sous 18 V et même 24 V.

Perceuse à percussion
La capacité de perçage des perceuses puissantes peut aller jusqu'à 40 mm dans le bois, 20 mm dans le béton et 13 mm dans l'acier. Elles ont en général, un inverseur de marche et l'on peut régler le couple, ce qui permet de s'en servir comme visseuse-dévisseuse.

Perceuse sans fil à percussion
Les perceuses sans fil à percussion tendent à supplanter les modèles de base. On trouve maintenant des batteries de 12, 14,4 ou 18 V et même 24 V qui vous permettent de percer dans le bois jusqu'à 30 mm, 13 mm dans le métal et dans la maçonnerie. Elles ont au moins deux vitesses et un réglage de couple.

Perforateur pneumatique
Le perforateur pneumatique est un outil spécialement destiné à la maçonnerie : pierre, brique, revêtement de sol extérieur, béton, etc. Confortable à utiliser, il est plus puissant et plus silencieux qu'une perceuse à percussion.

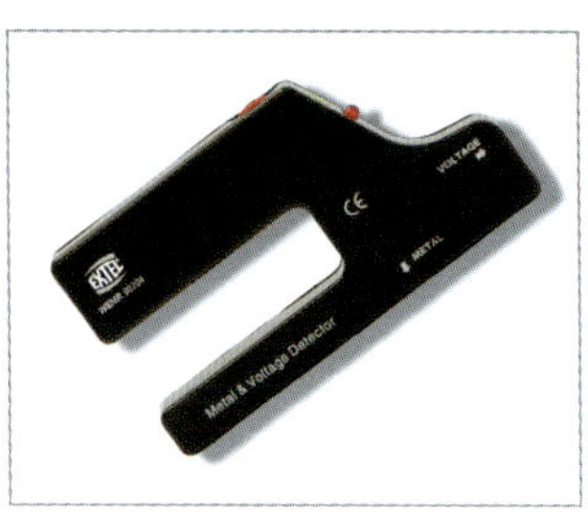

DÉTECTEUR DE MÉTAUX ET DE COURANT

Vous ne devez jamais percer un mur à l'aveuglette, vous devez toujours avoir repéré le passage des tuyauteries (eau ou gaz) et des canalisations électriques. Certains modèles donnent la possibilité de localiser le bois. Cet outil, peu onéreux, vous permettra de percer en toute sécurité.

Mèches et forets

Il existe un grand nombre de mèches et de forets. Ils doivent être choisis en fonction du matériau auquel ils sont destinés. En sélectionnant bien leur taille et leur diamètre, vous travaillerez plus facilement et en toute sécurité. La pointe doit être placée juste à l'endroit où vous voulez percer.

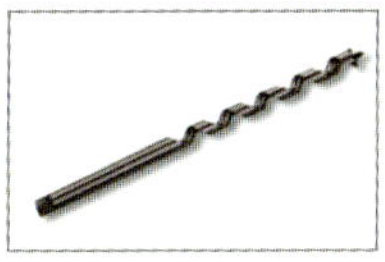

Mèche à bois spirale

Pour le bois tendre, de 6 à 24 mm. À privilégier pour des trous de gros diamètre et grande profondeur.

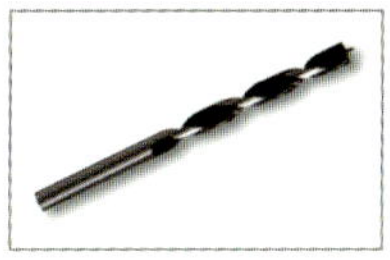

Mèche à bois 3 pointes

Pour le bois, de 3 à 10 mm. À choisir pour la menuiserie en raison de sa précision de perçage.

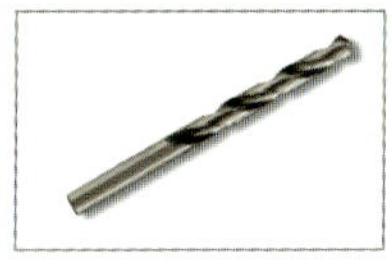

Forets SDS

S'utilisent avec un marteau-perforateur. Pour le bois, le métal et le béton, de 3 à 20 mm.

Mèche pour le carrelage

L'embout pointu de cette mèche permet d'amorcer le perçage d'un carreau sans déraper.

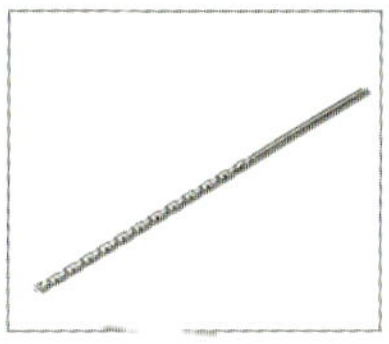

Foret béton

Ces forets ont une pointe en carbure de tungstène qui les rend très résistants. Leur plus petit diamètre est de 4 mm.

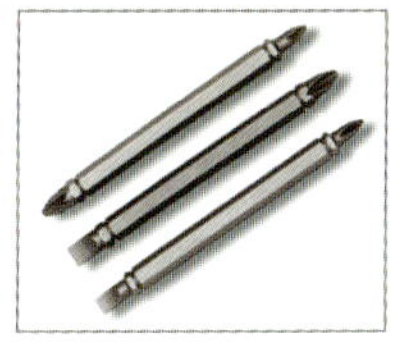

Embouts de vissage

Ces embouts se fixent sur les visseuses-dévisseuses ou les perceuses offrant cette fonction.

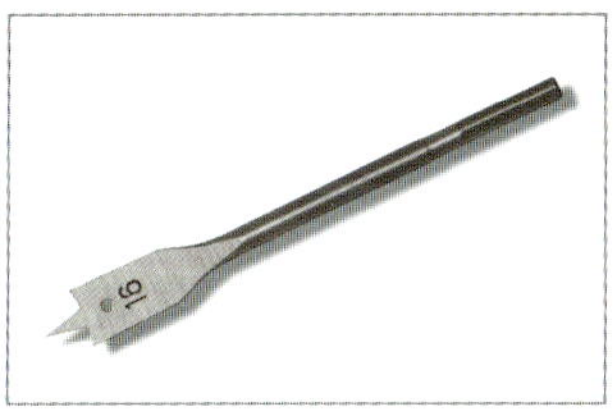

Mèche plate pour le bois

Pour percer des trous dans la menuiserie (portes, huisseries, etc.), de 6 à 38 mm.

Scie cloche (ou scie trépan)

Elle perce dans le bois, le métal ou le plastique des trous d'un diamètre supérieur à 20 mm jusqu'à 103 mm.

Ponceuses et rabots

Pour ôter plusieurs couches de vernis, de peinture ou de rouille, ou quand vous voulez obtenir une belle finition, vous devez utiliser une ponceuse électrique. Le rabot électrique permet de diminuer l'épaisseur d'une pièce.

Ponceuse orbitale ou vibrante

Idéale pour les travaux de finition sur des petites et moyennes surfaces. Les feuilles abrasives se fixent sous le plateau. Le plateau de la ponceuse orbitale est animé d'un mouvement légèrement rotatif.

Ponceuse à bande

Parfaite pour poncer dans le fil du bois les surfaces importantes (lames de parquet, poutres, solives, etc.). La bande de papier abrasif est tenue et entraînée par deux rouleaux.

Ponceuse delta

La forme triangulaire de cette ponceuse permet d'atteindre les angles et les endroits difficiles d'accès.

Ponceuse excentrique

Ce modèle possède une vitesse variable. Elle fonctionne avec des disques abrasifs et convient pour les petits travaux de ponçage. Elle permet de poncer des surfaces courbes.

Rabot électrique

Cet outil facilitera les gros travaux de menuiserie : dégrossissage des poutres ou réalisation de feuillure. Les profondeurs de rabotage sont réglables.

Disques abrasifs

Ces accessoires, à fixer sur le mandrin d'une perceuse, sont peu onéreux, mais difficiles à maîtriser. Ils sont auto-agrippants. On en trouve en différents grains.

Papier abrasif

Il est essentiel d'utiliser le papier adapté au support. Il n'y a pas de différence de gradation selon que l'on travaille avec une machine ou à la main. Il faut toujours commencer à poncer avec un papier à gros grain et finir avec le plus fin. La classification va de très gros à très fin.

OUTILS — Scies et machines de découpe

Outre les perceuses et les ponceuses, il existe d'autres outils électroportatifs qui vous permettront de travailler plus facilement, plus vite et de façon plus précise. Les modèles de nouvelle génération sont plus sophistiqués et plus simples à utiliser. Certains sont aussi alimentés par batterie.

> ⚠ LA SECURITE
>
> **BIEN UTILISER LES OUTILS ÉLECTRIQUES**
>
> L'outillage électrique facilite le travail, mais demande une stricte application des règles de sécurité. Vous devez toujours :
> - lire et suivre les conseils de sécurité spécifiques à la machine dont vous vous servez ;
> - travailler avec un éclairage suffisant et porter des lunettes de protection lorsque vous vous servez d'une machine coupante. Porter des gants de sécurité si vous utilisez une scie ;
> - ne laissez jamais une machine branchée quand vous ne l'utilisez plus.
>
> À l'extérieur, les branchements doivent être étanches et soyez très attentif au passage du câble afin de ne pas le couper.

Les scies

En choisissant la lame appropriée, vous pourrez scier du métal, des poutres, du plastique, du stratifié et du carrelage. Elles sont très utiles pour couper des matériaux en courbe et des formes irrégulières. Vous trouverez des modèles filaires et d'autres sur batterie.

SCIES SAUTEUSES

Scie sauteuse pendulaire

Si vous avez beaucoup de travaux de menuiserie à faire, vous pouvez acheter une scie sauteuse à mouvement pendulaire, puissante (600 W), rapide, dont la profondeur, et donc la capacité de coupe, seront également importantes. Sa capacité de coupe peut atteindre 100 mm pour le bois et l'aluminium et 20 mm pour l'acier. Sa cadence, progressive grâce à un variateur, va de 450 à 3 000 coups/min. Ce genre de machine possède soit un sac pour collecter la sciure, soit une buse de raccordement sur un aspirateur.

Scie sauteuse alternative

Ce modèle convient si vous n'avez que quelques travaux de coupe à faire. Une puissance de 350-400 W est suffisante. Suivant la lame utilisée, la capacité de coupe d'une scie sauteuse de ce type est de 55 mm pour le bois, 3 mm pour l'acier et 8 mm pour l'aluminium. Sa vitesse est d'environ 3 000 coups/min.

Scie égoïne

Aussi appelée "scie sabre", ce genre de machine, proposée dans une puissance de l'ordre de 800 W, peut scier du bois jusqu'à 180 mm d'épaisseur ainsi que du métal de 20 mm. La poignée arrière absorbe les vibrations ce qui permet de travailler confortablement. Certains modèles sont aussi dotés du mouvement pendulaire (balancement de la lame) qui offre un meilleur rendement.

Scie sauteuse à chantourner

Cette scie sauteuse pendulaire possède un générateur de ligne laser, permettant de visualiser le trait de coupe. Elle possède une fonction chantournage, permettant de faire pivoter la lame sur son axe (découpes arrondies).

Lames de scie

Il faut toujours employer la lame adaptée au matériau que vous voulez scier. On trouve des lames spécifiques pour le bois, le plastique, les métaux. Il en existe aussi pour le carrelage ou la fibre de verre. Plus la denture est fine et plus la coupe est précise. On trouve des lames de 50, 75 et 110 mm de longueur.

Mini-outils

Il existe aujourd'hui des mini-outils qui permettent de travailler rapidement, et avec une grande précision. Leur légèreté est aussi l'un de leurs grands avantages. Pour poncer, scier, couper, meuler, polir, graver avec l'accessoire approprié.

SCIES CIRCULAIRES

La forme de la lame de cette scie permet de faire des coupes rectilignes précises aussi bien de planches que de poutres, mais aussi dans des tôles ou des profilés en plastique. Elle est équipée d'un carter de protection mobile et d'une semelle inclinable. Elle peut se fixer sur une table de sciage. On trouve des modèles sans fil.

Scie circulaire de forte puissance

Les scies circulaires de forte puissance ont une lame de 180 à 300 mm de diamètre, ce qui permet de couper plus vite et plus profondément. Certains modèles ont aussi un réglage de profondeur de coupe, offrant la possibilité de faire des coupes d'onglets et un guide parallèle.

Scie circulaire standard

Les modèles standards possèdent des lames de 125 à 160 mm de diamètre et une profondeur de coupe maximale de 55 mm. Lorsque vous choisissez une lame, vous devez être attentif à trois choses :

- le diamètre de lame ;
- le diamètre du trou central du disque (alésage) ;
- la taille et le nombre de dents.

Le nombre de dents, ainsi que la façon dont elles sont courbées, vous permettra de faire des coupes plus ou moins précises et de travailler plus ou moins rapidement. Plus le nombre de dents est élevé, plus la coupe sera fine. Les modèles les plus récents génèrent un faisceau laser de guidage.

Scie à onglet radial

Cette machine est idéale pour les coupes droites ou angulaires précises dans les bois tendres, le plastique, les alliages et les métaux non ferreux. Elle fait des coupes de 90° à 45°. Certains modèles intègrent un sac d'aspiration amovible qui retient la poussière et un faisceau laser de guidage. On commence à trouver des modèles sans fil.

Les lames au carbure

Il existe deux types de lames au carbure :

- à usage occasionnel (qualité standard) ;
- à usage courant (qualité supérieure).

Pour chaque type, le choix du nombre de dents dépendra du travail à effectuer. Pour certains matériaux, choisissez des lames au carbure de tungstène (bois épais, agglomérés ou matériaux d'isolation).

Les machines de découpe

MEULEUSE D'ANGLE

Destinées à couper et à meuler le métal, les meuleuses peuvent aussi couper la pierre, les pavés, les dalles, les briques et le béton si elles sont équipées d'un disque spécial. Vous devez en effet changer le disque en fonction du matériau que vous voulez travailler. Il est également très important, pour des raisons de sécurité, de respecter la vitesse de rotation maximale des disques et de ne jamais la dépasser. Quand vous les utilisez, portez toujours des gants de sécurité, des protections d'oreille, un masque respiratoire et des lunettes.

DÉFONCEUSE

Une défonceuse permet de travailler le bois avec beaucoup de précision et de réaliser des assemblages ainsi que des feuillures ou des chanfreins. Cet outil très spécialisé est plutôt réservé à l'amateur éclairé, mais peut cependant vous faciliter la tâche si vous avez un grand nombre d'assemblages à faire. Procédez à des essais pour bien prendre la machine en main. Lorsque vous travaillez avec la défonceuse, portez toujours un masque respiratoire et protégez-vous les oreilles et les yeux.

OUTILS | Maçonnerie, électricité, plomberie

Kit de secours

- Petit tournevis testeur
- Tournevis à embouts multiples
- Pinces coupantes
- Couteau d'électricien
- Torche (avec des piles neuves)
- Ruban plastique isolant
- Jeu de cartouches fusibles
- Testeur de cartouches fusibles
- Ampoules

Une boîte à outils classique contient tout ce qu'il faut pour le bricolage ou les réparations usuelles, mais si vous voulez vous lancer dans des opérations plus importantes, vous devrez vous procurer des outils plus spécifiques. Choisissez l'outil adapté à vos besoins.

Maçonnerie d'intérieur ou d'extérieur

Pour les travaux de maçonnerie en extérieur, vous devez prévoir de travailler aussi bien avec des outils de type professionnel qu'avec de l'outillage de jardinage basique.

Balayette
Avec cette petite brosse vous finaliserez les joints au mortier des briques ou des pierres.

Massette
Elle sert à frapper sur le manche des ciseaux de maçon ou de briqueteur et directement dans certaines opération de démolition.

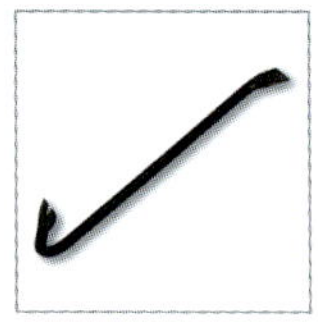

Pince à décoffrer
Cet outil permet de soulever, de faire levier, en particulier pour le démontage des coffrages.

Pioche
Précède le louchet ou la bêche pour défoncer la terre. La pioche sert aussi à dégager les remblais et les grosses pierres.

Truelle à maçonner
Ronde ou carrée, choisissez la dimension de la truelle en fonction de l'importance de l'ouvrage.

Masse
C'est l'outil idéal pour démolir les dalles de béton, murs et cloisons ou pour enfoncer les poteaux de clôture dans le sol.

Décamètre
Ce ruban vous permettra de mesurer avec précision la longueur d'une clôture ou d'un mur.

Bétonnière
C'est la machine idéale pour préparer une grande quantité de mortier ou de béton. Vous pourrez la louer.

Brouette
Choisissez-la en fonction du poids des objets à transporter. Préférez un modèle à caisse galvanisée et à roue gonflable.

Règle
N'importe quelle pièce de bois suffisamment rigide et rectiligne peut servir de règle.

Truelle Berthelet
La lame de cette truelle a un côté lisse et un côté denté. Elle sert, côté lisse, à araser le plâtre frais, côté denté à préparer l'accroche des carrelages.

Pelle
Carrée ou arrondie à bout pointu, la pelle sert à prélever la terre, les graviers et les cailloux mais aussi à gâcher le mortier au sol.

Enrouleur réversible
Accessoire indispensable pour utiliser l'outillage électrique hors de la maison. Privilégiez les enrouleurs bénéficiant d'un disjoncteur thermique.

Cordeau et piquets
Essentiel pour monter un mur de niveau, il permet de vérifier l'horizontalité des rangées de briques ou de parpaings.

Truelle langue-de-chat
Elle permet de réaliser des joints nets ou de piqueter l'ancien mortier d'un ouvrage maçonné.

Ciseau de briqueteur
On l'utilise pour couper briques et parpaings à la massette.

Platoir
Cet outil permet d'appliquer et de lisser le plâtre ou divers enduits.

Bêche
Avec ou sans repose-pieds (louchet), la bêche permet de creuser la terre, notamment pour les fondations.

Seau
Le seau de maçon en caoutchouc noir de 12 l sert à transporter l'eau, le sable, le ciment ou le mortier.

Ciseau de maçon
Pour couper les briques et les parpaings. Optez pour une poignée amortisseur.

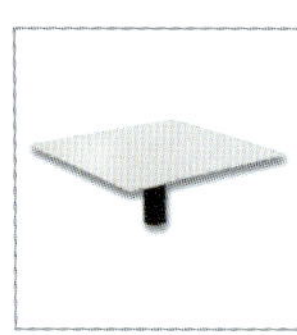

Bouclier
Il permet de transporter de petites quantités d'enduit ou de mortier sur le chantier.

Câblage et installation électrique

En plus de l'outillage de base, quelques outils spécifiques vous permettront d'effectuer des travaux d'électricité. Ils devront toujours rester à portée de main, afin de faire face aux pannes éventuelles.

Pince coupante diagonale

Cette pince permet de couper les conducteurs électriques, les câbles méplats et les câbles multiconducteurs avec précision.

Pince à longs becs

Elle sert à former les boucles avec les fils électriques et à saisir les petits composants dans les boîtiers électriques.

Pince à dénuder

Cette pince permet de mettre à nu l'extrémité des conducteurs sans en entamer la partie métallique. Ses poignées sont gainées.

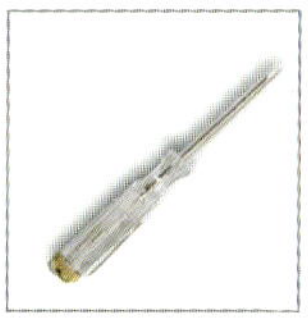

Tournevis testeur

Ce petit tournevis contient une ampoule dans le manche, qui s'allume quand l'extrémité de la lame entre en contact avec un objet sous tension.

LA BONNE **INFO**

L'ENTRETIEN DES OUTILS

Pour garder l'efficacité et la sûreté de votre outillage, il faut en prendre soin. Tous les outils doivent être propres et rangés hors de portée des enfants. Les pinceaux et les rouleaux seront nettoyés après usage. Les outils coupants, comme les scies, les rabots et les ciseaux, seront affûtés régulièrement et accrochés pour éviter d'abîmer la lame. Les outils mal entretenus sont souvent à l'origine d'accidents.

Testeur de courant et de métaux

Cet accessoire s'utilise pour vérifier si un circuit est ou non sous tension, mais aussi pour détecter la présence éventuelle de conduits métalliques dans les murs ou derrière les cloisons.

Multimètre digital

Cet appareil possède toutes les fonctions de mesure électrique. Choisissez toujours un appareil conforme aux normes en vigueur.

Lampe torche

Indispensable pour pouvoir bricoler dans tous les endroits où l'électricité fait défaut (coupure, plein air, etc.). Préférez un modèle rechargeable.

Plomberie

Qu'il s'agisse d'une réparation ou d'une nouvelle installation, la plomberie demande un outillage basique, mais aussi un certain nombre d'outils très spécialisés.

Coupe-tube

Accessoire facilitant la coupe des tubes de toute nature. Certains possèdent un alésoir escamotable qui permet d'ébarber les coupes.

Clé serre-tube

Cette clé est faite pour serrer les tubes sans qu'ils ripent. Elle est en acier et possède un serrage autobloquant.

Clés pour purgeurs de radiateur

Clés de 4 et 5 mm de diamètre pour la vidange d'air dans les radiateurs et l'ouverture de la vis de purge.

Mini-coupe-tube

Idéal pour la coupe des tubes en cuivre déjà posés de 3 à 16 mm dans les endroits difficiles.

Lime demi-ronde

Elle sert à ébarber les tubes en cuivre qui viennent d'être coupés.

Ventouse

C'est l'accessoire traditionnel qui sert à déboucher les éviers ou les lavabos.

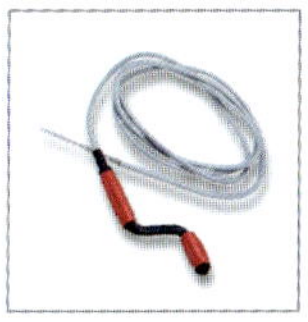

Furet

Il est formé d'une tige métallique terminée par un goupillon. On l'introduit dans le tuyau on tourne la manivelle pour dégager le bouchon.

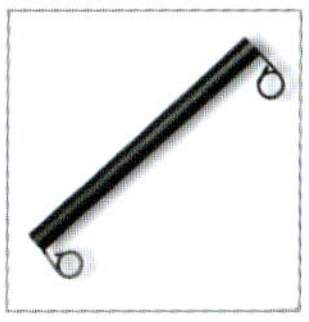

Ressort à cintrer

Il sert à cintrer à la main les tubes de cuivre (jusqu'à 14 mm de diamètre) sans aucune déformation.

Clé de lavabo

Cette clé permet de serrer et de desserrer les écrous des robinets difficilement accessibles sur certains appareils. Sa mâchoire mobile est réversible à 180°.

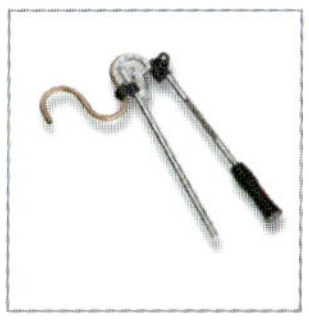

Cintreuse

Grâce à ses longs manches et à son secteur gradué, cet outil permet de réaliser sans effort un cintrage très précis des tubes en cuivre, sans en écraser la section.

Rodoir pour robinet

Cet outil permet la rectification de l'assise de tous sièges de robinet et l'élimination, par fraisage, des dépôts calcaires. Son entrée est filetée, cylindrique et étagée. Il s'accompagne de 6 fraises de 11 à 16 mm.

Kit de secours

- Pâte à joint et filasse

Il existe un kit spécial pour eau potable. Il s'utilise pour visser les raccords de tuyauterie. Il est résistant jusqu'à 200 bars.

- Ruban caoutchouc pour colmatage

Ce ruban auto-amalgamant permet de réparer de façon provisoire les tuyaux et les canalisations.

- Pâte époxy

Produit spécial surfaces humides pour réparer les fuites.

- Petites longueurs de tuyau de cuivre
- Raccords de tuyauterie
- Joints de robinet

Menuiserie

La plupart des aménagements impliquent des opérations de menuiserie. Les outils présentés ici vous seront alors indispensables.

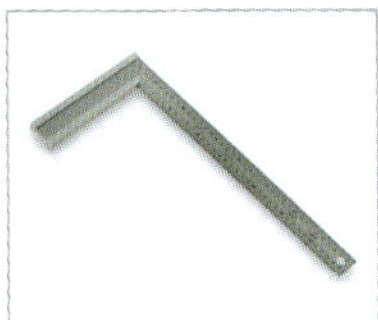

Équerre
Elle sert à tracer et à découper les pièces à angle droit, mais aussi à vérifier la rectitude des angles.

Cale à poncer
Recouverte de papier abrasif, elle permet de poncer les surfaces planes. Certains modèles ont un support d'accrochage à picots qui facilite la mise en place du papier.

Rabot
Le rabot métallique permet aussi bien de dégrossir (dégauchissage) les pièces que d'affiner leur épaisseur (rabotage).

Maillet
Le maillet est l'outil complémentaire du ciseau.

Tenaille
Les puissantes mâchoires et les longues poignées d'une tenaille permettent d'arracher facilement les clous. Elle sert aussi de pince coupante.

Scie à guichet
Elle sert pour les coupes courbes ou à élargir des trous de petits diamètres. Certaines ont une lame interchangeable pour plaques de plâtre.

Scie à dos
Rigidifiée par un ourlet, cette scie est utilisée pour les coupes de précision. On l'utilise dans une boîte à onglets.

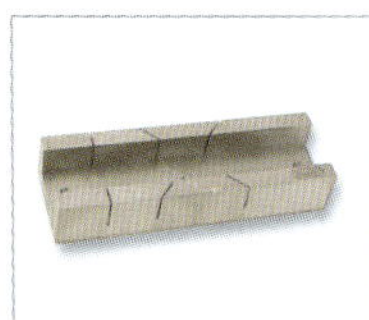

Boîte à onglets
Outil permettant de couper précisément des angles de 45° et de 90° dans des baguettes ou des moulures. Il en existe en bois ou en plastique.

Scie à panneau
Cette scie sert surtout pour le contreplaqué, le mélaminé et le plastique. Son extrémité arrondie permet d'attaquer les coupes en milieu de panneau.

Peinture

Les industriels nous proposent toujours de nouveaux outils qui nous simplifient la tâche, font gagner du temps et respectent mieux l'environnement.

Pinceau ou brosse plate
Une brosse en soies de bonne qualité ne s'abîme pas au fil du temps. Vous pourrez l'utiliser pendant des années. Il existe des brosses aux soies synthétiques ou mélangées, adaptées aux peintures en phase aqueuse et aux lasures. Choisissez la largeur de la brosse en fonction de la surface à couvrir.

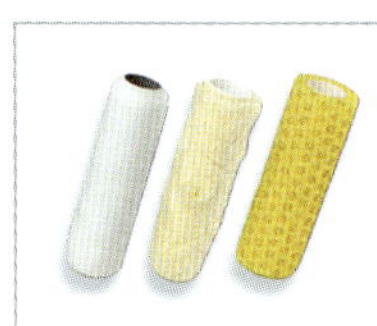

Rouleaux
Les rouleaux se fixent sur la monture. Vous pouvez donc placer le modèle qui convient à une peinture donnée et à l'effet voulu. Les plus courants sont en mohair ou mousse polyester et, suivant le cas, à mèches longues ou à fibres courtes. Certains rouleaux sont antigouttes.

Rouleau spécial pour peinture à effets
Certains rouleaux sont conçus pour les peintures ou enduits décoratifs. Celui-ci est recouvert d'une peau de chamois pour un effet essuyé.

Bac à peinture (camion)
Ce bac sert à transporter plus facilement des petites quantités de peinture. Il existe des tailles différentes : de 6 à 14 l.

Monture pour rouleau
À long terme, il est plus économique d'acheter un rouleau avec monture en bois, et rouleau interchangeable.

Brosse pouce à rechampir
Permet de peindre les moulures, les angles ou les encadrements de fenêtres.

Bac à rouleau
Indispensable pour peindre au rouleau. La grille permet de bien essorer le rouleau.

Rouleau d'angle
Permet de peindre les angles formés par deux murs ou les recoins. Il remplace la brosse à rechampir.

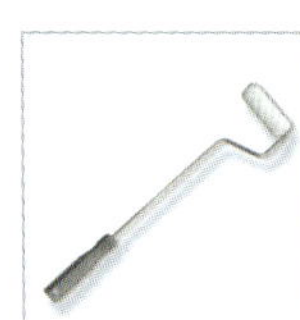

Rouleau à radiateur
Un très long manche donne la possibilité de peindre derrière les radiateurs.

Manche télescopique
Pour peindre un plafond sans escabeau.

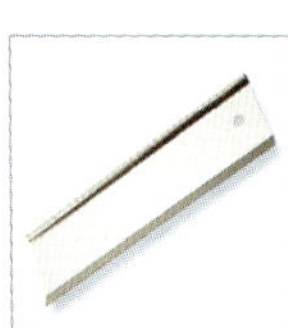

Raclette à bordure
Pour peindre au ras des plinthes ou des corniches. Empêche les coulures.

Tampons à peinture
Permet de peindre avec précision tous les supports sans tache ni bavure. Parfaits pour laquer.

Bidon nettoyeur
Bac conçu pour le nettoyage et le rangement des brosses (pinceaux).

Papier peint

La pose du papier peint n'est pas compliquée, mais il faut avoir le bon matériel.

Brosse à encoller

D'une largeur de 125 à 150 mm, elle sert à étaler uniformément la colle sur l'envers du papier peint ou sur le mur.

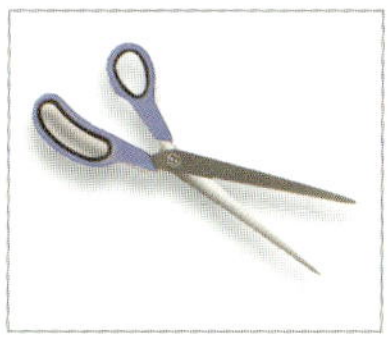

Ciseaux

Pour couper le papier peint de façon précise, choisissez des ciseaux ayant des longues lames.

Table à encoller

Sa largeur correspond à celle d'un rouleau de papier peint. Elle est parfaite pour mesurer, couper et encoller les lés de papier peint.

Fil à plomb

Il permet de trouver la verticale avant de débuter la pose du premier lé.

Roulette

Sert à aplanir les joints entre deux lés de papier peint. À ne pas utiliser avec les papiers à relief.

Brosse à tapisser

Elle sert à bien faire adhérer le papier peint sur le mur au moment de la pose.

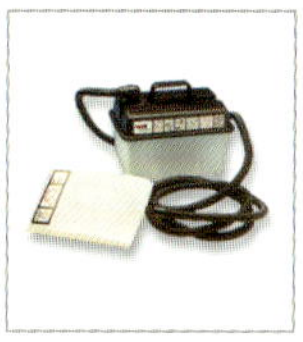

Décolleuse de papiers peints

La vapeur est la façon la plus rapide de décoller du papier peint.

Carrelage

Lors de l'utilisation d'une carrelette ou d'un outil coupant, n'oubliez pas de porter des lunettes et des gants de protection afin d'éviter les coupures.

Scie vilebrequin

Elle sert à réaliser des coupes courbes dans les carreaux.

Grille abrasive

Elle permet d'ébarber les coupes du carrelage.

Grignoteuse

Elle permet de rectifier la coupe des carreaux. Elle sert aussi à tailler les tesselles de mosaïque.

Pince à céramique

Elle permet d'entamer la surface des carreaux, créant une ligne de fracture. La coupe se fait en serrant ensuite la pince.

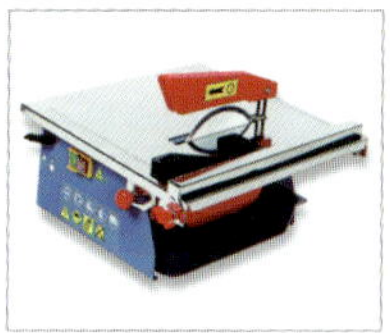

Coupe-carreaux électrique

La lame est constituée d'un disque diamanté qui coupe tous les types de carreaux. Une table basculante permet le biseautage.

Coupe-carreaux manuel

Le bras levier actionne une roulette qui raye et coupe le carreau quand on abaisse le levier.

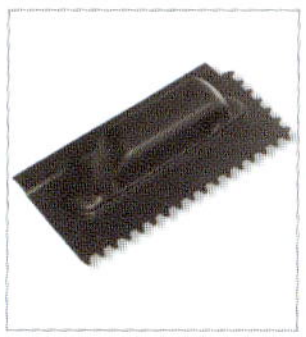

Raclette crantée

La raclette crantée permet d'étaler la colle en l'imprimant de traits propices à l'adhérence des carreaux.

Raclette en caoutchouc

La lame en caoutchouc permet d'étaler la barbotine dans les joints.

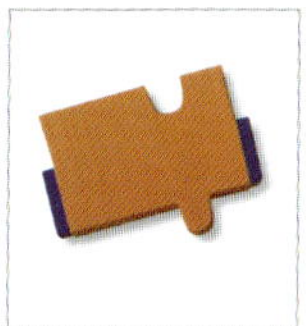

Copieur de profil

Reproduit les courbures d'un mur ou des tuyauteries pour faciliter le report des traits de coupe.

Éponge

Elle sert à essuyer les carreaux après la pose.

Décapage et rebouchage

Les travaux de peinture imposent de décaper vernis et peintures avec un certain nombre d'outils spécifiques. Il en est de même pour reboucher trous et fissures.

Brosse métallique

Elle sert à nettoyer les peintures écaillées et les surfaces rouillées.

Décapeur thermique

Ce décapeur sert à décaper la peinture, même dans les endroits difficiles d'accès.

Couteau de peintre

Sert aussi bien pour appliquer un mastic de rebouchage que pour décaper des peintures.

Grattoir triangulaire

La forme de la lame permet d'élargir les fissures avant rebouchage.

Grattoir pour verre

Sert à gratter les petites taches de peinture sur les surfaces en verre ou les miroirs.

Brosse à main

Sert au brossage des soudures ou de tous les métaux.

Couteau multifonction

Sert à ouvrir les pots, à nettoyer les grattoirs, à gratter et à décaper les peintures.

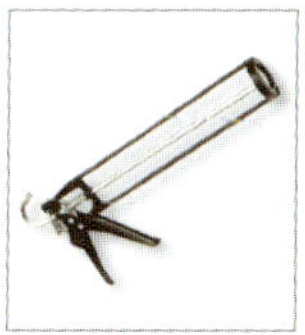

Pistolet extrudeur

Ce pistolet reçoit tous les types de cartouches de mastic ou de joint silicone.

OUTILS

Échelles et escabeaux

Il est inconfortable et fatigant de travailler à bout de bras. Il vaut mieux se placer à bonne hauteur sur une échelle ou sur une plate-forme stable. N'improvisez pas: utilisez toujours l'équipement exactement adapté à la nature et à la hauteur de l'ouvrage. Pour les travaux d'intérieur, échelles multipositions et escabeaux suffisent la plupart du temps, jusqu'à 3 m de haut; au-delà, il faut employer une échelle ou un échafaudage.

LA BONNE **INFO**

ÉCHELLE À BASE RAPPORTÉE OU ÉVASÉE ?

Les échelles transformables sont les modèles les plus utilisés par les particuliers. Il existe deux grands types d'échelles transformables.

- **Modèles plans droits à base rapportée :** utilisation sur sol plat uniquement.
- **Modèles à base évasée :** utilisation possible sur sol irrégulier grâce à la stabilité de la base. Pour une sécurité maximale, choisissez de préférence les modèles à base évasée.

Choix d'une échelle

Vérifiez que l'échelle que vous achetez est conforme à la norme NF 131-1 et peut supporter une charge d'au moins 150 kg. Décerné par un Laboratoire National (organisme indépendant du fabricant), le label NF apporte une garantie supplémentaire. Il atteste la réussite de tous les tests et contrôles de la norme. Pour choisir une échelle qui correspond à la hauteur des travaux à effectuer, veillez à ce que la longueur déployée de l'échelle soit, au minimum, égale à la hauteur de travail moins 1 m.

AFNOR NF CONTRÔLÉ PAR LNE ECHELLES NF 093 04/01

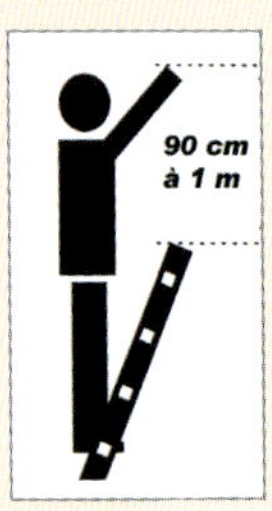

ESCABEAUX

Petit escabeau

Un petit escabeau repliable assurant une assise stable suffit pour la plupart des petits travaux, à l'intérieur comme à l'extérieur. Il se range aisément dans un placard, restant ainsi constamment à portée de main.

Escabeau

Choisissez un escabeau assez haut pour vous permettre d'atteindre aisément le plafond et au minimum le linteau des fenêtres du rez-de-chaussée. Ces équipements sont le plus souvent en aluminium. Soyez très attentif à la solidité de la plate-forme supérieure et préférez un escabeau comportant une barre d'appui. Elle renforce la sécurité quand on se tient sur la plate-forme. Vérifiez également la solidité du mécanisme de verrouillage qui empêche les deux éléments de s'écarter.

- Placez l'escabeau face à la zone de travail, pour ne pas avoir à vous pencher sur le côté.
- Si vous travaillez à l'extérieur, assurez-vous de la fermeté du sol sur lequel vous posez les pieds de l'escabeau. Si le terrain vous semble mou, posez les pieds sur une planche.
- Si vous devez vous pencher pour atteindre la zone de travail, mieux vaut déplacer l'escabeau.
- Gardez constamment les deux pieds calés sur un barreau et une main posée sur le montant.
- Ne laissez personne monter sur l'escabeau avec vous.
- Ne grimpez pas sur la barre d'appui supérieure. Si l'escabeau est trop court, allez chercher une échelle plus haute.

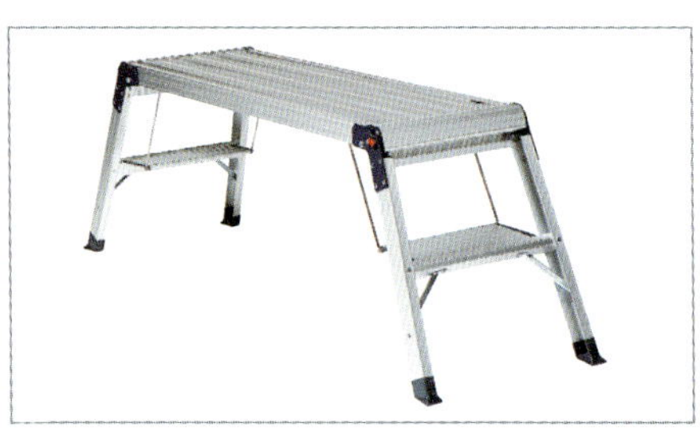

Plate-forme de travail

La plate-forme permet de gagner du temps pour les travaux d'intérieur sous des hauteurs de plafond standard (lessivage, peinture, papiers peints). Les plate-formes sont en aluminium, pliables. Elles sont légères et peu encombrantes à ranger.

Bien utiliser les échelles

TRANSPORTER UNE ÉCHELLE

Pour transporter une échelle, passez un bras juste au-dessous de l'échelon du milieu et faites reposer l'un des montants sur l'épaule. Si elle est trop lourde ou trop longue, faites-vous aider. Faites bien attention de ne pas cogner quelqu'un autour de vous et prenez bien garde aux éventuels fils électriques et téléphoniques, ainsi qu'aux branches et autres obstacles. Évitez de travailler sur une échelle par grand vent ou quand il pleut.

DRESSER UNE ÉCHELLE

Posez l'échelle (non dépliée si elle est multipans), au sol contre la base du mur. Prenez l'extrémité supérieure de l'échelle et relevez-la au-dessus de votre tête. Avancez ensuite le long du mur et redressez l'échelle à la verticale en agrippant les barreaux, en descendant du haut vers le bas. Quand elle est verticale, laissez la tête des montants reposer doucement sur le mur et écartez la base de ce dernier, d'une valeur déterminée selon la règle du "4-en-1" (voir ci-contre).

ALLONGER UNE ÉCHELLE COULISSANTE EN PLACE

Une personne de taille moyenne est capable de faire coulisser une échelle sur 3 m environ. Basculez les verrous, relevez doucement l'échelle à la verticale, puis faites coulisser la partie supérieure jusqu'à ce que son barreau inférieur arrive à peu près devant vos yeux. Engagez les verrous de la partie supérieure. Reposez la tête de l'échelle contre le mur et réglez la position de sa base selon la règle du "4-en-1".

BASE D'APPUI BIEN STABLE

Avant de dresser une échelle, inspectez soigneusement la surface sur laquelle doivent reposer ses pieds et mesurez sa fermeté à coups de talon. Si le sol est inégal ou manque de fermeté, placez une grosse planche, avec un tasseau cloué pour caler les pieds. Si nécessaire, enfoncez deux piquets de part et d'autre des pieds de l'échelle et ficelez-y ces derniers. Si le sol est très dur, calez les pieds avec un sac de sable pour les empêcher de glisser. La meilleure des sécurités réside cependant dans la présence d'une deuxième personne maintenant fermement le bas de l'échelle tant que vous travaillerez dessus.

ÉCHELLE TRANSFORMABLE

ÉCHELLE COULISSANTE

LA BONNE **INFO**

RÈGLE DU 4-EN-1

Pour votre sécurité, donnez le bon angle (entre 65 et 75°) à votre échelle. Ses pieds doivent être éloignés du mur d'une distance égale au quart de l'échelle. Par exemple, la tête d'une échelle reposant à une hauteur de 6 m doit être calée à 1,50 m de la base du mur.

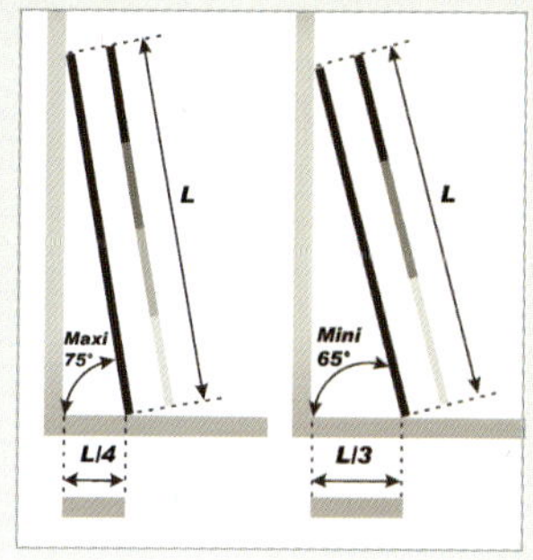

Certaines échelles sont munies d'un niveau à bulles, indicateur de bonne inclinaison, vous permettant d'être sûr que votre échelle est toujours en bonne position.

Échelle télescopique

Très commode pour le transport et le rangement, cette échelle télescopique de 2,60 m quand elle est déployée, ne mesure plus que 0,73 m quand elle est repliée.

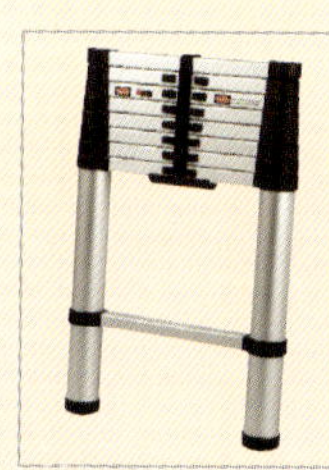

Échelles

Les équipements les plus employés sont l'échelle coulissante et l'échelle transformable constituée de deux ou trois plans, le deuxième plan formant jambe de force par rapport au premier et créant une sorte de grand escabeau. Pour de très grandes hauteurs de travail et un travail en appui uniquement, utilisez une échelle coulissante à corde. Les échelles simples (un seul plan) sont à réserver aux travaux de petite hauteur en appui.

Une plate-forme de travail ou un échafaudage mobile rendent des services irremplaçables pour tous les travaux nécessitant d'atteindre des points élevés. Pour un travail en façade tel qu'un ravalement, il est plus sûr de travailler sur un échafaudage qui possède une plate-forme plus large.

Échelles articulées multipositions

Certaines échelles comportent 4 ou 5 éléments reliés par des articulations à encliquetage sur des positions préréglées. Ces équipements peuvent ainsi prendre des configurations allant du simple escabeau au petit échafaudage. Ces matériels présentent en outre l'intérêt de se replier, pour occuper un volume réduit. La polyvalence de ce type d'échelles en fait un équipement très apprécié des bricoleurs. Une échelle transformable permet en particulier de travailler dans une cage d'escalier, à la condition de bien caler ses pieds.

La sécurité de cet équipement dépendant de ces articulations à encliquetage ; il convient, plus encore que pour les autres échelles, de n'utiliser que des matériels conformes à la norme NF 131-1.

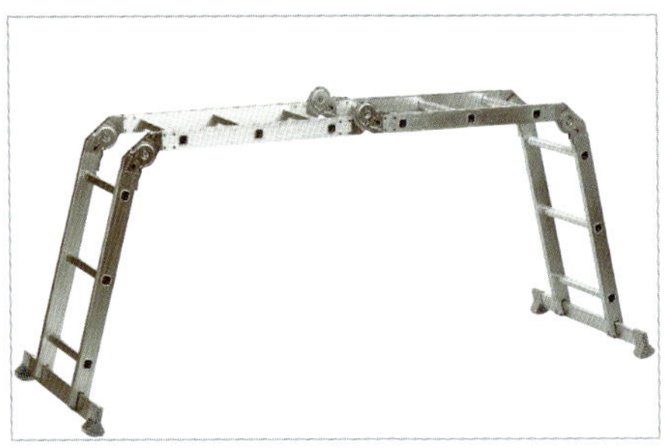

Échafaudage en aluminium

Ce type d'échafaudage, dont la hauteur de travail peut atteindre 5 m, repose sur une embase élargie qui assure sa stabilité. Il comprend deux échelles qui forment ses montants latéraux, une plate-forme avec trappe d'accès et un garde-corps. Montez toujours par l'intérieur de l'échafaudage en utilisant la trappe d'accès.

Mini-échafaudage pliant

Ce petit échafaudage est conçu pour se replier sans difficulté et se ranger contre un mur ou derrière une porte de garage. Il offre deux plates-formes, astucieusement logées dans les montants quand l'échafaudage est replié. Sa hauteur de travail est de 3 m environ.

Plates-formes échafaudages mobiles
Pour travailler sur zone importante, à une hauteur allant jusqu'à 9 m environ, vous avez intérêt à employer une plate-forme fermement fixée entre deux embases à barreaux, avec un garde-corps calé entre les sommets de celles-ci. Certains de ces équipements sont dotés de roulettes verrouillables, ce qui permet de les déplacer aisément au fur et à mesure que l'on progresse le long de la zone de travail. Si l'équipement en est pourvu, mettez toujours les stabilisateurs en place avant d'y monter.

En sécurité en hauteur

CONTRÔLES ET UTILISATION DES ÉCHAFAUDAGES

Avant chaque montage ou utilisation, il faut

• Passer en revue tous les éléments de l'échafaudage pour détecter d'éventuelles pièces défectueuses et les remplacer. Une attention particulière sera portée sur :
– la liaison stabilisateurs-montants, échelle-échelle, arrimage des diagonales et lisses ;
– le bon fonctionnement de tous les verrouillages ;
– le contreplaqué ou la tôle du plancher.

Pendant son utilisation, il faut

• Déplacer l'échafaudage qu'après avoir débarrassé sa plate-forme de tout objet non fixé et le faire rouler sur un sol bien plan.
• Si l'équipement comporte des stabilisateurs, faites-vous aider pour le déplacer.
• Amarrer l'échafaudage à un bâtiment ou à toute autre structure.
• Respecter l'ancrage des éléments ainsi que le verrouillage des sécurités.
• Monter et descendre de l'échafaudage par la trappe dans le plancher.

Après chaque utilisation, il ne faut pas

• Abandonner des outils et du matériel sur la plate-forme.

CONTRÔLE ET UTILISATION DES ÉCHELLES

Avant chaque utilisation, vous devez

• Inspecter votre échelle attentivement et vérifier l'absence de fissures, principalement quand elle est en bois.

Après chaque utilisation, il faut

• Mettre l'échelle à l'abri, surtout si elle est en bois ou en acier.
• La ranger debout contre un mur, ou accrochée horizontalement par un montant, mais jamais verticalement par un barreau.
• La cadenasser sur un anneau scellé au mur, si vous la rangez à l'extérieur et à portée de main de n'importe qui.

TRAVAILLEZ EN SÉCURITÉ

Vous ne devez jamais

• Adapter une échelle ou tout autre accessoire sur le plancher pour rehausser l'échafaudage.
• Vous pencher en dehors des lisses d'un échafaudage.
• Monter par le côté extérieur des échelles.
• Porter des vêtements flottants qui peuvent se prendre dans les montants au moment où vous redescendez.
• Vous déplacer brusquement sur une plate-forme en hauteur.
• Monter sur un échafaudage en tenant un objet à la main.
• Appuyer une échelle contre la gouttière ou la rive d'une toiture.
• Travailler sur une échelle par grand vent ou s'il pleut.
• Monter sur les quatre derniers barreaux d'une échelle.
• Vous pencher de côté ou en arrière.

Vous devez toujours

• Préserver la zone de travail éloignée de tout conducteur nu sous tension.
• Porter des chaussures basses à semelles épaisses, surtout si vous devez rester assez longtemps sur l'échelle.
• Porter un casque si quelqu'un peut se trouver au-dessus de vous.
• Monter et descendre doucement.
• Transporter outils et matériaux dans un sac en bandoulière, ou les monter au moyen d'un seau et d'une corde.
• Accrocher un bac à outils à portée de main.
• Utiliser de préférence des machines électriques sans fil.
• Équiper l'échelle d'un écarteur de mur pour travailler au niveau d'une gouttière.
• Conserver toujours une bonne prise.
• Monter en agrippant les barreaux par les montants.
• Garder les bras tendus et le dos droit.
• Utiliser les quatre derniers barreaux que pour vous y agripper.
• Garder les deux pieds sur un même barreau.
• Conserver une main sur un barreau pendant votre travail.

MATÉRIAUX — Panneaux et baguettes

Les planches, baguettes, plinthes et moulures sont proposées dans différentes essences de bois dur ou tendre, bois de pays ou exotique, feuillus ou résineux. Vous trouverez également des panneaux dérivés du bois : panneaux de particules, de fibres, contreplaqués. Les moulures et baguettes trouvent différentes utilisations, notamment en décoration.

Bois

Bois tendre

Les bois tendres sont vendus sous forme brute ou rabotée. Vous utiliserez du bois raboté lorsque la pièce est destinée à rester apparente, à être peinte, vernie ou lasurée. Le bois brut est réservé à une utilisation plus grossière (charpentes, coffrages pour couler du béton, tasseaux derrière un doublage, etc.). Si vous envisagez d'acheter du bois brut et de le raboter vous-même, tenez compte d'une perte d'épaisseur de 4 à 6 mm. Quand vous achetez du bois tendre, notamment si c'est du résineux, évitez les pièces comportant des nœuds et des fentes trop apparentes.

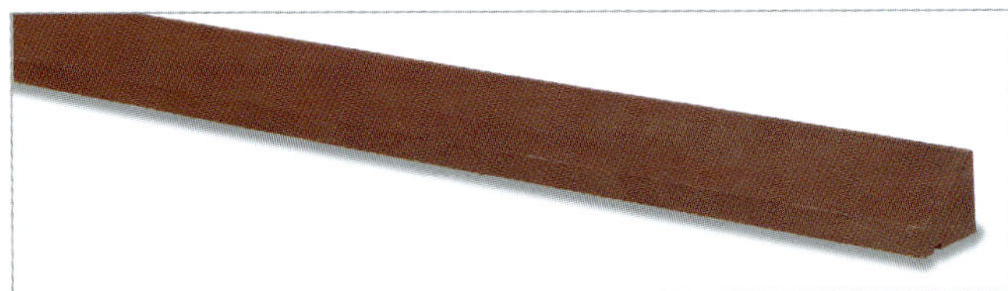

Bois dur

Les bois durs sont destinés aux travaux de menuiserie. Il s'agit de feuillus (chêne, hêtre, châtaignier, etc.) ou de bois exotiques (ipé, iroko, teck, etc.). Ils sont toujours proposés rabotés. Leur couleur peut varier d'un arbre à l'autre et donc d'une livraison à l'autre. Les bois durs servent à réaliser des planches, des carrelets, des tasseaux mais aussi des baguettes et des moulures. Les planches sont proposées en 13, 20 et 28 mm d'épaisseur dans des largeurs variées, les carrelets et les tasseaux dans des sections de 10 à 28 mm de côté.

Bois massif et panneaux

Éléments en bois massif

Le bois est débité en différentes épaisseurs utilisées en menuiserie, en ameublement et en décoration. On distingue ainsi :
- **les feuillets** de fine épaisseur (de 4 à 18 mm) ;
- **les planches** proprement dites (de 22 à 47 mm) ;
- **les plateaux** de forte épaisseur (de 54 à 110 mm).

D'autres pièces de sections variées sont débitées pour les besoins de la charpente notamment. Ce sont les poutres, les madriers ou les bastaings (par exemple de 65 x 180 mm) ou les barres brutes (parmi lesquelles les chevrons et les solives) de diverses tailles (7 à 34 mm d'épaisseur sur 13 à 75 mm de largeur).

Le débit en lames de faibles épaisseurs permet la réalisation de voliges pour la couverture (par exemple de 15 mm d'épaisseur sur 150 mm de large) et bien sûr aussi de lames de parquet.

Panneau de particules (aggloméré)

Il est constitué de particules de bois (grands copeaux, particules, copeaux de rabotage, sciures) agglomérées sous pression avec de la colle. On trouve des panneaux de 6 à 38 mm d'épaisseur dans des largeurs de 0,60, 0,80 et 1,20 m. Les panneaux labellisés CTB-S sont à utiliser en milieu sec, les panneaux CTB-H résistant à l'humidité. On les utilise bruts ou recouverts d'une feuille de placage (bois ou mélaminé).

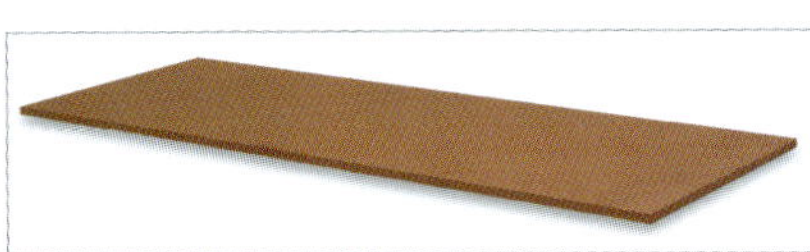

MDF et HDF

Les panneaux dits "de fibres à moyenne densité" (MDF - 600 à 850 kg/m³) et à "haute densité" (HDF - 800 à 1050 kg/m³) sont constitués de fines fibres de bois, assemblées par une colle, à chaud et sous pression. D'aspect plus fin que le panneau de particules, plus denses et plus rigides, le MDF et le HDF se travaillent aussi bien que le bois. On les utilise en doublage et menuiserie.

Contreplaqué

Le plus connu est le multiplis, constitué de fines feuilles de bois déroulées et assemblées, par superposition et collage, avec croisement du fil. L'autre forme de contreplaqué est le latté. Il est constitué de lattes et blocs de bois pris entre deux feuilles de bois déroulées. Les épaisseurs vont de 6 à 30 mm, pour une largeur de 1,20 à 1,50 m. Le contreplaqué CTB-X est prévu pour un emploi à l'extérieur.

Panneau de fibres dur

Ce sont des panneaux minces, constitués de fibres de bois dur agglomérées par pressage et collage, présentant une face lisse et une face rugueuse, d'une épaisseur de 2,5 à 6 mm. On les utilise surtout pour la réalisation de fonds de meuble ou pour certains doublages. Les panneaux perforés sont isolants phoniquement ; ils servent pour l'accrochage des outils. Il existe des panneaux de fibres durs mélaminés.

Moulures et baguettes

Il existe un grand nombre de profils de moulures et de baguettes. Elles sont réalisées aussi bien en bois tendre qu'en bois dur. On en trouve même aujourd'hui en MDF. On distingue ainsi les quarts-de-rond, les ronds, les tourillons, les chants plats, les cimaises, les chambranles et bien sûr les plinthes, destinées à assurer la protection du bas du mur à sa jonction avec le sol.

Certaines baguettes et moulures décoratives servent à délimiter des panneaux sur les portes ou sur les murs, ou en entourage d'huisserie. Les corniches que l'on trouve à la liaison mur-plafond sont soit en bois, soit en plâtre ou en stuc, soit encore en polystyrène ou en polyuréthane.

Chant plat
Habille la jonction entre un cadre d'huisserie et le mur.

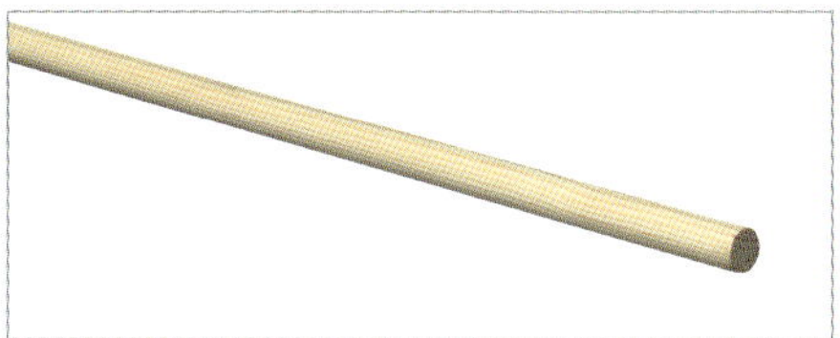

Tourillon
Réalisés en pin ou en hêtre, les tourillons sont des barres. Ils servent notamment à créer un assemblage invisible entre deux pièces.

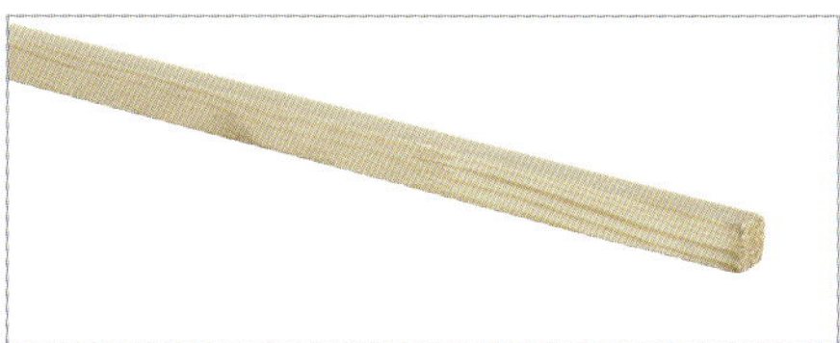

Pareclose
Baguette quart-de-rond servant à bloquer une vitre dans sa feuillure.

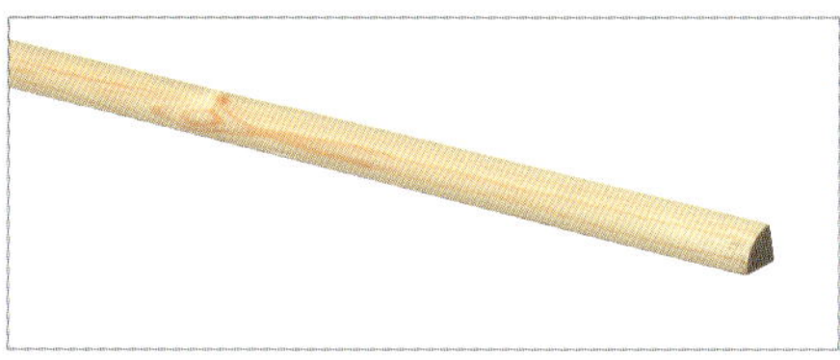

Quart-de-rond
Baguette utilisée principalement pour assurer la finition entre le sol et un mur, etc.

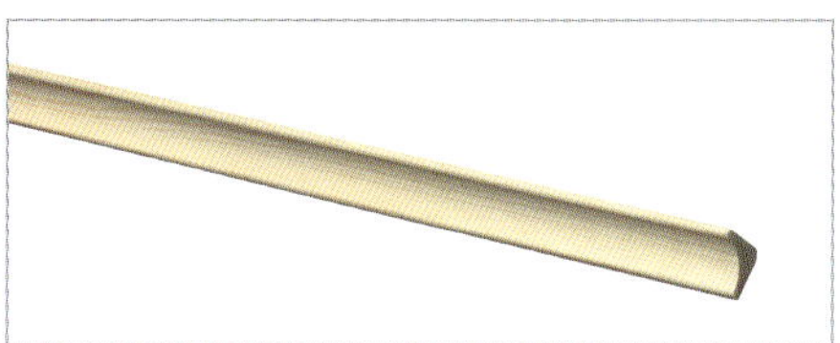

Corniche
Baguette triangulaire profilée en creux, utilisée surtout pour la finition entre le mur et le plafond.

Petits bois
Baguettes plaquées sur une vitre pour la diviser en petits carreaux.

Moulures
Baguettes rainurées servant à réaliser des contours décoratifs.

LA BONNE INFO

ÉCOCERTIFICATION DES BOIS
Choisissez toujours des bois écocertifiés portant les labels FSC ou PEFC, garantie qu'ils proviennent de forêts gérées durablement.

Plinthes

Elles servent à assurer la protection du bas du mur à sa jonction avec le sol. Elles sont proposées dans une grande variété de formes, de largeurs, d'épaisseurs et de profils. Elles peuvent être en bois tendre (résineux) ou dur (chêne, hêtre ou bois exotique). Proposées dans des longueurs de 2 m à 2,40 m sur différentes épaisseurs, elles ont une hauteur de 70 mm à 110 mm. Si la plupart sont droites, certaines sont chanfreinées, voire moulurées. On trouve aujourd'hui des plinthes rainurées sur leur face arrière pour habiller une baguette électrique.

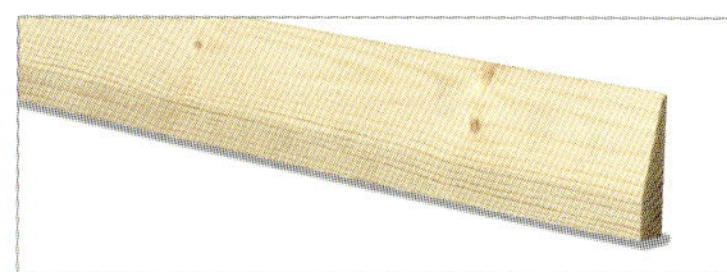

À pan coupé

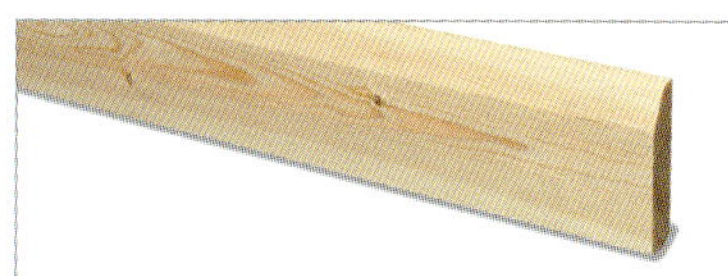

Chanfreinée

Moulurée

Corniche décorative

Elle assure la finition entre le mur et le plafond. Décorative, elle rythme les surfaces, rehausse les plafonds et donne du volume aux pièces.

Cimaise

En bois, en plâtre moulé ou en polystyrène. Elle peut être décorative en créant une unité entre différents éléments notamment pour faire une transition entre deux couleurs ou deux papiers peints.

Maçonnerie

La "maçonnerie" désigne classiquement l'assemblage de pierres, de briques, de parpaings et de béton pour construire des maisons.

Maison en blocs de granit

Pierre

À la différence des maisons anciennes, peu de maisons sont aujourd'hui construites en pierre.

- **La pierre de taille,** principalement de nature calcaire, est tranchée et dressée sur quatre faces parallèles deux à deux. Les blocs de schiste ou de granit sont moins réguliers.
- **Les pierres "de pays"** sont très irrégulières. Elles sont simplement posées les unes sur les autres ou assemblées, par affinité, avec du mortier de chaux ou de ciment.

La pierre est surtout utilisée actuellement pour construire les murets de jardin.

Brique

Les briques sont constituées d'argile cuite. On en trouve de différentes formes et couleurs pour s'accorder aux styles de construction régionaux. Elles sont pleines, creuses, perforées ou multi-alvéolaires.

- **Les briques pleines** servent surtout aux murs de façade et sont destinées, le plus souvent, à rester apparentes
- **Les briques creuses** ont des perforations horizontales. Leur format est plus grand que celui des briques pleines et elles sont utilisées pour construire des murs porteurs aussi bien que des cloisons. Elles sont destinées à être enduites.
- **Les briques multi-alvéolaires** (Monomur) s'assemblent à joint mince. Elles offrent une résistance thermique dispensant de toute isolation complémentaire à partir d'une épaisseur de 37,5 cm.

Parpaing (Bloc béton)

Les parpaings (dont l'appellation officielle est "Bloc béton") peuvent être creux, pleins ou perforés. Ils existent en différentes épaisseurs pour murs porteurs (200 mm), murs de refend (150 mm) ou cloisons (50, 75 ou 100 mm). Constitués de béton allégé et offrant une structure pleine, alvéolée ou perforée, ils sont assez faciles à couper, à percer et à mettre en œuvre, en dépit d'un poids assez important. Leur faible résistance thermique impose un doublage isolant (intérieur ou en façade). Ils ne peuvent rester apparents et doivent donc être enduits. Traditionnellement assemblés sur une couche de mortier étalée à la truelle, ils sont aujourd'hui montés à joint mince.

Béton cellulaire

Cette nouvelle génération de blocs est composée de ciment, de sable, de poudre d'aluminium et d'eau, ce qui donne un matériau très isolant. Ces blocs pleins et néanmoins légers se scient et se percent très facilement. Ils s'assemblent à joint mince avec un mortier spécifique. Outre des blocs porteurs, on trouve des carreaux pour le cloisonnement, dans des formes variées, y compris courbes.

Maison en briques apparentes

Ciments et chaux

Les différents matériaux de maçonnerie doivent être assemblés pour former un ouvrage. Le plus souvent c'est avec du mortier, de ciment et/ou de chaux (les liants hydrauliques), mélangé avec du sable et parfois du gravier afin, dans ce cas, d'obtenir du béton. Quand on y ajoute de l'eau, cela fait durcir le ciment ou la chaux, assurant une liaison solide entre les granulats.

Ciment

C'est une poudre fine résultant de la cuisson à haute température d'un mélange appelé le clinker, composé d'argile, de calcaire et de gypse auquel peuvent être ajoutés d'autres composants. Les ciments actuels répondent à la norme NF P 15-301 ou EN 197-1 qui définissent plus de 20 types de ciment, répartis en trois classes de résistance : 32,5 R, 42,5 R et 52,5 R. Pour les usages courants du bâtiment, on trouve les ciments usuels marqués "CEM". Les chiffres romains (de I à V) indiquent la proportion de clinker et d'autres matériaux utilisés pour des ouvrages spécifiques (sous l'eau, ouvrages à fortes contraintes, etc.), répondant à des exigences techniques données.

On distingue ainsi :

- **les ciments à maçonner** (MC), qui s'utilisent surtout pour la confection de mortiers ;
- **le ciment Prompt** (CNP) à prise ultra-rapide, en quelques minutes ;
- **le ciment fondu** (CA), à prise réglable et à durcissement rapide, utilisé pour des travaux urgents et des ouvrages exigeant une résistance élevée (conduits de cheminée, bétonnage par temps froid).

Les chaux

- **La chaux aérienne** éteinte durcit uniquement au contact de l'air. On l'utilise pour la restauration des enduits, des stucs ou badigeons, des joints de maçonnerie.
- **La chaux hydraulique naturelle** (NHL) durcit rapidement au contact de l'eau et progressivement au contact de l'air. On trouve trois classes de résistance (NHL 2, NHL 3,5 ou NHL 5 Mpa). On l'utilise pure pour la réalisation d'enduits, de joints de pierre de pays ainsi qu'associée au ciment pour faire du mortier bâtard. L'appellation NHL Z, désigne un produit constitué de chaux naturelle mélangée avec du ciment.
- **La chaux formulée** est constituée d'un mélange de chaux hydraulique, de ciment et d'adjuvants. On peut l'utiliser pour faire un mortier de sable bâtardé à l'ancienne

Adjuvants

Différents produits peuvent être ajoutés aux liants hydrauliques pour adapter le mortier à une utilisation donnée : retardateur ou accélérateur de prise, plastifiant, etc.

Plâtre

Le plâtre est un matériau très ancien, utilisé pour les scellements et les enduits, il existe aussi sous forme de plaques.

Origine et utilisations du plâtre

La matière première du plâtre est une roche minérale, le gypse. La poudre de plâtre obtenue après extraction et transformation du gypse, peut être mélangée à l'eau pour réaliser scellements, enduits ou moulages. Le plâtre est capable d'absorber l'humidité et a de bonnes propriétés thermiques et phoniques.

Les produits à base de plâtre

- **Les carreaux de plâtre.** Principalement destinés à la réalisation de cloisons intérieures, ce sont des éléments rectangulaires moulés, d'épaisseurs variables, pleins ou alvéolés et résistant à l'eau pour les pièces humides (carreaux hydrofuges).
- **Les plaques de plâtre.** Utilisées pour la réalisation de cloisons et de plafonds ainsi que pour la finition des murs intérieurs (parement des isolants), les plaques de plâtre sont constituées de plâtre moulé entre deux feuilles de carton recyclé. La plaque de plâtre se décline dans une gamme large pour répondre à tous les besoins d'aménagement et d'architecture intérieurs.

La plaque de plâtre standard est proposée dans des épaisseurs de 10 et 18 mm. Certaines sont traitées pour offrir une haute résistance à l'humidité, aux chocs, au feu. Le chant des plaques est aminci (BA) pour faciliter la réalisation des joints.

Le plâtre sur chantier

- **Les enduits.** Le plâtre peut être projeté puis lissé pour habiller les murs et les plafonds. Cette application se fait manuellement, avec une truelle spécifique (le platoir) puis lissé. Il peut être aussi projeté mécaniquement.
- **Le staff.** C'est un mélange de plâtre additionné de fibres, utilisé pour la réalisation d'ornements et d'éléments décoratifs (corniches, rosaces, moulures, colonnes, etc.).
- **Le stuc.** C'est un mélange de plâtre et d'autres matériaux (chaux, poudre de marbre) appliqué sur un support. Il est très employé en architecture pour réaliser des enduits en relief, et en sculpture pour effectuer des moulages. L'aspect de surface souhaité dépend du matériau choisi en addition du plâtre lui-même.

Plaque de plâtre

Isolation

Il existe actuellement de très nombreux matériaux pour améliorer l'isolation thermique de la maison, qui sont présentés sous différentes formes.

Laine en rouleau

Formée à l'origine exclusivement de fibres minérales (de verre ou de roche), la laine en rouleau est aujourd'hui constituée aussi de fibres végétales (chanvre, coton, cellulose) ou animales (laine de mouton, plumes de canard). Elle est présentée en bandes d'épaisseur variées (de 80 à 240 mm) sur une largeur de 0,60 ou 1,20 m, revêtue ou non sur une face, d'un pare-vapeur en papier kraft ou aluminium (devant toujours être placé du côté le plus chaud de la pièce).

Ce type d'isolant peut être soit déroulé directement sur le sol du grenier (combles non utilisés) en une ou deux couches, soit fixé sous les pans de la toiture (en général par un système de broches), soit intégré à un plafond suspendu ou encore à un système de double cloison en ossature et plaques de plâtre.

Isolants en vrac

Certaines configurations se prêtent à l'utilisation d'isolants en vrac, par exemple dans les corps creux de la construction ou sur le sol de combles non utilisés, ou non accessibles. De nombreux isolants peuvent ainsi être présentés sous forme de flocons (laine de verre, laine de roche, de coton, de mouton, de cellulose, etc.) ou de granulés (liège, mica-schiste expansé, etc.).

Isolants en panneaux semi-rigides

Différents isolants de type laine minérale, végétale ou animale, peuvent être rigidifiés pour être présentés en panneaux d'épaisseur relativement faible (de 45 à 100 mm) pour être posés au sol sous un plancher de recouvrement ou en cloison.

Panneaux rigides

On trouve aussi des panneaux isolants rigides de faible épaisseur (20 à 100 mm) en polystyrène expansé ou extrudé ou en mousse de polyuréthane. Ces différents isolants sont souvent associés à une plaque de plâtre pour former un panneau composite, conforme aux exigences acoustiques et permettant une bonne planéité.

Que vous vouliez poser des étagères, un plafonnier, des éléments de cuisine ou planter un crochet au mur, vous aurez besoin d'une fixation. Il existe une vaste gamme de clous, de vis et de colles. Pour faire votre choix, voici les plus courants.

Clous ou pointes

Les clous en acier ont des formes et des tailles différentes. Ceux réservés à l'extérieur sont en Inox pour ne pas rouiller.

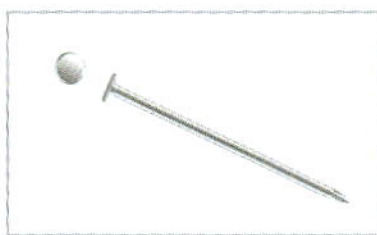

Clou à tête plate
C'est le modèle le plus courant. Il risque parfois de fendre le bois.

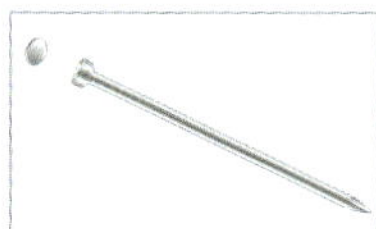

Clou tête homme ou à tête ovale
La forme ovale de la tête ne fendille pas le bois.

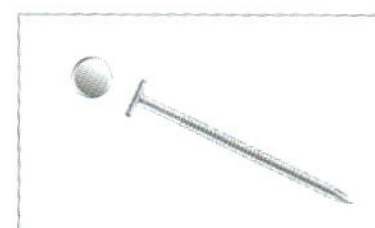

Clou cranté
Les cannelures de la tige assurent une très bonne fixation.

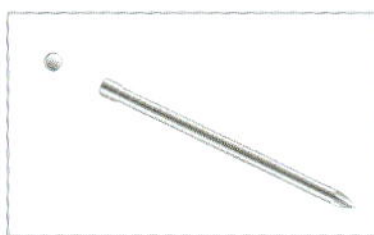

Pointe fine
Cette pointe s'enfonce sous la surface à l'aide d'un chasse-clou.

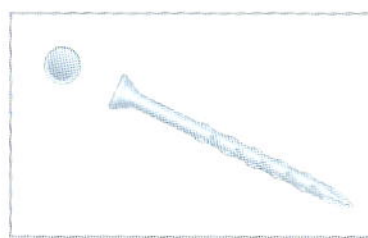

Clou pour plaque de plâtre
Sa tige irrégulière lui permet de tenir dans les plaques de plâtre.

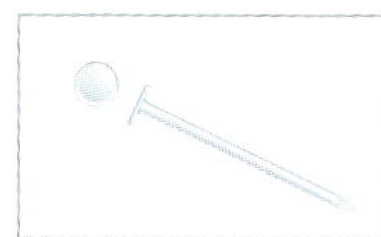

Clou à ardoise
En métal galvanisé, il sert principalement à fixer les ardoises.

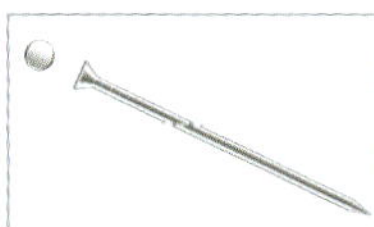

Clou à tête fraisée
Conçu pour les ouvrages en briques ou en parpaings, on l'utilise aussi pour les liaisons bois-maçonnerie.

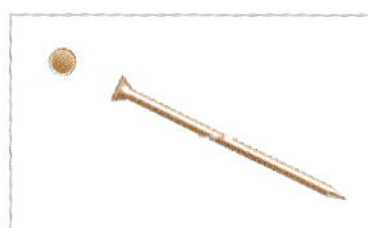

Pointe à panneau
Elle s'enfonce facilement et tient bien dans les panneaux de fibres grâce à ses stries.

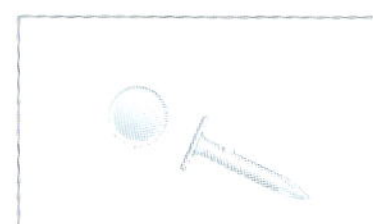

Clou à tête large
Ce petit clou sert surtout à fixer le feutre bitumé des toitures terrasses.

Vis

Les vis permettent une fixation plus solide que les clous et la plupart d'entre elles peuvent être vissées et dévissées plusieurs fois. Les vis ordinaires sont en acier doux, mais on en trouve en acier zingué (pour une utilisation en toiture ou à l'extérieur), en acier inoxydable, chromées, en aluminium ou encore en laiton.
Une vis se détermine par le diamètre et la longueur de sa tige, mais aussi par la forme et l'empreinte de sa tête et par son type de filetage. Plusieurs diamètres sont proposés pour différentes longueurs : on peut ainsi avoir une vis de 4 x 50 ou de 4 x 20 (les chiffres faisant référence à des cotes en millimètres).
D'une façon générale, les vis sont à tête plate et fraisée quand on veut faire disparaître celle-ci sous la surface du bois ou du métal, ou à tête ronde lorsqu'elle peut rester apparente.
L'empreinte pour son vissage est soit fendue, soit cruciforme.

AVANT-TROU

Les vis entreront plus facilement si vous faites un avant-trou pour les guider. Parfois, il s'agit d'un pointage avec une vrille, parfois, c'est un vrai trou, dont le diamètre doit être environ de la moitié de celui de la vis.

VIS À TÊTE PLATE

Pour noyer une vis, faites un épaulement à la perceuse avec un foret de diamètre adapté. La tête doit affleurer à la surface. Pour finir, comblez l'orifice avec de la pâte à bois, laissez sécher puis poncez.

EMPREINTE FENDUE OU CRUCIFORME

S'il n'existe qu'une forme de fente, il y a un grand nombre d'empreintes cruciformes. Les plus classiques sont les empreintes Phillips et Pozidriv. Prenez toujours le tournevis correspondant à la forme de la vis.

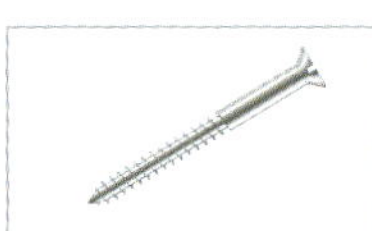

Vis à bois
Elle n'est filetée que sur une partie du corps. Sa tête est fraisée fendue.

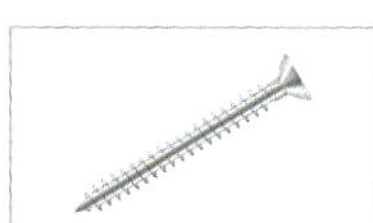

Vis à bois antifendage
Grâce à son double filetage, cette vis s'enfonce vite et sans fendre les bois tendres.

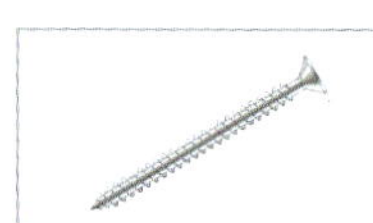

Vis agglo
Le filetage part de la tête jusqu'à son extrémité. Pour le bois ou l'aggloméré.

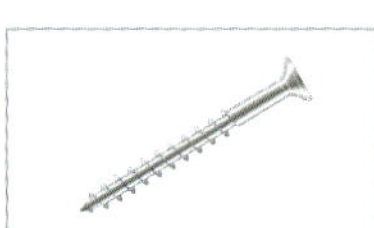

Vis à panneau
Le fût épais et le large filetage assurent une bonne tenue dans les panneaux.

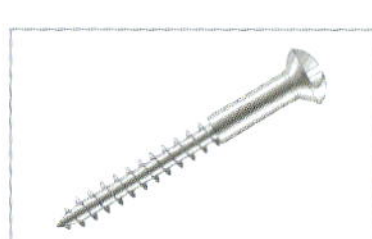

Vis à bois à tête bombée
Souvent associée à une rondelle cuvette. Utile en décoration

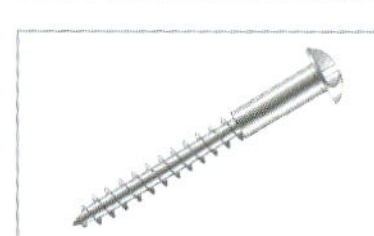

Vis à bois à tête ronde
Elle est utilisée dans le bois quand il n'est pas nécessaire de noyer la tête.

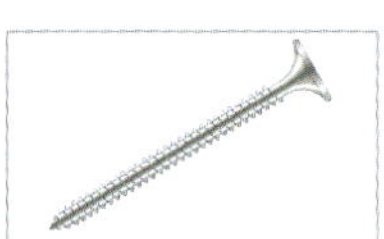

Vis à plaque de plâtre
Le double filetage de la vis garantit une bonne fixation dans la plaque de plâtre.

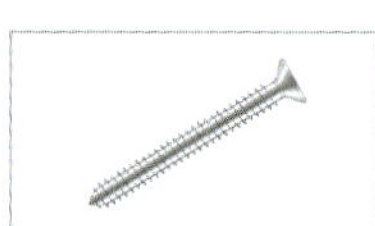

Vis autotaraudeuse
Elle perce les faibles épaisseurs de métal ou de plastique sans avant-trou.

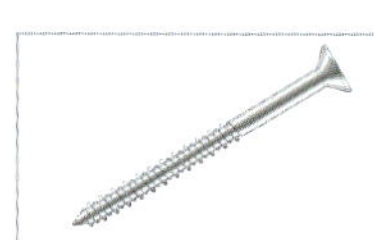

Vis béton
Très solide, elle permet de visser dans la maçonnerie sans chevillage.

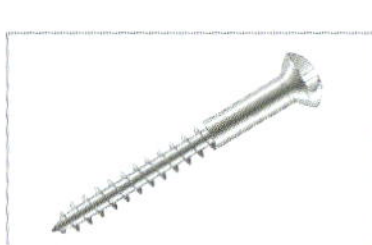

Vis de sécurité
La forme de la tête empêche la vis de bouger quand elle est en place.

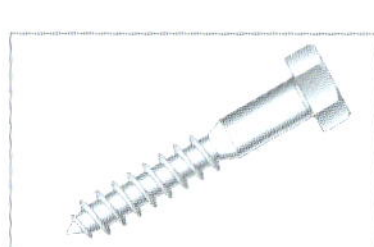

Tire-fond
À tête carrée ou hexagonale, le tire-fond se visse avec une clé.

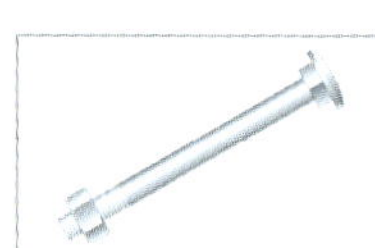

Boulon
Un épaulement carré vient se loger dans le bois lorsque l'écrou est serré.

Fixer une cheville dans un mur plein

Une vis ordinaire ne tiendra pas dans la maçonnerie sans chevillage. La cheville s'élargit sous l'effet du vissage jusqu'à remplir l'intégralité du percement, en évitant l'effritement du support et en répartissant la charge de traction. Pour percer la maçonnerie, utilisez une perceuse à percussion ou un marteau perforateur avec les forets adaptés. Vérifiez la concordance de taille de la cheville et de celle de la vis avant de commencer.

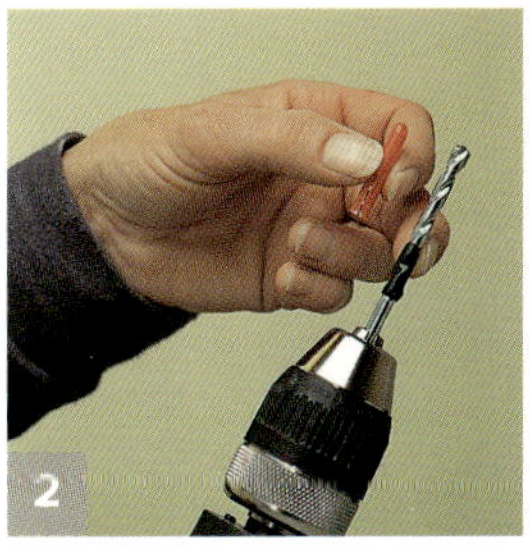

1. Choisissez une taille de cheville et de foret correspondant à celle de la vis. La couleur de la cheville permet de connaître le diamètre (jaune : 5 mm, rouge : 8 mm, brun 14 mm).

2. Après vous être assuré que la perceuse n'est pas branchée, ouvrez le mandrin et placez le foret dans la perceuse. Fixez un petit morceau d'adhésif sur la mèche. Il sert de repère de perçage si votre perceuse n'est pas équipée d'un guide de profondeur.

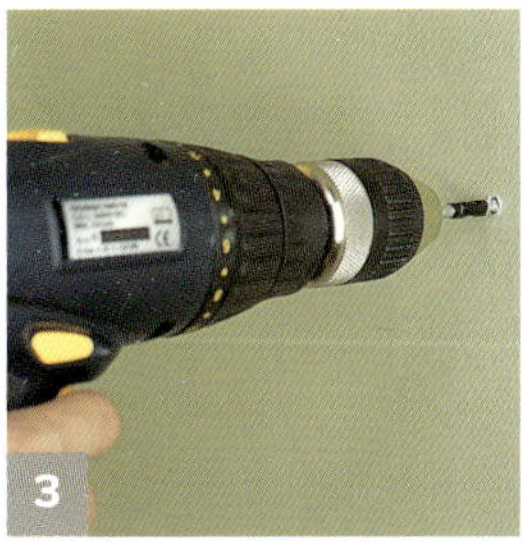

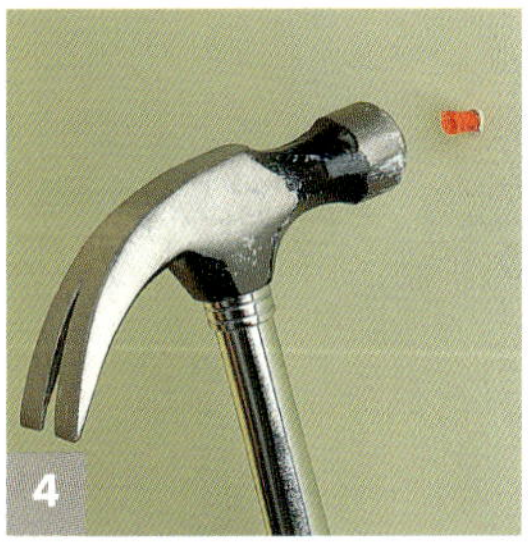

3. Gardez la perceuse à la perpendiculaire du mur et appuyez régulièrement, sinon le diamètre du trou ne sera pas uniforme sur toute la longueur du perçage.

4. La cheville s'enfonce en principe à la main. Si vous sentez une résistance, frappez doucement dessus avec un marteau sans marquer le mur.

LES BONS OUTILS

Outils
- Perceuse à percussion
- Marteau
- Détecteur de métaux et de courant

Matériel
- Vis
- Chevilles

LA BONNE INFO

Maîtriser la puissance

Si vous n'avez pas l'habitude de vous servir d'une perceuse à percussion, commencez par amorcer le trou en mode normal et n'enclenchez qu'ensuite la percussion.

Chevilles pour différents matériaux

Le diamètre intérieur des chevilles en plastique moulé doit être en rapport avec celui des forets. Certains fabricants proposent des chevilles dont la couleur correspond à un diamètre précis. Attention cependant : les teintes peuvent changer suivant la marque.

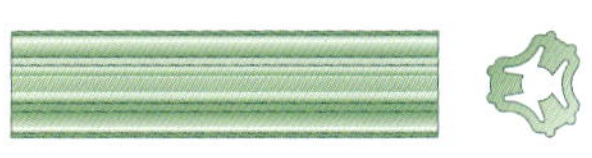

Cheville cylindrique cannelée
Elle est formée d'un tube en plastique extérieurement cannelé et profilé intérieurement pour un bon accrochage du filetage. Bon marché, elle n'offre pas une grande solidité de fixation.

Cheville à double languette
Cette cheville en Nylon moulé est fendue pour permettre une meilleure expansion sous l'effet du vissage. Elle comprend souvent deux ailettes qui l'empêchent de tourner dans le perçage.

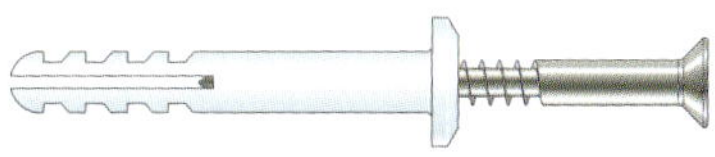

Cheville à frapper
La cheville à frapper réunit, dans un même ensemble, la cheville et la vis. Elle est idéale pour fixer des tasseaux au mur en un minimum d'opérations. Après avoir percé en une seule fois le tasseau et le mur, enfoncez la cheville à frapper au marteau, puis serrez la vis. Certaines chevilles de ce type sont prévues tout spécialement pour aller chercher la partie dure de la maçonnerie derrière une plaque de plâtre.

Chevilles pour cadre d'huisserie

En plastique

En métal

Ces longues fixations combinent un cylindre, une tige filetée à tête fraisée et un cône terminal d'expansion qui remonte vers la tête quand on visse, et entraîne l'expansion de la partie cylindrique.

Fixations lourdes

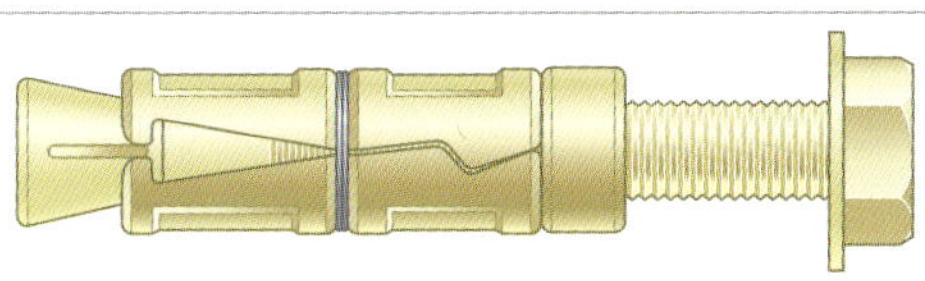

Goujon à expansion
Ce type de fixation convient pour faire tenir des éléments très lourds dans la maçonnerie : poteaux de clôture ou murets maçonnés. Un boulon se trouve à l'intérieur d'un fourreau segmenté en métal ou en plastique qui s'ouvre sous l'effet du vissage et s'ancre solidement au support. Attention de ne pas faire éclater celui-ci !

Quincaillerie d'assemblage pour meuble

Les vis classiques tiennent mal dans le panneau de particules. C'est pourquoi les fabricants de meubles, notamment en kit, ont développé un grand nombre d'accessoires permettant d'assurer une fixation rapide, solide et durable.

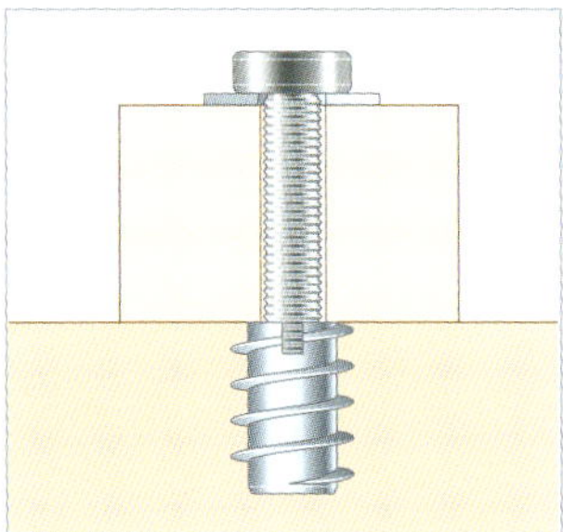

Douille en Nylon

Cette grosse cheville en Nylon ailetée, que l'on visse en force dans un trou percé dans le panneau, constitue une douille filetée intérieurement pouvant recevoir un boulon d'assemblage.

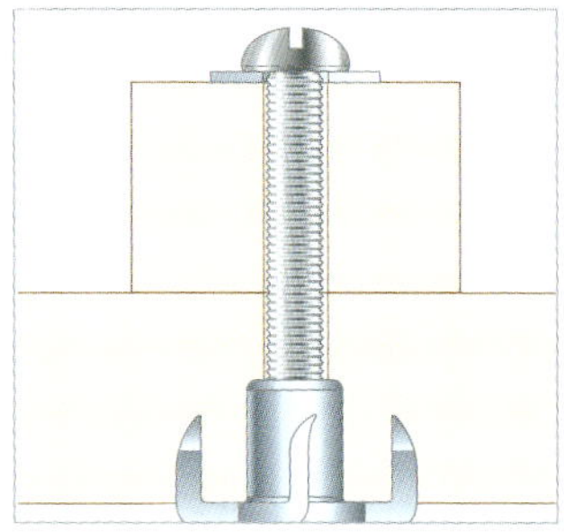

Écrou à griffes

Les griffes de cet écrou se plantent dans la face du panneau pour permettre une fixation traversante.

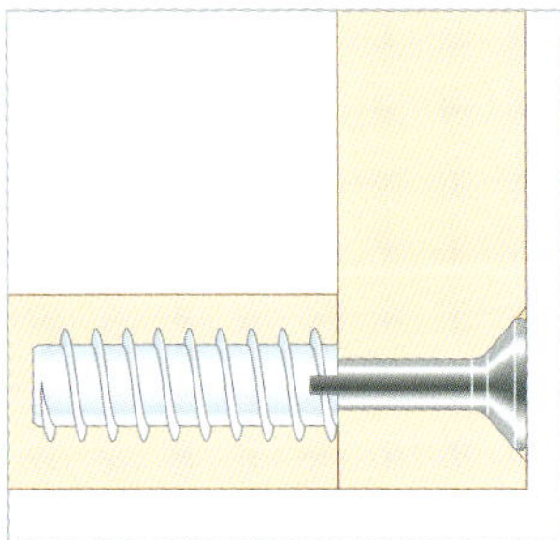

Douille métallique

Cette douille métallique à visser dans le chant d'un panneau permet un assemblage, plus discret qu'un bloc d'assemblage. On l'utilise pour un assemblage en angle.

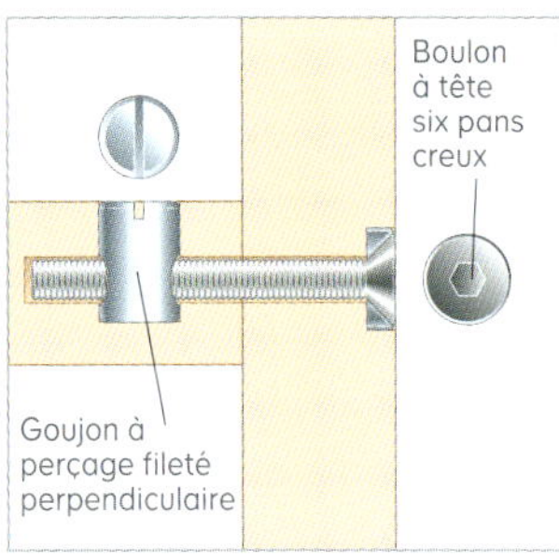

Goujon d'assemblage

Ce système d'assemblage comprend un goujon traversé perpendiculairement par un perçage fileté dans lequel vient s'engager un boulon à tête à six pans creux.
Ce dispositif est idéal pour la pose d'étagères à supports invisibles (dans des meubles de cuisine, par exemple).

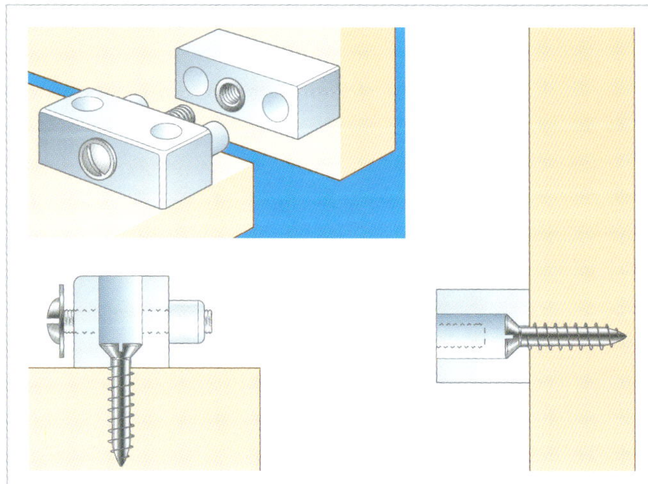

Bloc d'assemblage

Ce bloc en plastique en deux parties est largement utilisé pour assembler à angle droit des panneaux et des étagères des meubles en kit. Différents systèmes permettent l'emboîtement et le blocage des deux parties.

Fixer dans les matériaux creux

Quand on veut fixer une vis dans un matériau creux, et en particulier dans une plaque de plâtre, il faut utiliser des chevilles spécifiques. Il existe différents systèmes, mais aucun ne permet d'accrocher de très lourdes charges sur ce genre de cloison. La plupart doivent être expansées avec une pince spéciale avant serrage de la vis.

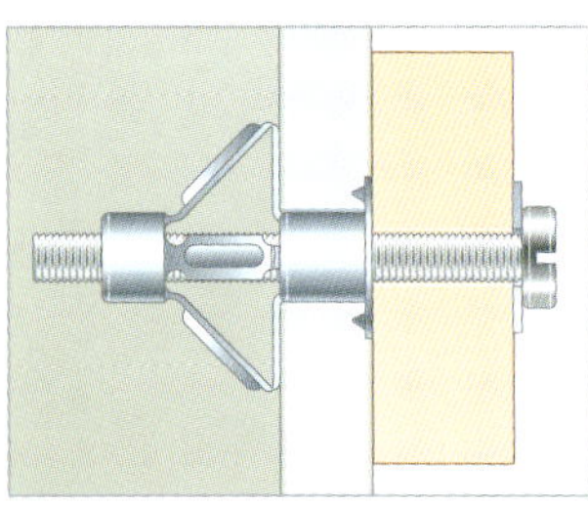

Cheville métallique à expansion

Les ailettes s'écartent derrière la plaque pour répartir la charge. C'est la cheville la plus utilisée pour la plaque de plâtre.

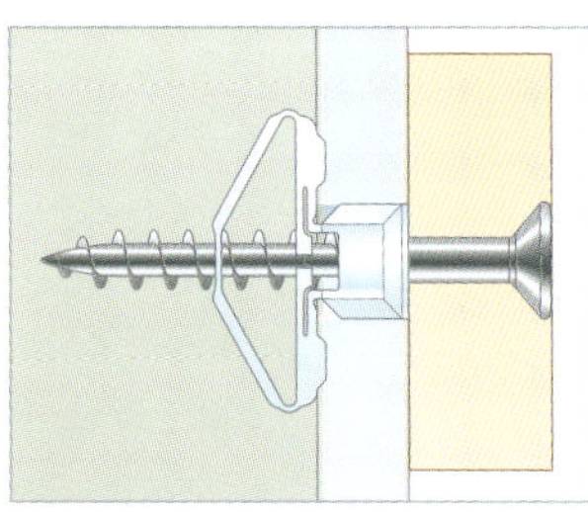

Cheville plastique à expansion

Dans ce système, les ailettes ne sont pas en métal mais en plastique, donc pour fixations plus légères. Convient pour plaque de plâtre et pour panneaux dérivés de bois.

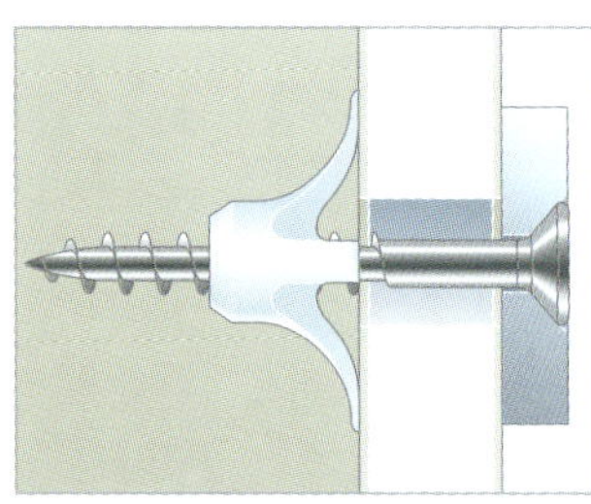

Cheville d'ancrage en Nylon

Avec ce système, on engage la vis dans la cheville, on enfonce celle-ci dans le trou jusqu'à la faire passer derrière la plaque, puis on serre la vis pour écarter les branches d'ancrage. Elle s'apparente davantage à une cheville classique.

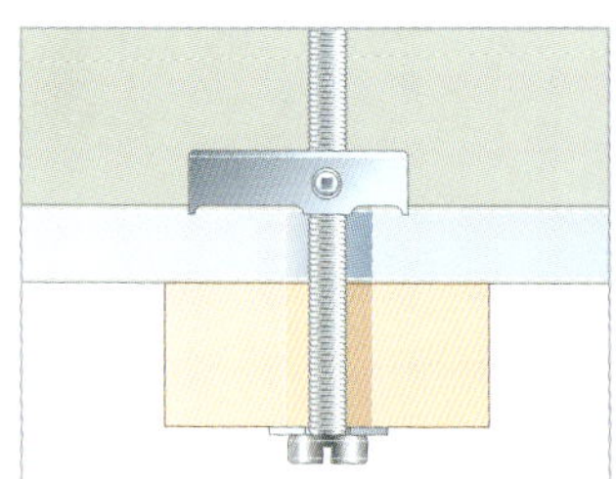

Cheville à bascule

Une bascule se rabat de l'autre côté de la plaque après avoir été insérée dans le trou en même temps que la tige filetée. Quand on serre celle-ci, la bascule se plaque et s'ancre par l'intermédiaire de deux ergots.

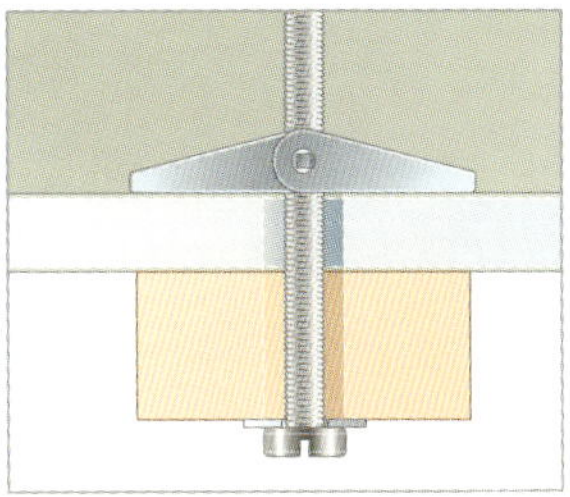

Cheville à ressort
Ce système comprend deux ailettes proches de la tige filetée de la vis que l'on insère avec celles-ci dans le trou percé dans la plaque, et qui s'écartent une fois passées derrière le support, sous l'effet d'un ressort. Il suffit ensuite de serrer la vis pour obtenir une solide fixation contre la plaque.

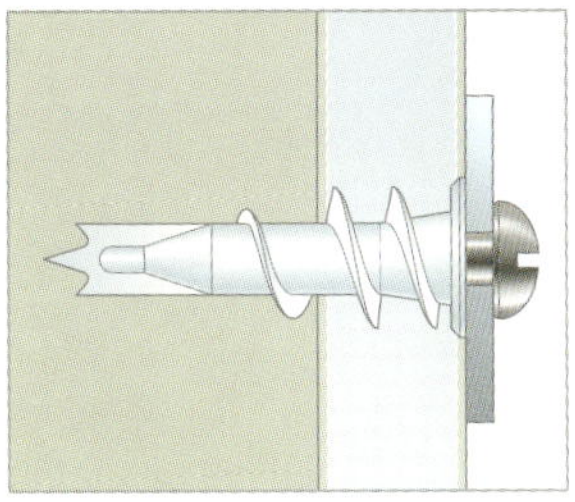

Cheville à visser en plastique
La pointe à ailettes de cette cheville permet un vissage direct dans la plaque de plâtre.

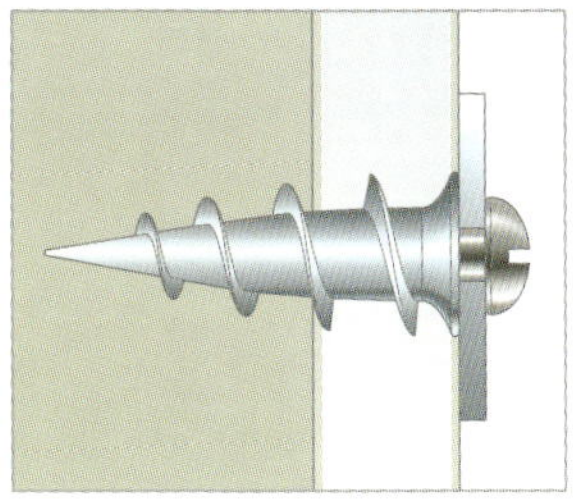

Cheville à visser en métal
Cette cheville à visser a une pointe acérée et un filetage tel qu'elle se visse directement dans la plaque de plâtre.

LA BONNE INFO

Utilisation des colles
Beaucoup de colles utilisent encore des solvants puissants. Travaillez dans un local bien ventilé. En cas de collage accidentel de la peau, de contact avec les yeux ou d'ingestion, consultez immédiatement un médecin ou appelez le centre antipoison. Notez aussi que beaucoup de colles sont inflammables.

Colles et mastics

On trouve aujourd'hui une gamme très large de colles performantes, adaptées à pratiquement tous les cas de figure, simples à utiliser. La grande nouveauté tient au remplacement progressif des colles solvantées par des colles à base d'eau, dans presque toutes les catégories d'adhésif.

COLLE VINYLIQUE

De consistance plus ou moins pâteuse, la colle vinylique est proposée sous différentes formes et conditionnements en fonction de l'utilisation projetée, aussi bien pour le bois que pour certains collages muraux. La colle vinylique est d'aspect blanc laiteux et devient incolore en séchant. Elle craint le gel et ne résiste en général pas très bien à l'eau. Il en existe, cependant, qui échappe à cette règle. Elle nécessite un serrage d'environ 30 min pour assurer une prise correcte.

COLLE POLYURÉTHANE MONOCOMPOSANT

Ce type de colle est très adapté au collage du bois à l'extérieur, notamment pour des pièces exposées à la chaleur et à l'humidité, mais elle peut convenir aussi pour l'assemblage de nombreux autres matériaux entre eux. Elle résiste très bien à l'eau et à la chaleur. Elle est souvent désignée par les lettres "PU." Elle prend en 30 min mais demande un serrage de plusieurs heures pour assurer une prise satisfaisante. Elle se présente sous forme liquide ou en gel.

COLLE CONTACT AU NÉOPRÈNE

Elle permet l'assemblage quasi instantané de presque tous les matériaux : bois en particulier le placage, métal, carrelage, pierre, verre, plastiques. Elle est cependant à proscrire avec le polystyrène et certaines mousses plastiques. C'est une colle monocomposant à appliquer en fine couche sur les zones de jonction des pièces à assembler. Quand elle ne poisse plus au toucher (on parle de "temps de gommage"), on met les pièces en contact et l'on appuie fortement : les deux éléments sont collés définitivement, on ne peut plus les repositionner. Les colles au Néoprène sont présentées désormais sous forme liquide, en gel, en pot, en tube, et même en aérosol. Quelques-unes sont aujourd'hui à base d'eau.

COLLE MASTIC MURALE

Cette colle, généralement à base de caoutchouc Néoprène, permet de fixer au mur solidement la plupart des matériaux, en intérieur comme en extérieur, notamment les plinthes, les lambris, les tasseaux et les moulures, etc. Elle offre une adhérence immédiate puissante, sans serrage. Elle résiste à l'humidité et à la chaleur.

COLLE INSTANTANÉE CYANO-ACRYLATE

Souvent baptisée "glue", cette colle garantit une prise instantanée et un collage très rapide (10 secondes) de très haute adhérence. Présentée en tube ou en flacon de petite contenance (3 à 5 g) elle est à utiliser en très faible quantité.
Aujourd'hui sans solvant, il faut s'en servir avec beaucoup de précautions car elle colle à la peau et aux yeux en quelques secondes. Elle doit donc être tenue hors de portée des enfants.
En cas de collage accidentel de la peau (par exemple de deux doigts entre eux) ne jamais essayer de décollement par arrachement brusque des zones concernées. Immergez les surfaces collées dans de l'eau tiède savonneuse, essayez ensuite de décoller délicatement les parties collées, en vous aidant éventuellement d'une spatule à bout arrondi (non coupant), d'un manche de cuillère ou d'un instrument similaire. Achevez d'enlever l'adhésif avec de l'eau et du savon. Sans résultat, consultez un médecin.

COLLE ÉPOXY À DEUX COMPOSANTS

Cette colle à prise rapide est présentée sous forme liquide ou pâteuse. Dans le premier cas elle est conditionnée dans deux tubes séparés (parfois dans une seringue à deux pistons) ; dans le second, sous forme d'une pâte à deux composants séparés qu'il faut malaxer entre les doigts pour mélanger les produits.
- Sous forme liquide, elle permet un collage à prise rapide de tous les matériaux rigides tels que les métaux, la pierre, le marbre, la céramique, le verre, les plastiques rigides, le bois, etc.
- Sous forme solide, on s'en sert de mastic de réparation pour reconstituer les bois et les métaux dégradés ou pour un collage ponctuel. Une fois sec, le produit peut être poncé, râpé, limé, comme du bois ou du métal.

COLLES SPÉCIALISÉES

De nombreuses colles sont prévues pour un usage spécifique adapté à un matériau ou à une catégorie de matériaux. Il en est ainsi de la colle pour PVC, de la colle pour tissus, de celle pour plastiques souples ou encore de la colle à maquette. Certaines colles "universelles" sont polyvalentes.

Ecolabel européen

La petite fleur de l'écolabel européen signale les produits garantissant une "approche globale" qui "prend en considération le cycle de vie du produit à partir de l'extraction des matières premières, la fabrication, la distribution, et l'utilisation jusqu'à son élimination après usage". N'hésitez pas à privilégier les produits bénéficiant de ce label.

Énergies renouvelables, écomatériaux, jardin biologique, etc. l'écologie s'invite toujours plus dans nos maisons. Construire, rénover et aménager sans nuire à l'environnement et à la santé, tout en faisant des économies? C'est désormais à la portée de tous. Vous retrouverez dans ces pages les produits et les techniques à utiliser pour une maison plus saine, plus économe et plus écologique.

1. Économiser l'énergie

La lutte contre le gaspillage énergétique est avant tout un état d'esprit, qui s'inscrit dans une démarche environnementale plus large. Elle se pratique à la fois au quotidien comme une discipline de vie, et à long terme dans une évolution structurelle de l'habitat. L'isolation joue ici un rôle crucial car la meilleure des économies d'énergie, c'est encore de ne pas avoir à en consommer. Les isolants sont aujourd'hui très performants et les méthodes de pose parfaitement maîtrisées. L'enjeu de la nouvelle réglementation thermique (RT 2012) passe aussi par une étanchéité du bâti telle qu'on ne l'a que très rarement pratiquée. La barre d'une consommation d'énergie primaire de 50 kWh/m^2/an constituait jusqu'à présent un challenge atteint sur un nombre réduit de construction. C'est aujourd'hui toutes les maisons neuves qui atteindront ce niveau, garant d'une consommation très limitée d'énergie.

2. Choisir le bois

Presque totalement abandonné en construction, le bois a retrouvé ses lettres de noblesse et s'impose comme le matériau de l'avenir. Il permet de réaliser des maisons chaleureuses, agréables à vivre et surtout faciles à isoler et donc à chauffer. Il répond parfaitement, en cela, aux contraintes de la nouvelle réglementation thermique. Mais c'est aussi un matériau renouvelable dont l'impact carbone est nul, y compris en chauffage. Grâce aux progrès technologiques des appareils de chauffage, c'est aussi un combustible efficace, dont le rendement n'a rien à envier à celui des combustibles fossiles, pétroliers et gaziers. Faire le choix du bois c'est conforter une démarche écologique initiée par l'isolation et la lutte contre tous les gaspillages.

Lors de sa combustion, le bois libère dans l'air autant de dioxyde de carbone (CO_2) qu'il en a absorbé durant sa croissance. Son impact est donc neutre sur l'effet de serre. L'utilisation du bois permet de diviser les émissions de CO_2 par 12 par rapport au fioul et par 6 par rapport au gaz.

3. Mobilité optimale

Perte de mobilité ou d'autonomie, accident de la vie, peuvent nécessiter de vivre dans un logement spécialement aménagé qui soit accessible, adapté et adaptable. Pour avoir un habitat fonctionnel, confortable et accueillant, des solutions existent. Il suffit de les mettre en pratique et de procéder aux quelques équipements nécessaires pour permettre un maintien à domicile.

Construite en matériaux renouvelables (ici le bois), produisant une partie de son énergie (ici le photovoltaïque), la maison écologique doit aussi être bien ventilée.

Qualité énergétique de la maison

Le premier geste "vert" consiste à réduire la consommation énergétique de la maison. Le bâtiment représente en France plus de 40 % de la consommation totale d'énergie. En construction comme en rénovation, différents aménagements permettent de réduire cette consommation tout en bénéficiant d'un confort égal ou supérieur.

L'ISOLATION

L'isolation du sol aux combles en passant par les murs, les portes et les fenêtres, permet de diviser par 3 les besoins en énergie pour le chauffage.

- Évitez les déperditions de chaleur, en respectant scrupuleusement les règles de pose.
- Pour la pose d'isolants fibreux, en vrac, en panneaux, sur les murs ou en sous-toiture, posez un frein vapeur du côté le plus chaud, couvrant intégralement l'isolant.
- Assurez une étanchéité à l'air : film frein vapeur non percé, joints scotchés, pourtours collés.

LE CHAUFFAGE

L'utilisation des énergies renouvelables telles que le bois, le solaire ou celle de la pompe à chaleur dispense du recours aux combustibles fossiles. Vous pouvez aussi produire chez vous l'électricité à partir de panneaux solaires : une façon de plus de combiner économie et écologie. Enfin l'emploi de nouveaux matériaux et de nouvelles techniques de construction rendent crédible l'objectif d'une maison ne consommant plus d'énergie, voire en produisant plus qu'elle n'en consomme.

Traitement des joints d'une isolation sous-toiture : l'étanchéité à l'air est un des enjeux de la RT 2012.

Panneaux solaires en toiture

Qualité de l'air

Si l'on considère le temps de sommeil et celui des loisirs, c'est dans la maison que nous passons la plus grande partie de notre vie : on doit donc être sûr que la qualité de l'air ne constitue pas un risque pour la santé. Or certains matériaux utilisés en construction "classique" dégagent des composés organiques volatils (COV), des résidus d'hydrocarbures, qui peuvent être nocifs pour les habitants. Vous pourrez réduire la teneur de l'air en COV rien qu'en utilisant des peintures, vernis et produits d'entretien écologiques. Bien sûr, cela ne vous dispense pas, toutefois, d'un renouvellement efficace de l'air intérieur.

Les maisons bien isolées sont en effet très étanches et le renouvellement de l'air est la seule garantie d'un air de qualité, sans excès de vapeur d'eau (source de moisissures et de développements bactériens).

Récupérateur d'extraction d'une VMC hygroréglable

Qualité de l'eau

Chaque personne consomme en moyenne 148 l d'eau potable par jour, dont à peine 40 % nécessitent véritablement de l'eau potable. Une maison écologique, c'est donc une maison qui réduit nos consommations inutiles en eau potable, grâce à des installations (chasse d'eau, robinetterie) économes, qui permettent d'alléger significativement les factures.

L'étape suivante, c'est la récupération de l'eau de pluie. L'économie potentielle pour une famille de 4 personnes est de 120 000 litres d'eau par an.

Récupérateur d'eau

Le bois

Reconnu comme le matériau de construction écologique par excellence ; il est naturel par essence, recyclable et renouvelable, à condition qu'il bénéficie des labels de certification (FSC, PEFC) ou de contrôle, garantie que le bois provient de forêts durablement gérées.

En construction, chauffage ou décoration, le bois fait des prouesses. Il est écologique grâce à la qualité de son isolation thermique, il est économique notamment par la rapidité de construction. C'est un matériau propre, sain et recyclable. Ossature, ameublement et mobiliers labellisés et contrôlés, le bois s'impose dans la maison écologique.

Construction, aménagement, équipement, décoration : il y a mille manières d'agir pour préserver l'environnement dans la maison. Découvrez ici les réflexes quotidiens qui feront de vous un écocitoyen, à la maison, au jardin, ou dans vos déplacements.

LA BONNE ASTUCE

Recyclage
Castorama reprend vos anciens appareils électriques pour tout nouveau produit équivalent acheté. Les prix des produits concernés incluent le coût du recyclage reversé à l'éco-organisme qui reprend, recycle et revalorise les déchets électriques et électroniques. Dans chaque magasin est installé un conteneur pour le dépôt des appareils électriques, des piles usagées et des ampoules à économies d'énergie.

À la maison

C'est dans la maison que les mauvaises habitudes entraînent le gaspillage d'énergie le plus manifeste. Quantité de gestes peuvent être corrigés pour limiter notre impact sur l'environnement et vivre en même temps de façon plus saine et plus responsable.

- **J'éteins la veille de mes appareils électriques** (TV, ordinateurs, etc.). En les éteignant complètement, j'économise jusqu'à 10 % sur ma facture d'électricité. Non seulement, je dépense moins et je réduis mes émissions de gaz à effet de serre, mais je prolonge aussi la durée de vie de mes appareils.

- **Je pense au couvercle pour faire bouillir de l'eau.** Un couvercle pour maintenir 2 litres d'eau bouillante, c'est 4 fois moins d'énergie consommée.

- **Je fais sécher mon linge au grand air.** Un sèche-linge représente à lui seul 15 % de ma consommation annuelle d'électricité.

- **Je dégivre régulièrement mon réfrigérateur** avant que la couche de givre n'atteigne 3 mm d'épaisseur, ce qui me permet d'économiser jusqu'à 30 % de sa consommation d'électricité.

- **Je prends une douche rapide plutôt qu'un bain.** Je consomme ainsi entre 25 et 100 litres d'eau au lieu de 250 litres environ, et je participe à la préservation de cette ressource naturelle limitée.

- **Je ne fais plus de prélavage.** Aujourd'hui, le prélavage est devenu inutile. En machine, nos textiles modernes peuvent très bien s'en passer. C'est une économie de 15 % d'énergie.

- **J'utilise une lessive sans phosphates** pour éviter la prolifération d'algues microscopiques, dangereuses pour la vie aquatique. Aujourd'hui, les quantités de phosphate mesurées dans les rivières sont 10 à 15 fois supérieures aux teneurs naturelles.

- **Je trie mes déchets** (emballages, verre, papier, etc.) en tenant compte des consignes. Si le tri sélectif des déchets n'est pas organisé dans ma commune, je vais les déposer à la déchetterie la plus proche de chez moi.

- **Je bois l'eau du robinet.** En France, l'eau du robinet est parfaitement potable. La consommation d'eau en bouteille nécessite beaucoup de transport et donc des tonnes de CO_2 émis dans l'atmosphère. De plus, les bouteilles en plastique participent à l'augmentation des déchets ménagers. Enfin, l'eau du robinet coûte 100 à 300 fois moins cher que l'eau en bouteille (coût du liquide : 20 % ; coût de l'emballage : 80 %). Et si l'eau du robinet a un petit goût, j'utilise une carafe filtrante.

- **Je pense à donner à recycler** les systèmes et appareils utilisant des gaz fluorés. Réfrigérateurs, congélateurs, climatiseurs de voiture et d'habitation. Ces appareils utilisent du fréon, redoutable gaz à effet de serre, qui s'échappe dans l'atmosphère quand les systèmes de réfrigération fuient.

Cette poubelle en Inox possède deux compartiments et deux couvercles commandés chacun par une pédale pour faciliter le tri sélectif des ordures.

Très simple à utiliser et peu coûteuse, la carafe filtrante permet d'améliorer nettement la qualité gustative de l'eau du robinet.

Au jardin

Le jardin, c'est un coin de nature apprivoisé, domestiqué, mais aussi surtout exploité à notre avantage, pour produire ou pour se détendre. Certaines bonnes pratiques peuvent pourtant permettre de concilier ces utilisations avec des pratiques vertueuses sans danger pour l'environnement.

• **J'évite les emballages inutiles** en adaptant la quantité achetée à ce qui sera nécessaire (graines, semences, terreau, etc.) en sachant que, conservés à l'abri, ces produits se gardent longtemps.

• **J'arrose mon jardin le soir** quand l'évaporation est moins forte, ce qui me permet de faire une économie d'eau de 50 % en moyenne pour la même efficacité.

• **Je laisse un coin en friche dans mon jardin.** J'y découvrirai de nouvelles espèces de plantes qui abritent de nombreux insectes (abeilles, papillons, etc.) utiles au bien-être de mes plantations et à leur reproduction.

• **Je laisse faire la nature.** En effet, le vent, les oiseaux et les insectes sèmeront à ma place. Laisser faire les alliés naturels pour l'élimination des parasites (coccinelles contre les pucerons) et la fertilisation de la terre (vers de terre, etc.). J'aménage des carrés sauvages où je laisse des tas de bois morts pour les attirer naturellement.

• **Pour mon potager, j'économise l'effort du labour.** Le labour est une tâche ardue qui fragilise le sol. Je préfère la technique traditionnelle du paillis qui consiste à recouvrir le sol de végétaux pour limiter l'évaporation et la pousse de mauvaises herbes. La terre n'en sera que plus enrichie et protégée.

• **Je récupère les eaux pluviales pour de multiples usages domestiques.** L'eau sera récupérée dans un conteneur et pourra être utilisée pour l'arrosage du jardin ou le lavage de la voiture. Pour autant, en France, il n'est pas permis d'exploiter cette eau pour les usages domestiques qui demandent plus de salubrité.

• **Composter vos déchets verts.** Environ un tiers de nos déchets peuvent être compostés : épluchures, cendre de bois, feuilles, marc de café, etc., la liste est longue. Il permet à la fois de nourrir la terre de manière naturelle et de réduire le volume des ordures ménagères.

• **J'utilise mon propre engrais naturel.** Même si certains fabricants font des efforts pour créer des engrais moins néfastes pour l'environnement, rien de tel que d'utiliser ce que la nature nous offre. Il existe de nombreuses plantes répulsives (ciboulette, ail, ortie, basilic, dahlia, etc.) qui font fuir les insectes indésirables.

• **J'installe un éclairage solaire.** Adaptées à l'éclairage du jardin, les éclairages photovoltaïques fonctionnent à l'aide d'un capteur et d'une batterie. Elles emmagasinent l'énergie des rayons solaires pour éclairer dès la nuit tombée, et ce jusqu'à 8 heures d'autonomie.

Un jardin potager bien géré, arrosé sans gaspillage, paillé régulièrement, permet l'application des bonnes pratiques de jardinage.

L'éclairage solaire au jardin peut servir aussi bien à baliser une allée, qu'à décorer un espace aménagé.

Une maison 100 % autonome en énergie, c'est possible !

L'avenir est là, avec ces maisons dites "basse consommation" ou "maisons passives" qui consomment jusqu'à 10 fois moins d'énergie que les constructions classiques.
Le principe est simple et intelligent : il s'agit de consommer moins et mieux en optimisant la chaleur gratuite du soleil. Cette optimisation est atteinte grâce à :

- une conception compacte de la maison (réduction de la surface d'échanges thermiques),
- une isolation ultra performante,
- une orientation sud des pièces de vie,
- une excellente étanchéité à l'air (double ou triple vitrage),
- une ventilation adaptée aux besoins,
- une recherche d'inertie thermique des murs et dalles, pour emmagasiner de la chaleur le jour et de la fraîcheur la nuit.

LA BONNE INFO

LE THERMOLASER
Le pistolet thermolaser permet de vérifier le différentiel entre la température de votre pièce et celle des parois et ouvertures (murs, fenêtres, etc.) Si celle-ci est supérieure à 4 °C, cela signifie qu'il y a du gaspillage d'énergie.

La maîtrise de votre consommation d'énergie dépend surtout de la qualité de l'isolation de votre habitation. Isoler permet de réaliser des économies, de profiter d'un meilleur confort, mais aussi de réduire les émissions de gaz à effet de serre. Toiture, murs, sols et fenêtres sont autant de zones de faiblesse. Différentes solutions techniques permettent d'obtenir une isolation de qualité dans le neuf comme dans l'ancien.

Déperditions de chaleur

Dans une maison chauffée, il y a une perte de chaleur en différents points faibles de l'habitation quand elle n'est pas isolée : toiture, systèmes de ventilation (VMC simple flux, extracteurs, etc.), murs, fenêtres, sol, différentes zones de jonction entre les éléments de construction (c'est ce que l'on appelle les "ponts thermiques").
Si ces différentes parties de la maison ne sont pas traitées, c'est-à-dire pas isolées, le maintien du confort à l'intérieur de la maison passe par un surcroît de chauffage et donc tout à la fois par :
• une consommation excessive de combustible (fioul, gaz ou bois) ou d'électricité et donc une augmentation des dépenses ;
• un surcroît d'émission de CO_2 (gaz à effet de serre) et de différents polluants dans l'atmosphère, ce qui participe au réchauffement climatique et à la dégradation de la qualité de l'air.

LES RÉGLEMENTATIONS THERMIQUES (RT)

Dans les années 1990, les Pouvoirs publics ont promulgué une réglementation thermique devant être réactualisée périodiquement. L'État fixe ainsi par décret et arrêté les exigences en matière de consommation énergétique pour tous les bâtiments résidentiels ou non. Elle s'applique à tous les permis de construire et aux rénovations lourdes conduites par des professionnels. Elle poursuit les objectifs suivants :
• réduire la consommation d'énergie des bâtiments ;
• maîtriser les dépenses d'énergie ;
• prendre en compte le confort d'été ;
• diminuer les émissions de gaz à effet de serre ;
• se conformer aux normes européennes.
L'objectif est de ramener les émissions de gaz à effet de serre moyennes de la période de 2008 à 2012, au niveau de celles de 1990.

GASPILLAGE DE CHAUFFAGE

Si elle n'est pas bien isolée, votre maison est une passoire et vous chauffez surtout les courants d'air ! C'est bien sûr la toiture qui constitue la principale zone de déperdition. Il faut donc isoler la toiture ou le sol des combles en priorité. Puis viennent les murs (surtout exposés au nord), plus difficiles à traiter quand la maison est déjà construite. La ventilation, quand elle n'est pas bien maîtrisée est aussi très dispendieuse en énergie. On passe ensuite aux ouvertures, dont il faut souvent remplacer les huisseries et pour finir au sol, surtout s'il est de plain-pied.

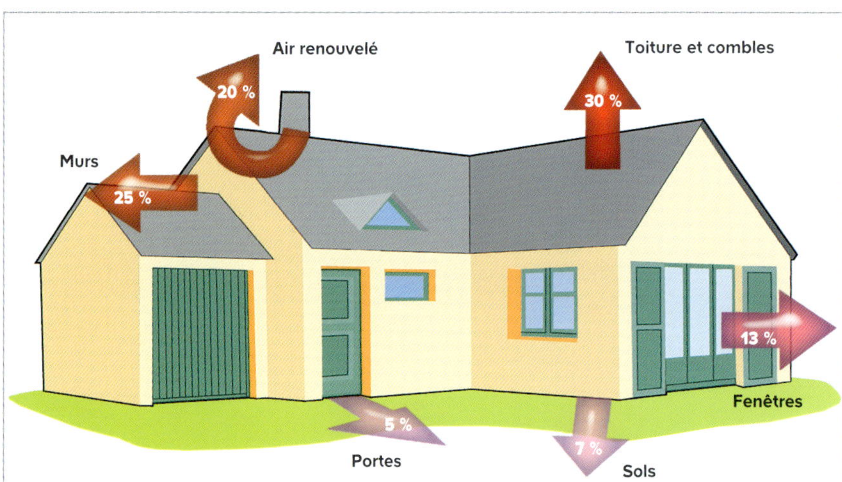

DÉPERDITIONS THERMIQUES MOYENNES

LA RT 2012

L'objectif vise le niveau de performance énergétique défini par le label BBC-Effinergie. La réglementation en vigueur sera renforcée afin que toutes les constructions neuves présentent, en moyenne, une consommation d'énergie primaire (avant transformation et transport) inférieure à 50 $kWh/m^2/an$. Elle entre en vigueur pour les habitations au 1er janvier 2013.

Le DPE : diagnostic de performance énergétique

Le diagnostic de performance énergétique est obligatoire lorsqu'on veut vendre ou louer un bien immobilier. Il doit être fourni au locataire à la signature du bail et à l'acquéreur au moment de la signature du compromis de vente. Le classement énergétique des biens concernés doit être indiqué sur les petites annonces immobilières.
Le DPE n'est pas seulement un diagnostic de la qualité de l'isolation de la maison, mais une analyse globale de la qualité énergétique de celle-ci. Il intègre notamment le niveau de performance du système de chauffage. Vous pouvez aussi le faire réaliser volontairement, par exemple avant de refaire l'isolation de la maison ou de remplacer votre système de chauffage.

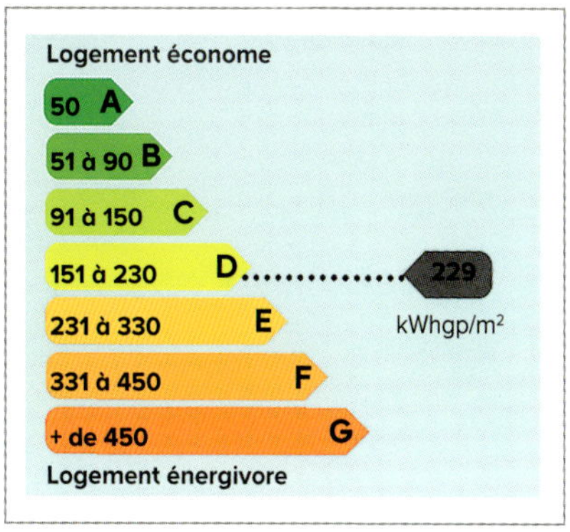

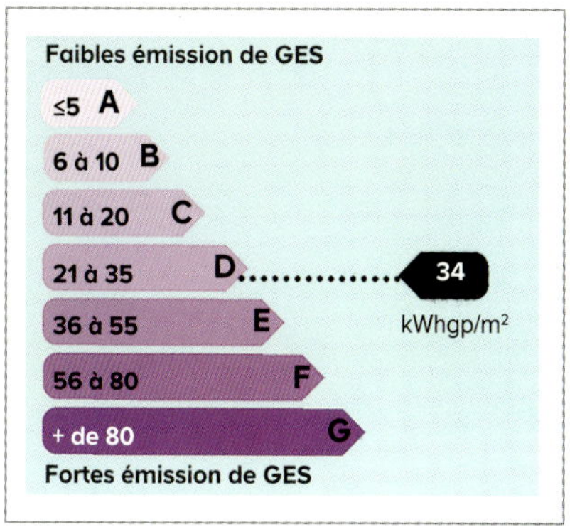

Les bénéfices d'une maison bien isolée

L'isolation complète d'une maison permet de diviser par trois la consommation d'énergie et de réduire ainsi considérablement votre facture de chauffage. Les solutions sont simples et à la portée de tous, pour un investissement certes important, mais qui peut être nettement réduit par les aides publiques (pour la résidence principale) nationales et régionales, sous la forme de crédits d'impôts.

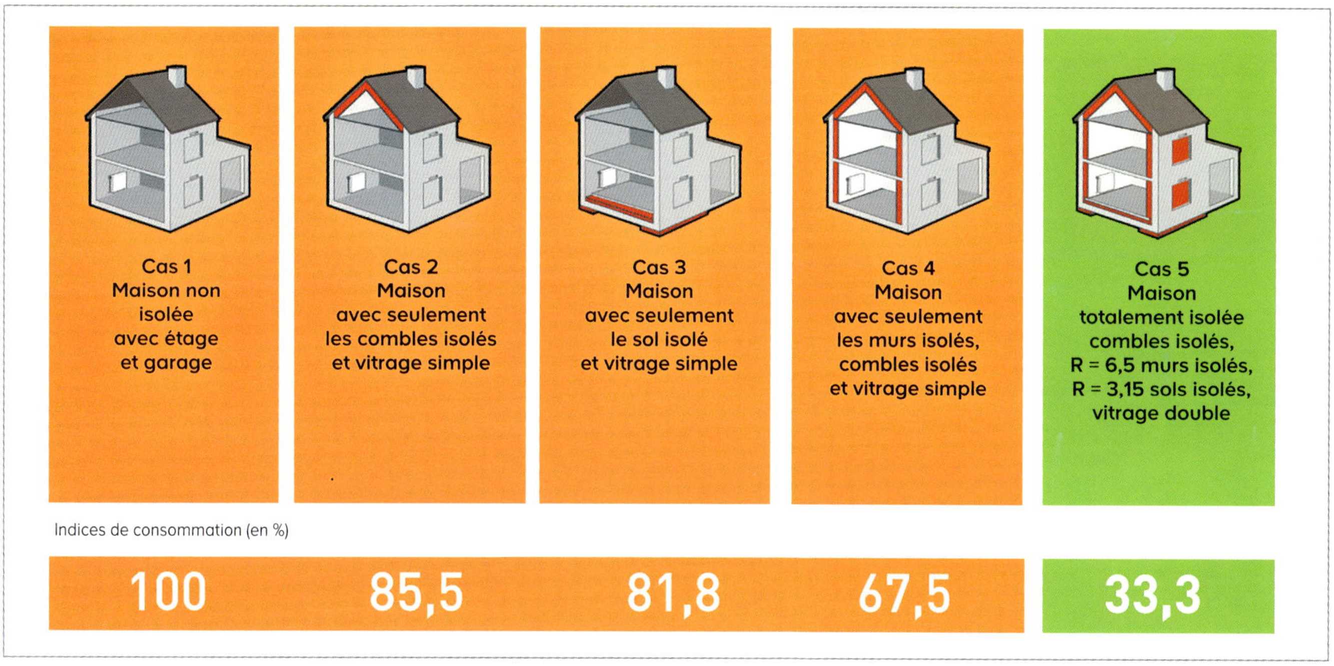

La maison passive

Bien conçue, avec une structure et des matériaux isolants, bien orientée avec de vastes ouvertures au sud, une maison devrait pouvoir se passer de toute source énergétique pour le chauffage et le rafraîchissement. C'est ce que l'on appelle une maison "passive", notion inspirée des labels "Passivhaus" en Allemagne et "Minergie" en Suisse. En France, il n'y a cependant pas de label "Maison passive", notion insuffisamment précise aux yeux de nos autorités pour pouvoir être normée, l'objectif étant d'obtenir une habitation qui ne consomme pas plus de 15 kWh/m²/an de chauffage.
On lui préfère pour l'instant le niveau supérieur de la RT 2012, objectif optimal de notre normalisation.

LE LABEL BBC-EFFINERGIE RÉNOVATION

Pourront être certifiés BBC-Effinergie Rénovation, les bâtiments respectant une consommation maximale en énergie primaire de 80 kWh/m²/an. Elle comprend le chauffage, le refroidissement, la ventilation, la production d'eau chaude et l'éclairage. Cette consommation est pondérée selon les régions.

> LA BONNE **INFO**
>
> **PAS DE PANIQUE !**
> La plupart des maisons ayant plus de 30 ans sont classées F ou G. Celles qui ont été construites après 1975 dépassent rarement D et seules les maisons construites très récemment peuvent prétendre au B ou au C.

De nombreux matériaux sont disponibles pour assurer l'isolation de votre maison. Leurs origines et performances varient: matériaux de synthèse ou d'origine naturelle, recyclés, etc. Les laines minérales (verre, roche) sont les isolants les plus utilisés dans le monde. Les matériaux d'isolation sont le plus souvent choisis pour leur faible impact sur l'environnement.

Les isolants thermiques

COMBLES PERDUS DIFFICILES D'ACCÈS

Des matériaux à épandre rendent le travail plus facile sans pour autant perdre en efficacité.

Granulés isolants
Vermiculite pour épandage manuel, ép. 10 cm.

Laine de verre en flocon
pour épandage manuel, ou soufflé ép. 20 cm.

COMBLES PERDUS ACCESSIBLES

On utilise généralement ici un isolant à dérouler sur le plancher en plaçant toujours le pare-vapeur vers le sol.

Laine de verre semi-rigide
à dérouler, avec voile de confort sur le sol, ép. 60 mm.

Laine de verre IBR
à dérouler, avec pare-vapeur sur le sol, ép. 100 mm.

MURS IRRÉGULIERS SUR OSSATURE MÉTALLIQUE

L'isolant est glissé entre les rails d'une ossature métallique sur laquelle est ensuite vissé un parement en plaque de plâtre.

Panneau roulé de laine de verre
semi-rigide à dérouler, avec pare-vapeur quadrillé sur une face, ép. 75 mm.

Panneau de laine de verre
semi-rigide, ép. 75 ou 100 mm.

Panneau roulé de laine de verre
semi-rigide à dérouler, ép. 100 mm.

Panneau de laine de verre
semi-rigide, ép. 100 mm.

COMBLES AMÉNAGEABLES

Si les combles sont accessibles et que vous souhaitez y aménager des pièces à vivre, il vous faut isoler la toiture. En rénovation, posez un isolant en sous-face de toiture, en conservant une lame d'air entre l'isolant et celle-ci.

Panneau de laine de chanvre
semi-rigide, nu, ép. 40 mm.

Laine de verre toiture
revêtue d'un pare-vapeur sur une face, ép. 200 mm.

Rouleau de ouate polyester
constitué de 80 % de fibres recyclées, ép. 100 mm.

MURS RÉGULIERS PAR PANNEAUX COMPOSITES COLLÉS

Des panneaux composés d'une plaque de plâtre et d'une couche d'isolant (PSE, laine de verre ou PSE Ultra) sont collés directement sur le mur. Ils épousent toutes les irrégularités de surface.

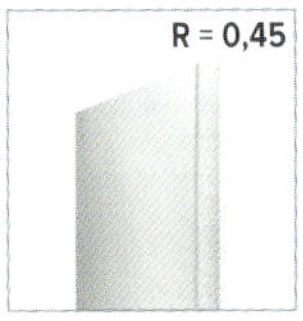

Plaque de plâtre + PSE
plaque de plâtre, ép. 10 mm, PSE 20 mm.

Plaque de plâtre + laine de verre
plaque de plâtre, ép. 10 mm, laine de verre 40 mm.

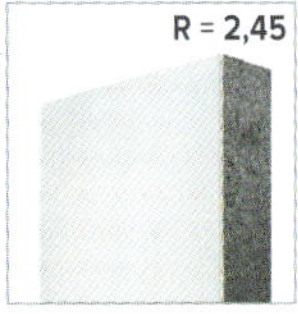

Plaque de plâtre + PSE Ultra
plaque de plâtre, ép. 10 mm, PSE 80 mm.

SOLS

Panneau en PSE
sous chape flottante, ép. 20 mm.

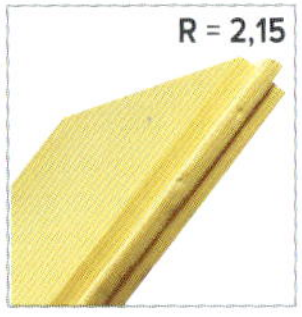

Panneau en PSE extrudé
sous chape flottante, ép. 80 mm.

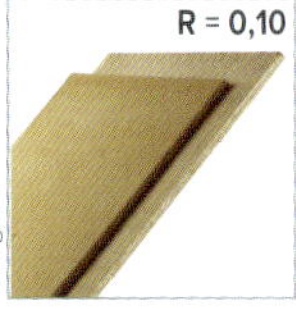

Plaque Rigidur® sol GFE 20
2 plaques de 10 mm d'ép collées l'une sur l'autre.

LA BONNE INFO

UN "R" LE PLUS ÉLEVÉ POSSIBLE

Le coefficient R permet d'apprécier le niveau d'isolation d'un matériau pour une épaisseur donnée. Plus il est élevé et plus l'isolation est importante. Les coefficients R mentionnés dans cette page correspondent donc aux épaisseurs d'isolants indiquées.

Les matériaux d'isolation phonique

Le bruit est ressenti comme l'une des nuisances les plus importantes dans la maison. Différents produits permettent d'en atténuer sérieusement les effets.

Laine de verre
pour sol, mur ou plafond, teintée en panneau roulé semi-rigide revêtue d'un voile de confort, ép. 28 mm.

Dalle d'insonorisation
pour cloison légère à coller sur le mur, recouvrable par papier peint ou peinture, ép. 13 mm.

Rouleau d'insonorisation
réduisant de 50 % la propagation des ondes à travers les cloisons lourdes.

Laine de verre
à poser verticalement avec ossature.

Sous-couche liège
à poser sous parquet flottant ou dalle vinyle.

Sous-couche en fibre de bois
à poser sous parquet flottant ou dalle vinyle.

Plaque de plâtre
Plaque de plâtre insonorisante, amortissant le bruit.

Mise en œuvre

LA NOUVELLE RÉGLEMENTATION ACOUSTIQUE (NRA)

On désigne sous cette appellation un ensemble de dispositions résultant de l'arrêté du 28 octobre 1994. Elle ne concerne que les habitations individuelles groupées ou non et le collectif neuf dont le permis de construire a été déposé depuis le 1er janvier 1996.

Cette réglementation fixe à la fois des exigences en matière de moyens de mise en œuvre au moment de la construction, mais aussi des obligations de résultat qui peuvent être mesurées sur site une fois la construction achevée.

La réglementation fixe désormais l'atténuation minimale du niveau sonore que doivent fournir les composants de l'habitation : par exemple : 30 dB pour une façade exposée à une route ou à une voie ferrée, 58 dB entre le plafond d'un hall de partie commune et la pièce située au-dessus, 30 dB entre la terrasse d'un immeuble ou le plancher du grenier et la pièce située en dessous, etc.

ISOLATION ET CORRECTION ACOUSTIQUES

L'isolation acoustique concerne le degré de performance des matériaux et méthodes de mise en œuvre. La correction acoustique, quant à elle, a pour but de corriger en fonction des besoins le rendu sonore d'une pièce. Elle se mesure par un coefficient : alpha. Plus le matériau est absorbant phoniquement et plus son coefficient alpha est proche de 1.

EFFET RESSORT-AMORTISSEUR

Les isolants que l'on utilise pour atténuer les bruits sont souvent les mêmes que ceux dont on se sert pour l'isolation thermique. Ils offrent en effet une structure poreuse favorable à l'absorption de l'énergie transmise pour le bruit.

Les isolants phoniques jouent sur l'effet ressort (diminution de l'amplitude d'un mouvement ondulatoire et réduction de la transmission sonore) et sur l'effet amortisseur (réduction de l'énergie sonore grâce à l'élasticité du produit).

MÉTHODES DE POSE

Les isolants phoniques peuvent être posés de différentes façons en fonction de leur nature et de leur épaisseur.

- **La pose collée,** directement sur les parois est utilisée pour des isolants de faible épaisseur.

- **La réalisation d'une ossature** permet le maintien d'une couche d'isolant épais (par exemple de la laine de verre) et celle de plaques de plâtre pouvant participer à l'isolation phonique elle-même.

- **Les dalles d'insonorisation pour le sol** sont placées directement sous le revêtement.

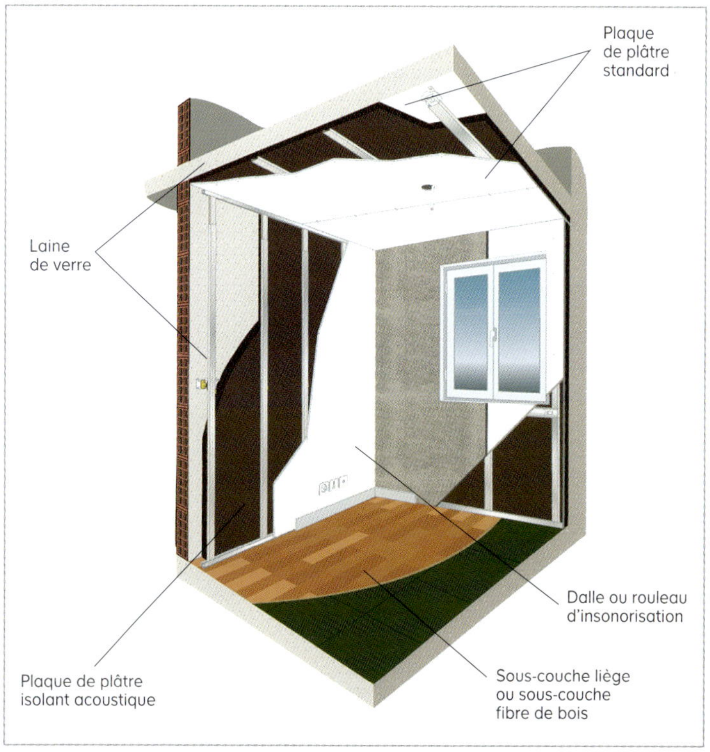

La forêt est au cœur même du concept de biodiversité : elle participe au développement et à la diversité de la faune, au recyclage du gaz carbonique et au renouvellement de l'oxygène. Elle conduit à la production de bois d'œuvre pour la construction, de bois pour la menuiserie mais aussi de bois de chauffage. Une gestion raisonnée de la forêt est donc essentielle.

Certification des bois

Le bois a de multiples débouchés (habitat, chauffage, etc.). Avec les préoccupations environnementales actuelles, le bois est devenu un matériau d'avenir car il a de nombreuses qualités notamment phoniques, thermiques, mécaniques, esthétiques. Cette ressource est en danger notamment à cause de la surexploitation et la mauvaise gestion des ressources forestières.
Plusieurs labels, liés à différentes organisations internationales sont apparus, avec pour objectif une exploitation raisonnée des ressources forestières de nature à préserver l'environnement sans priver les populations locales des nécessaires revenus liés à leur patrimoine naturel.

Le label FSC (Forest Stewardship Council) est un écolabel, créé sur l'initiative du WWF en 1993. Il certifie qu'un bois (souvent exotique) a été coupé dans une forêt exploitée de façon durable. Ceci représente 76 millions d'hectares de forêt dont 1500 en France. Ce label est octroyé tout au long de la chaîne de valeur ajoutée, de l'entreprise forestière au menuisier.
Le label FSC garantit notamment :
- la qualité et la traçabilité du bois ;
- la gestion durable de la forêt ;
- le maintien de la biodiversité ;
- le respect des communautés locales.

Privilégiez donc systématiquement les produits manufacturés qui arborent l'un de ces logos.

Le label PEFC (Programme for the Endorsement of Forest Certification), comme le FSC, est un label de qualité et de durabilité. Il désigne une exploitation forestière du point de vue économique, écologique et social. Le label est délivré et contrôlé selon des critères donnés pour toute l'Europe.

FSC
Forest Stewardship Council

Tropical Forest Trust

PEFC
Programme for the Endorsement of Forest Certification

Importation et transformation du bois exotique

Sous l'adjectif "exotique", on qualifie des bois en provenance d'Asie, d'Afrique tropicale et équatoriale ou encore d'Amérique du Sud. Le bois exotique est très utilisé pour les aménagements extérieurs car il présente l'avantage d'être naturellement imputrescible et donc très résistant aux intempéries et aux changements de température. Ces caractéristiques en font un bois très demandé. En conséquence, ces bois ont souvent fait l'objet d'une surexploitation intensive, responsable d'une déforestation sauvage catastrophique pour les pays d'origine autant que pour la planète en général. Aujourd'hui, beaucoup de ces pays sont "sous embargo", ce qui signifie que l'on ne peut plus en importer de bois, ou seulement certaines essences. D'autres font l'objet de contrôles stricts des volumes d'exportation. Cette surveillance est effectuée avec le concours d'organismes comme le FSC.
Beaucoup de meubles et objets nous parviennent cependant sans qu'il soit toujours possible de s'assurer que leur bois arrive de forêts gérées durablement. Il est donc important de veiller à leur labellisation.

© CP

Meubles et équipements

SALONS DE JARDIN

Ce fauteuil en eucalyptus massif du Brésil (à gauche) et ce salon de jardin en eucalyptus d'Afrique du Sud (à droite) sont des objets certifiés comme provenant de forêts gérées durablement.

TERRASSES ET CAILLEBOTIS

Exposés à longueurs d'années aux rigueurs du climat, à la pluie, au vent, au gel, mais aussi à la chaleur et aux rayons du soleil, les éléments de terrasse et de dallage (caillebotis) se doivent d'être réalisés en bois très résistants. Or, seuls certains bois exotiques ont les qualités suffisantes pour demeurer en toutes saisons à l'extérieur avec un minimum de traitement, voire sans aucune protection. Là encore il faut être particulièrement attentif à la labellisation, d'autant que la plupart de ces produits sont façonnés dans les pays d'origine.

Bois européens

ÉQUIPEMENTS DE JARDIN

Bien que la forêt européenne soit loin d'être menacée, la vigilance est de règle pour son exploitation : cet abri de jardin en épicéa d'Europe du Nord, cette clôture en lame, ces panneaux ajourés et cette bordure en épicéa polonais sont aussi labellisés FSC.

Stratifiés et parquets

Si les revêtements stratifiés utilisent seulement une mince couche de bois, il n'en va pas de même pour les parquets massifs. Encore une fois, la mode des bois sombres résistant à l'eau pour la salle de bains, a encouragé l'utilisation de bois exotiques, d'autant plus menacés qu'ils sont précieux : une raison de plus de préférer les produits labellisés FSC.

Championne de l'isolation, ultra rapide à construire, plus résistante au feu qu'une maison en maçonnerie traditionnelle, élégante et agréable à vivre: la maison bois gagne chaque année des parts de marché et fait la démonstration de ses multiples qualités en donnant toute satisfaction à ceux qui l'ont choisie. C'est la maison écocitoyenne du XXIe siècle.

LA BONNE **INFO**

PERMIS DE CONSTRUIRE
Nombre de mairies et de DDE refusent les permis de construire au seul fait qu'il s'agit d'une maison "bois". Rappelons que seul l'aspect extérieur peut être pris en compte. Les autorités se livrent à un abus de pouvoir quand elles se fondent sur la nature de la structure et non sur l'aspect extérieur de la maison pour rejeter un permis. Elles ne peuvent que vous demander d'adopter un revêtement de façade conforme à celui des maisons environnantes (classiquement un crépi au lieu d'un bardage).

La maison à ossature bois

Les maisons à ossature bois sont souvent constituées, en grande partie, de panneaux préfabriqués en usine ou réalisés directement sur site, ce qui permet un gain de temps considérable, puisqu'il suffit de les dresser et de les assembler par vissage. Ce côté "jeu de construction" ne compromet en rien la solidité de l'ensemble. Mieux, même, ce type de structure est souvent classé "antisismique". Le montage d'une maison bois peut ainsi ne prendre que quelques semaines, après séchage de la dalle en béton constituant son assise.

CONSTRUCTION D'UNE MAISON À OSSATURE

La qualité des bois massifs doit être irréprochable et les contrôles de rectitude appliqués y compris sur chantier. Les risques de "flèche" (courbure) sont évidemment moindres avec les éléments en "i" dont le remplissage est en panneau.

Contrôle visuel de la rectitude des pièces sur chantier.

Assemblage sur site des panneaux prémontés en atelier.

LES AVANTAGES DE LA MAISON BOIS

La maison bois présente de nombreux avantages qui expliquent qu'elle fasse aujourd'hui un nombre croissant d'adeptes.

- **Rapidité d'exécution.** La possibilité de préparer les panneaux en atelier, de les livrer et de les assembler sur site permet un montage en un temps record, dès lors qu'une dalle avec le passage des fluides a été coulée précédemment.
- **Respect de la nature.** Réalisée à partir de bois provenant de forêts gérées durablement, la maison bois s'inscrit dans le respect de la nature, en utilisant un matériau renouvelable, au bilan carbone neutre.
- **Économies d'énergie.** Facile à isoler (maison à ossature) ou structurellement isolante (maison en bois massif), la maison bois participe aux économies d'énergie. Une fois résolue la question de l'étanchéité à l'air, elle s'inscrit parfaitement dans les normes de la RT 2012. Elle procure aussi une très bonne isolation phonique.
- **Une grande souplesse architecturale.** La maison bois est adoptée par tous ceux qui rêvent d'une maison originale, sortant des sentiers battus. Le bois permet des formes architecturales nouvelles, dans le respect des traditions de construction.
- **Gain en surfaces intérieures.** À surface au sol égale, la maison bois permet un gain notable de surface du fait de la finesse des parois extérieures et de séparation.
- **Une solidité à toute épreuve.** La maison bois est très résistante au vent, aux intempéries, mais aussi aux mouvements de terrain. Ses qualités antisismiques sont reconnues.

Les autres techniques

Présent depuis toujours dans la construction de nos maisons, le bois prend aujourd'hui une place prépondérante dans certaines d'entre elles. Par-delà la maison à ossature bois, différentes techniques de construction, dont certaines sont ancestrales, sont soit remises au goût du jour, soit élaborées selon des principes et techniques nouvelles.

Quand on parle de maison "bois", on désigne une construction dont la structure porteuse est constituée d'éléments en bois qui supportent la charpente de la toiture. Outre la maison à ossature, il existe différents types de maisons en bois.

© CP

MAISON À COLOMBAGES

C'est l'ancêtre de la maison à ossature bois : des montants et traverses forment une structure porteuse. Les "vides" entre les poutres et chevrons sont garnis d'un mélange d'argile et de paille, parfois de tuileaux posés à plat, ou encore de briquettes, assurant le remplissage garantissant l'étanchéité et l'isolation de l'habitation. Des entreprises spécialisées réhabilitent ou construisent encore ce type de maison dans leurs régions traditionnelles d'implantation : Normandie, Alsace, Sologne, notamment.

MAISON EN BOIS MASSIF

Elle est constituée de madriers empilés, plus ou moins façonnés. La maison en bois massif est une construction dont la structure porteuse est réalisée avec du bois. Son toit est donc porté par des éléments en bois : madriers, pleins ou en lamellé-collé, lames et planches. Ces éléments sont usinés surtout à rainure et languette pour permettre des emboîtements assurant la cohésion de la construction mais aussi son étanchéité à l'air, au vent et aux intempéries. Le bois utilisé est généralement du résineux, souvent du sapin du Nord ou du pin Sylvestre.

MAISON POTEAUX-POUTRES

C'est une intermédiaire entre la maison en bois massif et celle à ossature : des poutres de forte section sont très espacées (un à plusieurs mètres) pour former une ossature porteuse. Les vides ne sont pas "remplis" mais constitués de larges baies vitrées. C'est une formule très prisée pour la réalisation de maisons contemporaines "d'architecte". Elle est intéressante pour la réalisation de maisons passives, exploitant le rayonnement solaire comme chauffage.

MAISON EN PARPAINGS DE BOIS

On trouve aujourd'hui des pièces de bois profilées pouvant être empilées et solidarisées pour constituer des parois porteuses. L'ajustage des blocs garantit une parfaite étanchéité à l'eau, mais aussi une très bonne étanchéité à l'air, ce qui constitue une des préoccupations majeures pour respecter les contraintes de la RT 2012.
Les blocs s'assemblent comme les pièces d'un jeu de construction et sont réunis par vissage ou clouage dans des percements prévus à cet effet. Des cadres préassemblés sont fournis pour les portes et fenêtres.

MAISON EN FUSTES

Héritière directe des chalets massifs des Alpes, les maisons en fustes sont constituées de rondins, voire de troncs complets, écorcés et usinés d'encoches d'extrémité, permettant un assemblage par empilement et simple emboîtement. L'épaisseur des murs joue ici en faveur de l'isolation thermique du bâtiment.
Ce type de construction propre aux chalets d'altitude doit naturellement s'intégrer au site, ce qui ne la destine pas à d'autres lieux que la haute montagne. Les permis de construire ne sont généralement pas accordés ailleurs.

LES FAÇADES

L'image du chalet et de la construction "légère" écarte certains de la maison bois, souvent pour une simple question d'image. L'aspect de la façade est pourtant totalement disjoint de la structure même de la maison.

· Le bardage
La façon la plus simple d'habiller une maison bois est de la "barder", c'est-à-dire de la revêtir de lames horizontales ou verticales, jointives ou se superposant à leur base. Les lames sont alors fixées sur les montants d'ossature. Elles sont classiquement en bois, mais de plus en plus en PVC ou en bois composite. C'est la structure extérieure classique des façades de maisons américaines.

© CP

· Le crépi
Bien qu'il soit regrettable, aux yeux de certains, d'habiller une maison à ossature avec autre chose que du bois, c'est souvent une obligation pour une bonne intégration architecturale et généralement nécessaire pour obtenir un permis de construire. La maison est alors recouverte de panneaux, qui peuvent être peints ou revêtus de n'importe quel crépi ou revêtement mural extérieur.

À défaut d'un carrelage antidérapant comme celui-ci, appliquez un réducteur de glissance. Ne laissez que des tapis antidérapants dans la salle d'eau.

L'allongement de la vie et les accidents de l'existence imposent parfois un aménagement et un équipement de la maison en rapport avec les réductions de mobilité ou les handicaps. De nombreux matériels existent pour faciliter la vie de ceux dont les aptitudes physiques sont soumises à certaines contraintes. Des normes précises existent pour les établissements publics. Il faut savoir les adapter à la maison.

1. Accessibilité

Les contraintes d'accessibilité à la maison et à ces différents équipements varient suivant que la personne est partiellement valide ou à mobilité réduite et en fauteuil roulant. Ce sont néanmoins les contraintes générées par cette personne qu'il faut appliquer, si l'on veut se référer à une norme. Il faut avant tout faire la chasse aux obstacles, aux irrégularités de terrain ou de sol : insensibles pour une personne valide, ils prennent des proportions considérables quand on ne l'est plus tout à fait. Certaines transformations sont souvent nécessaires : suppression des seuils de porte et de porte-fenêtre, pose d'un revêtement lisse sur un carrelage aux joints marqués, etc.

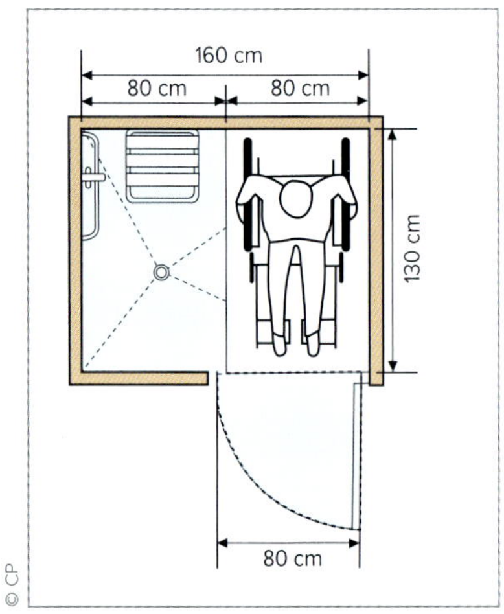

Règles d'accessibilité dans une douche pour une personne en fauteuil.

2. Douche, salle de bains et sanitaires

La salle d'eau est la pièce où le handicap se fait souvent sentir le plus durement, tant pour les déplacements que pour l'utilisation des différents appareils sanitaires. C'est là aussi que les risques d'accidents sont les plus élevés. Pensez au sens d'ouverture des portes (toujours vers l'extérieur), à la hauteur des poignées, au retrait des systèmes de verrouillage intérieur. Si le carrelage de sol vous paraît dangereux, appliquez un réducteur de glissance en plus des tapis antidérapants. En l'absence d'une cabine intégrant une banquette, installez un siège de douche escamotable. Privilégiez les robinets thermostatiques à bouton à blocage de température, qui évitent tout risque de brûlure.

Les W.-C. sont certainement les lieux où il est le plus mal aisé de pénétrer et de se mouvoir quand on n'a plus la totale liberté de ses mouvements. C'est pourtant l'endroit où l'intimité commande un maximum d'autonomie. La présence d'un fauteuil roulant passe par un dimensionnement confortable de la pièce, mais aussi par un certain nombre d'équipements (voir page ci-contre).

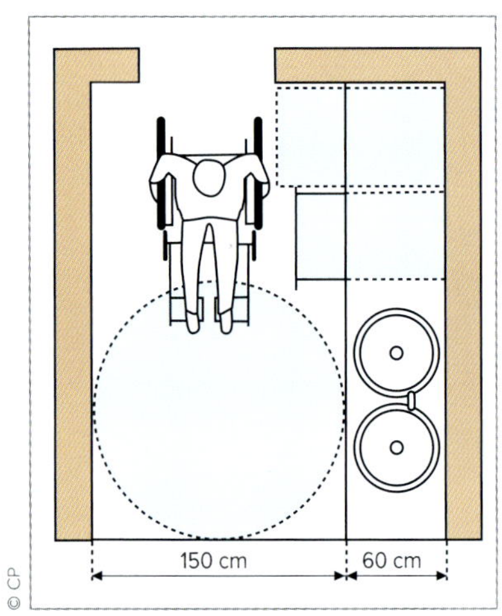

Règles d'accessibilité dans une cuisine pour une personne en fauteuil.

3. Autres pièces

Le maintien à domicile des personnes à mobilité réduite ou simplement restreinte passe par la généralisation des règles à appliquer aux pièces sanitaires. Absence de seuils, élimination de tout obstacle pouvant gêner les évolutions d'un fauteuil ou risquer de causer la chute d'une personne mal assurée, sont de rigueur. Enlevez notamment tous les tapis et évitez le cirage des parquets et revêtements lisses. Pensez à l'important dégagement nécessaire devant les portes (170 cm pour les ouvertures en poussant, 220 cm pour celles en tirant). Prises électriques, interrupteurs prises d'antenne et de téléphone doivent être à 130 cm du sol.

Dans la cuisine, prévoyez toujours un dégagement suffisant pour permettre le pivotement d'un fauteuil roulant. Le fond d'un placard haut ne devra pas être à plus de 100 cm du sol, et le fond d'un élément bas ou d'un tiroir à plus de 40 cm du sol. Dans la chambre, l'espace entre le mur et le lit sera d'au moins 90 cm.

Aménagements et équipements

L'ACCESSIBILITÉ

À l'extérieur, la principale préoccupation doit être d'offrir un cheminement sur un sol non meuble, ne présentant si possible aucun obstacle (notamment à la roue) ou au maximum de 2 cm. Une largeur minimum de 140 cm des couloirs et rampes est requise, la pente ne devant pas excéder 5 %.

Si la porte extérieure doit faire au moins 90 cm de large, pour un passage utile de 83 cm, les portes intérieures devront faire au moins 80 cm et offrir un passage utile de 77 cm.

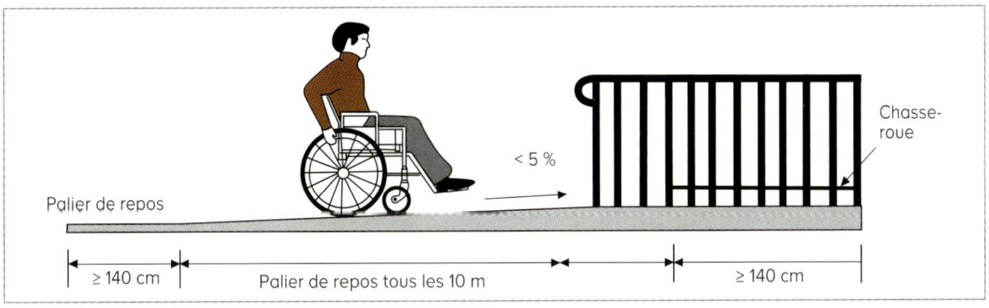

© CP

CRITÈRES D'ACCESSIBILITÉ À L'EXTÉRIEUR

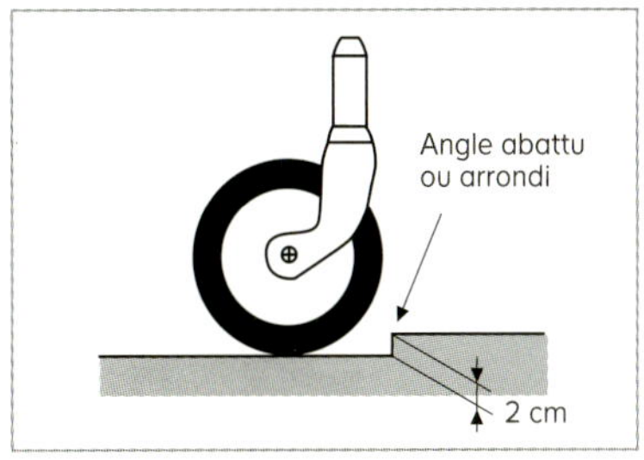

© CP

Pour une bonne accessibilité des fauteuils, faites en sorte que les ressauts ne fassent pas plus de 2 cm.

LA SALLE D'EAU

La largeur de la porte de la salle de bains doit faire au moins 90 cm et les barres d'appui doivent être judicieusement réparties, notamment au niveau de la baignoire et de la douche. Certains équipements spécifiques existent :

– la baignoire à porte, qui permet d'y entrer et d'en sortir sans avoir à enjamber le bord de la baignoire ;
– le siège de bain pour ne pas avoir à s'asseoir au fond de la baignoire ;
– la douche à l'italienne, de dimensions adaptées, dans laquelle on peut faire pénétrer facilement un fauteuil roulant du fait de l'absence de ressaut du receveur ;
– le support de vasque qui se fixe à hauteur voulue (normalement 70 cm si l'on est en fauteuil), voire le lavabo réglable en hauteur ;
– les tapis antidérapants à ventouses.

Beaucoup de personnes âgées renoncent au plaisir du bain parce qu'elles ne peuvent plus enjamber le bord de la baignoire. Ce modèle à porte latérale résout le problème.

Le siège de bain évite aux personnes n'ayant plus toute leur souplesse de s'asseoir au fond de la baignoire, avec la crainte de ne plus pouvoir se relever seule.

Cette cabine de douche répond à tous les critères de sécurité :
- **receveur à l'italienne dans seuil ;**
- **barres d'appui coudée et droite ;**
- **siège escamotable ;**
- **mitigeur thermostatique ;**
- **pomme de douche abaissée ;**
- **tapis antidérapant.**

LES TOILETTES

L'idéal est de disposer d'un local suffisamment vaste pour permettre un dégagement de 80 cm à côté de la cuvette en laissant un espace de 40 cm entre l'axe de la cuvette et le mur éventuel de côté.

Là encore des accessoires permettent de garantir l'autonomie :

– réhausseur (12 cm) aidant à se baisser et à se relever ;
– barre droite ou coudée pour se relever ;
– serviteur avec bol porte-balai et dérouleur pouvant être placé à portée immédiate de main.

Cuvette de W.-C. avec réhausseur et barre d'appui.

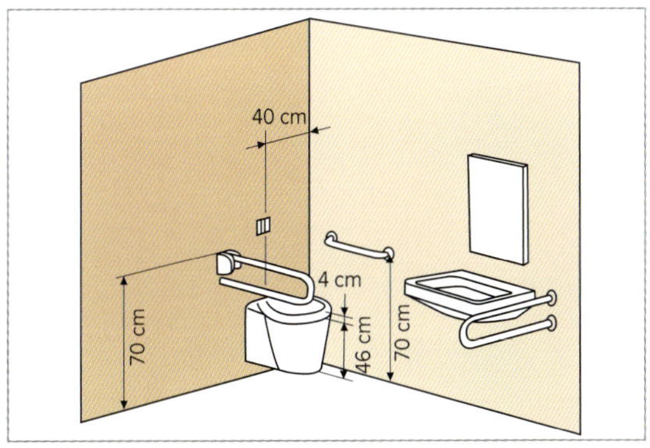

© CP

Positionnement des appareils et accessoires dans une salle de bains pour personne à mobilité réduite.

PRÉPARER VOS PROJETS

Réaliser vos travaux

Réaliser vos travaux intérieurs

ÉLECTRICITÉ — Bases

LA SECURITE

TOUS LES CIRCUITS À LA TERRE

La norme NF C 15-100 précise que tous les circuits, y compris ceux destinés à alimenter des plafonniers, doivent désormais être raccordés à la terre et comprendre par conséquent trois conducteurs de même section.

Dans une installation, le tableau électrique, aussi appelé "tableau de répartition" ou d'abonné, distribue et protège les différents circuits qui la composent. Chacun des circuits alimente un ou plusieurs points d'utilisation de même type : éclairages, prises, etc. en fonction de la nature des pièces et de l'utilisation que l'on fera du courant et selon la puissance des appareils qui y seront installés.

1. Principes d'une installation

Les différents circuits d'une maison sont constitués de deux conducteurs actifs (phase, neutre) dont la section est en rapport avec la puissance des appareils à alimenter et d'un conducteur passif destiné à capter d'éventuelles "fuites" de courant : la terre. Les dispositifs qui les protègent (disjoncteurs ou interrupteurs différentiels) sont calibrés en fonction de la puissance maximale admissible par le circuit.

Les trois conducteurs doivent être rigides. Leur couleur est normalisée :
- bleu pour le neutre ;
- vert, jaune ou vert/jaune pour la terre ;
- rouge ou toute autre couleur à l'exception des précédentes pour la phase (généralement violet, orange, noir ou marron).

2. Réaliser une installation

Classiquement, on répartit deux ou trois grandes familles de circuits :
- éclairages et prises ;
- chauffage s'il est électrique ;
- circuits "spécialisés" : four, tables de cuisson, appareils de forte puissance.

Chacune de ces familles de circuit est protégée par un interrupteur différentiel 30 mA / 40 A, qui commande les différents circuits, eux-mêmes protégés par un disjoncteur différentiel d'ampérage adapté à la puissance des appareils à alimenter par ces circuits.

La section des fils sera elle-même fonction de la puissance des appareils desservis :
- 1,5 mm² pour les circuits de 16 A : éclairages et prises ;
- 2,5 mm² pour les circuits de 20 A : lave-linge, chauffe-eau ;
- 6 mm² pour les circuits de 32 A : plaque de cuisson, chauffages.

LA SECURITE

RÈGLES DE BASE

Avant de commencer à travailler sur l'installation électrique, prenez les précautions suivantes :
- coupez l'alimentation du circuit concerné en abaissant le bouton s'il s'agit d'un disjoncteur ou d'un interrupteur ou en enlevant la cartouche d'un coupe-circuit classique ;
- si vous n'êtes pas sûr de pouvoir clairement identifier le circuit, coupez le courant au disjoncteur de branchement ;
- pendant que vous travaillez sur l'installation, apposez une pancarte ou une étiquette sur le dispositif de coupure indiquant qu'il ne faut pas "remettre" le courant pendant toute la durée de votre intervention.

Ne remettez le courant que lorsque tous les couvercles et toutes les façades d'appareils sont replacés. En matière d'électricité, le provisoire n'a pas sa place.

3. Gérer et économiser l'électricité

L'augmentation constante du prix de l'électricité justifie de l'utiliser raisonnablement, en profitant au maximum des possibilités qu'offrent les équipements pour en éviter le gaspillage. De nombreux appareils à installer au tableau de répartition participent à la fois au confort et à une gestion économe de l'électricité. Un choix judicieux de l'abonnement, une mise en concurrence des fournisseurs d'énergie, mais surtout de bonnes pratiques quotidiennes permettent de réduire le coût de l'électricité. Dans certains cas, même, on pourra la produire avec des panneaux photovoltaïques pour en faire une véritable source de revenu complémentaire.

La prise de terre

Sans prise de terre, quand un défaut d'isolation se produit sur un appareil à carcasse métallique (autrement dit une fuite de courant), celle-ci se trouve sous tension. Si vous la touchez, vous risquez d'être électrocuté, le courant passant alors par votre corps pour rejoindre la terre. Si l'appareil est lui-même déjà raccordé à la terre, le courant sera attiré par la prise de terre et vous serez protégé. Dans les installations modernes, les appareils de protection différentiels (interrupteurs et disjoncteurs) coupent automatiquement le courant dès que se produit une "fuite" d'électricité dans l'installation, vous protégeant ainsi contre tout risque d'accident.

Deux solutions

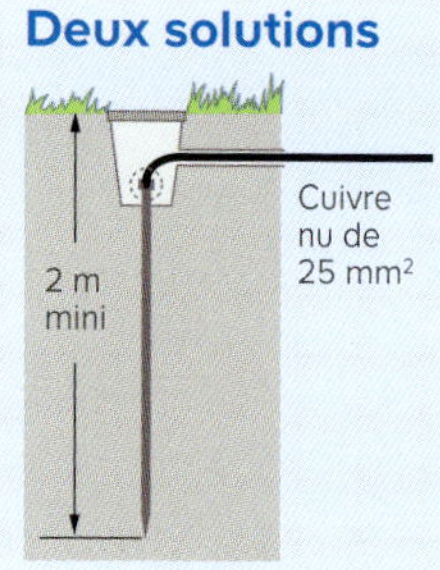

La prise de terre peut être réalisée avec un piquet (à gauche) ou un câble en fond de fouille (à droite).

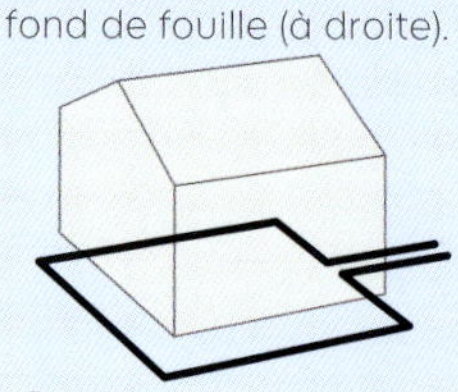

Boucle en cuivre nu de 25 mm²

Les pièces de la maison

L'ENTRÉE ET LE COULOIR

Ce sont les premières pièces de la maison où l'on pénètre. Leur configuration impose souvent d'allumer la lumière pour s'y déplacer, même le jour. Permettant par définition, l'accès aux différentes pièces de la maison, c'est aussi de là que l'on identifie et accueille les visiteurs. L'installation doit y être bien pensée avec, notamment, la possibilité de commander l'éclairage depuis différents points à l'aide d'un télérupteur, l'allumage et l'extinction de la lumière par interrupteur automatique. Un détecteur de présence constitue aussi une excellente solution. Un accès à la cave impliquera également l'installation d'un interrupteur à voyant afin de ne pas oublier d'éteindre la lumière quand on en sort. Enfin, pour l'accueil sécurisé des visiteurs, vous devrez prévoir soit une sonnette, soit un interphone, soit, enfin, un portier vidéo.

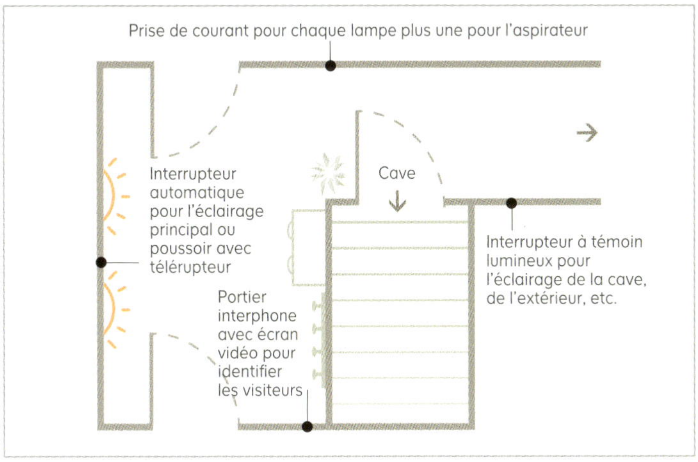

LE SÉJOUR

C'est la pièce à vivre par excellence, celle où prime le confort. Le séjour doit bénéficier d'une installation électrique permettant une utilisation facile, confortable et efficace aussi bien pour l'éclairage que pour des équipements audiovisuels. L'éclairage adapté est composé d'un point lumineux central et/ou d'appliques associés à un variateur. Il doit aussi créer l'ambiance, avec des lampes et luminaires commandés par des interrupteurs. C'est aussi une pièce "technique" où le multimédia prend une place croissante. Il faut donc prévoir toutes les possibilités d'alimentation et/ou d'interconnexion de ces matériels: prises techniques pour la télévision, le magnétoscope, le lecteur DVD, la hi-fi, l'informatique. On y trouve aussi certains interrupteurs spécialisés comme ceux commandant les volets roulants des portes-fenêtres.

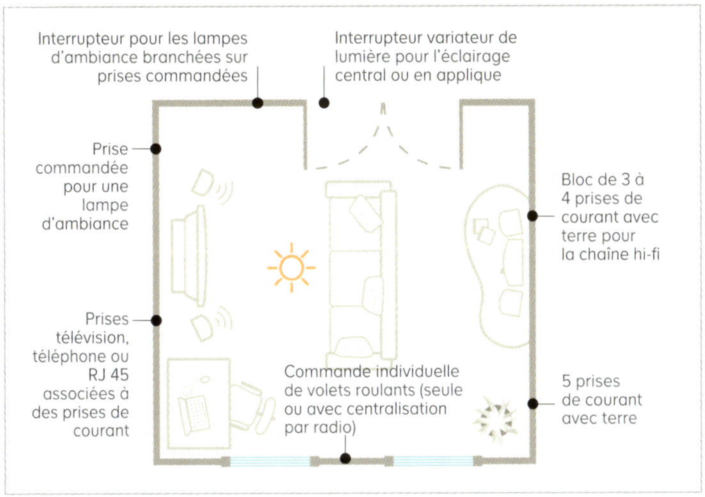

LA SALLE À MANGER

La salle à manger est devenue une pièce polyvalente où l'on n'hésite pas à manger, mais aussi où l'on regarde la télévision, et où l'on peut installer des équipements de loisirs. Outre l'éclairage, souvent commandé par un variateur, il faut prévoir la possibilité d'y brancher les différents équipements audiovisuels propres aujourd'hui à toute pièce à vivre. Ici aussi, on trouvera désormais des interrupteurs spécialisés pour commander, par exemple, les volets roulants.

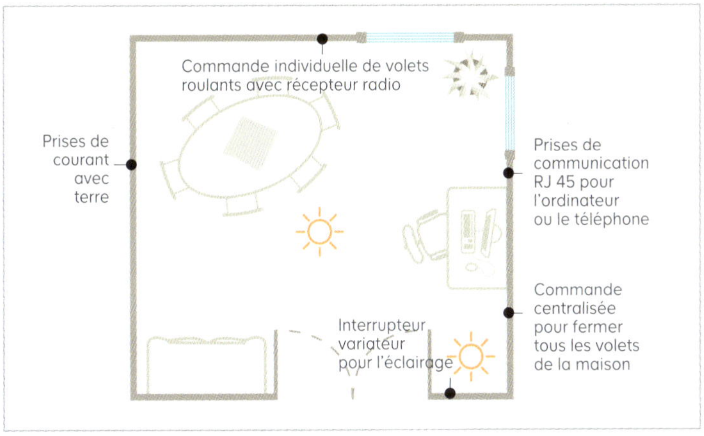

LA CUISINE

Pièce technique par excellence, la cuisine est aussi un véritable lieu de vie. Quand elle est assez vaste, on y prend souvent les repas. L'éclairage central et ponctuel doit donc être efficace et agréable. Mais la multiplication des équipements électroménagers, portatifs et fixes, confère ici une place prépondérante aux prises qui doivent être à la fois nombreuses et adaptées à la puissance des appareils à utiliser. Certains, comme les appareils de cuisson sont de gros consommateurs de courant. On ne manquera pas d'y installer aussi des prises dites de "communication" pour la télévision, le téléphone et Internet.

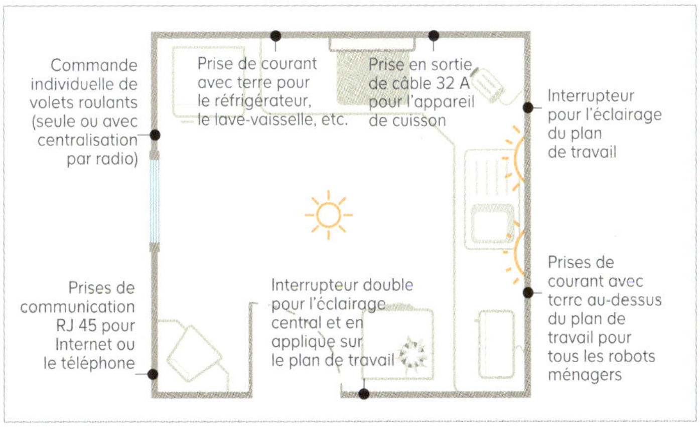

RÉALISER VOS TRAVAUX

Vous voulez vous lancer dans l'électricité. Ce n'est pas si difficile, il suffit de comprendre comment fonctionne une installation. Chaque pièce a des besoins spécifiques. La rénovation d'une installation ou son prolongement ne sont pas hors de votre portée si vous respectez strictement les normes et les règles de sécurité liées à l'utilisation du courant électrique.

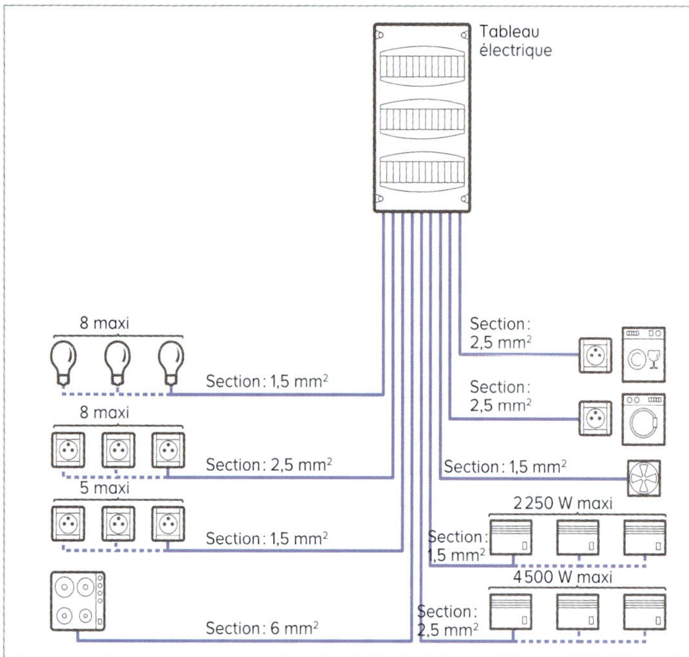

RÉPARTITION DES CIRCUITS ÉLECTRIQUES

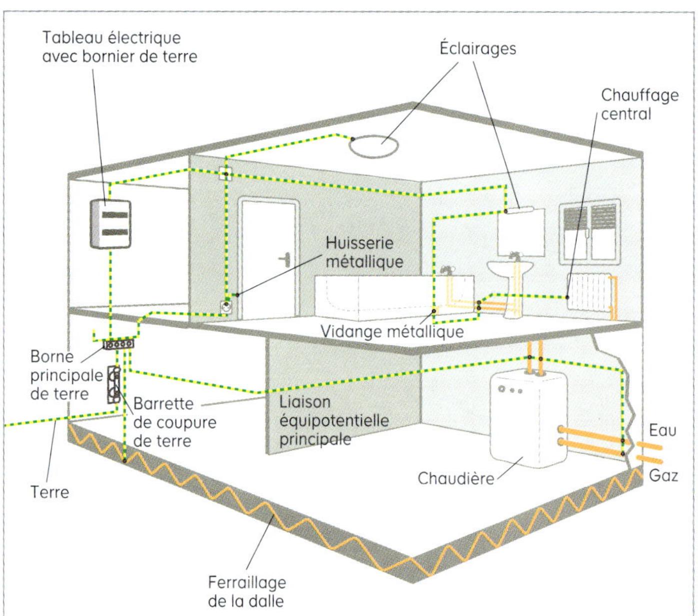

LIAISON ÉQUIPOTENTIELLE D'UNE MAISON

Respecter la norme

Que vous entrepreniez une rénovation complète de votre installation ou simplement une extension, vous devez respecter à la lettre la norme NF C 15-100 qui concerne les installations et les matériels à utiliser dans les habitations. Il est impératif de la suivre pour toute intervention et notamment pour toute extension.

En cas de doute sur les règles à suivre, consultez PROMOTELEC, association dont la mission est précisément le respect de la norme, notamment en matière de sécurité.

Ne vous lancez dans des travaux compliqués d'électricité que si vous possédez de bonnes connaissances dans ce domaine et une bonne pratique des méthodes et techniques d'installation. Si ce n'est pas le cas, faites plutôt appel à un professionnel. Ces pages vous permettront alors de mieux dialoguer avec lui et d'obtenir une installation conforme à vos besoins.

Protection de l'installation

La norme prévoit en particulier :

- un disjoncteur différentiel 500 mA en tête de tableau ;
- un interrupteur différentiel à haute sensibilité (30 mA) pour les grandes familles de circuit de la maison : prises, éclairages, chauffage, circuits spécifiques ;
- des disjoncteurs différentiels pour tous les circuits ;
- un dispositif parafoudre dans les zones sensibles (voir la carte des impacts de foudre sur internet) ;
- une réserve de 20 % au tableau pour les possibilités d'extension de l'installation.

Autres dispositions

Les autres dispositions principales concernent la distribution du courant dans la maison :

- toutes les prises de courant doivent accepter un courant de 10/16 A et bénéficier d'obturateurs d'alvéoles ;
- tous les circuits doivent posséder un conducteur de terre ;
- les conducteurs doivent être en cuivre et respecter les sections imposées par la nature des circuits ; le code des couleurs doit être respecté ;
- le calibre (ampérage) des disjoncteurs ou interrupteurs différentiels protégeant les circuits doit être en rapport avec la nature des circuits qu'ils protègent ;
- la liaison équipotentielle de toutes les parties métalliques de la construction. Elle consiste à relier à la terre les canalisations métalliques (eau, mais aussi gaz), les huisseries métalliques, les radiateurs de chauffage central, les carcasses d'appareils d'éclairage, etc. Cette disposition écarte tout risque d'électrocution dans le cas où ces parties métalliques viendraient à être sous tension du fait de la déconnexion accidentelle d'un conducteur dans un boîtier ou un appareil (interrupteur, par exemple).

Diagnostiquer une installation

VOTRE TABLEAU DE RÉPARTITION EST-IL ANCIEN OU RÉCENT ?

Dans les vieilles maisons, on trouve encore des tableaux à support bois, porte-fusibles et broches en porcelaine, voire des tabatières réparties dans les différentes pièces de la maison. Ces matériels doivent être impérativement remplacés. Les équipements plus récents, constitués de porte-cartouches fusibles sont encore acceptables mais gagneraient à être modernisés. Assurez-vous que votre disjoncteur d'abonné comporte bien une fonction différentielle (il porte alors l'indication 500 mA sur sa face avant) ; si ce n'est pas le cas, demandez son remplacement par le distributeur de courant. Placez un interrupteur différentiel 30 mA en tête de chacune des grandes familles de circuit.

LES CIRCUITS SONT-ILS BIEN IDENTIFIÉS ?

Toute intervention partielle sur votre installation suppose d'identifier les circuits. S'ils ne le sont pas au tableau, vous devez le faire. Allumez toutes les lumières de la maison et branchez un appareil (lampe ou poste de radio) sur toutes les prises. Coupez successivement l'alimentation de chacun des circuits en enlevant les fusibles ou en coupant les disjoncteurs les uns après les autres : notez au fur et à mesure les pièces qu'ils alimentent. Contrôlez au passage le calibre de la protection (fusibles, coupe-circuits ou disjoncteurs différentiels) des circuits.

LES CONDUCTEURS SONT-ILS EN BON ÉTAT ET BIEN PROTÉGÉS ?

Les installations les plus anciennes sont faites avec des fils torsadés à isolant textile, fixés directement au mur ou au plafond par des pontets en porcelaine. Il faut totalement les changer. Les installations moins vétustes sont réalisées sous baguettes bois. Elles doivent être toutes remplacées par des baguettes PVC. Profitez-en pour remplacer les fils s'ils sont à isolant textile ou encore en caoutchouc, généralement craquelé. Toutes les connexions par épissures isolées par du chatterton doivent être remplacées par des barrettes (dominos) de connexion, des connecteurs automatiques ou des borniers. Les vieilles installations encastrées doivent également être contrôlées. Pour cela, ouvrez les boîtiers d'appareils et examinez l'état des conducteurs : si leur enveloppe isolante est craquelée, il faut renoncer à utiliser ces circuits et installer soit de nouveaux circuits encastrés soit des circuits sous baguettes PVC apparentes. Les installations encastrées à conduits métalliques doivent être refaites.

VOTRE INSTALLATION POSSÈDE-T-ELLE UNE PRISE DE TERRE ?

L'installation doit impérativement posséder une prise de terre sur laquelle doit être raccordé le conducteur principal de protection, permettant un raccordement par une borne au tableau de tous les fils de terre de l'installation. Si ce n'est pas le cas, faites poser une prise de terre par un électricien. En immeuble collectif, cette installation incombe au propriétaire et/ou au syndic.

LES SOCLES DE PRISE ET LES INTERRUPTEURS SONT-ILS EN BON ÉTAT ?

Examinez tous les socles de prise et tous les interrupteurs. Les vieux appareils en porcelaine, à capot métallique ou en Bakélite doivent impérativement être remplacés. Il en sera de même des appareils plus modernes dont la façade est fêlée, voire cassée. La plupart des matériels électriques sont aujourd'hui alimentés par une fiche à broches de 4,2 mm de diamètre, avec alvéole de raccordement à la terre ; les anciens socles de prises à alvéoles de 4 mm, sans obturateur de sécurité ni possibilité de raccordement à la terre doivent être changés et leur liaison à la terre rendue possible.

LES APPAREILS SONT-ILS BIEN RACCORDÉS ?

Même si les appareils (prises, interrupteurs, appliques, etc.) semblent bien raccordés, il est bon de contrôler périodiquement la qualité de leurs branchements. Un léger dysfonctionnement, un petit grésillement ou un échauffement signalent que les conducteurs ne sont plus bien fixés dans leurs alvéoles : ouvrez les boîtiers ou la façade des appareils et resserrez les vis de blocage des bornes.

LES DOUILLES SONT-ELLES EN BON ÉTAT ET BIEN FIXÉES ?

Si les douilles en porcelaine ont pratiquement disparu, il n'en est pas de même pour celles en laiton et noix en porcelaine (pour ampoule à culot à baïonnette), encore largement répandues. Vous pouvez les remplacer par des douilles de même nature en plastique et dans l'idéal, par des modèles DCL.

L'INSTALLATION SE PROLONGE-T-ELLE À L'EXTÉRIEUR ?

Si c'est le cas, elle doit être constituée de matériels étanches, en PVC, assurant la protection des connexions et celle des personnes. Les vieux matériels et conduits métalliques extérieurs doivent être absolument remplacés.

LE CODE DES COULEURS EST-IL RESPECTÉ ?

Pour pouvoir intervenir dans une installation, les conducteurs doivent être d'une couleur normalisée :

- bleu pour le neutre ;
- jaune, vert ou vert-jaune pour la terre ;
- rouge ou toute autre couleur que les précédentes pour la phase.

© CP

Une installation possédant encore des coupe-circuits à broches en porcelaine doit être rénovée impérativement dans les plus brefs délais.

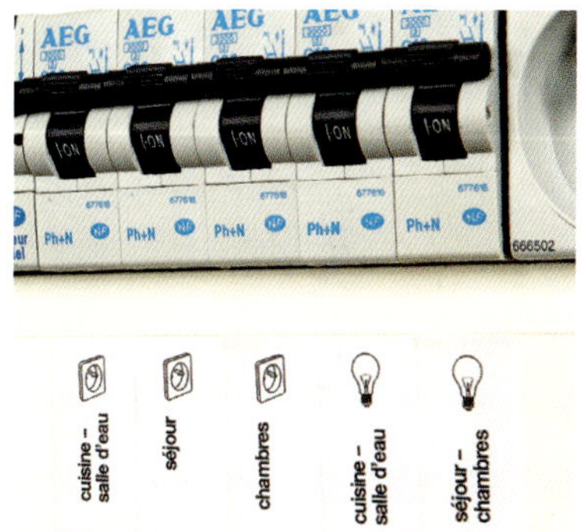

© CP

L'identification des circuits est indispensable pour permettre un dépannage rapide en cas de court-circuit ou de défaut d'isolement d'un appareil.

LA BONNE INFO

TABLEAU PRÉCÂBLÉ

Le tableau de répartition est la "gare de triage" de votre installation. Sa qualité détermine directement celle de l'installation. Vous pouvez le composer vous-même à partir des appareils disponibles dans les rayons spécialisés, mais vous gagnerez beaucoup en optant pour un tableau précâblé, surtout si vous êtes un électricien novice.

LA SECURITE

La section des fils

La "quantité" de courant qu'un conducteur peut acheminer est directement liée à sa section. Si l'appel de courant nécessaire au fonctionnement d'un appareil est trop important, le fil surchauffe et sa gaine isolante peut finir par fondre. Respectez toujours le tableau ci-dessous.

Dans une installation, le courant est transporté par des conducteurs métalliques isolés par une enveloppe en PVC de couleur. Ils sont eux-mêmes protégés par une autre gaine qui les solidarise (câbles multiconducteurs) ou par un conduit qui peut prendre la forme d'un tube ou d'un profilé en PVC (baguette, plinthe, goulotte, etc.).

Fils et câbles

Les fils servent à alimenter les appareils de distribution du courant (prises, boîtes de connexion, dominos) qui permettent eux-mêmes la transmission de l'électricité aux appareils consommateurs de courant : ampoules, résistances, moteurs électriques, etc.

Les fils souples sont constitués d'une tresse câblée protégée par un isolant et ne servent que de liaison entre un socle de prise et un appareil électroportatif (machine ou luminaire). Ils sont couplés par deux (**méplats** 1) pour les appareils ne nécessitant pas de raccordement à la terre, ou par trois pour ceux qui doivent intégrer un conducteur de protection (2).

Les fils rigides sont composés d'un fil unique (3) protégé par une enveloppe isolante de couleur, en PVC. Ils servent aux installations fixes sous baguettes ou sous conduits encastrés ou apparents. Réunis à plusieurs sous une autre gaine isolante, ils forment un **câble multiconducteur** (4) pour pose fixe sous pontets clouables. Certains câbles multiconducteurs à enveloppe isolante renforcée sont utilisés pour les installations enterrées.

SECTION DES FILS

Ampérage	Section
10 A	1,5 mm²
16 A	2,5 mm²
20 A	4 mm²
32 A	6 mm²

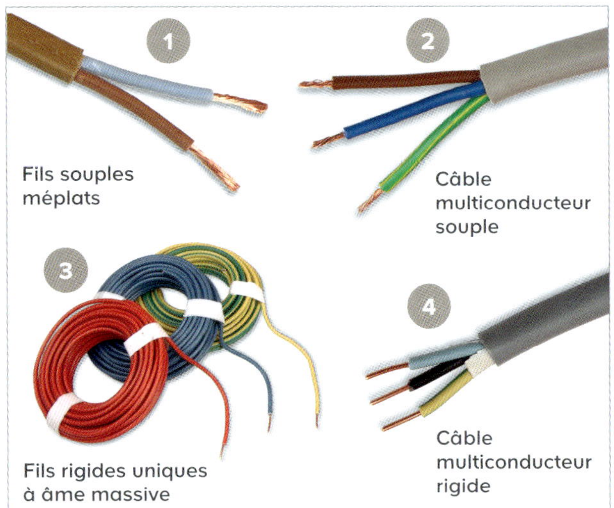

PRINCIPAUX TYPES DE FILS

Conduits

Les conducteurs, surtout lorsqu'ils sont individuels, et donc à âme massive, doivent bénéficier d'une protection continue, que leur pose soit apparente ou encastrée.

LES CONDUITS FLEXIBLES

Sous cette appellation, on désigne en fait des tubes isolants flexibles, cintrables et déformables. Ces conduits se distinguent les uns des autres par leur degré de souplesse et de résistance et par leur couleur. La couleur orange désigne un matériau qui, pouvant être conducteur de flamme, doit être noyé dans la maçonnerie (béton ou plâtre). Seule l'extrémité du conduit, sur 10 cm au maximum, peut sortir de la maçonnerie (ce qui peut se révéler nécessaire en cas de doublage décoratif d'un mur). Les conduits gris annelés sont utilisés dans les doublages.

Tube flexible annelé

CONDUITS RIGIDES

Il s'agit de conduits en PVC rigide et lisse, destinés à une pose apparente avec des colliers en applique.

- Si l'on y fait passer des conducteurs rigides individuels à âme massive, ils doivent assurer une protection continue, rendue possible par des accessoires de liaison : coudes, manchons, tés, etc.
- Si l'on y fait passer un câble conducteur, la protection n'a besoin d'être continue que sur les sections droites. On les utilise alors sans accessoires de liaison.

Tube rigide lisse

TYPES DE CONDUITS

Appellations	Référence
Isolant flexible cintrable et déformable (orange)	ICTL-3421
Isolant flexible cintrable et déformable (gris/orange)	ICTA-3422
Tube rigide lisse ordinaire (gris)	IRL-3321
Tube isolant flexible cintrable ordinaire (gris)	ICA-3321

Signification des lettres

I : Isolant — C : Composite

R : Rigide — S : Souple

A : Annelé — L : Lisse

T : Transversalement élastique

Baguettes PVC

La baguette en plastique se compose d'un socle clouable, ou collable, et d'un couvercle. Le socle comprend des logements, qui peuvent recevoir chacun plusieurs conducteurs à condition qu'ils soient de même voltage. Le couvercle vient s'emboîter (par clipsage) sur le socle, assurant ainsi une étanchéité satisfaisante (sans être totale). Les baguettes doivent toujours rester accessibles. Il ne faut donc pas les recouvrir de papier peint ou les dissimuler sous un revêtement, textile ou autre.

Plus larges que les baguettes et pouvant donc accueillir davantage de conducteurs, les plinthes "électriques" se substituent, aux plinthes traditionnelles. Elles sont associées à de multiples appareils (prises, dérivations, etc.), qui s'y intègrent parfaitement et offrent une grande commodité de raccordement.

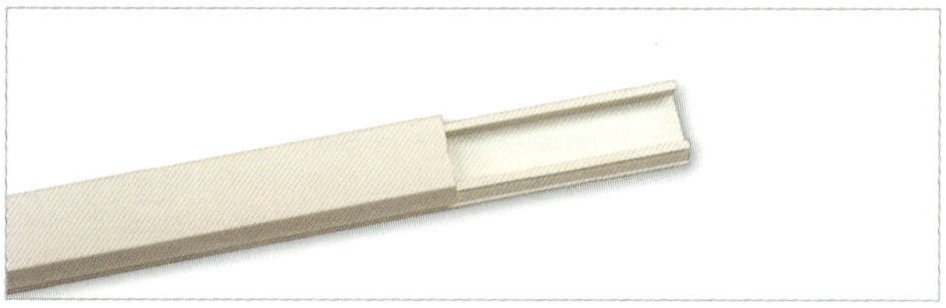

Baguette en PVC

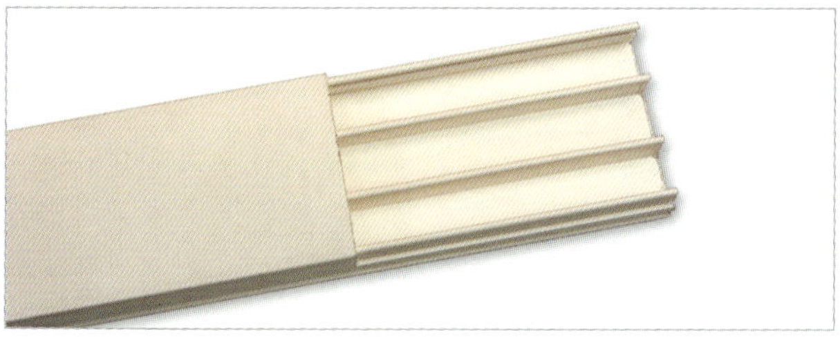

Plinthe en PVC

Accessoires de liaison

BARRETTES DE CONNEXION

Ce sont des accessoires de liaison composés de conduits métalliques placés dans un matériau isolant (plastique). Ces conduits, disposés parallèlement les uns aux autres, comportent à chaque extrémité une petite vis permettant le serrage du conducteur qui y sera enfilé. Les dominos sont présentés en barrettes rassemblant plusieurs conduits, généralement une douzaine.

CONNECTEURS

Ces petits accessoires assurent une liaison rapide et sans outils de conducteurs dont l'extrémité a été soigneusement dénudée, c'est-à-dire débarrassée de sa gaine de protection (voir ci-dessous). Ils permettent de gagner tout à la fois beaucoup de temps d'installation et de place à l'intérieur des boîtes de dérivation, car ils sont bien moins encombrants que les dominos.

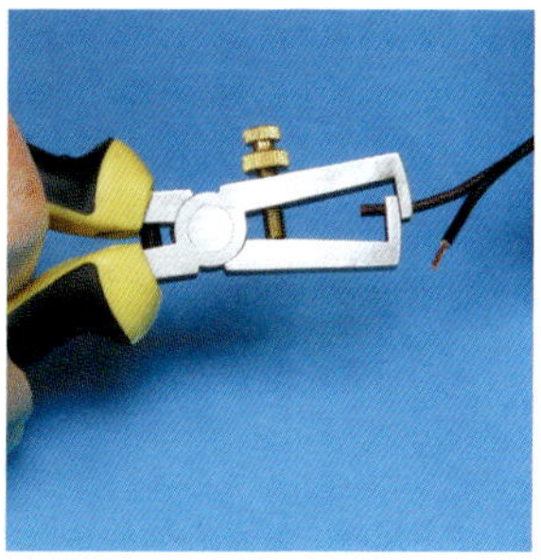

Pince à dénuder

DÉNUDER LES CONDUCTEURS

Différents systèmes permettent de mettre à nu l'extrémité des conducteurs. La technique la plus élémentaire consiste à entailler l'isolant avec précaution à l'aide de la lame très tranchante du couteau d'électricien, pour tirer ensuite l'isolant avec les doigts. Mais la méthode la plus pratique fait appel à la "pince à dénuder" dont les becs en V tranchants forment une mâchoire réglable en butée, pour entailler l'isolant avec précision. Celui-ci est éliminé ensuite en tirant sur la pince. Il existe différents autres modèles de pince dont une "automatique", qui fait les deux opérations en une seule fois.

Liaisons par bornes dans une boîte de connexion

Si la plupart des liaisons et dérivations de fils de 1,5 et 4 mm² peuvent se faire avec des accessoires comme les dominos ou barrettes de connexion, ou encore avec des connecteurs, il faut recourir aux bornes pour les fils de forte section (6 mm²). Elles sont constituées d'un cylindre taraudé d'un pas de vis fendu, permettant le passage d'un ou de plusieurs conducteurs. Un boulon à tête ronde fendue permet le blocage de la partie métallique des conducteurs. Ce dispositif reste très employé dans les installations pour assurer les dérivations indispensables à la répartition des circuits.

- Déterminez l'emplacement de la boîte en fonction de l'endroit de sortie des conducteurs d'alimentation et de la dérivation à réaliser.

- Fixez la platine de support des bornes sur le mur. Vissez et chevillez avec des chevilles adaptées à la nature du mur.

- Dégagez une longueur suffisante de fil d'arrivée. Faites de même pour les conducteurs de départ.

- Recoupez l'extrémité des conducteurs de telle sorte qu'une fois les raccordements effectués, ils ne dépassent pas du logement des bornes.

- Dénudez l'extrémité des conducteurs sur une longueur correspondant exactement au diamètre des bornes et donc à la taille des fentes pratiquées dans les bornes de raccordement.

Boîte de connexion à bornes

- Engagez la partie dénudée des conducteurs dans la fente des bornes en respectant bien sûr la continuité des couleurs.

- Amorcez le filetage de la vis des bornes, puis serrez-les avec un tournevis.

- Serrez les vis sans excès pour ne pas écraser les conducteurs.

LA SECURITE

ISOLER LE CIRCUIT
Avant toute intervention sur l'installation, prenez la précaution d'isoler le circuit sur lequel vous allez travailler en enlevant la cartouche du fusible ou en agissant sur le bouton du disjoncteur concerné. Contrôlez que le courant est bien coupé avec un tournevis testeur ou un contrôleur universel. Ne prenez jamais de risque avec l'électricité !

Avec un minimum de logique et de patience, vous devriez identifier facilement une panne électrique et y remédier, le plus souvent par vous-même. Avant tout, vous devez prendre toutes les précautions pour intervenir en sécurité, et le plus souvent couper le courant au disjoncteur.

Contrôler un circuit

Pour une sécurité absolue, le plus sûr est de couper le courant au disjoncteur principal de l'installation. Cela implique de travailler avec une lampe de poche, ce qui n'est pas très confortable. L'idéal est donc de ne suspendre que l'alimentation du circuit concerné, dans la mesure, où vous pourrez l'identifier avec certitude. Pour en couper l'alimentation, il suffit d'agir sur le coupe-circuit qui le protège : fusible, interrupteur ou disjoncteur différentiel.

- Dans le premier cas, retirez purement et simplement le fusible.
- Dans les autres cas, agissez sur le bouton d'enclenchement de l'interrupteur ou du disjoncteur différentiel. Accrochez sur le bouton une étiquette indiquant clairement qu'il ne faut pas le réenclencher pendant que vous êtes en train de travailler sur le circuit, pour éviter toute "remise" du courant par une tierce personne.

Attention ! la suspension d'alimentation n'est garantie que si le coupe-circuit est bipolaire, c'est-à-dire que s'il agit sur les deux fils et donc les deux pôles du circuit. Ce n'est généralement le cas que sur les installations les plus récentes. Il est naturellement essentiel de bien identifier le circuit.

Identifier le problème

Respectez la procédure suivante pas-à-pas pour identifier la cause de pannes d'un appareil électrique.

UN APPAREIL À FICHE NE FONCTIONNE PLUS

- **Si un luminaire ne fonctionne pas,** commencez par remplacer l'ampoule. Pour tout autre type d'appareil, branchez sa fiche dans une autre prise. S'il fonctionne, c'est la prise qui est en cause. Sinon, branchez-le sur la prise d'un autre circuit. S'il fonctionne, c'est le circuit précédent qui est en cause.
- **Si un appareil ne marche pas sur une prise** que vous savez correctement alimentée, contrôlez la liaison des conducteurs côté fiche et côté appareil. Contrôlez le câble pour voir s'il n'est pas endommagé.
- **Si l'appareil ne fonctionne toujours pas,** c'est que l'appareil lui-même est en cause.

UN CIRCUIT EST COUPÉ

- **Coupez tous les interrupteurs** et/ou débranchez tous les appareils raccordés au circuit concerné. Coupez le courant au disjoncteur principal. Remplacez le fusible qui a sauté ou réenclenchez le disjoncteur qui a fonctionné. Réenclenchez le disjoncteur principal. Si le problème persiste, il est lié au circuit lui-même.
- **Sinon, allumez les éclairages et/ou rebranchez les appareils les uns après les autres** jusqu'à ce que vous trouviez celui qui a fait sauter le fusible ou le disjoncteur protégeant le circuit. Contrôlez les connexions au niveau de la fiche et de l'appareil.
- **Si le problème persiste,** c'est que l'appareil lui-même est en court-circuit.

UNE APPLIQUE OU UN PLAFONNIER NE MARCHE PLUS

- **Les autres luminaires du circuit fonctionnent-ils ?** Si ce n'est pas le cas, voyez pourquoi le circuit est coupé (voir "un circuit est coupé" ci-dessus).
- **Si les autres luminaires fonctionnent,** remplacez l'ampoule après avoir coupé l'interrupteur.
- **Si cela ne suffit pas,** coupez l'alimentation du circuit concerné et contrôlez les connexions électriques. Resserrez les vis des bornes de liaison. Contrôlez la continuité électrique du circuit du luminaire avec un contrôleur universel. Remplacez le luminaire si nécessaire.
- **Si cela ne suffit toujours pas,** coupez de nouveau le courant et ouvrez la façade de l'interrupteur. Contrôlez les liaisons et resserrez éventuellement la vis des bornes. Remettez le courant.
- **Si le problème n'est pas résolu,** remplacez l'interrupteur.

TOUS LES CIRCUITS SONT COUPÉS

- **Commencez par vous demander si vous n'êtes pas victime d'une coupure** d'alimentation. Assurez-vous que vos voisins ont de l'électricité.
- **Si le disjoncteur principal seul a fonctionné,** réenclenchez-le prudemment. Il arrive qu'il se déclenche sous l'effet d'une surtension sur le réseau ou en raison d'un incident (coup de foudre, par exemple).
- **S'il déclenche à nouveau** et s'il s'agit d'un disjoncteur différentiel haute sensibilité, la panne est liée à un problème de terre. Consultez un électricien.

LA BONNE ASTUCE

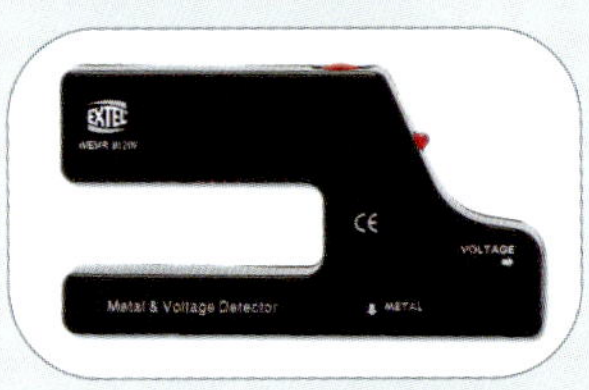

DÉTECTEUR DE COURANT
Vous trouverez dans le commerce des détecteurs de métaux servant à localiser les canalisations encastrées dans les murs ou situées derrière les doublages. Ils permettent également de mettre en évidence la présence de courant électrique en émettant un signal sonore et parfois lumineux quand on les approche de sources électriques.

Le tableau de répartition

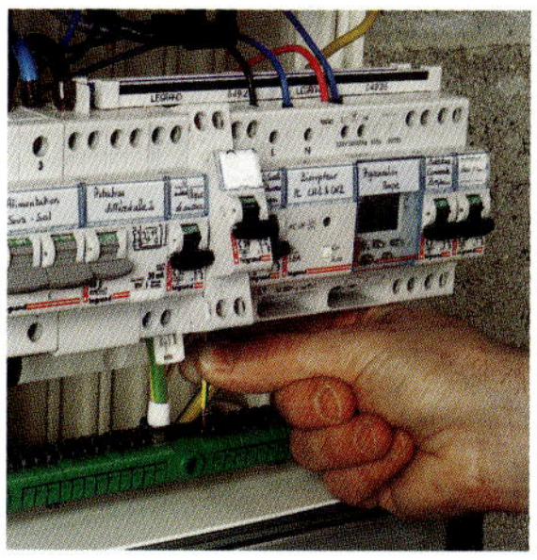

© CP

Installation d'un tableau de répartition

Chacun des circuits de la maison fait l'objet d'une protection centralisée au tableau de répartition. Celui-ci a donc à la fois une fonction de distribution du courant, via les différents circuits, et une fonction de protection de ces circuits comme des personnes qui sont amenées à les utiliser.

Situé le plus souvent à l'entrée de l'habitation, le tableau de répartition se présente aujourd'hui sous la forme d'un boîtier en plastique protégeant un certain nombre d'appareils de protection ou de régulation, clipsés sur des rails métalliques qui sont situés à l'intérieur du boîtier.

Le tableau doit être conforme à la norme NF C 61-910. Il comporte :

- un répartiteur de phase ;
- un repartiteur de neutre ;
- un répartiteur de terre ;
- un ou plusieurs dispositifs de protection des circuits et des personnes (interrupteurs ou disjoncteurs différentiels 30 mA) ;
- plusieurs dispositifs de protection contre les surintensités (coupe-circuits à cartouche, disjoncteurs divisionnaires) ;
- d'autres appareils modulaires de gestion et de confort (télérupteur, minuterie, parafoudre, délesteur, etc.) ;
- des barres de pontage (peignes) isolées pour la terre et le neutre.

Nota : la dimension du tableau doit permettre une réserve d'emplacement de 20 % d'appareils supplémentaires pour d'éventuelles extensions.

LA SECURITE

Emplacement du tableau

Le tableau de répartition principal (ou les tableaux complémentaires éventuels) de votre installation ne peut pas être placé n'importe où dans la maison. Il est interdit, par exemple, de le placer au-dessus ou au-dessous d'un point d'eau, ou encore dans la salle de bains. Il ne doit pas être disposé, non plus, au-dessus d'un appareil de cuisson ou de chauffage. Si vous le placez dans un placard, sa face affleurante doit être tournée vers vous, sans possibilité de ranger des objets devant ; les portes du placard doivent permettre l'aération du tableau. Enfin, bien sûr, vous ne pouvez pas le placer à l'extérieur de la maison.

Protéger les circuits et les personnes

Toute installation électrique doit posséder un certain nombre d'appareils de protection visant à protéger les circuits, et les appareils qu'ils alimentent mais aussi les personnes contre tout risque d'électrocution. Ce sont le disjoncteur de branchement, les interrupteurs différentiels, les coupe-circuits.

LE DISJONCTEUR D'ABONNÉ

Appelé aussi "disjoncteur de branchement", c'est le premier dispositif de protection et de coupure, situé immédiatement après le raccordement au réseau. Il doit normalement être à l'intérieur de votre local. Sa fonction est triple :

- **permettre la coupure d'urgence** manuelle de l'alimentation globale de l'installation ;
- **couper automatiquement le courant en cas de défaut d'isolement** supérieur à 500 mA (puisqu'il est différentiel) ou de court-circuit sur l'installation ;
- **couper automatiquement le courant lorsqu'un appel de puissance dépasse l'ampérage autorisé** par l'abonnement.

LES INTERRUPTEURS DIFFÉRENTIELS

Ils remplissent une double fonction :

- **la mise en service ou hors service de la partie de l'installation** qu'ils sont chargés de protéger ;
- **la protection des personnes** par coupure des circuits protégés quand se produit un défaut d'isolement.

Ils ne protègent pas contre les surintensités ou les court-circuits.

Il est d'usage de placer deux à trois interrupteurs différentiels pour protéger les grandes familles de circuit de l'installation : éclairage, prise, circuits spécialisés et chauffage quand il est électrique.

COUPE-CIRCUITS ET DISJONCTEURS DIVISIONNAIRES DIFFÉRENTIELS

Pour éviter toute surchauffe des conducteurs d'un circuit liée à une demande trop forte de courant ou à un court-circuit, et éviter ainsi les risques d'incendie, il faut pouvoir limiter l'intensité du courant qui passe dans les fils. C'est la mission des coupe-circuits à cartouches fusibles calibrées, ou des disjoncteurs différentiels. Ces derniers assurent donc une double protection : contre les défauts d'isolement et contre les surintensités ou les courts-circuits.

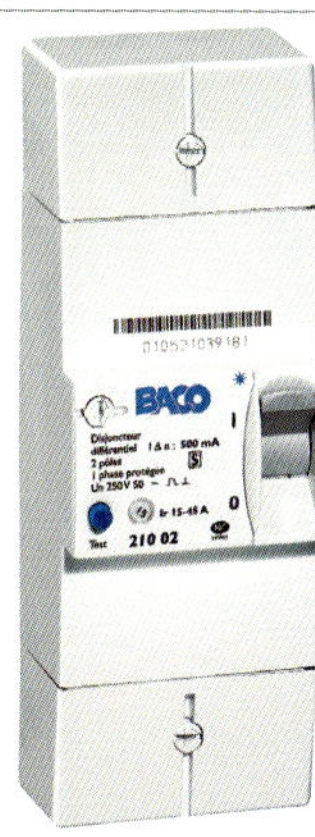

Disjoncteur d'abonné

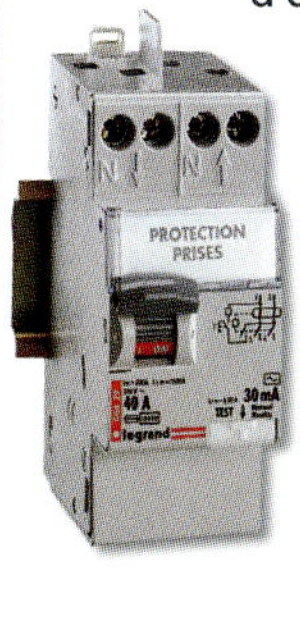

Interrupteur différentiel

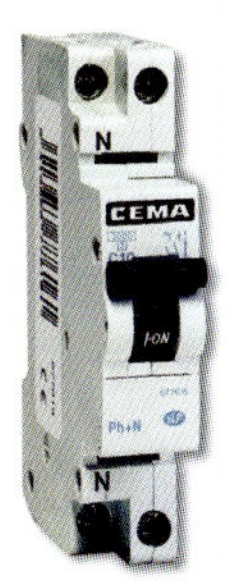

Disjoncteur divisionnaire différentiel

LA BONNE ASTUCE

Cartouches fusibles

Les cartouches fusibles à "voyant" permettent une identification immédiate du circuit qui est en cause ou sur lequel s'est produite une anomalie. Il s'agit d'une petite pastille rouge qui se détache quand la cartouche a "sauté", et suspendant l'alimentation du circuit. Supprimez le défaut, puis remplacez la cartouche usagée par une autre de même ampérage.

© CP

ÉLECTRICITÉ — Câbles et conduits

Vous voulez installer une prise dans la cave, un éclairage dans le garage ? Les câbles multiconducteurs ou des fils pleins sont là pour ça ! Ils sont simples à poser sans outillage important. Vous pourrez aussi vous en servir pour prolonger une installation, par exemple dans un dressing, une laverie ou encore au grenier.

LES BONS OUTILS

Outils
- Niveau à bulles
- Crayon
- Cordeau à poudre
- Craie bleue en poudre
- Marteau
- Tournevis
- Boîte à onglets
- Coupe-tube de plombier ou scie à dos ou à métaux

Matériel
- Câble multiconducteur
- Conducteurs rigides
- Conduits en PVC
- Raccords pour conduit en PVC
- Perceuse
- Colliers à sangle ou colliers Atlas
- Chevilles
- Talc

Fixer un câble multiconducteur

Les câbles multiconducteurs sont ces gros fils ronds de couleur grise qui sont exclusivement réservés à une pose apparente, par des attaches à clouer ou que vous ferez passer dans un conduit PVC. Ils ne doivent jamais être encastrés. Ne les confondez pas avec les câbles multiconducteurs souples, qui contiennent des fils torsadés (câblés). Vous ne devez les utiliser que pour alimenter des appareils électriques mobiles : éclairage, outils, prolongateurs, etc.

Avec ce genre de câble, vous allez pouvoir faire une installation en un clin d'œil. Il suffit de fixer le câble avec des attaches à clouer tous les 40 cm. La seule contrainte est de ne pas faire des courbes trop serrées (pas plus de six fois le diamètre du câble). À l'extérieur, la liaison avec les interrupteurs, les prises ou les boîtes de dérivation doit être étanche.

Vous pourrez aussi utiliser des câbles multiconducteurs pour alimenter un appareil supplémentaire, une table de cuisson, une machine à laver ou encore un chauffage électrique par exemple. Tendez bien les câbles entre les attaches pour qu'ils ne zigzaguent pas.

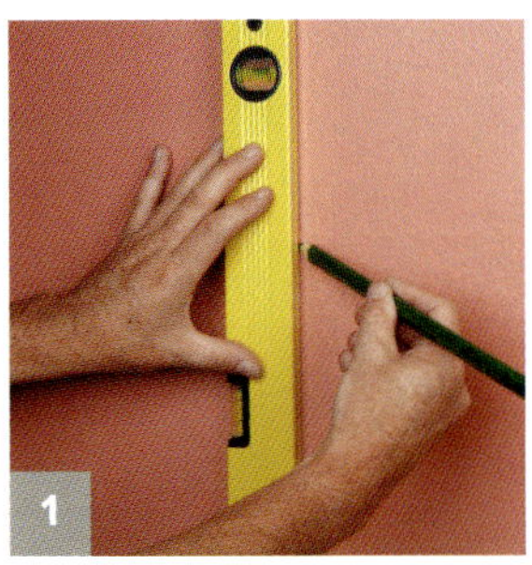

1. Déterminez le parcours du câble et tracez une ligne repère sur le mur. Guidez-vous avec un niveau à bulles pour que le câble soit posé bien droit.

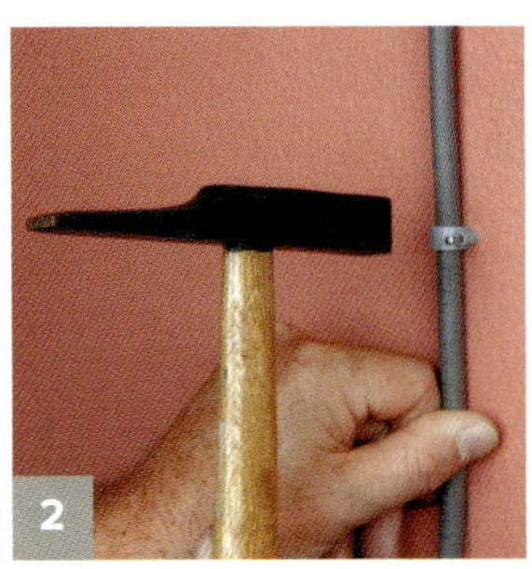

© CP

2. Placez le câble et fixez-le au mur avec les attaches clouables. Leur taille intérieure doit correspondre à la grosseur du câble. Utilisez un petit marteau d'électricien à tête étroite : vous irez beaucoup plus vite et le travail sera plus propre. Si le mur est en béton, prenez évidemment des attaches avec clous en acier trempé. Ne les espacez jamais de plus de 40 cm. Ne leur faites pas faire de courbes trop serrées.

LA BONNE INFO

Talquez le conduit
Les fils ont parfois du mal à glisser dans les conduits. Pour lubrifier les tubes, versez dedans un peu de talc avant de les mettre en place.

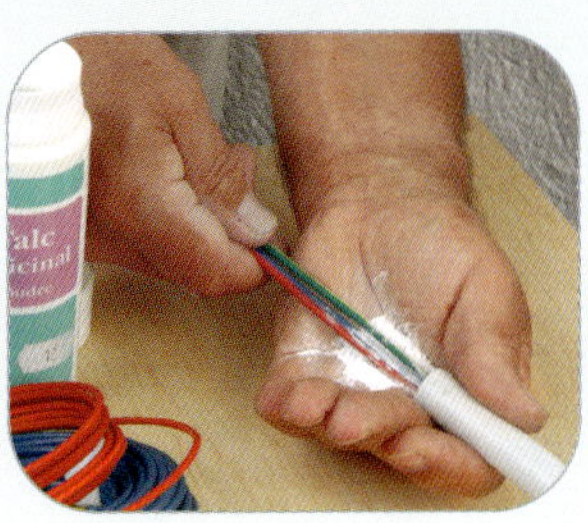

© CP

LA SECURITE

La bonne section
Si vous voulez alimenter un appareil de chauffage avec un câble multiconducteur, attention à bien adapter la section des fils à la puissance de l'appareil.

Poser un câble sous conduits apparents

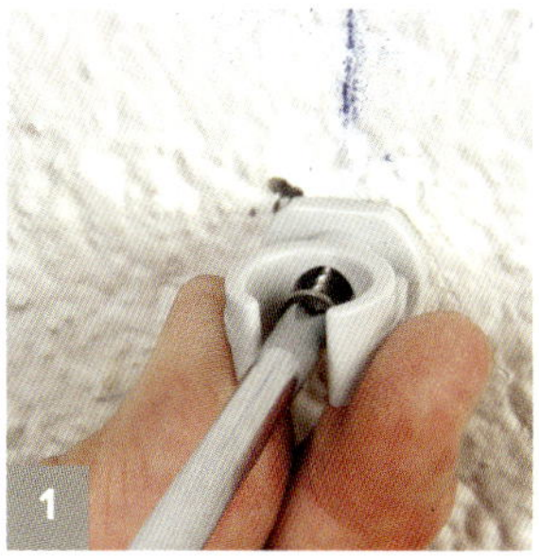

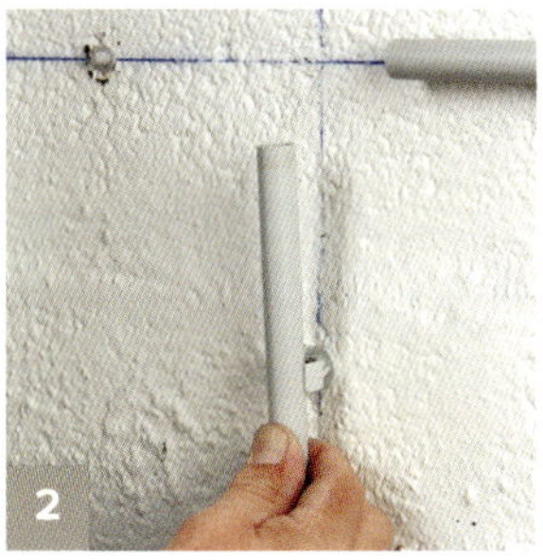

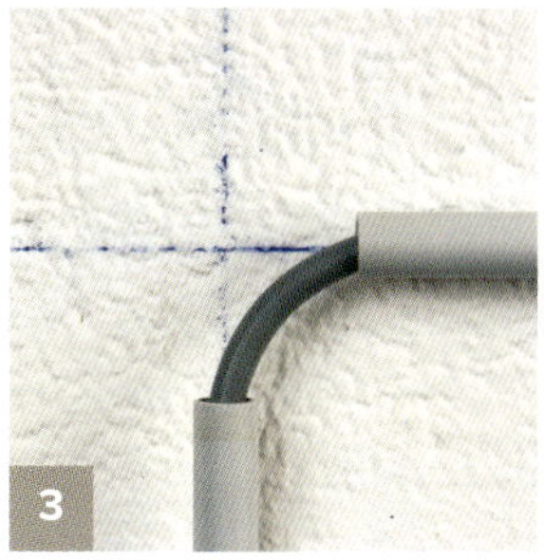

1. Tracez le parcours des conduits et déterminez l'emplacement des colliers de fixation. Percez, mettez une cheville adaptée à la nature du mur. Vissez les colliers par leur embase. On utilise ici des colliers-lyres qui se fixent avec une seule vis.

2. Mettez en place les conduits en laissant quelques centimètres de libre au niveau des coudes. Cet espace doit être réduit pour laisser le moins de câble possible sans protection.

3. Faites passer le câble multiconducteur dans les conduits. Si ça coince, versez un peu de talc dans le conduit !

LA SECURITE

PAS PLUS DU TIERS DU TUBE

Les fils ne doivent pas occuper plus du tiers du volume intérieur des tubes car il faut que l'on puisse les tirer et retirer facilement des conduits pour modifier sans difficulté l'installation à tout moment.

Installation sous tubes apparents

Dans certaines pièces, comme le garage, un atelier ou une laverie où les fils doivent être bien protégés, vous pouvez faire une installation avec des tubes apparents en PVC (plastique gris ou blanc).

Vous utiliserez des fils rigides comme pour une installation sous des baguettes PVC ou conduits encastrés. Ici, c'est la protection continue des conducteurs électriques qui compte.

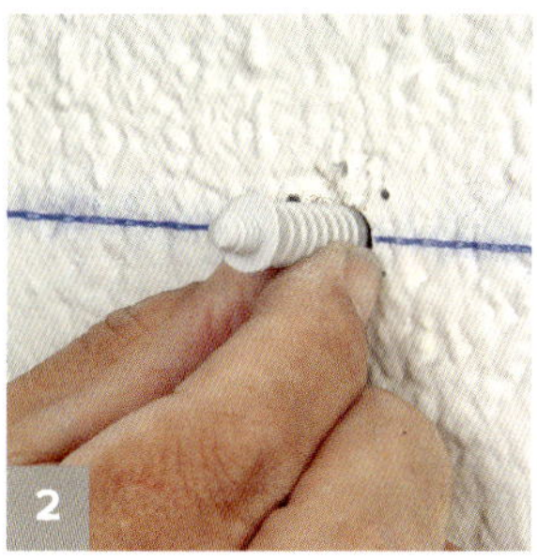

1. Tracez l'emplacement des conduits à l'aide d'un cordeau à poudre. Pour cela, tendez-le puis pincez la corde pour laisser une trace de craie sur le mur. Vous aurez ainsi un repérage très précis de la position des conduits. Vous vous en servirez pour positionner les colliers.

2. Percez à l'emplacement des colliers (tous les 40 cm environ) avec une mèche et une perceuse adaptées à la nature du mur. Chevillez, puis posez le collier. On a pris ici des chevilles à frapper à ailettes qui servent d'embase pour les colliers.

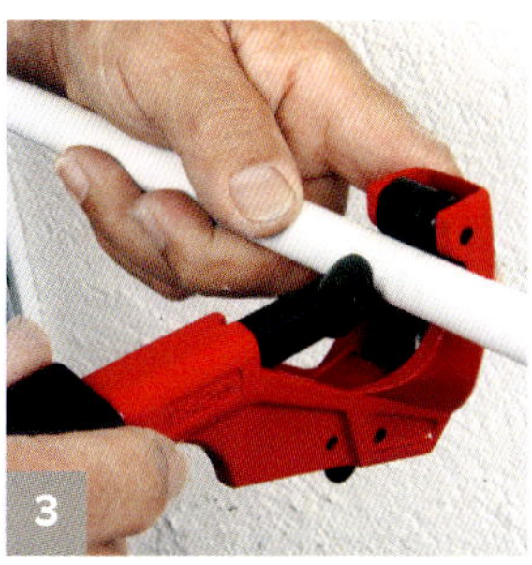

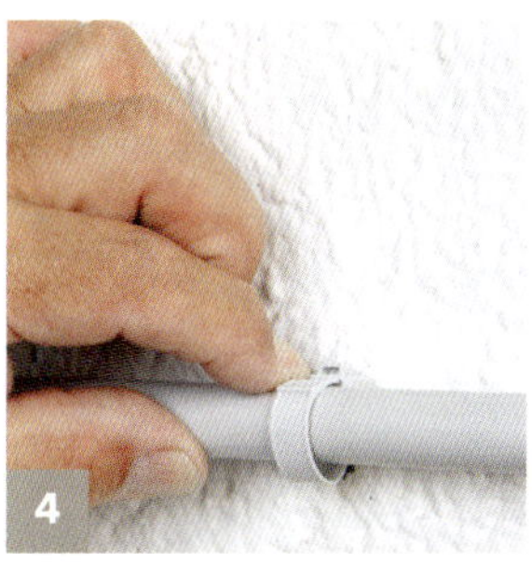

3. Coupez des sections droites de conduits. Prenez une scie à dos ou une scie à métaux. Travaillez dans une boîte à onglets (ou à coupe) pour faire une coupe parfaitement droite. Vous pouvez aussi prendre un coupe-tube de plombier.

4. Mettez les tubes en place en faisant attention à laisser la place pour les éventuels coudes ou dérivations en té. Des raccords garantissent la continuité de protection des fils. Vous pouvez utiliser d'autres types de colliers comme le collier Atlas métallique à embase à vis ou des colliers à sangle qui permettent une fixation rapide des tubes, sans aucun jeu. Ce système évite tout desserrement accidentel du collier.

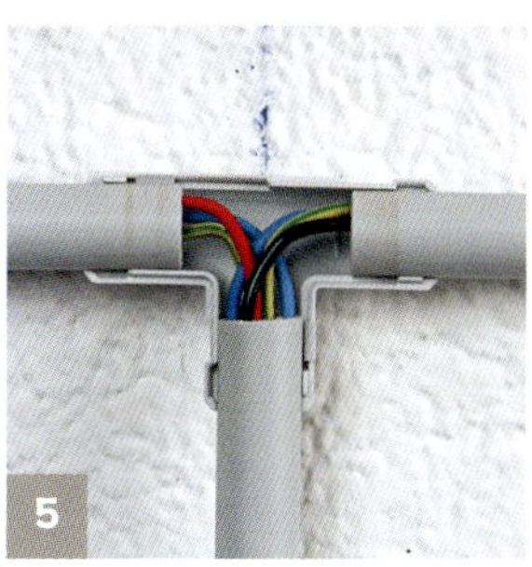

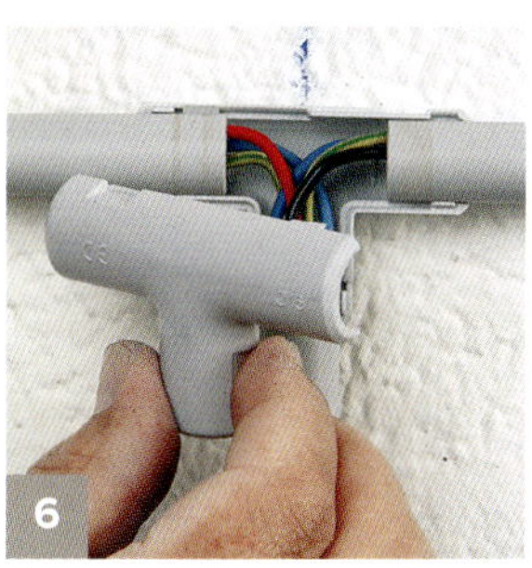

5. Les raccords sont en deux parties assurant ainsi une continuité parfaite. Mettez en place la partie arrière de ces raccords et passez les conducteurs.

6. Il suffit maintenant de clipser la partie avant des raccords. Il existe des manchons droits, des coudes et des tés de dérivation.

Les baguettes bois sont maintenant interdites dans les installations nouvelles et en rénovation. Les baguettes PVC protègent mieux les fils, elles sont étanches et évidemment elles ne brûlent pas en cas de court-circuit. Elles sont faciles à ouvrir en cas de panne et elles permettent également de prolonger ou de modifier une installation.

Installer une plinthe PVC

Les plinthes et baguettes PVC sont faciles à scier. Vous pouvez aussi les couper avec des pinces coupantes ou encore un couteau d'électricien.
Suivant la nature du mur, vous les poserez par collage, clouage, ou au besoin par chevillage et vissage si le mur est irrégulier et friable.

1. Placez la baguette avec son couvercle dans la boîte à onglets et coupez-la avec une scie à dos. Vous pouvez faire ainsi des coupes droites ou à 45° pour les retours à angle droit.

2. Déposez un cordon de colle-mastic murale au dos de la plinthe. Vous pouvez utiliser un simple tube (pour un petit morceau) ou un pistolet à cartouche.

1

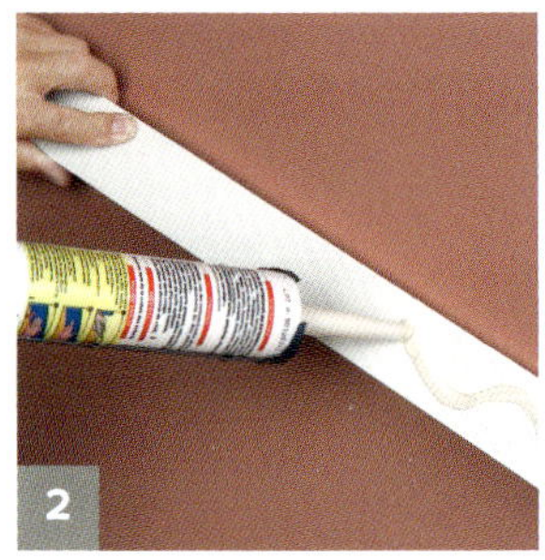
2

3. Appuyez fortement la plinthe contre le mur et pressez pendant une dizaine de secondes.

4. Mettez les fils en place dans les rainures. Vous pouvez mettre plusieurs conducteurs dans une même rainure, à condition de ne pas faire voisiner des fils de 220 V et de 12 V (généralement de très faible section).

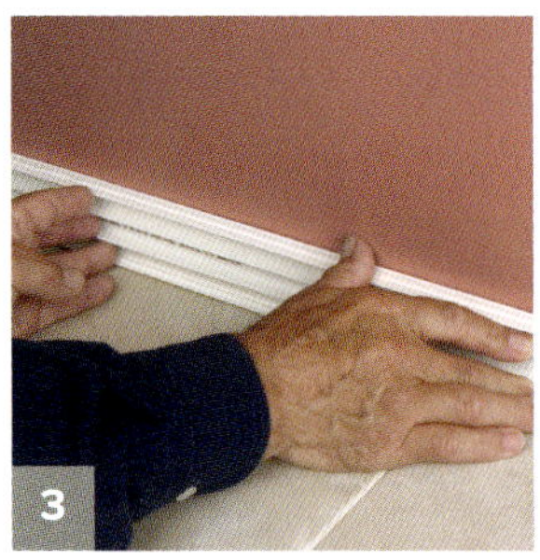
3

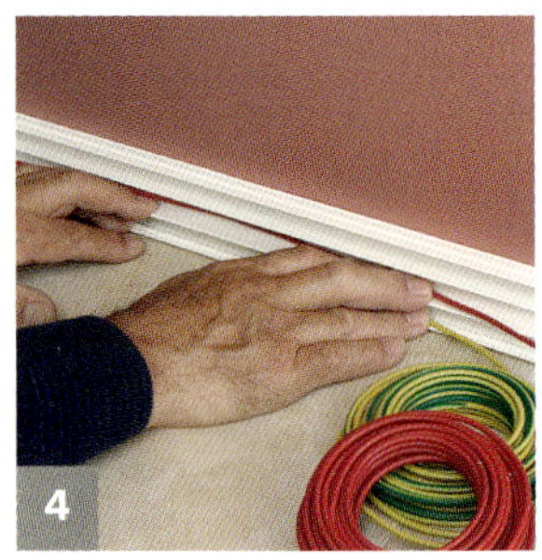
4

5. Des petits accessoires (ici en vert) se clipsent sur les cloisons intérieures des rainures et permettent de maintenir facilement les fils durant la pose.

6. Clipsez le couvercle sur la plinthe. Attention à ne pas pincer les fils !

© CP

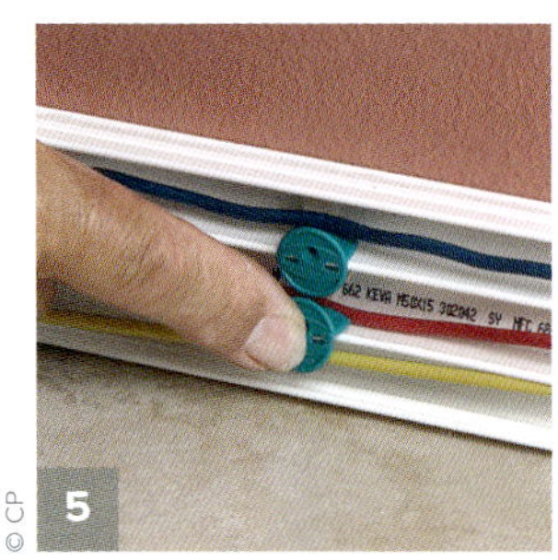
5

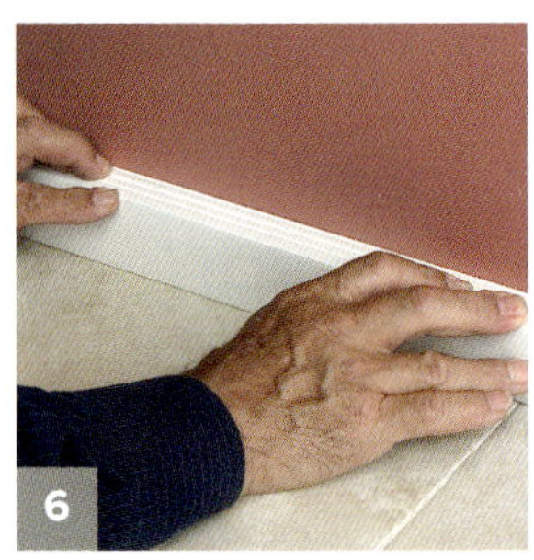
6

LA SECURITE

CODE DES COULEURS
Quand vous mettez les fils dans les plinthes ou les baguettes, respectez toujours le code des couleurs :
- bleu pour le neutre ;
- vert, jaune ou vert/jaune pour la terre ;
- rouge ou toute autre couleur que les précédentes pour la phase.

LES BONS OUTILS

OUTILS
- Scie à dos et boîte à onglets
- Pistolet à cartouche
- Colle-mastic murale

MATÉRIEL
- Plinthe électrique PVC
- Accessoires de maintien des conducteurs
- Conducteurs rigides rouge, bleu, vert/jaune ou toute autre couleur nécessaire

LA BONNE INFO

BAGUETTES TOUJOURS ACCESSIBLES
Les baguettes PVC ne doivent jamais être noyées dans la maçonnerie. Les couvercles des baguettes doivent toujours rester accessibles pour permettre d'intervenir vite et facilement sur les fils. Vous pouvez les peindre mais pas les tapisser.

Prise sur plinthe PVC

Vous avez besoin d'une prise supplémentaire ? Rien de plus simple avec les plinthes PVC. Le raccordement des fils est très facile. Vous n'aurez même pas besoin d'entailler les cloisons des rainures de la plinthe.
Vous pourrez ainsi multiplier le nombre de prises dans une pièce (8 prises maximum par circuit).

LES BONS OUTILS

Outils
- Pince à dénuder
- Tournevis d'électricien
- Tournevis cruciforme

Matériel
- Prise (2P + T) en applique
- Conducteurs rigides rouge, bleu, vert/jaune ou autre couleur nécessaire
- Perceuse, chevilles

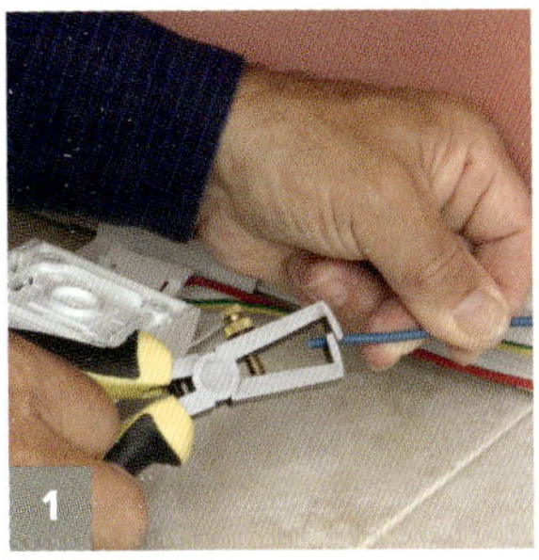

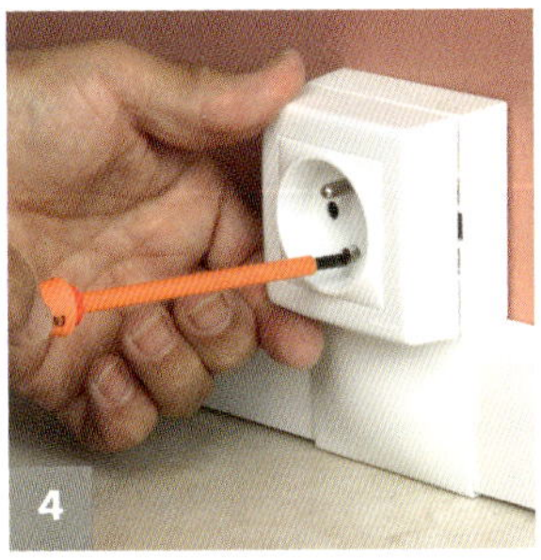

1. Dénudez le bout des fils sur une longueur égale à la profondeur des alvéoles de raccordement. Vous éviterez ainsi tout risque de grésillement ou de court-circuit. Utilisez une pince à dénuder en la réglant correctement pour ne pas entamer la partie métallique des fils.

2. Orientez la base de la prise pour que la broche de terre soit située vers le haut. Raccordez les fils. Serrez bien la vis des bornes de raccordement de la prise. Inutile de la bloquer !

3. Clipsez l'embase de la prise sur la baguette. Rapportez le couvercle de la plinthe, de part et d'autre de la prise. Vissez le socle sur le mur après avoir percé et chevillé.

4. Vous n'avez plus qu'à poser la façade de la prise sur son socle et à serrer sa vis de fixation.

Interrupteur sur baguette PVC

LES BONS OUTILS

Outils
- Pince coupante à bec droit
- Tournevis d'électricien
- Pince à dénuder

Matériel
- Baguette PVC
- Colle, clou ou vis
- Interrupteur
- Chevilles, vis ou colle-mastic murale
- Conducteurs rigides (ici rouge et noir)

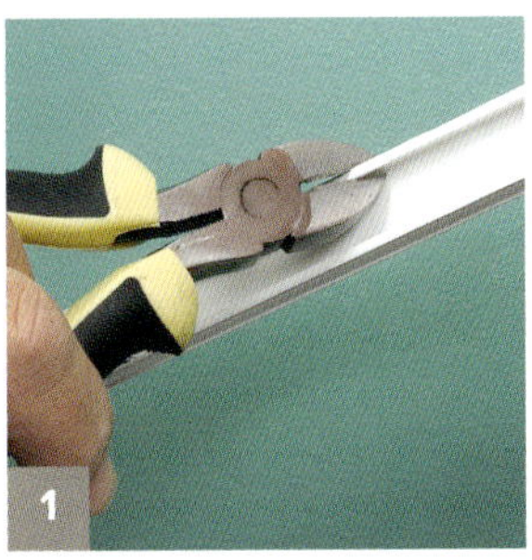

1. Entaillez le côté de la baguette avec des pinces coupantes à bec droit pour permettre le passage des fils. Fixez la baguette au mur par collage, clouage ou vissage. Placez la baguette en entourage de porte. Vous pourrez ensuite la peindre pour la rendre plus discrète.

2. Entaillez le boîtier de l'appareil, en correspondance avec l'entaille que vous venez de faire dans la baguette. Puis fixez le socle de l'interrupteur (avec des chevilles et des vis, ou par encollage avec une colle-mastic murale).

3. Faites passer les fils dans les rainures de la baguette. Raccordez-les à l'interrupteur après en avoir dénudé les extrémités. L'action de l'interrupteur se fait toujours sur le conducteur de phase (fil rouge). Après le passage dans l'interrupteur, le fil que vous allez utiliser doit être d'une autre couleur (ici noir), tout en respectant bien sûr le code des couleurs (voir page précédente). C'est essentiel pour s'y retrouver ensuite dans l'installation.

4. Clipsez d'abord l'entourage du boîtier sur le socle de celui-ci, puis le bouton à bascule en appuyant bien au centre.

Vous voulez une installation électrique discrète : encastrez les circuits, les interrupteurs et les prises. Si vos murs sont doublés de plaques de plâtre, c'est très simple. Dans des cloisons en carreaux de plâtre ou en blocs de béton cellulaire les saignées se font sans effort avec une rainureuse. Une fois les tubes et les fils passés à l'intérieur, rebouchez les saignées avec un peu de plâtre ou d'enduit.

LES BONS OUTILS

OUTILS

- Niveau à bulles, laser, fil à plomb
- Crayon
- Cordeau à poudre
- Perceuse et scie cloche
- Ciseau de maçon, massette
- Truelle étroite (langue-de-chat) et truelle dentée (Berthelet)
- Pince coupante
- Pince à dénuder
- Couteau à enduire
- Tournevis d'électricien
- Rainureuse

MATÉRIEL

- Conduits et conducteurs
- Plâtre
- Gants
- Lunettes
- Masque antipoussière
- Conduit isolant flexible
- Fils électriques rigides
- Boîtier d'encastrement pour cloison sèche
- Appareil électrique

Dans la plaque de plâtre

L'espace entre la plaque de plâtre et le mur est généralement suffisant pour y faire passer des tubes électriques. Vous pourrez y encastrer les différents appareils (interrupteurs, prises, etc.) nécessaires à l'installation et faire passer les fils. La plaque de plâtre se scie et se perce sans difficulté avec un minimum d'outils. C'est simple, rapide, et le résultat est parfaitement net.

1. Avant de percer, localisez les ossatures métalliques sur lesquelles sont fixées les plaques avec un détecteur de métaux. Localisez d'éventuels conduits électriques passant derrière la plaque.

2. Percez la plaque avec une scie cloche d'un diamètre correspondant au boîtier d'encastrement. Réglez la perceuse sur perçage simple.

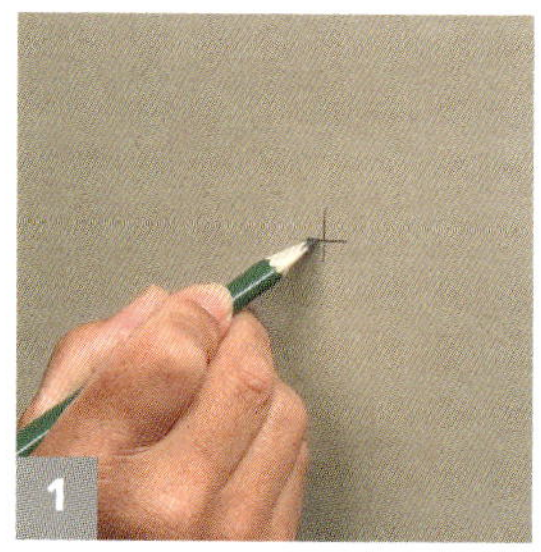
1

2

3. Récupérez le tube isolant flexible dans lequel vous aurez fait passer les fils et engagez-le dans le boîtier d'encastrement, après avoir fait sauter l'opercule pour permettre son passage.

4. Enfoncez le boîtier d'encastrement dans son logement puis serrez ses vis de fixation.

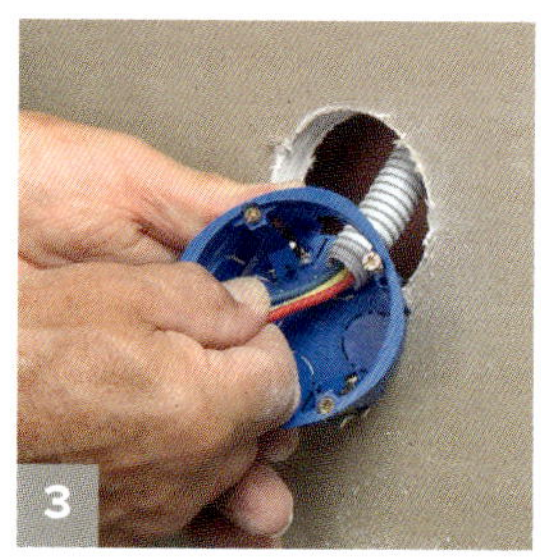
3

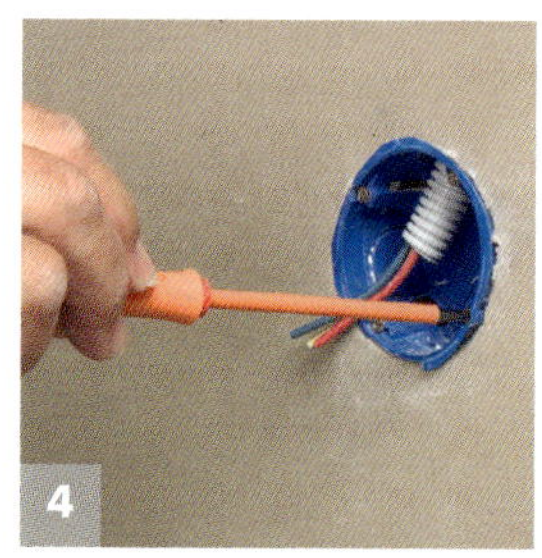
4

5. Dénudez le bout des conducteurs avec une pince adaptée. La longueur d'isolant à retirer doit correspondre à la profondeur des logements de raccordement de la prise.

6. Procédez au raccordement des fils puis serrez fermement les vis de blocage des bornes. N'oubliez pas le conducteur de terre et respectez le code des couleurs.

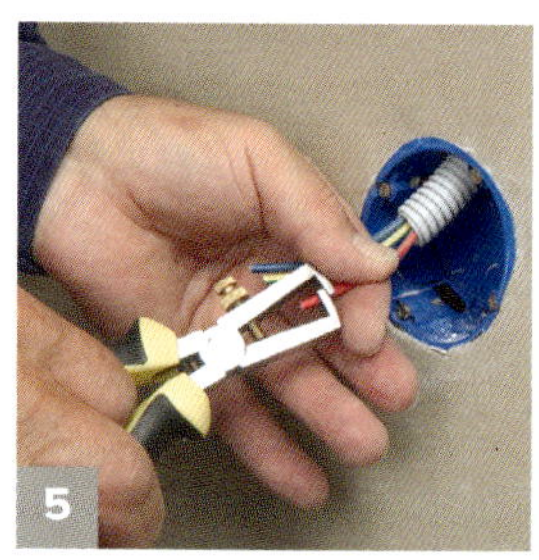
5

6

LA SECURITE

ATTENTION À LA POUSSIÈRE !

Si vous avez beaucoup de perçages à faire, portez un masque antipoussière.

7. Fixez la base de la prise sur le boîtier d'encastrement. Certains appareils possèdent des griffes qui s'écartent pour leur fixation.

8. Posez la façade de la prise (maintenue ici par une vis, clipsée sur d'autres modèles).

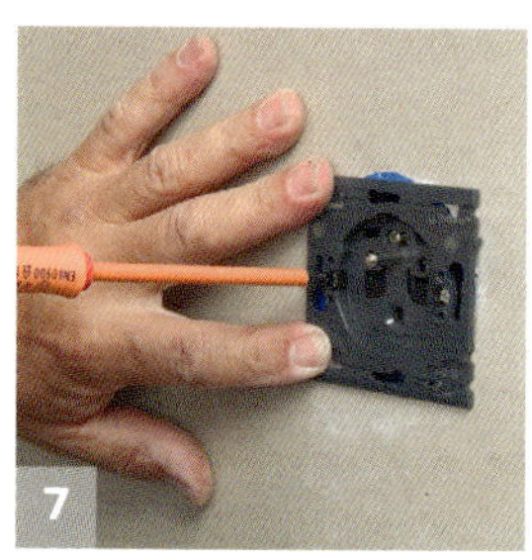
7

8

Dans la maçonnerie

Il va falloir faire des saignées dans la maçonnerie. Bien sûr il vaut mieux qu'ils soient en béton cellulaire ou en carreaux de plâtre ! Mais avec une bonne rainureuse, vous pourrez réaliser des saignées dans du béton, des parpaings ou de la brique pleine. C'est plus délicat dans la brique creuse.

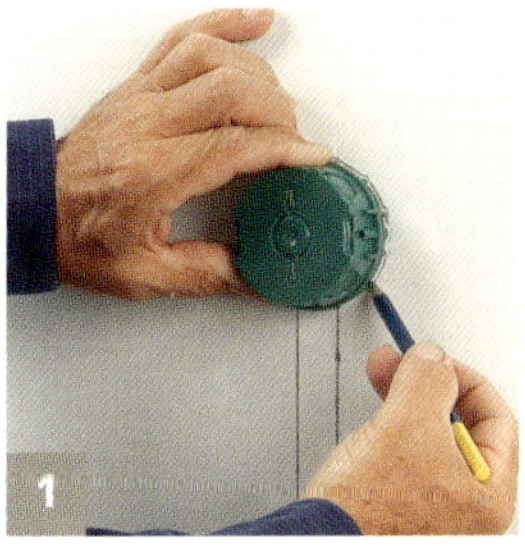
1

2

3

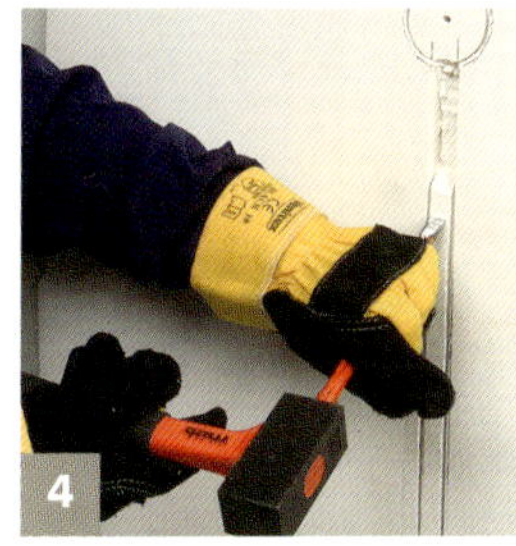
4

1. Tracez d'abord l'emplacement des appareils (prise, interrupteur, etc.). Tracez ensuite les saignées à réaliser pour les conduits en tenant compte des règles d'encastrement dans les cloisons de faible épaisseur (voir encadré en bas). Aidez-vous d'un niveau à bulles, laser ou d'un fil à plomb. Tracez avec un cordeau à poudre.

2. Percez les logements destinés aux boîtiers d'encastrement avec une scie cloche de diamètre et de profondeur correspondant à la taille des boîtiers.

3. Creusez le bord des saignées dans l'alignement des logements avec une rainureuse équipée de disques adaptés à la maçonnerie. La profondeur de la saignée doit permettre un rebouchage d'au moins 4 mm au-dessus du conduit.

4. Dégagez les saignées et le logement des boîtiers d'appareils avec un ciseau de maçon à lame étroite et une massette. Portez des gants de bricolage et des lunettes de protection.

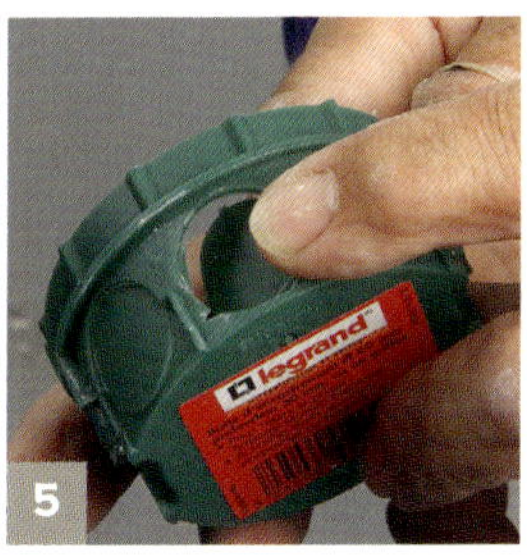

5

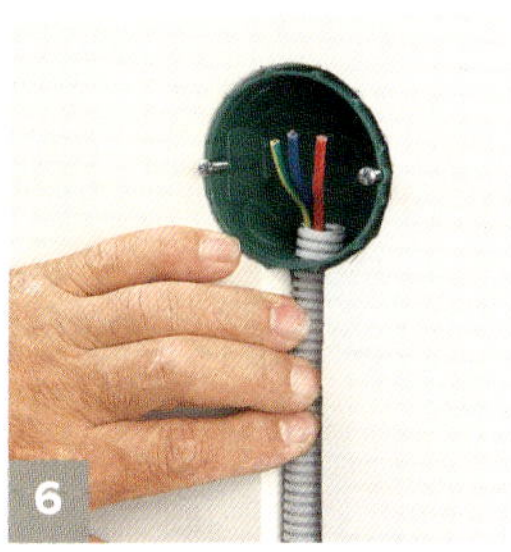
6

5. Détachez l'opercule prédécoupé, prévu pour le passage du conduit.

6. Déposez un peu de plâtre au fond du logement et engagez dedans le boîtier pour le sceller.
Faites passer les fils dans le tube. Placez-le dans la saignée et engagez-le dans le boîtier, en laissant dépasser une longueur suffisante de fils pour faciliter leur dénudage.

7

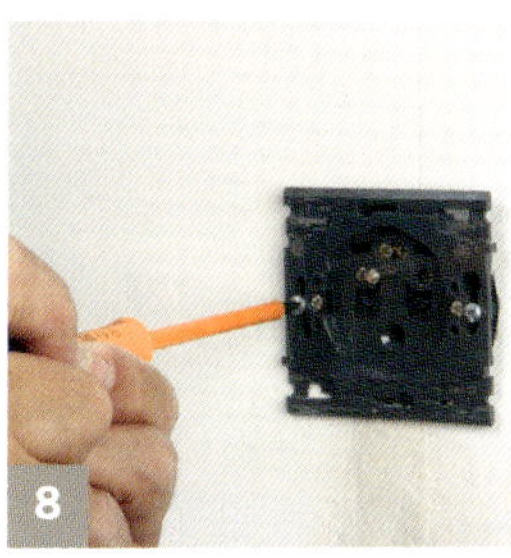
8

7. Rebouchez les saignées avec une truelle (langue-de-chat), avec du plâtre ou du mortier de ciment si le mur est en béton.
Arasez l'excédent avec une truelle à lame dentée et lissez avec un large couteau à enduire. Poncez après séchage.

8. Dénudez le bout des fils avec une pince à dénuder. Faites les raccordements nécessaires puis fixez les appareils en serrant les vis qui assurent l'écartement des griffes de fixation.

LA SECURITE

Règles d'encastrement des conduits

La norme NF C 15-100 prévoit des règles précises d'encastrement des conduits dans les cloisons pleines de moins de 10 cm d'épaisseur.

INTERDIT

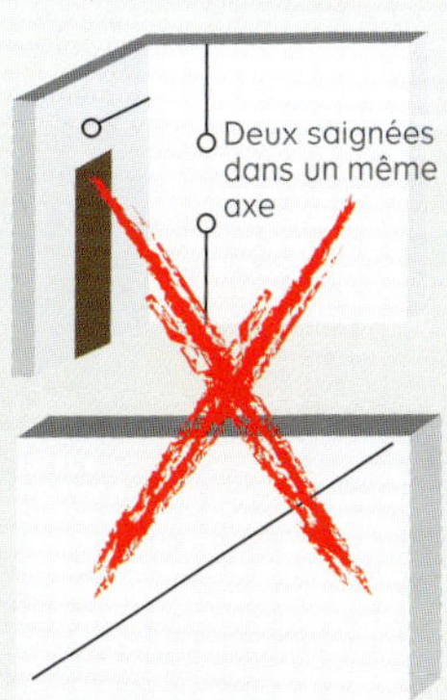

SAIGNÉE OBLIQUE

AUTORISÉ

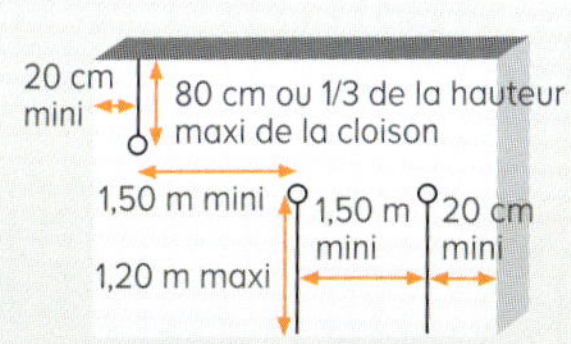

SAIGNÉES VERTICALES

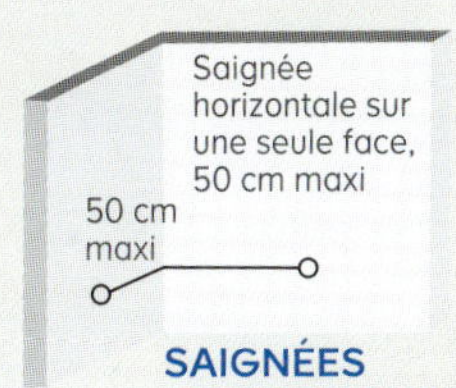

SAIGNÉES HORIZONTALES

LES BONS OUTILS

Outils
- Pince coupante
- Pince à dénuder
- Tournevis d'électricien
- Couteau d'électricien à lame croche

Matériel
- Fil méplat
- Câble multiconducteur
- Fiche adaptée à l'ampérage du circuit et au nombre de conducteurs

On confond souvent la fiche et la prise. La prise est fixée au mur alors que la fiche permet de brancher les appareils mobiles tels que lampe de chevet, grille-pain ou poste de radio. Les prises pour les petits appareils n'ayant pas besoin d'être raccordés à la terre n'ont que deux broches de petit diamètre. Les autres ont toutes aujourd'hui deux broches et une alvéole de terre.

Dénuder des conducteurs

Pour raccorder les fils sur une fiche, il faut savoir dénuder les fils c'est-à-dire éliminer la gaine isolante des conducteurs sur une longueur précise. Le dénudage doit correspondre à la profondeur du logement des bornes de raccordement de la fiche. Toute entaille dans le métal réduira la capacité de transport du courant.

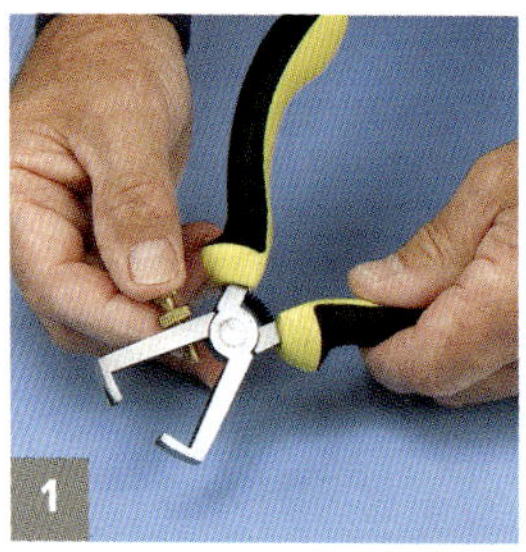

1. Déterminez l'ouverture des mâchoires de l'outil en fonction de la section des fils à dénuder. Agissez sur la vis de réglage jusqu'à ce que les mâchoires entament l'isolant jusqu'au fil. Bloquez la vis avec l'écrou moleté.

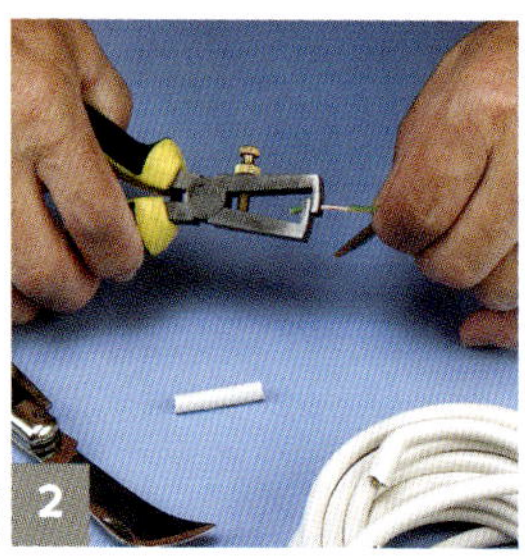

© CP

2. Si la pince est bien réglée, les mâchoires doivent couper l'isolant à l'emplacement voulu. Faites tourner la pince pour couper la gaine sur toute sa périphérie. Tirez sur la pince pour dégager la gaine. Si des brins de câbles sont coupés ou si le fil est entamé, c'est que les mâchoires sont trop fermées ; si la gaine s'extrait mal, c'est qu'elles sont trop ouvertes.

Monter une fiche 6A

Certaines lampes d'ambiance ou certains petits appareils électroportatifs de cuisine de faible puissance sont encore alimentés par un fil méplat à deux conducteurs à fil câblé. Ces appareils ne demandent pas un courant de plus de 6 à 8 A. Ils n'ont pas à être raccordés à la terre.

LA SECURITE

Éviter les faux contacts
Serrez correctement toutes les vis des bornes de raccordement pour éviter les risques de faux contacts, mais surtout de grésillement et d'échauffement à l'intérieur des appareils.

© CP

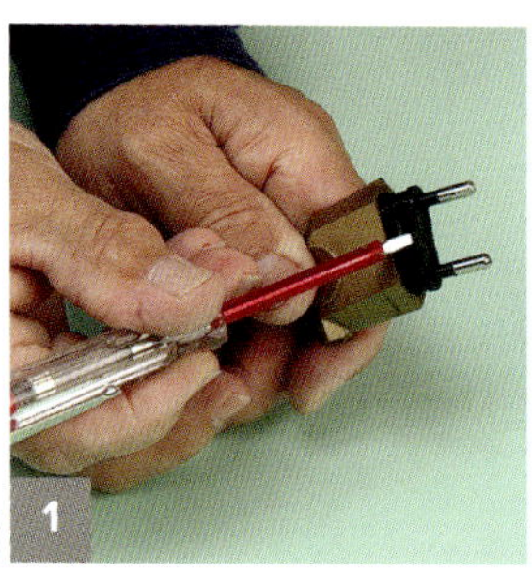

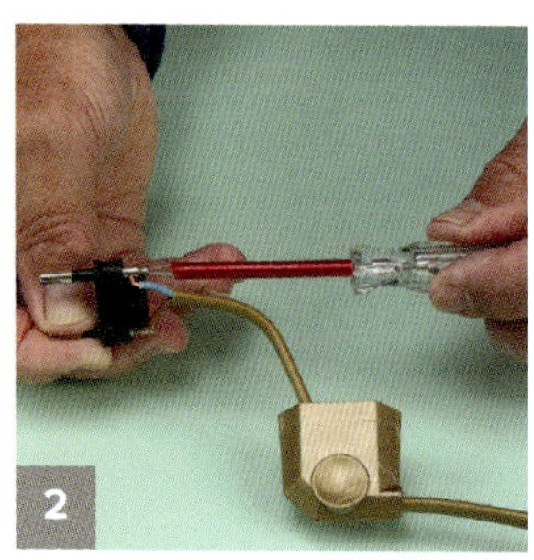

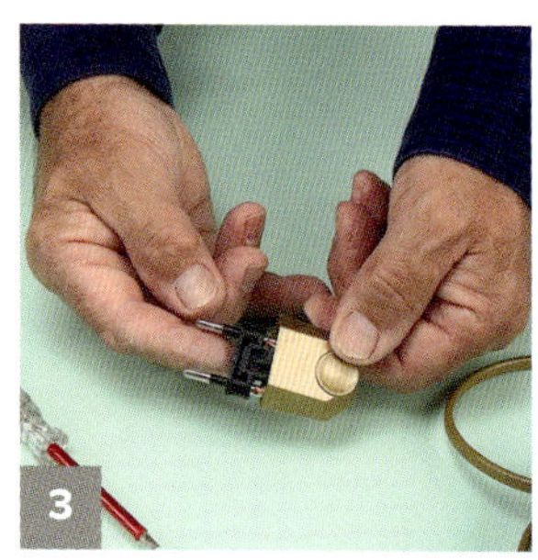

1. Dégagez le corps de la prise de son boîtier protecteur. Il peut être bloqué par une vis ou engagé en force. Dans ce cas, faites levier avec la lame d'un petit tournevis d'électricien pour l'extraire.

2. Dédoublez le fil méplat pour désolidariser les deux conducteurs et engagez-le dans le boîtier de la fiche. Dénudez l'extrémité des fils, torsadez le câble et introduisez-le dans les bornes des fiches. Serrez la vis des bornes sans trop écraser le câble.

3. Remontez la fiche en tirant doucement sur le fil et en poussant le corps de la fiche dans son boîtier. À la sortie de celui-ci, les fils du méplat doivent être solidaires.

Monter une fiche 10/16A

Presque tous les appareils électroportatifs actuels sont alimentés par une fiche 10/16 A, à broches de 4,8 mm de diamètre et comprenant une alvéole pour le raccordement à la terre (une broche est située sur le socle de prise). Ce type de raccordement répond ainsi à la norme en vigueur (NF C 15-100) qui prévoit que tous les circuits doivent permettre une liaison à la terre.

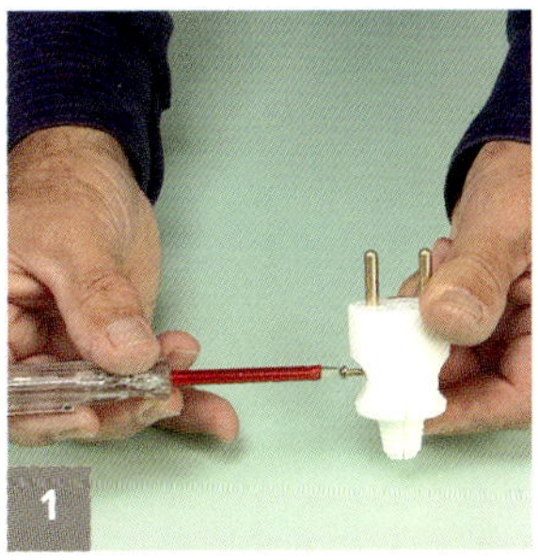
1

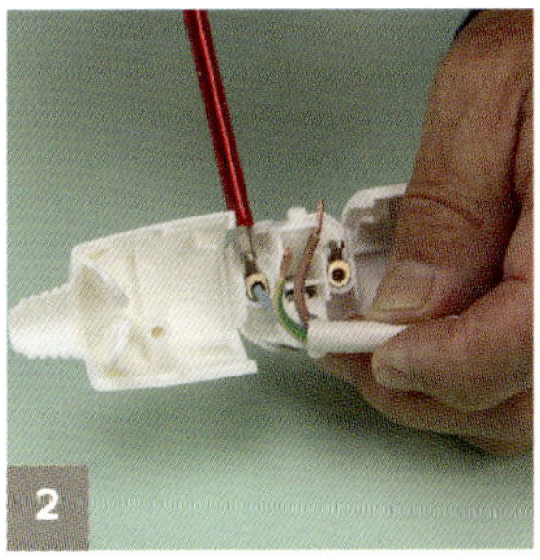
2

1. Le boîtier de la fiche est ici en deux parties. Dévissez la vis latérale.

2. Ouvrez le boîtier de la fiche. Après dénudage des fils sur environ 2 à 3 mm, engagez leur extrémité dans leur alvéole de branchement et serrez leur vis de blocage.

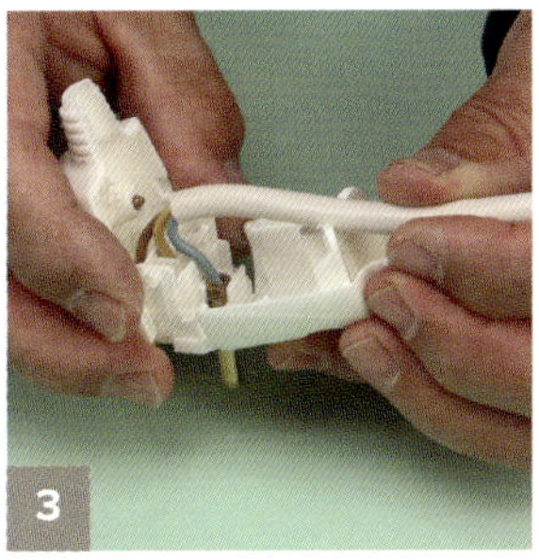
3

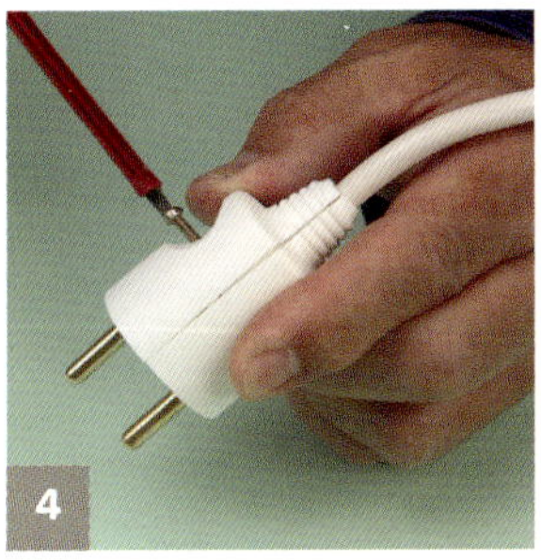
4

3. Engagez la partie non dénudée du câble multiconducteur dans les lèvres du dispositif de serre-câble empêchant l'arrachement accidentel des fils.

4. Refermez le boîtier, en veillant à ce que la gaine isolante soit pincée par le serre-câble. Sur certaines prises, il est remplacé par une patte avec deux vis.

LA SECURITE

NE PAS SE COUPER
L'entaillage de la gaine des câbles multiconducteurs se fait avec un couteau d'électricien à lame croche. Soyez très prudent avec cet outil très tranchant.

Monter une fiche 20/32A

Les fiches destinées à alimenter les appareils de forte puissance, demandant un courant de 20 A et plus, sont de grosses broches rondes (8 à 12 mm) pour les conducteurs actifs (2 en monophasé, 3 ou 4 pour le triphasé) et d'une broche de terre de section rectangulaire.

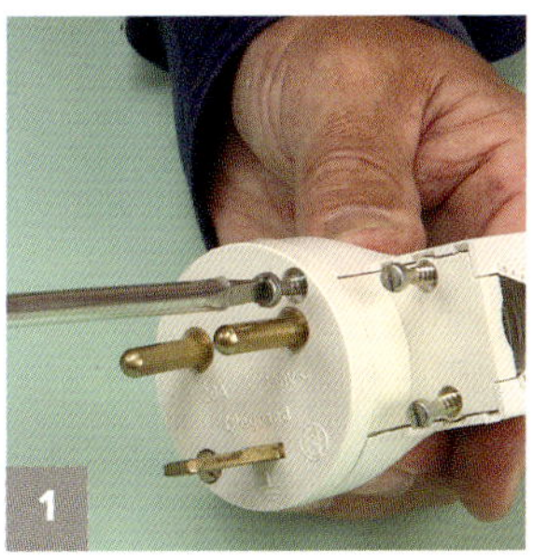
1

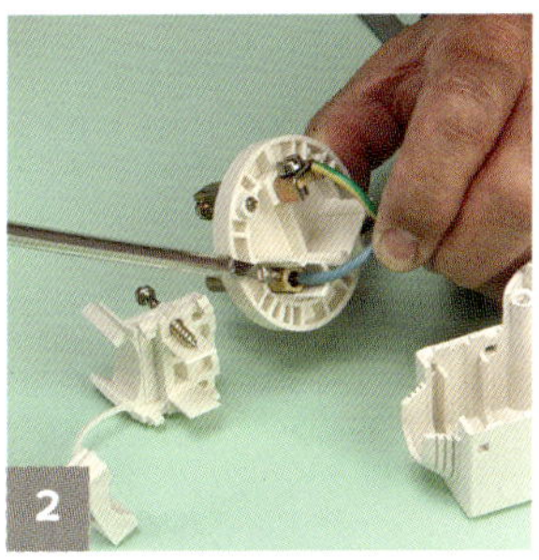
2

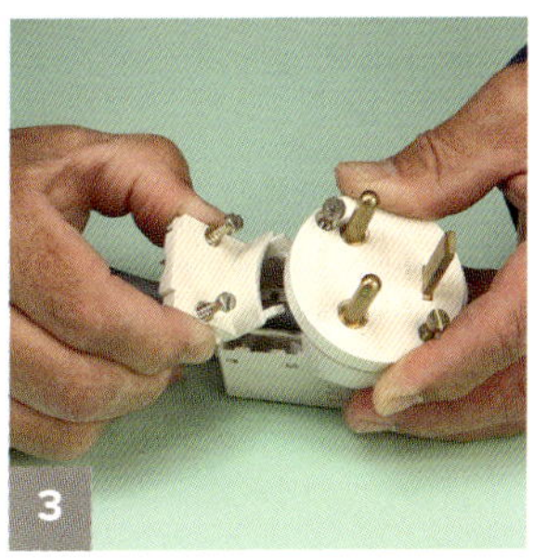
3

1. Ouvrez la prise en desserrant les vis avec un tournevis d'électricien (le simple tournevis testeur de courant est ici insuffisant). Vous trouverez deux vis pour le corps de prise et deux autres vis pour la partie arrière (la sortie du câble se faisant sur le côté) agissant sur le serre-câble. Il est en effet essentiel d'éviter tout risque d'arrachement accidentel des conducteurs.

2. Raccordez l'extrémité dénudée des fils actifs (neutre et phase) aux bornes rondes (la borne destinée à la terre est plate, pour éviter toute confusion de branchement). Serrez à fond les vis de blocage.

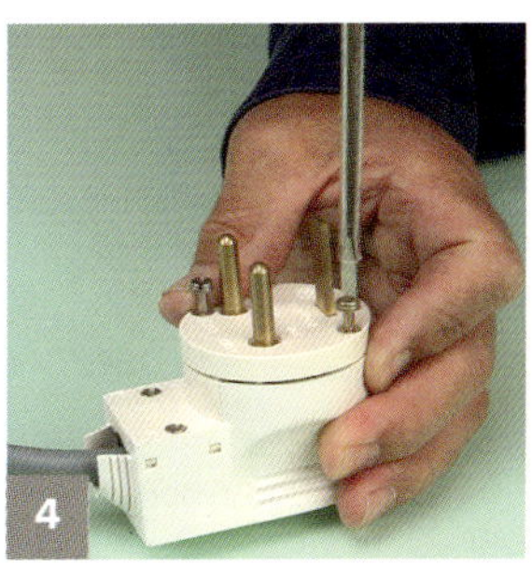
4

3. Remettez en place simultanément le capot du serre-câble et le corps de prise. Refermez le capot du serre-câble avec ses deux vis correctement serrées.

4. Remontez le corps de fiche. Serrez et bloquez ses vis de fixation.

LA BONNE ASTUCE

MULTIPRISE DE FORTE PUISSANCE
Dans la cuisine, on trouve souvent une grosse prise 32 A. Elle sert généralement à n'alimenter qu'un seul appareil de très forte puissance. Ce modèle permet de raccorder en plus un appareil de puissance plus faible (10/16 A ou 20 A), par exemple un lave-vaisselle, ou une machine à café.

Douilles et interrupteurs de fil souple

Il existe plusieurs systèmes et différents diamètres de douille pour alimenter les ampoules d'éclairage. Les plus courantes sont à baïonnette ou à vis, pour gros et petit culot. Le câblage des douilles ne demande qu'un minimum d'outils.

LES BONS OUTILS

Outils

- Tournevis testeur de courant
- Pince coupante
- Couteau d'électricien
- Pince à dénuder
- Tournevis d'électricien

Matériel

- Douille en plastique, à baïonnette ou à vis
- Fil méplat ou câble multiconducteur

LA SECURITE

Continuité des fils souples

Aucune liaison ni aucun raccordement ne doit être fait par épissure ou domino sur le fil souple d'alimentation d'un appareil. Le fil électrique doit être entier et intact d'un bout à l'autre entre fiche et douille (seul est toléré un interrupteur de fil souple).

Monter une douille baïonnette

Les douilles à baïonnette sont aussi appelées "douilles Swan". Elles sont conçues pour des ampoules à culot cylindrique doté de deux ergots.

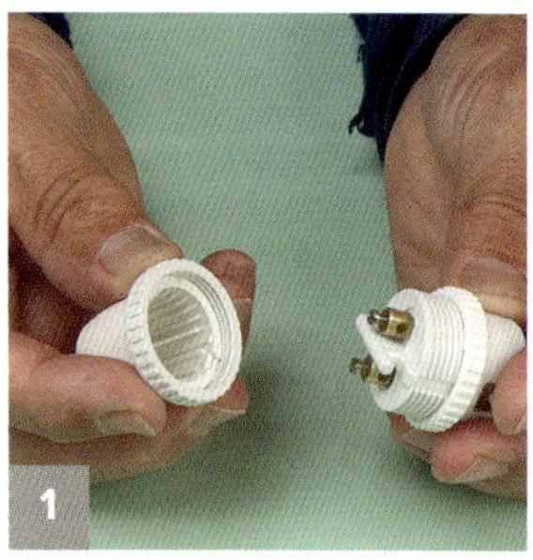

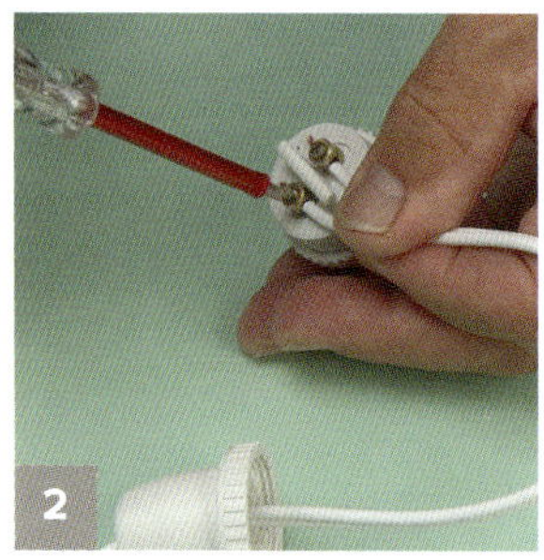

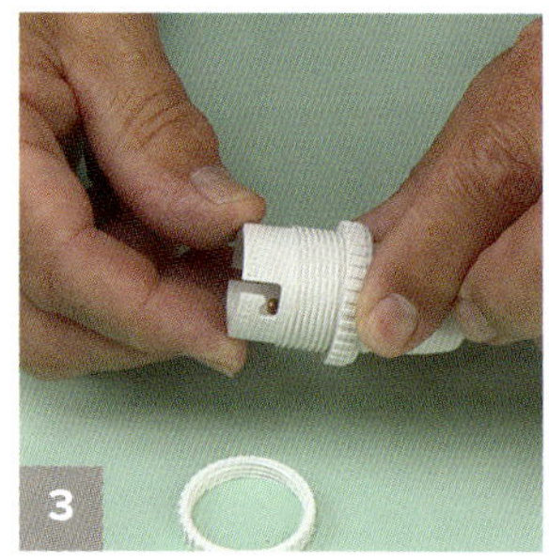

1. Démontez la douille en dévissant le culot arrière. Il est simplement vissé sur le corps de prise.

2. Faites passer le fil dans le perçage du culot. Dédoublez l'extrémité du fil méplat et dénudez le bout des fils sur 2 mm. Reliez-les aux bornes et serrez les vis.

3. Revissez le culot sur la douille et serrez-le correctement mais sans excès (il faut pouvoir le desserrer facilement par la suite en cas de faux contact). La douille est livrée avec une bague (au premier plan) pour la fixation d'un abat-jour.

Monter une douille DCL

Dénudez d'abord la gaine isolante du câble multiconducteur avec un couteau d'électricien, sur 15 mm minimum. Dégagez les conducteurs et dénudez leur extrémité sur environ 6 mm avec une pince à dénuder.

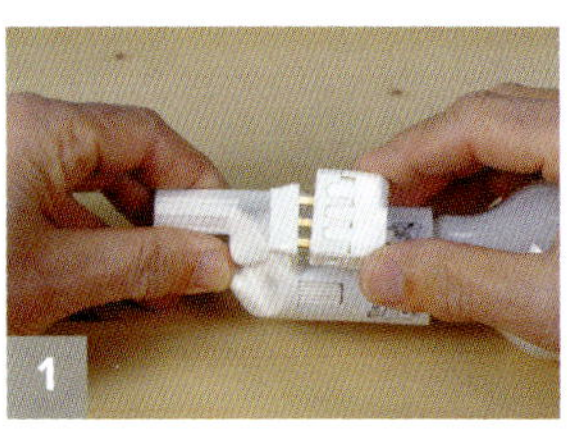

1. La douille DCL est en deux parties : le corps de douille et la fiche. Commencez par défaire celle-ci.

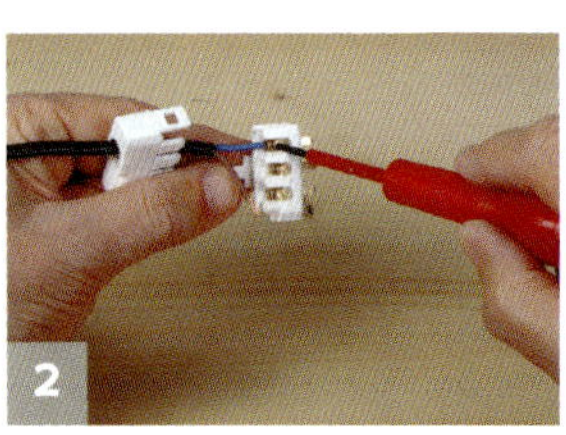

2. Dégagez le câble et les fils de leur enveloppe isolante. Raccordez-les, le fil de terre se plaçant au milieu. La fiche vient ensuite se clipser sur la douille.

Fiches et douilles DCL

Elles permettent de raccorder rapidement un luminaire à une prise. La nouvelle version de la norme NF C 15-100, rend les douilles DCL obligatoires dans les installations neuves. Le DCL (Dispositif de Connexion de Luminaire) est obligatoire pour chaque point d'éclairage.

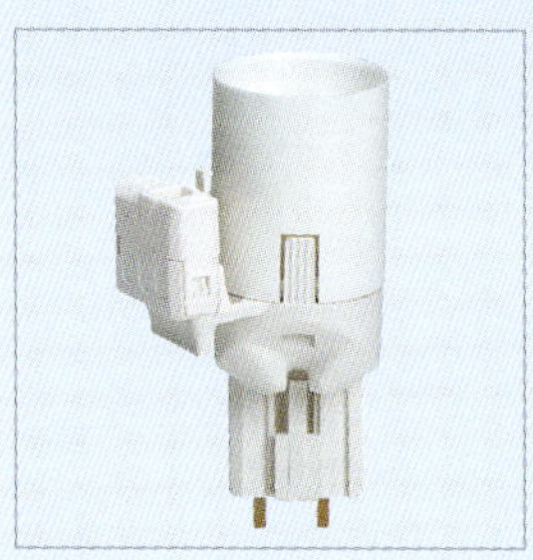

Fiche

Corps de douille

Monter une douille à vis

Certaines douilles sont destinées à recevoir les ampoules à culot vissant de type "Edison", d'où E27 (27 mm) et E12 (12 mm). On les utilise surtout pour les plafonniers de salon, la plupart des luminaires mobiles et les lampes d'ambiance.

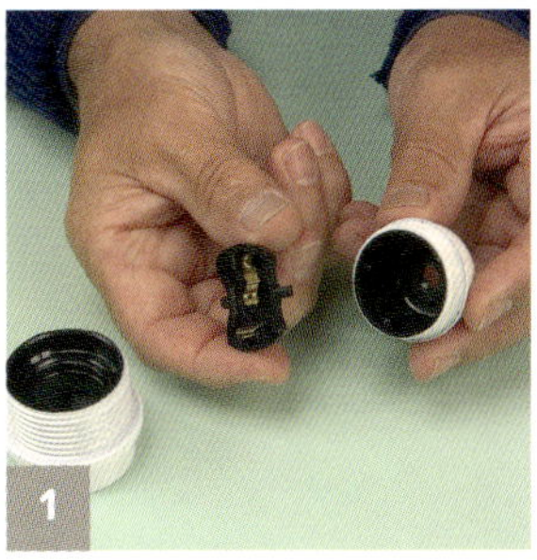

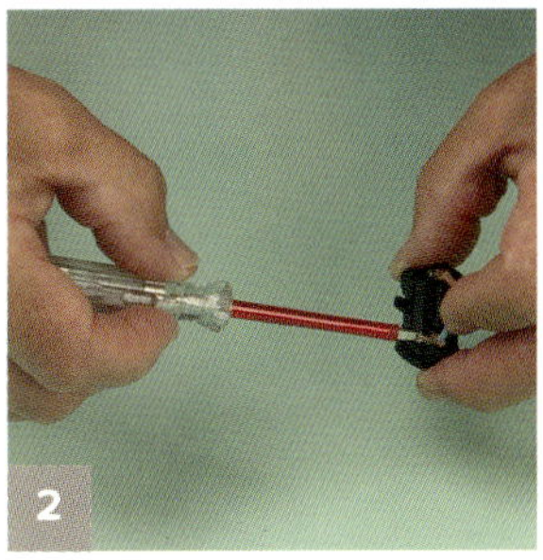

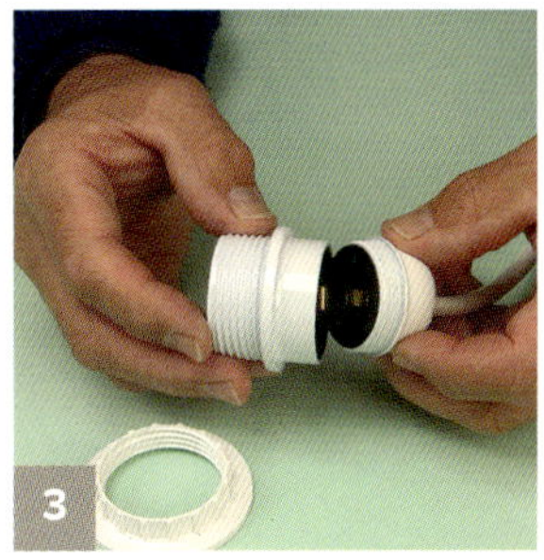

1. Commencez par dévisser le culot du fourreau et sortez le corps de la douille.

2. Enfilez le câble dans le culot. Dégagez sa gaine pour extraire les fils. Dénudez-les, raccordez-les aux bornes. Serrez bien les vis.

3. Engagez le corps de douille dans les rainures de guidage internes du culot. Revissez le fourreau sur le culot. Une bague peut être vissée sur le fourreau pour la fixation d'un abat-jour.

4. Les douilles à vis peuvent recevoir des ampoules ECO-halogène de bonne puissance. Quand vous les utilisez avec un luminaire ou un abat-jour, ne dépassez pas les limites de puissance indiquées à l'intérieur de celui-ci.

Monter un interrupteur de fil souple

Les petits luminaires mobiles à douille, à baïonnette ou à vis, sont généralement commandés par un interrupteur de fil souple. Les modèles à bouton traversant qui agissent sur un seul des deux fils sont remplacés par des interrupteurs à bascule agissant sur les deux conducteurs : c'est une précaution indispensable avec le courant alternatif.

LES BONS OUTILS

OUTILS
- Tournevis d'électricien
- Pince coupante ou pince à dénuder
- Couteau d'électricien

MATÉRIEL
- Interrupteur de fil souple
- Fil méplat

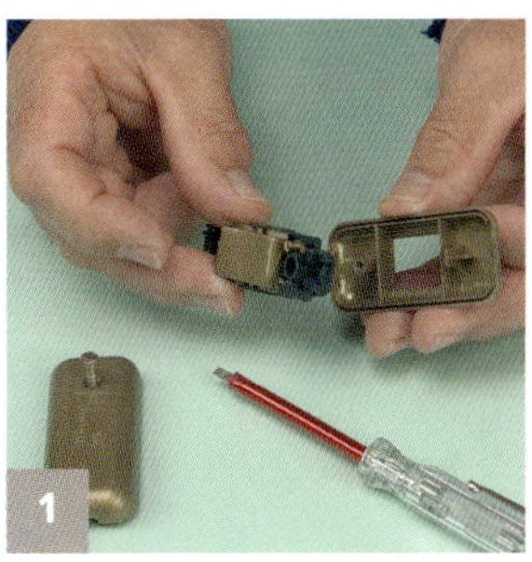

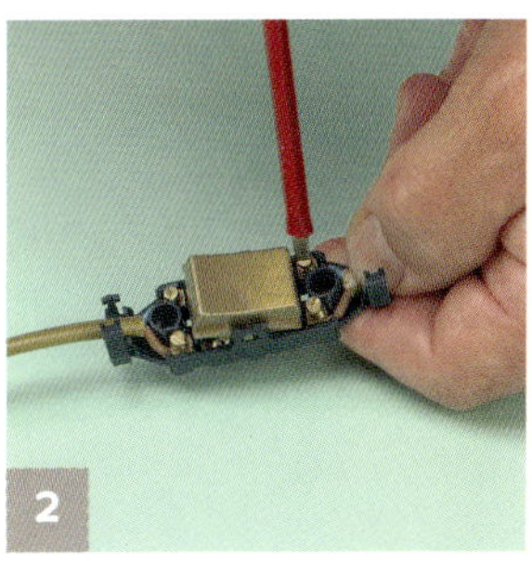

1. Desserrez la vis de maintien située au dos de l'interrupteur, enlevez le couvercle et sortez le corps de l'interrupteur à bascule.
Séparez les deux conducteurs du fil méplat. Dénudez leur extrémité sur 2 mm pour les raccorder aux bornes de l'interrupteur.

2. Engagez l'extrémité des fils dans l'alvéole des bornes et serrez bien la vis de blocage.

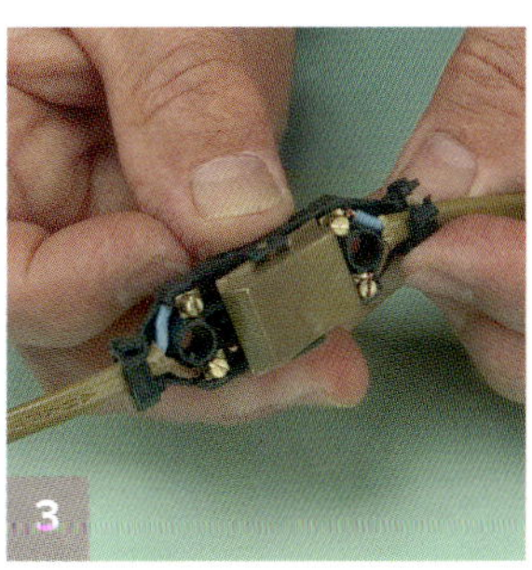

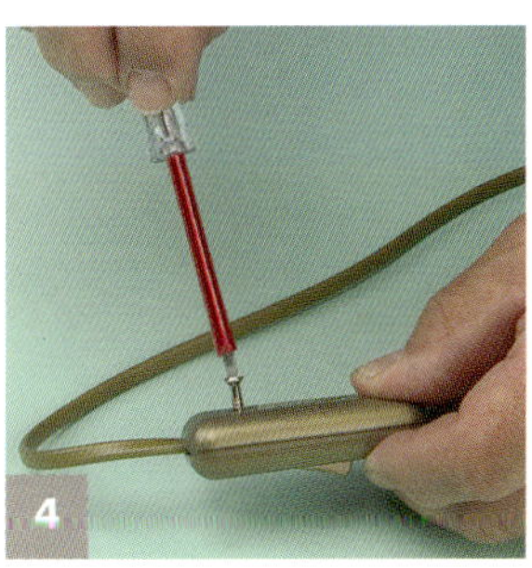

3. Rabattez la patte des serre-câbles sur le méplat pour prévenir tout risque d'arrachement.

4. Refermez le boîtier de l'appareil sur le corps d'interrupteur. Resserrez la vis de montage.

Les boîtes d'encastrement DCL sont très pratiques, rapides et simples d'installation. Elles peuvent alimenter une suspension ou recevoir très facilement une douille de même type.

LES BONS OUTILS

OUTILS
- Scie cloche
- Perceuse

MATÉRIEL
- Cheville
- Tige filetée
- Boîtier DCL
- Fiche du luminaire
- Luminaire

LA SECURITE

GÉNÉRALISATION DU CONDUCTEUR DE TERRE
La norme NF C 15-100 impose la présence d'un fil de terre au niveau du plafonnier, même s'il n'est pas accessible directement, et même si le luminaire est en plastique.

Poser d'autres types de luminaires DCL

SUR UN MUR EN APPLIQUE
Que votre mur soit en cloison creuse ou en maçonnerie, il existe les boîtes DCL adaptées.

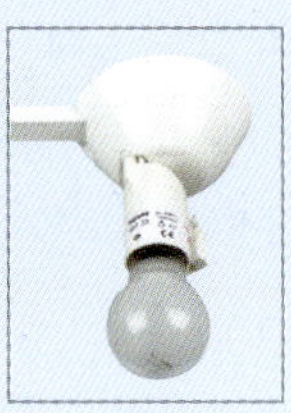

SUR UN PLAFOND BÉTONNÉ EN SAILLIE
Il existe des boîtes DCL pouvant être posées apparentes, avec alimentation par baguette PVC.

Poser un plafonnier DCL

Les boîtes DCL d'encastrement pour les suspensions possèdent un bornier permettant un raccordement automatique des conducteurs. La charge du luminaire ne doit pas s'exercer sur le boîtier, mais sur une tige filetée le traversant et ancrée sur l'ossature du doublage ou sur la maçonnerie du plafond.

BOÎTE POUR PLAFOND CREUX

BOÎTE AVEC COUVERCLE À PERÇAGE CENTRAL

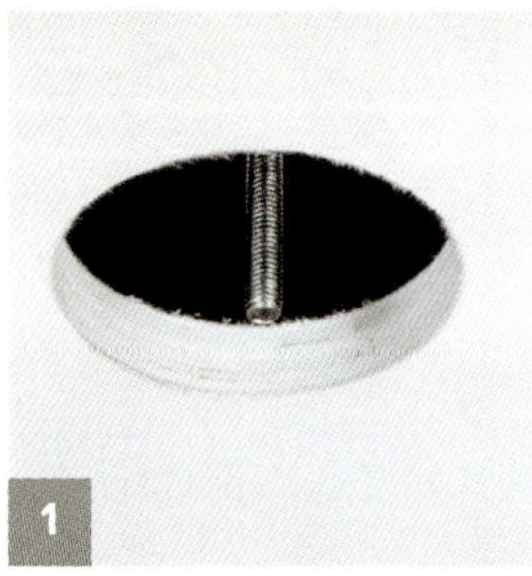
1

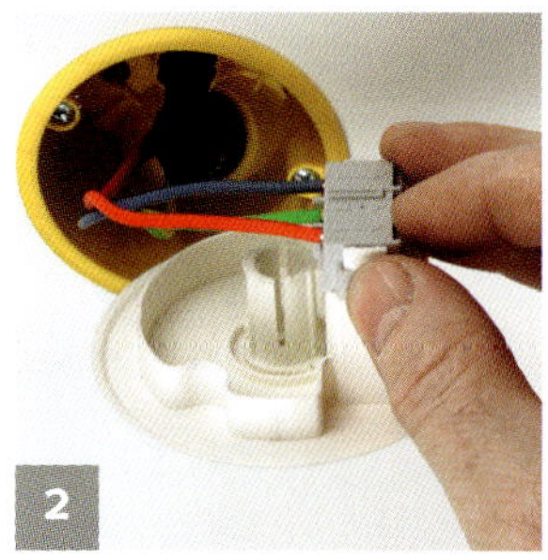
2

3

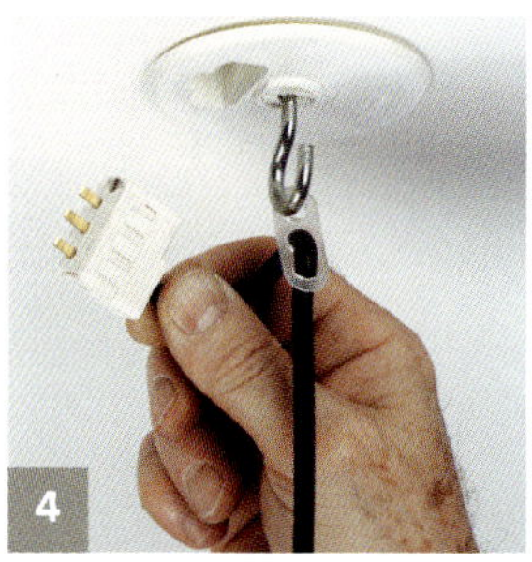
4

5

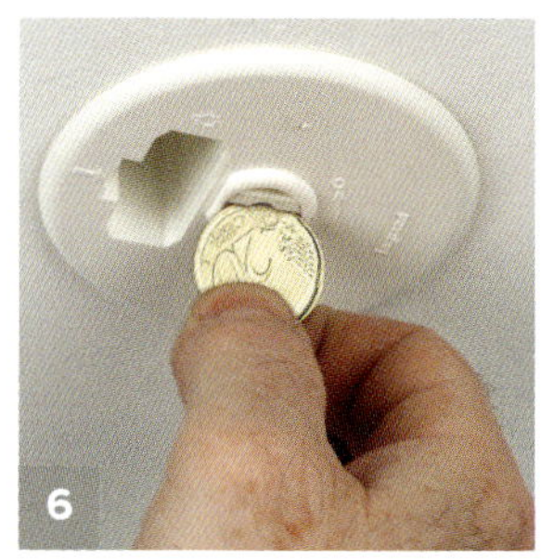
6

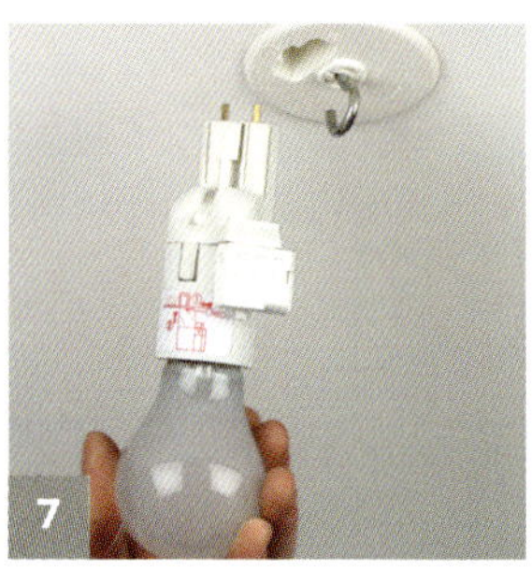
7

© CP

1. Avec une scie cloche (ici 70 mm), percez le plafond. Mettez en place la tige filetée qui assurera la tenue du lustre et fixez-la sur la structure existante ou sur la maçonnerie (tenue 25 kg maximum).

2. Connectez les fils directement sur le boîtier du couvercle sans outil.

3. Mettez le couvercle autobloquant sur la boîte. Un "clic" vous indiquera qu'il est bien engagé.

4. Raccordez la fiche au câble du luminaire et insérez-la dans la boîte.

5. Pour renforcer le maintien du lampadaire, vous pouvez placer un renfort plastique entre le crochet et le câble. Remettez en place le socle du luminaire.

6. Si vous devez intervenir sur la boîte, vous pouvez aisément enlever le couvercle. Utilisez une pièce de monnaie pour le déverrouiller.

7. Ce système vous permet facilement de remplacer le plafonnier par une douille et une ampoule habituelle.

Installer des spots encastrés

Des spots encastrés dans un plafond en plaque de plâtre donnent un éclairage bien réparti, en toute sécurité. Malgré les multiples avantages de la très basse tension, les spots à encastrer sont désormais presque tous de type moyen voltage 220V. On s'est en effet aperçu que le fonctionnement prolongé de spots très basse tension engendrait un échauffement excessif du transformateur nécessaire à leur alimentation en 12 V, d'où des risques d'incendie. C'est pourquoi avec des spots basse tension, le transformateur ne doit jamais être logé dans le faux plafond.

LES BONS OUTILS

Outils
- Perceuse
- Scie cloche
- Pince à dénuder
- Tournevis d'électricien
- Masque antipoussière
- Lunettes de protection
- Pince

Matériel
- Câble multiconducteur
- Spots orientables à encastrer avec ampoules

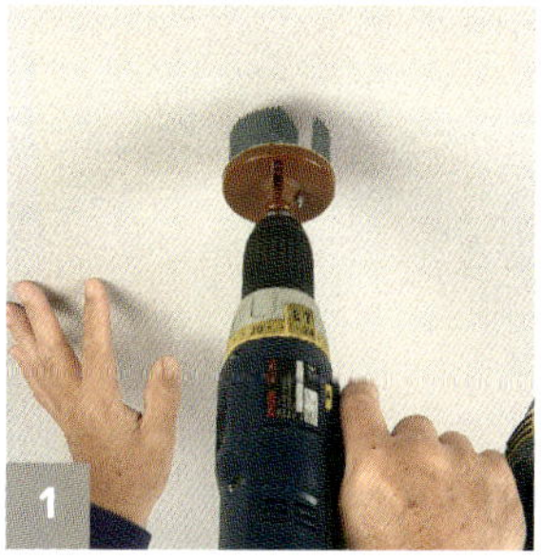

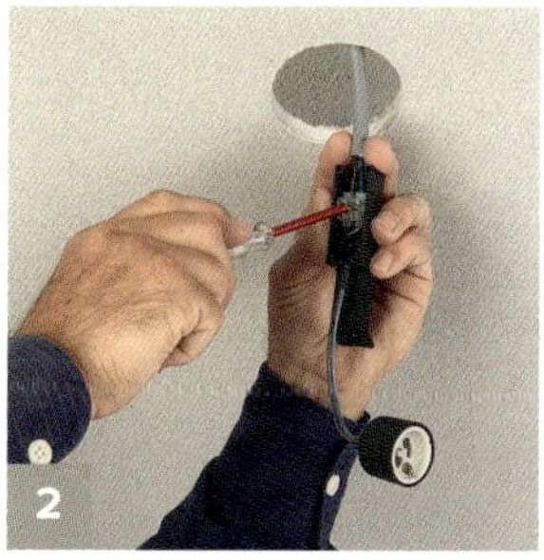

1. Percez le plafond avec une scie cloche de diamètre adapté à la taille du spot de façon à espacer les spots d'au moins 20 cm en tous sens (10 cm par rapport aux murs).

2. Dénudez la gaine du câble multiconducteur sur 8 mm et l'extrémité des fils sur 5 mm. Reliez-les au boîtier de raccordement. Serrez correctement les vis.

3. Le boîtier de raccordement est rendu solidaire du flasque du spot par une languette bloquée avec une vis.

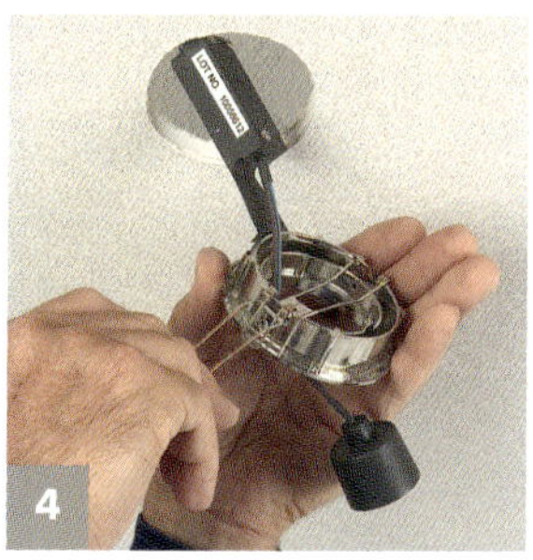

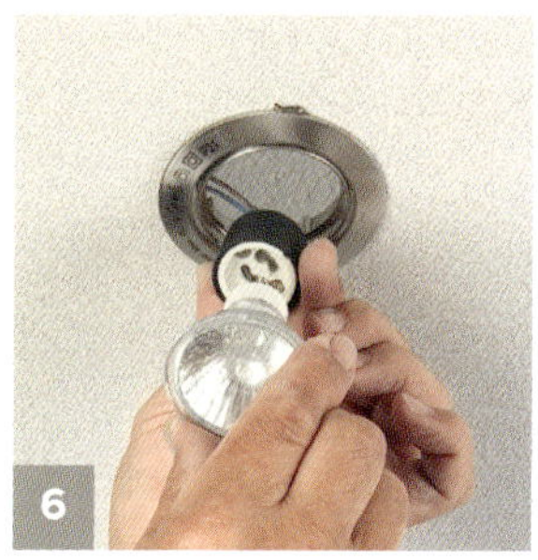

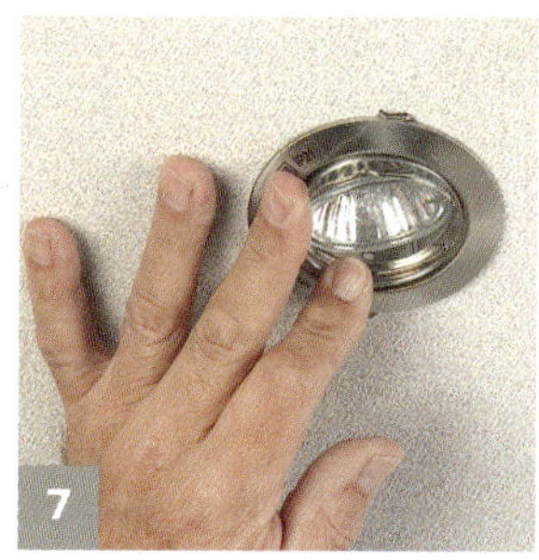

© CPd

4. Montez les deux pattes à ressort sur le flasque. Une fois rabattues de l'autre côté de la plaque de plâtre, elles assurent la fixation du spot au plafond.

5. Repliez les deux pattes à ressort, engagez le flasque et laissez les pattes se déplier pour pincer la plaque de plâtre.

6. Raccordez l'ampoule halogène à sa douille. Utilisez des ampoules en rapport avec le spot et surtout avec les conditions d'encastrement de celui-ci. On utilise ici des ampoules de 50 W maximum. Les objets à éclairer doivent être distants de plus de 50 cm.

7. L'ensemble constitué de l'ampoule et de la douille est maintenu sur le flasque de l'appareil par un circlips métallique. Engagez-le à la main ou avec des pinces. Certains spots sont orientables. Ne réglez leur position que lorsque l'ampoule est complètement froide.

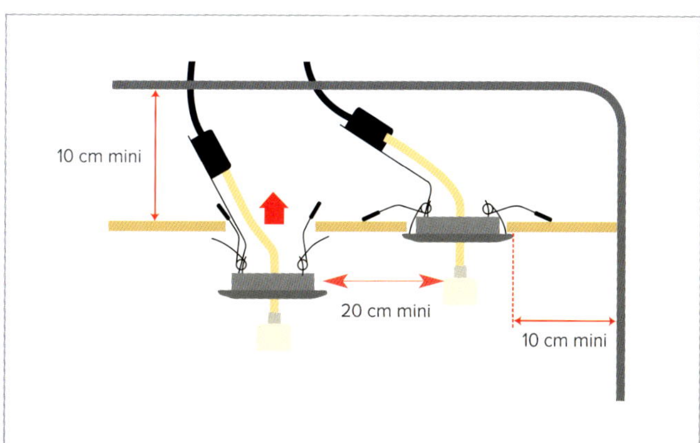

MONTAGE DE SPOTS ENCASTRÉS

LA BONNE ASTUCE

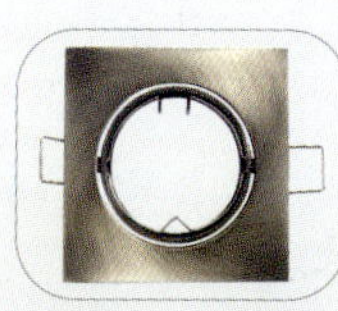

Choisissez l'anneau, choisissez l'ampoule...
Commencez par choisir l'élément de décoration de l'éclairage : l'anneau de votre spot (fixe ou orientable, rond ou carré, chromé, coloris bronze, blanc ou noir, etc.).
Choisissez ensuite votre ampoule en fonction de l'éclairage recherché et des économies d'énergie que vous souhaitez réaliser (ampoule ECO-halogène, ECO-fluo, ECO-LED).

Spots, LEDs et spots sur câbles

Spots halogènes ou à LEDs, sur platine ou sur câbles, réglettes lumineuses, rubans lumineux LEDs flexibles sont autant de nouvelles formes d'éclairage disponibles. Beaucoup sont alimentés en très basse tension, ce qui permet de conjuguer simplicité d'installation et sécurité, notamment dans les pièces humides.

LEDs

Les LEDs sont utilisées pour de nouvelles générations d'ampoules, mais aussi sous des formes multiples en décoration.

© Osram

Cette réglette en aluminium diffuse un éclairage par 3 LEDs de 4,7 W.

© Osram

Ce mini-spot halogène alimenté par piles s'allume ou s'éteint d'un doigt.

© Osram

Les rubans lumineux LEDs flexibles de couleurs ou blancs sont auto-adhésifs.

Spots sur socle et sur réglette

Les spots sur socle et sur réglette présentent l'avantage d'une installation simplifiée, même lorsqu'ils sont plusieurs sur un même support, puisqu'un seul raccordement est nécessaire. Ils reçoivent soit des ampoules dichroïques halogènes soit des ampoules à LEDs.

Ces spots halogènes regroupés sur une platine carrée peuvent servir de plafonnier.

Cette réglette à poser au plafond dessert 4 spots halogènes orientables de 50 W chacun, très suffisant au-dessus d'une table de salle à manger.

Ce spot halogène orientable est fixé sur une platine ronde pouvant être encastrée dans un doublage en plaque de plâtre.

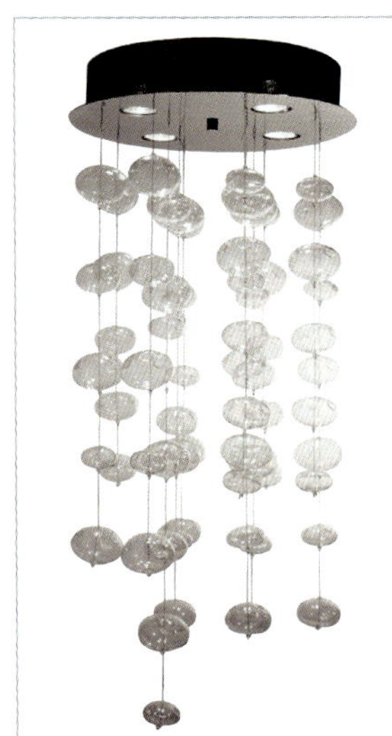

Cette suspension en métal et en verre comprend 4 spots de 35 W intégrés dans le socle.

Spots sur câbles

Les spots sur câbles ont radicalement modifié les méthodes d'éclairage des pièces en longueur et notamment des couloirs. Généralement alimentés en très basse tension (12 V), ils se posent rapidement et sans outillage compliqué (voir page suivante). Le modèle ci-dessous comprend 10 m de câble.

Installer des spots TBTS sur câbles

La pose des spots très basse tension sur câbles, entre deux murs, se fait très simplement et ne demande aucune connaissance en électricité.

INSTALLER LES CÂBLES

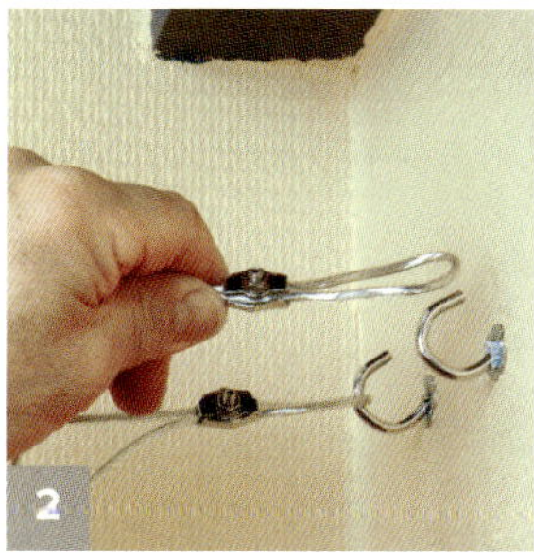

1. Déterminez la position des crochets d'ancrage sur chacun des murs, percez, chevillez et vissez les crochets.

2. Sur un des côtés d'ancrage, les câbles forment une boucle, bloquée par un serre-câble. Passez cette boucle dans les crochets.

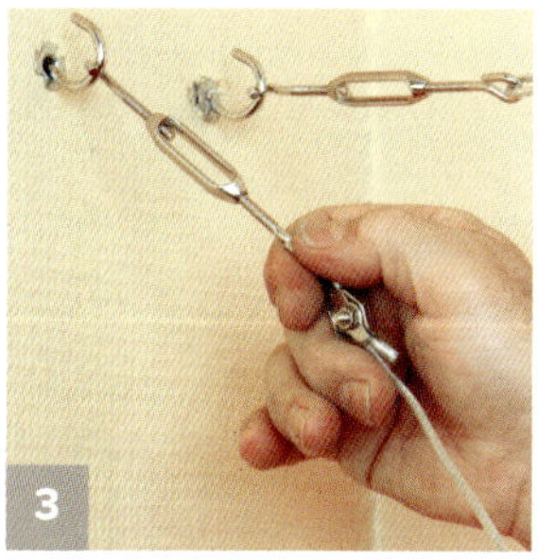

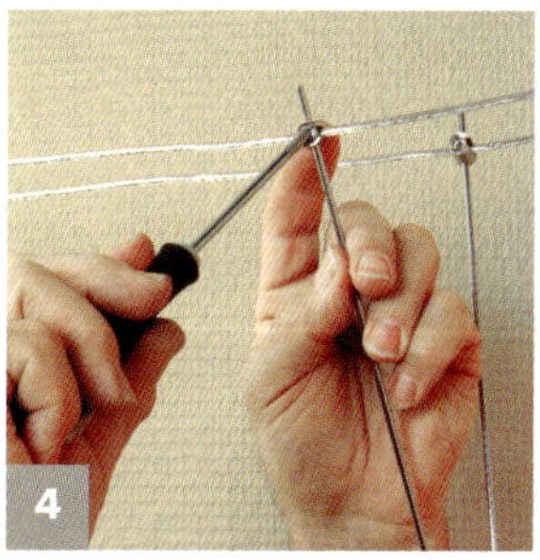

3. Passez dans le crochet d'ancrage du second mur, le crochet ouvert du tendeur (fixé à l'autre extrémité du câble) dévissé au maximum. La tension serra réglée en fin d'installation. C'est par ces tendeurs que seront alimentés les câbles de l'installation.

4. Les douilles des spots sont suspendues ici à des tiges formant un compas dont chacune des branches est raccordée à l'un des deux câbles. Serrez fortement les vis pointeaux des petits fourreaux de liaison, afin qu'elles percent la gaine protectrice du câble pour établir le contact. C'est par les tiges des compas que le courant va être amené à l'ampoule à alimenter.

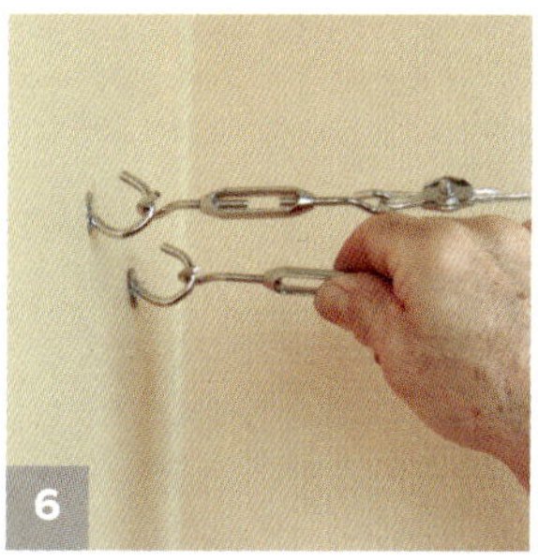

5. Engagez les deux fiches d'alimentation de l'ampoule dans les alvéoles de la douille prise entre la base des deux branches des compas d'alimentation. Serrez les vis de verrouillage de la douille avec un petit tournevis d'électricien. Bloquez-les sans forcer. Déterminez l'orientation du spot et serrez à la main les vis moletées de part et d'autre de la douille.

6. Réglez maintenant la tension des deux câbles porteurs en vissant doucement le centre des tendeurs. Contentez-vous d'obtenir une rigidité suffisante des câbles. Une trop forte tension risquerait de décrocher les câbles de leur point d'ancrage.

LES BONS OUTILS

OUTILS
- Perceuse à percussion
- Tournevis
- Tournevis d'électricien
- Pince à dénuder
- Pince coupante

MATÉRIEL
- Vis, chevilles
- Kit avec spots, câbles et quincaillerie de montage

ALIMENTATION ÉLECTRIQUE

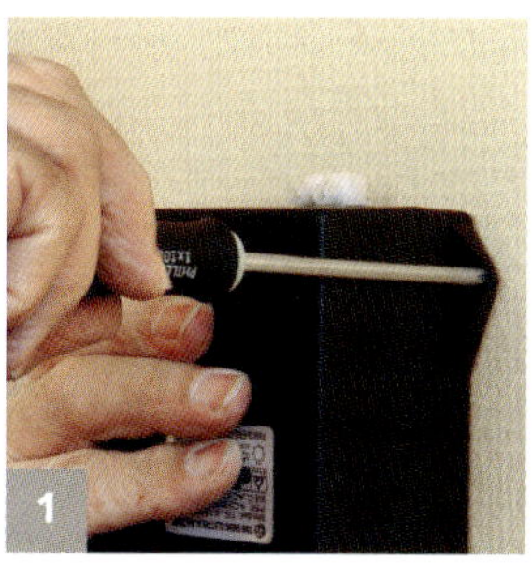

1. Après perçage et chevillage, vissez le transformateur sur le mur portant les tendeurs. Il sera alimenté par la partie de câble réservée (50 cm) en deçà de la boucle du câble porteur. Il devra donc se trouver à moins de 50 cm des crochets d'ancrage. Le transformateur doit rester apparent et ne peut être placé ni dans un faux plafond, ni dans un coffrage, ni même dans un placard pour éviter tout risque d'échauffement excessif.

2. Dénudez l'extrémité de chaque câble, torsadez les brins de celui-ci et engagez l'extrémité dans les alvéoles du dé de raccordement du transformateur.

3. Branchez le fil d'alimentation du transformateur à une prise de courant standard alimentée en 220 V pour allumer les spots. Le système peut également être commandé par un interrupteur de fil souple. On notera qu'il n'est pas nécessaire de faire un raccordement à la terre.

LA BONNE INFO

PAS DE RACCORDEMENT À LA TERRE

Ces spots étant alimentés en très basse tension (12 V), le raccordement à la terre de l'installation n'est pas nécessaire. Les câbles sont néanmoins isolés pour écarter tout risque de court-circuit en cas de contact accidentel.

Un interrupteur est un appareil avant tout fonctionnel. S'il doit être installé dans une pièce à vivre, il faut aussi qu'il soit esthétique pour s'intégrer harmonieusement dans la décoration de la pièce. Dans certaines pièces (cave, cellier, etc.) ou à l'extérieur, il doit aussi pouvoir résister à l'humidité et à différentes agressions (chocs, frottements, etc.).

LA SECURITE

INTERRUPTEURS DANGEREUX
Les interrupteurs tumbler à capot rond métallique anciens sont très dangereux et doivent être remplacés. Il en est de même, bien sûr, pour tous les modèles encore plus anciens à boîtier et mécanisme en porcelaine.

Types d'interrupteurs

Les interrupteurs muraux, qu'ils soient en applique ou encastrés sont proposés sous différentes formes, plus ou moins discrètes, plus ou moins décoratives ou fonctionnelles selon leur emplacement dans la maison.

- **Un interrupteur simple** comprend un bouton à bascule qui ouvre ou ferme le circuit qu'il contrôle et donc l'éclairage (ou la prise) qu'il commande. Il doit supporter un courant d'au minimum 10 A.
- **Un commutateur** est un interrupteur particulier qui permet l'ouverture et la fermeture d'un circuit depuis au moins deux points éloignés l'un de l'autre (par exemple aux deux bouts d'un couloir). Il comprend trois bornes de contact.
- **Les interrupteurs à bouton-poussoir** servent à fermer temporairement le circuit pour commander un appareil (par exemple une sonnette) ou lui transmettre l'impulsion nécessaire à son fonctionnement : minuterie ou télérupteur.
- **Les interrupteurs à bouton rotatif** (ou à commande sensitive) permettent bien sûr d'ouvrir et de fermer un circuit, mais également de moduler la "quantité" de courant délivrée à un appareil pour en faire varier le fonctionnement, notamment l'intensité lumineuse (variateur).
- **Les interrupteurs crépusculaires** ouvrent ou ferment le circuit en fonction de l'intensité de la lumière reçue par une cellule photoélectrique, ce qui permet un allumage automatique le soir et une extinction le matin.

Interrupteur simple

L'interrupteur simple est un appareil de coupure élémentaire qui agit sur le seul fil de phase (ici en rouge).

La plupart des modèles sont à bouton bascule. Les cas de dysfonctionnement sont rares et ne concernent que le mécanisme de bascule qui peut, à la longue, se rompre. Le bouton bascule est alors libre et ne se bloque plus en position ouverte ou fermée. Il faut dans ce cas purement et simplement remplacer l'ensemble de l'appareil.

On notera qu'il existe des interrupteurs à voyant qui permettent de savoir si l'éclairage commandé est allumé ou éteint. Installé à l'extérieur de la pièce concernée, ce type d'interrupteur est intéressant lorsqu'il commande l'éclairage d'un escalier de cave ou de grenier. Il entre dans ce cas dans les appareils permettant de faire des économies d'énergie.

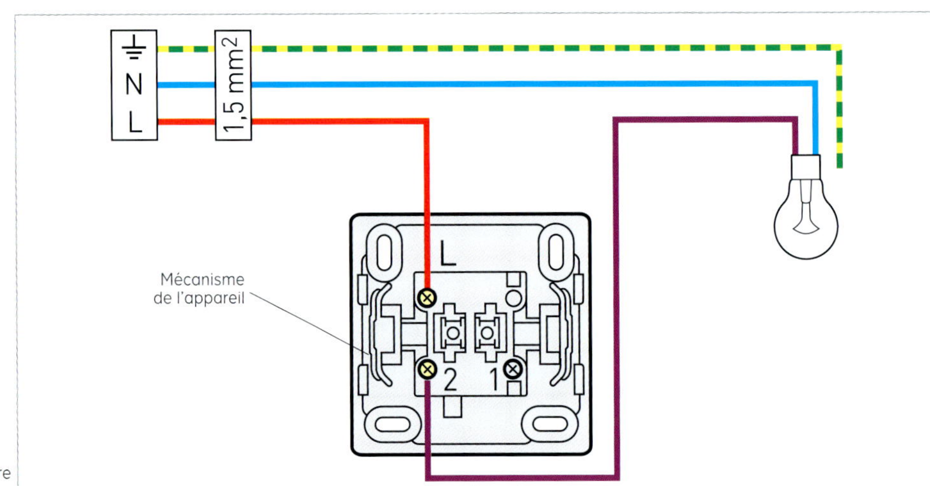

N = neutre
L = phase

Interrupteur double

C'est le cas pour un lustre dont on veut pouvoir allumer ou éteindre une partie ou la totalité des ampoules qui le composent. Le câblage n'est pas particulièrement complexe.

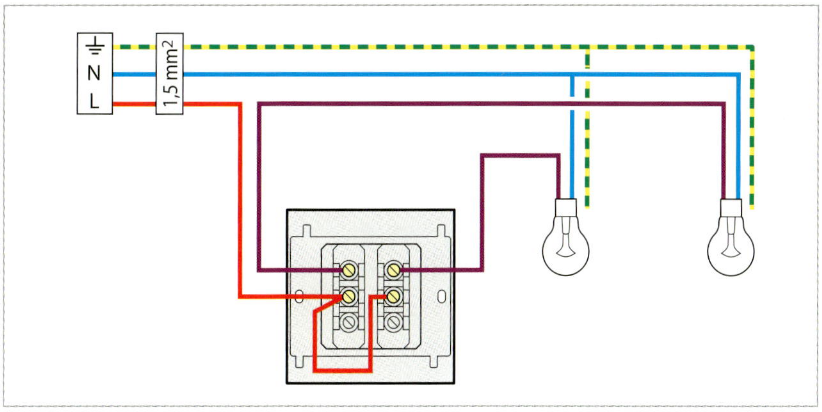

Va-et-vient

On utilise ici un interrupteur particulier appelé "commutateur", doté de trois contacts et non plus deux seulement :

- un contact du premier commutateur est alimenté par le conducteur de phase (rouge) ;
- les deux autres contacts du premier et du second commutateur sont reliés entre eux deux à deux, formant ce qu'il est convenu d'appeler la "navette" (orange) ;
- un contact du second commutateur alimente le conducteur de phase de l'éclairage (violet).

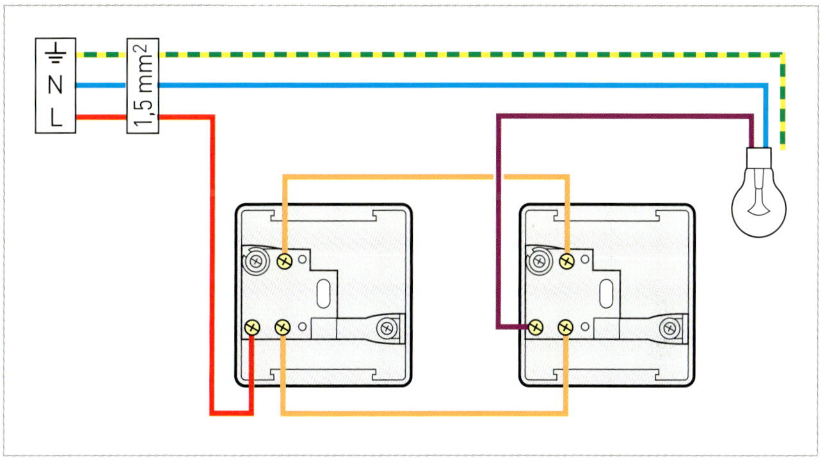

Télérupteur

Le système est constitué d'un relais contenant un électroaimant. Celui-ci agit sur un interrupteur qui ouvre ou ferme le circuit à volonté. Le processus ne demandant qu'une impulsion, les commutateurs à bascule sont remplacés par de simples boutons-poussoirs ou à basculeur à ressort de rappel.

Le télérupteur lui-même prend la forme, soit d'un petit boîtier à fixer en un point quelconque de l'installation, soit d'un module venant se clipser sur le rail destiné à recevoir les coupe-circuits et autres appareils au tableau de répartition. Appareil unipolaire, il doit alors être protégé par un disjoncteur.

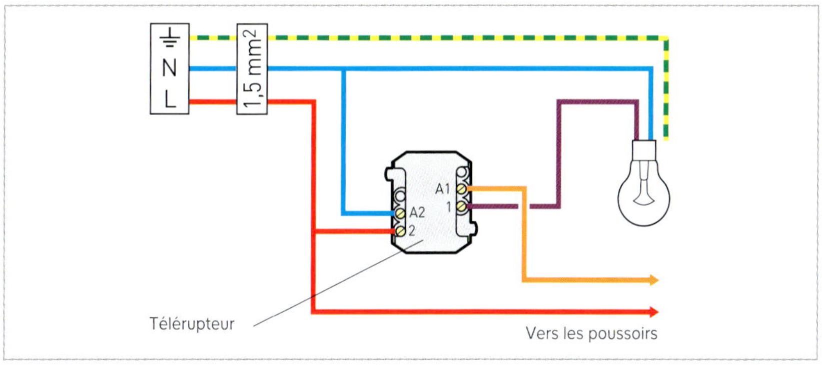

TÉLÉRUPTEUR DANS L'INSTALLATION

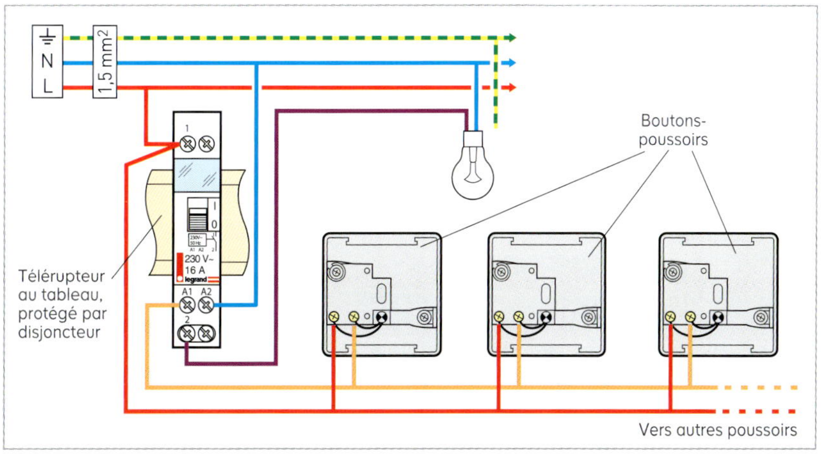

TÉLÉRUPTEUR INTÉGRÉ AU TABLEAU

N = neutre
L = phase

Interrupteur avec prise de courant

Ce système permet de regrouper deux fonctions sur un même appareil. On peut ainsi allumer un plafonnier et un lampadaire distinctement depuis un interrupteur double.

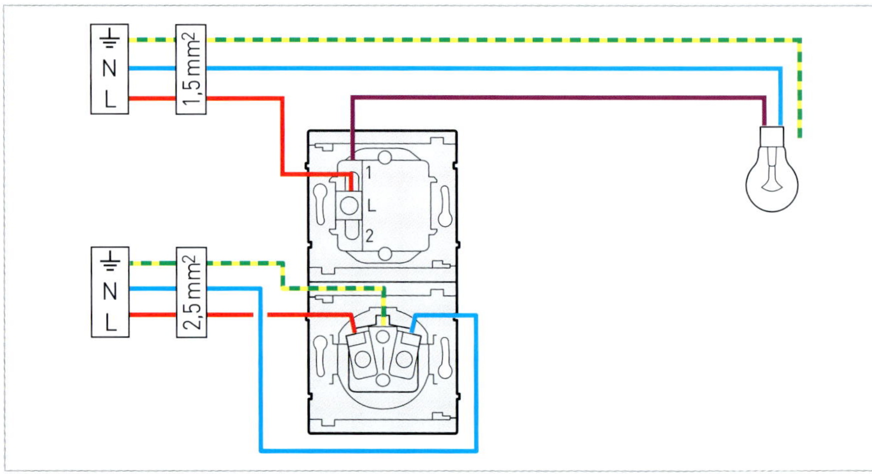

Interrupteur variateur

Le variateur de lumière est un interrupteur qui agit sur l'intensité du courant et permet ainsi de faire varier l'éclairage dans la pièce, dans une plage pouvant aller de 60 à 500 W. Cette possibilité perd donc de l'intérêt aujourd'hui, avec la disparition des ampoules à incandescence de forte puissance. Les variateurs sont de surcroît incompatibles avec la plupart des ampoules basse consommation fluocompactes. Les LEDs ne fonctionnent qu'avec des variateurs spécifiques intégrés à une télécommande.

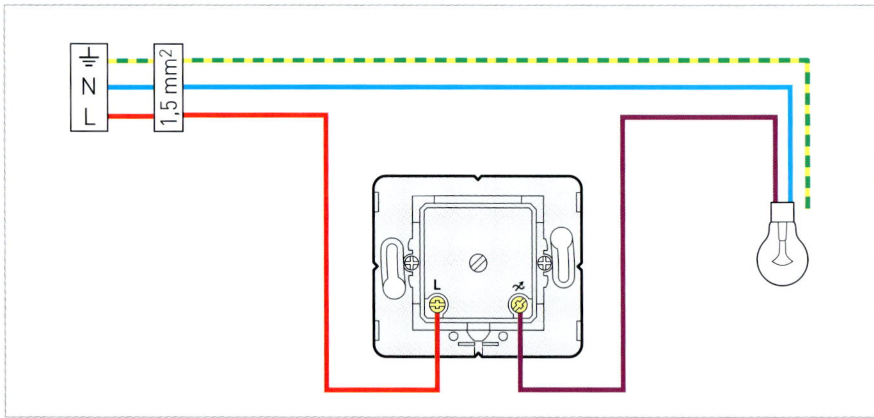

Interrupteur automatique

On utilise ce genre de matériel pour allumer et éteindre la lumière :

- en fonction de la luminosité (interrupteur crépusculaire) ;

- de la présence d'une personne ou d'un animal dans le champ de contrôle de l'appareil.

Cette dernière fonction tend à se généraliser dans les zones à fort passage (par exemple l'escalier) où l'on a tendance à oublier d'éteindre la lumière quand on en sort. Ce système peut être associé à un télérupteur. L'interrupteur automatique entre dans la catégorie des appareils permettant de réaliser des économies d'énergie.

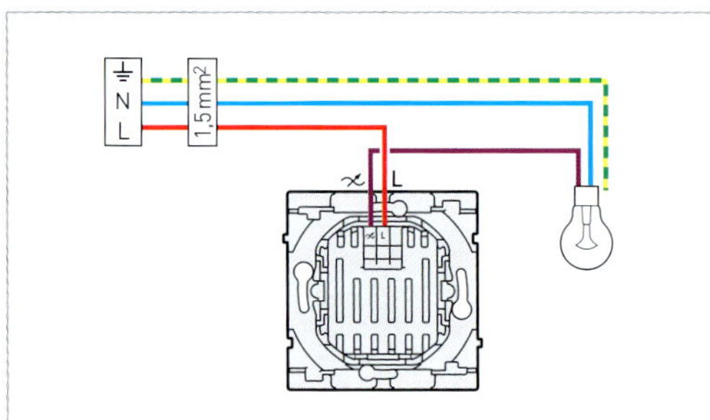

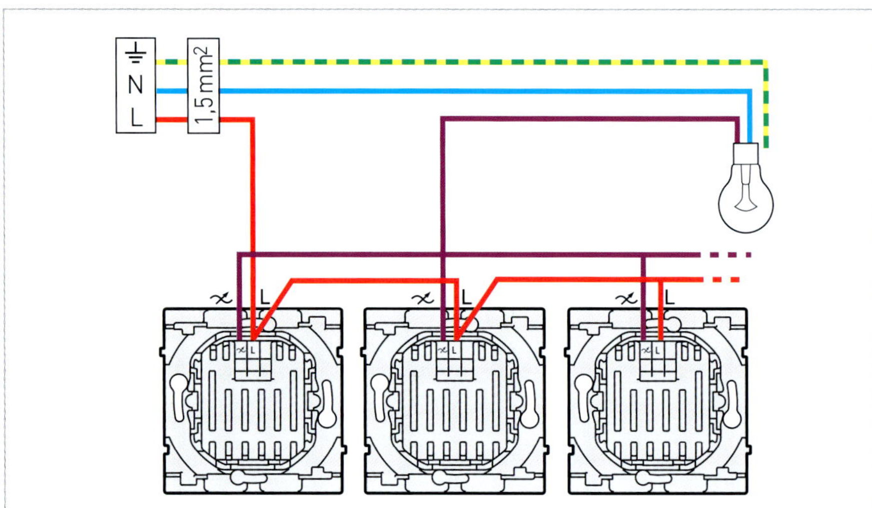

N = neutre
L = phase

Interrupteur minuteur

C'est l'équipement idéal pour ne pas laisser la lumière allumée dans des toilettes ou dans un placard. L'interrupteur minuteur remplace une minuterie classique toutes les fois où la commande du circuit depuis un seul point est possible. Le câblage et la pose sont comparables à ceux d'un interrupteur classique, à l'ampoule témoin près. La temporisation se règle de 30 s à 8 min.

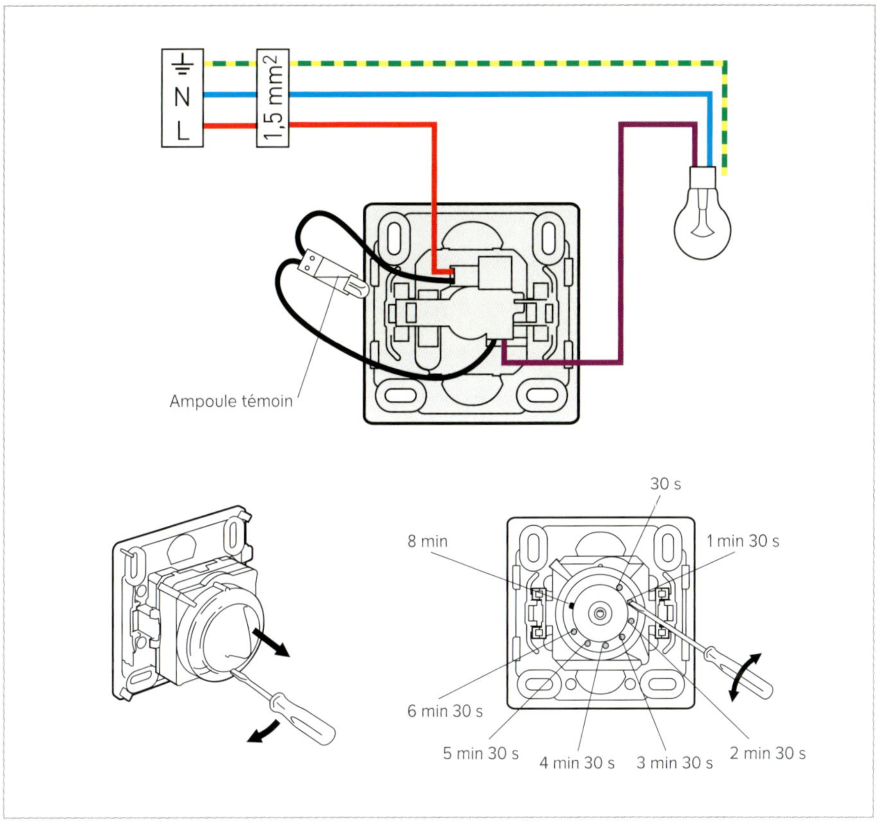

Minuterie

On trouve aujourd'hui des minuteries comme des horloges de commande sous forme d'appareils modulaires, pouvant être facilement intégrées au tableau de répartition, par clipsage sur les rails prévus à cet effet.

Commande de volet roulant

On utilise ici un interrupteur spécial à bascule et point mort central ou encore à double bascule, l'une pour l'ouverture, l'autre pour la fermeture du volet. Cet interrupteur possède donc trois pôles :

- un pôle d'alimentation recevant le conducteur de phase ;
- deux autres pôles permettant l'alimentation alternative du moteur dans un sens ou l'autre de rotation.

Le moteur du volet roulant doit impérativement être raccordé à la terre.

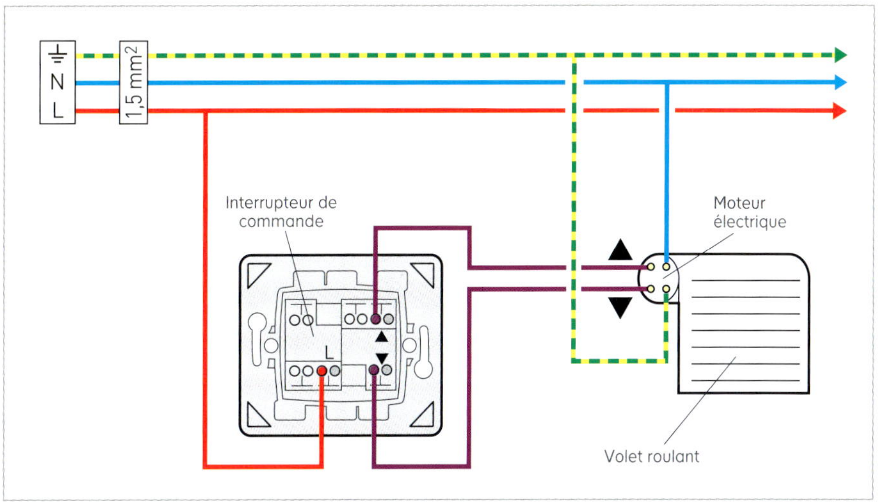

N = neutre
L = phase

Prise programmable

On peut facilement programmer la commande d'appareils ménagers ou encore d'éclairage, à l'aide de prises programmables qui s'interposent entre le socle de prise et la fiche d'alimentation de l'appareil à programmer. Vous trouverez des modèles mécaniques fonctionnant sur le principe de la roue dentée dont on enfonce des segments pour déterminer les plages d'alimentation de l'appareil. La répétition des plages est constante sur une période renouvelable de 24 h à 7 jours.
Les programmateurs électroniques à affichage digital sont plus précis que les modèles mécaniques, ils offrent en outre l'avantage des programmations multiples (jusqu'à une cinquantaine) beaucoup plus fines. Il existe également des modèles avec télécommande.

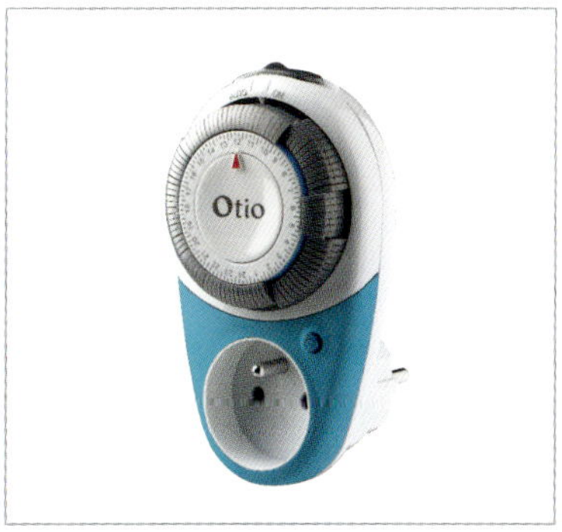

Il est important de respecter scrupuleusement la norme d'installation car l'eau et l'électricité ne font pas bon ménage. Les risques d'électrocution dans les pièces humides comme la douche ou la salle de bains sont potentiellement importants.

LA SECURITE

Disjoncteurs différentiels
Tous les circuits desservant la salle de bains ou la douche doivent être protégés par un ou plusieurs interrupteurs ou disjoncteurs différentiels.
Un disjoncteur de ce type coupe immédiatement le courant quand se produit une "fuite" de courant sur un circuit, par retour à la terre.

Sécurité avant tout

L'humidité favorise l'écoulement de l'électricité vers la terre. Elle augmente donc le danger dans la salle de bains. Pour ne prendre aucun risque, il ne faut y brancher que des appareils pouvant être utilisés sans danger et veiller à la conformité de l'installation électrique avec la norme NF C 15-100.

LA BONNE INFO

PROMOTELEC
Association ayant pour mission de faire connaître la norme et d'encourager la qualité des installations, PROMOTELEC vous permettra de bien connaître les règles à suivre pour intervenir sur une installation électrique.

LE CHOIX DES MATÉRIELS

Tous les circuits qui desservent une pièce comportant une baignoire ou une douche doivent être protégés par un ou plusieurs interrupteurs ou disjoncteurs différentiels à haute sensibilité (30 mA), sauf pour les circuits en très basse tension de sécurité (limités à 12V dans les pièces d'eau) ou en aval d'un transformateur de séparation.

Les possibilités d'installation des appareils électriques dans les différentes parties d'une salle de bains ou d'une douche dépendent de leur classement au regard du risque électrique qu'ils peuvent entraîner. On distingue ainsi :

- **la classe I**, à laquelle appartiennent les appareils ménagers, les appareils de chauffage, les appliques, etc., qui doivent être obligatoirement raccordés à la terre ;
- **la classe II**, dont font partie les appareils électriques bénéficiant d'une double isolation, et qui ne doivent pas être raccordés à la terre.

S'y ajoutent les matériels alimentés en 12 V (TBTS) ou par un transformateur de séparation.

Le tableau ci-dessous regroupe les principaux types d'appareils. Il indique leur classement et les possibilités d'installation dans les différentes parties (ou volumes) de la salle de bains.

APPAREILS ET MATÉRIELS	MESURE DE PROTECTION	VOLUMES 0	VOLUMES 1	VOLUMES 2	VOLUMES 3
Lave-linge, sèche-linge	Classe I	Interdit	Interdit	Interdit	Autorisé
Appareils de chauffage	Classe I	Interdit	Interdit	Interdit	Autorisé
	Classe II	Interdit	Interdit	Autorisé	Autorisé
Éclairage	Classe I	Interdit	Interdit	Interdit	Autorisé
	Classe II	Interdit	Interdit	Autorisé	Autorisé
	TBTS 12 V	Autorisé (1)	Autorisé (1)	Autorisé (1)	Autorisé (2)
Chauffe-eau instantané	Classe I	Interdit	Autorisé (3)	Autorisé (3)	Autorisé
Chauffe-eau à accumulation	Classe I	Interdit	Autorisé (4)	Autorisé (4)	Autorisé
Interrupteur		Interdit	Interdit	Interdit	Autorisé
	TBTS 12 V	Interdit (1)	Autorisé (1)	Autorisé (2)	Autorisé
Prise 2P+T		Interdit	Interdit	Interdit	Autorisé
Prise rasoir (20 à 50 VA)	Transfo de séparation	Interdit	Interdit	Autorisé	Autorisé
Transformateur de séparation		Interdit	Interdit	Interdit	Autorisé
Canalisation		Interdit (5)	Autorisé (5)	Autorisé	Autorisé
Boîte de connexion		Interdit	Interdit (6)	Interdit	Autorisé

Interdit **Autorisé**

(1) Transformateur en dehors des volumes 1 et 2.
(2) La tension peut être portée à 50 V.
(3) Si raccordé au réseau d'eau par des canalisations fixes métalliques.
(4) Chauffe-eau horizontal placé le plus haut possible.
(5) Limité à l'alimentation des appareils autorisés dans ces volumes.
(6) Sauf alimentation directe d'un appareil.

Transformateur de séparation

Ce système permet de limiter les risques en cas de contact simultané accidentel entre la terre et les conducteurs actifs d'un appareil. Les enroulements primaires et secondaires de ce type de transformateur sont électriquement séparés par une double isolation renforcée. Ce type de transformateur produit du courant très basse tension (12V).

LES VOLUMES DE PROTECTION

La norme définit 4 volumes de protection (0, 1, 2 et 3) à l'intérieur de la salle de bains. Ils déterminent les conditions d'installation des circuits et d'utilisation des appareils électriques. La position de ces volumes par rapport à la baignoire est parfaitement codifiée. Il est indispensable de respecter ces règles à la lettre pour utiliser l'électricité en toute tranquillité et en toute sécurité.

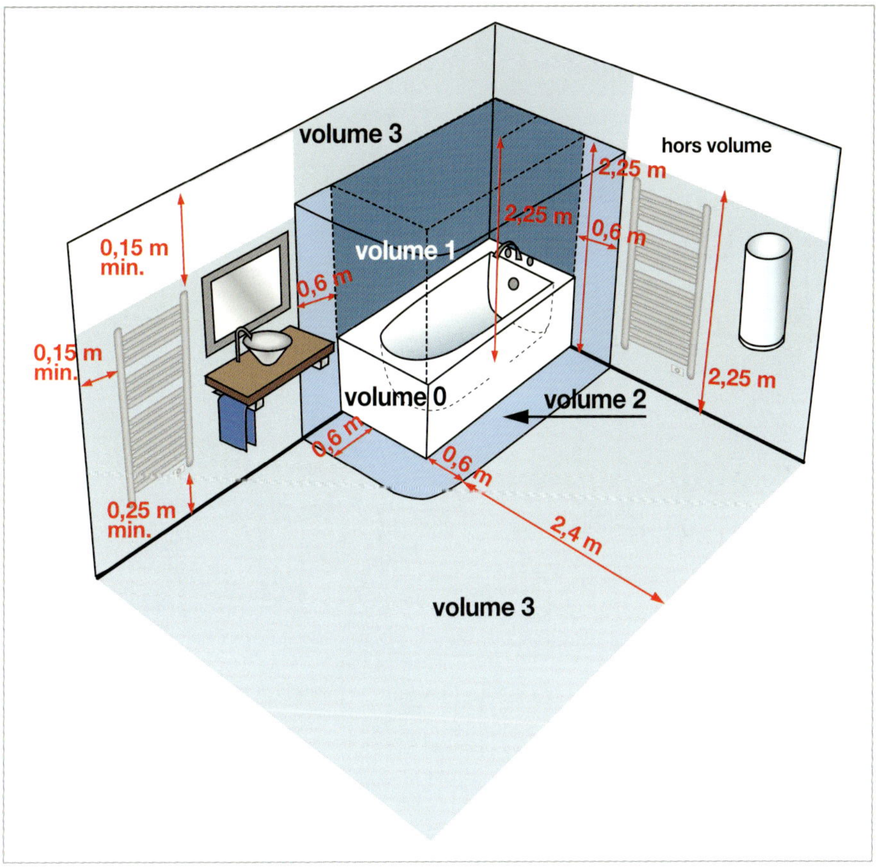

VOLUME 0: la baignoire

• Tout appareil électrique (sèche-cheveux, rasoir, téléphone portable, etc.) y est interdit (ou IP X7).

VOLUME 1: au-dessus de la baignoire jusqu'à 2,25 m

• Ne sont autorisés que les appareils d'éclairage ou les interrupteurs alimentés en Très Basse Tension de Sécurité 12 V (TBTS 12 V). Pour ces appareils électriques, on veillera à ce qu'ils portent la marque NF et soient protégés contre les projections d'eau (ou IPX 4).

VOLUME 2: au-dessus de la baignoire jusqu'à 3 m de haut et 60 cm autour

• Tous les matériels tels qu'appareils de chauffage électrique ou appareils d'éclairage doivent être de classe II, porter la marque NF et être protégés contre les chutes d'eau ; seules sont admises les prises "rasoirs" équipées d'un transformateur de séparation (ou IPX 3).

VOLUME 3: au-delà de 60 cm

• Sont admis les appareillages électriques et les matériels électriques de classe I, les prises de courant de type 2P + T et les boîtes de connexion. Ils doivent porter la marque NF et être protégés contre les chutes verticales de gouttes d'eau (ou IPX 1).

La liaison équipotentielle

Tous les éléments métalliques d'une construction ou de ses équipements sont susceptibles de conduire l'électricité et donc de se trouver sous tension en cas de contact avec un conducteur électrique mal isolé ou un appareil électrique à l'isolation défectueuse.
Si on touche cet élément métallique, on risque l'électrocution.
La solution consiste à relier entre eux tous ces éléments et à les raccorder à la terre. C'est obligatoire pour les volumes 1, 2 et 3 de la salle de bains, mais il est conseillé de faire de même hors de ces volumes, en vue d'éventuelles modifications d'aménagement.

Indices de protection

Les matériels que l'on souhaite installer dans les différents volumes de la salle de bains doivent bénéficier d'un indice minimum de protection contre l'eau (IP).

LA SECURITE

CONNEXIONS
Elles doivent garantir une parfaite sécurité. Comme dans tout le reste de l'installation, les épissures sont bien sûr interdites.

DANS LES VOLUMES 0, 1 ET 2
• Les appareils à poste fixe doivent être directement raccordés et pas alimentés par une prise et une fiche.
• Aucune boîte de connexion n'est admise, sauf celles contenant les dispositifs de raccordement des appareils d'utilisation aux canalisations qui les alimentent.

DANS LES VOLUMES 2 ET 3
Les boîtes de raccordement alimentant les appareils de chauffage doivent être situées derrière ces appareils.

La douche

Horizontalement, même en présence d'un receveur, le volume 1 est systématiquement limité par la surface verticale d'un rayon de 1,20 m et dont l'axe passe, selon le cas, soit par la pomme fixe, soit par l'origine du flexible.
Verticalement, le volume 1 est limité par le plus élevé des plans horizontaux suivants :
• celui situé à 2,25 m au-dessus du sol fini, ou du fond du receveur si celui-ci est au-dessus du sol fini ;
• celui passant par la pomme fixe, si celle-ci existe.
Pour la douche à jets horizontaux, le volume 1 est limité horizontalement, par les parois de la cabine, verticalement à 2,25 m au-dessus du sol.

La généralisation des cabines de douche dans les salles de bains, souvent au détriment de la baignoire, a conduit à une évolution spécifique de la norme la concernant.

LA BONNE INFO

CLASSE ÉNERGÉTIQUE
Quand vous achetez une ampoule aujourd'hui, examinez la classe énergétique à laquelle elle appartient. La classification de consommation énergétique des ampoules est matérialisée par un diagramme allant de A à G.

L'éclairage devient un élément essentiel de décoration intérieure. Les multiples possibilités offertes par les ampoules et les luminaires d'aujourd'hui participent très directement à l'ambiance de la maison. L'éclairage est l'un des domaines de l'installation électrique où vous pouvez exercer sans risque votre créativité, à condition de bien vous y retrouver dans les différents types d'ampoules proposés sur le marché.

Effets décoratifs et ambiance

On n'éclaire pas de la même façon une cuisine, un salon et une salle à manger. Chacune des pièces mérite d'être traitée différemment. Assurez-vous que votre installation est capable de supporter un éclairage diversifié, constitué d'un certain nombre de luminaires. Peut-être faudra-t-il aussi envisager une évolution de votre abonnement dans le sens d'une augmentation de puissance.

SALON

Cette pièce doit convenir aux activités de tous les membres de la famille : lecture, télévision, discussions, musique, jeux. Le plafonnier central n'est pas suffisant. Il faut donc ajouter des éclairages ponctuels. Les appliques ou les spots peuvent mettre en relief les éléments intéressants de la décoration, ou inonder un mur d'une lumière douce. Des lampes à pied et des appliques peuvent créer des taches de lumière chaude donnant une atmosphère relaxante, que des commandes à variateur permettent de régler au goût de chacun.

SALLE À MANGER

Les repas doivent pouvoir constituer un moment privilégié de convivialité familiale. Tout éclairage froid et violent est donc à éviter. Si la table doit être bien éclairée, il est bon de pouvoir régler cet éclairage avec un variateur. Ainsi, vous verrez bien ce qui est dans votre assiette, sans pour autant baigner dans un flot lumineux durcissant les contrastes. Mettez aussi en valeur les éléments décoratifs de la pièce par des éclairages ponctuels, et introduisez quelques lampes aux teintes pastel pour souligner les couleurs du décor.

CHAMBRES

Ajustez l'éclairage pour créer une atmosphère reposante dans les chambres. Combinez appareils encastrés, appliques et lampes de table pour créer une ambiance lumineuse douce, tout en permettant d'y voir assez clair pour fouiller dans une armoire ou ranger du linge dans une commode. Un lampadaire peut donner une ambiance agréable, mais des spots à la tête du lit permettront quand on est au lit de lire confortablement sans déranger l'autre.

ENTRÉES ET ESCALIERS

Pour l'entrée, choisissez un éclairage combinant lampe de table et appliques murales. Les escaliers, quant à eux, doivent être largement éclairés pour éviter tout accident.

CUISINE

Dans la cuisine, il faut bien voir tout ce que l'on fait. Éclairez vivement l'évier et le plan de cuisson avec des spots. Disposez des tubes au néon sous les éléments hauts pour répandre une bonne lumière sur les surfaces de travail. Évitez d'encombrer celles-ci de lampes mobiles.

Le conduit de lumière

Grâce à une entrée de lumière vitrée sur le toit, un conduit diffuse la lumière naturelle jusqu'à la pièce à éclairer. Elle est équipée d'un plafonnier blanc qui diffuse la lumière naturelle dans la pièce. Un système facile à installer, idéal pour l'éclairage naturel des corridors, des salles d'eau, des dressings, des buanderies ou des toilettes.

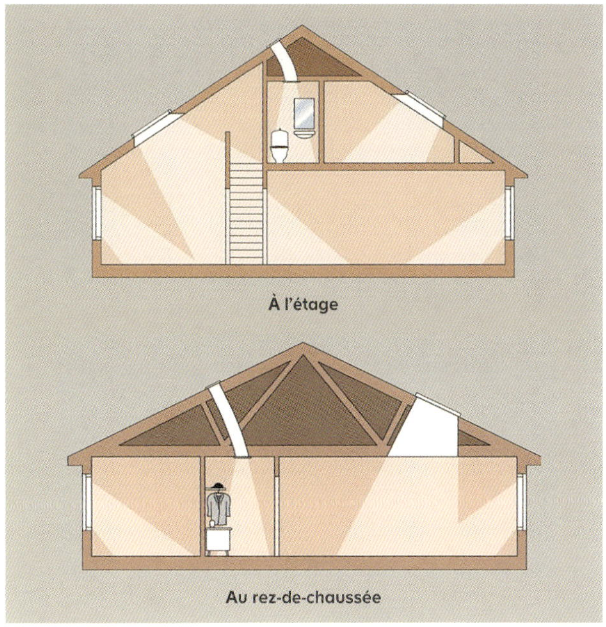

COMMENT ÇA MARCHE ?

Quel que soit le type de votre maison individuelle, vous pouvez installer un puits de lumière Velux, en neuf comme en rénovation, de façon complémentaire aux fenêtres de toit classiques. Le système comprend une entrée de lumière vitrée sur la couverture (comparable à une fenêtre de toit), un conduit flexible ultra-réflecteur qui diffuse la lumière naturelle jusqu'à la pièce à éclairer. Pour que ce système puisse être installé, il faut cependant que la pente de la toiture soit comprise entre 15 et 60°. Afin de conserver une luminosité optimale, la vitre du récepteur est autonettoyante.

PAR QUOI EST DIFFUSÉE LA LUMIÈRE ?

La diffusion de lumière correspond, par temps clair, à l'éclairage d'une lampe de 60 W environ. L'installation du conduit de lumière bénéficie d'un raccordement encastré, ce qui garantit une intégration discrète et harmonieuse en toiture.

© VELUX

QUE TROUVE-T-ON EN TOITURE ?

L'entrée de la lumière se fait par un dispositif comparable à une fenêtre de toit classique. Il bénéficie donc de toutes les qualités de celle-ci : étanchéité, durabilité, sécurité. Le système est adapté aux ardoises comme aux tuiles.

Le lampadaire ECO-fluo

La mode des lampadaires halogènes à coupelle a fait fureur. Il y en a dans tous les intérieurs. Ils vont devenir inutilisables du fait du retrait progressif des ampoules halogènes dévoreuses d'énergie. Conçue pour la vasque circulaire orientable de ces lampadaires halogènes de salon, cette ampoule "ECO-fluo" peut être commandée par un variateur d'intensité.

Bien moins "énergivore" qu'une ampoule halogène classique, l'ECO-fluo présente aussi l'avantage de dégager très peu de chaleur et d'éloigner les risques de brûlure.

LA BONNE **INFO**

ÉCONOMISER LA LUMIÈRE
La meilleure façon d'économiser l'énergie, c'est encore... de ne pas en consommer. Les minuteries, les interrupteurs temporisés, crépusculaires ou encore détecteurs de présence permettront de n'allumer l'éclairage que lorsque vous en avez réellement besoin.

Type d'ampoules

La nécessité de réduire les dépenses d'énergie pour l'éclairage a complètement bouleversé la donne en matière d'ampoule : les lampes à incandescence sont irrémédiablement condamnées à brève échéance. Les ampoules halogènes sont en sursis. Les lampes fluocompactes ont du mal à s'imposer. Les ampoules à LEDs peinent à rattraper leur retard sur les fluocompactes. Si vous avez du mal à vous y retrouver, ces pages devraient vous aider.

À INCANDESCENCE CLASSIQUE
TROP GOURMANDES

Les ampoules à incandescence seront retirées de la vente fin 2012. D'ici là, elles continueront bien sûr d'éclairer nos maisons, puisqu'il s'agit d'une mesure de retrait de vente et non pas d'une interdiction d'utilisation.

© Osram

HALOGÈNE ECO
MOINS GOURMANDES

Ces ampoules bénéficient d'un haut rendement qui permet une économie d'énergie de 30 %, à puissance d'éclairement égale à celle d'une lampe à incandescence de même puissance. Ce sont les seules ampoules permettant actuellement un éclairement de très forte puissance. Elles sont proposées dans de nombreuses formes et culots. Rangées pour la plupart dans la catégorie énergétique de classe C, elles devraient disparaître à leur tour en 2016 si elles ne font pas d'ici là des progrès énergétiques.

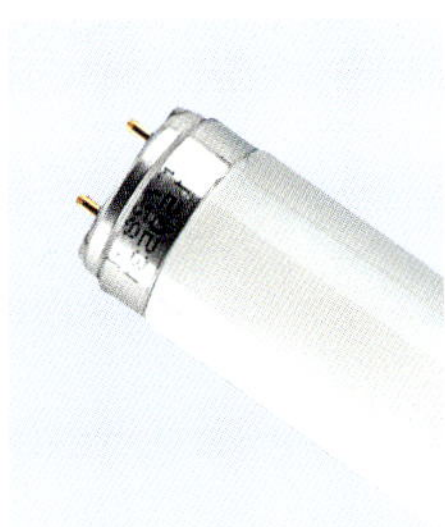

© Osram

TUBES
LES PREMIÈRES LAMPES ÉCO

Sauf au garage et à l'atelier, ce type d'éclairage n'a que des applications limitées dans l'habitation. On s'en sert aussi pour éclairer un miroir, une armoire de toilette, mais aussi dans la cuisine et dans un dressing. Enfin, les ampoules-tubes à décharge, remplies d'un iodure métallique, fournissent un éclairage puissant pour l'extérieur, notamment pour éclairer les abords de la maison.

© Osram

FLUOCOMPACTES
ÉCONOMIQUES

Ces ampoules ont été conçues pour réduire de 80 % la consommation électrique de l'éclairage. Elles sont équipées des mêmes culots, à vis ou à baïonnette, que les ampoules classiques. Elles émettent une lumière vive, mais consomment beaucoup moins d'électricité que les ampoules à incandescence à éclairement égal. Elles durent huit à dix fois plus longtemps. Leur emploi est recommandé pour les appareils d'éclairage qui restent allumés de façon prolongée car elles supportent mal des allumages répétés.

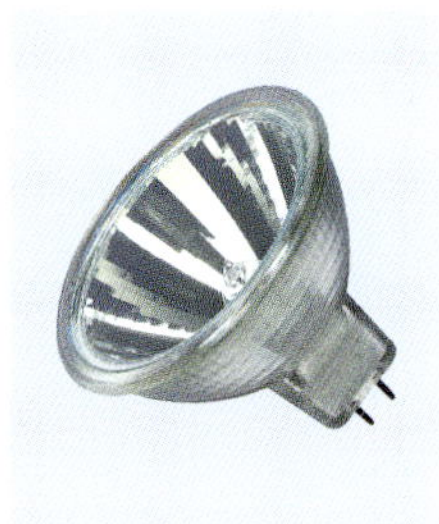

© Osram

SPOTS HALOGÈNES TBT
SANS DANGER

D'usage relativement récent, l'éclairage TBT utilise des bulbes halogènes alimentés sous 12 V, tension inoffensive. Leur lumière vive est idéale pour mettre en valeur une zone particulière. C'est le type d'ampoule le plus utilisé pour les montages sur câbles.

© Osram

SPOTS HALOGÈNES
EN SURSIS

Les ampoules halogènes à réflecteur donnent une lumière d'un blanc vif, plus puissante que celle d'une ampoule à incandescence de même puissance. Ils sont moins fatigants pour les yeux et donnent un meilleur rendu des couleurs. Seules les versions "éco" de ces petites ampoules halogènes restent sur le marché, au moins jusqu'en 2016.

LA BONNE **ASTUCE**

LAISSEZ VOTRE INTÉRIEUR SUIVRE VOTRE HUMEUR !
Illuminez votre univers dans la couleur de votre choix. Ajustez l'intensité lumineuse en fonction de votre humeur.

Interrupteur automatique

Cet interrupteur détecte votre présence dans la pièce et allume l'éclairage pour une durée de 5 sec à 14 min. Vous pouvez le régler en fonction de la luminosité pour qu'il n'allume l'éclairage que lorsqu'il fait sombre.

Ampoules basse consommation

On regroupe aujourd'hui surtout sous cette appellation les ampoules fluocompactes. Initialement tubulaires, elles prennent maintenant des formes plus classiques. Les ampoules à LEDs font une apparition remarquée.

FLUOCOMPACTE SPIRALE
HÉRITIÈRE DU TUBE NÉON

Cette ampoule comprend un néon miniaturisé. Les modèles actuels ne sont plus pénalisés par une montée en puissance progressive de l'intensité lumineuse.

FLUOCOMPACTE STANDARD
UNE VRAIE AMPOULE À BULBE

Cette ampoule reprend la forme classique des ampoules de même type à incandescence, mais consomme 75 % d'énergie en moins.

FLUOCOMPACTE GLOBE
RONDE ET EFFICACE

Le globe de lampe contient en fait un tube torsadé fluocompact de 20 W qui éclaire comme une 100 W à incandescence. Cette ampoule est utilisable dans bien des luminaires décoratifs.

© Osram

AMPOULES À LEDs
DE PLUS EN PLUS PERFORMANTES

Les LEDs permettent désormais de réaliser des lampes, y compris à bulbe, dont l'efficacité s'approche des fluocompactes. La lumière qu'elles diffusent peut être blanc chaud, blanc froid ou de couleur changeante.

LA BONNE **ASTUCE**

AMPOULE À DÉTECTION BASSE CONSOMMATION
Grâce à son détecteur crépusculaire, ce type d'ampoule vous éclaire automatiquement à la tombée de la nuit.

Balisage LEDs

INTÉRIEUR OU EXTÉRIEUR
Les LEDs de balisage sont utilisables aussi bien à l'intérieur qu'à l'extérieur (l'alimentation devant se faire à l'intérieur).

DES ÉCONOMIES DANS TOUTES LES PIÈCES

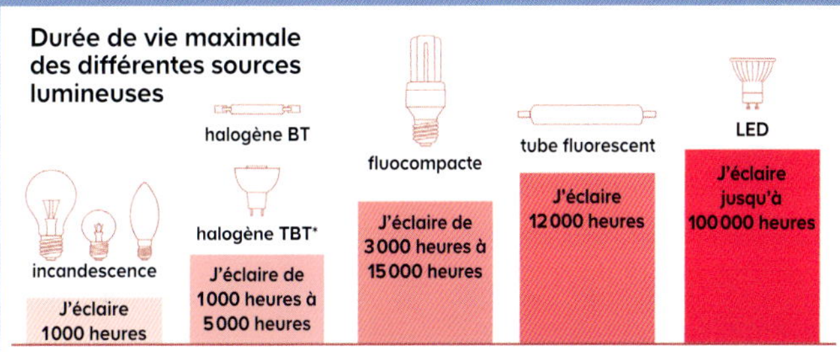

* TBT = très basse tension

DES PERFORMANCES DIFFÉRENTES

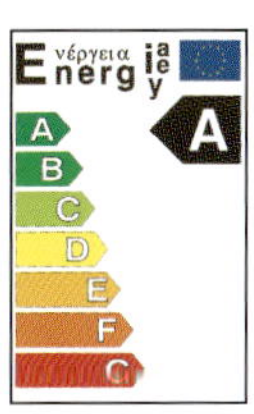

Classification énergétique	classe A = jusqu'à 85% d'économie*
Durée de vie**	8 000 heures
Pour son usage :	
Destination	pièces à vivre, salon, salle à manger ...
Type de lumière	lumière chaude, lumière du jour ou colorée
Allumage	quasi instantané
Forme	
Culot	

* Économies exprimées par rapport à une ampoule classique à incandescence pour un même éclairage

Ne parlons plus watts, parlons lumens !

ECO-halogène, fluocompacte, LEDs... Depuis septembre 2010, la puissance d'une ampoule n'est plus exprimée en watts (consommation d'énergie par ampoule) mais en lumens (lumière restituée par l'ampoule).

	PUISSANCE	CONSOMMATION	DURÉE DE VIE MOYENNE
Ampoule à incandescence	400 lumens	40 W	1000 h
ECO-halogène		32 W	2000 h
ECO-fluo		11 W	8000 h
ECO-LED		6 W	20000 h

L'énergie solaire est la plus facilement valorisable pour le particulier. Elle est présente partout, ce qui facilite son exploitation photovoltaïque, qui permet de la transformer directement en électricité. De simples capteurs, situés sur le toit sous forme de panneaux facilitent l'intégration dans l'habitat.

LA BONNE INFO

VERS L'AUTOSUFFISANCE ?
Avec une dizaine de mètres carrés de panneaux vous pourrez produire 1000 kWh/an. Or la consommation moyenne d'un ménage est de 3 000 kWh/an. Sachant qu'avec un minimum de "bon gestes" celle-ci peut être réduite de 30 %, c'est aujourd'hui près de la moitié de votre électricité que vous pouvez produire vous-même.

Panneaux photovoltaïques

Constitués de cellules en silicium monocristallin ou polycristallin à haut rendement, les panneaux photovoltaïques convertissent directement l'énergie solaire en électricité 12 V continue. Un convertisseur permet de la transformer en 230 V.

© Terreal

Produire, vendre et racheter le courant

COMPOSANTS D'UNE INSTALLATION

Dans le cadre d'un contrat avec EDF, tout ou partie de l'électricité que vous produisez peut être rachetée par le distributeur à un tarif très avantageux dans le cadre d'un contrat sur 20 ans. Le système comprend les éléments suivants :

1 Les modules solaires intégrés à la couverture ou installés en surimposition (10 à 30 m²).

2 Un onduleur qui transforme le courant monophasé en courant alternatif, utilisable par les appareils et injectable dans le réseau public.

3 Un compteur de production pour comptabiliser la production injectée dans le réseau.

4 Un compteur d'utilisation du courant issu du réseau.

5 Un disjoncteur de branchement (500 mA) et un dispositif de protection (30 mA) et de coupure.

6 Un raccordement à l'installation domestique.

7 Un raccordement au réseau public.

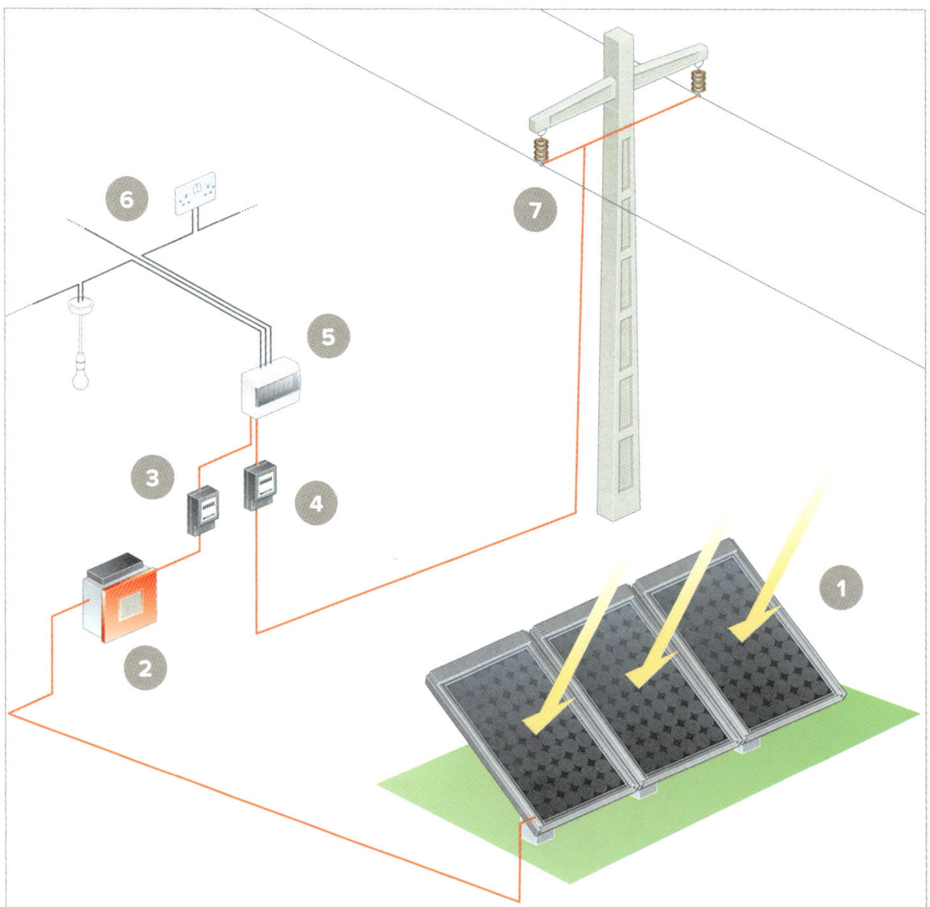

Alimenter une ouverture automatique de portail

Un kit complet permet d'alimenter des équipements éloignés de la maison tels qu'un portail à ouverture automatique. Vous éviterez ainsi d'avoir à établir une ligne aérienne ou enterrée toujours délicate à réaliser.

Panneau solaire
Un panneau convertit le rayonnement solaire en énergie électrique. Une puissance de 30 W suffit pour ce genre d'installation.

Contrôleur de charge
Il comprend :
- une entrée panneau ;
- une sortie batterie ;
- une sortie utilisateur direct.

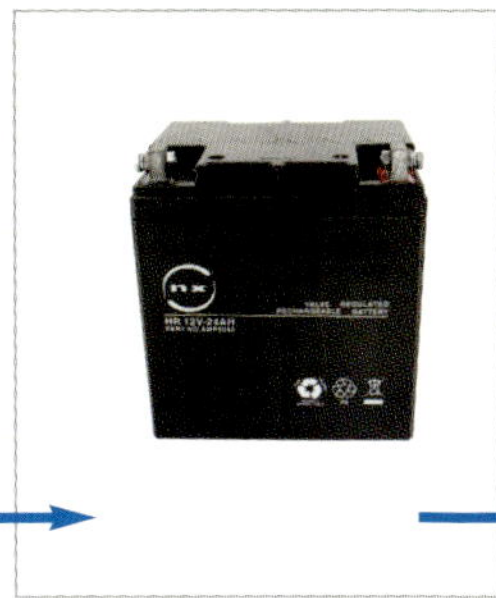

Batterie
Elle stocke le courant produit par le panneau solaire pour permettre son utilisation différée.

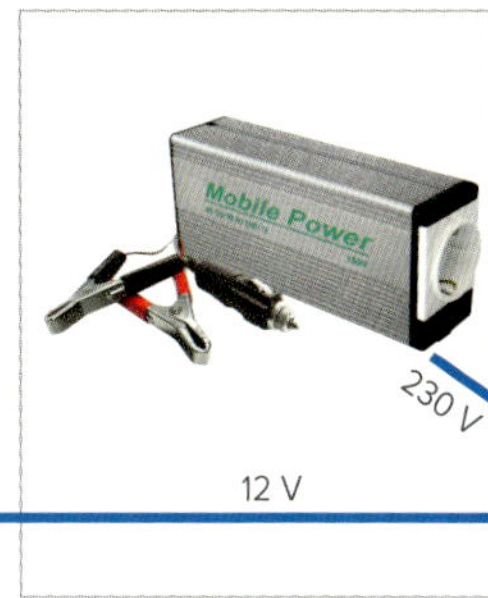

Convertisseur
Il permet de transformer le courant continu 12 V de la batterie en courant alternatif 230 V nécessaire pour alimenter certains matériels ou ampoules.

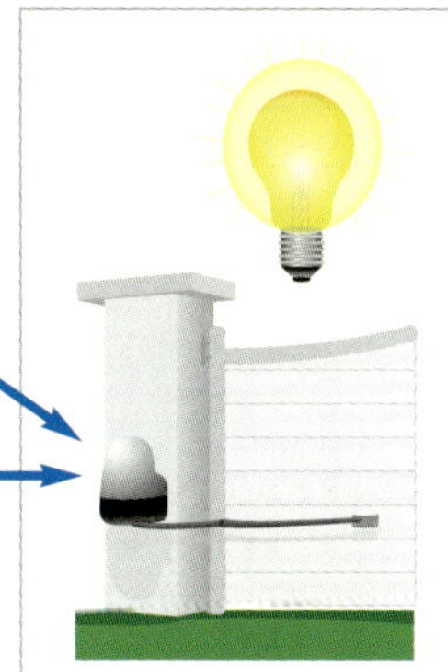

Ouverture du portail
Alimentation du moteur et du gyrophare de sécurité en 12 V ou en 230 V.

Installer une éolienne

Une éolienne de complément peut s'avérer très utile pour alimenter un éclairage et de petits appareils électriques en site isolés. Elle peut venir en complément de panneaux photovoltaïques.

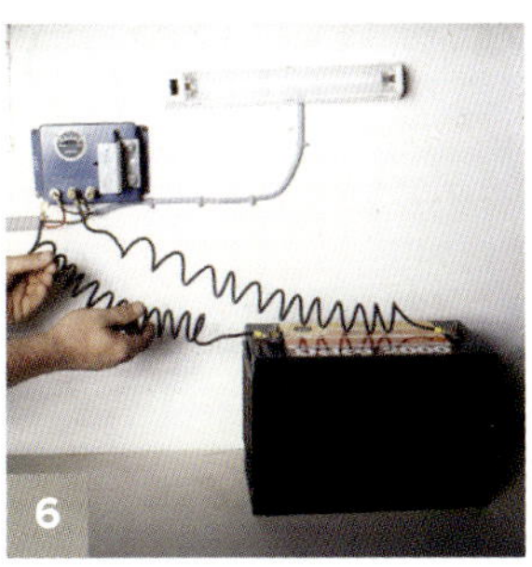

1. Assemblez les éléments du pied de l'éolienne, constitué ici de 4 pieds réunis par des traverses. Commencez par le sommet, puis assemblez les traverses avec des boulons et des écrous.

2. Montez la génératrice au sommet du piétement. Boulonnez-la sur son axe.

3. Effectuez le branchement électrique de la génératrice en sertissant les cosses de raccordement avec une pince à sertir.

4. Montez l'hélice sur la génératrice. L'envergure de celle-ci (ici 1,80 m) impose généralement de travailler à l'extérieur.

5. Installez le piétement de l'éolienne et sa génératrice aussi haut que possible, au sommet d'une colline ou comme ici à l'angle de deux murs.

6. Procédez aux raccordements au contrôleur de charge, à la batterie et, ici, à un éclairage.

LES BONS OUTILS

Outils
- Clé à tube
- Clé plate
- Pince à sertir les cosses
- Pince à dénuder
- Pince coupante

Matériel
- Éolienne et son piétement
- Contrôleur de charge
- Batterie

LA BONNE INFO

Que dit la loi ?
Une éolienne de moins de 12 m (pales non-comprises) ne demande pas de permis de construire, mais une simple déclaration préalable de travaux. Assurez-vous que votre éolienne ne risque pas d'occasionner une gêne visuelle ou sonore pour vos voisins, dans un rayon de 500 m environ.

Compteurs électroniques

De nouveaux compteurs électriques font leur apparition : ils sont communicants, ce qui permet de les relever à distance, sans l'intervention d'un agent et sans que vous soyez présents. Ils vous éviteront ainsi les facturations sur estimation. Ils vous permettront aussi de mieux suivre votre consommation en temps réel. Vous pourrez même disposer de l'historique et du bilan de votre consommation au jour le jour, sur internet ou même sur votre téléphone portable, ce qui vous permettra de mieux adapter votre consommation. Il intègre même un système d'alarme en cas de consommation excessive. Une directive européenne prévoit la généralisation du système d'ici 2020.

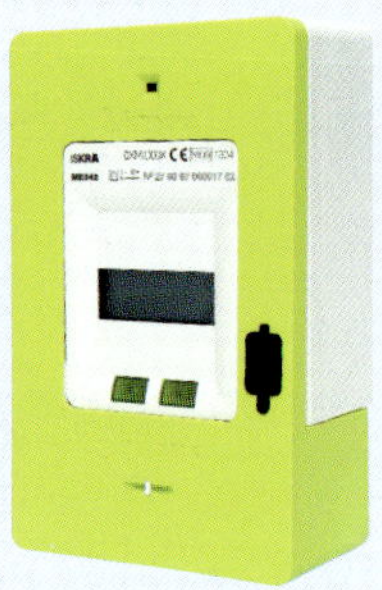

© ERDF

LA BONNE **INFO**

LE BON ABONNEMENT

Depuis juillet 2007 et l'ouverture à la concurrence de la fourniture d'électricité, vous pouvez choisir votre fournisseur et comparer les prix des abonnements et du kWh. Limitez votre exigence de puissance en équipant votre tableau électrique d'un délesteur qui privilégiera le fonctionnement des appareils prioritaires de votre installation (par exemple la table de cuisson au détriment du lave-vaisselle) aux heures de pointe.

Le coût d'utilisation et de rénovation d'une maison peut être allégé de différentes façons. La première consiste à bien gérer ses besoins en électricité en maîtrisant sa facture. La deuxième à s'informer pour bénéficier d'aides éventuelles, de prêts bonifiés, de subventions et de crédits d'impôt. Ces dispositions sont souvent éphémères et varient chaque année.

Bien utiliser les appareils

Il est facile de faire des économies d'électricité en respectant un certain nombre de règles et en suivant les conseils délivrés par les fournisseurs d'énergie.

APPAREILS ÉLECTRIQUES

• **Étiquette énergie.** Quand vous achetez un appareil électrique, consultez son "étiquette énergie" graduée de A à G. Presque tous les appareils électroménagers étant aujourd'hui en classe A, ont été ajoutées les classes A+ et A++ ; elles sont bien sûr à privilégier. Les données chiffrées de ces fiches renvoient à des notions différentes selon les matériels : kWh pour les réfrigérateurs et les fours, kWh par kg de linge pour les lave-linge, kWh par 12 couverts pour les lave-vaisselle.

• **Mise en veille.** Évitez de laisser le téléviseur, la chaîne hi-fi, le lecteur DVD ou le magnétoscope en position "veille". Ils peuvent consommer autant en période de veille que pendant leur temps d'utilisation (un téléviseur en veille pendant 20 h consomme autant qu'en fonctionnant pendant 4 h).

• **Réfrigérateur.** Limitez le plus possible le nombre d'ouverture de la porte. Ne placez pas de plats chauds dans la cuve et dégivrez régulièrement la partie congélateur.

• **Lave-linge et lave-vaisselle.** Remplissez-les complètement avant de les mettre en fonction, ou utilisez les programmes "éco" qui abaissent la consommation de 25 %. Privilégiez la température la plus basse possible pour une utilisation donnée. Un lavage à 40 °C consomme 3 fois moins d'énergie qu'à 90 °C.

ÉCLAIRAGE

• **Luminaires.** Remplacez les ampoules à incandescence par des lampes fluocompactes basse consommation, des LEDs ou des halogènes "éco". Adoptez des interrupteurs détecteurs de présence qui éteignent automatiquement le luminaire quand vous n'êtes plus dans la pièce.

CHAUFFAGE ET EAU SANITAIRE

• **Régulation et programmation.**

– Le bouton de réglage du thermostat des chauffages électriques n'est pas une commande de progressivité de puissance, mais un moyen d'arrêt de fonctionnement quand une température donnée est atteinte. Il est donc inutile de le mettre "à fond" pour avoir plus chaud. Il faut au contraire le régler à la baisse dès que la température voulue est obtenue. Ne dépassez pas 17 °C dans une chambre, 19 °C dans le salon et la cuisine, 21-22 °C dans la salle de bains.

– Une programmation centralisée permet de moduler le chauffage en fonction de vos heures de présence et de vos occupations. En suspendant le chauffage quand vous n'êtes plus là ou en le réduisant de façon significative la nuit, vous ferez des économies importantes.

• **Entretien.** Dépoussiérez régulièrement les grilles haute et basse des convecteurs.

• **Chauffe-eau.** Réglez la température de l'eau de la cuve du chauffe-eau à 60 °C (la température de sécurité de l'eau distribuée ne devant pas dépasser 50 °C).

APPAREILS DE CUISSON

• **Four.** Évitez d'ouvrir le four de nombreuses de fois pour surveiller la cuisson. Privilégiez une cuisson basse température lente sur une cuisson rapide à pleine puissance.

• **Plaques.** Adaptez la taille du récipient au diamètre de la plaque de cuisson. Coupez les plaques un peu avant la fin du temps de cuisson (la chauffe se poursuivant pendant plusieurs minutes). Couvrez les plats d'un couvercle et privilégiez l'utilisation de l'autocuiseur. À l'acquisition, optez pour une plaque à induction.

Crédits d'impôt

PRINCIPES

Le caractère incitatif des crédits d'impôt est tempéré par le fait qu'ils ne sont accordés que si les produits concernés sont achetés par le professionnel qui réalise les travaux, la somme prise en compte ne concernant que le matériel lui-même sans ses accessoires. **Les dispositions chiffrées varient chaque année en fonction de la loi de finances.**

C'est la facture unique de ce professionnel qui constituera pour vous le seul justificatif vous permettant d'obtenir la déduction fiscale prévue par la loi de finances en cours. Tout achat de matériel par vous-même vous écarte du bénéfice du crédit d'impôt.

MODALITÉS

Si vous êtes imposable, il vous suffira d'effectuer la déduction sur votre feuille de déclaration. Si vous n'êtes pas imposable, l'Administration vous adressera un chèque de remboursement correspondant au montant de la déduction.

Notez que le crédit d'impôt ne vaut que pour votre résidence principale et est soumis à différentes dispositions de nature familiale (nombre de personnes à charge, situation de famille). Certaines dispositions concernant notamment l'âge de la construction et la date de son acquisition peuvent modifier du simple au double le taux du crédit d'impôt auquel vous pouvez prétendre.

Enfin, de nombreuses dispositions excluent du champ d'application des déductions en raison de leurs performances (jugées insuffisantes) ou des conditions de leur installation. Pour de plus amples informations, allez consulter le site : www.ecocitoyens.ademe.fr

LA BONNE INFO

BONUS DE COS

Si vous agrandissez votre logement avec un souci d'en limiter la consommation d'énergie, vous pouvez, dans certains cas, obtenir une bonification pouvant aller jusqu'à 30 % de votre COS (coefficient d'occupation des sols). Et si les performances énergétiques ou environnementales dépassent les normes en vigueur, une bonification des droits à construire peut vous être accordée.

Les aides au financement

En plus des encouragements fiscaux et des aides apportées par différentes organisations (ADEME, ANAH, etc.), ainsi que par les régions ou des municipalités, plusieurs dispositions peuvent vous permettre de faciliter vos dépenses.

L'ÉCO-PRÊT TAUX ZÉRO

Il permet de financer la rénovation énergétique des logements et réduire vos consommations d'énergie et vos émissions de gaz à effet de serre. Avec ce prêt, vous pourrez opter pour des travaux efficaces en termes d'économies d'énergie, sans faire d'avance de trésorerie et sans payer d'intérêts.

Il concerne un "bouquet de travaux" tel que l'isolation de la toiture, l'isolation des murs donnant sur l'extérieur, le remplacement des portes et fenêtres donnant sur l'extérieur, l'installation ou le remplacement d'un système de chauffage ou de production d'eau chaude sanitaire, notamment s'ils utilisent une énergie renouvelable. Tous ces travaux sont soumis à des critères de performances bien précis.

Il peut concerner aussi des travaux permettant une amélioration de la performance énergétique globale du logement, les seuils d'appréciation étant modulés en fonction des zones climatiques et des altitudes, les calculs et prescriptions de travaux doivent être réalisés par un bureau d'études thermiques.

AUTRES PRÊTS

Différents autres prêts à taux réduits peuvent être obtenus auprès des établissements bancaires :
- **Les éco-prêts développement durable** concernent les travaux éligibles au crédit d'impôt, mais ils couvrent tous les frais, y compris l'installation. Ils peuvent être demandés pour une résidence principale mais aussi pour une résidence secondaire, pour les propriétaires uniques comme pour les copropriétés.
- **Les prêts d'accession sociale (PAS),** soumis à conditions de ressources, à la région d'implantation et au nombre de personnes du foyer, qui permettent de réaliser des travaux d'amélioration ou d'économie d'énergie (jusqu'à 100 % du montant).
- **Les prêts des distributeurs d'énergie, des professionnels du chauffage et de l'isolation** qui peuvent proposer des prêts intéressants et des offres particulières dans le cadre du dispositif des certificats d'économie d'énergie (CEE). Ainsi, certains distributeurs d'énergie peuvent-ils proposer à leurs clients des prêts à des conditions avantageuses.
- **Le prêt d'amélioration de l'habitat,** accessible si vous percevez des allocations familiales, et sous conditions de ressources, qui peut couvrir 80 % des travaux notamment d'amélioration et d'isolation thermique du logement.

L'EXONÉRATION DE LA TAXE FONCIÈRE

Une exonération totale ou partielle (50 %) de la taxe foncière peut être obtenue, dans certaines communes, pour les logements construits avant 1989, dont le propriétaire a fait des dépenses d'équipement ouvrant droit au crédit d'impôt.

Guide de l'ADEME

L'Agence de l'Environnement et de la Maîtrise de l'Énergie a produit un guide pratique regroupant les différentes aides financières dont on peut bénéficier quand on projette des travaux d'amélioration énergétique du logement.

Aujourd'hui, le plomb est interdit et doit disparaître même rapidement de toutes les installations. L'acier et le cuivre qui ont remplacé le plomb cèdent aussi la place aux matériaux plastiques, PVC, PVC-C, PER ou multicouche. Personne ne s'en plaindra et surtout pas vous, car ils mettent la plomberie à la portée de tous les bricoleurs.

LA BONNE INFO

NE GASPILLEZ PAS L'EAU !
Les occasions d'éviter le gaspillage de l'eau dans la maison sont multiples.
- Commencez par faire la chasse aux fuites, parfois si discrètes qu'on ne les remarque même pas. Relevez le compteur le matin avant de partir au travail, puis renouvelez l'opération en fin de journée, à votre retour, alors que tous les robinets sont bien fermés. Vous aurez souvent une mauvaise surprise.
- Prenez l'habitude de ne pas laisser couler l'eau inutilement quand vous vous lavez les mains ou quand vous vous savonnez sous la douche.
- Préférez une douche à un bain.

1. Analyser votre installation

Avant de vous lancer dans des travaux d'installation, passez-la en revue pour déterminer les bonnes solutions. En quoi sont faites les canalisations ? Faudra-t-il les changer ? Pourrez-vous les conserver et raccorder dessus de nouveaux tubes ? La robinetterie est-elle dépassée ou pouvez-vous la conserver. Le chauffe-eau doit-il être remplacé ? Une fois tout cela examiné de près, vous pourrez projeter les travaux à faire et les équipements à acheter pour réaliser une nouvelle salle de bains, poser un nouveau robinet de cuisine ou vous équiper d'un adoucisseur.

2. Choisir les bonnes solutions

De nombreuses solutions sont aujourd'hui à votre portée pour simplifier considérablement vos travaux de plomberie. Plus besoin de chalumeau pour raccorder deux tubes cuivre : utilisez des raccords à visser ou même automatiques à emboîter. Le cuivre est trop cher et vous n'aimez pas travailler le métal ; prenez du PVC-C ou du PVC gris : il vous suffit de coller tubes et raccords. Vous voulez faire passer les canalisations derrière un doublage ; prenez des tubes en PER ou en multicouche.

LA BONNE INFO

MATÉRIAUX MULTIPLES
Rien ne vous empêche d'associer différents matériaux comme le cuivre et le PER pour prolonger votre installation. Des raccords vissants existent pour pratiquement tous les cas de figure. Ces raccords sont équipés de joints et de rondelles d'étanchéité.

3. Organiser votre projet

Quand on s'attaque à des travaux de plomberie, il faut organiser les travaux avec précision. Les réseaux – alimentation et évacuation – sont structurés en fonction des besoins en eau des différents appareils sanitaires. Quand vous projetez par exemple d'installer une douche hydromassante, demandez-vous si le diamètre des canalisations est suffisant pour le débit et la pression nécessaires à l'appareil ? Si ce n'est pas le cas, vous devrez refaire toute la partie de l'installation qui alimente la douche. À l'inverse, vous pourrez vous contenter de simples raccordements ne demandant qu'un minimum d'outils et de matériels.

Remplacez vos sanitaires

Vous voulez changer vos W.-C. ou en installer un second ? Rien de plus facile avec les flexibles et les pipes souples. Avant d'acheter le matériel, prenez les mesures exactes entre le sol et les conduites existantes et n'oubliez pas de noter le diamètre des canalisations d'alimentation et d'évacuation.

Alimentation eau

L'ALIMENTATION EN EAU

L'eau vous est généralement fournie par la commune, la ville ou par une compagnie des eaux agréée par la commune ou un syndicat de communes. L'abonnement que vous avez souscrit auprès de ces structures, comprend :

- le coût de raccordement ;
- l'abonnement ;
- la tarification au mètre cube consommé (avec parfois un forfait minimum).

Chaque abonné reçoit l'eau par une tuyauterie aboutissant à un robinet d'amont, juste avant le compteur.

Le robinet doit rester accessible aux agents de la compagnie de distribution. Un autre robinet d'arrêt se situe après le compteur, soit contre sa sortie, soit à l'entrée dans le logement. Vous avez tout intérêt à repérer sa localisation, et à vérifier périodiquement son bon fonctionnement (manœuvrez-le deux ou trois fois par an) car c'est à ce niveau que vous devrez couper l'alimentation de votre habitation en cas de fuite dans votre installation ou, plus généralement, pour toute intervention sur celle-ci.

Attention : un rapport sur la qualité sanitaire de l'eau fait l'objet d'un affichage en mairie et doit être communiqué aux abonnés avec chaque facture. N'hésitez pas à le demander !

LA BONNE **INFO**

UTILISER L'EAU DU PUITS

Si vous souhaitez utiliser l'eau d'un puits ou d'un forage profond pour l'alimentation, vous devez faire une déclaration à la DDASS comprenant :

- les caractéristiques du forage (débit, profondeur, etc.) ;
- les résultats d'une analyse de l'eau effectuée par un laboratoire agréé pour les analyses d'eau destinée à la consommation humaine.

Sinon, l'eau est considérée, a priori, comme non potable.

LES CANALISATIONS DE VOTRE INSTALLATION

Votre installation sanitaire comprend :

- un réseau d'alimentation constitué de canalisations en cuivre, en PER ou en PVC-C parfois en plomb pour les habitations anciennes ;
- un réseau d'évacuation, composé de canalisations en acier, en PVC (majorité des cas) ou/et en fonte.

RETRAIT DES CANALISATIONS EN PLOMB

Dans les maisons anciennes, les tuyaux de la canalisation principale, qui distribue l'eau dans le logement, étaient en plomb. On en trouve parfois encore entre la grosse canalisation du réseau et le compteur, entre celui-ci et la maison, et souvent, en ville, dans la colonne montante des immeubles antérieurs aux années 1950. S'ils sont en bon état, la teneur en plomb dissous dans l'eau reste généralement dans la limite de la norme actuelle (0,25 mg/litre) ; mais vous avez tout intérêt à la faire vérifier.

Cette limite sera abaissée à 0,10 mg/litre en 2012, conformément à une directive européenne. Aucune canalisation en plomb ne pourra plus alors acheminer de l'eau de consommation (pour la cuisine, la boisson, mais aussi pour les soins du corps) sans dépasser cette limite : il faudra remplacer les tuyaux en plomb avant cette échéance.

EAU TROP ADOUCIE : DANGER !

Notez que si une eau trop dure (trop calcaire) ne présente aucun inconvénient pour la santé, une eau trop adoucie (moins de 25° TH) est corrosive pour les métaux et peut se charger anormalement de plomb si les canalisations acheminant l'eau sont encore dans ce métal (d'où des risques de saturnisme). Elle est aussi agressive pour les soudures et cause des micro-fuites qui favorisent le développement des bactéries. Vous pouvez mesurer vous-même la dureté de l'eau avec une simple trousse d'analyse.

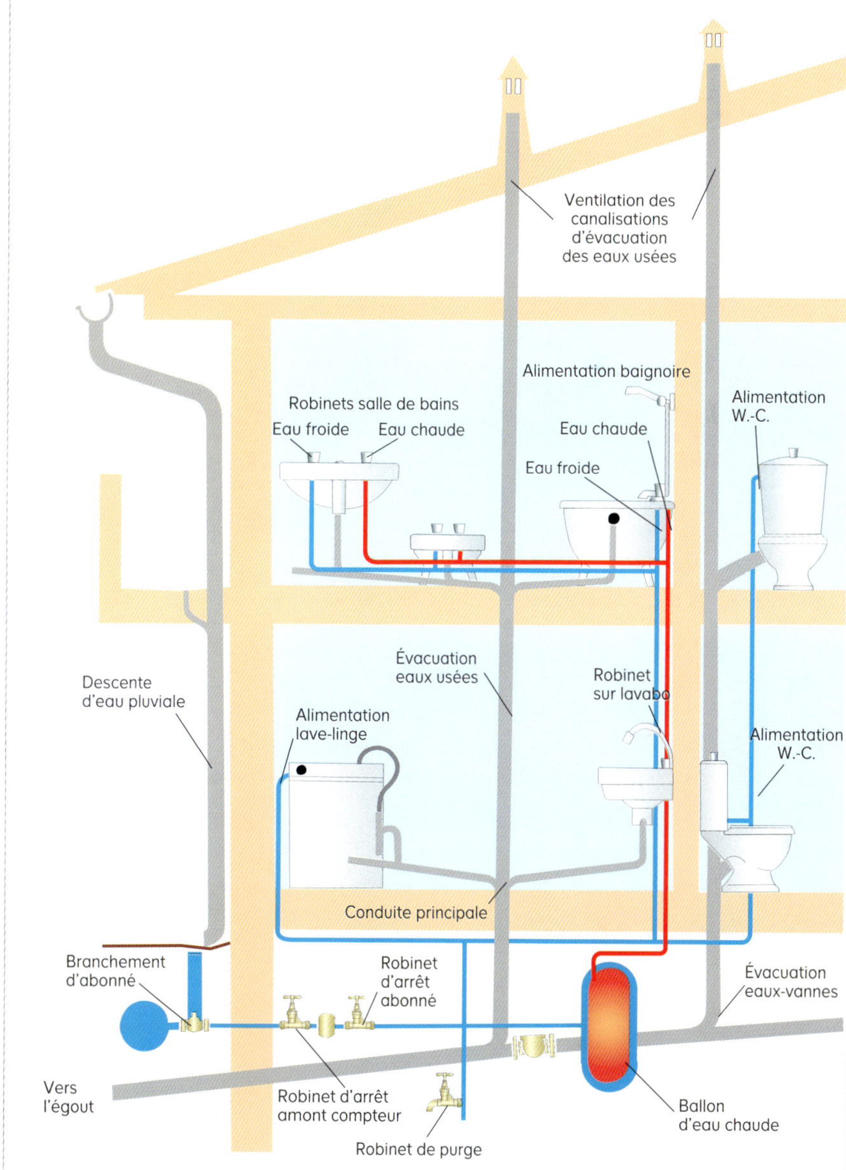

LE RÉSEAU DES CANALISATIONS D'EAU D'UNE MAISON

Économiser l'eau à la maison

1

STOP DOUCHE
Pour ne pas laisser l'eau couler

1. Cet accessoire se fixe entre le flexible et la douchette. Il permet de couper le jet d'eau (un léger filet d'eau continue de couler pour éviter la surpression dans le flexible) et de la rouvrir pour se rincer : on retrouve alors immédiatement la même température et la même puissance de jet. Cet accessoire permet d'économiser jusqu'à 50 % d'eau.
Attention : ce n'est cependant pas un robinet permanent. Il ne faut pas oublier de refermer le robinet thermostatique ou le mitigeur une fois qu'on a pris sa douche !

2

MOUSSEUR AÉRATEUR
Pour diminuer la consommation

2. Cet accessoire, à fixer sur le robinet ramène le débit de 12 à 7 litres/min. Il est amorti dans le mois de son achat.

3

ROBINET À DOUBLE DÉBIT
Pour n'utiliser que l'eau nécessaire

3. Ce mitigeur offre la possibilité de limiter le débit : un point de résistance limite le débit à 50 % pour une utilisation normale et oblige à forcer ce point pour un débit supérieur.

4

ROBINET THERMOSTATIQUE
Pour ne pas gaspiller l'eau chaude

4. Par sa précision de réglage de température, le robinet thermostatique évite le gaspillage d'eau puisque la bonne température est obtenue immédiatement. Ce modèle intègre en plus un bouton limiteur d'eau réduisant le débit de 50 %.

Chauffer l'eau avec le bois

En adoptant une chaudière au bois – bûches ou granulés – vous chaufferez l'eau sanitaire avec une énergie renouvelable et vous ferez un geste en faveur de la planète. Le bois trouve tout son intérêt dans une démarche écologique, car il constitue une énergie renouvelable, à condition bien sûr de provenir de forêts bien gérées. C'est une énergie non émettrice de gaz à effet de serre, le bois, en brûlant, ne faisant que restituer le CO_2 stocké durant la croissance de l'arbre. Enfin, la combustion étant de plus en plus achevée, elle limite la diffusion de suie dans l'atmosphère.

LA CHAUDIÈRE À BOIS
Performante et écologique

On trouve sur le marché des chaudières à bois de grande capacité, servant à chauffer aussi bien l'eau du chauffage central (ci-dessus) que celle de l'installation sanitaire. Il s'agit d'appareils très performants.
Pour une installation de chauffage central, on prendra une chaudière puissante (au minimum 20 kW) à grande capacité d'alimentation pour permettre un fonctionnement de longue durée (notamment la nuit), sans rechargement.

LA CHAUDIÈRE À GRANULÉS DE BOIS
Une bonne utilisation des déchets de scierie

Il y a longtemps que dans les scieries ou les ateliers de menuiserie on se chauffe avec de la sciure ou des déchets de bois. Leur puissance calorifique est très élevée et la plupart des poêles ou chaudières les acceptent. Aujourd'hui les granulés de bois – ou pelets – sont également utilisés pour alimenter les chaudières et même des poêles destinés aux installations de chauffage domestique.

Chauffer l'eau au solaire

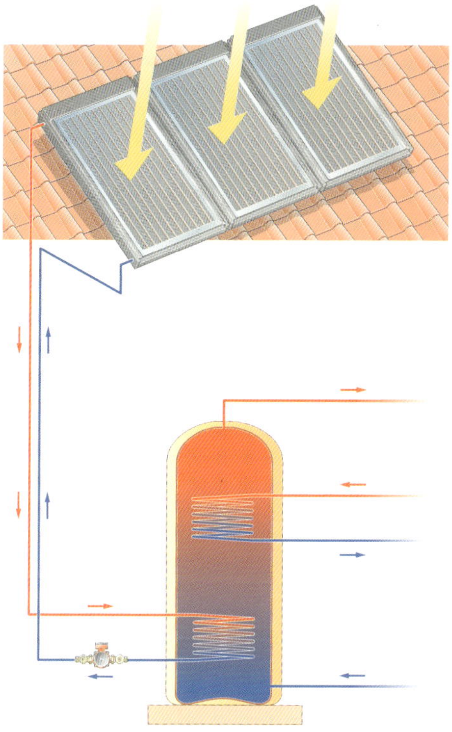

CHAUFFE-EAU SOLAIRE

Les capteurs solaires thermiques sont parfaits pour chauffer l'eau de votre installation sanitaire. Un chauffe-eau solaire permet de faire jusqu'à 70 % d'économie sur vos dépenses de chauffage.

	CHAUFFE-EAU SOLAIRE AVEC 4 M² DE CAPTEURS			
	LILLE	PARIS	BORDEAUX	MARSEILLE
Besoins d'énergie pour chauffer l'eau en KWh/an	3.570	3.468	3.311	3.139
Apports au chauffe-eau solaire en KWh/an	1.775	1.948	2.192	2.355
Couverture en besoin d'eau chaude	50 %	56 %	66 %	75 %
Productivité des capteurs en KWh/m²/an	444	487	548	589

C'est précisément parce que le chauffe-eau solaire ne peut suffire à chauffer seul l'eau sanitaire d'une installation qu'il intègre une résistance électrique qui entre en fonction quand l'ensoleillement est insuffisant.

CHAUFFAGE SOLAIRE

Lorsque vous laissez traîner un tuyau d'arrosage sur la pelouse en plein soleil, pendant un certain temps, l'eau en sort d'autant plus chaude que le tuyau est sombre : c'est le principe du panneau solaire thermique. On peut l'exploiter pour alimenter un chauffe-eau, et même participer au chauffage de la maison.

Un capteur solaire thermique contient différents éléments :

• une plaque et des tubes métalliques noirs qui forment l'absorbeur. Ces éléments reçoivent le rayonnement solaire et s'échauffent ;

• un coffre rigide et isolé thermiquement entoure et contient l'absorbeur, protégé par une vitre qui laisse pénétrer le soleil et retient la chaleur comme le ferait une serre ;

• une circulation d'eau additionnée d'antigel est réalisée dans l'absorbeur, ce qui a pour effet de la chauffer et de transporter les calories : c'est ce que l'on appelle le circuit primaire ;

• un serpentin permet de céder les calories ainsi transportées, à l'eau sanitaire ou au liquide caloporteur d'un système de chauffage.

La circulation de l'eau se fait soit naturellement, suivant le principe du thermosiphon, soit à l'aide d'une pompe classique de circulation, via un système de régulation.

Ces panneaux peuvent être associés au système de chauffage. Le chauffage par le sol est alors le mieux adapté à cette technique, puisqu'il ne nécessite pas de hautes températures. Vous pouvez aussi coupler des panneaux et une pompe à chaleur, voire des panneaux et une chaudière basse température, qui pourra même alimenter des radiateurs classiques. Les panneaux thermiques viennent alors en complément d'une énergie principale fossile (gaz ou fioul) et agissent en relève de chaudière, dont le fonctionnement est suspendu ou réduit quand la production solaire est suffisante.

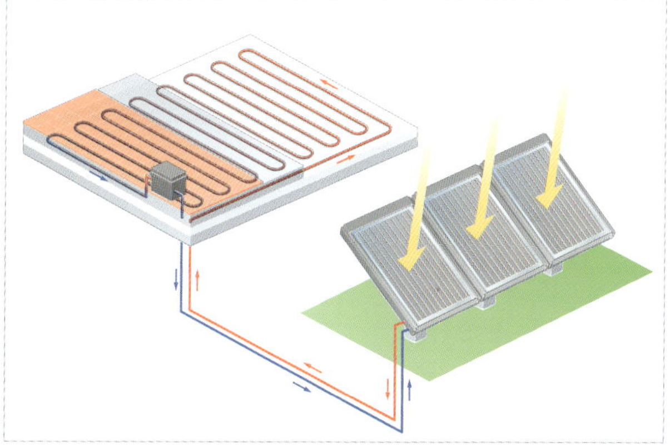

CHAUFFAGE SOLAIRE PAR LE SOL

LA SECURITE

Respectez la norme !
Pour l'installation d'un chauffe-eau électrique dans la salle de bains, respectez scrupuleusement la norme NF C 15-100. L'appareil doit en principe être installé dans le volume 3, c'est-à-dire à plus de 0,60 m de la baignoire ou du bac de douche, ou hors volume. Une installation dans le volume 2 et même volume 1 (pose horizontale) est tolérée à condition qu'il soit protégé par un interrupteur ou un disjoncteur différentiel haute sensibilité 30mA.

L'eau chaude sanitaire d'une maison peut être produite par un chauffe-eau, par la chaudière de chauffage central ou par des panneaux solaires.

Chauffer l'eau chaude sanitaire

L'eau chaude consommée dans une habitation peut être chauffée de différentes façons. Elle peut provenir :

- d'un équipement collectif, chaudière d'immeuble ou réseau urbain ;
- d'un équipement individuel, chauffe-eau à accumulation ou instantané (électrique, gaz, solaire ou thermodynamique) ;
- de la chaudière de chauffage central.

Le chauffe-eau individuel, quels qu'en soient le type et l'énergie, est le seul équipement qui vous permet réellement de maîtriser votre dépense d'énergie en agissant sur votre consommation d'eau chaude. De par sa souplesse, c'est le système le plus largement utilisé actuellement par les particuliers.

Choisir un chauffe-eau

Pour produire de l'eau chaude, vous avez le choix entre plusieurs options selon le type de fonctionnement ("instantané" ou "à accumulation") et selon la source d'énergie employée (gaz ou électricité, solaire ou thermodynamique).

• En instantané, l'eau peut être chauffée à chaque fois que l'on en a besoin.

• Avec un chauffe-eau à accumulation, l'eau sera chauffée par une résistance pendant une période bénéficiant d'un tarif avantageux.

• Avec un chauffe-eau solaire, l'eau est chauffée gratuitement quand l'ensoleillement est suffisant.

• Avec un chauffe-eau thermodynamique, 70 % de l'énergie nécessaire au chauffage de l'eau sont produits par une pompe à chaleur.

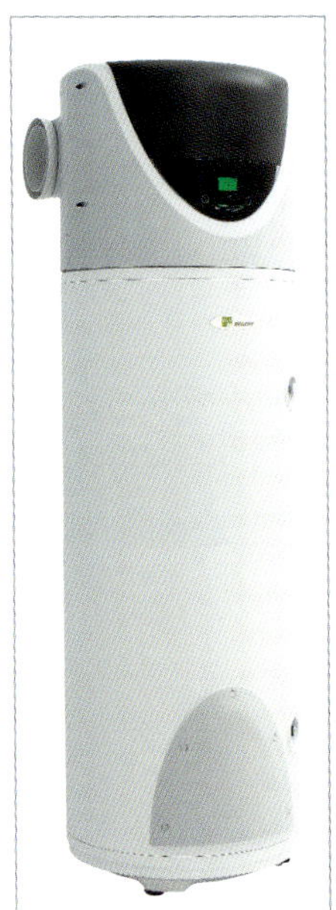

CHAUFFE-EAU THERMODYNAMIQUE

Il s'agit d'un chauffe-eau à accumulation qui intègre une petite pompe à chaleur. Celle-ci utilise les calories contenues dans l'air pour chauffer l'eau en toute saison, en préservant l'environnement. La pompe à chaleur ne consommant que 1 kW quand elle en produit 3, ce type de chauffe-eau permet de réaliser d'importantes économies d'énergie.

QUELLE CAPACITÉ POUR VOTRE CHAUFFE-EAU ÉLECTRIQUE ?

NOMBRE D'OCCUPANTS	CAPACITÉ EN LITRES
1 personne	50
2 personnes	100
2 ou 3 personnes	150
3 ou 4 personnes	200
4 ou 5 personnes	300

CHAUFFE-EAU ÉLECTRIQUE À ACCUMULATION - AVEC RÉSISTANCE STÉATITE

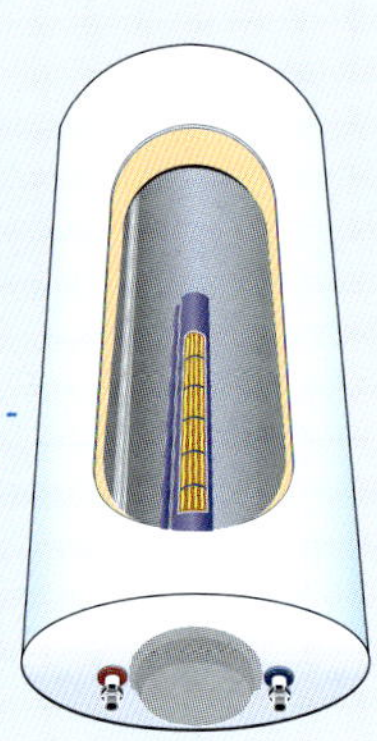

CHAUFFE-EAU À GAZ INSTANTANÉ

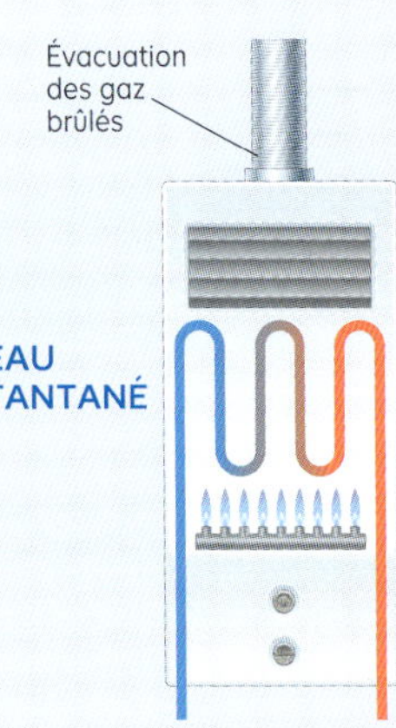

CHAUFFE-EAU TERMODYNAMIQUE

Poser un chauffe-eau à accumulation

L'installation ou le remplacement d'un chauffe-eau à accumulation n'est pas difficile. Avec les flexibles de raccordement, les liaisons se font à l'aide une simple clé à molette. Il faut soigner particulièrement la fixation de l'appareil au mur, en prenant des chevilles adaptées à sa maçonnerie. N'oubliez pas qu'une fois rempli, il pèse autant de kilos qu'il contient de litres d'eau, majoré de son propre poids. Ainsi, un chauffe-eau de 300 litres pèse-t-il environ 350 kg.

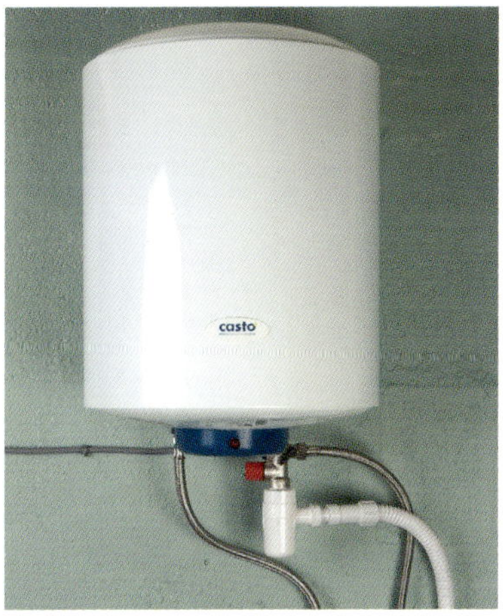

Les chauffe-eau électriques à accumulation se posent à la verticale ou à l'horizontale, au mur ou au sol.

Ils utilisent une résistance soit thermoplongée (directement en contact avec l'eau) soit stéatite (protégée de l'eau) ; celle-ci limite l'entartrage et se remplace sans vidange.

LES BONS OUTILS

Outils
- Niveau, crayon
- Perceuse à percussion
- Foret à béton de 12 mm
- Clé à molette
- Tournevis cruciforme
- Pince à dénuder
- Marteau d'électricien

Matériel
- Chevilles de 12 mm
- Tire-fond de 12 x 80 mm
- Teflon
- Câble multiconducteur 3 x 2,5 mm² cuivre rigide
- Attaches clouables

1

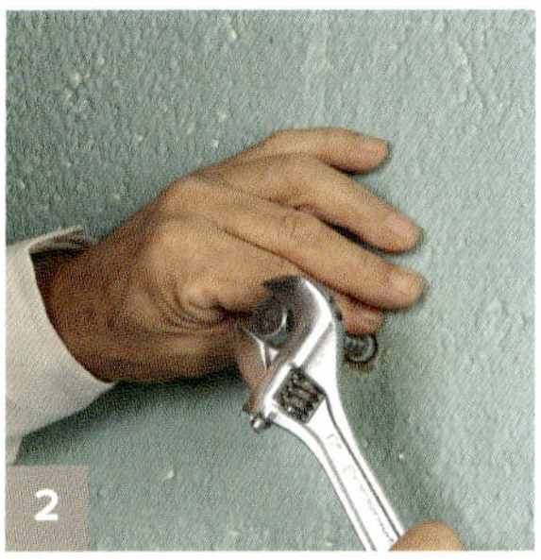
2

1. Le chauffe-eau doit être posé sur un mur porteur, sinon il doit être soutenu par un trépied. Tracez une ligne de niveau pour délimiter la position du chauffe-eau tout en veillant à garder l'espace suffisant tout autour pour sa manipulation.

2. Le chauffe-eau possède des pattes d'accrochage qui permettent sa suspension sur des tire-fond (gros boulons). Faites les trous à la perceuse à percussion. Logez dans les trous des chevilles adaptées à la nature du mur et vissez les tire-fond en laissant l'espace nécessaire à l'accrochage de l'appareil.

3

4

3. Accrochez l'appareil sur les tire-fond de soutien. Sauf pour les petits modèles (50 l), vous devrez vous faire aider pour une mise en place correcte et sans risque pour l'appareil.

4. Vissez un raccord isolant sur l'arrivée d'eau froide puis sur le groupe de sécurité. Raccordez la vidange du groupe de sécurité aux eaux usées.

5

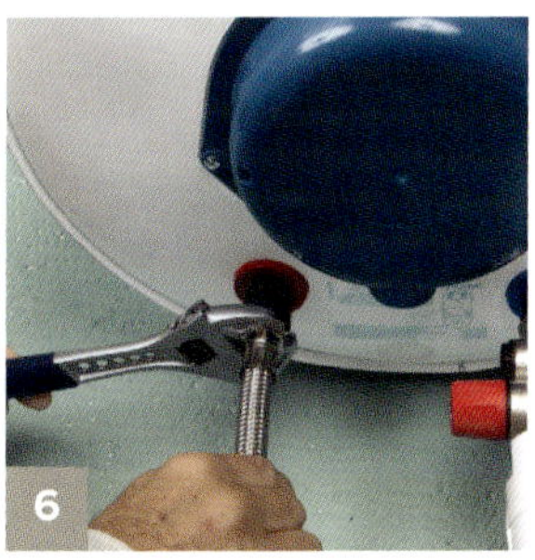
6

5. Reliez le groupe de sécurité à l'arrivée d'eau froide avec un flexible, lui-même raccordé à l'installation. N'oubliez pas le joint d'étanchéité entre le flexible et le groupe de sécurité, à réaliser avec du ruban Teflon.

6. Installez un raccord isolant sur la sortie d'eau chaude, puis vissez le flexible Inox de raccordement à l'installation. Remplissez la cuve en ouvrant les robinets d'eau chaude du réseau (pour faire appel d'air). Ouvrez la vanne d'entrée d'eau froide sur le groupe de sécurité et attendez que l'eau coule aux robinets d'eau chaude du réseau.

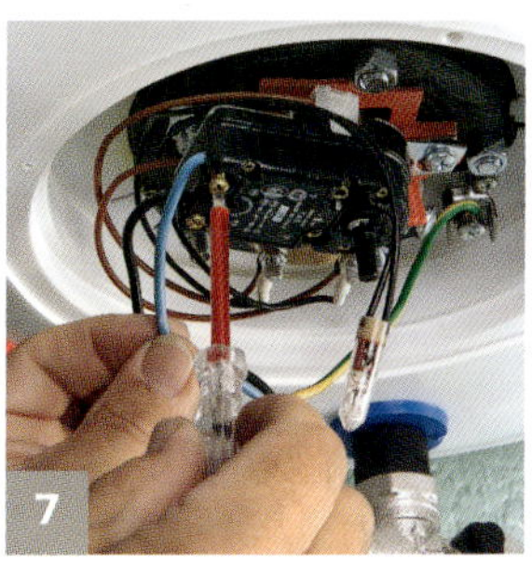
7

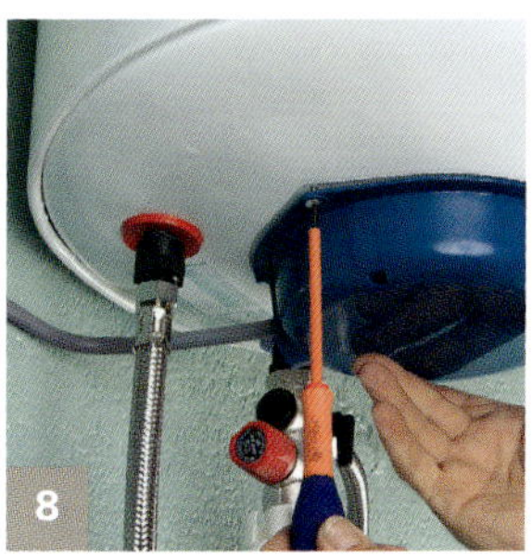
8

7. Amenez une ligne électrique constituée d'un câble multiconducteur cuivre rigide de 2,5 mm², fixée par des attaches clouables ou sous tube. Procédez aux raccordements du chauffe-eau, en suivant les indications fournies par le fabricant, puis remplissez l'appareil. Raccordez le circuit au tableau en veillant à la qualité de la terre, et en assurant son alimentation et sa protection par un disjoncteur différentiel 30 mA, couplé éventuellement avec une horloge jour/nuit (contacteur).

8. Fermez le capot avec ses vis de fixation. Enclenchez l'alimentation électrique. Manœuvrez la molette du groupe de sécurité chaque mois pour éviter qu'il ne s'entarte.

Poser un chauffe-eau thermodynamique

LES BONS OUTILS

Outils
- Mètre, niveau, marqueur
- Perceuse à percussion
- Foret à béton
- Clé à molette, coupe-tube
- Tournevis cruciforme
- Pince à dénuder
- Marteau

Matériel
- Chevilles
- Colliers à sangle
- Teflon
- Câble multiconducteur d'alimentation et d'ordres (fournis)

Cette nouvelle génération de chauffe-eau ne diffère des modèles à accumulation classiques que par le mode de chauffage de l'eau, qui se fait ici via une pompe à chaleur. Pour le reste, on trouve toujours une cuve isolée qui permet de maintenir l'eau à la température voulue en attente de son utilisation. La pose se fait au sol, sur des pieds réglables pour la mise à niveau.

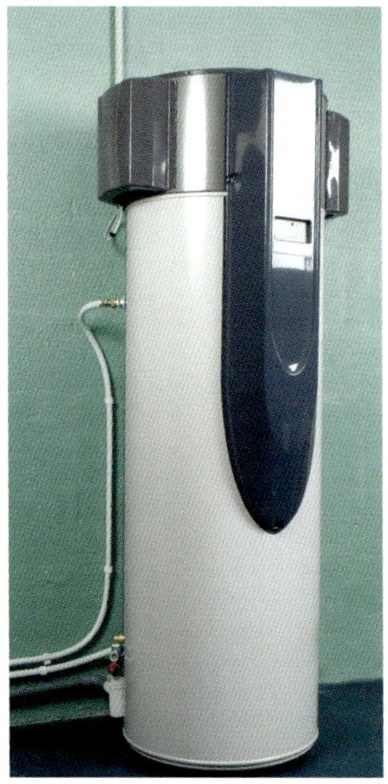

Ce chauffe-eau fonctionne à l'aide d'une pompe à chaleur qui puise les calories dans l'atmosphère environnante. Il les restitue en chauffant l'eau par un échangeur et il permet de faire jusqu'à 70 % d'économie sur les dépenses de chauffage d'eau sanitaire.

POMPE À CHALEUR

1. Un chauffe-eau thermodynamique lors de son transport ne peut en particulier être incliné que dans un seul sens. Certains fabricants prennent la précaution de doter l'emballage d'un voyant de contrôle qui passe au rouge si le chauffe-eau a été incliné durant son transport. Il faut alors refuser l'appareil.

2. Le chauffe-eau doit être installé de niveau, avec juste un degré d'inclinaison vers l'arrière pour faciliter l'évacuation des condensats. Le réglage se fait par des pieds à vérin, en tenant compte de cette contrainte.

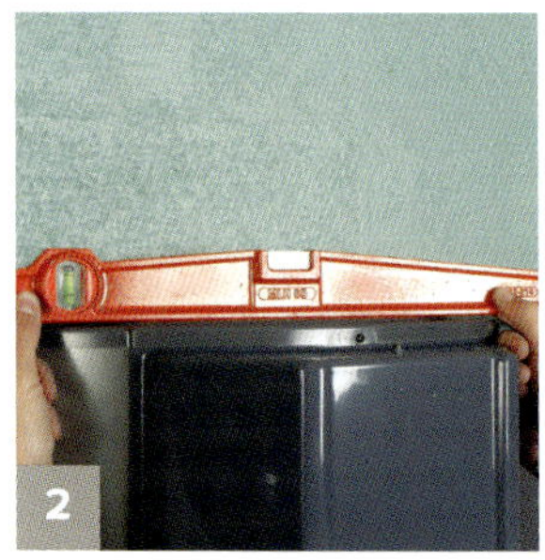

3. Montez le groupe de sécurité après avoir entouré le filetage de Teflon. Un coude en cuivre permet de positionner le groupe verticalement.

4. Vissez le support de cuve de trop-plein qui fera office de siphon à la base du groupe de sécurité. Emboîtez le tube de raccordement de la cuve de trop-plein à la canalisation d'évacuation en PVC gris. Encollez les raccords pour garantir l'étanchéité.

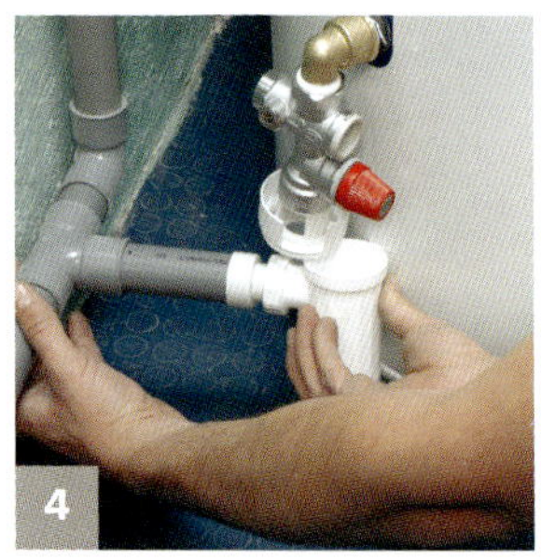

5. Raccordez la canalisation d'eau froide au groupe de sécurité. L'alimentation se fait ici avec du tube multicouche qui permet une pose apparente des canalisations ou bien sous doublage.

6. Raccordez la canalisation d'eau chaude au piquage (couleur rouge), situé sur le côté du chauffe-eau. Placez du Teflon sur le filetage pour une parfaite étanchéité. Vissez la bague de serrage à la clé sans forcer.

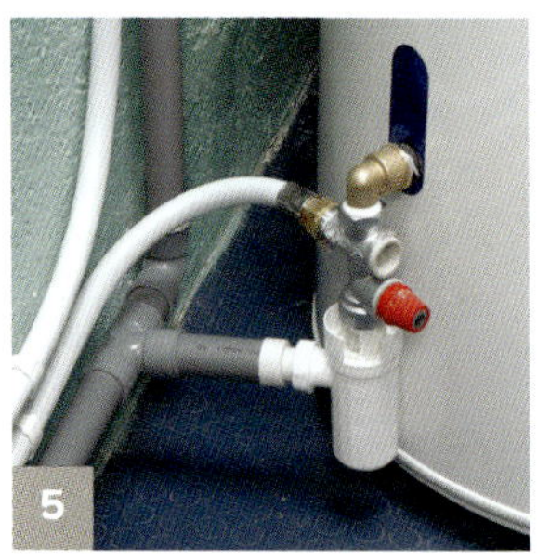

7. L'alimentation électrique du chauffe-eau se fait sous tubes PVC, fixés au mur par des colliers à sangle, chevillés.

8. Les deux câbles électriques issus du chauffe-eau sont introduits dans le tube PVC jusqu'à atteindre la boîte de dérivation qui permettra les branchements (voir le schéma fourni avec l'appareil).

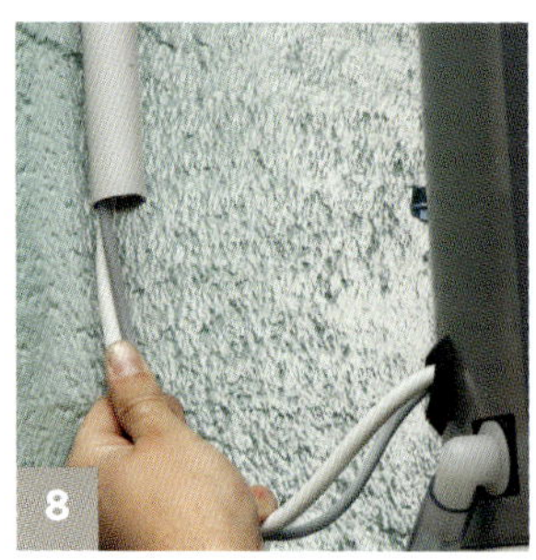

Poser un chauffe-eau solaire

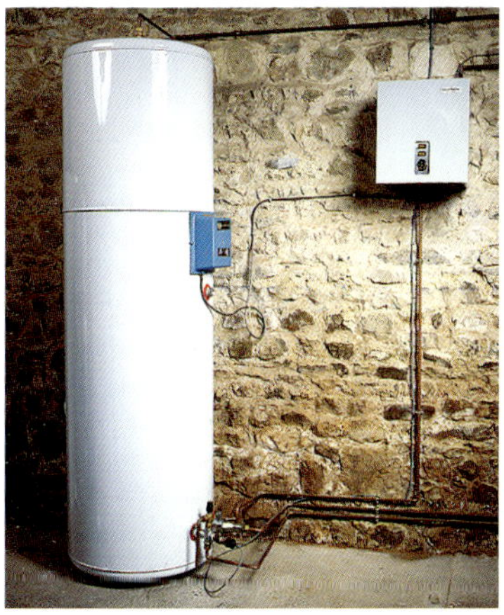

Un chauffe-eau solaire contient un échangeur permettant de chauffer l'eau sanitaire par l'énergie solaire. Une résistance électrique chauffe l'eau quand le solaire est insuffisant.

L'installation d'un chauffe-eau solaire fait appel à des compétences multiples, mais assez basiques : couverture, plomberie, électricité. Le ou les panneaux solaires thermiques peuvent être installés sur la couverture, adossés à un mur ou posés au sol. Dans tous les cas il faut qu'ils bénéficient d'un ensoleillement maximal. Ils devront donc être exposés au sud, sous un angle proche de 45°, sans obstacles (arbres, branches, poteaux, autre bâtiment) qui pourraient faire de l'ombre, notamment pendant les saisons où l'ensoleillement est moindre.

Intégration en toiture

Certains panneaux peuvent être intégrés en toiture en lieu et place des matériaux de couverture. Ils peuvent aussi remplacer des fenêtres de toit. C'est une condition pour bénéficier d'un maximum de crédit d'impôt.

LES BONS OUTILS

Outils

- Clé plate
- Clé à molette
- Tournevis, tournevis d'électricien
- Lampe à souder
- Raccords à souder, à visser ou à emboîter

Matériel

- Brasure (si raccords soudés)
- Teflon
- Vis, chevilles
- Câble multiconducteur

1. Installez le ou les panneaux solaires sur le toit, sur un mur ou encore au sol, tourné vers le sud sous un angle aussi proche que possible de 45°.

2. Réalisez la liaison (circuit primaire) entre le(s) capteur(s) et le chauffe-eau avec du tube de cuivre, puis raccordez celle-ci. Trois raccordements sont à faire : entrée et sortie du liquide caloporteur, entrée d'eau froide.

3. Comme pour tout chauffe-eau, celui-ci doit être équipé d'un groupe de sécurité.

4. Montez le robinet de purge du circuit primaire. Celui-ci est rempli d'eau additionnée d'antigel. Après une purge, vous devrez le remplir avec ce même mélange.

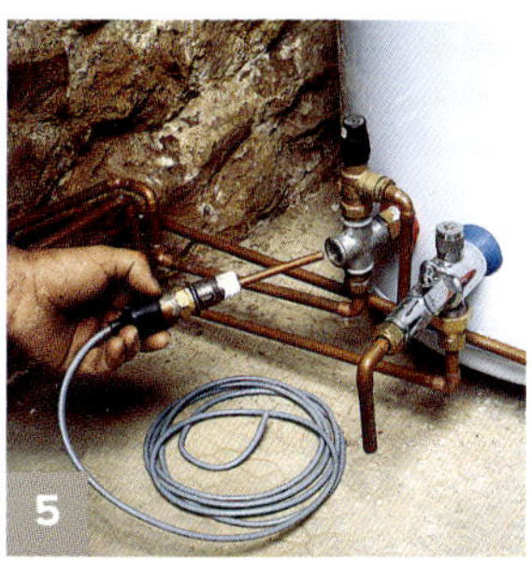

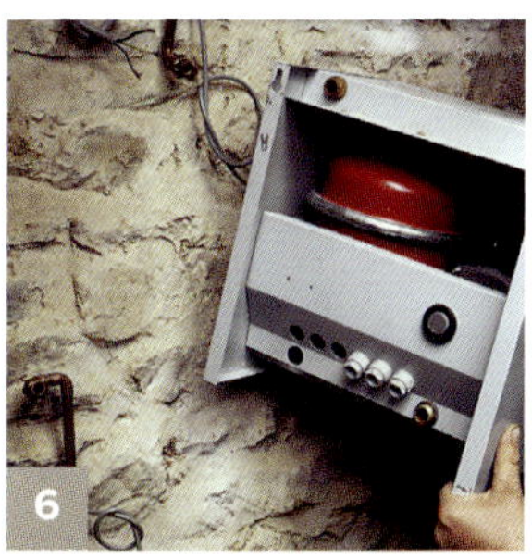

5. Placez la sonde sur l'orifice de sortie du liquide caloporteur. Elle est en relation avec le module qui gère, en particulier, la pompe de circulation du circuit primaire.

6. Mettez le module solaire en place. Il contient à la fois une pompe de circulation et un vase d'expansion. Il possède deux raccordements pour les sondes (une au niveau du capteur et une sur le chauffe-eau). Il contient un réglage de débit et de pression.

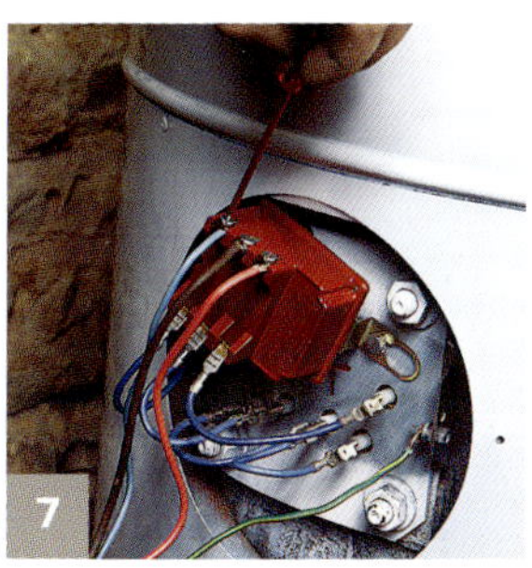

7. Procédez au raccordement électrique du chauffe-eau pour alimenter la résistance qui vient en relève quand la température du liquide caloporteur issu des capteurs est insuffisante.

8. Assurez l'étanchéité du raccord au niveau de la sortie d'eau chaude sanitaire du ballon avec du Teflon.

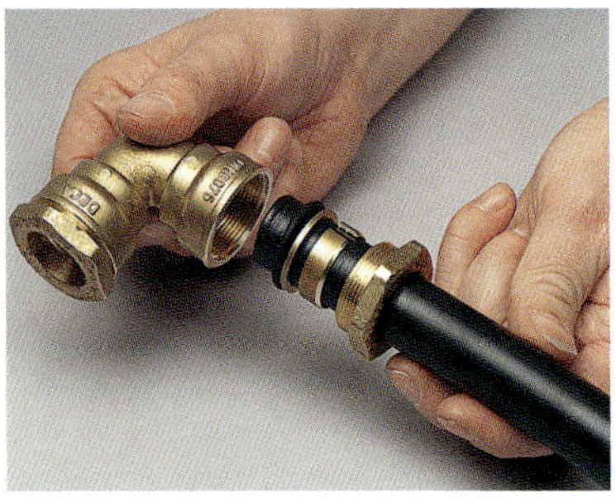

Raccord cuivre sur tube en polyéthylène.

Les canalisations et raccords d'une installation de plomberie doivent amener l'eau ou l'évacuer sans risques de fuites. Il faut donc que les raccords soient parfaitement étanches. On utilise pour cela différents matériaux et types de tubes et de raccords. Aujourd'hui, plus besoin de chalumeau ni de lampe à souder: pour vous faciliter la vie, il existe des raccords à coller, à visser ou tout simplement à emboîter.

Couronne de tube en PER sous gaine.

Matières et dimensions des tubes

L'alimentation en eau est le plus souvent assurée par des tubes en cuivre, mais le plastique est de plus en plus utilisé : PVC-C, PER, multicouche ne vont pas tarder à supplanter définitivement le métal comme ce fut le cas pour les évacuations, lorsque le PVC gris remplaça définitivement le plomb et l'acier.
Les diamètres des tubes d'alimentation en cuivre s'échelonnent de 10 mm (pour les W.-C.) à 16 mm (pour les baignoires), en passant par 12 mm (lavabos et bidets) et 14 mm (douches et éviers).

CUIVRE

Les tubes de cuivre sont disponibles sous forme de barres rigides pour les installations apparentes, ou en couronnes, en qualité recuite adaptée aux installations encastrées. Ils se relient avec des raccords à souder, à visser ou à emboîter (raccords automatiques).

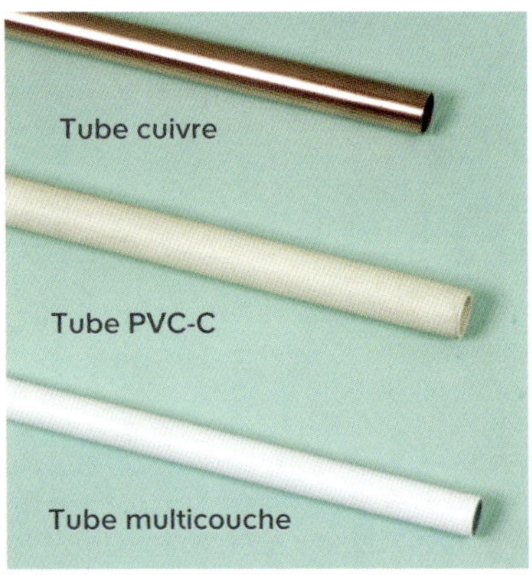

PLASTIQUE

• **Le "PVC-C" ou "PVC Pression"** permet de réaliser une installation complète (eau froide, eau chaude et même chauffage central) avec des raccords uniquement collés, au moyen d'une colle spécifique. Les diamètres à utiliser sont de 14 mm (W.-C., lavabo, évier), 16 mm (douche) et 20 mm (baignoire, chauffe-eau). Ce matériau offre en outre l'avantage d'être insensible au tartre. Le PVC gris, lui, est devenu le matériau de base des canalisations d'évacuation.

• **Le polyéthylène basse densité,** ou "bande bleue" est très utilisé entre le compteur et l'installation, ou encore pour l'arrosage enterré dans le jardin. Le polyéthylène noir convient pour les arrivées d'eau froide depuis le compteur jusqu'au robinet d'arrêt à l'entrée dans le logement.

• **Le PER** est aujourd'hui le moyen le plus employé pour réaliser les installations sanitaires et le chauffage central derrière les doublages en plaque de plâtre ou directement noyé dans les chapes (PER gainé). Il sert aussi pour les installations de chauffage basse température par le sol.

• **Le multicouche** associe un tube en aluminium, pris entre deux couches de PER blanc. Il est rigide mais se plie à la main et peut être installé en apparent ou derrière un doublage.

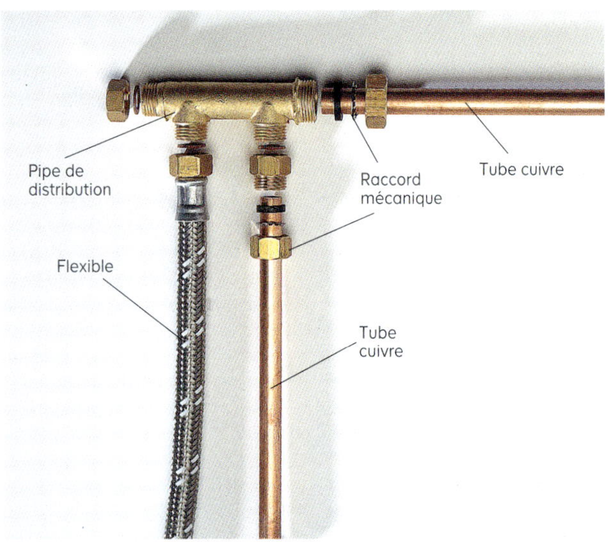

FLEXIBLES ET PIPES DE DISTRIBUTION

Les flexibles d'alimentation sont constitués d'un tube souple généralement en caoutchouc protégé par une tresse métallique en acier inoxydable. Des raccords mécaniques vissants de différentes natures (mâles, femelles, bicônes, etc.) sont sertis sur ces flexibles.
Ils résistent jusqu'à des pressions de 20 bars, pour des températures jusqu'à 100 °C. Lors de leur montage, évitez les courbes trop serrées, la torsion de la tresse pouvant provoquer l'écrasement du flexible.
Leur raccordement au réseau cuivre, PER ou PVC-C et la distribution peuvent être assurés par une pipe de distribution à 3, 4, 5 ou 6 départs.

Les raccords cuivre

Des raccords variés, adaptés à la nature des tuyaux et au type de liaison à assurer permettent de réaliser les installations. Certains raccords peuvent relier des tubes de natures et de diamètres différents. Les raccords mécaniques à visser ou ceux à emboîtement instantanés facilitent grandement les installations.

RACCORDS À SOUDER

La soudure (en fait la brasure) des raccords sur les tubes de cuivre garantit une liaison durablement étanche, à condition que la brasure soit parfaitement effectuée, ce qui effraie souvent les amateurs. Il existe des raccords "autobrasants", déjà garnis de la bonne quantité de brasure et qu'il suffit de chauffer.

Raccord en té à souder

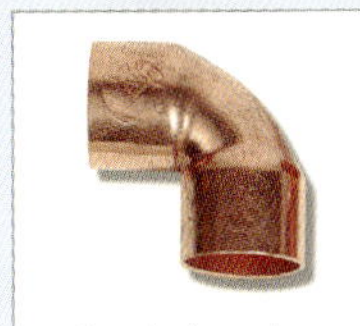
Coude à souder

RACCORDS À VISSER

Les raccords à visser comprennent un manchon doté d'un pas de vis extérieur et deux écrous percés. On trouve aujourd'hui des raccords à visser en cuivre pour tubes PER.

À olive

À joint mixte

Raccord PER en té

RACCORDS À EMBOÎTER

Appelés également raccords automatiques, ils ont été développés pour pouvoir effectuer le raccordement des tuyauteries sans utiliser de flamme. Ils ont plu rapidement aux plombiers amateurs, attirés par la simplicité de leur mise en œuvre. Les professionnels les utilisent car ils permettent un gain de temps appréciable.

Raccord droit

Coude

Raccord en té

Assembler des tubes cuivre

Différentes méthodes permettent d'assembler des tubes cuivre par brasure (appelée "soudure") ou avec les raccords en cuivre décrits ci-dessus. Nous regroupons ici les techniques et différents procédés qui permettent de réaliser ce type d'installation.

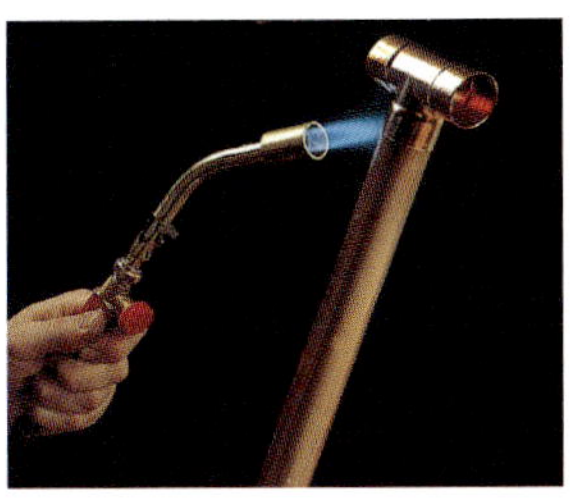

SOUDER

La soudure est la méthode la plus classique pour réunir deux tubes de cuivre, assemblés par emboîtement ou à l'aide de raccords. Dégraissez le métal (avec du "flux"), assemblez les éléments et chauffez les jusqu'à ce que le métal devienne rouge cerise. Écartez la flamme et approchez le fil de brasure de la jointure entre les éléments : le métal "file" immédiatement entre eux et les "soude" instantanément.

VISSER

Le montage des raccords à visser est très simple. Engagez les écrous sur chaque extrémité de tube. Engagez ensuite l'olive qui sertit le tube quand on visse les écrous. L'étanchéité est assurée ici par du ruban de Teflon. Le serrage des écrous sur le corps central d'un raccord à visser doit se faire proprement, avec une ou deux clés plates ou une clé plate et une clé à molette. N'utilisez pas de pinces multiprises : elles abîment les écrous.

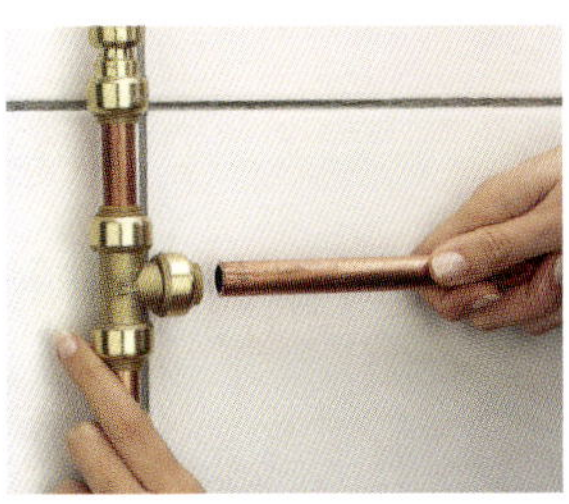

EMBOÎTER

Les raccords à emboîter se posent sans outil, par simple emboîtement et rotation du tube d'un quart de tour dans le raccord. Une pince spéciale permet ensuite de démonter les assemblages si nécessaire. C'est rapide et particulièrement efficace.

LES BONS OUTILS

OUTILS ET MATÉRIEL

- Scie à métaux ou scie à dos
- Boîte à coupe ou coupe-tube
- Outil à ébavurer ou lime plate et queue-de-rat
- Crayon
- Colle PVC

Assembler des tubes PVC-C

Vous trouverez des tubes en PVC-C dans tous les diamètres permettant de réaliser une installation complète. Il existe des raccords comparables à ceux que l'on utilise en plomberie "cuivre". Les liaisons se font par collage, qui entraîne en fait une véritable soudure par fusion de la matière plastique.

1. Déterminez les coupes à réaliser et sciez les tubes avec une scie à denture fine : scie à dos ou scie à métaux. Utilisez une boîte à coupe pour obtenir des sectionnements parfaitement perpendiculaires à l'axe du tube. Vous pouvez aussi utiliser un coupe-tube de plombier.

2. Supprimez les bavures externe et interne du tube à l'aide de l'outil à ébavurer ou avec une lime plate et une lime queue-de-rat (de section ronde) pour l'intérieur du tube.

3. Procédez aux assemblages "à blanc" et tracez sur le tube, au crayon, le niveau de l'emmanchement pour évaluer la partie qui devra être encollée.

4. Appliquez une mince couche de colle sur la partie du tube à emboîter dans le raccord. Emboîtez les éléments. Essuyez les bavures de colle et procédez au raccordement.

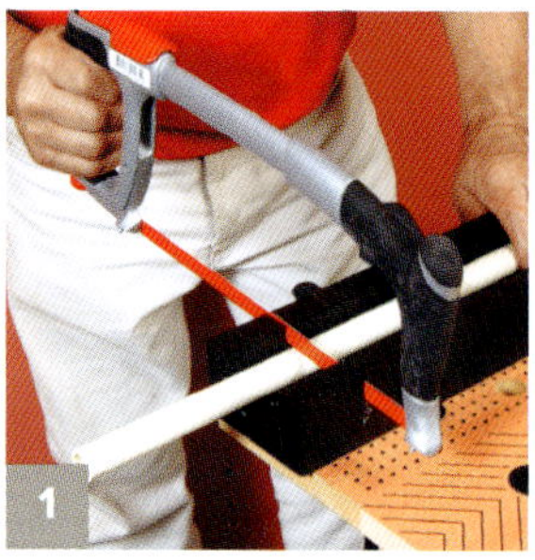

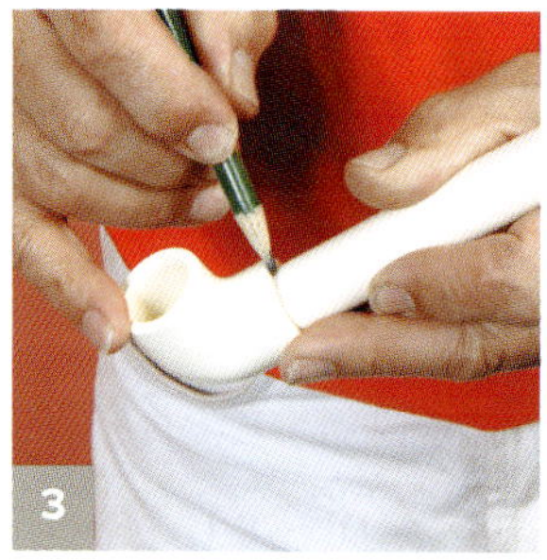

Assembler des tubes en multicouche

LES BONS OUTILS

OUTILS

- Crayon
- Mètre
- Coupe-tube
- Clé spéciale pour l'ébarbage des tubes

Le tube "multicouche" permet de réaliser facilement, avec un minimum d'outils, des installations pour le raccordement d'appareils sanitaires et de chauffage.

Divers raccords lui sont adaptables, automatiques ou à compression et permettent de l'assembler à des canalisations en cuivre. Vous réaliserez des installations aussi bien apparentes que derrière un doublage.

ASSOCIATION DU PLASTIQUE ET DU MÉTAL

Le tube multicouche est constitué d'un tube en aluminium de faible épaisseur, gainé entre deux couches de PER blanc. Le tube obtenu est tout à la fois rigide et suffisamment malléable pour pouvoir être cintré à la main.

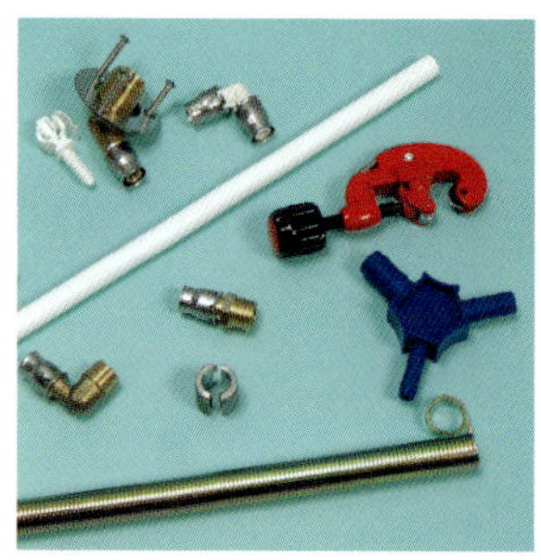

1. Le tube multicouche se coupe sans difficulté avec un coupe-tube classique à molette.

2. Un accessoire en forme de clé multiple permet de réaliser le chanfrein intérieur. Celui-ci est nécessaire à la bonne jonction du tube dans le fond du raccord. Les trois branches correspondent aux trois diamètres intérieurs des dimensions disponibles (16, 20 et 26 mm) dans ce matériau.

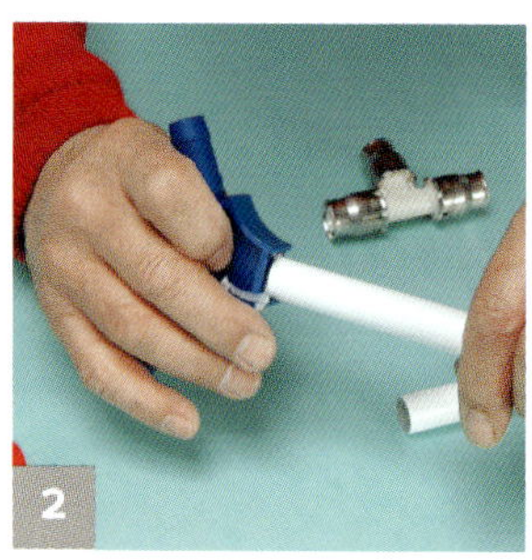

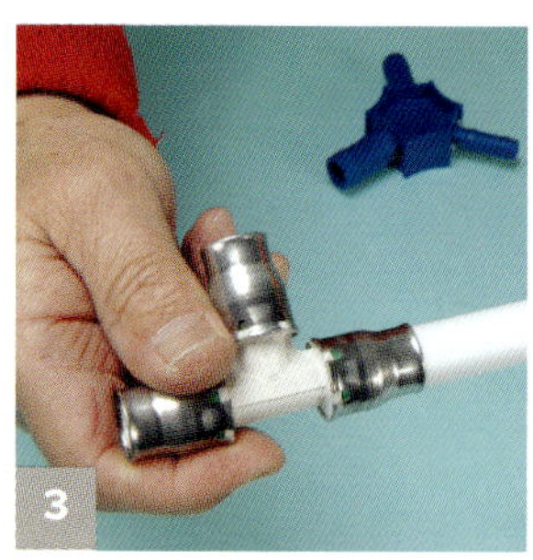

3. Présentez d'une main l'extrémité apprêtée du tube à l'entrée du raccord et poussez fortement vers l'intérieur en maintenant le raccord de l'autre main. Quand le tube est correctement engagé dans son raccord l'opercule verte est visible dans les trous de contrôle situés tout autour de la base du raccord.

Assembler les tubes en PER

Le PER est idéal pour les installations sous doublage de plaque de plâtre ou encastrées. Il ne peut cependant pas être installé en apparent. Une installation en PER se fait avec un minimum d'outillage. Seule la clé à sertir est spécifique. La coupe de la gaine comme du tube lui-même se fait simplement avec un cutter.

LES BONS OUTILS

Outils
- Cutter
- Clé à sertir
- Clé à molette

1

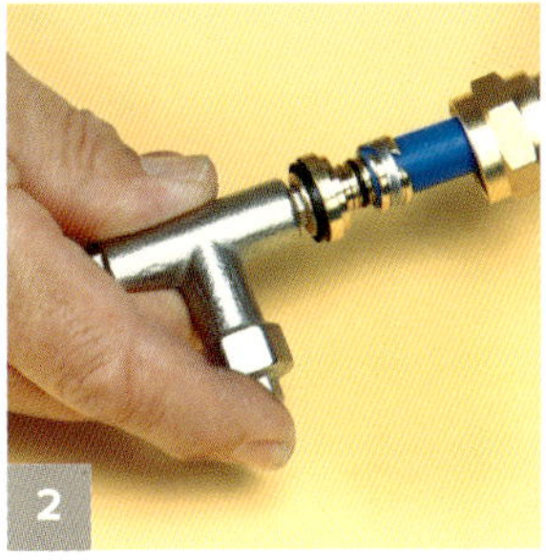

2

1. Enfilez le raccord femelle (en forme d'écrou percé) sur le tube, puis la bague de compression (anneau cranté).

2. Vissez le corps du raccord dans le tube, d'abord à la main, puis avec la clé à sertir. La bague de compression doit être placée au ras de l'extrémité du tube. Serrez bien à fond pour garantir l'étanchéité.

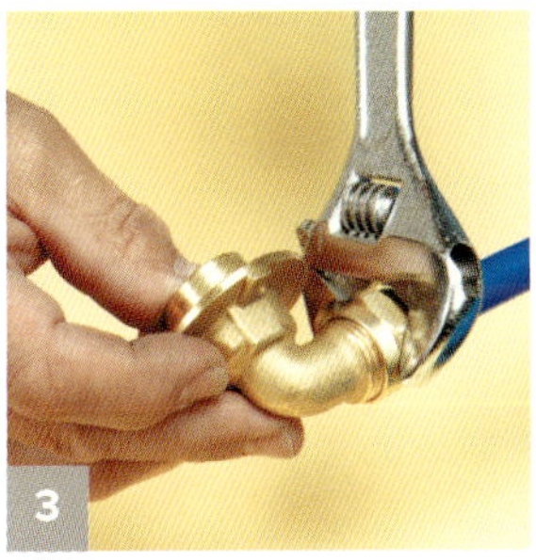

3

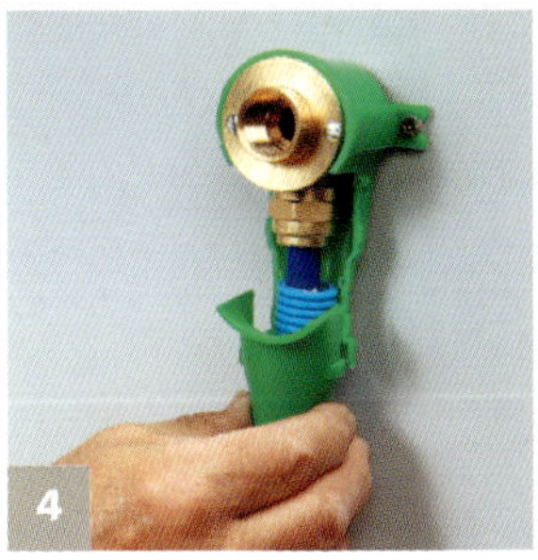

4

3. Le serrage sur les appareils ou les raccords se fait à la clé à molette. Ce serrage participe également au sertissage de la bague.

4. Différents accessoires permettent un raccordement aux appareils. Ici une potence pour une liaison avec une robinetterie en applique de salle de bains. La coque protège le raccord en cas de scellement.

Alimenter des appareils avec des flexibles d'alimentation

Ces raccords flexibles simplifient énormément la pose des appareils sanitaires.

LES BONS OUTILS

Outils
- Clé à molette
- Clé plate

Matériel
- Teflon
- Flexible d'alimentation acier

1

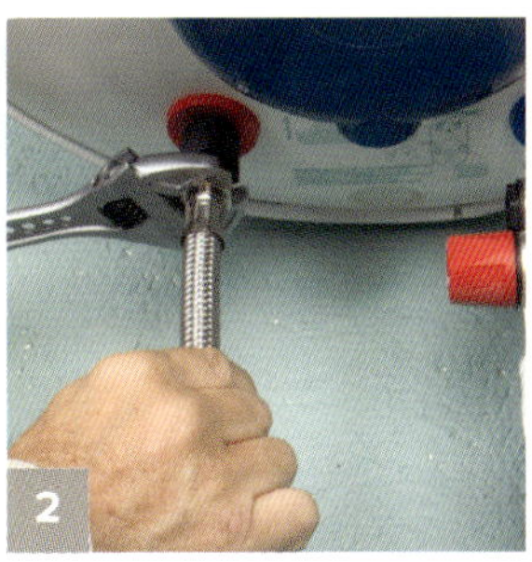

2

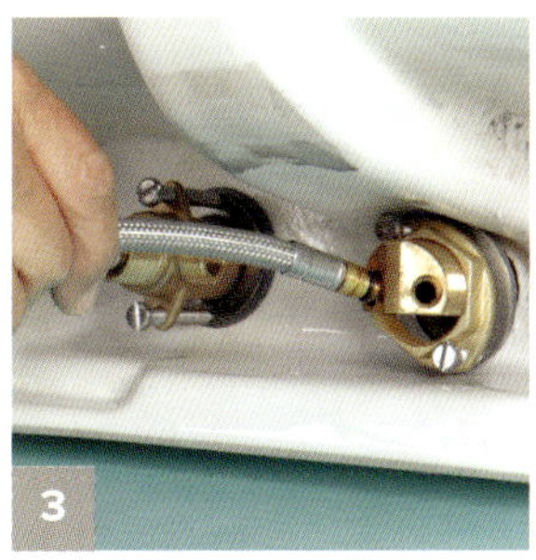

3

LA SOLUTION IDÉALE POUR LE RACCORDEMENT DES APPAREILS

1. Le raccordement du flexible et de la canalisation en cuivre se fait simplement par un raccord vissant. Serrez correctement avec une clé à molette et une clé plate de taille adaptée. Du ruban de Teflon garantira l'étanchéité.

2. Du côté de l'appareil (ici un chauffe-eau), le raccordement se fait avec une clé à molette ou une clé plate. Il suffit de tenir le flexible d'alimentation pendant qu'on serre.

3. Certains flexibles possèdent un raccord fileté mâle serti pour permettre un raccordement avec les appareils sanitaires. Le serrage se fait simplement à la main, l'étanchéité étant garanti par un joint torique.

Systèmes d'évacuation des sanitaires

Faciles à couper, simples à assembler par collage ou simple emboîtement, les tubes PVC permettent de réaliser des évacuations sans outillage important.

TUBES D'ÉVACUATION
Adaptés à toutes les situations

Le diamètre des tuyauteries d'évacuation des eaux usées est nettement supérieur à celui des réseaux d'eau froide et chaude. Leur diamètre est de :
- 32 mm pour un lavabo et un bidet ;
- 40 mm pour l'évacuation des baignoires, douches et éviers ;
- 50 à 80 mm pour la chute des eaux usées ;
- 90 à 100 mm pour les eaux-vannes (évacuation des W.-C.).

La pente de ces canalisations ne doit pas être inférieure à 2 cm/m.

SIPHONS DE DOUCHE ET DE BAIGNOIRE

Bonde "grand débit" pour receveur de douche

Siphon de baignoire avec prise de trop-plein

SIPHONS D'ÉVIER ET DE LAVABO

Siphon de lavabo à culot démontable

Siphon métallique en applique

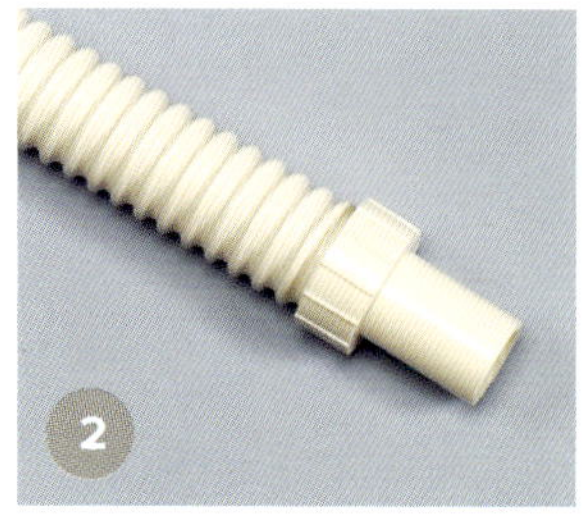

Gris ou blanc ?
Les tubes PVC destinés à une installation fixe (1) sont de couleur grise. Les tubes se coupent avec une scie à denture fine ou un coupe-tube et s'assemblent par emboîtement et collage.
Le blanc est réservé aux canalisations extensibles (2), très utilisées pour le raccordement des appareils, notamment dans la salle de bains.

APPAREILS DE VIDAGE
Pour éviter les bouchons

Un dispositif fixé sur l'appareil sanitaire (lavabo, évier, etc.) permet l'évacuation de l'eau par l'intermédiaire d'une bonde et d'un siphon vers les canalisations d'évacuation des eaux usées et vers les égouts.

La bonde et le siphon
La bonde est un dispositif fixé sur l'appareil sanitaire permettant l'évacuation de l'eau de la cuve vers le siphon. Placé sous la bonde, le siphon assure le raccordement à la canalisation. Il empêche la remontée des mauvaises odeurs en provenance des égouts, sans gêner l'évacuation de l'eau grâce à une "garde d'eau", réserve d'eau usée contenue dans un coude et qui forme un "bouchon liquide" entre la bonde de l'appareil et la canalisation d'évacuation. Une garde d'eau de 50 mm minimum permet d'éviter le désamorçage quand la canalisation d'évacuation se trouve momentanément placée en dépression, sous l'effet de la chute d'un volume important vidangé d'un autre appareil.

Différents types de siphons
Le siphon le plus courant est le siphon "bouteille" qui comporte une partie démontable (le culot) qui permet l'extraction d'éventuels bouchons sans avoir à démonter toute l'installation.
Certains siphons sont équipés d'une prise machine à laver qui permet de raccorder le tuyau de vidage de cet appareil directement sur le siphon du lavabo ou de l'évier. Cependant, il est plus efficace d'utiliser un siphon de machine à laver spécifique : la "canne-siphon".

Les appareils sanitaires que l'on peut obturer (baignoire, lavabo, évier) sont équipés d'un trop-plein afin d'éviter tout risque de débordement.
Dans le cas d'un évier à deux bacs, les deux bondes sont reliées entre elles par une tubulure, elle-même reliée au siphon.
Dans le cas des receveurs de douche ou pour l'évacuation des eaux d'une terrasse, le siphon est intégré dans la bonde.

LA BONNE **ASTUCE**

RACCORD EXTENSIBLE
Ce raccord extensible peut être utilisé comme siphon grâce au crochet de maintien fourni avec l'appareil.

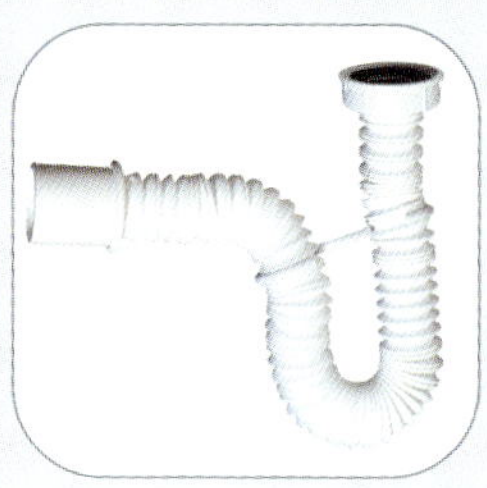

Assembler des canalisations PVC

L'assemblage des canalisations et accessoires en PVC gris se fait toujours par collage avec une colle spécifique. Elle entraîne une sorte de fusion du plastique qui rend les éléments indémontables et garantit en même temps l'étanchéité. Certains éléments s'assemblent cependant avec joint de compression et raccords vissants.

1

2

1. Prenez les mesures avec un mètre et reportez-les sur le PVC avec un crayon gras ou avec un stylo-feutre.

2. La coupe se fait avec un coupe-tube de plombier ou avec une scie à denture fine.

LES BONS OUTILS

OUTILS
- Crayon gras ou stylo-feutre
- Mètre
- Coupe-tube ou scie à denture fine
- Pinceau

MATÉRIEL
- Colle PVC
- Raccord vissant et bague de compression

3

4

3. Appliquez la colle spéciale PVC au pinceau.

4. L'assemblage avec certains éléments, comme le siphon, doit rester démontable. Enfilez le raccord femelle (en forme d'écrou percé) sur tube, puis la bague de compression (anneau transparent).

5

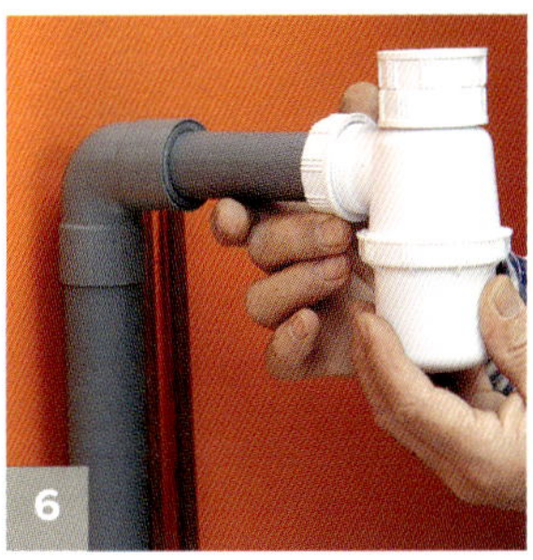

6

5. Engagez le raccord coudé dans la descente verticale (après encollage) en veillant à maintenir le raccord femelle et la bague de compression en place.

6. Il ne reste plus qu'à approcher le siphon et à l'assembler en serrant le raccord femelle sur son filetage mâle.

Canalisations extensibles

1

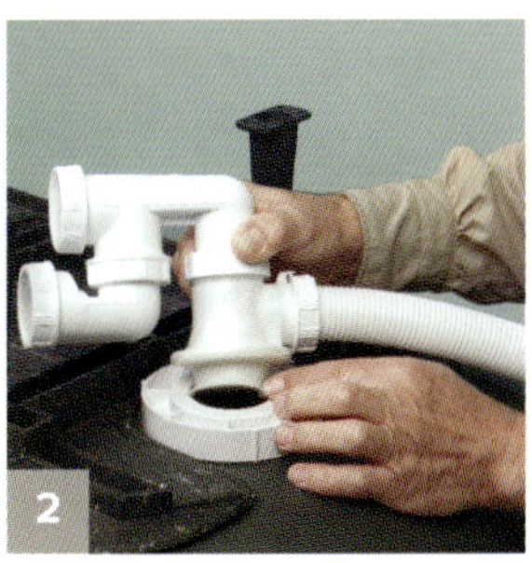

2

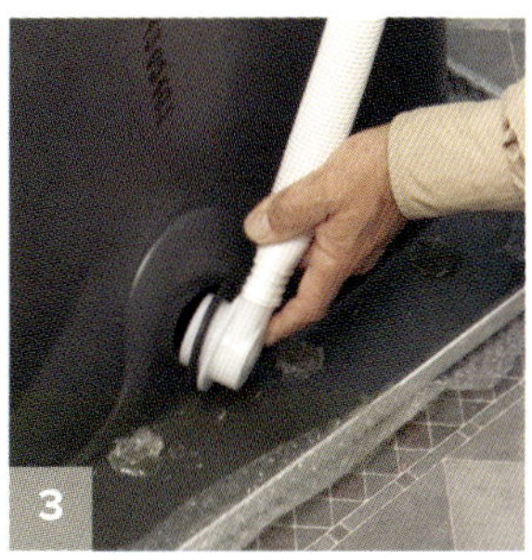

3

1. Les canalisations extensibles en PVC blanc sont notamment utilisées pour le raccordement d'évacuation d'appareils comme le chauffe-eau. Un simple emboîtement est possible ainsi qu'un collage, mais celui-ci rend l'assemblage indémontable.

2. La liaison entre une canalisation en PVC et un appareil (ici un siphon) peut également se faire par l'intermédiaire d'un raccord vissant femelle. Le système est ainsi facilement démontable.

3. La liaison de trop-plein d'une baignoire gagnera à être réalisée avec une canalisation en PVC extensible. Ce système facilitera l'installation.

LA BONNE INFO

DURETÉ DE L'EAU

Vous pouvez facilement apprécier la dureté (teneur en calcaire) de votre eau, à l'aide d'une simple trousse d'analyse. La dureté de l'eau s'exprime en degrés "français" ou en TH (titre hydrotimétrique).

- moins de 15° faible
- de 15 à 25° normale
- de 25 à 35° forte
- plus de 35° très forte

La qualité de l'eau varie beaucoup d'une région à l'autre, d'une ville à l'autre. Plusieurs problèmes distincts se présentent: sa teneur en calcaire; son goût lié principalement au traitement pour la rendre potable; la présence d'impuretés, voire de métaux lourds. Différentes solutions existent pour remédier à tout cela.

Adoucir l'eau

ENLEVER LE CALCAIRE DE L'EAU

Si le calcaire n'a jamais nui à la santé, il peut en revanche abîmer très sérieusement un certain nombre d'appareils et d'équipements tels que machines à laver, chauffe-eau, et même canalisations. Le calcaire s'y dépose, pouvant aller jusqu'à entraver leur fonctionnement ou l'écoulement de l'eau dans les canalisations. La solution la plus classique consiste à éliminer le calcaire de l'eau au moyen d'une résine spéciale. C'est le principe des adoucisseurs et des filtres à résine.

LAISSER LE CALCAIRE EN SUSPENSION

C'est l'autre système utilisé pour adoucir l'eau: il consiste à empêcher le calcaire de se déposer sous forme solide sur les appareils, résistance ou intérieur des canalisations. Certains appareils traitent globalement l'eau de l'installation, d'autres agissent ponctuellement. On trouve des filtres spécifiques à charbon actif qui améliorent le goût de l'eau et assurent sa filtration.

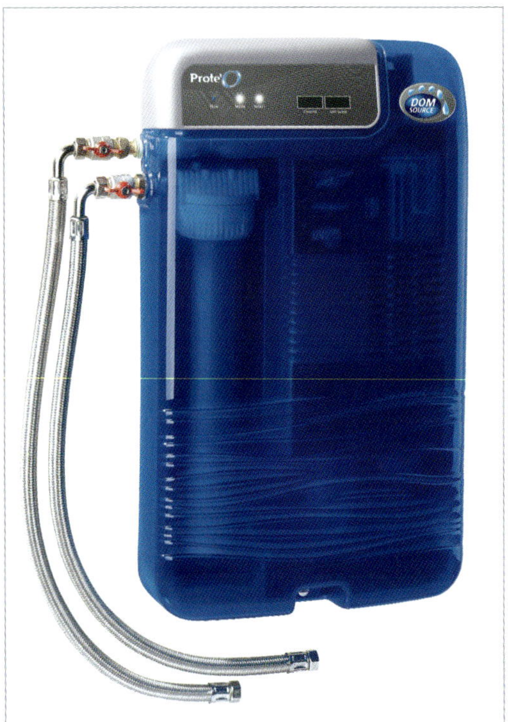

Ces centrales constituent une nouvelle technologie dans le traitement de l'eau. Elles s'installent facilement sur l'arrivée d'eau générale. Le procédé à aimants ou à électrodes crée un champ magnétique qui modifie la cristallisation du tartre et l'empêche d'adhérer aux canalisations.

Améliorer le goût de l'eau

Le mauvais goût de l'eau est généralement causé par les traitements – notamment à base de chlore – infligés à l'eau du robinet pour la rendre potable. Différents équipements permettent d'améliorer la situation, de la simple carafe filtrante à des équipements très sophistiqués tels que les dispositifs à osmose inversée. Les filtres à charbon actif sont très utilisés, notamment pour lutter contre le goût de chlore.

Améliorer la qualité de l'eau

L'eau du robinet est saine, mais elle contient néanmoins certaines impuretés, ainsi que des traces de métaux lourds. Si l'on souhaite une eau parfaitement pure, il faut installer des filtres à cartouche(s) qui éliminent les impuretés très fines (jusqu'à 5 microns) et retiennent les métaux lourds. Ces filtres réduisent aussi souvent la teneur en pesticides et en herbicides.

Lutter contre le calcaire

Les adoucisseurs à résine restent le moyen le plus sûr et le seul homologué pour éliminer le calcaire de l'eau. Attention cependant : une eau trop douce n'est pas idéale pour la santé et elle peut abraser des métaux nocifs comme le plomb (quand l'installation en contient encore). Elle peut aussi fragiliser les soudures, entraînant des micro-fuites qui favorisent le développement des bactéries.

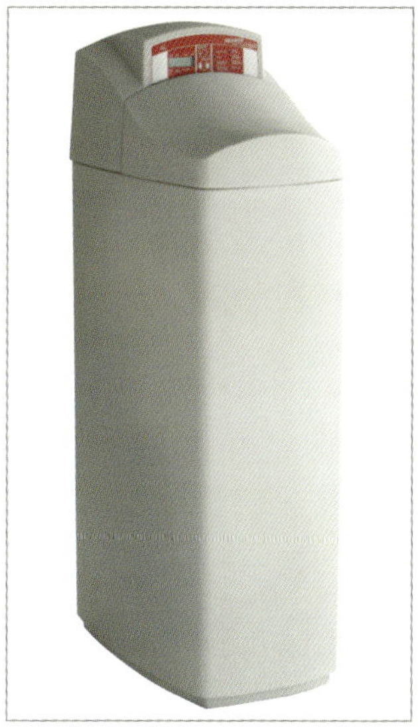

Les adoucisseurs à résine

C'est le procédé le plus efficace et le plus utilisé. L'eau passe sur un lit de résine alimentaire qui capte le calcaire. Ainsi, elle est adoucie, débarrassée du calcaire en trop. Lorsque la résine ne capte plus le calcaire, il faut la régénérer. C'est le rôle du sel transformé en saumure, injecté par la vanne automatique.

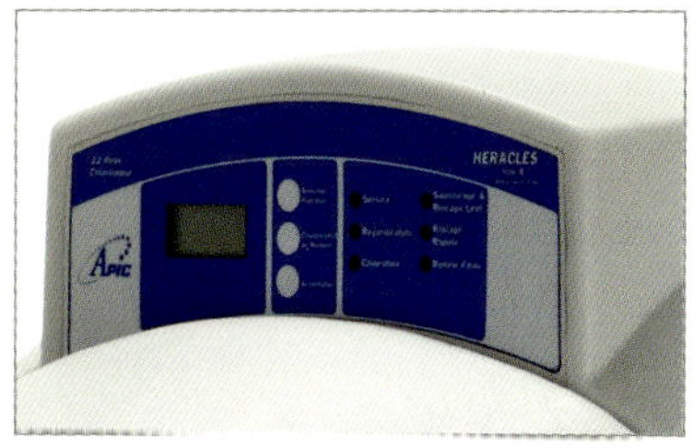

TABLEAU DE COMMANDE

Les adoucisseurs actuels bénéficient d'un tableau de commande sophistiqué intégrant notamment un détecteur de saturation.

Filtrer l'eau pour l'améliorer

Traiter l'eau permet d'améliorer le goût de l'eau de boisson. Pour éliminer les impuretés, les odeurs de chlore et réduire pesticides, plomb, mercure et bactéries, il existe différentes solutions.

LES PURIFICATEURS SOUS ÉVIER

Discrets et efficaces

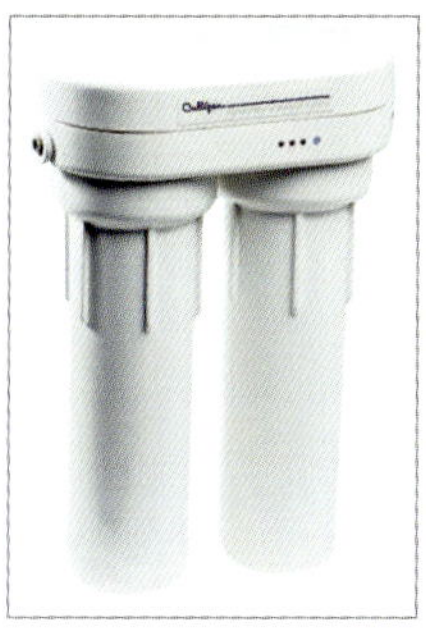

Ils s'installent sur l'arrivée d'eau froide de votre évier. Ils filtrent les impuretés supérieures à 5 microns.

LES FILTRES À CHARBON ACTIF

Compléments du robinet

Ils peuvent s'adapter à tous les mitigeurs et robinets.

LES CARAFES

Simples et économiques

Elles retiennent le chlore et les métaux lourds.

LES KITS DE TRAITEMENT LOCAUX ET GLOBAUX : LES FILTRES À CARTOUCHE

En se dissolvant dans l'eau, les cristaux de polyphosphate empêchent le calcaire de se transformer en tartre dans vos appareils et canalisations.

Pour le lave-linge

Il se visse facilement sur le robinet d'arrêt de l'appareil. Il permet d'importantes économies par rapport à l'utilisation d'un antitartre habituel.

Pour le chauffe-eau

Ce minifiltre protège le chauffe-eau et s'installe sur l'alimentation.

Pour toute l'installation

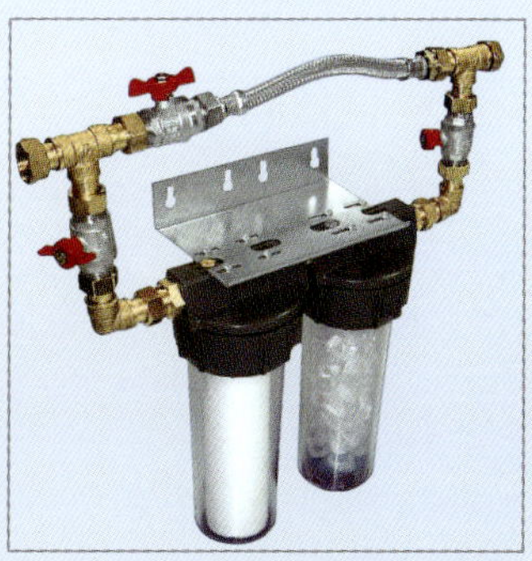

Ce kit anticalcaire protège l'ensemble des installations et se monte après le compteur d'eau.

LES FONTAINES

Sur le plan de travail

Cette fontaine s'installe sur le plan de travail, à côté du robinet principal. Elle est proposée avec un robinet autoperceur et une cartouche filtrante traitant jusqu'à 5 000 litres d'eau.

LA BONNE INFO

Mini-robinets d'arrêt
Le robinet d'arrêt permet d'isoler l'alimentation en cas de fuite ou quand il faut déplacer la machine. Il en existe de petite taille, dans les endroits exigus.

Vous venez d'acheter un lave-linge ou un lave-vaisselle ? Il faut maintenant penser à son alimentation en eau et à son évacuation de vidage. Dans la mesure du possible, installez-le près de canalisations existantes. Le robinet autoperceur est idéal pour l'alimenter. Il vous faut aussi une prise 20A.

Alimentation et évacuation

La grande majorité des machines à laver est alimentée en eau froide (quelques-unes, maintenant, en eau chaude). Il leur faut aussi une évacuation de vidage et une alimentation électrique. Quand l'eau est dure (plus de 25 °TH), il est fortement recommandé de l'adoucir, pour ne pas user prématurément la résistance qui chauffe l'eau.

Raccordement

L'alimentation de la machine se fait en principe par la même canalisation que celle qui alimente le robinet de l'évier, soit par une dérivation, soit par un robinet autoperceur.

LA SECURITE

Sécurité électrique
Si vous placez la machine à laver dans la salle de bains, n'oubliez pas qu'elle doit obligatoirement être située dans le volume 3 (à 60 cm de la baignoire ou de la douche), et que son alimentation électrique doit s'effectuer par un circuit avec prise de terre, protégé par un disjoncteur différentiel 30 mA.

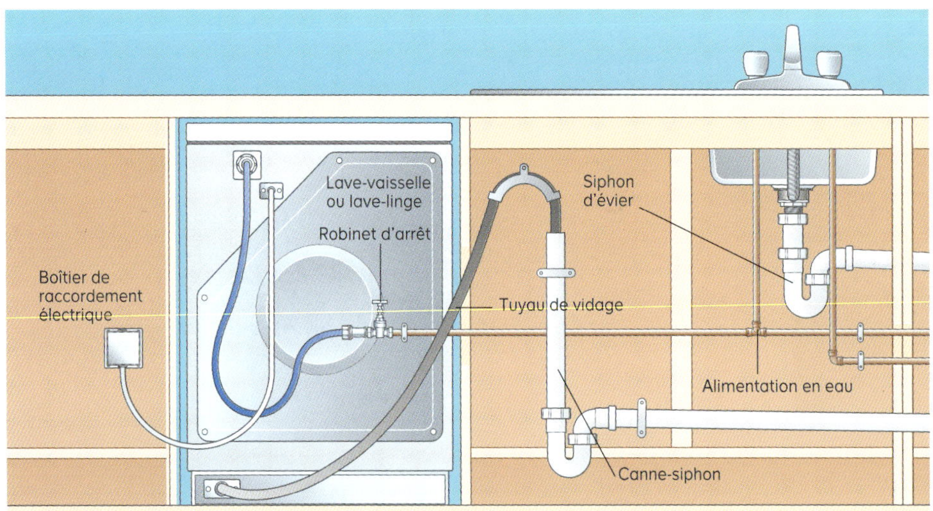

RACCORDEMENT D'UNE MACHINE À LAVER
La place des canalisations d'eau et d'évacuation conditionne souvent celle de la machine à laver. La prise électrique doit être située aussi loin que possible des tuyauteries d'eau.

Une installation de qualité

On fait souvent tourner les machines à laver (le linge ou la vaisselle) quand on n'est plus à la maison ou la nuit. Leur installation doit donc être particulièrement soignée.

Si la machine est alimentée directement (et non par un robinet autoperceur), placez un robinet d'arrêt sur la canalisation, en amont du raccordement, pour permettre de suspendre rapidement son alimentation. N'oubliez pas de manœuvrer ce robinet de temps à autre pour qu'il ne se grippe pas.

Au niveau de l'évacuation, placez un siphon au point le plus bas de la canne de vidage. Facile à démonter, il vous permettra de récupérer les petits objets ayant échappé au filtre de sortie. Mais surtout, il évitera la remontée des mauvaises odeurs.

Le vidage

Soignez le raccordement du flexible de vidage de la machine. Ce tube en caoutchouc souple est à l'origine de la plupart des "inondations" imputables aux machines à laver.

Quand la pompe de vidage se met en marche, il subit en effet une pulsion brutale, qui peut finir par le déconnecter de la canne ou du siphon sous évier. Pour éviter cela, il ne doit pas être trop tendu. Retenez-le par un collier fixé au mur, près de son raccord avec la canalisation PVC d'évacuation.

Le débordement, suite à un bouchon, est évidemment l'autre grande cause d'inondation. Notez qu'il existe aujourd'hui des alarmes autonomes anti-débordement.

Robinets et raccords autoperceurs

Le robinet autoperceur permet de raccorder facilement la machine à laver. Il fera par ailleurs fonction de robinet d'arrêt. Avant de réaliser ce "piquage" il vaut mieux fermer la vanne d'arrêt générale ou le robinet d'arrêt commandant l'alimentation de la canalisation concernée. Il existe également des brides autoperceuses pour raccorder le tube de vidage sur une canalisation d'évacuation en PVC.

PRISE D'EAU CLASSIQUE

Ce type de robinet d'arrêt en applique (sur potence) est à la fois sûr et commode. L'étanchéité est assurée ici d'un côté par un raccord à olive, de l'autre par un raccord vissant doté d'un joint en caoutchouc.

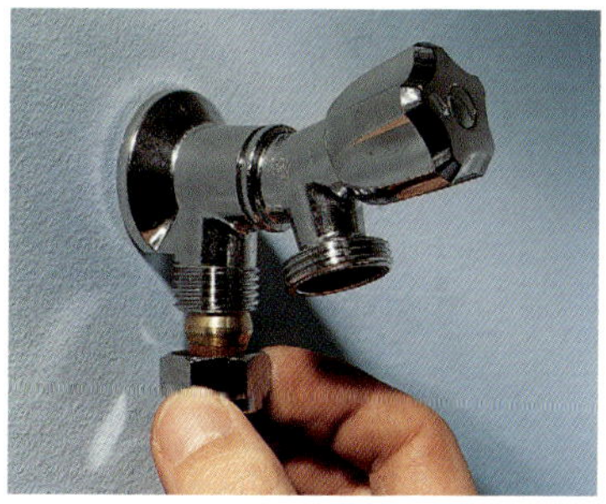

LES BONS OUTILS

OUTILS

- Tournevis
- Clé plate ou à molette

MATÉRIEL

- Laine d'acier
- Robinet autoperceur
- Joints, bride et collier

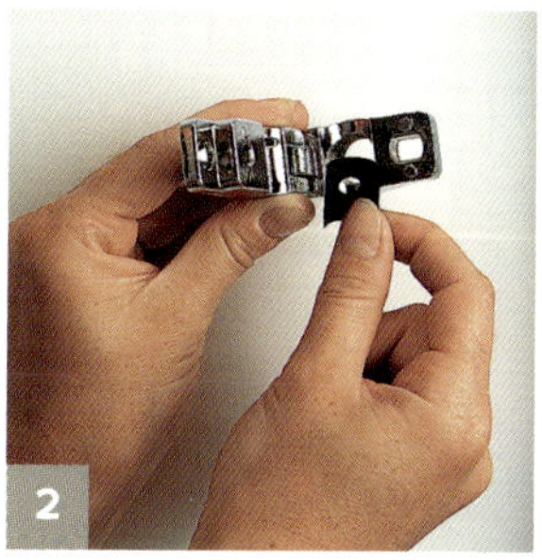

1. Décapez les surfaces des tubes en contact avec l'intérieur du raccord avec un tampon de laine d'acier en débordant largement jusqu'à ce qu'elles brillent uniformément.

2. Calez correctement les joints en élastomère dans leurs gorges avant de mettre la bride en place. Glissez le demi-collier derrière le tube et emboîtez par-dessus l'embase portant l'ouverture filetée, en alignant les trous d'assemblage et en veillant à l'équerrage de la bride par rapport au tube.

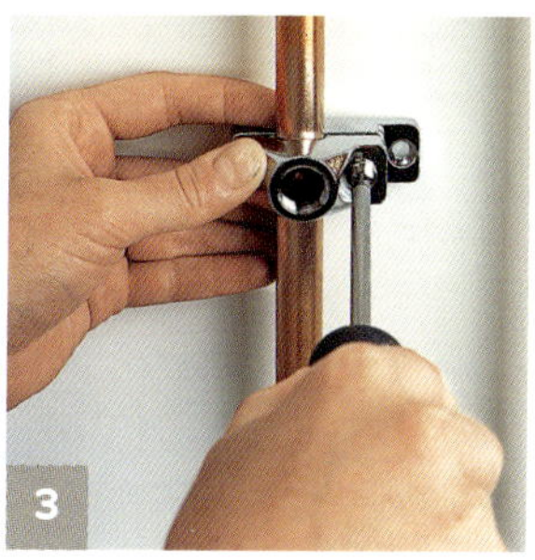

3. Insérez les vis d'assemblage dans les trous aux extrémités de la bride et serrez-les à fond, tout en maintenant fermement la bride pour qu'elle reste bien d'équerre sur le tube.

4. Fermez le robinet et insérez-le dans l'orifice fileté. Tournez-le à la main, jusqu'à ce que l'effort diminue brusquement, signalant le percement complet du tube. Poursuivez la rotation pour placer le robinet dans la position la plus pratique pour le manœuvrer aisément.

5. Bloquez le robinet en place en serrant à fond sa bague de pied, au moyen d'une clé plate ou à molette, sans le faire tourner.

6. Raccordez le flexible de la machine sur la sortie du robinet, en veillant à ce que la rondelle d'étanchéité soit bien en place.

Réussir du premier coup !

Pour la pose de ce robinet, l'étape la plus délicate est le perçage de la canalisation par rotation de la tête du robinet. Serrez très progressivement car toute hésitation peut compromettre le perçage et l'étanchéité.

LA BONNE INFO

ALIMENTATION ÉLECTRIQUE

L'alimentation électrique d'une machine à laver se fait par une fiche et une prise murale. Dans bien des cas, il est préférable d'installer une prise spécifique, alimentée par un circuit dédié réalisé avec un câble multiconducteur à deux fils "actifs" (phase et neutre) et un fil de terre de 2,5 mm^2. Ce circuit sera protégé par un coupe-circuit de 20 A et un disjoncteur différentiel de 30 mA, type A incorporé au tableau d'abonné.

Attention à ne pas placer ce genre de prise sous un siphon d'évier, avec les risques que cela comporte en cas de fuite ou de démontage du siphon pour le déboucher !

PLOMBERIE Éviers et vasques

Si vous souhaitez remplacer votre évier, prenez un modèle de même taille et forme que le précédent. Il vous permettra de le raccorder sur les tuyauteries d'eau et d'évacuation existantes. Si vous changez l'évier de place, vous devrez modifier en conséquence les arrivées d'eau et le raccordement à la canalisation d'évacuation.

LES BONS OUTILS

Outils
- Clé plate
- Clés à molette
- Tournevis
- Scie cloche
- Lime ronde

Matériel
- Robinet mitigeur
- Évier de cuisine avec sa bonde et son siphon
- Joints polymères plats ou pâte au silicone
- Tresses d'alimentation
- Siphon et tube de raccordement

Poser un évier

Avant de remplacer l'évier existant, mesurez précisément l'espace disponible.

Il est rare que les robinets de l'évier neuf tombent juste au même endroit que les précédents. Pour éviter les raccords complexes, utilisez des flexibles d'alimentation, en veillant à ne pas leur imposer des courbes trop serrées. Utilisez également un siphon plat qui vous permettra de gagner de la place sous l'évier. Pour plus de facilité, procédez aux raccordements avant pose de l'évier sur le plan de travail.

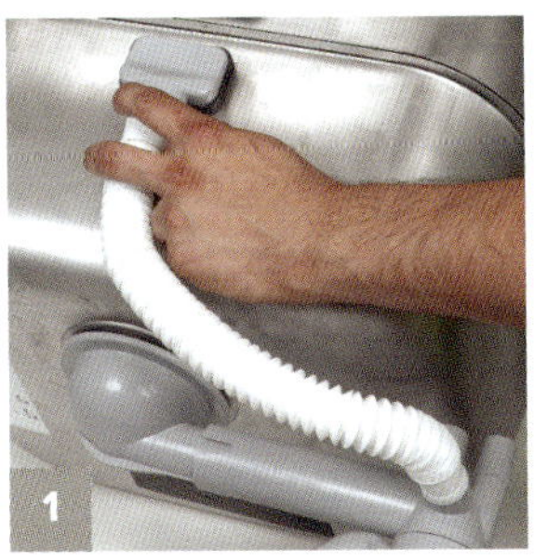

1. Équipez votre bac d'un siphon plat avec raccordement de trop-plein par tube extensible (peu encombrant). Placez les joints d'étanchéité.

2. Le perçage de l'évier n'est pas réalisé, faitez-le avec une scie cloche de diamètre adapté au corps de robinet. Cette opération n'est possible que sur les éviers en Inox ou en matériau composite (les éviers en émail sont généralement prépercés). Passez le corps inférieur du mitigeur dans le trou. En cas de résistance, donnez quelques coups de lime ronde. Insérez le robinet dans l'orifice de l'évier, la rondelle et la semelle d'appui, selon les instructions de la notice de montage.

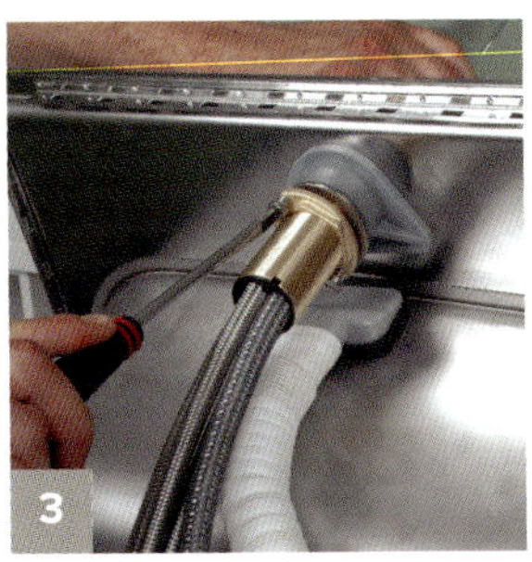

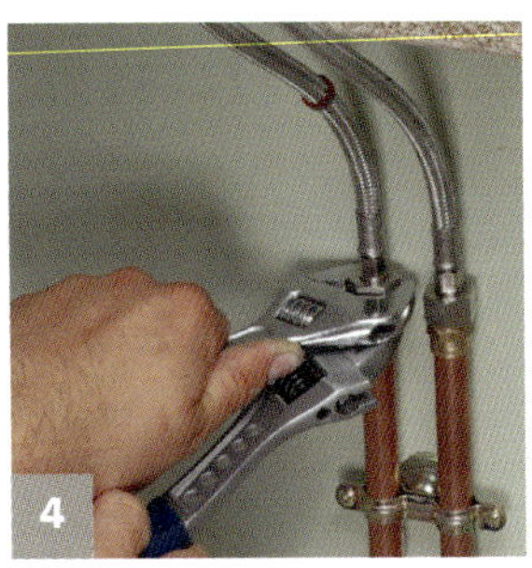

3. Enfilez les accessoires de serrage sur les flexibles. Amorcez le serrage des vis à la main, pour finir au tournevis.

4. Raccordez les flexibles d'alimentation aux arrivées d'eau. N'insérez pas tout de suite l'évier dans le plan de travail. La longueur des flexibles doit le permettre. Serrez les écrous avec deux clés à molette.

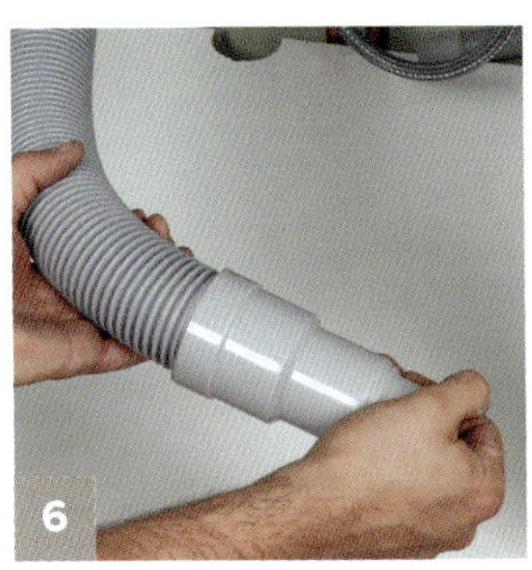

© CP

5. Posez et fixez l'évier. Les systèmes de fixation assurent le maintien et la compression des joints d'étanchéité. Utilisez des joints polymères plats ou bien de la pâte au silicone.

6. Utilisez un tube de raccordement de vidange extensible que vous équiperez d'un embout permettant un emboîtement direct dans la canalisation d'évacuation en PVC. Ce système permet de gagner du temps et assure une excellente étanchéité.

LA BONNE ASTUCE

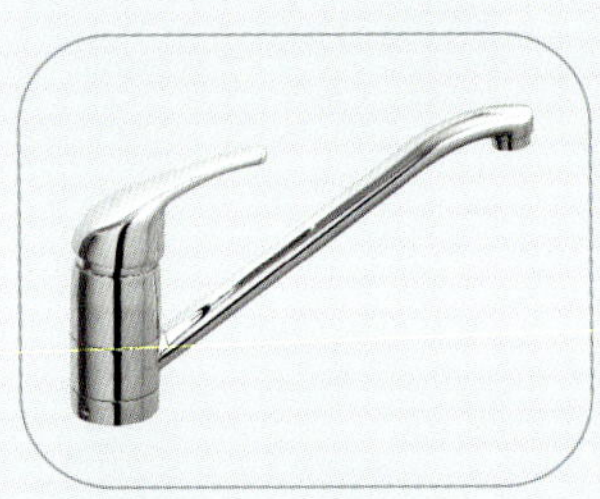

Fixation rapide
Ce mitigeur Simplifit se pose facilement et rapidement par le dessus de l'évier.

Poser un lavabo

La pose d'un lavabo dépend du type de celui-ci, mais aussi de la position du ou des robinets. Très en vogue, les vasques suspendues nécessitent des fixations particulièrement robustes quand elles ne sont pas supportées par un meuble. Dans ce cas, leurs tuyauteries sont difficiles à masquer. Les flexibles chromés, à la fois élégants et très commodes sont alors incontournables. Le lavabo sur colonne encore très répandu reste le plus facile à installer. Côté robinetterie, le robinet unique, à commande par levier, pour vasque à un seul trou, est le plus facile à mettre en place. Les lavabos trois trous – un pour le col-de-cygne, deux pour les robinets – sont esthétiques, mais demandent plus de travail.

LES BONS **OUTILS**

Outils
- Clé plate
- Clé à molette
- Tournevis

Matériel
- Robinet(s)
- Vasque ou lavabo avec sa bonde et son siphon
- Joints polymères plats ou pâte au silicone
- Flexibles d'alimentation
- Siphon automatique
- Chevilles, vis

ROBINET UN TROU

Cette solution a le mérite d'être simple et efficace. Montez le robinet ainsi que le système de vidange et d'évacuation sur la vasque avant de la mettre en place. Utilisez des flexibles pour l'alimentation. Si vous prenez une vasque suspendue, utilisez des chevilles adaptées à la maçonnerie. Si le mur est doublé de plaque de plâtre, il faut vous fixer sur un bâti faisant partie intégrante de l'ossature de doublage.

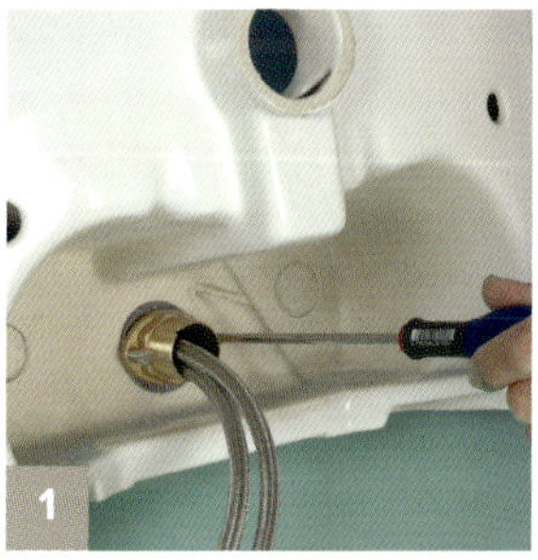
1

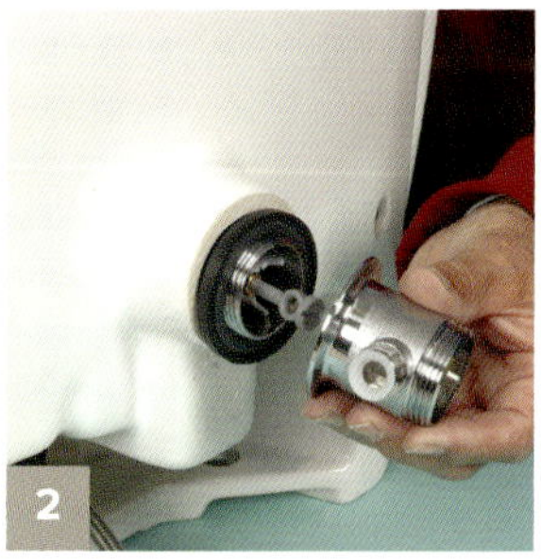
2

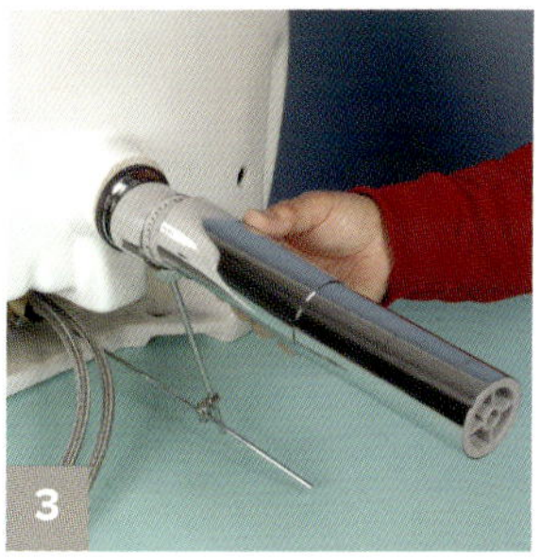
3

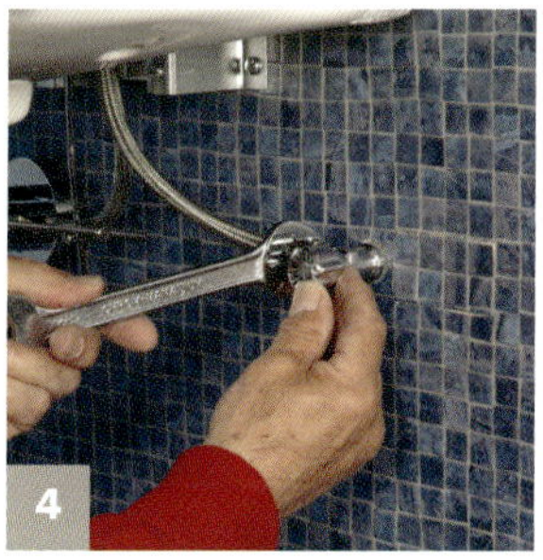
4

© CP

1. Posez la vasque à l'envers. Posez le robinet. Fixez le raccord fileté des flexibles d'alimentation en eau chaude et en eau froide, sans oublier les rondelles en fibre. Vissez à la main le système de serrage jusqu'à ce qu'il bute sur la porcelaine du logement. Bloquez les vis de serrage au tournevis.

2. Positionnez la bonde côté cuvette de la vasque et assemblez la partie inférieure du système de vidange. Si vous n'utilisez pas un siphon automatique fonctionnant par simple pression des doigts, vous devrez monter et régler la tirette de commande de vidange.

3. Montez le siphon. Les modèles actuels chromés sont à associer aux vasques suspendues. Un cache décoratif descend souvent très bas sous la vasque pour former un ensemble homogène.

4. Posez le lavabo. Vissez les fixations de la vasque au mur, sans trop bloquer les vis. Réalisez le branchement des deux robinets sur, d'une part l'arrivée d'eau qui sort de la cloison et d'autre part sur le flexible d'alimentation du robinet mitigeur. Présentez ensuite le cache chromé. Il viendra se prendre sur la tête crantée des robinets d'alimentation. Poussez-le jusqu'au parement du mur.

ROBINET TROIS TROUS

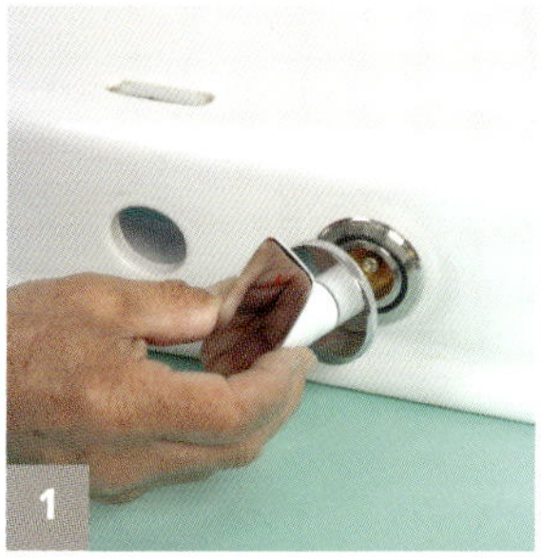
1

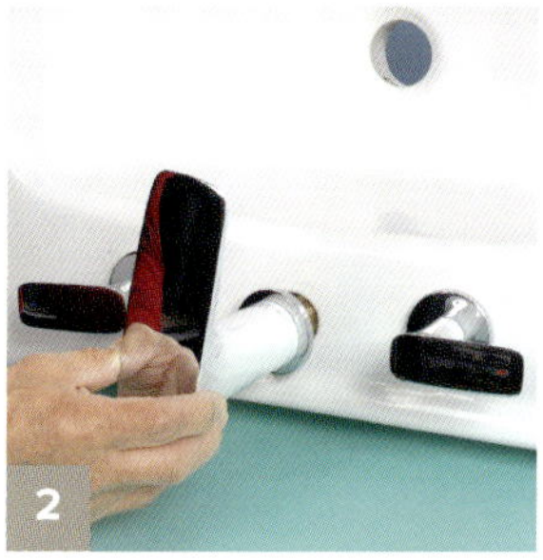
2

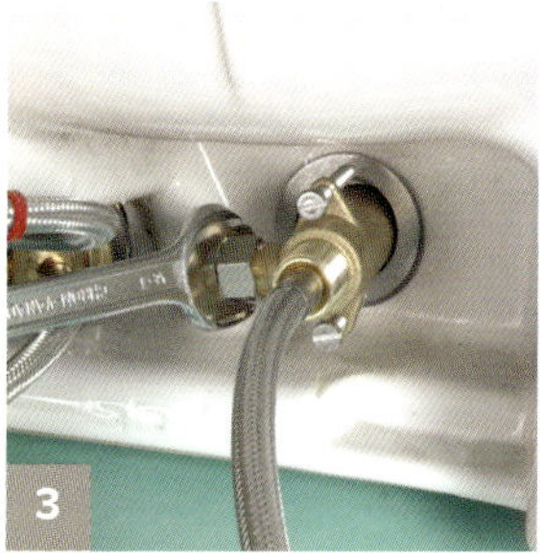
3

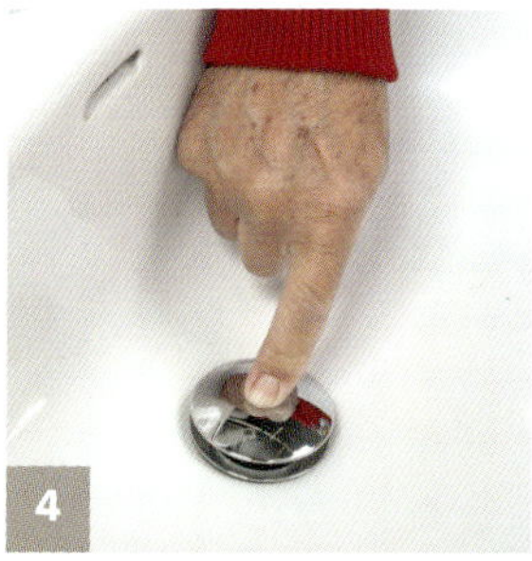
4

1. Introduisez le mécanisme d'un des robinets dans l'un des trous latéraux. Bloquez le mécanisme de robinet en agissant sur les vis de maintien de l'autre côté du lavabo.

2. Présentez le corps du mélangeur central et son système déjà montés mais sans les flexibles d'alimentation, sur l'orifice central. Sa base est équipée d'une rondelle épaisse chromée, munie d'un joint d'étanchéité en contact avec la porcelaine du lavabo. Sous le lavabo, vissez maintenant l'écrou en laiton, muni de ses deux vis de serrage. Avec un tournevis, bloquez les deux vis de serrage.

3. Chaque robinet reçoit deux flexibles d'alimentation: l'un qui amène l'eau au robinet et le second qui alimente le col-de-cygne de distribution. Le mélange se fait au niveau du col-de-cygne. Le réglage de température s'effectue par rotation des deux robinets.

4. Ce lavabo est doté d'un système de vidange à bonde automatique. Il suffit d'appuyer dessus pour la fermer ou pour l'ouvrir.

Cuvettes et réservoirs

LES BONS OUTILS

Outils
- Tournevis
- Clé à molette
- Clé plate
- Perceuse
- Scie sauteuse
- Niveau à bulles
- Détecteur de métaux et de courant

Matériel
- Graisse au silicone
- Crayon
- Rondelles, joints
- Abattant et lunette
- Cuvette (et broyeur, éventuellement)
- Chevilles
- Robinet d'arrêt

La pose de cet équipement reste simple tant qu'il s'agit de remplacer un W.-C. existant. Les pipes extensibles d'évacuation permettent une installation sans plomberie des cuvettes à sortie horizontale, dans les endroits exigus ou difficiles d'accès. S'il s'agit de créer un W.-C. de toutes pièces, préférez l'installation d'un W.-C. broyeur, raccordé sur l'évacuation du lavabo ou de la douche.

Installer un pack W.-C.

Les modèles de pack W.-C. ou monobloc disposent d'un mécanisme de chasse intégré qui simplifie l'installation. Montez d'abord le réservoir sur la cuvette. Fixez-la ensuite au sol et raccordez-la à l'alimentation et à l'évacuation d'eau.

1. Placez la grande bague en caoutchouc dans l'orifice de chasse à l'arrière de la cuvette. Elle assure l'étanchéité entre le réservoir et la cuvette.

2. Posez les deux vis ou tiges filetées dans le fond du réservoir et posez-le sur la cuvette. Glissez le mécanisme de chasse dans la bague en caoutchouc.

3. Glissez les rondelles ou joints sur les tiges filetées de liaison entre réservoir et cuvette. Vissez les écrous papillon. Bloquez-les à la main, sans forcer.

4. Positionnez la cuvette en fonction de l'emplacement de l'évacuation. Si la place est comptée, faites ce raccordement avec une pipe extensible.

5. Avec un détecteur de métaux, assurez-vous qu'aucun câble ni tuyau ne passe sous le plancher. Marquez l'emplacement des trous de fixation de la cuvette avec un crayon. Enduisez l'entrée de la pipe extensible de graisse au silicone. Emboîtez la pipe extensible sur l'orifice de sortie de la cuvette. Percez dans le sol les trous de fixation en vous guidant sur ceux de la base de la cuvette.

6. Enfilez les manchons de protection dans les trous de fixation de la base de la cuvette. Engagez les vis de fixation et vissez-les à fond. Si le réservoir est à fixer au mur, percez en vous guidant sur les trous des fixations, insérez des chevilles adaptées et vissez sans oublier de placer des rondelles.

7. Équipez l'arrivée d'eau (horizontale ou verticale) d'un robinet d'arrêt et raccordez-la sur le réservoir.

1

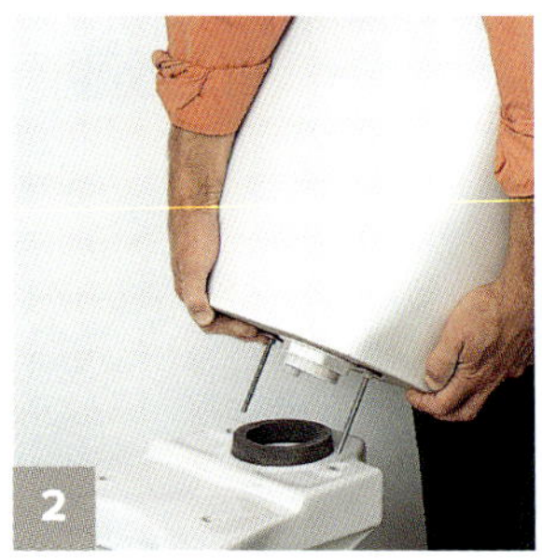
2

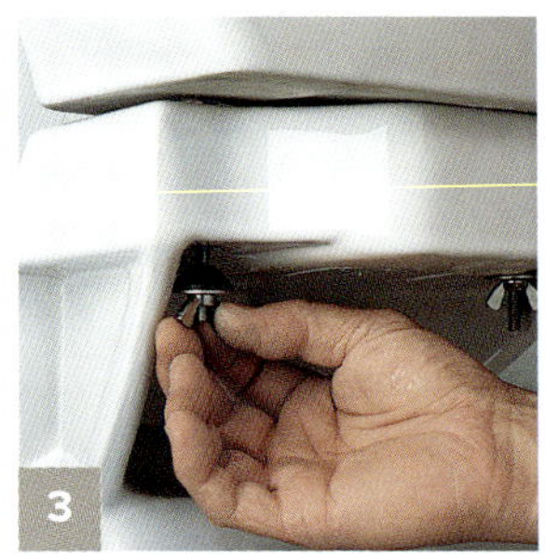
3

4

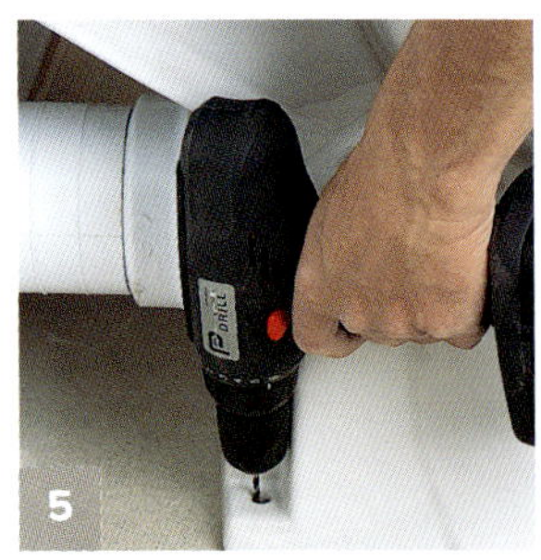
5

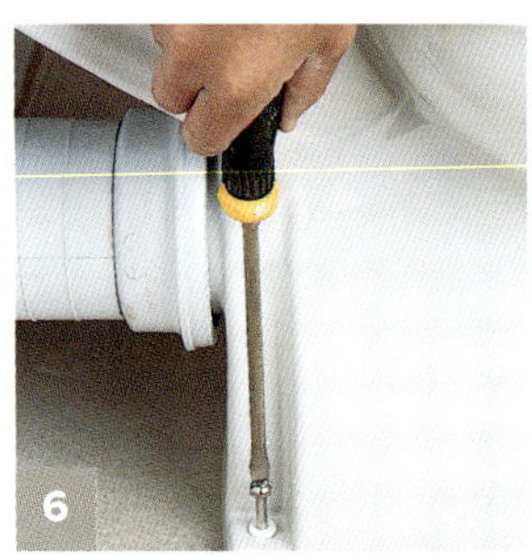
6

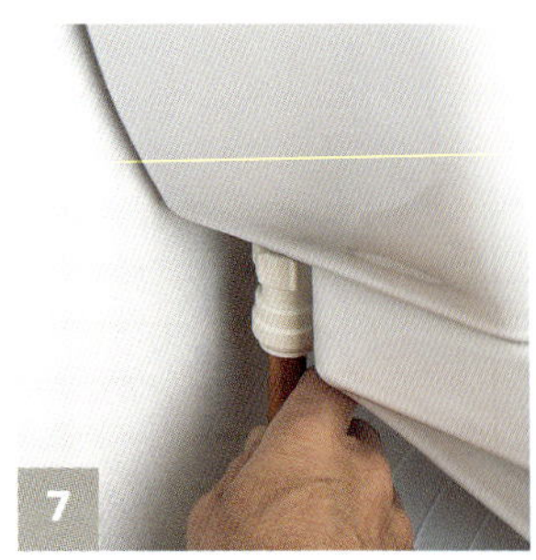
7

LA BONNE ASTUCE

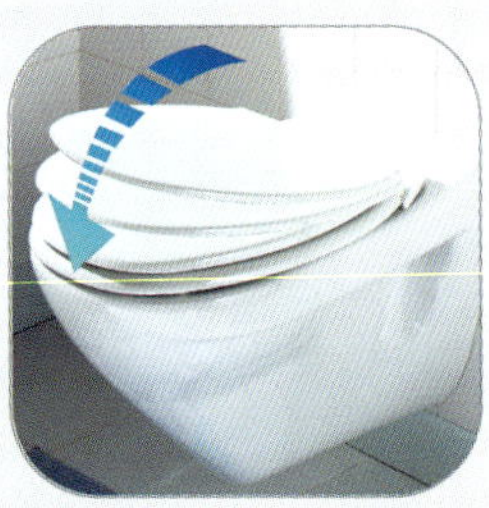

Changer l'abattant
Vous pouvez remplacer une lunette fissurée ou ébréchée sans toucher à la cuvette. Mais il faut poser un ensemble d'abattant complet. Optez pour un abattant intégrant un frein de chute qui permet une fermeture progressive.

Installer un W.-C. suspendu

La pose d'une cuvette suspendue a de nombreux avantages, dont celui d'un nettoyage du sol facilité. Elle présente néanmoins la difficulté d'un ancrage très solide dans le mur. Celui-ci se fait par l'intermédiaire d'un bâti métallique très résistant. L'habillage arrière gagnera à être réalisé avec un panneau démontable pour faciliter l'accès à la chasse.

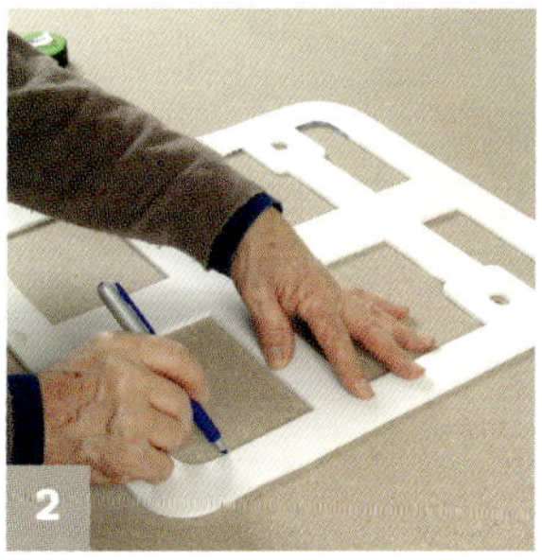

1. Fixez le bâti au mur après avoir réglé les pieds à la hauteur recommandée par la notice de montage. Chevillez en fonction de la nature du mur, puis vissez solidement le bâti par ses 4 points de fixation. Deux tiges filetées supporteront la cuvette, par l'intermédiaire d'ergots métalliques.

2. Avec le gabarit fourni, reportez sur le panneau ou la plaque de plâtre d'habillage les découpes intérieures à réaliser. Ce panneau ou cette plaque seront habillés de carrelage (ou comme ici avec un revêtement vinyle) et fixés sur tasseaux ou ossature métallique.

3. Avec une scie sauteuse pour le panneau ou avec un outil de découpe pour la plaque de plâtre, réalisez les évidements selon le tracé pour les raccordements sanitaires (alimentation, évacuation). Une fenêtre supplémentaire est à prévoir pour la mise en place d'une trappe de visite permettant d'agir sur la vanne d'arrêt d'alimentation. Percez des trous pour le passage de la lame.

4. Positionnez le panneau ou la plaque d'habillage. Le panneau peut être revêtu de vinyle avant montage. En revanche, une plaque de plâtre sera carrelée en fin de travail.

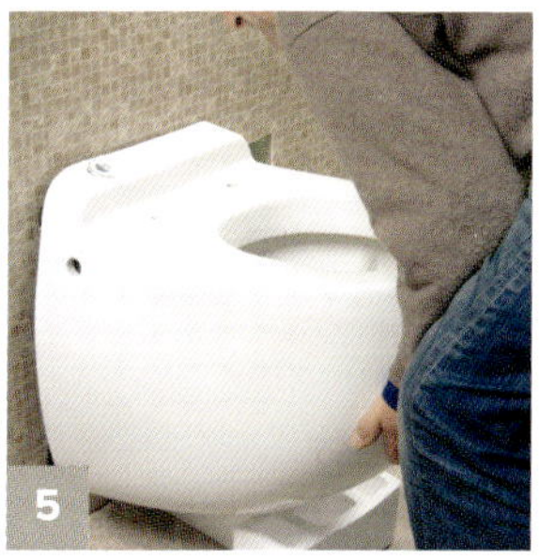

5. Vissez les ergots sur les tiges filetées horizontales, placez la cale en polystyrène de soutien sous la cuvette et enfilée celle-ci sur les ergots du bâti. Vissez les deux pointeaux de blocage des ergots dans les orifices latéraux de la cuvette. Posez les caches.

6. Mettez en place la lunette et l'abattant. La cuvette présentée ici étant à broyeur, la commande de chasse se fait par un bouton double. Sur les modèles à réservoir de chasse classique, il est encastré au-dessus de la cuvette et la commande se fait par poussoir(s) encastré(s) derrière le panneau d'habillage.

Installer un W.-C. broyeur

Un broyeur permet d'installer un W.-C. n'importe où, loin de la grosse canalisation principale d'évacuation des eaux "noires". Le raccordement se fait sur une simple canalisation PVC de Ø 32 mm.

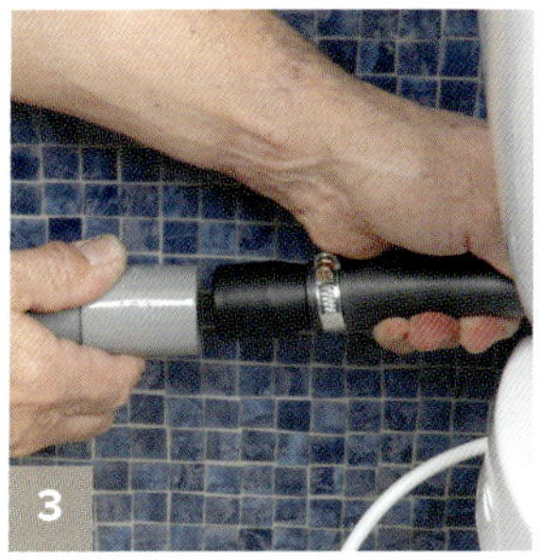

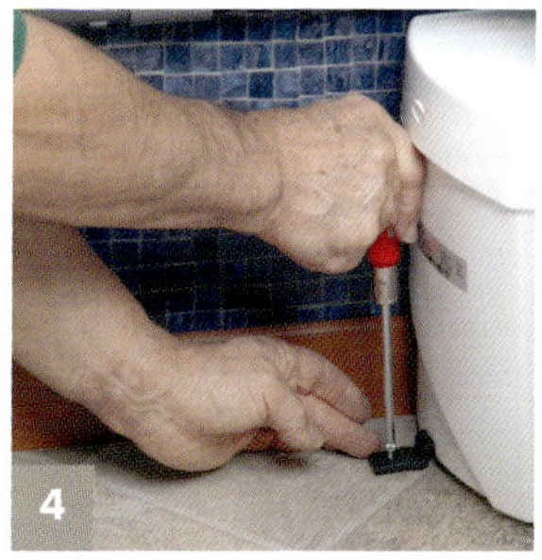

1. Dégagez la cuvette vers l'avant pour permettre le passage du broyeur. Celui-ci est préalablement équipé de Silentbloc antivibratoires situés sous la cuve. Deux pattes servent pour le fixer sur le sol. Le broyeur a été préalablement doté de sa manchette de liaison avec la cuvette.

2. Engagez le collier de serrage sur la sortie de cuvette, puis réalisez la liaison avec la manchette. Serrez la vis du collier pour assurer le raccordement étanche entre la cuvette et le broyeur. Fixez la cuvette au sol par chevillage et vissage. Placez les cabochons.

3. Raccordez le manchon de sortie du broyeur à une ligne d'évacuation simple constituée d'un tube PVC de 32 mm de diamètre. Il est recommandé une pente de 1 cm/m. Le broyeur jouant le rôle de pompe de relèvement, il est possible de réaliser une évacuation ascendante.

4. Vissez le broyeur au sol par ses pattes de fixation. Branchez la fiche d'alimentation électrique du broyeur sur une prise normalisée 16A (avec raccordement à la terre). Elle doit rester constamment accessible.

LA BONNE **ASTUCE**

Système double poussoir
Si vous remplacez votre cuvette de W.-C., optez d'emblée pour un modèle dont la chasse d'eau est déjà équipée d'un système à double flux.

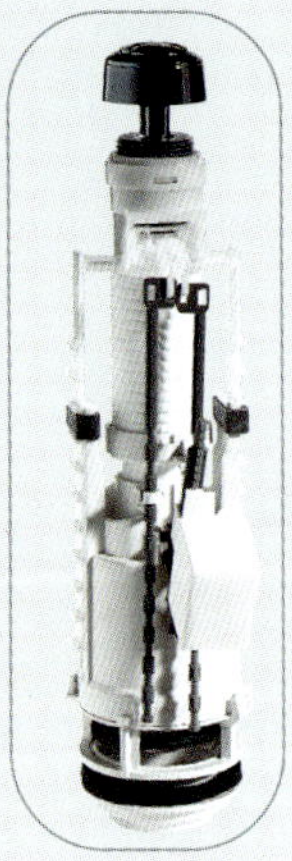

Des W.-C. classiques consomment en moyenne près de 30 litres d'eau par personne et par jour et représentent 20 % de la consommation d'une famille. Pourtant, il n'est pas toujours nécessaire de vider complètement le réservoir: un mécanisme à double flux permet de ne consommer que 3 litres des 10 contenus dans le réservoir. Il suffit pour cela de remplacer le mécanisme par un modèle à économie d'eau.

Installer une chasse d'eau à double flux

Il existe différents mécanismes de chasse d'eau. La tirette tend à être remplacée par un système à double poussoir. Il existe des commandes à câble pour compenser les écarts d'alignements éventuels entre le couvercle et la cuve du réservoir. Pour rendre une chasse d'eau plus économique, il n'est pas toujours nécessaire de remplacer les deux éléments qui la composent: le mécanisme proprement dit et le robinet flotteur. Ce dernier peut souvent être conservé.

LES BONS **OUTILS**

Outils
- Clé à molette
- Tournevis

Matériel
- Dégrippant
- Mécanisme de chasse à économie d'eau
- Bague écrou
- Joint d'étanchéité

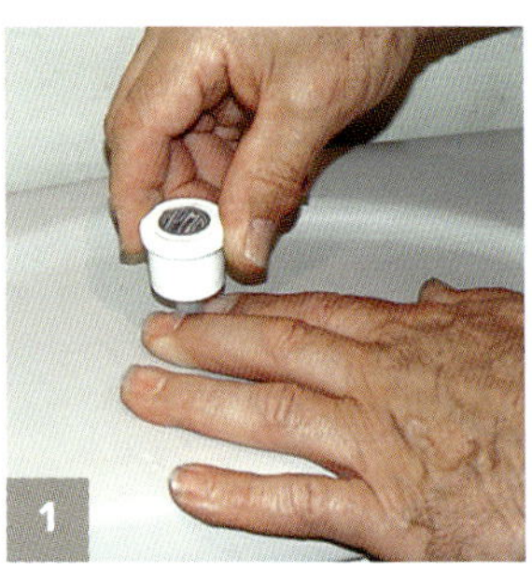
1

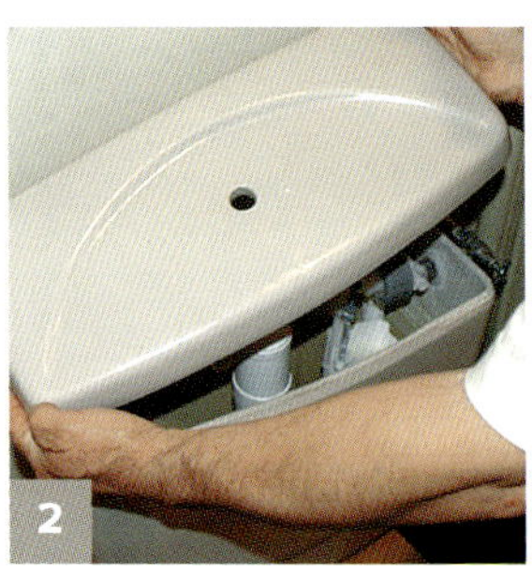
2

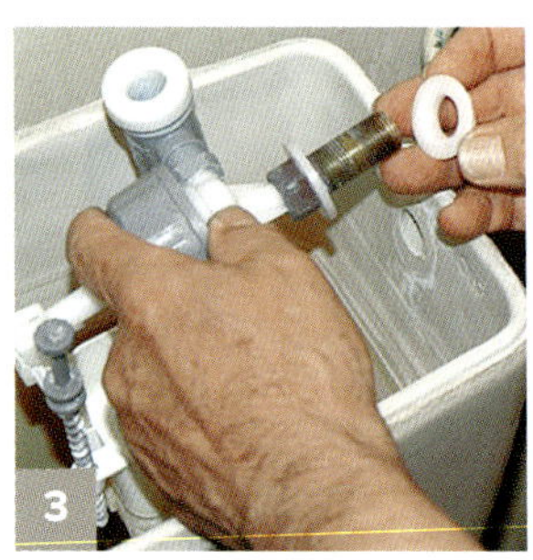
3

4

1. Dévissez d'une main le bouton de tirage de chasse, en maintenant de l'autre la tige elle-même pour l'empêcher de tourner.

2. Dégagez délicatement le couvercle du réservoir en le soulevant verticalement.

3. Dévissez le robinet d'alimentation. Vous remplacerez la bague écrou de maintien en plastique par une neuve au remontage. Récupérez les rondelles.

4. Enlevez la cloche du mécanisme de l'ancien système en le faisant tourner d'un quart de tour.

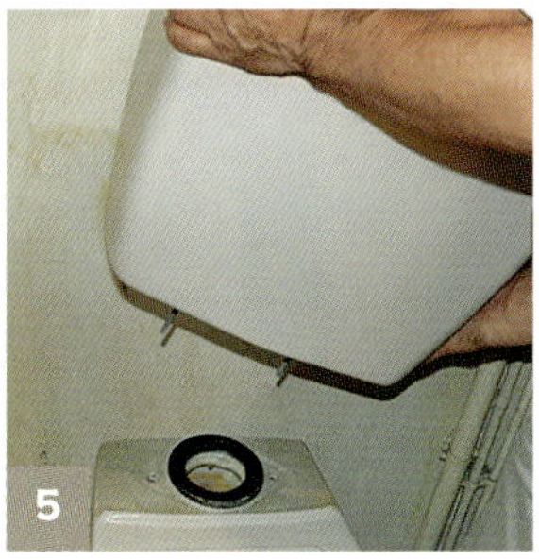

5. Dévissez les papillons de serrage accessibles sous les rebords de la cuvette (aspergez-les de dégrippant si nécessaire). Soulevez le réservoir et dégagez-le. Le joint épais d'étanchéité comprimé entre le réservoir et la cuvette sera aussi à remplacer.

6. Changez les tiges de serrage. Dévissez le contre-écrou de maintien de la bonde de l'ancien système. Utilisez la clé spéciale fournie avec le kit.

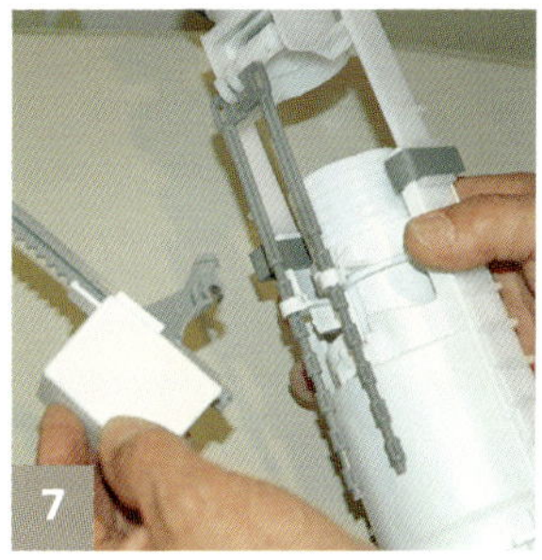

7. Mettez en place le petit flotteur spécial d'économie d'eau sur le nouveau système central. Réglez la longueur des tirettes de maintien en fonction de la hauteur intérieure de la cuvette.

8. Positionnez la bonde en fond de cuvette et serrez-la en vissant le gros contre-écrou, à la main d'abord puis avec la clé spéciale. Posez le système en le vissant d'un quart de tour sur la bonde.

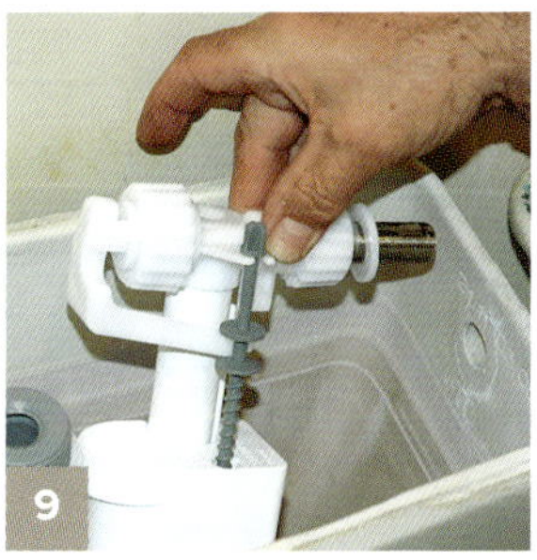

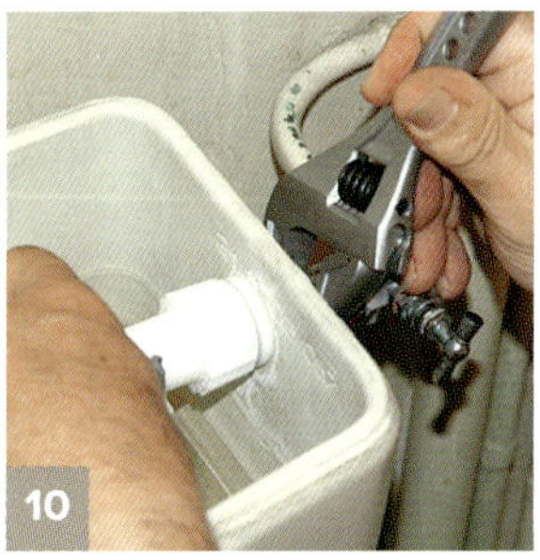

9. Remettez en place le réservoir après avoir changé le gros joint d'étanchéité. Vissez les nouveaux papillons de serrage du réservoir sur la cuvette. Positionnez le nouveau flotteur.

10. Remontez le robinet d'alimentation. Raccordez le flotteur. Ne serrez pas trop fort.

11. Réglez éventuellement la position des flotteurs (sur leur crémaillère) de déclenchement de la chasse, puis reposez le couvercle sur le réservoir. Il doit juste affleurer la tête du système central. Ouvrez le robinet de remplissage.

12. Vissez le bouton de déclenchement à double pression sur la tête du système de la chasse.

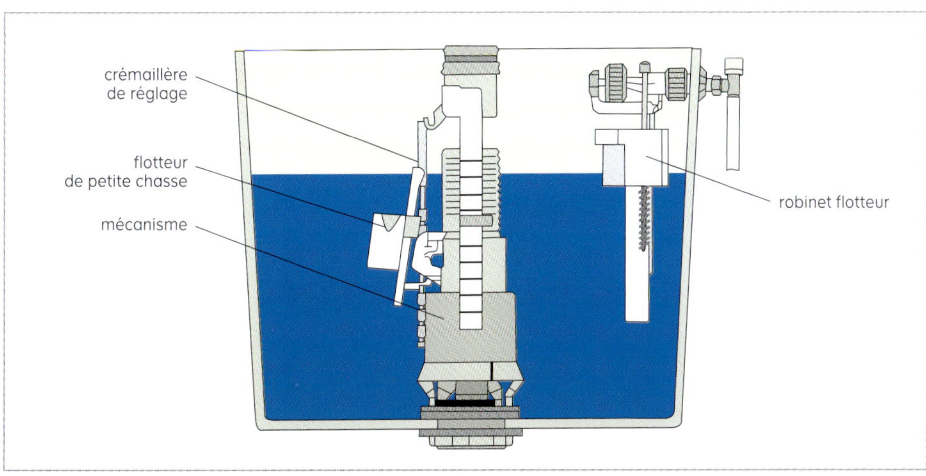

SCHÉMA D'UNE CHASSE À DOUBLE FLUX

LA BONNE INFO

ÉCONOMISER L'EAU

Il existe un autre système "stop eau" qui permet de réaliser des économies d'eau substantielles. Dans ce système, la quantité d'eau libérée dépend du temps de pression sur le bouton ou d'action sur la tirette.

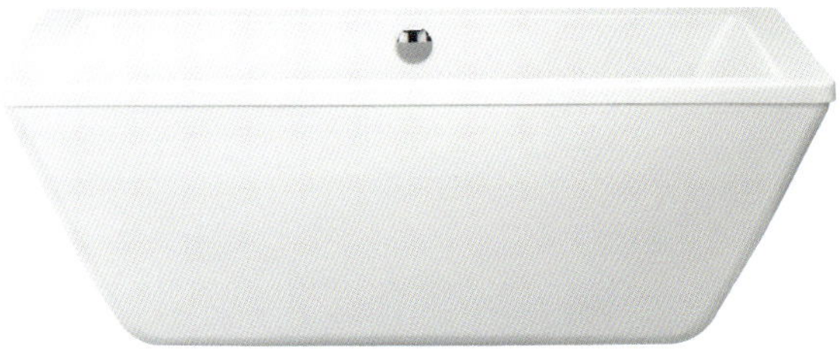

L'emplacement de la baignoire est conditionné par l'espace disponible, la configuration de la pièce et la disposition des arrivées et évacuation d'eau. Une fois tout cela pris en compte, vous pourrez en déterminer sa forme.

Rectangulaire
Classiques, les baignoires rectangulaires s'installent partout : en longueur, en largeur, en épi, sur podium ou sur pieds.

Choisir la baignoire

Le choix de la forme d'une baignoire est aussi une affaire de goût. La décoration s'est emparée de la salle de bains comme de toutes les autres pièces de la maison. Il existe des baignoires de toutes les formes, mais aussi désormais des baignoires de couleur et même des modèles lumineux ! Laissez libre cours à votre imagination !

D'angle
Ces baignoires sont idéales pour optimiser l'espace en occupant un angle. La salle de bains doit être spacieuse car il faut prévoir de rajouter au moins 80 cm le long de la forme arrondie.

À l'ancienne
Certaines baignoires peuvent s'installer au centre d'une pièce. Les baignoires à l'ancienne sont profondes et confortables, mais gourmandes en eau.

Baignoire-douche
En acrylique blanc renforcé, cette baignoire est équipée d'un espace douche avec rangements et porte pivotante en verre Securit. Comme les cabines de douche intégrales actuelles, elle possède des buses de massage orientable et un siège amovible. Cet équipement malin va réconcilier tous ceux qui disent préférer la douche à la baignoire et inversement !

Installer une baignoire

Pour l'installation d'une baignoire, les points importants sont le réglage de niveau, le soutien au mur (avec des tasseaux) et la qualité des raccordements de plomberie (alimentation/évacuation).

1. Retournez la baignoire. Vissez à la main les pieds ajustables dans leur embase.

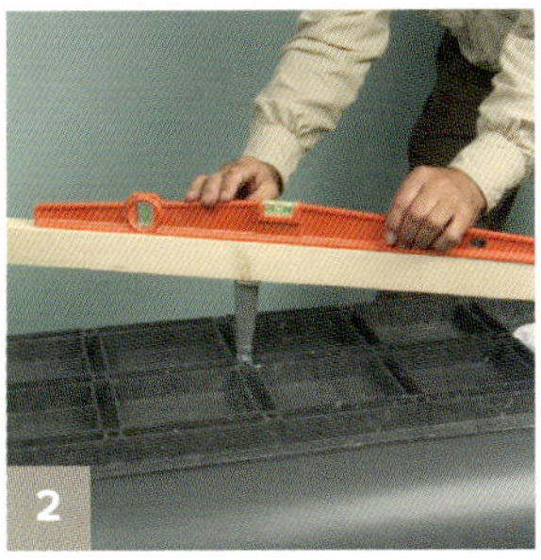

2. Ajustez la hauteur des pieds. Respectez la hauteur de pose du tablier.

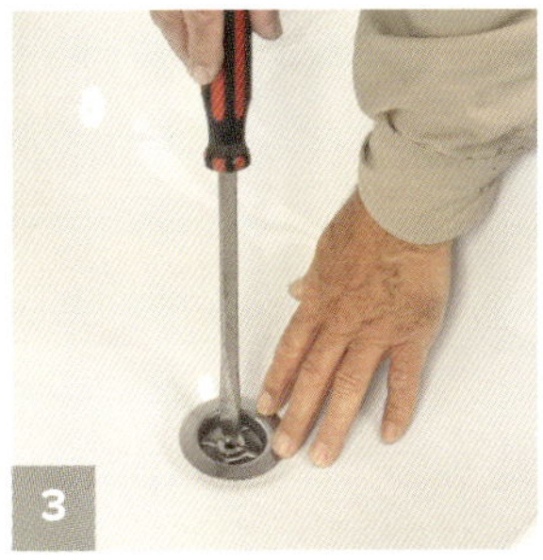

3. Remettez la baignoire sur ses pieds, vissez la grille de bonde et posez le clapet.

LES BONS OUTILS

OUTILS

- Tournevis
- Perceuse
- Niveau à bulles
- Crayon
- Clés
- Mètre

MATÉRIEL

- Baignoire
- Siphon
- Trop-plein
- Flexibles
- Robinet
- Tablier avec supports et clips
- Mastic silicone
- Chevilles, vis

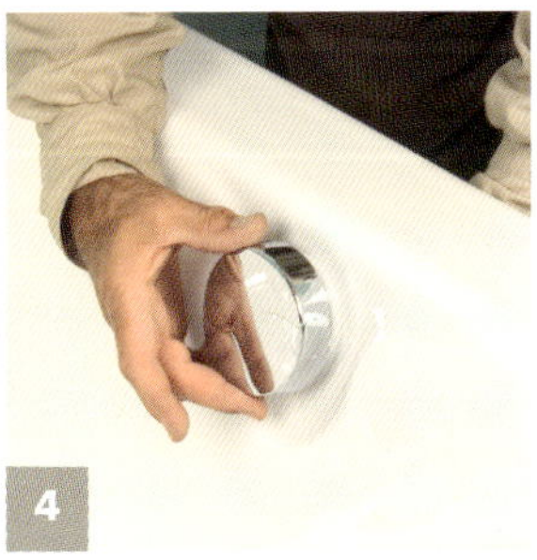

4. Fixez le trop-plein et posez le volant de manœuvre qui coiffe l'orifice.

5. Repérez l'emplacement des tasseaux de soutien sur le mur, percez, chevillez et vissez.

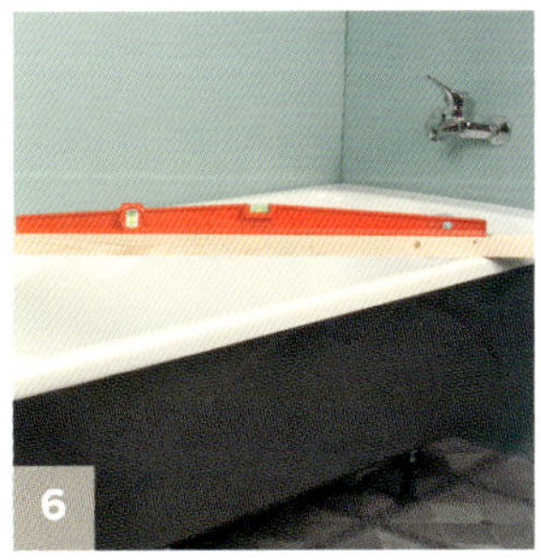

6. Vérifiez l'horizontalité de la baignoire. Assurez-vous que la cote de passage du tablier est respectée.

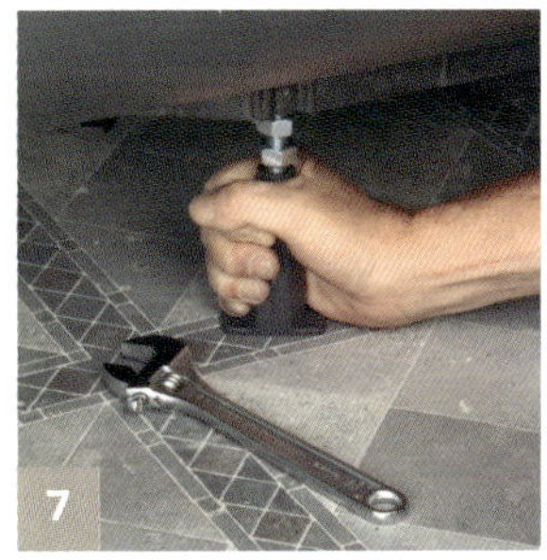

7. Pour régler le niveau, vissez ou dévissez le pied, puis serrez les écrous de blocage avec une clé à molette.

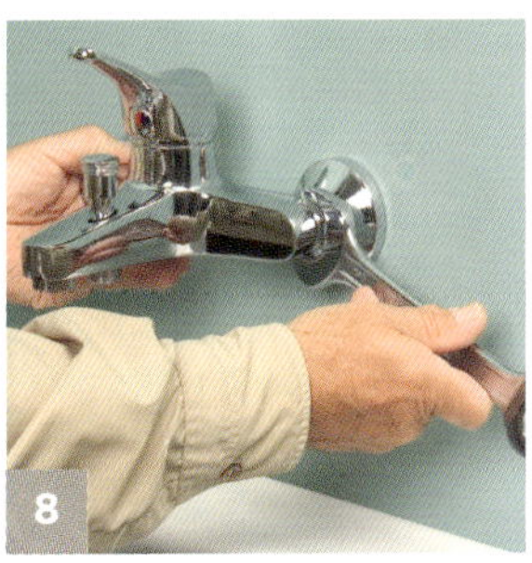

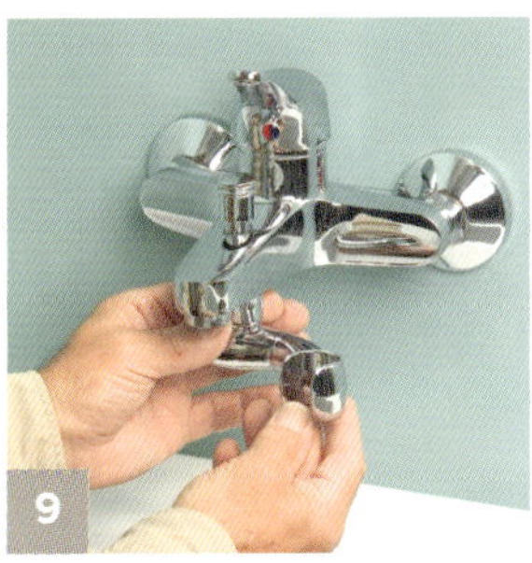

8. Mettez le robinet/mitigeur en place sans oublier de placer les joints d'étanchéité. Tenez le robinet et vissez les écrous de liaison avec une clé à molette ou, mieux, avec une clé à fourche pour ne pas abîmer le chrome.

9. Montez le support de douchette qui se fixe généralement sous le mitigeur, par un écrou qui se visse à la main.

10. Montez le flexible de raccordement de la douchette sans oublier de placer le joint d'étanchéité.

11. Réalisez le joint sanitaire entre la baignoire et le mur avec du mastic silicone. Lissez-le au doigt.

LA SECURITE

LA TRAPPE D'ACCÈS

Prévoyez dans le panneau d'habillage de la baignoire une ouverture minimale de 40 x 40 cm pour la trappe. Il existe plusieurs systèmes de trappes de visite.
-Les systèmes magnétiques : avec ou sans ouvrant découpable, ils s'adapteront aux formats des carreaux de faïence choisis. Ils s'ouvrent d'une simple pression du doigt en bas à droite.
-Avec un cadre métallique : le choix du format de la trappe se fera en fonction du carreau de faïence choisi.

La trappe doit être située parallèlement à l'arrivée d'eau, face au système de vidage. Elle doit être assez grande pour un accès aisé. Pour les baignoires balnéo, mieux vaut installer un tablier démontable car les différents éléments sont répartis tout autour de la baignoire.

LES BONS OUTILS

Outils
- Clé plate
- Clé à molette
- Tournevis
- Niveau à bulles
- Visseuse-dévisseuse
- Perceuse (éventuellement à percussion)

Matériel
- Adoucisseur ou combiné de filtration antitartre
- Joints
- Chevilles, vis

LA BONNE INFO

Utilisation du by-pass

Le by-pass est un système qui permet de doser le degré d'adoucissement de l'eau en laissant passer une certaine quantité d'eau non adoucie détournée de l'adoucisseur. Il s'agit d'une dérivation trois voies, intégrée à l'adoucisseur, ou faisant partie du montage de plomberie du combiné de filtration. En ouvrant plus ou moins la vanne du by-pass vous pourrez régler la dureté de l'eau entre 7 et 12° TH.

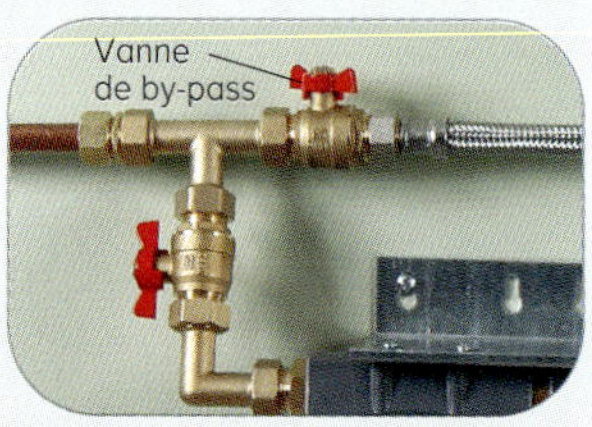

Traiter l'eau

INSTALLER UN ADOUCISSEUR

L'installation d'un adoucisseur se résume à un certain nombre de raccordements, d'une part sur la canalisation d'alimentation en eau, après compteur, et d'autre part sur la canalisation d'évacuation d'eau usée, pour le trop-plein du bac à sel et pour l'évacuation de la saumure et du calcaire prélevé. Ce cycle de régénération peut être réglé en fonction du ou des jours choisis ou en fonction de votre courbe de consommation d'eau.

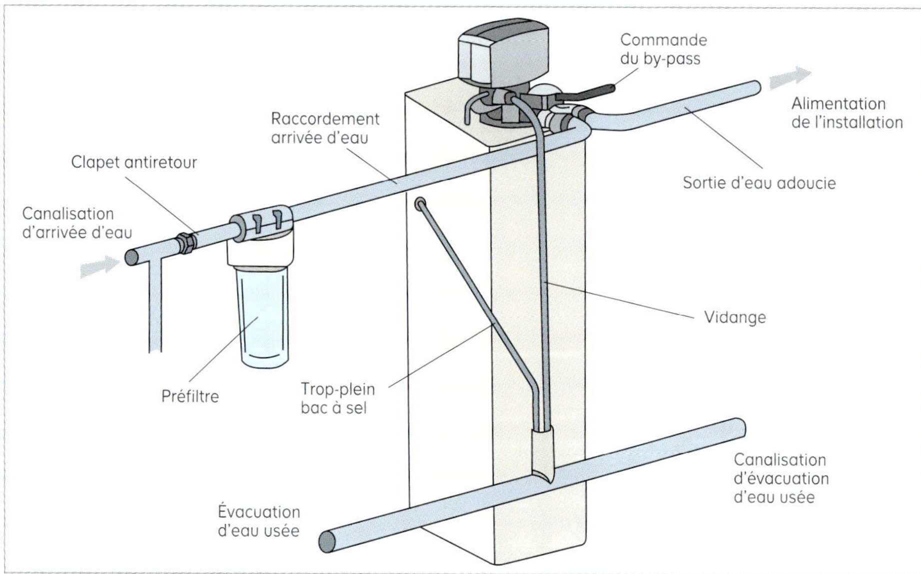

COMPOSANTS D'UNE INSTALLATION D'ADOUCISSEMENT D'EAU

L'installation d'un adoucisseur consiste à placer l'appareil en tête d'installation sanitaire, après le compteur d'eau, si possible sur le passage d'une canalisation d'évacuation d'eau usée, près d'une prise de courant normalisée 16 A avec raccordement à la terre. Le local doit être sec, à l'abri du gel, avec un sol plat, stable et dur.

- **Installez un clapet anti-retour** sur la canalisation d'arrivée d'eau.
- **Montez un filtre en ligne** après celui-ci.
- **Raccordez l'arrivée d'eau à l'adoucisseur** (éventuellement par l'intermédiaire d'un flexible d'alimentation).
- **Raccordez la sortie d'eau de l'adoucisseur** à l'installation, si nécessaire, par l'intermédiaire d'un flexible d'alimentation.
- **Raccordez le trop-plein de bac à sel et le tuyau de vidange** à la canalisation d'évacuation d'eau usée de l'installation.

INSTALLER UN COMBINÉ DE FILTRATION ANTITARTRE

Ce dispositif facile à installer combine une filtration fine des sédiments (boues, sables, etc.) et une mise en suspension du calcaire par cristaux de polyphosphate.

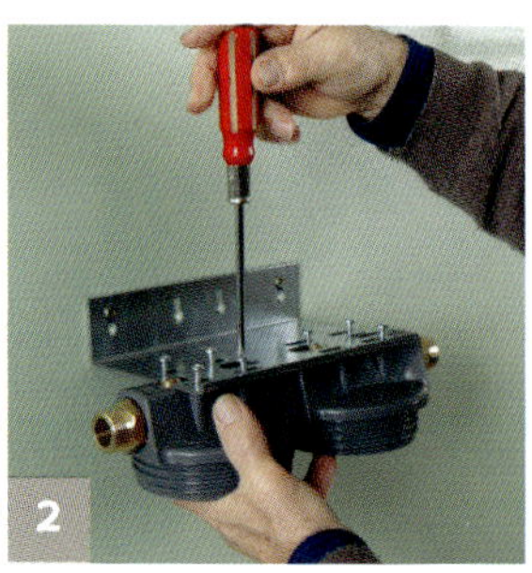

1. Fixez la platine de l'appareil au mur, entre l'arrivée d'eau et le ou les appareils à protéger. Percez, chevillez en fonction de la maçonnerie et vissez la platine après avoir vérifié son horizontalité avec un niveau à bulles.

2. Montez le support de cuves sous la platine que vous venez de fixer au mur à l'aide des 8 vis prévues à cet effet.

3. Procédez aux différents assemblages de plomberie, tubes, raccords, coudes et vannes contenus dans le kit. N'oubliez pas de mettre les joints prévus. Vissez l'écrou de liaison du flexible d'alimentation du by-pass du dispositif.

4. Mettez en place, à gauche la première cuve et son filtre, à droite la seconde avec les cristaux de polyphosphate. Serrez-les à la clé.

La baignoire balnéo

L'installation d'une baignoire suppose un sol solide, stable et plan. Soignez particulièrement les raccordements, notamment électriques. Notez que ce type d'appareil fait un certain bruit et génère des vibrations.

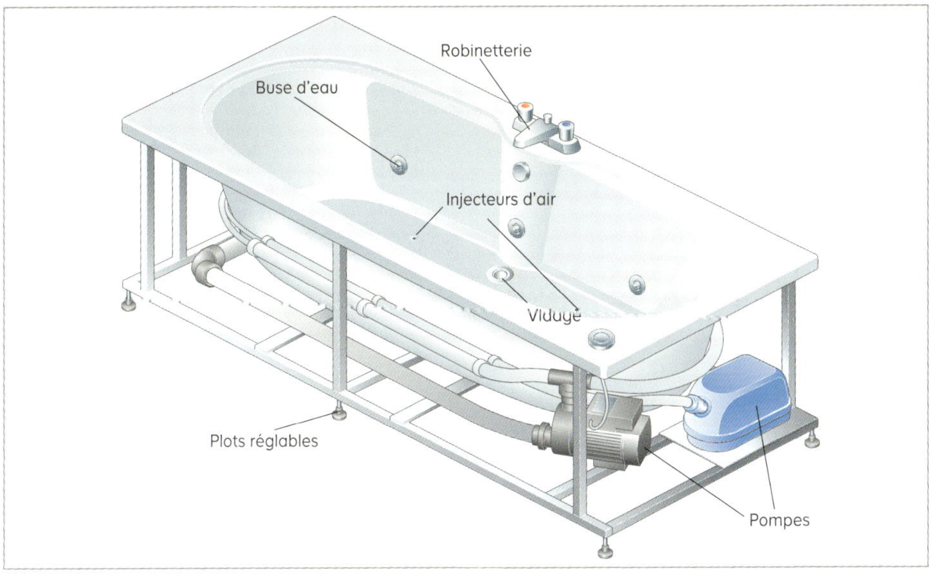

L'installation des arrivées d'eau et de l'évacuation doit être réalisée avec le plus grand soin. Quant à l'alimentation électrique, elle doit respecter scrupuleusement la norme NF C 15-100 en vigueur.

Un joint mousse hydrofuge entre le rebord de la baignoire et le mur évitera la transmission du bruit de la baignoire. Il servira aussi de support pour le joint silicone.

Il est important que la baignoire soit parfaitement horizontale. Contrôlez son horizontalité dans le sens de la longueur et de la largeur avec un niveau à bulles. Si un réglage doit être effectué, on peut agir sur les plots servant de pieds, ceux du centre devant bien porter sur le sol. On notera que ce genre de baignoire doit être simplement posé sur le sol (idéalement en carrelage) et ne jamais être fixé pour ne pas transmettre les vibrations. Pour la même raison, la vidange et l'alimentation des robinets se feront avec des tuyaux extensibles.

Le joint en silicone sera réalisé en toute fin d'installation pour assurer l'étanchéité entre la baignoire et les murs.

Tous les éléments du système d'hydromassage devant être accessibles à chaque instant, le tablier doit être démontable, mais seulement avec un outil (norme NF C 15-100), par exemple un tournevis. La ventilation devra être effectuée par le biais d'un jour de 1 cm minimum, ou une grille de 20 x 20 cm.

LA BONNE **INFO**

Installer un adoucisseur

L'installation d'un adoucisseur d'eau est préconisée pour protéger un équipement sanitaire tel qu'une baignoire balnéo. En effet, le calcaire risque, sinon, de boucher rapidement les buses d'hydromassage.

Baignoire balnéo avec un système mixte (eau/air)

LES BRANCHEMENTS ÉLECTRIQUES

L'installation électrique doit être conforme à la norme NF C 15-100. Prévoyez une alimentation électrique indépendante monophasée 230 V avec terre, protégée par un fusible approprié de 16 A. L'arrivée du câble d'alimentation (multiconducteur avec fils de 2,5 mm^2) devra se faire en dessous de la baignoire (à travers le mur, le plancher). Le branchement se fera dans un boîtier étanche de catégorie IPX5. Prévoyez aussi un interrupteur ou un disjoncteur différentiel ou courant différentiel résiduel (DDR) ayant un courant de déclenchement n'excédant pas 30 mA. Cette protection doit être installée en dehors du périmètre de sécurité, à l'extérieur de la salle de bains (en dehors du volume 3).

FONCTIONNEMENT

Les baignoires de balnéothérapie sont en acrylique, matériau dont la souplesse d'utilisation permet d'obtenir des formes variées très ergonomiques (rectangulaires et d'angle).

Système eau

Pour tonifier

L'eau est propulsée avec adjonction d'air.

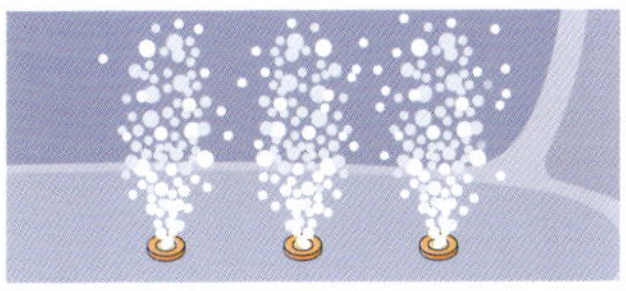

Système air

Pour vous détendre

Des bulles d'air procurent un massage relaxant.

Système eau et air mixte

Pour tonifier et vous détendre

Combinaison des systèmes précédents.

RÉALISER VOS TRAVAUX

Une douche doit d'abord être pratique et confortable. Vous avez le choix entre installer un receveur et des parois ou une cabine standard, ou bien opter pour une cabine intégrale, avec fonction hydromassante voire hammam. La robinetterie et la distribution de l'eau seront soit indépendantes, soit regroupées sur une colonne ou bien encore comprises dans la cabine lorsqu'elle est intégrale.

LA BONNE **ASTUCE**

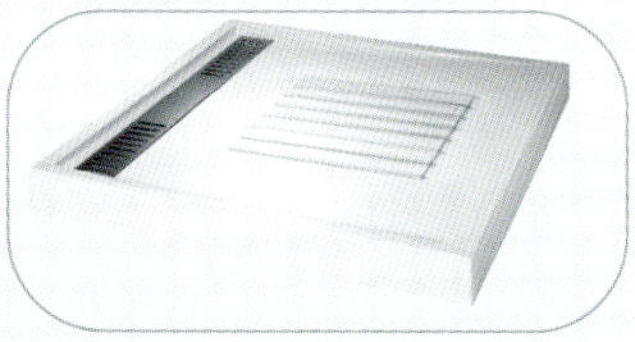

RECEVEUR FORM ÉQUINOX
Ce receveur extra-plat intègre l'évacuation. La dalle n'a donc pas à être creusée.

Choisir un receveur

Il existe des receveurs de différentes formes – carrés, rectangulaires ou circulaires – et matières – grès, acrylique ou teck. Le choix du receveur influe sur la forme de la douche dans sa globalité.
Prenez de préférence un receveur de 80 cm de côté minimum pour un meilleur confort d'utilisation. Si votre salle de bains est de petite taille, les receveurs en quart de cercle vous permettront de gagner de la place. Votre receveur peut être à poser, encastré ou affleurant à carreler.

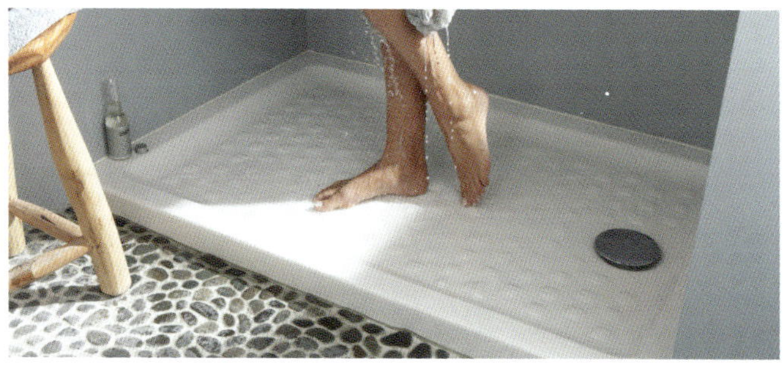

RECEVEUR À POSER

Ce receveur se pose simplement sur le sol. Il nécessite une évacuation verticale. En pose surélevée, il permet une évacuation horizontale.

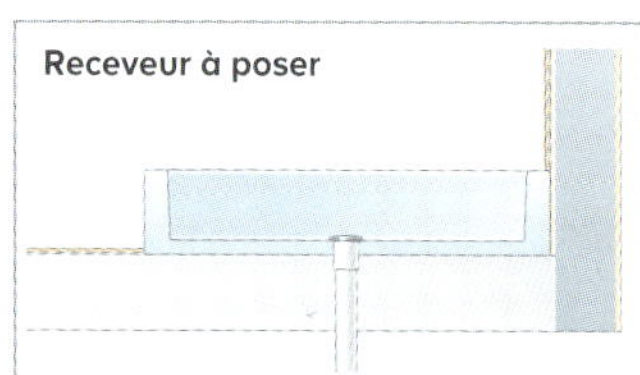

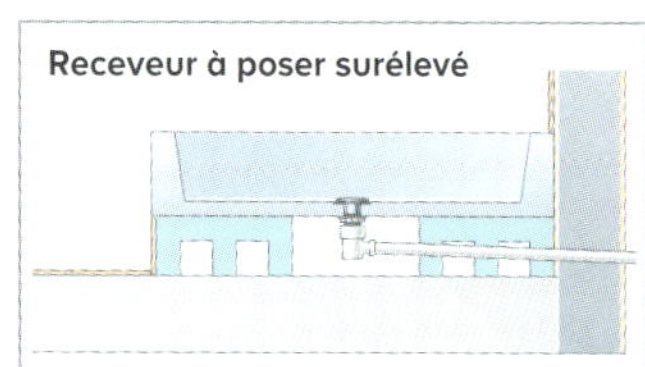

RECEVEUR À POSER SURÉLEVÉ

Ce receveur possède une embase creuse pour la bonde et l'évacuation. C'est le modèle le plus facile à installer.

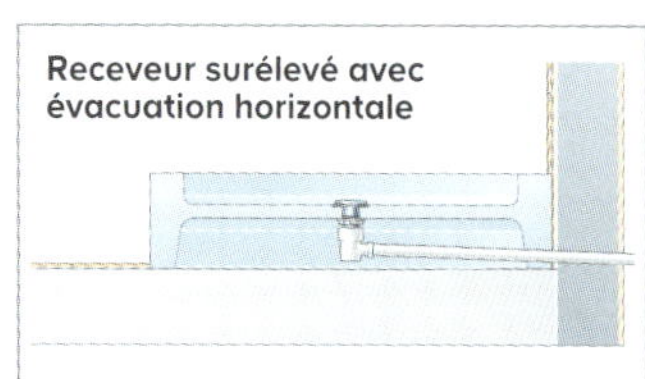

RECEVEUR À ENCASTRER

Ce type de receveur s'encastre dans le sol pour être au même niveau, mais empêche l'eau de se répandre grâce à son rebord.

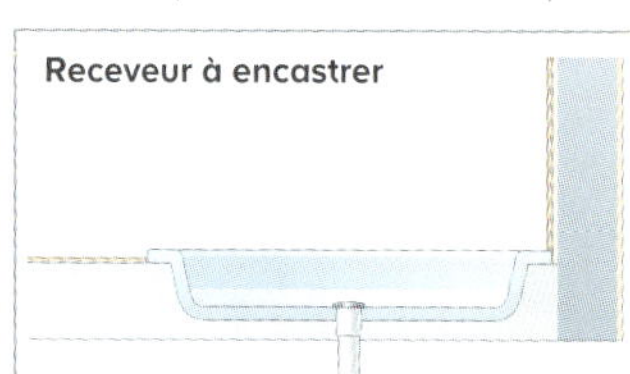

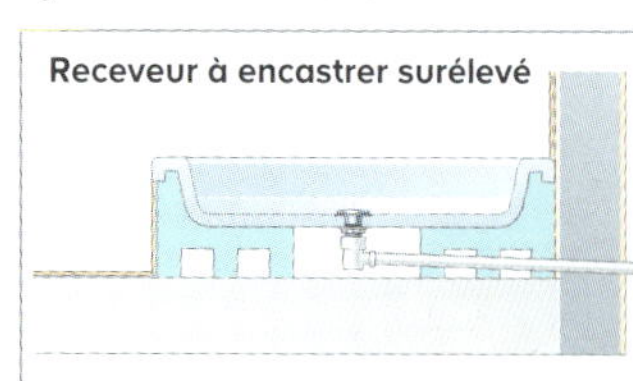

Receveur à carreler pour douche à l'italienne

Il permet de créer une douche au même niveau que le carrelage du sol. Il facilite l'écoulement de l'eau grâce à sa pente intégrée.

LA BONNE **INFO**

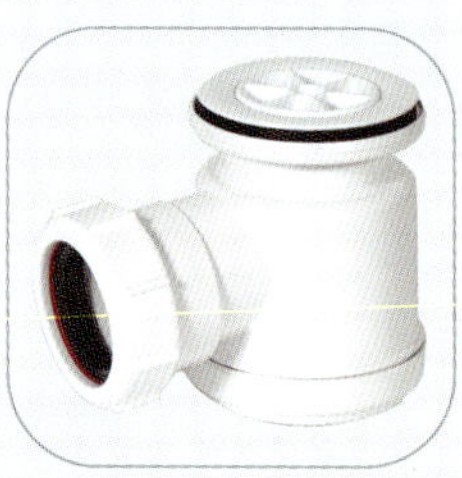

L'ÉVACUATION ET LE SIPHON
Avant d'arrêter le choix d'une cabine de douche, déterminez le circuit de la tuyauterie d'évacuation. Notez la hauteur nécessaire pour loger ces conduits et le siphon sous le receveur.

Choisir les parois

Achetez les parois de la douche en même temps que le receveur pour qu'elles s'y adaptent parfaitement. Prévoyez une largeur de passage d'au moins 46 cm. Suivant les possibilités de votre pièce, plusieurs solutions s'offrent à vous pour l'ouverture des portes.

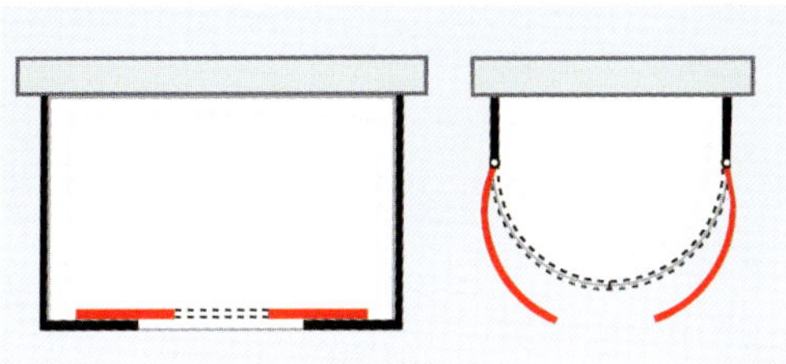

LE LONG D'UN MUR

Deux choix :

- 2 parois fixes plus 1 porte ;
- 1 paroi fixe plus 1 accès d'angle.

Portes battantes entre trois murs

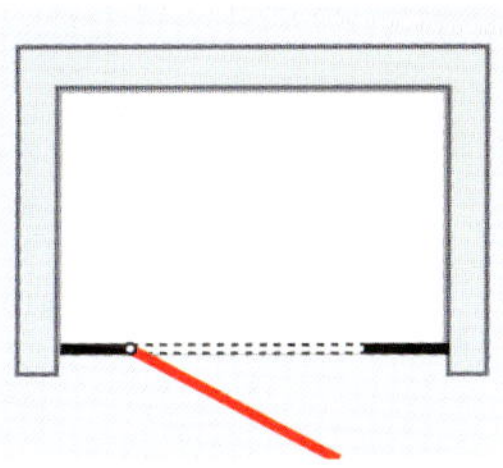

ENTRE TROIS MURS

Avec une porte pivotante, coulissante ou battante.

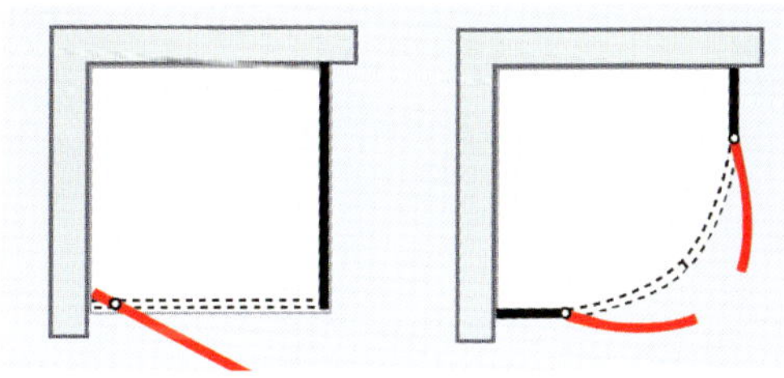

DANS UN ANGLE

Grâce à cet ensemble de portes vous pouvez utiliser un receveur en arc de cercle.

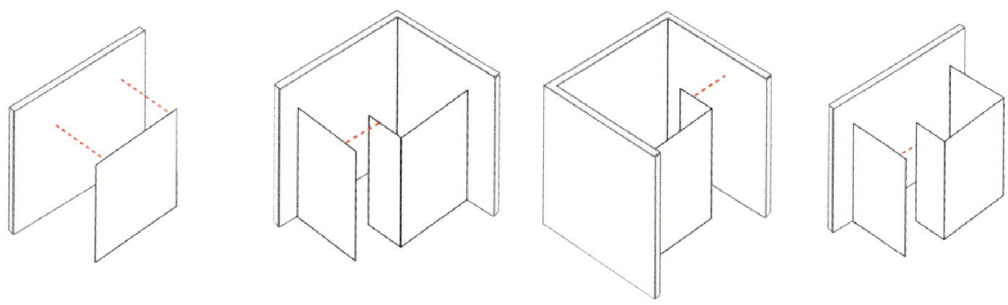

PAROIS SANS PORTE

Ce concept de parois entièrement modulable permet de créer une grande douche sans porte, qui s'adapte à l'espace dont vous disposez.

Choisir la cabine

Vous avez le choix entre une cabine simple et une large gamme de produits qui vont de la cabine hydromassante équipée de 4 à 20 buses, à la cabine à fonction hammam la plus confortable. Certaines bénéficient d'un traitement anticalcaire du verre.

CABINE HYDROMASSANTE

Cette cabine hydromassante en verre Securit monté sur profilés chromés possède 6 buses d'hydromassage. Son bac en acrylique renforcé est doté d'un caillebotis en bois.

CABINE D'ANGLE

Cette cabine permet un montage sans silicone, avec des profilés de compensation latéraux qui permettent de compenser les irrégularités éventuelles des murs.

LES BONS OUTILS

OUTILS

- Clé à molette
- Détecteur de métaux et de courant
- Perceuse à percussion
- Tournevis

MATÉRIEL

- Cabine de douche et ses accessoires
- Stylo-feutre
- Chevilles
- Mastic silicone
- Teflon

LA BONNE INFO

ROBINETS D'ARRÊT

Profitez de la rénovation d'une salle de bains pour placer des robinets d'arrêt au niveau de chaque appareil et notamment en aval de la cabine de douche ou de la baignoire. Cela vous facilitera les travaux de dépannage, d'intervention ou de remplacement de la robinetterie, en vous évitant de couper toute l'installation sanitaire à chaque intervention. En cas de fuite, cela vous permettra de neutraliser rapidement l'appareil concerné.

LA BONNE INFO

RÉGLAGE DU BAC

Au moment de la mise en place du receveur, assurez-vous qu'il est bien équilibré, avec une légère pente vers la bonde. L'idéal est de prendre un receveur à pieds réglables et d'ajuster la position du bac en agissant sur ses pieds au moment du montage.

Installer une cabine de douche

On peut placer une cabine de douche dans un angle ou contre un mur. Elle peut avoir une porte battante, pliante, coulissante ou en accordéon, ces deux dernières étant préférables quand la place est restreinte.

INSTALLER LE MITIGEUR ET LA DOUCHE

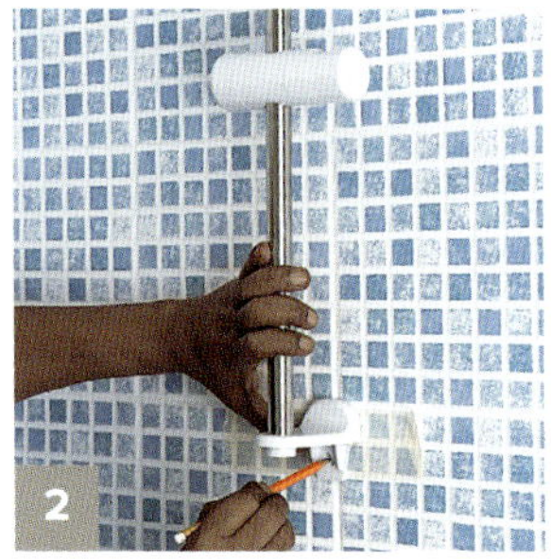

1. Garnissez le filetage des arrivées d'eau chaude et froide de ruban de Teflon. Vissez les raccords fournis avec le mitigeur, alignez-les et raccordez l'appareil. Serrez à la clé à molette. Ouvrez l'eau : si vous décelez une fuite, démontez le mitigeur et refaites l'étanchéité des raccords.

2. Fixez le porte-douchette sur la colonne. Équipez l'extrémité supérieure de celle-ci avec son support et tracez l'emplacement des trous de fixation du support inférieur avec un stylo-feutre.

3. Assurez-vous qu'aucun câble ni tuyau n'est encastré aux emplacements repérés, au moyen d'un détecteur de métaux et de courant, puis percez sur les repères. Insérez une cheville et appliquez dessus un peu de mastic silicone.

4. Placez le support inférieur de colonne et serrez ses vis de fixation. Replacez la colonne. Procédez de la même façon pour le support supérieur.

5. Montez la colonne et enfilez-la dans le support inférieur, puis dans le supérieur. Coiffez les supports avec les caches.

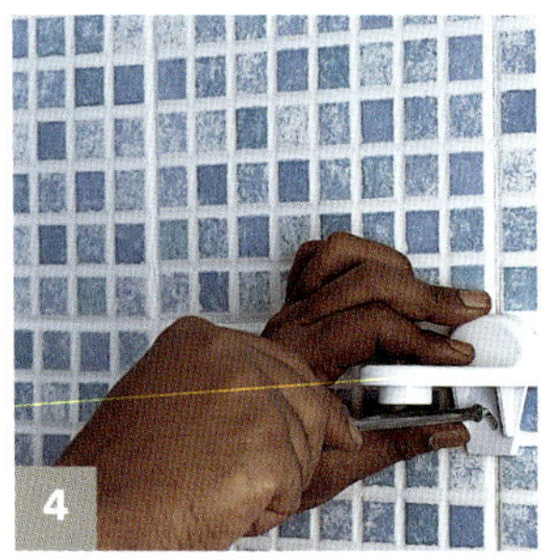

INSTALLER LA CABINE

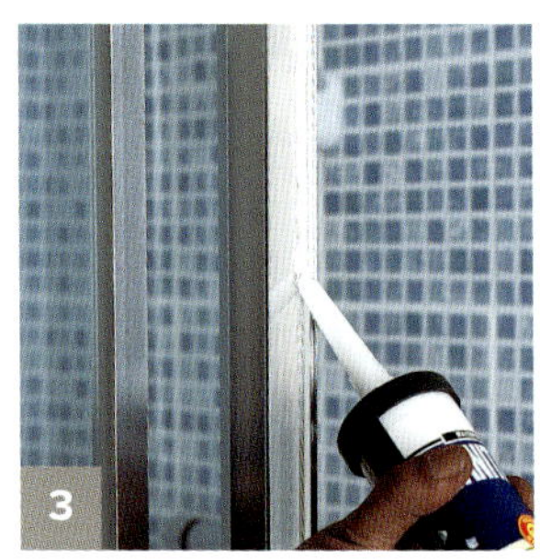

1. Posez le receveur, puis la cabine dessus. Insérez les portes de la cabine dans les traverses.

2. Tracez l'emplacement des points de fixation. Dégagez la cabine. Percez, chevillez et fixez la cabine.

3. Garnissez la face d'appui de chacun des montants de la cabine de mastic d'étanchéité au silicone.

4. Faites de même autour du receveur pour garantir son étanchéité avec les murs.

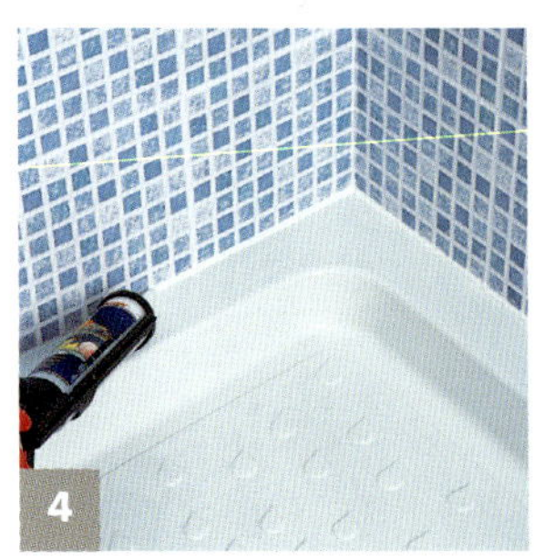

Installer une cabine hydromassante

Les cabines intégrales sont dotées aujourd'hui de buses et d'un mitigeur permettant de les rendre hydromassantes. Ce système assure en outre une excellente étanchéité.

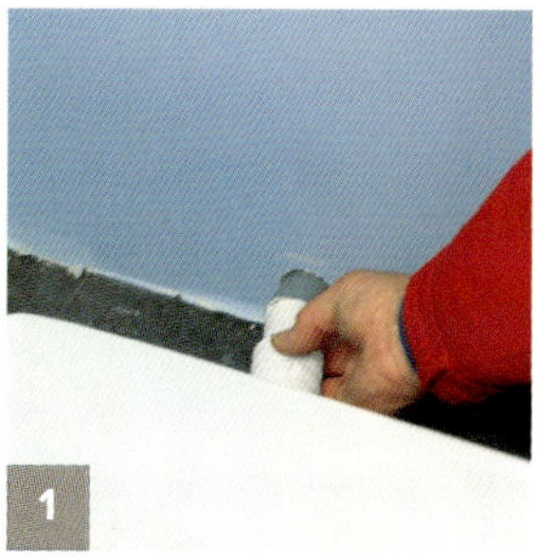

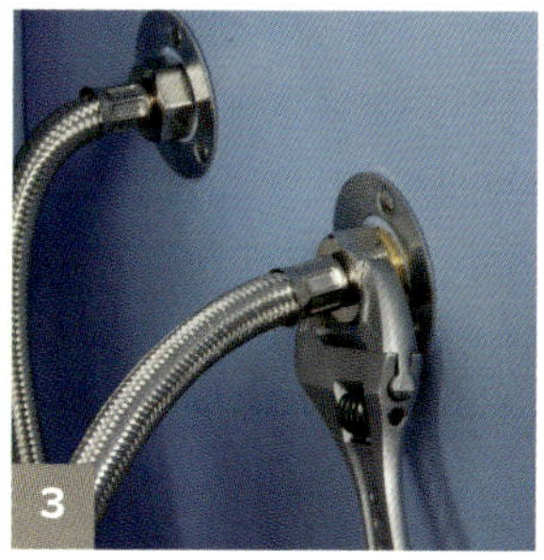

1. Approchez le bac de sa position définitive. Raccordez la canalisation flexible de la bonde avec la canalisation d'évacuation (diamètre 32 mm) par un emboîtement (collé pour une meilleure étanchéité).

2. Positionnez le bac de réception dans l'angle de la salle de bains qui devra présenter une arrivée double d'eau chaude et froide et une canalisation d'évacuation à sa base. Contrôlez le niveau du bac de réception mis en place. Il devra avoir une légère pente vers la bonde située dans l'angle droit pour assurer une évacuation efficace facilitant l'entretien.

3. Raccordez aux arrivées d'eau chaude et froide les tresses d'alimentation qui seront raccordées au dos de la cabine après son montage. Serrez les écrous avec une clé à molette.

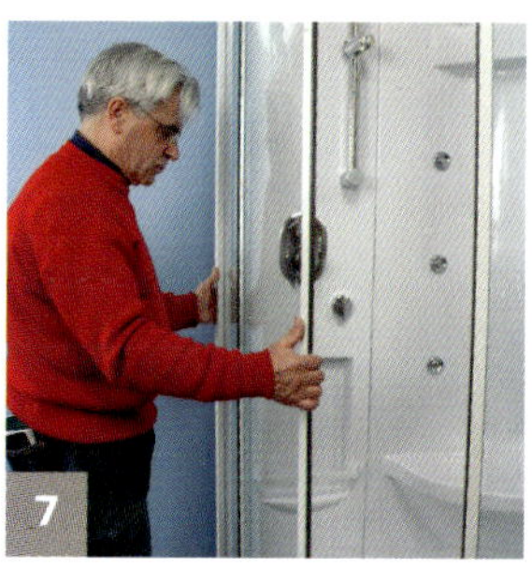

4. Raccordez les panneaux au bac. Engagez les vis taraudeuses dans les trous prépercés et vissez avec un tournevis.

5. Avec une visseuse, assemblez les parois de fond de la cabine par l'arrière. Il faut donc pouvoir y accéder facilement avant de mettre l'ensemble directement en place.

6. Réalisez l'étanchéité des parois de la cabine. Déposez un joint de mastic silicone sur la face intérieure des raccords verticaux des panneaux du fond de la cabine et horizontaux pour les liaisons de la base de ces panneaux avec les bords du bac de réception de la cabine.

7. Mettez les portes en place (elles sont suspendues à des rails) et posez les poignées.

LES BONS OUTILS

Outils
- Niveau à bulles
- Clé à molette
- Perceuse visseuse-dévisseuse
- Tournevis

Matériel
- Crayon
- Chevilles
- Mastic silicone

Cette cabine hydromassante intégrale possède 6 buses dorsales, une douchette et un mitigeur.

Habillage d'un receveur à carreler

Le receveur en polystyrène extrudé reçoit un siphon extra-plat (1). Il est ensuite carrelé (2). Le système d'évacuation des eaux est dissimulé par un carreau central (3).

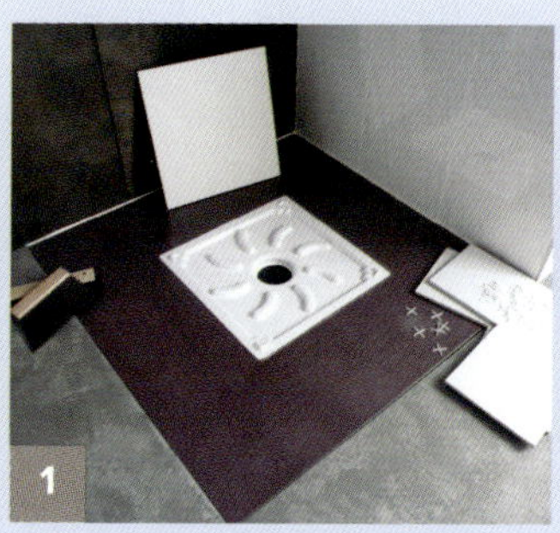

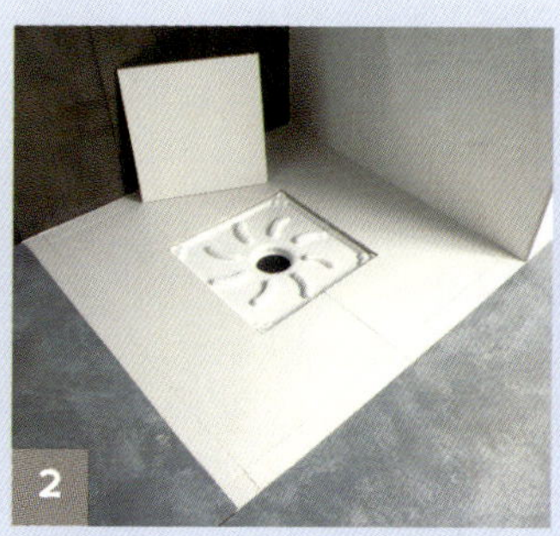

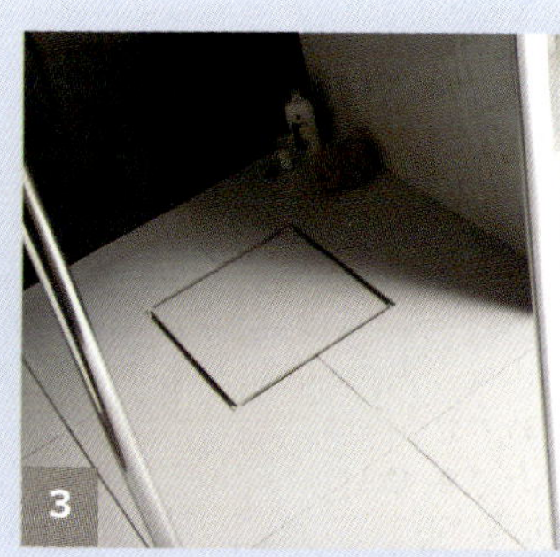

Une fuite d'eau peut rapidement dégénérer et créer des dommages importants aux revêtements, à la décoration, au mobilier, mais aussi à la structure même de la maison. Il faut agir vite. Pour éviter d'être pris au dépourvu en cas d'urgence, localisez le robinet d'arrêt général et conservez à portée de main les outils et produits nécessaires à une réparation.

LA BONNE **INFO**

Continuité électrique
Sur certaines installations de plomberie, on trouve parfois des raccords instantanés en plastique. Ils rompent la continuité de la mise à la terre du réseau de tuyauteries indispensable à la liaison équipotentielle (raccordement à la terre de toutes les parties métalliques d'une construction). Il faut reconstituer cette continuité en pontant les raccords au moyen du conducteur de terre (vert-jaune) de 6 mm^2 de section.

LES BONS **OUTILS**

Outils
- Coupe-tube ou scie à métaux
- Lime queue-de-rat
- Brosse à ébarber

Matériel
- Raccord mécanique
- Teflon

Que faire en cas d'inondation ?

• Localisez plus précisément l'origine de la fuite et efforcez-vous de trouver le robinet d'arrêt qui commande l'appareil. Fermez-le.

• Coupez l'électricité au disjoncteur principal. Examinez avec soin toutes les prises, commutateurs, suspensions et autres appareils électriques que l'eau peut avoir touchés pour être sûr qu'ils ne sont pas mouillés. Si vous décelez la moindre trace d'humidité dans un appareil, ne remettez pas la tension avant qu'il soit bien sec.

• Épongez l'eau ou placez un récipient sous la fuite.

Avec une bande antifuite

La mise en place d'une bande antifuite permet de réparer une fuite en quelques minutes.

• Nettoyez ou décapez au préalable la surface à colmater ou à réparer.

• Immergez la bande 20 secondes dans l'eau pour qu'elle s'en imbibe complètement.

• Enroulez ou apposez rapidement la bande sur le support, en la tirant légèrement pour la lisser. La bande durcit en 5 minutes.

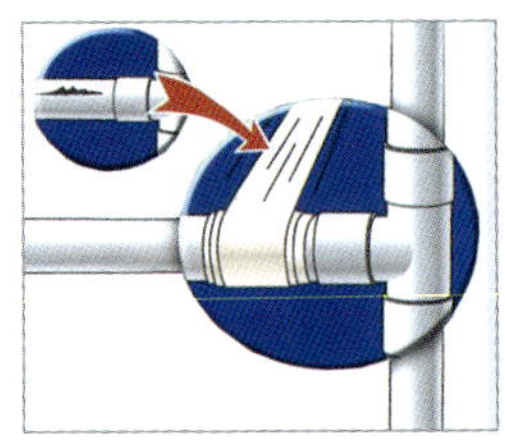

Avec un raccord vissant

N'importe quel type de raccord vissant convient pour remplacer une section de tuyau endommagée. Les raccords mécaniques à joint ou bicônes sont encore les plus simples à monter. Ils sont aussi les plus sûrs à long terme.

1. Fermez le robinet d'arrêt et purgez la tuyauterie. Coupez le tube de part et d'autre de la partie endommagée et déposez celle-ci. Il est parfois nécessaire de défaire les colliers les plus proches retenant le tuyau, de manière à pouvoir faire tourner le coupe-tube. Si ce n'est pas possible, utilisez une scie à métaux.

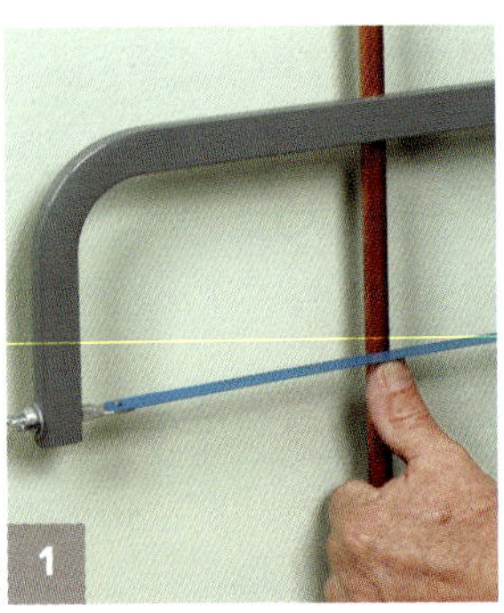

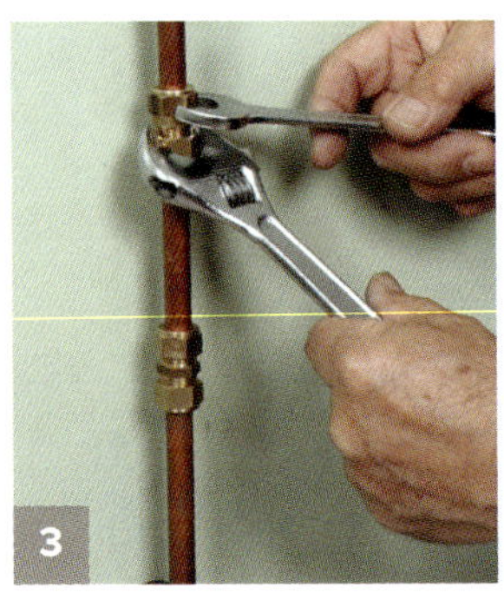

2. Éliminez les bavures à l'intérieur des extrémités coupées, avec une lime ronde (queue-de-rat) et à l'extérieur avec une brosse à ébarber.

3. Engagez les deux écrous du raccord sur les parties à raccorder, puis la rondelle ou la bague biconique sur chaque tube. Placez le raccord central sur les deux extrémités de tube. Bloquez l'écrou central et serrez les deux écrous de liaison. Renforcez éventuellement l'étanchéité avec du Teflon sur les filetages

Avec de la soudure à froid

La reconstitution d'un raccord soudé nécessite de savoir braser et de posséder le matériel nécessaire. Mieux vaut recourir à un produit de soudure à froid. C'est un mastic qui, une fois pris, se lime et se ponce sans problème. La soudure à froid se trouve sous différentes formes. La plus pratique se présente sous la forme d'une barre de mastic qu'il suffit de malaxer pour que le produit devienne ensuite aussi résistant que du métal.

LES BONS OUTILS

Outils
- Brosse métallique

Matériel
- Gants de ménage
- Mastic époxy bicomposant

1. Fermez l'arrivée d'eau de la tuyauterie concernée. Vidangez le tuyau, puis décapez la partie à réparer avec une brosse métallique.

2. Enfilez des gants de ménage. Coupez une portion de mastic suffisante pour recouvrir largement la zone qui fuit.

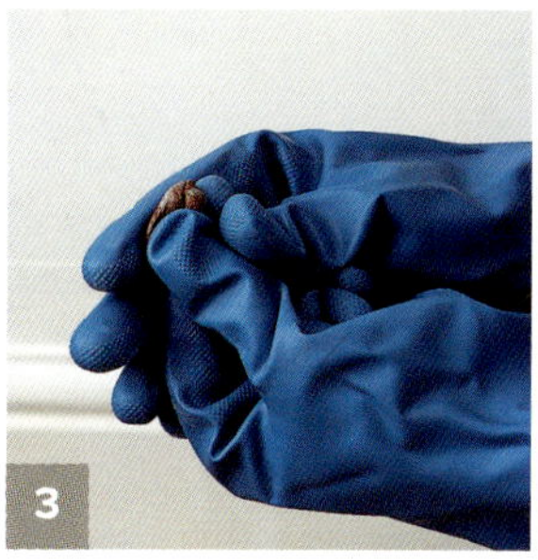

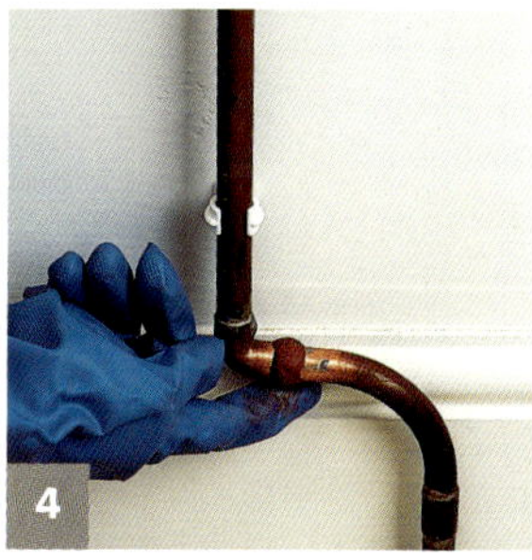

3. Malaxez le mastic entre les doigts jusqu'à obtenir un produit de couleur uniforme. À partir de là, travaillez rapidement, car le mastic durcit en 5 min.

4. Pressez le mastic autour du tuyau, en le forçant dans l'interstice entre le tuyau et le joint. Lissez et laissez durcir complètement pendant 24 h. Ouvrez l'eau.

Certains mastics peuvent maintenant durcir même quand la canalisation est mouillée.

LA BONNE INFO

Utilisations du mastic de réparation
Le mastic de réparation, ou soudure à froid, peut être utilisé avec succès sur de nombreux matériaux.

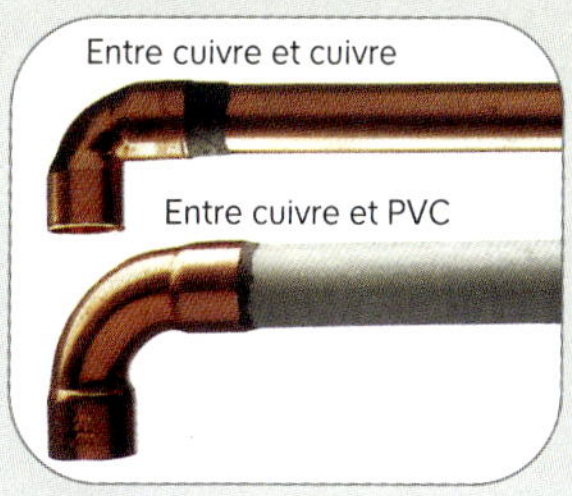

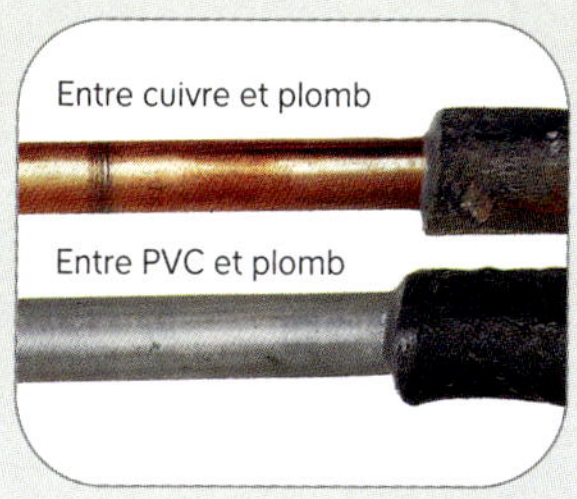

Coups de bélier

Il arrive qu'après la vidange d'une tuyauterie, de l'air se soit accumulé dans un coude ou dans une partie haute, ce qui provoque des vibrations et coups de bélier, pouvant aller jusqu'à l'interruption du débit d'eau, voire à la rupture d'un joint.
Pour éliminer le problème, la meilleure solution consiste à installer sur le circuit et à proximité du robinet concerné un petit vase d'expansion sanitaire (de 1 litre) qui absorbera les variations de pression responsables du phénomène.

Il faut parfois répéter plusieurs fois l'opération. Le problème peut aussi venir d'un blocage des canalisations dans les colliers de fixation. Dans ce cas, remplacez-les par des colliers isophoniques.

Tuyauterie gelée

Pour dégeler une tuyauterie, n'employez pas de lampe à souder ni une flamme nue, mais réchauffez-la au moyen d'un sèche-cheveux, en partant du robinet et en progressant régulièrement vers l'amont jusqu'à ce que l'eau recommence à couler. Vous pouvez aussi enrouler autour du tuyau gelé des serviettes trempées dans l'eau bouillante (portez des gants de ménage).
Toutes les tuyauteries situées à l'extérieur ou traversant un local non chauffé doivent être enveloppées d'une gaine isolante qui les préserve du gel.

LA BONNE INFO

Plomb interdit
Si vous êtes amenés à faire des réparations sur des tuyaux en plomb et si vous êtes propriétaires, sachez que le plomb est interdit dans les installations neuves depuis 1995. Vous serez contraint de remplacer votre installation d'ici à 2013.

LES BONS **OUTILS**

Outils
- Ventouse manuelle ou pneumatique
- Seau
- Déboucheur à ventouse ou à cartouche
- Furet

Matériel
- Déboucheur chimique
- Vaseline
- Chiffon
- Lunettes de protection
- Gants de ménage

Déboucher un siphon

L'accumulation de graisse dans le siphon, ou de déchets dans la grille de la bonde, freine souvent l'écoulement de l'eau des appareils sanitaires et des éviers. Si l'eau ne s'écoule plus du tout, le colmatage complet provient d'un bouchon dans le siphon ou plus loin dans la tuyauterie. Diverses méthodes permettent de traiter ce genre de problème.

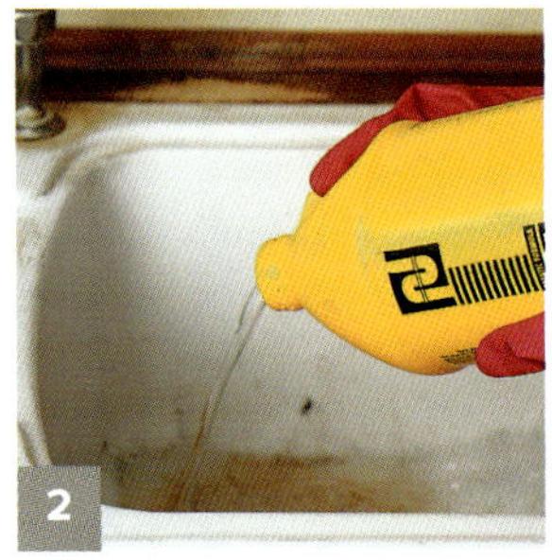

1. Si l'évier ne se vide plus du tout, conservez un peu d'eau au fond et appliquez la ventouse sur la bonde. Bouchez l'orifice de trop-plein avec un chiffon mouillé pour préserver la dépression. Actionnez le manche d'un vigoureux mouvement alternatif vertical. Il est souvent nécessaire de répéter l'opération une ou deux fois.

2. Si vous ne parvenez pas à déboucher l'évier avec la ventouse, essayez un déboucheur chimique. Portez des gants de ménage et des lunettes de protection. Respectez les instructions portées sur le flacon de ce produit très toxique. Protégez la bague métallique de la bonde en l'enduisant de vaseline.

3. Si le bouchon a résisté à toutes ces actions, il faut démonter le siphon. Placez un seau en dessous pour recueillir l'eau sale. Dévissez le culot du siphon et laissez le contenu de l'évier s'écouler dans le seau. Remettez le culot en place, sans omettre ses éventuelles rondelles et serrez-le sans forcer, ce qui rendrait difficile un dévissage ultérieur. Si aucun bouchon ne descend avec l'eau, visitez la conduite d'évacuation avec un furet (voir ci-dessous).

LA BONNE **INFO**

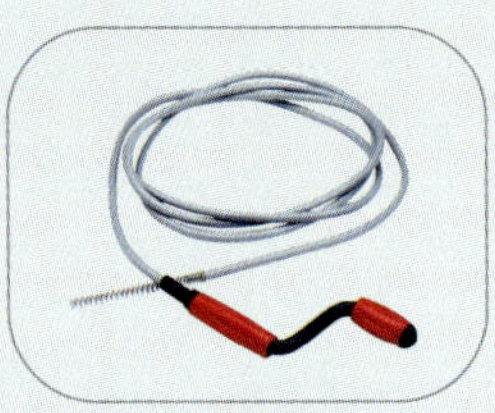

Furet de plombier
Le furet de plombier se compose d'une tête rotative à brins d'acier fixée à une extrémité d'un câble tournant dans une gaine flexible, entraîné par une manivelle à l'autre extrémité. Il évite de faire venir une entreprise.

Déboucher un W.-C.

Quand une cuvette de W.-C. se remplit d'eau jusqu'à ras bord puis ne se vide que très lentement, c'est qu'elle commence à se boucher. Le colmatage se situe souvent dans le siphon. Sinon il faut chercher la cause dans la tuyauterie d'évacuation.

- Commencez par verser un seau d'eau chaude tenu très haut au-dessus de la cuvette : un bouchon léger y résiste rarement.
- Placez la ventouse d'un déboucheur sur l'orifice du fond de cuvette et actionnez son manche.
- Si le bouchon résiste, utilisez un déboucheur pneumatique à cartouche (à gauche) ou un furet afin de détruire le bouchon.

Remplacer les joints de robinet

Seuls les robinets classiques à joint de clapet peuvent être réparés facilement. Les robinets mitigeurs et thermostatiques ne sont réparables que par un professionnel ou le service après-vente de la marque. Certains mélangeurs et les mitigeurs sont équipés de têtes monoblocs à disque en céramique qui durent plus longtemps que celles à clapet. En cas de fuite sur ces appareils, il faut changer l'ensemble tête ou cartouche.

LES BONS OUTILS

Outils
- Couteau
- Tournevis
- Clé à molette
- Pince multiprise

Matériel
- Joints de robinet
- Graisse au silicone
- Chiffon

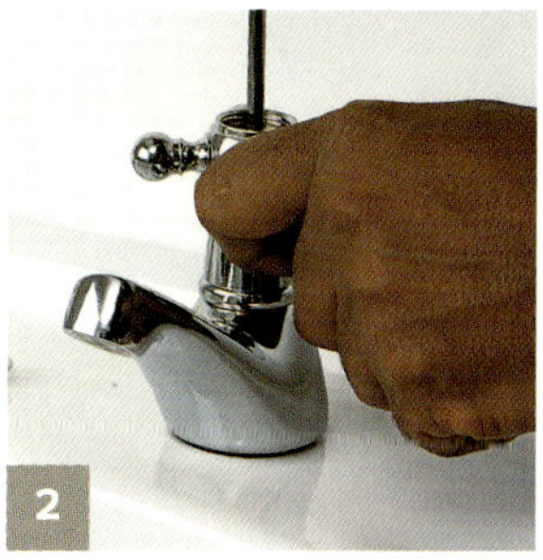

1. Fermez l'arrivée d'eau et ouvrez le robinet pour vidanger la tuyauterie. Fermez la bonde, au cas où quelque vis ou écrou tomberaient. Dévissez ou faites sauter le bouchon portant la pastille rouge ou bleue située au centre de la tête de manœuvre.

2. La fixation de la poignée varie d'un type de robinet à l'autre. Ici, il faut déposer une vis de fixation centrale, puis tirer la tête. Le corps de la tête ou le capot cache-tête se trouve ainsi dégagé.

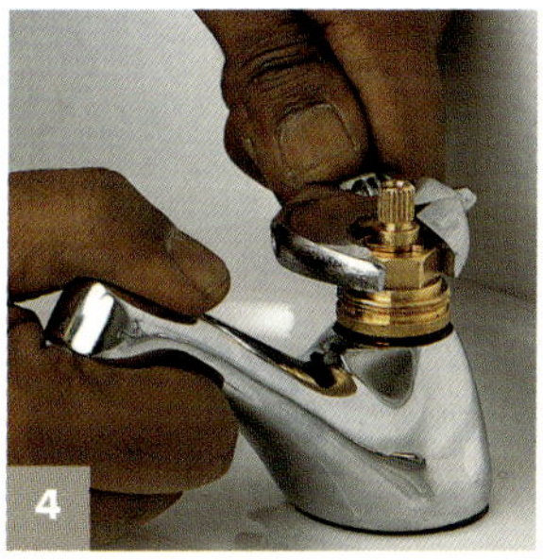

3. Dévissez le capot. S'il ne vient pas à la main, employez une pince multiprise après avoir enroulé un chiffon autour du capot chromé pour le protéger.

4. Dévissez le corps de la tête du robinet avec une clé à molette. S'il résiste, ne forcez pas. Bloquer la base du corps de robinet avec une pince multiprise en protégeant le chrome du robinet d'un chiffon.

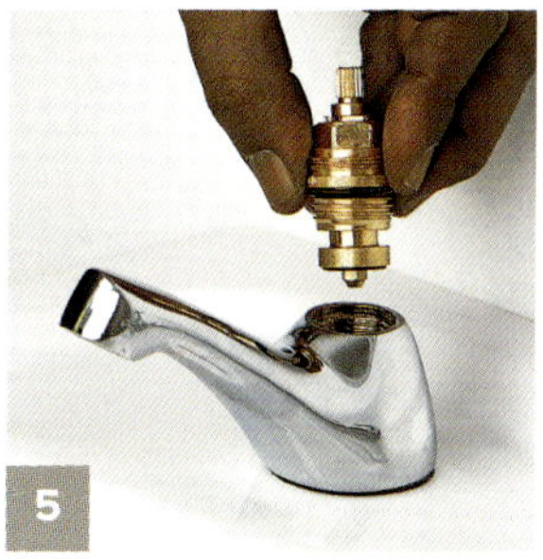

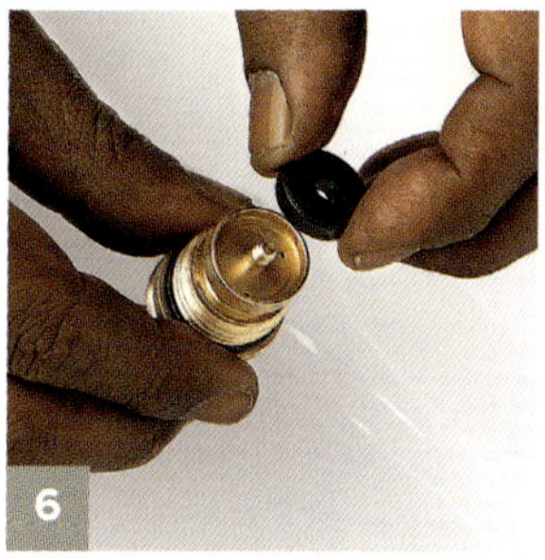

5. Sortez le corps de la tête du robinet. Desserrez l'écrou. Sortez le joint usagé.

6. Insérez un joint neuf dans le clapet. Remontez le robinet dans l'ordre inverse de son démontage. Appliquez un peu de graisse au silicone sur le filetage de la tête de manœuvre. Vissez la tête dans le corps du robinet.

LA BONNE ASTUCE

Joint prêt à poser
Ce joint préformé prêt à l'emploi adhère parfaitement sur tous les matériaux. Très flexible, il se pose très facilement et dispense du lissage.

Poser des joints silicone

À la longue, les joints sanitaires silicone jaunissent, se salissent ou moisissent. Il faut donc les remplacer. Utilisez de préférence un produit contenant un agent fongicide (contre les moisissures).

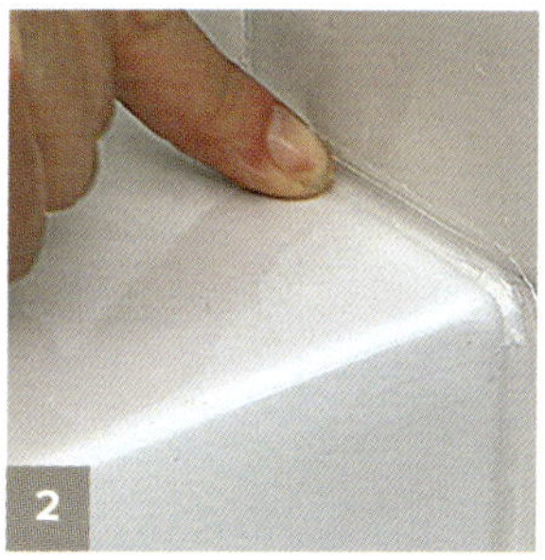

1. Enlevez toute trace de vieux joint avec un produit adapté ou en le grattant. Déposez un cordon continu de mastic.

2. Lissez le joint avec un accessoire prévu à cet effet ou bien tout simplement avec le doigt, après l'avoir trempé dans de l'eau additionnée de liquide vaisselle.

LA BONNE INFO

RÉFLECTEUR ISOLANT
Placez derrière les radiateurs un panneau réflecteur isolant. Il évitera la dissipation des calories dans le mur et il améliorera le rendement des radiateurs par rayonnement.

Le chauffage central consiste à faire circuler de l'eau chaude dans un réseau de canalisations alimentant des radiateurs qui transmettent la chaleur. C'est un système performant, souple et confortable. Avec une chaudière moderne, c'est aussi un chauffage économique sur le plan de la consommation de combustible. Les radiateurs peuvent être remplacés par un plancher chauffant.

1. Principes du chauffage central

Dans un chauffage central, la chaleur produite est fournie par une source centralisée (la chaudière). Elle est communiquée à un liquide qui transporte les calories (de l'eau avec différents additifs protégeant l'installation). Ce liquide ainsi chauffé est distribué dans l'ensemble de la maison par un réseau de canalisations. Elles forment un circuit passant par les différents radiateurs (ou par un plancher chauffant) où les calories sont cédées, sous forme de rayonnement et de convection. La circulation est assurée et accélérée par une pompe. Les variations de volume à l'intérieur du circuit sont absorbées par un ou plusieurs vases d'expansion.

THERMOSTAT D'AMBIANCE (CI-DESSUS) ET ROBINET THERMOSTATIQUE : deux accessoires essentiels pour réduire les dépenses de chauffage central.

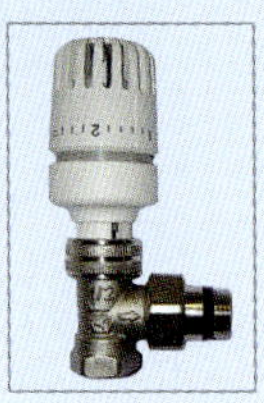

2. Quelle énergie ?

Plusieurs types d'énergies peuvent faire fonctionner une chaudière de chauffage central :
– le fioul est l'un des principaux combustibles utilisés. Son prix, bien que soumis à des variations, reste globalement compétitif, mais il impose une citerne importante (de 2 000 à 3 000 litres) ;
– le gaz naturel est performant et ne demande aucun stockage. On ne le paie qu'après consommation. Il demande peu d'entretien ;
– le gaz butane/propane présente la plupart des avantages du gaz naturel mais impose une citerne (qui peut aujourd'hui être enterrée) ;
– l'électricité est intéressante là où il n'y a pas de réseau de distribution du gaz et où l'on ne peut installer une citerne. C'est le moyen idéal pour chauffer une extension, sans avoir à réaliser une installation complexe (comme celle de chauffage central, par exemple). Les appareils de dernière génération, comme les radiateurs à chaleur douce, procurent une chaleur agréable bien répartie.

LA BONNE INFO

ISOLER AVANT DE CHAUFFER
Avant toute intervention et modification de votre système de chauffage, pensez à améliorer l'isolation de votre maison. Pour savoir si votre maison est bien isolée et si le chauffage est performant, faites réaliser un diagnostic de performance énergétique (DPE). Il est accompagné de conseils de bon usage et de recommandations de travaux éventuels. Le DPE est obligatoire en cas de mise en vente ou de mise en location de l'habitation.

3. Les énergies renouvelables

Pour le chauffage central, trois types d'énergies renouvelables peuvent assurer tout ou partie du chauffage :
– les capteurs solaires disposés en toiture, sur les murs ou au sol permettent d'assurer une très large partie du chauffage de l'eau sanitaire (jusqu'à 70 %), mais aussi une part du chauffage central (en relève de chaudière) ;
– la pompe à chaleur récupère les calories contenues dans le sol et dans l'eau (géothermie) ou dans l'air (aérothermie). La pompe à chaleur allège la charge de la chaudière ou peut assurer la totalité du chauffage (avec des radiateurs adaptés ou un plancher chauffant basse température) ;
– le bois est un combustible renouvelable et propre. Sa puissance de chauffage dépend en grande partie de l'essence du bois. Notez que les résineux ne sont pas adaptés au chauffage. Le bois coupé et refendu se vend au stère, équivalent à 1 m^3 (pesant 400 à 500 kg). Il doit sécher deux ans.
– les déchets de scierie permettent de réaliser des pelets ou granulés alimentant des appareils de chauffage adaptés. On trouve aussi des bûches de bois reconstitué.

Les installations de chauffage central

CALCULER LA PUISSANCE NÉCESSAIRE

Le calibrage d'une installation de chauffage central permet de déterminer le type et le nombre de radiateurs nécessaires, et bien sûr la puissance de la chaudière.

Il est toujours difficile d'apprécier la puissance de la chaudière :
– si vous la surévaluez, la chaudière vous coûtera plus cher à l'achat ;
– si vous la sous-évaluez elle sera trop sollicitée inutilement, elle consommera trop, et s'usera prématurément, d'où des frais d'entretien répétés.
Une bonne évaluation de la puissance nécessaire optimale de la chaudière doit tenir compte des besoins de chauffage mais aussi d'eau sanitaire (si la chaudière assume cette fonction).

• **Comment faire le calcul**
Vous devez calculer les déperditions de chaleur avec la formule suivante :
P = C x DT x V.

• "C" est le coefficient de consommation d'énergie. Les coefficients ordinairement retenus sont les suivants :
– maison bien isolée : 1,50 ;
– maison isolée normalement : 1,60 ;
– maison mal isolée : 2.

• "DT" est la différence de température entre celle que l'on souhaite avoir dans les pièces et le "mini extérieur régional". À Lille, par exemple, le calcul donne :
20 °C - (- 9 °C) = 29

• "V" est le volume de la maison. Il se calcule ainsi :
une maison de 100 m^2 et 2,50 m sous plafond
100 x 2,50 = 250 m^3

• Exemple pour une maison bien isolée de 250 m^3 dans la région de Lille :
C (1,50) x DT (29) x vol (250 m^3) = 10 875 W.
Le calcul de la puissance de la chaudière doit tenir compte aussi des pertes en charge (1,10) et de la surpuissance (1,20) soit :
P = 10 875 x 1,10 x 1,20 = 14 355 W soit 14,355 kW.

BESOINS EN EAU CHAUDE SANITAIRE

Si vous optez pour une chaudière produisant également l'eau chaude sanitaire, les minimums de puissance en fonction de la taille de la famille sont les suivants :
– 1 à 3 personnes : 23 kW ;
– 4 personnes : 28 kW ;
– 5 personnes et plus : 36 kW.

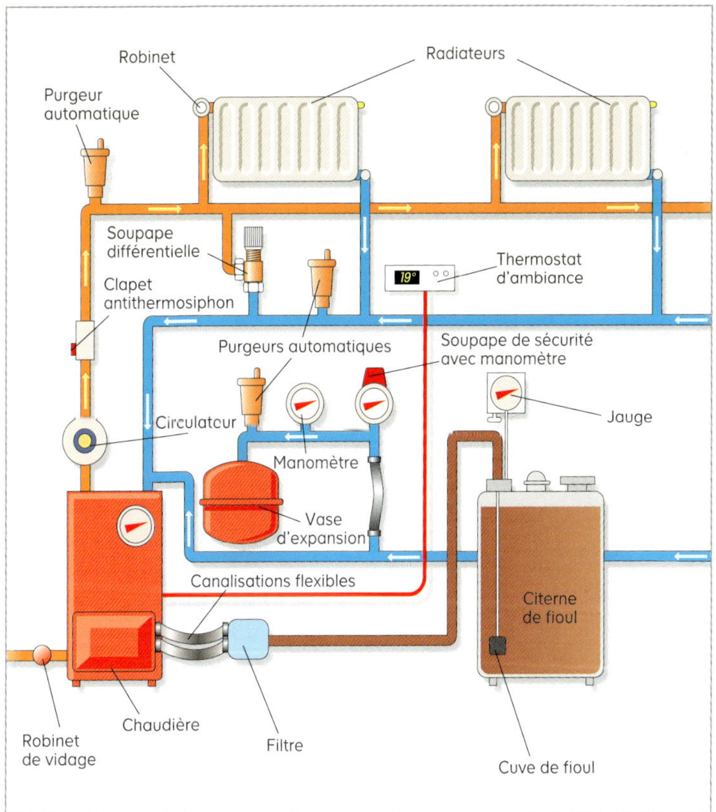

INSTALLATION DE CHAUFFAGE CENTRAL AU FIOUL AVEC CHAUDIÈRE AU SOL

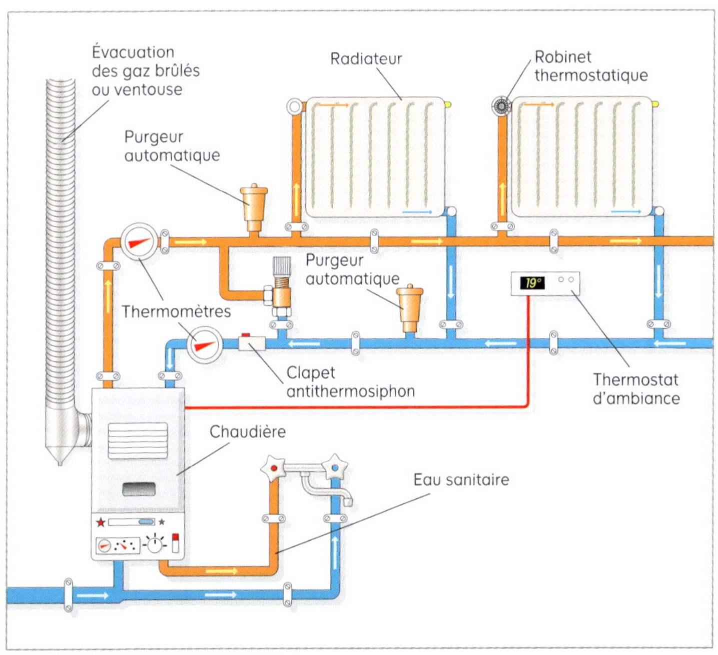

INSTALLATION DE CHAUFFAGE CENTRAL AU GAZ AVEC CHAUDIÈRE MURALE

Les radiateurs sont les éléments principaux d'une installation de chauffage central classique. Ce sont les "émetteurs" qui transmettent la chaleur produite par la chaudière et transportée par le liquide caloporteur via les canalisations. La plupart des radiateurs actuels sont en acier ou en fonte d'aluminium.

Types de radiateurs

Le matériau qui constitue les radiateurs joue un rôle important dans le mode de diffusion de la chaleur :
- **les radiateurs en fonte** montent rapidement en température et se refroidissent lentement. Lourds, encombrants, ils sont de moins en moins fabriqués ;

- **les radiateurs en acier** montent et baissent rapidement en température. De formes plus variées, ils sont moins chers à l'achat ;

- **les radiateurs en fonte d'aluminium** sont très légers. Ils montent vite en température et se refroidissent lentement. Ils s'installent uniquement avec d'autres radiateurs en aluminium et atténuent les bruits de fonctionnement.

Les radiateurs se fixent à 10/12 cm du sol et doivent avoir un espace de 10 cm de chaque côté.

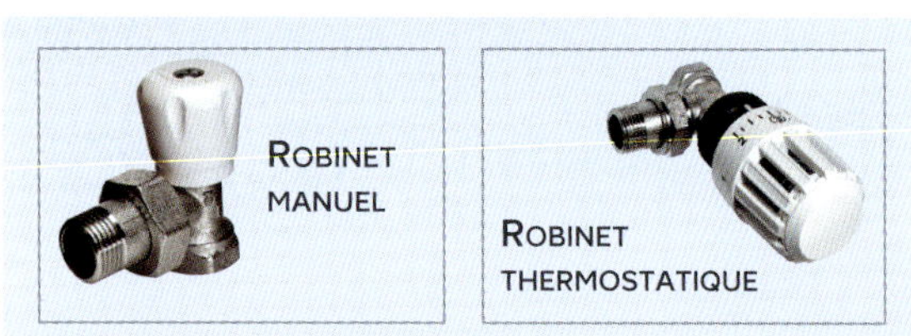

Les robinets de radiateur

Les robinets de radiateur servent tout à la fois à commander l'appareil et à moduler son fonctionnement et donc la température de la pièce.
- **Les robinets manuels** sont de simples vannes permettant de faire varier mécaniquement le débit d'entrée d'eau dans le radiateur.

- **Les robinets thermostatiques** permettent de moduler, voire d'interrompre automatiquement l'alimentation du radiateur en fonction de la température que l'on a décidé d'atteindre dans la pièce. Ils constituent donc des équipements de confort et d'économie d'énergie.

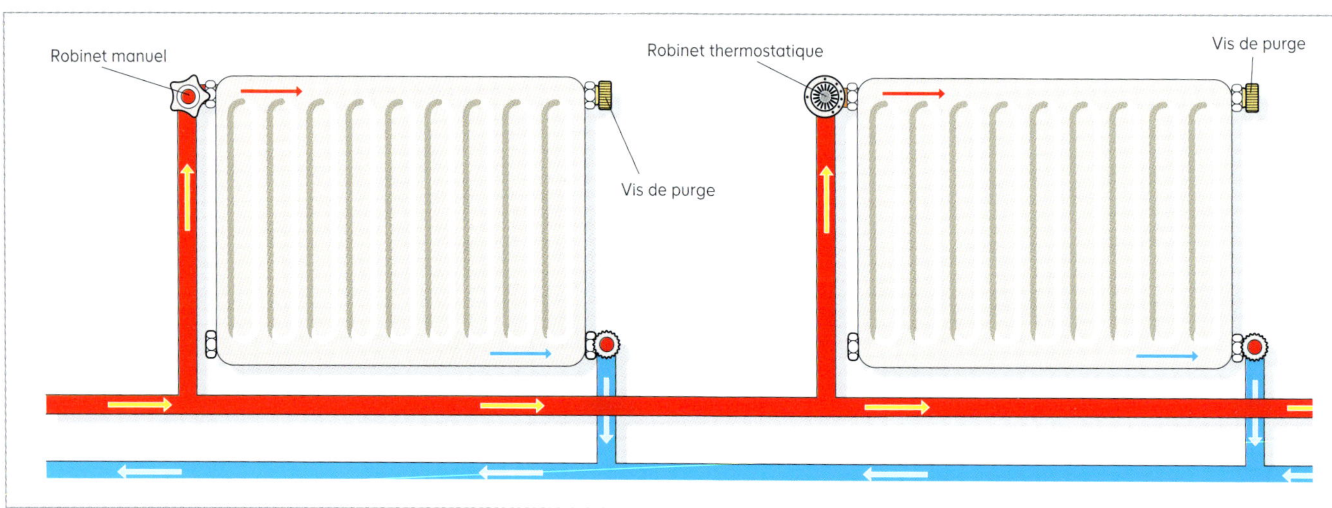

INSTALLATION BITUBE
Comme son nom l'indique, elle est constituée de deux tubes : l'un qui amène l'eau chaude aux radiateurs et l'autre qui ramène l'eau refroidie vers la chaudière. Ce système présente l'avantage d'alimenter tous les radiateurs par une eau de même température, garantissant une utilisation optimale des robinets thermostatiques.

Poser un radiateur

Les radiateurs en acier ou ceux en aluminium se posent facilement. Le raccordement à l'installation se fait par des raccords soudés ou de simples raccords vissants.

1

2

1. Accrochez le radiateur aux consoles fixées par des vis et des chevilles adaptées à la nature du mur.

2. Contrôlez l'horizontalité du radiateur. Donnez-lui une légère pente dans le sens du bouchon de vidange (si celui-ci en est pourvu) en agissant sur les consoles.

LES BONS OUTILS

Outils

- Perceuse à percussion
- Niveau à bulles
- Tournevis
- Clé à molette

Matériel

- Robinet thermostatique
- Purgeur
- Raccord de vidange
- Raccord de sortie
- Consoles
- Vis, chevilles
- Colliers Atlas (idéalement de type isophonique)

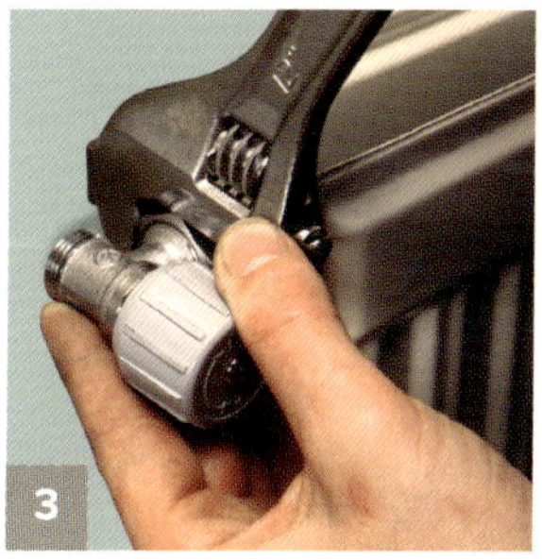

3

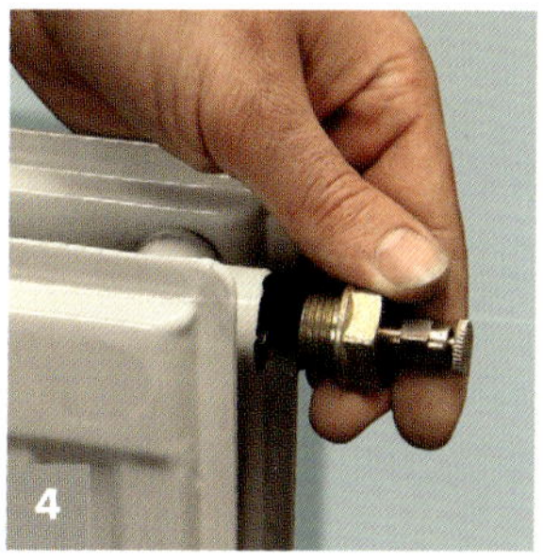

4

3. Montez le robinet d'alimentation et de réglage. Attention de bien amorcer le filetage ! Le robinet peut être monté à droite ou à gauche selon l'organisation de l'installation.

4. Vissez le purgeur du côté opposé au robinet. Une vis à tête moletée facilitera la purge d'air des radiateurs.

5

6

5. Vissez le raccord de sortie en bas du radiateur en position diamétralement opposée à celle du robinet.

6. Montez le raccord de vidange. Cet accessoire souvent absent des installations peut être réservé au radiateur le plus bas de l'installation, pour faciliter la vidange générale de l'installation.

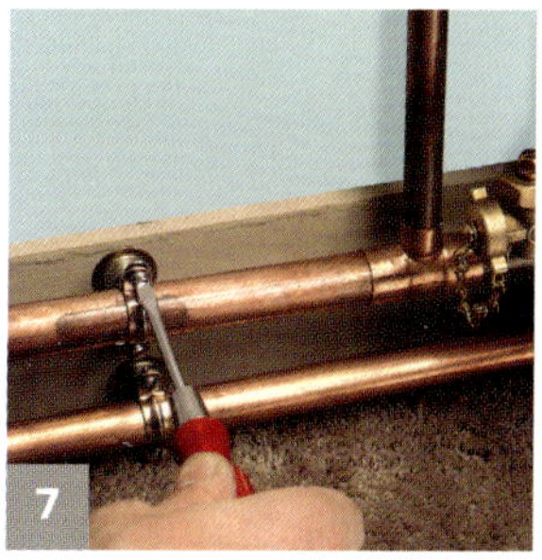

7

8

7. L'installation est réalisée ici en tubes cuivre fixés de façon apparente. Ils sont maintenus par des colliers Atlas.
À défaut de colliers isophoniques, ne serrez pas trop les vis des colliers pour ne pas brider les canalisations, qui doivent pouvoir se dilater en fonction des variations de température.

8. Vous pouvez ouvrir l'eau au niveau de la chaudière. Ouvrez le robinet du raccord de sortie (l'ouverture se fait par une vis).
Ouvrez ensuite le robinet du radiateur. Évacuez l'air par la vis de purge. La chaudière peut être lancée.

LA BONNE INFO

Pour éviter les craquements : les colliers isophoniques

Ces colliers sont dotés d'un revêtement intérieur en mousse afin d'éliminer les bruits parasites dans l'installation, notamment quand la chaudière se remet en marche.

LES BONS **OUTILS**

Outils
- Pince multiprise
- Bocal

Purger les radiateurs

La pénétration de l'air dans le circuit peut survenir :
- lors d'un arrêt prolongé de l'installation ;
- à l'occasion d'un dépannage ou d'une intervention technique ;
- du fait de microfuites.

La présence d'air dans le circuit de chauffage entraîne :
- un fonctionnement bruyant de l'installation, un gargouillement dans les tuyaux ou les radiateurs ;
- le refroidissement pur et simple de tout ou partie du radiateur et des canalisations.

1. Avant de purger le radiateur, contrôlez le niveau de pression de l'installation au manomètre situé après la chaudière. Si la pression est anormalement basse, ouvrez la vanne d'alimentation de la chaudière en surveillant la pression au cadran du manomètre. Fermez la vanne dès que la pression correcte est rétablie.

2. Allez au radiateur qui pose problème. Le purgeur est en général situé à l'opposé du robinet. Placez un récipient sous le purgeur et ouvrez-le progressivement avec une pince multiprise s'il est bloqué. Ne le refermez que lorsque l'eau sort sans bulle d'air. Complétez la pression au niveau de la chaudière.

LES BONS **OUTILS**

Outils
- Pince multiprise
- Bocal

Matériel
- Teflon

Installer un robinet thermostatique

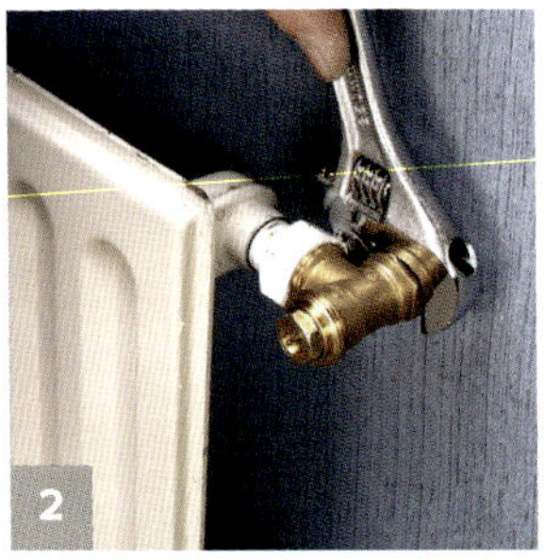

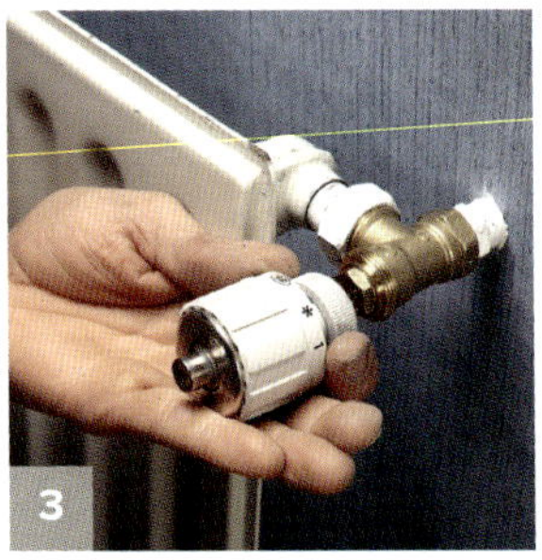

1. Desserrez les écrous de liaison du robinet, d'un côté avec la canalisation d'arrivée d'eau, de l'autre avec le radiateur. Sortez le corps du robinet.

2. Montez le corps du nouveau robinet, en plaçant éventuellement, sur le filetage du ruban Teflon pour assurer l'étanchéité.

3. Le montage du robinet thermostatique peut varier selon les marques. Généralement il suffit de visser le robinet sur le corps de celui-ci.

LA BONNE **ASTUCE**

Tête programmable

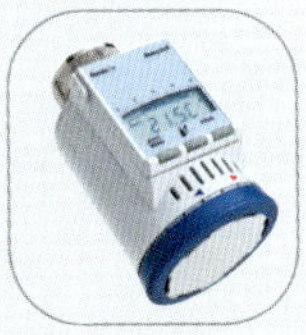

Ce robinet thermostatique permet de réguler la température d'une pièce selon 4 programmes journaliers.
Il détecte automatiquement si une fenêtre est ouverte. Il peut vous faire économiser 10 à 25 % de la consommation du radiateur.

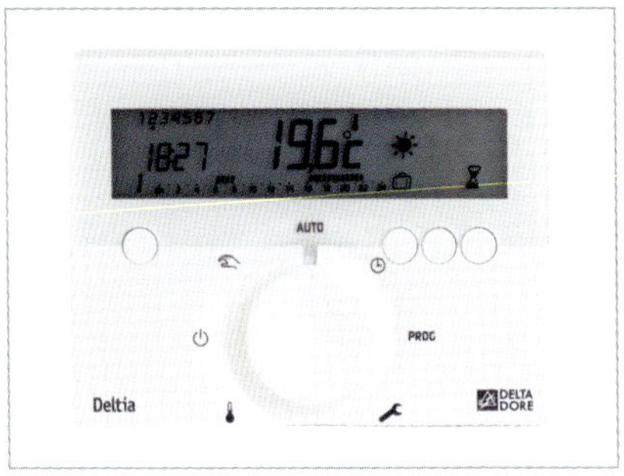

THERMOSTAT D'AMBIANCE
Programmer et régler le chauffage

Ce thermostat d'ambiance filaire pour chauffage central permet de programmer la température par demi-heures selon différentes allures réglables : confort, économie, hors gel et arrêt.

Plancher chauffant et rafraîchissant

Le plancher chauffant et rafraîchissant est certainement ce qui se fait de mieux aujourd'hui pour le confort d'hiver et d'été d'une maison. Il peut se faire avec deux composants : un groupe "froid" et une chaudière (schéma ci-dessous) ou avec une pompe à chaleur réversible. Bien sûr sa réalisation n'est envisageable que par un bricoleur averti. Le plancher est constitué d'une dalle flottante dans laquelle sont incorporés des tubes en polyéthylène, disposés sur des plaques à plots en polystyrène expansé.

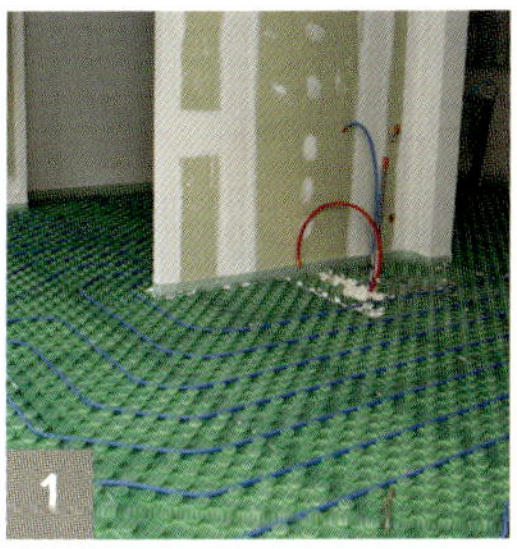

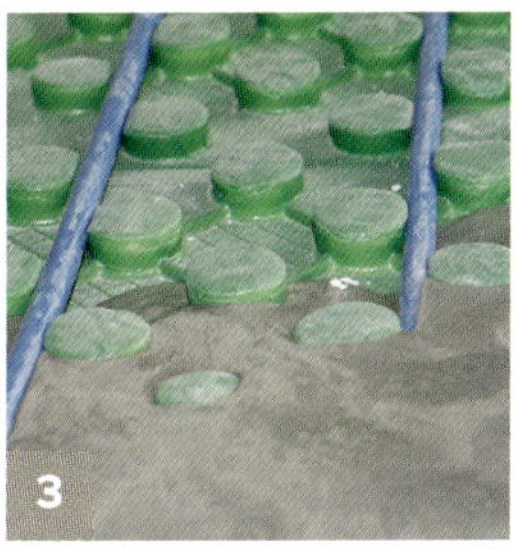

© Giacomini

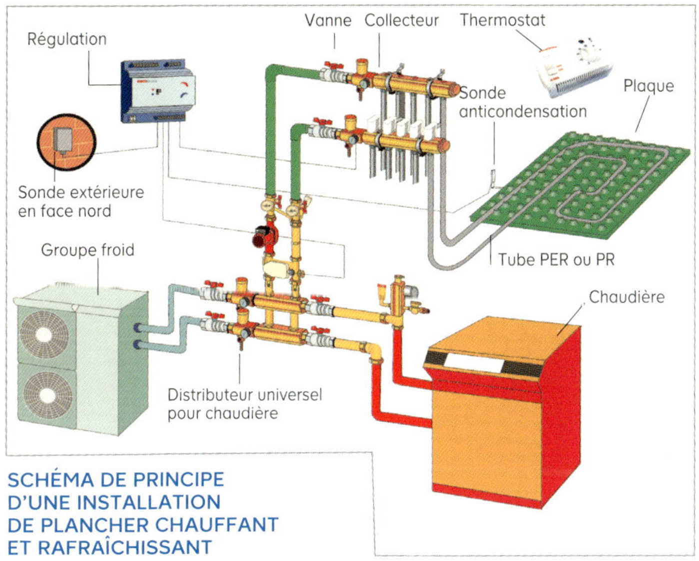

SCHÉMA DE PRINCIPE D'UNE INSTALLATION DE PLANCHER CHAUFFANT ET RAFRAÎCHISSANT

1. Les dalles à plots en polystyrène recouvrent l'ensemble de la dalle de plancher. Les canalisations en polyéthylène réticulé sont déroulées en escargot et maintenus entre les plots.

2. La chape peut être anhydrite (sulfate de calcium) ou réalisée en béton fluide ou encore en béton classique (dosé à 350 kg de ciment/m^3).

3. L'installation doit être remplie pendant tout le coulage de la chape. Les tubes et le sommet des plots doivent être recouverts de 40 mm de béton.

4. Un joint de fractionnement (ou de dilatation) doit être prévu au niveau des portes ainsi que tous les 40 m^2 maximum, la plus grande longueur ne devant pas excéder 8 m.

Plancher chauffant électrique

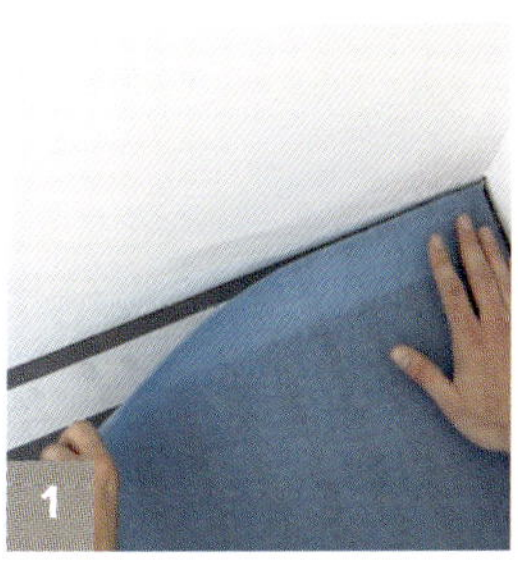

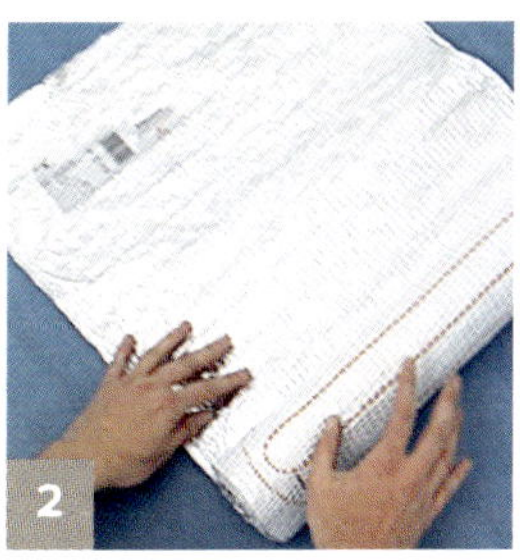

1. Fixez la sous-couche au sol (pare-vapeur vers le bas) avec du ruban adhésif double face.

2. Déroulez le fil chauffant, face aluminium vers le haut.

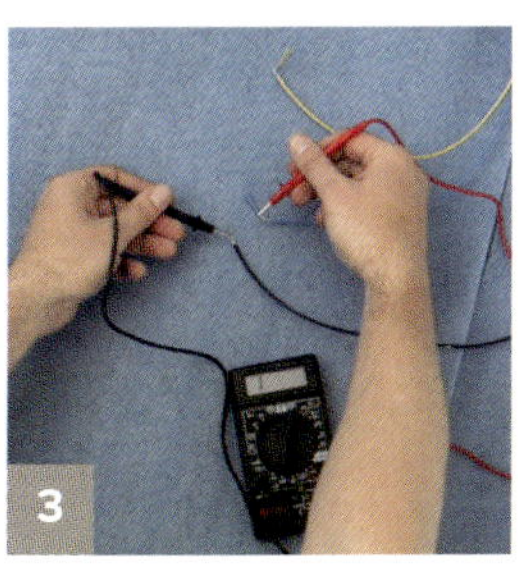

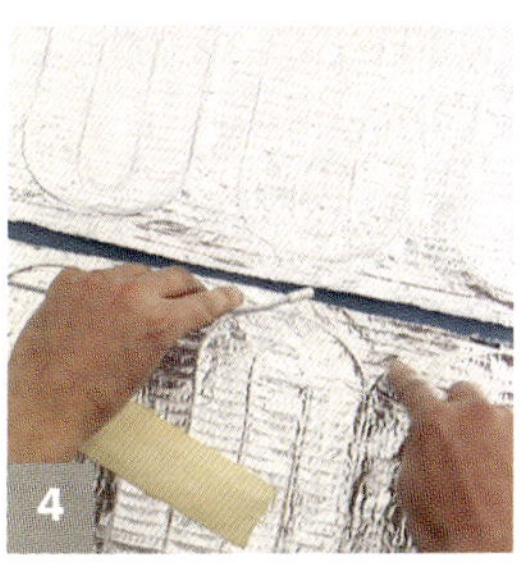

3. Contrôlez l'isolation des conducteurs du film chauffant avec un multimètre.

4. Placez maintenant la sonde de sol, en la fixant provisoirement avec du ruban adhésif entre deux spires du film chauffant. C'est elle qui relèvera la température.

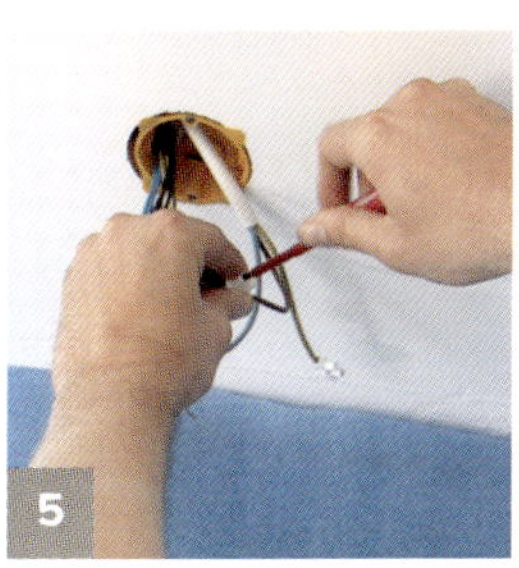

5. Procédez aux différents raccordements électriques par dominos dans la boîte de dérivation et au niveau du programmateur.

6. Contrôlez le bon fonctionnement du film chauffant, puis posez le parquet stratifié après avoir retiré le ruban adhésif qui retenait provisoirement la sonde de température. Le principe du plancher chauffant électrique est adaptable au carrelage.

LES BONS OUTILS

Outils
- Cutter
- Tournevis d'électricien
- Pince à dénuder
- Multimètre

Matériel
- Film chauffant
- Sous-couche
- Adhésif double face
- Boîte de dérivation
- Domino
- Programmateur
- Multimètre

LA BONNE INFO

PANNEAU RÉFLECTEUR
Placez derrière les radiateurs un panneau réflecteur isolant. Il évitera la dissipation des calories dans le mur et il améliorera le rendement des radiateurs.

Il existe aujourd'hui trois familles principales d'appareils de chauffage électrique : les convecteurs, les rayonnants et les radiateurs à inertie. Les appareils à accumulation à briques réfractaires ne sont plus guère d'actualité. Différents systèmes sont utilisés pour les radiateurs d'appoint (résistances classiques ou céramiques, par exemple).

Choisir les radiateurs électriques

Le choix des radiateurs électriques se fait sur le mode de diffusion de la chaleur, sur le prix et sur les capacités de gestion des différents appareils. Les convecteurs sont les moins chers et leur action est immédiate, les rayonnants assurent une diffusion harmonieuse de la chaleur, les radiateurs à inertie mixant les avantages de la convection et du rayonnement.

LES CONVECTEURS
Action directe et rapide

Avec les convecteurs, l'air froid est aspiré par le bas, chauffé sur la résistance électrique puis s'élève dans la pièce en provoquant un balayage de haut en bas et inversement. Leur action est immédiate mais s'interrompt aussi brutalement quand on les coupe.

LES RAYONNANTS
Confort permanent

Ces appareils émettent la chaleur par rayonnement, un peu comme les rayons du soleil, depuis leur surface frontale. Ils procurent une chaleur homogène sans assécher l'air ambiant.

LES CHAUFFAGES À INERTIE
Confort optimum

Ce type de chauffage procure une sensation de chaleur agréable, comparable à celle d'un chauffage central. Ces chauffages combinent les principes de la convection et du rayonnement.
Les radiateurs à inertie sèche comportent un bloc en fonte qui accumule la chaleur et la restitue lentement.
Les radiateurs à inertie fluide contiennent un liquide qui transporte la chaleur et la restitue harmonieusement.
Les modèles à "chaleur douce" combinent rayonnement et inertie.

SURFACE DE LA PIÈCE	PUISSANCE DU RADIATEUR
7 m²	500 W
14 m²	1000 W
21,5 m²	1500 W
28,5 m²	2000 W

Calculer la puissance nécessaire

Suivant la surface à chauffer, calculez la puissance adaptée de votre radiateur électrique. Pour une maison bien isolée et avec un plafond de hauteur standard de 2,50 m, comptez 70 W/m². En présence de plus de deux murs extérieurs, ou d'un plafond sous toiture, ou encore en rez-de-chaussée, il vous sera nécessaire de minorer les surfaces de 10 %. Pour une habitation isolée comptez 90 à 100 W/m², et jusqu'à 130 W pour une maison peu ou pas isolée.

Choisir le bon emplacement

Pour répartir la chaleur dans une pièce, choisissez plusieurs radiateurs et placez-les dans les angles pour laisser les murs libres. Vous pouvez les poser en dessous des fenêtres, surtout s'il s'agit de convecteurs. Pour les chambres, évitez de fixer les radiateurs au niveau des têtes de lit.
Attention : la norme NF C 15-100 prévoit que les appareils de chauffage ne doivent pas être raccordés sur des socles de prise mais sur une boîte de connexion ! Seuls les appareils mobiles peuvent être alimentés par prise (sur un circuit 16/20 A), bien sûr raccordée à la terre.

Maîtriser la consommation d'énergie

Que votre équipement soit électrique ou relié au chauffage central, vous pouvez contrôler votre consommation d'énergie. Régler le chauffage présente de nombreux avantages : conserver une température constante, économiser l'énergie et éviter le gaspillage. Ce réglage s'effectue par l'intermédiaire de robinets thermostatiques qui influent localement sur les radiateurs, soit par un thermostat d'ambiance qui agit sur la chaudière, soit par un programmateur qui règle directement les convecteurs.

THERMOSTAT MÉCANIQUE

Simple et efficace

Très simple à utiliser, ce thermostat mécanique convient à tous types de chauffage électrique. Il offre une plage de réglage de 5 à 35 °C.

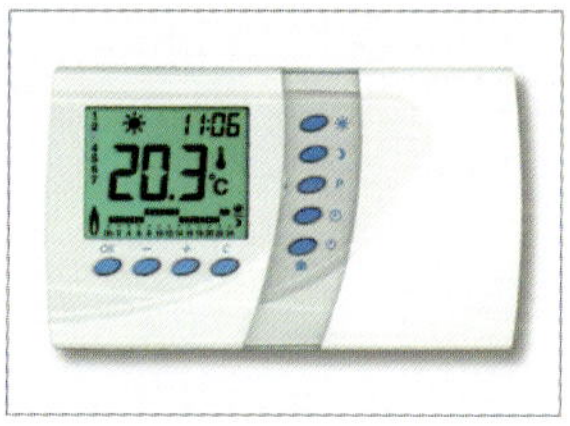

THERMOSTAT ÉLECTRONIQUE

Précis et sans faille

Compatible avec tous types de chauffage, ce thermostat électronique programmable permet une programmation hebdomadaire. Il est précis à 0,5 °C près.

PROGRAMMATEUR

Automatiser le chauffage

Ce type de programmateur offre la possibilité de définir la température pour différentes pièces ou "zones" de la maison. Les modèles sans fil (ils fonctionnent par radio) permettent de rajouter des récepteurs supplémentaires.

Programmer les radiateurs électriques

Si vous changez votre système de chauffage électrique, vous pouvez choisir des radiateurs électriques, soit avec des cassettes de programmation intégrables, soit avec programmateur fil pilote radio ou un programmateur filaire adapté, soit encore avec un programmateur intégré.

PAR FIL PILOTE, PAR RADIO OU PAR COURANT PORTEUR

Les différents appareils d'une installation de chauffage électrique peuvent bénéficier d'une programmation centralisée, associée à un thermostat d'ambiance placé dans une zone centrale de la maison. La transmission des ordres se fait de différentes façons.

• Le système par fil pilote se fait par un fil supplémentaire (normalement noir) issu de chacun des appareils et qui aboutit au programmateur central. Les ordres de commande passent par ce fil, installé dans les baguettes, plinthes ou conduits de l'installation électrique.

• Le système radio dispense de ce type d'installation. Les appareils sont dotés d'un récepteur et les ordres de commande sont envoyés sous la forme d'ondes depuis le programmateur.

Ce radiateur à cœur de chauffe en stéatite possède un écran LCD permettant de faire une programmation intuitive de son fonctionnement.

• Le système par courant porteur permet de transmettre les ordres de gestion du système de chauffage en utilisant les conducteurs d'alimentation, sans fil supplémentaire. Certains appareils bénéficient de leur propre système de programmation, parfois soit sous la forme d'un clavier de commande associé à une fenêtre d'affichage digital, soit sous la forme de cassettes programmables amovibles.

LA BONNE **ASTUCE**

VERROUILLAGE PARENTAL

Ce radiateur bénéficie d'un système de verrouillage "parental" qui évite que les enfants jouent avec le dispositif de régulation de l'appareil. Le réglage d'un radiateur ne doit pas être modifié à la moindre variation de température ambiante.

LA BONNE INFO

LABEL FLAMME VERTE

Ce label est accordé aux poêles et appareils de chauffage au bois en général dont le rendement est égal ou supérieur à 70 %, condition pour bénéficier d'un crédit d'impôt.

FLAMME verte CHAUFFAGE BOIS

Parmi tous les combustibles pour le chauffage, seul le bois est considéré comme une énergie renouvelable, c'est-à-dire pouvant se renouveler en une génération. On a longtemps considéré que le bois chauffait moins bien que le fioul ou le gaz. En fait, ce n'était pas le bois qui était en cause, mais la façon de le faire brûler: les appareils actuels – inserts, foyers fermés, poêles – affichent des rendements spectaculaires.

Des bûches aux granulés

Le bois est l'un des meilleurs combustibles dont le rendement peut-être remarquable si sa combustion est assurée dans un foyer fermé et si l'alimentation en air frais est bien calculée.
Le charme visuel d'un beau feu de bûches est inégalable. Mais le rendement d'une cheminée à foyer ouvert est très faible. Il ne résiste pas à la comparaison avec les foyers fermés et les inserts.
Les poêles et les chaudières à bois garantissent le meilleur rendement. Ils doivent être alimentés par du bois de feuillus bien sec. Les granulés de bois offrent un rendement encore supérieur et facilitent le stockage et la gestion du combustible.

Les différents systèmes

FOYER FERMÉ

C'est en quelque sorte un poêle intégré d'origine dans une cheminée. La chambre de combustion en fonte est fermée par une porte vitrée en façade. L'appareil comprend un système de concentration et de distribution de l'air chaud produit par l'intermédiaire de conduits pouvant même desservir plusieurs pièces. Certains modèles bénéficient d'une turbine. Le rendement de l'appareil atteint 85 %.

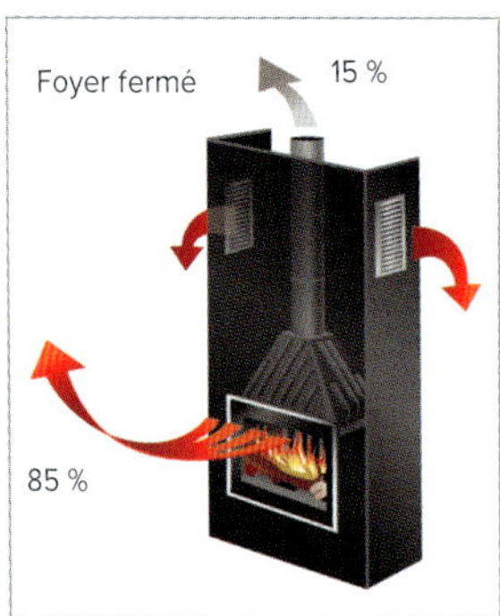

INSERT

Il s'agit d'un véritable système de chauffage comprenant une chambre de combustion et une porte vitrée, que l'on insère (d'où son nom) dans le foyer ouvert d'une cheminée. Le rendement de celle-ci est nettement amélioré et peut atteindre 70 %.

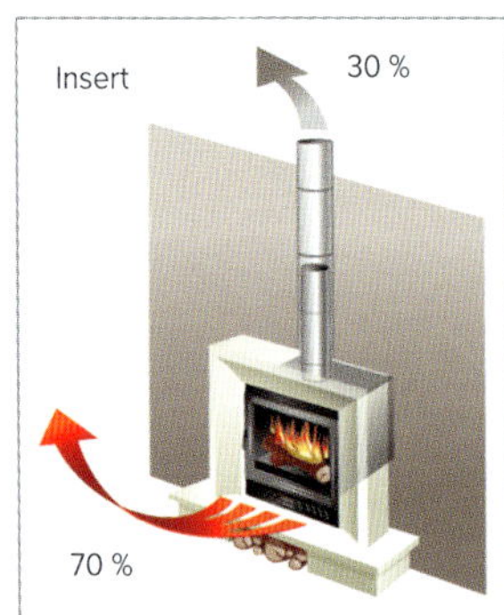

CHEMINÉE À FOYER OUVERT

C'est le système traditionnel: les bûches sont décollées de la sole (la base du foyer) par des chenets ou une grille, et leur combustion est activée par le flux d'air naturel qui s'échappe par le conduit de fumée. Le rendement de ce type de chauffage est très faible (20 %), l'essentiel de la chaleur partant dans le conduit. Il peut être amélioré par différents systèmes de récupération.

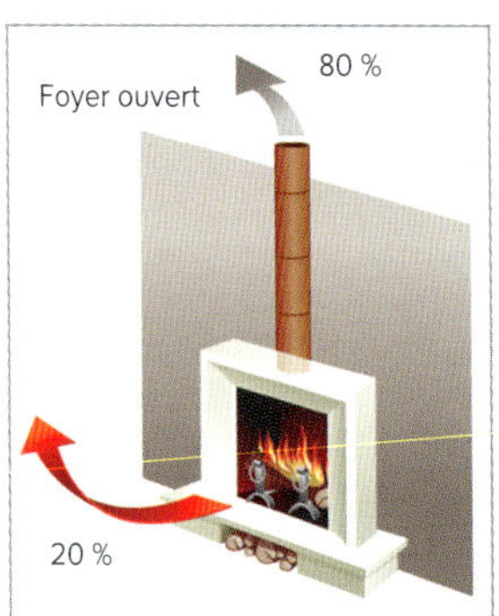

POÊLE

Les poêles à bois ont fait leur grand retour. Leur esthétique est diverse: certains se sont modernisés, d'autres sont restés très traditionnels; mais c'est surtout leur technologie qui a évolué, avec notamment la double combustion. Leur rendement atteint voire dépasse 70 %. Les chaudières à bois ne sont rien d'autre que des poêles de fortes dimensions, raccordés à l'installation de chauffage central.

SYSTÈMES À GRANULÉS (OU À PELETS)

Certains poêles et chaudières ont été développés pour accepter les granulés (ou pelets). Certains modèles bénéficient d'une alimentation automatique. Leur rendement dépasse 85 %.

Poêles d'hier et d'aujourd'hui

Les poêles à bois sont de nouveau à la mode. Ce regain d'intérêt se traduit par le retour de modèles classiques au look très rétro (comme le fameux Godin) autant que par l'apparition d'appareils au style très moderne, en rapport avec l'évolution de leur technologie.

1. Le poêle cylindrique de nos grands-mères est de retour, avec son style bien particulier, sa forme caractéristique et son ornementation en fonte. Sa puissance est de 4,5 kW.

2. Certains modèles contemporains adoptent aussi la forme cylindrique, mais revisitée, avec une porte vitrée, comme cet appareil à feu continu, d'une puissance de 9 kW.

3. Beaucoup de poêles contemporains ont une large porte vitrée et intègrent une réserve pour les bûches sous le foyer. Ce modèle affiche une puissance de 10 kW.

LA BONNE **INFO**

POÊLE-CHEMINÉE

La différence entre poêle, foyer fermé et poêle-cheminée est assez mince. La facilité d'installation des conduits modernes leur permet de trouver place pratiquement partout dans la maison.

Ce poêle-cheminée est en acier et en fonte. Il possède une grande fenêtre de vision galbée bénéficiant du système "vitre propre". Sa puissance de 9 kW permet de chauffer un volume d'à peu près 380 m³.

Du bois de qualité

Le bois est l'un de meilleurs combustibles, mais il peut aussi être l'un des pires s'il est de mauvaise qualité ou d'une essence qui brûle mal dans une cheminée, un poêle ou une chaudière. Le choix de l'essence et la qualité du séchage sont les critères principaux à prendre en compte. La norme NF Bois de Chauffage est la garantie d'un combustible de qualité.

ESSENCES DE BOIS POUR LE CHAUFFAGE

Elles sont classées en deux grandes familles selon leur densité :

- les feuillus durs (chêne, hêtre, frêne, charme, noyer, fruitiers, etc.). Ce sont les plus appréciés pour le chauffage domestique, à l'exception du châtaignier qui éclate en brûlant.

- les feuillus tendres (peuplier, saule, etc.) brûlent plus vite et chauffent moins bien que les feuillus durs. Les résineux (épicéa, sapin, mélèze) entrent dans cette catégorie, mais ils sont déconseillés car ils encrassent les appareils de chauffage et les conduits.

LE SÉCHAGE DU BOIS

Un bon séchage du bois est un critère essentiel car il détermine directement sa capacité de chauffage. Entre un bois sec prêt à l'emploi (moins de 20 % d'humidité rapportée à la masse brute) et un bois fraîchement coupé (45 % d'humidité rapportée à la masse brute), l'énergie est deux fois moindre !

Le bois de chauffage qui vient d'être abattu, débité en morceaux de 1 m, doit être stocké au minimum 2 ans pour obtenir une combustion optimale. S'il est coupé, fendu et conservé sous abri dans un endroit bien ventilé, il sèche plus vite (1 an).

Quel que soit le système de chauffage au bois, et même si son rendement est excellent, une partie des calories finit toujours dans le conduit et s'échappe dans l'atmosphère. Pour éviter ce gaspillage, on a donc développé des systèmes qui récupèrent une partie de ces calories, soit avant qu'elles n'atteignent le conduit, soit au moment où elles pénétreront dans celui-ci.

LA BONNE INFO

DOUBLE COMBUSTION
La double combustion élimine des résidus de fumée et évite la formation de monoxyde de carbone. C'est donc une combustion respectueuse de l'environnement et qui produit un maximum de calories.
Elle ne doit pas être confondue avec le système de feu continu, qui maintient un lit de braises dans le foyer après une dizaine d'heures de fonctionnement au ralenti, sans rechargement.
Il permet une relance rapide de l'appareil quand on le recharge.

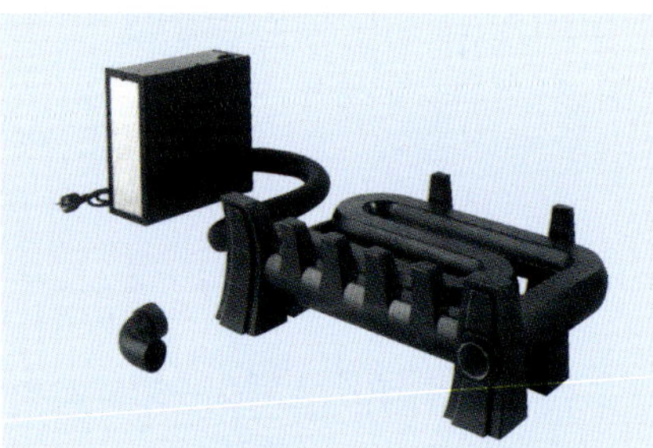

RÉCUPÉRATEUR À AIR

Récupérateur de chaleur

RÉCUPÉRATEUR À AIR

Il est destiné aux foyers ouverts, dont il améliore sensiblement le rendement. Il s'installe directement sur la sole du foyer, où il joue en même temps le rôle de grille et de chenets. L'accessoire est alimenté en air frais par une turbine qui propulse l'air chaud en façade. Certains récupérateurs fonctionnent sans turbine et distribuent l'air chaud par des grilles disposées sur les côtés ou la façade de la hotte.

RÉCUPÉRATEUR À EAU

Ils sont constitués d'un gros tube en serpentin placé sur la sole ou en fond de foyer (il est alors dissimulé dans un boîtier avec plaque foyère en façade). L'eau ainsi chauffée alimente un ou plusieurs radiateurs, ou bien peut être dirigée vers le système général de chauffage central par raccordement au réseau des canalisations de l'installation. Ce dispositif allège alors la charge de la chaudière.

Récupérateur et répartiteur de chaleur

RÉCUPÉRATION

Même si les poêles à bois sont aujourd'hui de plus en plus performants, avec des rendements généralement supérieurs à 70 %, il n'est pas inutile de récupérer une partie des calories qui s'échappent dans le conduit, autrement dit dans la cheminée. C'est ce que permet le récupérateur qui capte les calories directement dans le conduit de fumée, dont il constitue un des éléments.

RÉPARTITION

L'avantage de ce système est de pouvoir être installé aussi bien sur le conduit d'évacuation d'un poêle que sur celui d'une cheminée à foyer fermé ou à insert, puisque le boîtier échangeur se pose sur le conduit et non sur l'appareil de chauffage lui-même.

© Poujoulat

BOÎTIER ÉCHANGEUR

Fonctionnement du récupérateur-répartiteur

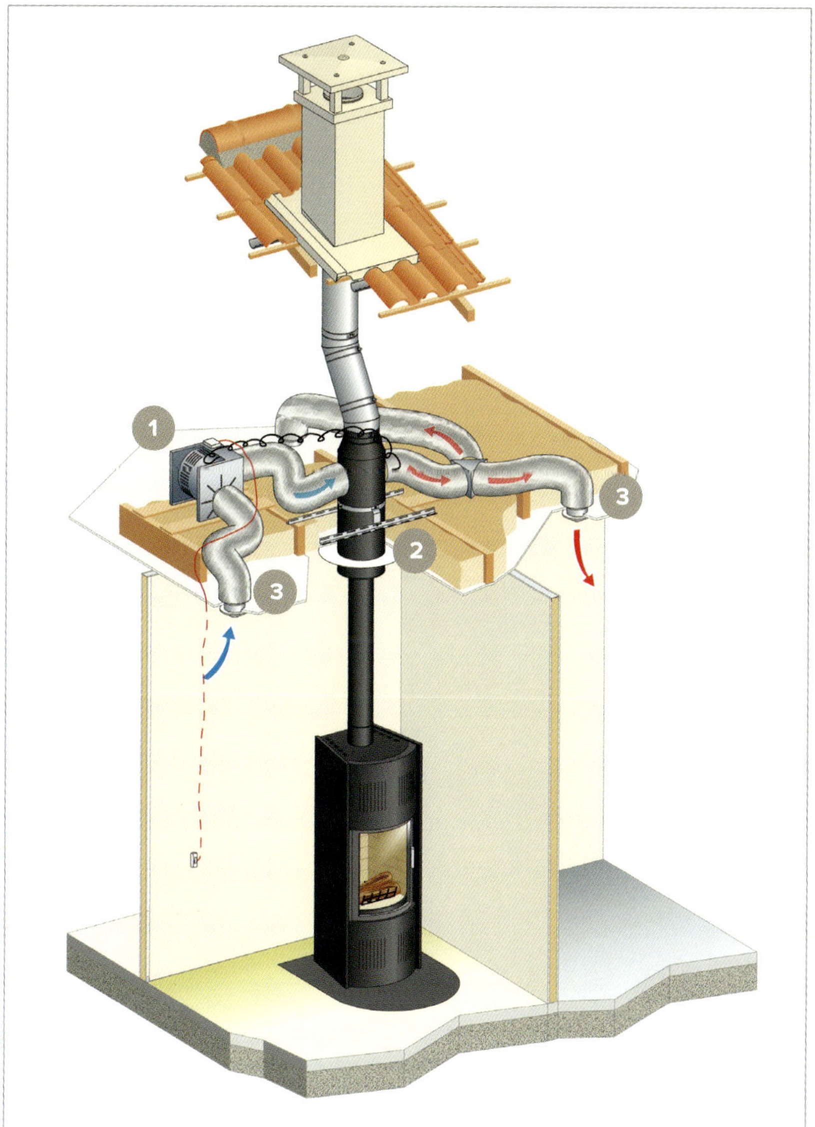

© Poujoulat

Ce système optimise le rendement d'un appareil en récupérant la chaleur produite pour la distribuer dans les différentes pièces de l'habitat. Il fonctionne en pression (pulsion de l'air régulière) et apporte ainsi une température agréable, des économies d'énergie et une sécurité totale de fonctionnement.

Le flux d'air frais puisé dans la pièce où est installé le poêle est propulsé par un moteur de ventilation dans une gaine vers un boîtier qui capte les calories. L'air se réchauffe au passage de celui-ci et est dirigé vers d'autres pièces par des gaines terminées par des bouches de distribution.

LA BONNE ASTUCE

LE PULSEUR D'AIR CHAUD

Grâce à cet appareil, la chaleur émise est mieux répartie. Il s'encastre facilement dans la hotte et se fixe par 4 vis. La grille en façade est clipsée. Ce pulseur convient à toutes les cheminées équipées d'un foyer fermé ou d'un insert.

© Poujoulat

1. Le moteur de ventilation est installé dans les combles. Une sonde de température déclenche le fonctionnement du système à une température voulue.

2. L'échangeur se substitue à l'un des éléments du conduit. Les calories sont récupérées par le flux d'air généré par le moteur de ventilation qui passe dans l'échangeur.

3. Une bouche de puisage est installée dans la pièce où est placé le poêle et des bouches de distribution sont posées dans les pièces où l'on veut distribuer l'air chaud.

> ⚠ LA SÉCURITÉ
>
> **Ramonage obligatoire**
> Le conduit de cheminée d'un appareil de chauffage à combustible solide (comme le bois) doit être ramoné deux fois par an (règlement sanitaire départemental), par un ramoneur agréé. Les bûches de ramonage ne peuvent servir qu'à entretenir le conduit et ne sauraient se substituer au ramonage mécanique d'un professionnel.

Le conduit de cheminée est un élément essentiel de l'installation de chauffage, surtout quand elle est au bois. Un conduit doit être étanche, propre et libre sur toute sa longueur. Maçonné ou métallique, il doit évacuer rapidement et complètement les gaz brûlés par l'appareil de chauffage, ainsi que les particules solides résiduelles. Il doit être régulièrement entretenu.

Conduits de cheminée

CONDUIT MAÇONNÉ

La façon la plus traditionnelle de réaliser un conduit de cheminée est de superposer des éléments préfabriqués en terre cuite ou en béton : les boisseaux permettent en effet de réaliser un conduit solide, étanche, faisant souvent partie intégrante de la structure de la maison.
Avec le temps, les joints entre les boisseaux peuvent se dégrader et les éléments eux-mêmes peuvent se fendre. Quand ce type de conduit vieilli, il faut le faire vérifier par un spécialiste, toute fuite dans une pièce habitée située sur le parcours du conduit de fumée pouvant être très dangereuse (risque d'indisposition, voire d'asphyxie).

TUBAGE ET CONDUIT MÉTALLIQUE

Tubage
Quand on installe un appareil de chauffage moderne au bois, on a tout intérêt à tuber le conduit pour ne prendre aucun risque. Le tubage peut être réalisé avec un conduit souple ou rigide selon qu'il est avec ou sans dévoiement. Il doit être continu sur toute la longueur du conduit, de l'appareil de chauffage jusqu'à la sortie de toit.

Création d'un conduit
Les conduits métalliques rigides permettent de réaliser un nouveau conduit. Il faut respecter scrupuleusement les contraintes d'installation, notamment de promiscuité avec les éléments en bois de la charpente.

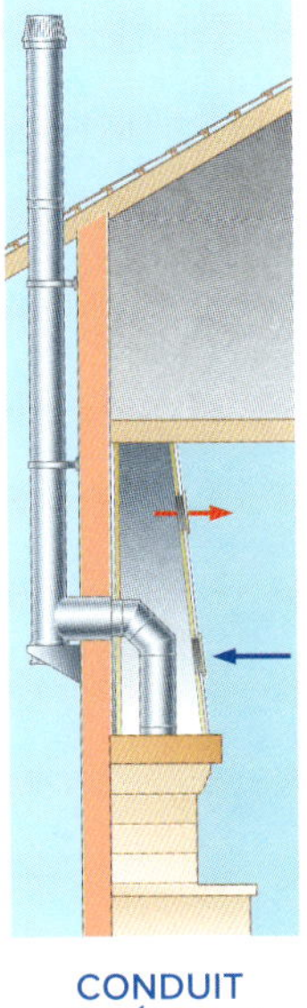

CONDUIT EXTÉRIEUR

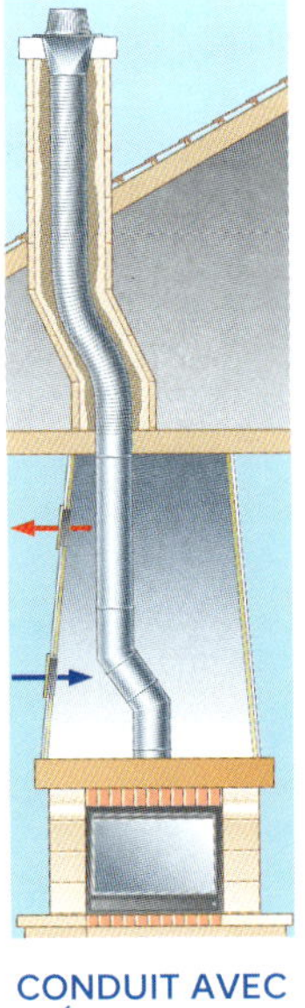

CONDUIT AVEC DÉVOIEMENT, TUBE RIGIDE PUIS TUBE FLEXIBLE

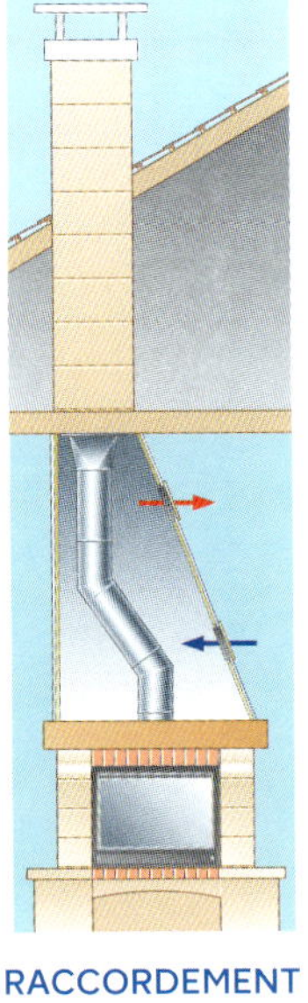

RACCORDEMENT PAR TUBE RIGIDE SUR UN CONDUIT EN BON ÉTAT ET AUX NORMES

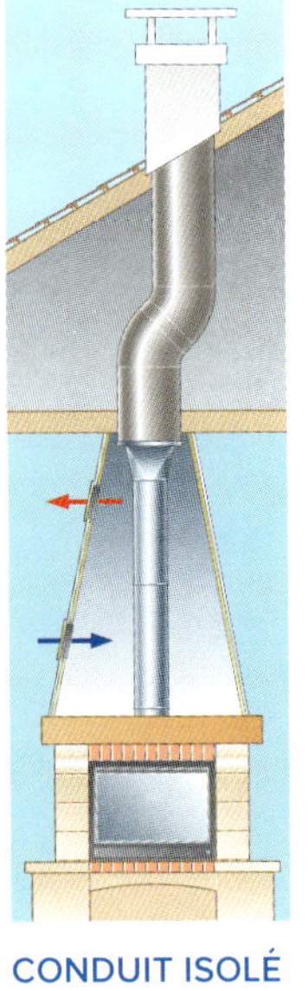

CONDUIT ISOLÉ

Parcours des conduits

Quand on choisit d'installer une cheminée à foyer fermé, ou d'équiper une cheminée existante d'un insert, ou encore de s'équiper d'un poêle à bois, on ne peut plus se contenter de se raccorder au conduit existant, qui est rarement aux normes. La solution la plus simple et la plus prudente consiste, soit à tuber le conduit existant, soit à en établir un neuf, à l'intérieur ou à l'extérieur de la maison.

Lorsque les combles ne se prêtent pas au passage d'un conduit (notamment lorsqu'ils sont déjà aménagés), la solution consiste à créer un conduit extérieur.

Un conduit avec dévoiement devra être tubé par un conduit flexible (ici dans sa partie supérieure, la partie dans la hotte étant dotée d'un conduit métallique rigide).

Un conduit droit et en bon état pourra être tubé sur toute sa longueur avec un conduit rigide. Un dévoiement dans la hotte est possible.

La traversée de combles non aménagés et non chauffés gagnera à être tubée avec un conduit isolé.

Un conduit de fumée aux normes

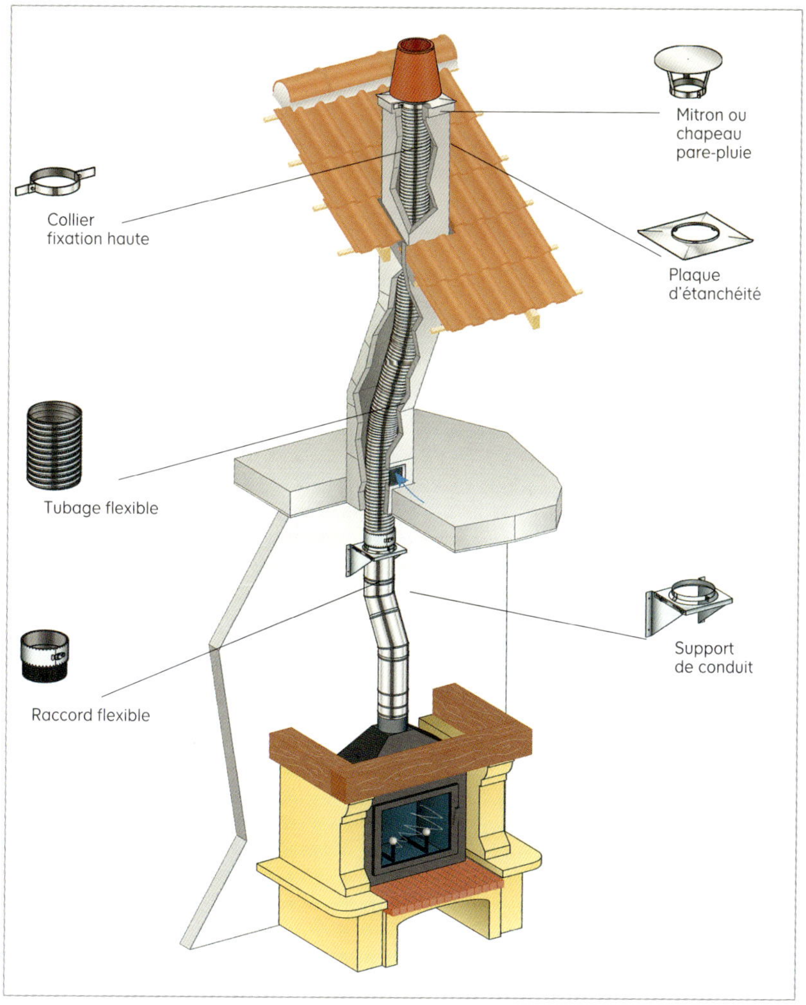

Sauf si le conduit est neuf, la puissance des appareils de chauffage au bois impose pratiquement toujours l'installation d'un conduit métallique conforme aux normes en vigueur.

• Les conduits flexibles sont destinés au tubage des conduits traditionnels à dévoiements importants et multiples.
• Les conduits rigides sont prévus pour conduits droits à faibles dévoiements.
• Pour la création d'une nouvelle cheminée, on utilise des conduits à double paroi et isolation interne en laine minérale.

On peut parfois associer un conduit rigide, raccordé à un conduit flexible pour le passage dans un ancien conduit.

LA BONNE **INFO**

CONTRE LA PLUIE
Dans les régions pluvieuses et en bord de mer, il est important de placer sur la sortie de toit un mitron, ou chapeau pare-pluie qui va éviter à l'eau de pénétrer dans le conduit, notamment lorsqu'elle tombe droit. Un conduit humide tire toujours mal.

Sortie de toit

La sortie de toit comprend un chapeau, une structure, une embase et un élément droit de conduit isolé. Elle se pose sans gros travaux ni modifications de la charpente. L'embase métallique se substitue simplement aux tuiles ou aux ardoises. La sortie elle-même doit garantir une parfaite évacuation des fumées : elle doit dépasser d'au moins 40 cm le faîtage de la couverture. L'étanchéité avec la couverture est assurée par l'embase.
Il existe différents styles de sortie de toit en fonction de l'architecture de la maison et des styles régionaux.

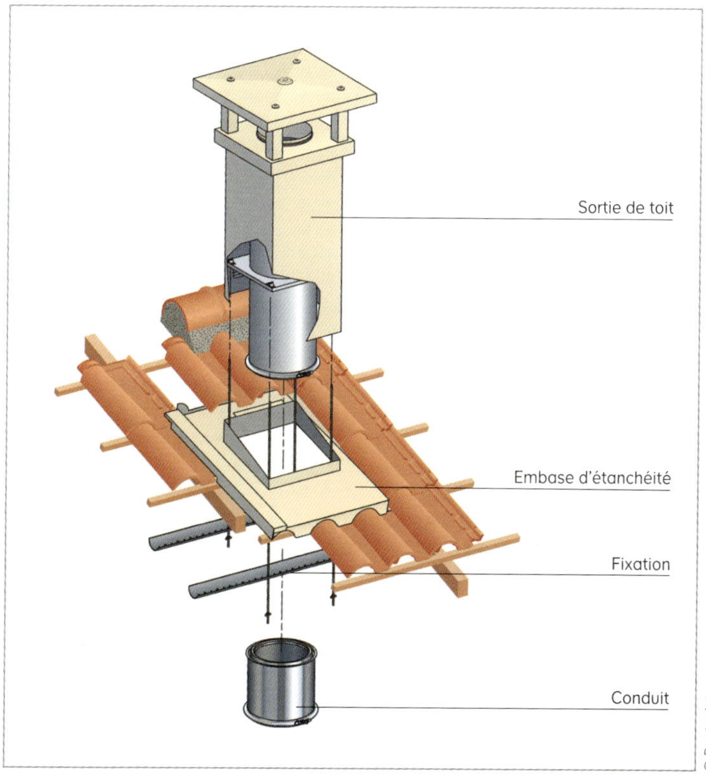

RÉALISER VOS TRAVAUX

LES BONS **OUTILS**

Outils
- Perceuse

Matériel
- Barres perforées
- Tiges filetées
- Cornières
- Vis
- Conduits
- Jonc de raccordement
- Goupille
- Bague et collier d'étanchéité

© Poujoulat

SORTIE DE TOIT DÉCORATIVE

Pose d'un conduit de cheminée métallique

La pose d'un conduit de cheminée métallique peut se faire dans une construction neuve ou à l'occasion d'une rénovation. Elle ne demande aucune modification de charpente. C'est la solution idéale pour installer un chauffage quand il n'y a pas de conduit ou quand il est hors d'état.

1. Le conduit de sortie de toit est fixé à la charpente à l'aide d'un cadre. 2 barres perforées et 4 tiges filetées permettent une fixation sur n'importe quelle charpente.

2. Le maximum d'éléments sera assemblé au sol pour faciliter les montages en hauteur.

3. L'assemblage se fait par un jonc métallique avec fermeture et goupille de sécurité.

© Poujoulat

4. Les éléments s'emboîtent les uns dans les autres comme un jeu de construction. Il faut veiller à laisser un espace de sécurité d'au moins 8 cm entre le conduit et les éléments en bois de la charpente. On renouvellera ce contrôle de distance au montage de chaque élément.

5. Des dévoiements jusqu'à 45° (deux par conduit au maximum) sont possibles par association de différents éléments.

6. Vissez des cornières à la charpente sur lesquelles seront fixés les colliers de soutien du conduit. Celui-ci peut être prolongé, à travers les combles, jusqu'à l'appareil de chauffage.

Tubage d'une cheminée

Avant de raccorder un nouvel appareil de chauffage au bois sur un conduit ancien, assurez-vous qu'il est apte à le recevoir. Il doit être parfaitement étanche, capable de supporter la température élevée des gaz de sortie des chauffages modernes, et ses dimensions doivent être compatibles avec votre nouvel appareil. Comme il est difficile de contrôler tous ces points, le tubage est généralement la solution à la fois la plus sûre et la plus commode.
Un certain nombre de points importants sont à prendre en compte.

- Le conduit doit être tubé sur toute sa longueur.
- Une ventilation doit être assurée entre le tubage et les parois du conduit de fumée.
- Le vieux conduit doit être ramoné avec l'installation du tubage.
- Un chapeau de cheminée doit être placé pour empêcher l'eau de pénétrer dans le conduit.
- Une plaque signalétique doit être apposée à la base du conduit de fumée.

Si le conduit est droit, vous pouvez utiliser des éléments de conduit rigides. Le conduit flexible est donc le mieux adapté pour les maisons anciennes.

Raccordement d'un conduit

Le conduit de raccordement permet de réaliser la jonction entre la sortie de l'appareil de chauffage – poêle, insert, foyer ou chaudière – et le conduit de fumée lui-même. Il doit bien sûr être parfaitement étanche. Il doit aussi résister aux très hautes températures des gaz et fumées émis.

1. Commencez par découper le plafond (ici en plaque de plâtre) pour permettre le passage du conduit et la liaison entre le conduit en attente et l'appareil de chauffage.

2. Prolongez le conduit en attente par un élément droit de 45 cm afin qu'il dépasse nettement dans la hotte (la pose se fait ici avec une hotte décorative et un foyer fermé).

3. Posez la plaque de passage de plafond. Elle garantit le respect de la distance de sécurité de 8 cm autour du conduit. Elle est ajourée pour éviter de piéger la chaleur dans la hotte.

4. Procédez au raccordement avec un jonc d'assemblage sécurisé par une goupille. À l'intérieur de la hotte, les éléments de conduit sont à simple paroi et non plus isolés comme le sont ceux du conduit dans les combles.

5. Installez les éléments de liaison. Ils s'adaptent facilement à la configuration de l'installation : ils coulissent et pivotent à 30° ou 45°.

6. Mettez en place la bague et le collier d'étanchéité qui permettent le raccordement haut et bas.

Réparation du foyer

Les fissures constatées dans le foyer ouvert d'une cheminée peuvent être réparées avec du mortier réfractaire. Il s'agit d'un mortier gâché à base de ciment contenant des additifs lui permettant de résister à la chaleur.

1. Laissez refroidir le foyer pendant au moins 48 h. Essuyez le foyer avec un chiffon, puis nettoyez-le avec une brosse métallique, aussi bien pour ôter la suie que pour dégager la surface abîmée. Grattez les craquelures avec le bout d'une truelle.

2. Brossez la poussière des craquelures avec une brosse métallique, puis passez un pinceau humide sur les fentes pour mouiller la maçonnerie et faciliter ainsi la prise du mortier.

3. Remplissez avec la truelle les craquelures de mortier réfractaire assez consistant.

4. Ôtez avec la truelle le surplus de mortier et lissez la surface. Le mortier met plusieurs jours à prendre complètement. Évitez d'allumer le feu pour accélérer la prise.

LES BONS OUTILS

Outils
- Truelle
- Brosse métallique
- Pinceau

Matériel
- Ciment réfractaire
- Chiffon

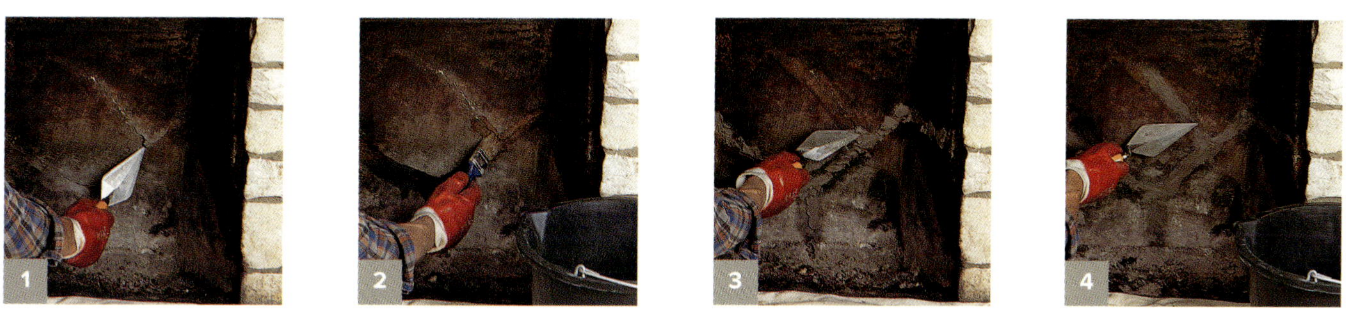

Récupérer les calories

Une pompe à chaleur permet de capter les calories contenues dans l'air, l'eau, et de les utiliser pour le chauffage de votre maison. Ces calories récupérées sont utilisables dans un plancher chauffant, des radiateurs basse consommation ou pour alléger la charge d'une chaudière de chauffage central. Certaines pompes à chaleur sont réversibles.

LA BONNE **INFO**

COP ET EER

- Le COP ou coefficient de performance résulte du rapport entre la chaleur produite et l'énergie consommée. Par exemple, une PAC qui consomme 1 kWh d'électricité pour restituer 3 kWh de chauffage a un COP de 3.
- L'EER est le coefficient d'efficacité frigorifique qui traduit la performance d'une PAC quand elle produit du froid.

Les pompes à chaleur (PAC)

LES TYPES DE PAC

Il existe différents types de pompes à chaleur en fonction du milieu où elles puisent les calories.

- La PAC air/air puise les calories dans l'atmosphère et les restitue dans l'air de la maison. C'est le type de pompe le plus couramment utilisé pour la climatisation. Certaines sont réversibles et permettent à la fois de chauffer en hiver et de rafraîchir en été.

- La PAC air/eau puise les calories dans l'air extérieur et les communique à un système de chauffage par liquide caloporteur (chauffage central, plancher chauffant).

- La PAC eau/eau puise les calories dans de l'eau souterraine ou dans la terre via un réseau de capteurs enterrés et les communique à un système de chauffage par liquide caloporteur (chauffage central, plancher chauffant). C'est la PAC utilisée en géothermie.

- La PAC eau/air (assez peu utilisée) puise les calories dans de l'eau souterraine ou dans la terre via un réseau de capteurs enterrés et les communique à des ventilo-convecteurs.

PAC AIR/EAU

PAC EAU/EAU

LES PROCÉDÉS

Plusieurs procédés permettent l'extraction des calories. Ils tiennent essentiellement à la nature du fluide qui circule à l'intérieur de la pompe elle-même, des capteurs et des émetteurs de chauffage.

- Dans une PAC dite "à détente directe", le même liquide frigorigène circule dans l'ensemble du circuit. Celui-ci est donc unique.

- La PAC mixte comprend deux circuits :
  - le circuit des capteurs et celui de la pompe elle-même, remplis de fluide frigorigène ;
  - le circuit des émetteurs (plancher, radiateurs basse température), rempli d'eau.

- La PAC à fluides intermédiaires comprend trois circuits :
  - le circuit des capteurs, rempli d'eau additionnée d'antigel ou eau glycolée ;
  - le circuit de la pompe, contenant du liquide frigorigène ;
  - le circuit des émetteurs, rempli d'eau.

La géothermie

Une pompe à chaleur géothermique exploite les calories qui se trouvent dans le sol ou dans l'eau souterraine pour les communiquer aux émetteurs de chaleur (plancher chauffant, radiateurs basse température, etc.). Ce type de PAC est très performant, car il n'est pas soumis aux variations hivernales, la température du sol ou de l'eau souterraine étant beaucoup plus stable tout au long de l'année.

LA BONNE **INFO**

FLUIDES INTERMÉDIAIRES

La PAC à "fluides intermédiaires" apparaît comme la plus écologique, puisqu'elle cantonne la présence de fluide frigorigène à la seule pompe à chaleur, limitant au minimum les risques de fuite du fluide.

L'aérothermie

On désigne sous le mot "aérothermie" le système qui utilise des pompes puisant les calories dans l'air extérieur (ou ambiant si elles sont réversibles) et qui les restituent à l'atmosphère de l'habitation sous la forme d'air chaud (PAC air/air) ou en chauffant le liquide des émetteurs, c'est-à-dire les canalisations d'un plancher chauffant ou les éléments d'un chauffage central. Une PAC air/eau peut aussi chauffer indirectement l'eau sanitaire.

Ce climatiseur fixe réversible intègre une PAC qui assure le chauffage et le rafraîchissement. L'appareil fait aussi déshumidificateur et purificateur d'air.

FONCTIONNEMENT

Une PAC aérothermique prélève les calories dans l'air extérieur. Elle les restitue à un niveau de température plus élevé dans l'air ambiant du logement ou dans le circuit d'eau chaude de l'installation de chauffage. Le chauffage est alors assuré :
– soit par de l'air chaud pulsé (PAC air/air) ;
– soit par le biais d'un circuit hydraulique alimentant un plancher chauffant, des radiateurs ou des ventilo-convecteurs (PAC air/eau).

Cette PAC peut fournir de 3,5 à 4,5 kW de chauffage pour 1 kW d'électricité consommé. C'est ce qu'on appelle le COP ou coefficient d'efficacité qui est ici de 3,5 à 4,5. Vous réalisez ainsi des économies d'électricité pouvant atteindre jusqu'à 70 %, par rapport à un chauffage électrique classique. Il est très important de s'assurer de la puissance de la PAC en fonction de différentes données : volume à chauffer, zone climatique et altitude de la construction.

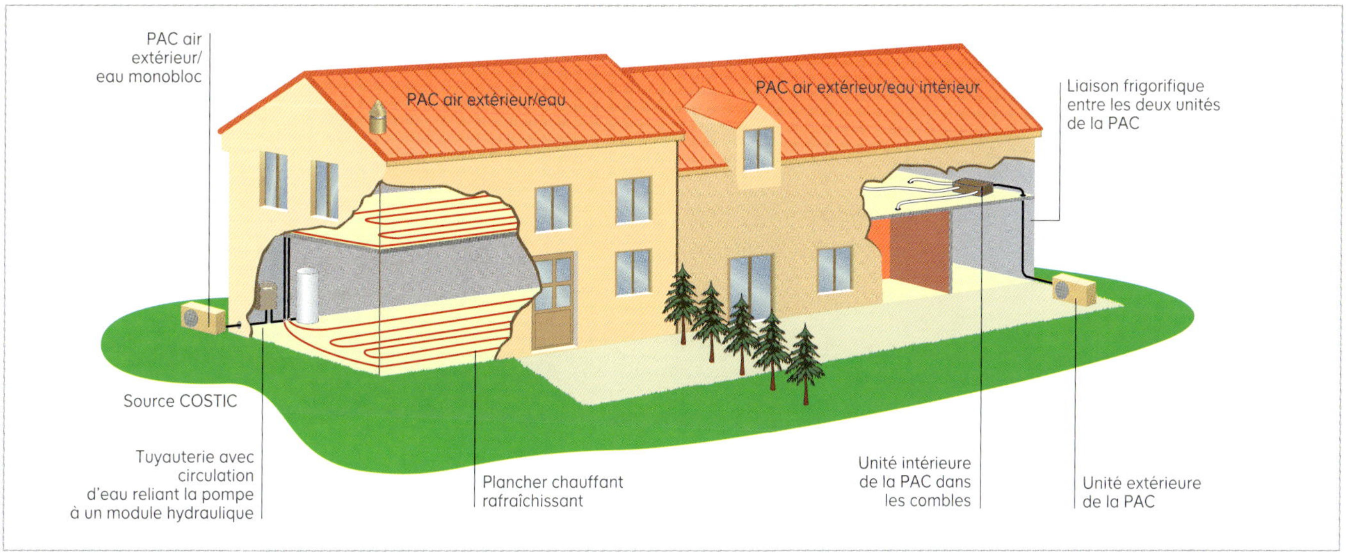

Les émetteurs de chaleur

Différents systèmes permettent d'assurer la diffusion dans la maison, des calories récupérées par la PAC.

LE PLANCHER CHAUFFANT BASSE TEMPÉRATURE

Il est constitué de tubes noyés dans la dalle de béton, qui diffusent une chaleur douce, limitée à 28 °C en surface (beaucoup plus confortable qu'avec les planchers haute température des années 1960). Dans les tubes circule soit de l'eau (PAC à fluide intermédiaire ou mixte), soit du liquide frigorigène (PAC à détente directe).

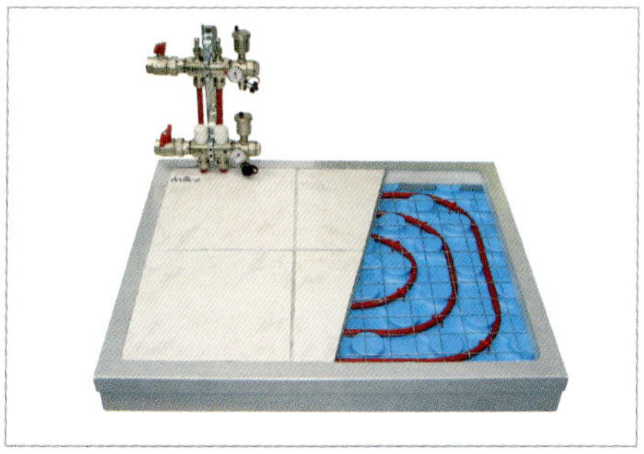

PRINCIPE CONSTITUTIF D'UN PLANCHER CHAUFFANT

RADIATEURS BASSE TEMPÉRATURE

Ils sont alimentés par une eau à 45 ou 50 °C garantissant la diffusion d'une chaleur douce harmonieusement répartie. C'est une excellente solution pour les pièces (par exemple en étage) qui ne peuvent être équipées d'un plancher chauffant.

VENTILO-CONVECTEUR

Il s'agit en fait d'une variante du "split" (unité intérieure d'une climatisation) ; mais qui fonctionne avec un échangeur à circulation d'eau et non avec un fluide frigorigène. Il est associé à une pompe à chaleur l'hiver et à une centrale à eau glacée l'été pour assurer le rafraîchissement, rendant le système réversible.

RADIATEUR EN ACIER BASSE TEMPÉRATURE

LA BONNE INFO

Une bonne ventilation
Si vous faites remplacer vos huisseries par des fenêtres isolantes, par exemple en PVC, demandez une étude de la ventilation de votre logement. La VMC aura sans doute besoin d'être renforcée et si votre maison n'en est pas équipée, exigez que les nouvelles fenêtres soient dotées de grilles de ventilation. En renforçant l'étanchéité à l'air, vous devez aussi prévoir son renouvellement. Si vous négligez ce point vous allez rapidement être confronté à des phénomènes de condensation et donc d'humidité.

L'humidité dans une maison ou dans un appartement peut avoir de multiples causes. Le manque de ventilation et une mauvaise isolation thermique entraînent la formation de condensation et donc de moisissures. C'est sans compter avec les infiltrations en toiture et en façade, mais surtout les remontées capillaires.

D'où vient l'humidité ?

INFILTRATIONS DE TOITURE 1 2
Une tuile arrachée par le vent, une ardoise cassée, suffisent à provoquer des dommages dans les matériaux intérieurs. Une fuite sur la toiture peut également provenir d'un raccord défectueux entre la cheminée et le toit. Une intervention rapide permet d'éviter de gros travaux.

INFILTRATIONS DE FAÇADE 3 4
Une façade doit être ravalée tous les dix ans. Durant cette période son étanchéité est garantie, au-delà elle peut devenir poreuse. Les infiltrations sont dues soit à la porosité des murs soit à des fissures.

FUITES DE LA GOUTTIÈRE 5
Les gouttières doivent être entretenues régulièrement. Les fuites proviennent soit d'un mauvais raccord entre les éléments, soit d'un percement.

FUITES DANS LES CANALISATIONS 6
Une fuite, même minime, sur un raccord ou sur une canalisation d'alimentation ou d'évacuation d'eau peut avoir de graves conséquences. Vérifiez régulièrement si votre compteur d'eau ne tourne pas lorsque tous les robinets sont fermés. Si c'est le cas, recherchez vite la fuite !

PROBLÈMES DE CONDENSATION 7
Une mauvaise ventilation ajoutée à une mauvaise isolation thermique entraîne la formation de condensation sur les murs froids et l'apparition de moisissures et de mauvaises odeurs.

REMONTÉES D'HUMIDITÉ DU SOL DANS LES FONDATIONS PAR CAPILLARITÉ 8
Au contact des fondations, l'eau contenue dans le sol peut remonter dans les murs par un effet "buvard". Les dégâts peuvent être rapidement importants : enduits décollés ou boursouflés, plinthes qui gondolent, murs qui s'effritent, apparition de moisissures. Un bon drainage et un traitement de la maçonnerie peuvent permettre de neutraliser le phénomène.

ORIGINES	SOLUTIONS DE RÉPARATIONS
Infiltrations façade, murs poreux	Rebouchage des trous et fissures éventuels Réfection de l'enduit, peinture façade
Infiltrations toiture (tuile, ardoise)	Mastic Imperméabilisant
Infiltration toiture-terrasse (non circulables)	Revêtement bitumineux Bande d'étanchéité
Remontées d'humidité du sol par capillarité (traces sur le mur intérieur)	Drainage périphérique Revêtement d'étanchéité sur les fondations Traitement du mur par injections puis traitement antisalpêtre
Fissures	Enduit Revêtement plastique épais
Fuite gouttière	Bande d'étanchéité Mastic gouttière
Joint défectueux entre éléments (calage, calfeutrage)	Mousse polyuréthane Bande d'étanchéité Mastic polyuréthane (raccordement mur et sol extérieurs)
Infiltration joint de vitre/menuiserie	Mastic silicone pour vitrage
Fuite canalisations	Bande antifuites, soudure à froid
Condensation	Ventilation

Identifier et traiter l'humidité

Un bon diagnostic des détériorations vous permettra de mieux les traiter. Pour chaque cas, il existe la solution adaptée. Éliminez les causes avant d'en traiter les conséquences. Sans cela, les dégradations risquent de réapparaître.

DÉTÉRIORATIONS	SOLUTIONS DE TRAITEMENT (APRÈS SÉCHAGE)
Cloquage des revêtements et peintures	Grattage, ponçage, enduit de rebouchage, rénovation du revêtement
Décollement des revêtements muraux (papier peint, etc.)	Fixateur hydrofuge pour murs
Déformation du bois, pourriture	Traitement curatif bois, remplacement des parties endommagées
Efflorescences : l'eau infiltrée par des fissures ou de par la porosité des matériaux dissout des sels minéraux. Lorsqu'elle s'évapore, des amas de sels forment des traces blanchâtres ou beiges.	Brossage et nettoyage Anti-salpêtre
Effritement des matériaux	Grattage, ponçage, rénovation ou fixateur pour murs si effritement léger
Moisissures, champignons : les champignons (mérules) se développent dans les lieux mal aérés, humides et obscurs. Leurs ramifications sont robustes et peuvent entraîner d'importantes dégradations.	Fongicide
Mousse	Antimousse
Odeur de moisi et de renfermé	Ventilation, absorbeur d'humidité, deshumidificateur
Rouille	Antirouille
Salpêtre : ce sont des cristaux de nitrate, potassium ou calcium, anhydres et laineux, qui se forment sous l'action conjuguée de l'eau, des nitrates et de l'ammoniac contenus dans la maçonnerie. Il se développe sous l'action de trois facteurs : l'humidité, les bactéries et une température comprise entre 10 °C et 15 °C.	Antisalpêtre
Taches noires	Nettoyage et peinture imperméabilisante

Traiter l'humidité

Chaque produit de traitement correspond à un problème précis. Vous pourrez grâce au descriptif ci-dessous choisir la solution adaptée. Pour chaque utilisation, respectez les conseils d'utilisation pour un résultat optimal.

LES PRODUITS DE TRAITEMENT	
Absorbeur d'humidité	Capte l'excès d'humidité d'une pièce et règle la condensation. Il stoppe et prévient l'apparition des moisissures et le décollement du papier peint.
Additif mortier	S'ajoute dans la composition du mortier pour le rendre imperméable.
Adhésif ou bande d'étanchéité à coller	Constitue une réparation rapide des joints, raccordements ou fissures des toitures.
Antimousse	Détruit et prévient la formation des mousses.
Antirouille	Détruit et stoppe la rouille.
Antisalpêtre	Élimine et prévient l'apparition de salpêtre sur les murs intérieurs.
Enduit et revêtement bitumineux	Destinés à l'imperméabilisation des fondations, des toits et des terrasses, ces produits permettent de boucher la porosité de certains matériaux (béton, parpaings).
Fongicide	Forme une barrière empêchant l'apparition de moisissures, de champignons et de salpêtre.
Hydrofuge	Détruit les mousses et les moisissures et empêche l'eau de s'infiltrer.
Injections	Prévient et traite les murs intérieurs et extérieurs en profondeur en formant une barrière étanche contre les remontées capillaires.
Mastic	Certains mastics sont applicables par temps humide pour une réparation d'urgence des joints et raccordements.
Mousse expansive	Remplit et réalise l'étanchéité de toutes cavités, trous et interstices.
Peinture imperméabilisante	Permet de réaliser une barrière étanche stoppant l'eau. Elle supprime les taches et auréoles humides sur les murs.
Revêtement élastique	Prévient le vieillissement des matériaux et comble les petites fissures. Convient pour les travaux de façade et de toiture.
Silicone	Joint imperméable à l'eau, il permet d'éviter les infiltrations d'eau et protège des vibrations dues au vent et à la pluie entre le vitrage et les châssis de menuiseries. Le silicone peut être aussi utilisé en intérieur dans les pièces humides (cuisine, salle de bains, buanderie).

Utiliser les produits de traitement

Pour un résultat optimal, utilisez des produits de qualité et respectez les règles d'application.

• Utilisez le produit pour la destination indiquée.

• Ne mélangez pas les produits entre eux.

• Utilisez les diluants préconisés.

• Le rinçage éventuel des produits de traitement ou de préparation doit être réalisé à grande eau.

• Après un lavage, un traitement ou un rinçage, les matériaux sont souvent très humides. Plusieurs jours de séchage peuvent être nécessaires avant de pouvoir appliquer la finition.

• Attention à la sécurité : les produits peuvent être inflammables, toxiques, nocifs, irritants.

LA BONNE **INFO**

CONTRÔLE D'HUMIDITÉ

Pour savoir si un sol est sec, étendez un plastique dessus. Si l'humidité est condensée sous le plastique après 12 h, c'est que le sol n'est pas encore assez sec.

Le renouvellement de l'air dans une maison est une obligation sanitaire. Le manque de ventilation favorise l'humidité mais aussi l'accumulation de poussières et la concentration de composants volatils nuisibles à la santé. Différents équipements accélèrent la ventilation, régulent l'humidité et traitent les poussières pour améliorer très sensiblement la qualité de l'air ambiant.

1. Corriger l'hygrométrie

L'hygrométrie, c'est-à-dire le taux d'humidité dans l'atmosphère, est l'un des principaux facteurs de confort dans une maison. Elle varie d'une saison à l'autre. En hiver, par exemple, le chauffage a tendance à dessécher l'atmosphère. On considère que l'hygrométrie de confort dans une maison se situe aux environs de 50 à 60 %. Différents moyens permettent de la corriger dans un sens ou dans un autre.

L'ABSORBEUR D'HUMIDITÉ

Ce petit appareil utilise une cartouche de chlorure de calcium placée au-dessus d'un réceptacle qui recueille l'eau captée par la cartouche. Il est surtout destiné aux petits volumes, tel que celui d'un placard.

L'absorbeur d'humidité est la version moderne des modèles à cristaux.

L'HUMIDIFICATEUR

Il permet de maintenir un taux d'humidité normal dans votre habitation. Il projette et diffuse de la vapeur d'eau dans la pièce.

Cet appareil permet d'humidifier une atmosphère trop sèche et de diffuser des huiles essentielles.

LE DÉSHUMIDIFICATEUR ÉLECTRIQUE

Il aspire l'air de la pièce, le filtre puis le dirige vers une zone plus froide que la température ambiante : au contact du condenseur, la vapeur d'eau contenue dans l'atmosphère se transforme en eau. Elle est recueillie dans un réservoir ou évacuée par une canalisation si l'appareil est raccordé à une évacuation d'eau. C'est le moyen le plus rapide et le plus efficace de lutter contre une hygrométrie excessive de l'air.

Ce déshumidificateur électrique permet d'extraire 18 litres d'eau par jour. Le niveau d'humidité est contrôlé toutes les 30 minutes.

Ce thermomètre hygromètre digital d'intérieur permet de contrôler régulièrement le taux d'humidité de la maison et de prendre les mesures adaptées.

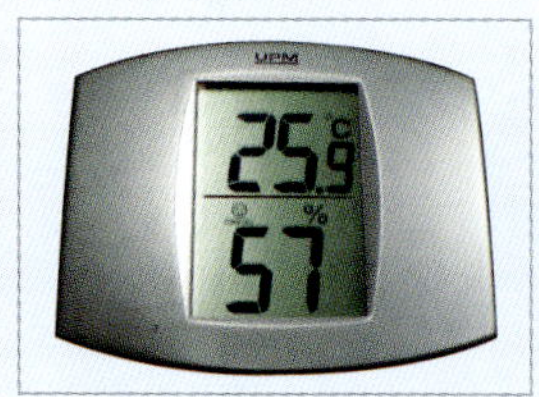

2. Assainir l'atmosphère d'une maison

Les purificateurs d'air ont plusieurs fonctions :
- ils filtrent l'air pour en éliminer les poussières, mais aussi les pollens en suspension (avec un filtre HEPA) ;
- ils traitent les mauvaises odeurs grâce à un filtre à charbon actif ;
- ils assainissent l'atmosphère en agissant contre les germes et les composants organiques volatils par ionisation ou par catalyse.

Certains humidificateurs à ultrasons diffusent une vapeur froide enrichie d'ions négatifs qui assainissent aussi l'air.

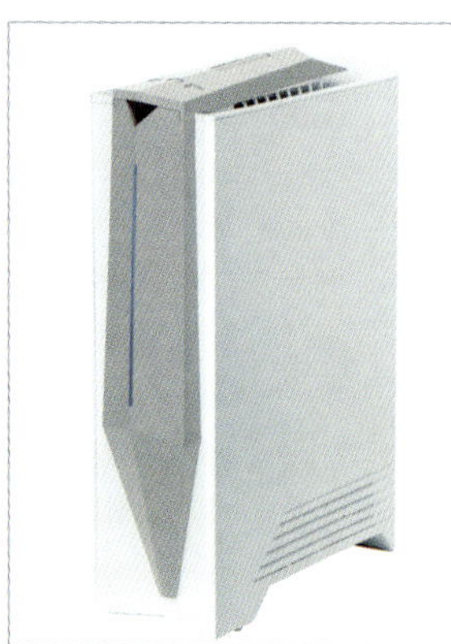

Ce purificateur d'air assure la filtration rapide de l'air d'une pièce (263 m^3/h). Il possède un filtre capturant 98 % des grosses particules et 92 % des particules inférieures à 1 micron.

Rafraîchir sans climatiser

Pour ceux qui veulent se passer de climatisation, certains gestes et certains équipements permettent néanmoins de rafraîchir la maison.

Le store banne reste la meilleure façon d'ombrer l'intérieur de la maison par fort ensoleillement ; son fonctionnement peut être asservi à la température.

LES BONS GESTES

• Fermez les volets pendant la journée et évitez d'ouvrir les fenêtres aux heures de forte chaleur ; ventilez de préférence la nuit ou mieux encore à la levée du jour.

• Quand vous ne vous en servez pas, arrêtez tous les appareils dont le fonctionnement entraîne un dégagement de chaleur : ordinateur, téléviseur, éclairages.

• Arrosez régulièrement les plantes pour favoriser l'évaporation qui entraîne un abaissement de la température ambiante.

LES ÉQUIPEMENTS ET LES INSTALLATIONS

• Posez des films solaires sur les vitrages des fenêtres les plus exposées au soleil : ils peuvent réduire nettement l'élévation de température liée à l'effet de serre causé par les vitrages.

• Brassez l'air avec des ventilateurs, au plafond et sur pied, et placez un linge humide devant ces derniers pour amplifier l'évaporation ; utilisez éventuellement un humidificateur électrique travaillant par brumisation.

• Repeignez les façades et les volets en tonalités claires (idéalement en blanc) réfléchissantes plutôt qu'en couleurs sombres, qui absorbent la chaleur et réchauffent la structure maçonnée de la maison.

• Renforcez l'isolation, tout particulièrement des pans de toiture et des façades ensoleillées ; privilégiez l'installation de fenêtres de toit sur des pans de toiture orientés au nord dans les régions les plus ensoleillées.

• Ombrez les baies les plus exposées au soleil en privilégiant les stores bannes pour protéger la terrasse ; établissez éventuellement une pergola où vous ferez pousser des plantes grimpantes à feuilles larges (vigne, glycine, actinidia, etc.) ; dans la journée, tirez les doubles-rideaux des fenêtres.

Chauffer et rafraîchir la maison avec un puits canadien

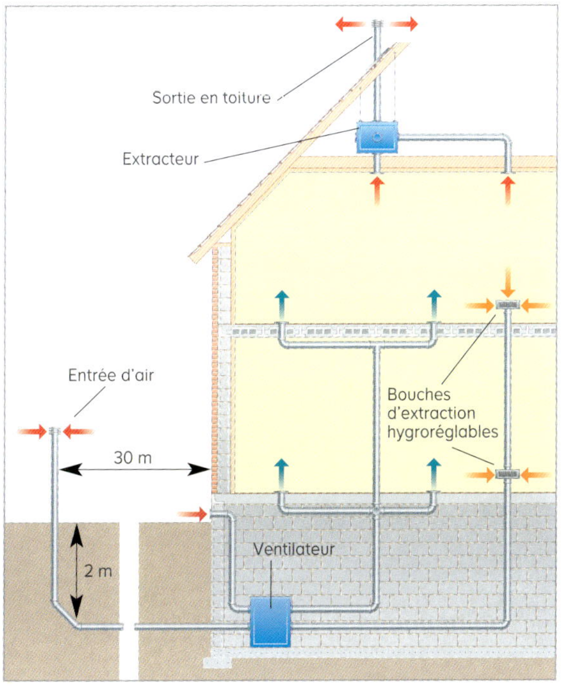

La technique du "puits canadien" ou du "puits provençal" est très ancienne. Elle consiste à puiser de l'air à l'extérieur de la maison, à une trentaine de mètres de celle-ci, pour l'y amener par une canalisation enterrée à 2 m de profondeur et de 20 cm de diamètre en matière plastique (PVC, polyéthylène haute densité, etc.).

La terre étant un excellent régulateur thermique est plus fraîche que l'atmosphère en été et plus chaude que celle-ci en hiver : l'air se trouve donc rafraîchi en été et réchauffé en hiver. Le puits canadien garantit en outre un renouvellement constant de l'air dans la maison.

Le système a été perfectionné par l'adjonction d'une ventilation permettant d'accélérer la circulation d'air. Une grille au niveau de la bouche d'aspiration empêche la pénétration des insectes ou des rongeurs. Enfin, le système gagnera à être associé à une VMC.

Les avantages du puits canadien sont multiples. Il permet de gagner 2 ou 3 degrés dans un sens ou dans un autre, qui sont souvent suffisants pour procurer la sensation de confort.

Jusqu'à une date récente, la ventilation des logements se faisant de façon "naturelle", l'air frais pénétrait dans la maison par des grilles en nombre et tailles limités. Le manque d'étanchéité des portes et fenêtres faisait le reste. La maison d'aujourd'hui doit être presque totalement étanche à l'air. Le renouvellement de celui-ci doit être organisé par des systèmes de ventilation forcée et contrôlée en fonction du volume des pièces.

Aérateur dynamique
Vous pouvez assurer la ventilation d'une pièce humide à peu de frais en installant sur une vitre un aérateur dynamique, petit appareil peu coûteux qui fonctionne sans aucun apport d'énergie.

Aérateur hygroréglable
La ventilation mécanique régulée passe par l'utilisation d'aérateurs comme celui-ci. Les plus élaborés intègrent un hygrostat qui commande leur fonctionnement selon le taux d'humidité.

EXTRACTION ET AÉRATION

Le renouvellement de l'air d'une maison peut être assuré par des extracteurs (ou aérateurs) motorisés ou non, fixés sur les vitres ou sur un mur extérieur.

• L'aérateur dynamique, placé sur une vitre, fonctionne sans moteur, les pales étant poussées par le flux d'air entre l'intérieur et l'extérieur de la pièce où il est installé.

• L'extracteur (ou aérateur) motorisé est géré par une commande manuelle (interrupteur), temporisé, ou régulé automatiquement en fonction de l'hygrométrie des pièces (aérateur hygroréglable). Plusieurs aérateurs dans une maison peuvent constituer une sorte de ventilation mécanique répartie.

VENTILATION MÉCANIQUE

Le système de VMC garantit une ventilation régulière et un renouvellement constant de l'atmosphère des pièces.

• Dans une VMC simple flux, l'air neuf pénètre dans la maison par les entrées d'air des pièces principales (chambres, salon, séjour, etc.). L'air vicié est extrait par les bouches d'extraction des pièces techniques (salle de bains, cuisine, W.-C., etc.). Le système d'une VMC autoréglable permet d'ajuster de façon automatique le débit d'extraction d'air dans les pièces techniques.

• Dans un système de VMC simple flux hygroréglable, les bouches spécifiques gèrent l'air neuf et l'air vicié en fonction du taux d'humidité dans le logement. Cela permet de réduire de 10 % la consommation d'énergie pour le chauffage.

• Dans une VMC double flux, un échangeur permet de récupérer la chaleur de l'air extrait et de s'en servir pour chauffer l'air entrant : d'où un meilleur confort ainsi que des économies d'énergie.

Une VMC double flux présente de nombreux avantages : une meilleure isolation par rapport aux nuisances extérieures, un confort hygrothermique accru et une excellente ventilation des pièces principales. Le débit maximum est renforcé et l'installation est simple et discrète. Le surcoût par rapport à une simple flux hygroréglable classique est amorti en trois ans environ.

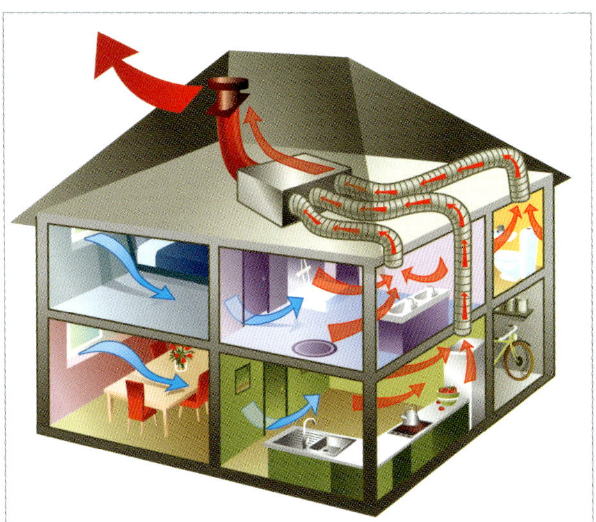

INSTALLATION DE VMC SIMPLE FLUX

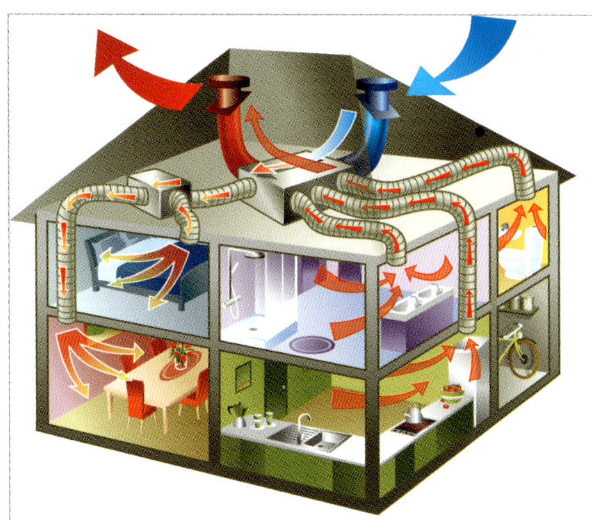

INSTALLATION DE VMC DOUBLE FLUX

Installation d'une VMC hygroréglable simple flux

Un équipement de VMC simple flux peut facilement être mis en place si la disposition de l'habitation s'y prête (des combles perdus sont l'idéal), et permet, notamment, le passage des gaines sans trop de difficulté. Le système simple flux hygroréglable présenté ici convient pour une maison individuelle de 4/5 pièces. Il module automatiquement les débits d'air en fonction des besoins du logement. Il permet d'extraire l'air vicié dans les pièces techniques (cuisine, salle de bains, W.-C.). L'arrivée d'air neuf se fait grâce à des entrées d'air installées dans les pièces principales (séjour, chambres).

LES BONS OUTILS

OUTILS
- Tournevis
- Pinces multiprises
- Cutter
- Scie à guichet

MATÉRIEL
- Fil de fer
- Chevilles et vis
- Groupe d'extraction, gaines, bouches

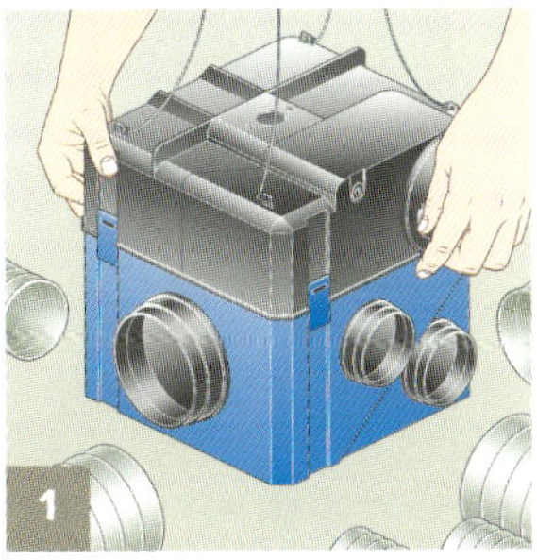

1. Choisissez l'emplacement du groupe, toujours au-dessus d'une pièce technique (cuisine, salle de bains, W.-C., etc.). Suspendez-le à un élément de charpente avec du fil de fer. Disposez les gaines en face de leurs orifices de raccordement.

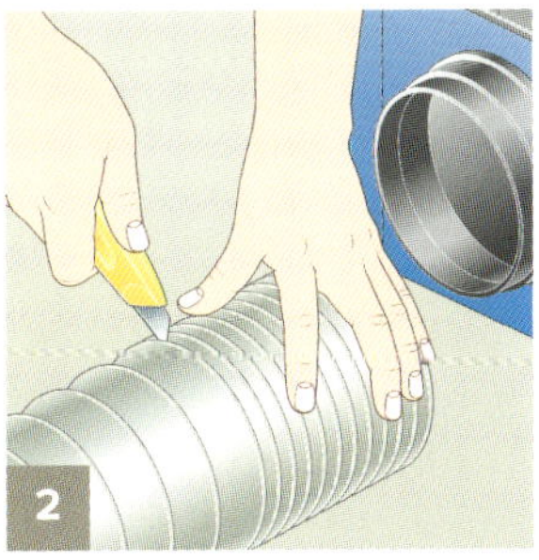

2. Coupez les gaines à la longueur voulue avec un gros cutter. Étirez les gaines dans les parties rectilignes et évitez les coudes inutiles. Veillez à ne pas les écraser. En cas de grandes longueurs, préférez les conduits rigides isolés.

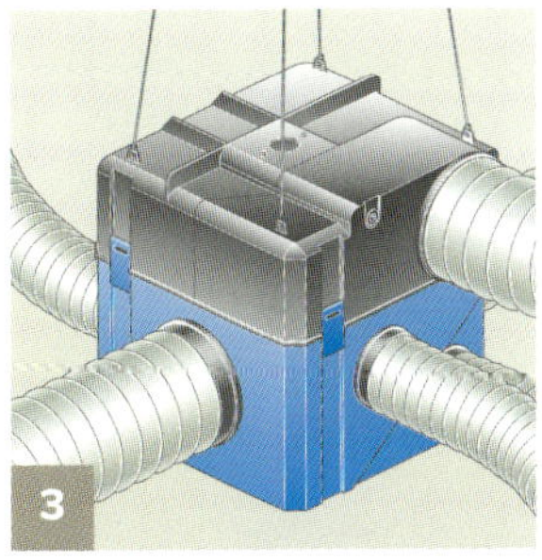

3. Raccordez les gaines au groupe d'extraction. Le refoulement (en haut à droite) se fait par une gaine de 150 mm de diamètre, les extractions par des gaines de 80 et 125 mm.

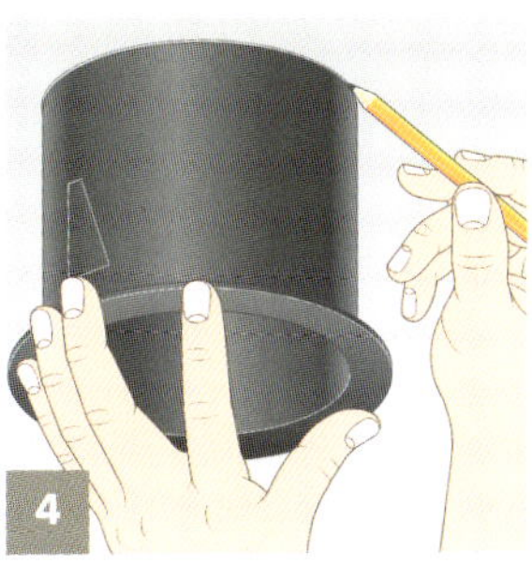

4. Déterminez l'emplacement des bouches du plafond, dans la cuisine, la salle de bains et les W.-C. et servez-vous de la manchette de raccordement comme gabarit de traçage.

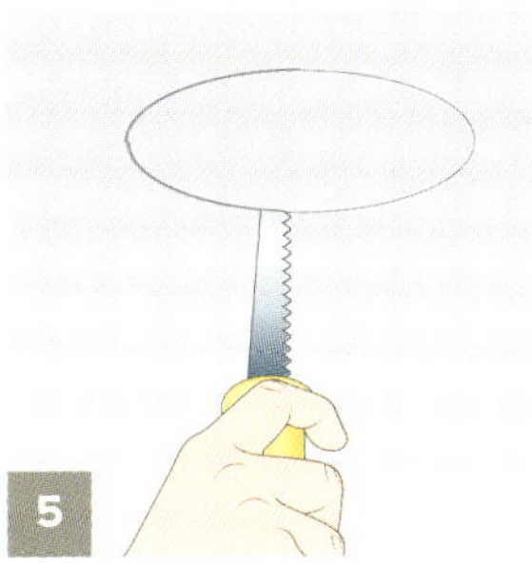

5. Ce type d'installation convient essentiellement pour les maisons à charpente en fermettes et plafond suspendu en plaques de plâtre. Une scie à guichet permet la découpe des orifices.

6. Faites sortir la gaine par l'orifice découpé dans le plafond et raccordez-la à la manchette en engageant celle-ci bien à fond.

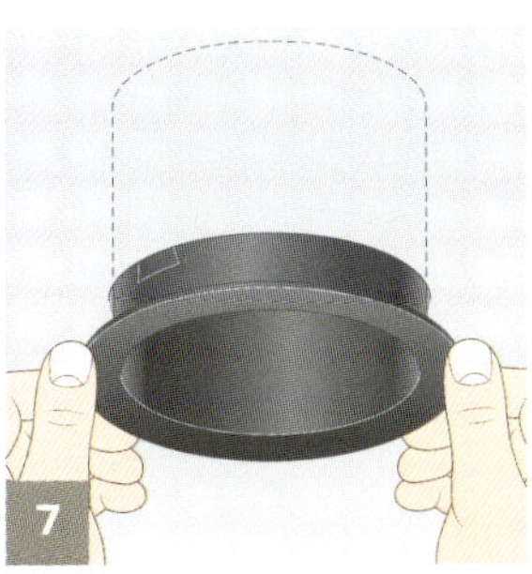

7. Repoussez la gaine dans le plafond et engagez la manchette dans l'orifice jusqu'à ce que la collerette touche le plafond.

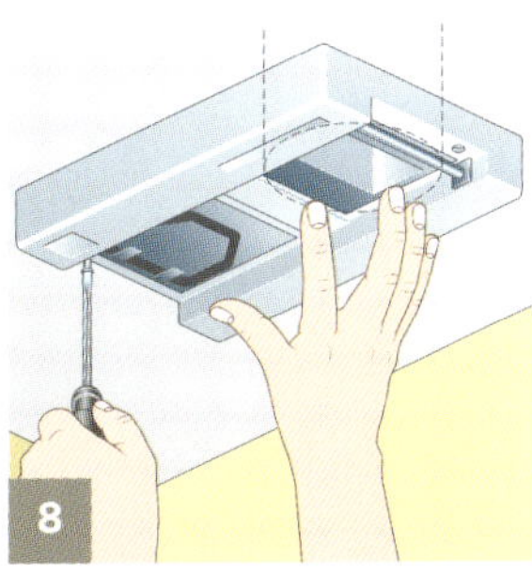

8. Emboîtez la bouche dans la manchette et fixez-la au plafond. Installez les piles ou procédez aux raccordements électriques.

LA BONNE INFO

CONDENSATION DANS LES GAINES

Il arrive parfois que de l'eau sorte des bouches d'extraction. Ce phénomène provient de condensation qui se forme dans les gaines au passage de zones froides comme un grenier mal isolé. Des sinuosités dans le parcours des gaines entraînent une accumulation d'eau qui finit par se déverser par les bouches. Pour éviter cela, assurez une bonne tension des gaines et surtout isolez-les en les recouvrant de laine minérale en flocon ou prenez des gaines isolées.

Types de bouche

Une installation bien conçue comprend différents types de bouches d'extraction adaptées aux pièces concernées :
- **pour la cuisine,** des bouches à variation de débit en fonction de l'humidité et à débit de pointe minuté ;
- **pour la salle de bains,** des bouches à variation de débit en fonction de l'humidité ;
- **pour les W.-C.,** des bouches à variation de débit, l'ouverture se faisant quand on entre dans la pièce, la fermeture n'intervenant qu'une vingtaine de minutes après que l'on en soit sorti.

Ces bouches fonctionnent sur piles ou sur secteur.

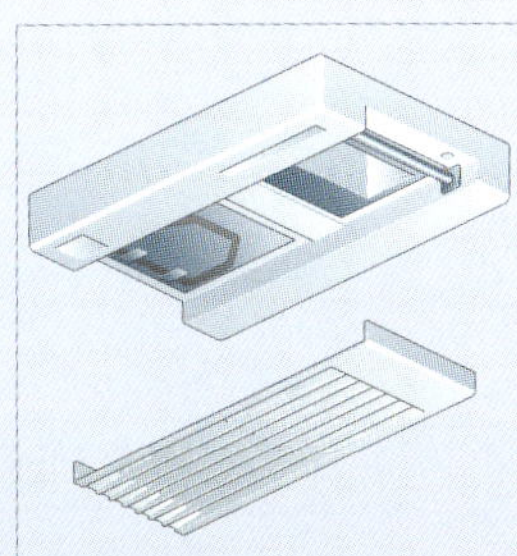

Bouche hygroréglable

LA BONNE INFO

CONSULTEZ L'ADEME
Pour financer vos projets d'isolation, rapprochez-vous de l'ADEME de votre région (www.ademe.fr). Si vos travaux sont réalisés par un professionnel, et si les produits utilisés répondent à certaines normes, vous pourrez bénéficier d'un crédit d'impôts pouvant couvrir une part significative des frais de main-d'œuvre et de produits.

Le plafond d'une pièce gagne à être blanc et lumineux. C'est presque toujours une surface nette, dépourvue d'éléments décoratifs. Il intègre souvent une isolation contre le froid et le bruit.

1. Identifier la nature du plafond

Un plafond est toujours sous le sol d'une pièce ou sous celui des combles. Dans le premier cas il est toujours en dur, puisqu'il appartient au plancher d'un volume aménagé, sur lequel on peut circuler. Dans le second cas, il sépare une pièce et les combles, et deux cas de figures peuvent se présenter.

• Combles non aménageables. Le plafond n'est constitué que de plaques de plâtre suspendues à des solives par des suspentes et une ossature métallique. Le plafond supporte simplement une épaisse couche d'isolant.

• Combles aménageables et pièces à vivre. Le plafond appartient au plancher des combles ou d'une pièce à vivre, sur lequel on peut circuler ou stocker du matériel. Sa constitution varie avec le mode de construction de la maison :
– plancher bois (panneaux ou parquet) sur poutres, solives et éventuellement lambourdes ;
– dalle pleine en béton armé ;
– dalle coulée sur hourdis (entrevous) reposant sur des poutrelles métalliques ou en béton armé.

Le plafond lui-même peut être dans le même matériau que le plancher et laissé brut (parquet) ou peint (dalle béton) ou encore enduit au plâtre, il peut être recouvert de plaques de plâtre fixées par des suspentes et une ossature métallique.

LA BONNE INFO

LAMBRIS AU PLAFOND
Les lames de PVC fixées au plafond permettent de dissimuler un support en mauvais état. Elles dispensent de gros travaux de rénovation quand le plafond est fissuré ou très dégradé. La fixation peut se faire sur des tasseaux vissés ou collés au plafond ou directement par collage.

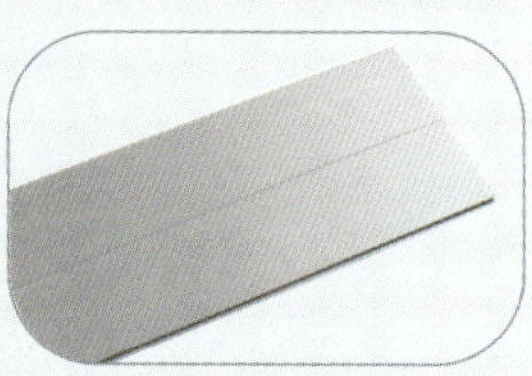

2. Isoler le plafond et les combles

• Si le plafond est situé sous une pièce à vivre, il n'a besoin que d'une isolation thermique limitée si cette pièce est chauffée. En revanche, il faut souvent l'isoler phoniquement pour se protéger des bruits de pas à l'étage supérieur.

• En rez-de-chaussée sur cave, il est souvent nécessaire d'isoler le plafond de celle-ci (ou du garage) pour se protéger du froid, la partie inférieure de la maison étant rarement chauffée. On utilise la méthode des suspentes et ossatures métalliques soutenant une épaisse couche d'isolant fibreux (laine de verre, de roche, etc.).

• Si le plafond n'est qu'une simple séparation avec des combles non aménageables, l'isolation consiste à dérouler un isolant fibreux sur le sol, ou encore à y épandre, par soufflage, une couche d'isolant en flocons (20 à 30 cm dans les deux cas).

3. Rénover et décorer un plafond

La mode du papier peint au plafond est révolue. Les plafonds sont généralement peints en blanc, et peuvent adopter différents accessoires décoratifs : corniches et rosaces notamment.
L'application d'une couche de peinture blanc mat (le plus souvent une peinture acrylique ou vinylique, donc à base d'eau) suppose un support sain, plan et propre. Le plafond doit donc être bien préparé. Toute trace de vieille peinture adhérant mal au plafond ou s'écaillant (par exemple un blanc gélatineux) doit être supprimée. Les éventuels trous et les fissures doivent être rebouchés à l'enduit, en noyant une bande de calicot dans celui-ci. Le plafond doit être propre (éventuellement lessivé) et dépoussiéré avant d'être repeint.

Aménager les combles

Le volume compris entre la sous-toiture et le plafond des pièces supérieures forme les combles, ou grenier. Si le sol des combles constitue une structure porteuse, ils peuvent être aménagés en zone de rangement ou en pièces à vivre. On peut gagner ainsi une surface appréciable, quand la famille s'étend, si l'on souhaite accueillir des amis pour valoriser la construction.

LA BONNE INFO

AUTORISATIONS

Le changement de matériau de couverture d'une toiture, la mise en place de fenêtres de toit doivent faire l'objet de demandes d'autorisation administratives (déclaration préalable de travaux).
Une surélévation passera obligatoirement par une demande de permis de construire. En résidence, ces travaux doivent bénéficier d'un accord des copropriétaires ou résidents.

ÉTAPES D'AMÉNAGEMENT

L'aménagement des combles se fait par étapes, de façon logique.

- Construction d'un escalier et aménagement de la trappe d'accès. Le montage de l'escalier définitif peut se faire en fin de travaux.
- Pose ou renforcement du plancher si le solivage le permet. N'oubliez pas d'intégrer une éventuelle isolation thermique et phonique.
- Contrôle et rénovation éventuelle de la charpente. Elle sera traitée si elle a plus de 10 ans, voire restaurée si elle est plus ancienne.
- Contrôle et rénovation éventuelle de la couverture. Il faut s'assurer de l'étanchéité de la toiture, remplacer les tuiles et ardoises qui le méritent, éventuellement refaire la couverture si elle a plus de 30 ans. Ce sera alors l'occasion d'installer un écran de sous-toiture et éventuellement de procéder a une isolation par l'extérieur.
- Installation de fenêtres de toit en fonction des besoins d'éclairement des futures pièces. Ce peut être l'occasion d'installer un puits de lumière.
- Isolation sous toiture, entre chevron ou/et sur solives, isolation des parois verticales. Un diagnostic de performance énergétique volontaire peut vous guider sur la nature des travaux à réaliser et sur l'épaisseur des isolants à utiliser.
- Installation électrique et de chauffage, voire de ventilation.
- Cloisonnements intérieurs et mise en place des portes de communication, en tenant compte des capacités de charge du plancher.
- Pose des revêtements de mur et de sol.

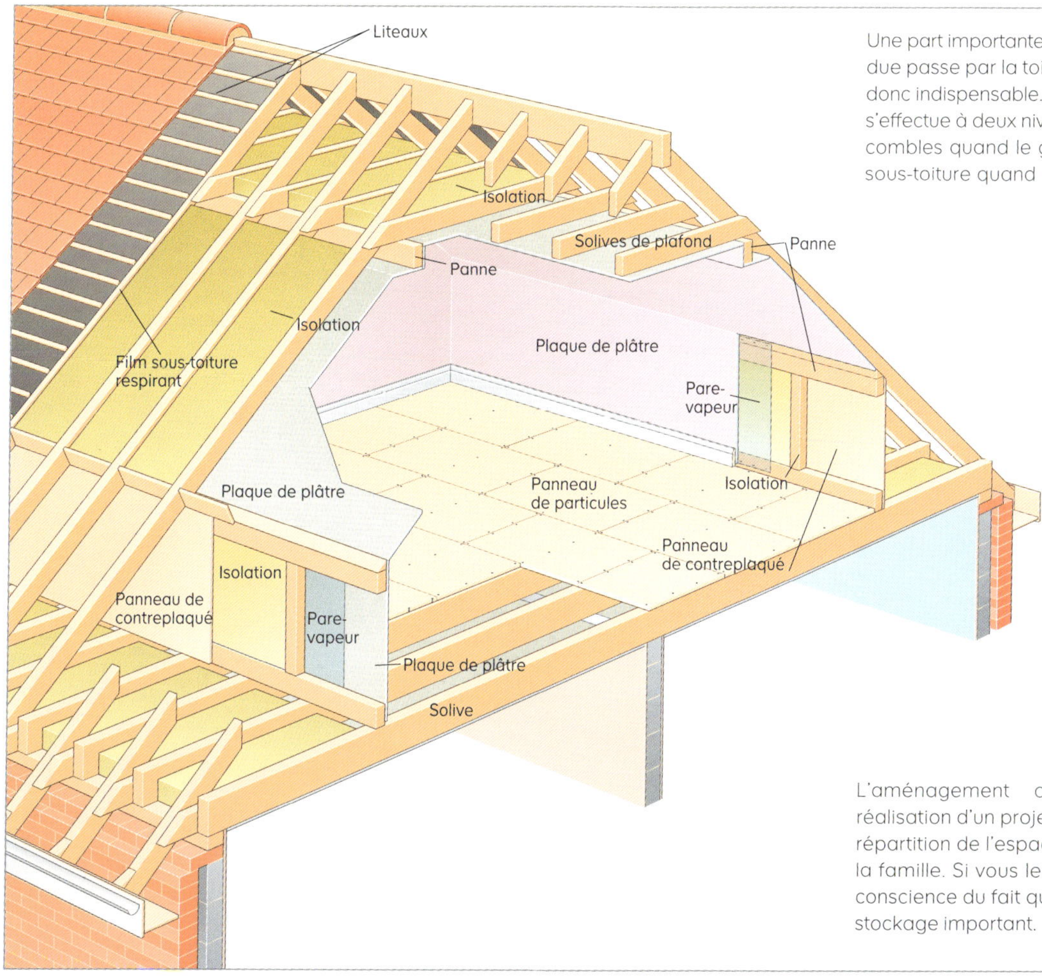

Une part importante (30 % environ) de la chaleur perdue passe par la toiture, l'isolation des combles est donc indispensable. La lutte contre ces déperditions s'effectue à deux niveaux: en isolant le plancher des combles quand le grenier n'est pas exploité, et la sous-toiture quand il est aménageable.

L'aménagement des combles suppose la réalisation d'un projet réfléchi tenant compte de la répartition de l'espace en fonction des besoins de la famille. Si vous les aménagez en totalité, ayez conscience du fait que vous perdrez un volume de stockage important.

RÉALISER VOS TRAVAUX

LES BONS OUTILS

Outils
- Mètre
- Crayon
- Scie à monture
- Tournevis
- Clé à molette, si besoin

Matériel
- Contreplaqué ou MDF de 15 ou 20 mm, ou panneau de particules ou Triply
- Tasseau de 50 x 25 mm
- Deux charnières double feuille de 63 x 44 mm

Fabriquer une porte de trappe

L'accès aux combles passe par la réalisation d'une découpe dans le plancher (trémie). Pour des combles non aménagés, l'accès est fermé par une trappe. Certains escaliers sont livrés avec cette trappe. Si ce n'est pas le cas ou si la trappe existante ne convient pas, fabriquez-en une. Utilisez du contreplaqué, du panneau de particules, du Triply ou du MDF de 15 ou 20 mm. Rigidifiez le panneau par un tasseau sur lequel seront vissées les charnières.

1. Mesurez le rectangle de l'ouverture à fermer et coupez un rectangle à ces dimensions dans le matériau choisi. Il est toujours préférable de fixer un tasseau sur le côté où les charnières seront vissées, plutôt que de les visser simplement sur le chant du panneau.

2. Repérez bien le sens d'ouverture de la trappe, présentez-la de manière que les charnières se trouvent du côté où l'escalier s'appuiera, et vissez celles-ci dans la planche d'encadrement de la trémie.

3. En général, l'escalier est retenu en position escamotée par un verrou à ressort à visser au centre du côté opposé aux charnières, selon le guide de pose.

Pose de l'échelle : la bonne mesure

L'accès aux combles peut se faire par une échelle escamotable. La prise de cotes permet de déterminer son encombrement et de mettre en place le dispositif avec précision dans la trémie. L'échelle est associée à une trappe qui permet à la fois de fermer les combles et de dissimuler l'échelle repliée.

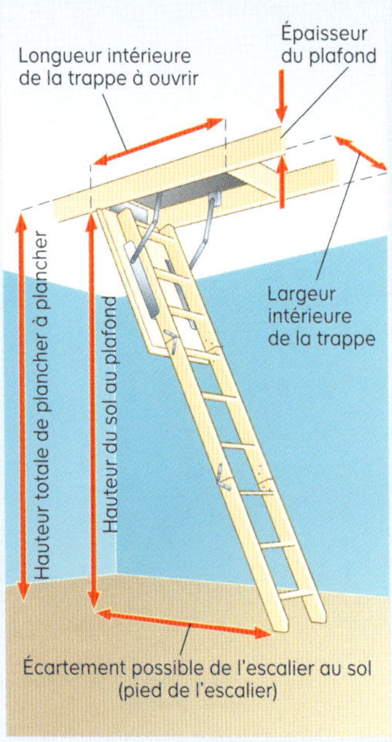

Plancher de combles

Si le solivage du plafond n'est pas recouvert côté combles, il faut y poser un plancher robuste sur lequel vous pourrez marcher, poser des meubles et monter des cloisons.

Les dalles de panneau de particules à chants rainurés spécialement conçues pour cela ont une épaisseur de 19 ou 22 mm. Elles passent aisément par la trappe et couvrent trois solives.

Partez au ras des charnières de la trappe, et posez deux plaques, puis fixez l'escalier. Si vous recouvrez tout le solivage, gardez un jeu de 10 mm sur les côtés pour laisser le plancher travailler.

Les grands côtés des plaques doivent être perpendiculaires aux solives et les joints entre plaques alternés chaque fois que c'est possible.
Encollez la rainure avant d'y insérer la languette de la plaque suivante.

Si nécessaire, recoupez les plaques pour que les joints tombent juste au milieu d'une solive et évitez surtout qu'un joint se trouve à mi-chemin entre deux solives.

Vissez les plaques dans les solives, soit après perçage d'avant-trous fraisés de 4 mm, soit en employant des vis autoforeuses vissées directement dans les panneaux et dans les solives.

LA SECURITE

Fils et conduits
Déplacez les circuits électriques qui courent éventuellement sur les solives, en utilisant des conduits électriques gris, des boîtes de raccordement étanches et en passant sur les côtés du solivage, mais surtout jamais en perçant, ni en entaillant une seule solive. Assurez-vous, avec un détecteur de métaux, que vous ne risquez pas d'endommager une canalisation électrique ou une tuyauterie en perçant ou en vissant les panneaux.

Fenêtres et volets motorisés

FENÊTRE SOLAIRE

MOTORISATIONS À ÉNERGIE SOLAIRE

Aucune installation électrique

La motorisation des fenêtres de toit comme celle des volets solaires facilite les manœuvres, mais surtout permet de les installer très en hauteur, hors de portée de main, et de les ouvrir ou de les fermer par une télécommande.

L'alimentation par des cellules photovoltaïques et une batterie intégrée dispense de toute installation électrique.

VOLET SOLAIRE

Poser une fenêtre de toit

Les fenêtres de toit de ce type peuvent se poser aussi bien sur une toiture neuve que sur une couverture en rénovation, ou encore sur une toiture en l'état. Des bavettes de recouvrement garantissent contre toute infiltration.

LES BONS OUTILS

Outils
- Mètre
- Niveau à bulles
- Crayon
- Visseuse-dévisseuse

Matériel
- Escabeau
- Fenêtre de toit avec ses accessoires

1. Démontez les tuiles de la toiture et réalisez l'ouverture (ou utilisez celle d'une fenêtre existante). Passez le bâti de la fenêtre de toit équipé de ses fixations.

2. Positionnez le bâti en faisant porter les fixations sur les éléments de la charpente. Vérifiez l'horizontalité de sa traverse basse au niveau à bulles avant de le fixer.

3. Vissez les pattes de fixation sur les chevrons. Les fentes oblongues vous permettront d'équilibrer le jeu entre la trémie et le châssis avant de les serrer totalement.

4. Posez les bavettes de recouvrement du châssis en commençant par sa base. Elles sont destinées à le protéger et à créer un circuit étanche d'évacuation des eaux de pluie.

5. Terminez le montage des éléments de recouvrement par le capot supérieur enchâssé pour partie sous la bordure inférieure du rang de tuile qui viendra le recouvrir. Replacez la fenêtre dans son châssis. En fermant la fenêtre, les boutons-poussoirs se libèrent et fixent l'ouvrant en toute sécurité.

Conduit de lumière

DIFFUSER LA LUMIÈRE SOLAIRE

Éclairer sans dépense d'énergie

Le conduit de lumière permet de bénéficier à l'intérieur de la maison d'un éclairage naturel très agréable sans aucune dépense d'énergie. C'est le système idéal pour éclairer une entrée ou toute pièce aveugle de la maison. L'installation se fait facilement avec des éléments rigides ou flexibles selon la configuration de la charpente des combles.

EN TOITURE
L'entrée de lumière se fait par un dispositif proche d'une fenêtre de toit.

DANS LES COMBLES
Un conduit flexible ultra-réflecteur dirige la lumière vers l'intérieur de la maison.

DANS LA MAISON
La diffusion de la lumière se fait par un hublot encastré dans le plafond.

LA BONNE INFO

LE LAMBDA ET LE R

- Le coefficient lambda mesure la conductivité thermique d'un matériau. Plus sa valeur est basse et plus le matériau est isolant.
- Le coefficient R mesure la résistance d'un matériau. Sa valeur dépend de l'épaisseur du produit (plus celui-ci sera épais et plus il sera isolant) et de la conductivité thermique du ou des matériaux qui le constituent. Une couche de laine de verre de 200 mm offre un excellent R (environ 5).

L'isolation d'une maison doit commencer par la toiture : soit par la couverture, soit par le plancher des combles quand ils ne sont pas aménagés. De multiples solutions sont possibles. Si les combles ne sont pas aménagés, on peut épandre de l'isolant en vrac sur le sol ou y dérouler un isolant en rouleau. Si les combles sont aménagés, on devra isoler par la toiture.

Combles non utilisés : isoler le sol

© Isover

Quand les combles ne sont pas destinés à être utilisés, ou ne peuvent l'être en raison de la forme de la charpente, vous pouvez vous limiter à mettre sur le sol un isolant.

Deux mises en œuvre très rapides sont possibles :

- le déversement sur le sol d'isolant en flocons et en vrac (laine minérale, laine de cellulose, etc.) ;
- le déroulement d'isolant fibreux (laine minérale ou végétale) directement sur le sol. Ces deux solutions sont d'une efficacité équivalente, la seconde étant cependant plus facile pour l'amateur.

ISOLANT EN VRAC

Le soufflage de la laine de verre ou de polyester en flocon est idéal en présence d'un solivage soutenant un plafond en plaques de plâtre et pour les combles peu accessibles. Il est possible de louer une machine pour souffler l'isolant.

Assurez-vous d'une bonne étanchéité à la poussière entre le plafond et les murs.

Épandez une couche de 15 à 30 cm d'isolant en flocon en marchant avec précaution sur les solives.

ISOLANT DÉROULÉ

Si vous n'utilisez pas un grenier doté d'un plancher, vous pouvez vous contenter de dérouler une forte épaisseur de laine de verre sur le sol, en veillant à toujours placer le pare-vapeur vers le bas. Assurez une parfaite jonction entre les lés.

Déroulez une première couche d'isolant sur le sol ou entre les solives, pare-vapeur vers le sol.

Réalisez une deuxième couche croisée, sans pare-vapeur pour renforcer l'isolation.

© Isover

Combles utilisés : isoler la sous-toiture

Quand on veut utiliser les combles, notamment pour en faire des pièces à vivre, il faut isoler la sous-toiture et non le sol du grenier.
Posez de la laine minérale ou végétale de forte épaisseur en une ou deux couches. Vous obtiendrez ainsi une isolation renforcée qui vous permettra d'obtenir le confort indispensable pour des pièces à vivre.
Le système de suspente et d'ossature permet à la fois de maintenir l'isolant et de fournir le support à des plaques de plâtre.

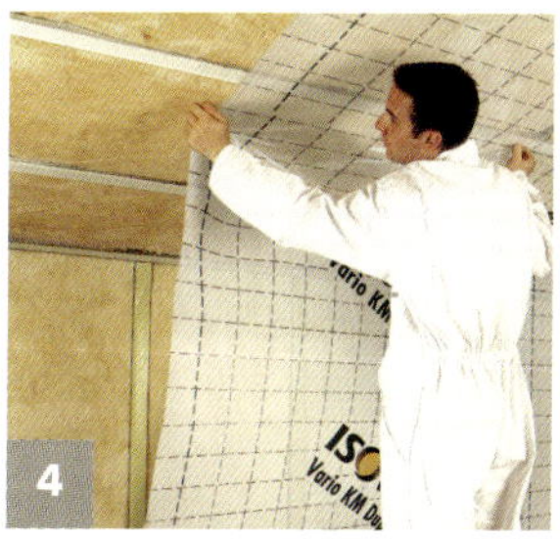

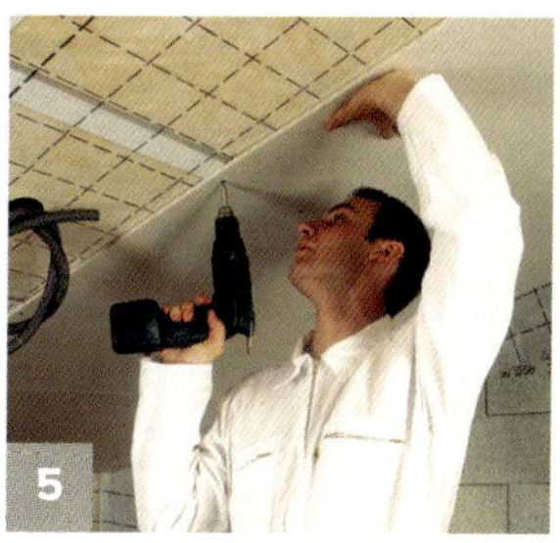

1. Calculez la longueur utile des suspentes en fonction de l'épaisseur de l'isolant. Fixez-les contre les chevrons avec des vis. Placez des panneaux semi-rigides de laine de verre entre les chevrons.

2. Embrochez l'isolant sur les suspentes. Vissez sur l'extrémité des suspentes les rosaces de blocage pour maintenir l'isolant.

3. Après avoir vissé les rosaces sur les suspentes, clipsez dessus les profilés métalliques.

4. Si l'isolant est sans pare-vapeur, posez une membrane à base de polyamide qui en assurera la fonction. Sa perméabilité décroît à mesure que le taux d'humidité augmente.

5. Vissez sur les profilés des plaques de plâtre et réalisez les joints pour garantir l'étanchéité à l'air.

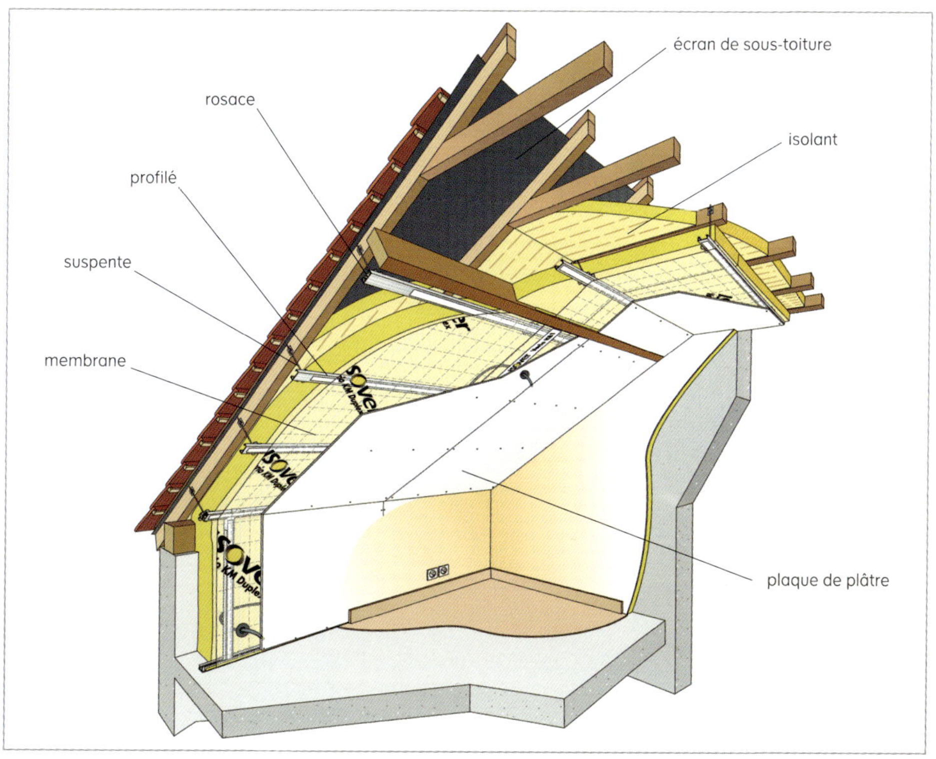

ISOLER UNE CHARPENTE TRADITIONNELLE

LES BONS OUTILS

Outils
- Visseuse-dévisseuse
- Crayon, mètre

Matériel
- Suspentes
- Profilés métalliques
- Vis
- Isolant
- Rosaces de blocage
- Plaques de plâtre
- Bande de joint
- Membrane polyamide si nécessaire

LA BONNE ASTUCE

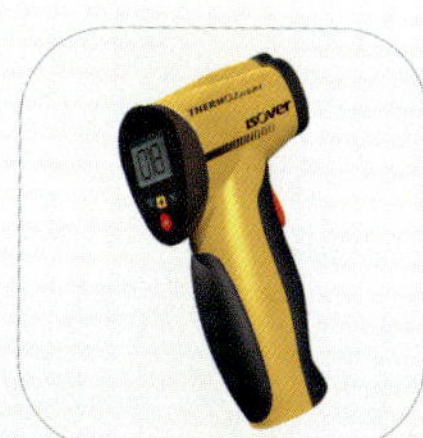

Mesurez les déperditions de chaleur

Le pistolet thermolaser permet de vérifier le différentiel entre la température de votre pièce et celle des parois et ouvertures (murs, fenêtres, etc.). Si celle-ci est supérieure à 4 °C, cela signifie qu'il y a déperdition d'énergie.

Quand l'enduit au plâtre d'un plafond se fissure et se gondole, il est parfois possible de faire une réparation en lui substituant un morceau de plaque de plâtre.

LES BONS **OUTILS**

OUTILS
- Scie égoïne, scie sauteuse ou scie à plaques de plâtre
- Règle de maçon
- Mètre
- Petit pinceau
- Couteau à enduire
- Crayon gras
- Ciseaux
- Crayon à papier

MATÉRIEL
- Vieux journaux
- Calicot à joint
- Plaque de plâtre
- Papier abrasif
- Masque antipoussière
- Lunettes de sécurité
- Table ou établi
- Pointes à plaques de plâtre
- Bande de calicot, enduit

Réparer un plafond avec une plaque de plâtre

Il faut traiter sans attendre les zones où le plâtre est boursouflé, autant par sécurité que par esthétisme, car de grands pans de plâtre qui n'adhèrent plus peuvent tomber. Portez des lunettes et un masque. Découpez la zone en mauvais état et décapez le plâtre jusqu'à atteindre le support. Mesurez l'épaisseur du plâtrage d'origine et munissez-vous d'une plaque de plâtre de même épaisseur.

1. Ouvrez la plus grosse fissure avec un couteau à enduire, afin de pouvoir insérer les doigts et arrachez le plâtre jusqu'à mise à nu du support et des solives.

2. Avec le couteau, taillez les bords de la découpe, légèrement en biais vers le fond. Recouvrez largement toute la surface de la découpe avec des feuilles de papier journal. Tendez-les le plus possible, et tracez dessus le contour de la découpe avec un crayon gras.

3. Posez la plaque de plâtre sur une table ou établi pliant et reportez dessus le contour tracé sur le journal. Découpez la plaque en suivant ce tracé, avec une scie égoïne, une scie sauteuse électrique ou, comme ici, une scie à plaques de plâtre.

4. Vérifiez l'ajustement de la pièce de réparation dans la découpe ; si nécessaire, retaillez les bords de celle-ci pour laisser un interstice de 3 mm. Insérez la pièce en place. Plaquez une règle de maçon sur le plafond et mesurez l'écart avec la surface de la pièce : elle donne l'épaisseur des cales à placer en dessous de celle-ci pour que la réparation soit alignée avec la surface du plafond.

5. Présentez de nouveau la pièce dans la découpe, revérifiez son alignement dans le plan de la surface du plafond et rectifiez le calage si besoin. Clouez ensuite la pièce sur les solives avec des pointes à plaques de plâtre. Pour faciliter cette opération, repérez de part et d'autre de la découpe l'emplacement des solives, d'un trait de crayon à papier.

6. Humectez le pourtour de la pièce, ainsi que les côtés de la découpe avec un petit pinceau. Remplissez l'interstice entre la pièce et la découpe d'enduit, en le pressant avec la lame du couteau à enduire. La taille en biais des bords de la découpe améliore l'accrochage de ce joint.

7. Étalez de l'enduit sur le joint et appliquez dessus une bande de calicot, puis recouvrez-la d'une nouvelle couche d'enduit pressée avec le couteau. Laissez bien sécher avant de poncer.

Faire un plafond en plaques de plâtre

Bien qu'il soit toujours possible de visser directement des plaques de plâtre sous les solives d'un plancher, la méthode correcte consiste à établir une ossature métallique suspendue aux solives. Les plaques de plâtre seront fixées sur cette ossature.
Cette technique permet en outre d'établir une isolation thermique et phonique avec de la laine minérale.

© Placo

1. Montez une ossature métallique perpendiculairement aux solives. Elle comprend des suspentes fixées aux solives par des vis, et des profilés métalliques sur lesquels sont vissées les plaques.
Il existe différentes tailles de suspentes permettant de disposer la plaque de plâtre à 2 cm, 6 cm, 15 cm ou 28 cm des solives en fonction de l'épaisseur d'isolant souhaitée. Suivant le type de profilé utilisé pour l'ossature, la portée maximale entre les suspentes est de 1,30 à 1,50 m.
Les profilés doivent au maximum être espacés de 0,50 m. Tracez l'emplacement des suspentes et des profilés avec un cordeau à poudre.

2. Profitez du montage de l'ossature pour installer une couche de laine minérale. Glissez l'isolant en disposant les bandes dans le sens des solives, pare-vapeur vers vous.
Pour une bonne isolation phonique et thermique, prévoyez une épaisseur d'au moins 10 cm de laine minérale.

3. Vissez les plaques sous l'ossature en espaçant les vis de 30 cm. Pour faciliter la mise en place des plaques, louez un lève-plaque. Noyez les têtes de vis dans l'enduit, appliqué au couteau.

LES BONS OUTILS

Outils
- Visseuse-dévisseuse
- Crayon
- Cordeau à poudre
- Couteau à enduire

Matériel
- Suspentes
- Profilés métalliques
- Vis
- Plaques de plâtre
- Laine minérale
- Bande de calicot
- Enduit
- Abrasif, cale à poncer
- Peinture plafond
- Lève-plaque
- Escabeau
- Rouleau à peinture

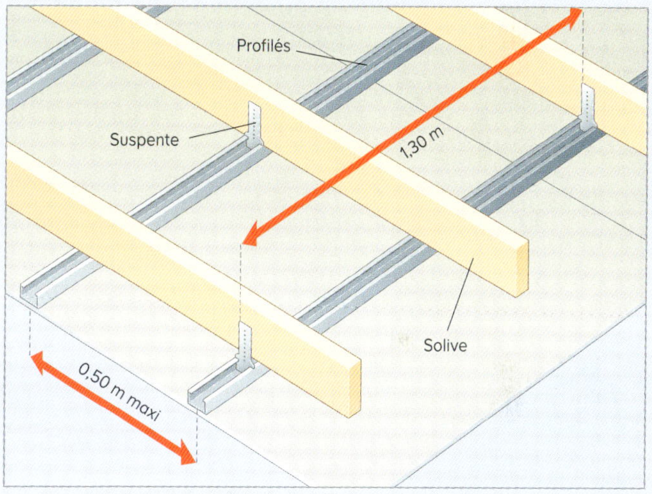

Plafond sur ossature métallique

Les plafonds à ossature simple répondent aux nécessités des constructions traditionnelles à plancher en lames ou en panneaux reposant sur des solives. Il existe aussi des suspentes destinées à une fixation entre les hourdis béton ou par vissage sous les dalles en béton.

La finition d'un plafond en plaque de plâtre

Les joints entre les plaques doivent être réalisés soigneusement si l'on ne veut pas voir apparaître très rapidement des fissures :
- remplissez d'enduit le creux entre les bords amincis des plaques avec un couteau à enduire ;
- posez une bande de calicot, puis recouvrez-la d'enduit ;
- laisser sécher, puis appliquez une deuxième couche d'enduit ;
- laissez à nouveau sécher complètement ;
- poncez avec un abrasif adapté et une cale à poncer ou mieux encore avec une ponceuse pour plaque de plâtre que vous pourrez louer.
- Dépoussiérez le plafond avant de peindre au rouleau avec une peinture vinylique ou bien acrylique "spéciale plafond".

LES BONS **OUTILS**

Outils
- Escabeau ou échafaudage
- Mètre
- Crayon
- Marteau
- Cordeau à tracer
- Table à encoller

Matériel
- Ciseaux
- Seau
- Brosse à encoller
- Brosse de tapissier
- Roulette à joint
- Petites pointes
- Colle à papier peint
- Papier peint

Si votre plafond est sali et légèrement fissuré, la bonne solution peut consister à y coller du papier peint ou mieux encore du papier à peindre. Ce n'est pas plus difficile que de tapisser un mur et cela peut permettre une rénovation rapide à faible coût.

Tapisser au plafond

Même sans se lancer dans une préparation poussée du plafond, il faut tout de même faire tomber les éventuelles écailles de peinture, grattez tout ce qui ne tient pas, brossez le plafond et éventuellement lessivez-le.

Comme sur les murs, il est essentiel de positionner le premier lé avec précision. L'angle mur-plafond n'est que rarement assez droit pour servir de guide. Mieux vaut tracer une ligne de départ au cordeau à poudre. Compte tenu de la localisation des travaux, il est pratiquement indispensable d'être deux pour ce genre de chantier. Protégez le sol avec des bâches de propreté.

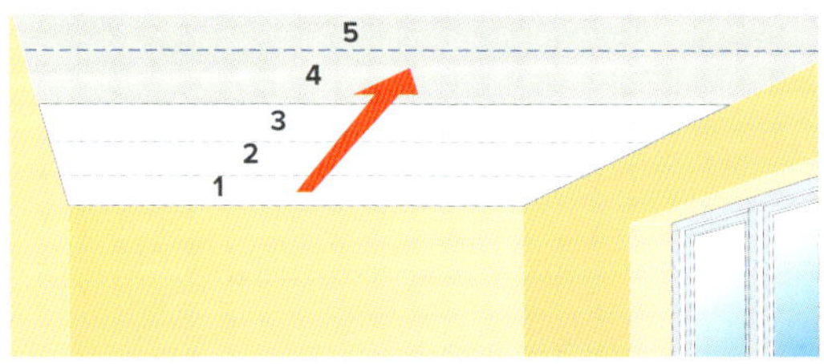

TAPISSER À PARTIR D'UN MUR AVEC UNE FENÊTRE

Posez les lés perpendiculairement au mur de la fenêtre pour que les joints éventuellement chevauchés ne projettent pas d'ombre. S'il y a deux fenêtres sur des murs différents, posez les lés dans le sens de la largeur de la pièce.

LA BONNE **INFO**

Tapisser autour d'un lustre

Coupez l'électricité au tableau de répartition. Dévissez le couvercle de la boîte de raccordement. Tapissez en recouvrant le boîtier. Percez le centre du papier encore humide avec la pointe des ciseaux, puis taillez en rayons vers le pourtour de l'embase (surtout ne coupez pas plus loin). Faites sauter les "pétales" ainsi découpés en restant juste à l'intérieur de l'embase. Essuyez les bavures de colle et attendez que tout soit sec avant de remettre le courant.

1. Déterminez le point de départ de la pose du premier lé. Aux deux extrémités du plafond, tracez sur celui-ci un repère à 50 cm (largeur d'un rouleau moins 3 cm) du mur. Plantez un petit clou sur ce repère aux deux extrémités du plafond.

2. Tendez le cordeau à tracer entre les deux pointes. Pincez-le en son milieu et faites-le claquer sur le plafond pour laisser un tracé. Retirez le cordeau et les pointes. Mesurez, coupez et encollez les lés.

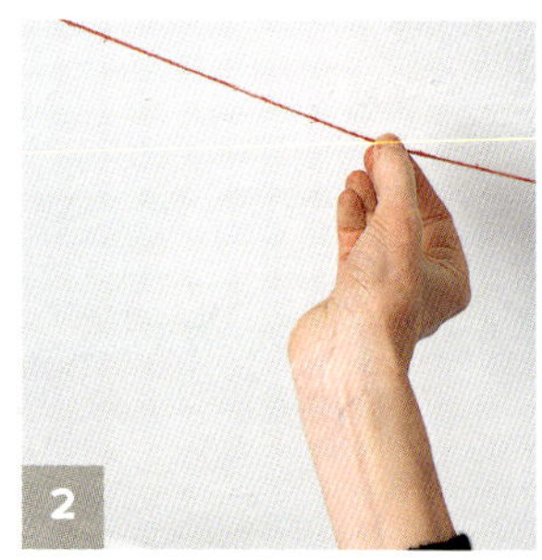

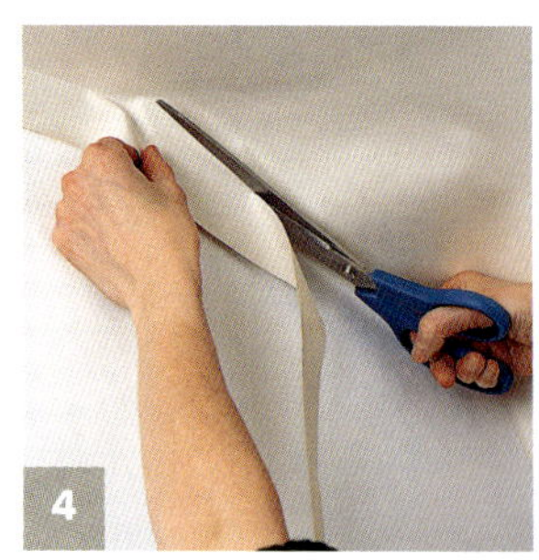

3. Positionnez le bord du premier lé contre le trait et affichez l'autre côté dans l'angle mur-plafond, de façon à avoir un retour de 2,5 cm sur le mur. Si l'angle n'est pas rectiligne, c'est ce retour qui sera irrégulier, et non pas le lé posé au plafond.

4. Plaquez le papier en chassant les cloques avec la brosse de tapissier, puis marquez le lé dans l'angle mur-plafond avec le dos des ciseaux. Décollez doucement le bord du lé et, au fur et à mesure, coupez à l'intérieur du pli. Recollez le bord recoupé, (il est souvent nécessaire de remettre de la colle). Posez le deuxième lé contre le premier et écrasez le joint avec une roulette.

Peindre le plafond

Quand vous refaites la décoration d'une pièce, commencez toujours par le plafond. Peignez-le au rouleau. Pour éviter d'avoir à monter sur un escabeau, utilisez de préférence un manche télescopique (il peut faire jusqu'à 3 m), ou bien installez une plate-forme de la longueur de la pièce.

PEINDRE LES BORDURES

Vous devrez peindre les bords du plafond, soit avant, soit après avoir peint toute sa surface. Si vous devez peindre les murs ensuite, utilisez une brosse à rechampir de 13 à 32 mm pour déposer une bande régulière sur le haut des murs, que vous recouvrirez ensuite. Dans le cas contraire, protégez le haut du mur avec du ruban de masquage large, ou encore utilisez un large couteau à enduire ou une raclette pour servir d'écran quand vous peindrez.

PEINDRE AU ROULEAU

Trempez le rouleau dans la peinture, puis égouttez-le en le faisant rouler sur le plan incliné nervuré du bac ; appliquez-le ensuite sur le plafond, sous un angle d'environ 45°. Roulez l'outil sur la surface par petits coups appliqués avec une pression modérée et régulière. À chaque nouvelle passe, commencez au-delà de la zone précédemment couverte, puis revenez vers elle pour finir en la chevauchant, de manière à fondre le raccord.

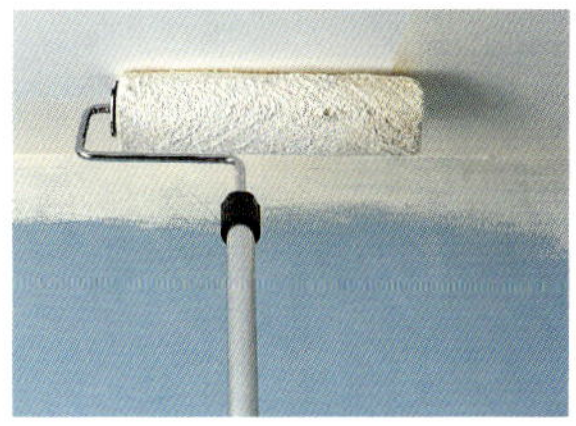

LA BONNE ASTUCE

Le rouleau anti-goutte vient se placer au bout d'une perche télescopique ce qui évite d'avoir à monter sur un escabeau. Il permet de peindre un plafond proprement et sans effort. Par sécurité, placez tout de même un film de protection sur le sol.

Voile de verre ou intissé au plafond

Outre le papier à peindre, vous pouvez coller au plafond différents revêtements qui permettront de masquer les petits défauts pour ensuite le repeindre et obtenir ainsi une finition parfaite. Le voile de verre est très classique, mais vous pouvez aussi coller de l'intissé. Comme le voile de verre, ce dernier présente l'avantage d'une pose facilitée par l'encollage direct du support, ici le plafond.

ENCOLLER LE PLAFOND

Voile de verre et intissé se posent de la même façon :

- brossez et lessivez éventuellement le plafond ;
- appliquez la colle adaptée au plafond ;
- déroulez et posez directement le revêtement en le faisant bien adhérer avec un rouleau en mousse.

+ déco

Poser une rosace

Une fois le plafond peint ou tapissé, vous pouvez poser une rosace centrale pour plafonnier. Cet élément moulé en polyuréthane, en polystyrène ou en stuc, se colle et se décore facilement.

1. Déposez un cordon de colle (adaptée au matériau) ou d'enduit au dos de la rosace, sur le pourtour de celle-ci.

2. Passez les fils dans le trou central. Positionnez la rosace sur le plafond et exercez une pression pendant le temps de prise de la colle.

Éléments reliant les murs au plafond, les corniches constituent un accessoire de décoration classique dans les maisons anciennes. Remplaçant les pièces en stuc ou encore celles en plâtre, les corniches modernes sont des moulages en polyuréthane ou en polystyrène très légers, qui peuvent restituer à une habitation son style d'origine. Elles permettent aussi d'habiller une jonction irrégulière entre les murs et le plafond.

LA BONNE INFO

Coller et peindre une corniche
Le polyuréthane peut recevoir n'importe quel type de peinture. Sur le polystyrène, n'appliquez qu'une peinture acrylique. Les éléments de corniche en polyuréthane et ceux en polystyrène se posent avec des colles spécifiques.

Découpes angles rentrant et sortant

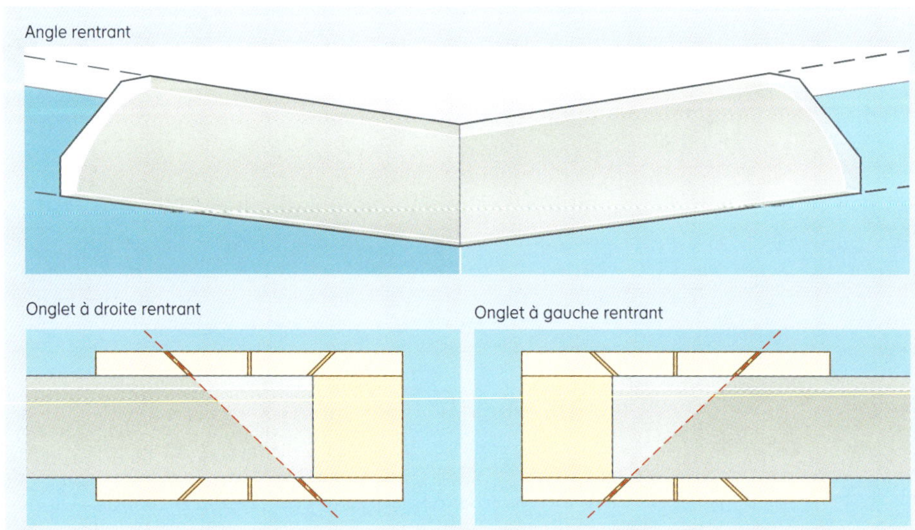

COUPES D'ANGLES RENTRANT

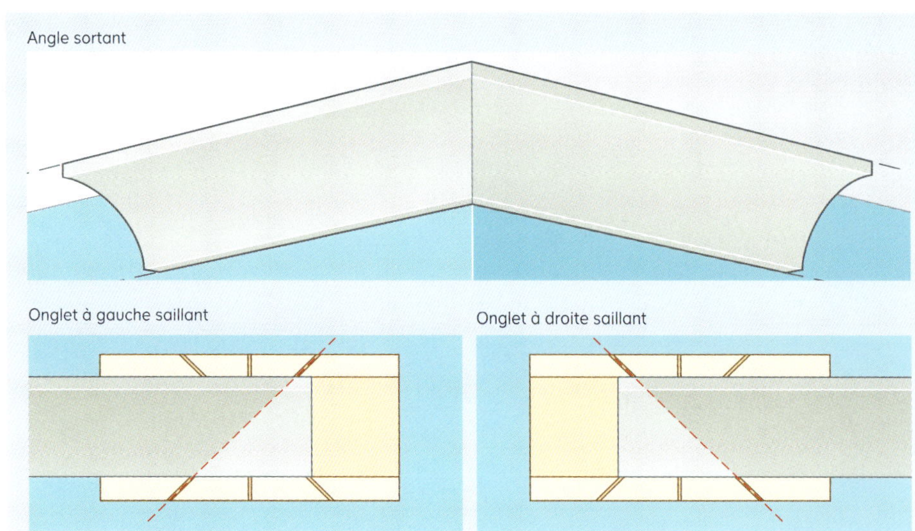

COUPES D'ANGLES SORTANT

LA BONNE INFO

Assemblage en angle
Mesurez la longueur du premier mur et tracez la ligne de coupe sur l'élément. Placez-le dans la boîte à onglets, le côté plaquant sur le mur en haut et celui venant au plafond, au fond. Sciez avec une scie égoïne à denture fine ou avec une scie à dos. Poncez légèrement les traits de coupe.

Poser une corniche

On peut poser les corniches avant ou après les revêtements. Pour évaluer la surface qu'elles couvriront, faites le tour de la pièce en tenant un élément de corniche et tracez au crayon la position de ses bords sur le plafond et les murs. Ces éléments ne peuvent tenir que sur une surface saine, sèche et homogène. Éliminez donc les éventuelles traces de blanc gélatineux, de plâtre fendillé, de papier qui se décolle ou de peinture qui s'écaille. Entaillez le papier peint à 2 mm en dessous du tracé, puis décollez la bande avec un couteau à enduire. Griffez l'emplacement de la corniche (les griffures étant croisées et serrées) pour améliorer l'accrochage, et brossez ensuite soigneusement la surface. Si la corniche doit être peinte, mieux vaut le faire avant de la poser.

LES BONS OUTILS

OUTILS
- Mètre
- Crayon
- Marteau
- Boîte à onglets
- Scie égoïne à denture fine ou scie à dos
- Couteau à enduire ou truelle
- Détecteur de métaux et de courant

MATÉRIEL
- Éponge
- Corniches
- Papier abrasif fin
- Colle ou mastic-colle
- Pointes
- Peinture

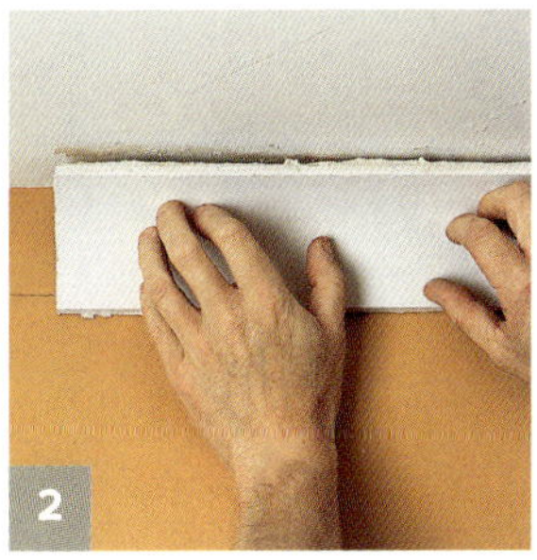

1. Appliquez la colle sur toute la surface d'appui de l'élément. Utilisez un couteau à enduire si c'est une colle, ou une truelle si vous utilisez un mastic-colle. Ne surchargez pas de colle pour éviter les débordements au moment de la mise en place.

2. Pressez l'élément en place, bien aligné sur les repères tracés au crayon. Laissez la colle refluer, mais assurez-vous que les deux côtés de la corniche plaquent parfaitement sur toute leur longueur. Nettoyez les bavures de colle au couteau à enduire et utilisez les surplus pour combler les fentes dans les raccords d'angle et les joints entre éléments. Passez une éponge humide pour ôter les éventuelles bavures de colle.

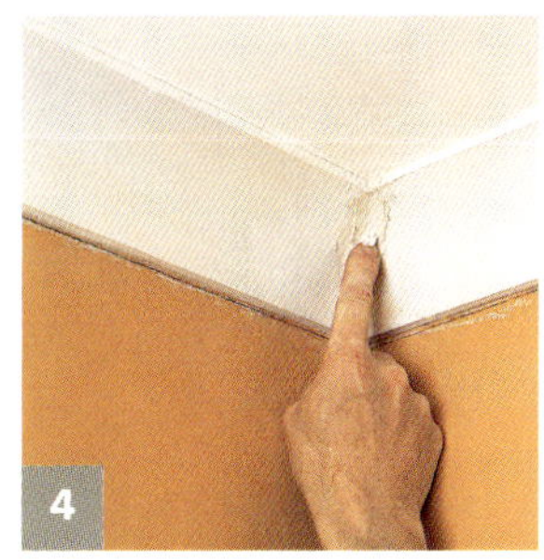

3. Vérifiez qu'aucun câble ni tuyau ne chemine dans le mur à cet endroit avec un détecteur de métaux. Fixez quelques pointes sous le bord inférieur des éléments pour les soutenir jusqu'à ce que la colle soit sèche. Si le mur n'est pas bien droit, vous pouvez renforcer la fixation avec quelques pointes tête homme piquées tous les 30 à 40 cm, avant de retirer les pointes de support.

4. Quand toute la corniche est en place, finissez les joints entre éléments et dans les angles au doigt, avec un peu de colle, puis passez dessus l'éponge humide. Quand la colle est sèche, poncez les raccords au papier abrasif fin.

Poser une pièce d'angle

Les fabricants de corniche proposent souvent diverses pièces décoratives dans le style des corniches, et notamment des renforts d'angle qui améliorent la finition et masquent les imperfections des raccords.
On les maintient avec la même colle, en prenant soin d'éliminer les bavures avant qu'elles ne soient sèches.

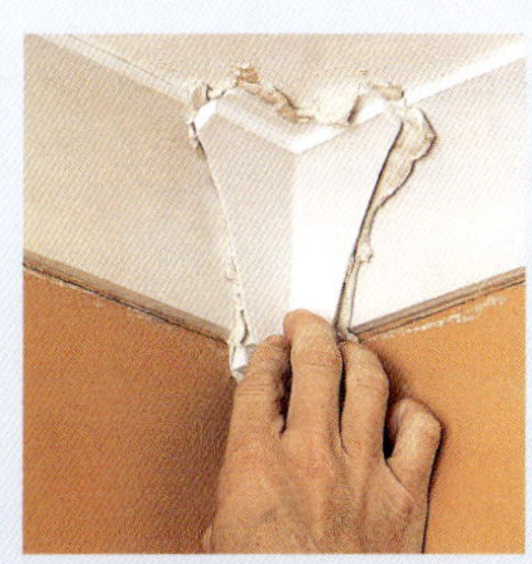

Murs et cloisons délimitent et encadrent notre espace de vie dans la maison. Si les uns ne peuvent être repoussés, les autres peuvent être modulées en fonction des évolutions de la famille ou tout simplement des options de décoration. Ce sera plus ou moins facile en fonction des matériaux qui les composent et de la façon dont elles ont été établies.

LA BONNE INFO

Cloisons séparatives
La tendance actuelle est à la suppression des cloisons plutôt qu'à leur création. Notez cependant qu'un vaste espace compromet souvent l'intimité et qu'il sera plus difficile à chauffer. Il existe aussi des cloisons séparatives amovibles qui délimitent les espaces sans les séparer.

1. Murs intérieurs et de refend

Les murs d'une maison ont évidemment deux faces :
– l'une extérieure, parée d'un revêtement de façade, éventuellement isolant ;
– l'autre intérieure pouvant recevoir un enduit, un doublage, ou rester brute quand le matériau s'y prête esthétiquement (pierres apparentes, par exemple).

Les murs extérieurs d'une maison sont massifs et porteurs. Ils délimitent son volume intérieur dans sa globalité. Les matériaux qui les composent, la façon dont ils sont agencés déterminent directement la façon d'habiller leur parement intérieur, de l'isoler, de le protéger, enfin de le décorer.
On trouve aussi des murs massifs à l'intérieur d'une maison, pour soutenir les planchers et la toiture. Ce sont les murs de refend, porteurs. Ils ne peuvent être percés d'ouvertures sans risques de compromettre la solidité de l'édifice.

LA SECURITE

Attention : mur porteur !
Avant d'entamer tout percement dans ce qui vous semble être une cloison de distribution, assurez-vous qu'il ne s'agit pas d'un élément porteur. Les cloisons creuses, de faible épaisseur, en matériau léger ne sont pas porteuses. Tout autre type de cloison, épaisse, massive, en brique ou en parpaing, a toutes les chances d'être porteuse. Au moindre doute, consultez un architecte ou un maçon.

2. Cloisons de distribution

Le volume intérieur d'une maison est divisé en espaces permettant l'aménagement des différentes pièces d'un logement. Les cloisons assurent cette distribution. N'étant pas porteuses, elles peuvent être percées d'ouvertures sans risque de compromettre la solidité de l'édifice. Dans les maisons anciennes, les cloisons sont souvent maçonnées dans différents matériaux de construction plus ou moins massifs comme la brique, le béton ou encore le carreau de plâtre. Dans les maisons modernes, notamment pavillonnaires, il s'agit plutôt de cloisons légères, à ossature bois ou métallique et parements de plaques de plâtre, ou en panneaux alvéolaires autoportants, avec ou sans isolant.

CLOISON À OSSATURE BOIS
Cette cloison de distribution très simple est constituée d'une ossature en chevrons entre lesquels on a placé un isolant, les parements étant d'un côté en plaque de plâtre, de l'autre en lambris bois.

3. Cloisons de doublage

Les murs extérieurs et les murs de refend sont rarement laissés bruts. Autrefois ils étaient généralement enduits de plâtre. Désormais ils sont doublés avec un matériau proche, manufacturé : la plaque de plâtre. Constitué d'une épaisseur de plâtre prise entre deux couches de carton, c'est un produit polyvalent, qui peut être collé directement sur un mur ou, plus généralement, fixé sur une ossature, aujourd'hui métallique. Un isolant peut être placé entre la plaque de plâtre et le mur, mais la plaque peut elle-même être doublée et solidaire d'un isolant (on parle alors de plaque composite).

Cloisons

Une grande diversité de matériaux est utilisée pour la construction des cloisons : briques pleines ou creuses, carreaux de plâtre, béton alvéolaire, plaques de plâtre sur ossature, plaques alvéolaires, panneaux de particules ou de contreplaqué, pavés de verre, etc.

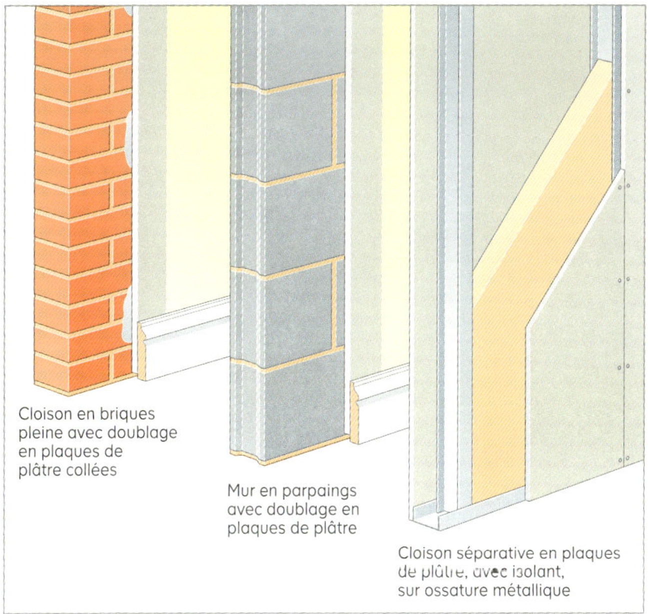

CLOISONS MASSIVES

Dans les habitations les plus anciennes, mais vastes, les cloisons sont souvent réalisées dans le même matériau que les murs extérieurs.

Les cloisons plus récentes sont en général en briques pleines ou creuses de faible épaisseur, dites "plâtrières". Il existe aussi des blocs de béton de faible épaisseur.

Les carreaux de béton cellulaire (épaisseurs de 50, 100, 150, ou 200 mm) forment des cloisons à haute isolation acoustique et thermique, avec une résistance au feu élevée.

Les carreaux de plâtre de 650 x 500 mm, épais de 50 ou 70 mm, sont aussi très utilisés, car faciles à mettre en œuvre. Ils sont désormais disponibles en version hydrofuge, pour pièces humides.

CLOISONS CREUSES

Les cloisons creuses, très fréquentes dans les constructions modernes, ne sont pas porteuses. Elles sont plus ou moins rigides, selon la nature de leur ossature. Elles permettent le passage discret des canalisations électriques, de chauffage ou d'eau. Ces cloisons sont formées de deux "peaux" fixées sur une ossature. Il s'agit généralement de plaques de plâtre, standards ou hydrofuges, mais on peut aussi utiliser des panneaux de particules. Le bois utilisé pour l'ossature, dans les premières réalisations, cède aujourd'hui la place aux profilés d'acier galvanisé.

CLOISONS LÉGÈRES EN PLAQUES ALVÉOLAIRES

Ces plaques servent à la construction de cloisons sans charge. Elles sont constituées de deux plaques de plâtre collées sur une âme constituée d'un nid-d'abeilles de carton phénolique. Elles sont le plus souvent fixées sur un tasseau haut et bas servant en quelque sorte de rail de guidage. On peut les revêtir d'un enduit décoratif, de papier peint, de tissu tendu, ou les peindre. La faiblesse acoustique est le principal défaut de ce type de cloison.

Choisir le type de cloison

Le choix de la cloison se fait en fonction de trois questions.
• Doit-on cloisonner du sol au plafond ou créer des aménagements tels que demi-cloison, étagères, placards, etc. ?

• La cloison doit-elle être isolante et/ou intégrer les câbles électriques ou des tuyaux sanitaires ?

• La cloison est-elle située au rez-de-chaussée ou à l'étage ?
Le tableau ci-dessous vous aidera à faire le bon choix.

> LA BONNE **INFO**
>
> **PLAQUES PRÉPEINTES**
> Les plaques de plâtre prépeintes dispensent de toute préparation car elles ont déjà reçu une sous-couche d'impression. Elles sont opaques, non poreuses et très lisses. On peut donc appliquer directement une peinture de finition. Elles sont proposées dans la classique épaisseur de 12,5 mm (BA13), avec des bords amincis.

CLOISONS DIFFÉRENTS TYPES

Structure	Types de cloison	Contraintes		Niveaux	
		Isolation phonique	Intègre tuyaux et câbles	RDC	Étage
CLOISONS SUR OSSATURES séparation du sol au plafond	**Plaques de plâtre**	++	++	++	++
	Panneaux alvéolaires	–	+	++	–
CLOISONS MAÇONNÉES demi-cloisons, placards, aménagements	**Carreaux de plâtre**	+ ++ si montage avec bande résiliente sur les quatre côtés de la cloison	–	++	+ Conseil : utilisez des carreaux alvéolés
	Carreaux en béton cellulaire	–	–	++	+

LES BONS OUTILS

OUTILS
- Perceuse à percussion
- Niveau à bulles
- Scie à plaque de plâtre
- Couteau à enduire
- Truelle
- Règle de maçon

MATÉRIEL
- Laine de verre en panneaux semi-rigides
- Ossatures métalliques
- Entretoises
- Carreaux de plâtre ou briques plâtrières
- Plaques de plâtre
- Mortier adhésif
- Vis, chevilles
- Bande de calfeutrage
- Bande de joint
- Bande résiliente

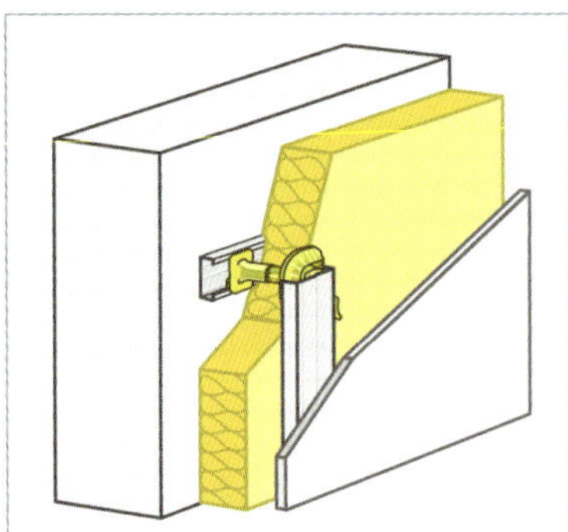

ISOLATION SUR OSSATURES
Les entretoises sont enfilées d'un côté dans le rail horizontal fixé au mur, et de l'autre dans les profilés verticaux qui bloquent l'isolant et permettent la fixation des plaques de parement.

Les murs constituent l'une des zones de déperditions majeures de chaleur dans une maison. Dans la plupart des cas, le plus simple est de les isoler par l'intérieur, au moyen de laine minérale ou végétale. Différentes solutions sont possibles mais la plus simple consiste à doubler les parois pour empêcher le froid de pénétrer.

Doublage sur ossature

Cette solution permet de réaliser une isolation thermo-acoustique des murs et cloisons. Des entretoises fixées au mur servent à embrocher la laine de verre pour la fixation des ossatures verticales sur lesquelles sont vissées les plaques de plâtre. C'est la solution la plus adaptée à l'isolation des parois de la plupart des pièces. Elle permet en effet de réaliser une véritable enveloppe thermo-acoustique garantissant un excellent confort. Elle s'adapte à tous les cas de figure, même les murs cintrés. Le passage des gaines électriques peut se faire dans l'isolant, sans aucune saignée.

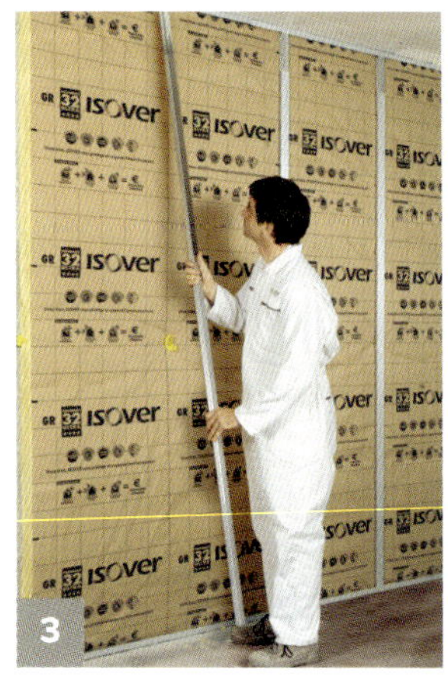

1. Tracez, percez et chevillez avant de visser solidement les profilés fixés au sol et au plafond. Ils sont placés à une distance du mur correspondant à l'épaisseur de l'isolant. Faites de même pour les profilés intermédiaires destinés à recevoir les entretoises. Disposez celles-ci en les clipsant sur le rail. Coupez la laine de verre à la hauteur du panneau, puis embrochez-la sur les entretoises en la plaquant contre le mur.

2. Plaquez l'isolant contre le mur et maintenez-le avec les "clés" en plastique qui viennent se placer sur les entretoises.

3. Placez les profilés verticaux. Bloquez parfaitement l'isolant avec ces profilés. Ils sont conçus pour permettre le raccordement et leur prolongement en cas de grande hauteur sous plafond.

© Isover

4. Vissez les plaques de plâtre. Réaliser les joints (enduit et calicot). Le système permet aussi de fixer directement sur l'ossature des lambris bois, des lambris PVC ou encore des panneaux laqués.

Doublage par panneaux isolants collés

Le collage des panneaux isolants composites (laine de verre et plaque de plâtre) est certainement la méthode de doublage des murs et des cloisons la plus simple. C'est aussi la plus économique, puisqu'elle permet tout à la fois d'isoler et d'offrir une surface parfaitement nette, qu'il suffit de décorer après réalisation des joints entre les plaques.
Elle n'est cependant adaptée qu'aux murs parfaitement réguliers, ce qui est souvent le cas dans les annexes comme le garage des maisons individuelles.
Cette solution évite les ponts thermiques et se révèle aussi satisfaisante sur le plan acoustique.

1. Mesurez la hauteur sous plafond, enlevez 1,5 cm pour le calfeutrage bas, et reportez la cote en deux points sur le panneau. Tracez la ligne de coupe entre ces deux points avec une grande règle et débitez le panneau avec une scie à plaque de plâtre.

2. Déposez des plots de mortier adhésif avec un couteau à enduire à raison de 8 plots par mètre carré.

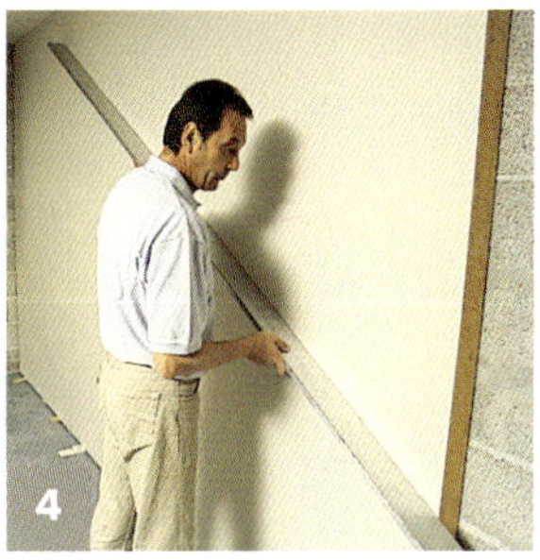

3. Dressez le panneau en veillant à placer des cales de 1 cm au pied du mur qui serviront de support. Faites adhérer la colle sur le mur en appuyant fortement sur le panneau.

4. Poursuivez la pose. Faites glisser une grande règle métallique pour vous assurer du parfait alignement des plaques.

5. Insérez une bande de calfeutrage en laine de verre en pied de doublage pour obtenir un calfeutrement parfait. Bouchez l'interstice au niveau du plafond avec du mortier adhésif.

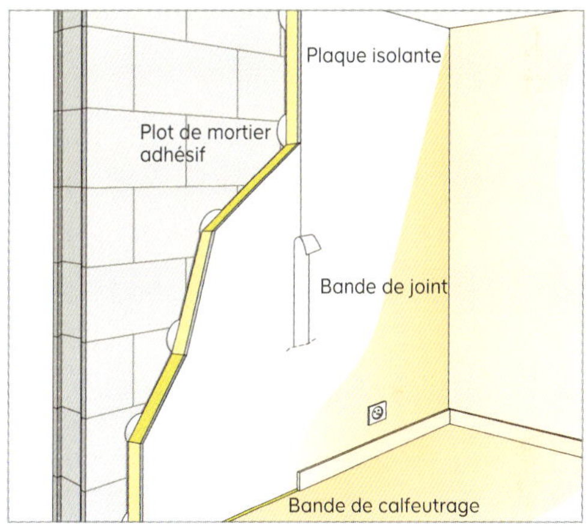

Doublage par contre-cloisonnement maçonné

L'isolant est plaqué contre le mur, pare-vapeur tourné vers la pièce à isoler. La laine de verre est embrochée sur des pattes métalliques qui sont fixées directement au mur. Les briques plâtrières ou les carreaux de plâtre sont ensuite montés à joints décalés par emboîtement et collage.

L'isolation est assurée par des panneaux de laine de verre semi-rigide, dont le pare-vapeur est tourné vers la pièce chauffée.

Le contre cloisonnement est réalisé en briques plâtrières (à gauche) ou en carreaux de plâtre montés sur une bande résiliente.

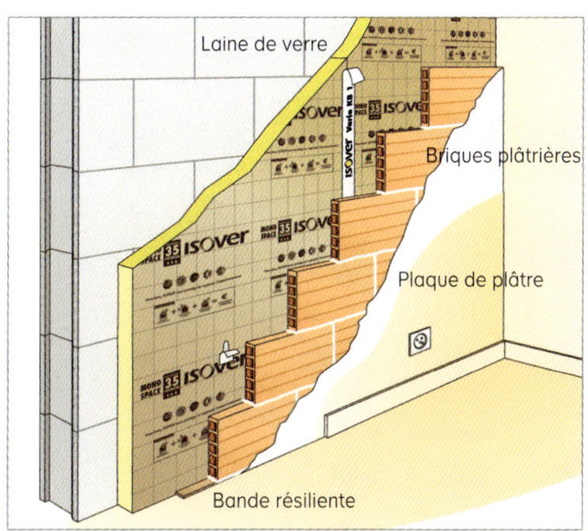

Plaque de plâtre, carreau de plâtre ou béton cellulaire : tous ces matériaux permettent de réaliser des cloisons de distribution ou de doublage facilement, sans matériel important. Cependant les techniques de mise en œuvre varient sensiblement.

LES BONS OUTILS

OUTILS

- Niveau à bulles ou fil à plomb
- Crayon
- Cutter
- Visseuse-dévisseuse
- Règle métallique
- Scie à métaux ou cisaille pour couper les rails
- Couteau à enduire, éponge

MATÉRIEL

- Vis
- Plaques de plâtre
- Rails et montants
- Isolants de laine minérale
- Bandes de calicot, enduit
- Vis à plaque de plâtre
- Joint au silicone
- Mortier adhésif
- Papier abrasif fin

Monter une cloison en plaque de plâtre sur ossature métallique

Ce système est composé d'une ossature métallique (rails sur le plafond, au sol et montants verticaux). On vient ensuite visser des plaques de plâtre de part et d'autre de cette ossature. Une isolation peut être installée entre les deux "peaux" de la cloison. Le même genre de système permet de réaliser le doublage d'un mur, avec incorporation d'un isolant plus ou moins épais.

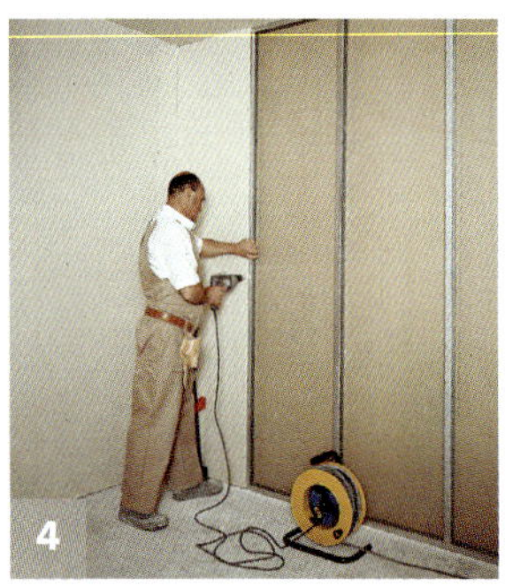

1. Tracez au sol et au plafond l'épaisseur de la cloison, plaques comprises. Repérez l'emplacement des huisseries pour les réserves nécessaires. Percez, chevillez et vissez les rails au sol et au plafond (fixation tous les 60 cm). Emboîtez les montants découpés (leur hauteur doit faire 1 cm de moins que l'ossature) dans les rails, tous les 60 cm. Les trous dans les montants sont alignés pour permettre le passage des gaines électriques.

2. Vérifiez la verticalité des montants au niveau à bulles ou au fil à plomb. Le premier et le dernier sont vissés sur les murs de départ et de raccord de cloison. L'huisserie de la porte est vissée aux montants de chaque côté de la cloison, en quatre points répartis sur la hauteur, l'un obligatoirement situé en pied de cloison.

3. Vissez la première épaisseur de plaques (coupées à la hauteur moins 1 cm et posées sur des cales pour être jointives au plafond). Une vis est fixée tous les 60 cm à au moins 1 cm du bord des plaques et à 10 cm du sol et du plafond. Passez les éventuelles conduites d'eau et les raccordements électriques. Placez les isolants phoniques et/ou thermiques de laine minérale entre les montants.

4. Vissez les plaques de plâtre de la seconde face de la cloison, comme vous l'avez fait pour la première. Décalez les joints (commencez par une demi-plaque).

5. Pour une meilleure résistance aux chocs, vous pouvez visser une deuxième épaisseur de plaques de chaque côté de la cloison, en décalant les joints par rapport à la première épaisseur. Placez cette fois une vis tous les 30 cm. Soignez les joints qui complètent la solidité de la cloison et réalisez un joint d'étanchéité au silicone en pied de cloison.

LA BONNE ASTUCE

UNE PLAQUE DE PLÂTRE DÉPLIABLE

Placo® propose la plaque EASYPLAC®, vendue pliée, qui ne mesure alors que 0,60 m x 1,30 m. Elle est donc deux fois moins encombrante qu'une plaque normale, ce qui permet de la transporter beaucoup plus facilement dans un grand coffre de voiture, dans un escalier ou l'ascenseur. Dépliée, elle fait 2,50 m, soit la hauteur sous plafond d'une pièce standard. Idéale pour les petites surfaces d'accès difficile.

Doubler un mur avec un isolant acoustique

Cette plaque de plâtre doublée d'un isolant acoustique peut être collée directement sur le mur si celui-ci est plat et régulier (par exemple ce mur en parpaings bruts). C'est une méthode simple et particulièrement efficace pour lutter contre le bruit (gain de 7 dB sur un mur en parpaings).

1. Déposez au dos de la plaque (côté isolant) des plots de mortier adhésif, à raison de 10 plots/m^2.

2. Il suffit ensuite de redresser la plaque et de la presser fortement contre le mur. Le collage est immédiat.

Découper les plaques de plâtre

Les plaques de plâtre standards ont une face beige et une face ivoire, cette dernière étant à placer côté visible. Il faut souvent recouper une plaque, pour l'adapter à la taille du mur. Utilisez un gros cutter, en prévoyant des lames de rechange, car le plâtre les émousse rapidement.

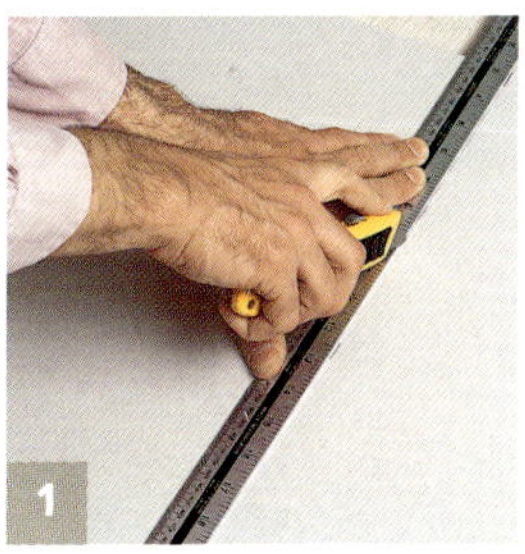

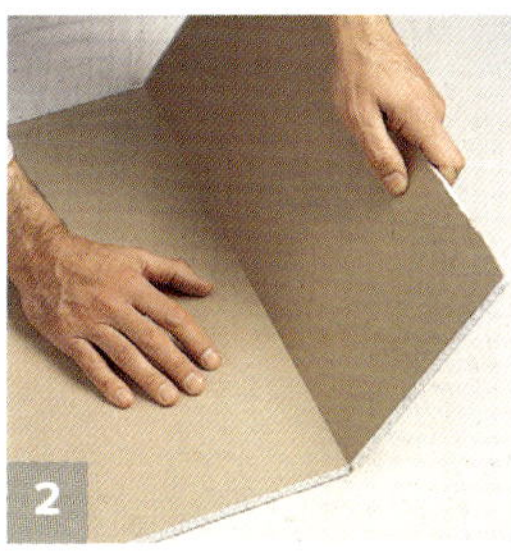

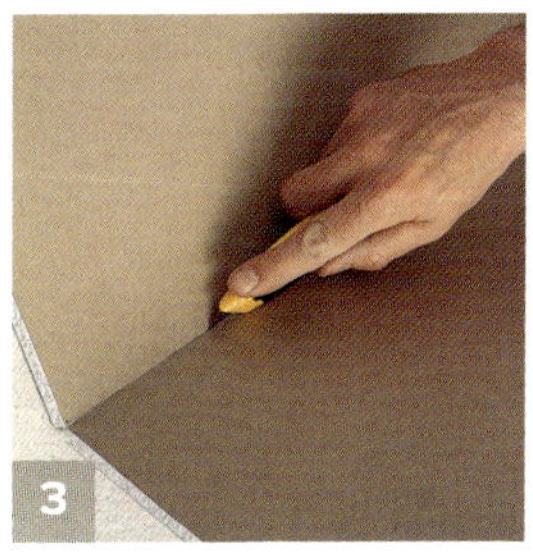

1. Tracez la ligne de coupe au crayon, sur la face ivoire de la plaque de plâtre. Entamez le carton sur le tracé avec un cutter en vous guidant sur une règle fermement maintenue sur la plaque.

2. Retournez la plaque et repliez-la par son extrémité pour la casser sur la ligne de coupe. Pour une coupe précise, votre geste doit être franc, sans hésitation.

3. Coupez la feuille beige au cutter, directement à l'intérieur du pli. Il n'est pas nécessaire de vous guider sur une règle, la lame suivant d'office la pliure de la plaque.

LA BONNE ASTUCE

Blade-runner

Cet outil permet de couper facilement et rapidement les plaques de plâtre de 9,5 à 15 mm d'épaisseur et même de faire des découpes arrondies très précises.

Poser des bandes de calicot

Pour obtenir une finition lisse, il faut réaliser les joints entre les plaques de plâtre. Une bande de calicot, noyée dans l'enduit rend invisible la jonction entre les plaques. Elle évite aussi le fissurage ultérieur à ce niveau.

1. Préparez l'enduit à joint et appliquez-le sur le joint, en une bande régulière, avec la spatule ou un petit couteau à enduire.

2. Coupez une longueur de bande couvrant toute la hauteur du joint. Appliquez-la fermement à cheval sur la ligne de joint, sur l'enduit encore frais.

3. Recouvrez la bande d'une couche d'enduit dépassant largement les côtés, en pressant la lame du couteau, de manière que les bords de la couche d'enduit se fondent sur le parement.

4. Passez une éponge propre et légèrement humide sur la surface. Laissez sécher avant de poncer légèrement les petites irrégularités de la surface enduite.

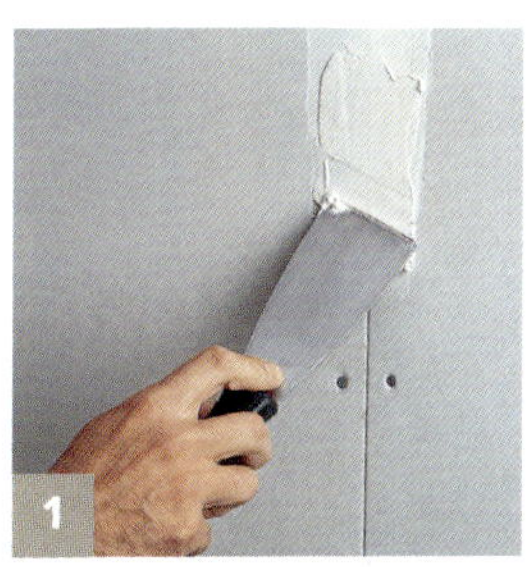

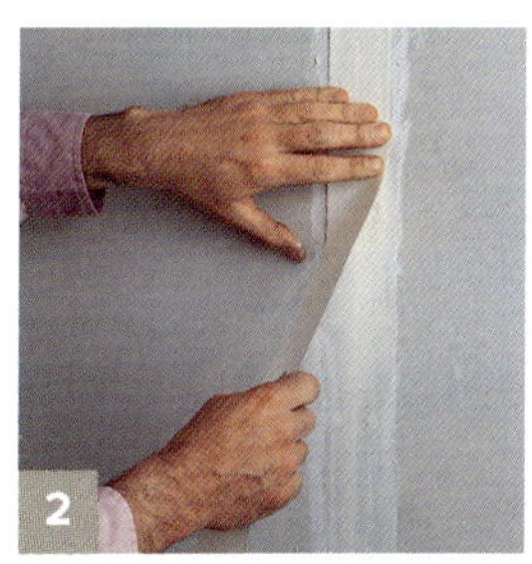

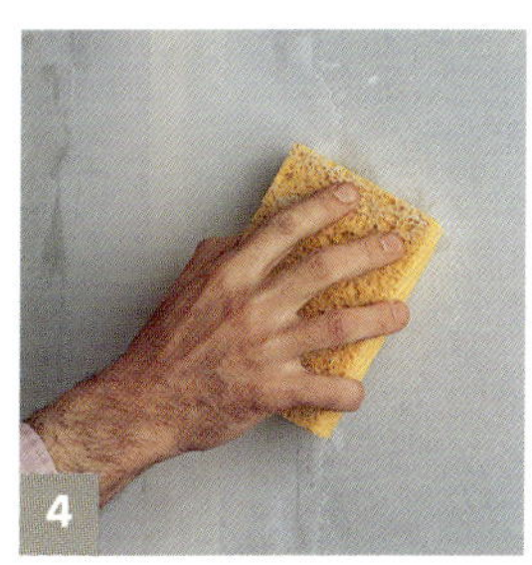

Monter une cloison en panneaux alvéolaires

LES BONS OUTILS

Outils

- Cordeau traceur
- Crayon
- Perceuse à percussion
- Fil à plomb
- Visseuse-dévisseuse
- Couteau à enduire (pour les joints entre les panneaux)

Matériel

- Panneaux alvéolaires de 50 mm ou de 60 mm d'épaisseur
- Tasseaux de 40 x 30 mm ou de 50 x 30 mm selon l'épaisseur des panneaux
- Vis auto-perceuses de 35 et 70 mm
- Chevilles
- Enduit et bande de joint
- Escabeau
- Colle-mastic

Les panneaux alvéolaires permettent de réaliser des cloisons très rapidement. Ces cloisons légères étant creuses, elles permettent le passage des gaines électriques et des canalisations de PER ou multicouches. Les panneaux s'emboîtent en haut dans un "rail" vissé au plafond et reposent, en bas, sur une semelle. Rail et semelle sont constitués de tasseaux en bois. La liaison entre les panneaux est assurée par des clavettes (morceaux de tasseaux).

© Placo

1

2

3

1. Tracez au sol deux traits matérialisant l'emplacement de la cloison. Utilisez un cordeau traceur. Percez, chevillez, puis percez le tasseau servant de semelle, et fixez-le au sol. Fixez de la même manière un morceau de tasseau sur le mur de départ.

2. Déterminez l'emplacement du tasseau servant de rail haut avec un fil à plomb, sachant que la largeur de celui-ci fait 20 mm de moins que celle de la semelle. Tracez deux traits pour matérialiser le rail (espacés de 40 mm pour les plaques de 50 mm d'épaisseur et de 50 mm pour celles de 60 mm). Vissez le rail haut entre ces deux traits avec des vis de 70 mm. Vous pouvez aussi coller ce rail avec une colle-mastic murale.

3. Coupez le panneau à la hauteur sous plafond, moins l'épaisseur de la semelle (30 mm). Dégarnissez la rangée d'alvéoles supérieures du panneau, puis emboîtez le panneau dans le rail haut, en l'inclinant légèrement. Basculez-le pour le faire reposer sur la semelle.

4

5

6

LA BONNE INFO

Dégarnir les alvéoles

Le dégarnissage des alvéoles peut se faire simplement, au marteau, sur la profondeur nécessaire à la mise en place sur les rails de plafond et de mur de départ, ainsi que pour insérer les clavettes (blocs de liaison).

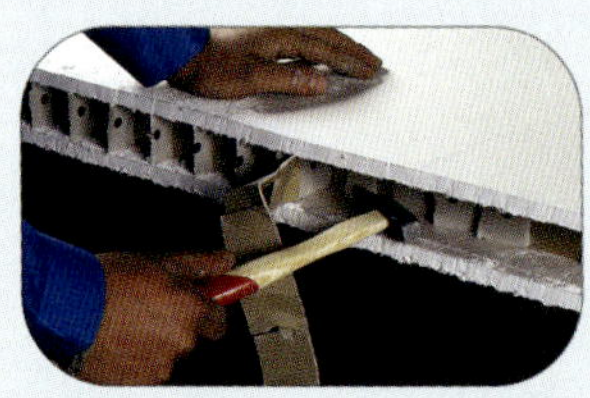
© CP

© Placo

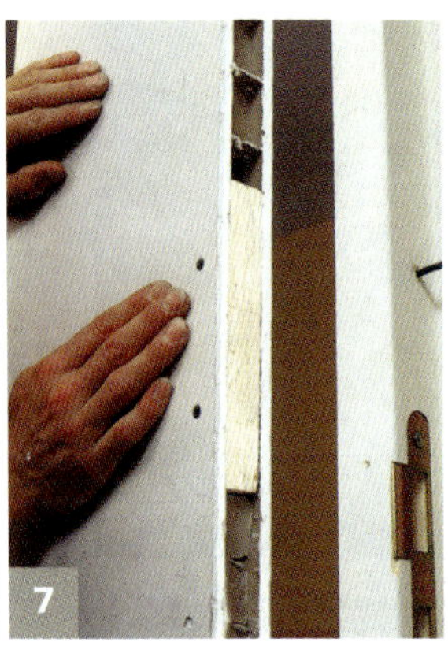
7

4. Dégarnissez les alvéoles du côté du panneau correspondant au tasseau fixé sur le mur de départ. Faites glisser le panneau et poussez-le vers le mur pour l'emboîter sur ce tasseau.

5. La liaison entre les panneaux se fait par des clavettes constituées de morceaux de tasseaux de même section que le rail supérieur. Prévoyez 3 clavettes au moins par panneau, dont une en bas. Fixez les clavettes par deux vis de 35 mm (d'un seul côté de la cloison).

6. Dégarnissez les alvéoles en correspondance des clavettes du panneau suivant. Mettez-le en place comme le précédent. Bloquez les clavettes par deux vis (d'un seul côté de la cloison).

7. La liaison entre le cadre des portes et les panneaux se fait en insérant un morceau de tasseau dans le panneau dégarni de ses alvéoles, bloqué par deux vis dans le panneau, et par une vis côté porte.

Utilisations spéciales des plaques de plâtre

La plaque de plâtre peut être utilisée pour des évolutions technologiques qui sont de nature à améliorer les conditions de vie dans l'habitat. Si les plaques assainissant l'air ou celles permettant la transmission du son sont déjà commercialisées, d'autres évolutions se profilent, avec notamment des plaques lumineuses et des plaques tactiles pour commander les interrupteurs des appareils d'éclairage. On notera aussi les plaques absorbant le bruit, dont le succès est grandissant. Malgré leurs spécificités techniques, elles se posent comme des plaques ordinaires.

PLAQUES ASSAINISSANT L'AIR INTÉRIEUR (ACTIV'AIR)®

Grâce à un composant spécifique, ces plaques éliminent immédiatement et durablement 70 % de certains composants organiques volatils (COV) contenus dans l'air. Ces principes actifs captent et transforment ainsi les aldéhydes contenus dans l'air en une substance inerte. Ils les éliminent ainsi définitivement, sans émettre aucune autre substance. Cette qualité est conférée aux plaques elles-mêmes, mais aussi au plâtre de même génération, aux plaques de doublage comme à celles utilisées pour la réalisation de dalles de plafond.

CLOISONS ACOUSTIQUES (ACTIV'TONE)®

Réputée pour ses qualités d'absorption du bruit, la plaque de plâtre permet aujourd'hui de réaliser des cloisons de doublage et des plafonds en enceintes acoustiques invisibles. Pour cela, un haut-parleur spécifique est fixé à l'intérieur des cloisons de plaques sur ossatures métalliques. Cette solution permet de supprimer les fils des haut-parleurs qui sont désormais cachés derrière la plaque de plâtre. C'est la solution idéale pour les petites pièces où la surface est comptée, ou encore pour les espaces à la décoration très épurée. Le son ainsi diffusé est enveloppant. C'est en quelque sorte toute la plaque elle-même qui joue le rôle de membrane du haut-parleur. Le système permet en outre de réduire considérablement les besoins de puissance en sortie des appareils hi-fi (30 W suffisent).

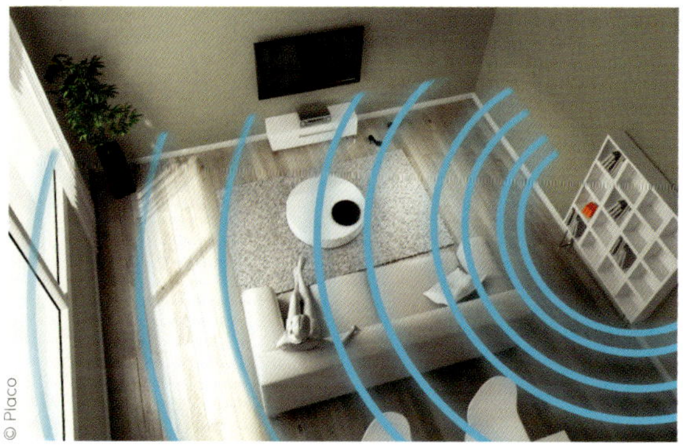

© Placo

Logé derrière la plaque de plâtre, ce haut-parleur spécifique permet à vos cloisons de devenir de véritables enceintes acoustiques.

Monter une cloison en béton cellulaire

Le béton cellulaire, principalement utilisé comme matériau structurel des murs extérieurs d'une maison, sert aussi aux cloisonnements sous la forme de carreaux de faible épaisseur rainurés ou non.
Ils présentent l'avantage de la légèreté, de la rigidité et de la solidité. Ils sont également faciles à scier. Ils se "montent" facilement avec un mortier-colle spécifique, comme les carreaux de plâtre.

LES BONS **OUTILS**

Outils
- Niveau à bulles
- Maillet en caoutchouc
- Truelle
- Scie à large denture
- Marteau de maçon
- Cutter

Matériel
- Béton cellulaire
- Mortier-colle
- Équerres perforées (feuillard)
- Clous spéciaux béton cellulaire
- Mousse polyuréthane ou enduit
- Escabeau

1

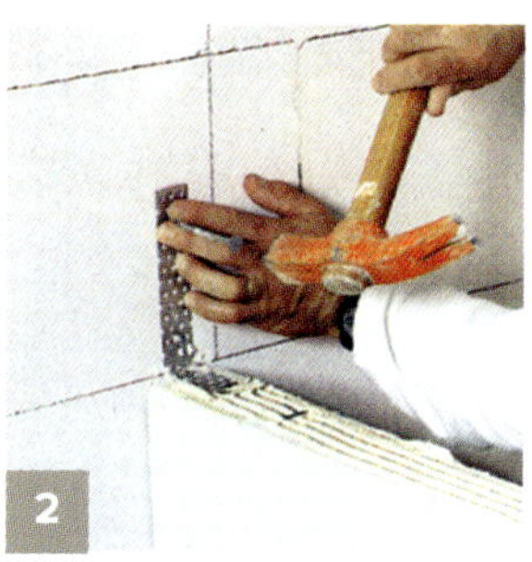

2

3

4

1. Préparez le mortier-colle. Appliquez une bande de mortier-colle sur le sol à la truelle et positionnez le premier carreau. Réglez l'alignement et l'aplomb avec un niveau à bulles en tapotant dessus avec un maillet en caoutchouc.

2. Au niveau des murs, assurez la liaison en clouant des équerres métalliques perforées (feuillards). Trois à quatre points d'ancrage sont répartis sur la hauteur de la cloison.

3. Les carreaux sont décalés d'un rang sur l'autre de façon à assurer un croisement des joints. Il faut donc les couper. On utilise une scie spéciale à large denture.

4. Découpez les derniers carreaux de façon à laisser un jour de 2 cm avec le plafond. Injectez de la mousse de polyuréthane. Coupez l'excédent après la prise du produit. Vous pouvez aussi placer une bande résiliente en liège ou en polystyrène et reboucher le joint à l'enduit.

Monter une cloison en carreaux de plâtre

LES BONS OUTILS

Outils
- Niveau à bulles
- Règle de maçon
- Crayon
- Mètre
- Cordeau traceur
- Couteau à enduire
- Taloche
- Scie à carreaux de plâtre

Matériel
- Carreaux de plâtre
- Mortier adhésif
- Panneau de fibres ou profilé plastique

Commencez par tracer au sol, au mur et au plafond l'emplacement de la cloison, avec un cordeau traceur. Matérialisez l'épaisseur de la cloison avec deux traits parallèles. Repérez l'emplacement des portes. Mettez en place les huisseries avant le montage de la cloison (maintien provisoire). Placez au sol une bande de panneau de fibres ou un profilé plastique (bande résiliente).

1. Posez le premier rang de carreaux. Celui-ci conditionne l'alignement et l'aplomb de la cloison. Enduisez de mortier adhésif la mortaise (rainure) de côté des carreaux, les bords et le mur de départ. Posez le premier carreau, mortaise vers le bas.

2. Poursuivez la pose en encollant les tenons (languettes en relief) et les mortaises puis en les emboîtant les uns dans les autres. Serrez fortement les carreaux jusqu'au reflux de la colle. Vérifiez régulièrement l'alignement et la verticalité des carreaux avec une grande règle de maçon et un niveau.

3. Montez la deuxième rangée en commençant par un demi-carreau afin de décaler les joints verticaux. Remplissez de colle le jeu de 1 cm entre le dernier carreau (éventuellement recoupé) et le mur.

4. Après le début de la prise et avant le durcissement du mortier adhésif, enlevez l'excès de mortier au couteau à enduire sans l'étaler autour du joint. Pendant la pose, vérifiez régulièrement l'alignement vertical des carreaux.

5. La liaison avec le plafond peut se faire avec une bande résiliente insérée entre le plafond et la cloison. Comblez l'espace restant avec un mélange colle-plâtre (50/50) ou avec de la mousse polyuréthane.

CHOISIR DES CARREAUX DE PLÂTRE

L'assemblage des carreaux se fait facilement par un simple jeu d'emboîtage. Ils sont ensuite collés grâce à une colle à carreaux de plâtre. Tous les carreaux ont les mêmes dimensions : 66 x 50 cm (3 carreaux/m²) et ils existent en plusieurs épaisseurs (5 à 7 cm), selon l'usage que l'on veut en faire.

LE TYPE DE CARREAU À UTILISER DÉPENDRA DES TRAVAUX À FAIRE

- **Les carreaux de plâtre pleins**

Ils sont solides et faciles à découper et à poser : cloison de distribution d'un salon ou d'une salle à manger, contre-cloison ou cloison haute performance, mobilier (bar, étagère, etc.), gaine technique ou conduit de gaine.

- **Les carreaux de plâtre alvéolés**

Ils sont légers, à privilégier pour les aménagements à l'étage : cloison de distribution d'une chambre ou d'un couloir.

- **Les carreaux de plâtre hydrofuges (pleins ou alvéolés)**

Ils résistent à l'humidité et sont obligatoires pour les pièces d'eau (salle de bains) et les pièces non chauffées (garage, cellier, etc.).

© CP

Les carreaux de plâtre (ici en version hydrofuge) doivent être stockés à plat, à l'abri des intempéries, sur cales ou palette pour être dégagés du sol.

Soigner les angles

Les carreaux sont posés à joint rompu, autrement dit décalés d'un demi-carreau les uns par rapport aux autres, d'un rang sur l'autre, sur toute la hauteur de la cloison. Les carreaux peuvent être découpés à la bonne mesure avant d'être posés, certains préfèrent les poser tels quels et découper ensuite les carreaux qui dépassent à la scie après séchage de la colle.

© CP

La coupe des carreaux de plâtre doit se faire obligatoirement avec une scie spéciale. La scie à carreaux de plâtre est une grosse scie égoïne, à lame de 700 mm dont les dents sont terminées par une plaquette en carbure de tungstène pour ne pas se désaffûter au contact du plâtre et pour ouvrir un large trait de coupe.
Il existe aussi des lames à triple denture. Travaillez d'un geste ample et régulier pour ne pas bloquer la lame. Nettoyez-la immédiatement après utilisation pour éviter l'oxydation.

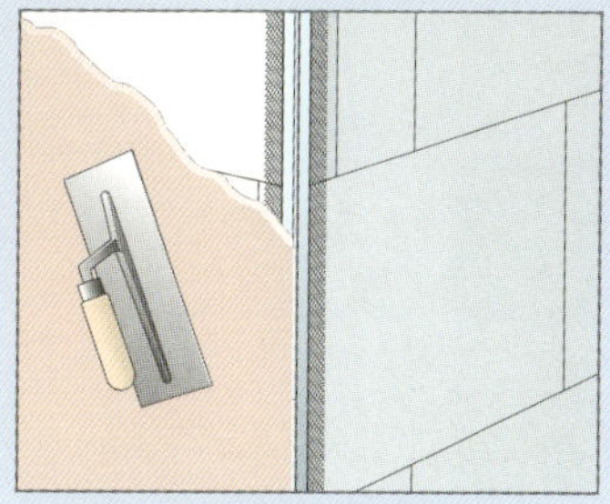

Protégez l'arrête avec une cornière d'angle ou avec une bande armée et de la colle à carreaux. Pour la finition des angles rentrants, et pour la jonction entre mur et plafond, collez une bande à joint.

Jonction avec un mur existant

Pour une bonne adhérence des carreaux sur les murs déjà existants (plaque de plâtre ou comportant déjà un enduit, plâtre, peinture, papier peint), piquetez préalablement les surfaces concernées par la jonction en créant des éclats à l'aide d'un pic ou d'un marteau.

Pour faire la jonction :

- si l'espace est de moins de 1 cm, remplissez-le avec le mastic adhésif utilisé pour l'assemblage des carreaux ;
- si l'espace est compris entre 1 et 3 cm, bouchez-le avec un mélange moitié plâtre et moitié mastic ;
- si l'espace est supérieur à 3 cm, utilisez un morceau de carreau. Laissez 1 cm d'espace à combler avec du mastic.

Liaison de carreaux et de plaques avec l'encadrement d'une porte

L'emplacement de la porte se prévoit avant le montage de la cloison et ce, quelle que soit la nature de celle-ci. En revanche, le montage de la porte change suivant le type de matériau utilisé pour la cloison. S'agissant de carreaux de plâtre, le calage provisoire avec des tasseaux est suivi d'un ancrage définitif avec des pattes de scellement vissées dans le cadre de la porte (ci-contre).

© CP

PATTE DE SCELLEMENT

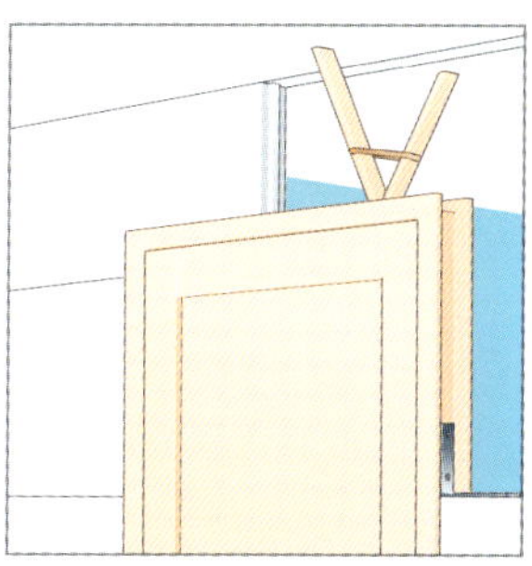

CLOISON DE CARREAUX DE PLÂTRE OU DE BÉTON CELLULAIRE

Vissez sur le bâti les pattes de scellement au fur et à mesure du montage de la cloison. Les pattes doivent se situer toutes les deux rangées. Placez une bande résiliente en haut de l'huisserie et en retombée, sur 20 cm de chaque côté. Découpez les carreaux de façon à chevaucher l'angle supérieur de la porte. Collez-les à la colle de montage contre le bâti.

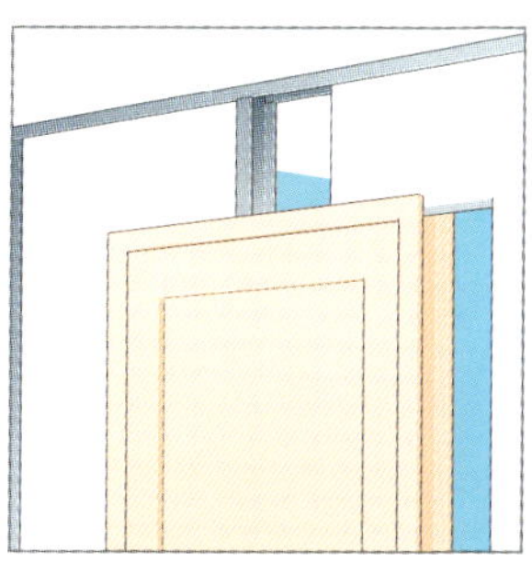

CLOISON ALVÉOLAIRE

Emboîtez les panneaux dans la rainure du bâti du bloc-porte, la liaison gagnant à se faire au centre de la porte, une section de rail étant placée au-dessus du centre de celle-ci. La cloison terminée, ouvrez la porte et vissez, par l'intérieur, le bâti du bloc-porte dans l'épaisseur de la cloison.

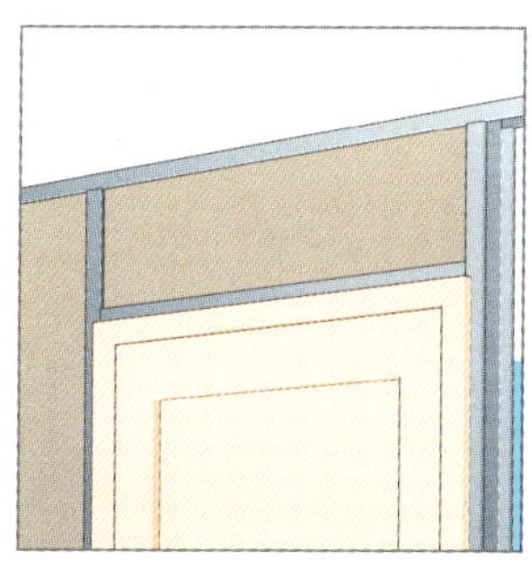

CLOISON EN PLAQUES DE PLÂTRE

Coupez les sections du rail métallique à l'emplacement désiré pour pouvoir emboîter la porte. Placez un rail horizontal pour le fixer sur le montant supérieur de la porte. Fixez les autres parties du bloc-porte sur les rails.

RÉALISER VOS TRAVAUX

Monter une cloison en briques de verre

LES BONS OUTILS

Outils

- Détecteur de métaux et de courant
- Truelle
- Niveau à bulles
- Éponge humide
- Fer à joint
- Chiffon doux

Matériel

- Briques de verre et armature
- Profil de base ou bande résiliente
- Entretoises d'espacement
- Vis, chevilles
- Bande de joint en mousse
- Mortier adhésif
- Fers à béton
- Pâte à joint
- Mastic au silicone

Pour évaluer les dimensions de la structure, placez au sol une rangée de briques avec des cales d'espacement entre elles et aux extrémités de la rangée. Mesurez la longueur totale. Déterminez ensuite la hauteur de la même manière et coupez l'armature à ces dimensions.

Placez l'armature horizontalement et verticalement, sur de petites cales en bois si nécessaire. Fixez-la aux murs, au plafond et au sol, après localisation d'éventuels canalisations et conduits électriques avec un détecteur de métaux. Percez les montants et traverses puis le mur en vous guidant sur les trous des montants et traverses. Utilisez des vis de 38 mm au plafond, des chevilles de 50 mm pour les murs ou les fixations spéciales pour plaques de plâtre.

MONTAGE DE LA CLOISON

1. Clouez à intervalles réguliers le joint d'expansion sur les montants latéraux en bois, en laissant à la base un espace suffisant pour placer une entretoise d'espacement. Gâchez le mortier adhésif à consistance crémeuse. Étalez-en une bande sur le profil de base ou sur une bande résiliente. Déposez suffisamment de mortier pour réaliser un joint de 10 mm une fois les briques en place.

2. En partant d'un coin, placez une entretoise en L contre le cadre. Placez une entretoise en té pour supporter l'autre bout de la brique (repérez sa position en présentant une brique à sec).

3. Posez la première brique de verre dans l'angle et positionnez-la fermement sur les entretoises d'espacement.

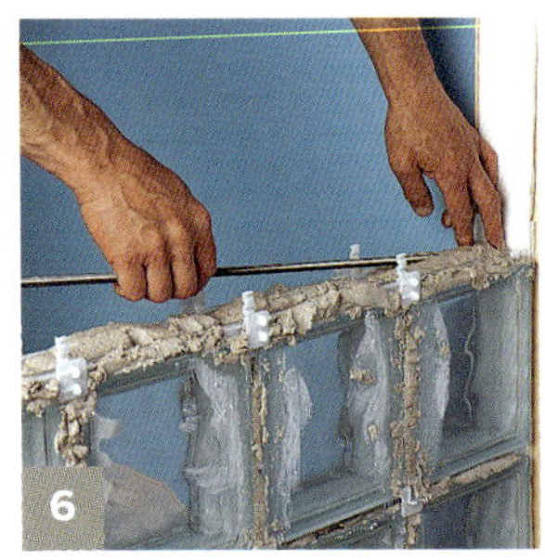

4. Placez l'entretoise en té suivante. Garnissez complètement la rainure latérale de la brique d'une bande de mortier adhésif. Posez la deuxième brique sur les entretoises et repoussez-la contre la précédente. Elle doit être parfaitement ajustée.

5. Montez la première rangée, en vérifiant régulièrement l'alignement des briques. Déposez sur la rangée une bande de mortier adhésif, insérez des entretoises en croisillon entre les briques et posez la deuxième rangée. Montez les rangées suivantes en contrôlant la verticalité avec un niveau à bulles.

6. Renforcez les joints entre les rangées de briques avec des fers à béton noyés dans le lit de mortier. S'il faut plus d'un fer par rangée, faites-les se chevaucher sur 15 cm et ligaturez-les. Recouvrez-les de mortier adhésif et poursuivez l'assemblage des briques. Afin de garantir un bon aplomb, laissez sécher 24 h tous les trois rangs.

7. Nettoyez le parement des briques avec une éponge humide pour enlever l'excédent de mortier adhésif avant qu'il ne sèche.

LA BONNE INFO

Entretoises d'espacement

Les entretoises en croisillon vendues avec les briques de verre permettent de réaliser trois configurations différentes, en cassant une ou deux de leurs branches pour obtenir une entretoise en té ou en L, selon leur place sur la structure. On les arrache quand le mortier est sec. Comptez 1,5 entretoise par brique plus 10 %.

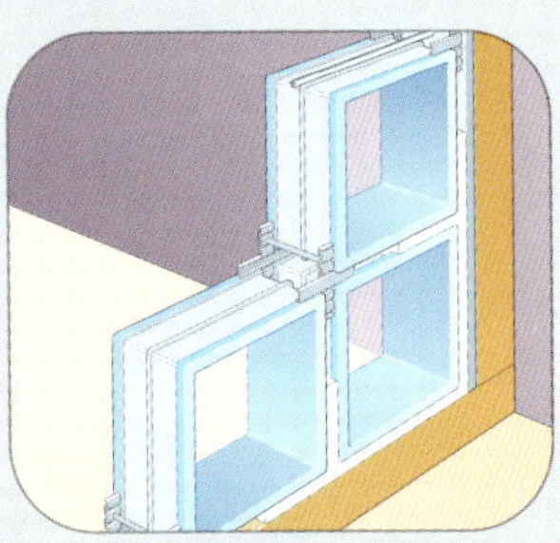

RÉALISATION DES JOINTS ET FINITIONS

Une fois toutes les briques assemblées, laissez le mortier sécher pendant 1 h environ, puis lissez les joints en creux avec un fer à joint ou avec le bout de la truelle. Pour les assortir à la teinte dominante du décor, vous pouvez les garnir d'un ciment-joint coloré. Pour finir, déposez un cordon d'étanchéité entre les briques et le(s) mur(s).

1. Quand le mortier est sec, arrachez les entretoises d'espacement. Lissez les joints avec un fer qui compacte le joint pour le rendre étanche. Assurez-vous qu'aucun joint ne laisse apparaître de fissure. Si la cloison forme le côté d'une douche, décapez les joints sur une profondeur d'environ 10 mm avec une truelle langue-de-chat. Laissez sécher pendant 24 h (vous pouvez également effectuer cette opération si vous voulez réaliser des joints bien blancs).

2. Le jour suivant, garnissez les joints de ciment-joint blanc, et lissez celui-ci avec le "fer" à joint adapté (ici en plastique). Laissez sécher 1 ou 2 h avant de nettoyer avec un chiffon doux, non pelucheux et propre.

3. Appliquez un cordon continu de mastic au silicone à la jonction des briques et de leur encadrement, sur les quatre côtés, de façon à obtenir une étanchéité parfaite, notamment si la cloison délimite une douche.

LA SECURITE

ATTENTION À LA SURCHARGE !
Une cloison en briques de verre est relativement lourde. Assurez-vous donc que le plancher sur lequel vous envisagez de l'établir pourra résister à cette surcharge, spécialement s'il s'agit d'un parquet. En cas de doute, prenez le conseil d'un architecte.

Monter une cloison amovible

Cette cloison en hêtre est facile à monter mais aussi à démonter. Elle permet de réaliser une séparation à claire-voie dans une pièce. Elle est idéale pour isoler un coin couchage du séjour.

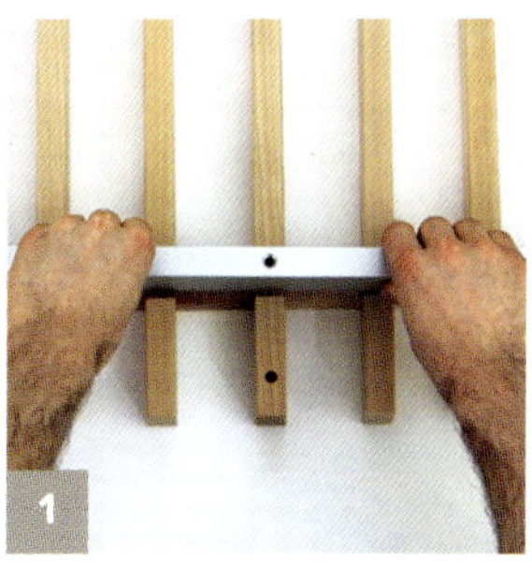

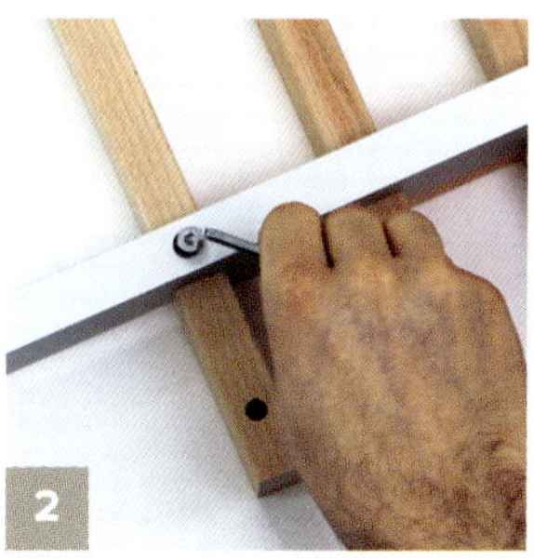

1. Après avoir assemblé les traverses et les panneaux en bois, emboîtez à la main les montants métalliques (éventuellement sciés si la hauteur sous plafond l'exige) qui constituent l'ossature de la cloison.

2. Fixez les montants avec les vis à pans creux, à l'aide de la clé mâle fournie avec les panneaux. Bloquez les vis sans excès.

3. Fixez les pieds sur les montants. Engagez-les à la main puis enfoncez-les bien à fond avec un maillet en caoutchouc.

4. Vissez les vérins à la main aux deux extrémités des montants.

5. Bloquez la cloison entre le sol et le plafond en agissant sur les vérins haut et bas des montants, avec une clé plate.

6. Montez le nombre de panneaux nécessaires pour construire la séparation voulue dans votre pièce.

LES BONS OUTILS

OUTILS
- Maillet en caoutchouc
- Tournevis cruciforme
- Scie à métaux
- Clé plate

MATÉRIEL
- Cloison amovible et sa visserie
- Montants réglables

LES BONS OUTILS

Outils
- Mètre
- Crayon
- Scie égoïne
- Niveau à bulles
- Perceuse et forets adaptés à la maçonnerie
- Détecteur de métaux et de courant
- Tournevis
- Pince à becs longs
- Chasse-clou
- Marteau
- Poinçon

Matériel
- Tasseaux en pin brut de 13 x 27 mm
- Lames de lambris
- Vis de 5 x 50 mm et chevilles murales
- Papier abrasif
- Pointes tête homme
- Baguette en L
- Plinthes

Quel que soit son matériau, le lambris est la façon la plus rapide et la plus simple de recouvrir un mur en mauvais état. La diversité des produits permet aussi d'utiliser le lambris comme élément de décoration. Il suffit d'un minimum d'outils et de matériel pour recouvrir très rapidement tous les murs d'une pièce, et même le plafond!

Le lambris, bois ou PVC, est à la fois décoratif et durable. Il est constitué de lames rabotées dont le chant comporte d'un côté une rainure et de l'autre une languette. Chaque lame s'assemble avec ses voisines par emboîtement. Le lambris peut couvrir tout ou partie des murs.

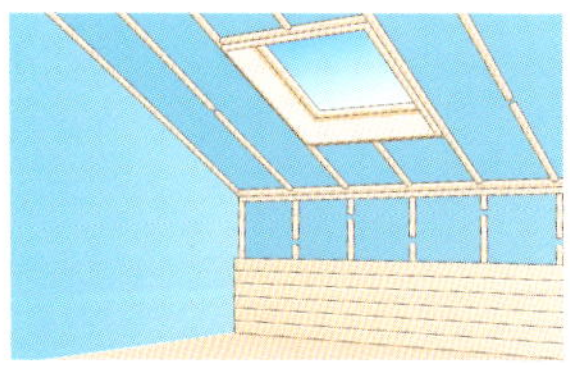
POSE SOUS RAMPANT

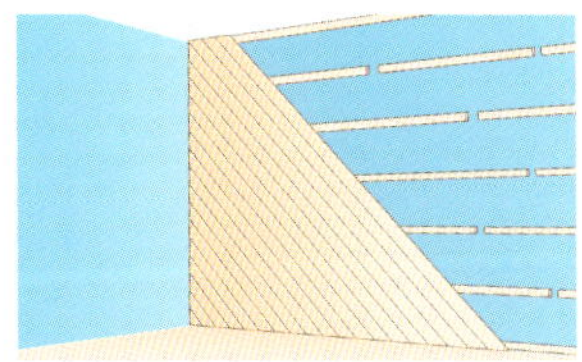
POSE OBLIQUE

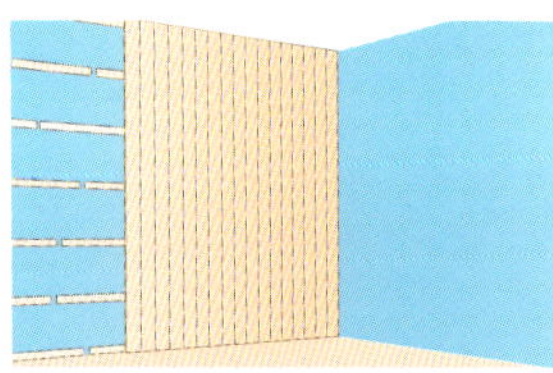
POSE VERTICALE

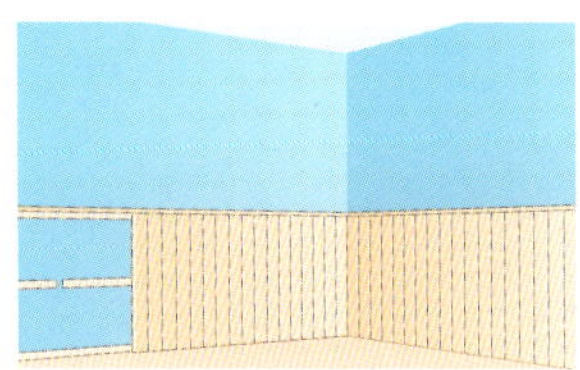
POSE EN SOUBASSEMENT

Vous pouvez choisir entre différents types de pose, au mur, au plafond, sous rampant et en soubassement.
Si la pose horizontale convient pour les rampants de sous-toiture et pour leur soubassement, la pose verticale est préférable pour les murs et leur soubassement. La pose oblique convient aussi mais elle est plus difficile à réaliser car il faut couper en biais (d'onglet) l'extrémité des lames, ce qui suppose une prise de mesures très précise et une coupe parfaite. L'idéal est alors de posséder une scie radiale.

Pose clouée du lambris bois

Quel que soit le matériau des lames de lambris, bois ou PVC, les tasseaux les supportant sont fixés au mur. Ils seront verticaux pour une pose horizontale, horizontaux pour une pose verticale ou oblique. Pour couvrir un mur jusqu'à mi-hauteur (pose en soubassement), trois tasseaux suffisent, l'un en bas, l'un délimitant la limite supérieure du lambrissage, et un troisième entre les deux (espacés de 40 à 50 cm).

FIXER LES TASSEAUX

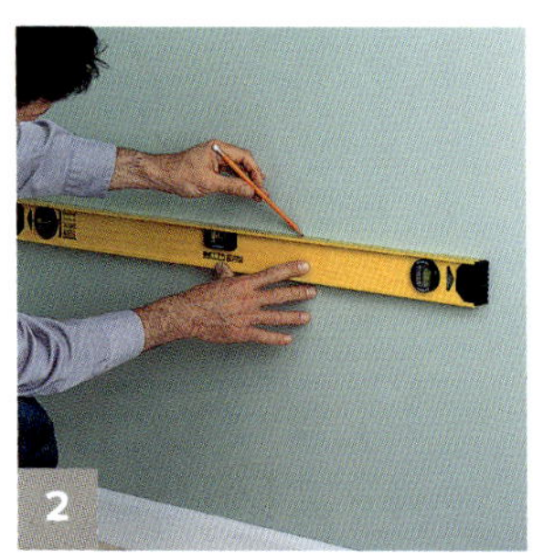

1. Coupez les tasseaux à la longueur voulue pour couvrir le mur. Tracez le bord du lambrissage. Vous pouvez utiliser une des lames coupées. S'il n'y a pas de plinthe, placez le tasseau inférieur à 2 cm du sol, de manière à ménager une circulation d'air sous la base du lambrissage.

2. Avec le niveau à bulles, tracez des lignes joignant les repères de positionnement des trois tasseaux. Le bord supérieur du tasseau du haut doit s'aligner exactement à la hauteur d'une lame.

3. Percez les tasseaux à 5 cm de chaque extrémité et tous les 40 cm environ. Présentez chaque tasseau en position et marquez les points de perçage sur le mur. Percez et chevillez en tenant compte de la nature du mur.

LA BONNE INFO

Lambris MDF
Une nouvelle génération de lambris fait son apparition en lames de MDF, panneaux qui se distinguent par la finesse de leur grain et une grande rigidité.

FIXER LE LAMBRIS BOIS

L'assemblage par rainure et languette permet de masquer le clouage (voir schéma, ci-dessous). Les pointes "tête homme" enfoncées dans la languette d'une lame sont masquées par la rainure de la lame suivante. Ne clouez jamais dans la rainure : vous la feriez éclater.

1. Coupez les lames à la longueur voulue. Poncez leur extrémité. En partant de la gauche, présentez la première lame en place (languette à droite), de niveau avec le tasseau supérieur. Clouez le côté gauche du haut de la lame dans le tasseau avec une pointe tête homme.

2. Vérifiez la verticalité de la lame avant de la clouer dans les autres tasseaux. Répétez ce contrôle pour les 3 ou 4 premières lames, pour être sûr qu'elles sont bien verticales.

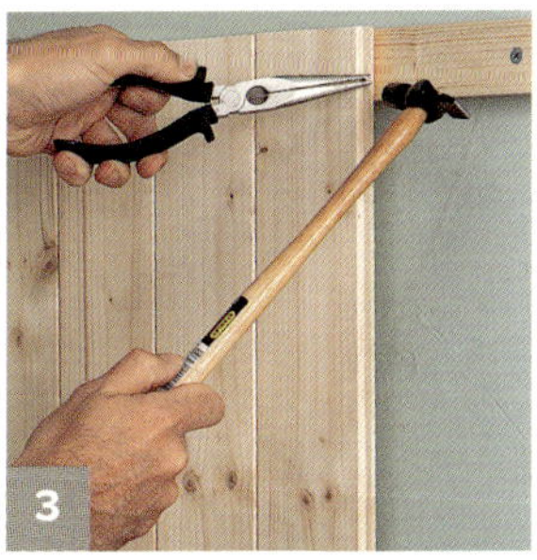

3. Tenez la pointe avec une pince à becs longs, piquez-la au pied de la languette et clouez-la en biais dans le tasseau. Clouez de même dans les autres tasseaux.

4. Avec le chasse-clou et le marteau, noyez la tête de chaque pointe dans le bois. Emboîtez la lame suivante : elle recouvre la tête des pointes. Répétez l'opération à chaque lame, jusqu'au bout du mur. Clouez la dernière lame dans les tasseaux en plein parement. Si vous lambrissez le mur en retour, laissez 3 mm de jeu entre le chant de la dernière lame et ce mur. Calez la première lame du mur suivant contre la dernière du précédent, vérifiez sa verticalité et clouez-la.

5. Coupez la baguette en L pour recouvrir la bordure du lambris. Encollez l'extrémité des lames, plaquez la baguette et laissez sécher.

6. Coupez une longueur de plinthe et clouez-la sur la base des lames avec des pointes tête homme.

LES TROIS MÉTHODES POUR FIXER LE LAMBRIS BOIS

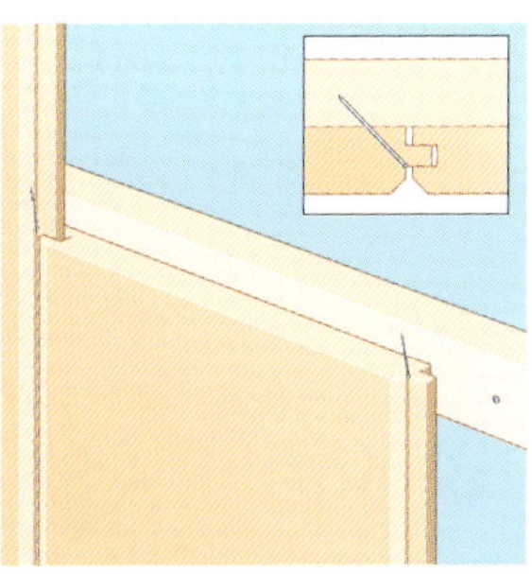

PAR CLOUAGE

La pose clouée est la plus traditionnelle. Les clous sont enfoncés en biais dans la languette et noyés dans le bois. Ne clouez jamais les lames dans la rainure !

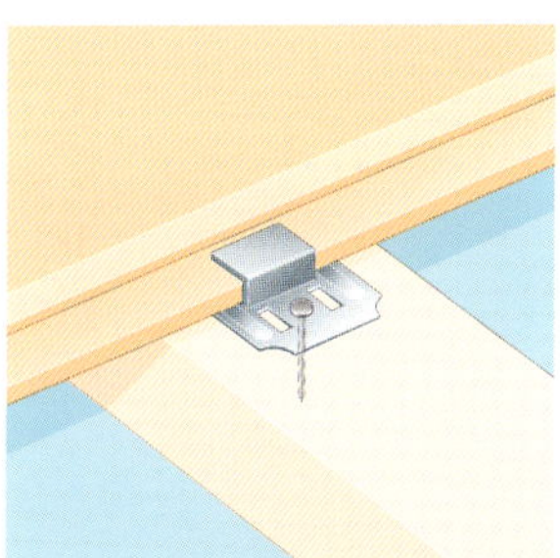

PAR CROCHET (OU CLIP)

La pose clipsée permet d'effectuer une pose plus nette. Les clips peuvent être soit cloués soit agrafés côté rainure.

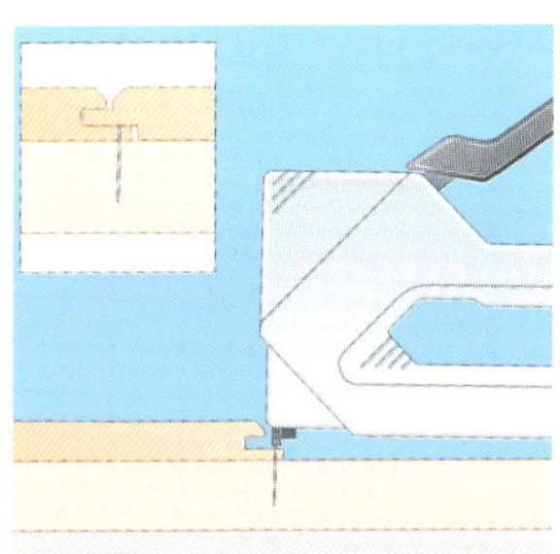

PAR AGRAFEUSE-CLOUEUSE

Une fixation rapide et discrète. La pose agrafée est la plus rapide des trois. Les lames s'agrafent dans les rainures ou languettes.

LA BONNE **INFO**

LAISSEZ LE BOIS TRAVAILLER !

Le bois des lambris est un matériau vivant. il doit s'adapter à la température et à l'hygrométrie de la pièce. Déballez-le et posez-le sur les tasseaux au moins 48 h avant la pose. Vous éviterez ainsi qu'il se déforme ou qu'il se fende une fois posé.

Lambris PVC

La pose du lambris PVC dépend de l'état du mur sur lequel il sera fixé. Si le mur est sain, vous pouvez coller le lambris directement, sinon posez-le sur des tasseaux. Commencez par poser les profils (sur le sol et contre le mur de départ) avant de poser les lames. Les lames suivantes s'emboîteront ensuite les unes aux autres grâce à leur profil d'assemblage. Pour réaliser les angles et la jonction avec les extrémités (sol, plafond, fenêtre, etc.), les lames se posent à l'aide de profils de finition.

POSE COLLÉE OU SUR TASSEAUX

- Si le mur est sain, la pose des lames peut se faire directement sur le mur, même par collage.
- Si le mur est dégradé, la pose se fait sur tasseaux, fixés de la même façon que pour le lambris bois.

POSE COLLÉE

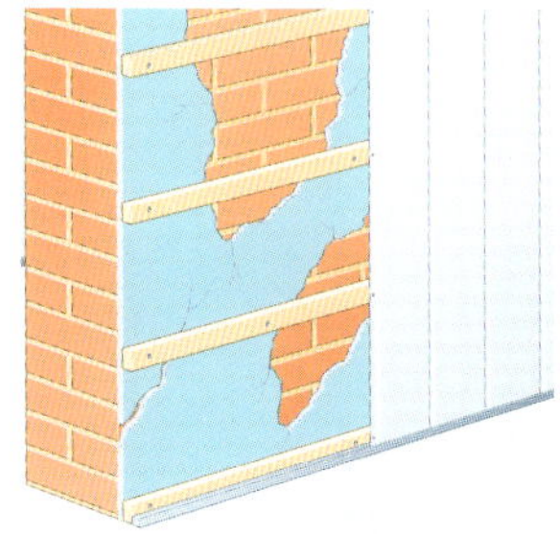
POSE SUR TASSEAUX

LES TROIS MÉTHODES POUR FIXER LE LAMBRIS PVC

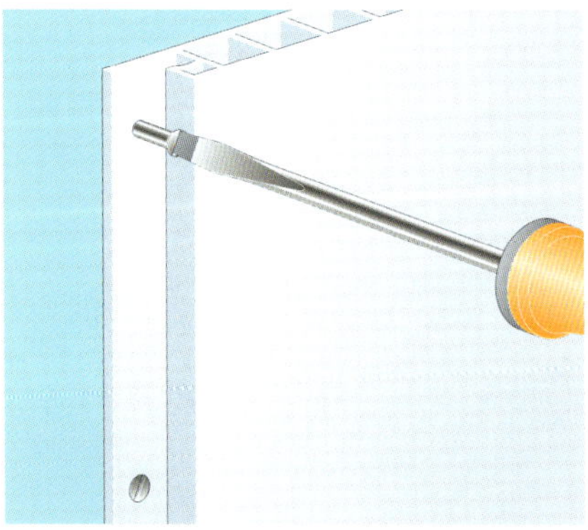

LA POSE VISSÉE

La pose vissée directement sur le mur convient pour un mur sain qui ne présente aucune irrégularité. Il faut percer la languette et le mur, cheviller et visser.

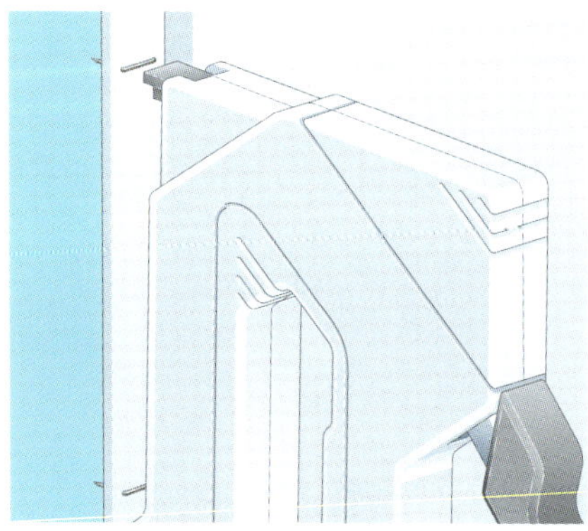

LA POSE AGRAFÉE

La pose agrafée se fait pour des murs dont la maçonnerie est suffisamment compacte mais pas trop dure. Il est préconisé d'utiliser des agrafes inoxydables de 12 mm minimum.

LA POSE COLLÉE

La pose collée se fait sur un mur qui doit être compact, sans aucune trace d'humidité ou de corps gras. Utilisez une colle spéciale lames PVC.

+ déco

Le lambris PVC

Le lambris PVC n'est pas seulement un cache-misère ; c'est aussi un véritable élément de décoration qui peut prendre des textures et des teintes variées.
L'association des couleurs réveillera les pièces les plus banales. Dans une salle de bains, il présente aussi l'avantage d'être imputrescible et donc insensible à l'eau et à l'humidité. Le PVC est aussi commode à nettoyer et donc à entretenir.

Fixer le lambris PVC

La fixation du lambris PVC se fait surtout par agrafage ou vissage sur tasseau. Elle passe par l'utilisation d'un certain nombre de profilés en mêmes matériaux facilitant la pose et permettant une finition parfaite : profilé de départ, profilé d'angle, profilé de finition pour le plafond ou en fin de pose. Ces profilés peuvent, pour certains, être agrafés, mais il est souvent plus facile de les coller. Les lames de PVC se coupent, se scient et se percent très facilement.

LES BONS OUTILS

Outils

- Mètre
- Stylo-feutre
- Établi-étau
- Tréteau
- Scie à métaux
- Scie sauteuse
- Visseuse-dévisseuse
- Détecteur de métaux et de courant
- Perceuse à percussion

Matériel

- Tasseaux en pin brut de 13 x 27 mm
- Lames de lambris
- Vis de 5 x 50 mm et chevilles murales
- Profilés PVC
- Colle pour PVC

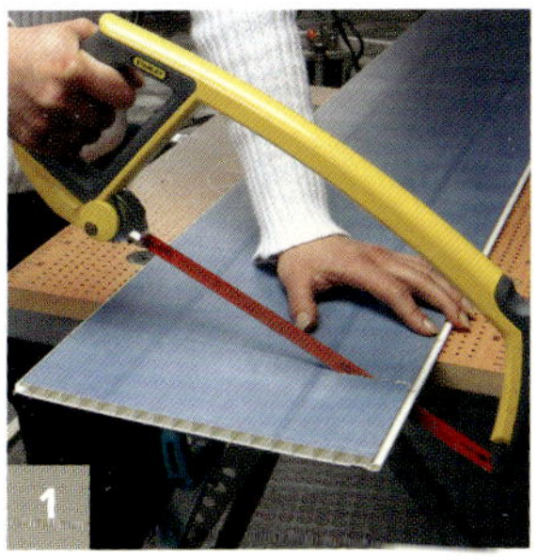

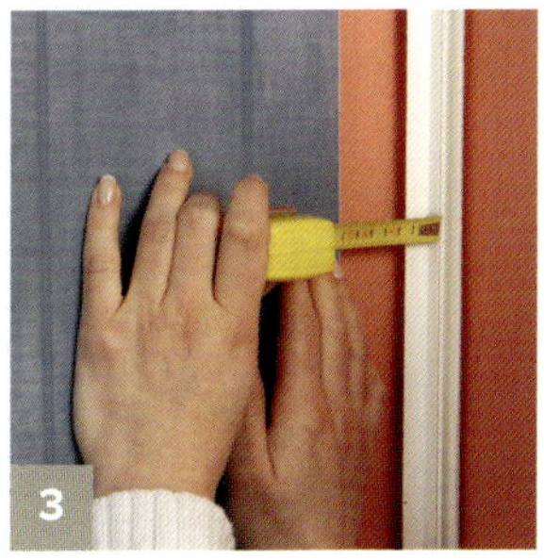

1. Effectuez les coupes en largeur des lames à la scie à métaux en maintenant fermement la lame de lambris bien à plat sur l'établi.

2. Les tasseaux sont fixés sur le mur comme pour la pose de lambris bois. Agrafez le profil de départ, puis engagez la première lame bien à fond et agrafez-la du côté opposé.

3. Fixez les lames les unes après les autres. Agrafez un profilé d'angle rentrant. Mesurez à plusieurs hauteurs, la distance séparant le chant de la dernière lame et le fond du profil.

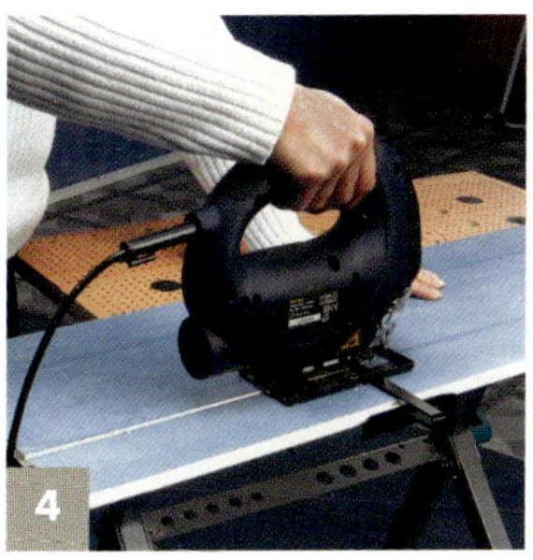

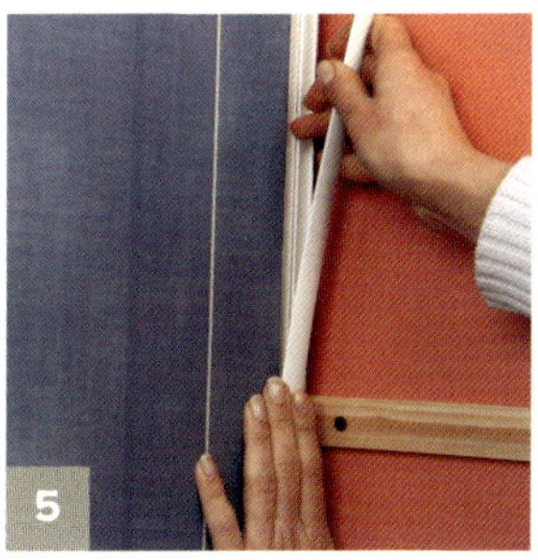

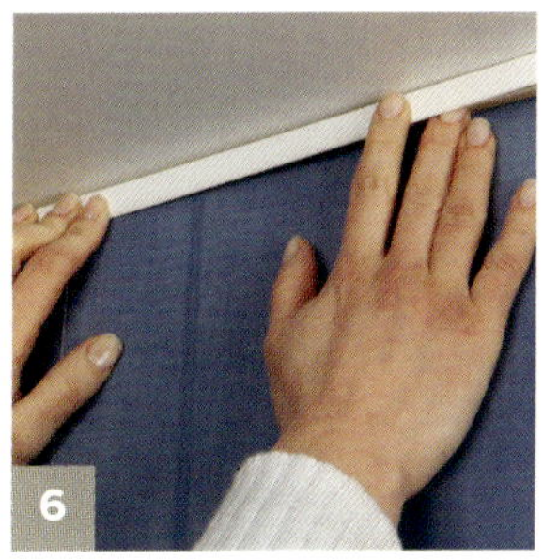

4. Tracez la ligne de coupe au stylo-feutre et coupez la lame selon la ligne tracée avec une scie sauteuse équipée d'un guide latéral de coupe.

5. Positionnez le couvercle du profilé en l'engageant dans la fente centrale du socle puis clipsez-le de bas en haut pour recouvrir la coupe de la dernière lame.

6. Le profilé de plafond est agrafé sur une baguette vissée à l'angle du plafond. Appliquez le couvercle du profilé et clipsez-le.

7. Encollez et positionnez le profilé d'angle de finition. Appuyez fortement sur ses deux ailes. Essuyez aussitôt les éventuelles bavures de colle.

Poser des plinthes neuves en bois

Pour une bonne finition, il faut généralement poser des plinthes neuves, en PVC ou en bois selon la nature du lambris. Si elles sont en bois, traitez le dos des plinthes avec un produit fongicide et insecticide. Le mode de fixation des plinthes dépend de la nature et de la structure du mur et du type des fixations antérieures. Elles peuvent être clouées, vissées ou collées (méthode la plus simple).

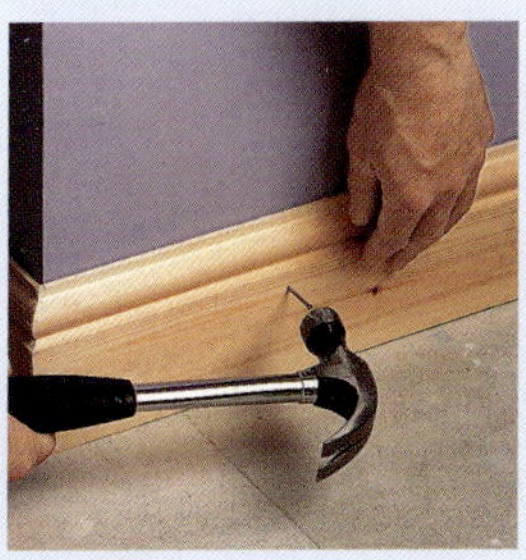

Si vous utilisez des vis ou des pointes, placez-les approximativement tous les 60 cm, après vous être assuré qu'aucun câble ou tuyau ne court dans le mur à ces endroits avec un détecteur de métaux. Si vous vissez, percez le mur et insérez des chevilles appropriées dans une cloison en plaque de plâtre. Localisez les montants de l'ossature et fixez la plinthe avec des vis adaptées.

Pour coller la plinthe, appliquez au dos de celle-ci un cordon régulier de mastic-colle en zigzag. Pressez la plinthe en place et, si nécessaire, calez-la au moyen d'objets lourds jusqu'à prise complète.

Les produits de la gamme Colours bénéficient de l'Ecolabel européen qui garantit une faible teneur en composants organiques volatils (COV).

On pense toujours à la pollution extérieure, mais moins à la qualité de l'air de notre habitat. Or, nous passons 80 % de notre temps à la maison… Savez-vous que l'on retrouve des substances toxiques telles que le formaldéhyde ou le benzène dans l'air d'une maison ? Pour votre santé et votre bien-être, il est donc important de privilégier des produits Ecolabel.

Peintures, lasures, vernis

L'Ecolabel européen

Créé en 1992, l'Ecolabel européen est le seul label écologique officiel européen utilisable dans tous les pays membres de l'Union européenne. Il est délivré, en France, par AFNOR Certification, organisme certificateur indépendant. C'est une marque volontaire de certification de produits et services.

Le label écologique communautaire repose sur le principe d'une "approche globale" qui "prend en considération le cycle de vie du produit à partir de l'extraction des matières premières, la fabrication, la distribution, et l'utilisation jusqu'à son recyclage ou son élimination après usage". La qualité et l'usage sont également pris en compte.

À QUOI SERT LE LABEL ?

L'Ecolabel distingue des produits plus respectueux de l'environnement. Ses critères garantissent l'aptitude à l'usage des produits et une réduction de leurs impacts environnementaux tout au long de leur cycle de vie. Il concerne à la fois le produit et son emballage dans le cas d'une certification de produits.

Cette marque répond à la fois :
- à la nécessité d'une information fiable sur la qualité écologique des produits ou services ;
- au souhait des entreprises de valoriser leurs efforts en matière de protection de l'environnement, à travers des produits ou activités de service labellisés.

POUR LES PEINTURES, LASURES, TEINTES ET VERNIS

L'Ecolabel européen certifie la faible teneur en solvants, l'usage limité de substances dangereuses, un air moins pollué, donc plus sain.

Il faut rechercher aujourd'hui ces qualités dans les produits pour la décoration que sont :
- les peintures multisurfaces ;
- les peintures murs et plafonds ;
- les peintures murales et les boiseries coordonnées ;
- les lasures satinées ;
- les teintes à bois ;
- les vernis.

PEINTURE USHUAÏA BY BONDEX : 100 % NATURELLE
À base de matières premières renouvelables et biodégradables, cette peinture écologique est garantie sans solvant ni Composés Organiques Volatils (COV) synthétique. Elle est sans odeur et lessivable. Convient pour murs, plafonds et boiseries en usage intérieur.

LA BONNE **INFO**

PRODUITS D'ENTRETIEN
Les produits d'entretien et de nettoyage sont souvent particulièrement agressifs. Privilégiez ceux qui arborent le symbole Ecolabel, doux pour la santé et l'environnement.

NF Environnement

Créée en 1991, la marque NF Environnement est l'écolabel français, délivré par AFNOR Certification, organisme certificateur indépendant. C'est une marque volontaire de certification de produits et services.
Elle a pour objet d'attester la conformité des produits ou services aux exigences définies dans des cahiers des charges (ou référentiels) et qui portent sur la qualité d'usage et la qualité environnementale des produits.

La marque NF Environnement est destinée à certifier, tout au long de leur cycle de vie, que les produits sur lesquels elle est apposée présentent un impact négatif moindre sur l'environnement et une qualité d'usage satisfaisante par rapport à d'autres produits ou services analogues présents sur le marché.

Peintures pour murs et boiseries

Autrefois, la qualité d'une peinture était souvent jugée à la puissance de l'odeur qui s'en dégageait quand on l'appliquait. Ce n'est plus le cas aujourd'hui. La plupart des peintures en phase aqueuse sont totalement sans odeur. Leurs qualités n'en sont pas moins excellentes.

PEINTURE ACRYLIQUE MULTISUPPORT

Cette peinture acrylique est monocouche. Elle s'applique dans toutes les pièces et sur la plupart des supports (murs, plafonds, boiseries, radiateurs, etc.). Elle est lavable ou lessivable. Elle existe en aspect mat, satin ou brillant. Son rendement est de 10 m²/l.

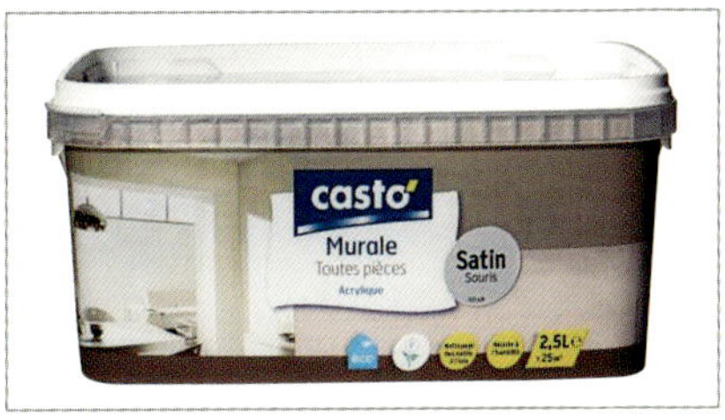

PEINTURE ACRYLIQUE MURALE

Cette peinture acrylique murale s'applique dans toutes les pièces. Elle est lavable et résiste à l'humidité. Elle existe en satin. Son rendement est d'environ 10 m²/l.

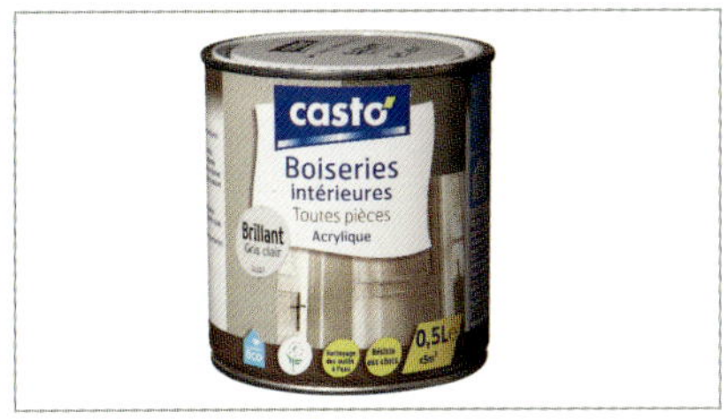

PEINTURE ACRYLIQUE BOISERIES

Cette peinture acrylique boiseries lavable ou lessivable s'applique dans toutes les pièces. Elle existe en satin et brillant. Son rendement est d'environ 10 m²/l.

Enduits décoratifs

Les enduits décoratifs ont révolutionné la décoration intérieure. Ils sont faciles à appliquer et imitent de nombreux matériaux.

ENDUIT TADELAKT

Cet enduit prêt à teinter, à base de chaux, imite l'enduit traditionnel marocain connu sous le nom de tadelakt. Son rendement est d'environ 1 à 1,6 m²/kg selon l'effet souhaité.

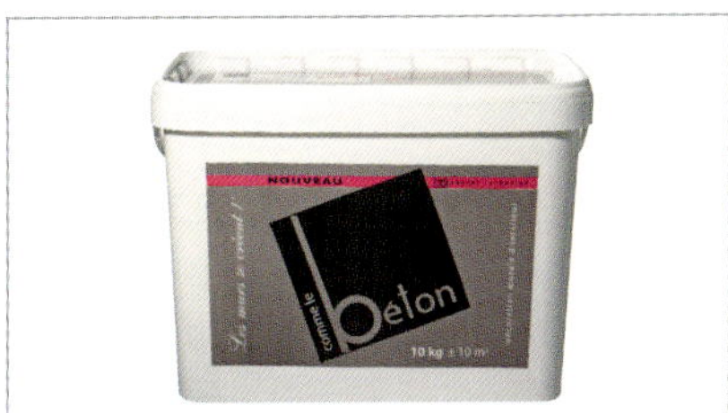

ENDUIT BÉTON

Cet enduit prêt à teinter est à l'eau et sans odeur. Il imite le béton teinté et ciré. Son rendement est de 1 m²/kg. Il est décollable. Un protecteur rend le mur lavable.

ENDUIT STUC

Cet enduit prêt à teinter imite le stuc. Son rendement est de 0,6 m²/kg. Il est lavable, après application d'un vernis.

Teintes, vernis, lasures et produits pour la décoration des bois

Traditionnellement, les produits pour la décoration intérieure, à commencer par les vernis, étaient particulièrement agressifs pour l'environnement. Ce n'est plus le cas aujourd'hui, grâce à des produits en phase aqueuse, à très faible teneur en COV.

TEINTE À BOIS

Cette teinte colore et ravive les meubles et boiseries. Elle accepte tout type de finition. Le rendement est d'environ 10 m²/l.

VERNIS

Ce vernis résiste à l'eau, aux chocs, aux rayures et à la chaleur. Il est en gel pour une application plus facile. Le rendement est d'environ 12 m²/l.

LASURE

Proposée en plusieurs coloris, cette lasure en gel est très facile à appliquer. Elle entretient et colore le bois. Le rendement est d'environ 12 m²/l.

HUILE INCOLORE

Cette huile s'applique sur le bois exotique. Son séchage est rapide. Elle imperméabilise. Le rendement est d'environ 15 à 20 m²/l.

Après avoir préparé les murs, vous pouvez commencer à peindre. C'est l'un des travaux de décoration les plus agréables. Abordez cette étape avec calme et réflexion. Prenez le temps de bien choisir la peinture, les couleurs et les nuances mais aussi leur association pour éviter toute faute de goût.

LA **SECURITE**

COMPOSÉS ORGANIQUES VOLATILS

Dans la plupart des peintures, la principale agression contre l'environnement provient des COV (composés organiques volatils), essentiellement des solvants relâchés dans l'atmosphère. Sources d'odeurs déplaisantes, ils sont également dangereux pour les personnes souffrant de problèmes respiratoires. Les commerces de bricolage mettent désormais en avant les produits en phase aqueuse considérés comme moins agressifs.

La peinture

Avant de vous lancer dans des travaux de peinture, vous devrez vous poser un certain nombre de questions.

- Êtes-vous sûr d'avoir la bonne peinture et d'en avoir assez ?
- Disposez-vous du solvant adapté à votre peinture et en quantité suffisante ?
- Avez-vous les bons outils ? La plupart des peintures s'appliquent à la brosse ou au rouleau.
- Pouvez-vous atteindre toutes les surfaces en sécurité ? Il vous faudra peut-être un échafaudage, que vous pourrez louer ou réaliser vous-même.
- Disposez-vous de tout le temps nécessaire ? En plus du temps de séchage, tenez compte des intervalles entre les couches successives.

LA BONNE **ASTUCE**

PEINTURE COLOURS BOIS ET FER

Pour peindre volets en bois, porte de garage, et portail en fer de la même couleur avec la même peinture : 17 coloris au choix.

Choisir le type de peinture

Pour l'intérieur, employez de préférence des peintures vinyliques ou acryliques, dans des formulations pour les types de support : plâtre, béton, bois ou métal, sauf les vinyliques. Les peintures glycérophtaliques, longtemps "solvantées" sont de plus en plus souvent, elles aussi, en phase aqueuse.

VINYLIQUES

Les peintures vinyliques sont pour murs et plafonds. Il s'agit de peintures dites "d'entrée de gamme", proposées généralement en blanc. Elles sont aujourd'hui supplantées par les peintures acryliques.

ACRYLIQUES

Elles génèrent peu ou pas d'odeur. Elles sont faciles à appliquer et offrent une bonne résistance. Elles sont faciles à entretenir. Elles sèchent vite (en moins d'une heure) et permettent donc de passer deux couches dans la même journée. Mais elles ne sont définitivement sèches qu'au bout de trois semaines. Elles peuvent être lavables ou lessivables. On peut les utiliser pour couvrir directement des surfaces déjà peintes, et même le papier peint uni ou texturé (à condition de ne pas trop le détremper) ou la toile de verre. Elles offrent un fini mat ou satiné. Une finition mate masque mieux les inégalités de surface. Avec les monocouches, plus épaisses, une seule couche suffit pour couvrir la plupart des surfaces. Certaines intègrent aujourd'hui un marqueur de couleur, rose ou bleu, facilitant le repérage des zones peintes des plafonds et des murs.

Bien que la plupart ne soient pas destinées aux pièces humides, il existe aujourd'hui des acryliques "spécial cuisines et salles de bains" d'excellente qualité, qui s'appliquent facilement, sèchent rapidement et qui sont, elles, lessivables. Il existe également des peintures toutes pièces qui sont applicables sur la plupart des supports intérieurs (murs, plafonds, boiseries, radiateurs, etc.).

LA BONNE **INFO**

RÉCUPÉREZ LES DÉCHETS

Ne jetez aucun reste de peinture à l'égout, même des peintures à l'eau, moins agressives pour l'environnement que les produits à solvants : elles peuvent endommager les systèmes d'épuration (des effluents). Pour connaître les points agréés pour la collecte de ces produits, informez-vous en mairie.

GLYCÉROPHTALIQUES

Ces peintures sont idéales pour peindre cuisines et salles de bains ou pour obtenir des effets décoratifs de brillance dans les pièces à vivre. Elles peuvent aussi être utilisées aussi bien en extérieur qu'en intérieur. Moins faciles à appliquer que les peintures vinyliques ou acryliques, les peintures solvantées de type glycérophtaliques donnent une finition satinée ou laquée avec aspect brillant de haute qualité. Elles s'appliquent en couches fines en croisant et en tirant la peinture. Elles garantissent une très bonne pénétration dans leur support. Leur temps de séchage est assez long (6 à 12 h), ce qui impose deux jours pour passer deux couches. Le fini est parfaitement tendu et lisse. Les outils et les mains se nettoient au white-spirit, solvant également utilisé pour les diluer. Il faut donc bien aérer le local pendant et après le travail. On voit apparaître aujourd'hui des glycérophtaliques en phase aqueuse dont le rendu s'approche des versions solvantées.

CRÉEZ VOTRE TEINTE
Les machines à teinter permettent de créer près de 1500 teintes en fonction d'échantillons (ci-dessus) de la couleur recherchée.

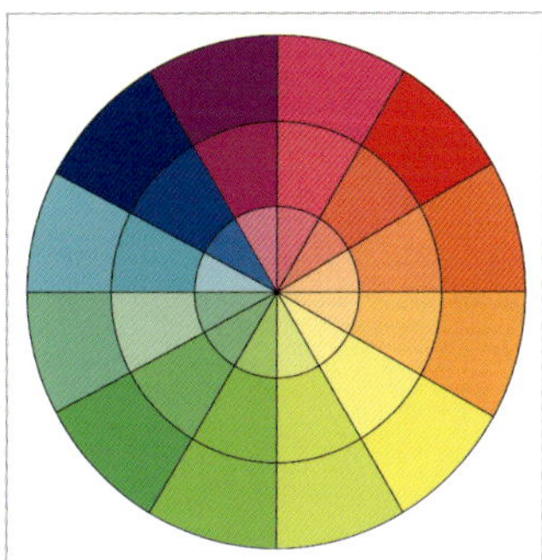

CERCLE CHROMATIQUE

Choisir textures et couleurs

Après des années de mode du blanc, la tendance est de nouveau à la couleur, avec des tonalités fraîches et vives. Il y en a pour tous les goûts. Optez pour une maison multicolore avec des couleurs fruitées et pétillantes, pour une maison de charme élégante et raffinée, en associant blanc et roses grisés. Ou bien préférez la maison authentique, dans sa simplicité naturelle où les couleurs empruntées à la nature côtoient les matières brutes comme le lin ou le métal vieilli. À moins que vous ne préfériez un style plus contemporain, mariage de blancs, de gris colorés dans une géométrie perfectionniste à la japonaise.

LA TEXTURE

L'aspect de surface des peintures joue un rôle essentiel dans la décoration. Vous avez le choix entre trois possibilités :

- **mat**, qui masque les petites imperfections du support, rehausse la pureté des couleurs, absorbe la lumière et donne des effets poudrés sobres et intimes ;
- **satiné**, qui met en valeur les détails architecturaux tels que moulures, encadrements de portes, corniches et rosaces.
- **brillant**, qui reflète la lumière et les couleurs grâce à son effet miroir.

LES COULEURS

Le choix d'une couleur dominante et celui des nuances sont essentiels pour créer l'atmosphère d'une pièce, voire d'un logement tout entier. Il ne doit pas être fait à la légère ou sur une simple envie. Les couleurs ont un effet visuel précis.

- **Les couleurs chaudes : rouge, orange, jaune et rose.**

Vives et stimulantes ces couleurs dégagent une impression diffuse de chaleur. Elles délimitent et resserrent les pièces en les rendant plus accueillantes. Elles ont un effet dynamisant.

- **Les couleurs froides : vert, bleu et violet.**

Apaisantes et relaxantes, ces couleurs donnent une impression de calme. Elles agrandissent les pièces et font apparaître les plafonds plus hauts. Elles ont un effet reposant.

- **Les couleurs neutres : noir, gris, beige et blanc.**

Chaudes ou froides, ces couleurs peuvent créer des effets de lumière et mettre en valeur la décoration et les détails.

Jouer sur les volumes

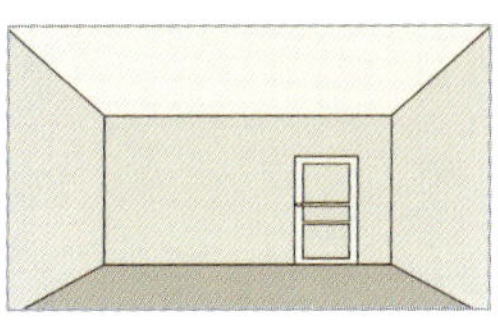

AGRANDIR UNE PIÈCE
Préférez des teintes claires ou pastel pour les murs et les plafonds.

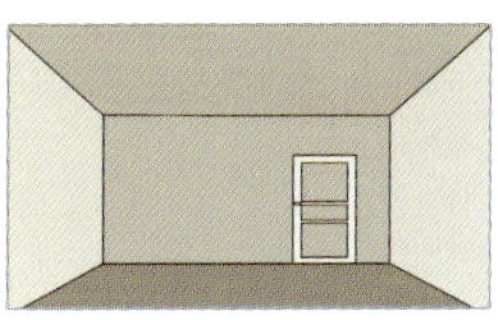

RÉDUIRE UNE PIÈCE
Jouez sur des teintes foncées, notamment pour le sol et le plafond.

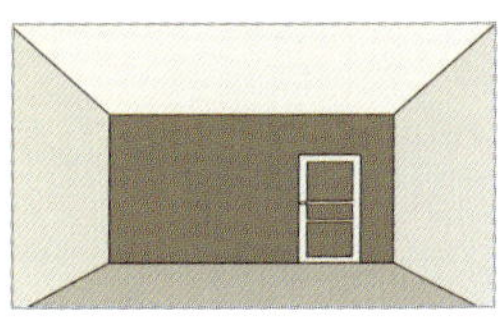

ÉLARGIR UNE PIÈCE
Choisissez une teinte foncée pour le mur du fond.

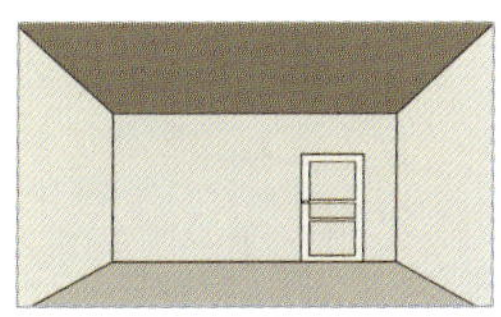

RÉDUIRE LA HAUTEUR D'UNE PIÈCE
Un plafond foncé réduira la hauteur de la pièce.

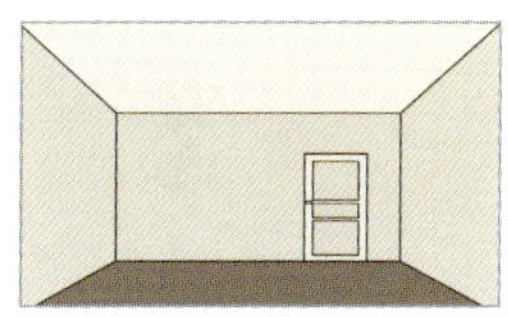

AUGMENTER LA HAUTEUR D'UNE PIÈCE
Un plafond plus clair que les murs et un sol foncé donneront de la hauteur.

Associer les couleurs

Sauf à vouloir créer un effet monochrome, il faut apprendre à marier les couleurs pour ne pas aboutir à des associations choquantes à l'œil. Pour vous y aider, vous disposez du cercle chromatique dans lequel chaque couleur primaire est placée en face de sa complémentaire : le vert pour le rouge, l'orange pour le bleu, le violet pour le jaune, etc.

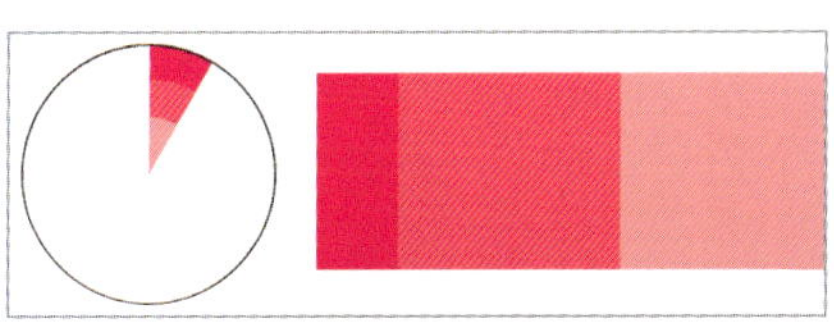

TON SUR TON
Vous aimez tout particulièrement une couleur ? Déclinez la même teinte sur vos murs en formant un dégradé, du plus clair au plus foncé.

CONTRASTÉ
Vous voulez créer une opposition nette de couleurs ? Choisissez dans le cercle chromatique des teintes diamétralement opposées (couleurs complémentaires).

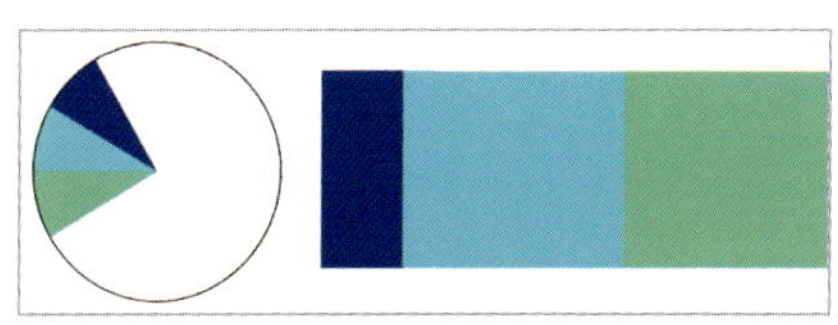

HARMONIE
Vous voulez créer un effet d'harmonie ? Créez un camaïeu de couleurs en associant au moins trois couleurs voisines dans le cercle.

LES BONS OUTILS

Outils
- Pinceaux (brosses)
- Rouleau

Matériel
- Camion (récipient pour la peinture)
- Ruban à masquer
- Escabeau

Ordre des opérations

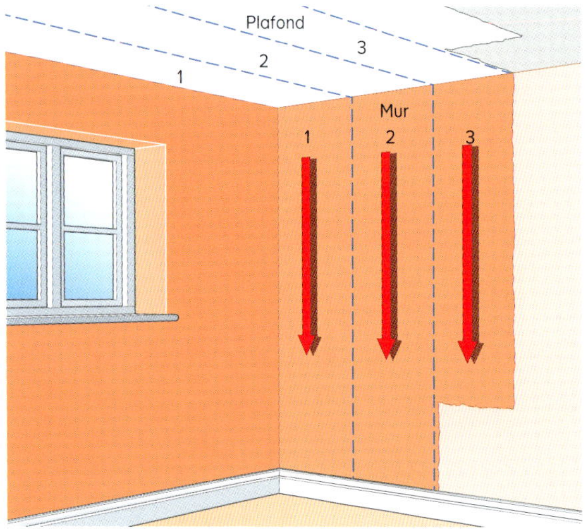

Vous voulez redécorer une pièce ? Commencez par le plafond, car vous risquez de déborder sur les murs. Peignez ensuite ces parois et terminez par les menuiseries et boiseries. Partez de la fenêtre ou de la source lumineuse, et éloignez-vous par passes parallèles à celle-ci. Faites des pauses en atteignant les coins, jamais au milieu d'un mur.

LA BONNE ASTUCE

Pinceaux sans perte de poils

Un pinceau qui perd ses poils en laisse sur la surface qui vient d'être peinte et il est très difficile de les retirer sans faire de marques. Pour un travail impeccable, précis et sans coulure, adoptez cette nouvelle génération de pinceaux.

Peindre au pinceau : peintures glycéro

Les peintures glycéro solvantées sont plus difficiles à appliquer que les peintures en phase aqueuse et demandent souvent une couche d'apprêt. Utilisez une brosse de 75 mm et couvrez par plages successives de 30 cm de côté. Nettoyez les brosses et les coulures au white-spirit. On les réserve plutôt pour les petites surfaces à peindre.

1. Couvrez trois bandes verticales et parallèles, séparées d'un espace légèrement inférieur à la largeur de la brosse.

1

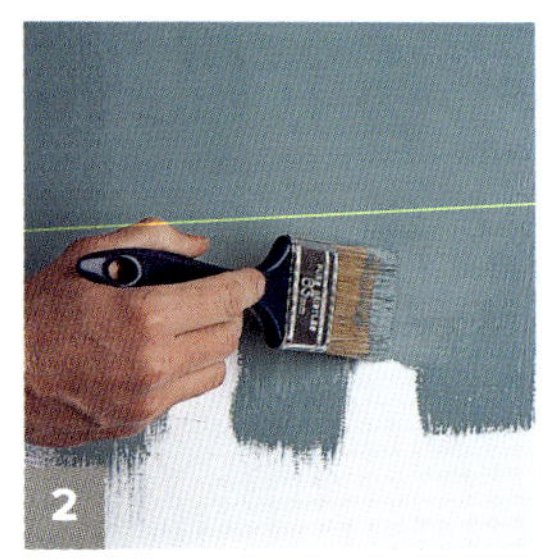
2

2. Raccordez les bandes par des passes horizontales, sans recharger la brosse en peinture. Quand la brosse est presque sèche, repassez en légères touches verticales pour uniformiser la couche. Répétez l'opération sur la zone en dessous, en chevauchant sur la couche sèche, pour fondre les zones adjacentes.

Peindre au pinceau : peinture vinylique ou acrylique

Mélangez la peinture et versez-la dans un récipient rempli environ au tiers. Trempez une brosse plate (queue-de-morue) de 100 à 125 mm sur environ le tiers de ses soies. Pressez la brosse à l'intérieur du bord du récipient pour éliminer la peinture en excès. Ne l'écrasez pas sur le rebord car cela ôterait trop de peinture et déposerait une couche épaisse sur la paroi du camion.

1

2

1. En partant du haut du mur, couvrez environ 1 m^2, par courtes passes horizontales et verticales se chevauchant. Passez à la surface adjacente avant que la précédente ne soit sèche, pour fondre leurs bordures.

2. Progressez régulièrement pour couvrir la totalité du mur avant de faire une pause, sinon la zone de reprise entre deux applications serait visible.

Peindre au rouleau : tous types de peinture

Le rouleau est le moyen le plus rapide pour couvrir une surface importante. Il peut cependant obliger à un plus grand nombre de couches qu'avec une brosse, la peinture étant déposée en couches plus fines. On trouve des manchons de rouleaux avec des tailles et des textures très variées. Choisissez un manchon à poils ras pour couvrir une surface bien lisse, et un manchon à peau de mouton pour une surface texturée. Finissez à la brosse les zones que le rouleau n'arrive pas à couvrir. Les peintures en gel antigouttes, conditionnées en bac, s'appliquent aussi au rouleau.

1. Versez la peinture dans le bac, environ au tiers de sa hauteur. Trempez le rouleau dans la peinture et faites-le rouler fermement sur le plan incliné strié du bac pour répartir régulièrement la charge de peinture. Un rouleau surchargé provoque des projections de peinture et des coulures.

2. Passez le rouleau sur la surface du mur, d'un mouvement en zigzag, avec une pression constante. N'allez pas trop vite : cela provoquerait des projections de peinture. Après avoir rechargé le rouleau, passez-le sur une zone adjacente non peinte et couvrez pour rejoindre la zone précédente, en passes chevauchées pour homogénéiser la couche.

Peindre les bordures

Les rouleaux sont parfaits pour couvrir un mur d'une seule traite, mais ils ne permettent pas d'aller jusqu'aux lisières et dans les angles. Vous devrez finir celles-ci au pinceau (brosse). Cette bordure peut être peinte avant ou après la surface principale, mais en commençant par elle, vous obtiendrez un fini plus uniforme.

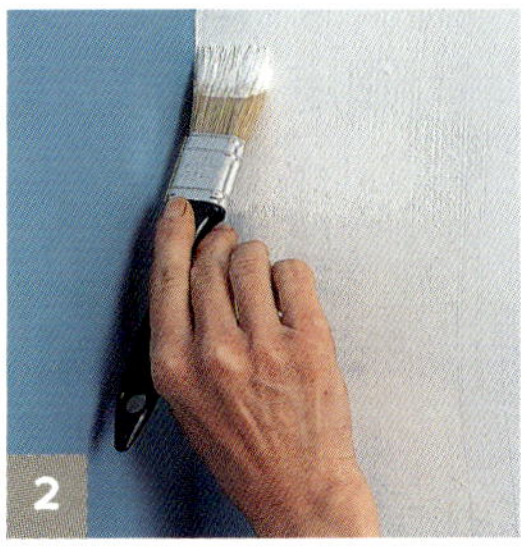

1. Appliquez trois ou quatre passes croisées contre la lisière pour couvrir la surface entre celle-ci et la peinture fraîchement appliquée sur le mur.

2. Parallèlement à la lisière, repassez sur les premières passes dans un long mouvement régulier. Peignez ainsi toute la bordure.

LA SECURITE

Aérez les pièces où vous travaillez
Les peintures solvantées dégagent des vapeurs nocives pour votre santé autant que pour l'environnement. Ventilez généreusement la pièce si vous appliquez ce type de produit, jusqu'à ce qu'il soit complètement sec. Évitez d'utiliser ce genre de peinture sur de grandes surfaces, telles que murs et plafonds.

Liseré entre deux tons

Pour obtenir une séparation nette entre deux couleurs, par exemple entre mur et plafond, ou entre deux murs de couleurs différentes, appliquez une bande de ruban à masquer.

Chargez légèrement la brosse. Appliquez-la à plat sur le mur, à peu de distance de la ligne de séparation, de manière à étaler légèrement les soies pour réaliser la bordure de peinture.

D'une main ferme, couvrez latéralement ou verticalement la surface, en progressant à petites passes vers la ligne de séparation entre les couleurs.

PEINTURES POUR LES MURS ET PLAFONDS

	Vinylique	Vinylique monocouche	Vinylique pour plâtre	Acrylique	Laque glycéro	Peinture à effet	Peinture béton
Temps de séchage (h)							
Sec au toucher	1-2	3-4	1-2	1-2	6	24	1-2
Recouvrable après	4		4	4	24		24
Nombre de couches							
Conditions normales	2	1	1-2	1-2	2	1	2
Pouvoir couvrant (approximatif)							
m^2 par litre	10-15	8	11	10-14	10-15	3	
m^2 par kg							1-6

LA BONNE INFO

Peintures spécifiques
Il existe de nombreuses peintures à usages spécifiques et techniques.
- **La peinture tableau** permet d'écrire à la craie et d'effacer celle-ci d'un coup d'éponge.
- **La peinture magnétique** attire les aimants et transforme un mur en panneau d'affichage.
- **La peinture phosphorescente**, pour peindre des motifs visibles seulement la nuit.
- **La peinture carrelage**, pour métamorphoser un vieux carrelage de cuisine ou de salle de bains.
- **La peinture en aérosol** pour repeindre facilement un radiateur.

Les peintures à effet peuvent être appliquées avec une éponge ou une brosse. Pour des résultats plus élaborés, il existe des peintures à effet décoratif comme l'enduit à cirer ou le tadelakt, revêtement mural issu de la tradition des hammams marocains.

LES BONS OUTILS

Outils
- Couteau de peintre
- Couteau à enduire
- Perceuse avec agitateur
- Cale à poncer ou ponceuse
- Rouleau
- Éponge
- Pinceaux (brosses)
- Tampon
- Gant à peindre

Matériel
- Bocal
- Abrasif
- Chiffon
- Peinture à effet, enduit, gomme à masquer
- Sous-couche

Préparer les fonds

La réalisation d'un enduit décoratif ou l'application d'une peinture à effet supposent une bonne préparation du "fond" c'est-à-dire du mur. Il ne faut pas envisager ce type de décoration comme un "cache-misère".

Il faut donc traiter éventuellement contre l'humidité, reboucher trous et fissures, appliquer une couche de finition. Pour certains de ces produits, il est nécessaire d'utiliser une sous-couche adaptée. Elle sera appliquée en une ou plusieurs couches selon l'absorption et la couleur du support. La sous-couche qui est obligatoire permet d'éviter tout risque de dégorgement des supports et facilite la pose et, éventuellement, par la suite, la dépose à la décolleuse.

1

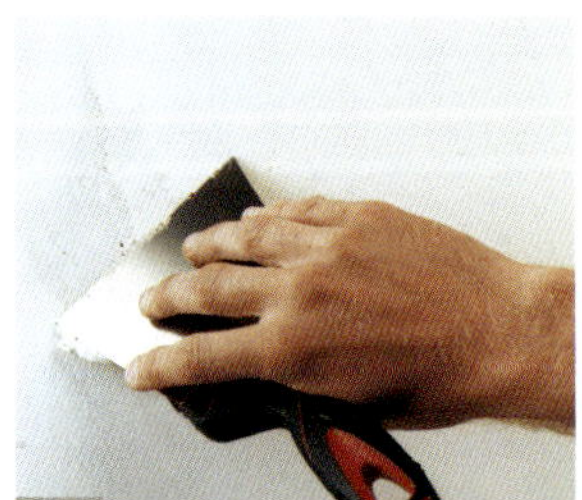
2

3

1. Rebouchez trous et fissures. Utilisez un produit en pâte pour les fissures et les petits trous. Pour les rebouchages plus importants, prenez un enduit en poudre.

2. Appliquez un enduit de lissage pour éliminer les petits défauts tels que craquelures, éclats et rayures. Certains s'appliquent à la raclette. Poncez après séchage.

3. Une sous-couche est nécessaire sur les plaques de plâtre qui ne sont pas préparées, ainsi que sur les vieux enduits gras. Appliquez-la au rouleau.

LA BONNE ASTUCE

Poncer sans poussière

Cet accessoire astucieux permet de poncer une partie du mur qui a été enduite sans poussière et sans encrasser l'aspirateur, grâce à son système de filtration intégrée.

Préparer une peinture à effet

Vous pouvez utiliser soit une peinture spéciale, soit une peinture acrylique suivant les effets recherchés. Cette dernière est obtenue en mélangeant de la peinture avec de l'eau tiède. Vérifiez que les peintures acryliques peuvent être diluées sans perdre en qualité (suivez les instructions du fabricant). La proportion d'eau mélangée à la peinture varie en fonction du résultat désiré :
- **effet "éponge",** la peinture doit être diluée dans une proportion de 1 pour 30 ;
- **effet circulaire,** la peinture doit être diluée dans une proportion pouvant varier de 1 volume d'eau pour 4 volumes de peinture à 1 pour 10 ;
- **effet avec "chiffon",** la peinture doit être diluée dans une proportion de 1 pour 5 pour une couleur soutenue et jusqu'à 1 pour 25 pour une couleur claire.

1. Versez une dose de peinture acrylique dans un bocal et ajoutez la dose d'eau tiède, selon l'effet désiré.

2. Fermez le pot hermétiquement (avec un chiffon si vous n'avez plus le couvercle du bocal) et remuez vigoureusement.

1

2

Préparer les bons accessoires

OUTIL À VEINER EFFET BOIS

Cet applicateur, léger et maniable, est strié de façon à imiter le veinage du bois. Il permet d'adapter une essence de bois à un objet ou un support à décorer.

ROULEAU EFFET ESSUYÉ

Ce rouleau, recouvert d'une peau de chamois, permet une décoration nuancée sur un mur, par une application en tous sens.

GANT À PEINDRE

Ce gant en forme de moufle sert à imprimer un décor sur un mur. Il est facile à utiliser même sur de grandes surfaces et peut servir de gant à lustrer.

+ déco

Badigeon

Le badigeon donne un aspect doux et feutré à vos murs. Il les colore tout en cachant certaines imperfections. Vous pouvez varier les méthodes d'application selon votre inspiration grâce à l'utilisation de différents accessoires : brosse, chiffon, éponge, gant. Le badigeon s'applique sur tout support lisse après application de la sous-couche. Vous pouvez également personnaliser vos murs peints avec des pochoirs.

EFFET VERTICAL

Étalez le badigeon coloré de haut en bas par bandes de 50 cm environ sans chercher à obtenir une application régulière avec la brosse.

EFFET ÉPONGÉ

Trempez l'éponge dans la peinture diluée et appuyez-la délicatement sur le mur. Tournez l'éponge au fur et à mesure pour changer de motif. Pour obtenir un effet plus dense, passez plusieurs couches. Vous pouvez également changer de couleur.

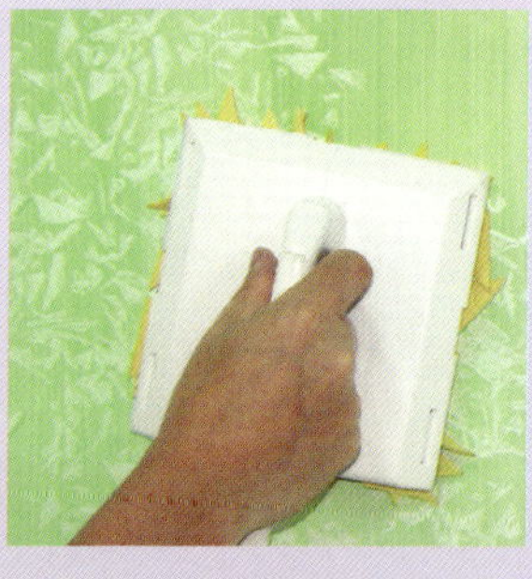

EFFET AU TAMPON

Appliquez le badigeon à la brosse de haut en bas, ou en tous sens, puis tamponnez irrégulièrement la surface pour ôter du badigeon. Essuyez le tampon de temps en temps.

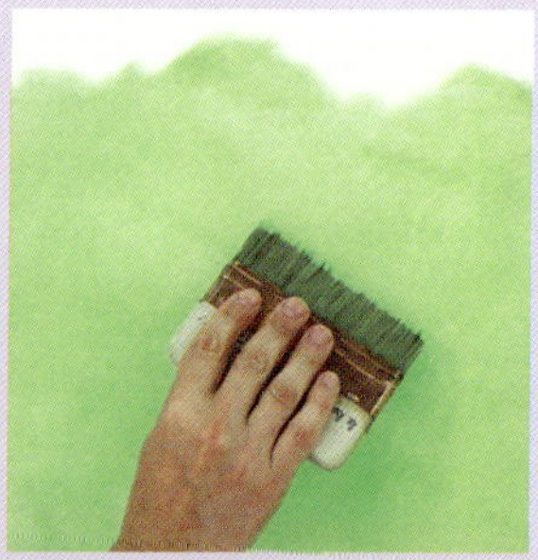

EFFET NUAGÉ ET TRÈS DOUX

Appliquez le badigeon coloré avec une brosse par mouvements croisés de droite à gauche, mètre carré par mètre carré.

LES BONS OUTILS

Outils
- Perceuse avec agitateur
- Taloche
- Rouleau
- Éponge
- Pinceaux (brosses)
- Tampon

Matériel
- Bocal
- Abrasif
- Chiffon
- Peinture à effet, enduit, gomme à masquer, peinture
- Cire, vernis
- Sous-couche

Enduit à cirer

Grâce à l'enduit à cirer, donnez une ambiance traditionnelle ou provençale à votre intérieur. Ce revêtement comparable à la chaux donne du caractère à une pièce tout en masquant les imperfections des murs. L'enduit à cirer peut s'appliquer sur différents supports : plâtre, plaques de plâtre, bois, béton lisse et crépi. À teinter ou à cirer, il peut avoir une couleur plus ou moins prononcée.

1. Appliquez la sous-couche spéciale pour l'enduit à cirer au rouleau, en une ou deux couches selon l'absorption et la couleur du support.

2. Mélangez l'enduit en poudre dans de l'eau jusqu'à obtenir une pâte onctueuse sans grumeaux. Laissez reposer le mélange environ 5 min avant de l'appliquer.

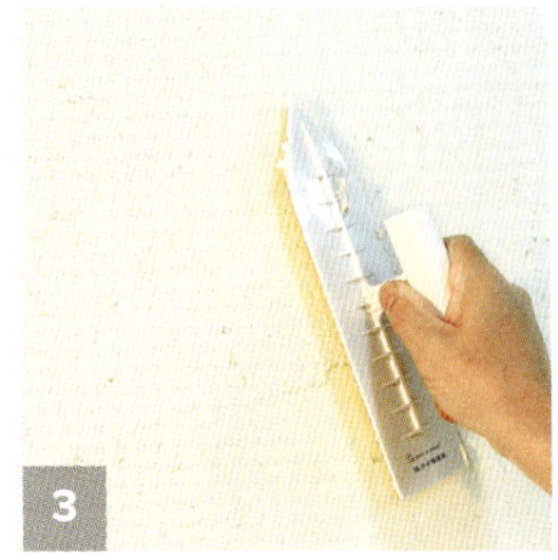

3. Appliquez l'enduit à cirer avec une taloche en une seule couche, en commençant par le haut du mur. La taloche doit être maintenue légèrement en biais avec une ouverture d'environ 2 cm.

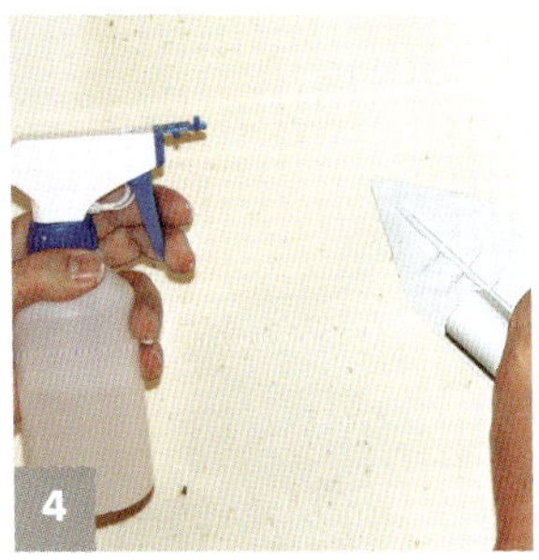

4. L'aspect peut être structuré ou lissé. Pour obtenir un aspect lissé, laissez sécher 3 ou 4 h, puis humidifiez légèrement l'enduit à cirer à l'aide d'un pulvérisateur et passez la taloche.

5. Laissez sécher l'enduit à cirer, de 2 à 6 jours selon l'épaisseur et les conditions climatiques. Pour colorer votre mur, appliquez la cire avec une éponge. La couche de cire rend l'enduit lavable.

LA BONNE INFO

Effet cérusé

La cire à patiner permet d'obtenir un effet cérusé. Outre sur les meubles, vous pouvez aussi l'utiliser sur les encadrements de porte et sur les portes elles-mêmes.

Gomme à masquer

La gomme à masquer permet de dessiner des motifs et des décors avec une gomme liquide gélifiée qui durcit et sèche en 1 heure.

1. Dessinez le motif en appliquant la gomme à masquer au pinceau en couche régulière. Laissez sécher.

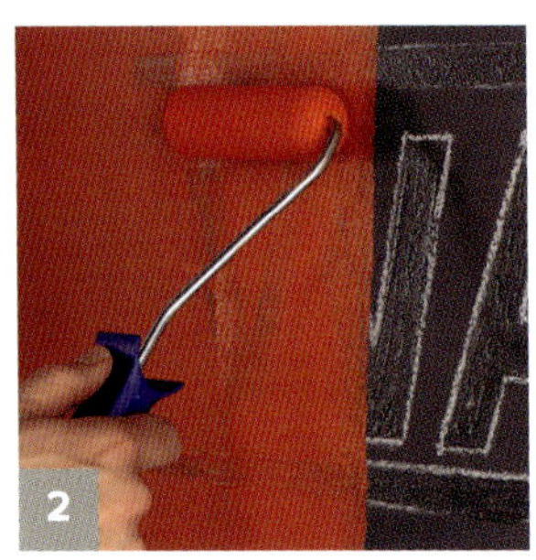

2. Appliquez le produit de finition que vous avez choisi (peinture, cire, vernis) sur toute la surface. Laissez sécher.

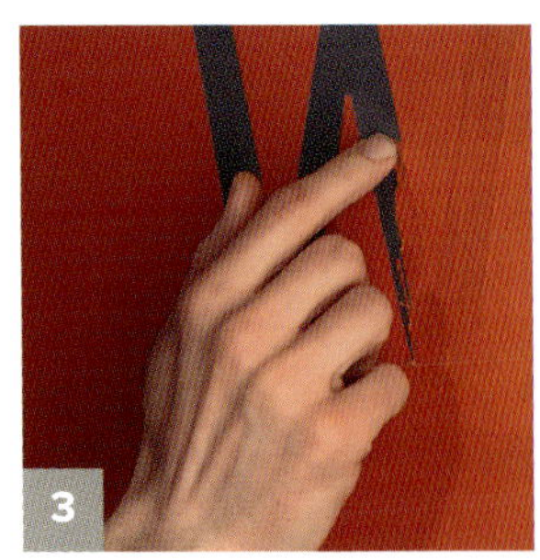

3. Retirez la gomme à masquer en frottant délicatement avec le doigt : le motif apparaît en réserve.

LA BONNE ASTUCE

Dévidoir de ruban de masquage

Cet applicateur de ruban adhésif de masquage permet de protéger les vitres et les encadrements de porte en un temps record.

Tadelakt

L'effet tadelakt reproduit l'aspect de la pierre ou de la chaux selon son application. Pour un effet comme la pierre, l'enduit sera grossièrement travaillé avec la taloche, tandis que pour un effet traditionnel, il sera lissé.
Cet enduit s'applique sur différents supports: une peinture bien poncée, des plaques de plâtre ou encore sur du bois ou de l'aggloméré. Au moins deux sous-couches sont nécessaires avant l'application du produit tadelakt.

1. Préparez la teinte du tadelakt en versant une dose de colorant dans la base à teinter. Rincez le pot de colorant avec de l'eau à mi-hauteur. Secouez et versez l'eau colorée dans le seau. Mélangez avec un agitateur placé en bout de perceuse. Le produit doit être utilisé dans les 48 h.

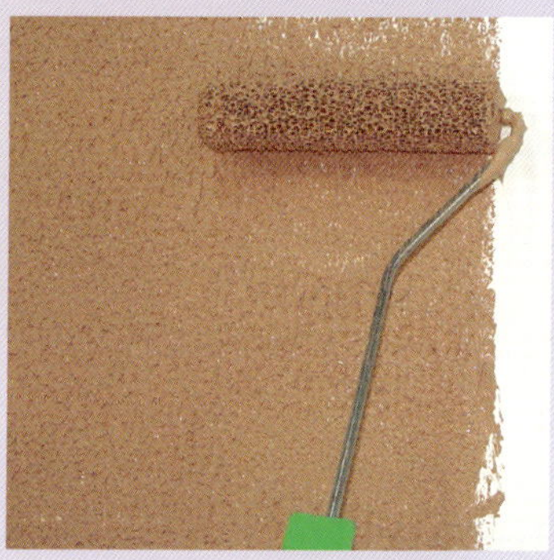

2. Déposez le produit avec le rouleau légèrement alvéolé en travaillant de haut en bas. Après avoir appliqué environ 5 m^2, repassez le rouleau sans produit pour régulariser l'épaisseur de l'enduit.

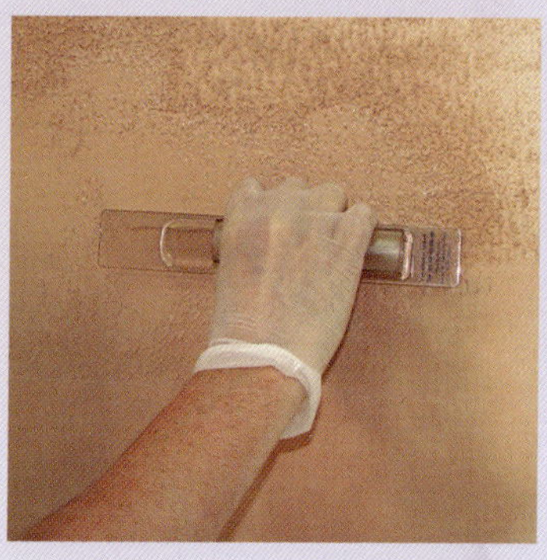

3. Attendez entre 10 et 20 min environ, selon la température de la pièce. Écrasez dans tous les sens avec le grand côté de la taloche de façon à lisser et éliminer les aspérités, reliefs et creux. Laissez sécher 24 h.

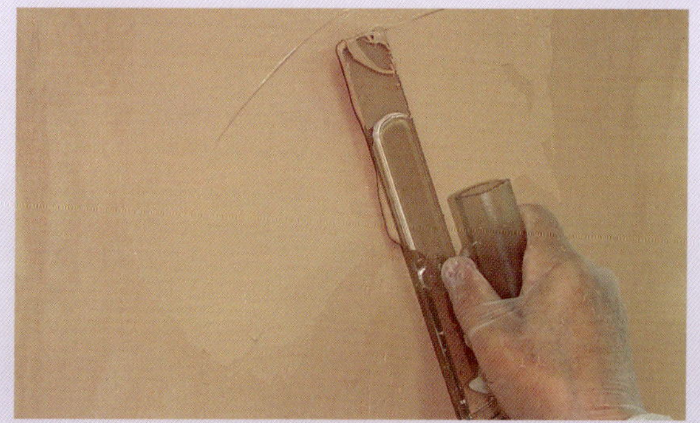

4. Après le séchage de la première couche, effectuez un deuxième passage en déposant l'enduit à la taloche en fine couche, mètre carré par mètre carré, en raclant dans tous les sens avec une amplitude de 20 à 30 cm environ. Dès que la matière ne colle plus, et avant séchage complet, "ferrez" avec le grand côté de la taloche en appuyant pour ne pas avoir de relief.

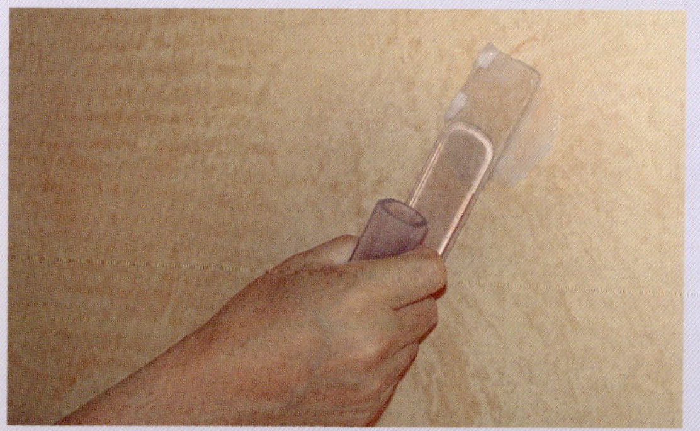

5. Vérifiez que vous avez bien lissé le mur en le caressant avec la main. Il ne doit y avoir aucune aspérité et toute la surface doit être douce. Le ferrage doit faire apparaître le nuançage et la brillance. Attendez le séchage complet (au moins 12 h) pour cirer avec la taloche. La cire accentue la couleur et rend le tadelakt lavable.

Après avoir peint le plafond, les portes, les fenêtres et les plinthes, vous pouvez effectuer la pose du papier peint. La toile de verre permet de masquer certaines imperfections de surface et constitue un bon support de pose. Les revêtements épais, en vinyle expansé, sont résistants et lessivables. Les papiers vinyles se nettoient d'un coup d'éponge humide. Les intissés, qui présentent l'avantage d'un encollage du support, remplacent aujourd'hui la plupart des papiers peints classiques.

LES BONS OUTILS

Outils
- Bâches de propreté
- Escabeau
- Seau
- Brosse de tapissier
- Brosse à encoller
- Table à encoller
- Mètre
- Fil à plomb
- Crayon
- Ciseaux
- Éponge

Matériel
- Lessive Saint-Marc
- Primaire d'accrochage
- Enduit de rebouchage
- Produit pour décoller le papier peint ou décolleuse
- Papier peint
- Toile de verre
- Colle à papier peint
- Colle à toile de verre

Poser du papier peint

Pour protéger vos meubles lors de la pose du papier peint, sortez-les avec les objets fragiles de la pièce. Recouvrez de bâches de propreté les moquettes et tout ce qui ne peut pas être déplacé. Avant et pendant la pose du papier peint, il est nécessaire de ne pas chauffer la pièce.

- Le tableau ci-dessous vous servira de guide pour estimer le nombre de rouleaux nécessaires. Un rouleau standard fait 10,05 m de long et 0,53 m de large. En prenant les mesures de la pièce, incluez les ouvertures : cela compense les chutes résultant des coupes et raccords.
- Calculez plus large pour un papier à grands motifs. La taille du motif est normalement indiquée sur l'étiquette du rouleau.
- Assurez-vous que tous les rouleaux achetés portent le même numéro de série et de bain, pour garantir une homogénéité de teintes.
- Utilisez une colle spécifique adaptée à la qualité du papier peint. Respectez le dosage eau/colle indiqué sur l'emballage pour une adhérence parfaite du papier. Dans un seau rond, saupoudrez la colle en faisant tourbillonner l'eau pour éviter la formation de grumeaux. Laissez reposer environ 15 min avant l'emploi.

Lire les étiquettes

Le papier peint fait l'objet d'une signalétique précise qui fournit toutes les indications sur la nature du revêtement, ses conditions de pose et de dépose. Encore faut-il connaître la signification des pictogrammes.

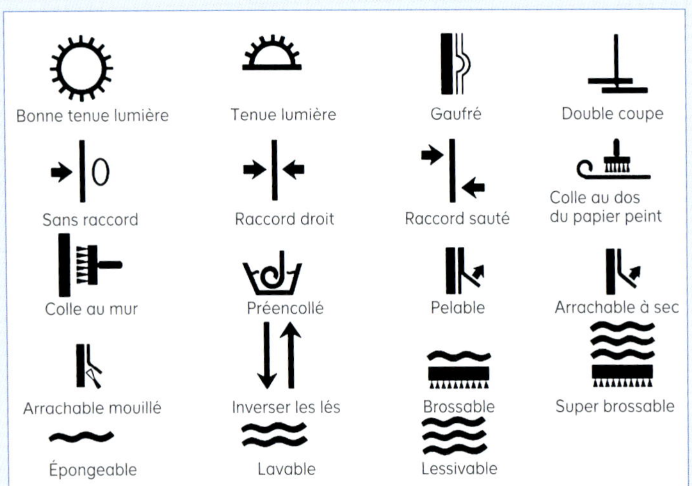

PRÉPARER LES MURS

La surface sur laquelle vous poserez du papier peint doit être lisse, sèche et propre. Préparez les murs après les avoir lessivés, en rebouchant trous et fissures éventuelles à l'enduit. Si le mur est assez dégradé, posez de la toile de verre.

Enlevez le papier existant avec une décolleuse ou un produit adapté dissout dans de l'eau. Si le papier est pelable (ou "stripable"), il est possible d'arracher la couche de surface et de poser directement le nouveau papier sur la couche qui est restée collée au mur.

Vous pouvez tapisser une surface peinte, après l'avoir soigneusement lessivée. Une laque très brillante gagnera à être dépolie au papier abrasif ou avec un primaire d'accrochage.

Laissez les surfaces sécher parfaitement avant de tapisser. Sur une surface poreuse, ou un mur revêtu d'un matériau isolant tel que polystyrène, mousse de polyuréthane ou liège, appliquez d'abord un primaire d'accrochage.

CALCUL DU NOMBRE DE ROULEAUX

Périmètre de la pièce	Hauteur 2,3-2,4 m	Hauteur 2,4-2,6 m	Hauteur 2,6-2,7 m
10 m	5	5	6
12 m	6	6	7
14 m	7	7	8
16 m	8	8	9
18 m	9	9	10
20 m	10	10	11

COUPER ET ENCOLLER LE PAPIER

Pour éviter de gaspiller du papier peint, mesurez avec précision la hauteur entre le plafond et le haut de la plinthe. Si vous coupez plusieurs lés avant de commencer l'affichage, assurez-vous que les murs ont la même hauteur tout autour de la pièce. Mesurez la hauteur du mur en plusieurs endroits. Ajoutez 10 cm à la plus longue des mesures, pour l'ajustement ultérieur en haut et en bas. Situez bien le sens du motif du papier par rapport au haut et repérez le raccord entre les motifs des lés adjacents.

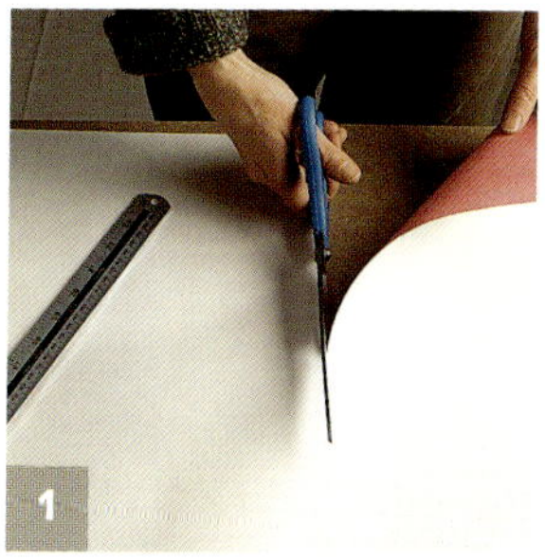

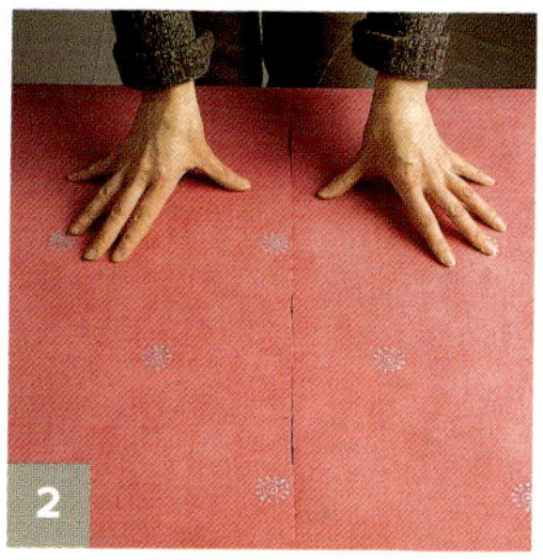

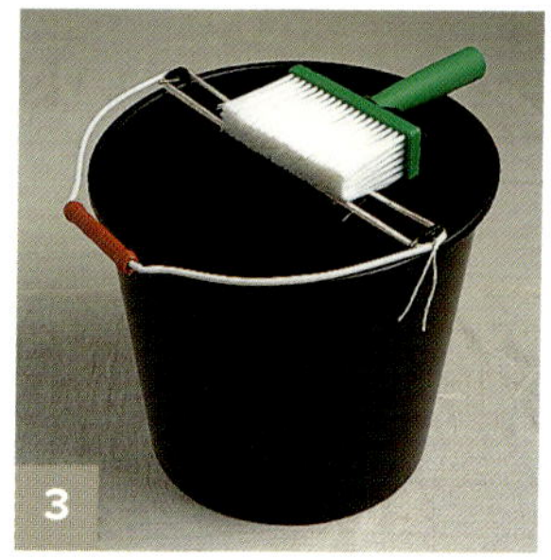

1. Déroulez le papier sur la table, face décorée en dessous, et tracez une ligne droite au niveau du point de coupe repéré. Coupez le premier lé avec de gros ciseaux ou à l'aide du massicot équipant la table à encoller.

2. Retournez le lé coupé. Déroulez la longueur suivante, posez-la contre la précédente, en faisant concorder le décor éventuel. Coupez le deuxième lé en vous guidant sur la longueur du premier. Coupez ainsi plusieurs lés. Numérotez-les au fur et à mesure, au dos d'un coin supérieur, en indiquant aussi le sens de pose.

3. Pour un papier peint ordinaire, utilisez une colle en paillettes (poudre). Versez la quantité d'eau nécessaire dans un seau (voir les indications sur la boîte). Avec un bâton, tournez pour créer un tourbillon. Versez la poudre lentement à l'extérieur du tourbillon. Laissez reposer 3 min. Brassez à nouveau : la colle est prête.

4. Le papier peint le plus courant doit être encollé au dos avant l'affichage. Utilisez une colle pour papier peint. Vous pouvez superposer plusieurs lés de papier sur la table, les encoller et les afficher les uns après les autres.

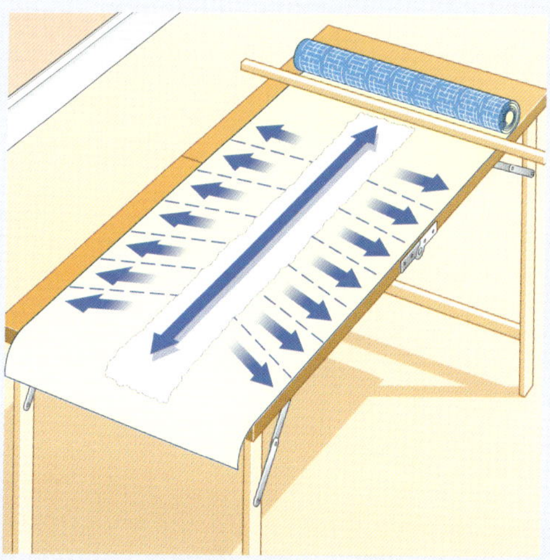

Bien répartir la colle

Posez la longueur coupée sur la table (face décorée dessous), le lé pendant à chaque bout de la table. Si vous encollez un lé court, calez-le avec un poids pour l'empêcher de s'enrouler. Trempez la brosse dans la colle et égouttez-la. Encollez au milieu du lé, en progressant vers les côtés par passes en chevrons. Vous repérerez plus facilement les zones mal encollées avec une colle colorée. Après chaque lé, nettoyez à l'éponge les bavures de colle restées sur la table.

LA BONNE **ASTUCE**

COLLE INDICATEUR COLORÉ

Cette colle contient un indicateur coloré qui vous permet de repérer facilement la surface de papier peint que vous avez encollée. La coloration disparaît au séchage.

ENCOLLER ET REPLIER LE PAPIER

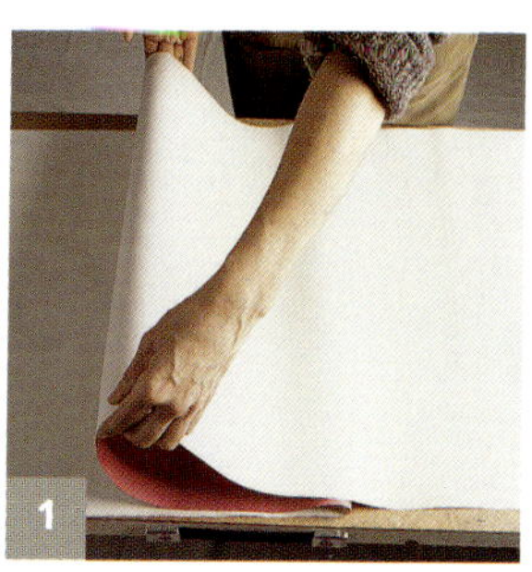

1. Une fois le lé posé sur la table complètement collé, repliez-le en accordéon, délicatement pour ne pas le déchirer. Repoussez l'accordéon vers un bout de la table et calez-le avec un poids (une grosse brosse, par exemple), pour empêcher la partie non encollée de s'enrouler.

2. Encollez toute la longueur, en repliant le lé au fur et à mesure. Enlevez l'ensemble en accordéon et mettez-le de côté pour laisser la colle imprégner le papier pendant le temps recommandé par le fabricant. Il faut laisser au papier le temps de se dilater avant affichage. Une bonne imprégnation prévient la formation de cloques quand le papier continue à se dilater une fois affiché. Pendant ce temps, encollez plusieurs autres lés.

Par où commencer la pose ?

LES BONS OUTILS

Outils
- Escabeau
- Mètre
- Fil à plomb ou niveau à bulles
- Crayon
- Brosse à encoller
- Table à encoller
- Brosse de tapissier
- Ciseaux
- Roulette à joint
- Seau

Matériel
- Papier peint
- Colle à papier peint
- Éponge

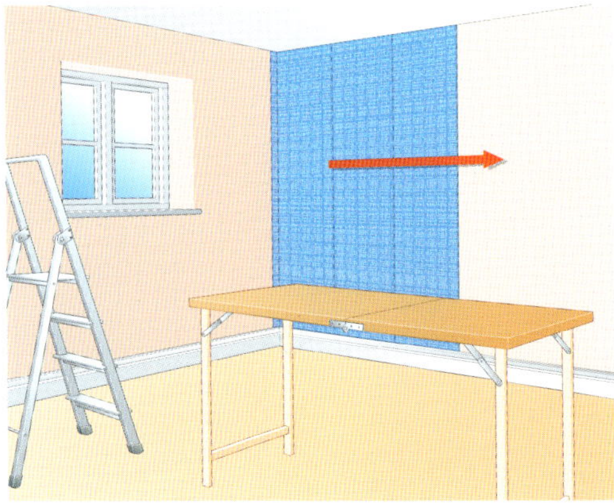

Si vous entrez dans la pièce par une porte face à une fenêtre, posez votre papier peint comme indiqué sur le dessin. Chaque fois que cela est possible, affichez le premier lé sur un mur sans ouverture, de manière à pouvoir poser un lé entier, couvrant du plafond jusqu'à la plinthe.

Si vous êtes droitier, partez du mur placé à droite de la fenêtre, et du mur situé à gauche si vous êtes gaucher. Couvrez le mur en progressant depuis la fenêtre, afin que les joints ne créent pas d'ombre si les bords de certains lés se chevauchent par endroits.

Si le papier peint a un décor à gros motifs, affichez le premier lé contre la cheminée ou un point focal, puis progressez en alternance dans les deux directions, de manière que le motif se trouve symétriquement centré. Couvrez complètement le mur de départ, puis le reste de la pièce.

LA BONNE INFO

Coller l'intissé

Avec l'intissé, il suffit d'étaler la colle directement sur le mur, d'appliquer l'intissé sur le mur en déroulant le rouleau sans l'avoir découpé au préalable. L'utilisation d'une colle spécifique pour intissé permettra de retirer l'intissé à sec.

Poser du papier intissé ou un revêtement lourd

Le papier peint intissé constitue une nouvelle génération de revêtement mural, particulièrement appréciée pour sa facilité de pose. Il est constitué d'un support intissé sur lequel est collé un papier ou une couche de vinyle. Grâce à sa pose directe sur le mur encollé et à sa grande largeur, vous pouvez tapisser plus rapidement une pièce qu'avec du papier traditionnel. Cette méthode de pose vaut aussi pour les revêtements lourds, dont le revers est le plus souvent en intissé.

Limitez l'encollage du mur à la surface d'un seul lé à la fois, en débordant d'une largeur de main environ. Affichez le lé, marouflez, puis arasez. Le lé est repositionnable facilement.
Les papiers intissés étant vendus sous différentes largeurs, mesurez le rouleau, en prévoyant un retour de 5 cm sur le mur suivant. À une distance du coin égale à cette mesure, tracez une verticale allant de la plinthe au plafond, en vous guidant avec le fil à plomb ou le niveau à bulles.

LA BONNE INFO

Toile de verre

Idéale pour permettre la mise en peinture ou la pose de revêtement sur un mur dégradé, la toile de verre se pose comme un papier intissé. Il faut donc encoller le mur et non le dos du revêtement. Utilisez une colle adaptée que vous appliquerez sur le mur à la brosse ou au rouleau avant affichage.

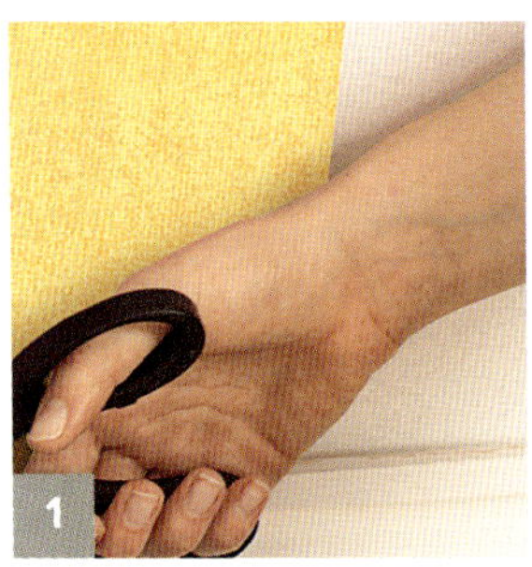

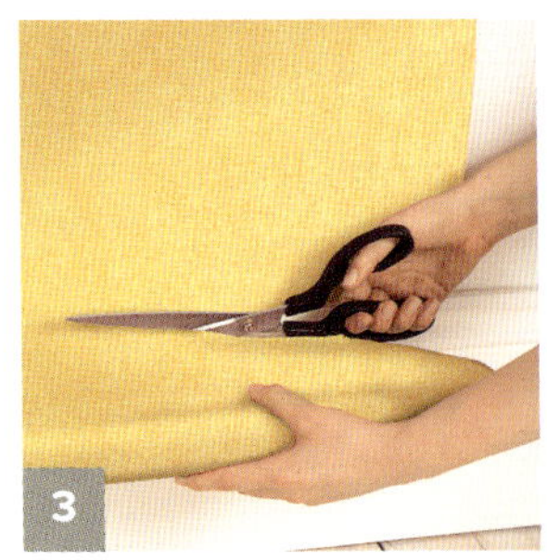

1. Encollez généreusement et très régulièrement la surface du mur sur laquelle le premier lé doit s'afficher, en débordant un peu du côté du lé suivant.

2. Déroulez directement le rouleau sur le mur. Glissez le papier sur la bonne position, en alignant son bord droit sur le tracé vertical. Le côté gauche doit revenir sur le mur suivant.

3. Appliquez fortement le lé avec une brosse ou une éponge légèrement humide, en repoussant toutes les cloques de l'intérieur vers l'extérieur avec une brosse de tapissier. Coupez les extrémités du lé. Répétez l'opération pour chaque lé, en veillant à bien les poser bord à bord et à assurer le raccord des éventuels motifs.

Afficher le premier lé

L'affichage du premier lé est capital, car c'est de lui dont va dépendre la qualité de pose de l'ensemble des lés suivants. Ne partez jamais d'un angle entre deux murs, car la ligne d'angle est rarement verticale, même dans les maisons récentes. Le plus simple est souvent de chevaucher l'angle.

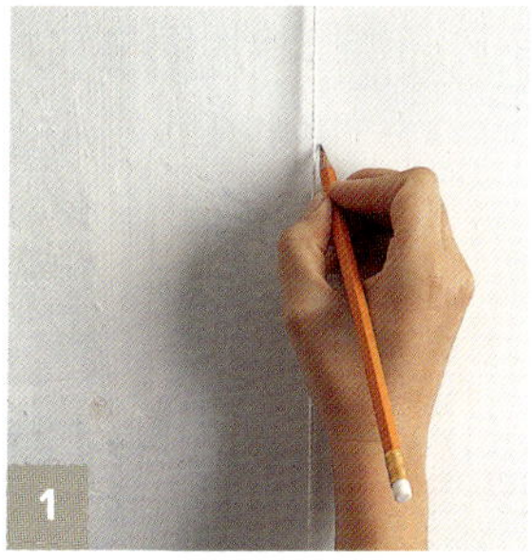

1. Pour positionner le premier lé, tracez une ligne du plafond à la plinthe, à 48 cm de l'angle, au moyen du fil à plomb ou du niveau à bulles. La largeur d'un rouleau étant de 53 cm, 5 cm couvriront le mur adjacent, où s'ouvre la fenêtre.

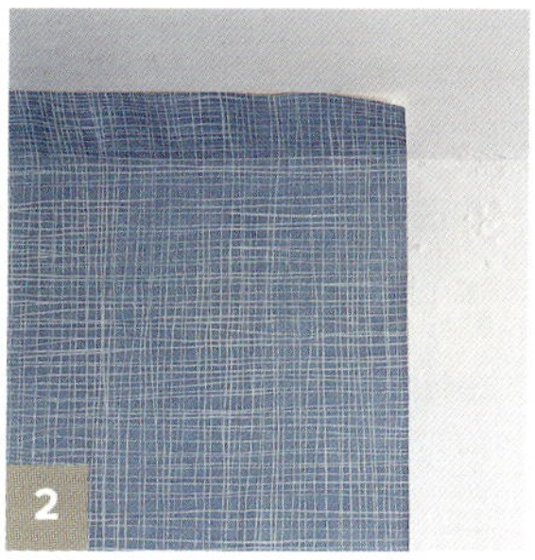

2. Positionnez le premier lé en haut du mur, son côté droit suivant la ligne verticale. Pour faciliter l'opération, maintenez la partie gauche du lé sur le mur. Assurez-vous que le haut du lé déborde sur le plafond sur 5 cm.

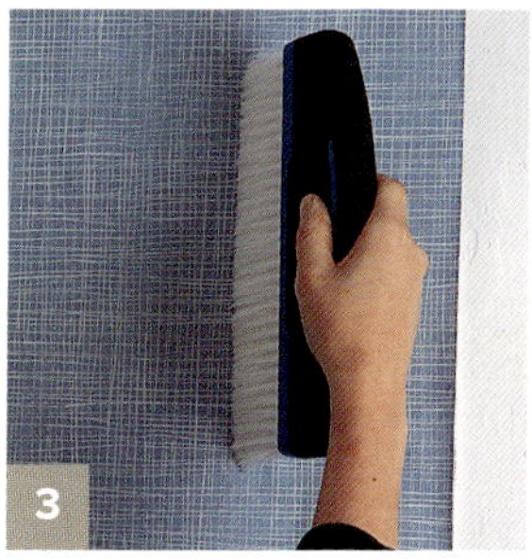

3. Quand le bord droit est calé, lissez la surface du lé avec la brosse de tapissier, passée du centre vers les bords, en veillant à ne laisser aucune cloque. Le bord droit doit rester bien aligné contre la ligne verticale.

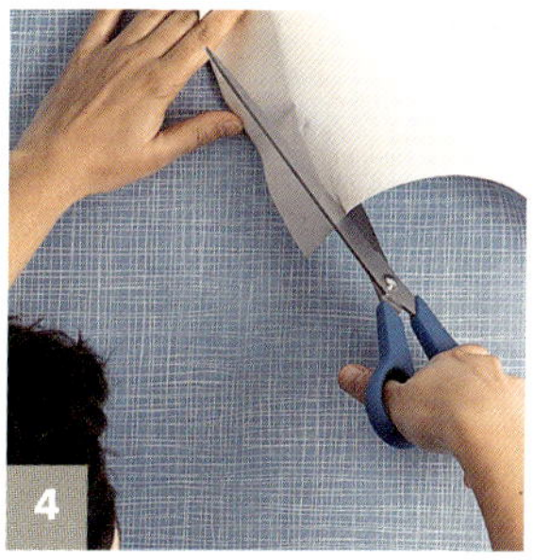

4. Une fois le premier lé posé, marquez le pli, en haut contre le plafond, et en bas contre la plinthe. Décollez doucement le papier et coupez sur le pli avec les ciseaux. Rabattez sur le mur les parties décollées à la brosse de tapissier.

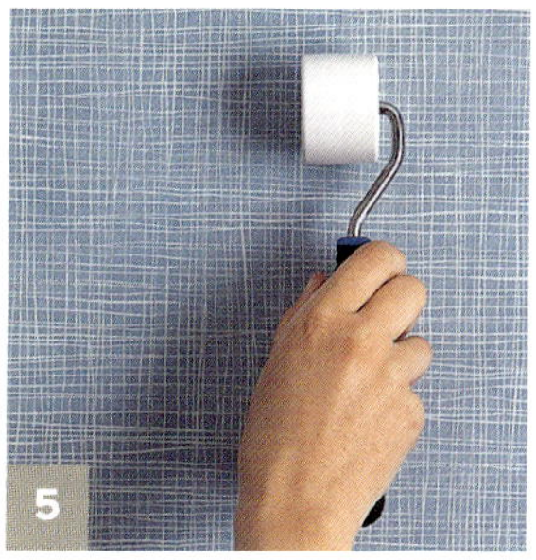

5. Accolez le lé suivant contre le premier, en faisant coïncider le décor au niveau des yeux. Après avoir collé deux ou trois lés, aplanissez les joints avec la roulette. N'appuyez pas trop sur un papier texturé, pour ne pas écraser les motifs.

LA BONNE ASTUCE

Papier peint magnétique

On trouve aujourd'hui du papier peint magnétique. En un seul geste les lés sont repositionnables et interchangeables à volonté. Il faut d'abord coller le support pour papier peint magnétique directement sur le mur. Il permettra d'aimanter ce que vous souhaitez. Il vous suffit ensuite de poser le papier peint magnétique sur le support : il s'aimante immédiatement et tient tout seul !

OUTILS UTILES

Fil à plomb
Clouez une petite pointe en haut du mur, près du plafond, et accrochez-y le fil à plomb. Marquez au crayon une série de repères le long du fil, puis joignez-les avec une règle.

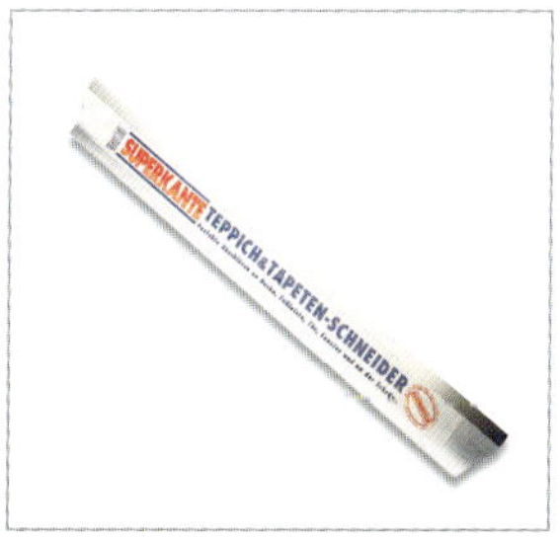

Règle-guide
Pour recouper les lés aux extrémités, utilisez cette règle spéciale à section en cornière, au lieu des ciseaux. Coupez en passant la lame d'un cutter contre la règle.

Roulette à joint
Cette petite roulette sert à aplanir les joints entre les lés et assurer un collage parfait, à utiliser uniquement pour les papiers peints traditionnels plats.

Angles et finitions

LA BONNE INFO

Maroufler à la spatule
Si l'application du papier peint et de l'intissé se fait avec une brosse douce, celle du papier vinyle s'effectue avec une spatule en plastique, le revêtement étant à la fois moins fragile car plastifié et plus épais.

En général, on fait toujours en sorte de commencer par couvrir un mur bien plan et dépourvu d'obstacle. Mais, on arrive tôt ou tard à buter contre un angle ou à devoir contourner une prise ou un interrupteur. Il est donc important de savoir passer ces emplacements pour obtenir une pose de qualité.

ANGLES RENTRANTS

Dans un angle, il est toujours plus facile d'accoler les deux moitiés d'un lé recoupé en largeur que de replier un lé entier, surtout quand le mur n'est pas parfaitement plan et que l'angle n'est pas vraiment d'équerre. Mesurez et coupez le papier pour qu'il se prolonge un peu sur l'autre mur de l'angle, puis encollez le retour et plaquez-le sur l'autre pan de mur.

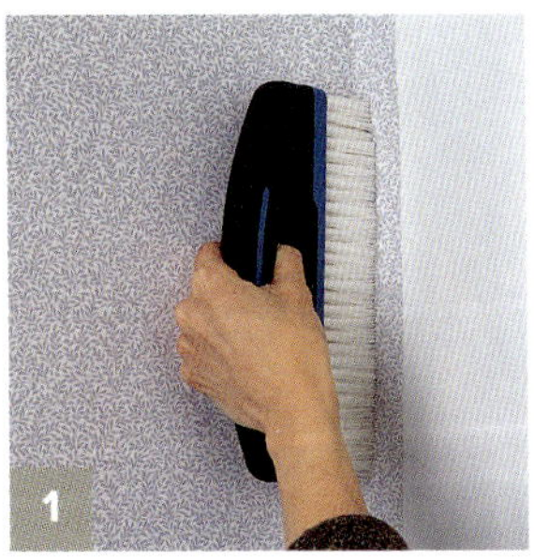

1. Mesurez la distance entre le bord du dernier lé posé et l'angle, en haut, en bas et au milieu du mur. Conservez la mesure la plus grande et ajoutez 25 mm pour le rabat sur le mur suivant. Coupez un lé à cette largeur, et conservez la chute qui sera le premier lé posé sur le mur suivant. Encollez et affichez le lé recoupé, bien jointif avec le dernier lé entier. Laissez le rabat de 25 mm se plaquer de lui-même sur le mur suivant. Avec la brosse de tapissier, marouflez fermement le lé à l'intérieur de l'angle.

2. Pour être sûr que le papier est parfaitement collé dans l'angle, passez la roulette à joint sur le rabat. Essuyez la colle maculant la roulette avant qu'elle ne sèche.

3. À une distance de l'angle correspondant à la largeur de la chute (voir étape 1) marquez des points de repère pour tracer une verticale du sol au plafond. Vous disposerez ainsi d'une bonne ligne de référence pour tapisser le mur suivant.

4. Après l'avoir encollée, posez la chute, en alignant son bord droit sur le trait vertical, son bord gauche recouvrant le rabat du dernier lé du mur précédent. Si le papier est à motifs, veillez à faire le raccord le plus précis possible.

ANGLES SAILLANTS

Certaines pièces comportent des angles saillants, dans une niche ou autour du manteau d'une cheminée, par exemple. La méthode est la même que pour un angle rentrant : un lé recoupé est affiché avec un petit débord sur la face suivante, puis on appose sa chute en recouvrement de ce rabat, en s'alignant sur une verticale tracée sur le mur. Veillez à chasser les bulles d'air avec la brosse de tapissier.

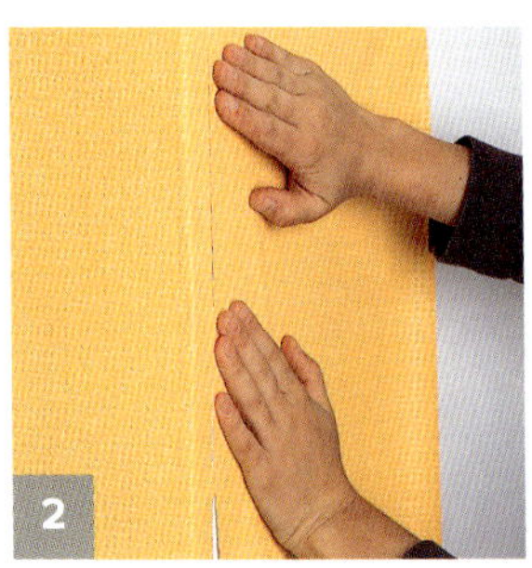

1. Tapissez le mur jusqu'à ce qu'il reste moins d'un lé entier pour atteindre le coin. Relevez la cote entre cet angle et le bord du dernier lé entier posé et ajoutez 25 mm pour le rabat sur la face suivante. Coupez un lé à cette largeur et mettez la chute de côté. Affichez le lé recoupé et rabattez le débord sur la face suivante. Chassez les bulles d'air en passant la brosse de tapissier.

2. Passez une roulette à joint sur le rabat pour le plaquer fermement sur la face suivante. Affichez le lé de chute contre le rabat, en alignant les motifs et en accolant bien le joint. Si les faces ne sont pas parfaitement planes et d'équerre, mieux vaut les faire se chevaucher légèrement, à condition d'aligner au mieux les motifs. Marouflez le chevauchement avec la roulette. Posez les autres lés jusqu'au coin saillant suivant.

AUTOUR D'UN INTERRUPTEUR OU D'UNE PRISE

Dans toutes les pièces, il y a au moins un interrupteur et une prise électrique. Il est très important de soigner la pose à cet endroit, que l'appareil électrique soit encastré ou en applique.

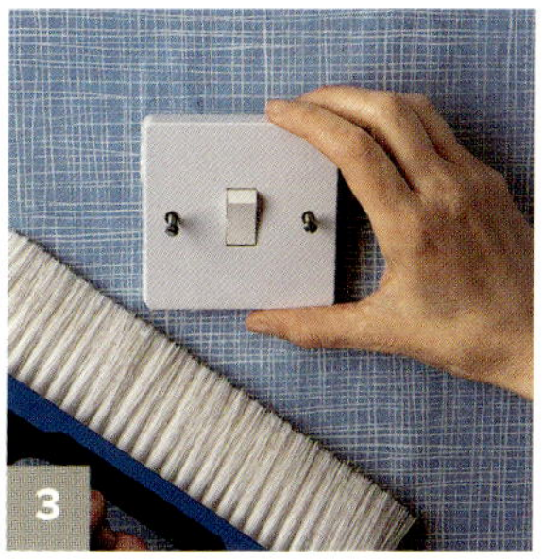

1. Coupez le courant au disjoncteur. Affichez le lé depuis le haut du mur, en recouvrant l'appareil. Passez sur celui-ci la brosse de tapissier pour marquer son empreinte dans le papier. Procédez avec précaution pour ne pas le déchirer. Tracez les diagonales entre les coins de l'empreinte. Percez au centre avec la pointe de petits ciseaux. Coupez vers les coins, sur les diagonales et ouvrez les quatre pétales

2. Taillez les pétales au niveau des côtés de l'appareil, en laissant environ 6 mm de recouvrement sur le couvercle. Desserrez, sans les ôter, les vis de fixation de la façade de l'interrupteur, et écartez-la un peu du mur.

3. Avec la brosse de tapissier, rabattez le papier sur le mur pour le glisser sous la façade, puis repassez en appuyant pour chasser toutes les cloques. Repoussez la platine de l'interrupteur en place et serrez ses vis. Rebranchez le disjoncteur.

LA SECURITE

COUPEZ LE COURANT !
Prenez toujours la précaution de couper le courant des circuits concernés quand vous intervenez autour d'une prise ou d'un interrupteur.

FRISES

1. Déterminez la hauteur où vous voulez placer la frise, et à l'aide du niveau à bulles, tracez au crayon une ligne horizontale autour de la pièce. Mesurez la longueur du mur et ajoutez 5 cm à chaque extrémité. Coupez une longueur de frise à cette cote. La colle des frises séchant vite, mieux vaut ne décorer qu'un mur à la fois.

2. Encollez le dos de la frise en débordant sur les côtés. Repliez-la en accordéon, en veillant à ne pas écraser les plis. Attendez que la colle ait imprégné le papier. Appliquez la frise en partant d'un angle, en déroulant doucement l'accordéon. Calez bien le bord supérieur sur le trait et plaquez-la avec la brosse de tapissier.

LA BONNE ASTUCE

FRISE ADHÉSIVE
Il n'est pas nécessaire d'encoller cette frise puisqu'elle est auto-adhésive.

Frise en haut de mur

Affichez la frise en haut du mur, entre le plafond et le trait repère. Dépliez doucement l'accordéon au fur et à mesure que vous affichez la frise. Ajustez-la avec la brosse de tapissier. Éliminez les bavures de colle sur le mur et le plafond avec une éponge humide fréquemment rincée.

Pose autour des portes et des fenêtres

LA BONNE **ASTUCE**

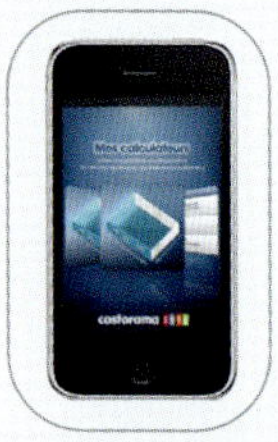

Application papier peint
Pour calculer vos besoins de papier peint en fonction des dimensions de votre pièce, téléchargez gratuitement une application sur votre iPhone.

Pour araser correctement autour de l'encadrement des ouvertures, laissez un débord d'au moins 30 mm tout autour. Procédez de préférence par petites coupes successives plutôt que de tenter d'araser d'un seul coup sur toute la longueur. Pour faciliter le travail, encollez le mur (même avec du papier peint ordinaire), afin de pouvoir repositionner le lé plus aisément. Le papier imprégné de colle se déchirant facilement, utilisez des ciseaux pour le retailler dans les endroits difficiles d'accès.

1. Coupez les lés à des dimensions permettant de couvrir le pourtour de l'encadrement de la fenêtre. Encollez et affichez les lés normalement jusqu'au dormant. Pressez le papier contre la périphérie du dormant avec la brosse de tapissier.

2. Du bout des doigts, moulez le papier sur la forme du bord du dormant de l'huisserie (encadrement), pour qu'il l'épouse exactement.

3. Coupez en diagonale vers le coin du cadre, avec de petits ciseaux. Décollez le papier et découpez-le par petites entailles en V, en le décollant et en le repositionnant autant de fois que nécessaire. Répétez l'opération jusqu'à ce que le papier épouse parfaitement le coin.

LA BONNE **INFO**

Marquer les chevilles
Arrachez tous les clous et dévissez tous les crochets muraux avant de tapisser. Laissez les chevilles en place. Marquez leur emplacement en y insérant une allumette (bout soufré enlevé) dépassant légèrement. Quand vous poserez le lé, affichez-le doucement sur le bout d'allumette et pressez pour qu'il transperce le papier. Passez la brosse de tapissier. Quand la colle est presque sèche, retirez l'allumette et remettez le crochet en place.

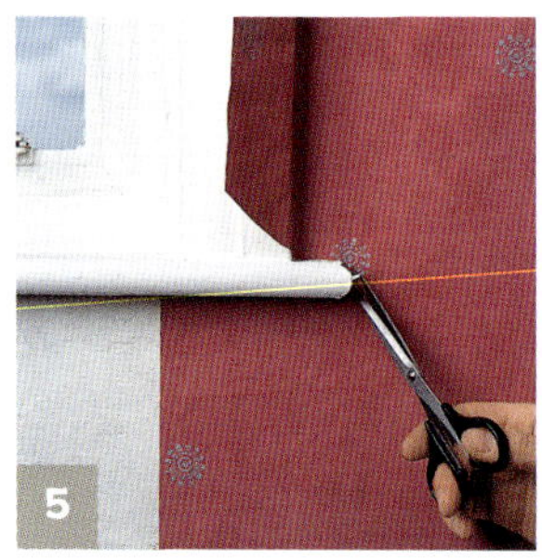

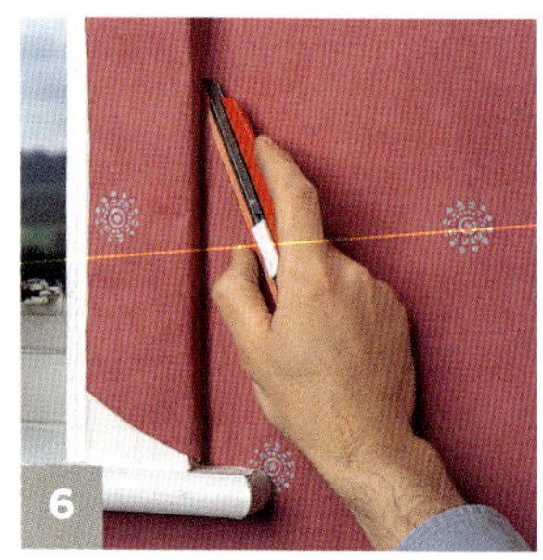

4. Forcez le papier au fond des recoins à petits coups de brosse de tapissier. Entaillez en diagonale vers la partie suivante du cadre de la fenêtre.

5. Continuez à rogner le papier autour du coin du cadre. Si nécessaire, pressez du bout des doigts pour mouler le papier sur le cadre. Décollez le papier et coupez-le en suivant la ligne moulée.

6. Coupez le papier exactement au fond de l'angle entre le cadre et le mur. Si la colle au dos du papier sèche avant que l'opération ne soit complètement terminée, réencollez le mur plutôt que le papier.

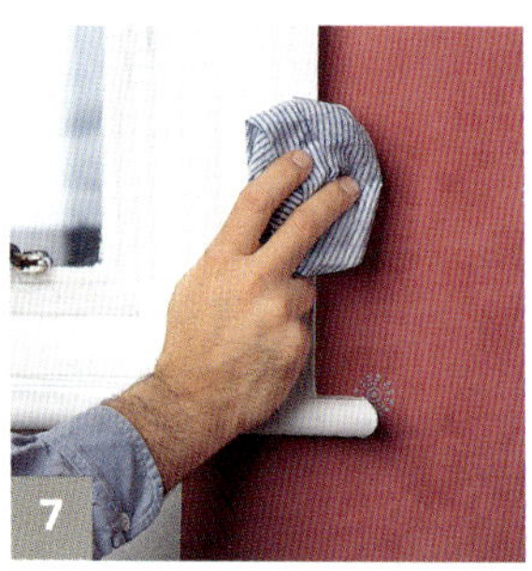

7. Essuyez les bavures de colle sur le cadre de la fenêtre, avant que celle-ci ne prenne.

LA BONNE **INFO**

Vinyle et intissé
Une nouvelle génération de papiers peints associe vinyle et intissé. La pose s'en trouve facilitée et le revêtement possède une bonne étanchéité à l'humidité pour les pièces humides. Il est aussi lessivable. La structure de ce genre de "papier" garantit un arrachage facile quand on veut changer de décor.

Poser du papier derrière les radiateurs

Dans l'idéal, il est bien sûr préférable de déposer le radiateur après l'avoir vidangé (hors période de chauffe) pour tapisser le mur sans difficulté. Dans la pratique, cette dépose étant assez compliquée, on se contente de glisser le papier derrière l'appareil. Ne chauffez pas avant ni pendant la pose du papier pour éviter la formation de cloques.

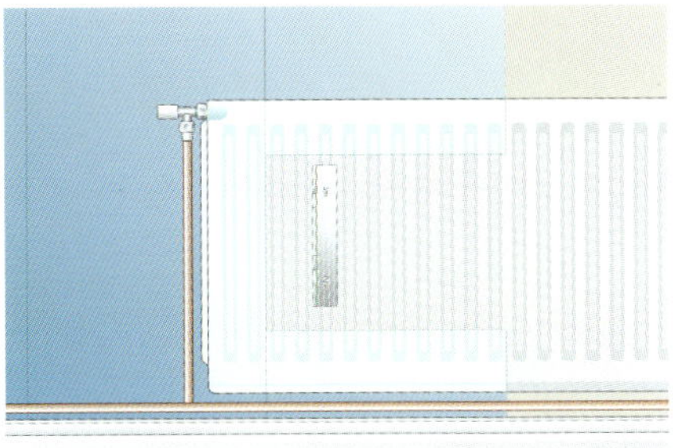

RADIATEUR PLEIN

Si le radiateur est en tôle pleine, vous pouvez couper le papier pour ne couvrir le mur que derrière le haut du radiateur, sur 15 cm environ. Coupez un autre morceau pour couvrir l'espace du bas.

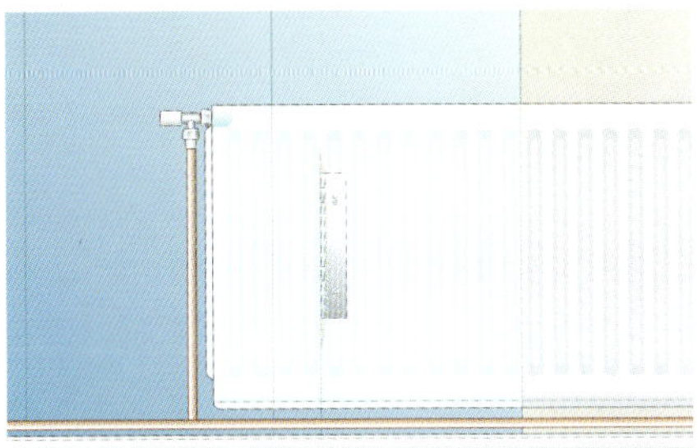

RADIATEUR AJOURÉ

Tapissez en laissant retomber les lés sur le radiateur. Marquez sur le papier la position des équerres de fixation du radiateur, puis entaillez le lé depuis la base jusqu'à ce repère. Découpez une entaille rectangulaire correspondant à l'équerre. Placez le lé de part et d'autre du support et faites glisser le papier avec l'aide d'un petit rouleau. Arasez le bas du lé.

LA BONNE **INFO**

Pour éviter les traces noires au-dessus d'un radiateur

Posez une tablette bien jointive avec le mur. Sous l'effet de la convection, l'air chaud sera dévié vers le centre de la pièce, au lieu de remonter sur le mur et d'y faire des marques de poussières.

Tapisser dans un escalier

Choisissez un papier de bonne qualité, sans raccords, pour faciliter la pose des lés les plus longs, plus sensibles à l'allongement et au déchirement. Une fois encollés, ils sont relativement lourds. Il est donc préférable de travailler à deux. La personne qui vous aide, restée sur les marches, soutiendra le bas du lé pendant que vous poserez le haut.

CONSTRUIRE UNE PLATE-FORME

Pour tapisser une cage d'escalier en toute sécurité, vous devez pouvoir atteindre aussi bien le mur de la cage que celui de la trémie (opposé aux marches). Placez un escabeau sur le palier supérieur, et calez les pieds de l'échelle dans une contremarche, à mi-hauteur de la volée. Entourez le haut de l'échelle de chiffons pour ne pas abîmer le mur. Posez une robuste planche entre l'échelle et l'escabeau et fixez-la aux barreaux de l'une et de l'autre avec des cordelettes. Superposez une seconde planche si la distance entre les appuis dépasse 1,50 m.

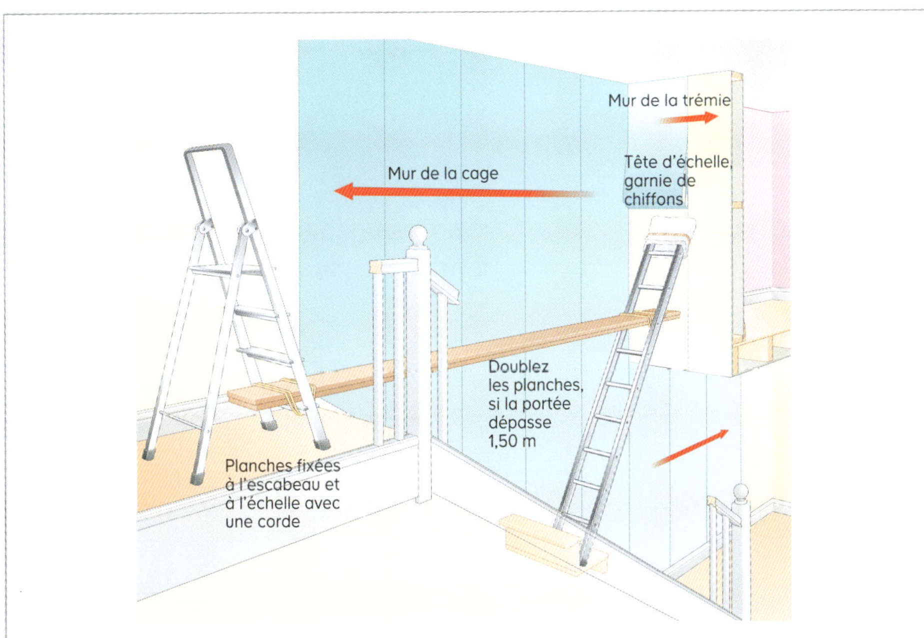

LA **SECURITE**

Ne travaillez jamais seul

Quand vous montez sur une échelle ou sur un escabeau, à plus forte raison sur une plate-forme, ne travaillez jamais seul ! En cas de chute, personne ne serait là pour vous assister.

Afficher les lés

Commencez par le lé le plus long. Coupez à longueur voulue, en n'oubliant pas que la plinthe est en biais dans la montée d'escalier.
Commencez par maroufler le haut du lé, la partie pliée en accordéon restant pendante. Déroulez-la au fur et à mesure que vous descendez. Une aide vous sera précieuse pour afficher la partie inférieure du lé.
Si la volée est trop longue, déplacez l'échelle et posez l'extrémité de la planche sur une marche, afin de pouvoir travailler sur la moitié inférieure du mur.

La surface à carreler doit être propre, sèche et plane. Si le mur est tapissé, décollez le papier peint pour mettre le plâtre à nu. S'il est peint, décapez les peintures craquelées. Dans tous les cas, rebouchez trous et fissures. S'il est nécessaire de refaire l'enduit, attendez son séchage complet avant de carreler. Traitez les surfaces poreuses avec un primaire d'accrochage.

LA BONNE **ASTUCE**

CARRELAGE SUR CARRELAGE
Plutôt que d'enlever un carrelage pour le remplacer, vous pouvez coller un carrelage mince sur l'existant. Le Slim Tile est un élégant carrelage extrafin, léger et solide que vous poserez directement sur l'ancien grâce à ses 4,5 mm d'épaisseur contre 8 à 13 mm pour un carrelage classique. Il se pose en double encollage. Vous pouvez l'utiliser aussi bien sur le sol que sur les murs.

Le carrelage

CHOISIR LE CARRELAGE

Aujourd'hui, plusieurs types de carrelage mural sont à votre disposition, dans des couleurs, textures, formats et épaisseurs variés ; mais c'est la nature même des carreaux qui fait la différence.

Il existe plusieurs familles de carrelage.

- **La faïence** est le plus classique des carrelages muraux, à tel point que pour les professionnels les deux termes sont pratiquement synonymes. Il s'agit de carreaux de céramique à base d'argile, recouverts d'une glaçure, ou émail, qui lui donne un brillant caractéristique. Ils ne peuvent être utilisés qu'à l'intérieur et en pose murale.

- **Le grès** est utilisé pour le sol comme pour les murs. On retrouve dans les deux cas les catégories classiques : grès cérame émaillé ou non (il est alors poli), pleine masse, étiré, etc.

- **La terre cuite** a l'aspect proche de celui des tomettes de sol. En pose murale, dans une salle d'eau ou une cuisine, ce produit présente l'inconvénient d'être poreux et donc moins facile à nettoyer et à entretenir que la faïence.

- **La pierre naturelle ou reconstituée** est un revêtement mural qui convient surtout dans les pièces à vivre.

- **La pâte de verre** est utilisée pour former des petits carreaux (tesselles) servant à former une mosaïque. Ils sont proposés dans une vaste gamme de couleurs.

Les carreaux façon "métro" sont l'illustration même de ce que peut être la faïence.

La mosaïque est présentée en plaques de 30 x 30 cm qui en facilitent la pose.

LA BONNE **INFO**

CALCUL DES QUANTITÉS
Le carrelage est généralement vendu par paquets de 1 m². Pour déterminer le nombre de paquets, il suffit donc de faire les calculs suivants :
Surface de la pièce :
hauteur x longueur = "x" m²
+ 5 % pour une pose droite
+ 10 % pour une pose décalée
+ 15 % pour une pose en diagonale.
Nombre de cartons :
$\frac{\text{m}^2 \text{ de la pièce}}{\text{m}^2 \text{ par carton}}$ = "x" cartons

DISPOSITION

L'organisation du carrelage étant fonction du positionnement des joints, il est nécessaire de déterminer le point de départ précis pour la pose de la première rangée. Ne vous contentez pas de partir d'un angle : il est rarement d'aplomb et vous risquez de finir la rangée avec une coupe ridiculement étroite. Pour obtenir des coupes égales de part et d'autre du panneau de carrelage, il faut que celui-ci soit centré sur le mur, en partant d'un joint médian.

Préparer les murs

REBOUCHER

Même si le carrelage est susceptible de cacher bien des défauts, il n'est pas souhaitable de le poser sur des trous, des fissures ou sur une surface trop irrégulière. Il faut donc préparer la surface, notamment en rebouchant les plus grosses irrégularités. On trouve aujourd'hui des enduits en pâte, en boîte ou en tube, qui dispensent même de tout ponçage après séchage.

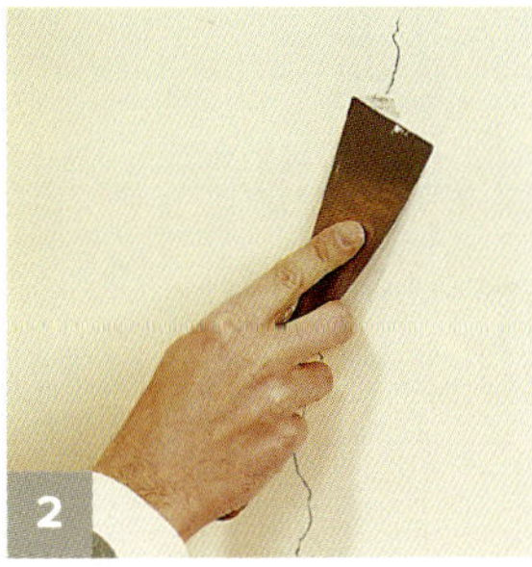

1. Dépoussiérez la fissure avec une brosse, humidifiez-la avec un pinceau et déposez dedans un cordon d'enduit.

2. Pressez bien l'enduit dans la fissure et lissez avec le couteau de peintre. Cet enduit ne demande aucun ponçage.

LES BONS OUTILS

Outils
- Brosse
- Pinceau
- Couteau de peintre
- Rouleau
- Raclette

Matériel
- Enduit en pâte sans ponçage
- Enduit à lisser

ENDUIRE

L'enduisage n'est plus désormais l'opération longue et fastidieuse consistant à gâcher une poudre dans de l'eau, à appliquer la pâte obtenue avec un couteau à enduire, enfin à poncer après séchage complet. Tout se fait maintenant au rouleau et à la raclette.

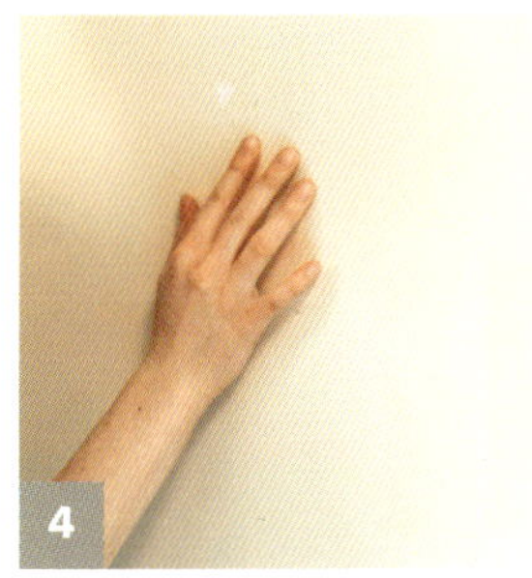

1. Ce type d'enduit se lisse à la raclette, fournie avec le produit. Son montage est très simple. Prévoyez la quantité d'enduit nécessaire à la surface à préparer. Il est préférable d'éviter les reprises.

2. Appliquez l'enduit de lissage au rouleau. Déposez une couche d'environ 2 mm. Si plusieurs sont nécessaires parce que le mur est très irrégulier, laissez sécher entre chaque couche.

3. Lissez la surface de l'enduit avec la raclette. Travaillez par zones successives de 1 m² environ.

4. Laissez sécher 4 heures et contrôlez le résultat en passant la main sur l'enduit. Vous pouvez ensuite commencer la pose du carrelage ou la mise en peinture du support.

LA BONNE INFO

Confectionner une règle de carreleur

Cette règle permet d'aligner les rangées et de déterminer avec précision la coupe des carreaux de fin de rangées. Utilisez une latte en bois, idéalement de 50 x 25 mm de section et de 1,80 m de long, ou plus courte pour les petites surfaces.

Posez une rangée de carreaux, avec les croisillons. Calez contre elle la règle, son extrémité alignée sur le bord du premier carreau.

Marquez au crayon la position des carreaux et de leurs joints. En numérotant les repères, vous disposez d'un moyen rapide pour savoir le nombre de carreaux dans chaque rangée.

LES BONS OUTILS

OUTILS

- Marteau
- Niveau à bulles
- Spatule crantée ou platoir denté
- Batte
- Maillet en caoutchouc
- Règle métallique
- Pointe à tracer au carbure de tungstène
- Crayon gras spécifique verre ou stylo-feutre
- Règle de carreleur
- Lime
- Scie à métaux
- Coupe-carreau

MATÉRIEL

- Colle carrelage
- Croisillons
- Tasseau
- Clous
- Jonc de finition

LA BONNE INFO

Pour le passage des tuyaux, utilisez une scie cloche aux dents renforcées de carbure de tungstène. Faites couler un filet d'eau sur la ligne de coupe pour refroidir la lame.

Poser les carreaux entiers

La pose du carrelage se fait avec de la colle prête à l'emploi, présentée sous forme pâteuse. Elle est appliquée avec une spatule crantée, et peut être maniée sans difficulté pendant plusieurs heures. La spatule crantée crée des stries qui, après séchage, constitueront autant de rainures favorisant l'accrochage des carreaux sur le support.

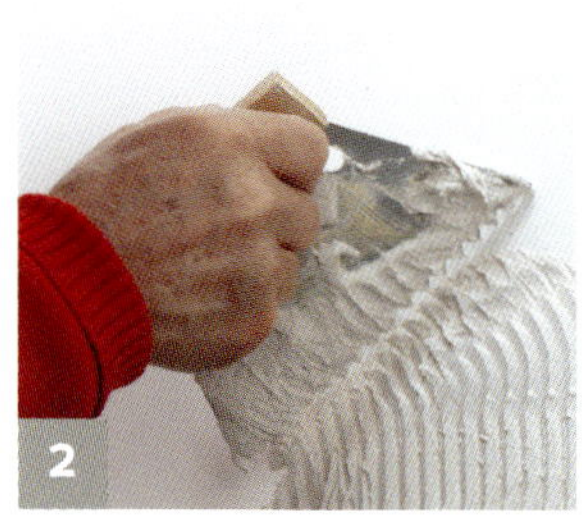

1. Si vous ne partez pas d'une plinthe, déterminez la ligne de base de votre carrelage et clouez provisoirement un tasseau, en veillant à son horizontalité avec un niveau à bulles.

2. Prélevez un peu de colle carrelage avec la spatule crantée et étalez-la sur le mur en structurant bien la couche de colle.

3. Posez les carreaux en vous appuyant sur le tasseau de base, et insérez un croisillon à la jonction de chacun des angles des carreaux. Les croisillons en plastique permettent d'obtenir des joints bien réguliers. Repoussez-les à fond pour qu'ils soient entièrement noyés.

4. Continuez à poser les carreaux jusqu'à ce que toute la surface encollée soit recouverte. Poursuivez, mètre carré par mètre carré, jusqu'au moment où vous ne pouvez plus placer un carreau entier. Faites adhérer les carreaux en les frappant avec une batte et un maillet en caoutchouc.

Découper les carreaux

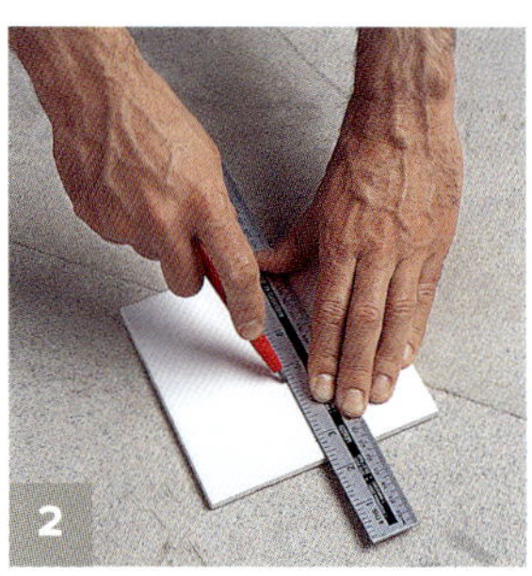

À LA POINTE À TRACER

1. Tracez la ligne de coupe avec un crayon gras ou avec un stylo-feutre. Guidez-vous sur une règle métallique appliquée fermement pour qu'elle ne glisse pas pendant le traçage.

2. Plaquez la règle et griffez sur le trait d'un mouvement régulier avec une pointe au carbure de tungstène, en appuyant pour bien entailler l'émail. Placez un crayon sous le trait de coupe, puis pressez sur les bords du carreau pour le casser en deux.

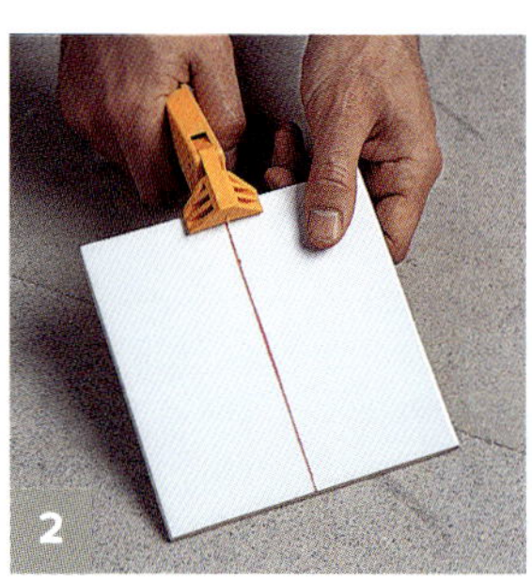

À LA PINCE COUPE-CARREAUX

1. Tracez la ligne de coupe comme avec la pointe à tracer. Guidez la molette de l'outil sur le trait avec une règle, en appuyant fortement pour entailler l'émail jusqu'à la terre cuite du carreau.

2. Engagez les mâchoires de la pince sur le carreau, en alignant le trait de coupe sous le repère d'axe de la pince. Serrez la pince pour briser le carreau en deux.

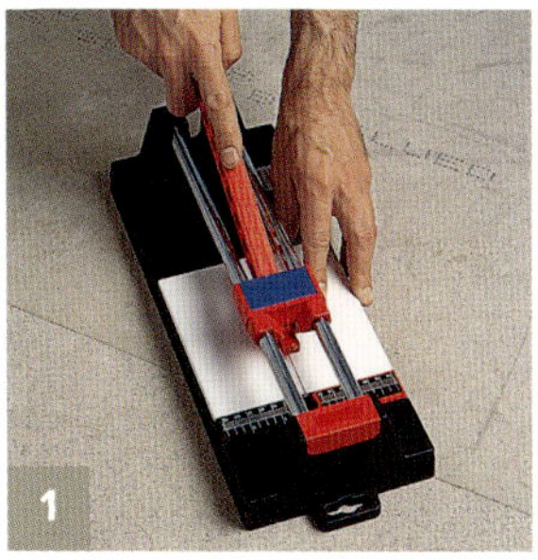

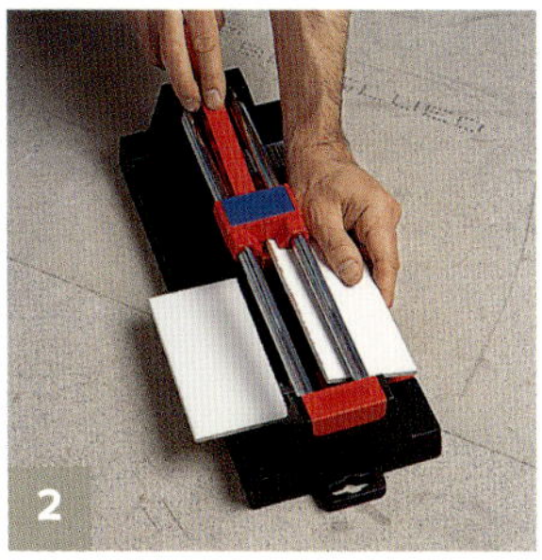

AU COUPE-CARREAU À MAIN

1. Tracez la ligne de coupe et placez le carreau sur la table de l'appareil en alignant le trait sur l'encoche-repère. Amenez la roulette en contact avec le carreau en abaissant doucement le levier. Maintenez fermement le carreau.

2. Entaillez l'émail en ramenant le chariot vers vous, puis en le poussant en appuyant plus fort. Pressez fermement sur le levier pour briser le carreau sur la ligne.

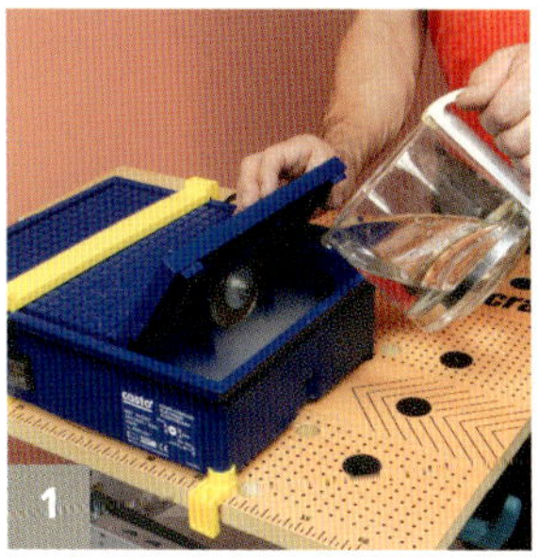

© CP

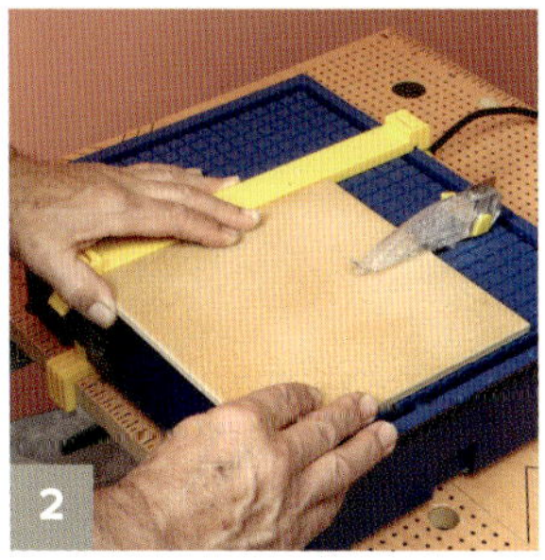

© CP

AU COUPE-CARREAU ÉLECTRIQUE

1. Posez la machine sur un établi mobile bien stable, puis remplissez d'eau son réservoir. Celle-ci refroidira la lame de la scie circulaire pendant qu'elle travaille.

2. Réglez le guide latéral pour déterminer la ligne de coupe. Mettez la machine en marche et poussez le carreau vers la lame de scie circulaire. Efforcez-vous de le couper en une seule fois, sans vous arrêter. Veillez à ce que le protège-lame de sécurité soit toujours bien rabattu.

Carreler les angles

ANGLES RENTRANTS

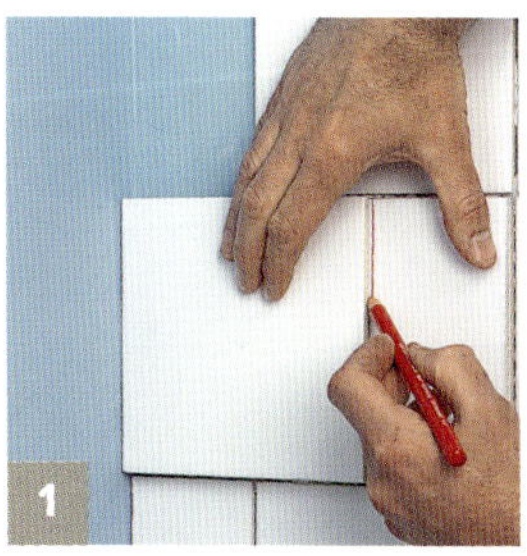

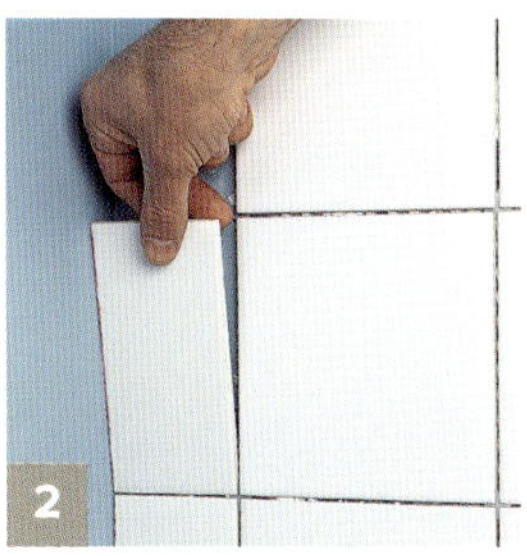

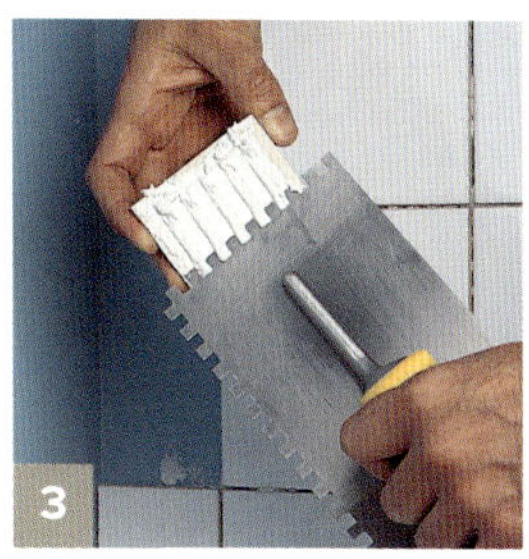

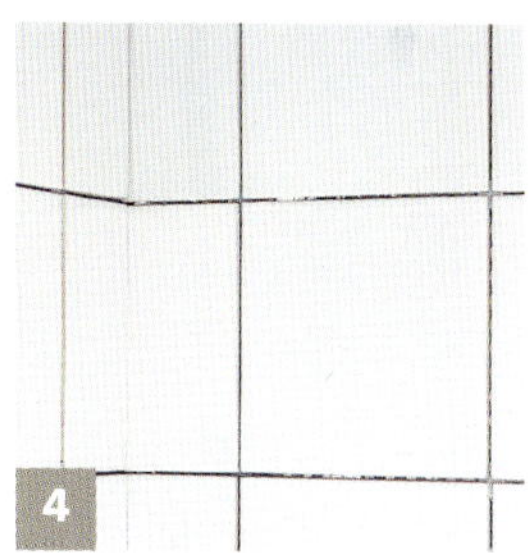

1. Pour connaître la largeur exacte du carreau d'extrémité, vous pouvez le superposer sur le dernier carreau entier, puis le recouvrir d'un autre calé contre le mur. Tracez la ligne de coupe au feutre en suivant le bord droit de ce dernier carreau. Vous pouvez aussi relever séparément les mesures en haut et en bas de la surface à couvrir avec la règle de carreleur.

2. Après la coupe, vérifiez l'ajustement du carreau. Vous pouvez rectifier la coupe avec une lime. La précision de pose importe moins si le mur adjacent doit être carrelé, puisque ses carreaux viendront recouvrir les bords recoupés. Si ce n'est pas le cas, veillez à maintenir la largeur de joint dans l'angle.

3. Appliquez la colle au dos du carreau recoupé avec la spatule crantée ou un platoir denté. Pressez-le dans le même plan que le carreau adjacent.

4. Quand un pan de mur est entièrement couvert, carrelez le suivant. Puis, réalisez les joints.

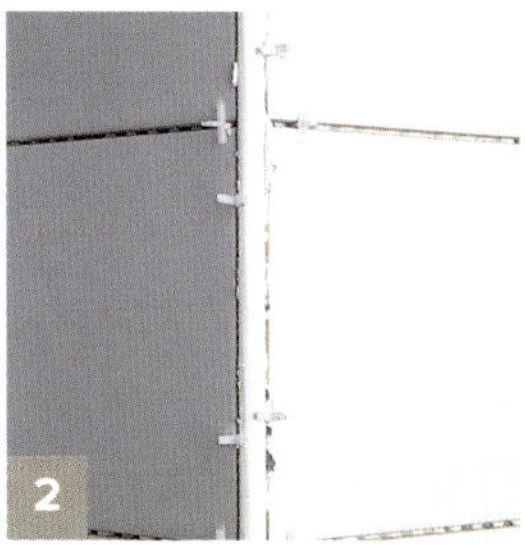

ANGLES SAILLANTS

1. Terminez le premier pan de mur. Coupez un jonc de finition à la scie à métaux. Déposez une étroite bande de colle sur le mur en retour d'angle et pressez le jonc dessus. Alignez-le avec les carreaux du pan carrelé. Déposez une large bande de colle sur le pan de mur adjacent.

2. Commencez à carreler le pan en retour, en partant du jonc d'angle. N'omettez pas les croisillons d'écartement entre les carreaux, pour assurer l'uniformité des joints. Si besoin, rectifiez la position des carreaux avant que la colle prenne. Une fois le pan en retour carrelé, assurez-vous que le jonc n'a pas bougé.

Ouvertures

La meilleure méthode pour carreler autour d'une porte ou d'une fenêtre consiste à organiser la pose à partir du milieu de celle qui attire le regard. S'il n'y a qu'une porte ou une fenêtre, partez de son axe ; s'il y a deux ouvertures, partez de l'axe médian qui les sépare ; si une porte ou une fenêtre se situe près de l'extrémité d'un mur, partez du centre de l'espace compris entre son encadrement et l'angle opposé. Cherchez la coupe idéale autour de l'ouverture au moyen de la règle calibrée et déplacez le point de départ en conséquence. Procédez de même pour les rangées horizontales.

LES BONS OUTILS

Outils
- Crayon gras spécifique verre
- Raclette à lame caoutchouc
- Éponge
- Détecteur de métaux et de courant
- Perceuse
- Foret à faïence ou à béton

Matériel
- Chiffon doux
- Barbotine
- Accessoire à fixer
- Chevilles et vis
- Ruban de masquage

Percer le carrelage

On redoute souvent de percer des trous dans le carrelage, par exemple pour fixer des accessoires de salle de bains. Ce n'est pourtant pas spécialement difficile. Utilisez pour cela un foret spécial pour la faïence : sa pointe ne fêle pas les carreaux.

1. Avec un détecteur de métaux, assurez-vous qu'aucun conduit n'est encastré dans le mur. Présentez le support en place sur le carrelage et engagez la pointe d'un crayon gras dans l'un de ses trous de fixation.

2. Un morceau de ruban de masquage collé à l'emplacement à percer empêchera le dérapage du foret. Marquez la position du trou sur le ruban, puis commencez à percer, d'abord à vitesse réduite, puis en accélérant.

Faire les joints

La barbotine se présente sous la forme d'un ciment à gâcher dans de l'eau ou d'une pâte prête à l'emploi. Certains de ces produits sont disponibles en différentes teintes. Assurez-vous d'en avoir assez pour tout le chantier. Utilisez un produit hydrofuge là où le carrelage peut subir des projections d'eau.

1. Déposez un peu de barbotine sur les carreaux. Étalez-la avec la raclette, en longues passes diagonales de bas en haut, pour forcer le produit dans les joints. Comblez ainsi tous les joints. Travaillez le plus rapidement possible car la barbotine prend assez vite.

2. Dès que tous les joints sont garnis, passez sur les carreaux une éponge humide pour éliminer le produit en excédent avant qu'il durcisse. Veillez à ne pas dégarnir les joints au passage. Quand le produit commence à prendre, égalisez les joints au doigt. Comblez les manques éventuels avec un peu de barbotine.

3. Laissez les joints sécher. Un voile poudreux se forme sur les carreaux. Il suffit de repasser un chiffon doux et propre pour l'éliminer et faire briller le carrelage.

LA BONNE INFO

Foret à faïence

Un foret à faïence constitue l'outil le mieux adapté pour percer des trous dans le carrelage.
Sa forme pénètre l'émail sans effort, réduisant les dérapages.
Il perce rapidement le carreau, sans risquer de le fissurer.
Ces forets existent en différents diamètres.

LES BONS **OUTILS**

Outils
- Brosse métallique ou ponceuse
- Rouleaux mousse
- Spatule crantée
- Batte
- Maillet en bois ou en caoutchouc
- Cutter ou pince à rogner

Matériel
- Dégraissant
- Résine à deux composants

Rénover du carrelage

Plutôt que de remplacer un carrelage, vous pouvez le repeindre (avec une peinture précédée d'une sous-couche), ou lui appliquer une résine, pour lui redonner une nouvelle jeunesse.

© Resinence

1. Dégraissez puis dépolissez le carrelage avec une brosse métallique ou avec une ponceuse.

2. Avec un rouleau en mousse, appliquez une couche de résine de la couleur de votre choix.

3. Après séchage de la couche de résine (24 h à 20 °C), appliquez la couche de finition incolore.

+ déco

La mosaïque

La pose des tesselles de mosaïque est facilitée par leur assemblage en plaques. On peut ainsi couvrir toute une surface ou insérer des motifs entre des carreaux classiques. Après avoir carrelé, laissez sécher la colle et faites les joints à la barbotine. Il existe aujourd'hui de la mosaïque en plaque adhésive, pouvant être posée sans colle.

1. Étalez la colle sur le mur avec une spatule crantée, puis posez une plaque dessus. Pressez uniformément sur la surface, doigts écartés. Travaillez avec précision : quand la colle commence à prendre, il devient impossible de repositionner la plaque de mosaïque dont le filet est noyé dans la colle.

2. Avant que la colle ne soit sèche, plaquez une batte ou un morceau de panneau de particules sur la plaque et tapotez dessus avec un maillet de manière à obtenir une surface uniformément plate.

3. Pour réduire les dimensions d'une plaque, coupez entre les rangées de carreaux avec un cutter ou bien rognez les carreaux au moyen d'une pince adaptée.

LES BONS OUTILS

OUTILS
- Mètre
- Crayon
- Niveau à bulles
- Spatule crantée
- Croisillons
- Maillet en caoutchouc
- Raclette en caoutchouc
- Couteau à enduire
- Coupe-carreau
- Éponge

MATÉRIEL
- Colle carrelage
- Barbotine
- Joint sanitaire
- Chiffon

Carreler au-dessus d'un lavabo

Carreler au-dessus d'un lavabo pose un certain nombre de problèmes, notamment le centrage des carreaux par rapport à son axe. C'est un bon cas d'école pour apprendre à réaliser la pose d'un panneau de carrelage au-dessus d'un appareil sanitaire.

ÉQUILIBRER LA POSE

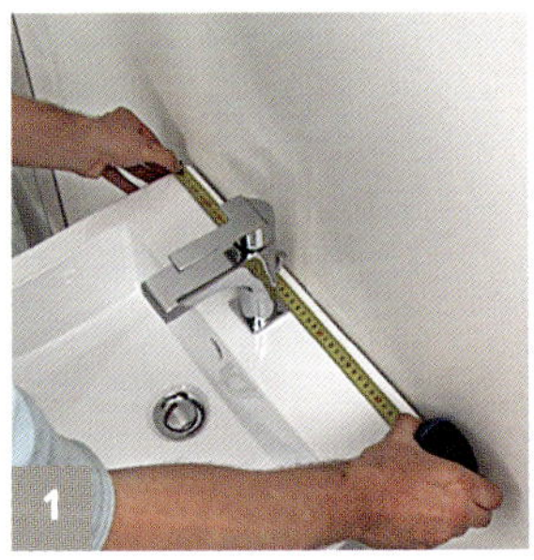
1

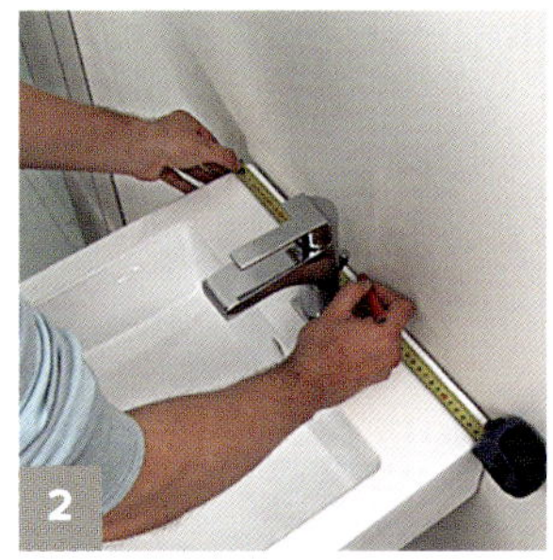
2

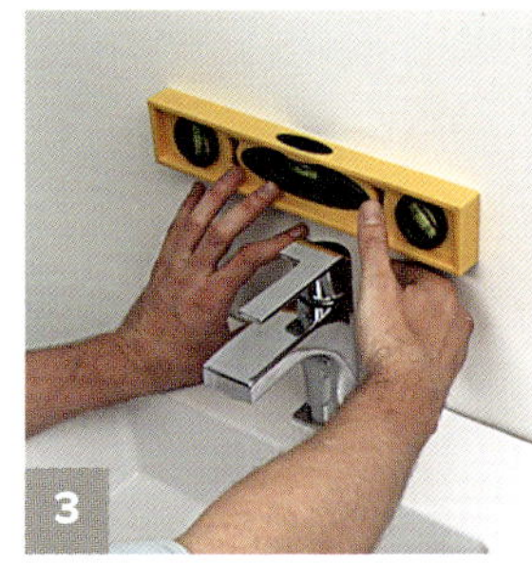
3

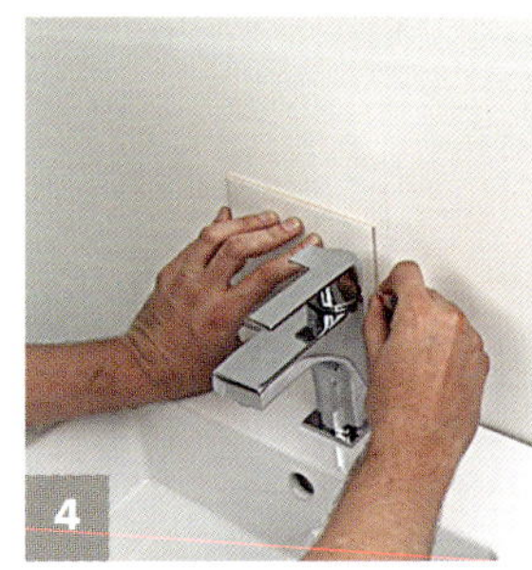
4

1. Avec le mètre, mesurez la largeur du lavabo pour en déterminer le centre et réaliser ensuite une pose des carreaux équilibrée.

2. Marquez son centre en traçant sur le mur un repère au crayon. Le panneau peut ici être carrelé par un nombre entier de carreaux, mais il sera nécessaire de couper des carreaux pour carreler sur les côtés du lavabo.

3. Posez un carreau sans colle au bord du repère que vous venez de tracer. Il va vous servir de gabarit. Vérifiez son horizontalité au niveau à bulles.

4. Tracez la verticale de pose avec le crayon. C'est elle qui va vous permettre une pose à la fois régulière et perpendiculaire au plan supérieur du lavabo.

LA BONNE INFO

RÂPE À CARREAUX
Quand un carreau est trop large et ne s'insère pas parfaitement en place, ne le rejetez pas, réduisez sa dimension au moyen d'une râpe à carreaux. Cet outil, économique et facile d'emploi, est indispensable au carreleur.

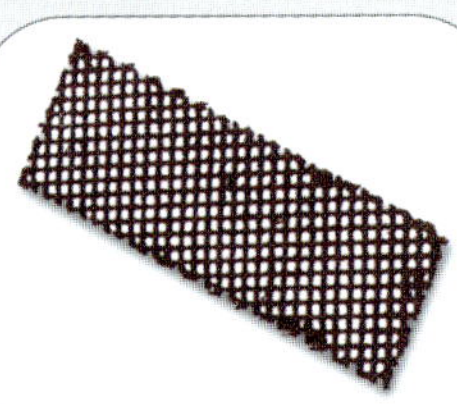

ENCOLLER LE MUR

1

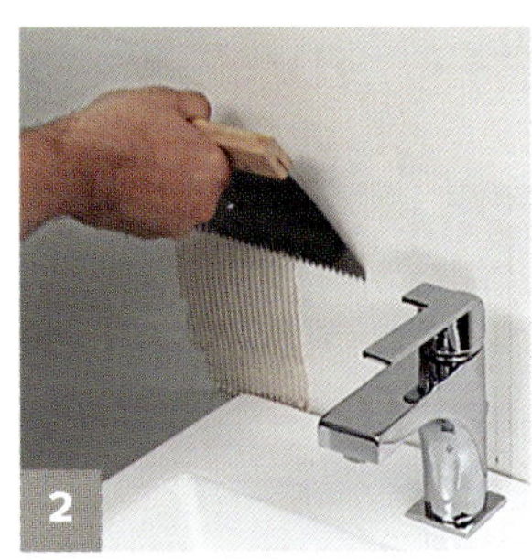
2

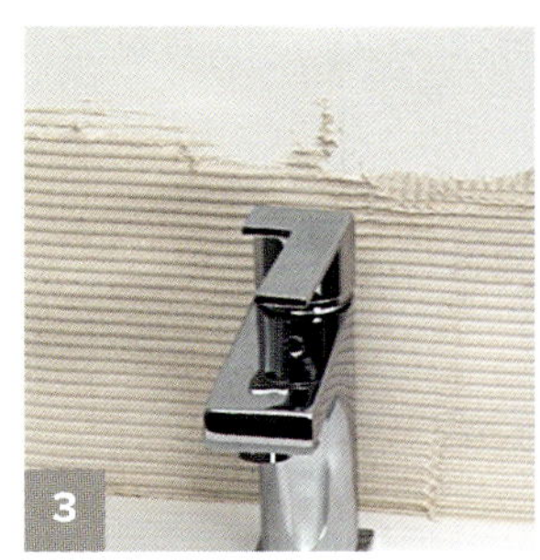
3

1. Prélevez un peu de colle avec la spatule crantée. Il n'est pas utile de charger beaucoup la spatule. La colle peut être utilisée pendant plusieurs heures.

2. Appliquez la colle de manière régulière sur la surface à carreler avec une spatule crantée. Tenez fermement l'outil pour réaliser des cordons de colle réguliers ainsi qu'une épaisseur de couche de colle constante.

3. Sans recharger la spatule, peignez la couche de colle horizontalement, de façon à former des cordons perpendiculaires à l'axe de pose. Ils limiteront la tendance des carreaux à glisser vers le bas sous l'effet de la gravité.

POSER LES CARREAUX

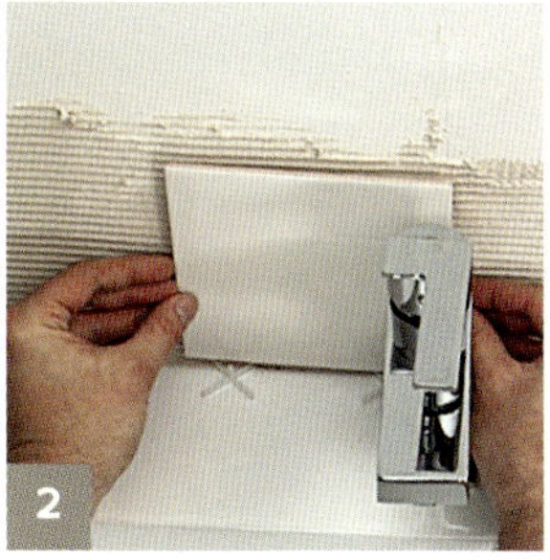

1. Placez des croisillons sur le lavabo, calés contre le mur. Ils assureront un espace minime entre le lavabo et le carrelage.

2. Posez le premier carreau, en appui sur les croisillons, aligné sur la verticale de pose tracée préalablement. Si nécessaire, enlevez un peu de colle pour la faire apparaître.

3. Martelez légèrement le carreau avec le maillet en caoutchouc pour le faire adhérer parfaitement. Travaillez délicatement si vous posez de la faïence pour ne pas briser le carreau.

4. Poursuivez la pose en veillant au parfait alignement des carreaux. Placez des croisillons en plastique à l'intersection des carreaux pour assurer la régularité des joints. Certains se noient dans la colle, d'autres doivent être retirés avant le jointoiement.

5. La réalisation du panneau de carrelage se fait ici avec des carreaux entiers. Pour une parfaite harmonie, on pose des carreaux retaillés sur les côtés du lavabo.

LA BONNE INFO

JOINT SANITAIRE AUTOUR D'UNE BAIGNOIRE

Pour avoir un joint parfaitement étanche autour d'une baignoire, remplissez-la d'eau avant de réaliser le joint. Attendez 24 h avant de la vider. Vous compensez ainsi les déformations dues au poids de l'eau.

FAIRE LES JOINTS

1. Prélevez un peu de barbotine avec la lame d'un couteau à enduire. Notez qu'il existe de la barbotine de couleur.

2. Remplissez les joints avec le couteau à enduire, puis donnez un coup de raclette en caoutchouc pour bien répartir la barbotine.

3. Donnez un coup d'éponge humide pour essuyer l'excès de barbotine, puis laissez sécher. Essuyez le voile de barbotine au chiffon.

Joint sanitaire

L'espace entre une baignoire, un receveur de douche ou un lavabo et le carrelage doit être comblé par un joint au silicone. Il compense les petites irrégularités de pose et, surtout, il assure l'étanchéité entre le carrelage, l'élément et le mur. Déposez tout au long du joint un cordon continu de mastic au silicone, avec une pression et une vitesse constantes. Lissez la forme du joint du bout de l'index enduit de liquide vaisselle, en prenant garde à ne pas décoller la pâte de la surface.

LA BONNE ASTUCE

COLLE SOUPLE ET SANS POUSSIÈRE

Cette colle pour sols et murs intérieurs et extérieurs convient pour coller un carrelage sur tous les supports (ancien carrelage, plancher chauffant, parquet collé, béton, chape à base de ciment).
En poudre, elle bénéficie de la technologie "sans poussière" au gâchage.
Existe en différents coloris.

© Parexlanko

La fibre ou toile de verre est particulièrement adaptée pour remettre en état la surface des murs dégradés, légèrement fissurés ou marqués de coups. Néanmoins, il faut que le support soit plan, sain et surtout sans humidité. Ce revêtement peut ensuite être peint ou tapissé sans difficulté.

LA SECURITE

ATTENTION À L'HUMIDITÉ !
Ne tapissez jamais un mur humide de fibre de verre. Étanche, celle-ci ne ferait que bloquer l'humidité dans la maçonnerie, ce qui pourrait entraîner des dégâts importants dans la construction.

Préparer la surface

La fibre de verre gomme les imperfections du mur. Mais pour qu'elle soit bien posée, il faut que le mur ne soit pas trop abîmé.

- Nettoyez les trous éventuels à reboucher avec un pinceau ou une brosse à dépoussiérer. Cela garantit une bonne adhérence de l'enduit.

- Avec un enduit de mortier, mouillez le trou ou la fissure avec une éponge imbibée d'eau, sinon la maçonnerie boit rapidement l'eau de l'enduit et celui-ci sèche trop vite et tient mal. Si vous utilisez un enduit prêt à l'emploi à base de résine, il n'est pas nécessaire de mouiller la surface mais suivez les conseils d'utilisation.

- Choisissez un enduit de qualité qui sera plus facile à appliquer, aura une meilleure tenue et un minimum de retrait en séchant.

LA BONNE INFO

ATTENTION AUX FISSURES
Si une toile de verre peut cacher des fissures stabilisées, il n'en est rien des fissures évolutives. La fibre de verre n'ayant qu'une très faible élasticité, elle risque de se déchirer sous l'effet de l'évolution de la fissure.

Choisir la fibre de verre

VOILE OU TOILE ?

Il existe deux types de fibre de verre, l'une principalement pour les murs, l'autre pour le plafond ou les murs peu dégradés. Les méthodes de pose ne diffèrent pas sensiblement.

- Le voile de fibre de verre est plus fin que la toile, de façon à être allégé pour une pose au plafond. Sa densité est de l'ordre de 50 g/m^2. Elle est proposée en rouleaux de 1 m de large. À la différence de la toile de verre, le voile a une texture totalement lisse pour une mise en peinture permettant de réaliser une rénovation de plafond identique à celle d'un enduit. Sa souplesse lui permet d'épouser les courbes éventuelles du plafond.

- La fibre de verre murale, appelée aussi "toile de verre", est beaucoup plus épaisse, avec une densité de 90 à 230 g/m^2. Elle est imprimée de reliefs de tissage qui lui donne sa structure caractéristique.

LISSE OU STRUCTURÉE

Alors que le voile de verre est généralement lisse, la fibre de verre murale est structurée. L'aspect le plus classique est à chevrons ou à mailles droites, mais on en trouve aussi à fort relief de type crépi.

Toile de verre à chevrons

Toile de verre à mailles droites

LA COLLE

On utilise une colle prête à l'emploi, présentée en seau de 5 ou 10 kg. C'est une colle en pâte onctueuse, dont la consistance assure une application au rouleau et même au pinceau dans les angles de mur et de plafond. Elle permet un repositionnement des lés pendant une quinzaine de minutes. le rendement est d'environ 30 à 50 m^2 pour 10 kg. C'est une colle sans odeur et qui autorise un nettoyage des outils à l'eau.

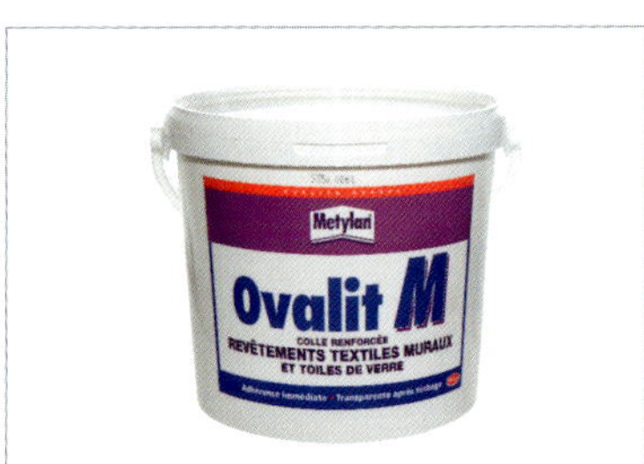

Colle pour fibre de verre

Poser de la fibre de verre

Une fois le mur préparé, les clous et crochets éventuels retirés, vous pouvez entamer la pose du revêtement, en commençant de préférence par le mur opposé à l'entrée de la pièce pour rendre les raccords moins visibles.

COUPER LES LÉS

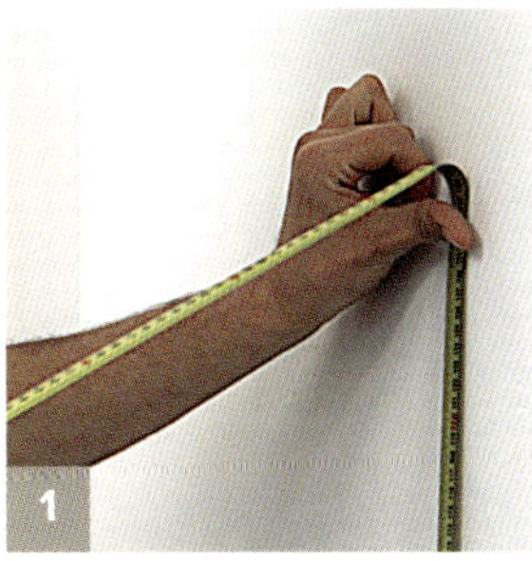

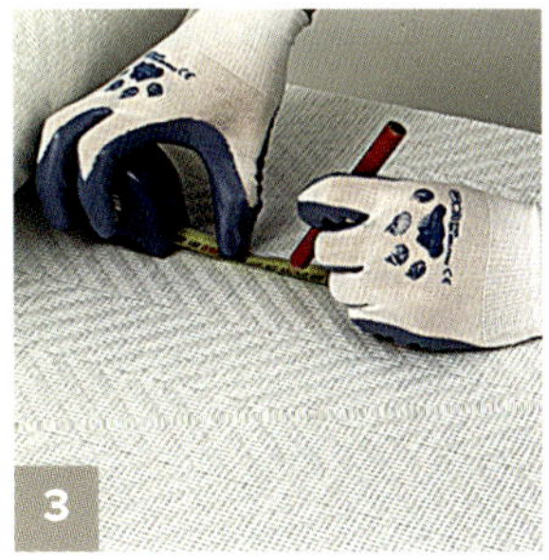

1. Mesurez la hauteur sous plafond avec un mètre ou un télémètre laser pour définir la longueur des lés. Déduisez plinthes et corniches éventuelles.

2. Déroulez la fibre de verre sur une table à encoller. Il est préférable de porter des gants pour se protéger les mains. Tracez une croix dans un angle (toujours le même sur tous les lés). Ce repère vous aidera à poser les lés toujours dans le même sens.

3. Reportez la mesure augmentée de 20 cm en prévision du débord de coupe en pied de mur (ou de plinthe) et au plafond.

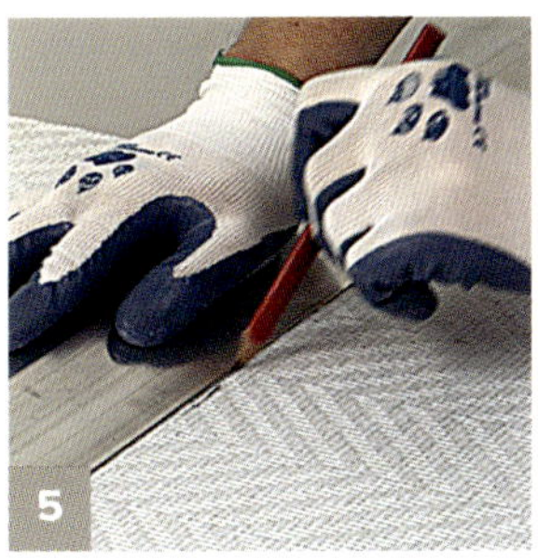

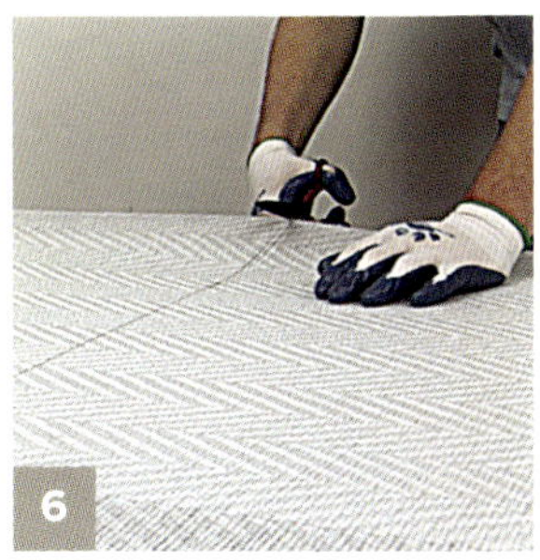

4. Positionnez la règle de tapissier sur le repère de coupe. Avec une équerre guidée sur le bord du lé, positionnez la règle perpendiculairement au bord.

5. Tracez la ligne de coupe avec un crayon gras. Plaquez la règle de tapissier pour faire un repère net sur toute la largeur du lé.

6. Coupez le lé avec des ciseaux en suivant le trait. Préparez de la sorte le nombre de lés nécessaires à la pose.

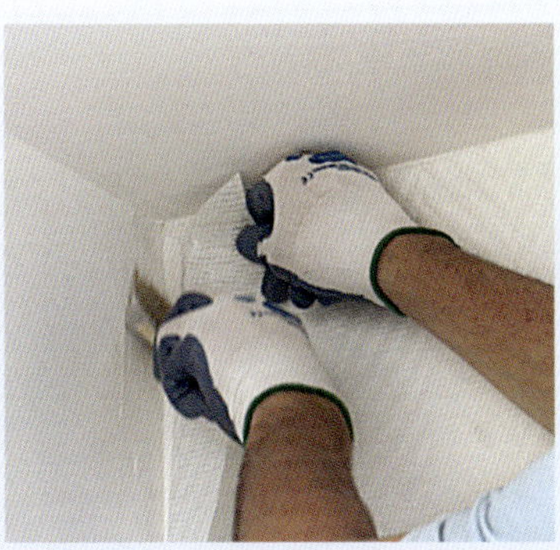

Pose dans les angles

Ne commencez jamais la pose depuis un angle entre deux murs : celui-ci est rarement droit et vous ne partiriez pas d'une bonne base. Faites en sorte de chevaucher l'angle des murs de quelques centimètres. Encollez au pinceau la partie du mur devant recevoir ce chevauchement. Amenez le lé suivant en butée sur l'angle et coupez les deux lés avec le cutter dans l'angle lui-même. Retirez les deux bandes de fibre de verre que vous venez de couper.

LES BONS OUTILS

Outils
- Table à encoller
- Mètre ou télémètre laser
- Crayon gras
- Équerre
- Règle de tapissier
- Ciseaux
- Fil à plomb
- Pinceau plat
- Rouleau
- Maroufleur (raclette en plastique)
- Cutter
- Éponge

Matériel
- Gants de protection
- Colle
- Seau

LA BONNE INFO

Élargir les fissures

Pour reboucher une fissure dans le plâtre, suivez ces deux conseils.

- Élargissez-la avec un grattoir triangulaire pour éliminer le plâtre qui tient mal autour de la fissure.

- Appliquez et collez une bande à joint sur l'enduit qui vient d'être lissé. Cette bande doit dépasser de 2 cm de chaque côté. Appliquez l'enduit de rebouchage en débordant de 3 cm environ de chaque côté de la bande. Lissez.

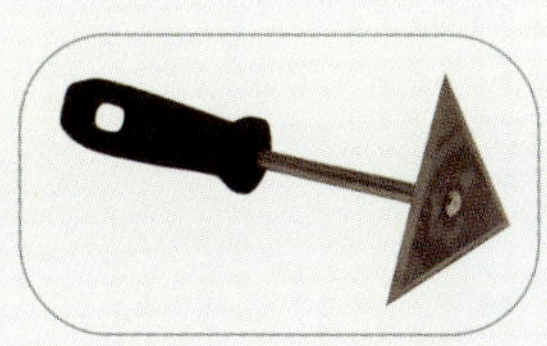

LA BONNE INFO

Peindre la toile de verre
La toile de verre peut facilement être peinte, de préférence avec une peinture de type vinylique ou acrylique.

TRACER ET ENCOLLER

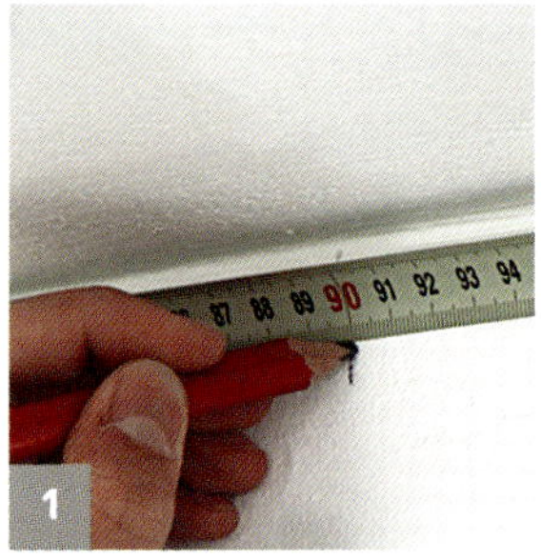

1. Tracez un repère à 90 cm de l'angle entre les murs (sachant que les lés font 1 m de large) pour permettre un chevauchement de 10 cm sur le mur adjacent.

2. À partir du point tracé, suspendez un fil à plomb et faites un repère tous les 25 cm pour tracer la verticale de départ.

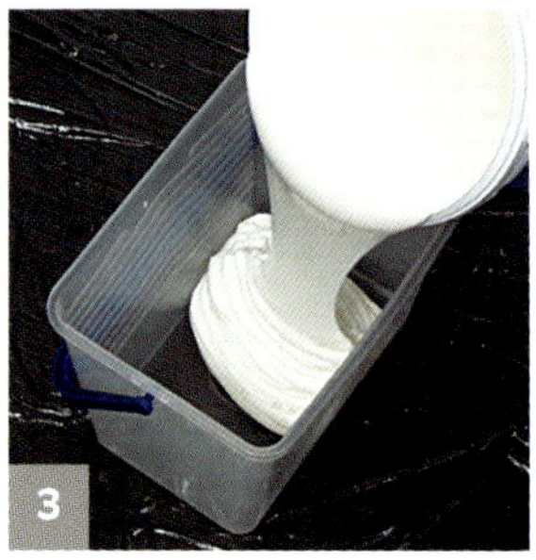

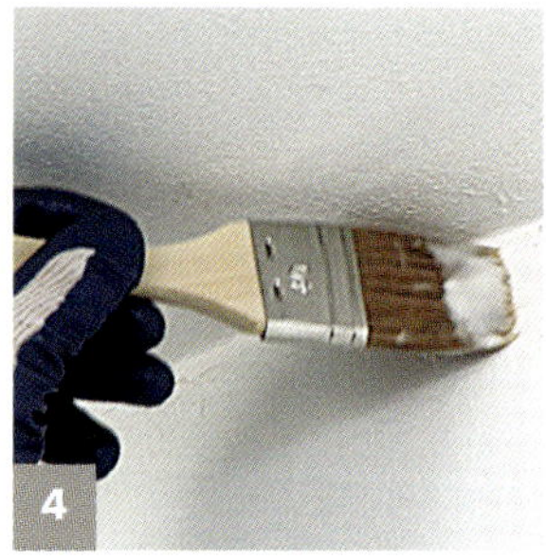

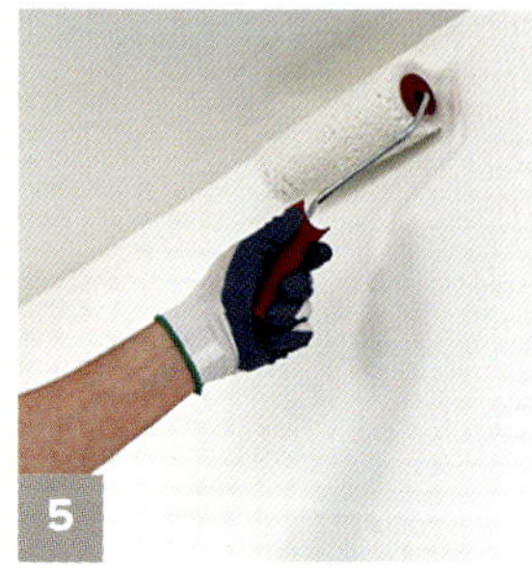

3. Versez la quantité de colle nécessaire dans un grand seau. C'est une colle dont la consistance permet une application au pinceau et au rouleau.

4. Appliquez de la colle au pinceau plat dans l'angle du mur et du plafond, dans l'angle entre deux murs et au niveau des plinthes, comme vous le feriez pour peindre un panneau au rouleau.

5. Chargez généreusement le rouleau et appliquez la colle sur le mur du haut vers le bas. Pour une bonne adhérence, il faut appliquer une couche de colle d'environ 2 mm sur tout le panneau.

POSER LE PREMIER LÉ

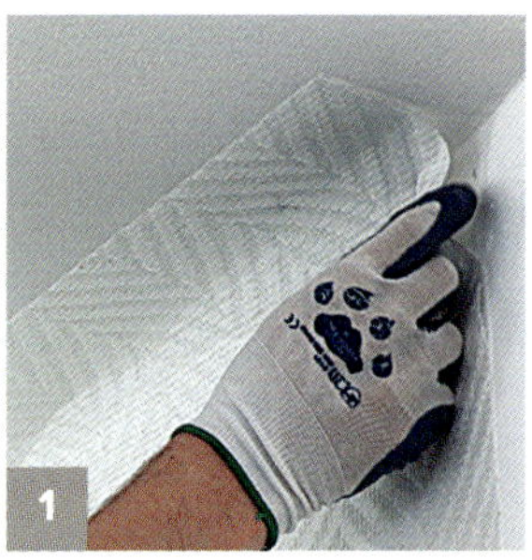

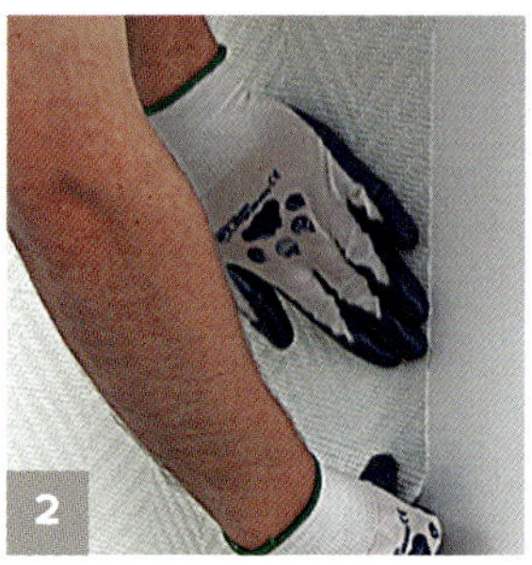

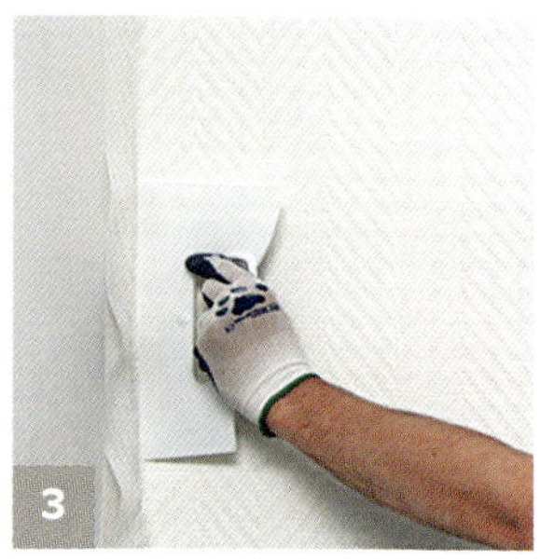

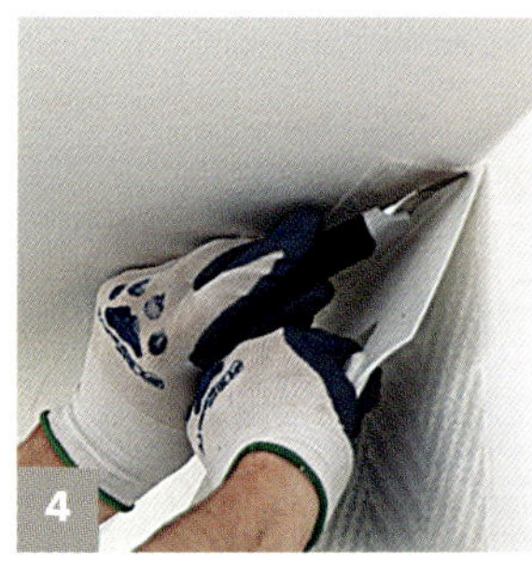

1. Affichez le premier lé en veillant à ce que la croix de repérage soit par exemple dans le coin droit. Faites déborder le lé sur 10 cm au plafond.

2. Alignez le bord du lé avec précision sur la ligne de pose. Marouflez avec la raclette en plastique de haut en bas et du centre vers l'extérieur pour chasser les bulles d'air.

3. Marquez bien la fibre de verre dans les angles avec la raclette. Vous pouvez l'entailler avec des ciseaux au niveau du plafond pour faciliter la pose.

4. Pliez la fibre le long du plafond en marquant l'angle avec la raclette. Coupez au cutter sans lever la lame pendant toute la coupe et en faisant glisser la raclette.

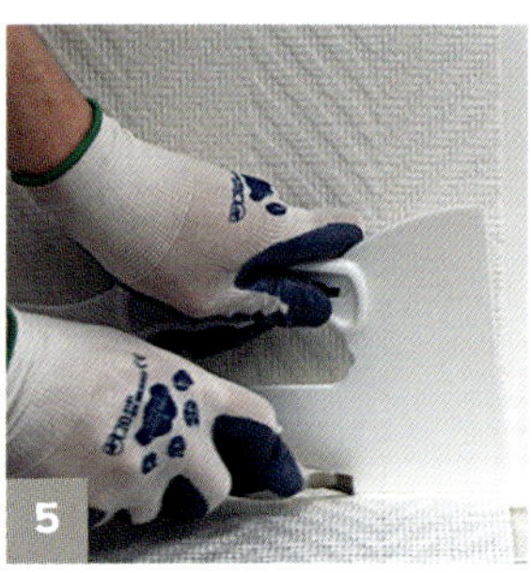

5. Continuez au niveau des plinthes. Épongez les excès de colle avec une éponge humide.

LA BONNE INFO

Supports de lissage
Si votre mur est en bon état, mais avec quelques microfissures, vous pouvez vous contenter de poser un support de lissage afin de le tapisser ou de le peindre plus facilement, sans préparation importante du support. Certains sont conçus pour une amélioration acoustique de la paroi.

POSER LES LÉS SUIVANTS

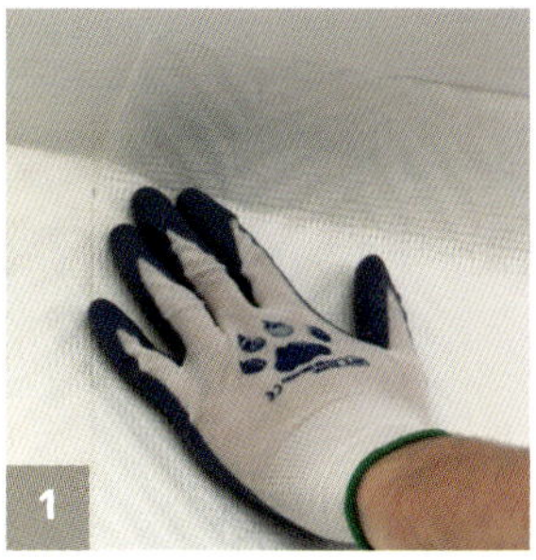

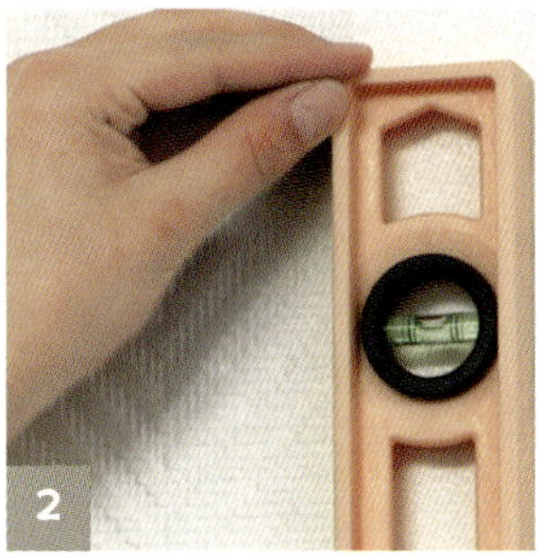

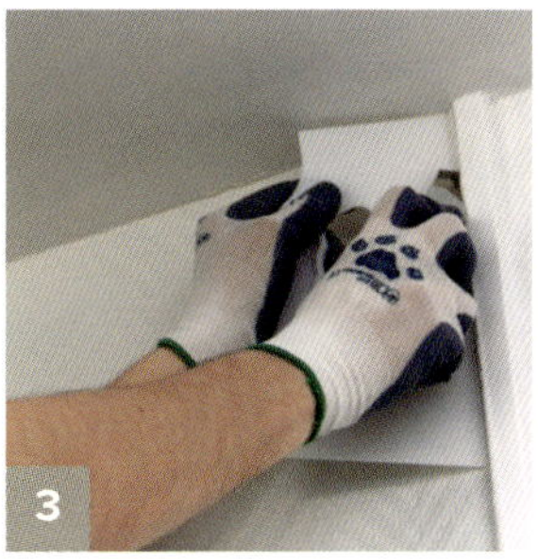

1. Encollez le mur comme pour le premier lé, d'abord au pinceau au niveau des angles, puis au rouleau pour le reste de la surface. Affichez le lé, bien bord à bord avec le précédent en veillant à raccorder les éventuels motifs du tissage. Marouflez avec la raclette en plastique.

2. Procédez à une vérification d'alignement vertical avec un niveau à bulles et faites les éventuels ajustements d'aplomb. Marquez les angles, et arasez.

3. S'il est nécessaire d'araser le lé sur la longueur, forcez le revêtement dans l'angle avec la raclette et arasez comme au niveau du plafond ou des plinthes.

LA BONNE INFO

DÉBORDEMENTS DE COLLE
Pendant toute la pose, veillez à avoir toujours sous la main une éponge humide et un chiffon propre pour essuyer les débordements de colle au fur et à mesure du travail. Il serait difficile, par la suite, d'enlever des excédents de colle une fois sèche.

POSER AU-DESSUS D'UNE PORTE

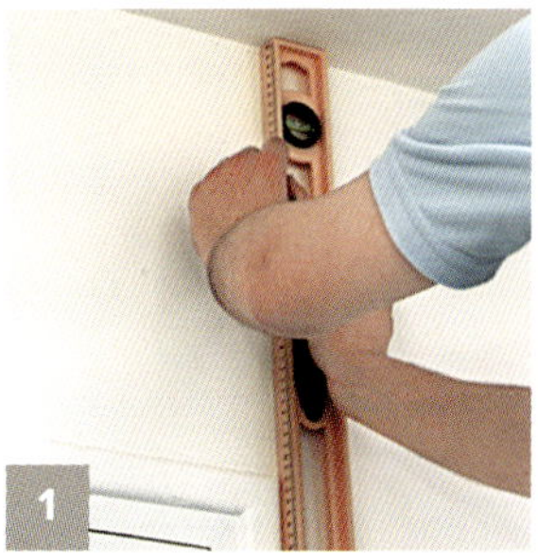

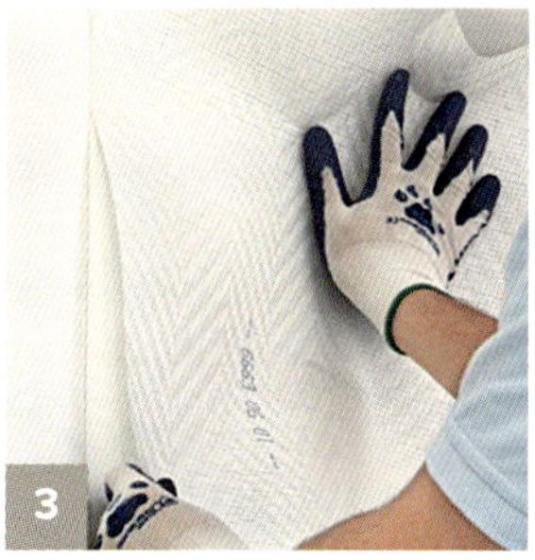

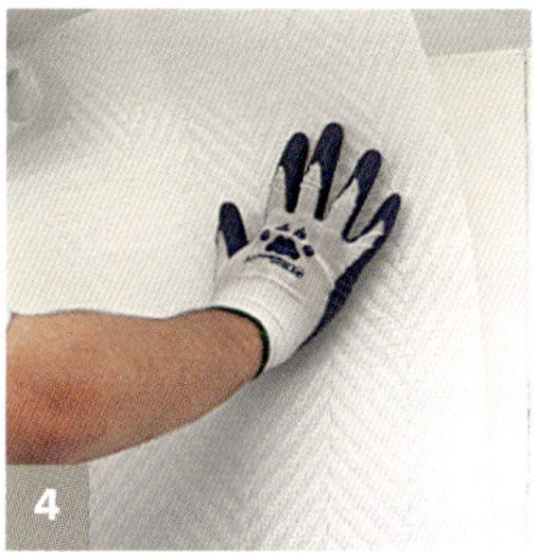

1. Matérialisez la ligne de pose en traçant une verticale dans le prolongement du bâti de la porte en vous aidant avec le niveau à bulles.

2. Mesurez la distance séparant le bord du dernier lé du bâti de la porte. Reportez la cote relevée sur la fibre de verre pour découper une bande correspondant à celle-ci, le lé à poser étant plus étroit. Tracez la ligne en vous guidant sur la règle de tapissier.

3. Encollez le mur, puis découpez le lé avec les ciseaux et posez-le en bord de porte en vous guidant sur la ligne précédemment tracée.

4. Taillez un lé correspondant à la largeur de la porte et à la distance entre le haut de celle-ci et le plafond. Encollez le mur au pinceau au niveau de la jonction du plafond ainsi qu'au-dessus de la porte et au rouleau. Marouflez et arasez.

Autour d'un interrupteur

Coupez le courant, dans l'idéal au disjoncteur du circuit concerné, sinon à l'interrupteur général du disjoncteur principal.

Déclipsez le cache et la façade de l'interrupteur, puis posez le lé après encollage du mur.

Faites une coupe en croix au cutter au niveau de l'interrupteur, puis achevez la découpe avec les ciseaux.

Repositionnez la façade de l'interrupteur en glissant la fibre de verre sous le cache pour que la jonction soit parfaite.

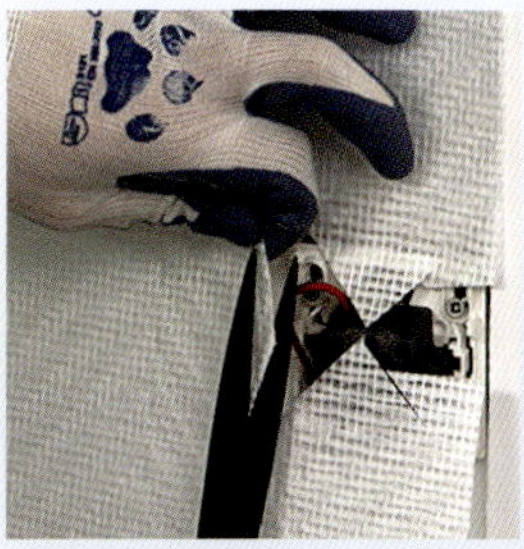

LES BONS OUTILS

Outils

- Perceuse à percussion, forets à carrelage et à béton
- Marteau
- Ciseau de maçon
- Spatule crantée
- Batte de carreleur
- Croisillons
- Couteau de peintre
- Pinceau d'artiste
- Couteau de cuisine à bout rond
- Cutter
- Roulette à joint

Matériel

- Carreau neuf
- Colle à carrelage
- Barbotine
- Masque antipoussière
- Gants de travail renforcés
- Lunettes de sécurité
- Éponge
- Chiffon doux

Remplacer un carreau fendu

Il suffit d'un carreau fendu ou de joints décolorés ou salis pour défigurer un carrelage mural. Pour autant, il n'est pas nécessaire de le refaire entièrement : il existe des solutions simples à ces deux problèmes.

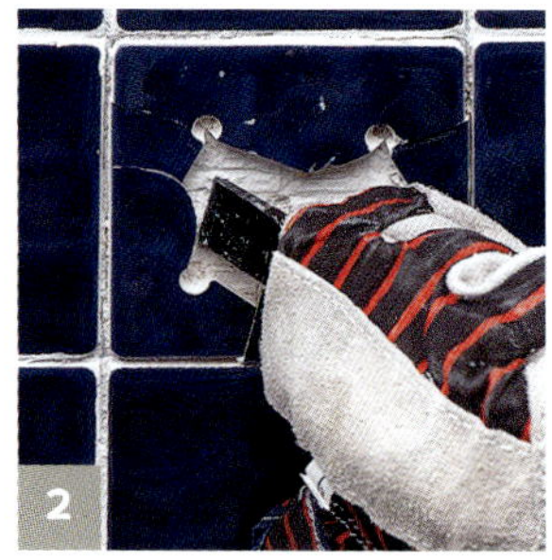

1. Creusez jusqu'au mur les joints autour du carreau endommagé. Pour fragiliser le carreau, percez quelques trous avec une perceuse électrique équipée d'un foret pour céramique. Portez un masque, des gants et des lunettes de sécurité pour vous protéger des éclats. Au besoin, agrandissez les trous avec un foret à béton plus gros.

2. Pour éliminer la partie centrale, attaquez la céramique entre les trous au ciseau de maçon et au marteau, en portant des gants de travail. Veillez à ne pas entamer la maçonnerie du mur.

3. Progressez vers les bords du carreau, en éliminant doucement les morceaux et en redoublant de précaution à proximité des carreaux adjacents. Une fois le carreau entièrement retiré, grattez le maximum de colle sèche avec un couteau de peintre.

4. Insérez le carreau neuf à sec pour vous assurer d'avoir ôté suffisamment de l'ancienne colle : sa surface doit affleurer celle des carreaux voisins. Étalez la colle à carrelage au dos du carreau neuf avec une spatule crantée, et mettez-le en place.

5. Appuyez sur le carreau avec un tasseau ou une batte pour aligner parfaitement sa surface avec celle des carreaux voisins. Insérez des morceaux de croisillon dans les joints pour régulariser leur largeur. Quand la colle est sèche, retirez-les.

6. Remplissez le joint de barbotine avec une raclette caoutchoutée, maniée en diagonale pour empêcher le produit de refluer.

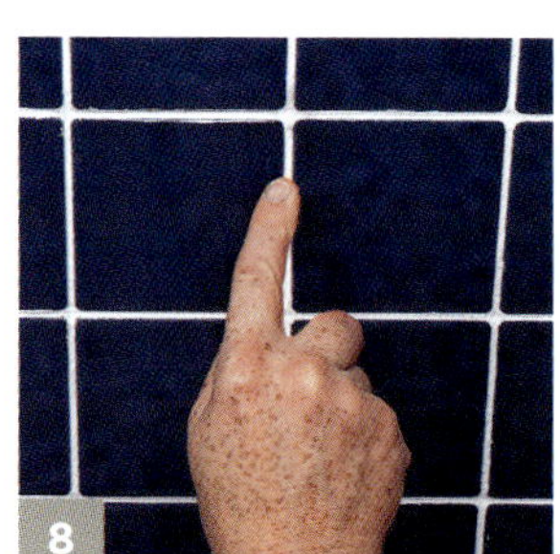

7. Essuyez le produit en excès au moyen d'une éponge humide que vous rincerez souvent.

8. Lissez les joints au doigt (enduit de liquide vaisselle) pour leur donner une surface régulière. Essuyez les bavures de joint avec l'éponge, puis polissez avec un chiffon.

LA BONNE ASTUCE

Rénovateur de joints

Avec le temps, les joints de carrelage finissent par se salir sans possibilité de les nettoyer correctement. Il n'y a plus d'autre solution que de recourir à un rénovateur de joint. Il s'agit d'un marqueur blanc qui permet de blanchir très rapidement les joints de carrelage. Il diffuse une encre laquée blanche couvrante, résistante à l'eau et à la lumière, et qui inclut en plus un fongicide.

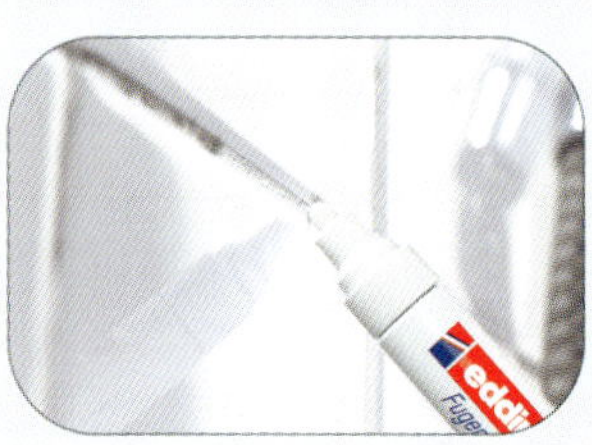

Problèmes de peinture et de tapisserie

La plupart des problèmes affectant les papiers peints proviennent d'erreurs de pose : précipitation dans l'affichage, excès ou insuffisance de colle, ou encore manipulation trop brutale du papier. Beaucoup se résorbent d'eux-mêmes sous l'effet du séchage et de la tension du papier. S'ils persistent, un certain nombre de méthodes permettent de procéder aux petites réparations qui s'imposent.

LA BONNE **INFO**

Taches luisantes
Sur un papier mat, des taches luisantes peuvent résulter d'un frottement excessif de la surface lors de l'affichage. Vous pourrez peut-être les atténuer en les frottant avec une boule de mie de pain.

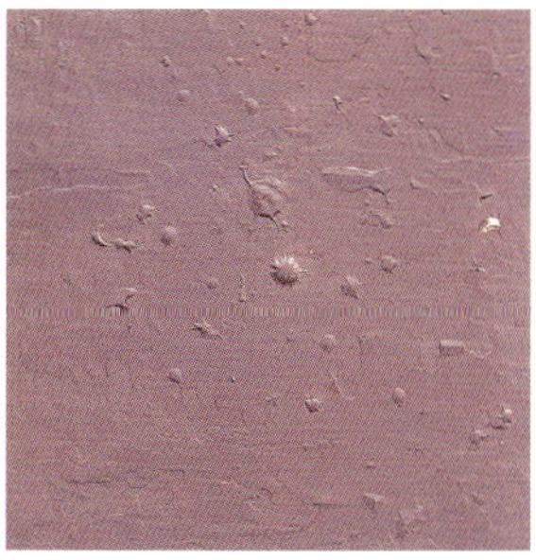

PEINTURE CLOQUÉE

Si de l'eau suinte des cloques quand vous les percez, c'est que l'humidité est en cause. Décapez la peinture. Quand le bois est bien sec, appliquez un primaire, puis repeignez.
De l'air peut rester emprisonné dans les fibres d'un bois au grain grossier. Décapez la peinture et colmatez le grain avec une pâte à bois, qui épouse les variations dues au travail du bois. Repeignez éventuellement avec une peinture microporeuse.

COULURES

Un excès de peinture appliqué sur un mur entraîne presque toujours des coulures.
Vous pouvez les ré-étaler à la brosse avant que la peinture ne soit sèche. Sinon, poncez la peinture sèche, puis essuyez avec un chiffon humide avant une nouvelle couche.

PEINTURE ÉCAILLÉE

Le blanc gélatineux, utilisé autrefois pour repeindre les plafonds, est la peinture qui s'écaille le plus.
Décapez-le totalement avant de repeindre.
Grattez la surface écaillée, avec un couteau de peintre à lame large, lessivez, puis poncez avec un papier abrasif à grain moyen. Laissez bien sécher avant de repeindre.

POCHES OU PLAQUES FROISSÉES

Retirez tout le papier endommagé, pour ne laisser que les parties qui adhèrent.
Découpez une pièce aux bords arrondis (la réparation se verra moins qu'avec une découpe carrée) et collez-la sur la partie endommagée en accordant bien les motifs. Tamponnez avec une éponge.

JOINTS DÉCOLLÉS

Les joints peuvent se soulever si vous n'avez pas appliqué assez de colle sur le bord des lés.
Soulevez les lèvres du joint avec un couteau à bout rond et appliquez de la colle avec un pinceau. Refermez le joint et marouflez-le avec une roulette à joint.

PAPIER VINYLE ENDOMMAGÉ

Découpez un carré de papier neuf un peu plus grand que la zone endommagée. Appliquez-le sur la zone à réparer, puis avec un cutter, coupez les deux épaisseurs superposées d'un seul coup en forme de carré dépassant la partie à remplacer.
Retirez le carré abîmé, encollez la surface et collez le carré neuf à l'emplacement.

PAPIER CLOQUÉ

Les petites cloques disparaissent en principe quand le papier sèche. Néanmoins, si vous ne l'avez pas détrempé suffisamment longtemps, il va se tendre sur le mur en enfermant des bulles d'air.
Entaillez les petites cloques avec une lame de rasoir et injectez un peu de colle à papier au dos de la cloque avec un petit pinceau d'artiste. Pressez sur le papier, puis éliminez la colle superflue avec une éponge à peine humide.

Différents types de portes intérieures

On trouve sur le marché essentiellement deux types de portes intérieures : pleines et vitrées. Dans ces deux catégories, le matériau et la technique de fabrication font les différences de qualité.

Portes pleines
Les portes pleines sont disponibles dans un très grand nombre de matériaux, sous des formes et types de fabrication très variés : en fibre post-formée ou moulée prépeinte, en bois massif (exotique ou de pays), en structure isoplane (châssis massif et contreplacage), en MDF plaqué, en mélamine, avec encadrement (bloc-porte) ou sans.

Portes vitrées
Les portes d'intérieur vitrées peuvent comporter six, huit ou dix-huit carreaux.

Portes vitrées à double battant
Les configurations à six, huit ou dix-huit carreaux sont aussi disponibles avec les portes tiercées (deux battants 2/3-1/3).

Les portes intérieures participent à l'intimité des pièces qu'elles sont chargées de séparer, mais aussi elles doivent donner accès. Une porte doit être proportionnée au "trafic" de l'ouverture qu'elle équipe : elle sera donc plus ou moins large, à un ou deux battants, ou encore "tiercée" (ouverture 2/3 - 1/3).

1. Choisir le type de porte

Il en existe aujourd'hui de tous les styles, dans des matériaux variés. Le choix des poignées est aussi un élément du décor à ne pas négliger. On assiste au grand retour de la porte classique à moulures et panneaux, mais aussi à des portes au design épuré parfaitement adaptées à la décoration contemporaine. Le vitrage dépoli est aussi l'une des composantes nouvelles des portes d'intérieur. Les progrès techniques ont fait beaucoup évoluer la porte, avec l'apparition de matériaux de synthèse, de techniques de moulage et de post-formage permettant des décors plus ou moins complexes, sans usinages importants. Les portes sont généralement montées sur des gonds. Elles peuvent être aussi coulissantes (en applique ou à galandage), ou encore pivotantes.

2. Remplacer une porte

Relativement complexe quand il s'agit de faire entrer une nouvelle porte dans un cadre (dormant) existant, le remplacement d'une porte s'est considérablement simplifié par la notion de "bloc-porte" qui inclut à la fois le vantail (la porte) et le dormant (le cadre). Mieux, même, on a vu apparaître des blocs-portes "rénovation", permettant une pose de cet ensemble sans démontage du dormant, ce qui dispense des travaux de maçonnerie et préserve même la décoration intérieure si l'on souhaite la conserver.

La pose de portes coulissantes constitue aussi une solution à la fois décorative et pratique quand on manque de place.

3. Rénover une porte

La rénovation des portes concerne essentiellement les huisseries en bois. Elle s'apparente, pour l'essentiel, au traitement des meubles. Les étapes principales sont le décapage, le ponçage, puis la teinte, le vernissage ou l'application d'une cire en surface. En fonction de la décoration ou si la qualité du bois ne mérite pas qu'on le laisse apparent, on peut aussi peindre le bois des portes intérieures avec une peinture microporeuse adaptée.

Choix d'une porte

Le choix d'une porte intérieure doit tenir compte du style général de la maison. Les huisseries modernes sont fabriquées avec des cotes standardisées, mais vous pouvez soit faire retailler une porte à vos cotes (en hauteur et en largeur), soit en commander une "sur-mesure", pour remplacer une huisserie ancienne.

Porte à battant

Porte pivotante

Porte coulissante en applique

Porte coulissante à galandage

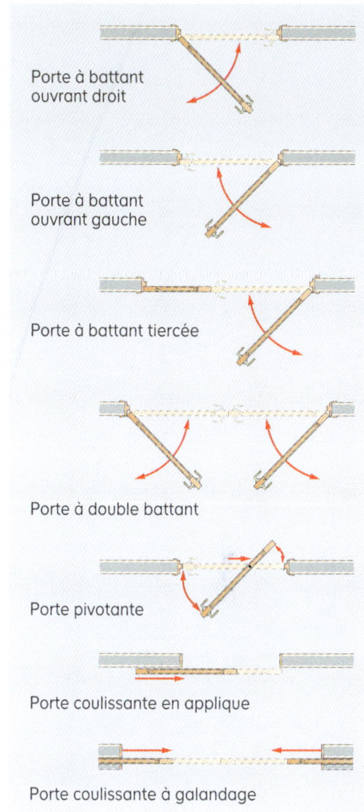

SENS ET TYPES D'OUVERTURE

Pour une porte intérieure, le sens et le type d'ouverture doit tenir compte de la disposition et de l'organisation du mobilier et des habitudes de circulation des occupants dans l'habitation.

La porte à battant(s) est articulée verticalement sur les montants du cadre par des gonds. On exprime le sens d'ouverture en désignant le côté vers lequel la porte se rabat quand on la pousse.

La porte pivotante est articulée sur deux compas hauts et bas, fixés sur l'un des montants du cadre. Son guidage se fait dans un rail haut, par un pivot de suspension fixé en haut de la porte.

La porte coulissante peut être de deux types :

– *en applique*, le ou les vantaux coulissants en superposition sur le mur situé de part et d'autre de l'ouverture ;

– *à galandage*, le ou les vantaux, en superposition ou face à face, coulissant dans un logement situé dans le mur d'un côté ou de part et d'autre de l'ouverture.

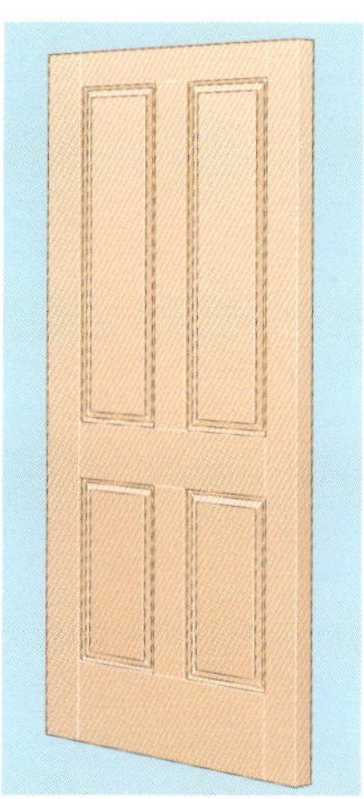

PORTES À PANNEAUX
Classiques et élégantes

Ces portes ont une ossature menuisée habillée de panneaux, de plus en plus souvent réalisés en sandwich à placage décoratif sur le parement extérieur ou postformé. La porte "à cassettes" comporte un grand nombre de panneaux (au moins huit) dont la face externe a un aspect décoratif (diamants, moulures, etc.) qui détermine son style. Elle peut aussi être vitrée, avec des verres transparents ou translucides et/ou teintés, sur tout ou partie de sa surface.

PRISES DE COTES

Cinq dimensions doivent être indiquées au vendeur, pour être assuré d'obtenir la porte convenant exactement à l'ouverture à équiper : largeur et hauteur du seul vantail (A), largeur et hauteur du tableau (B) et largeur hors tout : vantail et huisserie assemblés du bloc-porte (C).
Les dimensions des portes standards sont de 204 x 73 ou 83 ou 130 cm (porte tiercée). Il est bien sûr possible d'obtenir des portes sur mesure.

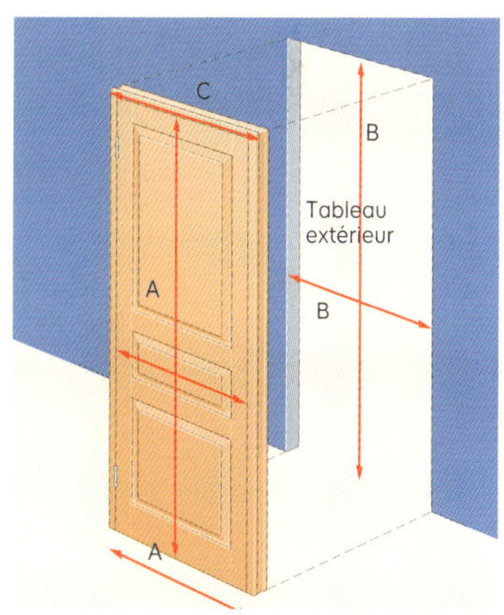

PORTES ISOPLANES ET POSTFORMÉES
Contemporaines et pratiques

Ces portes sont constituées d'un cadre recouvert de deux faces par un panneau en fibres, en contreplaqué ou en matériau de synthèse. Elles peuvent être planes ou encore ornées de panneaux et/ou de moulures. On peut aussi poser soi-même des moulures sur une porte plane, afin de la mettre en harmonie avec le style de la maison.

Le cadre comporte au moins une traverse médiane et deux semelles à mi-hauteur pour pose d'une serrure à larder (d'un côté au choix). L'espace à l'intérieur de ce cadre et de ces renforts peut être en matériau plein ou en nid-d'abeilles.

Certaines portes ont une âme isolante en polystyrène ou en mousse de polyuréthane, ainsi que des joints assurant une haute isolation thermique. Elles sont destinées aux passages entre deux locaux présentant usuellement de fortes différences de température (accès aux combles, au sous-sol, etc.).

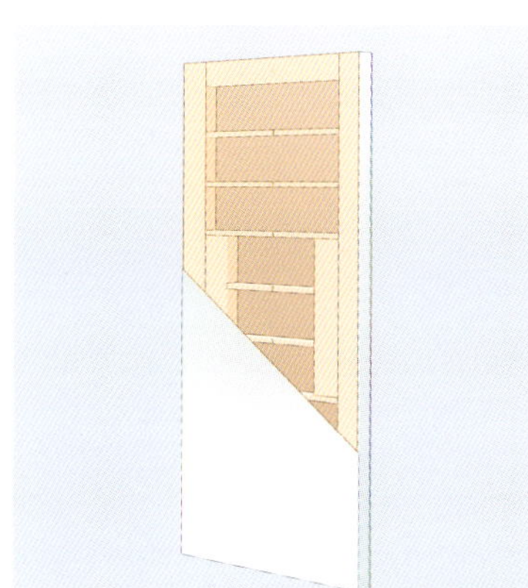

LES BONS **OUTILS**

OUTILS
- Mètre
- Crayon à pointe fine
- Scie égoïne
- Rabot
- Maillet en bois
- Mèche plate de 15 mm
- Marteau
- Perceuse ou vilebrequin
- Tournevis et/ou visseuse-dévisseuse
- Ciseaux à bois à lame large et à lame étroite
- Chasse-clou

MATÉRIEL
- Porte
- Papier abrasif
- Charnières ou gonds avec visserie
- Serrure de porte avec poignée
- Pointes tête homme
- Moulure

Que le dormant (cadre de la porte) soit neuf ou ancien, vérifiez que la porte que vous allez poser a les bonnes dimensions avant de l'équiper de ses gonds ou charnières. Prévoyez un jeu de 2 mm en haut et sur les côtés et 6 à 12 mm en bas, selon l'épaisseur du revêtement de sol.

Poser une porte dans un dormant neuf

Quand on remplace le dormant, il est presque toujours nécessaire de changer également la porte. Il est alors possible soit d'opter pour un bloc-porte, soit d'adapter la porte au nouveau dormant. L'articulation peut se faire sur gonds (solution classique) ou sur charnières.

ADAPTER LA PORTE AU DORMANT

© CP

1. Relevez les cotes intérieures du dormant, ôtez la valeur des jeux périphériques et reportez le résultat sur la porte. Rabotez la même épaisseur sur chaque chant, sans dépasser 5 mm.

2. Si le bas ou le haut de la porte doivent être recoupés de plus de 5 mm, commencez par le scier, puis passez le rabot et enfin poncez au papier abrasif. Placez des cales en bout de rabotage pour ne pas éclater le chant.

POSE SUR GONDS

Les portes sont le plus souvent fixées par des gonds, en trois points du dormant : gonds mâles côté dormant, gonds femelles côté porte. Pour permettre un ajustement parfait de la porte et du dormant de l'huisserie, leur embase doit être encastrée dans le bois. Posez d'abord celle du dormant puis renouvelez l'opération sur le chant de la porte.

1. Déterminez l'emplacement des gonds sur le dormant en correspondance des gonds femelles de la porte. Positionnez-le et tracez le profil de sa patte à l'intérieur du dormant de l'huisserie.

2. Avec une mèche plate de 15 mm et un vilebrequin (ou une perceuse utilisée à vitesse lente), percez un trou en haut et en bas du tracé. Son diamètre doit correspondre à la largeur de la patte du gond (15 mm). La profondeur des trous doit correspondre, elle, à l'épaisseur de celle-ci.

3. Délimitez les contours rectilignes verticaux de la patte du gond avec un ciseau à bois parfaitement affûté. La profondeur de coupe doit correspondre à l'épaisseur de celle-ci.

4. Dégagez le logement de la patte du gond avec un ciseau à bois de largeur proche de celle-ci. Procédez par ajustements successifs pour ne pas enlever trop de bois.

5. Fixez le gond en serrant les vis progressivement (d'abord celles d'extrémité, puis celles du centre). La patte du gond doit affleurer la surface du bois.

POSE SUR CHARNIÈRES

Certaines portes sont fixées par des charnières. Deux charnières suffisent généralement pour une porte d'intérieur, bien qu'une troisième évite la déformation du bois exposé à l'humidité, dans une salle de bains ou une cuisine. Les charnières s'encastrent dans des entailles d'égale profondeur pratiquées dans le vantail et le dormant, au moyen d'un ciseau à large lame bien affûtée.

1. Marquez l'emplacement de la charnière supérieure sur le chant du vantail, à 175 mm du haut. La charnière inférieure sera à 250 mm du bas du vantail. Calez le vantail verticalement sur son chant arrière. Présentez chaque charnière contre les repères tracés, l'axe dépassant de la face. Tracez le contour de la patte sur le chant.

2. Tracez au crayon la profondeur de l'entaille, au moyen d'un gabarit, ou en présentant la patte dans le plan du chant du vantail.

3. Avec le ciseau, entaillez sur le tracé de chacune des extrémités, d'un coup sec frappé avec le maillet. Donnez quelques coups de ciseau entre les deux extrémités, puis creusez jusqu'au trait marquant la profondeur de l'entaille.

4. Finissez l'entaille jusqu'aux traits avec le petit ciseau, manié à petits coups de paume, le biseau de la lame de l'outil étant tourné vers vous de façon à obtenir une surface parfaitement plane.

5. Présentez la charnière dans son logement et recreusez-le si nécessaire. Procédez de même pour la seconde ou la troisième. Une fois les charnières en place, prépercez l'emplacement de leurs trous de fixation. Insérez les vis et bloquez-les avec la visseuse-dévisseuse.

6. Placez le vantail recoupé à bonne hauteur, et faites-le reposer sur des cales ou deux tournevis. Calez le vantail en position ouverte et vérifiez que les charnières s'insèrent exactement dans les logements, préalablement creusés dans le dormant. Percez les avant-trous dans le dormant et vissez une seule vis par charnière. Vérifiez que la porte ferme correctement. Si elle frotte du côté de la serrure, approfondissez les entailles. Vissez toutes les vis à fond.

7. Clouez une moulure en place en périphérie de dormant avec des pointes tête homme. Avec un chasse-clou, chassez-les sous la surface du bois.

Poignées de porte

Pour améliorer la décoration d'une pièce, vous pouvez adapter le style de vos poignées de porte à celui de votre intérieur. Vous en trouverez de tous les styles et de toutes les formes, avec ou sans plaque intégrée, et dans différents matériaux.

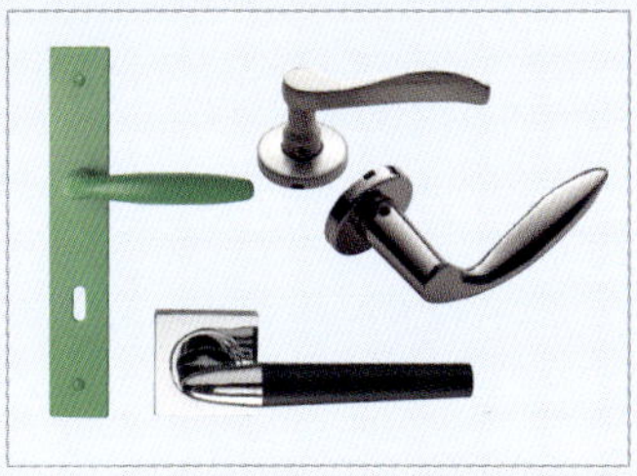

LA BONNE ASTUCE

BLOC-PORTE EN RÉNOVATION

Cette solution permet de remplacer une porte ancienne par une neuve, avec son bâti qui vient se fixer directement sur l'ancien, sans avoir à déposer ce dernier. Cette solution évite une dépose du bâti d'origine, opération toujours très délicate et qui entraîne des dégradations sur la décoration. C'est rapide, économique et bien plus simple.

Encastrer une serrure à larder

Si la porte que vous avez achetée n'est pas préparée pour recevoir la serrure, il faut procéder à l'encastrement d'une serrure à larder. C'est un travail qui demande de la précision.

LES BONS OUTILS

Outils
- Réglet
- Mètre
- Crayon, stylo-feutre
- Équerre
- Perceuse et mèche à bois
- Ciseau à bois ou défonceuse
- Scie cloche
- Tournevis
- Marteau
- Niveau à bulles

Matériel
- Serrure
- Porte ou bloc-porte
- Serrure à larder
- Poignée
- Colle
- Ruban adhésif
- Vis à bois à tête fraisée

1. Déterminez l'emplacement de la serrure (poignée à 1,05 m du sol), mesurez son épaisseur, puis tracez sa position sur le chant de la porte en vous guidant sur un réglet.

2. Délimitez, en haut et en bas, l'entaille nécessaire à l'encastrement du corps de la serrure en tenant compte de sa position. Tracez les limites de l'entaille en vous aidant d'une équerre.

3. Percez une série de trous avec une mèche de diamètre égal à l'épaisseur de la serrure. Limitez leur profondeur avec un ruban adhésif collé sur la mèche.

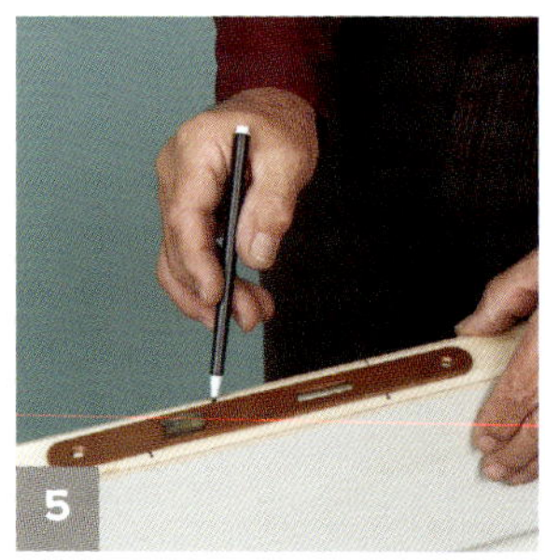

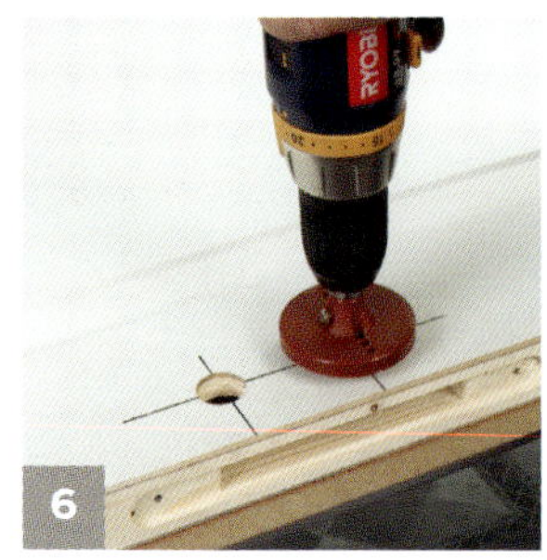

4. Évidez le logement du corps de serrure avec un ciseau à bois bien affûté. La serrure doit entrer légèrement en force.

5. Introduisez la serrure dans son logement, puis tracez le profil de sa têtière extérieure. Creusez le logement de la têtière avec une défonceuse, ou avec une mèche à bois et un ciseau.

6. Déterminez et tracez l'emplacement des trous de passage d'entrée du carré de manœuvre et de la clé. Percez-les au diamètre voulu (voir la notice de la serrure), ici avec une scie cloche.

7. Engagez, puis fixez la serrure dans son logement avec des vis à bois à tête fraisée. Celles-ci doivent affleurer la plaque externe de la serrure.

8. Montez la tige carrée puis l'ensemble plaque de propreté et béquille. Montez la porte sur ses gonds, fermez-la pour déterminer l'emplacement de la gâche dans le dormant de l'huisserie. Fixez celle-ci après avoir creusé le logement pour son encastrement.

Portes vitrées

Les portes vitrées présentent l'avantage de diffuser la lumière d'une pièce à l'autre. Vous trouverez des vitres claires, mais le mieux est souvent de choisir des vitres dépolies qui préservent l'intimité. Les plus courantes sont en verre trempé mais il est préférable de prendre des vitres en verre feuilleté posé en usine qui offrent une meilleure sécurité en cas de chocs.

Poser un bloc-porte en rénovation

La pose d'un bloc-porte en rénovation évite d'avoir à démonter et à remplacer le dormant de l'huisserie, ce qui évite tous travaux de maçonnerie et préserve la décoration. Il suffit de quelques heures pour réaliser ce genre de travail avec un minimum d'outils.

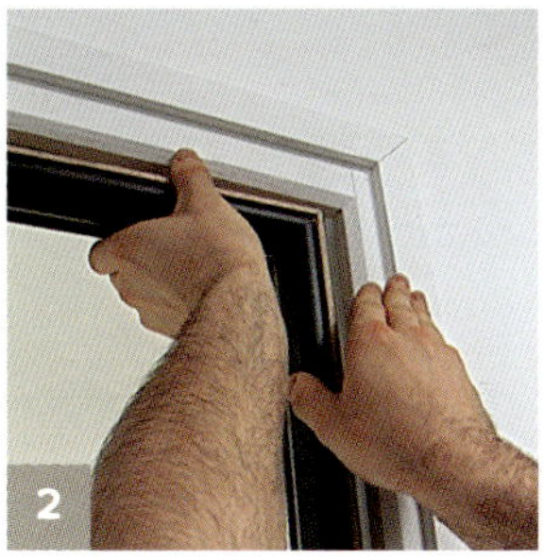

1. Déposez la porte. Dévissez les anciens gonds. Ils sont souvent bloqués par la peinture. Engagez la lame du tournevis et donnez un petit coup de marteau sur le manche de l'outil pour décoller la vis. Si elle ne vient pas, utilisez un tournevis à choc.

2. Positionnez l'encadrement de la nouvelle porte sur le dormant d'origine.

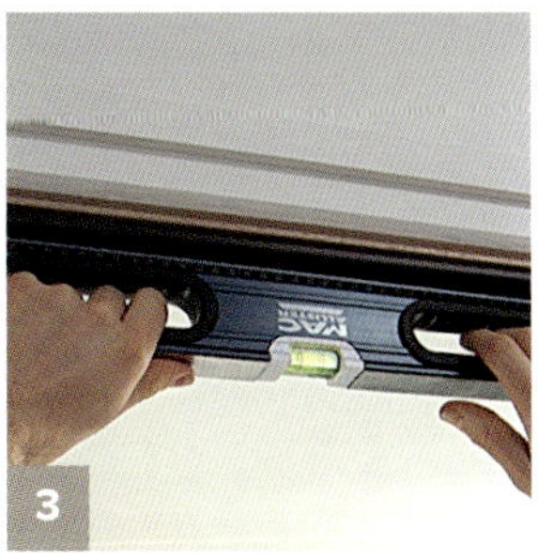

3. Contrôlez le bon positionnement de l'encadrement en procédant à un contrôle d'horizontalité et un autre de verticalité avec le niveau à bulles.

4. Avec un feutre en vous aidant d'un mètre, tracez sur chacun des montants trois repères à 10 cm, 100 cm et 190 cm du sol, correspondant aux points de fixation de l'encadrement.

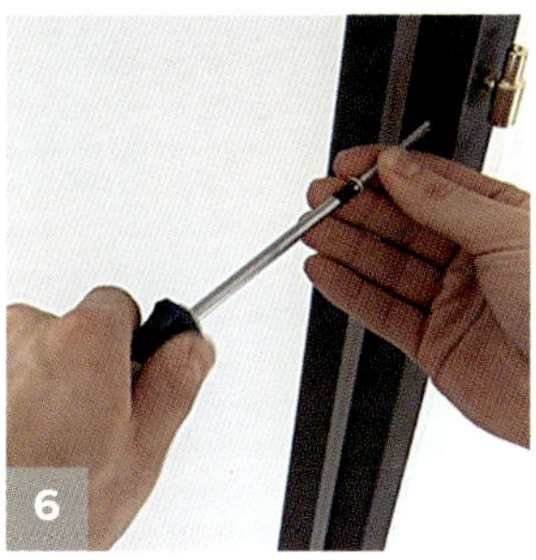

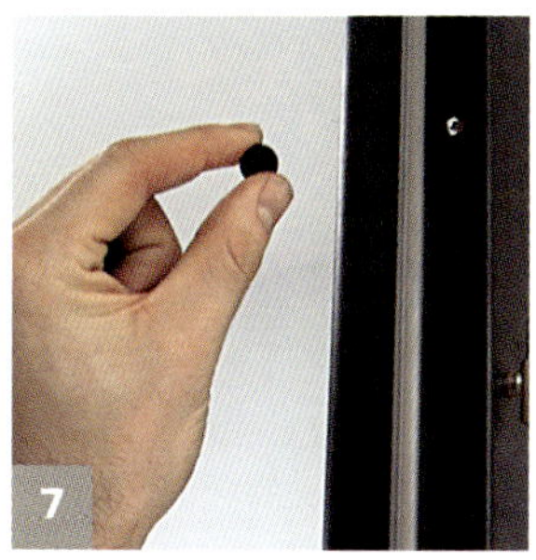

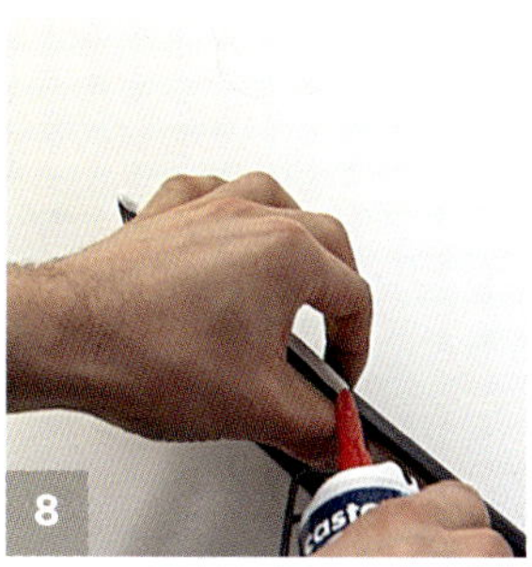

5. Percez le montant de l'encadrement au niveau des repères précédemment tracés, en même temps que le dormant d'origine.

6. Fixez l'encadrement sur le dormant d'origine avec des vis de 80 mm (fournies avec le matériel).

7. Pour une finition parfaite, posez les cache-vis sur les vis sur chacun des deux montants.

8. Appliquez un cordon de colle sur le chant de la baguette du chambranle.

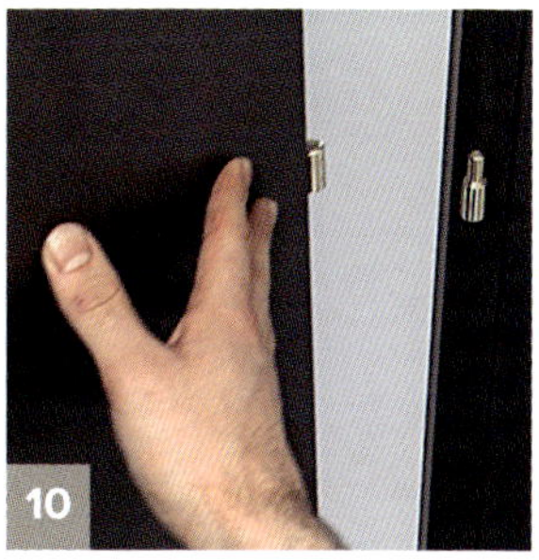

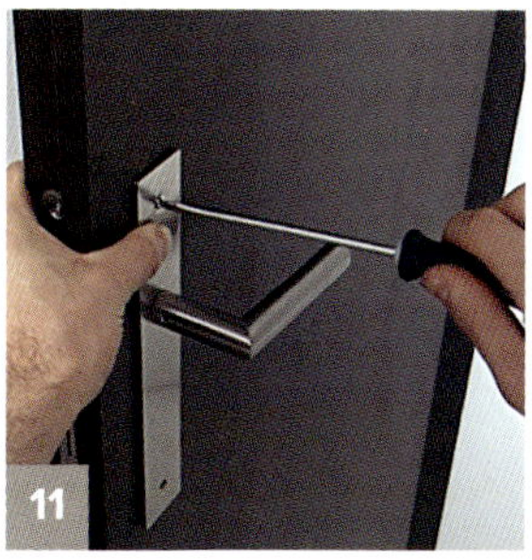

9. Posez les baguettes de chambranle sur les montants et sur la traverse de l'encadrement de la porte. Maintenez-les quelques instants pour une bonne adhérence.

10. Vous pouvez maintenant poser la porte en l'accrochant sur ses gonds. Il faut généralement se faire aider pour cette opération.

11. Vissez la poignée sur la nouvelle porte. Attention de ne pas faire riper la lame du tournevis qui risquerait ainsi de rayer la plaque de la serrure.

On ne peut éternellement superposer à l'infini des couches de peinture ou de vernis sur une porte en bois ancienne. En revanche, un décapage peut lui rendre sa jeunesse. Le bois étant à nu, vous pourrez le peindre, le vernir ou encore le teinter puis le cirer.

LES BONS OUTILS

Outils
- Vieux pinceau
- Couteau de peintre
- Grattoir triangulaire et/ou ponceuse delta
- Cale à poncer ou bloc en bois

Matériel
- Tréteaux
- Récipient en plastique
- Gants
- Lunettes de protection
- Tablier
- Décapant chimique
- Brosse, brosse à dent, éponge
- Papiers abrasifs ou laine d'acier
- Chiffon

Effectuer un décapage chimique

Autant que possible, dégondez la porte et posez-la sur des tréteaux pour travailler plus confortablement. Travaillez dans un local bien ventilé ou à l'extérieur. Portez des gants et des lunettes de protection.

1

2

3

1. Si vous utilisez un décapant en bidon, versez la quantité nécessaire dans un récipient en plastique, puis appliquez-le avec un vieux pinceau, une brosse à dent ou une brosse ordinaire, après vous être protégé avec des gants en caoutchouc épais, des lunettes et un tablier. Étalez généreusement le produit sur les surfaces planes et tamponnez-le au fond des moulures. Laissez agir pendant le temps indiqué sur le mode d'emploi, jusqu'à ce que la peinture cloque et se décolle.

2. Avec un couteau de peintre, grattez la peinture décollée. S'il y a de nombreuses couches, vous devrez sans doute appliquer de nouveau du décapant. Pour les rainures des moulures, utilisez un grattoir triangulaire.

3. Neutralisez la surface du bois avec de l'eau, à l'aide d'un chiffon ou d'une brosse pour éliminer toute trace de décapant avant ponçage. Récupérez les déchets de décapage et jetez-les en déchetterie.

LA BONNE ASTUCE

Décapant en aérosol
Pour décaper une porte comme un meuble ancien, vous pouvez utiliser un décapant en bombe aérosol. l'application est plus facile et vous utiliserez moins de produit.

Effectuer un décapage thermique

Les décapeurs thermiques sont livrés avec un jeu de buses variées. Choisissez celle qui permet de balayer la plus grande surface ou employez le décapeur sans buse. Une buse conique risquant de brûler le bois, ne l'utilisez que pour décaper en bordure d'une zone que vous ne voulez pas endommager.

Décapez d'abord les surfaces planes. Dirigez l'air chaud sur une petite zone, en déplaçant le décapeur lentement d'avant en arrière. Avec le couteau, décollez la peinture au fur et à mesure.

LA SECURITE

Attention au plomb !
Avant de décaper une vieille peinture (en particulier d'avant 1960), vérifiez toujours qu'elle ne contient pas de pigments au plomb. Utilisez un kit de détection spécifique. Si le résultat est positif, vous devrez confier le travail à une entreprise spécialisée.

Poncer, teinter et vernir

Un décapage soigneux révèle souvent des défauts : fissures et taches cachées sous la peinture réapparaissent. Il faut ensuite poncer le bois et appliquer une finition (teinte, peinture ou vernis) en rapport avec la qualité du bois.

1

2

3

4

5

1. Poncez les parties planes avec un papier abrasif à grain moyen. Enroulez-le autour d'un bloc de bois, ou mieux d'une cale à poncer, et frottez dans le sens du fil du bois. Veillez à ne pas arrondir le saillant des moulures décoratives. Soyez encore plus attentif si vous utilisez une ponceuse électroportative (préférez un modèle delta). Finissez avec un papier abrasif à grain très fin.

2. Pliez le papier abrasif sur une forme adaptée aux moulures, comme un tourillon (barre ronde) ou un petit manche d'outil. Soignez les angles et les bords. Vous pouvez remplacer le papier abrasif par de la laine d'acier (sauf sur le chêne).

3. Pour poncer à l'intérieur des coins et des creux, pliez le papier abrasif de façon qu'il arrive bien en fond de moulure.

4. Essuyez toute trace de sciure avec un chiffon. Teintez d'abord les moulures autour des panneaux. Traitez une moitié de la porte, puis la seconde. Appliquez la teinture au pinceau en suivant le fil du bois, et en repassant à sec sur les bords de la zone enduite. Travaillez rapidement sans chevaucher les passes. Avant que le produit soit complètement sec, estompez la surface avec un chiffon non pelucheux.

5. Appliquez le vernis avec un pinceau de bonne qualité. Trempez les soies du pinceau sur le tiers de leur longueur et essorez l'excès de vernis à l'intérieur du rebord du pot. Quand la première couche est parfaitement sèche, poncez-la légèrement avec un papier abrasif très fin. Essuyez avec un chiffon avant d'appliquer une deuxième couche, puis une troisième pour une finition excellente après un nouveau ponçage.

+ déco

Portes coulissantes

La porte coulissante est à la fois pratique et très décorative.
Différents systèmes sont possibles, en applique (le plus simple à installer, avec rail dissimulé ou apparent) ou à galandage, la porte disparaissant dans le mur.
Certains systèmes en applique sont conçus spécifiquement pour la suspension de rideaux ou panneaux japonais.

Ce système coulissant en applique possède un rail apparent.

Cette porte à galandage est en multiplis. Elle est guidée par un rail en aluminium. Elle est prévue pour un passage de 60 cm à 1 m.

Portes et fenêtres ont longtemps constitué des points de déperdition de chaleur importants dans la maison : d'abord parce que leur étanchéité à l'air était mauvaise ; ensuite parce que le verre constituait une zone de contact faiblement isolante entre l'atmosphère chauffée de la maison et l'air froid à l'extérieur.

L'étanchéité est aujourd'hui quasi totale sur les huisseries neuves ou peut être fortement améliorée sur les fenêtres anciennes. Et le caractère isolant des vitrages a été considérablement amélioré avec les doubles et triples vitrages, qui peuvent être même installés dans l'ancien.

LA BONNE **INFO**

PRÉCAUTIONS D'INSTALLATION
La mise en place des différents systèmes de calfeutrage ne doit pas nuire à la sécurité de la porte. Il faut veiller, en particulier, à ce que les joints ne gênent pas les systèmes antidégondages, et il ne faut jamais démonter ceux-ci pour privilégier l'isolation.

Calfeutrage des portes

BOURRELET
C'est le calfeutrage le plus classique, le plus économique, mais ce n'est pas le plus efficace. On le fixe par clouage de la lèvre supérieure avec de petites pointes. Il existe en blanc ou en ton bois.

BROSSE
Ce système de calfeutrage est constitué d'une baguette à visser sur le bas de porte, intégrant une brosse qui appuie en permanence sur le sol. Son efficacité est satisfaisante.

BAS DE PORTE PIVOTANT
Le dispositif comprend ici une baguette en aluminium portant un bourrelet, articulée avec un poussoir à roulette, qui se relève automatiquement quand on manœuvre la porte et qui évite ainsi tout frottement inutile.

LA BONNE **ASTUCE**

UNE PORTE D'ENTRÉE ISOLANTE
Quand on parle isolation des portes, on pense plutôt "porte-fenêtre". Or il est très important, aussi, que la porte d'entrée soit isolante.
On en trouve aujourd'hui en différents matériaux de synthèse, mais aussi à parements acier postformé à âme en mousse de polyuréthane injectée et à vitrage feuilleté. Ce type de porte alliant une très bonne isolation et une excellente sécurité.

Calfeutrage des fenêtres

L'espace entre le bâti (le dormant) et l'ouvrant de la porte ou de la fenêtre dû à l'usure ou aux déformations du bois constitue la principale zone de déperdition de chaleur des huisseries. Cela ne se produit plus avec les fenêtres en PVC ou en aluminium. Sur les fenêtres anciennes, il faut donc calfeutrer cet espace.

JOINTS DE CALFEUTRAGE EN MOUSSE
C'est le système le plus élémentaire : un joint autocollant en mousse ou en PVC est collé en fond de feuillure du dormant. Il calfeutre des jours jusqu'à 7 mm.

JOINT EN CAOUTCHOUC À PROFIL EN V
Beaucoup plus efficace, ce joint s'apparente à celui qui équipe d'origine les fenêtres isolantes à double vitrage. Il existe en blanc et en marron.

Vitrages isolants

Après l'espace entre dormant et ouvrant (s), le vitrage constitue une importante zone de déperdition de chaleur dans la maison. Le survitrage, le double vitrage et aujourd'hui le triple vitrage sont venus renforcer l'isolation de la fenêtre.

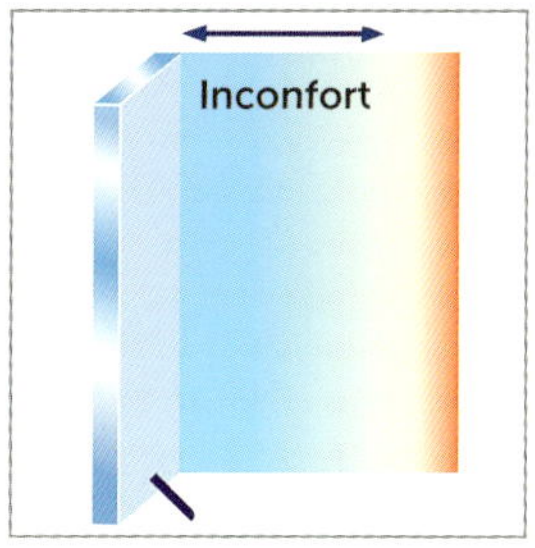

SIMPLE VITRAGE

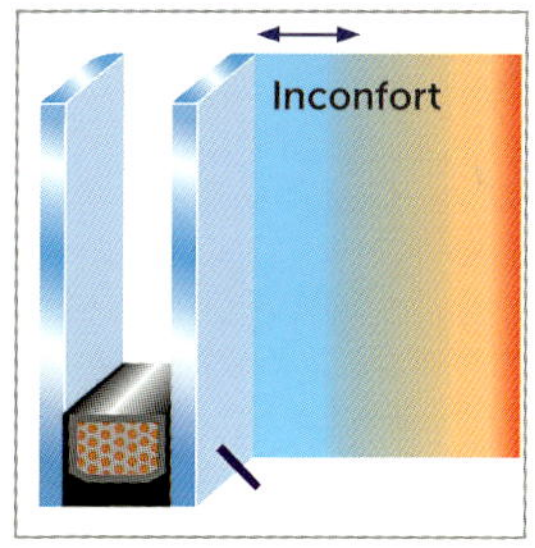

DOUBLE VITRAGE ORDINAIRE

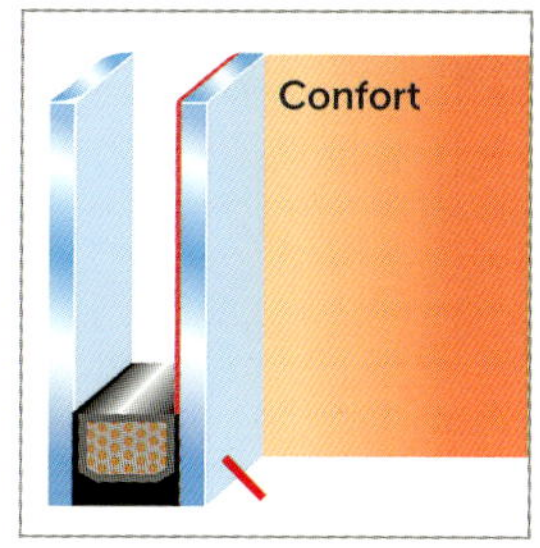

DOUBLE VITRAGE À ISOLATION THERMIQUE RENFORCÉE

Fenêtres et portes isolantes

On a pris conscience de la nécessité de renouveler radicalement la conception même des fenêtres, pour les rendre à la fois plus étanches à l'air et plus isolantes au froid.

Le mariage du double vitrage et des huisseries en PVC s'est imposé. Il aura fallu attendre au moins deux décennies pour voir apparaître des fenêtres isolantes en bois et en aluminium.

Les fenêtres, les portes-fenêtres et la porte d'entrée, mais aussi une éventuelle porte de service, doivent être aujourd'hui isolantes. Obligatoires dans le neuf, elles peuvent se substituer aux vieilles huisseries dans l'habitat ancien, au prix de quelques modifications de structure. Des incitations fiscales permettent d'alléger la dépense, dans une habitation principale et sous certaines conditions relatives à la composition de la famille et à la date de construction et d'acquisition de la maison ou de l'appartement.

Matériaux

Pendant longtemps, seules les fenêtres en PVC à double vitrage étaient considérées comme des fenêtres isolantes. Cette exclusivité n'est plus de mise aujourd'hui puisqu'on trouve des fenêtres isolantes très performantes en bois, en aluminium, ou encore en bi-matériaux.

FENÊTRE BOIS EXOTIQUE

S'intégrant parfaitement à tous les styles de maison et de décoration, le bois est aujourd'hui adapté à la réalisation de fenêtres parfaitement isolantes, équipées d'un double ou triple vitrage.

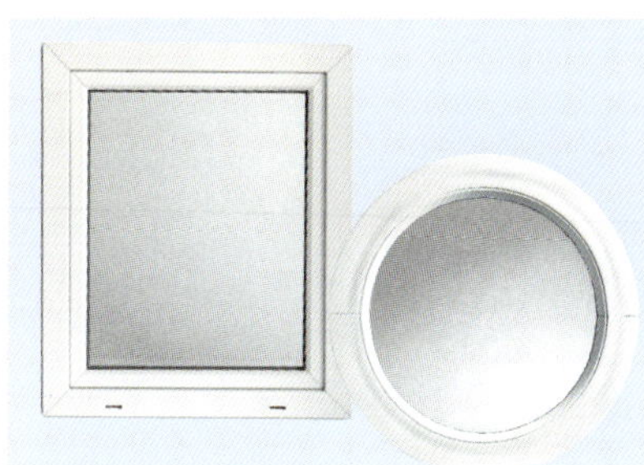

FENÊTRE PVC

Stable et particulièrement performant au plan thermique, le PVC convient aussi bien pour le neuf que pour la rénovation. Les profilés se sont affinés et offrent désormais une plus grande surface vitrée.

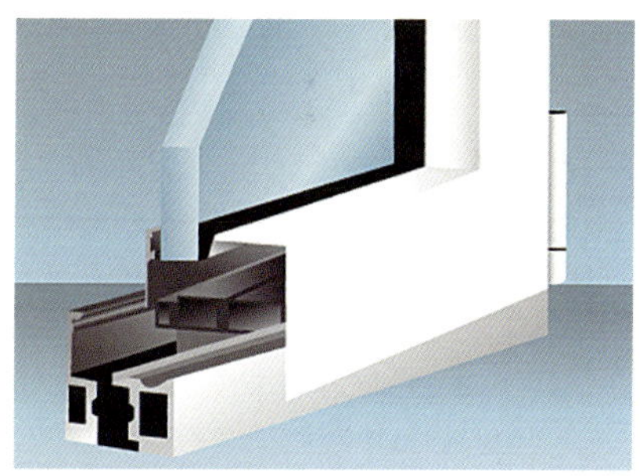

FENÊTRE ALUMINIUM

La rigidité est certainement le principal atout de l'aluminium. Elle permet d'équiper des baies de grandes dimensions et garantit une finesse des profilés, au profit du vitrage. L'aluminium est proposé dans une large gamme de couleur, y compris imitant le bois.

Les labels

En matière thermique, deux labels sont à prendre en compte avec attention :

- **le label ACOTHERM** (Th de 1 à 8) qui garantit les performances thermique et acoustique des fenêtres ;
- **les certifications CTBA** (pour le bois) et **CSTBat** (pour le PVC) qui garantissent l'étanchéité à l'air (A1 à A3), à l'eau (E1 à A3 ou EE) et la résistance au vent (V1 à V3, VEE).

Les notions d'étanchéité à l'air et de résistance au vent sont bien sûr très importantes sur le plan thermique.

LA BONNE INFO

FENÊTRES SUR MESURE

Bien que les fabricants proposent des fenêtres dans une grande variété de cotes, il arrive qu'elles ne coïncident pas avec vos besoins, notamment en rénovation. Il faut alors recourir au "sur-mesure" en sachant que le surcoût sera important. Il faut compter généralement un délai de fabrication de 6 semaines.

Les fenêtres constituent une partie importante de l'équipement de second œuvre d'une maison. Partie intégrante de l'enveloppe de la maison, elles se doivent aussi, de la préserver du froid et, ainsi, de participer à la réduction des dépenses de chauffage. Le type de la fenêtre, son matériau et son aspect sont les principaux critères de choix.

1. Choisir le type de fenêtre

Le type de fenêtre que l'on doit poser dépend directement de la nature des ouvertures qui la recevront mais aussi des possibilités d'ouverture de l'huisserie. En France, la grande majorité des fenêtres est à un ou deux vantaux, à battants verticaux qui s'ouvrent vers l'intérieur de la pièce. Les vantaux coulissants sont, eux, presque toujours réservés aux portes-fenêtres. Les vasistas sont à abattant horizontal. Enfin, les fenêtres oscillo-battantes permettent une ouverture selon deux axes : horizontal depuis la base de l'ouvrant, vertical depuis l'un des côtés verticaux de l'huisserie.

2. Déterminer le matériau

Traditionnellement, les fenêtres étaient en bois. Avec le développement des matières plastiques, on a produit des fenêtres en PVC, souvent avec une armature métallique intérieure. Elles ont permis d'améliorer considérablement l'isolation des huisseries. L'aluminium, plus rigide que le bois et surtout que le PVC est idéal pour les baies de grandes dimensions. Il permet aussi de réduire l'épaisseur des montants. La qualité des menuiseries extérieures est fonction de leur étanchéité et de leur isolation thermique. Celle-ci est indiquée par le coefficient Uw (plus il est proche de 0, meilleure est l'isolation).

3. Choisir le vitrage

Le simple vitrage n'est plus utilisé qu'en remplacement d'une vitre brisée. Toutes les fenêtres neuves sont désormais à double, voire triple vitrage, pour offrir une isolation thermique et phonique satisfaisante. Constitué de deux verres emprisonnant une lame d'air, le double vitrage classique réduit l'effet de paroi froide, diminue la condensation et réduit les déperditions de chaleur. Dans la version "double vitrage à isolation renforcée", l'air est remplacé par de l'argon. Une fine couche transparente, à base d'argent, est déposée sur une face du verre, côté lame d'argon, pour empêcher la chaleur de la pièce de s'échapper vers l'extérieur. En rénovation, il est possible de remplacer le vitrage ordinaire par des doubles vitrages si la fenêtre peut en supporter le poids.

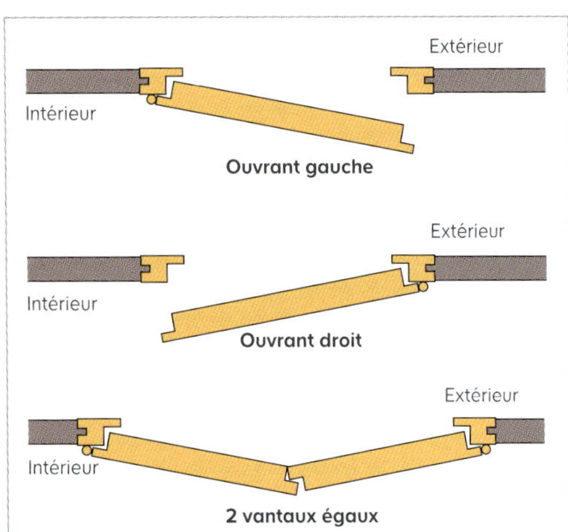

SENS D'OUVERTURE DES FENÊTRES

Labels

Le label CEKAL concerne les qualités isolantes de la fenêtre et certifie la résistance à la pénétration de l'humidité des joints d'assemblage, les performances acoustiques, les performances thermiques. Elle définit également six classes de performances contre le bruit de AR1 (isolation courante 25 dB) à AR 2 à 6 (isolations renforcées de 28 à 37 dB).

Le label Acotherm concerne, lui, les qualités thermiques et acoustiques de la fenêtre, dans les conditions définies par association.

Le label CSTBat garantit la conformité de la fabrication des fenêtres à la définition donnée dans l'Avis Technique délivré par le CSTB (Centre scientifique et technique du bâtiment) et certifie les performances
- de perméabilité à l'air (A1 à 4) ;
- d'étanchéité à l'eau (E1 à 9) ;
- de résistance au vent (V1 à V5).

Choix des fenêtres

Pour choisir le système d'ouverture d'une fenêtre, prenez en considération aussi bien la configuration de la pièce, pour gagner un maximum d'espace habitable, que l'esthétisme et la facilité d'utilisation.

Une fenêtre est composée d'une structure rigide qui maintient une ou plusieurs vitres. Elle est articulée sur des gonds ou coulissante sur des rails. L'articulation se fait sur un axe vertical ou horizontal parfois les deux (fenêtres oscillo-battantes). La fenêtre peut également coulisser horizontalement ou verticalement (fenêtre à guillotine). Le choix dépend du style de la maison et de l'emplacement de l'ouverture.

À VANTAUX

Ce type de fenêtre, le plus courant de tous, englobe différents modèles, selon le nombre de vantaux et leur sens d'ouverture. Le nombre et la forme des vitres, le mode de manœuvre des ouvrants, ainsi que la nature du matériau, constituent autant de types de produits. L'ouverture et la fermeture se font par une crémone.

OSCILLO-BATTANTE

Elle cumule les modes de fonctionnement et les avantages des fenêtres à vantaux et des fenêtres abattantes. Elles ont un mécanisme d'ouverture et de fermeture encastré, avec poignée en bec-de-cane : quand on l'abat, on a une fenêtre à vantail, quand on le relève, une fenêtre abattante.

ABATTANTE

Le vantail s'articule par sa base et s'ouvre vers l'intérieur : c'est le modèle type des vasistas de cave, des garages ou des fenêtres de toilettes. On n'ouvre souvent ce type de fenêtre que pour assurer une ventilation. L'amplitude de l'ouverture est en général limitée par des compas latéraux, parfois par un système de blocage dans l'axe de pivotement. Une poignée pivotante permet le maniement et le blocage. La limitation d'amplitude de l'ouverture constitue souvent un élément de sécurité contre les intrusions.

BASCULANTE

Le vantail est ici articulé sur deux pivots qui sont disposés au milieu des montants latéraux du cadre de la fenêtre. On peut la retourner complètement pour nettoyer la face extérieure des vitres. La surface d'éclairement est maximale.

Les fenêtres de toit classiques sont en général de ce type. Elles se manient par une barre de manœuvre supérieure.

COULISSANTE

L'ouverture coulissante présente l'avantage d'un encombrement minimal vers l'intérieur. Le ou les vantaux coulissent sur des rails hauts et bas. Un système de verrouillage à crochet garantit la sécurité de fermeture.

La plupart des fenêtres coulissantes ont deux vantaux, ne permettant de ce fait qu'une ouverture sur la moitié de la largeur de l'huisserie, ou deux ouvertures de chaque côté, de dimensions égales ou complémentaires. Les fenêtres à vantail "à galandage", permettent de faire glisser le vantail dans le mur, libérant (presque) toute l'ouverture.

L'étanchéité des fenêtres coulissantes (à l'air et à l'eau) est assurée par des joints sur les montants verticaux. Leur forme, et surtout leur fixation, déterminent la qualité de la fenêtre. Un joint qui laisse passer l'air en position fermée doit être remplacé avant qu'il ne laisse entrer l'eau.

LA BONNE INFO

VITRAGE PEU ÉMISSIF
En économisant l'énergie, l'isolation thermique renforcée contribue aussi à protéger l'environnement. En effet, consommer moins d'énergie, c'est diminuer les émissions de CO_2 liées à la production de ces énergies et donc lutter contre l'effet de serre qui nous menace.

Si la menuiserie existante est dégradée ou si vous souhaitez améliorer l'isolation, vous pouvez facilement changer votre fenêtre en bois. Dans bien des cas, vous pourrez la remplacer par une fenêtre en PVC en conservant l'ancien dormant, par une fenêtre en aluminium avec un nouvel encadrement, ou encore par une fenêtre en bois offrant les qualités d'isolation requises.

Matériaux des fenêtres

Les fenêtres et portes-fenêtres sont aujourd'hui proposées en bois, en PVC et en aluminium, exceptionnellement en acier. Elles existent aussi en bi-matériaux: bois à l'intérieur et aluminium à l'extérieur.

BOIS: ESTHÉTISME ET ENTRETIEN

Les fenêtres actuelles en bois sont généralement en essences exotiques, mais on en trouve aussi en pin, en hêtre ou en chêne. Elles demandent un entretien régulier. Les huisseries en bois peuvent être peintes, lasurées ou vernies. Leur mécanisme de commande est soit apparent, en applique, soit encastré dans le montant.

PVC: LONGÉVITÉ ET ISOLATION

Inaltérable, le PVC n'a besoin d'aucun entretien. Les profilés des huisseries PVC sont affinés, ce qui augmente la surface vitrée. Facile à installer (y compris dans l'ancien cadre) et économique, c'est le matériau le plus choisi pour les rénovations pour ses performances thermique et acoustique. On veillera tout particulièrement à opter pour des fenêtres intégrant un système de ventilation efficace, pour éviter de générer des problèmes de condensation dans la maison.

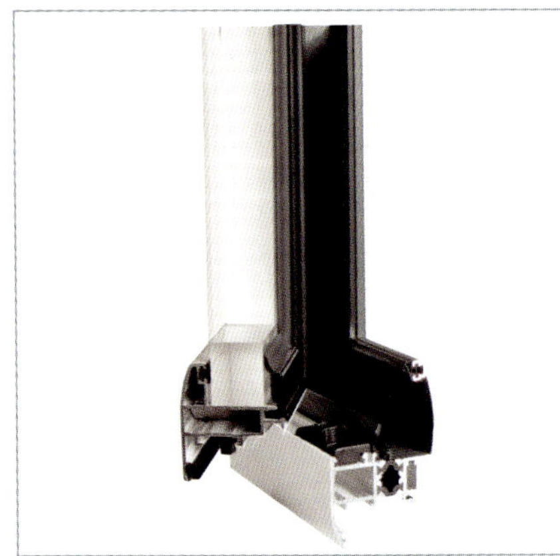

ALUMINIUM: LUMINOSITÉ ET DURÉE

Les profilés en aluminium allient plusieurs avantages, ils sont inaltérables et ne demandent aucun entretien; rigides et très solides et aussi légers. Ils permettent d'affiner cadres et montants, réservant une surface maximale au vitrage.
L'aluminium convient de ce fait parfaitement aux portes-fenêtres de grandes dimensions, notamment coulissantes.
Grâce au thermolaquage, ces fenêtres sont proposées aujourd'hui dans une vaste gamme de coloris.

Vitrage des fenêtres

LE DOUBLE VITRAGE

Toutes les fenêtres produites actuellement sont équipées de double vitrage, quel que soit leur matériau. L'espace compris entre les deux vitres est rempli soit d'air, soit d'argon dans les fenêtres à isolation renforcée. Le double vitrage diminue l'effet de vitre froide, évite la condensation en rapprochant la température du vitrage de la température ambiante. Le double vitrage à isolation renforcé permet de réaliser environ 10 % d'économies d'énergie. De nombreux progrès sont en vue concernant le verre lui-même: autonettoyant, renvoi de chaleur ou de froid, chauffant ou réflectorisant.

LE TRIPLE VITRAGE

On associe ici 3 vitres avec un vide d'air entre elles, par exemple 4/12/4/12/4 soit une épaisseur totale de 36 mm. Cette configuration apporte certes un gain en isolation thermique, mais accroît considérablement le poids de la fenêtre.

Le double vitrage

Les fenêtres actuelles sont toutes proposées en double vitrage, avec de l'air déshydraté ou du gaz inerte (argon) entre les deux vitres. Quand on parle d'un vitrage 4/16/4, cela veut dire que les vitres font 4 mm et que l'espace qui les sépare est de 16 mm.

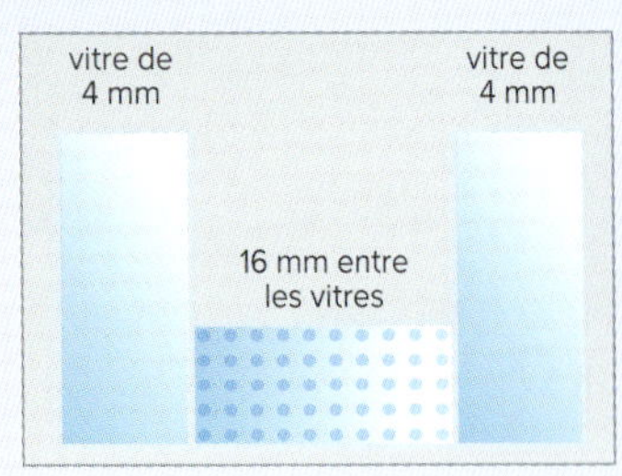

Prise de dimensions

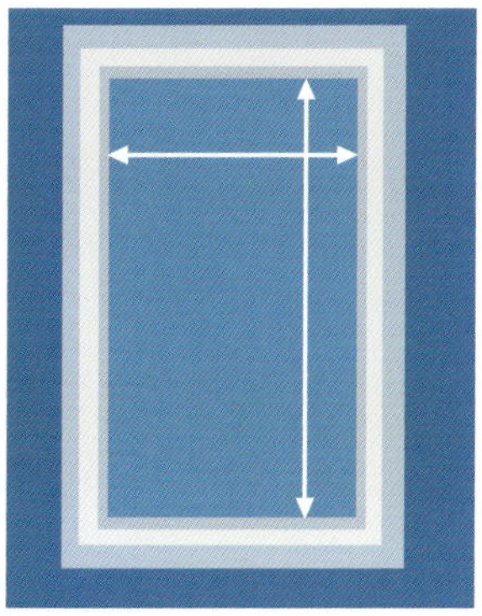

PASSAGE

ÉQUERRAGE

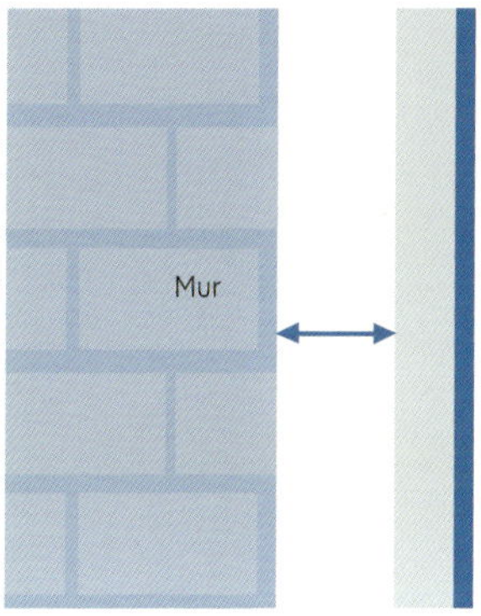

COCHONNET

ALÈGE

Avant d'acheter une nouvelle fenêtre, il est indispensable de faire un certain nombre de relevés qui vont vous permettre de la commander. Attention : ces mesures doivent être précises et explicites pour que le fabricant puisse vous fournir une fenêtre parfaitement adaptée à l'ouverture.

- Mesurez la hauteur et la largeur du **passage.** Il est essentiel de faire plusieurs relevés, en différents endroits, pour ne pas faire d'erreur, surtout si la fenêtre doit être faite sur mesure.

- Vérifiez l'**équerrage** du passage (prenez deux tasseaux que vous ferez coulisser en les superposant).

- Mesurez les **cochonnets,** c'est-à-dire le débord du cadre sur le mur.

- Mesurez la hauteur de l'**alège,** distance entre le bas de l'ouverture et le sol. Elle permet de déterminer l'emplacement de la poignée.

LA BONNE INFO

La ventilation

La plupart des fenêtres actuelles intègrent un dispositif de ventilation. Si ce n'est pas le cas du modèle que vous aurez choisi, il est essentiel de rétablir cette ventilation, surtout si votre maison ou votre appartement n'est pas doté d'une VMC (ventilation mécanique contrôlée). Sinon, le taux d'humidité ambiant augmentera, générant des phénomènes de condensation sur les parois froides, surtout sur les murs exposés au nord qui ne sont pas bien isolés.

Fenêtre PVC en rénovation

Vous trouverez désormais dans le commerce des "blocs-fenêtres" en PVC pouvant se substituer facilement à l'ancienne fenêtre. Avant toute chose, il faut s'assurer que le cadre existant (le dormant) est en bon état. Pour cela, sondez-le avec un tournevis ou, mieux, avec un poinçon : celui-ci ne doit pas s'enfoncer facilement. Mesurez à l'intérieur du cadre existant la hauteur et la largeur à deux endroits différents. Si vous constatez un écart, gardez la plus petite dimension. Notez ces mesures avec précision.

Le remplacement d'une ancienne fenêtre par une fenêtre PVC en "rénovation" n'est pas très difficile.

- Dégondez les ouvrants, c'est-à-dire les vantaux de votre ancienne fenêtre. Il suffit généralement de les soulever en les manœuvrant sur leur axe.

- Déposez les gonds de l'ancien cadre. Il faut souvent gratter la peinture qui empêche d'accéder aux vis. Si vous avez des difficultés à défaire les vis, utilisez un tournevis à impact. Bouchez les trous d'évacuation d'eau.

- Engagez la partie intérieure du cadre en PVC et fixez-le. Réalisez l'étanchéité à l'extérieur du cadre avec un fond de joint et finissez avec un cordon de mastic silicone.

- Clipsez les profilés de finition à l'extérieur, puis regondez les ouvrants de la nouvelle fenêtre. Manœuvrez et fermez celle-ci.

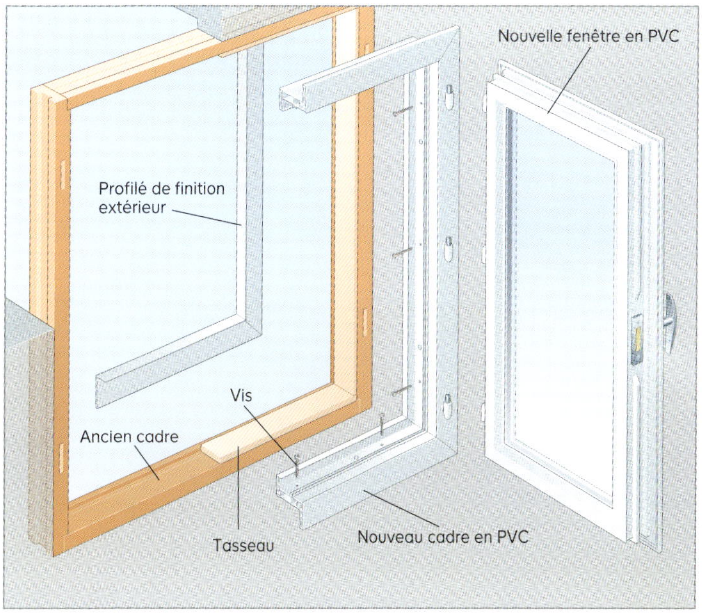

Les rideaux et les stores sont à la fois décoratifs et pratiques. Ils participent en effet directement au décor intérieur de la maison. Ils permettent d'occulter la fenêtre pour assurer la discrétion aussi bien que pour réduire l'ensoleillement ou pour tamiser l'éclairement naturel des pièces.

Entre deux murs

Tringles et barres à rideau

Les rideaux peuvent être accrochés à des tringles comme à de simples barres rondes, en bois ou en métal. Dans le premier cas, ils sont reliés à des chariots à galets, dans le second ils voyagent sur la barre via des œillets fixés en haut du rideau.

Au plafond

Support mural double

LES TRINGLES CHEMIN DE FER

Elles comprennent un ou plusieurs rails suspendus directement au plafond ou par l'intermédiaire de potences, ou de supports entre deux murs. Des chariots à galets, auxquels est accroché le voilage, voyagent dans le rail et en assurent l'ouverture ou la fermeture. Des cordons de tirage permettent de commander leur ouverture ou fermeture. On leur préfère de plus en plus les barres à rideaux.

LES BARRES

En bois ou en métal, rondes ou rectangulaires, les barres à rideaux conjuguent la simplicité de fonctionnement à la commodité de pose. Elles sont en plus beaucoup plus décoratives que les tringles chemin de fer. De nombreux embouts décoratifs sont proposés pour les enrichir. Les rideaux y sont suspendus par des œillets, sertis directement sur le tissu. Les rideaux peuvent aussi coulisser dessus par des passants, cousus sur l'ourlet supérieur.

À CHAQUE POSE SA SOLUTION

Que les tringles ou les barres soient simples ou doubles, elles peuvent être fixées sur le mur, entre deux murs ou encore au plafond. Un large choix de supports permet de répondre à toutes les configurations.

LES EMBOUTS

Vous trouverez une grande variété d'embouts et de supports coordonnés au style de la tringle, mais aussi en harmonie avec le type de rideau que vous aurez choisi. Vous pourrez ainsi composer un ensemble cohérent, parfaitement adapté à la décoration de votre intérieur.

Stores

Les stores intérieurs constituent une bonne façon d'occulter une fenêtre ou d'en limiter l'éclairement. Différents systèmes sont à votre disposition : à enrouleur, à bandes verticales orientables ou à lames horizontales (stores vénitiens) ou encore bateau.

STORES À ENROULEUR

Ce système de store permet d'enrouler et de dérouler une bande de tissu (sur un tambour) correspondant à la largeur de la fenêtre ou de son vitrage. Le dévidage du rideau se fait par l'intermédiaire d'une chaînette latérale. Il existe des modèles automatiques : il suffit d'arrêter le dévidage pour que le rideau se bloque au niveau ainsi déterminé. Le fait de tirer à nouveau sur le store débloque le cran d'arrêt. Un ressort dans l'axe du tambour rappelle le store automatiquement vers le haut.

STORES BATEAU

Il s'agit de bandes de tissu de la largeur de l'ouvrant, fixées en haut de celui-ci par l'intermédiaire d'un support horizontal. Il existe désormais des supports qui se fixent directement sur la traverse supérieure de la fenêtre sans aucun perçage. Un cordon de tirage permet de déterminer la hauteur d'ouverture du store, qui se fait par pans successifs se pliant et se dépliant.

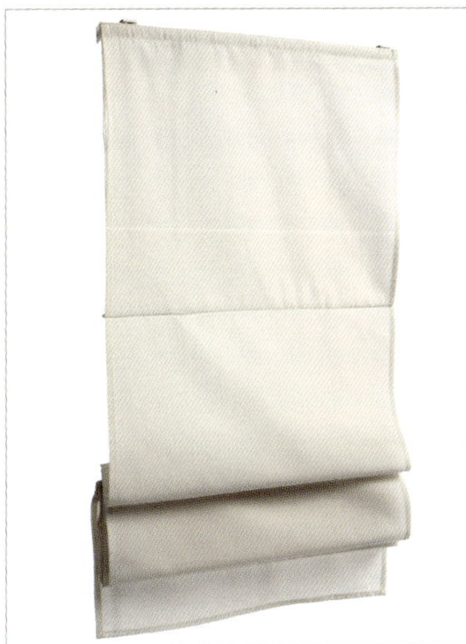

STORES VÉNITIENS ET À BANDES VERTICALES ORIENTABLES

Les stores vénitiens sont constitués de lamelles horizontales, en métal ou en bois. Un système de cordons permet de régler le déroulement en hauteur du store et de choisir l'angle des lamelles qui détermine l'éclairement de la pièce. Les stores à lamelles verticales conjuguent un rail avec des chariots à galet et un dispositif de pivotement des bandes.

Pose d'œillets métal sur un rideau

1. Placez le rideau sur un panneau (contreplaqué ou de particules) sur le sol. Posez l'emporte-pièce à l'endroit choisi pour l'œillet. Frappez sur l'outil avec une massette.

2. Placez la matrice sur le panneau, puis la première partie de l'œillet sur la matrice.

3. Enfilez le tissu percé sur la première partie de l'œillet puis positionnez dessus l'autre partie de l'œillet.

4. Sertissez l'œillet en frappant sur l'emboutisseur avec la massette.

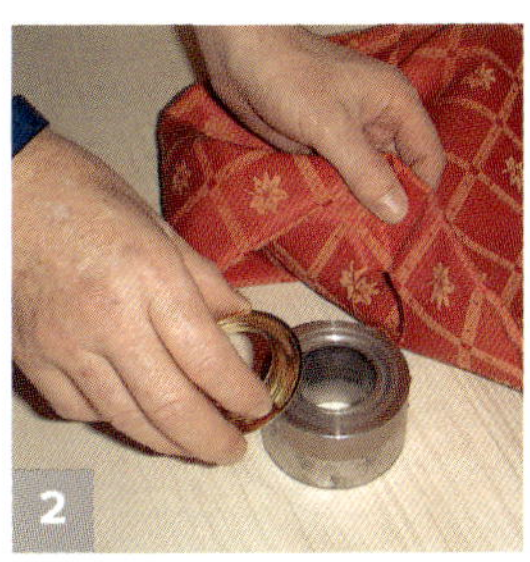

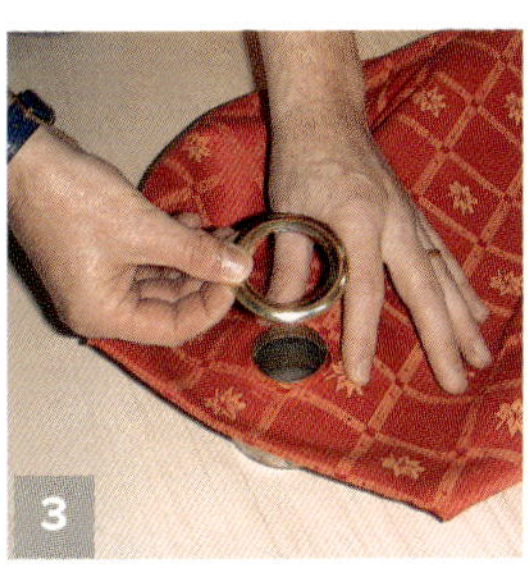

© CP

LES BONS OUTILS

OUTILS
- Massette
- Emporte-pièce
- Emboutisseur
- Matrice

MATÉRIEL
- Œillets
- Panneau de contreplaqué ou de particules

Outillage

L'outillage pour poser les œillets est spécifique. Plutôt que de l'acheter, vous pourrez le louer ou peut-être l'emprunter.

Poser une barre à rideaux

Les supports sont proposés en différentes longueurs permettant de "décoller" plus ou moins la barre et donc le rideau du mur. Certains sont réglables. Prévoyez un support central pour les barres de plus de 2 m de long. Le type de fixation dépend de la nature de la maçonnerie ou du doublage. Ne perdez pas de vue que les rideaux sont toujours très lourds et que les mouvements de tirage et d'ouverture répétés peuvent ébranler les fixations.

LES BONS OUTILS

Outils
- Mètre
- Crayon
- Niveau à bulles
- Perceuse
- Visseuse
- Foret de Ø 6 mm
- Tournevis
- Ciseaux
- Poinçon

Matériel
- Chevilles de Ø 6 mm
- Vis de Ø 5 mm
- Barre et supports

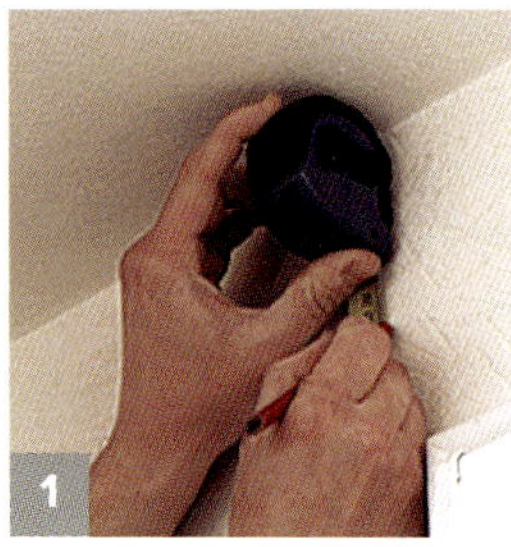

1. Déterminez l'emplacement de la fixation de part et d'autre de la fenêtre en sachant que pour préserver le tombé du rideau, il faut laisser au minimum 15 cm de part et d'autre de la fenêtre et 5 cm au-dessus de l'embrasure.

2. Percez la maçonnerie avec une perceuse électrique. Dans un mur en maçonnerie, utilisez une perceuse à percussion.

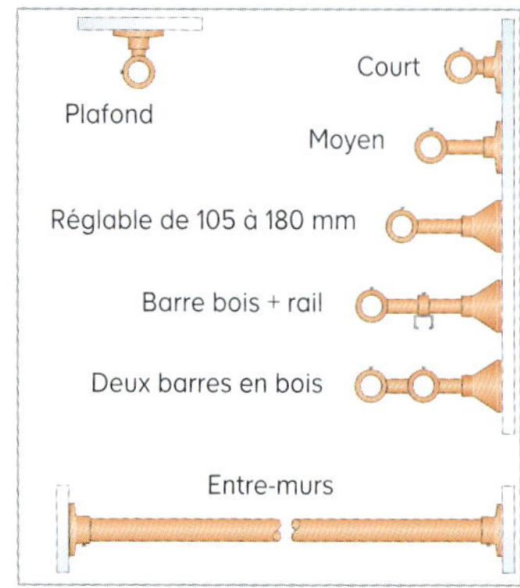

Vous trouverez tous les types de supports pour toutes les configurations de fenêtres.

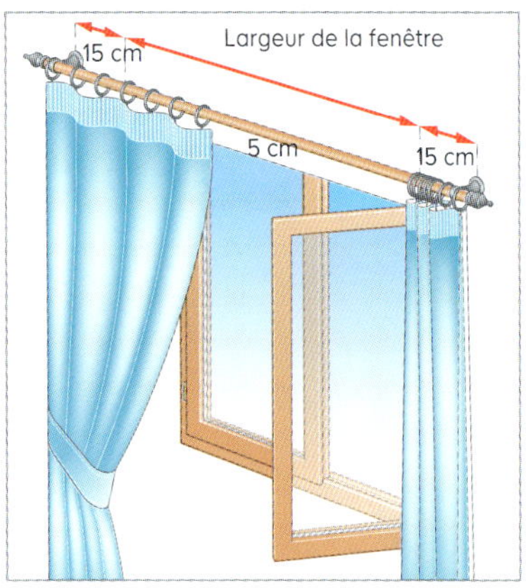

PRENEZ LES BONNES MESURES

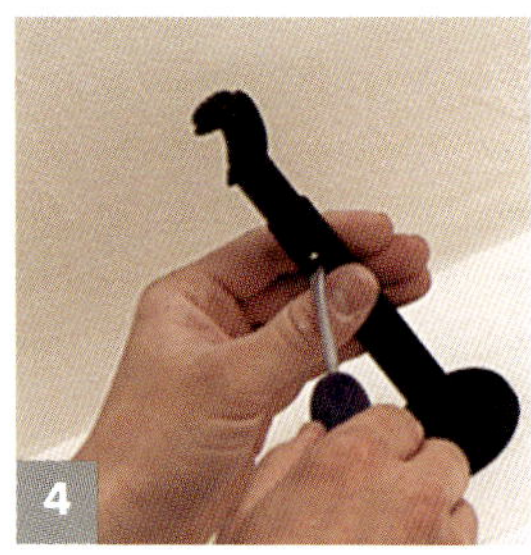

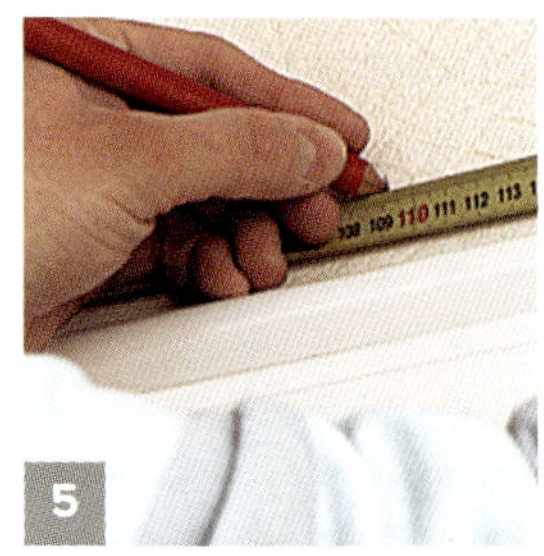

3. Placez les chevilles. À l'aide d'une visseuse, fixez l'embase du support avec des vis. Utilisez des chevilles adaptées au matériau du mur ou au doublage (chevilles à expansion dans la brique creuse, "spéciale plaque de plâtre" en cas de doublage).

4. Fixez le support de barre sur son embase en veillant à l'engager sur toute sa longueur dans le logement prévu à cet effet. Serrez la vis de blocage.

5. Pour une fenêtre à double battant, prévoyez un support intermédiaire. Mesurez la largeur de la baie puis déterminez son milieu et fixez un support comme de chaque côté de la fenêtre.

LA BONNE ASTUCE

Rail flexible

Un rail flexible de type chemin-de-fer vous permettra soit de répondre à une configuration de fenêtre spécifique (par exemple dans une avancée de type bow-window), soit de créer un effet décoratif original.

6. Avec un niveau à bulles, contrôlez la parfaite horizontalité de la barre. Corrigez un éventuel écart en agissant sur l'embase des supports (le modèle présenté ici est réglable).

7. Enfilez les œillets du rideau sur la barre, excepté le dernier. Serrez la vis de fixation de la barre, puis enfilez le dernier anneau.

8. Montez l'embout décoratif de chaque côté de la barre. Il est bloqué par une petite vis. Serrez-la. Procédez de la même façon pour l'autre support. Équilibrez la barre et serrez les vis de blocage de celle-ci.

Positionnement des stores à enrouleur

La gamme des stores à enrouleur est très vaste, on en trouve de toutes sortes et de toutes dimensions. De même que pour les rideaux, déterminez l'emplacement de leur fixation : dans l'embrasure ou au-dessus.

POSE EN EMBRASURE
Le store descend contre la fenêtre et doit être fixé de façon à ne pas gêner son ouverture.

POSE SUR BATTANT
Le store étant solidaire de la fenêtre, elle peut s'ouvrir en gardant le store baissé.

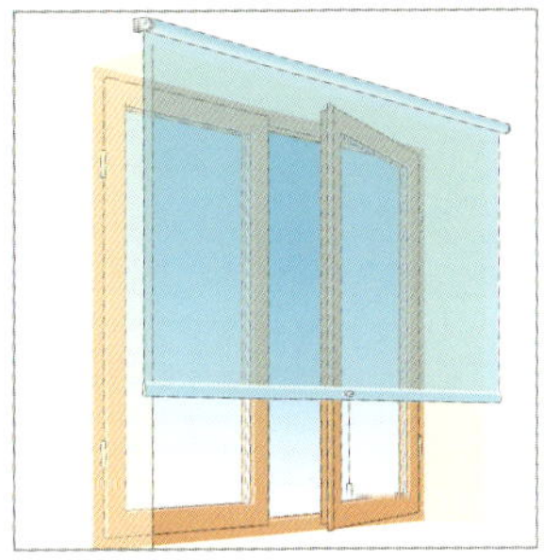

POSE EN APPLIQUE
Le boîtier étant fixé au plafond, le store est situé devant l'embrasure et la fenêtre peut être entrouverte.

LA BONNE **INFO**

STORES À ENROULEUR EN BOIS TISSÉ
Initialement conçus pour un usage extérieur, afin d'ombrer les pièces en été, les traditionnels stores à enrouleur en bois tissé sont désormais très appréciés en décoration intérieure. Ils existent aussi en version bambou.

Poser un store à enrouleur dans l'embrasure

La pose en embrasure est la plus pratiquée, car elle est à la fois simple et discrète. Pour qu'elle soit possible, il faut bien sûr qu'il y ait un espace suffisant entre la fenêtre et le retour supérieur de l'embrasure, pour permettre d'y loger le store sans gêner l'ouverture de la fenêtre. Les fixations sont généralement de type potence. Laissez 2 cm environ de chaque côté afin d'éviter les frottements.

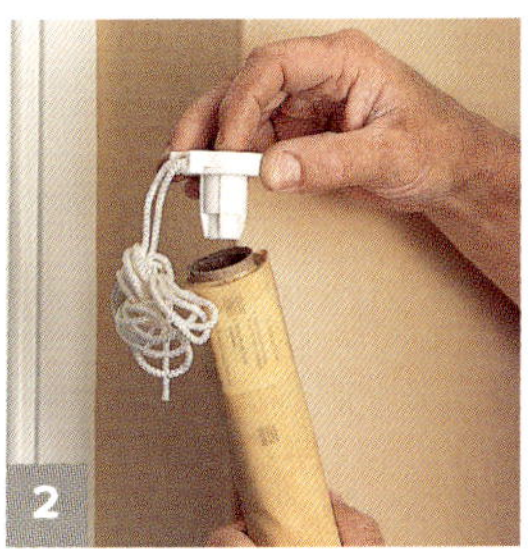

1. Mesurez la largeur requise. Certains stores peuvent se découper (lire la notice). Marquez l'emplacement du support de fixation dans le coin de la fenêtre. Placez la fixation du cordon enrouleur du côté le plus pratique. Faites des avant-trous avec un poinçon puis percez, chevillez et vissez les supports de fixation.

2. Enfoncez le dispositif du cordon de tirage à l'une des extrémités du store, puis placez l'accessoire de fermeture de l'autre côté. Enfoncez ces deux éléments en forçant un peu, et éventuellement en donnant de légers coups de marteau.

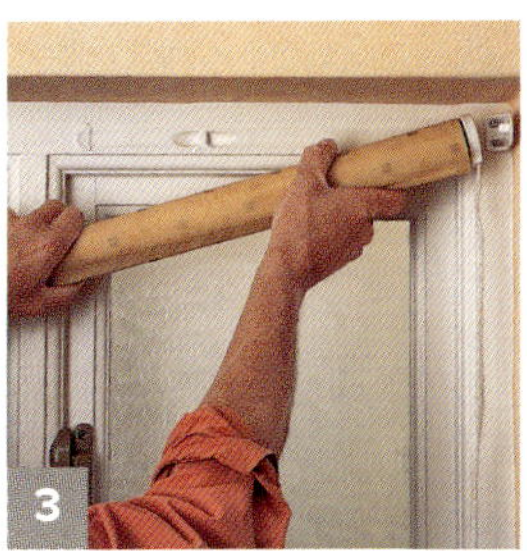

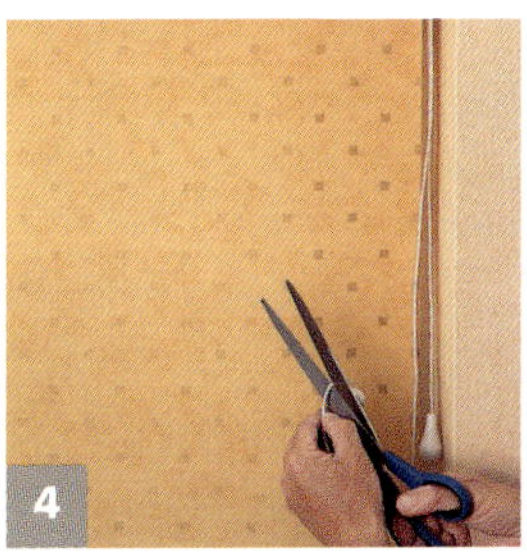

3. Glissez le store dans ses fixations. Veillez à bien l'emboîter, forcez un peu si nécessaire. Vérifiez que le cordon descend convenablement.

4. Actionnez le store pour déterminer la longueur du cordon. Coupez celui-ci, si nécessaire, et replacez le bouton de tirage. Il existe aussi des stores automatiques, qui descendent et s'arrêtent au niveau voulu sur un simple tirage.

LA BONNE **ASTUCE**

STORE À ENROULEUR JOUR/NUIT
Cet astucieux système permet d'obtenir un store d'occultation complet ou de laisser passer la lumière en agissant sur le cordon de tirage situé sur le côté du store. Il est proposé en divers coloris et différentes largeurs.

OUVERT

FERMÉ

LES BONS OUTILS

Outils
- Mètre
- Tournevis

Matériel
- Store bateau
- Clips pour store
- Kit de store intérieur pour fenêtre de toit

Poser un store bateau sur battant

Les stores bateaux sont déclinés dans une vaste gamme de coloris et de dimensions. Leur pose est grandement facilitée par un système de fixation sur fenêtre (PVC) qui se fait uniquement à l'aide d'un tournevis, le store devant avoir une largeur supérieure de 3 cm environ à celle de la vitre.

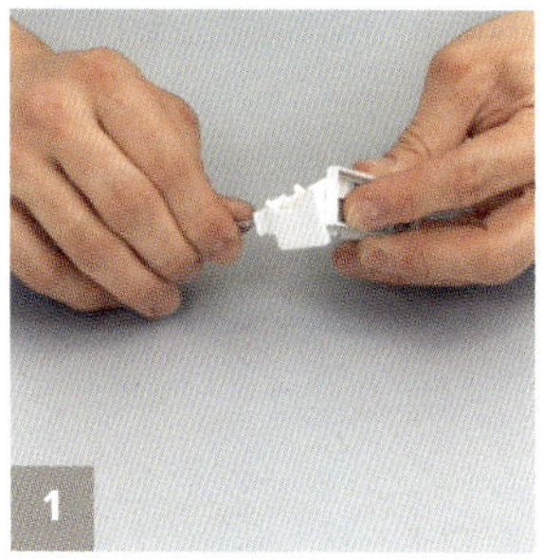

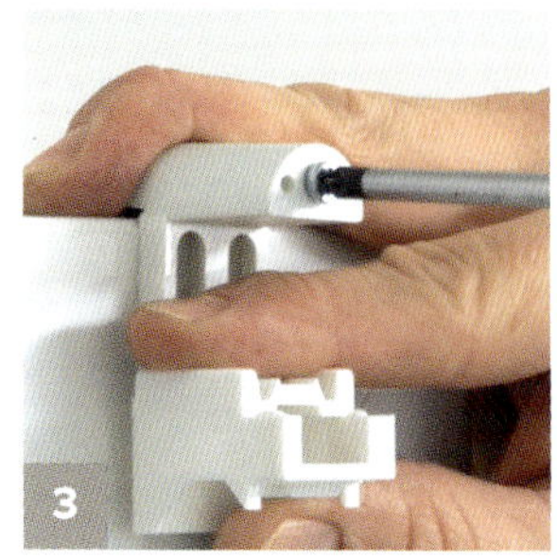

1. La barre supérieure du store repose sur des potences fixées directement au sommet de chaque battant de fenêtre. Assemblez les éléments de ces supports avec une vis (fournie dans le kit).

2. Ouvrez maintenant la fenêtre. Posez une première potence, à cheval sur le haut du battant de la fenêtre.

3. Une vis permet le blocage de la potence en bonne position. Serrez la vis avec modération pour ne pas risquer de fendre le plastique.

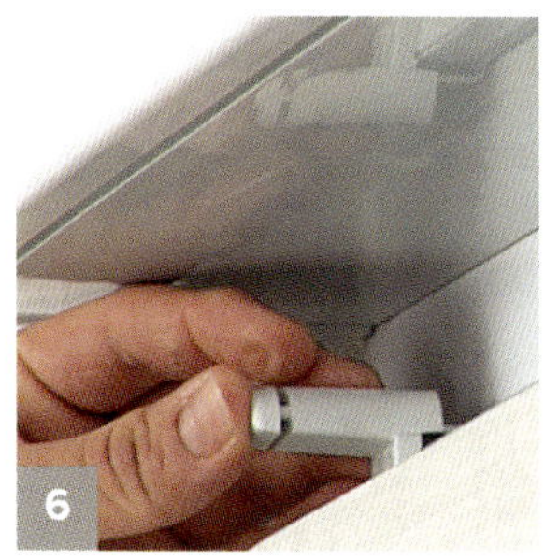

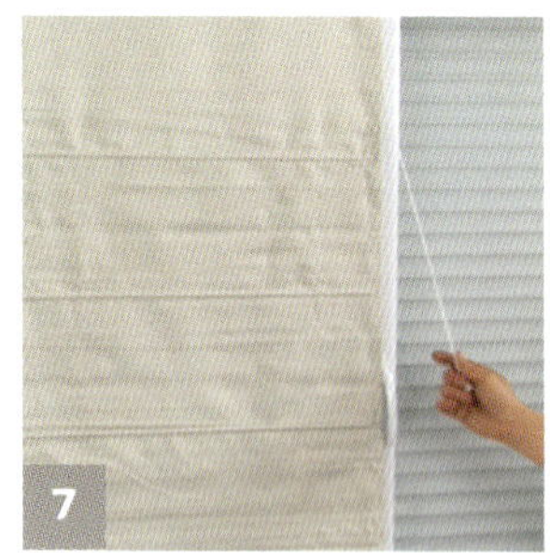

4. Posez la seconde potence en veillant à la positionner symétriquement par rapport à la première. Serrez la vis de blocage de la potence.

5. Fermez la fenêtre. Présentez le store pour clipser sa traverse supérieure sur les potences que vous venez de placer.

6. Pour une parfaite finition, des caches en PVC se fixent sur les vis de blocage des potences sur les battants de fenêtre.

7. Testez le bon fonctionnement du store en manœuvrant le cordon de tirage. Équipez les autres vantaux de fenêtre.

+ éco

Le coton recyclé

Créés à partir de fibres recyclées soigneusement, sélectionnées et triées, les stores à enrouleur en coton recyclé redonnent vie à une matière naturelle. Aussi belle que la fibre vierge, la fibre recyclée s'entretient de la même manière: elle se nettoie au savon doux, à l'eau froide, sans frotter.

Stores intérieurs pour fenêtres de toit

Les fenêtres de toit posent un problème spécifique de pose des rideaux intérieurs. Il en existe aujourd'hui une large gamme qui va du store occultant complètement la lumière du jour, jusqu'aux stores tamisant la lumière et participant directement à la décoration de la pièce.

STORE OCCULTANT
Ce store procure une occultation optimale de la pièce, même en plein jour.

STORE TAMISANT
L'objectif, avec ce store, consiste à tamiser la lumière. Il est associé à un store occultant.

STORE VÉNITIEN
Différents stores permettent d'adoucir la lumière, comme ce store vénitien ou bien encore les stores plissés.

LA BONNE INFO

FILMS ANTI-CHALEUR
Même équipées de stores extérieurs d'ombrage, les fenêtres de toit tendent à surchauffer les combles quand elles sont exposées directement aux rayons du soleil. Pour palier cet inconvénient, il existe des films anti-chaleur en polyester composite qui renvoie près de 80 % de la chaleur, tout en maintenant la visibilité extérieure. Leur pose est très rapide et se fait sans outil spécifique.

Poser un store intérieur de fenêtre de toit

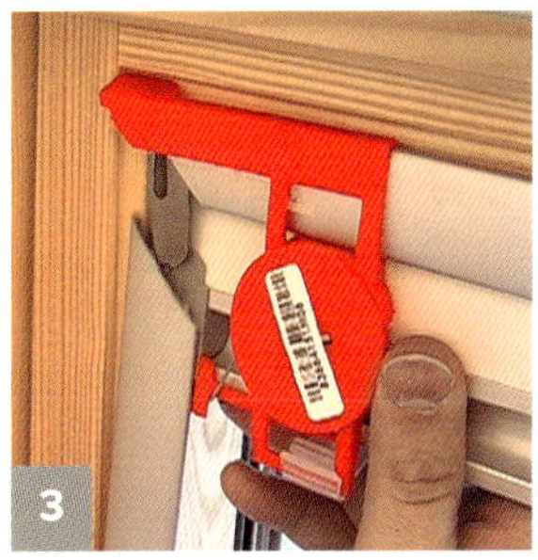

1. Posez le coffre enrouleur en l'emboîtant dans les pattes de fixation présentes sur les fenêtres de toit récentes. Si votre fenêtre de toit n'en possède pas, les pattes de fixation à visser sont fournies avec le produit.

2. Montez les attaches basses en vissant les deux supports fournis en bas de l'ouvrant.

3. Installez les glissières en partie haute. Veillez à ce qu'elles s'emboîtent d'abord dans le support plastique de la barre de manœuvre, puis dans le support métallique d'angle. Laissez toujours en place les supports plastiques rouges.

4. Installez les glissières en partie basse en les emboîtant dans les attaches basses mises en place précédemment.

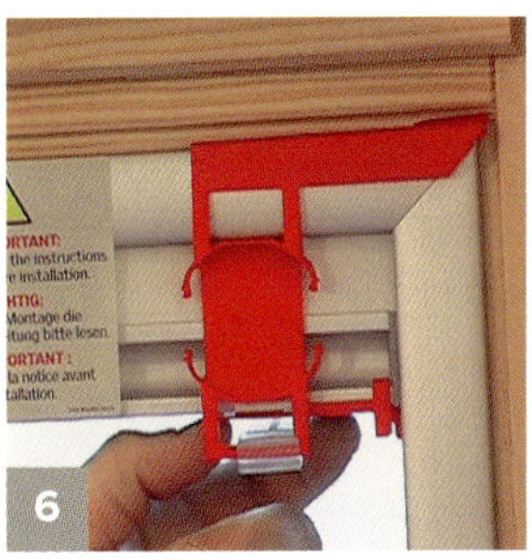

5. Décrochez la bobine contenant le cordon du support plastique rouge. Insérez les cordons dans les deux glissières et clipsez les embouts de cordon dans les attaches basses.

6. Les cordons étant désormais en place, vous pouvez maintenant enlever tous les supports en plastique rouge.

7. Testez le bon fonctionnement du store. Il doit coulisser librement et sans aucun à-coups dans les glissières.

LA BONNE INFO

MOTORISATION DES STORES INTÉRIEURS
Il existe des kits de motorisation pour les stores intérieurs de fenêtres de toit. Associés à un petit capteur solaire, ils ne demandent aucune installation électrique et peuvent être manœuvrés à distance, avec une télécommande.

Une cuisine équipée est une pièce fonctionnelle, réunissant dans un espace réduit un certain nombre d'équipements et d'appareils qui prennent place dans des meubles prévus à cet effet. Mais c'est aussi une pièce qui doit être agréable à vivre, d'autant qu'on y prend souvent des repas. Sa décoration fera donc aussi l'objet de soins tous particuliers.

LA BONNE **ASTUCE**

PRISE ESCAMOTABLE
Cet ensemble de prises escamotable s'intègre dans le plan de travail et disparaît quand on n'en a plus besoin. Il suffit d'exercer une pression et les prises ressortent!

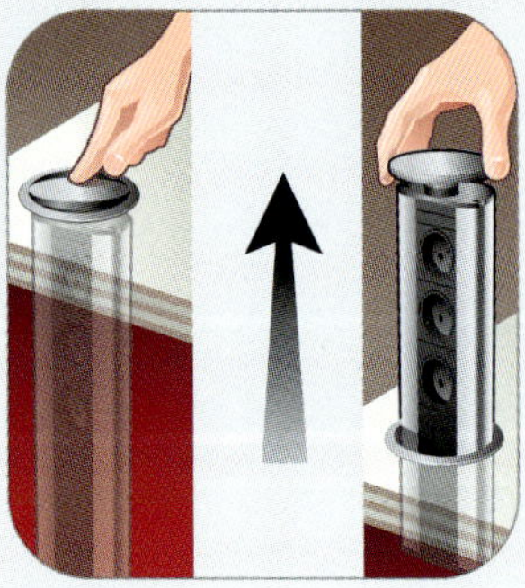

1. Choisir la cuisine

Toutes les cuisines sont constituées d'un certain nombre de caissons, avec ou sans portes, avec ou sans étagères, pouvant aussi recevoir des tiroirs. Certains de ces caissons sont destinés à accueillir des appareils électroménagers encastrables : four (s), machines à laver (la vaisselle ou le linge), réfrigérateur. Le plan de travail sera percé de logements pour recevoir l'évier et la table de cuisson.

Les panneaux constituant les caissons et les façades sont principalement en panneau de fibres de bois (particules ou médium) mélaminé en surface, mais il en existe en bois massif et en contreplaqué. L'aspect de surface, sa teinte ou sa couleur, ses accessoires décoratifs (moulures, poignées, corniches) créent le style spécifique de chaque cuisine. Ne sacrifiez pas l'ergonomie à l'esthétique, car n'oubliez pas que la cuisine est avant tout une pièce de travail, où l'on doit avoir tout sous la main, sans se baisser trop souvent, en évitant les pas inutiles.

LA BONNE **INFO**

Les murs d'une cuisine doivent être faciles à lessiver régulièrement. Rien de mieux, bien sûr que le carrelage, mais pour les parties peintes (surtout le plafond), utilisez une peinture lessivable, si possible laquée brillant.

2. Installer la cuisine

Pour installer une cuisine il faut être un bon bricoleur, capable de se transformer tour à tour en menuisier, en plombier, en électricien et en décorateur. Mais dans tous ces domaines, les difficultés lui seront épargnées par des kits ou des équipements faciles à assembler. Les meubles se montent avec des accessoires faciles à utiliser, les raccordements électriques et de plomberie se font avec un minimum d'outils. Il suffit d'être méthodique et de savoir prendre son temps.

3. Équiper la cuisine

Tous les appareils dont on peut avoir besoin dans une cuisine sont aujourd'hui encastrables. Et comme les caissons ont été pensés pour cela, les travaux d'installation sont réduits à leur plus simple expression.

L'équipement d'une cuisine se pense au moment de sa conception, car il est par la suite bien difficile de rajouter des caissons. La cuisine est soumise désormais à la mode, et tel modèle aujourd'hui très en vogue ne sera peut-être plus produit l'année suivante. Il ne sera alors plus possible d'ajouter un élément haut ou bas ou une colonne. Efforcez-vous de concevoir la cuisine la plus complète possible, regroupant un maximum d'appareils dans un minimum d'espace. Vous y gagnerez en confort et en efficacité.

Dans une cuisine il faut bien voir ce que l'on fait pour ne pas risquer de se blesser. Cette réglette à trois spots halogènes 20 W fixée sous un élément éclaire parfaitement le plan de travail.

Organisation

Les éléments de cuisine sont conçus pour être modulables et faciles à installer. Pour déterminer leur emplacement, tenez compte de vos habitudes et de l'utilisation de la pièce : on ne compose pas une cuisine de la même façon si l'on y prend tous les repas en famille ou si l'on y fait seulement la cuisine et les diverses tâches ménagères.

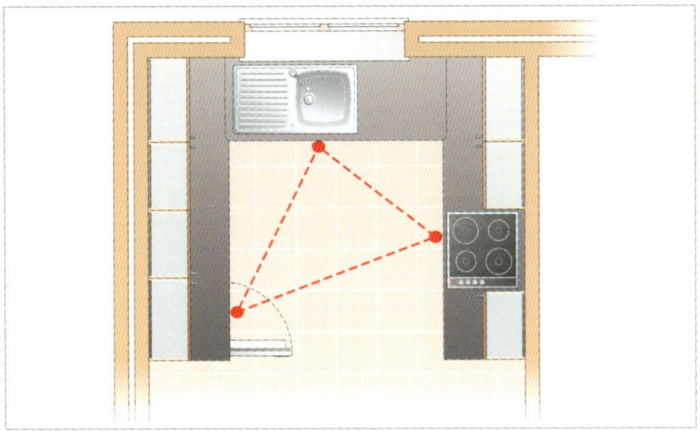

TRIANGLE D'ACTIVITÉS DANS UNE IMPLANTATION EN U

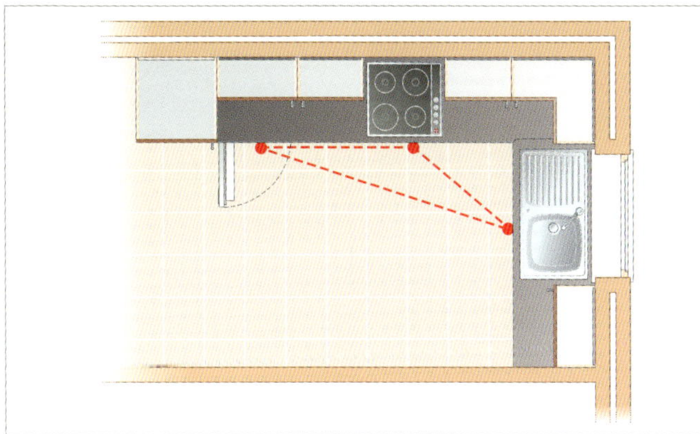

TRIANGLE D'ACTIVITÉS DANS UNE IMPLANTATION EN L

LE TRIANGLE DE TRAVAIL

Organisez la cuisine autour des trois points les plus utilisés pour les travaux ménagers :

- le plan de cuisson ;
- l'évier ;
- le réfrigérateur.

L'objectif est de limiter le plus possible les déplacements et donc le nombre de pas entre ces trois appareils essentiels dans une cuisine. La règle d'or est de contenir la somme des trois côtés de ce triangle entre 3,50 m et 7 m. Au-delà vous ferez beaucoup de pas inutiles. En deçà, vous serez gênés dans vos déplacements.

DRESSER UN PLAN

Faites un plan sur papier millimétré. Notez d'abord l'emplacement des éléments fixes : portes, fenêtres, tuyauteries, arrivée de gaz, radiateurs, chauffe-eau, interrupteurs et prises. Mesurez la longueur et la largeur des murs. Relevez les cotes à différents endroits et basez-vous sur la plus petite. Puis, relevez les dimensions des éléments désirés et placez-les sur votre plan avec vos appareils électroménagers. Finalisez votre plan en tenant compte du triangle de travail et des dimensions adaptées.

DISTANCE D'AISANCE

Les dimensions suivantes permettent un aménagement optimal de la cuisine :

– 50 cm de chaque côté de l'évier et des plaques de cuisson ;
– 80 cm minimum entre votre évier et votre plaque de cuisson ;
L'espace sera comblé par un joint sanitaire ;
– 90 cm devant les éléments pour une bonne circulation des personnes ;
– 65 à 70 cm entre la table de cuisson et la hotte ;
– 50 cm au minimum entre le plan de travail et la base des éléments hauts suspendus.

La hauteur du plan de travail varie entre 85 et 90 cm de haut suivant la taille de l'utilisateur.

La partie supérieure des éléments hauts ne doit pas dépasser 210 cm.

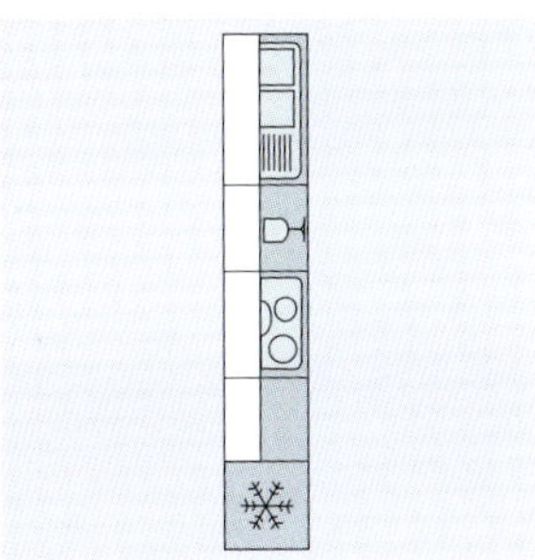

Cuisine en I

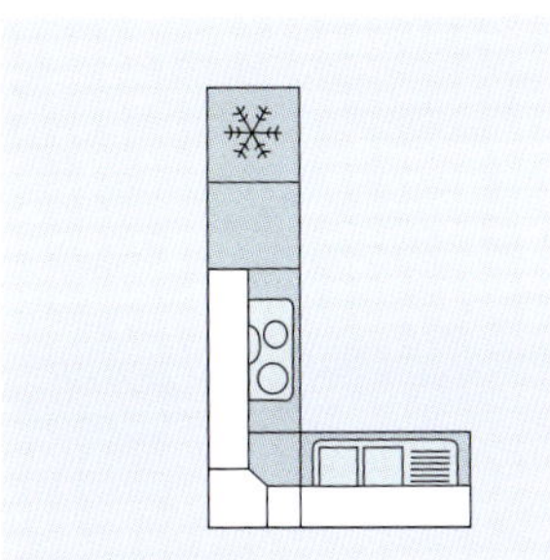

Cuisine en L

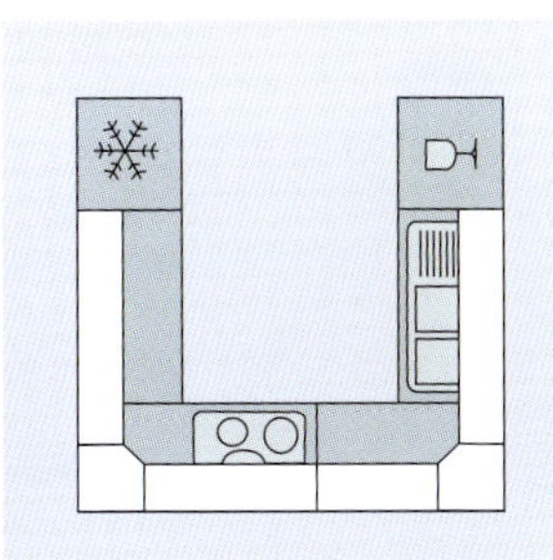

Cuisine en U

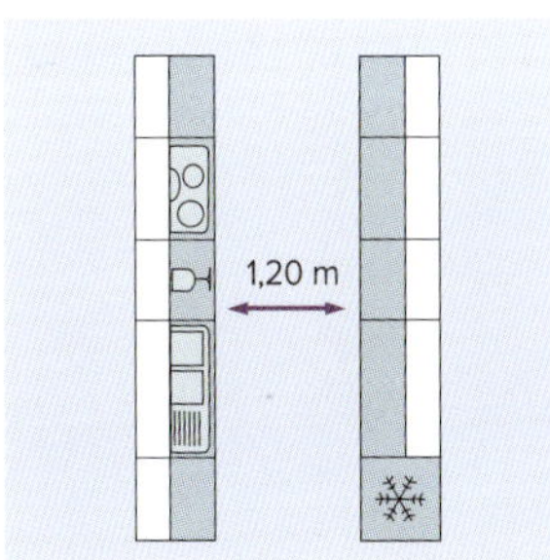

Cuisine en couloir

IMPLANTATION DES ÉLÉMENTS

La configuration de la pièce où vous installerez votre nouvelle cuisine détermine l'implantation des éléments et des différents appareils électroménagers dont vous aurez besoin. Cette implantation s'organise presque toujours selon 4 dispositions : en I, en L, en U et couloir.

- **La cuisine en I** est longue et étroite. Ce n'est pas la plus commode.
- **La cuisine en L** est la plus répandue. Elle autorise un espace important pour implanter une table, voire un îlot central.
- **La cuisine en U** peut aussi être associée à un îlot central. C'est la plus spacieuse.
- **La cuisine en couloir** correspond généralement aux pièces ayant des ouvertures des deux côtés.

LA SECURITE

SÉCURITÉ ET TRANQUILLITÉ

- Si votre four n'est pas à vitre froide, rendez-le inaccessible aux enfants en l'encastrant dans un meuble colonne.
- Équipez les portes et les tiroirs de freins de fermeture ou de pistons anti-chocs pour permettre aux portes de se refermer en douceur sans risques de pincement.

Les éléments de cuisine en kit sont proposés dans un vaste choix de couleurs, de styles et d'aspects de surface. Il existe une multitude de types de rangement et d'astuces pour une économie de place et un espace agréable à vivre au quotidien.

Certains éléments bénéficient de perfectionnements très innovants comme ces portes en verre dépoli à ouverture par projection verticale.

PRATIQUES

Les éléments en kit connaissent un grand succès du fait de leur coût modéré et de leur conditionnement qui permet de les transporter facilement. Les différents meubles étant conditionnés individuellement, vous pourrez les transporter sans difficulté jusqu'à leur lieu de montage.

DIVERSIFIÉS

Le choix des dimensions, du style et des finitions vous permet d'acquérir des éléments de rangement très divers, adaptés à vos besoins, à vos goûts, à votre budget et à la surface à aménager.

ADAPTABLES

Pour une nouvelle cuisine, les meubles en kit sont de taille standard. Aussi, il est facile de remplacer vos éléments et de les réorganiser suivant vos besoins : la création d'un coin repas, le déplacement de votre évier sous la fenêtre, etc. Pour modifier l'esthétique d'une cuisine existante, il suffit de renouveler les accessoires ou de changer la façade des tiroirs et des portes.

LOGIQUES

Tous les éléments vendus sont conçus suivant les mêmes principes de base. L'assemblage des pièces, numérotées sur la notice de montage, suit une procédure logique. Lisez attentivement le plan de montage, vérifiez la présence de toutes les pièces nécessaires et prévoyez assez de temps pour effectuer l'assemblage.

Un fond de caisson lumineux permet d'éclairer le plan de travail.

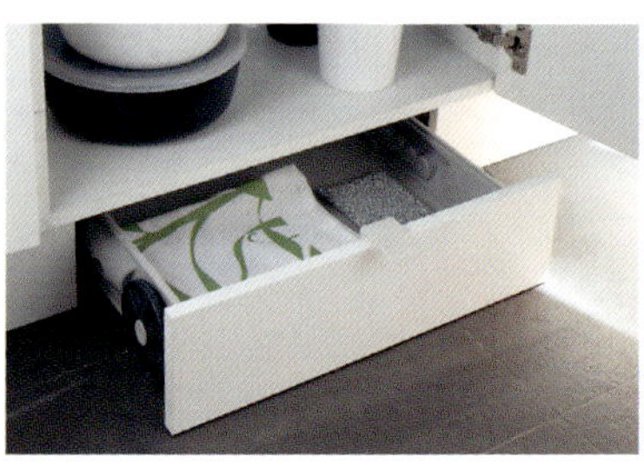

Tiroir de rangement dissimulé dans la plinthe du soubassement.

ASTUCES DE RANGEMENT

Les éléments de cuisine modernes regorgent d'astuces de rangement qui permettent un gain de place considérable, une meilleure ergonomie d'utilisation, ainsi que l'optimisation du rangement.

Ce casserolier “à l'anglaise” permet de dissimuler trois tiroirs derrière une même façade.

Deux bacs pour le tri sélectif derrière cette “poubelle doors”.

Ces paniers d'angle rotatifs permettent d'utiliser l'espace perdu dans un meuble d'angle droit.

Principes d'assemblage des éléments

Les meubles de cuisine s'assemblent par des accessoires de quincaillerie avec renforcement par tourillons. Le montage se fait comme un jeu de construction, en respectant bien l'ordre de la notice de montage.

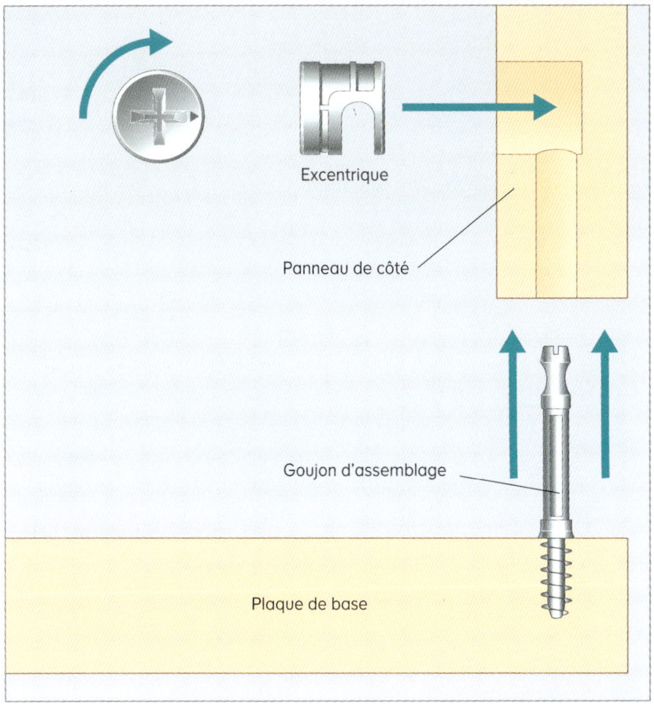

CONSTITUTION DES ÉLÉMENTS

Ces éléments sont conçus sur le principe de la boîte à 5 côtés. Le 6e côté est occupé par une porte en façade ou différents équipements tels que tiroirs, paniers tournants ou suspendus et bien sûr étagères.

Les éléments destinés à accueillir des appareils électroménagers tels que four, réfrigérateur, machine à laver ont une façade pouvant habiller la porte de certains de ces appareils.

SYSTÈME D'ASSEMBLAGE

Le principe d'assemblage des éléments de cuisine repose sur des accessoires d'assemblage comprenant un **goujon** et un **excentrique**. Des tourillons en bois doublent ces accessoires pour renforcer la solidité de l'assemblage (voir photos 2 et 3 ci-dessous).

Pour réunir deux panneaux, un goujon d'assemblage est vissé en extrémité de la face d'un des deux panneaux. Il est introduit dans un logement percé dans le chant du second panneau à assembler perpendiculairement au premier. En bout de ce perçage, un logement est usiné pour recevoir un excentrique qui, vissé d'un quart de tour, viendra se bloquer sur l'épaulement du goujon d'assemblage.

Des tourillons, disposés comme les goujons d'assemblage, viennent renforcer l'ensemble.

Méthode d'assemblage des éléments

LES BONS **OUTILS**

OUTILS
- Tournevis cruciforme
- Marteau

MATÉRIEL
- Éléments pour caisson
- Goujons et excentriques
- Tourillons

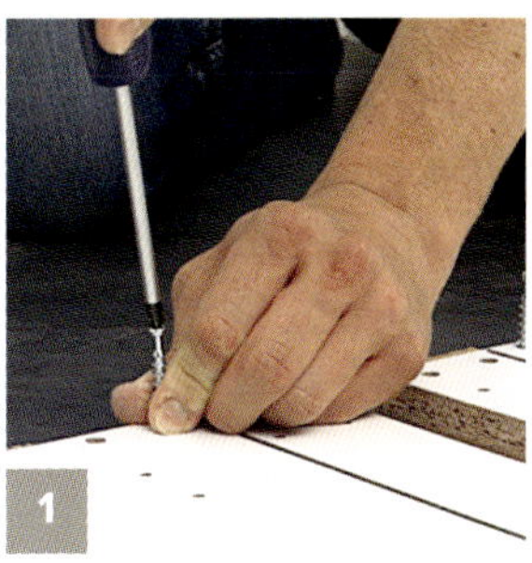

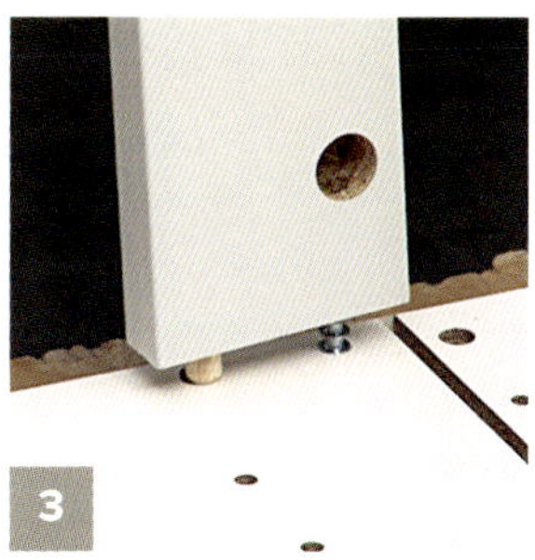

1. Vissez en place les goujons aux emplacements prépercés prévus à cet effet. Serrez-les à l'aide d'un tournevis en tenant le goujon perpendiculairement au panneau.

2. Engagez les tourillons dans leurs logements en frappant légèrement avec un marteau. Ne les encollez que si vous renoncez au démontage ultérieur des éléments.

3. Assemblez les traverses ou les côtés en engageant le goujon dans son logement et le tourillon dans le sien.

4. Mettez l'excentrique dans le logement pratiqué dans le panneau. Enfoncez-le de telle sorte qu'il affleure parfaitement le parement du panneau.

5. Avec le tournevis, faites pivoter l'excentrique jusqu'à blocage complet sur la tête du goujon.

LES BONS OUTILS

OUTILS
- Mètre
- Marteau
- Tournevis cruciforme
- Massette en caoutchouc
- Niveau à bulles
- Règle de maçon
- Crayon
- Perceuse, visseuse, foret
- Serre-joint

MATÉRIEL
- Éléments pour caisson, pieds et vérins à patin
- Goujons et excentriques
- Tourillons
- Chevilles
- Vis, vis à fourreau pour réunir les caissons
- Cache-vis

Assembler et poser un élément bas

Les éléments bas se montent facilement à l'aide de goujons et d'excentriques. Ils reposent sur des pieds réglables en hauteur (par des vérins à patin) qui permettent un ajustage de niveau impeccable.

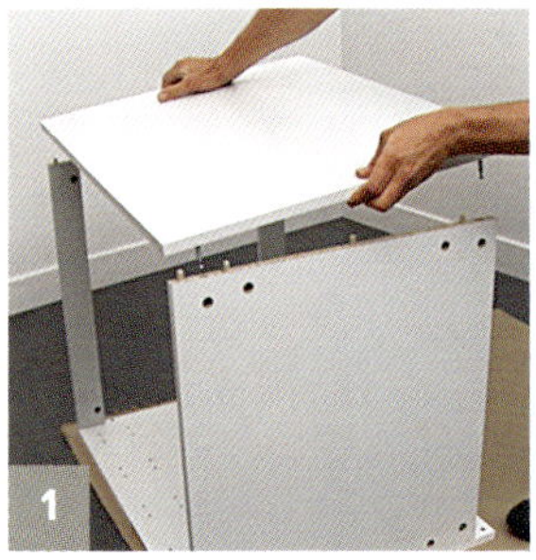

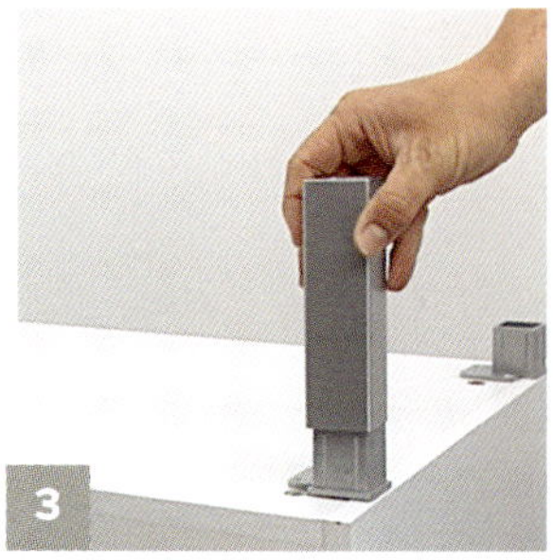

1. Assemblez les côtés et les montants à l'aide des goujons et excentriques d'assemblage et des tourillons (voir page précédente).

2. Retournez le caisson, base vers le haut. Positionnez l'embase du pied de façon qu'elle empiète sur le côté du caisson pour le soutenir. Vissez-la sous le panneau de base (des préperçages sont généralement prévus). Posez des embases aux quatre coins.

3. Engagez les pieds sur les embases en les poussant bien à fond. Si nécessaire, donnez quelques coups de massette en caoutchouc pour les enfoncer.

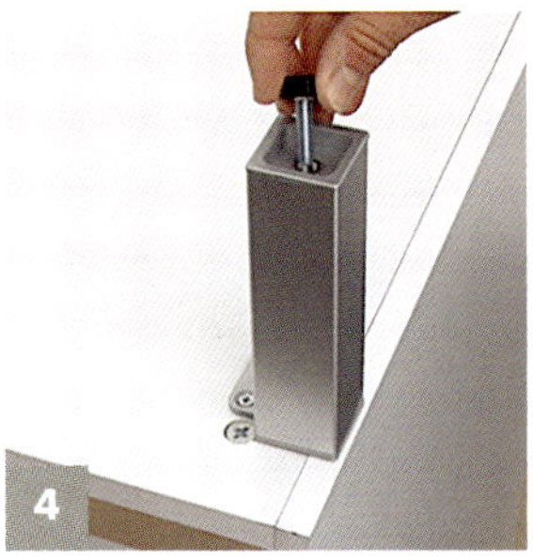

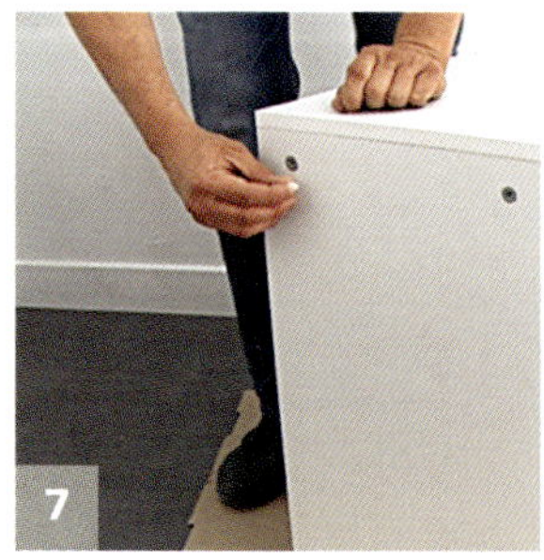

4. Vissez les vérins à patin dans les pieds. Grâce à ce système, vous pourrez régler la hauteur de chaque pied et compenser les éventuelles irrégularités du sol.

5. Posez le caisson sur ses pieds et glissez à l'arrière de celui-ci le panneau de fond prévu dans le kit. Il s'agit le plus souvent d'un mince panneau de fibres.

6. Avec une visseuse, fixez le fond arrière avec des vis dans le chant des panneaux du caisson. Ne serrez pas trop fort pour ne pas enfoncer la tête de vis dans le panneau de fibres.

7. Placez des caches sur la tête des goujons d'assemblage. Vous obtiendrez ainsi une finition parfaite, faisant disparaître jusqu'aux accessoires d'assemblage.

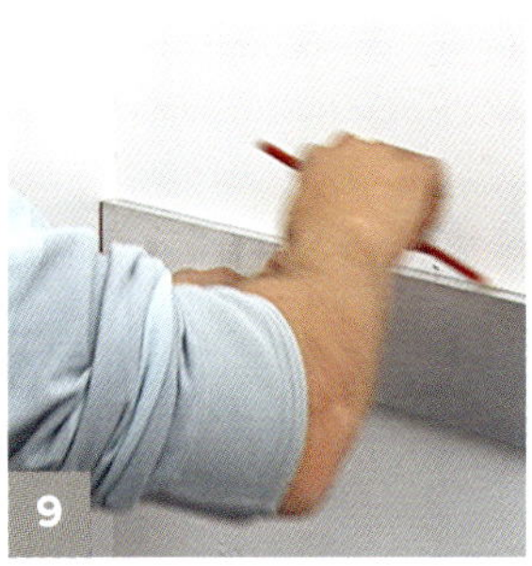

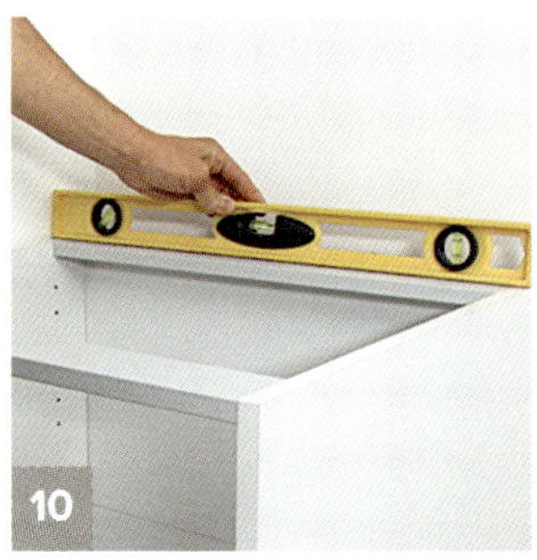

8. Tracez un point de repère sur le mur correspondant à la hauteur du plan supérieur des caissons bas, soit en principe 85 cm (majoré de l'épaisseur éventuelle du plan de travail). Cette hauteur peut varier de quelques centimètres en fonction de la taille des utilisateurs.

9. Prenez la mesure aux extrémités de la pièce, et positionnez une grande règle de maçon entre ces points. Assurez-vous de son horizontalité avec un niveau à bulles. En vous guidant sur la grande règle de maçon, tracez une ligne correspondant au niveau souhaité pour la partie supérieure des caissons bas.

10. Mettez en place le premier caisson bas. Alignez son sommet sur la ligne de repère que vous venez de tracer. Contrôlez que le meuble est bien horizontal avec un niveau à bulles. Faites ce contrôle sur le fond et à l'avant du caisson.

11. Ajustez la hauteur des pieds en vissant ou en dévissant leurs vérins à patin. Affinez le réglage en procédant à des contrôles successifs avec le niveau à bulles.

Assembler et suspendre un élément haut

Le montage des caissons constituant les éléments hauts ne diffère pas de celui des éléments bas. En revanche, le système d'accrochage doit faire l'objet d'une attention toute particulière pour éviter tout risque de chute après leur chargement.

1

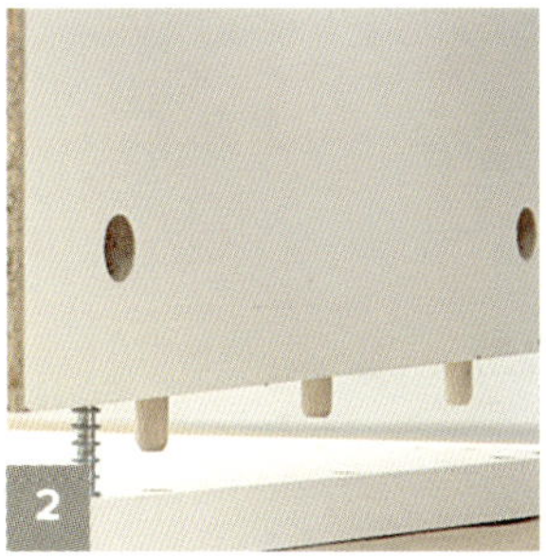

2

1. Préparez les panneaux pour leur assemblage en mettant en place les goujons et les tourillons. Positionnez les deux dispositifs d'accrochage en haut des côtés du futur caisson haut. Fixez-les avec des vis à la visseuse.

2. Assemblez les côtés du caisson haut comme vous l'avez fait pour les caissons bas.

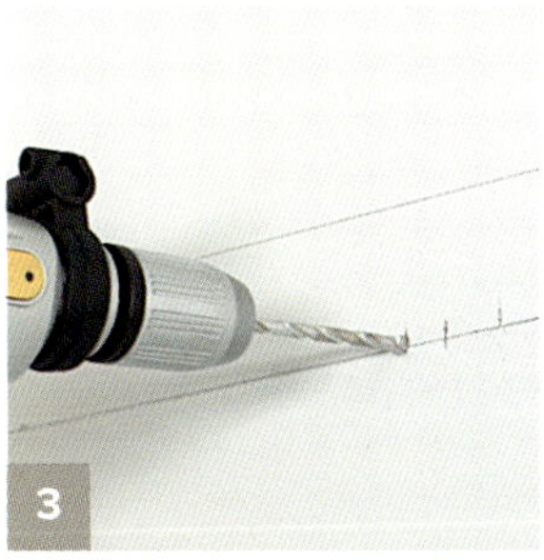

3

4

3. Tracez et repérez les lignes de fixation et les points d'ancrage des pattes de suspension des éléments. Percez le mur avec un foret adapté à la nature du matériau du mur (percussion dans du béton ou de la brique).

4. Insérez des chevilles en rapport avec la nature du mur et le poids des éléments. Demandez des conseils au vendeur.

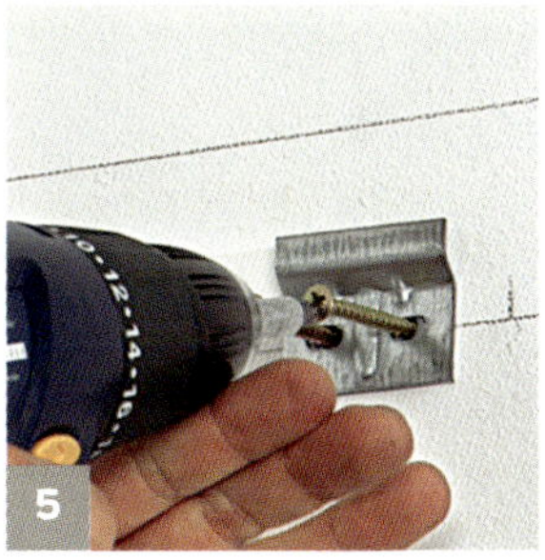

5

6

5. Fixez les pattes de suspension avec des vis adaptées, elles aussi, au poids des éléments à supporter. Les vis doivent être fermement serrées.

6. Faites sortir les crochets de suspension en agissant sur la vis correspondante des dispositifs d'accrochage.

7. Suspendez le caisson en faisant reposer les crochets sur les pattes de fixation. Veillez à ce que les crochets soient parfaitement engagés sur les pattes.

8. Réglez le niveau supérieur du caisson en agissant sur la vis de réglage concernée du dispositif d'ancrage, puis ajustez le crochet en serrant l'autre vis du système.

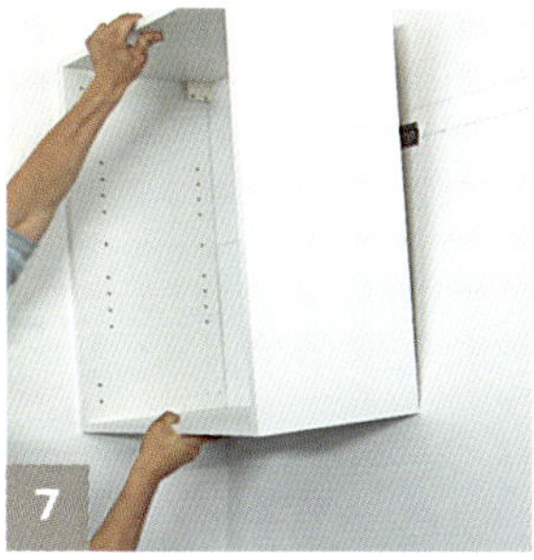

7

8

Réunir les caissons

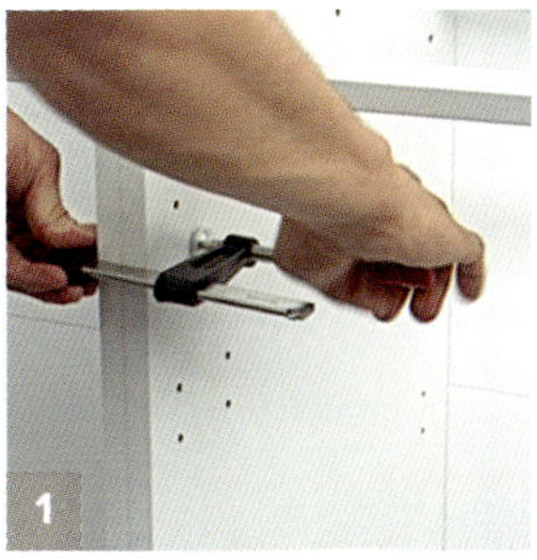

1

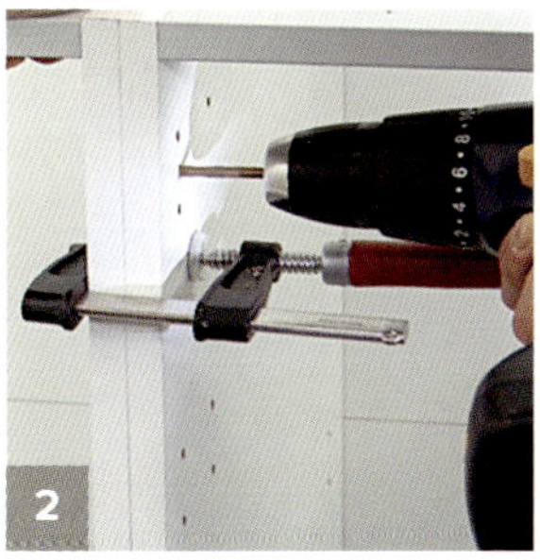

2

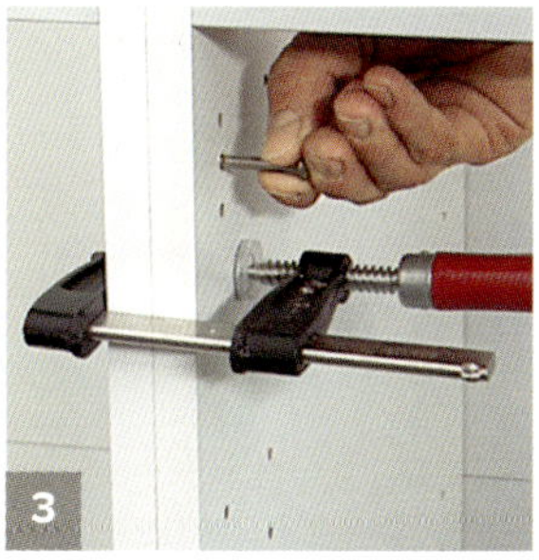

3

1. Réunissez les éléments avec un serre-joint.

2. Percez en une seule fois les deux caissons avec une perceuse.

3. Insérez les vis d'assemblage en deux parties (l'une mâle, l'autre femelle) et serrez-les.

LES BONS **OUTILS**

Outils
- Mètre
- Tournevis cruciforme
- Niveau à bulles
- Serre-joint
- Crayon
- Perceuse, visseuse

Matériel
- Éléments pour tiroirs
- Portes
- Cale de bois
- Poignées
- Charnières extensibles
- Vis
- Ruban de masquage

Monter un tiroir

L'assemblage des tiroirs, avec les kits actuels, est l'affaire de quelques dizaines de minutes, pratiquement sans outils.

1. Assemblez les côtés du tiroir. Il suffit ici de les emboîter par l'arrière.

2. Les trois côtés étant assemblés, glissez le fond dans les rainures ménagées à cet effet.

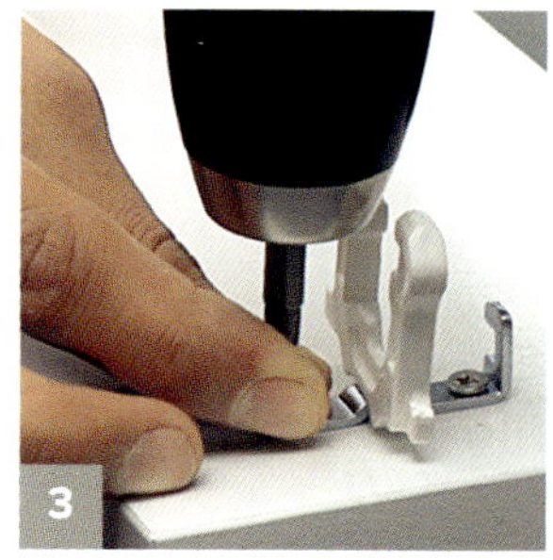

3. Serrez les vis de fixation des clips de liaison de la façade du tiroir.

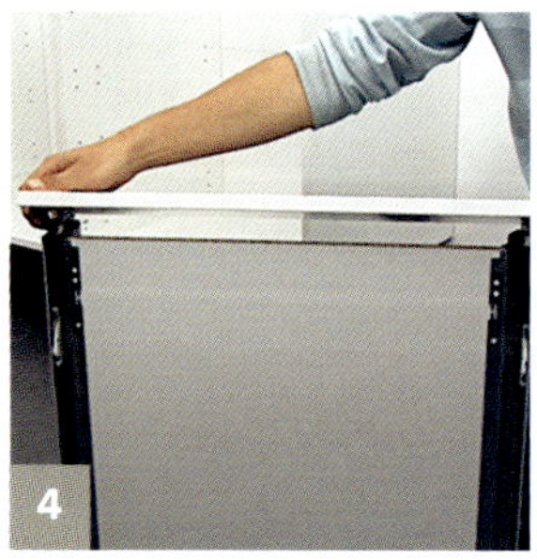

4. Posez le tiroir à la verticale et approchez sa façade. Elle se clipse simplement sur les côtés.

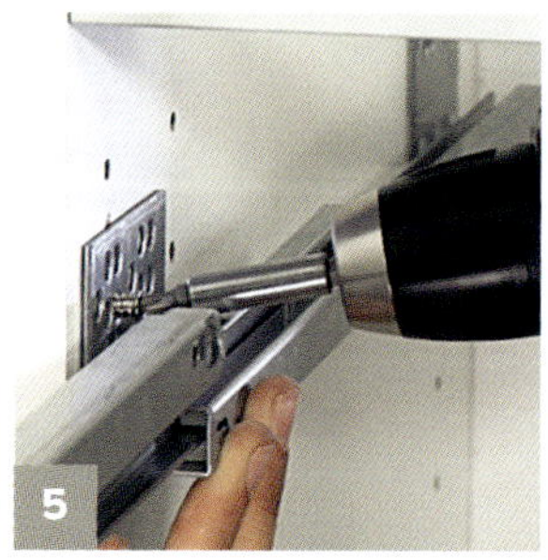

5. Vissez les rails de coulissage sur les côtés intérieurs du caisson (les trous sont prépercés).

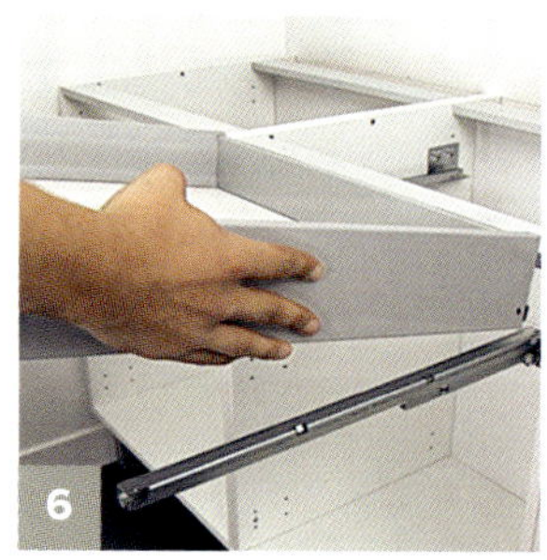

6. Pour mettre en place le tiroir, sortez les glissières et clipsez le tiroir dessus.

LA BONNE **ASTUCE**

Amortisseur de porte

Finies les portes qui claquent : avec les pistons anti-chocs, elles se referment doucement, sans risque de pincement et silencieusement.

Monter des poignées

1. Placez du ruban de masquage à l'endroit où vous voulez poser la poignée. Il va vous permettre de tracer plus facilement les repères et il évitera que la mèche glisse au moment des perçages.

2. Tracez sur le ruban de masquage les repères de perçage, équilibrés en hauteur et largeur. Aidez-vous d'un niveau à bulles.

3. Maintenez une cale en bois derrière la façade avec un serre-joint et percez la façade aux endroits voulus.

4. Montez la poignée et engagez le filetage des vis de fixation. Serrez-les de l'intérieur avec un tournevis.

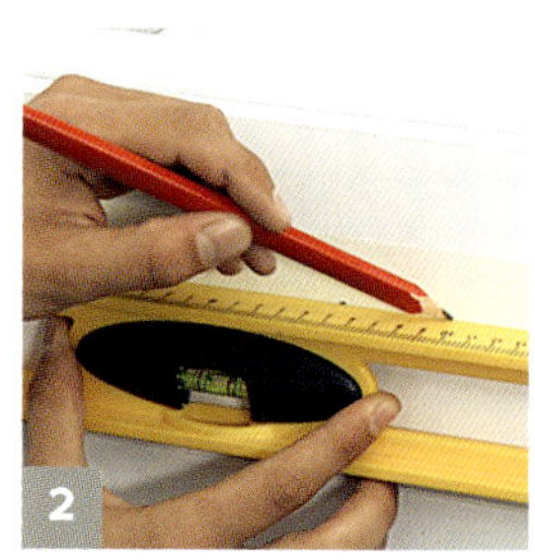

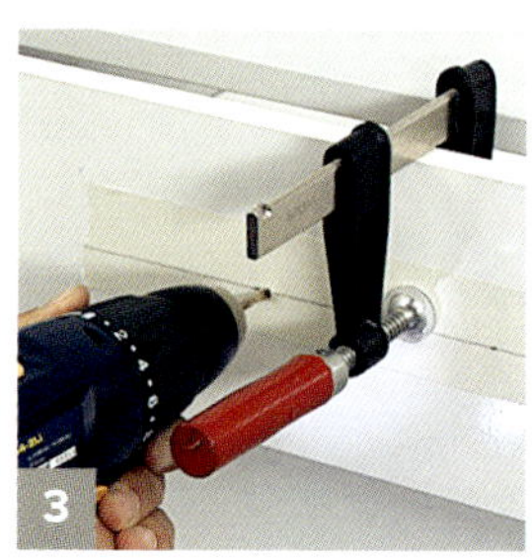

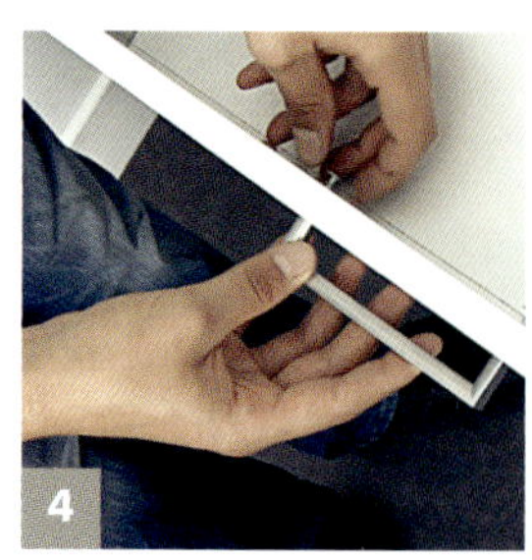

Monter une porte

Les portes sont articulées sur des charnières qui assurent automatiquement leur fermeture. Elles sont prépercées de logements permettant de placer l'embase de ces charnières. Elles sont équipées d'un système de réglage et d'ajustement.

1

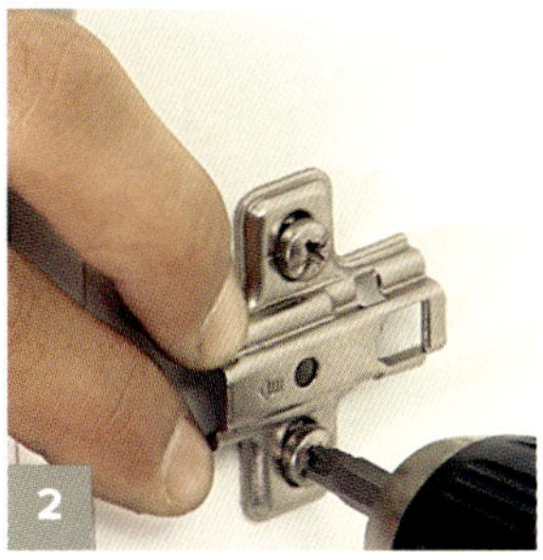

2

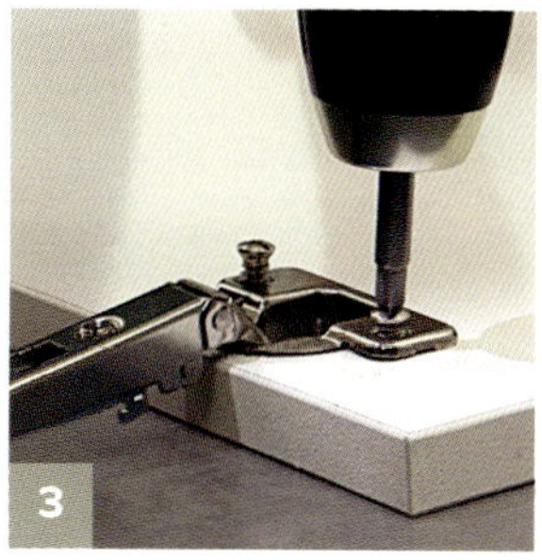

3

1. Les portes sont généralement montées sur des charnières extensibles. Commencez par déclipser la charnière de son support.

2. Disposez le support à son emplacement (les trous de vissage sont prépercés) sur le côté du caisson et vissez-le. Ne serrez pas trop les vis au risque de les arracher.

3. Des logements sont usinés dans les portes pour recevoir les charnières. Mettez-les en place et vissez-les.

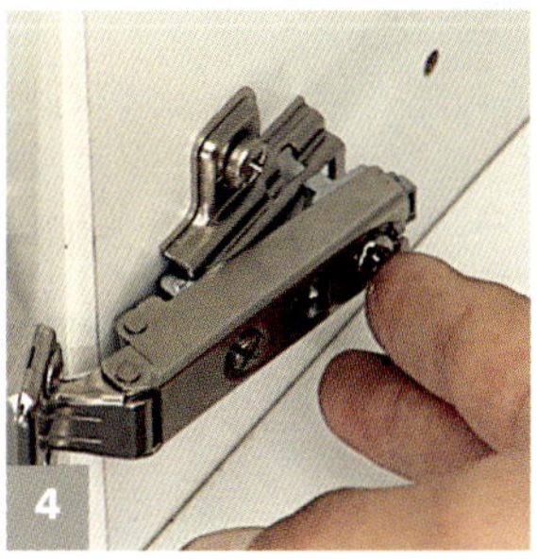

4

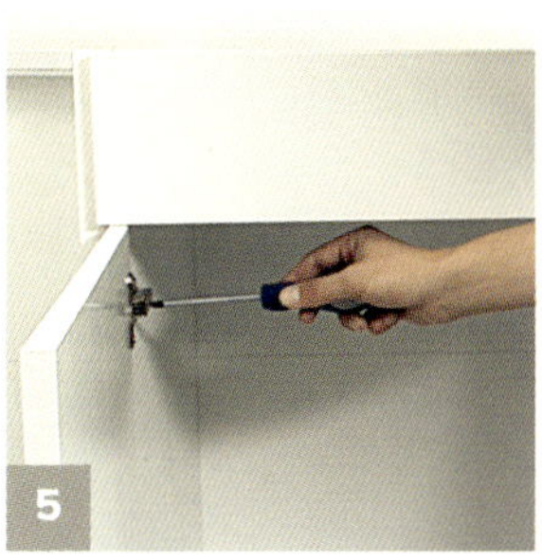

5

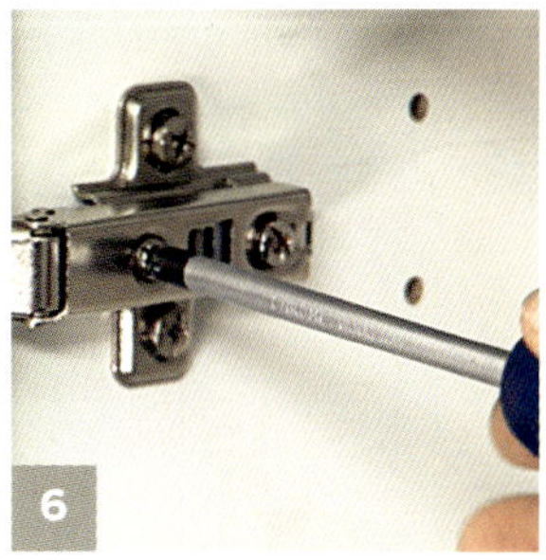

6

4. Présentez la porte et les charnières face à leurs supports. Il suffit d'appuyer dessus avec le doigt pour les clipser en place.

5. Il est toujours nécessaire d'ajuster les portes. Les vis de réglage se trouvent sur les charnières et permettent un réglage horizontal, vertical, et d'éloignement de la porte.

6. Vissez ou dévissez les vis de réglage progressivement jusqu'à obtenir le réglage satisfaisant de la porte par rapport au caisson.

LA BONNE **ASTUCE**

PASSAGE DES TUYAUX
Pour éviter les travaux de découpe, certains meubles en kit permettent de réserver un "vide sanitaire" derrière les caissons pour faire passer les tuyaux d'alimentation et d'évacuation.

LA BONNE **INFO**

BIEN POSITIONNER LE LAVE-VAISSELLE
Placez de préférence le lave-vaisselle à proximité de la poubelle et de l'évier. Vous y installerez de la sorte plus facilement les couverts, plats, assiettes et verres après le repas. Évitez de placer l'électroménager dans un angle pour ne pas gêner son accès.

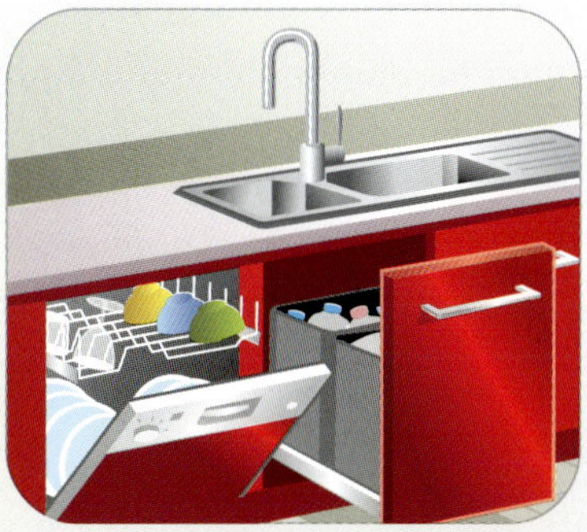

LES BONS OUTILS

OUTILS
- Perceuse, mèches
- Tournevis cruciforme
- Cutter
- Lime douce
- Crayon gras
- Règle
- Scie sauteuse avec lame pour bois
- Équerre graduée
- Maillet en caoutchouc

MATÉRIEL
- Plan de travail
- Bande de joint profilée
- Profil de jonction
- Évier de cuisine
- Plinthe avec ses fixations
- Ruban de masquage
- Vis à bois
- Colle contact
- Mastic d'étanchéité au silicone

LA BONNE ASTUCE

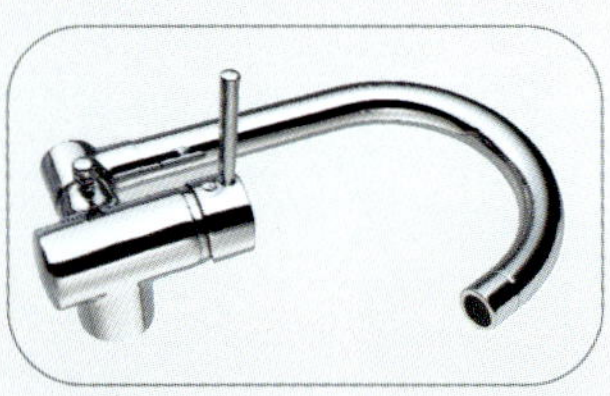

MITIGEUR DEVANT LA FENÊTRE
Quand on veut placer un évier devant une fenêtre, on est gêné par le col-de-cygne du mitigeur qui empêche son ouverture. La solution, c'est le mitigeur inclinable qui se rabat lors de l'ouverture de la fenêtre.

Une multitude de matériaux de plan de travail et de types d'évier s'offre à vous : résine de synthèse, Inox, verre trempé, etc. En plus d'être performants et personnalisables, ils jouent un rôle décoratif dans la cuisine. Pour une bonne finition de la cuisine et pour faciliter son nettoyage, il est nécessaire de poser des plinthes le long des meubles.

Poser le plan de travail

Les plans de travail sont faits dans différents matériaux : bois massif, stratifié postformé, carrelage, matériau composite et même pierre naturelle. Le stratifié est le plus simple à poser. Il en existe dans différentes largeurs, longueurs et épaisseurs, mais aussi décors et coloris. Le plan de travail posé ici fait 38 mm d'épaisseur, mais on en trouve en 28 mm, ou encore en 75 mm. Faites couper votre plan de travail à la longueur désirée en magasin : la ligne de sciage (que vous placerez dans un angle ou à la jonction entre deux parties de plan de travail) sera plus précise et plus régulière.

1. Repérez les points de fixation du plan de travail sur les éléments : trois vis à l'arrière et trois vis à l'avant de chaque élément suffisent. Prépercez ces emplacements sur les traverses des éléments avec une mèche de 4 mm.

2. Posez le plan de travail en vérifiant qu'il est bien calé contre le mur. Il ne faut pas laisser de jour apparent.

3. Quand le plan de travail est en plusieurs parties, il faut un profil de jonction, par exemple au niveau d'un angle. Le chant frontal du plan de travail étant arrondi, cet élément en aluminium a un profil incurvé, assurant un joint parfait. Fixez le profil de jonction avec des vis à bois. Déposez du mastic au silicone sur le chant du deuxième plan de travail et posez-le contre le profil de jonction.

4. Fixez ensuite le plan sur les meubles bas. Depuis l'intérieur des éléments, percez de bas en haut dans chacun des préperçages et dans le plan de travail, jusqu'à la profondeur repérée. Vissez une vis à bois dans chacun de ces trous.

5. Garnissez les chants coupés du plan avec une bande décorative. Déposez de la colle contact sur le chant et au dos de la bande coupée à bonne longueur. Attendez quelques instants avant de la plaquer en place (elle ne doit plus coller au doigt). Certaines bandes décoratives sont thermocollantes. Appliquez-la directement et passez un fer à repasser pour lisser.

6. Quand la colle est totalement sèche, arasez les côtés de la bande au cutter, puis finissez l'angle avec une lime douce.

Poser un évier dans le plan de travail

Quelles que soient la forme et les dimensions de votre évier, la méthode de pose encastrée est en principe la même. Vérifiez cependant les points particuliers éventuellement mentionnés dans le mode d'emploi accompagnant le bac.

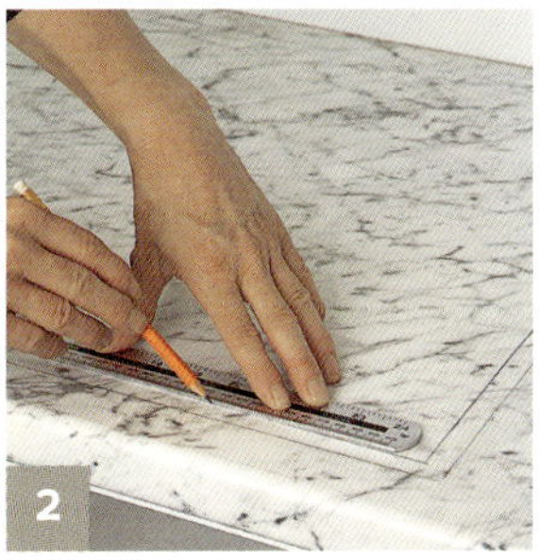

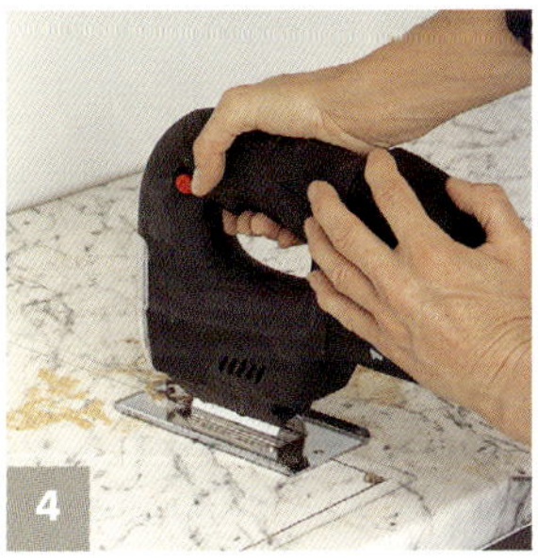

1. Si l'évier n'est pas livré avec un patron de découpe, retournez-le sur le plan de travail (les cuves placées du bon côté, car l'évier n'est pas forcément bien rectangulaire). Assurez-vous qu'il est à égale distance des bords avant et arrière du plan. Reportez son contour sur le plan, au crayon gras. Si le revêtement du plan de travail marque mal, collez une bande de ruban de masquage sous les rebords de l'évier et tracez le contour dessus.

2. Retirez l'évier et mesurez la largeur du rebord de l'évier. En général, le patron fourni avec l'évier vous donne cette cote. Reportez-la à l'intérieur du premier tracé, et tracez à la règle le périmètre de la découpe.

3. Avec une mèche plate de 12 mm, percez le plan de travail, à l'intérieur du tracé de découpe, pour permettre le passage de la lame de la scie sauteuse. Veillez à ne pas mordre au-delà du tracé.

4. Collez une bande de ruban de masquage sous la plaque-guide de la scie pour ne pas griffer la surface du plan de travail. Coupez à l'intérieur du tracé avec une lame adaptée au matériau. Soutenez la partie découpée à la fin de la coupe.

LA BONNE **INFO**

DES JOINTS ÉTANCHES

Les surfaces de travail d'une cuisine subissent de fréquents nettoyages et sont souvent très humides. Il faut donc assurer une parfaite étanchéité de tous les joints, au moyen d'un mastic au silicone pour joints sanitaires. Traitez tout spécialement autour de l'évier et entre le mur et le plan de travail.

Poser les plinthes

Une plinthe couvrant la base des éléments donne un aspect parfaitement fini et facilite le nettoyage. Elle est fixée au moyen de cavaliers spéciaux qui se clipsent sur les pieds des éléments.

1. Mesurez la longueur de la rangée d'éléments et coupez la plinthe à cette longueur. Relevez le positionnement des pieds et repérez l'emplacement des cavaliers.

2. Marquez l'emplacement du cavalier et tracez sa position en vous guidant sur une équerre.

3. Le revers de la plinthe de cette cuisine comprend une rainure qui permet de positionner le support des cavaliers et de régler plus facilement leur position. Enfoncez les supports au maillet et clipsez dessus les cavaliers. Il existe des cavaliers ronds ou carrés selon le profil des pieds.

4. Clipsez les cavaliers sur les pieds des éléments bas. Ajustez-les en les faisant glisser si nécessaire dans la rainure de la plinthe.

LES BONS OUTILS

Outils
- Tournevis cruciforme
- Tournevis d'électricien
- Scie sauteuse
- Niveau à bulles
- Pinces serre-joint
- Perceuse
- Crayon
- Pince à chevilles pour cloisons creuses

Matériel
- Chevilles pour cloisons creuses
- Joint d'étanchéité en mousse
- Domino
- Foret de 10 mm
- Mèche à bois de 3 mm
- Diable

L'installation de meubles permet d'intégrer tous les équipements nécessaires dans une cuisine : table de cuisson, hotte, fours, machines à laver et même réfrigérateur. Le gain de place est notable, son confort d'utilisation et sa fonctionnalité également.

Installer une table de cuisson

L'installation est la même pour toutes les plaques de cuisson électriques (vitrocéramique ou induction), celle d'une plaque gaz ne différant que par le mode de raccordement d'alimentation.

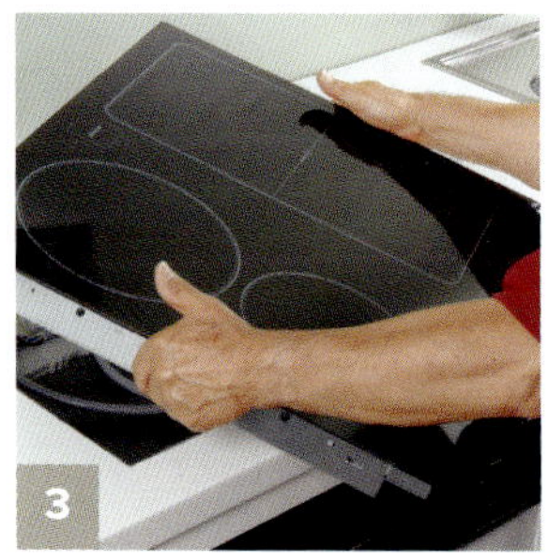

© CP

1. Tracez la découpe nécessaire à partir du gabarit fourni ou en reportant les cotes de la table, moins 1 cm. Percez un trou (10 mm) aux quatre coins et réalisez la découpe à la scie sauteuse (les éclats éventuels seront masqués par le rebord de la plaque).

2. Avant de mettre en place la table de cuisson, retournez-la et posez le joint adhésif d'étanchéité fourni, sur le pourtour de son rebord.

3. Posez la table de cuisson en ayant soin de dégager le câble d'alimentation électrique qui sera relié au circuit spécialisé (20/32A) prévu pour les appareils de cuisson. L'alimentation se fait par une boîte de connexion et non par une simple fiche.

Installer une hotte casquette

Différents types de hotte peuvent être installés. La plus classique est la hotte casquette qui doit son nom à sa visière frontale rabattable. Elle prend place facilement entre deux caissons hauts. Pour un bon fonctionnement, une hotte doit être placée exactement à 70 cm au-dessus d'une table de cuisson au gaz ou mixte. Cette hauteur est réduite à 65 cm pour les tables électriques.

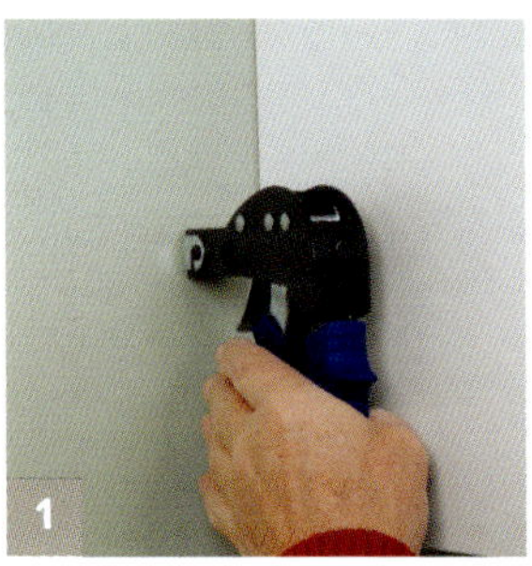

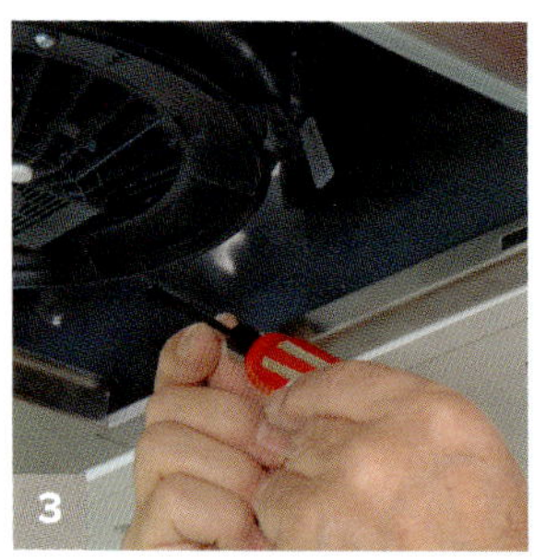

© CP

1. Percez le mur avec la perceuse et le foret adaptés à la nature du mur. On utilise ici des chevilles et des fixations pour cloison creuse. L'expansion de la cheville est réalisée avec une pince spécifique. Laissez dépasser la tête des vis.

2. La hotte possède à l'arrière deux œillets de suspension en trou de serrure. Accrochez la hotte en engageant ces œillets sur les têtes de vis des fixations que vous venez de poser sur la cloison.

3. Enlevez l'élément filtrant. Assurez-vous de l'horizontalité de la hotte avec un niveau à bulles. Bloquez les deux vis de fixation par l'intérieur de la hotte avec un tournevis à lame longue.

4. Remettez en place l'ensemble filtrant en le poussant dans les encoches pratiquées sur le rebord intérieur de la hotte et en clipsant, sur l'avant, son verrou de fermeture.

Encastrer un four

Vous pouvez encastrer un four classique ou un four micro-ondes dans une colonne ou dans un élément bas. La première solution évitera de vous baisser et surtout qu'un enfant puisse se brûler (si l'appareil n'est pas à porte froide).

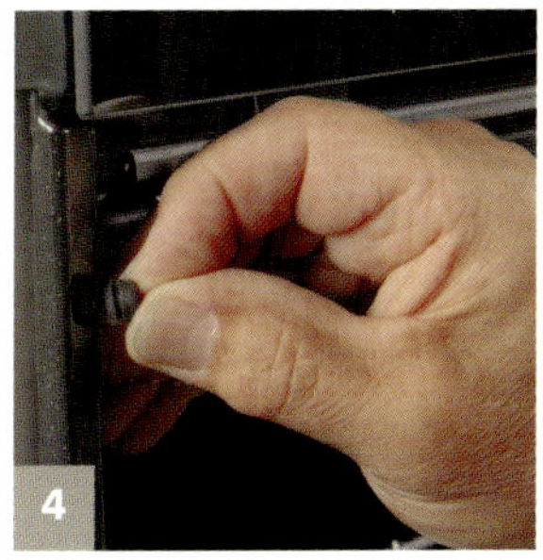

1. Positionnez dans le caisson-colonne la tablette qui doit supporter le four à la hauteur voulue. Vérifiez l'horizontalité de la tablette au niveau à bulles.

2. Faites-vous aider pour la mise en place du four entre deux tablettes. Celle du dessus devra venir au niveau supérieur du cadre de façade du four.

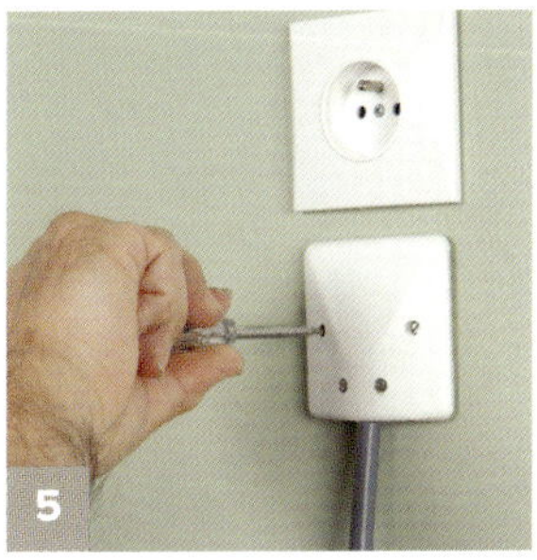

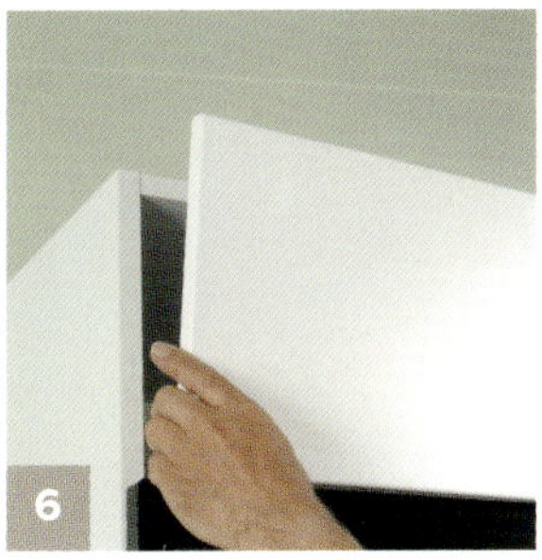

3. Ouvrez la porte du four pour accéder aux trous de fixation (un de chaque côté de la porte). Effectuez par ces trous un pré-percement fin avec une mèche de 3 mm dans le chant des côtés du caisson.

4. Placez les cache-vis en caoutchouc des trous de fixation (un de chaque côté de la porte) qui servent aussi d'amortisseurs.

5. Procédez au raccordement électrique sur le circuit spécialisé (20/32A) affecté aux appareils de cuisson. L'alimentation se fait par une boîte de connexion et non par une simple fiche.

6. Habillez le vide laissé en sommet de colonne par une façade fixe ou une porte adaptée à la hauteur du compartiment. Veillez à laisser libre la partie supérieure du fond arrière de la colonne pour l'évacuation de la chaleur du four

Encastrer une machine à laver

Le lave-vaisselle comme le lave-linge peuvent être encastrés dans des caissons bas. Leur installation est en tout point identique et suppose la proximité d'un branchement électrique, d'une alimentation et d'une évacuation d'eau (généralement sous l'évier).

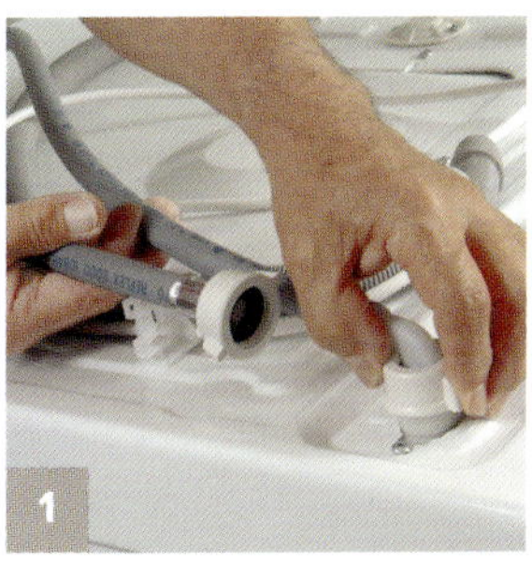

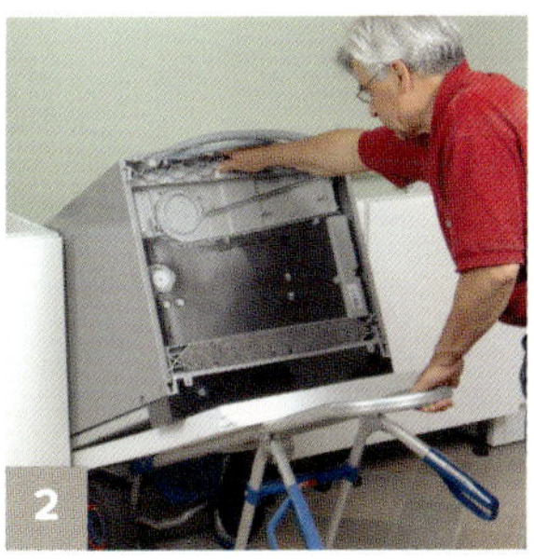

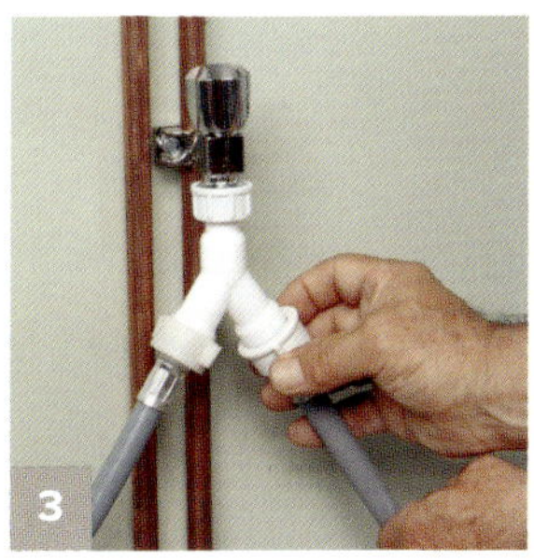

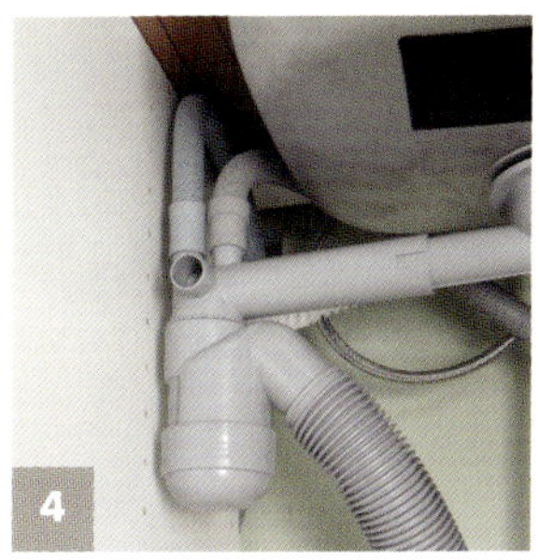

1. Avant la mise en place de la machine, vissez à la main le raccord d'alimentation en eau froide.

2. Utilisez le diable pour positionner sans effort, l'appareil dans le logement qui lui est réservé entre les caissons de la cuisine.

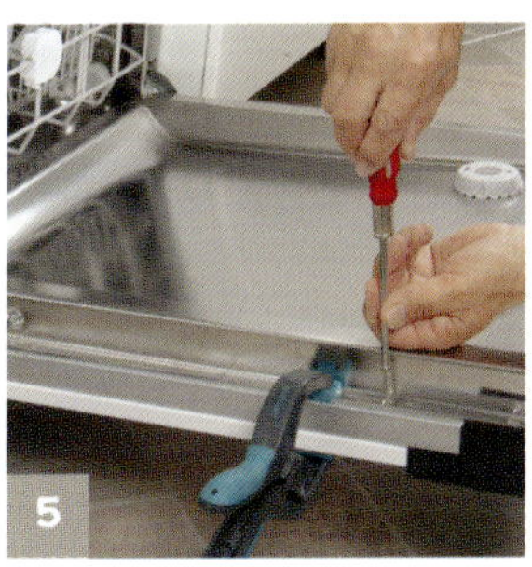

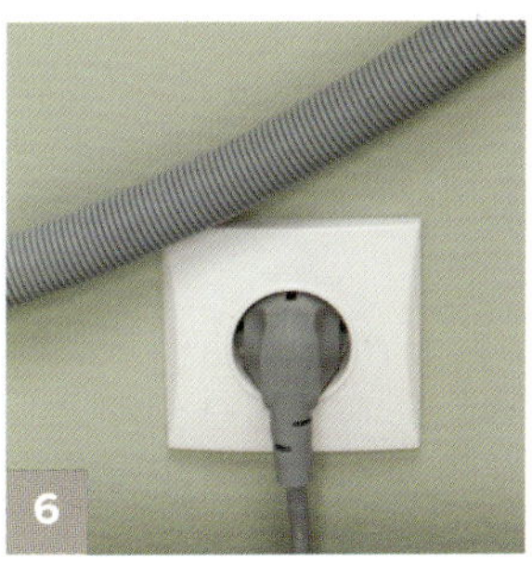

3. L'alimentation est assurée par l'un des deux embouts du robinet auto-perceur,

4. Le tuyau souple de vidange est relié et emboîté sur l'une des deux évacuations hautes du système de vidange de l'évier.

5. La plaque d'habillage de la porte est accrochée en partie basse et en partie haute par deux vis, depuis l'intérieur de la porte. Maintenez la façade sur la porte de l'appareil par deux pinces serre-joint pendant que vous vissez.

6. À la différence des appareils de cuisson, dont la puissance est importante, le raccordement électrique des lave-linge se fait par une simple fiche sur un circuit prises de 16/20 A.

La salle de bains est considérée désormais comme une pièce à part entière. Elle se doit d'être confortable, agréable et relaxante. Votre projet mérite donc réflexion pour organiser cet espace de manière optimale.

1. Apprécier l'espace

Si vous voulez aménager ou réaménager votre salle de bains, commencez par prendre les mesures de la pièce pour exploiter au mieux sa surface, car ici plus que dans toute autre pièce, l'espace est compté ! Réalisez un plan à l'échelle, sur du papier millimétré. Prenez les dimensions de la pièce, longueur, largeur et hauteur. Cotez aussi les ouvertures et reportez-les en indiquant le sens d'ouverture des portes et des fenêtres. Indiquez les éléments fixes et leur emprise : radiateurs, tuyauteries, points de raccordement. Notez l'emplacement des prises de courant et des interrupteurs, mais aussi des bouches de ventilation (éventuellement de VMC).

LA BONNE **INFO**

QUE METTRE AU SOL ?
Par définition, la salle de bains est une pièce humide, dont le sol doit pouvoir être abondamment mouillé. Le carrelage est donc le revêtement idéal, mais le PVC, qui est parfaitement étanche, convient aussi. Si certains parquets massifs peuvent être utilisés (préférez les bois exotiques et la pose "bateau", avec joints d'étanchéité), bannissez le parquet contrecollé en pose flottante, ainsi que le stratifié.

2. Organiser l'espace

Une fois le plan réalisé, tracez et découpez dans du carton les différents appareils, à la même échelle que la pièce. Vous allez pouvoir les positionner sur votre plan en tenant compte de la forme et des dimensions de la pièce, mais aussi de tous les éléments incontournables que vous aurez indiqués sur le croquis et qui conditionnent l'emplacement de la vasque, de la douche, de la baignoire ou de la cuvette des W.-C. En plus de ces impératifs purement techniques, vous allez devoir tenir compte des contraintes ergonomiques d'utilisation de l'espace, des cotes minimales pour utiliser confortablement les différents appareils.

3. Aménager l'espace

Les contraintes techniques et ergonomiques déterminent l'emplacement des appareils et leurs possibilités de raccordement. Elles induisent des travaux de plomberie à réaliser. Ces travaux réglés, il va falloir aménager l'espace, en choisissant un certain nombre d'équipements ou d'accessoires complémentaires : pose d'un sèche-serviettes, montage d'un meuble, installation d'un miroir et de l'éclairage. C'est assurément la phase la plus gratifiante de l'aménagement, celle qui débouche sur la décoration de cette pièce. Faites travailler votre imagination, inspirez-vous des idées trouvées dans les magazines et les catalogues de vente. Des stylistes professionnels sont là pour vous ouvrir des pistes.

LA BONNE **INFO**

VENTILATION
Le renouvellement de l'air dans la salle de bains est crucial, tant pour la santé que pour la protection des équipements. L'idéal est de disposer d'une VMC hygroréglable qui adapte automatiquement le débit d'air à l'humidité ambiante. À défaut, installez un extracteur, qui peut, lui aussi être hygroréglable.

Le bon plan

Pour que la salle de bains soit fonctionnelle et confortable, il faut réserver un espace suffisant devant les différents éléments. La pièce étant généralement de dimensions limitées, tenez compte de ces mesures minimales avant de vous lancer dans l'aménagement d'une nouvelle salle de bains.

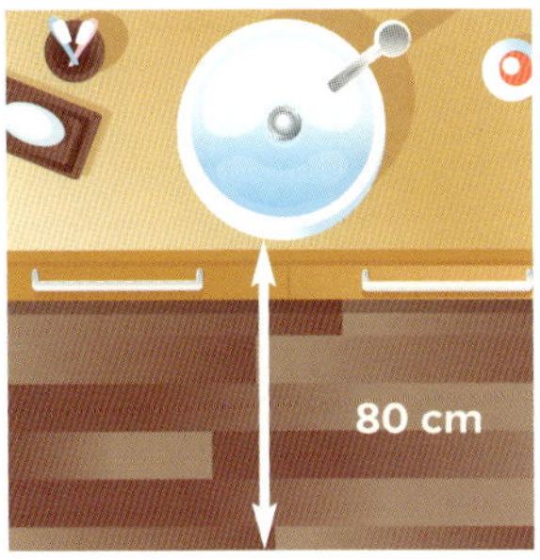

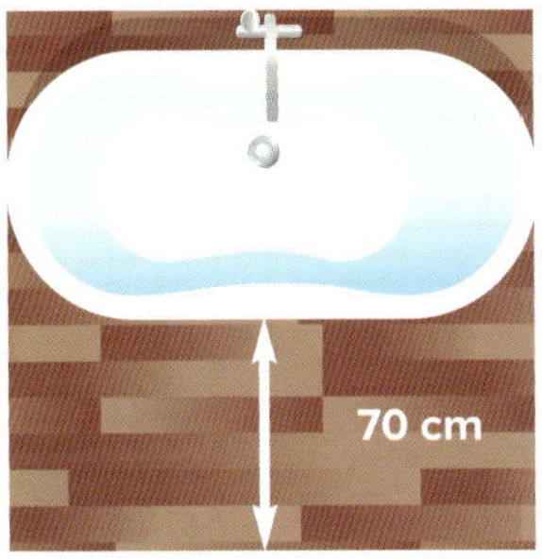

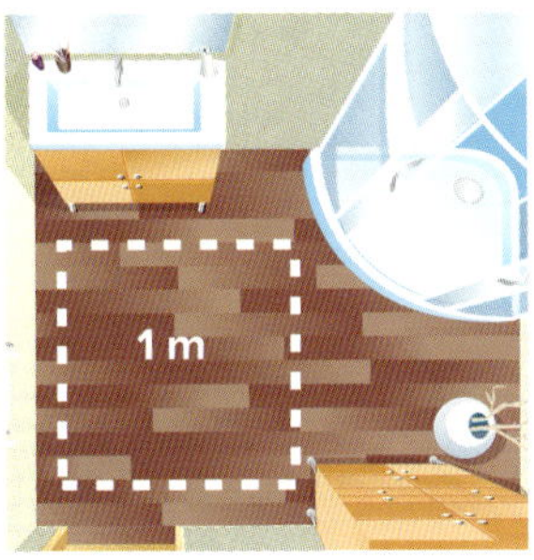

COTES MINIMALES

Pour que votre salle de bains soit vivable, il faut que vous disposiez d'un espace minimal devant les différents appareils. **Devant le lavabo,** prévoyez au minimum 80 cm. Veillez à ce que le déplacement de la porte si elle s'ouvre vers l'intérieur de la pièce, ne balaye pas cet espace. Si c'est le cas, changez le sens d'ouverture (vers l'extérieur), ou remplacez la porte battante par une porte coulissante (en applique ou à galandage). Il faut compter au minimum 15 cm de chaque côté de la vasque ou du lavabo.

Devant la baignoire, vous pouvez compter seulement 70 cm, car on n'y stationne pas, comme devant un lavabo. En revanche, s'il s'agit d'une baignoire classique (1,70 x 0,80 m), vous pouvez la loger entre deux murs, sans pratiquement aucun espace.

Dans une salle de douche intégrant un lavabo, il vous faut prévoir un espace d'au moins 1 m au carré devant la douche et le lavabo. Prévoyez de changer le sens d'ouverture de la porte (vers l'extérieur) ou d'installer une porte coulissante.

LA BONNE ASTUCE

CHAUFFAGE, SÈCHE-SERVIETTES, SÈCHE-CHEVEUX, SÈCHE-MAINS

Cet appareil astucieux remplit toutes ces fonctions. Il est doté d'un thermostat d'ambiance et assure une montée en température très rapide. Une minuterie le coupe au bout de 2 h.

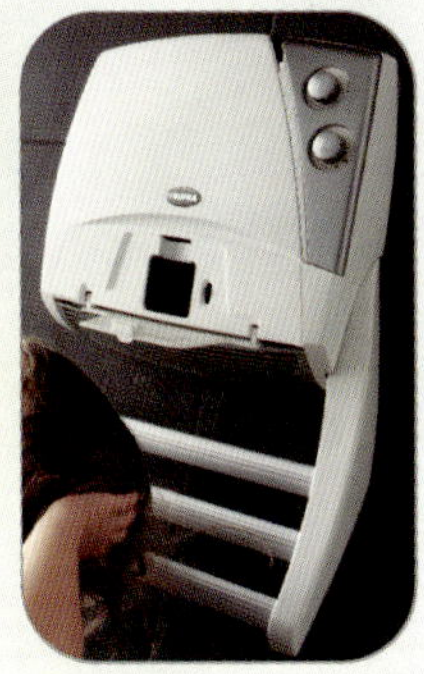

LE SÈCHE-SERVIETTES

C'est à la fois un moyen de chauffage et un accessoire de confort pour sécher ou chauffer les serviettes. Il peut être associé au chauffage central ou électrique. Il peut être également mixte, c'est-à-dire associé au chauffage central l'hiver et raccordé au circuit électrique le reste de l'année.

ÉCLAIRAGE

Conçu autant pour bien voir que pour mettre en valeur le décor, l'éclairage doit suivre impérativement les règles de la norme NF C 15-100.

BLOCS-MEUBLES, MIROIR, ÉCLAIRAGE

C'est certainement la solution la plus économique et la plus facile à réaliser. L'ensemble comprend le meuble, la vasque, elle-même surmontée d'une glace avec tablette et éclairage.

LES VASQUES

On ne conçoit plus une salle de bains sans un minimum de meubles. Le simple lavabo sur pied n'est plus de mise. On lui préfère désormais un meuble bas intégrant une ou deux vasques : ici une vasque rectangulaire extra-plate en céramique blanche.

MEUBLE INTÉGRAL

Idéal pour les petits espaces, ce meuble chevalet intègre une tablette basse, une vasque et son support, une tablette porte-gobelet et un miroir.

ACCESSOIRES

Porte-savon, distributeur de savon liquide, gobelet, porte-brosse à dents, etc. Tous les accessoires sont aujourd'hui coordonnés au mobilier de la salle de bains et participent directement à sa décoration.

LES BONS OUTILS

Outils
- Mètre
- Tournevis, tournevis d'électricien
- Scie sauteuse
- Niveau à bulles
- Pince à dénuder
- Crayon
- Perceuse, visseuse
- Clé à molette, clés plates

Matériel
- Éléments pour caissons
- Goujons et excentriques
- Tourillons
- Chevilles
- Vis, charnières
- Vasque et sa robinetterie
- Siphon, flexibles d'alimentation

Monter un meuble lavabo

Les éléments des meubles-lavabos s'assemblent très facilement à l'aide de goujons et d'excentriques. Les charnières des portes sont encastrables et la plomberie est simplifiée par des éléments en PVC et des flexibles d'alimentation.

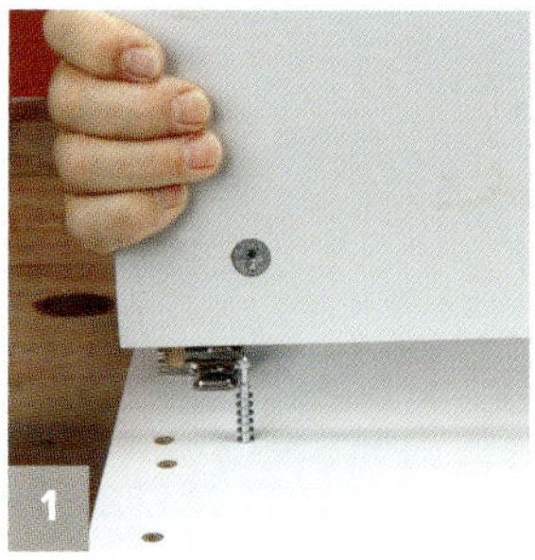

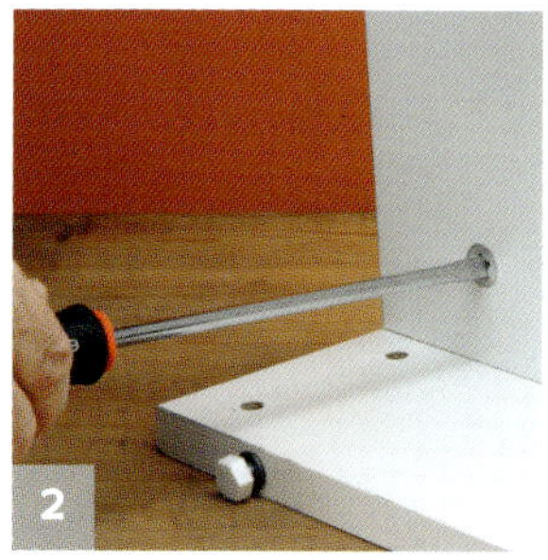

1. Placez les goujons dans les perçages prévus à cet effet dans les panneaux du kit. Logez les excentriques qui leur correspondent. Assemblez les panneaux.

2. Les deux panneaux étant assemblés, tournez d'un quart de tour l'excentrique avec un tournevis pour le bloquer.

3. Les charnières des portes sont en deux parties : l'une est vissée sur la face interne des panneaux verticaux, l'autre est placée sur la face interne des portes. Fixez les charnières sur la porte avec les vis prévues à cet effet.

4. Assemblez les tiroirs, constitués ici de trois côtés repliables, à l'aide des tourillons et des vis.

5. Posez le côté du meuble entaillé d'encoches pour tenir compte du passage des conduits.

6. Montez le reste du meuble sans les portes, qui gêneraient les raccordements de plomberie (on les montera en dernier). Approchez le meuble et assemblez dessus le panneau de côté.

7. Positionnez le lavabo sur le meuble et vérifiez son bon alignement avec les éléments de canalisations posés. Vous réaliserez ensuite un joint sanitaire entre l'arrière de la vasque et le mur.

8. Posez la bonde en fond de vasque et assemblez-la au siphon en PVC, sans omettre de placer les joints. Serrez les écrous à la main.

9. Montez le mitigeur et procédez aux raccordements par des flexibles d'alimentation.

10. Positionnez le miroir et accrochez-le au mur via ses pattes de fixation, par des vis et des chevilles adaptées à la maçonnerie du mur.

Monter un miroir de lavabo

L'installation d'un miroir au-dessus d'un lavabo est pratiquement incontournable. L'idéal est qu'il bénéficie d'un éclairage intégré pour bien se voir dans la glace. L'installation en est assez simple, le raccordement électrique aussi.

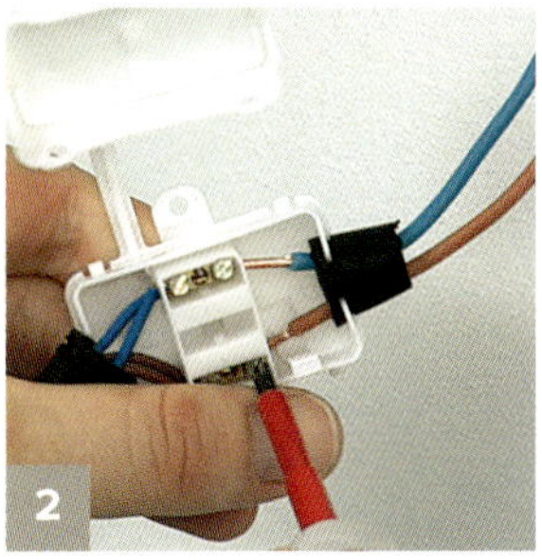

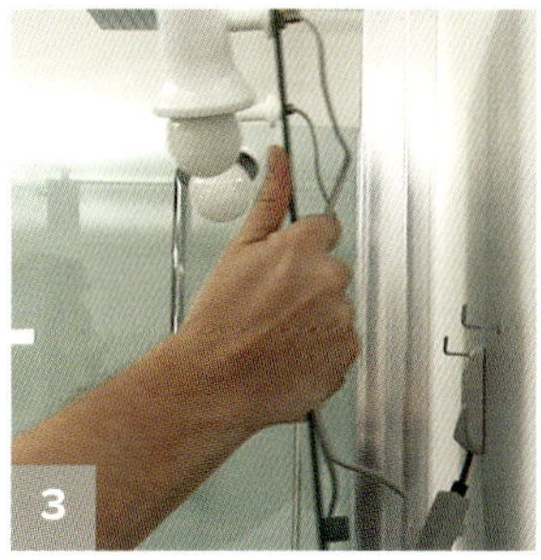

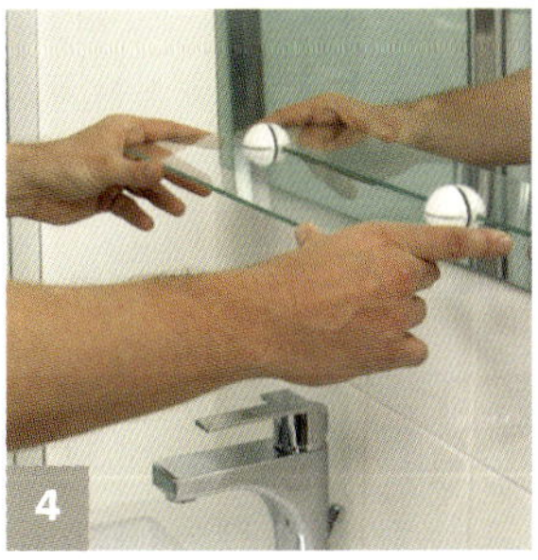

1. Déterminez l'emplacement des points de suspension en fonction du dispositif d'accrochage au dos du miroir. Percez et chevillez en fonction de la nature de la maçonnerie. Placez deux pitons parfaitement alignés.

2. Raccordez les fils de l'éclairage du miroir dans le connecteur. L'éclairage bénéficiant de la double isolation, il n'y a pas de raccordement de terre.

3. Accrochez le miroir aux pitons de fixation.

4. Engagez la tablette en verre dans ses supports. Serrez la vis de blocage située sous chaque support. Ne serrez pas trop fort.

LA BONNE INFO

PERCER DANS LE CARRELAGE MURAL

Si vous devez accrocher votre miroir sur un mur déjà carrelé, vous pouvez soit percer dans les joints, notamment à la jonction de quatre carreaux, soit percer en plein carreau. Collez un morceau de ruban de masquage à l'endroit du perçage pour que le foret ne glisse pas. Utilisez un foret pour carrelage pour percer celui-ci, puis un foret adapté à la maçonnerie du mur.

Installer un sèche-serviettes électrique

Le sèche-serviettes a évidemment pour fonction principale de sécher les serviettes, mais il peut aussi servir de radiateur de chauffage si la pièce n'est pas trop grande.

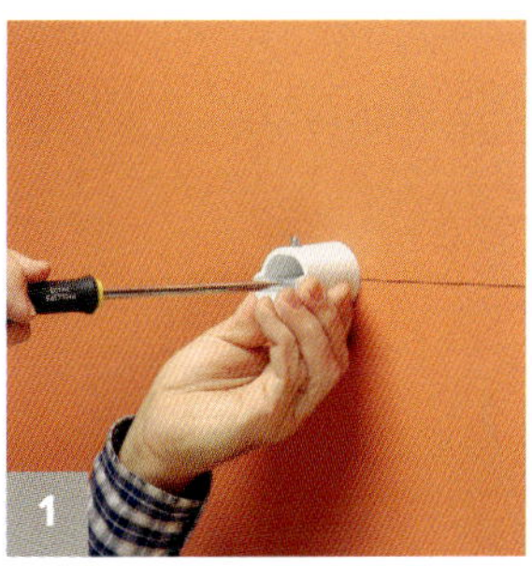

1. Déterminez l'emplacement des quatre points de fixation du radiateur. Certains appareils sont livrés avec un patron de repérage. Percez et chevillez en fonction de la nature du mur. Fixez chaque embase en les vissant très solidement car le sèche-serviettes est très lourd.

2. Présentez le radiateur équipé de ses entretoises, et engagez-les entretoises dans les embases cylindriques.

3. Contrôlez la verticalité. Vous pourrez toujours rattraper un léger décalage par déplacement des embases.

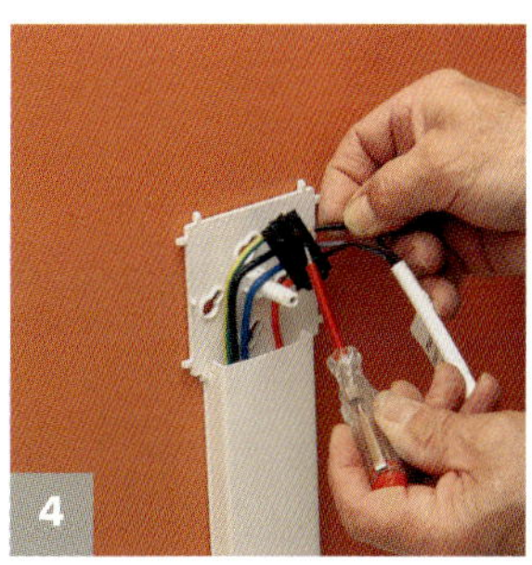

© CP

4. L'alimentation électrique se fait par un circuit dédié (circuit chauffage) ayant sa propre protection (fil de terre). On trouve ici trois fils à raccorder sur le connecteur : les deux conducteurs actifs rouge et bleu (phase et neutre), et un conducteur noir pour la transmission centralisée des ordres de commande (fil pilote).

LA SECURITE

SÉCURITÉ ÉLECTRIQUE

Les appareils électriques de classe II (IPX3) peuvent être placés dans le volume 2 de la salle de bains, c'est-à-dire à plus de 60 cm de la baignoire. Comme ils bénéficient d'une double isolation, ils ne doivent pas être raccordés au conducteur de terre du circuit d'alimentation.

Les possibilités de rangement dans une maison sont essentielles pour bien vivre. De simples rayonnages à étagères au dressing le plus élaboré, vous pourrez organiser votre intérieur méthodiquement, mais aussi de façon esthétique. Car les rangements ne sont pas seulement pratiques : ils font aussi partie intégrante de la décoration d'une pièce.

LA BONNE **ASTUCE**

Les housses compactables permettent de ranger des vêtements en réduisant considérablement leur volume et en gagnant ainsi jusqu'à 75 % de place. Il suffit de mettre les vêtements dans ces housses en plastique et d'y faire le vide avec l'aspirateur.

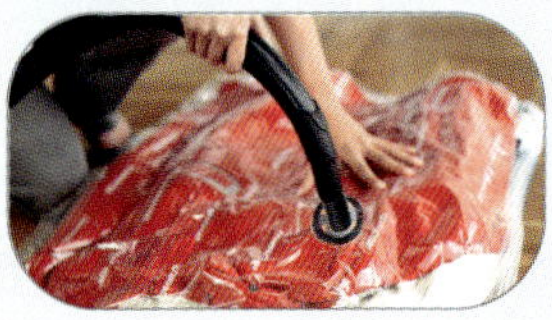

1. Choisir le type de rangement

Le choix du type de rangement se fait en fonction de ce que l'on a à ranger, de la configuration et de la taille des pièces concernées mais aussi de la nature des murs. S'ils ne se prêtent pas facilement à fixation, on optera pour des rayonnages en pied, voire pour un dressing. Sinon, il est possible de recourir à des étagères et à des rayonnages fixés directement au mur.

2. Fixer les étagères

La fixation des étagères dépend étroitement de la maçonnerie du mur où l'on veut les installer. On n'emploiera pas les mêmes chevilles et les mêmes vis dans un mur compact en béton que dans une cloison creuse de distribution. La charge supportable pourra être importante dans le premier cas, plus raisonnable dans le second. Le recours aux crémaillères est une bonne solution car elles permettent une meilleure répartition de la charge sur la paroi.

Les boîtes restent à la base de tout rangement. Dans leur structure basique, elles prennent aujourd'hui de la couleur, comme ces boîtes multicolores en polypropylène.

3. Monter un dressing

Le dressing est la version moderne des placards d'autrefois. Mais alors qu'on ne mettait dans les placards que quelques étagères et une barre de penderie, on peut doter un dressing de nombreux accessoires de rangement qui simplifient la vie : étagères, caissons, tiroirs, porte-pantalons, paniers fils sont autant de composants qui peuvent prendre place dans un dressing, avec ou sans porte.

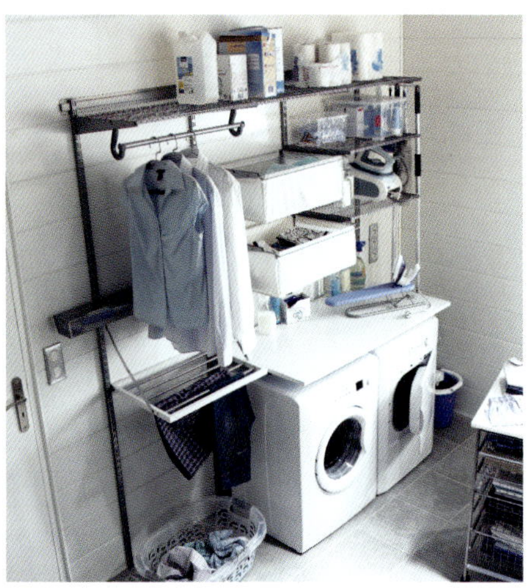

RANGEMENT DE BUANDERIE

Un système de dressing modulaire destiné à l'intérieur de l'appartement peut aussi se transformer en dispositif de rangement pour la buanderie ou le garage. C'est le mérite de ce système modulaire sur crémaillères et consoles.

Tablettes et étagères

Les supports sont soit fixes, soit réglables. Vérifiez toujours que les étagères et les supports pourront supporter la charge que vous souhaitez leur confier et tenez compte des indications précises fournies par le fabricant.

CONSOLES SIMPLES

Ces tablettes en matériaux divers reposent sur des consoles de styles variés. Elles sont fixées au mur par des chevilles et des vis en rapport avec la nature de la maçonnerie et de la charge à supporter.

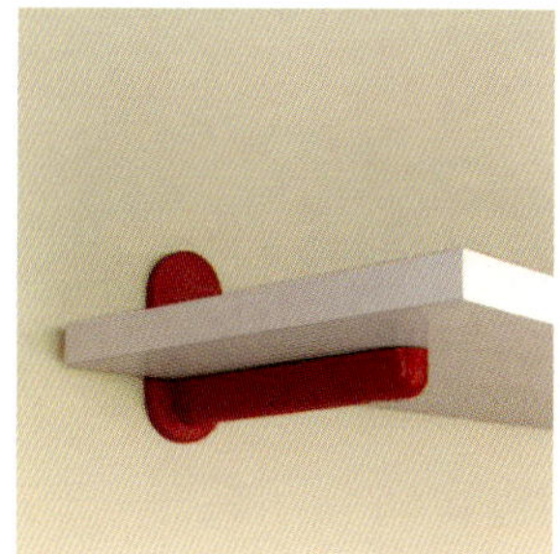

CONSOLES CROCODILE

Adaptées principalement aux tablettes en verre trempé, ces consoles sont constituées de simples supports fendus destinés à recevoir des verres de 8 à 10 mm d'épaisseur. Très discrètes, elles ne supportent qu'une charge limitée (10 kg maxi).

CONSOLES SUR CRÉMAILLÈRES

Il s'agit de consoles associées à des rails métalliques qui se fixent au mur. Les tablettes sont supportées par des consoles en forme de potence insérées dans des encoches régulièrement espacées sur les crémaillères.

Les ensembles économiques sont en général en aluminium. Les montants en acier sont les plus robustes.

ÉTAGÈRES SUR TAQUETS

Ce sont là aussi des rails métalliques qui se fixent en applique ou par encastrement au mur ou dans une armoire. Les tablettes sont supportées par des taquets insérés dans des encoches régulièrement espacées sur les crémaillères.

Matériaux pour tablettes

Les matériaux les plus divers sont employés pour fabriquer des étagères, du panneau de particules au bois exotique en passant par le MDF ou le verre.

PANNEAU DE PARTICULES

Ce matériau, le moins cher pour réaliser des étagères, est constitué de copeaux de bois agglomérés sous pression dans une résine. Il se coupe et se fixe facilement aux montants. Il est disponible brut ou plaqué (notamment mélaminé). Assez lourd, il présente l'inconvénient de fléchir facilement sous la charge et de se rompre brutalement.

CONTREPLAQUÉ MULTIPLIS

C'est un panneau constitué de minces feuilles de bois collées les unes sur les autres. Ses chants sont suffisamment lisses pour ne pas être plaqués. Sa résistance à la flexion est faible, mais son point de rupture est élevé.

MDF

Le MDF est très résistant à la flexion. Sa surface lisse peut être peinte, lasurée ou vernie, y compris les chants.

BOIS MASSIF

Les planches constituent le matériau traditionnel pour réaliser des étagères. On préfère les essences dures à grain fin.

VERRE

Très élégantes, les étagères en verre trempé, clair, dépoli ou fumé, d'au moins 5 mm d'épaisseur, ne peuvent cependant avoir que des dimensions restreintes. Leur capacité de charge est limitée.

LES BONS **OUTILS**

Outils
- Détecteur de métaux et de courant
- Crayon
- Règle
- Niveau à bulles
- Scie à dos
- Perceuse à percussion avec forets à béton et mèches à bois
- Tournevis
- Poinçon
- Ciseau à bois

Matériel
- Étagères, équerres
- Vis et chevilles (en fonction du mur)
- Petites vis pour fixer les étagères

Dans un mur en maçonnerie, il faut percer au foret à béton pour insérer des chevilles destinées à recevoir des vis de 50 mm au moins. Dans une plaque de plâtre de doublage fixée sur une ossature en bois, recherchez les montants et traverses pour y visser les fixations des supports avec des vis de 40 mm ou de 50 mm, surtout si l'étagère doit porter une charge importante. Quand l'ossature est en profilés métalliques, utilisez des vis à tôle pour maintenir les supports dans ces profilés.

Monter une étagère sur équerres

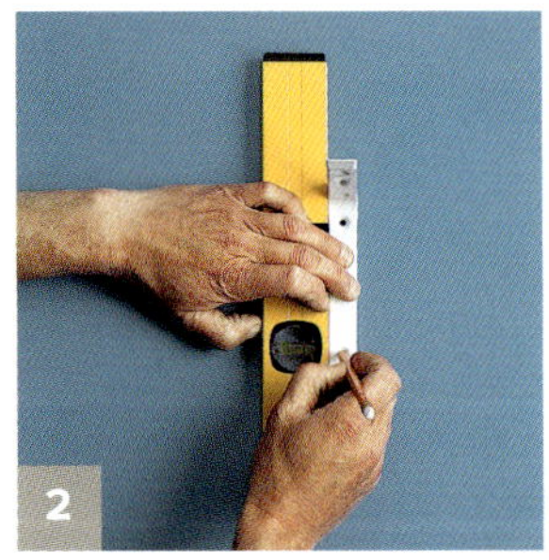

1. Assurez-vous qu'aucune canalisation, notamment électrique, ne se trouve dans le mur à cet endroit. Utilisez un détecteur de métaux et de courant. Tracez la ligne de base de la future étagère à la hauteur voulue, en vous guidant sur un niveau à bulles.

2. Présentez l'équerre sous la ligne que vous venez de tracer. Assurez-vous de sa verticalité avec le niveau à bulles. Marquez ses trous de fixation sur le mur. Faites de même pour l'autre équerre. S'il y a plus de deux équerres, répartissez leurs emplacements entre les deux premières. Afin que l'étagère ne fléchisse pas, ne placez pas les équerres trop près des extrémités de la tablette.

3. Percez sur les repères, insérez les chevilles en rapport avec la maçonnerie du mur. Vissez les équerres en place. Posez l'étagère dessus, et marquez les trous de fixation sur le dessous de celle-ci. Retirez l'étagère et percez des avant-trous aux emplacements marqués, en veillant bien à ne pas traverser. Remettez l'étagère en place et posez une vis de fixation.

Redresser une étagère fléchie

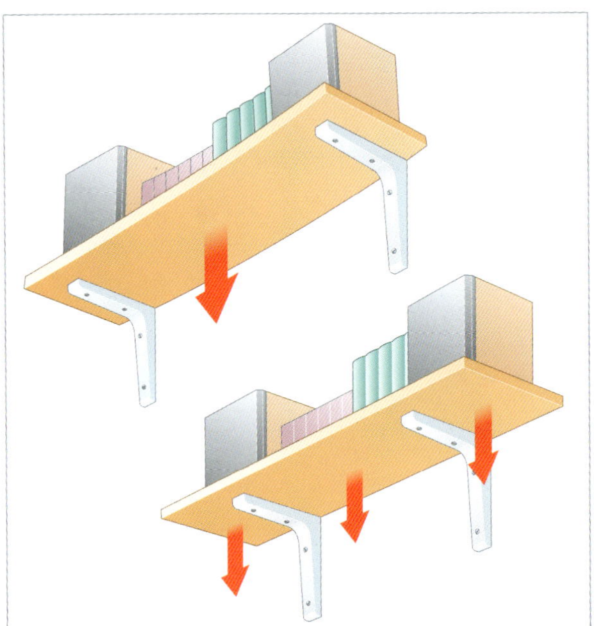

RIGIDIFIER UNE ÉTAGÈRE

On peut facilement rigidifier une étagère en fixant un tasseau en bois, une baguette ou une bande métallique sur son chant ou en dessous. Les renforts métalliques, disponibles dans différents styles, sont plus élégants et discrets que ceux en bois. Le renfort doit couvrir toute la longueur de l'étagère. Ceux en bois sont à fixer par collage et vissage, et les profilés métalliques par simple vissage.

Quand vous posez des étagères destinées à recevoir une charge élevée, rigidifiez-les avant de les mettre en place. Les renforts peuvent avoir un effet décoratif, ou servir à masquer un tube d'éclairage.

REPOSITIONNER LES ÉQUERRES

Au lieu de rigidifier l'étagère, vous pouvez rapprocher ses équerres de manière que la charge, de chaque côté, équilibre celle du centre. Déposez l'étagère, puis les équerres. Replacez les équerres en suivant la procédure indiquée ci-dessus. Bouchez les trous des anciens emplacements, poncez et repeignez. Si l'étagère est cintrée, retournez-la. Elle se redressera sous la charge.

Monter des rayonnages fixes

Ces rayonnages sont composés de tablettes posées sur des équerres, vissées sur des tasseaux en bois fixés au mur. Le choix des tablettes (matériau et épaisseur) sera fonction du nombre de montants et de leur espacement.

1. Assurez-vous que vous pouvez percer le mur sans risque d'atteindre une canalisation électrique ou un tuyau (utilisez un détecteur). Réunissez les montants sur le sol et posez-les côte à côte pour tracer en série les repères de coupe et ceux des vis de fixation des équerres. Marquez de cette façon l'emplacement du trou de fixation supérieur de chaque équerre. Tracez les trous de fixation des montants à positionner. Placez-les au niveau des équerres de façon que celles-ci les dissimulent. Comptez trois points de fixation par montant, ou quatre au-delà de trois tablettes ; percez-les et fraisez les trous. Poncez et peignez ou vernissez les montants.

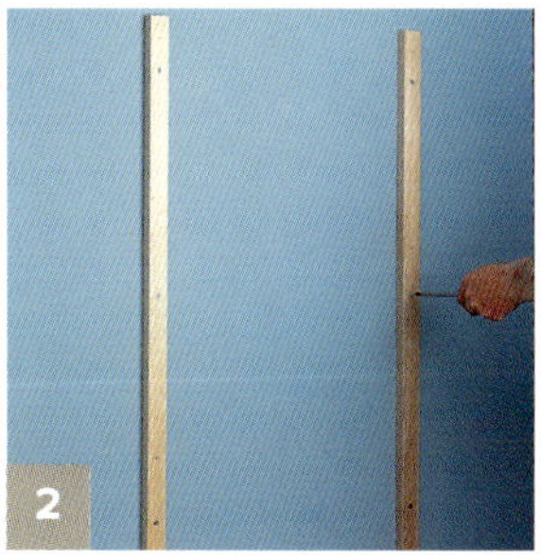

2. Positionnez le premier montant et marquez son point de fixation supérieur avec un poinçon. Percez le mur, insérez la cheville et vissez le montant, sans bloquer la vis. Vérifiez sa verticalité au niveau à bulles et marquez ses autres points de fixation. Faites pivoter le montant sur le côté pour percer les autres trous. Insérez les chevilles, replacez le montant et serrez toutes les vis. Tracez l'emplacement du second montant, et calez-le : le haut des montants doit se situer au même niveau. Fixez-le.

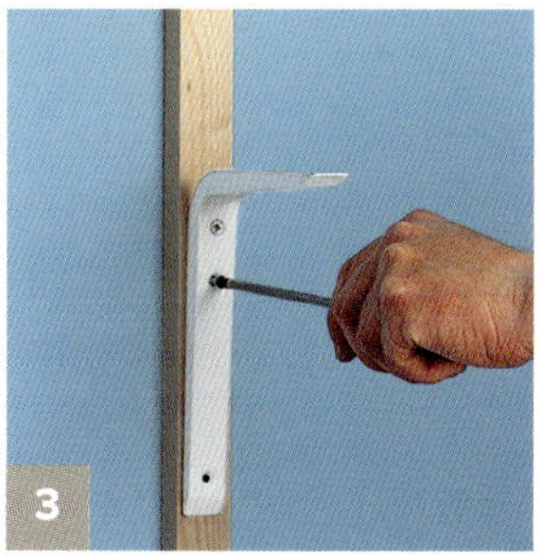

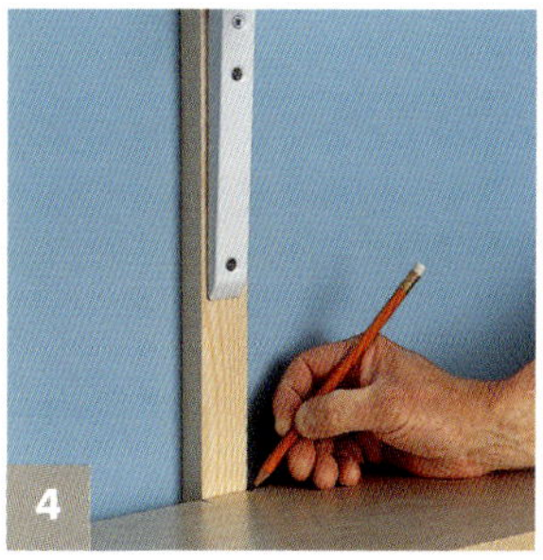

3. Si besoin, fixez un troisième montant à mi-distance des deux premiers. Vérifiez l'alignement horizontal. Posez les équerres en commençant par leur trou supérieur de fixation.

4. Si vous voulez que les tablettes touchent le mur, il faut découper des encoches dans les tablettes pour le passage des montants. Présentez les tablettes l'une après l'autre, sauf celle du haut, contre les montants et reportez sur chacune l'emplacement des côtés des montants.

5. Reprenez chaque tablette et, avec une chute de montant, reportez le contour des encoches à réaliser. Sciez les côtés des entailles avec une scie à dos, puis dégagez leur fond au ciseau à bois, en taillant sur le trait, le plat de l'outil tourné vers l'intérieur de la tablette.

6. Posez les tablettes. Marquez sur leur face inférieure l'emplacement des trous de maintien des équerres. Prépercez la tablette à mi-épaisseur et posez les vis de blocage.

LA BONNE INFO

Pas de surcharge !
Ne surchargez pas les étagères, notamment en les encombrant de livres, dont on ne soupçonne pas le poids cumulé. La rupture d'une seule étagère peut en entraîner d'autres et causer la chute d'une ou plusieurs rangées de livres. Un tel incident peut s'avérer très dangereux, la chute de plusieurs kilos de livres, de 2 m de haut, constituant un réel danger ! À titre d'exemple, notez que la charge d'une étagère en panneau de particules de 20 mm d'épaisseur, de 20 cm de large et de 60 cm de long ne devra pas dépasser 25 kg.

LA BONNE INFO

Étagères dans une niche
Un renfoncement de mur (niche) constitue un emplacement idéal pour des étagères. Fixez sur les côtés des tasseaux de 50 x 25 mm, d'une longueur égale à la profondeur de la niche. Si celle-ci est relativement large, soutenez-les étagères par un tasseau fixé dans le mur du fond, ou renforcez ce montage avec des équerres.

Monter une étagère sur crémaillères à consoles

La mise en place de rayonnages peut se faire sur des consoles ou sur des taquets réglables, eux-mêmes montés sur des crémaillères fixées au mur. Les ensembles consoles-crémaillères permettent des évolutions multiples du rayonnage.

Les tablettes reposent ici sur des consoles spécialement conçues pour s'ancrer à des hauteurs réglables, dans des perforations pratiquées sur les crémaillères fixées au mur. Vous aurez le choix entre des crémaillères à simples ou doubles perforations pour les charges plus lourdes.

LES BONS OUTILS

Outils
- Détecteur de métaux et de courant
- Niveau à bulles
- Crayon gras
- Mètre ruban
- Poinçon
- Perceuse à percussion, visseuse
- Tournevis

Matériel
- Ensemble de crémaillères et de consoles, taquets
- Fixations invisibles
- Vis et chevilles adaptées
- Petites vis pour bloquer les tablettes sur les consoles

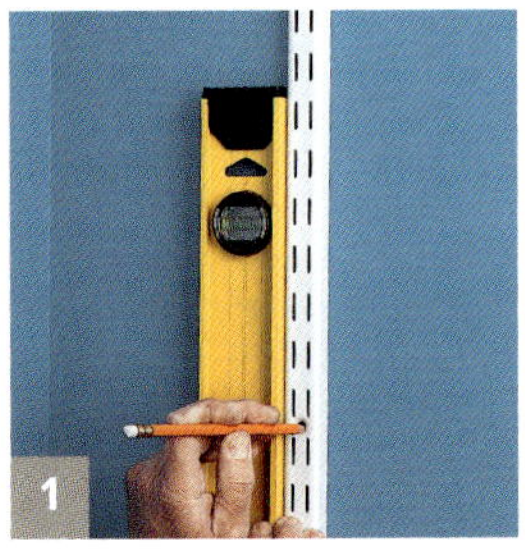

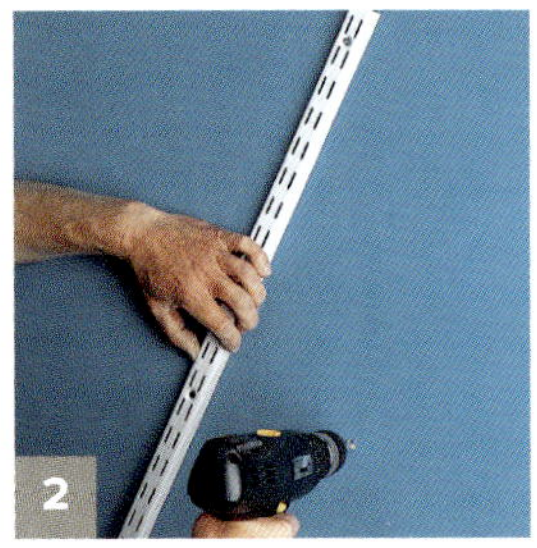

1. Dressez une crémaillère contre le mur et déterminez son point haut de fixation. Tracez, percez, chevillez et suspendez la crémaillère à une seule vis, sans bloquer celle-ci. Réglez sa verticalité avec un niveau à bulles et marquez son second point de fixation avec un crayon gras. Tracez également les éventuels autres points de fixation en fonction de la longueur de la crémaillère.

2. Faites pivoter la crémaillère latéralement. Percez le second trou de fixation puis tous ceux nécessaires à la pose de la crémaillère. Chevillez, puis ramenez la crémaillère à la verticale. Placez les vis et bloquez-les. Faites de même pour la seconde crémaillère. N'espacez pas les crémaillères de plus de 80 cm l'une de l'autre. Les vis doivent être à la même hauteur que celles de la première crémaillère. Si les étagères sont très longues et si elles doivent supporter une charge lourde, posez une crémaillère intermédiaire pour éviter le fléchissement des tablettes.

3. Posez les tablettes, centrées sur les consoles et marquez au poinçon, sous chaque tablette, l'emplacement des trous de maintien pratiqués dans la console. Percez des avant-trous sous la tablette déposée et fixez la tablette en place avec des vis adaptées à l'épaisseur de la console.

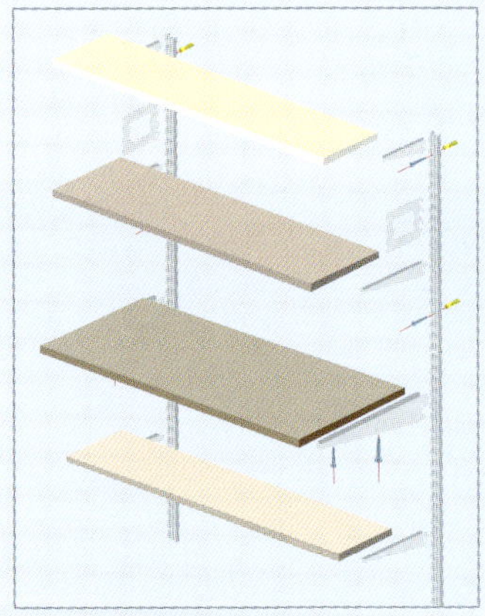

Les étagères sur crémaillères métalliques
Elles permettent un réglage facile d'espacement des tablettes en fonction de la hauteur des livres. Des "joues" garantissent un maintien latéral des livres ou objets.

Monter une étagère sur crémaillères à taquets

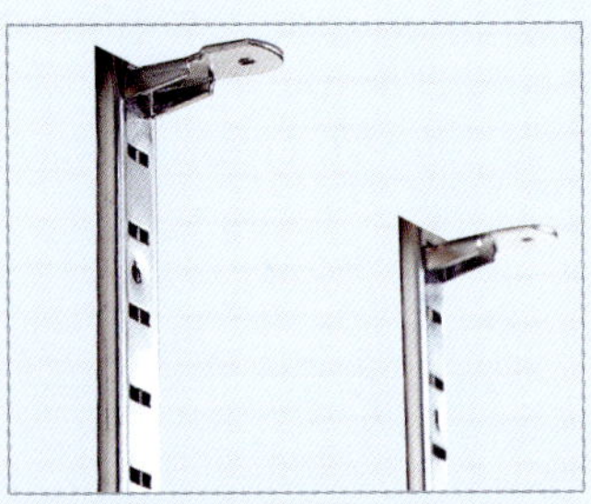

Crémaillères à visser ou à encastrer
Quand on veut poser des étagères dans une niche, entre deux murs ou entre deux côtés de meuble, on peut recourir aux crémaillères en applique ou encastrables, associées à des taquets réglables.

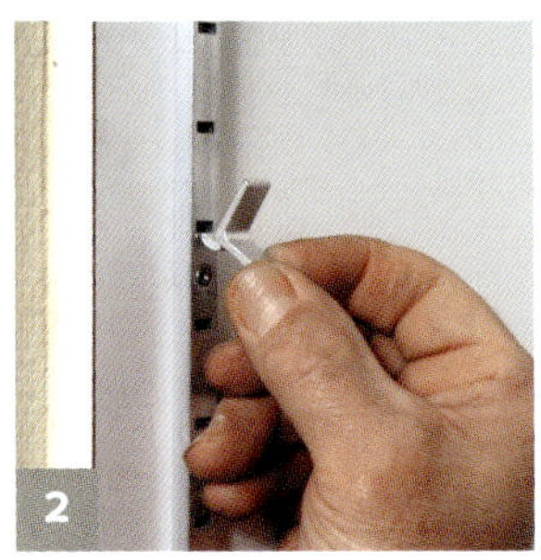

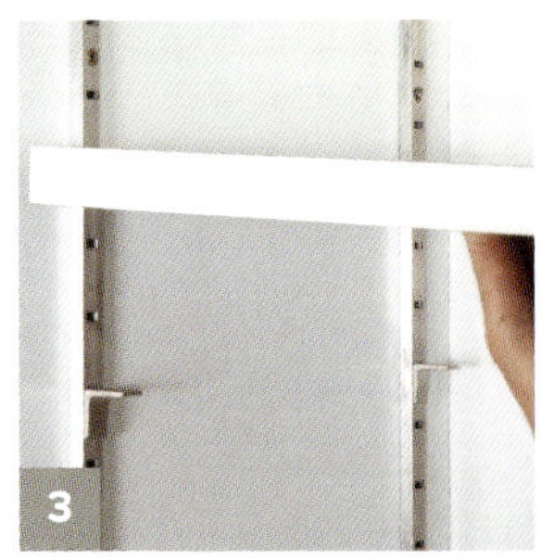

1. Positionnez la crémaillère sur le côté de la niche. Marquez l'emplacement de ses points de fixation. Fixez la crémaillère par des vis, après chevillage (ou directement dans du bois).

2. Engagez les taquets dans les fentes de la crémaillère. Positionnez les taquets à la même hauteur sur les différentes crémaillères pour une même étagère (comptez les fentes).

3. Positionnez les étagères sur les taquets des crémaillères. En dépit de leur petite taille, les taquets peuvent supporter des charges importantes.

Fixations invisibles

Les étagères invisibles sont légères et discrètes et se marient à tous les styles d'intérieurs. Elles semblent suspendues dans le vide et allègent considérablement l'esthétique d'un rayonnage.

Les étagères à fixation invisible sont très esthétiques.

Il existe plusieurs systèmes de fixations invisibles pour étagères murales. Le système décrit ici est fourni, la plupart du temps, avec l'étagère. Celle-ci est portée par deux tiges qui la traversent à mi-épaisseur (sans déboucher sur le chant avant). Ces tiges sont soudées sur une bande à fixer au mur. Les tiges comportent parfois des trous filetés pour placer des vis assurant un maintien efficace.

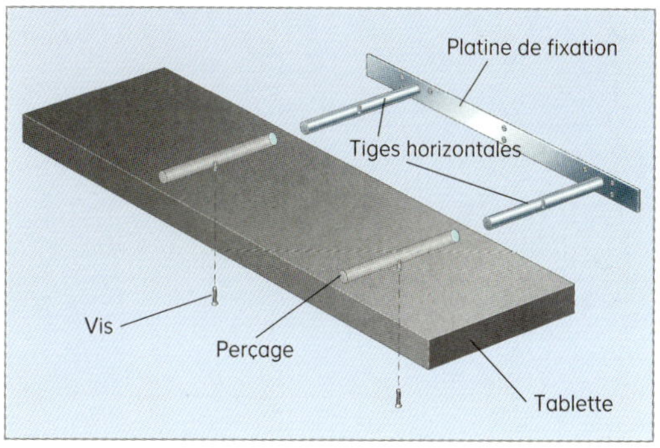

Monter une étagère sur fixations invisibles

La fixation de la platine se fait au moyen de 4 vis après perçage et chevillage en fonction de la nature de la maçonnerie du mur. Ce type de tablette n'est cependant pas fait pour supporter de très lourdes charges.

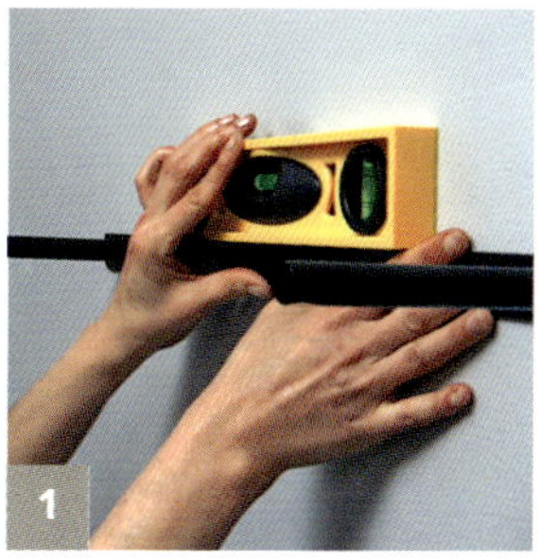

1

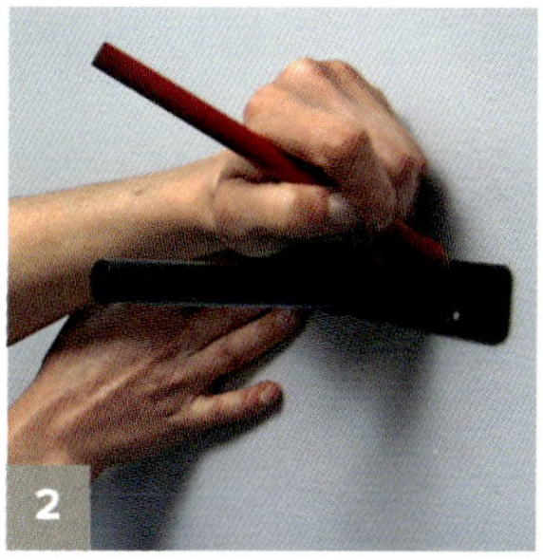

2

1. Positionnez la tablette. Faites un repère sur le mur à son extrémité. Mesurez la distance entre le bord de la tablette et le premier trou percé au dos de celle-ci. Reportez et tracez sur le mur cette mesure à partir du premier repère tracé. Positionnez la platine en faisant coïncider la première tige et ce deuxième repère. Assurez-vous que la platine est bien à l'horizontale en vous aidant d'un niveau à bulles.

2. Tracez l'emplacement des points de fixation de la platine avec un crayon.

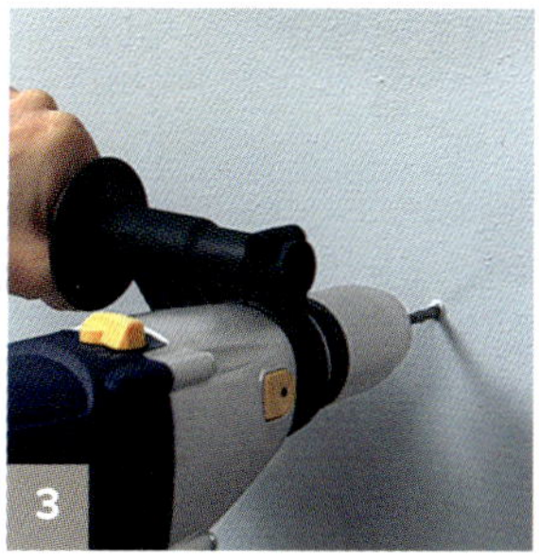

3

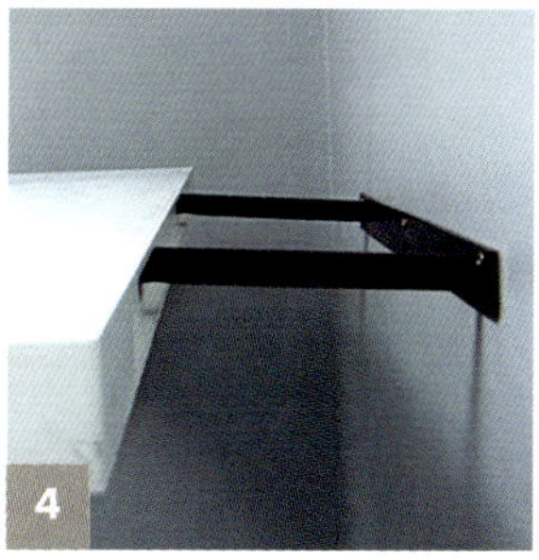

4

3. Percez, chevillez (en fonction de la nature de la maçonnerie du mur) et fixez la platine avec des vis.

4. Engagez les tiges de la platine dans les trous correspondants percés dans le chant de la tablette. Engagez celle-ci bien à fond.

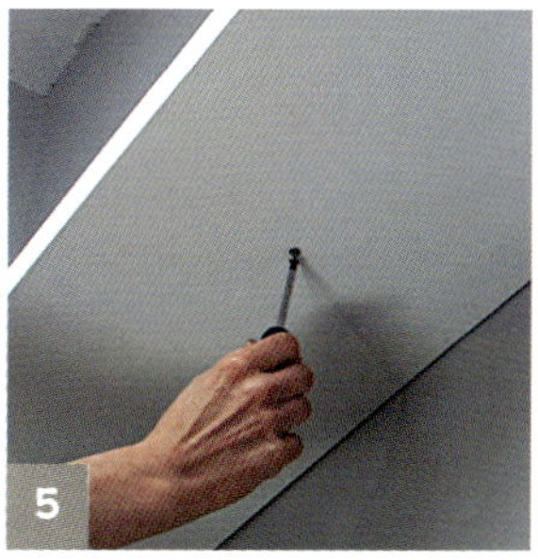

5

5. La tablette étant en place, serrez les vis de blocage situées sous la tablette. La tablette est ainsi verrouillée et ne risque pas de glisser vers l'avant et de sortir de ses tiges.

LA BONNE **INFO**

Dernière étagère

Si on pose plusieurs étagères les unes au-dessus des autres, vérifiez que l'espace entre deux tablettes est suffisant pour y placer son plus grand livre.

Quelle configuration ?

Les supports sont fixes ou réglables. Vérifiez toujours que les étagères et les supports pourront soutenir la charge que vous souhaitez leur confier et tenez compte des indications précises fournies par le fabricant. Pour qu'un dressing soit aménageable, sa surface minimum doit être de 4 m^2.

COMPOSITION

Suivant l'espace dont vous disposez et la configuration de celui-ci, vous pourrez opter pour une composition droite, en U ou encore en angle. Une fois que vous aurez fait ce choix, vous pourrez penser à la structure de l'ensemble (en caissons, sur crémaillères, etc.), aux équipements (tablettes coulissantes, tringles télescopiques, porte-chaussures, etc.).

COMPOSITION DROITE
Idéale pour les petites pièces

COMPOSITION EN U
Pour une pièce relativement grande et carrée

COMPOSITION EN ANGLE
Adaptée pour les pièces en longueur et pas très larges

Porte pivotante

Porte pliante

Porte coulissante

MATÉRIAUX

Vous avez le choix entre des dressings constitués de caissons modulaires, généralement en panneau de particules agglomérés mélaminés, parfois en panneaux plaqués de bois plus ou moins précieux, et des systèmes plus légers associant des crémaillères, des rails, des tablettes, etc.

DRESSING OU PLACARD : LES PORTES

Si votre dressing est organisé dans une chambre ou encore un couloir ou une entrée, vous devez l'équiper de portes.
Trois options principales s'offrent à vous.

- **La porte pivotante** est réservée aux grands espaces de dégagement et permet un accès total aux rangements.
- **La porte pliante** est adaptée aux petits espaces de dégagement.
- **La porte coulissante** est à adopter quand on n'a aucun espace de dégagement, l'idéal étant de choisir un système à galandage.

LA BONNE **INFO**

EMPLACEMENT À ÉVITER
Évitez de placer les rangements derrière une porte pour ne pas gêner son ouverture et laissez un espace minimum de 40 cm près des fenêtres.

Quels accessoires ?

La commodité de rangement d'un dressing dépend très largement de la qualité et du nombre d'accessoires dont on va l'équiper. Au-delà des tablettes, il faut aussi des tiroirs, des paniers fils, des tringles porte-cintres, des tringles porte-pantalons ou porte-jupes, des porte-cravattes, des paniers ou étagères à chaussures. Pensez bien au nombre et à l'organisation de tous ces éléments : certains ne pourront plus trouver place dans votre dressing une fois qu'il est monté.

Tiroir

Porte-pantalons

Panier fils

Monter un dressing modulable

Ce dressing modulable repose sur le principe simple des consoles montées sur des montants à crémaillères. Il est montable, démontable et reconfigurable comme un jeu de construction.

LES BONS OUTILS

OUTILS

- Deux tournevis cruciformes
- Maillet en caoutchouc
- Niveau à bulles
- Escabeau
- Clé BTR (fournie)

MATÉRIEL

- Ensemble de crémaillères, de connecteurs et de consoles
- Taquets et entretoises
- Pieds
- Étagères fils et bois
- Caissons avec tiroirs
- Range-pantalons
- Range-chaussures
- Corbeilles en tissu
- Panier fils
- Penderies

1. Glissez la première crémaillère dans son pied jusqu'au clic. Engagez les éléments bien à fond. Clipsez le cache en plastique.

2. Engagez le connecteur sur le haut du premier élément de l'ossature. Glissez-le jusqu'à sa butée. C'est lui qui assurera la liaison entre les éléments verticaux de l'ossature.

3. Basculez le montant au sol. Engagez le second élément du montant sur le connecteur. Bloquez-les ensemble en serrant la vis du connecteur. Utilisez la clé BTR.

4. Les montants de l'ossature sont réunis par des entretoises qui reposent sur des taquets logés dans les alvéoles intérieures des montants. Bloquez les entretoises d'un coup de maillet en caoutchouc (interposez un chiffon pour ne pas marquer les entretoises). Fixez de la même manière l'entretoise supérieure, ainsi que l'entretoise intermédiaire.

5. Assurez-vous que l'élément que vous venez d'assembler est bien horizontal à l'aide d'un niveau à bulles. Si ce n'est pas le cas, corrigez la position en agissant sur la molette des vérins situés à l'arrière des pieds.

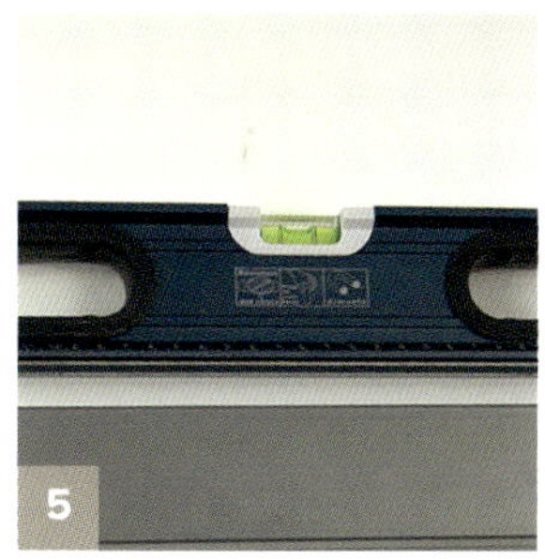

6. Tous les composants de ce dressing modulable reposent sur des consoles, elles-mêmes engagées sur les alvéoles des crémaillères des montants.

7. Des verrous de blocage permettent de verrouiller les consoles sur les montants (ici celle d'une étagère).

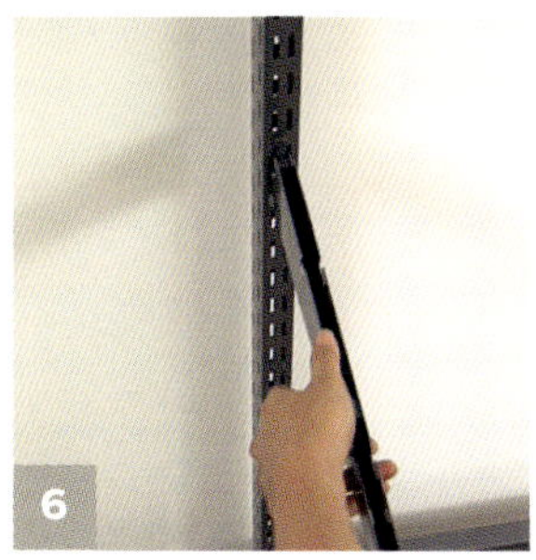

8. Les différents éléments de rangement viennent se positionner sur les consoles, ici une tablette et un porte-pantalons. On place de la même façon les paniers fils ou les porte-chaussures.

9. Ce dressing comprend aussi des tiroirs et des caissons. Leur assemblage se fait par goujons et excentriques.

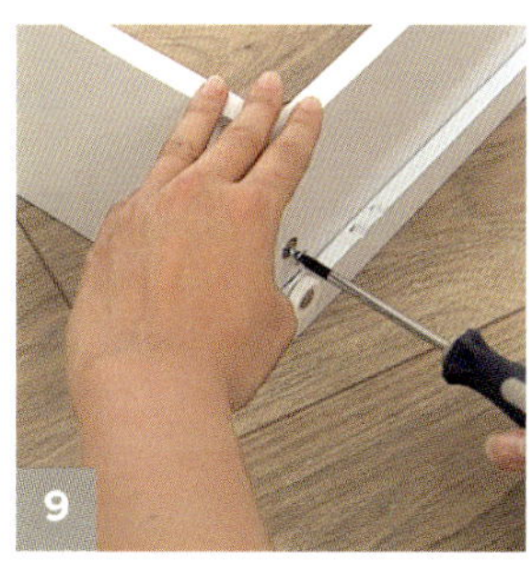

Le choix d'un revêtement de sol est essentiel pour le confort d'une maison, mais aussi pour la décoration. Bois, vinyle, carrelage sont parmi les solutions le plus souvent retenues. Il faut aussi que le sol lui-même soit en bon état.

1. Préparer le sol

Quand on veut poser un revêtement, il faut que le sol auquel il est destiné soit apte à le recevoir. Quel que soit le type de sol (étage ou plain-pied) et quelle que soit sa nature (dalle béton ou plancher), il faut qu'il soit solide, sain, plan, sec et suffisamment régulier pour que le revêtement lui-même offre ensuite une surface satisfaisante. Si le sol est irrégulier, un ragréage avec un mortier spécial permettra de le lisser. Si la rectification du sol dépasse 5 cm, il faudra soit couler une chape, soit doubler le sol avec des panneaux. On pourra saisir l'occasion pour en améliorer l'isolation.

2. Choisir le revêtement

Différents revêtements peuvent être utilisés pour habiller le sol et rendre sa surface à la fois plus confortable et plus décorative.

- **Le parquet** peut être utilisé soit pour constituer le sol lui-même (il est alors fixé sur un solivage), soit pour recouvrir un sol existant. Il peut être cloué sur des lambourdes, collé ou bien simplement posé "flottant" sur le sol.

- **Le stratifié** (qui imite le bois) n'a pas droit à l'appellation "parquet" mais il peut le remplacer, en pose flottante notamment. C'est un revêtement économique, facile à poser.

- **Le carrelage** est l'héritier direct des dallages en pierre. C'est le revêtement idéal pour les pièces de plain-pied et surtout pour les salles d'eau, les W.-C., la cuisine et certaines pièces "techniques" comme la laverie ou la buanderie.

- **Les revêtements souples** (lino, vinyle et naturels) sont parfaits pour garantir une bonne étanchéité du sol, faciliter les nettoyages fréquents. La qualité des décors permet aujourd'hui d'imiter tous les autres revêtements lisses.

- **La moquette** reste le revêtement le plus confortable mais pas le moins fragile ni le plus facile à entretenir. C'est le revêtement idéal pour les chambres ou les séjours en étage. Elle est facile à poser.

3. Choisir la pose

Les méthodes de pose des revêtements dépendent à la fois de la nature du sol et surtout de celle du revêtement. Si l'on excepte la possibilité du clouage pour le parquet, deux grandes options se présentent à vous :

- **la pose collée ;**
- **la pose libre ou "flottante".**

Si un carrelage ne peut être que collé (ou scellé dans le cas du coulage d'une chape), tous les autres revêtements peuvent être simplement posés sur le sol, avec éventuellement un système de maintien provisoire (adhésif double face ou fixateur).

LA BONNE **INFO**

CONSEILS IMPORTANTS

- **Stockez vos lames** dans la pièce à parqueter au moins 48 heures avant la pose afin qu'elles s'adaptent à l'hygrométrie ambiante.
- **Prévoyez un joint de dilatation** d'au moins 8 mm autour de la pièce pour la pose d'un parquet flottant.
- **Une pose sur un sol chauffant** doit être impérativement réalisée lorsque le chauffage est en activité pour des raisons de dilatation.
- **Pour faciliter la pose,** choisissez un parquet ou un stratifié avec une sous-couche d'isolation intégrée.

Stratifié et parquets

Ces trois revêtements (stratifié, parquet contrecollé et parquet massif) sont souvent confondus, tant leur aspect de surface est proche. Leurs résistances à l'usure, aux rayures et aux impacts sont cependant très différentes.

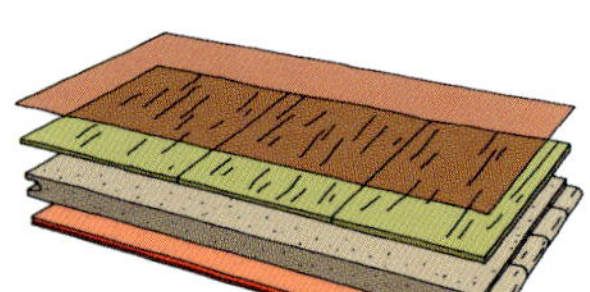

Stratifié

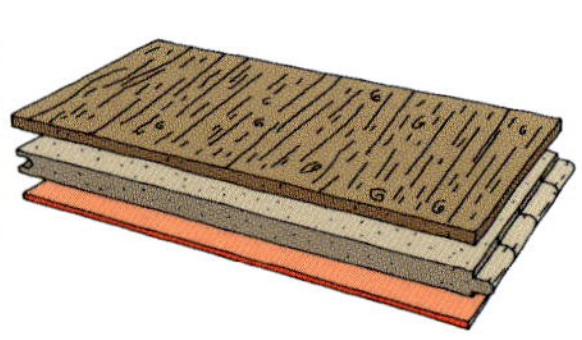

Parquet contrecollé

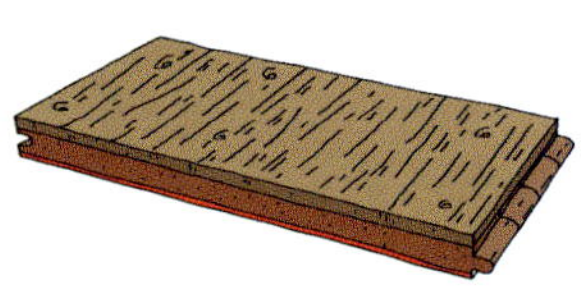

Parquet massif

Sols de plain-pied

Le plancher de rez-de-chaussée est porté, directement ou indirectement, par des **fondations** dont la nature dépend de la consistance du terrain sur lequel l'édifice est bâti. Une fondation en semelle, sur laquelle on érige les murs, est réalisée en creusant une tranchée puis en y coulant du béton armé ou en y plaçant une semelle préfabriquée. Un **radier** est constitué d'une dalle de béton armé coulée sur une **couche de blocage** en matériaux concassés, avec interposition d'un **film Polyane** pour éviter les remontées d'humidité. Elle couvre alors toute la surface du sol pour former une base sur laquelle les murs sont érigés.

DALLE

Un radier en béton est recouvert d'une couche d'isolant puis d'une dalle en béton, éventuellement d'une mince couche de mortier constituant la **chape**, sur laquelle repose le revêtement de sol : carrelage, parquet flottant ou collé, stratifié, vinyle ou moquette.

ISOLATION

Depuis plusieurs décennies, les constructions comportent une **isolation** thermique sous la dalle de rez-de-chaussée. Elle est constituée de panneaux rigides, entre le radier et la dalle proprement dite. Dans le cas d'un vide sanitaire, l'isolation peut être rapportée à l'intérieur de celui-ci.

FILM POLYANE

Le film qui empêche les remontées capillaires de l'humidité du terrain est fait d'un film en Polyane posé sur la couche de blocage. Ce film doit être raccordé à la **bande d'arase** qui joue le même rôle dans les murs.

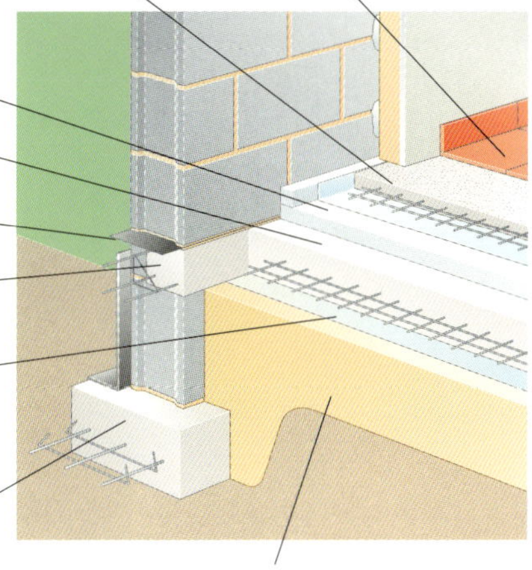

SOL DE PLAIN-PIED

Cette bande, faite d'un film de polyéthylène haute résistance imputrescible, est placée dans un joint entre deux rangées de matériaux du mur, à 15 cm au-dessus du niveau du terrain.

CHAÎNAGE

Le **chaînage** est une ceinture périphérique solidarisant la chape avec le reste de la construction.

Planchers suspendus

Un plancher suspendu peut être constitué d'une dalle en béton autoporteuse, d'un plancher en **hourdis**, ou encore classiquement, de panneaux ou de lames de bois posés sur un solivage.

PLANCHER EN POUTRELLES/HOURDIS

C'est actuellement la solution la plus répandue pour la construction des maisons individuelles. On le trouve aussi bien en étage, qu'en sol de plain-pied sur cave ou garage enterré, ou encore sur vide sanitaire. Il comprend des **poutrelles en béton armé** préfabriquées (ou en acier), dont les extrémités sont encastrées dans les murs au niveau d'un **chaînage**. Des éléments généralement en béton, les hourdis, sont posés entre ces poutrelles pour former le soubassement du plancher. Ils sont recouverts d'une **chape** en béton. Le plancher peut être en hourdis polystyrène ; dans ce cas, le plancher est isolant.

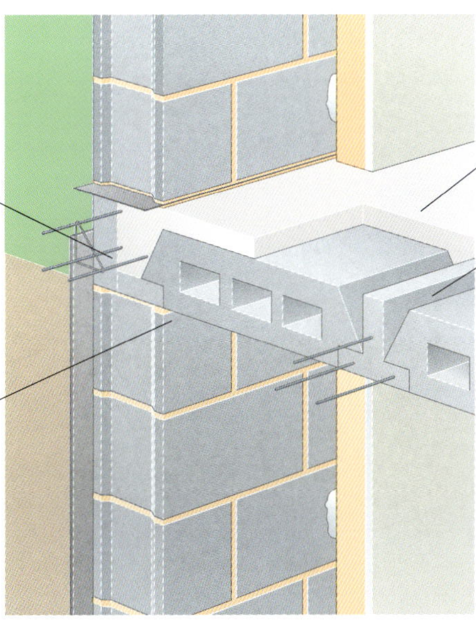

PLANCHER SUSPENDU EN HOURDIS

DALLE AUTOPORTEUSE

Dans certaines maisons, le sol d'étage est constitué d'une dalle en béton armé épaisse, qui a été coulée sur un coffrage soutenu par des étais (chandelles). Une saignée périphérique au niveau du chaînage assure son soutien quand les étais et le coffrage sont retirés. Une chape mince est coulée sur la dalle pour recevoir le revêtement.

PLANCHER D'ÉTAGE EN BOIS

Les solives des planchers des étages en bois sont directement scellées dans les murs porteurs ou reposent sur des poutres, elles-mêmes ancrées dans les murs sur une profondeur d'au moins 5 à 10 cm, ou fixées sur la longueur de ces derniers. Elles peuvent aussi reposer sur des sabots métalliques. Des lattes de bois de faible épaisseur (lambourdes) sont fixées perpendiculairement aux solives pour recevoir le parquet. Sinon, le sol est constitué de panneaux (hydrofuges dans les pièces humides), fixés directement sur les solives, pour supporter un revêtement. Le chant de ces derniers est bouveté (rainure et languette) pour faciliter leur assemblage.

LES BONS OUTILS

Outils
- Vieux pinceau
- Truelle
- Seau
- Perceuse, malaxeur
- Raclette
- Taloche

Matériel
- Mortier prêt-à-gâcher
- Mortier de ragréage autolissant
- Balai-brosse

Un revêtement neuf, vinyle, moquette ou carrelage, doit se poser sur une surface saine et bien nivelée, sinon les défauts du sol réapparaîtront tôt ou tard à la surface du nouveau revêtement, provoquant une usure irrégulière aux effets très inesthétiques. Il est fort heureusement assez facile de traiter les défauts de surface du sol.

Ragréer un sol en béton

Un sol en béton ou une chape de mortier qui ne sont pas parfaitement plans ou qui comportent des irrégularités de surface peuvent être facilement nivelés avant pose d'un nouveau revêtement. Après avoir rebouché trous et fissures au mortier de ciment, déversez sur le sol un mortier de ragréage liquide et autolissant, que vous étalerez à la taloche.

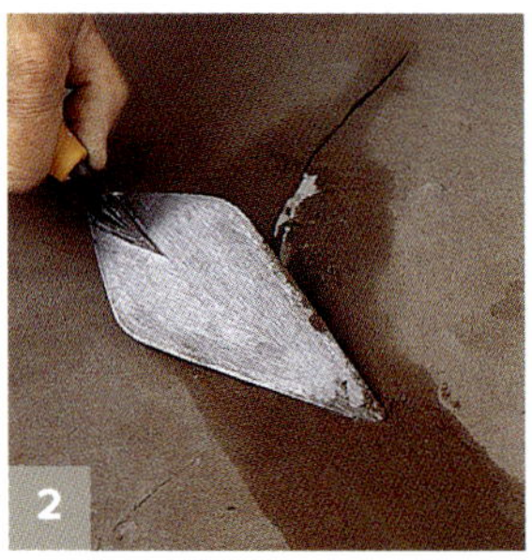

1. Humidifiez les fissures et les trous avec un vieux pinceau mouillé afin d'empêcher que le béton ne boive une grande partie de l'eau de gâchage du mortier de rebouchage.

2. Comblez les plus gros trous et les fissures avec un mortier de ciment et de sable. Un enduit de rebouchage peut suffire pour traiter les plus petits défauts. Lissez à la truelle et laissez durcir. Lorsque les réparations sont sèches, humidifiez le sol avec un peu d'eau étalée au balai-brosse.

3. Préparez le mortier de ragréage. Il faut compter 3 à 4 litres d'eau pour 20 kg de poudre, soit environ 4 volumes de poudre pour 1 volume d'eau. L'idéal est de le gâcher dans un seau en le mélangeant avec un malaxeur placé au bout d'une perceuse électrique réglée sur vitesse lente (300 tr/min).

4. Laissez reposer la pâte 5 minutes, puis réagitez-la avant de la verser sur le sol. Il faut compter 1 litre de mortier par mètre carré et millimètre d'épaisseur, sachant que l'épaisseur du ragréage sera de 0,5 à 5 mm selon l'état d'irrégularité du support.

5. Versez le mélange en commençant par l'angle opposé à la porte. Étalez le mortier de ragréage à la raclette en caoutchouc ou à la taloche. Travaillez rapidement. Le mortier sèche en 15 minutes environ. Le temps de séchage complet varie de 2 à 6 h selon l'épaisseur du ragréage. Vous ne pourrez marcher dessus qu'après ce délai.

6. Si les marques d'outil restent visibles après quelques minutes, pulvérisez de l'eau dessus et reprenez le lissage avec la taloche.

LA BONNE INFO

Travaillez à bonne température
Ne travaillez pas un mortier de ragréage quand il fait froid (5 °C) ou trop chaud (35 °C). C'est la condition pour que le phénomène d'autolissage se fasse correctement.

Poser des dalles d'aggloméré

Si le parquet en lames est en mauvais état, mieux vaut le remplacer par des dalles de particules agglomérées à chants bouvetés (rainure d'un côté, languette de l'autre). Elles sont faciles à poser et offrent une bonne assise pour le revêtement final.

1. Partez d'un coin de la pièce. Posez la première dalle perpendiculairement aux solives. Son extrémité doit obligatoirement reposer au milieu d'une solive. S'il faut raccourcir la dalle, recoupez-la du côté qui sera le long du mur. Laissez un espace de 8-10 mm entre le bord des dalles et le mur. Clouez à l'aplomb des solives, tous les 30 cm, avec des pointes "agglo" de 50 mm, la première à 20 mm du bord.

2. Présentez la rainure de la dalle suivante contre la languette de la première. Si son autre extrémité ne tombe pas sur une solive, recoupez-la du côté du joint et rainurez la rive à accoler à la dalle précédente. Encollez la languette de cette dernière, insérez la deuxième dalle et clouez-la. Essuyez les bavures de colle.

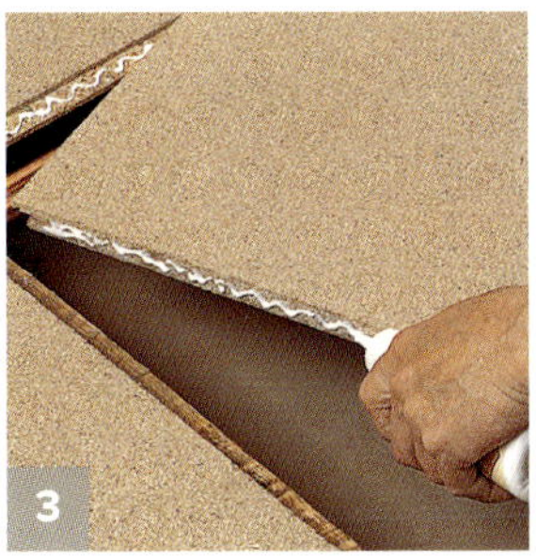

3. Pour éviter de recouper une dalle dont le bord tombe juste à côté d'une solive, vous pouvez doubler celle-ci d'un bout de chevron. Coupez la dernière dalle de la rangée en prévoyant un espace de 8-10 mm contre le mur. Pour assurer l'alternance des joints, posez la première dalle de la rangée suivante contre la dernière de la précédente.

4. Pour assembler parfaitement les languettes dans les rainures, repoussez chaque dalle à coups de maillet, en interposant une chute à chant rainuré. Recoupez chacune des dalles de la dernière rangée en largeur, en tenant compte du jeu de 8-10 mm.

LES BONS OUTILS

OUTILS
- Marteau
- Crayon
- Équerre
- Scie égoïne ou scie circulaire électrique
- Maillet en bois

MATÉRIEL
- Dalles de particules agglomérées à chants rainurés bouvetés
- Pointes "agglo" de 50 mm
- Colle à bois vinylique

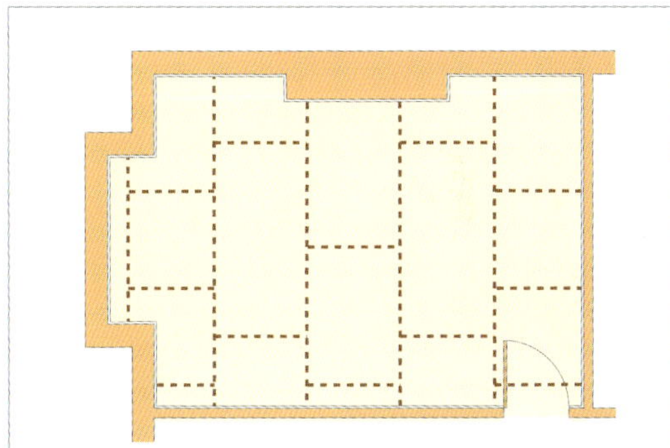

JOINTS ROMPUS

L'alternance des joints élimine tout risque de création d'ondulations continues du matériau. Ces ondulations apparaîtraient ensuite sous le revêtement de sol.

Niveler un parquet avec des plaques de fibres dures

Les plaques de fibres dures présentent le double avantage de régulariser la surface du sol et de réduire les fuites thermiques.

- Achetez des plaques lisses de 3 mm d'épaisseur. Pulvérisez de l'eau sur leur face rugueuse avant de les stocker pendant 48 h, dos à dos sur le sol de la pièce : elles se dilateront légèrement et, en séchant, se tendront, éliminant tout risque de les voir gondoler par la suite.

- Avant de poser ces plaques, assurez-vous que rien ne dépasse du parquet (enfoncez la tête des pointes qui pourrait ressortir). Rabotez ou poncez toutes les lames qui dépassent. Clouez les plaques avec des pointes à tiges torsadées de 20 mm de long maximum (pour qu'elles ne ressortent pas sous le parquet, risquant ainsi de percer une canalisation).

Pose de plaques de fibres dures

- Accolez les plaques en commençant le clouage de chacune par le côté adjacent à la précédente, puis en poursuivant en pyramide. Au bout de la rangée, recoupez la dernière plaque à la dimension nécessaire.

Choisir un parquet

La norme réserve le terme "parquet" à un revêtement de sol en bois ou à base de bois, dont la couche d'usure, c'est-à-dire de surface, a au moins 2,5 mm d'épaisseur. On peut donc appeler "parquet" aussi bien une lame de bois massif qu'un panneau (de particules, MDF ou HDF) débité en lame dont seule la couche extérieure, le parement, peut être en bois, si cette dernière fait au moins 2,5 mm d'épaisseur.

PARQUET MASSIF
Ce parquet massif en chêne est proposé en aspect brossé, verni d'usine, mais il existe en finitions blanchie ou brute.

PARQUET EN BOIS MASSIF

Ce sont les parquets les plus durables. Leur aspect est authentique et ils procurent un confort exceptionnel. Les lames sont constituées de bois massif, qui peuvent être collées sur un sol plan et dur (par exemple une chape de mortier sur dalle béton) ou clouées sur lambourdes et solives.

Les lames de parquet massif ont une épaisseur allant de 6 à 24 mm. On les apprécie pour leur robustesse et leur esthétique naturelle. Leur finition se limite généralement à un ponçage, suivi d'une imprégnation de cire ou d'huile, ou d'une vitrification.

La pose des lames de parquet massif demande un peu plus de savoir-faire que celle d'un parquet contrecollé. Leur chant est "bouveté" (rainure d'un côté et languette de l'autre) pour permettre un assemblage à plat par emboîtement, pour une pose clouée ou collée. Le chant de certaines lames est usiné pour permettre un emboîtement par clipsage. Les lames massives présentent l'avantage de pouvoir être poncées de nombreuses fois et de permettre ainsi une remise à neuf périodique prolongée.

Seules les lames de parquet massif peuvent, selon la norme, être utilisées sur plancher chauffant, à condition d'être posées collées, avec une colle flexible adaptée.

PARQUET CONTRECOLLÉ
Ce parquet contrecollé bénéficie d'une couche de parement en chêne, avec couche d'usure de 2,5 mm qui satisfait à l'appellation "parquet".

PARQUET CONTRECOLLÉ

Il s'agit de lames, qui se composent de plusieurs couches de bois (massive pour la couche de parement d'au moins 2,5 mm) et de panneau de particules, contreplaqué ou MDF pour les autres couches.

C'est une forme de parquet économique puisque la couche de bois noble ne fait que quelques millimètres d'épaisseur. La finition est comparable à celle des parquets massifs, mais les décors et effets de structures sont plus nombreux et réalisés en usine. Ils peuvent être teintés, vernis et même colorés. Ils sont disponibles en de très nombreuses essences.

La pose du parquet contrecollé est le plus souvent flottante, c'est-à-dire posée directement sur un autre support plan et résistant, chape mortier sur dalle béton, ancien carrelage, voire ancien parquet. Dans les deux premiers cas, l'interposition d'une sous-couche isolante est requise. On les désigne aussi souvent sous l'appellation de "parquets de recouvrement". La pose peut aussi être collée.

L'emboîtement des lames et dalles de parquet contrecollé flottant est facilité par un usinage des chants permettant une pose par clipsage, sans colle ni clou.

ESSENCES ET CLASSES DE DURETÉ

Le choix d'un parquet ne doit pas être fait sur le seul critère de l'esthétique, mais avant tout sur celui de l'usage de la pièce où il sera posé. La dureté du bois est ici un élément majeur. Le choix de l'essence se fait en fonction de l'esthétique, mais aussi de l'utilisation et de la fréquence des passages. À titre d'exemple, les essences comme le chêne, le châtaignier, le frêne ou l'érable permettent de supporter un trafic intense tout en offrant un fini décoratif très satisfaisant. Dans le cadre de l'utilisation dans une maison, on distingue généralement trois types d'usage :

- **modéré** qui concerne les bois tendres (classe A) et mi-durs (classe B). Le parquet sera installé dans les pièces de faible passage ou occasionnel (chambres, couloirs sans accès vers l'extérieur) ;

- **général** qui concerne aussi le bois de classe A, mais d'épaisseur de parement supérieure à 4,5 mm, ou classe B, dont l'épaisseur de parement est supérieur à 3,2 mm. Convient pour les pièces de passage moyen (séjour sans accès vers l'extérieur et hall d'entrée d'appartement) ;

- **élevé** qui concerne les bois mi-durs (classe B) et durs dont l'épaisseur de parement est supérieure à 2,5 mm. Convient pour le sol de zones de passage intense (pièces avec accès sur l'extérieur).

LA BONNE **INFO**

Les écolabels
Ils garantissent que les bois utilisés proviennent d'exploitations forestières bien gérées. Le label FSC concerne principalement les essences tropicales, le label PEFC se retrouve surtout pour les bois européens.

FINITION TEINTÉE HUILÉE BROSSÉE
Ce parquet à aspect raboté a bénéficié d'une finition huilée brossée en usine.

FINITIONS

Le choix d'une finition dépend de l'utilisation future du sol et de l'aspect décoratif recherché. Il existe un grand nombre de produits permettant de garantir qualité, esthétique, et durabilité à votre parquet. Vous pouvez choisir entre ces principales finitions.

• **Les teintes :** appliquées sur le bois avant toutes finitions, elles sont destinées à modifier la coloration du parquet. certains produits de la même famille permettent aussi d'en vieillir l'aspect.

• **Les céruses :** elles consistent à faire ressortir le veinage du bois, en créant un effet d'opposition entre celui-ci et la surface du bois, l'un étant traité plus clair ou plus foncé que l'autre.

• **Les fondurs :** ce sont des produits resserrant les pores du bois et, de ce fait, le rendant plus dur et moins perméable, d'où un effet protecteur contre les taches. Ils facilitent l'accrochage de la finition. On les applique avant la vitrification ou l'encaustiquage.

• **Les vernis** (ou vitrificateurs) : ils offrent une grande résistance à l'usure et assurent la protection du parquet contre les tâches, mais aussi contre les rayures et le poinçonnement.

• **Les cires ou encaustiques :** ce sont les finitions traditionnelles des parquets, à base de cire d'abeille. Elles nécessitent un entretien fréquent (car peu résistante à l'eau), mais elles assurent un brillant profond et une odeur irremplaçable.

• **Les huiles :** elles donnent au parquet un aspect mat et naturel. Elles imprègnent les pores du bois en profondeur et demandent un entretien très régulier mais aisé. C'est une finition irréversible.

FINITION NATURELLE VERNIE
Cette finition vernie (ou vitrifiée) garantie un entretien facile dans une pièce à vivre comme la salle à manger.

Ce produit donne un aspect vieilli aux bois neufs. Il patine et contraste le veinage du bois. Il est sans odeur.

ENTRETENIR LE PARQUET

Chaque finition détermine un entretien spécifique, même si certaines opérations sont communes, telles que le dépoussiérage régulier, le détachage superficiel à l'eau tiède, etc.

• **Le parquet vitrifié :** il suffit d'un peu de détergent dilué dans de l'eau pour en ôter les taches. Les rayures ne peuvent s'enlever qu'avec une ponceuse équipée d'un abrasif à grain fin, en ponçant en croix, puis en repassant une couche de vitrificateur. On peut redonner de l'éclat à un parquet terni en le frottant avec un chiffon imbibé de polish ou d'un mélange fait de 50 % d'alcool à brûler, et de 50 % d'huile de lin.

• **Le parquet ciré :** il doit être traité dans sa totalité au minimum deux fois par an. En cas de tache persistante, il faut passer la paille de fer à l'endroit concerné et cirer abondamment pour harmoniser.

• **Le parquet huilé :** il faut le dépoussiérer régulièrement avec un balai à franges humidifié. On repasse une couche d'huile au moins une fois par an. Pour les salissures importantes, on peut laver le parquet au savon noir avec une machine à nettoyer les sols.

Quatre aspects de surface pour un parquet

Les parquets massifs et contrecollés sont proposés en différents aspects de surface. Les stratifiés, qui les imitent souvent à la perfection, reprennent forcément ces apparences.
• **Aspect lisse :** la surface du revêtement ne présente ni relief, ni aspérité. C'est un aspect de surface qui convient aux revêtements de lignes pures, contemporaines.
• **Aspect brossé :** les veines les plus tendres sont creusées pour renforcer la sensation de relief. Convient à ceux qui apprécient la rusticité du bois.
• **Aspect vieilli :** les chanfreins sont artificiellement cassés ou ébréchés, des trous semblent rebouchés à la pâte à bois. Le parement est ainsi artificiellement vieilli.
• **Aspect raboté :** les traits d'un premier rabotage sont laissés apparents pour rappeler le bois brut de sciage ou tout juste dégrossi.

Remise en état du parquet

Avant de vous lancer dans la rénovation d'un parquet, assurez-vous que son état le permet. Si le bois est de mauvaise qualité, si les lames sont larges et disjointes, envisagez plutôt son recouvrement. Mais si le bois est noble et en état satisfaisant, vous pouvez redonner à votre parquet son éclat d'origine.

LES BONS OUTILS

OUTILS
- Couteau de peintre
- Chasse-clou
- Ponceuse à parquet
- Ponceuse à bande
- Ponceuse delta
- Pinceau large (spalter)

MATÉRIEL
- Pâte à bois
- Papier journal
- Colle à papier peint
- Ficelle de chanvre
- Laine d'acier
- Vernis à parquet (vitrificateur)
- Papier abrasif
- Chiffon
- Fondur

Reboucher les fentes

Avec le temps, les lames de parquet ont tendance à se disjoindre. Comme il est très difficile de les rapprocher et encore plus de les reclouer discrètement, il est plus simple de reboucher les fentes.

© CP

1. Passez l'aspirateur pour enlever le plus gros de la poussière en passant l'embout suceur long sur chaque fente. Avec un chasse-clou, enlevez la poussière incrustée dans la fente.

2. Pour réduire le volume de la fente, glissez dedans de la grosse ficelle d'emballage. Enfoncez-la avec la lame d'un couteau de peintre. En réduisant le volume à reboucher, vous éviterez le retrait de la pâte à bois et son fendillement.

3. Rebouchez la partie supérieure de la fente avec de la pâte à bois. Lissez avec le couteau de peintre. Laissez sécher de 2 à 3 h pour les petites fentes à 1 journée pour les plus grandes. En cas de retrait, appliquez une seconde couche. Poncez après séchage.

4. Le papier mâché constitue un autre matériau pour boucher les interstices entre les lames de parquet. Mélangez des morceaux de papier journal déchiré (non coloré) avec de la colle à papier peint. Colorez cette pâte avec une teinture à l'eau assortie à la teinte du parquet poncé. Forcez la pâte dans les fentes jusqu'au ras de la surface. Laissez durcir avant de poncer.

LA BONNE ASTUCE

PONCEUSE DELTA
Cette petite ponceuse est pratique pour finir les recoins et les bordures, grâce à sa semelle de forme ogivale, qui peut recevoir des feuilles de papier abrasif de grain plus ou moins fin.

Remplacez une portion de lame

Quand une lame est très abîmée, la seule solution est de la remplacer. L'opération est facile si l'on est en présence d'un parquet rustique à chants droits, c'est-à-dire sans rainures et languettes. Il suffit de soulever la lame endommagée avec un ciseau de briqueteur pour l'extraire, et de reclouer la neuve. Avec une lame bouvetée, c'est plus difficile. Il faut scier la languette avec une scie circulaire à lame fine d'un côté, extraire la lame, puis glisser une portion de lame neuve à la place et la reclouer en plein parement sur les lambourdes.

Rénover un parquet

La rénovation d'un parquet ancien passe presque toujours par son ponçage, seule façon de remettre le bois à nu et donc de repartir sur une bonne base. Vous pourrez alors le reteinter à votre convenance. Vous pourrez finir par l'application d'un vernis ou d'une huile.

© CP

PONCER LE PARQUET

1. L'idéal est d'utiliser une ponceuse professionnelle (vous pouvez la louer). Commencez à travailler avec un abrasif à gros grain en passant la ponceuse en diagonale, puis dans le sens des lames avec de l'abrasif plus fin. Avancez en chevauchant légèrement chacune des passes. Balayez la poussière aussitôt après, puis recommencez l'opération en ponçant le parquet, toujours en diagonale, mais perpendiculairement au premier ponçage.

2. À défaut de pouvoir utiliser une ponceuse professionnelle, vous pouvez utiliser une ponceuse à bande. La profondeur de ponçage se règle au moyen d'une molette située derrière la semelle de l'appareil. Poncez dans le sens du fil des lames de parquet.

3. Utilisez pour les finitions une ponceuse delta qui permet d'aller dans le coin des murs. Commencez par la raccorder sur le tuyau de l'aspirateur de la maison.

4. Avec la ponceuse delta, finissez le ponçage de tous les endroits que la ponceuse à bande n'a pu atteindre, notamment les angles de mur. Aspirez soigneusement la poussière. Pour terminer, essuyez le sol avec un chiffon imbibé d'eau ou de white-spirit pour éliminer toute la poussière.

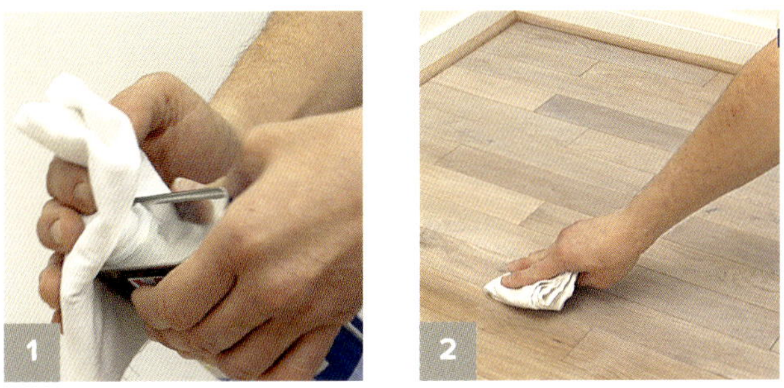

TEINTER LE PARQUET

1. Imbibez un chiffon de coton non pelucheux de teinture. On utilise ici une teinture blanche pour obtenir un effet cérusé.

2. Appliquez la teinture généreusement en suivant le fil du bois. Commencez par la zone la plus éloignée de la porte et progressez vers celle-ci. Travaillez par zones de 1 m^2. Laissez sécher le temps indiqué sur la notice d'utilisation. Si le bois est tendre (résineux, par exemple), appliquez un fondur avec un pinceau large. Égrenez en donnant un coup de laine d'acier 00 ou un abrasif fin. Aspirez la poussière.

VITRIFIER LE PARQUET

1. Balayez, puis aspirez toute la poussière qui se trouve encore sur le parquet. Passez un chiffon non pelucheux imbibé d'eau ou de solvant (white-spirit) suivant que le vitrificateur est à l'eau ou solvanté, sur toute la superficie du parquet.

2. Pour passer la première couche, le vernis doit être dilué à 10 %, ainsi il s'étalera plus facilement. La première couche agit comme un bouche-pores. Travaillez en allant vers la porte. Étalez le vernis dans le sens du fil pour ne pas laisser de petites flaques.

3. Quand la première couche est sèche (environ 24 h), passez de la laine d'acier 000 ou un abrasif à grain très fin puis un chiffon non pelucheux imbibé d'eau ou de solvant. Passez la deuxième couche, laissez sécher. Donnez un coup de laine d'acier et appliquez la troisième couche.

> **LA BONNE INFO**
>
> **ATTENTION À LA POUSSIÈRE**
>
> Le ponçage d'un parquet est un travail particulièrement salissant, entraînant un dégagement de poussière important, dont les particules peuvent être nocives (ancien vernis, notamment). Portez un masque antipoussière et des lunettes de protection très ajustées. Aérez constamment les pièces pendant les opérations de ponçage, mais fermez-les quand vous appliquez du fondur ou quand vous vernissez pour éviter que de la poussière ne se dépose dessus en phase de séchage.

Poser un parquet massif collé

La pose collée d'un parquet massif est la solution la plus simple sur une surface lisse et dure comme un sol béton. C'est un gage de solidité et de durabilité du parquet. On notera que seule la pose collée (avec une colle spécifique) est autorisée quand on veut mettre du parquet sur un chauffage au sol.

LES BONS OUTILS

Outils
- Crayon
- Équerre
- Scie sauteuse
- Scie circulaire
- Maillet
- Mètre
- Tire-lame
- Spatule crantée
- Cutter
- Cale à frapper

Matériel
- Établi
- Grande règle
- Cales de dilatation
- Lames de parquet
- Plinthes
- Colle adaptée au parquet ou pointes tête homme
- Copieur de profil
- Sous-couche
- Ruban adhésif double face
- Ruban adhésif transparent

PRÉPARER LES PREMIÈRES LAMES

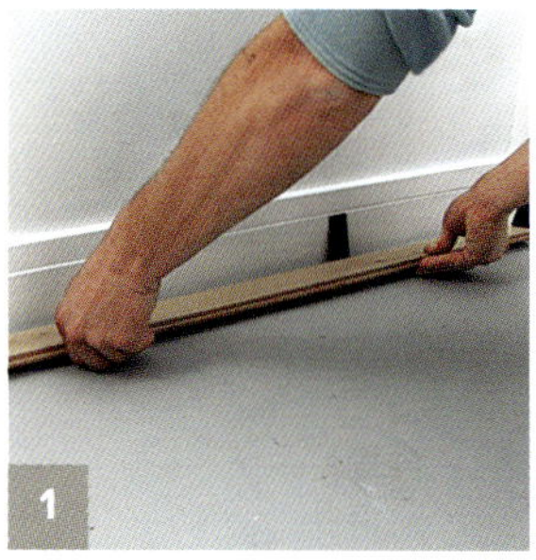

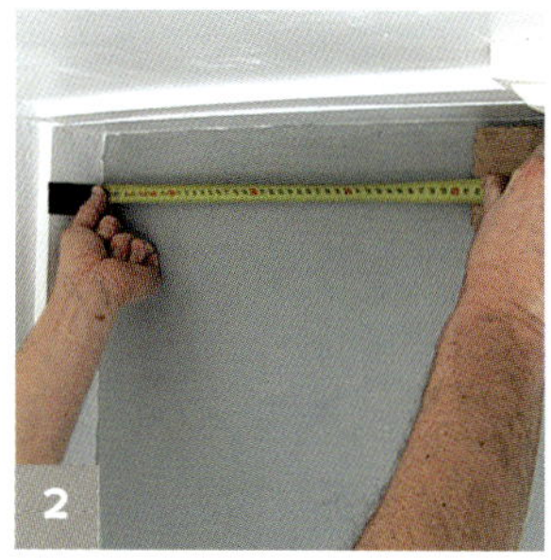

1. Réalisez la pose à blanc (sans colle) des deux premières rangées de lames. Placez des cales de dilatation contre le mur et posez la première lame, rainure contre le mur. Posez le parquet dans le sens de la longueur de la pièce pour l'allonger ou à l'inverse dans le sens de la largeur pour réduire l'effet de longueur.

2. En bout de rangée, vous devrez certainement retailler une lame. Prenez la mesure entre l'extrémité de la lame et la cale de dilatation.

3. Reportez la mesure au dos de la lame à couper (tenez compte de l'orientation de la languette et de la rainure), tracez la ligne de coupe en vous aidant de l'équerre. Retournez la lame sur l'envers et sciez à la scie sauteuse. Assemblez à blanc la deuxième ligne de lames. Déposez-les en repérant leur ordre : marquez-les sur l'envers d'un chiffre pour la ligne et d'une lettre pour l'ordre sur la ligne, de droite à gauche, par exemple.

COLLER LES LAMES

1. Étalez la colle avec une spatule crantée. La couche doit être fine et régulière.

2. Posez la première lame, rainure contre le mur, sans oublier les cales de dilatation.

3. La lame doit adhérer parfaitement au sol. Aidez-vous du maillet.

4. Emboîtez la deuxième lame en la tassant sur la précédente avec le tire-lame et le maillet.

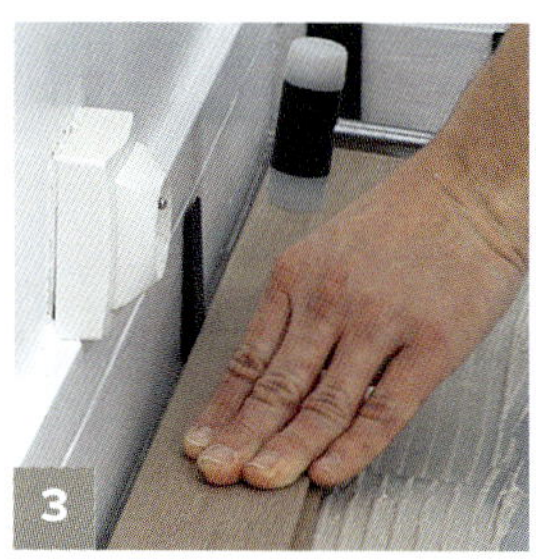

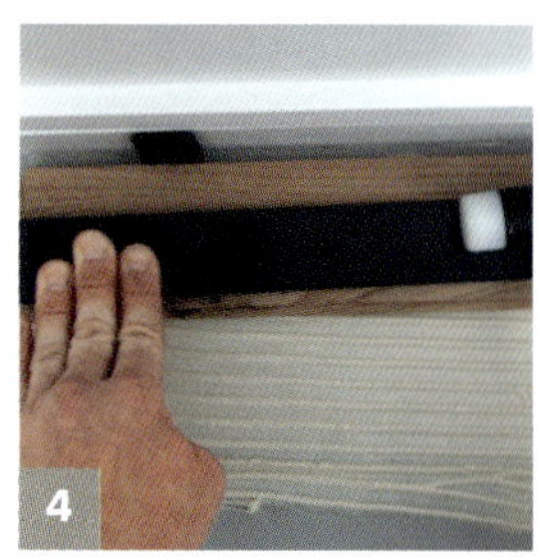

5. Procédez aux découpes d'angles et d'extrémité avec la scie sauteuse et positionnez la lame.

6. Mesurez l'espace entre l'avant-dernière lame et le mur, reportez la cote au dos de la dernière lame et coupez-la à la scie sauteuse. Enduisez le dos de la lame de colle et posez-la.

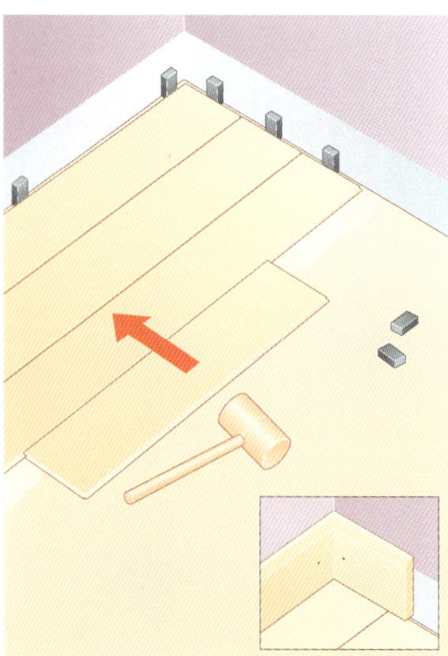

PRINCIPE DE LA POSE COLLÉE

Poser un parquet flottant clipsé

La pose de parquet flottant peut se faire avec du parquet massif ou avec un parquet contrecollé. Elle repose sur l'emboîtement clipsé de lames ou de dalles de parquet, sur une sous-couche isolante. Les chants des lames sont usinés de façon à permettre un emboîtement et une tenue parfaite, sans encollage de la rainure. **Attention : cette pose n'est pas compatible avec un plancher chauffant !**

POSER LA SOUS-COUCHE

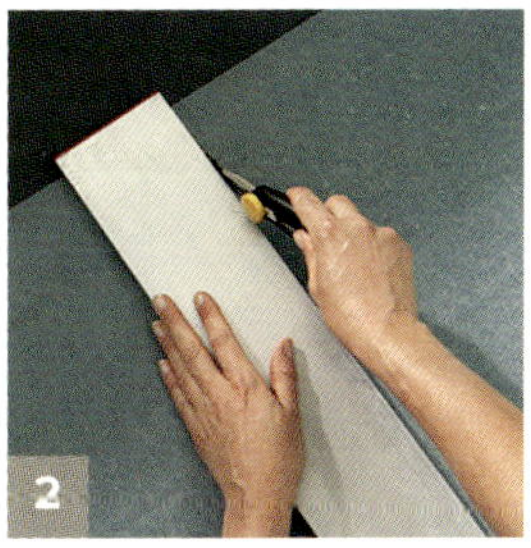

1. Déroulez la sous-couche sur le sol perpendiculairement au sens de pose prévu pour les lames.

2. Arrivé en pied de mur, faites un repère et tracez la ligne de coupe. Coupez la sous-couche avec un cutter en vous guidant sur une grande règle métallique.

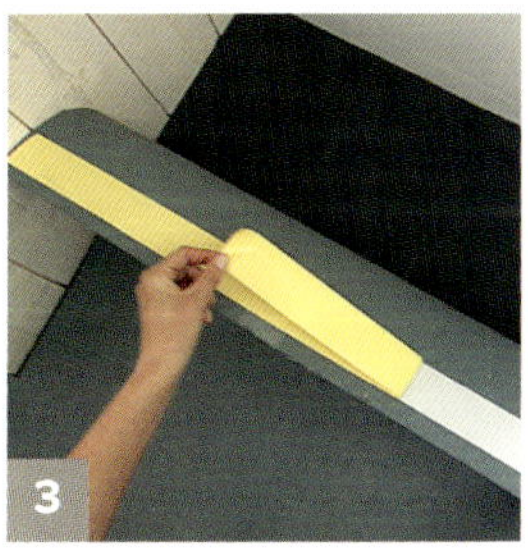

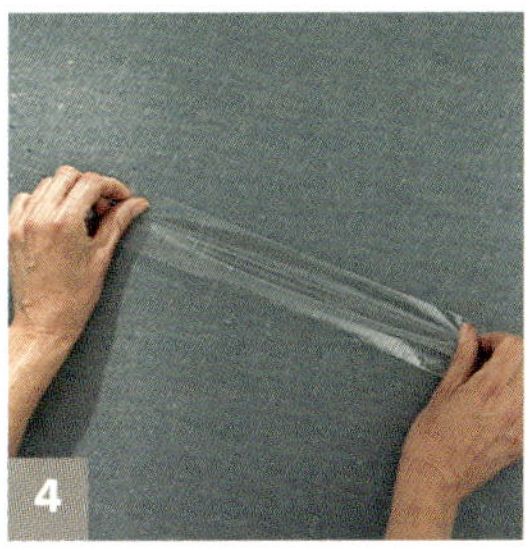

3. Appliquez un morceau de ruban adhésif double face au dos de la bande de sous-couche, retirez sa pellicule de protection et appliquez-le le long de la plinthe.

4. Juxtaposez les bandes de sous-couche et réunissez-les avec du ruban adhésif transparent de grande largeur.

POSER LES LAMES

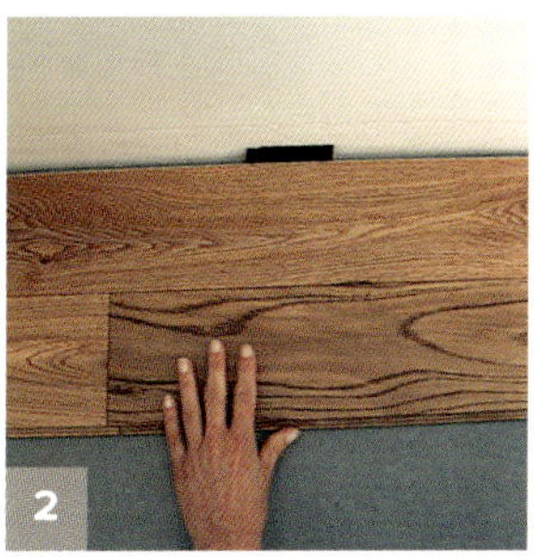

1. Posez la première lame contre le mur et à partir d'un angle, après interposition de cales de dilatation pour permettre au bois de jouer lors des variations d'humidité et de température.

2. Posez la lame suivante en la clipsant sur la précédente. Veillez à décaler les joints d'au moins une fois et demie la largeur de la lame.

3. Enlevez les cales de dilatation et posez des plinthes ou à défaut des baguettes quart-de-rond si vous avez conservé celles d'origine.

Poser un parquet cloué

La pose clouée n'est plus pratiquée en rénovation et pratiquement plus en neuf. Elle s'effectue sur lambourdes (lattes de bois de 100 mm de large et 35 mm d'épaisseur), espacées de 40 cm. Sur une dalle, elles seront vissées avec des vis et chevilles à frapper. Sur un solivage, elles seront clouées perpendiculairement aux solives. Il est courant, également, de clouer directement le parquet sur les solives.

- La pose commence parallèlement aux murs les plus longs, en laissant un joint périphérique de 8 à 10 mm dans lequel on placera des cales de dilatation.

- Chaque lame est serrée sur la précédente au maillet en prenant le soin d'interposer un morceau de bois pour ne pas abîmer le parquet.

- Les clous sont enfoncés obliquement côté languette à l'intersection des lames et lambourdes.

- On enlève les cales de bois avant de fixer la plinthe de finition.

LA BONNE INFO

STABILISATION DU BOIS
Le bois est un matériau vivant sensible à l'humidité et à la température. Stockez les lames dans la pièce, dans leur emballage, hors sol, à température constante, une semaine avant leur mise en œuvre. Idéalement, maintenez une température (18 °C) et une hygrométrie (45 à 65 %) pendant la pose.

PRINCIPE DU CLIPSAGE DE DEUX LAMES

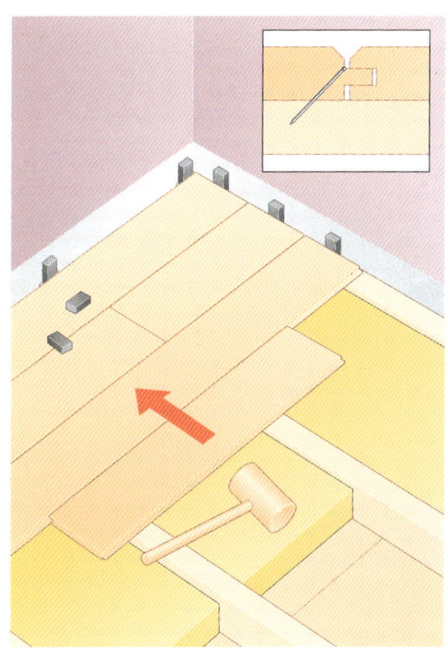

PRINCIPE DE LA POSE CLOUÉE

Poser la sous-couche

Préparez le sol pour qu'il soit lisse, propre et plan. Coupez les bandes nécessaires avec des ciseaux ou un cutter. Posez la sous-couche en accolant les lés sans les chevaucher sur une bande adhésive double face en laissant un jeu de 10 mm autour des tuyaux. La sous-couche se pose perpendiculairement aux lames de stratifié.

Commercialisé dans une grande diversité de couleurs et de décors, le revêtement stratifié est proposé en lames qui sont posées "flottantes", c'est-à-dire sans adhérer au sol, ce qui simplifie considérablement la pose et permet de les rendre démontables.

Facile à poser, résistant aux chocs et aux taches, le revêtement stratifié présente de nombreux avantages. Le choix du revêtement se fait en fonction de l'usage auquel il est destiné et de son esthétique.

STRATIFIFÉ SUR SOUS-COUCHE

Choisir la sous-couche adaptée

ISOLATION THERMIQUE ET PHONIQUE

Le stratifié ne doit jamais reposer directement sur le sol. Une sous-couche assure une isolation phonique normalisée. Ne placez jamais de sous-couche pour moquette sous un revêtement stratifié. Certaines lames de stratifié intègrent une couche phonique à la fabrication. Le choix de la sous-couche se fait en fonction de plusieurs critères : si elle doit constituer une barrière à l'humidité, si elle doit amortir les bruits d'impacts sur le revêtement, enfin si elle doit aussi jouer le rôle d'isolant thermique.

DALLES DE FIBRES

Si vous habitez dans un appartement ou à l'étage, les dalles de fibres sont adaptées à votre situation. Composées de déchets de bois défibrés, ces dalles de 5 ou 7 mm d'épaisseur présentent d'excellentes qualités d'isolation thermique et acoustique. Elles égalisent aussi les irrégularités du sol.

Le même matériau est intégré en sous-couche de 2 mm sous certaines qualités de lames stratifiées.

Si nécessaire, ragréez le sol et recouvrez-le d'un film hydrofuge. Laissez les dalles s'acclimater à l'atmosphère de la pièce pendant 24 à 48 h. Posez-les à joints rompus, en laissant un jeu de dilatation de 10 mm tout autour de la pièce à l'aide de cales d'épaisseur que vous retirerez une fois la pose de l'ensemble des lames terminée.

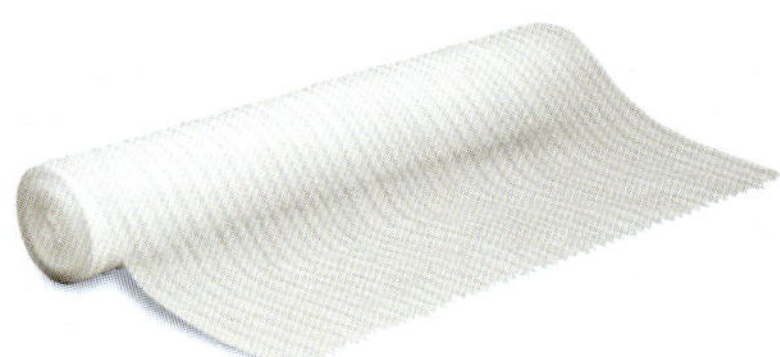

FILM POLYANE

C'est la plus mince des sous-couches pour revêtement stratifié, à poser sur tout support solide, sec et bien nivelé, tel que plaques d'aggloméré ou parquet ancien raboté. Si vous craignez des remontées d'humidité, posez d'abord un film hydrofuge. Ce film est obligatoire pour les dalles de béton.

SOUS-COUCHE

Cette sous-couche en panneau pliant est très facile à transporter et à poser. Sa résistance thermique faible permet de l'utiliser sur un plancher chauffant à eau chaude, avec les stratifiés compatibles avec ce type de chauffage.

SOUS-COUCHE COMBINÉE HYDROFUGE

Idéal en rez-de-chaussée, le film en polyéthylène réticulé combine l'atténuation acoustique avec une fonction pare-vapeur, tout en résistant bien à la compression. Plus épais qu'un film Polyane, il absorbe les petites irrégularités du sol.

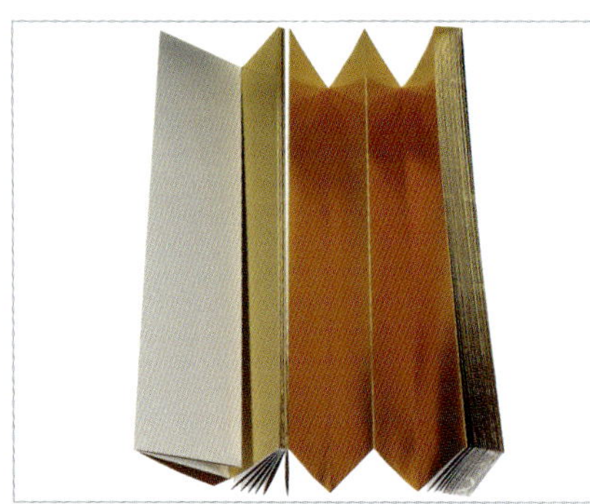

Choisir un revêtement stratifié

La diversité des prix du stratifié indique des différences de qualité que l'aspect flatteur des produits ne révèle pas forcément. À la différence du parquet, le stratifié ne peut pas être rénové par ponçage. Quand le parement décoratif est rayé ou usé ou quand des lames sont déformées, il n'y a pas d'autre solution que de le remplacer. Le principal critère de choix sera donc la classe de résistance, mais d'autres éléments entrent en ligne de compte.

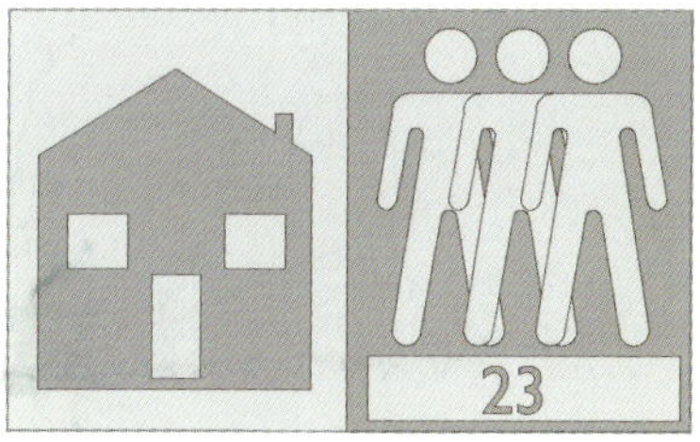

Usage domestique élevé

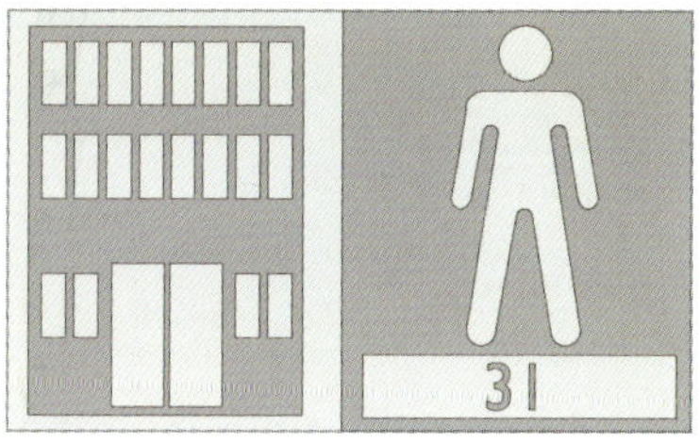

Usage commercial modéré

ÉVALUER LA RÉSISTANCE DU STRATIFIÉ

Il existe une classification de la résistance du stratifié. Ainsi vous pourrez facilement choisir le produit adapté à votre besoin.
On compte trois classes à usage domestique (indiquées avec le dessin d'une maison) et trois autres à usage commercial (représentées par le dessin d'immeuble).
Le chiffre indique l'usage destiné :

- 21 : domestique modéré, chambre d'ami ;
- 22 : domestique général, chambre d'adulte, bureau ;
- 23 : domestique élevé, pièce à accès direct sur l'extérieur ou à fréquentation élevée (salle de séjour, chambre d'enfant) ;
- 31 : commercial modéré, chambres d'hôtel, petits bureaux ;
- 32 : commercial général, zone de passage régulier ;
- 33 : commercial élevé, zone de passage intense.

Ce stratifié à décor chêne, à support HDF est de classe 23/31, ce qui le destine à des pièces d'usage domestique élevé, ou commercial modéré.

QUANTITÉ À ACHETER

Les revêtements stratifiés sont vendus en paquets couvrant une surface indiquée sur l'emballage (en général de 2 à 2,50 m^2, selon les produits) dans un nombre de lames variant en fonction de leur largeur. Calculez la surface de la pièce en multipliant longueur par largeur, et ajoutez 10 %, par précaution. Après l'achat, veillez à ouvrir les paquets et à laisser le revêtement au moins 48 h dans la pièce où il sera ensuite posé pour qu'il s'adapte aux conditions d'humidité et de température du milieu.

CHAUFFAGE AU SOL

Si vous disposez d'un système de ce type, assurez-vous que le revêtement est compatible. Choisissez une sous-couche qui préserve l'efficacité du chauffage ou optez pour un revêtement qui intègre cette sous-couche.
Il existe différents types de sous-couches, plus ou moins épaisses, en fonction des résultats recherchés. Coupez le chauffage 24 h avant la pose et faites-le repartir progressivement après celle-ci.

LA BONNE **INFO**

ÉCOCERTIFICATION DES BOIS

L'âme des stratifiés étant constituée de dérivés du bois, ils se voient aussi attribuer les labels d'écocertification. Accordez votre préférence aux produits certifiés PEFC ou FSC : ils garantissent que le bois employé pour la fabrication provient de forêts gérées de manière responsable, respectant le cycle naturel des arbres et de l'environnement.

L'ASPECT DE SURFACE

À l'origine, les stratifiés se bornaient à imiter des lames de parquet basique, sans aucuns effets de structure ni de coloris recherchés. Aujourd'hui, le stratifié est capable d'imiter le bois, mais aussi quantité d'autres matériaux, notamment minéraux. S'agissant du bois, le stratifié est souvent plus vrai que nature, avec une qualité de surface telle que même au toucher il n'est pas possible de se rendre compte qu'il s'agit d'une imitation. Ce n'est qu'en marchant sur le revêtement que l'on peut déceler parfois qu'il ne s'agit pas de vrai parquet, de carrelage ou de pierre naturelle. Le stratifié peut être lisse, structuré, veiné ou offrir les décors les plus variés.

![LES BONS OUTILS]

LES BONS OUTILS

Outils
- Mètre
- Équerre
- Maillet
- Crayon
- Règle
- Cutter
- Masque antipoussière
- Scie sauteuse avec lame pour stratifié
- Coupe-lame
- Tire-lame
- Cale à frapper

Matériel
- Lames à clipser
- Cales de dilatation
- Pare-vapeur : film polyéthylène
- Sous-couche
- Ruban adhésif double face
- Ruban adhésif transparent
- Chiffon

Poser des lames à clipser

Les lames à clipser connaissent une popularité croissante car elles se posent rapidement (sans clous ni colle) et ne demandent aucune dextérité particulière. La pose d'une sous-couche est obligatoire, sauf pour les lames à sous-couche intégrée. Pour celles-ci, un pare-vapeur doit être installé sur le sol.

POSER UN PARE-VAPEUR POUR LAMES À SOUS-COUCHE INTÉGRÉE

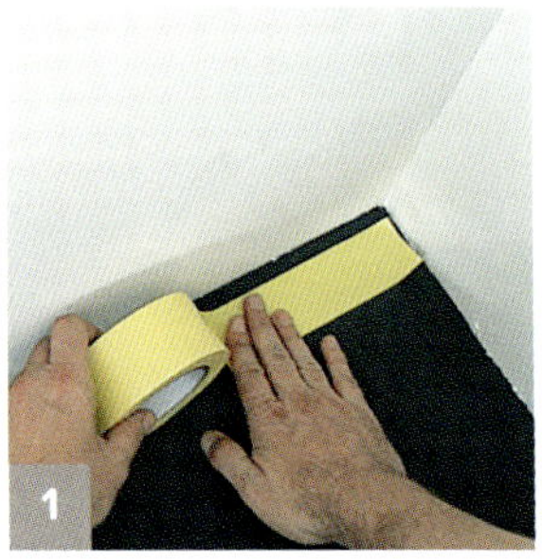

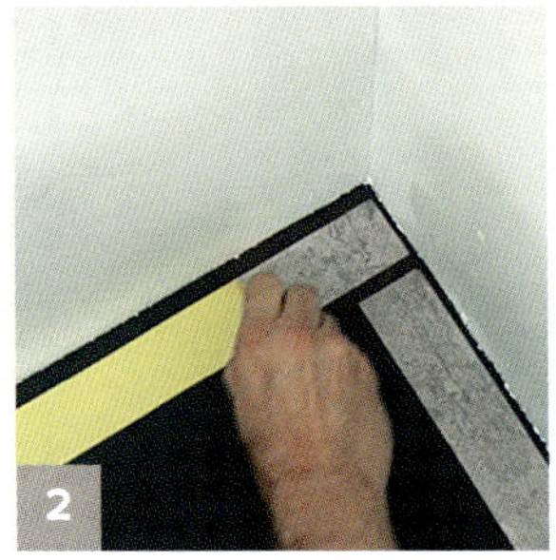

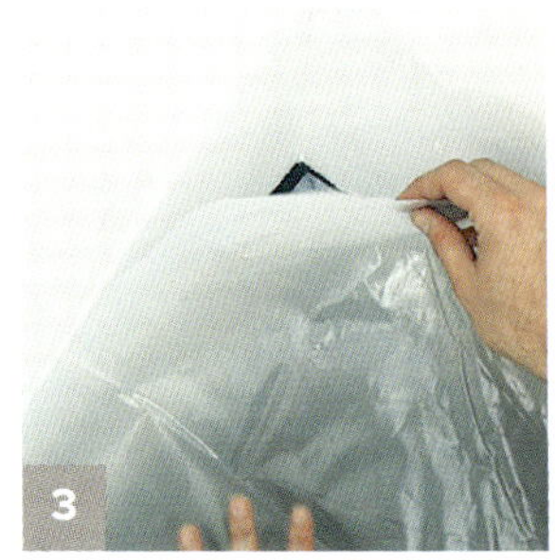

1. Nettoyez le sol tout particulièrement au niveau des plinthes. Collez sur le sol une bande d'adhésif double face au ras des plinthes.

2. Marouflez avec un chiffon l'adhésif double face collé sur le sol, puis ôtez délicatement la pellicule de protection.

3. Étendez le film polyéthylène sur le sol et appliquez-le fortement en périphérie pour le faire adhérer à l'adhésif double face.

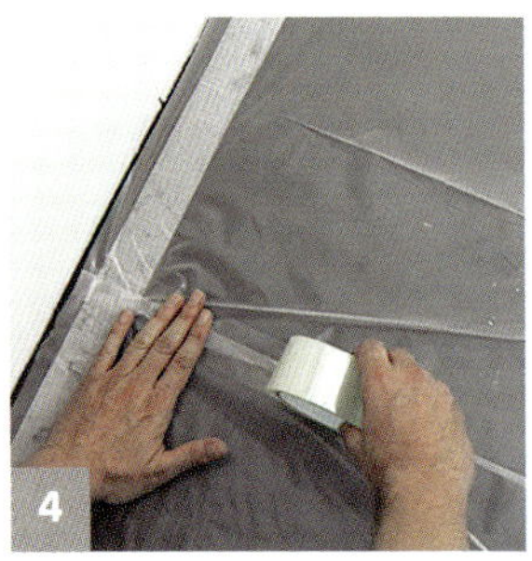

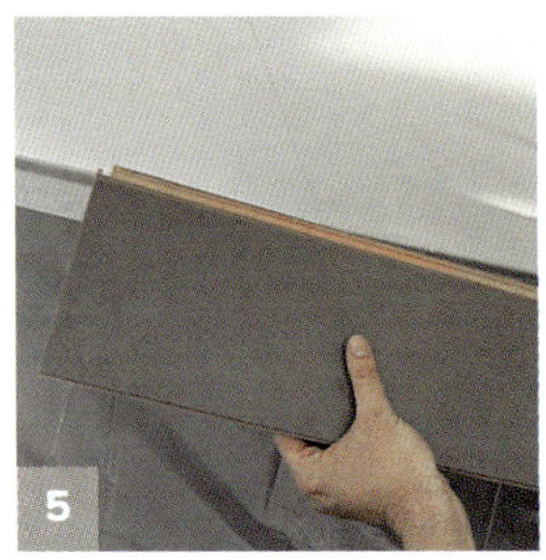

4. Assurez la liaison entre les bandes de pare-vapeur avec de l'adhésif transparent. La jonction et donc l'étanchéité doivent être parfaites.

5. Les lames de stratifié peuvent maintenant être posées. On distingue ici la sous-couche intégrée au revers des lames.

POSER UNE SOUS-COUCHE POUR STRATIFIÉ

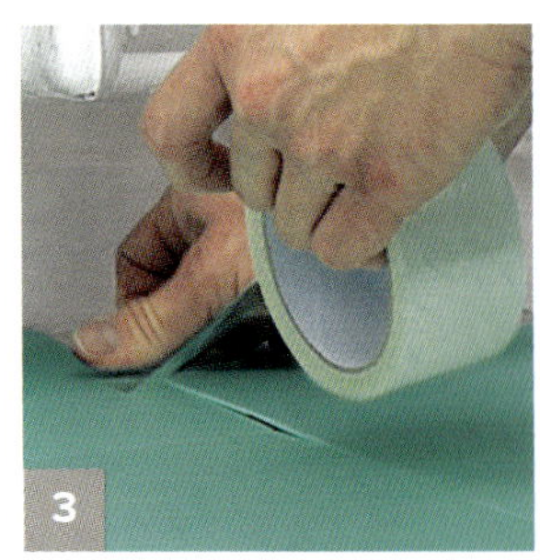

1. Dépliez la sous-couche en commençant par un angle, en poussant bien le produit contre les plinthes. Il n'est pas nécessaire d'utiliser de l'adhésif double face.

2. Il faut ajuster la sous-couche au passage des tuyaux. Tracez la découpe puis réalisez celle-ci avec un cutter. Il n'est pas nécessaire qu'elle soit très précise.

3. Déroulez la sous-couche jusqu'au mur opposé et découpez-la à la bonne longueur avec un cutter. Recouvrez l'ensemble du sol de la pièce en posant les lés bord à bord. Assemblez-les entre eux avec de l'adhésif simple face transparent.

LA SECURITE

Protégez vos genoux

La pose d'un revêtement de sol est très pénible pour les genoux. Vous risquez aussi de vous blesser si vous les posez sur une arête aiguë ou un objet tranchant. Portez des genouillères.

POSER DES LAMES À CLIPSER

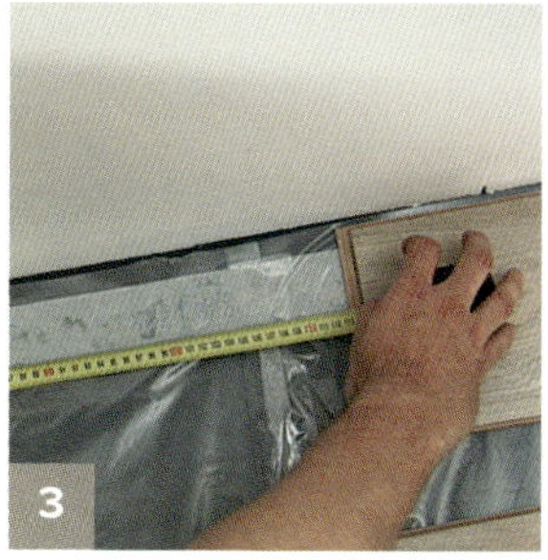

1. Pour obtenir le meilleur effet, posez les lames en direction de la fenêtre qui éclaire la pièce. Sur la sous-couche, posez la première lame dans un coin, languette contre le mur. Placez les cales de dilatation à intervalles réguliers entre la lame et la plinthe, selon les recommandations de la notice de pose.

2. Insérez la languette d'extrémité dans la rainure du bout de la lame précédente, sous un angle d'environ 30°. Abaissez la lame pour la verrouiller. Posez ainsi des lames bout à bout jusqu'à l'extrémité de la rangée, où il faudra très probablement recouper la dernière lame.

3. Avec le mètre, mesurez la distance qui sépare l'extrémité de la lame et le mur opposé. Diminuez cette cote de l'épaisseur des cales.

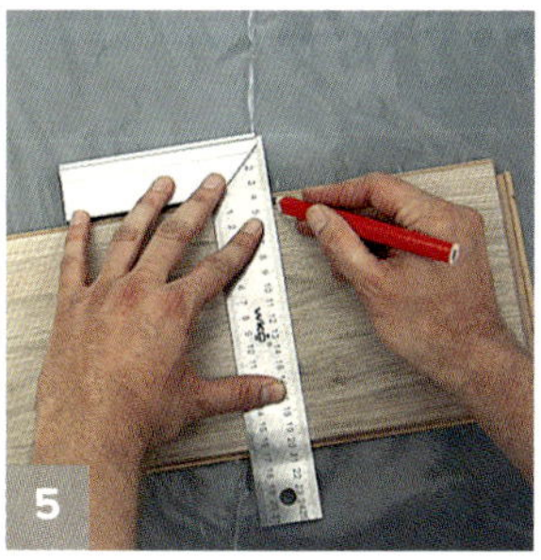

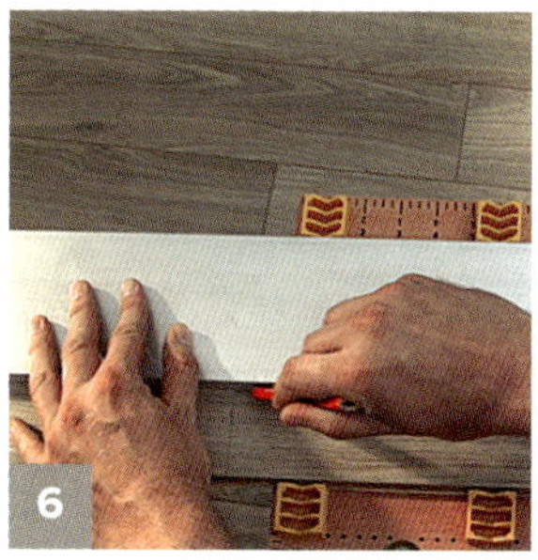

4. Reportez la cote relevée précédemment et tracez deux points de repère sur la lame qui doit être recoupée.

5. En vous aidant de l'équerre, tracez au crayon un trait sur la lame à recouper, en réunissant les points précédemment tracés. Pour couper les lames dans la longueur, utilisez le coupe-lame (voir encadré).

6. Pour les couper dans le sens de la longueur, réalisez le traçage en vous guidant sur une grande règle.

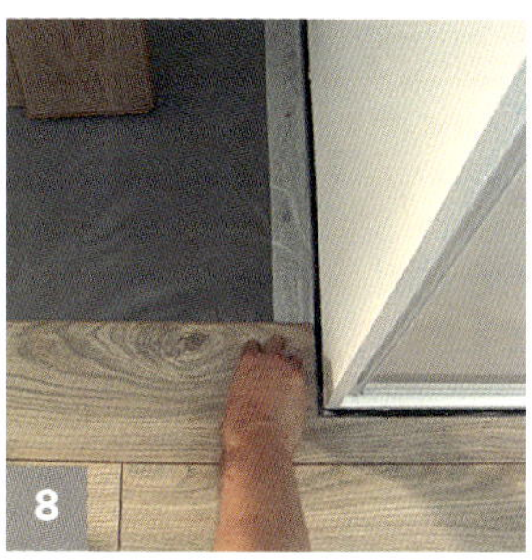

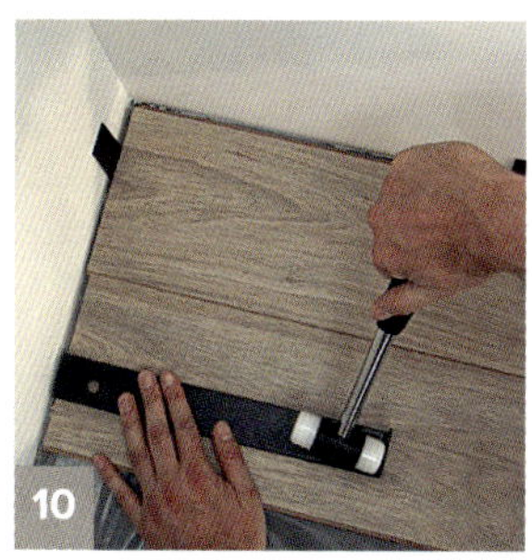

7. Les coupes partielles dans la largeur ou dans la longueur des lames seront faites à la scie sauteuse. Pour assurer votre geste, vous pouvez monter sur l'appareil un guide de coupe latéral.

8. Une découpe précise permet ici de contourner un angle saillant. Attention de toujours laisser l'espace de dilation pour les cales !

9. Verrouillez l'encliquetage des lames en donnant de petits coups de maillet sur le chant de la lame, protégé par la cale de frappe.

10. Calez le plus petit rabat du tire-lame contre l'extrémité recoupée de la lame et frappez avec le maillet à l'intérieur du grand rabat de l'outil, pour bien mettre la lame en place.

LA BONNE **ASTUCE**

COUPE-LAME

La composition des lames permet de les couper avec un outil fonctionnant comme un massicot à papier. On obtient une coupe nette, précise et rapide.

LES BONS OUTILS

Outils

- Crayon
- Mètre
- Équerre
- Masque antipoussière
- Scie sauteuse avec lame pour stratifié
- Scie égoïne
- Perceuse avec scie cloche
- Scie d'encadreur
- Ciseau à bois

Matériel

- Lames de stratifié
- Rondelles passe-tuyau
- Copieur de profil
- Cales de dilatation
- Colle
- Baguette quart-de-rond
- Pâte à bois

LA BONNE ASTUCE

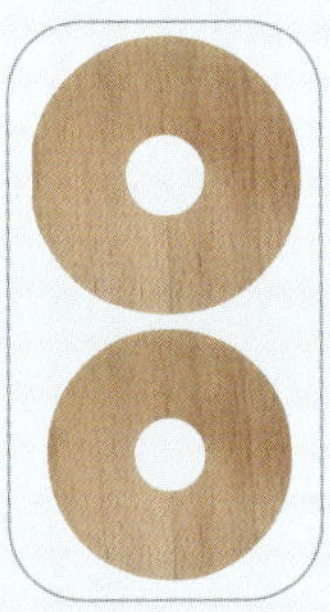

Passe-tuyau

Ces rondelles en faux bois servent à masquer le jeu autour du passage des tuyaux. Alignez le veinage avec celui du parquet et collez la rondelle.

Découpes spécifiques

Le passage des tuyauteries, comme celle du chauffage central, doit se faire avec précision. Le traçage des découpes peut se faire par prise de cotes, reports et traçage ou bien avec un copieur de profil. Ce petit accessoire est à la fois facile à utiliser et d'une très grande précision. Effectuez les découpes curvilignes au moyen d'une scie sauteuse.

DÉCOUPE AVEC PRISE DE COTES

1. Présentez la lame contre le tuyau, dans la position correcte par rapport au mur ou à la dernière lame posée. Tracez la position du tuyau, en prenant la marge nécessaire pour la dilatation et l'écart de sciage. Placez une cale de dilatation contre le mur et relevez la cote entre l'avant de cette cale et l'avant du tuyau. Reportez cette cote sur la lame.

2. Joignez les deux marques pour tracer le contour de la découpe à réaliser. Aidez-vous d'une équerre pour le traçage.

3. Réalisez la découpe à la scie sauteuse sur les droites du tracé, puis libérez l'ouverture en perçant avec une scie cloche de diamètre adapté à celui du tuyau.

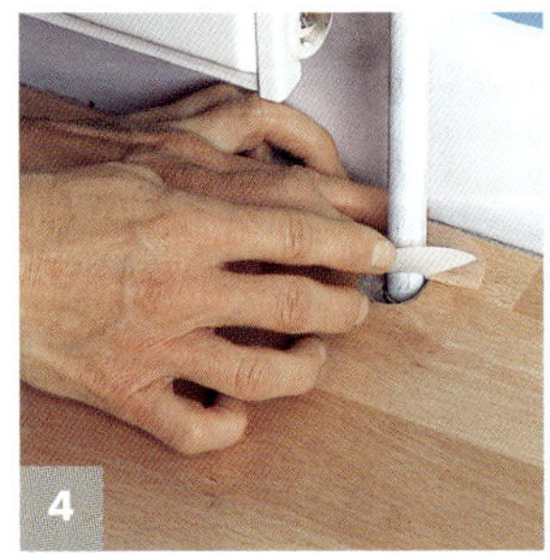

4. Placez la lame, replacez la chute derrière le tuyau et collez une rondelle passe-tuyau qui va masquer l'écart de sciage. Certaines portent en décor le veinage du bois pour un raccord parfait.

DÉCOUPE AVEC COPIEUR DE PROFIL

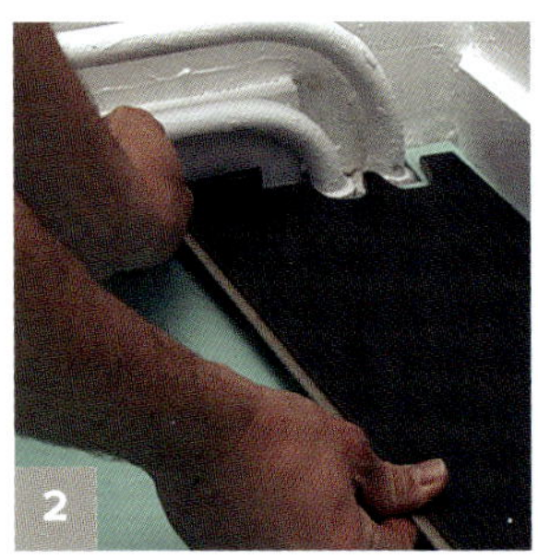

1. Pour contourner des tuyaux, prenez leur empreinte avec un copieur de profil.

2. Reportez le profil obtenu au crayon sur l'envers de la lame, procédez aux découpes à la scie sauteuse et mettez la lame en place.

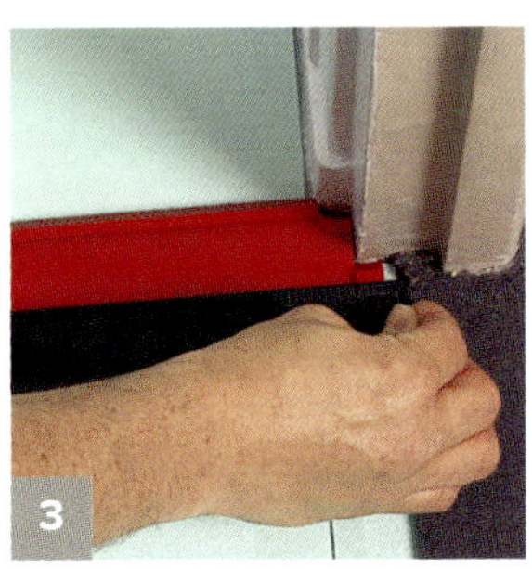

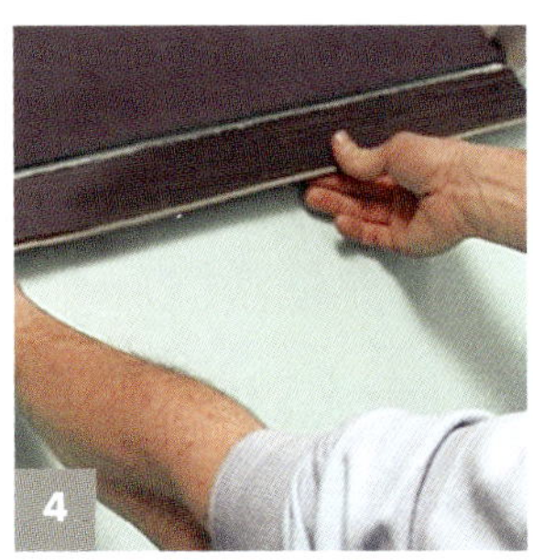

3. Utilisez aussi le copieur de profil pour déterminer les découpes nécessaires au niveau des encadrements de portes, pour la lame de seuil.

4. Découpez la lame de seuil et mettez-la en place après en avoir encollé le revers.

RECOUPE DES MONTANTS D'UN ENCADREMENT DE PORTE

Si l'encadrement dépasse du plan de la plinthe, plutôt que de tailler la lame pour en suivre le profil, sciez la base des montants de l'encadrement. La finition sera plus nette en y insérant la lame.

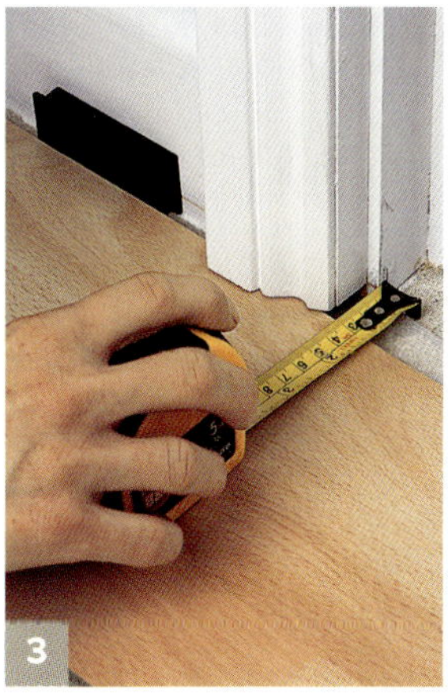

1. Posez contre l'encadrement de porte une lame sur un morceau de sous-couche. Plaquez la lame d'une scie égoïne horizontalement sur la surface de la lame et sciez le bas de l'encadrement.

2. Ôtez le morceau d'encadrement scié avec un ciseau à bois à lame étroite, en allant jusqu'au mur, pour garder 10 mm de jeu pour la dilatation du revêtement.

3. Mesurez la profondeur du dormant de porte. Le revêtement doit couvrir tout le dessous de la porte quand elle est fermée (sans omettre 10 mm de jeu pour la dilatation). Reportez la cote sur la lame, coupez à la scie sauteuse et insérez la lame en place.

4. Taillez une barre de seuil à la largeur de l'ouverture. Collez-la ou vissez-la. Après avoir posé le revêtement, cachez l'espace de dilatation au niveau des plinthes par une baguette quart-de-rond.

Baguettes de finition

Retirez les cales de dilatation périphériques quand le revêtement est posé et laissez celui-ci prendre sa place pendant 12 h. Pour masquer l'espace, posez une baguette décorative quart-de-rond assortie au décor de la pièce, ou une nouvelle plinthe recouvrant celle d'origine. Ne la collez surtout pas sur les lames, mais contre la plinthe.

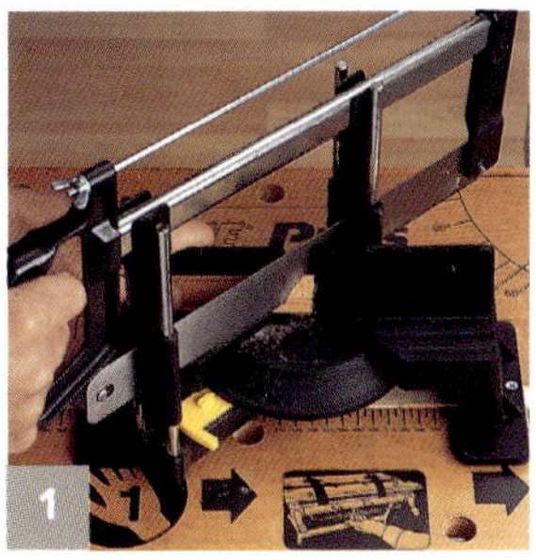

1. Mesurez et coupez les longueurs de profilés de finition. Utilisez une scie d'encadreur, comme ici, ou une scie à dos et une boîte à onglets, pour obtenir une coupe précise à 45°.

2. Encollez le dos de la baguette de finition (surtout pas la base), elle doit adhérer sur la plinthe et non pas sur les lames.

3. Pressez la baguette en place. Vous pouvez la maintenir jusqu'au séchage de la colle avec des objets lourds ou avec deux pointes fines.

LA BONNE **INFO**

ENTRETIEN DES SOLS STRATIFIÉS

- Nettoyez à l'aspirateur ou avec un balai doux.
- Passez un chiffon humide pour restaurer le brillant.
- Ne lavez pas à grande eau.
- Placez des tampons protecteurs sous les pieds des meubles et des chaises pour qu'ils ne marquent pas le revêtement, et déplacez les meubles avec précaution.

Premier choix

La notion de "choix" influence souvent la décision d'achat. Notez que seule l'appellation "premier choix" a une valeur officielle. Elle désigne un lot de carrelage dont 95 % au moins des carreaux sont exempts de défauts visibles.

Le carrelage de sol est un revêtement très intéressant pour les pièces de plain-pied, les salles de bains et de douche, la cuisine et toutes les pièces où l'eau est présente. C'est aussi un revêtement très décoratif, qui est de surcroît idéal pour les planchers chauffants.

Tous les carrelages semblent se ressembler, pourtant il existe des différences importantes entre eux, qui tiennent pour l'essentiel au mode de fabrication, qui influent sur la qualité des carreaux, sur leur esthétique, et bien sûr sur le prix au mètre carré.

Choisir le carrelage

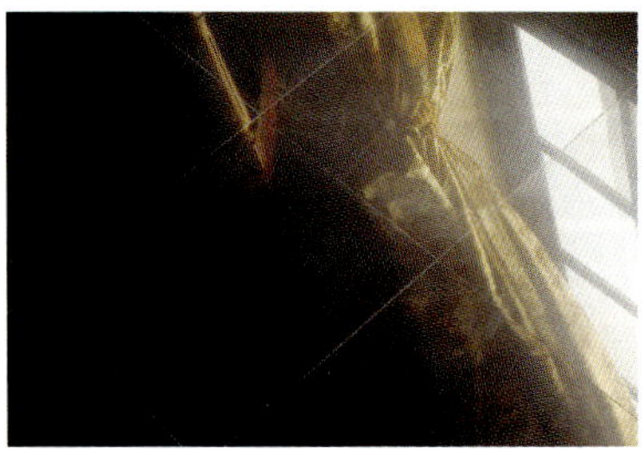

SANS JOINTS VISIBLES

Les carreaux à chants rectifiés permettent de réaliser une pose sans joints visibles. Cette esthétique privilégie la matière en évitant de créer des ruptures.

Le grès émaillé :
- particulièrement résistant à l'usure grâce à l'émaillage de sa surface ;
- sensible au gel, il est réservé à un usage intérieur.

Le grès cérame émaillé :
- compact, teinté dans la masse et cuit à très hautes températures ;
- particulièrement résistant à l'usure grâce à son émaillage ;
- résiste au gel et peut être posé à l'extérieur comme à l'intérieur notamment dans les zones de passage intense.

Le grès cérame pleine masse :
- très résistant à l'usure, à l'abrasion, aux chocs ;
- couleurs inaltérables ;
- résiste au gel, il peut être posé à l'extérieur comme à l'intérieur.

Le grès cérame poli :
- son effet miroir donne une impression de profondeur ;
- prétraité en usine pour une meilleure résistance aux taches, il est réservé à un usage intérieur.

CARRELAGE XXL

Les carreaux de carrelage s'affirment aujourd'hui en très grandes dimensions (ici du gré cérame émaillé poli 49,5 x 99 cm). Ils agrandissent l'espace, mettent la matière en valeur et accélèrent la pose.

AUTRES PRODUITS POUR LE SOL

La pierre naturelle :
- très résistante aux chocs et à l'usure ;
- authentique et proposée sous de nombreux formats.

La pierre reconstituée :
- bonne résistance, facile à entretenir ;
- plus économique que la pierre naturelle.

La pâte de verre :
- très dure et non poreuse, idéale dans la salle de bains ;
- coloris variés, très décorative ;
- résiste au gel, elle peut être posée à l'extérieur.

Pierre naturelle

Pierre reconstituée

Pâte de verre

Les normes à prendre en compte

Le carrelage, surtout lorsqu'il est destiné au sol, fait l'objet d'une normalisation très précise qui concerne l'usure, la résistance aux rayures, et le niveau de qualité général au regard de l'abrasion, d'impacts, de la réaction à l'eau et aux produits chimiques. Un bon étiquetage indique le classement normatif du produit qui vous intéresse.

PEI, MOHS, NF-UPEC... Ces trois normes vous renseignent sur la qualité d'un carrelage. Pour faciliter votre choix en magasin, ces normes sont indiquées sur les conditionnements.

La norme PEI (Porcelaine Enamel Institute) : cette norme européenne concerne la résistance à l'usure des carreaux émaillés. Pour votre salle de bains, par exemple, choisissez des carreaux avec un PEI de groupe 2. Pour des lieux très utilisés comme l'entrée, le couloir ou le séjour, un PEI de groupe 3 sera plus indiqué. Les indices suivants (4 et 5) concernent essentiellement des lieux de passage intensif, notamment dans les lieux publics.

PEI (groupe)	1	2	3	4	5
Passage	Limité	Modéré	Fréquent	Important	Intense

La norme PEI ne s'applique pas sur du grès cérame pleine masse (on peut les considérer comme de PEI 5), ni sur des pierres naturelles, ni sur le marbre.

La norme MOHS : la résistance aux rayures du carrelage (dureté).

MOHS	1-3	4-7	8-10
Résistance	Rayable	Peu rayable	Inrayable

La norme NF-UPEC : cette norme française classifiée par l'AFNOR (Agence française de normalisation) et gérée par le CSTB (Centre scientifique et technique du bâtiment) est un classement fonctionnel d'usage de l'ensemble des revêtements de sol utilisés dans les ouvrages du bâtiment. Elle est constituée de 4 lettres associées chacune à un chiffre caractérisant les exigences auxquelles le revêtement doit satisfaire et, par conséquence, les performances du produit.

U = Usure à la marche
P = Poinçonnement (impacts)
E = Eau (conséquence de la présence d'eau)
C = Chimique (résistance aux produits)

À chacune de ces lettres est associé un chiffre de 1 à 4 (4 étant le niveau de qualité le plus élevé). Cette norme n'est pas obligatoire et seules certaines références en bénéficient.

LA BONNE INFO

Effet de continuité
S'il n'est pas possible de poser au sol des carreaux prévus pour le mur, vous pouvez en revanche poser au mur des carreaux de sol. En utilisant les mêmes carreaux vous pourrez créer un effet décoratif de continuité.

Différents modes de pose

L'organisation des carreaux au sol constitue ce que l'on appelle le "calepinage". Elle varie en fonction de la taille et de la forme des carreaux, mais surtout selon l'effet décoratif que l'on veut obtenir. Il est possible de jouer sur les couleurs en alternant des carreaux de teintes différentes, mais aussi pour former des frises ou des motifs.

Pose droite
Les carreaux sont alignés côte à côte, sans décalage. C'est la pose la plus facile à réaliser. Commencez toujours la pose à partir d'un axe central et perpendiculaire.

Pose en quinconce
On parle aussi de pose décalée. Chaque ligne de carreaux est ici décalée par rapport à la précédente, mais conserve une symétrie toutes les deux lignes.

Pose en diagonale
C'est le même principe que pour la pose en quinconce, mais les lignes de carrelage sont en diagonale. Commencez la pose autour d'un premier carreau placé au centre de la surface à carreler.

Pose alternée
Cette pose est réalisée avec des carreaux rectangulaires, qui sont réunis par paire de façon à former des carrés. Elle alterne les carrés à carreaux horizontaux et les carrés à carreaux verticaux.

Ragréage

Préparer le sol à revêtir

Beau, résistant, durable, des atouts qui font du carrelage un revêtement de sol appréciable. La richesse des couleurs, des formats et des matériaux vous permettra de l'utiliser comme un élément décoratif à part entière.

DOUBLER OU RAGRÉER LE SOL

Si un sol en béton recouvert d'une chape (de mortier de ciment plan) uniforme peut être carrelé directement, un parquet gagnera à être doublé au préalable avec un contreplaqué fin ou un panneau de fibres de 10 mm, fixé par des vis de 25 mm (diamètre 4 mm) ou des pointes à tige torsadée, placées tous les 30 cm.

Nettoyez le béton avec de l'eau et du détergent ; s'il est inégal, procédez à son ragréage. Avant d'utiliser un mortier-colle, traitez la surface, si elle est poreuse, avec un primaire liquide, de telle sorte que le sol ne boive pas instantanément l'eau de gâchage du mortier-colle. Pour poser du carrelage sur un ancien carrelage, utilisez un primaire d'accrochage et une colle souple, après un éventuel ragréage.

LA BONNE **INFO**

Calcul des quantités

Le carrelage est généralement vendu par paquets de 1 m^2. Pour déterminer le nombre de paquets, il suffit donc de faire les calculs suivants :

Surface de la pièce :

hauteur x longueur = "x" m^2
+ 5 % pour une pose droite
+ 10 % pour une pose décalée
+ 15 % pour une pose en diagonale

Nombre de cartons

$\frac{m^2 \text{ de la pièce}}{m^2 \text{ par carton}}$ = "x" cartons

Quantité à acheter

Le carrelage est vendu en paquets sur lesquels est mentionnée la surface couverte, sans chute et parfois en tenant compte des joints. Dans le calcul de la surface à revêtir, n'oubliez pas de tenir compte de tous les renfoncements éventuels. Procédez aux calculs en tenant compte des pertes liées au mode de pose (voir ci-contre). Ne voyez pas trop juste : les carreaux de deux séries d'une même référence de couleur peuvent de ne pas être exactement de la même teinte, d'où un risque de différence de nuance si vous devez racheter des carreaux.

Par où commencer ?

Le premier carreau, ou "carreau de base", détermine l'organisation de tous les autres. Il faut donc qu'il soit parfaitement positionné. À moins d'être vraiment sûr de l'équerrage des murs de la pièce, ne partez jamais d'un mur pour progresser vers les autres : vous risquez de finir complètement de travers. La manière la plus sûre d'obtenir un agencement symétrique consiste à partir du centre de la pièce pour progresser vers les murs dans chaque direction. La position du carreau de base peut être ajustée en fonction des particularités de la pièce.

CARREAU DE BASE

Déterminez d'abord le centre de la pièce. Contre l'une des lignes de centrage posez à blanc une rangée de carreaux jusqu'au mur. Vérifiez que vous n'arrivez pas sur une chute très étroite, difficile à coller correctement. Si nécessaire, repoussez la ligne de départ d'une demi-largeur de carreau pour élargir la chute de périphérie. Effectuez la même opération à blanc depuis la ligne de centrage dans la direction opposée, puis dans les deux directions perpendiculaires. Ajustez la position du carreau de base, comme montré ci-dessous, jusqu'à obtenir, plus ou moins, un demi-carreau en périphérie.

LA BONNE **INFO**

Température

Ne travaillez pas avec des températures inférieures à 5 °C et supérieures à 30 °C.

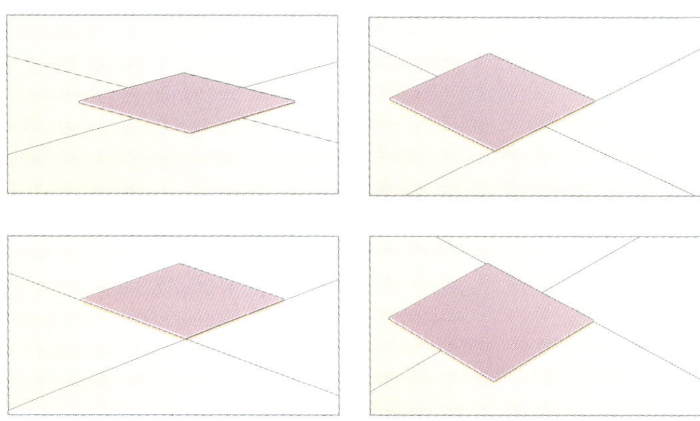

Placez le carreau de base au centre de la pièce, en posant les 4 rangées à blanc, vous devez obtenir un espace d'un demi-carreau environ en périphérie de la pièce.

Si besoin, déplacez le carreau de base d'une demi-largeur dans une ou plusieurs directions.

Poser des carreaux

La pose classique de carrelage se fait collée, sur un support plan, propre et sec. On utilise du mortier-colle prêt à l'emploi (en pâte) ou en poudre à gâcher dans de l'eau. Des croisillons en plastique assurent un espacement régulier des carreaux et donc de l'épaisseur des joints.

1. Versez sur le sol du mortier-colle pour couvrir environ 1 m². Étalez-le avec un platoir ou une spatule crantés en évitant le tracé afin de positionner le carreau de base avec exactitude.

2. Positionnez le carreau de base contre le tracé. Continuez en posant une rangée complète de carreaux, séparés par des croisillons. Frappez périodiquement la surface des carreaux avec la batte de carreleur pour bien les faire adhérer.

3. Passez une éponge humide sur les carreaux fraîchement posés pour éliminer immédiatement toute trace de mortier-colle. Veillez à la rincer fréquemment pour ne pas étaler le mortier au lieu de le nettoyer.

4. Au moyen d'une truelle, égalisez le mortier-colle étalé dans la bande périphérique. Découpez les carreaux de périphérie. Pour ces carreaux de terre cuite assez épais, l'idéal est de travailler avec un coupe-carreaux électrique (voir encadré en bas de page).

5. Appliquez à la truelle un peu de mortier-colle au dos de chaque morceau de carreau recoupé.

6. Mettez les carreaux recoupés en place et pressez-les fortement sur le sol. Donnez éventuellement dessus quelques coups de maillet.

7. Attendez 24 h avant de faire les joints. Étalez la barbotine à la raclette en caoutchouc ou à la taloche. Essuyez aussitôt l'excès de barbotine avec une éponge.

8. Pressez et lissez les joints avec un fer pour les compacter et les rendre étanches. Essuyez le voile de barbotine au chiffon.

LES BONS OUTILS

OUTILS

- Platoir ou spatule crantés
- Coupe-carreaux manuel ou électrique
- Raclette en caoutchouc ou taloche
- Batte de carreleur ou cale à frapper en bois
- Éponge
- Truelle
- Maillet
- Fer à joint
- Chiffon

MATÉRIEL

- Mortier-colle
- Barbotine
- Carreaux pour sol
- Croisillons

Coupe carreaux électrique

Le coupe-carreaux électrique est en fait une petite scie circulaire à disque diamanté, entraîné par un moteur électrique. Le boîtier de l'appareil est rempli d'eau dans laquelle baigne la partie inférieure du disque pour le refroidir. La profondeur de coupe est d'environ 3 cm, ce qui convient pour couper tous les carreaux de carrelage standard. Un guide latéral permet de réaliser des coupes bien droites. Comme tout appareil de ce type, il faut travailler avec prudence, porter des lunettes de protection et toujours rabattre le carter de sécurité.

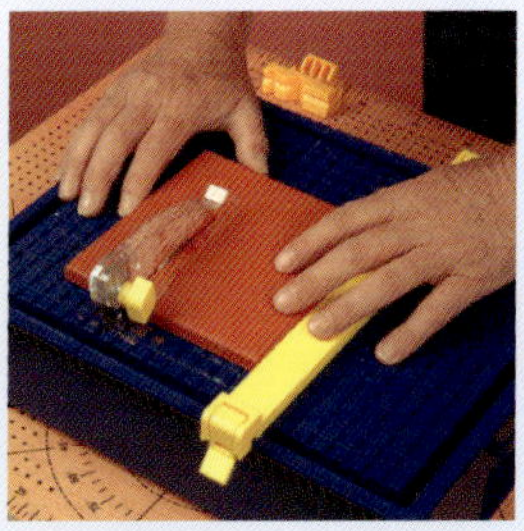

RÉALISER VOS TRAVAUX

LES BONS OUTILS

OUTILS

- Maillet en caoutchouc
- Cordeau à tracer
- Mètre
- Coupe-carreaux
- Crayon noir
- Crayon blanc
- Règle
- Tire-lame
- Batte de carreleur ou cale à frapper en bois
- Spatule crantée
- Raclette en caoutchouc
- Malaxeur
- Perceuse sans fil

MATÉRIEL

- Carreaux à clipser
- Mastic-colle et pâte à joint (pour les plinthes)
- Primaire d'accrochage
- Éponge
- Chiffon
- Croisillons
- Seau

Poser du carrelage à clipser

Le carrelage de sol étant plus épais que le carrelage céramique mural, il faut un outil plus puissant pour le couper. Les grands carreaux se coupent plus facilement que les petits. Le coupe-carreaux électrique à disque diamanté lubrifié à l'eau assure des coupes parfaites et constantes. Une carrelette permet, à défaut, de réaliser des coupes satisfaisantes, difficiles à réaliser avec une pince coupe-carreaux.

1. Ces carreaux se posent sans colle et s'assemblent par clipsage. Ouvrez les paquets 48 h à l'avance et mélangez les carreaux pour éviter une trop grande uniformité de teinte.

2. Si les murs sont bien parallèles et les angles parfaitement droits, vous pouvez commencer dans un angle. Posez les cales de dilatation (5 mm), placez le premier carreau, côtés sans clips contre le mur.

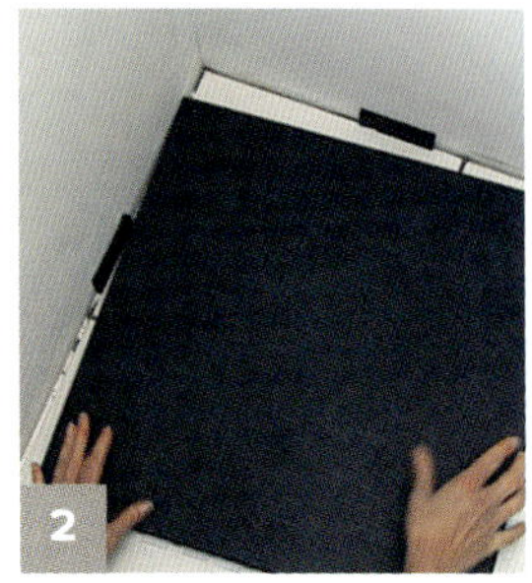

3. Emboîtez le deuxième carreau en le présentant côté femelle et clipsez-le sur le premier.

4. Terminez l'assemblage en tassant la deuxième dalle par quelques coups de maillet sur le chant après interposition de la cale à frapper.

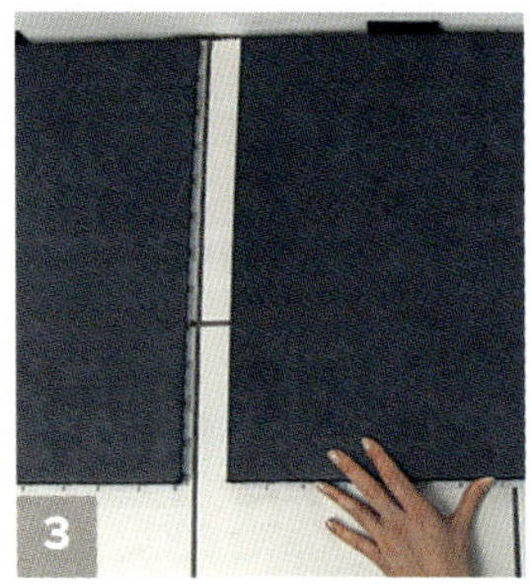

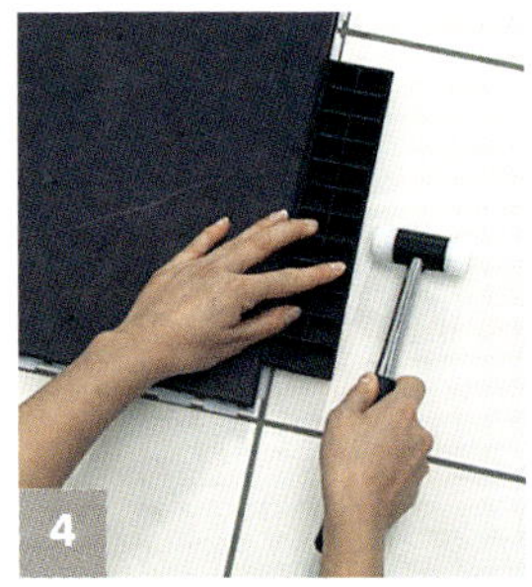

5. En bout de pose, il faut toujours recouper des carreaux. Prenez les mesures, reportez-les sur la face du carreau avec un crayon blanc. Tracez, entaillez le carreau avec le coupe-carreaux en gardant le côté avec les clips.

6. Coupez le joint noir de bord de carreau avec le cutter.

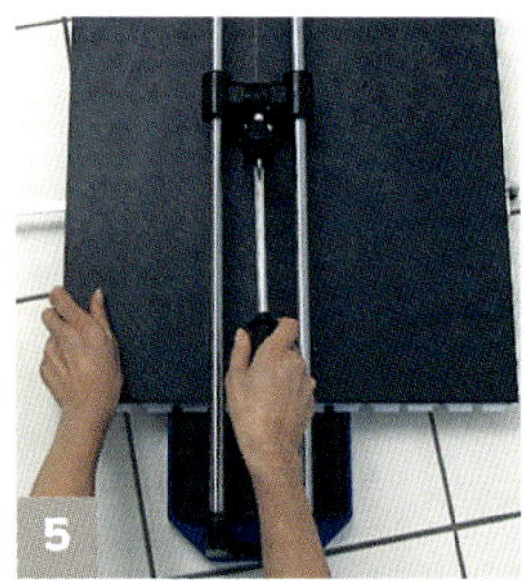

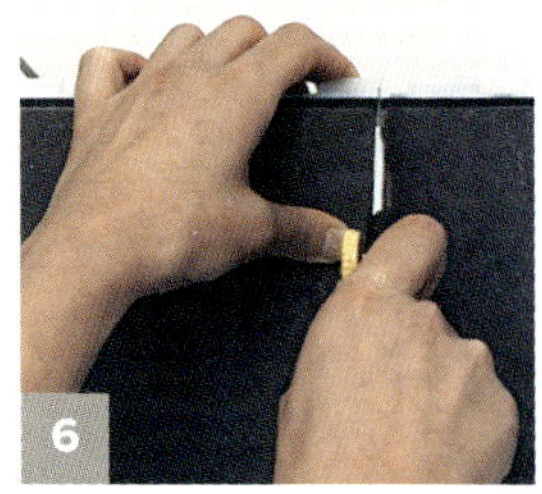

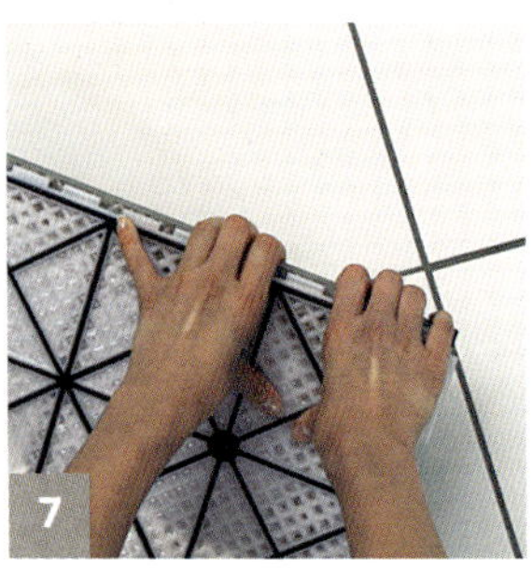

7. Pliez le carreau sur la ligne de fracture. Il se casse sans difficulté, donnant une cassure nette et sans bavures.

8. Emboîtez le carreau que vous venez de recouper, ligne de coupe vers le mur.

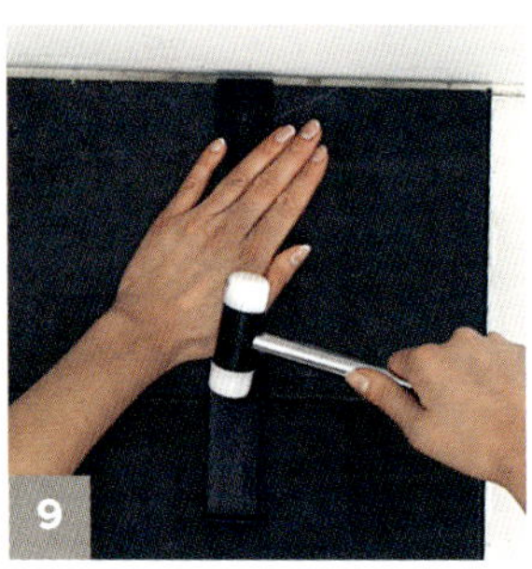

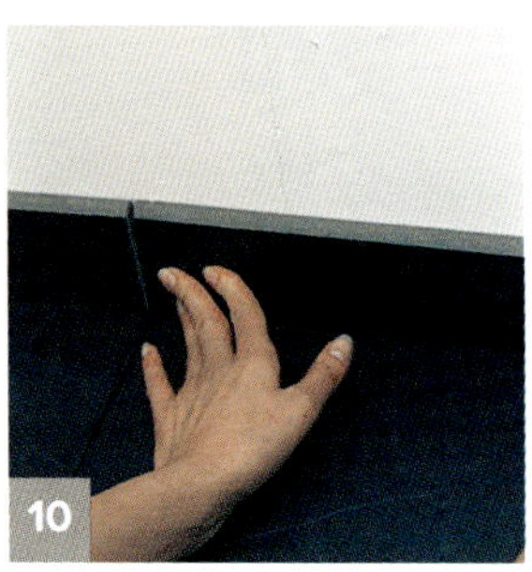

9. Pour emboîter correctement le carreau recoupé et le précédent, aidez-vous du tire-lame et du maillet.

10. Déposez un cordon de mastic-colle mural en zigzag au dos des plinthes. Retirez les cales de dilatation, puis plaquez les plinthes au mur. Appliquez de la pâte à joint entre les éléments de plinthe, essuyez à l'éponge puis avec un chiffon.

Poser des carreaux fins sur du carrelage

Il n'y a rien de plus pénible, de plus salissant aussi que de devoir déposer un vieux carrelage pour en reposer un neuf ! La solution, c'est la pose de carrelage extrafin (Série Slim Tile), léger et très solide, que vous poserez directement sur le carrelage existant si celui-ci est plan et solidement fixé au sol. Les carreaux font 4,5 mm d'épaisseur au lieu des 8 à 13 mm d'un carrelage classique. La pose se fait par double encollage.

DÉBUT DE LA POSE

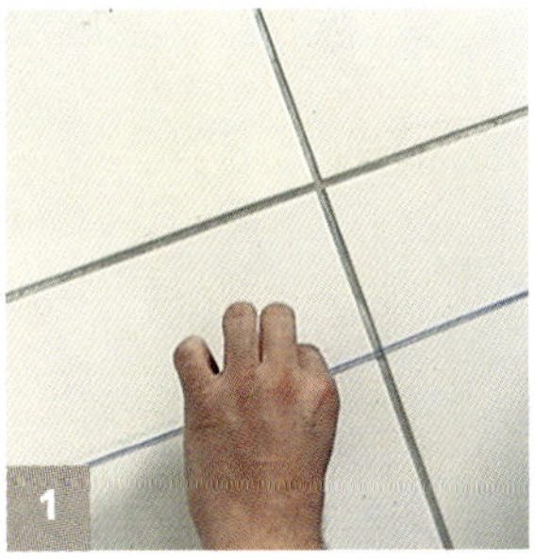
1

2

3

1. Nettoyez le carrelage existant et appliquez un primaire d'accrochage. Laissez sécher au moins 3 h. Tendez le cordeau et pincez-le pour tracer un trait de craie bleue sur le sol.

2. Les deux axes se coupent de façon à permettre un centrage de la pièce pour une pose harmonieusement répartie.

3. Posez les carreaux à blanc pour matérialiser leur répartition et déterminer le moins de coupe possible au niveau des murs.

DOUBLE ENCOLLAGE

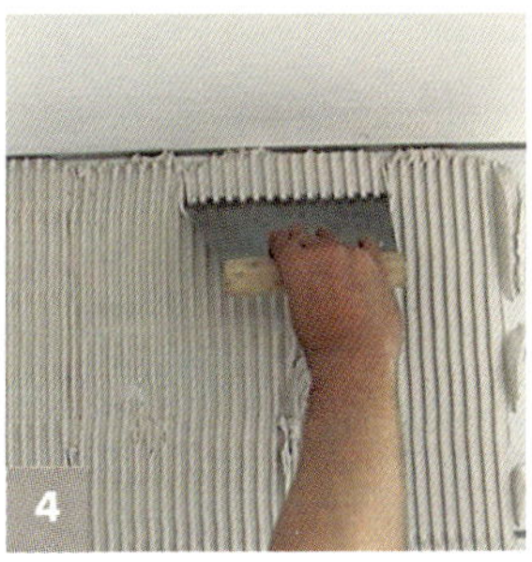
4

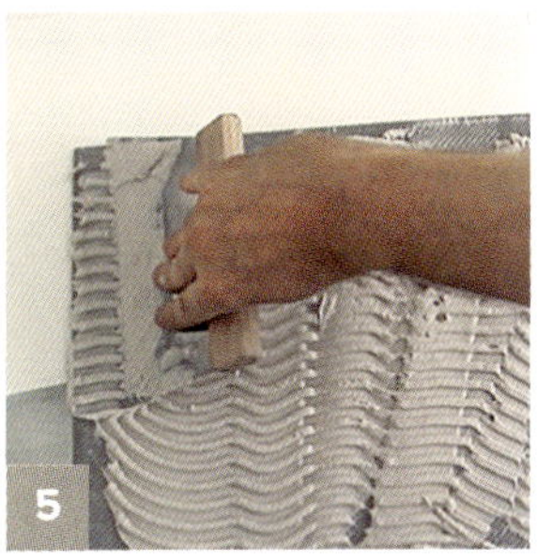
5

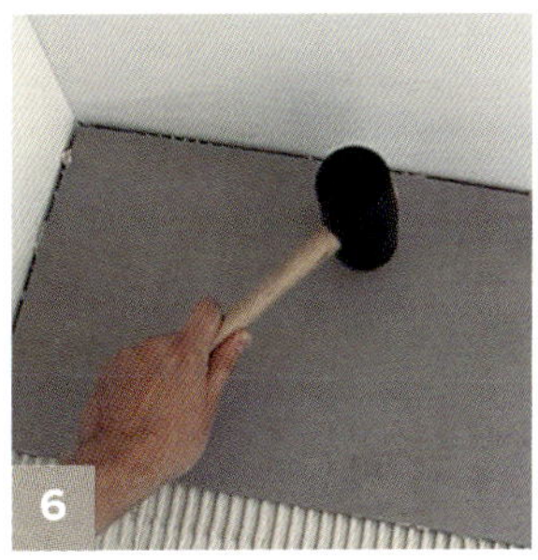
6

4. Appliquez la colle sur le sol avec une spatule crantée. Veillez à déposer une couche de colle régulière, pas trop épaisse.

5. Encollez de la même façon le dos des carreaux, en veillant à structurer les rayures perpendiculairement à celle de la colle sur le sol.

6. Interposez des croisillons entre les carreaux. Appliquez les carreaux sur le sol et donnez dessus quelques légers coups de maillet pour les faire bien adhérer.

JOINTS À LA BARBOTINE

7

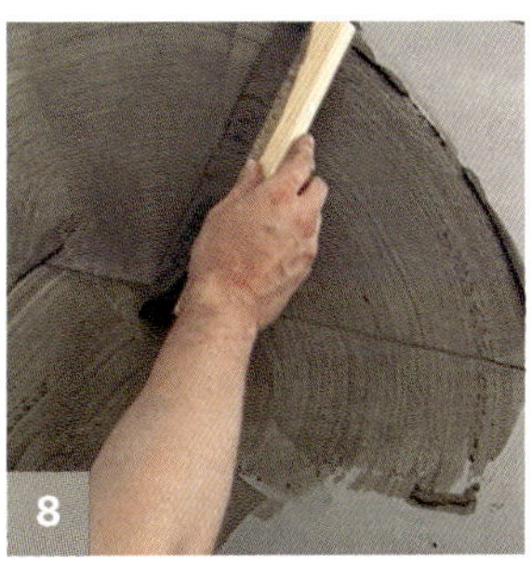
8

9

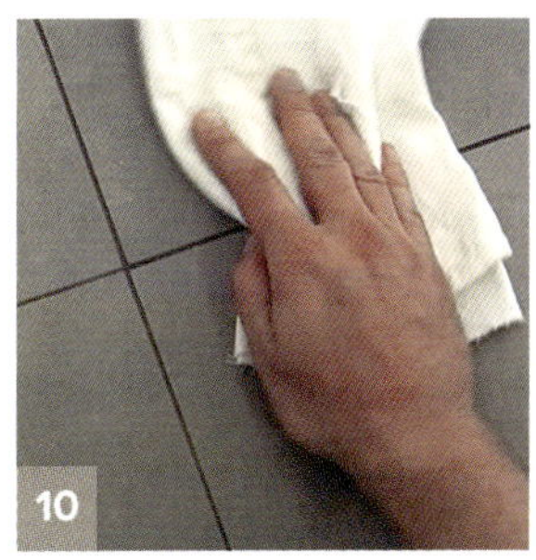
10

7. Les joints sont réalisés ici à la barbotine à gâcher dans de l'eau. Versez la poudre dans l'eau et mélangez avec un malaxeur en bout de perceuse.

8. Appliquez généreusement la barbotine à la raclette en remplissant bien les joints.

9. Quand la barbotine commence à prendre, enlevez l'excédent avec une éponge légèrement humide que vous rincerez souvent.

10. Après séchage des joints, donnez un coup de chiffon doux pour ôter les traces de barbotine et lustrer les carreaux.

LA SECURITE

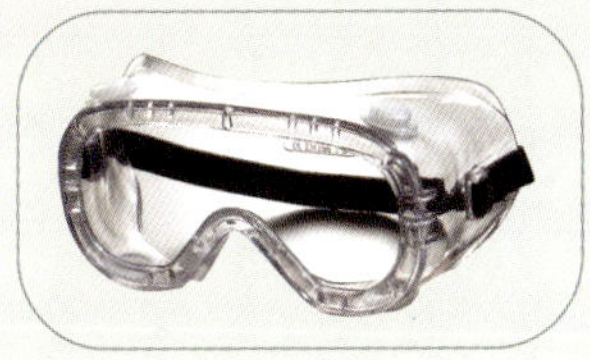

SE PROTÉGER

Pour couper les carreaux de céramique, portez toujours des lunettes de sécurité et un masque antipoussière. L'opération émet beaucoup de poussière et peut projeter des débris coupants.

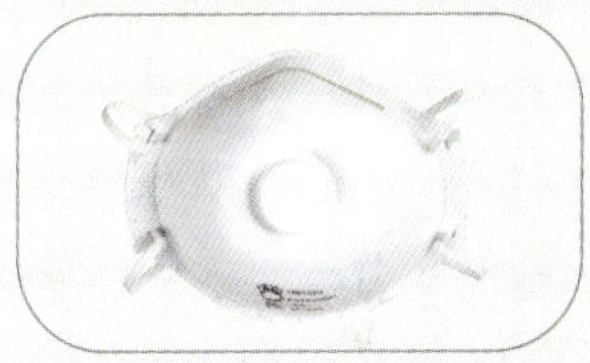

Revêtements souples

Les revêtements de sol souples permettent de recouvrir un sol et de le rénover sans travaux importants, en un minimum de temps. On peut les remplacer souvent et changer de décor comme on le souhaite. Ils se répartissent en trois grandes familles: vinyles, moquettes et revêtements naturels.

Ces dalles vinyles adhésives anthracite imitent le métal à la perfection.

Revêtements plastiques

LINOLÉUM ET VINYLE

Cette famille maintenant presque exclusivement représentée par les vinyles est l'héritière directe des linoléums, qui connaissent aujourd'hui un regain d'intérêt pour leur caractère naturel, mais aussi pour leurs qualités propres: souplesse, solidité, résistance à l'abrasion, facilité de nettoyage, caractère bactéricide.

• **Le linoléum:** plus connu sous l'abréviation "lino", ce produit est constitué notamment d'huile de lin et de résine de pin, de farine de liège et de bois agrégés par pressage à chaud sur une trame de toile de jute.

• **Le vinyle:** c'est la version moderne du lino. Il s'agit pour l'essentiel d'un produit à base de vinyle comprenant une couche d'usure transparente et une couche compacte sur laquelle un décor est imprimé en surface ou incrusté dans une couche compacte de renfort. L'envers du produit (ou dossier) peut être en mousse ou textile, solution qui permet d'épouser les irrégularités du sol, sans déformation ou déchirure du revêtement.

Le vinyle peut être présenté en lés de largeurs variables, en dalles ou en lames. Certains produits bénéficient d'une sous-couche isolante acoustique. Les techniques de fabrication permettent d'obtenir des produits imitant à peu près tous les autres revêtements lisses: parquet, dallage, carrelage, pierre et même métal.

Le label NF-UPEC

Il s'applique aux revêtements souples comme aux carrelages. Il est constitué de 4 lettres associées chacune à un chiffre caractérisant les exigences auxquelles le revêtement doit satisfaire et, par conséquence, les performances du produit. À chacune de ces lettres est associé un chiffre de 1 à 4 (4 étant le niveau de qualité le plus élevé).
U = Usure à la marche
P = Poinçonnement (impacts)
E = Eau (conséquence de la présence d'eau)
C = Chimique (résistance aux produits)

LA BONNE **ASTUCE**

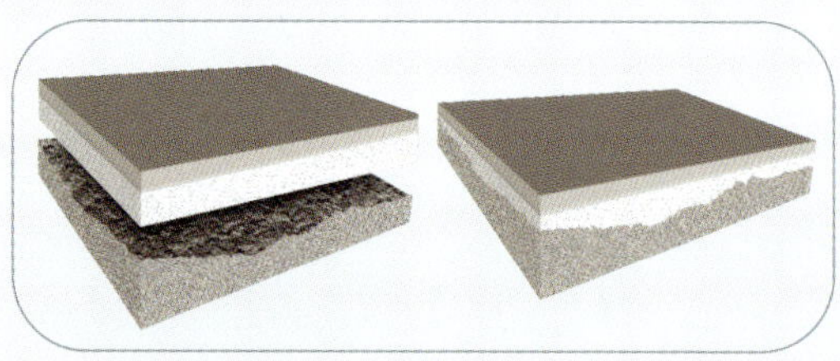

VINYLE SUR ENVERS TEXTILE

Plus besoin d'un sol parfaitement plat et lisse pour poser votre revêtement vinyle: l'envers textile épouse les aspérités du sol et permet une pose du revêtement sur tout type de support. Vous allez gagner ainsi beaucoup de temps en évitant l'étape du ragréage.

Revêtements naturels

Si pendant longtemps, on s'en servait pour s'essuyer les pieds, la prise de conscience environnementale l'a remis au goût du jour, pour en faire un revêtement de sol à part entière. Dans la foulée, ce sont d'autres fibres qui ont été utilisées à cette fin: sisal, jonc de mer (et depuis peu de montagne), jute, bambou ont fait une entrée remarquée dans l'univers de la décoration. Ils sont généralement tissés avec un envers latex ou en feutre. Résistant, écologique et facile d'entretien, le revêtement naturel isole du froid et régule l'hygrométrie.

Le jonc de montagne est le dernier venu des revêtements souples naturels.

Moquette

Elle associe des fibres naturelles ou synthétiques, réunies de différentes façons sur des supports variés.

- **Les fibres**

– *Les moquettes en fibres naturelles* sont en laine, fibre confortable, qui garde longtemps ses qualités initiales. Puissant isolant thermique et phonique, la laine est antistatique et résiste au feu.

– *Les fibres synthétiques* sont le polyamide (bonne résistance à l'usure, à l'écrasement, bonne conservation d'aspect), le polypropylène (bonne résistance à l'abrasion mais cette fibre présente une certaine fragilité à l'écrasement) et le polyester (assez fragile en usage – à conseiller pour les chambres, les salles de bains).

La composition de certaines moquettes est mixte, associant la laine à des fibres synthétiques ou encore différentes fibres synthétiques entre elles.

Moquette 100 % polyamide, à envers feutre, idéale pour une salle de séjour.

- **Les catégories**

– *Le tissage* est la technique traditionnelle, issue de la tradition du tapis. Ce type de moquette traditionnel est posé tendu sur une toile (thibaude). Cette moquette est particulièrement confortable.

– *Le touffeté* est la méthode de fabrication de la grande majorité des moquettes. C'est un compromis entre résistance, facilité de pose et prix.

– *L'aiguilleté* provenant de l'accrochage des fibres entre elles. Il est plus adapté pour les pièces de passage comme une entrée ou un couloir que pour des pièces à vivre.

- **L'aspect**

Suivant le mode de piquage et le traitement ultérieur des fibres ou du tissage, on obtient différents aspects de surface.

– *Bouclé :* les fils forment des boucles continues, chacune étant ancrée dans l'envers de la moquette.

– *Coupé :* le haut des boucles est coupé, puis rasé de façon à obtenir une surface lisse, un toucher et un aspect plus doux.

– *Saxony :* c'est un velours coupé fabriqué avec un fil retors de grosseur moyenne. Les pointes des fils sont "individualisées" en surface, donnant un aspect méché.

– *Frisé :* c'est un velours coupé, généralement épais, dont les fils sont frisés par surtorsion, ce qui crée un effet de relief.

– *Structuré :* c'est une combinaison de fils bouclés et coupés, qui créent une variété de reliefs et de motifs pouvant être de hauteurs différentes.

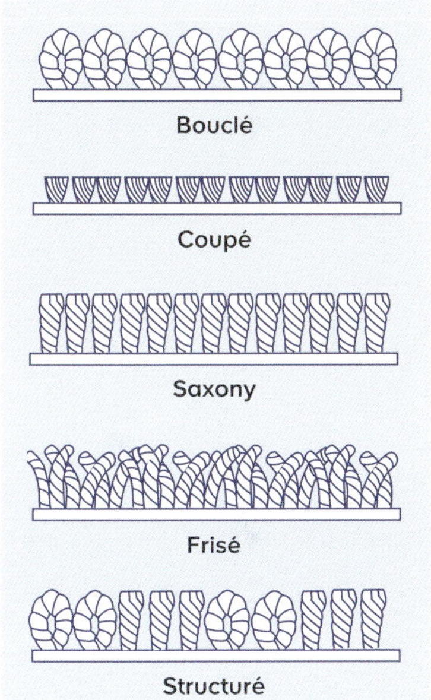

PROFILS DES FIBRES

- **L'envers**

Appelé aussi dossier, l'envers de la moquette participe à son confort et induit la façon dont on peut la poser. On distingue trois types d'envers.

– *La mousse de latex :* les moquettes à dossier en mousse peuvent être posées libres avec de simples bandes d'adhésif double face pour les maintenir, ou collées, mais jamais tendues. Plus le dossier est épais, plus la moquette est confortable.

– *Le dossier textile* permet aux moquettes d'être collées (dans de petites pièces), posées libres ou bien tendues. Il renforce le confort thermique et phonique de votre moquette.

– *Le feutre aiguilleté* permet des poses libres ou collées (de préférence avec fixateur). Il permet aussi une pose sur bandes auto-agrippantes.

NORMES ET LABELS

Les revêtements souples sont soumis à la norme NF - UPEC (voir encadré), mais c'est principalement la résistance à l'usure qui est classiquement retenue, avec la fameuse classification T, gérée par l'ICCO *(International Carpet Classification Organisation)*.

L'ICCO attribue aussi une classification de confort qui va de 1 (simple) à 5 (luxe).

T-ICCO	1 et 2	3	4	5
Usage	Faible	Modéré	Important	Très important
Pièces	Chambre	Séjour	Bureau	Couloir

Le célèbre T de la classification ICCO

Présentation des vinyles

Les revêtements de sol vinyles sont présentés sous différentes formes : lés de grande largeur (2 ou 4 m), dalles et lames auto-adhésives et depuis peu en bandes. Outre l'aspect et la texture de surface, les critères de choix portent sur l'épaisseur (1,2 à 3 mm), la couche d'usure (0,08 à 0,3 mm) et l'envers (mousse ou textile).

VINYLE EN LÉS

La présentation la plus classique du PVC est en lés de 2 ou 4 m de largeur, proposés donc en rouleaux. Lors d'un achat en magasin, il faut tenir compte de l'encombrement du produit et surtout de son poids.

VINYLE EN LAMES

S'il existe des revêtements vinyles en lés imitant les lames de parquet, il existe aussi des lames de vinyle renforçant encore le réalisme de cette imitation. Ces lames ont une largeur proche de celle du parquet (en général 15 cm) et sont pour la plupart auto-adhésives pour en faciliter la pose.

VINYLE EN DALLES

Héritières des dalles de lino, puis des dalles vinyle-amiante, les dalles vinyles ne contiennent plus aucune trace d'amiante depuis 1997. Le format des dalles est varié, mais les plus courants sont 30 x 30 cm et 45 x 45 cm. Certaines dalles sont à coller, mais la tendance est aux dalles auto-adhésives, beaucoup plus faciles à poser.

Préparer le sol existant

Le sol à recouvrir doit être sain, propre et uniforme de façon à constituer un support solide à la pose du vinyle. Des irrégularités de surface importantes ne sont tolérables qu'avec un produit à envers textile. Il est primordial que le sol ne fasse pas l'objet de remontées d'humidité.

• Sur un sol carrelé, assurez-vous que les carreaux sont fermement collés, suffisamment lisses et sans joints creux excessifs qui finiraient par transparaître en surface du PVC. Si ce n'est pas le cas, refixez les carreaux qui tiennent mal et procédez à un ragréage.

• Sur un parquet, refixez toute lame tenant mal. Posez directement le revêtement si les lames sont bien jointives, sinon, recouvrez le sol de panneaux de contreplaqué ou de fibres. Si vous posez le PVC directement sur un parquet dont les lames sont disjointes (même modérément), la forme des lames finira par réapparaître, provoquant une usure prématurée du revêtement. Fixez les panneaux avec des pointes à tige torsadée de 25 mm.

Il arrive qu'un traitement xylophage du bois empêche l'adhésif de coller. Il faut alors décaper et poncer le parquet.

Assurez-vous qu'aucune tête de pointe ne dépasse. Appliquez un primaire d'adhérence pour surfaces poreuses comme le béton, le contreplaqué ou l'aggloméré.

LA BONNE **INFO**

CLASSEMENT AU FEU

Le classement au feu des matériaux et notamment des revêtements était, il y a peu de temps encore, exprimé par une lettre – M – et par un chiffre. La classe européenne DFSI affecte le classement S1 aux revêtements vinyles, ce qui correspond à l'ancien classement M3 : "moyennement inflammable".

LA BONNE **ASTUCE**

PVC… EN BOÎTE

Intermédiaire entre les lés de grande largeur, les dalles et les lames, le vinyle en boîte est proposé en bandes de 22 cm de large et de 9,10 m de long (soit 20 m²), enroulé dans une boîte ne pesant que 3,5 kg. On peut ainsi transporter de quoi recouvrir le sol de tout une pièce dans le coffre d'une petite voiture. Les bandes se déroulent comme d'un dévidoir et se collent directement puisqu'elles sont auto-adhésives.

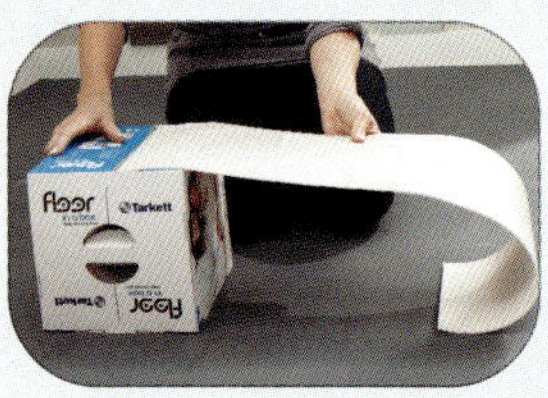

Vinyle et plancher chauffant

Les revêtements vinyles ne sont pas incompatibles avec le plancher chauffant, leur résistance thermique étant très inférieure à la norme imposée avec ce type de chauffage. Néanmoins, les variations dimensionnelles du vinyle sous les changements de température ne sont guère favorables à cette configuration.

Poser du vinyle en lés

Placez le rouleau dans la pièce à revêtir pendant 48 h pour qu'il s'adapte à la température. Par temps froid, allumez le chauffage pour empêcher le vinyle de se rigidifier. Si le vinyle est très épais, préférez un arasement au cutter. S'il est suffisamment souple et s'il se coupe facilement utilisez un araseur.

LES BONS OUTILS

OUTILS
- Ciseau de briqueteur
- Ciseaux
- Cutter ou araseur
- Grande règle

MATÉRIEL
- Vinyle en lés
- Ruban adhésif double face

ARASER PRÈS DES PLINTHES

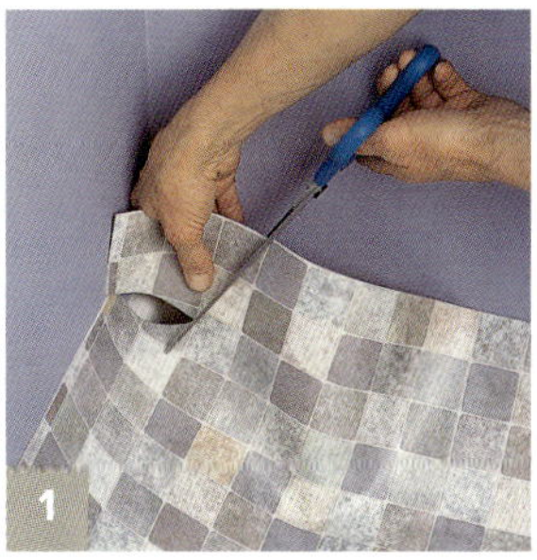

1. Déroulez le vinyle parallèlement au mur le plus long en le faisant remonter sur la plinthe. Découpez dans chaque coin un triangle dans le débord du revêtement contre la plinthe.

2. Avec un ciseau de briqueteur, pressez le vinyle dans l'angle entre la plinthe et le sol, pour bien marquer le pli.

3. Pressez une règle métallique contre l'intérieur du pli et coupez avec soin sur le pli, en tenant le cutter légèrement incliné. Vous pouvez aussi utiliser un araseur (voir Poser de la moquette).

Pose libre

Si le revêtement est suffisamment épais et donc lourd, vous pouvez vous contenter d'une pose libre sans aucun collage, le poids du vinyle suffisant à sa stabilité.
Si le revêtement est mince et léger, poser une bande d'adhésif double face au niveau des plinthes et de la jonction entre les lés.

ANGLES ET DÉCOUPES

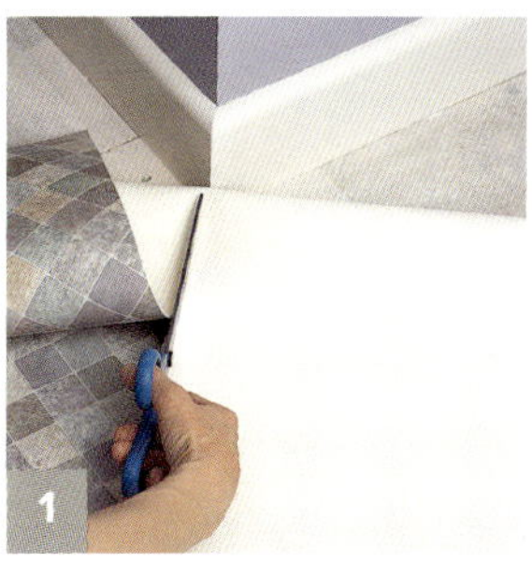

1. Sur un angle sortant, pratiquez une entaille dans le bord du vinyle, jusqu'au sol. Coupez et éliminez le vinyle excédent, en laissant un retour de 5 à 10 cm contre la plinthe.

2. Au pied de l'encadrement d'une porte, pratiquez une série d'entailles verticales jusqu'à l'endroit où le vinyle colle le sol. Coupez l'excédent, en laissant un retour de 5 à 10 cm pour un ajustement précis ultérieur.

3. Pressez le vinyle dans l'angle entre l'encadrement de la porte et le sol et coupez au fond du pli. Coupez le vinyle bien droit dans le seuil de porte, juste au milieu de l'épaisseur du vantail fermé.

4. Autour du passage d'un tuyau, pratiquez une entaille droite entre le tuyau et le bord du vinyle, puis une série de petits crans autour du tuyau jusqu'à ce que le vinyle repose à plat. Coupez les "pétales" remontant autour du tuyau.

JONCTION DES LÉS

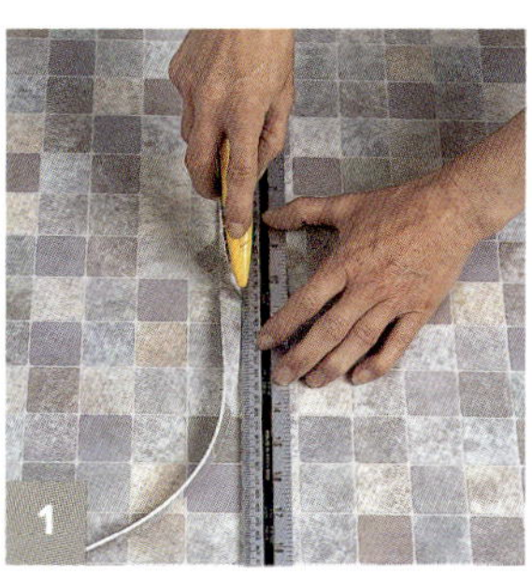

1. Pour joindre deux lés à motifs, glissez-les l'un contre l'autre jusqu'à ce que les motifs concordent. Superposez les bords des lés jusqu'à la coïncidence exacte, puis coupez franchement les deux épaisseurs en même temps, avec une règle et un cutter.

2. Sans déplacer les bandes, relevez les bords jointifs et collez-les au sol avec du ruban adhésif double face. Pressez fermement avec les deux paumes pour bien coller le joint.

LES BONS OUTILS

Outils
- Mètre
- Crayon
- Règle de maçon
- Cutter
- Ciseaux
- Ciseau de briqueteur

Matériel
- Vinyle dalles
- Chiffon
- White-spirit
- Joint silicone

Poser du vinyle en dalles

La pose de vinyle en dalles est facile. Elle évite les difficultes du transport, du maniement et de la mise en place du produit en lé de grande largeur, surtout quand on est seul. Travaillez à plus de 10 °C (en dessous les dalles deviennent cassantes). Entreposez les dalles dans la pièce 24 h avant leur pose. Les dalles doivent être issues du même lot.

1

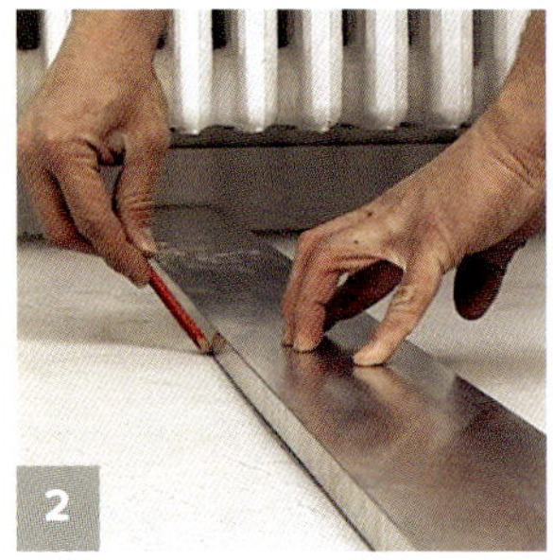
2

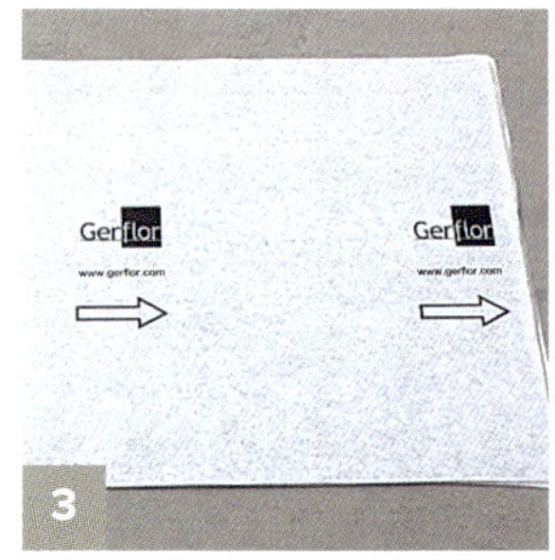

3

1. Aspirez la poussière et nettoyez parfaitement le sol après avoir éliminé toute trace grasse. Il faut que le sol soit parfaitement net pour que les dalles adhèrent.

2. Mesurez la largeur de la pièce et tracez un repère à la moitié sur chacun des murs opposés. Faites de même pour la longueur. Tracez les deux axes.

3. Le sens du motif des dalles est indiqué sur le papier de protection par une flèche. Posez les dalles toutes dans le même sens pour un effet uni. Pour un damier, décalez le sens une dalle sur deux.

4 Décollez le papier protecteur au dos de la dalle. Veillez à ne pas toucher celle-ci et à la préserver de la poussière.

5. Déposez la dalle sur le sol à l'intersection des deux axes tracés précédemment.

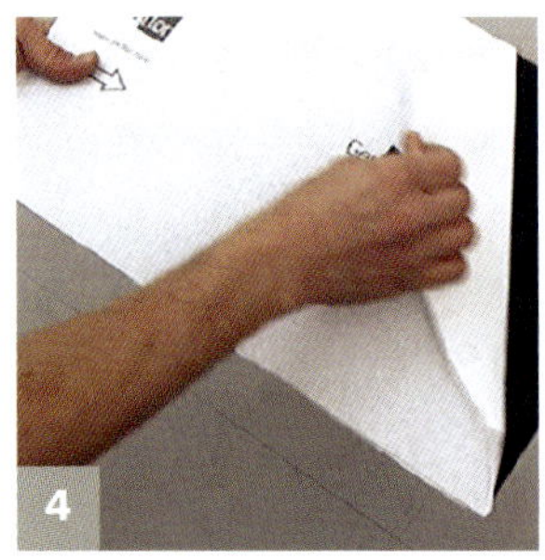
4

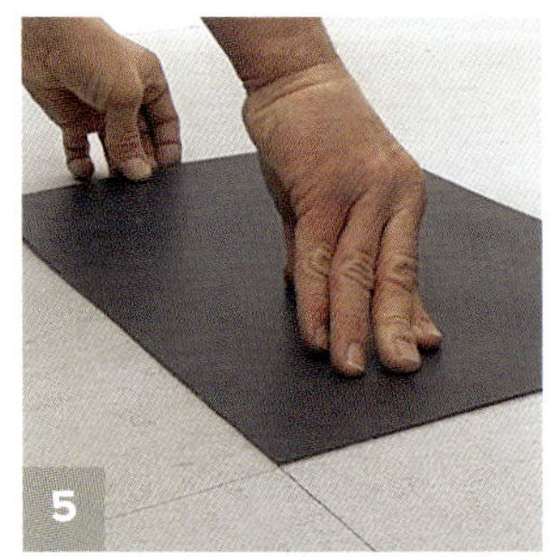
5

6. Pressez fortement du centre vers l'extérieur pour que la colle adhère bien.

7. Posez les dalles suivantes de façon bien jointive, sans aucun espace entre elles.

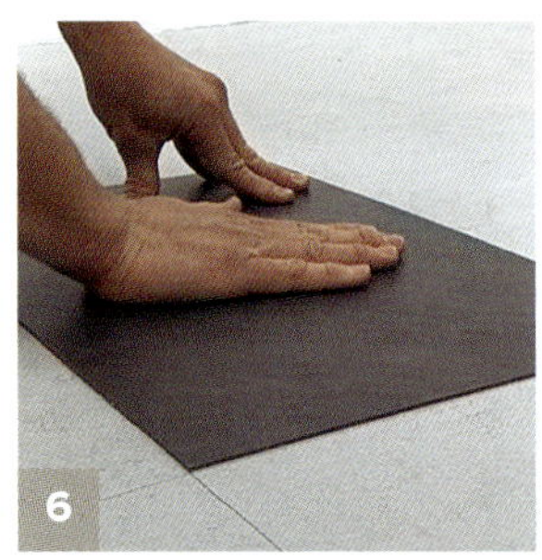
6

7

8

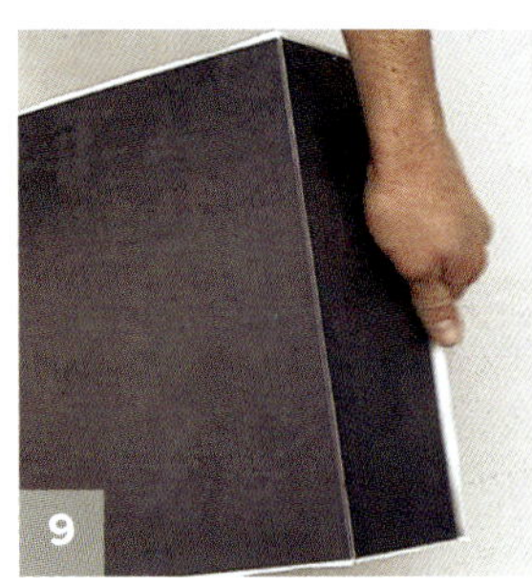
9

10

8. Tracez les lignes de coupe des dalles d'extrémité ou de découpes d'angles saillants, puis entamez le vinyle au cutter en vous guidant sur une grande règle métallique.

9. Prenez la dalle à deux mains et pliez-la pour qu'elle se coupe sans difficulté. Donnez un coup de cutter sur la ligne pour couper le papier de protection.

10. Passez un chiffon imbibé de white-spirit sur les dalles pour éliminer d'éventuels débordements de colle.

LA BONNE ASTUCE

Taillez une dalle d'extrémité

Superposez la dalle à découper sur la dernière dalle entière (sans enlever le papier de protection). Posez une autre dalle dans le prolongement, bien calée contre la plinthe. Servez-vous de l'autre côté pour guider votre crayon et tracer un trait sur la dalle à découper. Coupez celle-ci au cutter en vous guidant sur une règle métallique (voir ci-contre).

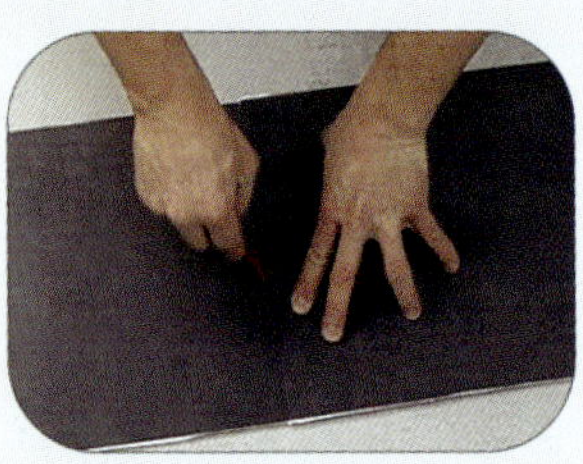

Poser du vinyle en lames

Les lames en vinyle imitent parfaitement les lames de parquet. Cette solution permet une distribution des lames à joints alternés qui renforce le réalisme du produit. Sa texture et sa couleur reprennent celles des vraies lames de parquet. La pose est proche de celle des dalles, les lames étant également auto-adhésives.

1. Enlevez l'ancien revêtement, aspirez la poussière. Tracez les axes de la pièce (voir page ci-contre). Enlevez le papier de protection de la face adhésive.

2. Positionnez la première lame à l'intersection des axes de la pièce en appuyant fortement pour que la lame adhère bien.

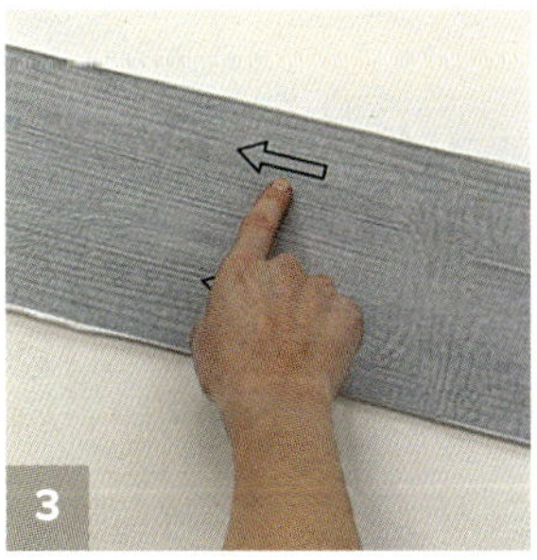

3. Il est particulièrement important de respecter le sens de pose indiqué sur le papier de protection pour obtenir un raccordement parfait de lames et notamment du dessin des fibres du bois.

4. Décallez les lames de la deuxième rangée d'un tiers ou d'une demi-lame pour obtenir un effet de joints décalés ou alternés. Les opérations de coupe sont les mêmes que pour les dalles (voir page ci-contre).

Découpes délicates

Rares sont les pièces sans au moins un renfoncement et/ou des tuyauteries de chauffage, sans oublier la colonne du lavabo dans une salle de bains. Que l'on pose un lé ou des dalles, les problèmes sont les mêmes, bien qu'il soit plus facile de couper un revêtement souple en lés que des dalles ou des lames.

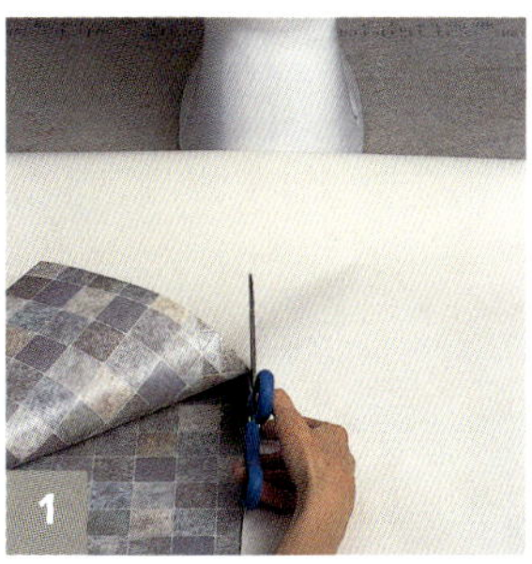

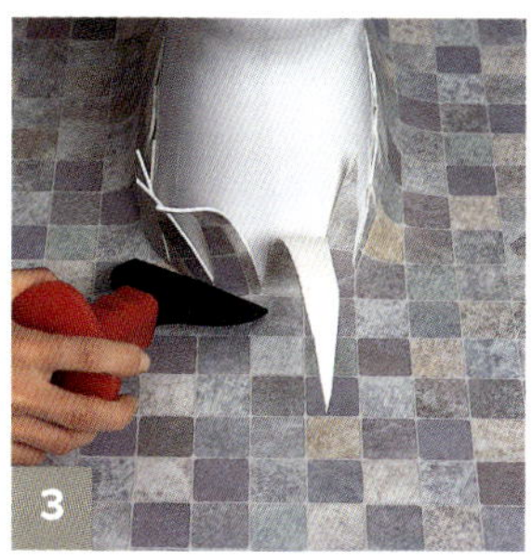

1. Pour épouser le pied de la colonne d'un lavabo, présentez le vinyle contre l'obstacle, puis repliez-le. Avec des ciseaux, découpez droit depuis le bord du vinyle jusqu'au pied de la colonne.

2. Pratiquez une série d'entailles dans le vinyle autour de la base de la colonne, jusqu'à ce qu'il repose bien à plat sur le sol. Veillez à ne pas couper trop loin et à ne pas plier le vinyle.

3. Avec le ciseau de briqueteur, forcez le pli dans le vinyle tout autour de la base de la colonne.

4. Coupez au fond du pli, en retirant les chutes au fur et à mesure. Levez les bords du vinyle et encollez le sol autour de la colonne, puis ramenez le vinyle et pressez-le en place. Faites un joint en silicone au pied de la colonne.

Pose collée

La plupart des revêtements vinyles n'ont en principe pas besoin d'être collés sur toute la surface de la pièce. Quand le revêtement n'est pas très lourd, un simple ruban adhésif double face, en périphérie et au niveau des joints éventuels suffit normalement. Sachez cependant qu'il faut coller en plein les revêtements les plus minces (moins de 2 mm), pour lesquels la garantie des fabricants ne s'applique pas si le revêtement n'a pas été collé sur toute sa surface.

Confortable, décorative, la moquette est également un bon isolant thermique et acoustique. Comme le vinyle, elle se présente en lés et en dalles. Plusieurs méthodes de pose sont possibles mais c'est la pose libre, sur adhésif double face, qui est la plus pratiquée.

LES BONS OUTILS

OUTILS
- Cutter
- Araseur à moquette
- Ciseaux
- Crayon
- Règle
- Spatule crantée
- Couteau à enduire
- Spatule

MATÉRIEL
- Bandes adhésives double face
- Colle moquette ou fixateur

LA BONNE ASTUCE

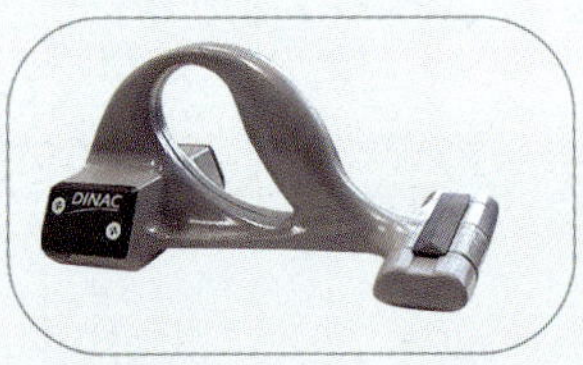

ARASEUR
Cet outil à lame tranchante permet une coupe nette et précise de la moquette ou du vinyle le long de la plinthe.

Préparer la pose

La moquette en grande largeur (4 m) permet d'habiller sans raccord le sol de la plupart des pièces. Il faut que le sol soit plan, sec et propre. Découpez la moquette aux dimensions de la pièce plus 40 cm, pour la faire remonter de 20 cm sur les plinthes pour les coupes. Si vous devez couper une pièce de moquette trop grande, étalez-la sur une surface suffisamment grande et coupez-la avec un cutter muni d'une lame croche, en prenant appui le long d'une règle.

Les différentes poses

Il existe trois méthodes de pose de la moquette : tendue, collée en plein et libre sur adhésif double face. L'envers de la moquette détermine en fait le type de pose et induit la qualité d'isolation phonique et thermique des sols.

- **La pose tendue** est réservée aux moquettes tissées. La moquette est tendue entre les murs, via des bandes d'ancrage qui la décollent légèrement du sol. C'est une pose professionnelle.
- **La pose collée** consiste à fixer la moquette sur toute la surface du sol avec une colle (pose définitive) ou avec un fixateur (pose provisoire). La moquette doit également avoir un envers en feutre ou en mousse.
- **La pose libre** consiste à poser la moquette directement sur le sol, en la faisant tenir par son propre poids ou en l'y maintenant par des bandes d'adhésif double face. La moquette doit avoir un envers en feutre ou en mousse.

Poser de la moquette

COUPES ET DÉCOUPES

La mise en place de la moquette dans la pièce est l'opération la plus délicate de la pose. Une fois la moquette posée, il faut la centrer de manière à ce qu'elle remonte légèrement le long des murs.

1. Posez le rouleau de moquette sur le sol et déroulez la moquette. Faites-la remonter d'une vingtaine de centimètres sur les plinthes.

2. Marquez le pli le long du mur, en pied de plinthe, avec le nez d'un cutter (sans lame) ou avec la pointe de ciseaux à bout rond fermés.

3. Arasez la moquette avec un araseur "spécial moquette" ou avec un cutter muni d'une lame croche en prenant appui sur un couteau à enduire.

LA BONNE ASTUCE

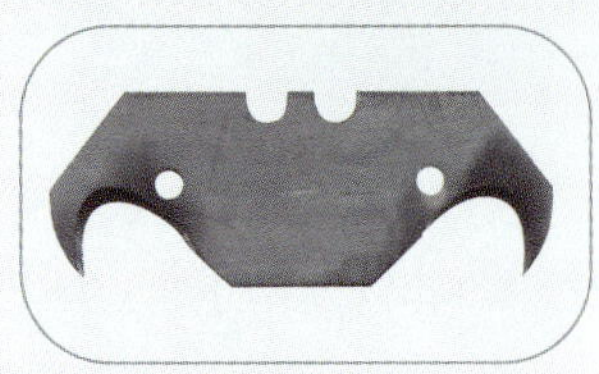

LAME CROCHE
Cette lame en acier s'insère dans un cutter. Elle permet d'agripper votre moquette et d'effectuer une découpe nette.

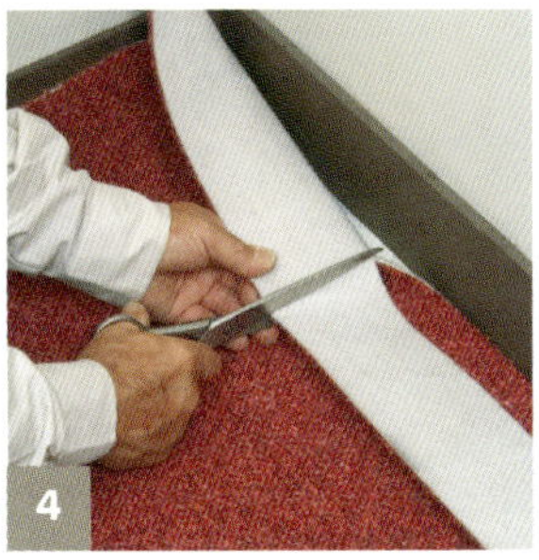
4

5

6

7

© CP

4. Arrêtez la découpe avant l'angle, sur une longueur correspondant à la taille de l'araseur (soit une vingtaine de centimètres) et coupez aux ciseaux.

5. Rabattez l'angle du revêtement vers vous. Au crayon et à la règle, tracez une ligne en prolongement de la découpe réalisée. Coupez avec les ciseaux.

6. Rabattez la moquette dans l'angle et coupez l'excédent de moquette qui remonte sur l'autre plinthe avec l'araseur ou avec le cutter.

7. Côté porte, tenez la moquette verticalement et découpez-la au cutter le long du bâti de la porte. Achevez la découpe aux ciseaux.

FIXER LA MOQUETTE

Il est toujours préférable de fixer la moquette au sol, même si elle est lourde. Un revêtement de sol s'use toujours beaucoup moins s'il est bien tendu. Après avoir arasé la moquette tout autour de la pièce, repliez-la de moitié sur elle-même sans déplacer l'autre moitié, aussi bien pour une pose collée que pour une pose libre sur ruban adhésif double face.

• **Pose collée :** la colle permet une fixation de la moquette sur toute sa surface. Elle est définitive avec une colle classique, provisoire avec un fixateur. Étalez la colle avec une spatule crantée par larges mouvements en demi-cercle. Après avoir encollé la moitié de la pièce, rabattez la moquette en partant du milieu vers le mur et en l'appliquant progressivement avec les pieds. Pour chasser les bulles d'air, aplanissez la moquette du centre vers les bords avec une spatule sans dent.

• **Pose libre sur adhésif double face :** ce type d'adhésif permet une fixation temporaire de la moquette. On pourra ainsi l'enlever facilement pour un remplacement.

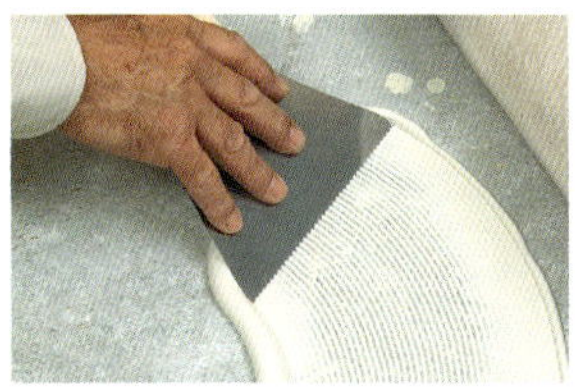
© CP

Étalez la colle sur la moitié de la pièce, moquette repliée.

LA BONNE ASTUCE

LA COLLE SÈCHE "SPÉCIAL LOCATION"
La colle sèche spécial location est un adhésif double face pour fixer facilement et rapidement tous les sols souples (fibres naturelles, moquettes, linoléum, vinyles, etc.). Elle permet un démontage très facile du sol souple sans abimer le sol de base ni le revêtement.

1

2

© CP

1. Collez l'adhésif double face sur le sol dégraissé et dépoussiéré. Pour une bonne fixation, posez du double face tout autour de la pièce et dans les diagonales de la pièce. Enlevez le papier de protection de l'adhésif et posez la moquette comme pour la pose collée.

2. Lorsqu'il y a plusieurs lés, prévoyez une bande adhésive sous le joint et appliquez les deux bords de façon à ce qu'ils s'ajustent parfaitement.

Entretenir une moquette

Outre le passage de l'aspirateur, la moquette doit être nettoyée avec une shampouineuse au moins une fois par an. Vous pouvez aussi choisir un nettoyage vapeur (injecteur extracteur). C'est un traitement plus naturel et surtout très efficace car il agit en profondeur.
Vous pouvez aussi utiliser une poudre absorbante qui contient un agent solvant. La poudre permet de maintenir la moquette en bon état de propreté et de réduire la fréquence des nettoyages en profondeur.

Pour les taches localisées, l'idéal est d'intervenir très rapidement. Enlevez les taches alimentaires avec une éponge humide (eau froide) et du savon de Marseille. Traitez les taches grasses avec un tampon imprégné de succédané de trichloréthylène ou un détachant. Frottez le chewing-gum avec un glaçon pour le faire durcir, puis grattez-le. Faites toujours un essai préalable sur un endroit de la moquette peu en vue (sous un meuble, par exemple) pour observer sa réaction aux différents produits.

L'escalier le plus simple n'a qu'une volée droite, sans contremarches (on l'appelle alors "échelle de meunier"), tandis que le plus élaboré peut comporter des contremarches, un ou plusieurs tournants ou paliers, avec une rampe composée de poteaux et de balustres.

LA BONNE **INFO**

Critères d'un bon escalier

- Une pente de 30 % est de loin la plus confortable. La distance entre la première marche et le plafond doit être d'au moins 2 m.
- La hauteur des marches ne dépassera pas 21 cm.
- La profondeur des marches doit être d'au moins 18 cm pour y poser facilement le pied.
- L'escalier doit être assez large pour permettre à deux personnes de s'y croiser sans difficulté. Les modèles standards font 80 cm de large.
- Ne négligez pas les rampes, les balustrades, les mains courantes et les contremarches pour rendre l'escalier plus confortable mais aussi plus sûr.

1. Choisir un escalier

Plusieurs critères sont à prendre en compte pour choisir son escalier : l'endroit où vous comptez l'installer, la place dont vous disposez, son utilisation, sans oublier votre budget. Le confort d'utilisation d'un escalier dépend de la profondeur des marches et de leur hauteur, lesquelles sont elles-mêmes tributaires de la hauteur de l'escalier et de l'encombrement qu'il occupe. Plus vous disposerez d'espace, moins la pente de l'escalier sera raide, plus il comptera de marches et plus celles-ci pourront être profondes, donc confortables. Bien sûr d'autres critères entrent en jeu, notamment l'esthétique, directement liée aux matériaux (bois, métal, verre, etc.).

2. Assembler un escalier

L'assemblage d'un escalier n'est, en soi, pas spécialement difficile si les mesures ont été bien prises et, si les calculs de compatibilité avec l'endroit d'implantation ont été bien faits. Il faut être précis et donner toutes les informations cotées au vendeur ou au fabricant. Les escaliers constitués d'éléments à assembler les uns sur les autres sont les plus à la portée de l'amateur. Dans tous les cas, la fixation de l'escalier est essentielle. C'est lui qui détermine entièrement la solidité de l'ensemble.

3. Entretenir un escalier

Les escaliers ne demandent normalement aucun entretien spécifique. Néanmoins ils sont sujets à deux facteurs d'usure :

- le frottement répété des pas qui finit par abîmer prématurément le bois ou son revêtement (vernis, peinture, encaustique) ;
- les grincements, qui résultent de la fatigue des assemblages sous la charge régulière des personnes qui montent ou descendent les marches.

L'escalier étant soumis à une utilisation régulière et permanente, il faut donc l'entretenir périodiquement et intervenir quand des signes de fatigue apparaissent.

LA BONNE **ASTUCE**

Escalier à pas décalés

Cette solution permet de gagner un maximum de place tout en offrant une esthétique résolument contemporaine. Les éléments s'emboîtent les uns dans les autres sans difficulté de montage.

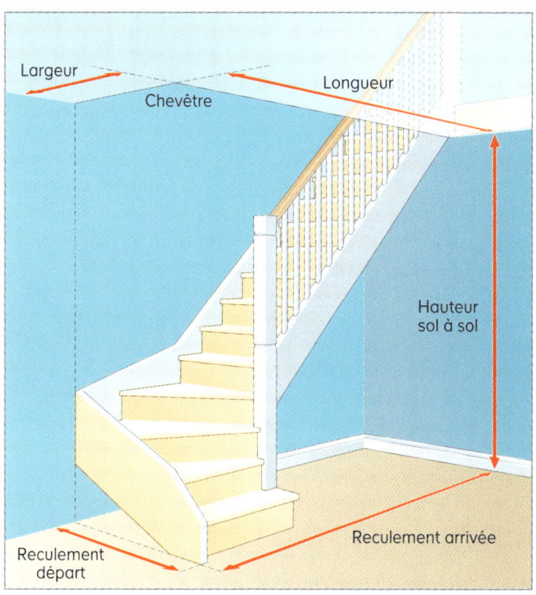

PRISE DE MESURES

Avant de choisir un modèle, commencez par relever la hauteur sol à sol, la largeur et la longueur du chevêtre et les possibilités de reculement de départ (au sol) et d'arrivée (au plafond).

Différents types d'escalier

La fréquence d'utilisation ainsi que la surface disponible au sol sont deux critères importants à prendre en compte pour choisir un escalier.

ESCALIER DROIT

Ce type d'escalier très simple, est constitué d'une volée de marches droites, avec ou sans contremarches, avec ou sans rampe. Il est confortable et économique, et facile à poser. Il se décline dans tous les styles.

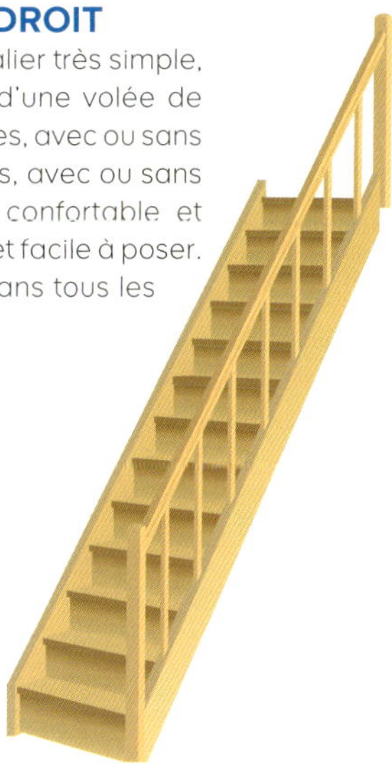

ÉCHELLE DE MEUNIER

Elle est réservée aux surfaces réduites et aux accès occasionnels (mezzanine ou grenier) car elle est assez raide (sa pente peut être de 75 % contre 30 % pour un escalier classique). Peu encombrante et économique, elle est très facile à installer.

ESCAMOTABLE

C'est la solution idéale quand on manque de place, ou quand il s'agit d'accéder occasionnellement à un grenier, car il se plie et se déplie facilement.
Pliant, coulissant ou en accordéon, il existe une solution adaptée à chaque situation.

ESCALIER TOURNANT

Il est composé de deux (quart tournant) ou trois (double quart tournant) volées de marches. Confortable, il demande un espace de recul au pied des marches comme sur le palier. Il occupe une surface au sol importante, mais on peut utiliser cet espace pour en faire un rangement, par exemple.

HÉLICOÏDAL

Les marches tournent en spirale autour d'un axe central. Il peut être de forme ronde ou carrée. C'est l'escalier qui occupe le moins de surface au sol et qui peut être installé n'importe où dans la pièce.

GARDE-CORPS

Tout palier d'étage doit être doté d'un garde-corps garantissant une sécurité contre les chutes. Il doit faire au moins 1 m de haut. L'espace entre les barreaux ne doit pas dépasser 11 cm et celui des traverses ne doit pas excéder 18 cm.

LA BONNE INFO

Règles de confort

- **Les dimensions classiques** d'un escalier peuvent se définir en fonction des critères suivants :
  - hauteur de marche, entre 17 et 21 cm ;
  - giron de marche, entre 21 et 27 cm ;
  - largeur de l'escalier > 70 cm.
- **Pour les bâtiments** d'habitation, la hauteur idéale serait de 17 cm pour un giron entre 26 et 30 cm.
- **Pour des escaliers** secondaires, la hauteur peut aller jusqu'à 21 cm, pour un giron entre 24 à 28 cm.

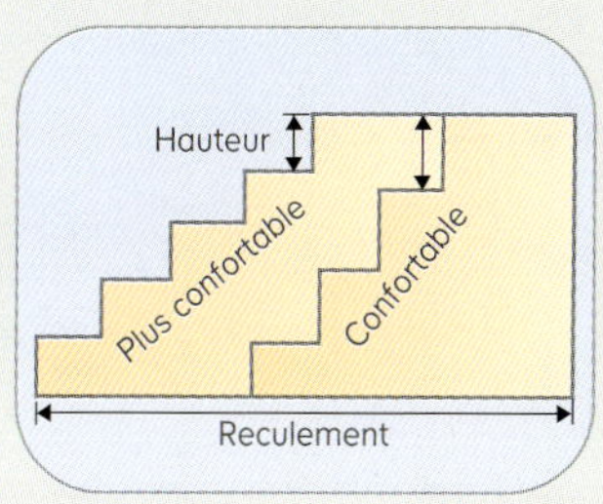

LES BONS OUTILS

Outils
- Escabeau
- Mètre
- Crayon
- Niveau à bulles
- Marteau
- Coupe-boulon
- Maillet
- Perceuse-visseuse avec mèches et embouts de vissage
- Perceuse à percussion et foret adapté
- Tournevis
- Douille à visser
- Jeu de clés plates

Matériel
- Escalier, balustres, câbles, main courante.
- Vis et boulons (fournis)
- Chevilles
- Ruban adhésif

Assembler un escalier droit

POSE DU SUPPORT DE DÉPART

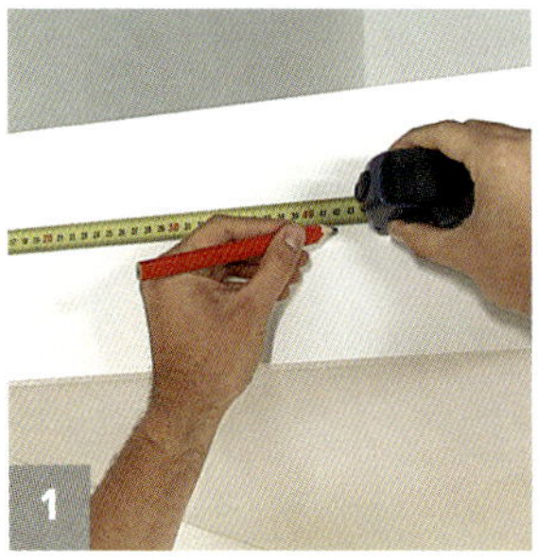

1. Ayant déterminé les cotes de positionnement du support de départ (voir encadré ci-contre), tracez votre premier repère à 42 cm du mur.

2. Après report de la mesure, tracez le repère de hauteur d'emplacement du support de départ (ici à 11,1 cm). Tracez un trait à l'aide du niveau à bulles.

3. Positionnez le support à l'aide des deux repères précédents et reportez au crayon l'emplacement des points de fixation.

4. Percez les trous de fixation avec la perceuse à percussion équipée d'un foret à béton. Enfoncez les chevilles au marteau.

5. Fixez le support en commençant par le milieu puis passez aux deux autres boulons. Serrez avec la visseuse et l'embout de vissage.

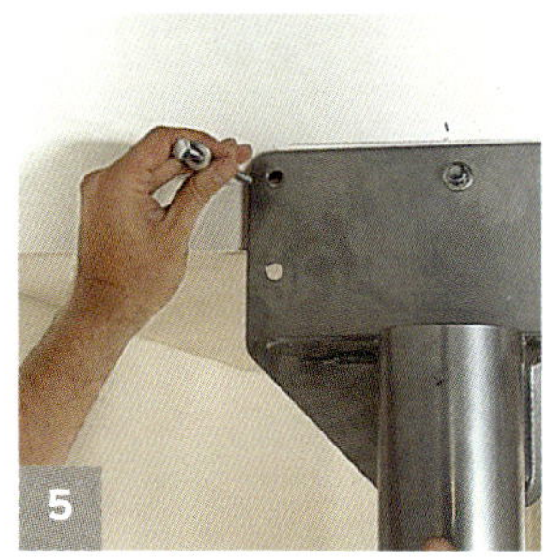

Calcul de la hauteur de marche

Divisez la hauteur de l'étage de sol à sol par le nombre de marche + 1.
exemple :

$$\frac{\textbf{2,67 m}}{\textbf{(11+1)}} = \textbf{22,2 cm}$$

Position du support de départ

- Déterminez d'abord la position du support de départ. Mesurez la largeur d'une marche (ici 64 cm).
- Déterminez son milieu en divisant cette mesure par 2 (ici 32 cm). Ajoutez à cette mesure environ 10 cm à partir du mur. La cote correspond à l'axe de pose du support de départ (ici 42 cm).
- Vous devez avoir la hauteur d'une marche entre le sol d'étage et le niveau de la première marche (ici 22,2 cm).
- Le repère de positionnement en hauteur sera donc ici à 11,1 cm.

FIXATION DES MARCHES

1. Positionnez la marche en la centrant, puis tracez au crayon les points d'ancrage pour le préperçage.

2. Prépercez le dessous de la marche en prenant soin de placer un ruban adhésif sur la mèche comme guide de profondeur (ne percez pas plus de la moitié de l'épaisseur).

3. Remettez la marche en place et serrez ses vis de fixation avec la visseuse.

4. Le support et la marche supérieure sont en place. Vous pouvez maintenant passer à l'ancrage du support suivant.

MONTAGE DES SUPPORTS INFÉRIEURS ET DES MARCHES INTERMÉDIAIRES

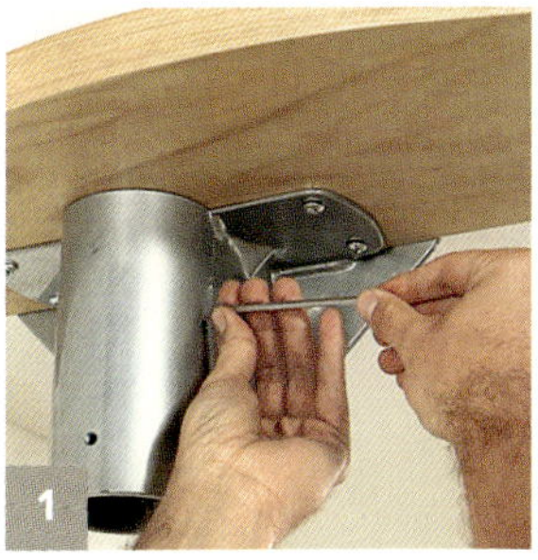

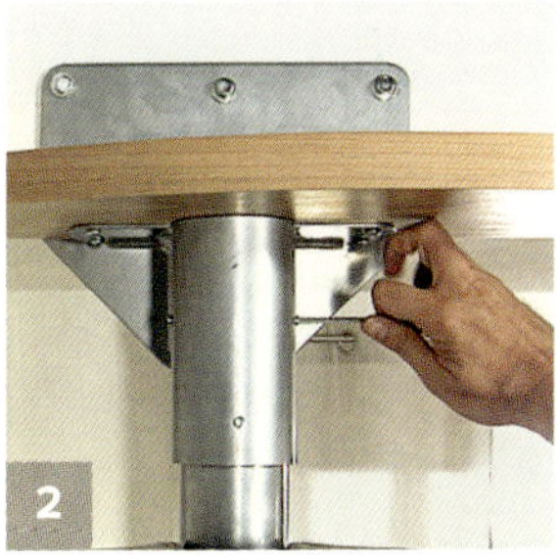

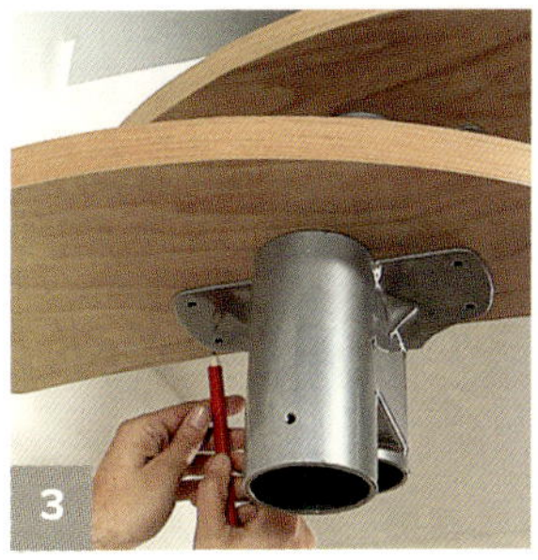

1. Prépositionnez sur le support les vis destinées au blocage du deuxième support. Utilisez une clé mâle.

2. Montez le deuxième support, en veillant à l'espacer du premier de 22,2 cm (prenez une pige), puis serrez les deux vis de blocage.

3. Positionnez la deuxième marche, en respectant ici le décalage par rapport à la première. Tracez les repères, prépercez la marche.

4. Vissez la deuxième marche sur le deuxième support avec la visseuse.

MONTAGE DES DERNIÈRES MARCHES

1. Assemblez les deux dernières marches déjà montées sur leur support avec le socle.

2. Devissez le socle de la dernière marche (utilisez la clé mâle) pour pouvoir tracer les repères au sol, au crayon.

3. Prépercez le sol, chevillez et fixez la base en posant les vis avec la visseuse.

4. Remontez la dernière marche et serrez la vis de blocage avec la clé mâle.

Soutien provisoire

Attention ! pendant le montage de l'escalier, une barre de soutien doit être placée sous la 4ᵉ marche depuis le haut de l'escalier, puis une seconde sous la 4ᵉ marche depuis le sol. Ces étais seront retirés en fin de montage.

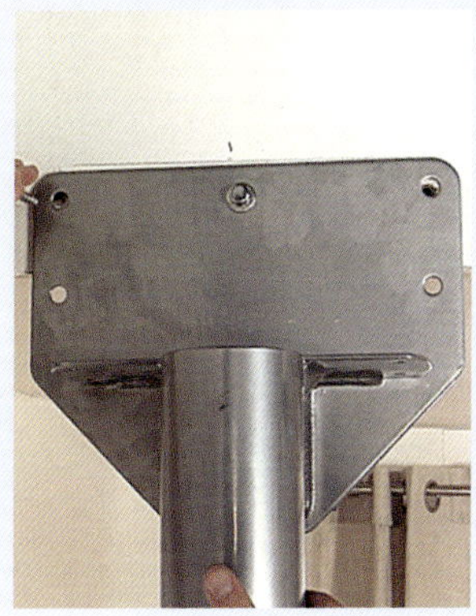

GARDE-CORPS, MAIN COURANTE ET CÂBLES

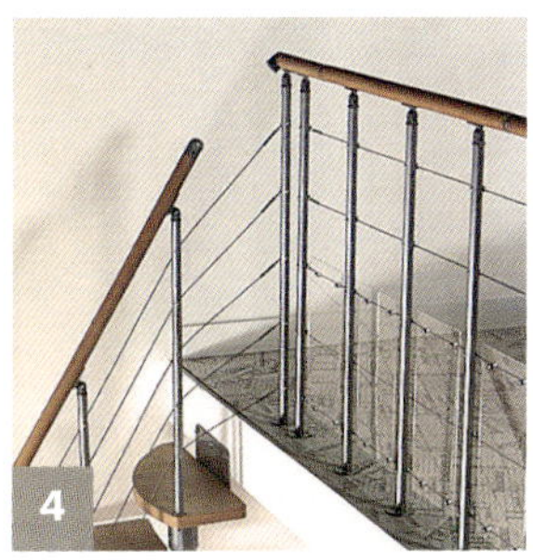

1. Après traçage (gabarit fourni) et perçage des marches, mettez en place les balustres du garde-corps. Vissez le boulon à la main et bloquez-le avec une clé plate (ici de 17).

2. Fixez le dernier balustre sur le palier après perçage et chevillage (en fonction des indications de la notice de pose).

3. Après positionnement des rotules en tête de balustres, vissez la main courante par le dessous sur ces rotules.

4. Après positionnement des passe-câbles dans les balustres, enfilez les câbles de liaison des balustres. Installez le garde-corps d'étage de la même façon.

LES BONS OUTILS

Outils

- Poinçon
- Marteau
- Crayon
- Règle en bois
- Scie égoïne
- Scie à guichet ou couteau-scie
- Marteau d'emballeur
- Petit marteau
- Tournevis
- Vrille

Matériel

- Escalier escamotable
- Clous à chevrons de 100 mm
- Pointe
- Baguette décorative

Assembler un escalier escamotable

Les combles non aménagés dont le sol est constitué d'un solivage, sous lequel sont simplement fixées des plaques de plâtre peuvent être aménagés en grenier de rangement. Il suffit de poser un plancher en panneau, de créer une trappe et d'y donner accès par un escalier escamotable.

PRÉPARER L'ACCÈS

1. Déterminez l'emplacement idéal pour la trappe, c'est-à-dire au niveau de trois solives. Procédez par sondages avec un poinçon pour localiser les solives. Tracez l'emplacement de l'ouverture.

2. Crevez la plaque de plâtre avec un marteau de charpentier, puis découpez l'ouverture avec une scie à guichet ou avec un couteau-scie.

3. Installez une planche pour travailler correctement et montez dans les combles. L'ouverture correspond à l'emprise entre 3 solives. Sciez celle du milieu avec une scie égoïne.

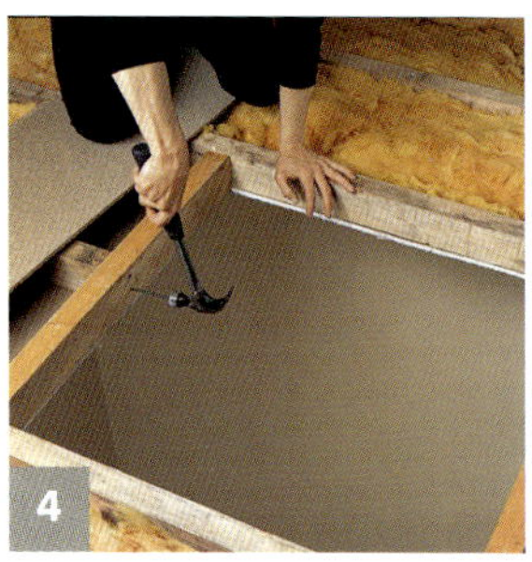

4. Utilisez la chute pour faire deux entretoises qui vont vous permettre de créer un chevêtre. Fixez-les avec des clous à chevrons de 100 mm.

5. Réalisez un encadrement avec des planches de 25 mm d'épaisseur. Finissez par une baguette décorative.

À 2 ou 3 pans

Les escaliers escamotables existent en 2 ou 3 pans selon la hauteur sous plafond. Une version à 2 pans est en principe suffisante pour les hauteurs sous plafond de 2,10 m à 2,65 m.

FIXER L'ESCALIER

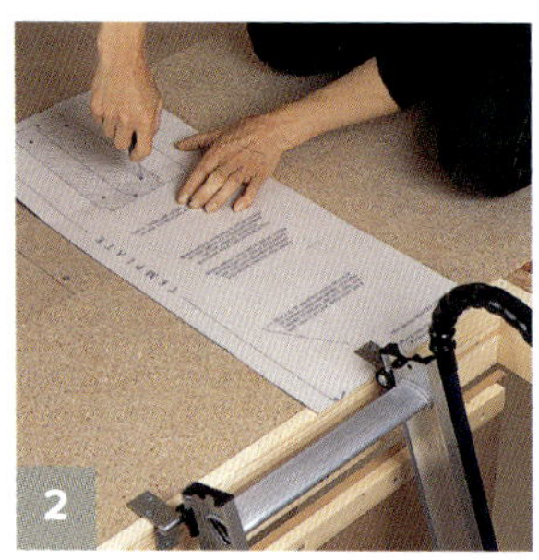

1. Déployez l'échelle jusqu'au sol et montez les fixations hautes. Vissez les charnières sur la traverse du chevêtre. Assemblez la rampe.

2. La notice comprend généralement un gabarit de montage permettant de déterminer l'emplacement de la plaque de retenue. Marquez la position des vis avec une vrille.

3. Fixez le système de ressort de rappel et vissez-le sur le plancher que vous aurez établi dans le grenier. Repliez l'échelle dans le grenier et raccordez le système de rappel d'un côté ou de l'autre de l'escalier.

Faire cesser les grincements

La méthode de réparation dépend directement de la possibilité ou non d'accès sous la volée des marches. Si celui-ci est enduit, vous n'aurez aucune possibilité d'intervenir par le dessous de l'escalier. La seule solution est le saupoudrage de talc pour "lubrifier" les assemblages.

RÉPARATIONS DE L'ESCALIER PAR LE DESSOUS DE LA VOLÉE

Pour localiser les assemblages qui grincent, placez-vous sous la volée de marches, demandez à quelqu'un de monter lentement l'escalier et écoutez pour repérer les zones de grincement: marquez à la craie les marches qui craquent.

Il arrive que la **cale de bois** qui bloque l'assemblage de la marche ou de la contremarche soit disjointe. Si c'est le cas, déposez-la, poncez-la et garnissez-la de colle vinylique avant de la remettre en place.

Pour certains escaliers, l'assemblage entre marche et contremarche est renforcé par des **goussets triangulaires** en bois. Si l'un d'eux est décollé, retirez-le et grattez les traces de vieille colle sèche. Entrebâillez le joint entre marche et contremarche et injectez un peu de colle. Encollez le gousset et pressez-le, ou vissez-le en place. Si l'assemblage ne comporte pas de gousset de renfort, vous pouvez en faire: confectionnez un gousset d'environ 75 mm, et collez-le, ou vissez-le sous la marche et derrière la contremarche.

Vous pouvez aussi renforcer l'assemblage entre l'arrière d'une marche et le bas d'une contremarche en injectant de la colle dans le joint, puis en insérant trois **vis** dans le chant de la contremarche.

RÉPARATION PAR LE DESSOUS DE L'ESCALIER

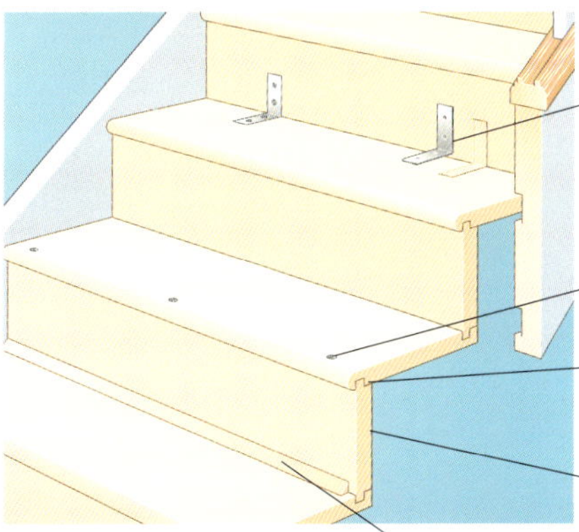

RÉPARATION PAR LE DESSUS DE L'ESCALIER

RÉPARATION DE L'ESCALIER PAR LE DESSUS DE LA VOLÉE DE MARCHES

L'autre méthode pour supprimer le grincement d'une marche consiste à visser son nez dans le chant supérieur de la contremarche située en dessous.

Percez dans le nez de marche des trous au diamètre des vis et prolongez-les par des avant-trous de plus petit diamètre dans la contremarche (pour que les vis ne fassent pas éclater le bois). Fraisez ensuite l'ouverture des trous pour que la tête des vis s'enfonce sous la surface de la marche. Injectez un peu de colle dans les trous avant d'y insérer les **vis**. Masquez enfin les têtes avec de la pâte à bois.

Si l'assemblage qui grince se situe à l'arrière de la marche, renforcez-le en collant une **baguette quart-de-rond** de 12 x 12 mm dans l'angle entre la marche et la contremarche (à condition que cela ne réduise pas le giron à moins de 22 cm).

À défaut, vissez des **équerres** dans l'angle formé par la marche et la contremarche. Pour préserver l'esthétique des marches, creusez au ciseau des logements pour encastrer les ailes des cornières.

Escalier glissant

Un escalier glissant est un escalier dangereux. Plusieurs solutions existent pour le sécuriser et éviter les risques d'une chute.
• La première des choses à faire est de fixer des nez de marche en PVC rainuré; Il en existe de différentes couleurs pour s'harmoniser éventuellement avec la teinte du bois.
Les nez-de-marche en aluminium. sont peut-être moins décoratifs mais aussi très efficaces.
• Une autre solution consiste à rendre la marche elle-même moins glissante en saupoudrant dessus un peu de sable juste après avoir peint ou verni les marches, juste avant que la peinture ou le vernis ne sèche.

Réaliser vos travaux extérieurs

LA SECURITE

RÈGLES DE SÉCURITÉ

Toute intervention sur la charpente d'une maison doit se faire avec la plus extrême prudence.
Tous ces éléments doivent être considérés comme porteurs ou partie intégrante de la structure constituant la charpente et donc de la toiture.

La toiture est en quelque sorte le chapeau protecteur de la maison. Toute fuite a immédiatement des conséquences sur la charpente, les planchers et éventuellement les murs de l'habitation. C'est donc la partie de la maison qui doit être le plus sous surveillance.

1. Connaître sa toiture

La plupart des maisons individuelles sont coiffées d'une toiture en pente, le plus souvent à double pan, soutenue par une charpente et couverte de tuiles ou d'ardoises. Il existe deux types de structure de charpente, soit à double pan, soit en fermettes. Il existe diverses formes de tuiles, en terre cuite ou en béton moulé : losangée, romane, monopole, mécanique, canal, etc. Les ardoises peuvent être d'extraction naturelle ou en matériau de synthèse. On les remplace parfois par des bardeaux. La forme, l'architecture et le matériau de couverture des toitures à pans dépendent du style et des dimensions de la construction.

2. Entretenir sa toiture

La toiture n'est certainement pas la partie de la maison qui a le plus besoin d'entretien. Néanmoins, elle est sujette à un certain nombre d'agressions, dont la principale est celle des larves du bois à l'intérieur et des mousses et des lichens à l'extérieur. Les premières dévorent le bois en creusant des galeries. Les seconds s'incrustent dans les matériaux de couverture et peuvent aller jusqu'à les recouvrir complètement. Leurs "racines" s'immiscent entre les tuiles et les ardoises pour les disjoindre voire les soulever. Il n'en faut pas plus pour qu'une toiture ne soit plus étanche. La lutte contre les mousses et les lichens constitue certainement l'essentiel de l'entretien courant d'une toiture. La lutte contre les larves du bois se fait par des traitements du bois en profondeur.

3. Réparer sa toiture

Une toiture doit être réparée dès qu'elle commence à fuir. Outre les éventuelles dégradations liées aux mousses et aux lichens, bien d'autres causes peuvent engendrer des fuites en toiture. C'est souvent à la jonction entre les matériaux de couverture et les parties maçonnées de la maison (mur, souches de cheminées, etc.) que se produisent des fuites. Il faut alors très vite rétablir l'étanchéité à ce niveau. Mais les tuiles ou les ardoises elles-mêmes peuvent se dégrader : elles peuvent devenir poreuses, se fissurer ou tout simplement s'envoler, des réparations d'urgence s'imposent. Mais vous devrez généralement appeler un couvreur pour les plus grosses réparations.

LA BONNE INFO

STYLES RÉGIONAUX DE TOITURES

Les ressources naturelles en matériaux de couverture et les contraintes climatiques ont généré des types de charpentes, mais surtout de couvertures variées. Même si aujourd'hui une standardisation des toitures pourrait être opérée, les architectes et les pouvoirs publics restent attachés à des styles régionaux de couvertures articulées autour de quelques matériaux dont les principaux sont la tuile de terre cuite et l'ardoise, très localement le chaume et la pierre (lauze), voire le bois.

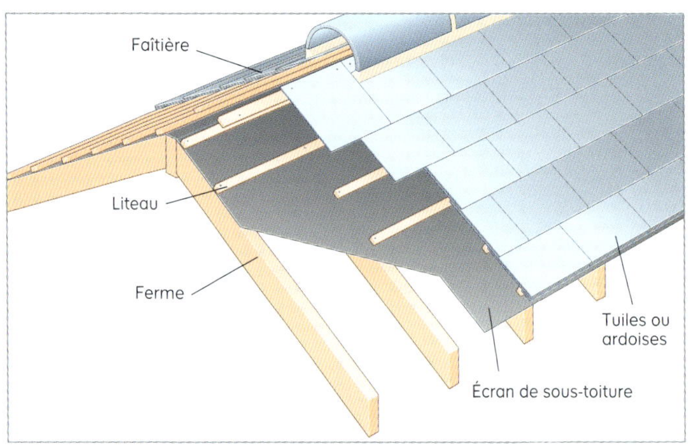

COMPOSANTS D'UNE TOITURE

Types de charpentes

CHARPENTE DOUBLE PAN SIMPLE

Dans une toiture classique, la charpente se compose de poutres, de chevrons et de liteaux organisés entre deux murs pignons dont la partie supérieure forme un triangle. Trois poutres réunissent ces triangles :

- une poutre au sommet dite **panne faîtière ;**
- une poutre à la base de chaque pan de toiture et en sommet de murs de façade dite **panne sablière ;**
- une poutre entre les deux, dite **panne intermédiaire.**

Des **chevrons** partent du sommet de la couverture pour rejoindre les murs de façade, autrement dit de la panne faîtière aux pannes sablières.

Des **liteaux** sont fixés horizontalement sur les chevrons pour permettre l'accrochage des tuiles ou des ardoises. Dans certains cas, on peut trouver des voliges (planches jointives sur les chevrons) à la place des liteaux.

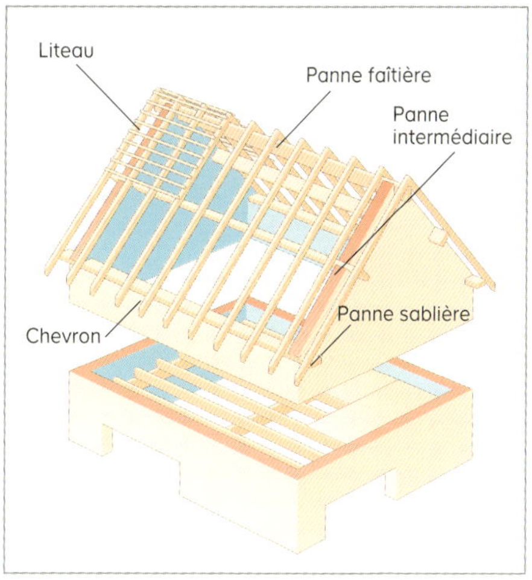

STRUCTURE D'UNE CHARPENTE CLASSIQUE

LA SECURITE

SÉCURITÉ EN HAUTEUR

Quand vous montez sur le toit, ne vous attachez jamais à l'échelle, accrochez-vous à une partie fixe. Descendez toujours face aux barreaux, portez des chaussures antidérapantes et ayez toujours trois points d'appui. Votre échelle doit dépasser de 4 échelons le sommet. Veillez à ce que l'échelle ne soit pas trop près du mur.

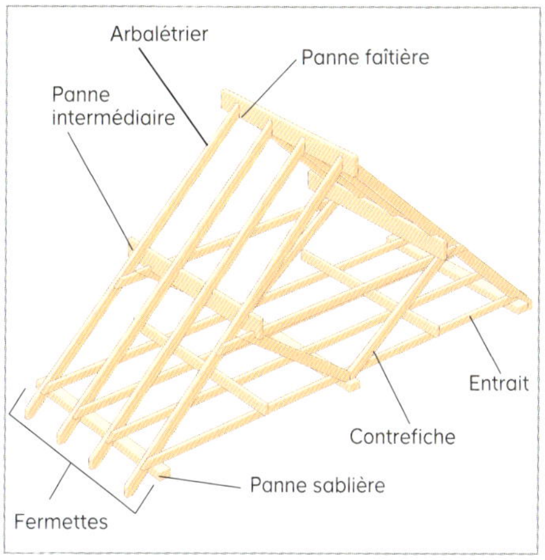

STRUCTURE D'UNE CHARPENTE EN FERMETTES

CHARPENTE EN FERMETTES

Dans les maisons individuelles contemporaines, la charpente est standardisée pour faciliter la construction en série. Une série de structures triangulaires composées de deux **arbalétriers** et d'un **entrait** sont assemblées en atelier et réunies sur chantier et forment les fermettes (petites fermes). On retrouve certes des éléments apparentés aux pannes faîtières, intermédiaires et sablières, mais sous-dimensionnées par rapport à ceux d'une charpente traditionnelle, leur fonction n'étant que de réunir les fermes. La section plus faible des éléments porteurs conduit à mettre en place des éléments de soutien des fermettes, des **contrefiches,** qui jouent le rôle de jambes de force. Ces éléments internes à la charpente rendent difficile, voire impossible, l'aménagement des combles. Les éléments de base des fermettes ne font souvent que soutenir un plafond en plaque de plâtre.

Traitement d'une charpente

Si la maison est récente, le bois de sa charpente a été traité. Il n'est donc pas nécessaire de le protéger de nouveau avant une vingtaine d'années. En revanche, si votre charpente est ancienne, et si elle révèle la présence de larve d'insectes du bois (trous de "vers", sciure sur le sol), il est urgent de la traiter. Vous pouvez le faire vous-même avec des produits qui sont sans odeur et qui sont sans effet sur la santé.

1. Si votre charpente présente des signes évidents d'attaques de larves d'insectes xylophages (mangeurs de bois), il faut d'abord gratter et brosser les poutres jusqu'au bois sain.

2. Le traitement par imprégnation, avec une brosse de peintre, constitue la solution la plus simple. Il existe aujourd'hui des produits de traitement naturels faciles à appliquer à la brosse, au rouleau ou au chiffon.

3. Si l'injection est une méthode professionnelle, l'application avec un pulvérisateur est à la portée de l'amateur. Elle garantit de traiter dans les endroits les plus difficiles d'accès.

LA BONNE INFO

TRAITEMENT NATUREL

On trouve depuis peu des traitements de charpente et des bois naturels 100 % naturels. C'est le cas de ce produit qui ne contient aucun dérivé de pétrole, aucun insecticide chimique, mais seulement des huiles essentielles et végétales qui neutralisent l'appétit des larves d'insectes et les font ainsi dépérir.

LA SECURITE

SÉCURITÉ AVANT TOUT
Si vous devez monter sur le toit, ne faites pas de concessions sur la qualité des échelles et des échafaudages, ne prenez aucun risque et ne travaillez jamais seul. Attachez-vous toujours sur un point d'ancrage solide (souche de cheminée, par exemple).

Selon le style de la construction, le bord des toitures, et surtout les rives d'égout qui portent les gouttières, peuvent prendre différentes formes. Les toitures-terrasses sont le plus souvent recouvertes d'un film de fibre de verre enrobé de bitume sur un film plastique pare-vapeur.

Bords de toiture

Le bord inférieur des pans d'une toiture est appelé "rive d'égout". Elle recouvre l'extrémité inférieure des chevrons.

Suivant la configuration de la charpente, les chevrons peuvent déborder du parement du mur, formant un avant-toit, ou s'arrêter à l'aplomb du mur.

Les crochets des gouttières sont fixés soit sur la planche de rive (fixées sur l'extrémité des chevrons pour les protéger des intempéries), soit sur les chevrons, soit encore sur la dernière planche de volige du toit.

Quand les chevrons dépassent du parement du mur, on a un débord de toiture, un avant-toit qui sera fermé par du lambris bois ou PVC.

RIVE D'ÉGOUT SANS DÉBORD

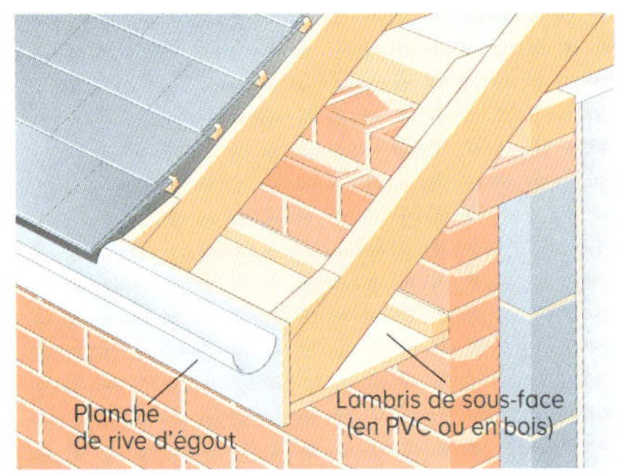

RIVE D'ÉGOUT AVEC AVANT-TOIT FERMÉ

LA BONNE INFO

ÉCHELLES ET ÉCHAFAUDAGES
Même pour une réparation minime, vous devez utiliser une échelle parfaitement adaptée. Celle pour monter sur le toit doit être équipée d'un écarteur de mur qui lui assure un appui parfait sur la paroi, et non pas sur la gouttière. L'échelle de toit, quant à elle, doit avoir une accroche à passer sur le faîtage et des roulettes caoutchoutées permettant de la glisser sur la couverture sans endommager les tuiles ou les ardoises. Si vous voulez entamer une intervention importante sur une toiture, mieux vaut louer un échafaudage avec garde-corps.

Raccordements des toitures

Les toitures sont sujettes aux fuites le plus souvent là où il y a jonction ou raccordement : sur les côtés, au niveau de la cheminée, des lucarnes de toit ou de la ventilation.

Pour y remédier, brossez la partie abîmée à la brosse métallique et laissez-la sécher.

Après avoir appliqué un primaire bitumineux, collez une bande d'étanchéité adhésive à froid ou à chaud.

Si le solin est abîmé, effectuez les réparations avec du mortier bâtard (2/3 chaux, 1/3 ciment).

FENÊTRE DE TOIT

SORTIE DE VENTILATION

SOLIN DE TOITURE

SOLIN DE CHEMINÉE

Problèmes d'étanchéité

Les couvertures en pente comme les toitures-terrasses connaissent souvent des problèmes d'étanchéité liés au fissurage ou au décollement des éléments maçonnés. C'est le cas des dalles de terrasse mais aussi des joints maçonnés entre un mur et la couverture ou en pied de souche de cheminée.

Étanchéité par membrane

TOITURES-TERRASSES

Les toits en terrasse en béton peuvent présenter des fuites ou des fissures. On peut les réparer en appliquant tout d'abord un primaire d'accrochage puis des membranes et bandes d'étanchéité. Suivies généralement de l'application d'un mastic liquide d'étanchéité. Ce type de revêtement s'adapte à toutes les sortes de supports.

Étanchéité pas mastic liquide

SOLIN DÉGRADÉ

La liaison entre la maçonnerie d'un mur et la couverture (ici des tuiles) est souvent étanchéifiée à l'aide d'un composé de bitume et de feuilles d'aluminium quadrillées. Ce système d'étanchéité finit par se dégrader et ne plus assurer son rôle. Il faut alors soit le remplacer, soit colmater les fuites avec un produit d'étanchéité semi-épais.

SOUCHE DE CHEMINÉE

La jonction de la sortie du conduit de fumée et de la couverture est une zone particulièrement sensible aux infiltrations d'eau. L'eau finit par ruisseler sur la souche, s'infiltre et fait éclater le solin maçonné au premier gel. Il faut donc refaire l'étanchéité, soit en éliminant le vieux solin et en le refaisant au mortier, soit avec un produit d'étanchéité.

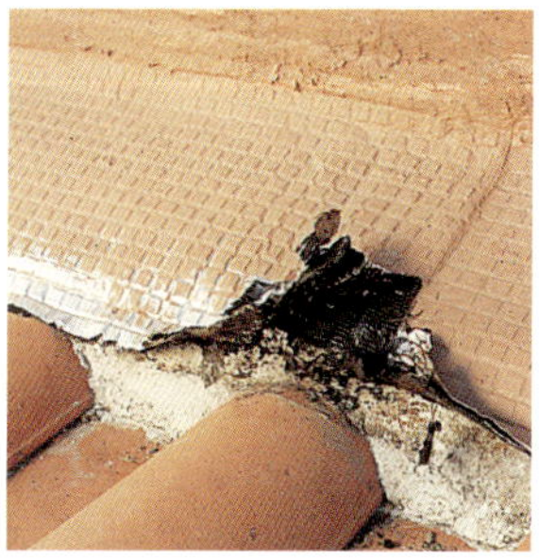

Calendrite endommagée

Application d'un produit d'étanchéité semi-épais

Réfection d'un solin maçonnée avec du mortier

Étanchéité avec un produit d'étanchéité semi-épais

Éliminer mousses et lichens

Mousses et lichens colonisent rapidement les toitures en tuiles ou en ardoises, surtout si l'environnement de la maison est arboré. En soit, les mousses n'abîment pas spécialement les matériaux de couverture, mais à la longue elles peuvent les disjoindre.

Tuiles fortement attaquées par la mousse

Application d'un antimousse au pulvérisateur

TRAITER LA MOUSSE

- Enlevez le plus gros de la mousse avec un couteau de peintre et une brosse.
- Appliquez le produit au pulvérisateur, en une couche, en imbibant bien le support sans rincer.
- Laissez agir entre 1/2 journée et 5 jours, suivant la quantité de mousses sur les tuiles.
- Lorsque le produit a séché, brossez les mousses résiduelles.
- Dans le cas d'espèces particulièrement résistantes, appliquez une deuxième couche.
- La première pluie rincera la couverture qui apparaîtra comme neuve.

Attention à la haute pression

Sauf si la couverture est tapissée de lichens, solidement incrustés dans la tuile ou l'ardoise, évitez d'utiliser un nettoyeur haute pression sur votre toiture. En effet, la puissance du jet risque à la fois de déplacer les ardoises ou les tuiles, et surtout elle risque de les abîmer et les rendre perméables à l'eau. Préférez un antimousse biodégradable, rincé par la pluie ou tout au plus avec un simple jet de jardin.

LES BONS OUTILS

Outils
- Brosse métallique
- Ciseaux
- Échelle
- Échelle de couvreur

Matériel
- Bande d'étanchéité
- Tuiles de remplacement

Examinez votre toiture au moins une fois par an pour déceler d'éventuels éléments fissurés, décalés ou disparus. Si vous attendez qu'une fuite apparaisse, les dégâts seront bien plus importants. Soyez extrêmement prudent si vous devez monter sur le toit. Ne travaillez jamais seul, et jamais par temps de pluie.

Réparation provisoire d'une tuile

En attendant de remplacer une tuile fissurée, vous pouvez la réparer provisoirement, à condition qu'elle ne soit pas déboîtée.

1. Brossez avec soin la zone entourant la cassure, et éliminez tous les débris. Si l'application d'un caoutchouc liquide sur une fissure superficielle peut suffire, il faut recouvrir une cassure totale avec une bande d'étanchéité. Ne travaillez pas en dessous de 5 °C.

2. Procurez-vous de la bande d'étanchéité pour toiture auto-adhésive. Coupez un morceau de bande un peu plus long que la cassure.

3. Enlevez la bande de protection de la face adhésive, soulevez la base de la tuile qui surplombe celle qui est cassée, et posez la bande d'étanchéité adhésive à cheval sur la cassure, en veillant à ce que les bords de celle-ci restent bien accolés.

4. Après avoir été bien appliquée avec les mains, la bande d'étanchéité épouse exactement la forme de la tuile.

Remplacer des tuiles cassées

LA BONNE INFO

Certaines tuiles, notamment les tuiles béton, peuvent devenir poreuses avec le temps. Il est possible de les traiter avec une peinture d'étanchéité qui, en plus, leur rendra leur couleur d'origine.

1. Retirez la tuile cassée qui est située le plus haut. Repoussez les tuiles adjacentes et tirez en biais celle à remplacer. Les tuiles situées au-dessous se déposent alors aisément. Descendez les tuiles une par une. Replacez d'abord la première rangée inférieure, en progressant de droite à gauche. Calez bien le talon de chaque tuile sur son liteau.

2. Arrivé à la dernière tuile de la rangée, soulevez les tuiles de part et d'autre et insérez la nouvelle jusqu'à ce que son talon bascule derrière le chant supérieur du liteau.

3. Passez à la rangée du dessus. Pour glisser la dernière tuile, soulevez le bord inférieur de la tuile située au-dessus et glissez la nouvelle sous celles entre lesquelles elle doit s'encadrer, en la repoussant vers le haut avec un mouvement de gauche à droite.

Réparation provisoire d'ardoises

Les ardoises anciennes sont clouées sur les voliges. Il est difficile d'extraire une ardoise parmi d'autres sans outils de couvreur spécifiques comme le tire-clou. Vous pouvez être amené à effectuer une réparation provisoire (en attendant, la venue du couvreur). Travaillez avec des gants de bricolage, car le bord des ardoises est tranchant.

LES BONS OUTILS

Outils
- Échelle-escabeau
- Échelle de couvreur
- Gants de travail
- Brosse métallique
- Ciseaux
- Ciseau à froid

Matériel
- Bande d'étanchéité

1. Nettoyez la zone entourant la cassure avec une brosse métallique et éliminez avec soin la poussière et les résidus de mousse et de lichen.

2. Soulevez avec précaution la base de l'ardoise située au-dessus de celle à réparer et calez-la ainsi avec la lame d'un ciseau à froid. Coupez à bonne longueur un morceau de bande d'étanchéité adhésive, enlevez la bande de protection de la face adhésive et insérez-le en place.

3. Plaquez soigneusement la bande, en pressant avec les paumes des mains. Ne travaillez pas par temps froid (moins de 5 °C).

Rénover les toitures en plaques ondulées

Si votre toiture en plaques ondulées présente des fissures, il n'y a pas beaucoup d'autre solution que de les remplacer.

- Posez la première plaque ondulée indifféremment à gauche ou à droite, le recouvrement devant se faire cependant dans le sens opposé au vent dominant pour ne lui offrir aucune prise. Posez les plaques suivantes dans l'ordre indiqué par le schéma. Coupez-les et fixez-les au fur et à mesure.

- Lors de la pose des plaques, respectez les recouvrements transversaux et latéraux. Le recouvrement latéral sera d'une demi-onde en site protégé et d'une onde complète si le site est exposé au vent ou à la neige.

- Percez les plaques du bas sur le côté inférieur à 15 cm du bord sans gouttière et à 20 cm avec gouttière. Veillez à percer les plaques sur les sommets d'ondes. Pour ne pas écraser l'onde et risquer de fendre la plaque, intercalez entre la panne et l'onde une cale d'onde ou un pontet. Fixez les plaques.

- Terminez la pose, soit par la mise en place des faîtières, soit par la réalisation de la liaison (solin) avec le mur. Dans le cas des faîtières, posez-les avec un recouvrement de 5 cm. Sinon, réalisez la liaison avec les murs avec une bande d'étanchéité. Appliquez au préalable un primaire d'accrochage.

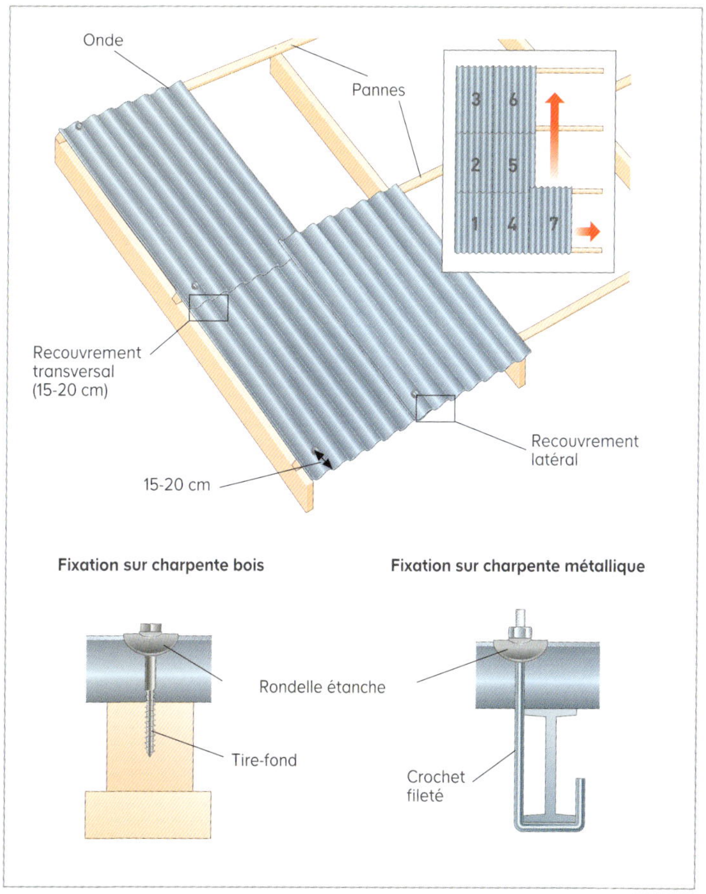

La gouttière est un élément de construction important. Son rôle est avant tout de collecter l'eau qui s'écoule du toit et de la diriger vers le sol, dans un puisard ou dans les égouts de la ville. En soulignant la toiture, elle participe aussi à l'esthétique de la maison.

LA BONNE INFO

DÉVELOPPEMENT DE LA GOUTTIÈRE
Pour décrire la taille des gouttières, on parle de "développement" et non pas de diamètre intérieur. Il s'agit de l'arc de cercle formé par la gouttière, d'un ourlet à l'autre.

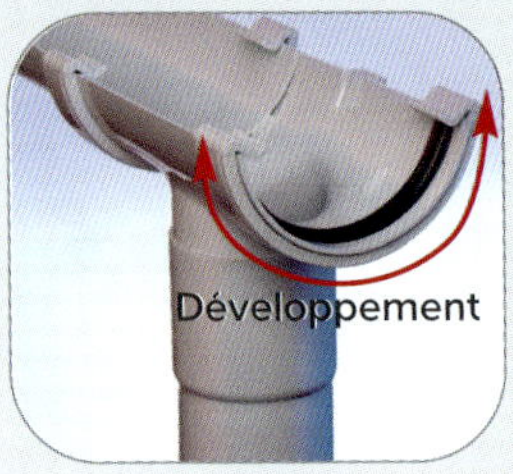

1. Choisir le type de gouttière

La gouttière a pour fonction principale de protéger la façade des intempéries. Elle éloigne aussi l'eau du pied des murs de la maison et préserve ainsi des remontées capillaires. Ne cédez pas à la mode actuelle qui consiste, notamment dans le Sud, à supprimer les gouttières au prétexte d'épurer l'architecture du bâtiment. En fait, bien souvent, il s'agit surtout pour les promoteurs de faire une économie à la construction. La qualité du zinc n'est plus à démontrer, mais le PVC a aussi de sérieux atouts parmi lesquels la facilité de pose et la diversité d'aspects et de coloris.

2. Monter une gouttière

Le montage d'une gouttière n'est pas très compliqué, mais il impose de travailler en hauteur, sur une échelle, en s'entourant de toutes les garanties de sécurité nécessaires. La première est de ne jamais travailler seul et de ne le faire que par beau temps. L'assemblage des éléments de gouttière en zinc par soudure n'est pas à la portée de tous, compte tenu de la nécessité de faire des soudures d'un type assez particulier. Heureusement, il est possible de les réunir par emboîtement, l'étanchéité étant assurée par des joints. Le montage des gouttières en PVC est en revanche très simple. Le matériau se scie facilement et s'assemble par simple collage, comme les canalisations d'évacuation d'eau d'une installation sanitaire.

LA SECURITE

TRAVAILLER EN HAUTEUR
Avant d'y monter, assurez-vous de la stabilité de votre échelle. Ne l'appliquez jamais sur la gouttière, mais utilisez plutôt une pièce d'appui. L'échafaudage mobile, moins facile à manœuvrer, est cependant plus sûr. Assemblez ses éléments avec soin et vérifiez la solidité des planches. Équipez toujours la plate-forme d'un garde-corps. Si le sol est meuble, calez les pieds sur des bastaings.

3. Entretenir une gouttière

L'entretien des gouttières est souvent négligé car leur accès est difficile. Les feuilles mortes, les brindilles, les mousses décrochées de la couverture finissent par l'engorger et par boucher les descentes. Pour bien faire, il faudrait les nettoyer, d'un simple coup de jet d'eau sous pression, au moins une fois par an. Les fuites de gouttière, quant à elles, peuvent provenir de leur percement ou du déboîtement des éléments. Le moindre suintement doit vous alerter, car le problème ne fera qu'empirer.

TAILLE DE LA GOUTTIÈRE

Le développement des gouttières d'une maison et le diamètre des descentes sont directement liés à la surface de la couverture. Les références de surface seront majorées de 15 % dans les régions très pluvieuses ou sujettes à de courtes périodes de forte pluviométrie (régions méditerranéennes).

TOIT	DÉVELOPPEMENT DE LA GOUTTIÈRE	DIAMÈTRE DE LA DESCENTE
35 m^2	160 mm	50 mm
80 m^2	250 mm	80 mm
100 m^2	330 mm	100 mm

Collecte et traitement des eaux pluviales

Par définition étanche, une toiture est à même de collecter des quantités d'eau très importantes, par l'intermédiaire de ses gouttières et de sa ou ses descentes. Que faire de toute cette eau ?

QUE DIT LA LOI ?

La législation est peu fournie concernant les eaux pluviales. Une jurisprudence indique que "les eaux pluviales sont les eaux de pluie, mais aussi les eaux provenant de la fonte des neiges, de la grêle ou de la glace tombant ou se formant naturellement sur une propriété, ainsi que les eaux d'infiltration".

Le Code civil indique une "servitude d'écoulement". En clair, vous devez accepter les eaux pluviales venant du terrain ou de la maison d'un voisin situé plus haut que les vôtres, à condition qu'il n'ait rien fait de particulier pour les diriger vers votre terrain. En effet, le Code civil (art. 681) stipule que "tout propriétaire doit établir des toits de manière que les eaux pluviales s'écoulent sur son terrain ou sur la voie publique ; il ne peut les faire verser sur le fonds (terrain) de son voisin". On le voit, les sources de conflits sont multiples...

Collecte des eaux pluviales

Alors que la collecte des eaux usées fait l'objet de dispositions légales et réglementaires précises et très contraignantes pour les propriétaires de terrains et d'immeubles, il n'existe rien de tel pour la collecte des eaux pluviales. En particulier, il n'y a pas d'obligation formelle de raccordement au réseau public de tout-à-l'égout. Néanmoins, compte tenu de l'art. 123-9 du Code de l'urbanisme, le PLU (Plan local d'urbanisme) peut contenir des dispositions qui précisent "les conditions de desserte des terrains par les réseaux publics d'eau, d'électricité et d'assainissement".
En clair, cela signifie que si votre commune possède un réseau spécifique de collecte des eaux pluviales, vous devez y raccorder vos gouttières et caniveaux.

Parties d'une gouttière

Les éléments d'une gouttière s'assemblent, soit par emboîtement d'une extrémité mâle dans une extrémité femelle, soit par l'intermédiaire d'un manchon de liaison entre deux éléments mâles.

CROCHETS

Les éléments d'une gouttière sont retenus par des crochets, eux-mêmes fixés, soit directement sur l'extrémité des chevrons ou sur le bandeau, soit par l'intermédiaire d'une hampe.

DESCENTE

Le tuyau de descente relie la naissance au receveur évacuant l'eau au niveau du sol. Cette descente comporte presque toujours un ou plusieurs coudes et des parties droites, assemblés par des manchons et fixés au mur au moyen de colliers.

COLLIERS

Les colliers qui maintiennent le tuyau de descente sont normalement du même matériau que celui-ci. Ils se fixent dans le mur au moyen de vis galvanisées insérées dans des chevilles adaptées à la nature de la maçonnerie.

ANGLES SORTANTS

Les pièces d'angle, à 90° ou 45°, réunissent les éléments de gouttière bordant les rives adjacentes de la toiture.

NAISSANCES

La liaison entre la gouttière et le tuyau de descente est assurée par une pièce dont la forme dépend de son emplacement, au milieu de la gouttière, ou à l'une de ses extrémités. Si des arbres à feuilles caduques se trouvent à proximité de la toiture, il est recommandé de placer une crapaudine sur l'orifice de descente pour retenir les feuilles mortes ou un protège-gouttière sur toute la longueur de celle-ci.

FOND DE GOUTTIÈRE

Cette pièce ferme l'extrémité de la gouttière.

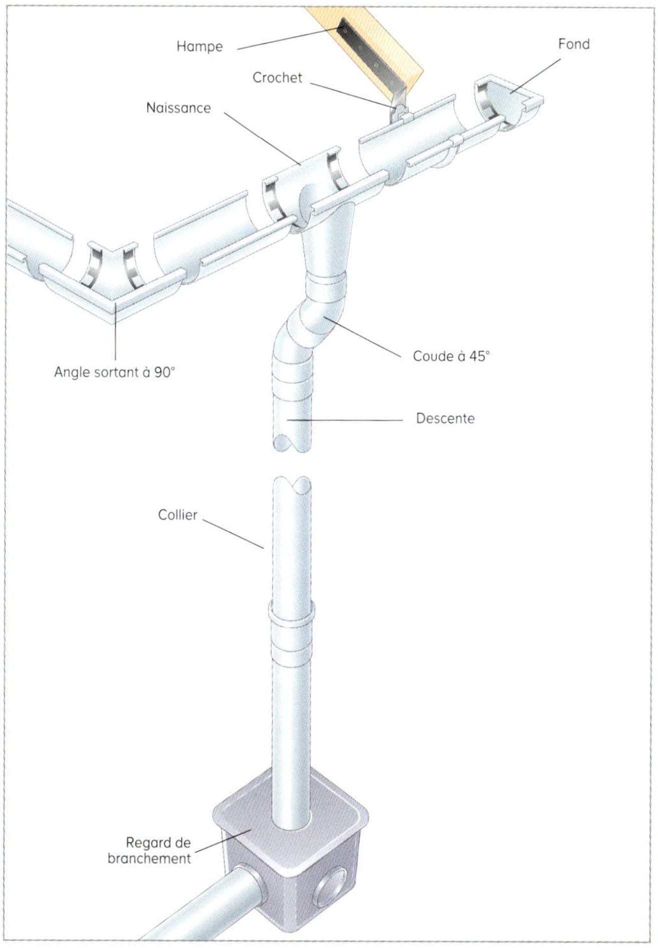

DIFFÉRENTES PARTIES D'UNE GOUTTIÈRE

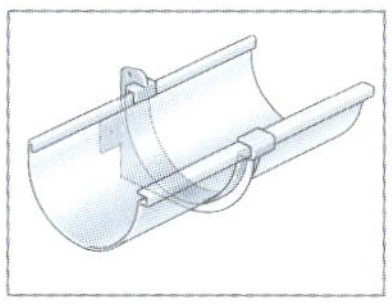

Crochet bandeau

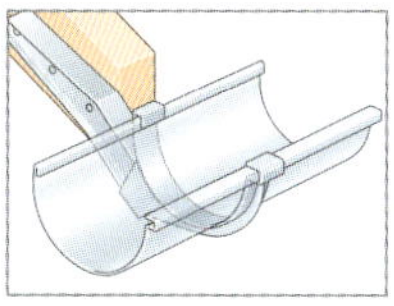

Crochet chevron

Hampe chantournée

Les gouttières sont indispensables et protègent les murs de votre maison contre l'humidité. Il en existe dans une multitude de matières, de couleurs et de formes. La traditionnelle gouttière en zinc n'est plus seule à équiper nos maisons.

LA BONNE **ASTUCE**

PROTÈGE-GOUTTIÈRE
Ce filet est facile à découper et peut s'ajuster à toutes les dimensions de gouttière demi-rondes en PVC, zinc, cuivre, etc. Il est fabriqué en polypropylène pour assurer une parfaite flexibilité. Les mailles empêchent les petits éléments de boucher les perforations et assurent le passage des eaux de ruissellement.

Types de gouttière

Le modèle en zinc a donné naissance au même type de produit, en PVC, qui a été ensuite décliné dans des formes et des coloris variés, bien plus faciles à obtenir qu'avec le métal et pouvant être plus facilement harmonisés à la construction. Le principal critère de choix d'une gouttière concerne sa "section", qui s'exprime en longueur de développement.

GOUTTIÈRE EN ZINC

La gouttière en zinc est proposée en éléments demi-ronds de 4 m de longueur et de 0,65 mm d'épaisseur, dans des développements de 16, 25 et 33 cm. Les descentes sont proposées en 80 ou 100 mm de diamètre en éléments de 2 m de long. Ces gouttières s'assemblent classiquement par soudage ou par emboîtement et joint. Résistante, elle peut durer jusqu'à 50 ans.

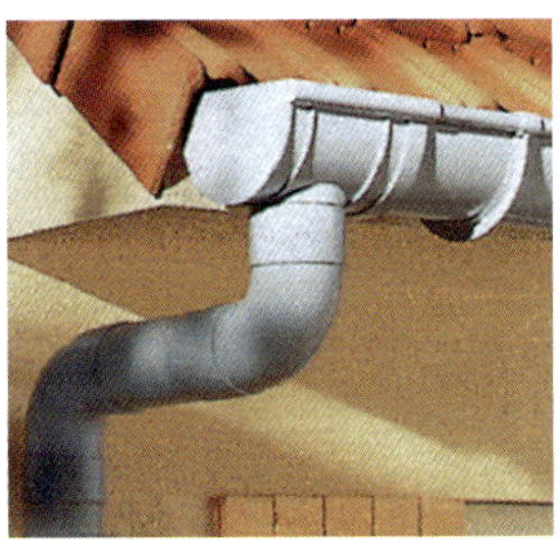

GOUTTIÈRE EN PVC GRIS

Les gouttières en PVC ont d'abord été grises, par analogie avec le zinc. Elles sont légères et faciles à poser. Elles ont pour la plupart la même forme demi-ronde et les mêmes cotes. Les accessoires sont directement copiés sur ceux servant à la pose des systèmes de gouttières en zinc. Il existe aujourd'hui des modèles de section carrée ou rectangulaire.

GOUTTIÈRE EN PVC DE COULEUR

La gouttière en PVC est proposée désormais dans une certaine diversité de couleurs : blanc, sable, marron, ce qui permet de répondre à l'originalité des projets architecturaux.

GOUTTIÈRE EN CUIVRE

Le cuivre garantit une résistance à la corrosion et à la déformation optimale. Il a une longévité de plusieurs siècles et une grande résistance aux climats rigoureux.

GOUTTIÈRE LAQUÉE

Certaines gouttières métalliques sont proposées laquées dans toutes les couleurs.

Problèmes de gouttières

Si la gouttière n'évacue pas complètement l'eau qu'elle collecte, une partie de celle-ci débordera et viendra dégrader le mur de façade. Ce genre de problème doit être traité sans délai.

FENTES, TROUS DANS LA GOUTTIÈRE EN ZINC

Deux types de dégradation se produisent sur ces gouttières : la fente quand la soudure entre deux éléments ne tient plus et les trous, du fait d'une corrosion résultant de la stagnation de l'eau et des feuilles dans la gouttière. Vous pouvez y remédier en colmatant la fuite avec de la bande d'étanchéité.

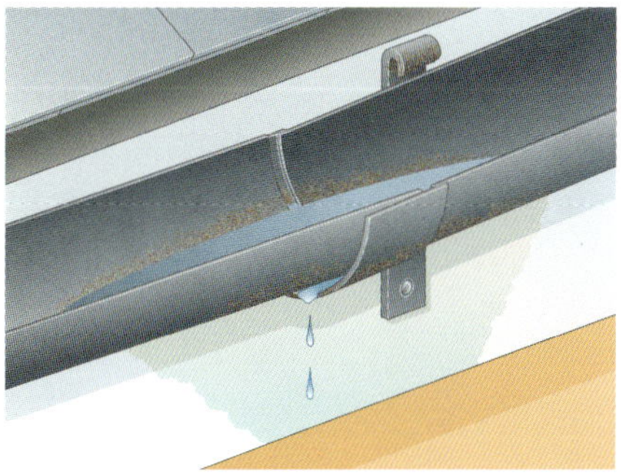

FUITES AUX JOINTS

Après avoir enlevé tous les débris et la boue dans la zone de joint, injectez dans celui-ci un mastic d'étanchéité pour toiture, au moyen d'un pistolet applicateur. Si la gouttière est en plastique, le manchon raccordant deux éléments peut être endommagé. Pincez les deux éléments près du manchon, pour libérer celui-ci, décollez le manchon et remplacez-le.

Un crochet de fixation mal fixé ou cassé peut provoquer un affaissement de la gouttière dans laquelle l'eau stagne. Si les vis du crochet ne tiennent plus, retirez-les, insérez de nouvelles chevilles et revissez-les. Si le crochet est mal posé, rebouchez les trous et refaites la fixation. Si la partie qui s'affaisse se situe entre deux crochets, rajoutez une fixation à ce niveau.

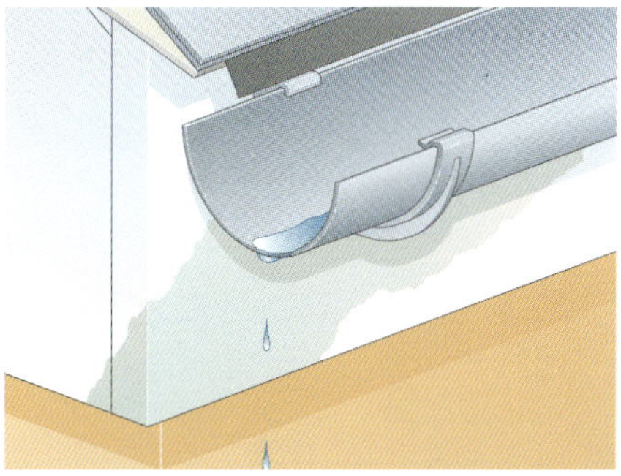

UN FOND ABSENT LAISSE L'EAU S'ÉCHAPPER

Si la gouttière n'a pas de fond (qu'il soit parti ou qu'il n'ait jamais été posé), relevez la dimension du profil de la gouttière, achetez un fond correspondant et posez-le.

GOUTTIÈRE EN MÉTAL OXYDÉ

Décapez les petites taches de corrosion en frottant avec un tampon à récurer, en veillant à ne pas appuyer trop fort pour ne pas percer le métal. Si la zone abîmée est importante, grattez-la avec une brosse métallique, à main ou rotative. Appliquez un apprêt, puis une peinture anticorrosion. Obturez les petits trous avec un mastic pour toiture, et posez une bande étanche adhésive pour des perforations importantes. Si elles le sont trop, remplacez complètement l'élément.

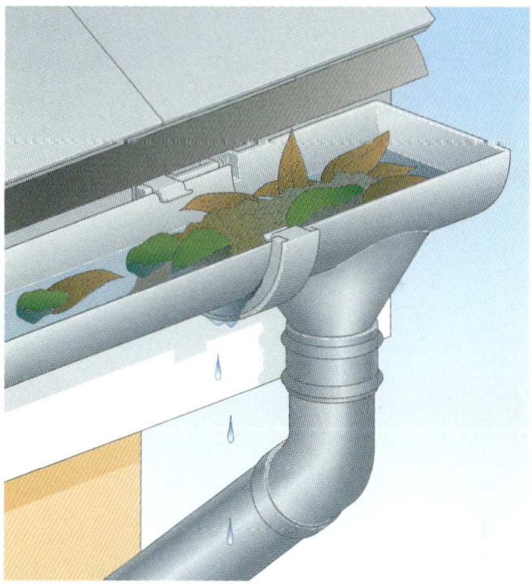

NAISSANCE BOUCHÉE

Bouchez la base de la descente avec un chiffon, de manière à empêcher les débris d'aller obturer la canalisation d'égout. Raclez les débris et la boue avec une truelle. Retirez le chiffon et rincez la descente à l'eau courante. Pour éviter la répétition du problème, posez une crapaudine (sorte de grille bombée) sur l'orifice de descente. Si un arbre à feuilles caduques surplombe la gouttière, recouvrez-la d'un grillage en plastique.

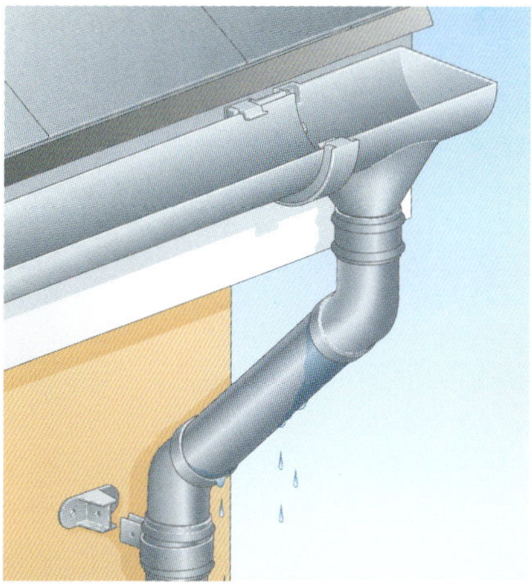

DESCENTE DÉBOÎTÉE

Si une descente se déboîte, vérifiez les fixations des colliers : une vis peut être partie, comme ici. Vérifiez d'abord la cause de cette absence, avant de replacer une vis en acier galvanisé ou en Inox. Si la cheville a aussi disparu ou est détériorée, insérez une cheville neuve de meilleure qualité.

LES BONS OUTILS

OUTILS
- Scie à métaux
- Marteau
- Tournevis
- Cordeau traceur
- Perceuse

MATÉRIEL
- Gouttière PVC avec ses accessoires.
- Colle PVC
- Chiffon
- Échelle
- Chevilles

Les gouttières en PVC sont légères et simples à mettre en place. Elles peuvent facilement remplacer les vieilles gouttières en zinc. Veillez à prendre des gouttières et des descentes de même capacité d'écoulement pour éviter toute surcharge et tout risque de débordement.

Monter une gouttière en PVC

Avant de passer aux opérations de préparation et de montage de la gouttière, réunissez les éléments et contrôlez leur compatibilité.

CONTRÔLER LES ÉLÉMENTS

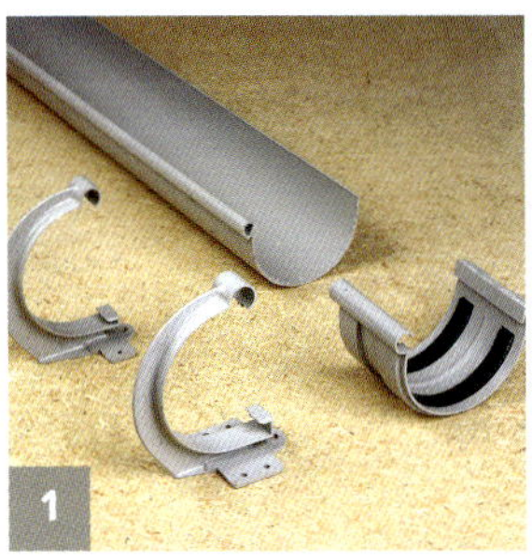
1

2
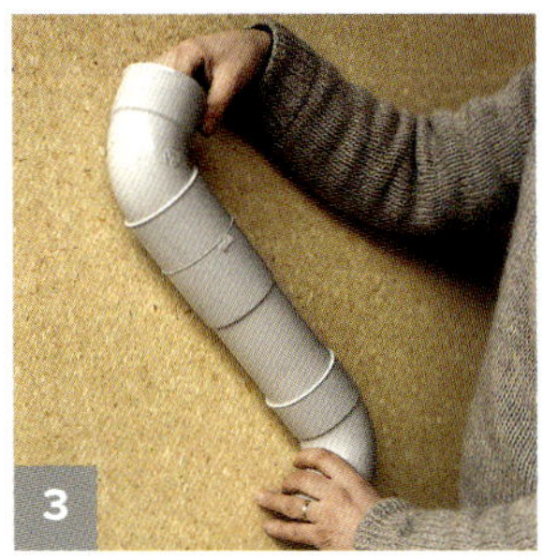
3

© CP

1. Un système de gouttière en PVC comprend des crochets, des éléments de collecte demi-cylindriques, dont l'assemblage se fait par collage ou avec des éléments à joint.

2. Assurez-vous que la gouttière se clipse bien dans les crochets. Répétez ce geste que vous aurez ensuite à exécuter en haut d'une échelle.

3. Assemblez à blanc les éléments de descente et les coudes de dévoiement. Vous aurez auparavant relevé les cotes sur site, avant la pose de la gouttière.

LA BONNE INFO

LE BON DIAMÈTRE
Le diamètre des descentes doit être en rapport avec la quantité d'eau à évacuer, laquelle dépend directement de la surface de la toiture. Pour ne pas risquer un débordement, par insuffisance de débit, adoptez les diamètres suivants :
-18 à 20 m²: Ø 50 mm
-40 m²: Ø 63 mm
-65 m²: Ø 80 mm
-100 m²: Ø 100 mm
-160 m²: Ø 125 mm

PRÉPARER LES ÉLÉMENTS

Vous gagnerez beaucoup de temps en préparant un certain nombre d'éléments en atelier.

1

2
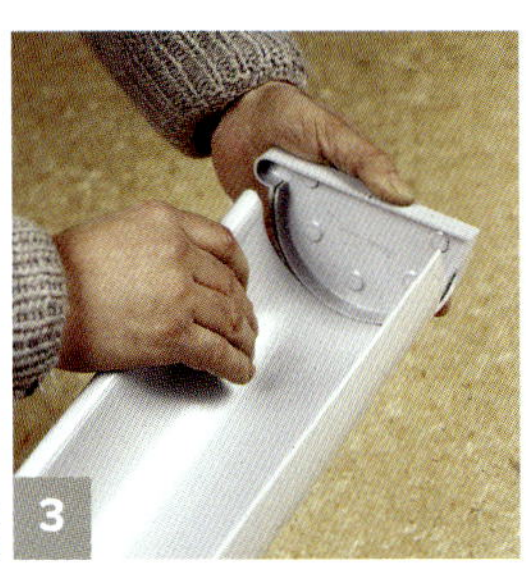
3
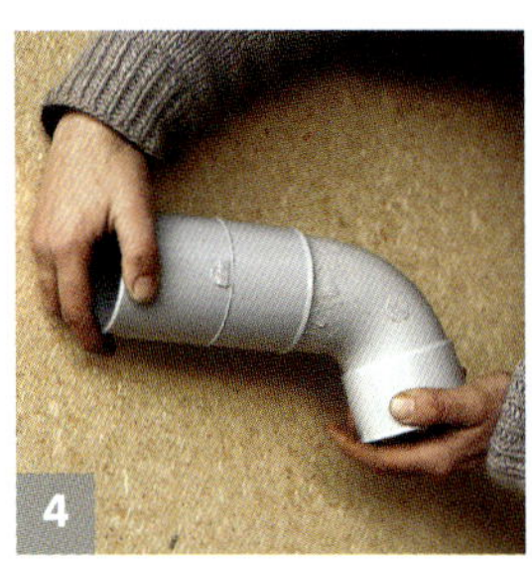
4

© CP

1. Débitez les longueurs de gouttière dont vous allez avoir besoin avec une scie à métaux. Si vous devez assembler deux éléments de gouttière, la liaison doit se trouver au moins à 5 cm des crochets.

2. Déposez un peu de colle PVC dans la rainure des fonds. Inutile d'en mettre beaucoup, mais il faut bien la répartir.

3. Engagez le fond pour qu'il s'emboîte complètement dans la gouttière. Essuyez immédiatement les éventuels débordements de colle.

4. Assemblez de la même façon les éléments de descente.

LA BONNE INFO

GOUTTIÈRES CARRÉES
Après avoir permis de réaliser des gouttières de couleur, le PVC a autorisé la fabrication de gouttières carrées. Elles sont aujourd'hui très appréciées des architectes.

© Nicoll

POSER LA GOUTTIÈRE

La gouttière repose sur des crochets adaptés à la nature de la couverture et du matériau de celle-ci. Les plus classiques sont des crochets constitués d'une hampe en acier galvanisé clouée sur les chevrons.

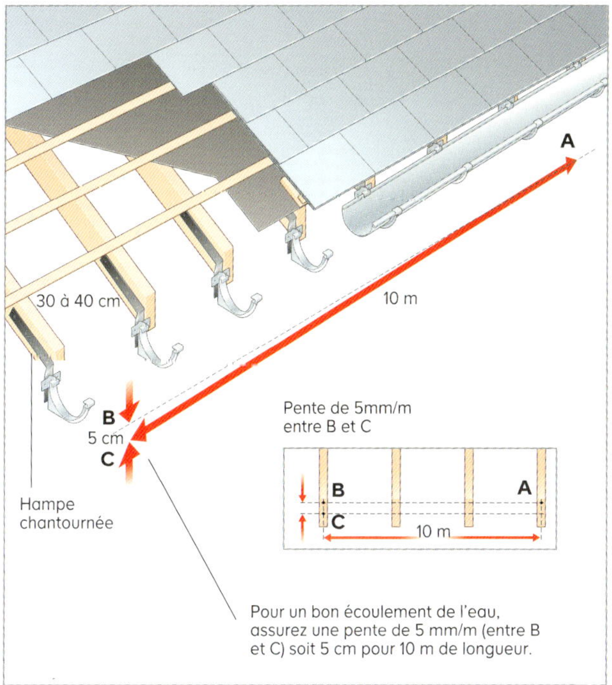

LA PENTE

- Clouez une pointe au point haut de la gouttière (A).
- Tracez de niveau le point B à l'autre extrémité.
- Calculez la pente à raison de 5 mm par mètre soit 5 cm pour une longueur de toit de 10 m (C).
- Plantez un clou au point C suivant le calcul de la pente (soit 5 cm en dessous de B).
- Tendez un cordeau entre A et C.
- Clouez d'abord les crochets en A et C en alignement avec le cordeau puis les crochets intermédiaires tous les 30 à 40 cm. Placez un crochet de chaque côté de la naissance.

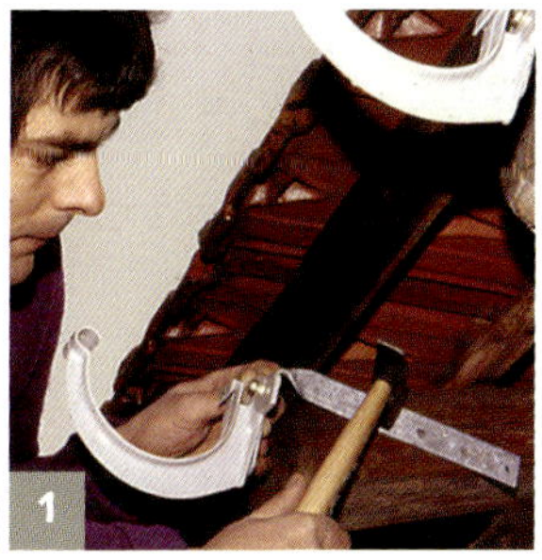

© CP

1. Clouez les crochets sur les chevrons en tendant un cordeau pour l'alignement.

2. Faites-vous aider pour monter la gouttière dans ses crochets.

POSER LA DESCENTE

Il est essentiel d'emboîter convenablement les éléments de descente, sinon les fuites d'eau abîmeront la maçonnerie de la façade.

© CP

1. Engagez le coude sous l'élément de naissance (extrémité). Mesurez la longueur de tuyau nécessaire pour aller jusqu'au mur puis montez un nouveau coude et assemblez l'ensemble. Cet élément peut être préparé en atelier. Le montage avec la gouttière doit se faire sans colle, par simple emboîtement.

2. Avec un cordeau traceur, déterminez sur le mur l'axe de la descente. Faites passer le cordeau dans le trou de la naissance et bloquez-le à sa base, puis pincez et lâchez le cordeau pour qu'il laisse une trace bien visible sur le mur, parfaitement verticale.

3. Percez, chevillez et disposez les colliers de fixation du tuyau de descente.

4. Placez le tuyau de descente et refermez le collier. Serrez à fond la vis de blocage.

LA BONNE ASTUCE

Le récupérateur d'eau

L'eau qui descend dans une gouttière est centrifugée le long des parois et récupérée par une écope. L'élément collecteur que vous placerez sur la descente va de ce fait pouvoir en récupérer la quasi-totalité même lors de faibles précipitations. Par pluies plus importantes, le débit est limité par la section du robinet et le surplus s'évacue au centre de l'écope.

Très classique, parfois imposée par le permis de construire par respect des sites, la gouttière en zinc se pose par emboîtement avec joint d'étanchéité, ou par soudure, technique plus professionnelle mais aussi plus délicate.

LES BONS OUTILS

Outils
- Scie à métaux
- Pinces
- Cisaille grignoteuse
- Marteau
- Tournevis
- Perceuse
- Jeu de clés plates
- Crayon gras
- Fer à souder de couvreur
- Petite brosse

Matériel
- Gouttière en zinc avec ses accessoires
- Chevilles
- Papier abrasif
- Flux décapant
- Bouteille de gaz
- Soudure à l'étain à 33 %
- Pierre ammoniacale
- Bourrelet en mousse

Monter une gouttière en zinc

COUPER LE ZINC

Dans une pose soudée, la précision de coupe des éléments revêt une importance primordiale.

© CP

1. Le traçage des lignes de coupe doit être exact. Pour une parfaite précision, utilisez une chute de gouttière comme gabarit pour tracer la ligne de coupe.

2. Réalisez la coupe avec une cisaille grignoteuse, outil qui préserve la netteté de la coupe et garantit une grande précision dans le travail.

3. Beaucoup plus épais, l'ourlet ne peut être coupé qu'à la scie à métaux. Guidez la lame avec l'ongle pour amorcer le trait de coupe. Poursuivez le sciage et inclinez la lame à la verticale pour achever la coupe. Attention ! car le métal coupé est extrêmement tranchant.

LA BONNE ASTUCE

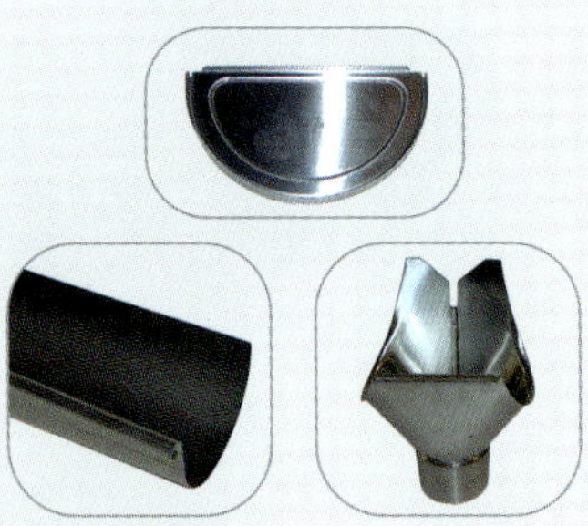

La facilité : gouttières à emboîtement
Si vous ne souhaitez pas faire de soudure de zinc, vous pouvez utiliser des gouttières qui se montent sans soudure par simple emboîtement. Évitez l'assemblage avec d'autres métaux, tels que l'aluminium, le plomb, l'acier galvanisé et l'acier inoxydable car une réaction de nature électrochimique peut se produire.

SOUDER LE ZINC

La soudure du zinc est la méthode la plus professionnelle pour le montage et l'assemblage des gouttières. Il est à noter que l'on ne peut souder que du zinc neuf ou du zinc décapé et mis totalement à nu. Si certaines gouttières peuvent être montées par simple emboîtement, ce n'est pas le cas pour les chéneaux en zinc qui sont toujours soudés.

© CP

1. Dégraissez le métal avec du succédané de trichloréthylène. Appliquez une mince couche de flux décapant avec une petite brosse.

2. Utilisez de préférence un fer spécial de couvreur-zingueur, branché sur une bouteille de gaz. Frottez-le avec un peu de soudure à l'étain sur une pierre amoniacale. Approchez la baguette de soudure du fer, et faites-la fondre en périphérie de la pièce.

3. Poursuivez l'opération de l'autre côté de la pièce constituant le fond de la gouttière. Le cordon de soudure doit être très régulier, car il assure aussi bien la solidité de la liaison mécanique que l'étanchéité de la gouttière.

POSER ET ASSEMBLER LA GOUTTIÈRE

La pose d'une gouttière en zinc se fait sur des crochets adaptés à la forme et à la nature du toit, en respectant une pente de 3 à 5 mm par mètre. La jonction des éléments est réalisée ici par soudure, mais il est possible de la faire par joints. La solidité et l'étanchéité des assemblages ne sont cependant pas aussi durables.

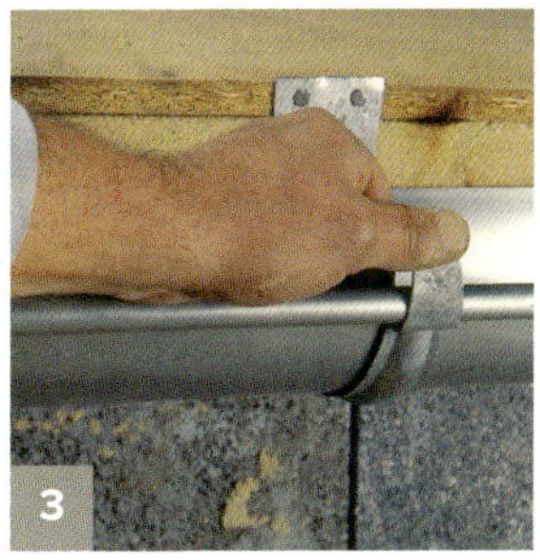

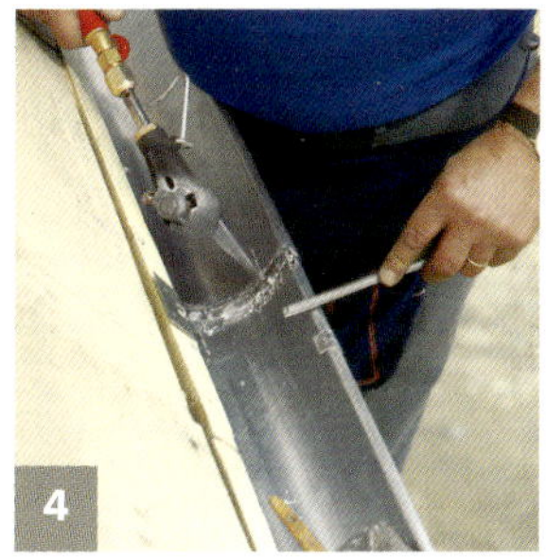

1. Clouez les crochets de soutien de la gouttière. Sur cette toiture en panneaux autoporteurs, ils sont fixés sur le chant de ces derniers.

2. Engagez la partie mâle de l'ourlet dans la partie femelle de l'élément précédent et rapprochez les morceaux de gouttière.

3. Refermez les crochets sur la gouttière, d'abord à la main, puis avec une paire de pinces. Faites de même du côté du toit.

4. Appliquez du flux décapant à la jonction, puis faites chauffer le fer à souder. Approchez la baguette de soudure à l'étain à 33 % et réalisez un cordon de soudure bien régulier.

POSER LA DESCENTE

Les descentes en zinc sont rigides et se montent facilement par simple emboîtement. Les éléments peuvent être solidarisés par quelques points de soudure, empêchant tout déboîtement de l'ensemble par grand vent.

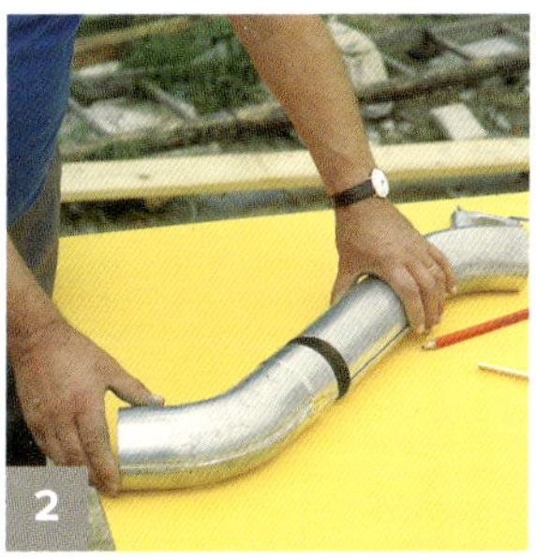

1. Tracez les lignes de coupe et réalisez celles-ci avec une scie à métaux.

2. Le S de liaison entre la gouttière et la descente est constitué de deux coudes et d'un élément droit. Préparez-les en atelier.

3. Tracez la verticale de la descente et déterminez l'emplacement des colliers de tenue. Percez, chevillez et vissez la tige d'embase de ces derniers.

4. Vissez la première partie des colliers. Positionnez-les correctement pour recevoir la descente.

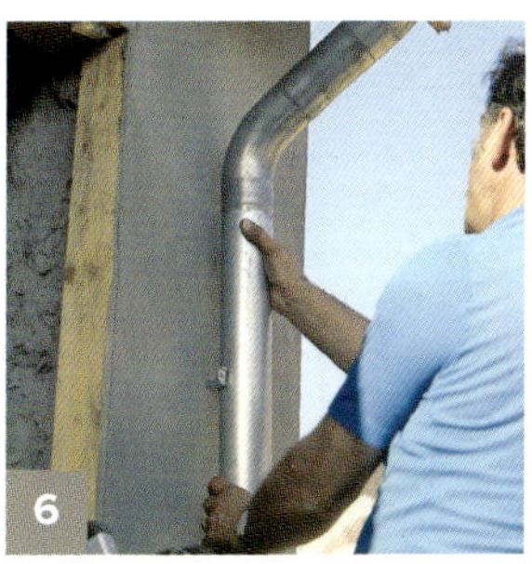

5. Emboîtez le S de liaison entre la gouttière et la descente. Attention : dans les emboîtements, la partie mâle doit toujours être au-dessus de la partie femelle !

6. Emboîtez la descente dans le S en faisant tourner la descente et positionnez celle-ci dans les demi-colliers déjà posés.

7. Refermez les colliers, maintenus ici par des boulons à écrous avec une clé plate. Un bourrelet en mousse dans le collier empêche le tuyau de descendre.

LA BONNE INFO

Fer à souder de couvreur
Le fer à souder de couvreur possède une panne massive et de grandes dimensions. Il faut le manier avec précaution. Étamez la panne sur une pierre ammoniacale avant utilisation.

MURS ET FAÇADES Bases

Les murs extérieurs d'une maison constituent son enveloppe protectrice. Il est donc important qu'ils restent en bon état. Leur traitement extérieur peut varier suivant la nature de la maçonnerie, mais on laisse rarement celle-ci exposée directement aux intempéries. Peinture, revêtement épais, voire enduit et crépi la protègent contre l'humidité, l'eau et le vent.

LA BONNE **INFO**

CALCULER LA QUANTITÉ DE PEINTURE

Le pouvoir couvrant indiqué par le fabricant (de 6 à 10 m²/l selon les produits) correspond à une surface peu poreuse. En général, un enduit neuf absorbe plus de produit qu'un revêtement déjà peint. Pour relever la hauteur du mur, utilisez un mètre, ou une ficelle (au-delà de 5 m), et montez sur une échelle en respectant les règles de sécurité. Vous pouvez aussi utiliser un télémètre laser. Prenez connaissance du mode d'emploi du produit, notamment du taux de dilution.

1. Quelle est la nature du mur ?

La nature de la maçonnerie peut déterminer le type de protection de la façade. Mises à part la brique pleine et la pierre de taille, tous les matériaux de maçonnerie doivent être recouverts, pour des raisons esthétiques souvent mais surtout pour assurer l'étanchéité de la façade. C'est le cas du parpaing (Bloc béton), de la brique creuse ou Monomur, du béton cellulaire et bien sûr de la façade bois. La peinture n'est jamais appliquée directement sur la maçonnerie, mais plutôt sur le revêtement ou sur l'enduit qui la protège.

2. Repeindre la façade

La peinture d'une façade vise avant tout à la rafraîchir et à améliorer son esthétique. Avec le temps, l'enduit de façade ou le crépi se salissent sous l'effet de la pollution, des mousses et des lichens. Il ne suffit pas de les nettoyer pour restituer la couleur uniforme de la façade. Il faut alors la repeindre, sans que cela dispense du nettoyage. Bien qu'il soit possible de travailler avec un manche télescopique, il faudra souvent recourir à l'échelle ou à l'échafaudage, avec toutes les contraintes de sécurité que cela implique.

3. Faire un enduit de mortier

La technique classique de réalisation d'un enduit s'effectue en trois couches : couche d'accrochage (gobetis), corps d'enduit et couche de finition. Vous pouvez, éventuellement, appliquer un crépi ou une peinture. Il faut bien doser le mortier et le poser en respectant les temps de séchage. Il est possible de substituer de la chaux au ciment et d'y incorporer des matériaux isolants, mais la règle de travail reste la même.

LA BONNE **ASTUCE**

LE TÉLÉMÈTRE LASER

Cet appareil permet non seulement de prendre les cotes seules, y compris sur de grandes distances (par exemple du sol au sommet du pignon), mais il calcule instantanément les surfaces en fonction des données qu'il a enregistrées.

ÉTANCHÉITÉ DES JOINTS

Une façade en briques n'est généralement ni peinte ni enduite. On veillera néanmoins à en contrôler, et si besoin, à en refaire les joints.

Murs extérieurs

Les murs périphériques sont généralement massifs. Dans les constructions antérieures aux années 1920, les murs massifs sont en pierres naturelles, en granit ou en briques pleines. Leur épaisseur dépend de l'époque de la construction et de la taille de la maison. Les maisons individuelles actuelles sont en majorité en parpaings de béton. Certaines sont en plaques de béton sur ossature métallique. Le béton cellulaire et la brique multi-alvéolaire tendent à se développer. On note aussi une percée des maisons à ossature bois.

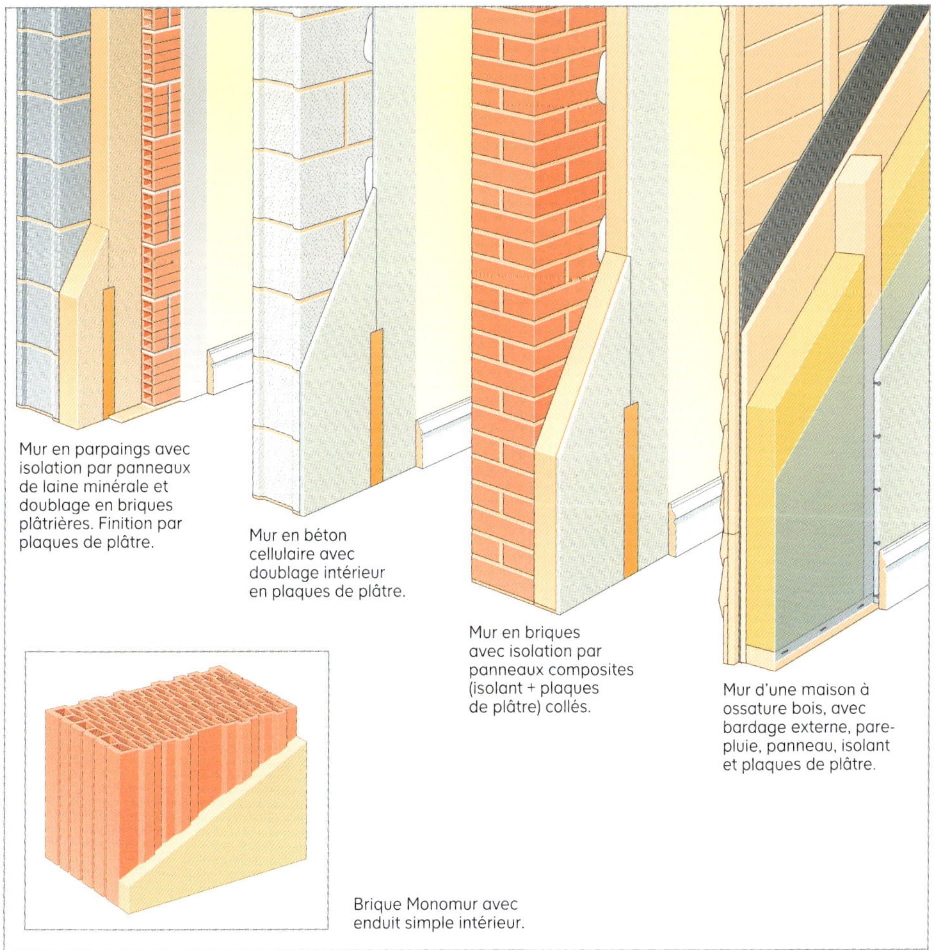

Mur en parpaings avec isolation par panneaux de laine minérale et doublage en briques plâtrières. Finition par plaques de plâtre.

Mur en béton cellulaire avec doublage intérieur en plaques de plâtre.

Mur en briques avec isolation par panneaux composites (isolant + plaques de plâtre) collés.

Mur d'une maison à ossature bois, avec bardage externe, pare-pluie, panneau, isolant et plaques de plâtre.

Brique Monomur avec enduit simple intérieur.

PARPAINGS

Les murs en parpaings, ou Bloc béton, sont revêtus d'un enduit ou d'un crépi extérieur qui peut être peint. Leur face interne est plâtrée ou doublée de plaques de plâtre avec interposition d'une couche d'isolant, la résistance thermique des parpaings étant faible.

BÉTON CELLULAIRE

Le béton cellulaire est constitué de ciment, de sable, de poudre d'aluminium, d'eau et d'air, sa technique de fabrication aboutissant à des blocs très légers. Il permet la réalisation de murs porteurs tout en assurant l'isolation thermique et phonique. Un isolant supplémentaire n'est donc plus nécessaire. La face interne est plâtrée ou revêtue d'une plaque de plâtre. Un enduit spécifique est à appliquer à l'extérieur.

BRIQUES PLEINES OU CREUSES ET MONOMUR

Les briques peuvent être pleines, creuses ou multi-alvéolaires (brique Monomur). La brique pleine est laissée sans enduit extérieur, mais doit être doublée intérieurement d'un isolant. La brique creuse doit être enduite à l'extérieur et isolée à l'intérieur. La brique Monomur, assure une excellente isolation thermique. Elle doit être revêtue d'un enduit ou d'un crépi à l'extérieur. Elle est dispensée d'une isolation rapportée à partir d'une épaisseur de 37,5 cm.

OSSATURE BOIS

Les murs des maisons à ossature bois sont constitués de chevrons entre lesquels est placé un isolant fibreux (laine minérale ou végétale). Le parement extérieur est composé de lambris ou de panneaux pouvant être enduits ou crépis. Le parement intérieur est généralement constitué par des plaques de plâtre.

LA BONNE **INFO**

Créer une fenêtre

Le dormant d'une huisserie dans un mur porteur est insuffisant pour supporter le poids de la maçonnerie qui le surplombe. On le coiffe donc d'un élément structurel appelé "linteau". Il supporte la charge du mur situé au-dessus et la reporte de chaque côté de l'ouverture. Les linteaux sont en bois, en pierres, en briques, en béton ou en acier, et leur dimension dépend de la largeur de l'ouverture qu'ils coiffent et de la masse à supporter. Le calcul de ces éléments de structure est du ressort d'un architecte ou d'un bureau spécialisé.

LA BONNE **INFO**

Isolation par l'extérieur

Si l'isolation des murs de la maison par l'intérieur est de loin la plus facile et la moins onéreuse, leur isolation par l'extérieur, certes un peu plus compliquée, donne de meilleurs résultats. Il est en effet toujours préférable d'empêcher les murs de se refroidir plutôt que d'isoler des murs déjà froids. Plusieurs solutions sont possibles. L'isolation thermique par l'extérieur (ITE) passe le plus souvent par la pose d'un isolant en façade sur ossature, recouvert ensuite d'un enduit décoratif. Il existe aussi des bardages isolants.

En maintenant l'extérieur d'une maison en bon état, vous préserverez son étanchéité et son esthétique. Il est important de repeindre périodiquement les enduits et crépis avec une peinture façade microporeuse. Elle présente l'avantage de protéger la façade en empêchant l'eau et l'humidité de pénétrer, tout en laissant la maçonnerie respirer. Dans certains cas, il est préférable de refaire complètement l'enduit.

Préparer une façade

Avant de passer aux opérations de préparation et de montage de la gouttière, réunissez les éléments et contrôlez leur compatibilité. Une préparation soignée de la surface garantit l'obtention d'une finition meilleure et plus durable.

• Décrochez les éventuelles plantes grimpantes et couvrez les plantations voisines du mur avec des feuilles plastiques.

• Décapez les saletés et les moisissures avec un nettoyeur à haute pression. Faites d'abord un essai sur un emplacement peu en vue. Attention de ne pas décaper un revêtement plastique épais ou un crépi tyrolien.

• Grattez les plus grosses plaques de moisissure avec une spatule, puis traitez la maçonnerie avec un produit fongicide ; attendez ensuite 24 h avant de rincer généreusement à l'eau claire.

• Comblez les fissures et les trous du crépi avec un enduit ou avec un mastic de rebouchage en cartouche. Lissez au couteau de peintre.

• Traitez les surfaces poudreuses avec un fixateur opacifiant qui agglomérera le matériau poudreux sur la maçonnerie.

• Recouvrez les avancées, les toitures et les marquises avec des feuilles de plastique et enroulez des vieux journaux autour des descentes de gouttière pour les protéger des projections.

Repeindre une façade

L'application d'une peinture façade doit se faire sur un support sain et propre. Commencez par les angles de murs ou ceux avec les descentes d'eau. Peignez à la brosse les tours de fenêtre et de porte. Travaillez du haut de la façade vers le bas, en commençant par le pignon.

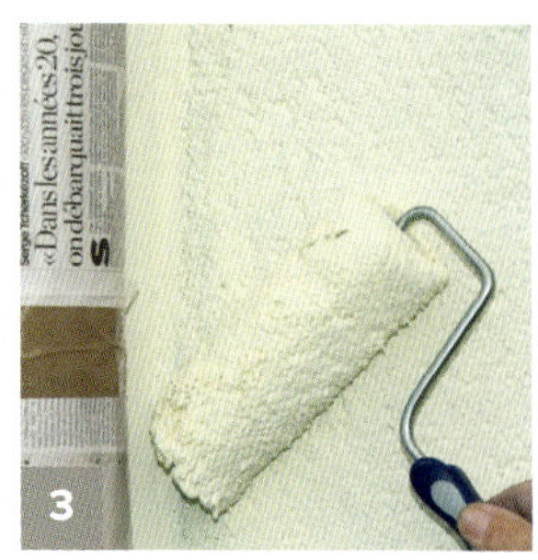

1. Enroulez du papier journal autour des descentes pluviales et maintenez-le par de l'adhésif. Peignez du haut vers le bas et insérez la brosse avec précaution derrière le tuyau.

2. Appliquez le rouleau de peinture sur une zone non peinte et progressez vers la surface peinte la plus proche, par petits mouvements réguliers.

3. Repassez avec le rouleau perpendiculairement aux premières passes. Variez l'angle des passes. Réalisez les raccords avec la brosse. Travaillez par zone de 60 cm de large et de 1 m de haut.

LES BONS OUTILS

Outils
- Nettoyeur haute pression
- Couteau de peintre
- Brosse
- Rouleaux
- Perceuse

Matériel
- Produit fongicide
- Feuille plastique
- Mastic de rebouchage en cartouche
- Fixateur opacifiant
- Vieux journaux
- Peinture façade

LA SECURITE

Échelles et échafaudages

La rénovation d'une façade passe presque toujours par l'utilisation d'échelles et d'échafaudages. Prenez toutes les précautions qui s'imposent pour mener le chantier en toute sécurité et ne travaillez jamais seul.

LA BONNE INFO

Choisir la peinture façade

Vous avez le choix entre deux types de peinture.
La peinture à la Pliolite®, microporeuse (elle laisse le support respirer), qui ne s'effrite et ne se craquelle pas, mais dégageant une forte odeur. Elle est assez difficile à appliquer et jaunit avec le temps.
La peinture acrylique, très couvrante, sans odeur, est plus facile à appliquer et ne jaunit pas avec le temps.

Faire un enduit de façade en mortier

GOBETIS ET CORPS D'ENDUIT

Le gobetis et le corps d'enduit sont les deux premières couches de mortier constituant un enduit traditionnel. Ils assurent une bonne protection de la façade.

© CP

1. Après avoir débarrassé de traces d'enduit ancien et dépoussiéré le mur, préparez un mortier assez liquide. Projetez-le sur le mur préalablement humidifié du revers de la truelle.

2. Placez face à face des planches au chant raboté sur le côté des ouvertures.

3. Après séchage de la sous-couche appelée "gobetis" (48 h), jetez à la truelle une forte épaisseur de mortier pour constituer le corps d'enduit.

4. Avec une grande règle, égalisez le corps d'enduit en prenant appui sur les planches fixées au niveau des ouvertures.

LES BONS OUTILS

OUTILS
- Truelle
- Marteau
- Taloche
- Éponge
- Tyrolienne (à louer)

MATÉRIEL
- Planches
- Règle en bois
- Ciment 32,5 N
- Sable

COUCHE DE FINITION

La couche de finition offre une surface régulière, qui peut être peinte ou recouverte d'un revêtement plastique épais. Elle doit être convenablement lissée et parfois structurée.

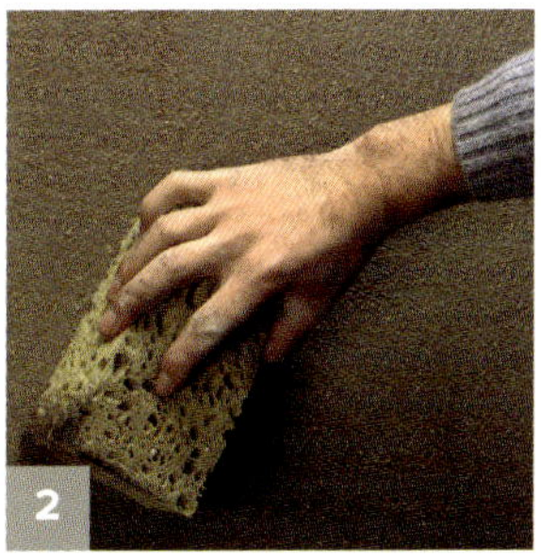

© CP

1. Rebouchez les manques de mortier qui pourrait apparaître après avoir "tiré" le corps d'enduit avec la règle. Appliquez la couche de finition (5 mm minimum) 15 jours après le corps d'enduit. Passez la taloche sur toute la surface enduite, le plus tôt possible. Ce coup de taloche corrige les dernières différences de niveau, donnant une surface finale parfaitement plane et régulière

2. Mouillez une éponge et passez-la sur l'enduit taloché par un mouvement tournant. Cette finition lisse l'enduit et le prépare à recevoir une éventuelle couche de peinture façade ou encore un revêtement plastique épais.

LA BONNE INFO

LE BON DOSAGE

Les différentes couches d'un enduit de mortier traditionnel font l'objet d'un dosage précis. Pour 10 m² d'enduit comptez :

1re couche - Gobetis
- 15 kg de ciment
- 40 l de sable

2e couche - Corps d'enduit
- 50 kg de ciment
- 125 l de sable

3e couche - Finition
- 45 kg de ciment
- 150 l de sable

CRÉPI TYROLIEN

L'enduit projeté n'étant pas à la portée du bricoleur sauf à louer un matériel important, il est plus simple de réaliser un crépi à la tyrolienne.

© CP

La tyrolienne comprend un carter métallique à ouverture frontale où l'on verse le mortier. Des peignes métalliques tournent à l'intérieur de ce carter par l'intermédiaire d'une manivelle, ce qui permet de projeter régulièrement des particules d'enduits qui forment autant de reliefs.

Le volet roulant avec coffre extérieur est une solution idéale en rénovation.

Les portes et fenêtres donnent du caractère à votre maison ou appartement, mais vous garantissent surtout confort et protection. Il existe un large choix permettant de tenir compte des impératifs liés à la construction et à son environnement.

1. Choisir

Le choix des fenêtres et des portes d'une maison doit se faire en cohérence. La porte d'entrée est regardée comme annonçant le style de l'intérieur dont elle donne comme un avant-goût. On trouve un vaste choix de design, de matériaux et de finitions de surface, voire de coloris. Il en est de même des volets avec le choix entre volets traditionnels à battants en bois, en aluminium ou encore en résine, et le volet roulant, moderne et sobre, mais aussi d'une grande efficacité.

2. Entretenir et réparer

Le matériau des fenêtres, des portes et des volets détermine leur entretien et leurs réparations. Bois et acier doivent être régulièrement décapés et repeints ou revernis, alors que l'aluminium, le PVC et la résine sont résolument sans autre entretien qu'un dépoussiérage ou un nettoyage occasionnels. De même, bois et acier sont soumis aux agressions des intempéries et feront l'objet d'opérations d'entretien et de réparation liées à l'attaque du bois ou à la corrosion du métal. Mais quel que soit le matériau, il restera toujours à surveiller et à entretenir les ferrures telles que crémones ou mêmes articulations. Quant au volet roulant, les aléas peuvent provenir de dysfonctionnements mécaniques souvent du ressort du professionnel.

LA BONNE **INFO**

RÉGLEMENTATION

Quand la maison se trouve dans une résidence, la forme et la couleur des portes et des fenêtres peut être soumise au règlement intérieur de celle-ci, mais il en est de même au regard des prescriptions locales d'urbanisme. En cas de changement radical, cette contrainte peut aller jusqu'à l'exigence d'un permis de construire.

3. Équiper

Les fenêtres doivent être équipées de volets, pour une bonne occultation nocturne ou pour un ombrage et, bien sûr, pour sécuriser la maison la nuit ou en période d'absence. Le store extérieur, lui, s'impose pour les baies vitrées orientées au sud et pas seulement en régions méditerranéennes. Ces équipements font appel à certains travaux, notamment de maçonnerie, assurant la solidité de leur fixation. C'est vrai notamment pour les stores bannes, dont la solidité de fixation doit être en rapport avec le poids de l'équipement et avec les risques liés à la puissance du vent dans certaines régions.

Portes, fenêtres et volets

Outre la porte d'entrée principale, une maison peut avoir bien d'autres communications avec l'extérieur, telles que portes-fenêtres, portes coulissantes de terrasse et portes de garage.

LA BONNE **INFO**

SERRURES MULTPIONTS
La sécurité d'une porte d'entrée doit être garantie. Prenez une porte dont la serrure offrira 3 à 5 points de fermeture. Sachez qu'il suffit qu'une porte résiste quelques minutes pour qu'elle dissuade 90 % des cambrioleurs.

FENÊTRES À VOLET ROULANT INTÉGRÉ

Les fenêtres simples, à deux battants ou encore les portes-fenêtres peuvent être associées à des volets roulants extérieurs, directement intégrés à l'huisserie, avec coffre invisible en façade et en léger débordement à l'intérieur de la pièce. Cette configuration garantit un confort thermique et phonique optimal.

VOLETS BATTANTS

Malgré le développement des modèles roulants, les volets battants restent un moyen sûr et efficace de garantir la sécurité de la maison. Ils assurent une bonne occultation des ouvertures et surtout ils participent à l'esthétique de la maison. Traditionnellement en bois, ils existent en PVC, en aluminium et en résine.

PORTES DE GARAGE

Il existe divers types de portes de garage. Aux portes pliantes et battantes, on préfère aujourd'hui les portes coulissantes, et encore plus les portes basculantes ou sectionnelles, qui dégagent toute la largeur de l'ouverture. Les basculantes coulissent sur des rails verticaux placés de chaque côté de l'ouverture et les sectionnelles sur des rails horizontaux fixés au plafond du garage.
Ces portes sont de plus en plus souvent actionnées par une motorisation électrique, mise en œuvre par une télécommande.

Portes extérieures

La porte d'entrée doit être en harmonie avec l'architecture et le style de votre maison et en même temps bien la protéger.

PORTES PLEINES

Les portes d'entrée peuvent être en bois massif, avec face extérieure lisse ou moulurée, en panneaux sandwichs postformés, en PVC, en acier ou encore en fibre de verre.

Certaines portes comportent un vitrage à petits bois ou à vitraux teintés, fixe ou ouvrant, en verre épais ou protégé par une grille.

Le vantail des portes donnant sur l'extérieur comporte en général une grosse moulure à la base de la face extérieure, appelée "jet d'eau", pour rejeter l'eau ruisselante hors du seuil de porte. Certains dormants sont dotés d'une barre d'étanchéité, métallique ou en plastique, qui empêche l'infiltration d'eau sous le vantail, où cette barre vient se loger dans une feuillure.

PORTES VITRÉES

Ces portes sont dotées d'un double vitrage à haute résistance, souvent de type cathédrale ou dépoli, parfois coloré, fixé dans un cadre en profilés, occupant une partie plus ou moins importante de la porte.

Elles peuvent être en bois, en panneaux sandwichs sur ossature métallique, en acier ou, désormais, en fibre de verre.

LES BONS OUTILS

OUTILS
- Marteau de vitrier
- Marteau
- Tenaille
- Grattoir
- Mètre
- Couteau feuille de laurier
- Chasse-clou

MATÉRIEL
- Pointe de vitrier
- Mastic à l'huile de lin ou parclose
- Joint de parclose
- Succédané de trichloréthylène
- Chiffon

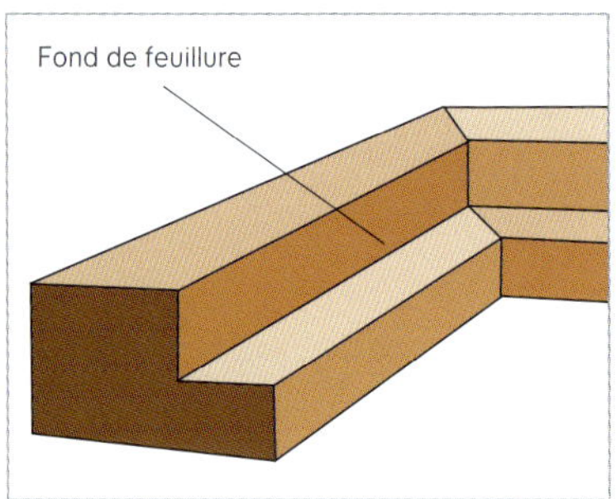

FEUILLURE

Remplacer une vitre au mastic

Le remplacement d'une vitre n'est pas une opération difficile. Elle demande cependant beaucoup de soin et de précision. Utilisez un couteau feuille de laurier pour lisser le mastic.

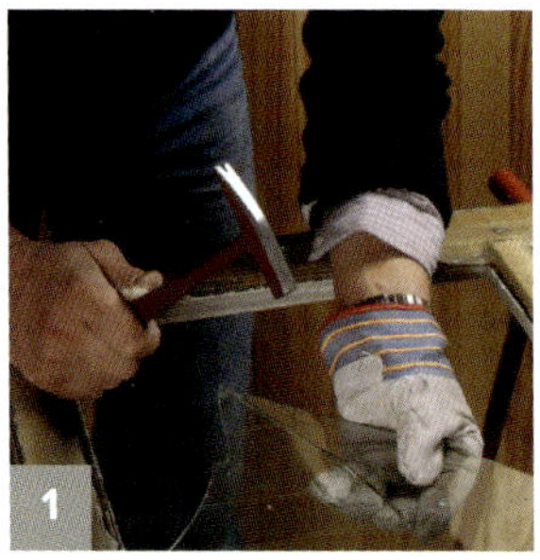

1. Déposez la fenêtre, posez-la sur des tréteaux pour travailler à l'horizontale. Cassez les débris de verre avec un marteau de vitrier, en portant des gants de bricolage. Arrachez les pointes à la tenaille.

2. Nettoyez le fond de la feuillure avec un solide grattoir. Arrachez les pointes éventuelles. Dépoussiérez.

3. Faites couper une vitre dont les cotes feront 4 mm de moins que celle relevées de fond de feuillure à fond de feuillure pour la dilatation du verre. Posez la vitre dans les feuillures.

4. La vitre étant posée dans la feuillure, dégraissez-la soigneusement avec du succédané de trichloréthylène pour garantir ensuite l'adhérence du mastic sur le verre.

© CP

5. Bloquez la vitre dans la feuillure avec des pointes et un petit marteau de vitrier. Le marteau doit être pratiquement parallèle à la vitre. Les coups doivent être très mesurés et précis pour ne pas briser la vitre.

6. Formez un boudin de mastic à l'huile de lin. Malaxez-le dans le creux de la main, puis formez un cordon en le roulant entre les paumes. Déposez-le entre la vitre et le bord vertical de la feuillure. Appuyez-le fortement avec les pouces.

7. Lissez le mastic avec un couteau feuille de laurier. Donnez-lui une pente de 45°. Laissez sécher le mastic pendant 2 mois avant de le peindre.

LA BONNE INFO

MASTIC SYNTHÉTIQUE

On trouve aujourd'hui dans le commerce des mastics synthétiques dont la conservation est plus longue que celle du traditionnel mastic à l'huile de lin. Le mastic synthétique a l'avantage d'exister en différentes couleurs, notamment blanc et brun qui dispense de le peindre.

Remplacer une vitre sur parcloses

La vitre de certaines fenêtres est fixée non pas avec du mastic mais avec des parcloses, c'est-à-dire avec de minces baguettes quart-de-rond clouées sur le pan vertical de la feuillure. Cette méthode est généralisée pour la pose des doubles vitrages sur fenêtres bois.

1. Enlevez le premier papier de protection du joint de parclose auto-adhésif et collez-le en fond de feuillure. Appuyez fortement, puis enlevez le deuxième papier de protection du joint.

2. Relevez les cotes de fond de feuillure à fond de feuillure et faites couper une vitre de 4 mm plus courte en largeur et en hauteur pour permettre la dilatation du verre. Posez la vitre sur le joint de parclose auto-adhésif. Pressez bien en périphérie de la vitre. Mettez la parclose en place.

3. Les quatre parcloses étant mises en place, fixez-les avec des pointes de vitrier en veillant à les planter suffisamment haut dans la feuillure pour ne pas risquer de briser la vitre.

4. Les vitres étant solidement maintenues, chassez la tête des pointes de vitrier sous la surface du bois avec un chasse-clou.

Rénover une crémone

Du fait de travaux de peinture successifs, la crémone des fenêtres à battants finit par être totalement colmatée par la peinture et remplit de plus en plus difficilement son office. La seule solution est sa dépose, son décapage et sa lubrification.

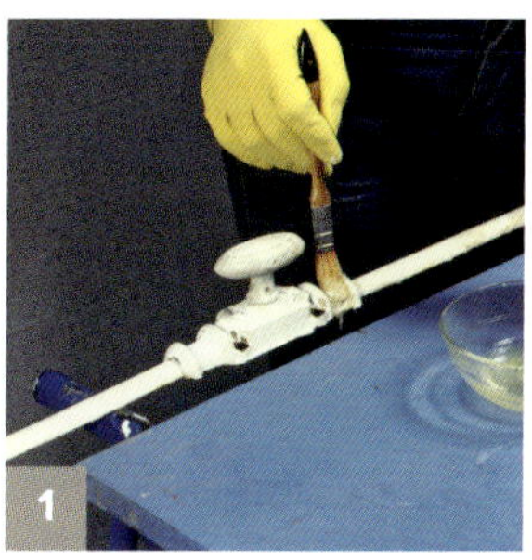

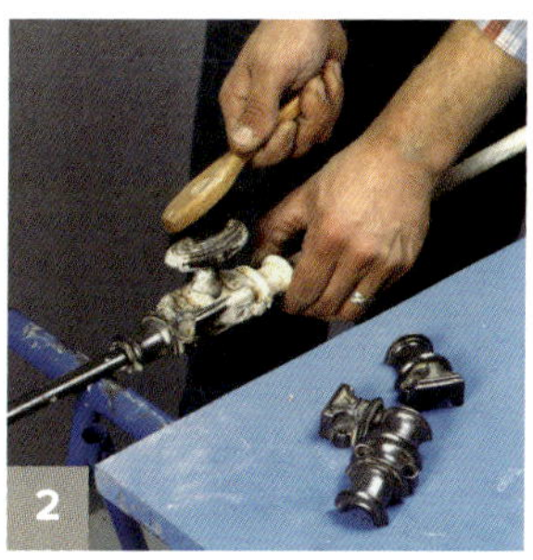

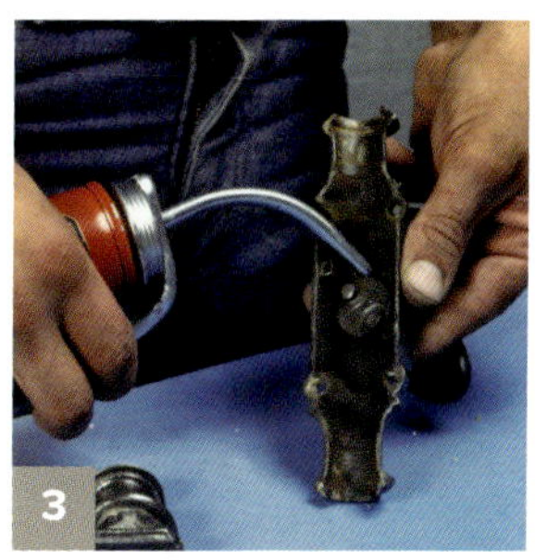

1. Manœuvrez la crémone comme si vous vouliez ouvrir la fenêtre et enlevez les 4 vis qui la maintiennent au centre de la fenêtre. Posez-la entre deux tréteaux et badigeonnez-la de décapant. Vous pouvez aussi la décaper à la flamme d'une lampe à souder.

2. Après avoir laissé agir le décapant, brossez la peinture écaillée avec une brosse métallique. Portez des lunettes. Rincez la crémone à l'eau claire.

3. Profitez-en pour ouvrir le mécanisme pour le lubrifier avec de l'huile dégrippante s'il fonctionne mal ou simplement avec de l'huile de vaseline.

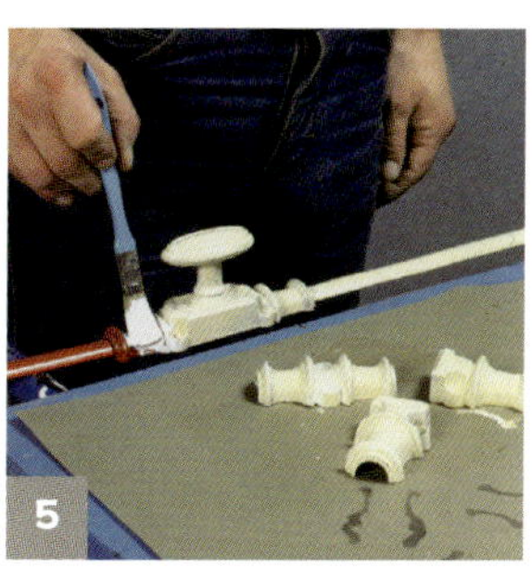

4. Manœuvrez la crémone comme si vous vouliez fermer la fenêtre et peignez-la avec une sous-couche antirouille. Laissez sécher.

5. Appliquez deux couches fines de peinture pour métal. Manœuvrez la crémone avant le séchage complet de la peinture. Celle-ci ne doit pas gêner son bon fonctionnement.

LES BONS OUTILS

OUTILS

- Pinceau ou lampe à souder
- Brosse métallique
- Tournevis
- Burette

MATÉRIEL

- Tréteaux
- Décapant chimique
- Huile dégrippante et/ou de vaseline
- Sous-couche antirouille
- Peinture métal
- Gants
- Lunettes de protection

LES BONS OUTILS

Outils
- Brosse
- Pinceau plat (brosse)

Matériel
- Papier abrasif
- Ruban de masquage
- Peinture de sous-couche
- Peinture

Repeindre une fenêtre en bois

Vous pouvez rajeunir une vieille fenêtre, simplement avec une nouvelle couche de peinture et une quincaillerie lubrifiée et repeinte. Préparez d'abord l'encadrement, en décapant l'ancienne peinture si elle est écaillée et en rebouchant les éventuels trous et fissures du bois.

1

2

3

4

1. Préparez la surface à peindre en ponçant légèrement la peinture existante avec un papier abrasif à grain moyen.

2. Brossez la poussière et les écailles de peinture, en insistant dans les coins. Toute la sciure doit être éliminée.

3. Garnissez le pourtour de chaque vitre avec du ruban de masquage, en laissant un espace de 2 mm à la périphérie.

4. Appliquez une sous-couche pour le bois ou simplement la peinture finale diluée à 50 % (à l'eau ou au white-spirit selon la peinture).

5

6

7

5. Une fois que la couche de fond est sèche, appliquez la peinture. Tirez bien la brosse pour éviter les coulures et couvrir toute la peinture précédente.

6. Attention : c'est dans les angles et dans les coins que vous risquez le plus de faire des coulures. Ne chargez pas trop la brosse de peinture et essorez-la régulièrement sur l'intérieur du pot. Peignez le montant central à la moitié de son épaisseur.

7. Peignez le dormant en dernier. Évitez de fermer la fenêtre tant que la peinture n'est pas sèche. Dès qu'elle ne colle plus aux doigts, ôtez le ruban de masquage.

LA BONNE INFO

Peinture microporeuse

Si vous souhaitez repeindre l'extérieur d'une fenêtre, utilisez une peinture spécial bois microporeuse. Elle présente l'avantage de laisser respirer le bois tout en le protégeant contre la pluie et les intempéries. Il en existe aujourd'hui dans toutes les teintes.

Entretien des fenêtres

Pour prolonger la durée de vie de vos fenêtres, il faut les entretenir. Débouchez les rainures et les trous d'évacuation (jet d'eau) de l'encadrement. Huilez la quincaillerie (paumelles, fiche, crémone, serrure, etc.) dès que vous sentez un point dur en les manœuvrant.
Si vos fenêtres sont en bois, lasurez-les, vernissez-les ou repeignez-les tous les 2 ou 3 ans maximum. Si elles sont en aluminium ou en PVC, nettoyez-les avec un produit ni abrasif ni solvanté. L'eau savonneuse est encore ce qu'il y a de mieux.

Repeindre une fenêtre en métal

La structure des fenêtres en acier finit toujours par rouiller. Les peintures empêchent cette corrosion, sans pouvoir l'empêcher éternellement. Il faut donc les repeindre périodiquement, surtout si on les a laissées se dégrader.

1. Grattez le plus gros de la peinture cloquée ou écaillée avec un couteau de peintre.

2. Éliminez les restes de peinture avec une brosse métallique. Pour une remise en état complète, enlevez toute trace de peinture avec un décapant chimique.

3. Poncez toute la surface avec de la toile émeri à grain moyen. Insistez en fond des feuillures. Éliminez la poussière par brossage.

4. Avant la peinture définitive, appliquez un destructeur de rouille sur les parties piquées profondément de corrosion, puis une sous-couche antirouille.

5. Appliquez deux couches de peinture métal pour la finition, à l'extérieur comme à l'intérieur.

LES BONS OUTILS

Outils
- Couteau de peintre
- Brosse métallique
- Pinceau
- Brosse
- Ciseau à bois ou grattoir

Matériel
- Décapant chimique
- Toile émeri
- Destructeur de rouille
- Peinture sous-couche antirouille
- Peinture métal
- Mastic de réparation à deux composants
- Peinture bois microporeuse
- Mastic silicone
- Gants

LA BONNE INFO

Destructeur de rouille

Ce produit élimine la rouille en la transformant en une pellicule dure et résistante. Son application doit être suivie par celle d'une peinture antirouille.

Réparer le cadre d'une fenêtre

Le cadre des fenêtres est souvent attaqué par la pourriture, notamment en pied d'huisserie, partie très exposée à l'eau qui ruisselle sur la fenêtre. Avant de peindre, il faut traiter ces parties attaquées et les refaire avec un mastic de réparation.

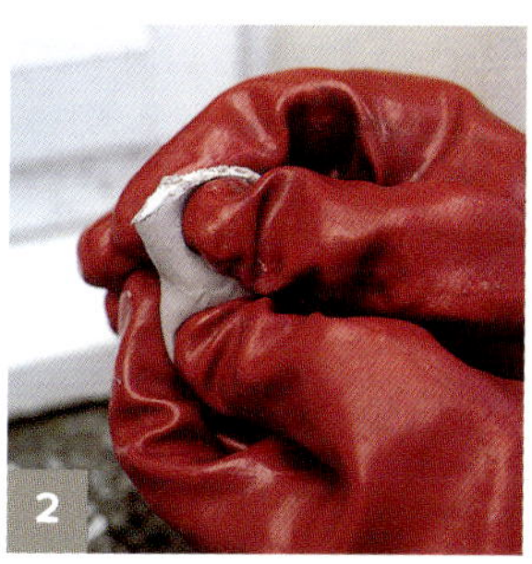

1. Supprimez tout le bois pourri en creusant à l'aide d'un vieux ciseau à bois ou d'un grattoir à lame très étroite. Creusez jusqu'au bois sain.

2. La réparation sera réalisée avec du mastic de réparation à deux composants. Malaxez le produit pour mélanger les deux pâtes jusqu'à ce qu'il prenne une couleur homogène. Après séchage, ce mastic se travaille comme du bois.

3. Pressez la pâte dans la partie à rénover, avec un couteau de peintre à lame étroite. Lissez la surface. Laissez sécher (ne travaillez pas à moins de 15 °C).

4. Profitez-en pour contrôler l'étanchéité à l'air et à l'eau de l'encadrement. Si l'air et l'eau passent entre le cadre et le mur, comblez l'espace avec du mastic silicone, avant de repeindre la structure de l'huisserie.

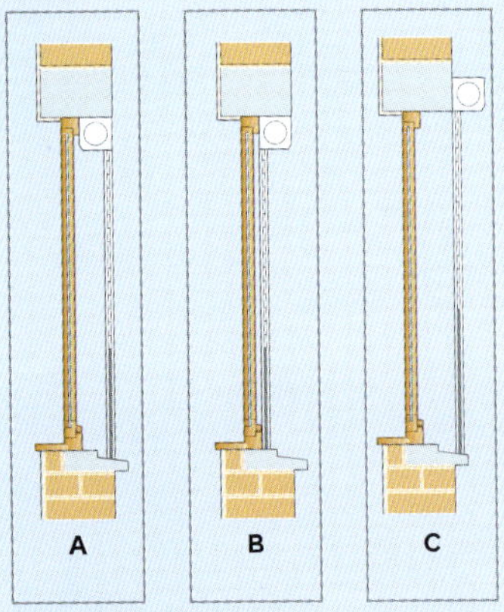

Configurations de volets roulants

Selon la configuration de l'ouverture et le type de volet roulant que vous retiendrez, le volet sera posé en alignement de façade, en retrait de celle-ci ou encore appliqué sur la façade elle-même.

DANS L'ALIGNEMENT (A)
Il s'encastre entre les murs extérieurs. Vérifiez que l'épaisseur du coffre n'excède pas celle du mur extérieur.

EN RETRAIT (B)
Pose entre murs, même si le coffre est plus épais que le tableau.

APPLIQUÉ (C)
Aucune contrainte de dimensions de mur et d'ouverture.

Volet roulant en kit

On trouve des volets roulants en kit qui s'adaptent à la plupart des situations. Les contraintes de pose sont liées au type de fenêtre à équiper et aux possibilités de dimensions offertes par l'ouverture.

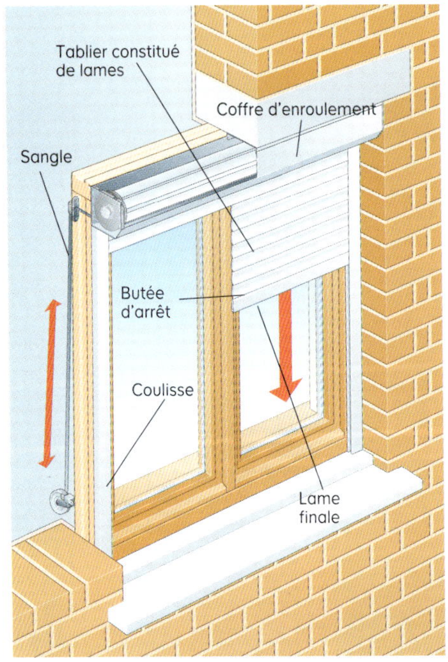

- Coupez les **coulisses,** le **tablier** et le **coffre** en tenant compte de vos mesures.
- Installez le guide de sangle ou le raccordement électrique dans le cas d'un volet motorisé.
- Percez la menuiserie afin de passer la **sangle** ou le câble pour l'interrupteur à l'intérieur de la maison.
- Installez le **coffre** en fixant les coulisses sur les murs avec les chevilles et les vis adaptées.
- Fixez l'enrouleur/interrupteur sur le mur intérieur ou sur le dormant de la fenêtre. Veillez à ce que la chute de la sangle soit la plus verticale possible.
- Installez les **butées d'arrêt.**

Stores bannes

Le store banne est une structure lourde et de grandes dimensions, offrant une prise au vent importante. Si vous voulez le poser vous-même, soyez attentif à la solidité des ancrages, notamment dans certains murs à la structure friable comme le béton cellulaire ou creuse comme la brique alvéolaire.

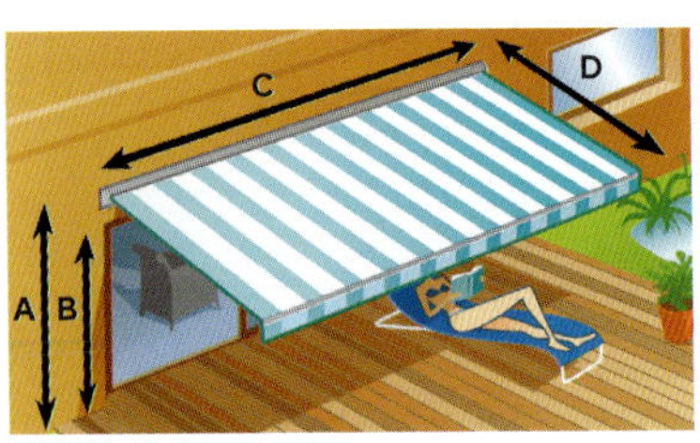

LES BONNES MESURES

A - Hauteur de pose
B - Hauteur sous linteau
C - Largeur hors tout du store
D - Avancée

Prévoyez grand!
Parce que l'ensoleillement de votre terrasse varie selon les heures de la journée, la mesure de l'avancée de votre store doit être plus longue que la surface à ombrager.

STORES BANNES AVEC OU SANS COFFRE

Le monobloc: la solution économique
Ce store manuel et sans coffre est d'un encombrement réduit. Il est adapté pour une pose sous l'avancée du toit. Il convient parfaitement pour un balcon.

Le semi-coffre: la toile protégée
Un coffre en PVC ou en aluminium protège intégralement la toile des intempéries. Manuel ou motorisé, son installation est facilitée par un système de carré porteur.

L'intégral: le tout confort
Le coffre hermétique est en aluminium extrudé. Il assure une protection intégrale de la toile et de la structure contre les intempéries. C'est un store motorisé avec télécommande. Il est adapté aux surfaces importantes (jusqu'à 3,50 m d'avancée).

Poser des volets en bois

Si vous êtes amené à poser des volets à battants en bois, vous devez choisir un bois comme le chêne ou le sapin. Ce type de volet est très résistant et isolant.

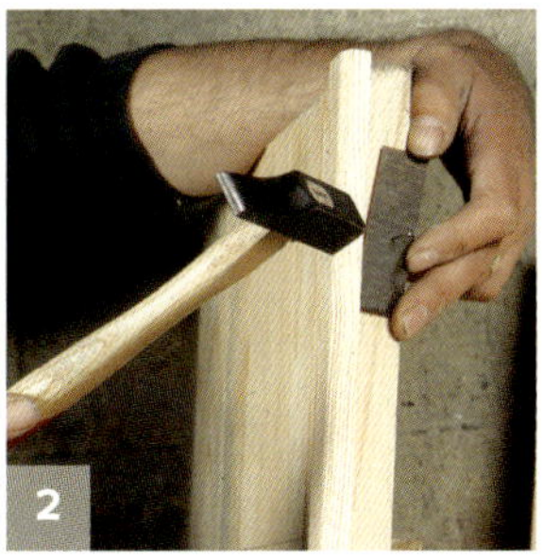

1. Percez dans la façade et en bordure d'ouverture, les quatre trous où seront scellés les gonds. Utilisez un ciseau de maçon et une massette. La position du gond dépend de celle de la penture (partie femelle de l'articulation) sur le volet.

2. Clouez provisoirement deux morceaux de carton de 2 à 3 mm d'épaisseur sur le chant des volets (jonction centrale) pour donner le jeu d'ouverture.

3. Clouez également provisoirement, en haut et en bas des volets assemblés à blanc, deux planches qui dépassent largement des deux côtés. Elles doivent être dégagées des pentures de plusieurs centimètres afin de ne pas gêner les opérations qui vont suivre.

4. Faites reposer l'ensemble des volets ainsi préparés sur l'appui de fenêtre. Glissez deux cales sous leur base afin de créer un jeu minimum de 2 à 3 mm. Ainsi, une fois posé, le volet ne frottera pas sur cet appui.

5. Calez les volets en position et procédez au scellement des gonds. Mouillez la maçonnerie pour éviter qu'elle ne boive une grande partie de l'eau de gâchage du mortier. Procédez au scellement à la truelle. Laissez sécher complètement le mortier avant de déclouer les barres de liaison et d'ouvrir les volets en enlevant les cales.

6. Scellez au mortier de la même manière les arrêtoirs des volets. Un système d'écartement du mur peut se régler avec une clé plate.

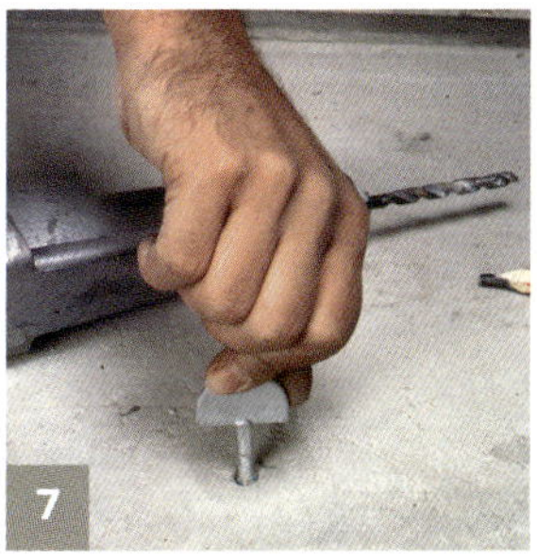

7. Fermez les volets et déterminez l'emplacement des butées haute et basse. Réalisez le perçage des avant-trous haut et bas dans le ciment du tableau avec une perceuse et un foret à béton. Faites entrer la tige de la butée dans le trou que vous venez de percer. Si elle "flotte", mettez un peu de mortier dans le trou avant de l'y enfoncer.

LES BONS OUTILS

Outils
- Ciseau de maçon
- Massette
- Marteau
- Perceuse à percussion
- Forets béton
- Clé plate
- Truelle

Matériel
- Volets en bois
- Arrêtoirs
- Butées
- Gonds
- Éponge
- Clous
- Carton
- Planches, cales
- Mortier de scellement

LA BONNE ASTUCE

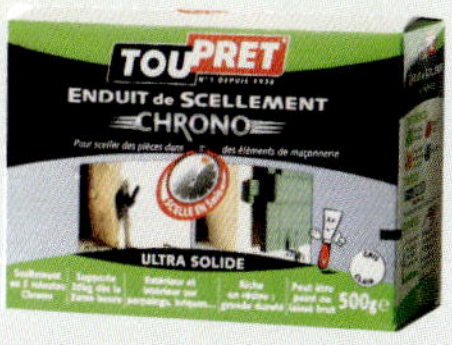

Mortier de scellement rapide

Vous trouverez dans le commerce du mortier de scellement rapide permettant d'ouvrir et de fermer les volets quelques heures après le scellement. La contrepartie est évidemment de devoir travailler rapidement, sans possibilité de corriger le positionnement des gonds après que le mortier a commencé sa prise.

Clôtures
Concevoir un jardin
Terrasses
Murets
Pavages
Béton
Escaliers
Équipements
Sécurité
Valoriser votre maison
Pérenniser votre maison
Réglementation

Valoriser votre habitat

Le fait de clôturer un terrain est un droit. La clôture d'un jardin peut prendre des formes très variées, avec l'utilisation de différents matériaux, comme le bois, le métal ou encore le PVC. Tout est question de goût, mais aussi d'harmonie avec l'environnement architectural et notamment avec le style de la maison

LA BONNE **ASTUCE**

PANNEAUX MODULABLES
Ce système vous donne une totale liberté de création pour votre palissade en la composant élément par élément. Vous pouvez la faire évoluer au fil du temps et même la démonter et l'emporter si vous déménagez.

1. Déterminer le type de clôture

Le choix du type de clôture dont on veut entourer sa maison repose sur de nombreux critères. S'il s'agit de protéger la maison contre les intrusions, il faudra choisir une clôture solide, haute, difficile à franchir ou à percer. S'il s'agit d'entourer le jardin d'une clôture visant avant tout à le mettre en valeur, on optera pour une clôture basse, en bois ou en métal, laissant un large accès visuel au terrain. Une synthèse des deux est possible, notamment avec les clôtures en panneaux soudés, pouvant être associé à un portail métallique.

2. Entretenir et réparer

Les contraintes d'entretien, voire de réparation, sont étroitement liées au matériau constituant la clôture. Le PVC et le composite ne demandent aucun autre entretien qu'un coup d'éponge ou de jet d'eau périodique. En revanche, le bois impose un traitement très régulier si l'on ne veut pas le voir pourrir rapidement. Le fer demande lui aussi des soins périodiques s'il n'est pas plastifié ou thermolaqué d'origine. Les possibilités de réparation sont plus grandes avec le bois qu'avec le métal.

3. Fabriquer une clôture

Tous les types de clôture peuvent être installés par un amateur disposant d'un minimum d'outils. Beaucoup de clôtures s'assemblent et se montent comme de simples jeux de construction. Les travaux les plus lourds concernent l'ancrage au sol des poteaux et piquets, mais surtout la mise en place de piliers maçonnés. Le creusement des trous est particulièrement pénible, mais pourra être allégé par la location d'une tarière. La qualité des scellements est essentielle car elle conditionne la solidité de la clôture.

LA BONNE **INFO**

POSITION DES CLÔTURES
À la différence des plantations, il n'y a pas de contrainte de position des clôtures par rapport à la limite de propriété. Vous pouvez donc installer votre clôture sur cette limite sans autorisation de votre voisin. Il est toujours préférable, cependant de s'entendre avec lui, d'autant que, s'il est d'accord, vous pouvez partager les frais avec lui (la clôture est alors mitoyenne). Si vous ne parvenez pas à vous entendre à l'amiable, la loi vous donne le droit de saisir le juge pour engager une action en bornage.

L'ARRIVÉE DU COMPOSITE
Le composite fait son apparition dans le domaine des panneaux de clôture. Il a l'avantage de ne pas pourrir, de ne pas se fendre ni se déformer. Il ne demande pas de traitement ni de protection.

Choisir sa clôture

Une clôture, son portillon et son portail, protègent le terrain qui entoure la maison et participent directement au décor de la maison et de son jardin.

PALISSADES

Les palissades assurent l'intimité et l'ombrage du jardin plus qu'elles ne garantissent sa sécurité. Elles empêchent cependant les animaux, sauvages ou domestiques, d'entrer. Leur installation est très facile, beaucoup étant constituées de panneaux à composer soi-même.

PANNEAUX
Les panneaux assurent une fermeture efficace. Ceux qui se fixent sur des poteaux scellés dans le sol, sont généralement vendus en largeur standard de 1,80 m et hauteur de 60 cm à 1,80 m, mais on peut les recouper. Comme tous les éléments en bois placés à l'extérieur, cette palissade doit être traitée régulièrement avec un produit protecteur.

TREILLIS ET PANNEAUX COMBINÉS
Pour surélever une clôture, ajoutez un treillis au-dessus des panneaux. Le treillis est idéal pour soutenir des plantes grimpantes ou créer un aspect moins austère qu'une palissade pleine. Il assure un ombrage léger et évite l'impression de confinement.

CLÔTURE EN LATTES
Constituée de lattes verticales ayant un bout arrondi ou pointu, de traverses et de poteaux, la palissade en lattes est en général vendue en panneaux de 80 cm à 1 m de haut et de 1,80 m de large. On la pose souvent devant la façade, plus pour marquer une limite que pour fermer la propriété.

PERGOLA
Idéale pour soutenir des plantes grimpantes, la pergola anime la terrasse comme le jardin.

PANNEAUX EN CANISSE
Les panneaux en cannage d'osier ou de coudrier sont à rapprocher des clôtures naturelles (bruyères) et des paillons en bambou, en roseau. Ils font plus office de brise-vue que de protection. Ils sont proposés en panneau ou en rouleau.

PORTILLONS ET PORTAILS

Compléments de la clôture, portillons et portails permettent de contrôler l'entrée dans le jardin et l'accès à la maison. Ils peuvent être en bois, en métal ou en PVC. Ils supposent l'installation de poteaux, voire de piliers maçonnés capables d'en supporter le poids.

PORTILLON EN LATTES
Un portillon en lattes à claire-voie s'intègre dans une clôture également en lattes, un mur ou une haie. Les sommets des lattes, peintes ou lasurées, peuvent être carrés, ronds ou pointus. Une latte en diagonale renforce la rigidité du panneau.

PORTILLON MÉTALLIQUE
Associé à un grillage, le portillon métallique s'accorde au motif et à la taille des mailles de ce dernier.
Un revêtement plastifié ou une peinture thermolaquée assure la protection du métal. Il est fourni avec les gonds et la serrurerie.

PORTAIL EN FER
S'ils ont été protégés par une précouche anticorrosion, les portails en fer résistent aux intempéries sans risque de rouiller. Ils assurent une protection optimale contre les intrusions. Les piliers doivent être en rapport avec le poids important à supporter.

PORTAIL PVC
De style moderne, les portails PVC conviennent à des maisons contemporaines. Ils nécessitent peu d'entretien. Légers, ils gagnent à être rigidifiés par une ossature interne en aluminium.

Pourrissement et larves d'insectes menacent portes et palissades en bois. Pour prolonger leur vie, traitez-les régulièrement avec un produit insecticide-fongicide. Par ailleurs, n'entassez pas de terre contre une palissade, et si possible, gravillonnez autour de sa base.

LES BONS OUTILS

OUTILS

- Pince à décoffrer
- Scie à métaux
- Marteau
- Tenailles
- Perceuse et mèches
- Niveau à bulles
- Barre à mine
- Pelle
- Rabot

MATÉRIEL

- Panneau ou poteau
- Pointes galvanisées de 75 mm
- Pâte à bois
- Bastaings
- Ciment et agrégats
- Boulons et écrous
- Produit de traitement du bois

Changer un élément de palissade

Quand le remplacement complet d'un poteau ou d'un panneau de palissade vermoulu s'impose, la standardisation des éléments facilite l'opération.

1. Faites levier avec la pince à décoffrer insérée entre le panneau et le poteau pour découvrir les pointes qui les assemblent.

2. Sciez les pointes et enfoncez les tiges résiduelles au marteau ou arrachez-les avec des tenailles. Si vous déposez le panneau, faites de même de l'autre côté. Si le panneau neuf ne s'ajuste pas, rabotez ses chants ou comblez les interstices avec de la pâte à bois. Percez six avant-trous à égale distance dans chaque montant latéral du panneau, de chaque côté, et clouez-le dans le poteau avec les pointes galvanisées de 75 mm.

3. Pour déposer un poteau, détachez les panneaux de chaque côté et écartez-les du poteau. Creusez autour de la base du poteau et retirez le béton. Si vous n'y parvenez pas, entaillez le poteau et soulevez-le en faisant levier à la barre à mine. Placez dans le trou un poteau neuf de mêmes dimensions que l'ancien. Étayez la palissade avec deux bastaings pendant que vous reclouez les panneaux de chaque côté (voir étape 2). Vérifiez la verticalité du poteau au niveau à bulles et bétonnez son pied. Lissez la surface du béton en pente vers l'extérieur et attendez 48 h avant de retirer les étais.

Renforcer un poteau vermoulu

C'est en principe la partie scellée dans le sol qui pourrit en premier. Si l'on n'y remédie pas à temps, le poteau finit par se briser à la base, s'effondrer en entraînant la palissade.

- Calez la palissade entre des bastaings de chaque côté.
- Creusez autour de la base du poteau, coupez la partie pourrie et ôtez les restes de béton.
- Traitez le bois sain. Placez dans le trou un pieu en béton calé contre les restes du poteau.
- Insérez des boulons dans les trous aménagés dans le pieu et tapez légèrement dessus pour marquer leur empreinte dans le bois.
- Percez les poteaux aux emplacements ainsi repérés.
- Poussez les boulons dans les trous jusqu'à ce que leur filetage apparaisse au dos du poteau, engagez les écrous et bloquez-les.

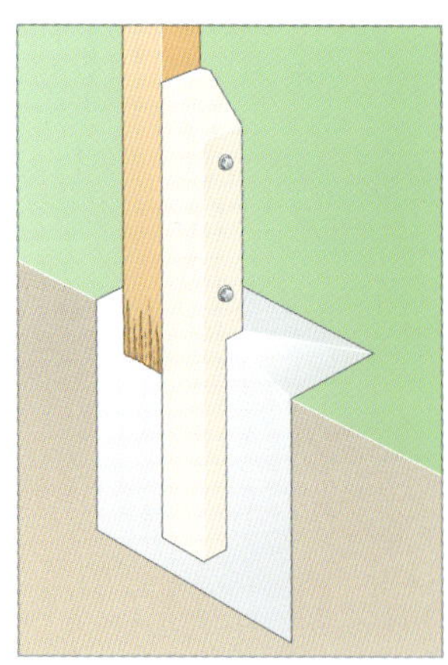

- Étayez le poteau avec des bastaings. Vérifiez qu'il est bien vertical et comblez le trou avec du béton. Attendez 48 h avant de retirer les étais.

LA SECURITE

CRÉOSOTE : DANGER !

Certaines clôtures ont pu être réalisées dans des traverses de chemin de fer ou avec d'anciens poteaux de téléphone. Ces bois ont été traités à la créosote à une époque où celle-ci était encore autorisée. Ses dangers sont aujourd'hui reconnus. Ne sciez pas, ne poncez pas ces bois sans masque respiratoire. Éliminez-les autant que possible.

Réparer des clôtures en bois

Avec le temps, les attaques contre le bois menacent la solidité des clôtures. Au premier signe de pourrissement ou d'affaissement, il faut intervenir pour prévenir une aggravation rapide de la situation.

LES BONS **OUTILS**

Outils
- Maillet en bois
- Ciseau à bois
- Cale à poncer
- Perceuse
- Serre-joint

Matériel
- Produit de traitement
- Mastic de réparation
- Papier abrasif
- Colle
- Chevrons, vis galvanisées

RÉPARER UNE PARTIE DE BOIS POURRIE

Les attaques de pourriture limitées et superficielles peuvent être éliminées sans avoir à remplacer tout l'élément.

1. Avec un maillet et un ciseau, éliminez la partie pourrie jusqu'à apparition du bois sain. Enduisez la surface avec un produit de traitement extérieur.

2. Comblez la cavité avec du mastic de réparation, laissez sécher 15 min environ. Poncez avec une cale.

RENFORCER UNE PORTE QUI S'AFFAISSE

Quand une porte s'affaisse, vérifiez d'abord la fixation des paumelles. Si elle est correcte, le problème peut venir du jeu pris par les pièces d'angle du portail, du fait du travail du bois.

1. Emplissez de colle le joint qui baille entre les éléments et rapprochez-les avec un serre-joint.

2. Laissez le serre-joint en place pendant que vous vissez une ferrure, à cheval sur le joint réassemblé.

FIXER UNE ÉCHARPE SUR UNE PORTE

Une porte peut s'affaisser quand elle est dépourvue d'écharpe (pièce rapportée oblique) ou si celle-ci est sous-dimensionnée. Il est facile d'en réaliser une dans un chevron.

- Soulevez la porte et calez-la en place avant de relever les dimensions de l'écharpe qui doit s'insérer sans jeu entre les traverses du dos de la porte, pointe tournée vers la serrure.

- Réalisez l'écharpe dans un chevron de même section que les traverses.

- Dégondez la porte, percez des avant-trous dans les bouts de l'écharpe neuve, et fixez celle-ci dans chacune des planches avec des vis galvanisées.

Traiter une porte rouillée

Les éléments métalliques extérieurs se détériorent rapidement quand la rouille les attaque. Une peinture spéciale contenant un inhibiteur de corrosion restaurera leur durabilité. Une seule couche suffit en général sur un élément déjà peint.

LES BONS **OUTILS**

Outils
- Brosse métallique
- Brosse à peindre

Matériel
- Papier abrasif à grain moyen
- White-spirit
- Peinture antirouille
- Peinture métal
- Lunettes de protection
- Chiffon

1. Décapez la rouille et la peinture à la brosse ou au papier abrasif, en portant des lunettes de protection.

2. Frottez la surface avec un chiffon imbibé de white-spirit.

3. Appliquez une couche de peinture antirouille, puis deux couches de peinture spéciale métal.

LES BONS **OUTILS**

Outils
- Bêche
- Mètre
- Massette
- Niveau à bulles ou fil à plomb
- Cordeaux
- Perceuse et forets à béton
- Truelle
- Pelle

Matériel
- Piliers en kit
- Mortier prêt à l'emploi ou ciment, sable, graviers
- Morceaux de cornières ou fers à béton
- Pentures
- Gonds (avec leurs chevilles)

Le portail est un peu comme la porte d'entrée de la maison. Il a deux fonctions: sécuriser l'accès du terrain qui entoure la maison et, par son type, annoncer le style de l'habitation. Il doit être solidement fixé sur deux piliers.

Monter un pilier en kit

Il est possible de réaliser des piliers pleins, en béton, en parpaings ou en pierre, mais le plus simple et de recourir à des piliers en kit, faciles à monter et très solides.

1. Creusez un trou de 10 cm de côté de plus que la section du pilier et de 20 cm de profondeur. Déterminez l'emplacement des piliers en fonction de la largeur du portail et des possibilités offertes par le terrain. Les battants en position ouverte ne doivent pas empiéter vers la voie publique. Tenez compte aussi de l'espace de dégagement qui leur sera nécessaire.

2. Creusez les deux fondations pour les poteaux et rejoignez-les par une semelle de béton d'une dizaine de centimètres de profondeur. Utilisez deux cordeaux pour la matérialiser. Cette "longrine" solidarise les fondations des poteaux et permettra la fixation du taquet d'arrêt et de la crémone.

3. Positionnez le premier élément du pilier après avoir coulé le plot de fondation avec du béton dosé à raison de 1 volume de ciment, 2,5 volumes de sable, 3 volumes de graviers et 0,5 volume d'eau. Assurez-vous qu'il est bien horizontal avec un niveau à bulles.

4. Montez une dizaine d'éléments par simple emboîtement. Ils s'assemblent les uns sur les autres sans aucun scellement. Contrôlez la verticalité au fil à plomb ou au niveau.

5. Placez des fers dans les piliers. De simples cornières métalliques (comme ici) ou des fers à béton, pouvant être raccordés au ferraillage de la fondation si le portail est très lourd.

6. Coulez le béton à la pelle jusqu'à remplissage des 10 éléments que vous venez d'assembler. Laissez prendre 24 h avant de poursuivre le coulage.

7. Le dernier élément du pilier, le chapeau, est en brique pleine. Son poids est suffisant pour qu'il tienne sans scellement important.

LA BONNE **INFO**

Législation sur les portails

Les portails à battants ne sont autorisés que si les battants, en position ouverte, ne se déplient pas sur le domaine public.
Si votre commune est dotée d'un Plan d'Occupation des Sols (POS) ou fait l'objet d'un classement historique ou préfectoral, effectuez une déclaration de travaux préliminaire auprès de votre mairie. De même, forme, hauteur et matière peuvent être soumises à une réglementation communale ou à celle de votre résidence.

Fixer un portail sur un pilier

Un portail à deux battants se pose sur des gonds et repose en son centre sur la semelle de béton qui a été coulée entre les deux poteaux. Un arrêt limite l'ouverture et une crémone bloque l'un des battants.

1. Mesurez le débord du chapeau du pilier pour aligner le côté du portail sur son arête.

2. Positionnez le battant en plaçant une cale de soutien à son autre extrémité (le centre du portail s'il est à deux battants) et repérez l'emplacement de ses pentures.

3. Percez à l'emplacement des gonds avec une perceuse à percussion en veillant à ne pas fendre la brique (commencez à vitesse lente, éventuellement sans percussion).

4. Enfoncez la cheville à expansion dans le perçage.

5. Le gond associé ici à la cheville se visse simplement dans celle-ci.

6. Attendez le séchage complet du béton (environ 28 jours) pour suspendre le portail. Réglez-le au besoin avec des rondelles sur les gonds.

LA BONNE **ASTUCE**

HABILLAGE EN PIERRE RECONSTITUÉE

Vous pouvez monter un pilier avec des éléments de maçonnerie brute (par exemple des boisseaux en béton) et les habiller ensuite, comme ici, avec des plaquettes de parement.

Motorisation des portails

Différentes solutions existent pour motoriser et télécommander l'ouverture des portails. Elles simplifient le maniement et améliorent la sécurité (pas de stationnement sur la chaussée pendant l'ouverture).

À VÉRINS

Cette solution est adaptée aux portails à battants lourds et robustes. Le moteur et son vérin sont capables d'exercer une force importante sur le portail. Nécessite peu d'espace pour se replier.

À BRAS ARTICULÉS

Convient pour tous types de portails à battants, du plus léger au plus lourd. Le système respecte le mouvement naturel du portail. Nécessite un espace important pour se replier. Il existe aussi des systèmes de motorisation enterrés, dans le prolongement de l'axe du vantail.

COULISSANTS

Pour portails coulissants. Ce système est constitué d'un moteur à roue crantée qui entraîne une crémaillère fixée en partie basse du portail. Nécessite un espace de dégagement latéral important (supérieur à la largeur même du portail).

Deux types d'ouverture

PORTAIL À BATTANTS

Un ou deux battants pivotent sur des gonds et s'ouvrent vers l'intérieur de votre propriété ou de votre jardin. Ces modèles nécessitent un espace de dégagement pour leur ouverture.

PORTAIL COULISSANT

Le battant coulisse sur un rail fixé au sol, vous devez donc prévoir un espace de dégagement latéral.

LES BONS **OUTILS**

Outils
- Gants de protection
- Décamètre
- Bêche ou tarière
- Massette
- Masse
- Niveau à bulles
- 2 cordeaux
- Scie égoïne
- Perceuse et forets
- Truelle
- Marteau d'emballeur

Matériel
- Baguettes
- Poteaux et panneaux
- Chevrons
- Briques, cales
- Pointes galvanisées de 75 mm
- Ciment et agrégats ou béton prêt-à-gâcher
- Chapeaux de poteaux
- Mastic au silicone

Une bonne préparation contribue à une mise en place correcte des panneaux. C'est un travail qu'il faut faire à deux. Déplantez les végétaux situés trop près du tracé de la clôture pour les replanter plus loin une fois la clôture terminée.

Monter une clôture en panneaux

Choisissez d'abord le mode de fixation des poteaux : dans du béton ou sur des supports. Le béton est plus solide, mais il demande plus de travail et nécessite des poteaux plus grands que les panneaux (au moins 60 cm). Les supports métalliques, solution plus facile, peuvent être plantés dans le sol, ou vissés sur un plot en béton. Les poteaux sont livrés traités, mais il n'est jamais superflu d'en faire tremper le pied une nuit entière dans un produit de protection du bois.

PLANTER LES POTEAUX

1. Déroulez et tendez un décamètre sur le tracé de la clôture. Repérez la position de chaque poteau en plantant une baguette marquant le centre du trou. Pour des panneaux de 1,80 m de long, fixés entre des poteaux de 0,10 m de section, ces repères seront espacés de 1,90 m.

2. Creusez l'emplacement de tous les poteaux à la bêche. S'il y en a beaucoup, vous pouvez louer une tarière. En général, une profondeur de 45 cm est suffisante, sauf en sol très meuble. Il faut alors creuser plus profond pour poser des poteaux plus longs.

3. Enfoncez des étais provisoires à la massette pour maintenir le premier poteau en place, en vérifiant, avec le niveau à bulles, qu'il est bien vertical.

4. Dressez le dernier poteau de la même façon, maintenu par des étais, en vérifiant sa verticalité avec un niveau à bulles. Reliez la tête et la base de ces deux poteaux avec des cordeaux. Posez les autres poteaux dans leurs trous.

LA BONNE **ASTUCE**

Supports métalliques

Si le sol est bien ferme, les poteaux peuvent être fixés avec des supports à enfoncer en acier galvanisé, adaptés à leur section. Enfoncez le support dans le sol à petits coups de masse jusqu'à obtenir la profondeur voulue. Vérifiez périodiquement que le piquet est bien vertical. Continuez à creuser jusqu'à ce que la face supérieure du support se trouve au niveau du sol. Engagez le poteau dans le support à coups de masse.

RECOUPER LES PANNEAUX

Il est rare qu'une clôture comprenne un nombre entier de panneaux, et vous devrez sûrement en recouper certains.

1. Déposez avec précaution les montants d'extrémité et disposez-les à la longueur voulue, de part et d'autre du panneau, puis clouez-les en place.

2. Sciez le panneau au ras du chant extérieur des montants repositionnés.

LA BONNE **INFO**

Protégez-vous
Portez toujours des gants pour vous protéger des échardes. Portez des lunettes de protection quand vous appliquez des produits de traitement même s'il s'agit de produits naturels sans agents agressifs.

DRESSER ET ASSEMBLER LES PANNEAUX

Dressez les poteaux et les panneaux en alternance, en progressant sur toute la longueur de la clôture. N'oubliez pas de vérifier l'alignement de chaque panneau, ainsi que sa verticalité et son horizontalité.

1. Dans chacun des montants du panneau, percez six avant-trous à égale distance les uns des autres. Maintenez le panneau à une hauteur de 5 à 7 cm au-dessus du sol par des cales ou des briques. Cet espacement évitera au panneau de toucher le sol et de pourrir sous l'effet de l'humidité remontant du terrain.

2. Vérifiez le calage horizontal du panneau avec le niveau à bulles, puis clouez-le sur les poteaux. Le dessus du panneau doit se trouver au moins à 25 mm au-dessous du sommet des poteaux.

3. Fixez le deuxième panneau (maintenu vertical au moyen d'un chevron) sur le poteau. Posez successivement et de la même façon tous les panneaux.

4. Assurez-vous que chaque poteau touche les cordeaux d'alignement, et vérifiez sa verticalité. Gâchez le béton et versez-le autour du pied de chaque poteau jusqu'au niveau du sol. Lissez, à la truelle, la surface du béton en pente pour que l'eau s'écoule du pied du poteau vers le sol.

5. Trempez le chapeau des poteaux dans un seau d'eau, pour éviter qu'il ne se fende quand vous le clouerez. Appliquez un mastic d'étanchéité au silicone sous sa face d'appui pour éviter que des infiltrations d'eau ne fassent pourrir le sommet des poteaux.

6. Clouez un chapeau sur chacun des poteaux. Utilisez de préférence des pointes galvanisées.

Clôture en panneaux en pente

Pour réaliser une clôture sur une pente, il faut monter les panneaux horizontaux en escalier. Pensez donc à commander des poteaux plus longs pour compenser le décalage vertical entre deux panneaux consécutifs. Dans la mesure du possible, conservez un décalage constant, au besoin en façonnant le sol de manière à maintenir un triangle de mêmes dimensions sous chacun des panneaux, quitte à masquer ensuite les irrégularités avec une planche d'embase.

PLANCHES D'EMBASE

Les planches d'embase sont à poser au pied d'une clôture pour protéger les panneaux de l'humidité du sol. Il est plus facile de remplacer une planche d'embase qu'un panneau complet. En prévision de la pose de la planche, laissez un vide de 15 cm sous les panneaux. Mesurez et coupez des planches de 25 mm d'épaisseur. Fixez-les avec des pointes ou des vis galvanisées, enfoncées de biais dans les poteaux, dans des avant-trous.

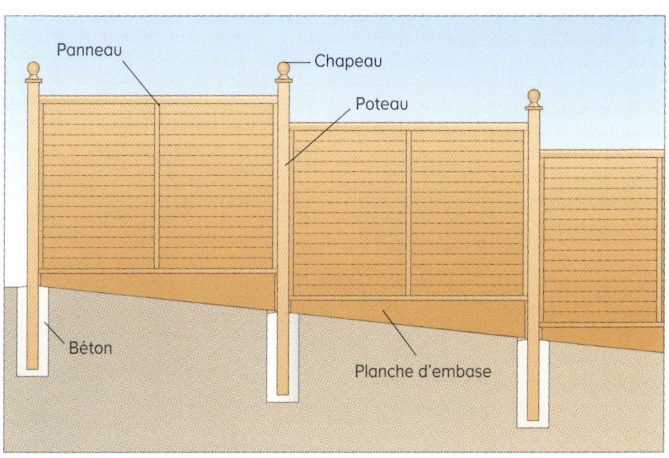

LA BONNE **ASTUCE**

FIXATION PAR CLIPS

Au lieu de clouer les panneaux sur les poteaux, vous pouvez utiliser des clips. Fixez-les d'abord sur le poteau, puis glissez le panneau entre les lèvres des clips et vissez ou clouez le panneau dans les clips. Cette fixation facilite le démontage des panneaux en cas de besoin. Mais les clips se voient nettement plus sur une clôture régulière.

LES BONS OUTILS

Outils
- Bêche
- Cordeaux
- Niveau à bulles
- Scie égoïne
- Marteau
- Perceuse avec forets et mèches à bois

Matériel
- Plâtre
- Poteaux
- Chevrons d'étayage
- Traverses (3 x longueur de la clôture)
- Pointes galvanisées de 50 mm et 75 mm
- Ciment et agrégats ou béton prêt-à-gâcher
- Lattes de sol
- Planches à chant biseauté
- Bande de crête
- Produit de traitement pour le bois

LA BONNE INFO

Béton prêt-à-gâcher
Pour sceller les poteaux, pensez au béton prêt-à-gâcher à la place du ciment mélangé à des agrégats. Présenté en sacs de 25 kg, ce béton prédosé met environ 3 h à prendre, il est sec au bout de 4 h.

Les planches peuvent constituer une solution pour faire des panneaux de clôture. Celles utilisées ici comportent un chant biseauté et sont clouées sur des traverses horizontales fixées entre les poteaux.

Monter une clôture en planches pleines

Sur certains poteaux, les entailles destinées à recevoir les traverses sont déjà réalisées ; si ce n'est pas le cas, vous devrez les faire. Prévoyez trois traverses pour une clôture de plus de 1,20 m de haut, deux seulement pour une clôture moins haute. Placez les poteaux de telle sorte que les traverses ne soient visibles que sur l'intérieur de la clôture. Les poteaux doivent être espacés de la moitié de la longueur des traverses, moins 5 cm (à recouper dans chaque traverse). Tracez le positionnement de la clôture avec une traînée de plâtre. Creusez les trous pour les poteaux, placez ceux d'extrémité (côté intérieur de la clôture) et tendez entre eux deux cordeaux.

POTEAUX ET TRAVERSES

1

2

3

1. Placez les trois premiers poteaux dans leur trou. Étayez-les avec des chevrons. Insérez une extrémité de la traverse supérieure dans l'entaille du premier poteau et l'autre extrémité dans celle du troisième poteau. Vérifiez que la traverse est bien horizontale. Tracez et coupez-la à bonne longueur (espace entre deux poteaux). L'extrémité de la traverse doit tomber exactement au milieu du poteau. Clouez-la avec des pointes galvanisées de 75 mm. Posez de la même manière la traverse inférieure.

2. Pour assurer une meilleure rigidité, il faut alterner dans chaque poteau les joints entre les traverses. Pour cela, relevez la distance entre la face externe du premier poteau et le milieu du deuxième poteau et sciez la traverse médiane à cette longueur.

3. Clouez la traverse médiane avec des pointes galvanisées. Le morceau de traverse médiane suivant aura une longueur couvrant la distance entre deux poteaux.

4

5

4. Assurez-vous que chaque poteau touche les cordeaux d'alignement, et vérifiez leur verticalité au moyen du niveau à bulles.

5. Poursuivez la pose des poteaux et des traverses pour réaliser le squelette de la clôture. Étayez-les au fur et à mesure. Gâchez le béton. Vérifiez à nouveau leur verticalité. Bourrez le béton à leur pied et laissez-le sécher pendant 48 h. Lissez la surface en lui donnant une pente d'écoulement vers le sol alentour pour écarter l'eau de ruissellement du pied du poteau.

FIXER LES PLANCHES

La première planche se pose avec son chant le plus large accolé au poteau et sa base reposant sur la planche d'embase. Commencez par couper toutes les planches à bonne longueur et protégez les coupes avec un produit de traitement. La longueur des planches doit faire 25 mm de plus que celle des poteaux.

1. Fixez les planches d'embase horizontalement au pied des poteaux. Pour éviter l'éclatement du bois vous pouvez percer des avant-trous pour les pointes.

2. Avec des pointes galvanisées de 50 mm, clouez le centre de la première planche sur la traverse supérieure. Vérifiez qu'elle est bien verticale avant de la clouer sur la traverse inférieure, puis sur la traverse centrale. Taillez une pige épaisse de 20 mm de moins que la largeur des planches. Alignez-la sur le côté du chant épais de la première planche. Calez le chant de la planche suivante contre la pige et clouez la planche sur les trois traverses.

3. Positionnez la latte de crête sur le sommet des planches et clouez-la avec des pointes galvanisées. Percez des avant-trous, vous éviterez de fendre le bois.

LA BONNE INFO

BOIS CERTIFIÉ
Prenez toujours du bois certifié. Soutenu par le WWF, le FSC (Forest Stewardship Council) est un programme de certification qui garantit la bonne gestion des forêts, sur le plan environnemental, humain et économique.

Ancrer un poteau dans un mur

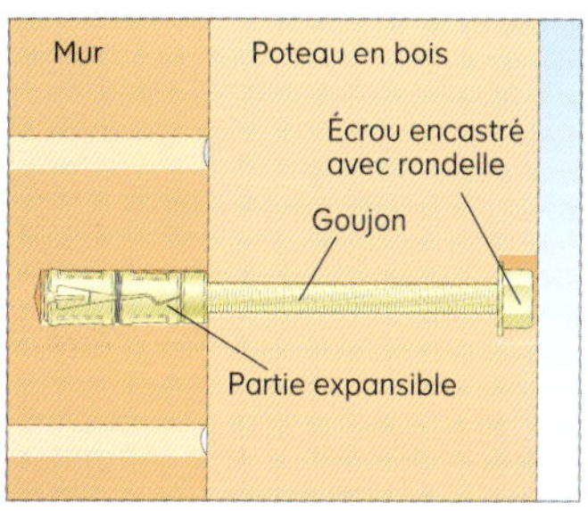

Pour maintenir un poteau d'extrémité de clôture contre un mur, fixez-le avec des goujons à expansion. Ils doivent être enfilés d'un côté dans des trous pratiqués dans le poteau et de l'autre dans la maçonnerie. Le serrage d'un écrou entraîne la dilatation de la queue du goujon, qui se bloque ainsi dans la maçonnerie. Comptez trois points d'ancrage pour un poteau de plus de 1,20 m, deux s'il est plus petit.

Clôture en planches sur une pente

Pour poser une clôture pleine en planches sur une pente, placez les poteaux et les planches verticalement, mais inclinez les traverses parallèlement au sol. Quand les planches sont toutes en place, sciez leurs deux extrémités parallèlement aux traverses. Couvrez la partie supérieure d'une latte de crête.

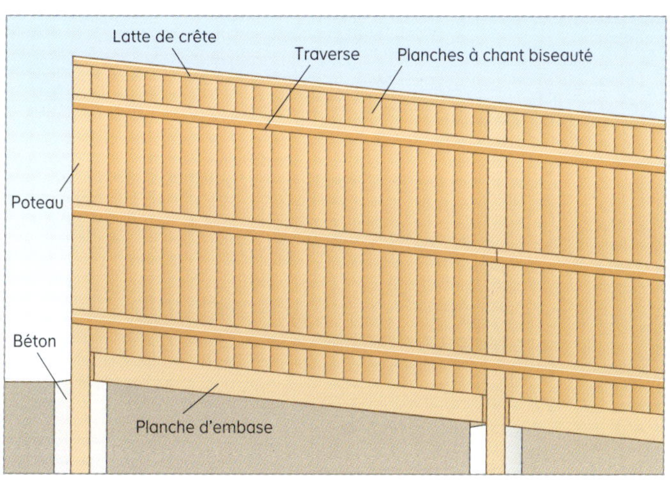

LA BONNE ASTUCE

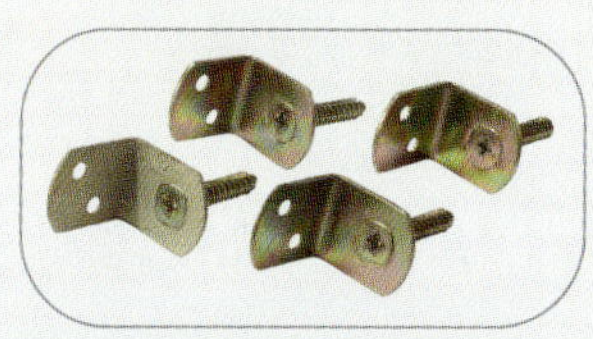

ÉQUERRES GALVANISÉES
On peut fixer les traverses et les panneaux avec des équerres en acier galvanisé. Ces équerres présentent l'avantage d'être percées de trous pour le vissage et d'être inoxydables. Elles peuvent également être utilisées pour renforcer la fixation entre les traverses et les poteaux.

L'installation d'un grillage permet de délimiter votre terrain et de vous protéger des intrusions. À mailles soudées ou réunies par torsion, rigides ou souples, galvanisés, plastifiés, les modèles sont variés.

LES BONS OUTILS

Outils
- Bêche
- Pelle
- Pioche
- Niveau à bulles
- Masse
- Truelle
- Pince coupante
- Clé à molette et clé plate
- Pince à agrafes
- Mètre
- Cales en bois

Matériel
- Rouleau de grillage
- Piquets
- Fil de tension
- Barres de tension
- Poteaux d'angle
- Jambes de force
- Corde ou cordeau
- Raidisseurs ou tendeurs
- Poteaux intermédiaires
- Boulons galvanisés
- Agrafes
- Ciment
- Sable
- Gravier
- Vis

Choisir un grillage

Le choix de votre grillage se fait en fonction de plusieurs critères : l'esthétique, la rigidité, la facilité de pose et sa résistance dans le temps.

GRILLAGE SIMPLE TORSION
Il est très solide. L'élasticité de ses mailles lui permet de s'adapter à toutes les configurations. C'est le grillage le plus discret qui protège sans masquer la vue. Il est économique et durable.

GRILLAGE EN MAILLE SOUDÉE
Il offre une excellente rigidité car les fils rigides sont soudés entre eux. Il se pose simplement et ne nécessite pas de barre de tension. Il a une excellente tenue et une longévité de 30 ans minimum.

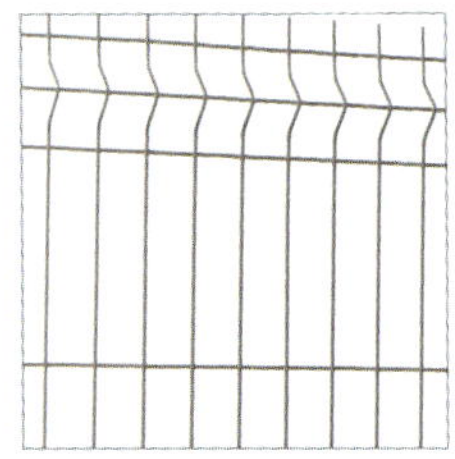

GRILLAGE EN PANNEAUX SOUDÉS
C'est le plus rigide des grillages et sa pose est facile. Il est conseillé pour la protection des propriétés. Il est fait de fils d'acier galvanisé, soudés entre eux pour former des panneaux de 2 m sur des hauteurs allant jusqu'à 2 m.

BORDURE
Les bordures sont utilisées pour délimiter un massif ou des allées. Elles sont le plus souvent de type grillage métallique plastifié à mailles soudées. Les rouleaux font 10 m x 25 cm.

Poser un grillage simple torsion

Prenez la précaution de faire un plan sur papier afin de calculer la longueur de grillage, le nombre de piquets d'angle et intermédiaires, le nombre de jambes de force, la quantité de béton. Le grillage est présenté en rouleaux de 20 m, en 1 m, 1,20 m ou 1,50 m de haut, voire jusqu'à 2 m.

1

2

3

1. Délimitez la zone en posant des piquets à chaque angle. Tenez compte de la pente du terrain et déblayez ou remblayez si nécessaire. Tendez une corde entre les piquets.

2. Repérez l'emplacement des poteaux intermédiaires avec des piquets métalliques ou en bois tous les 2,50 m à 3 m. Déterminez l'emplacement éventuel d'un portillon.

3. Creusez les trous pour les poteaux à la bêche. Des trous de 30 cm de côté sur 30 à 50 cm de profondeur sont suffisants pour des poteaux de moins de 1,50 m.

LA BONNE INFO

Le droit de clore
Selon l'article 647 du Code civil, tout propriétaire est en droit de clore sa propriété sans limite de temps aux conditions suivantes :
- respect de la servitude de passage des terrains enclavés ;
- respect de certaines servitudes administratives (accès à la mer, halage pour les pêcheurs, etc.) ;
- respect de l'écoulement naturel des eaux ;
- ne pas nuire à un voisin ou causer un trouble anormal de voisinage.

4

5

6

4. Remplissez les trous de béton dosé (1 volume de ciment pour 2 volumes de sable et 3 de graviers). Mettez le poteau de niveau et ainsi de suite pour les autres poteaux (tous les 2 m). Positionnez les jambes de force dans les angles (renforts inclinés) pour éviter le fléchissement du poteau.

5. Respectez l'alignement des poteaux. Vérifiez que tous les poteaux sont à la même hauteur avec un cordeau horizontal et vérifiez leur aplomb vertical. Laissez durcir le béton au moins 8 jours. Pour les grandes longueurs, placer un poteau de reprise de tension (poteau avec jambe de force) tous les 25 m.

6. Serrez les écrous galvanisés des jambes de force à la clé plate. Serrez fermement les écrous mais sans excès. Placez éventuellement des rondelles à frein.

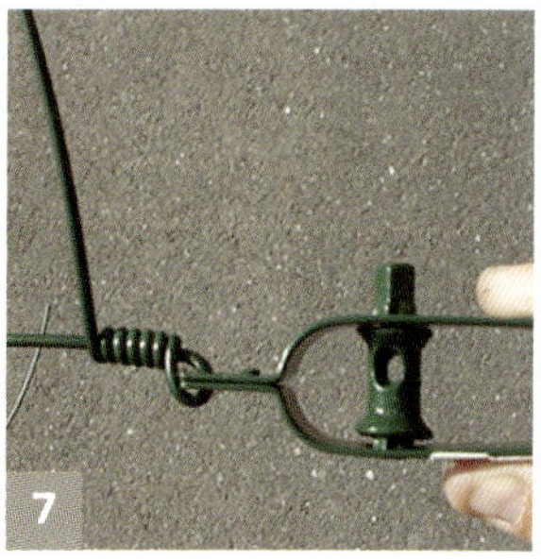

7

8

9

7. Les fils de support du grillage vont être tendus par des raidisseurs, accessoires de tension comprenant un moyeu sur lequel le fil est enroulé.

8. Attachez les fils de tension aux poteaux. Fixez les raidisseurs sur chacun des poteaux d'angle en respectant un alignement vertical de ceux-ci. Les fils de tension doivent être espacés de 50 cm dans la hauteur. Passez les fils de tension dans les autres poteaux. Au-delà de 20 m, placez des raidisseurs intermédiaires au niveau des poteaux de reprise de tension.

9. Avec une clé à molette ou une clé plate, tendez progressivement et successivement les fils avec les raidisseurs, en commençant par les fils du bas. Agissez sur le carré du moyeu du raidisseur.

10

10. Enfilez une barre de tension dans la première maille du grillage. Elle va constituer le point de tension du grillage. Il est donc très important qu'elle soit enfilée dans toutes les mailles.

11

11. Attachez la barre de tension et le grillage au poteau de départ. Attachez provisoirement le grillage au fil de tension supérieur tous les 1 m. Tendez le grillage sur toute la longueur. Enfilez la barre de tension dans la maille la plus proche de chaque poteau d'angle. Attachez-la au poteau avec le fil d'attache. Renouvelez l'opération pour les autres côtés. Une fois le grillage tendu, remplacez l'attache provisoire tous les 1 m par du fil d'attache tous les 30 à 40 cm.

LA BONNE ASTUCE

PINCE À AGRAFES

Si vous avez beaucoup de grillage à poser, la pince à agrafes va vous faire gagner beaucoup de temps. Elle permet en effet de fixer rapidement et très efficacement le grillage sur ses fils.

Portillon

Optez pour un modèle léger, articulé sur un poteau. Si vous choisissez un portillon standard, notez ses dimensions de manière à positionner les piliers en conséquence. Vous pouvez le réaliser vous-même, ou faire faire un portillon sur mesure pour qu'il puisse être placé à un endroit bien précis. Un portillon métallique est fourni en général avec sa serrurerie et un loquet automatique, placé assez haut pour que les jeunes enfants n'y aient pas accès.

Les clôtures rigides à poser soi-même sont de deux types: les panneaux métalliques soudés soutenus par des poteaux métalliques scellés en terre et les clôtures en PVC, qui s'assemblent, elles, comme un jeu de construction.

LES BONS OUTILS

OUTILS
- Bêche
- Pelle
- Pioche
- Niveau à bulles
- Truelle
- Tournevis
- Cales en bois

MATÉRIEL
- Cordeaux
- Piquets
- Panneaux soudés
- Poteaux en té
- Crochets
- Pièces d'arrêt
- Manchons de raccordement
- Ciment
- Sable
- Gravier

Poser une clôture en panneaux soudés

Une clôture en panneaux soudés présente l'avantage d'un montage simplifié, d'une grande rigidité et d'une totale régularité d'aspect. Elle se compose de poteaux (profilés en té) et de panneaux grillagés, dont l'assemblage se fait le plus souvent par des manchons cylindriques. C'est une clôture très sûre, indiquée pour la protection d'une maison, les panneaux pouvant faire jusqu'à 2 m de hauteur. Le montage se fait panneau par panneau, avec une fixation par crochets et manchons de raccordement.

1

2

3

1. Tendez un cordeau à l'emplacement de la clôture. Repérez la position des poteaux (tous les 1,25 m) à l'aide de petits piquets de bois. Creusez un trou d'environ 30 cm de côté sur 30 cm de profondeur. Plantez ensuite le poteau au centre de ce trou, en l'enfonçant dans le sol sur 50 cm de profondeur. Scellez le poteau au béton. Ne faites pas affleurer complètement le béton de façon à le recouvrir par la suite d'une mince couche de terre permettant à l'herbe de repousser.

2. Les panneaux sont fixés sur les poteaux par des crochets en forme de fer à cheval. Ils viendront ensuite se prendre sur les barres horizontales des panneaux. Mettez-les tous en place avant de disposer les panneaux.

3. Présentez les panneaux grillagés contre les poteaux en faisant en sorte que le raccordement avec le suivant ne s'effectue pas à la hauteur d'un poteau mais au moins deux ou trois barres (verticales) plus loin. Placez les panneaux contre les poteaux. Procédez à leur accrochage en commençant par le haut. Le premier crochet a tendance à plaquer le panneau sur le poteau. Pour faciliter l'accrochage des traverses inférieures, écartez légèrement le panneau avec une baguette de bois.

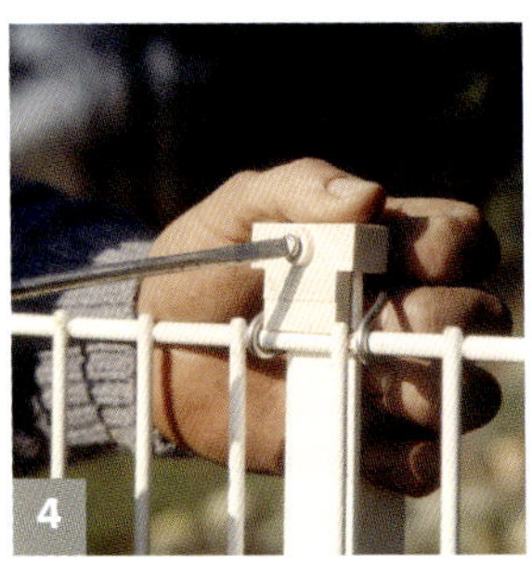
4

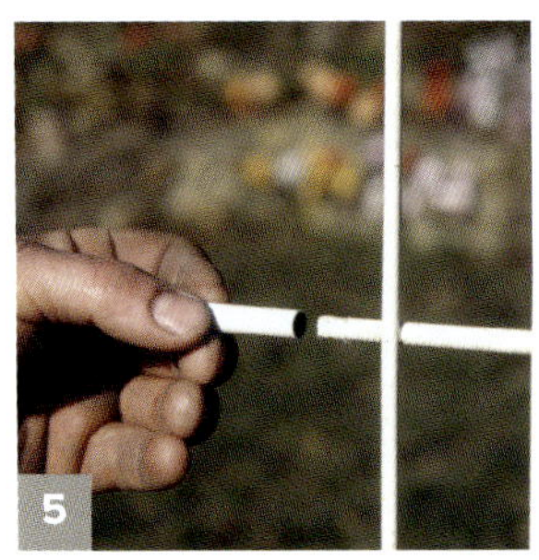
5

4. Chaque poteau est doté d'une pièce d'arrêt en plastique qui permet le blocage du panneau grillagé et empêche toute remontée de ce dernier. Serrez la vis de blocage pour immobiliser la pièce d'arrêt.

6

© CP

5. Les panneaux sont dotés d'embouts latéraux, prolongeant les barres horizontales. Ils débordent d'environ 2 cm de la dernière barre verticale d'extrémité. Posez les manchons plastifiés permettant de les raccorder.

6. Les manchons étant en place sur chaque barre, présentez le panneau suivant pour le raccorder au précédent. Raccordez le panneau au poteau suivant déjà scellé en terre.

LA BONNE INFO

PANNEAUX SOUDÉS SUR MURET

Il est possible de fixer des poteaux métalliques par vissage sur un muret. Ils permettent de prolonger le muret en hauteur par des panneaux soudés.

Poser une barrière en PVC

Une clôture en PVC n'est certainement pas aussi sûre qu'une clôture en grillage simple torsion ou en panneaux soudés, mais elle a l'avantage d'être inaltérable, imputrescible et sans entretien. Elle remplace en revanche très bien une barrière en bois, dont elle reprend généralement la configuration.

LES BONS OUTILS

OUTILS

- Bêche
- Pelle
- Pioche
- Niveau à bulles
- Truelle
- Tournevis
- Cales en bois
- Clés plates ou clé à mollette
- Cordeaux

MATÉRIEL

- Barrière et portail en PVC
- Ciment
- Sable
- Gravier
- Colle PVC
- Boulons

ASSEMBLER LE PORTAIL

Il est possible de monter le portail à plat avec ses montants et de mettre en place l'ensemble en vue de leur scellement.

1

2

3

4

1. Posez à plat les deux battants et positionnez les piliers. Les battants s'articulent ici sur des gonds fixes solidarisant les battants et les piliers.

2. Creusez les trous pour les piliers, de 40 cm de côté sur 50 cm de profondeur.

3. Avec l'aide d'une personne, dressez le portail et ses piliers et calez ces derniers avec des pierres, ainsi que le dessous de la porte avec des cales de bois.

4. Maintenez le portail et ses piliers en position en vous servant de cordeaux de maçon comme de haubans. Réglez la position de l'ensemble en vous aidant du niveau à bulles.

Collage

Certains éléments d'une barrière en PVC s'assemblent avec la même colle que vous utiliseriez pour réunir des gouttières ou des canalisations en PVC. C'est le cas des chapeaux de pilier et des poteaux qui se collent en toute fin de travail.

ASSEMBLER ET MONTER LA BARRIÈRE

Une barrière en PVC se monte comme un jeu de construction. Pour rigidifier les poteaux et les deux piliers, il est possible de couler du béton à l'intérieur.

1

2

3

4

1. Ce type de clôture est fait de lisses de section carrée, joignant deux poteaux, et d'éléments verticaux dont la forme peut être variée. Ces éléments sont en deux parties, à réunir par vissage.

2. La liaison entre les lisses et les éléments verticaux se fait au moyen de boulons qui traversent de part en part les lisses (éléments horizontaux). Ces boulons se vissent dans le filetage intérieur des éléments verticaux. Une simple clé plate, de taille adaptée suffit pour l'assemblage. Ne serrez pas trop fort pour ne pas fendre le plastique.

3. Creusez les trous pour les poteaux et calez-les un par un avec des pierres, en contrôlant leur verticalité avec un niveau à bulles. Immobilisez les poteaux avec des haubans de façon à leur conserver une position correcte. Montez ensuite l'autre panneau de clôture et procédez de même pour le poteau suivant.

4. Une fois toute la clôture montée, vous pouvez sceller les piliers du portail et tous les poteaux avec du béton. Donnez une légère pente à la semelle avec la truelle pour une bonne finition.

Pergolas et treillis

Une pergola est une construction à claire-voie posée sur des poteaux. On peut fixer un treillis sur cette structure pour soutenir les plantes grimpantes et former ainsi un ombrage. Vous la placerez à l'entrée du jardin, au-dessus d'une allée ou encore contre un mur pour ombrager un banc ou former un décor.

LES BONS OUTILS

OUTILS
- Crayon
- Scie égoïne, scie circulaire
- Ciseau à bois
- Maillet
- Perceuse et mèches à bois
- Marteau
- Niveau à bulles

MATÉRIEL
- 6 poteaux de 2,75 m de section 90 x 90 mm
- 2 chevrons de 3,14 m de section 90 x 90 mm
- 7 traverses de 1,80 m de section 100 x 75 mm
- 4 plaques de treillis de 1,83 x 1,22 m
- Ciment et agrégats ou mortier prêt-à-gâcher
- Pointes galvanisées de 65 et 125 mm
- Planches
- Étais

Construire une pergola

Il existe des pergolas en kit, mais si vous êtes un bon bricoleur, ce type de structure peut facilement être réalisé avec des éléments en bois traité. Avant assemblage, veillez à appliquer un traitement protecteur sur toutes les extrémités sciées et sur les pieds.

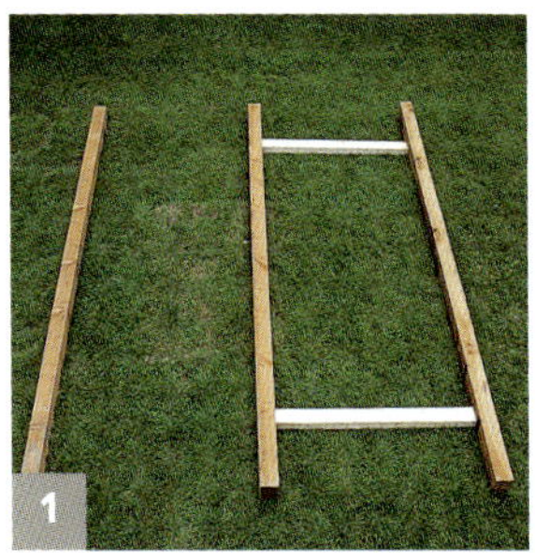
1

2

3

1. Posez sur un sol plan les trois poteaux d'un des côtés de la structure. Coupez deux traverses de 1,20 m et utilisez-les pour établir l'espacement correct entre les poteaux, en haut et en bas.

2. Un chevron et une traverse vont être assemblés en haut des poteaux, dépassant de 0,20 m de chaque côté (voir le plan ci-dessous). Reportez le profil du chevron sur le poteau, et tracez une entaille de 25 mm de profondeur pour y insérer l'extrémité de chaque poteau. Sciez les pans de l'entaille avec une scie égoïne, jusqu'au tracé de profondeur.

3. Avec le maillet et le ciseau à bois, dégagez l'entaille sur ses faces nettes et précises. Si le bois est dur (bois exotique), réalisez une série de traits de scie, parallèles et rapprochés, à la scie circulaire pour faciliter le travail.

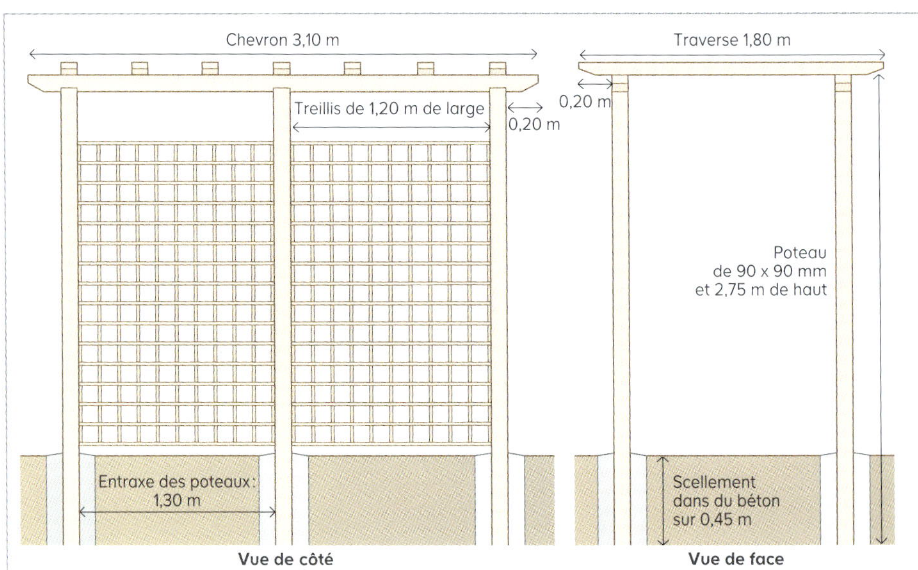

LA BONNE INFO

FIXER UNE PERGOLA
Sur une terrasse ou dans une cour bétonnée, utilisez des supports métalliques à fixer, adaptés à la section des montants. Vissez-les dans la maçonnerie avec des goujons à expansion.

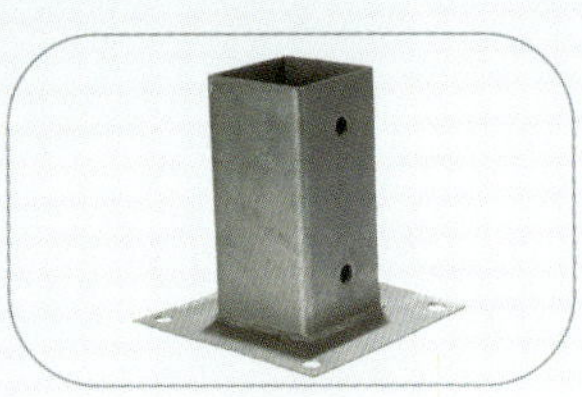

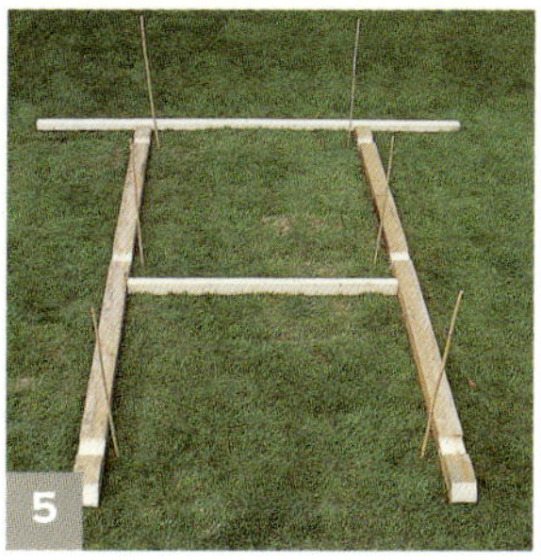

4. Sciez l'extrémité des chevrons et des traverses en biais, en partant à 25 mm de la face supérieure du chevron et en débouchant à 75 mm de l'extrémité. Sciez sur le tracé. Vous pouvez concevoir une autre forme à votre goût.

5. Guidez-vous sur les traverses pour marquer le trou des poteaux. Calez-les avec un chevron et maintenez les poteaux parallèles en les écartant de 1,30 m. Vous obtiendrez ainsi le centre exact de chaque trou. Marquez-les avec un piquet, déposez les traverses et creusez sur 45 cm de profondeur.

6. Assemblez les chevrons aux poteaux. Percez des avant-trous, puis enfoncez deux pointes à chevron galvanisées de 125 mm dans chaque assemblage.

7. Calez l'espacement des poteaux avec un tasseau de 1,20 m de long et vérifiez leur équerrage par rapport au chevron. Immobilisez ensuite la structure avec trois planches disposees en Z.

8. Dressez la pergola et insérez ses pieds dans les trous. Calez la structure avec des étais. Contrôlez la verticalité et l'alignement des poteaux ainsi que l'horizontalité du chevron.

9. Dressez l'autre côté de la pergola et vérifiez au niveau à bulles que les deux traverses sont bien horizontales. Si nécessaire, jouez sur l'enfoncement du pied des poteaux. Bétonnez les pieds et laissez sécher plusieurs jours.

Monter les traverses et le treillis

1. Posez trois chevrons sur les traverses au-dessus des poteaux et clouez-les en place. Positionnez ensuite les quatre autres chevrons, à égale distance les uns des autres et clouez-les également en place.

2. Fixez le premier panneau de treillis avec de pointes galvanisées de 65 mm. Percez des avant-trous pour ne pas éclater le bois. Laissez un espace en bas du treillis afin qu'il ne touche pas le sol et qu'il ne pourrisse pas.

3. Clouez de la même façon les trois panneaux de treillis. Vous pouvez utiliser ce support pour faire pousser des plantes grimpantes qui habilleront ainsi votre construction.

LA BONNE INFO

Assemblages collés

Si vous n'êtes pas un expert en menuiserie et que vos assemblages ne sont pas assez "serrés", n'hésitez pas à les encoller avec une colle hydrofuge pouvant être utilisée à l'extérieur.

Que vous partiez d'un terrain nu autour d'une maison qui vient d'être construite ou bien qu'il s'agisse d'un espace planté d'arbres centenaires, il est possible de concevoir ou de reconcevoir un jardin. Si certains végétaux sont incontournables (arbres, pelouse, etc.), ce sont les constructions qui déterminent l'organisation du jardin, de la clôture à la terrasse, des allées aux escaliers.

LA BONNE INFO

Qualité du terrain

Avant de vous lancer dans l'implantation d'éléments structurants comme les clôtures, les murets ou les allées, procédez à un examen de la nature et de la qualité du terrain. Si l'implantation de la maison est récente, laissez le temps au terrain de se stabiliser. Procédez aux éventuels drainages qui s'imposent.

1. Délimiter l'espace

Dans un jardin, l'espace est structuré à partir d'éléments de séparation permanents tels que les clôtures et les murets, et grâce à des végétaux formant des haies, des buissons, des massifs. Une palissade, un grillage, des panneaux délimiteront une propriété et ils pourront partager le jardin en différentes zones affectées au repos, au jeu ou aux circulations.

Il faut être attentif à la délimitation périphérique du terrain qui doit tenir compte des contraintes d'urbanisme que sont le bornage (qui seul vaut pour fixer une limite de propriété) et le voisinage, public ou privé.

LA BONNE INFO

Attention aux limites de propriété !

La construction d'une clôture, d'un muret séparatif ou d'une palissade doit se faire dans le respect des règles d'urbanisme ou des prescriptions particulières d'un éventuel règlement de résidence. Notez que le cadastre ne fait pas foi pour la délimitation de votre terrain, pas plus qu'un plan éventuel lié à votre titre de propriété. Seul un bornage réalisé par un géomètre agréé a valeur légale.

2. Animer l'espace

Murets décoratifs ou fleuris, treillis, balustrades, pergolas : autant de constructions qui rythment l'espace d'un jardin. Leur implantation peut avoir des raisons pratiques, mais leur vocation est aussi d'animer le décor, de constituer un point attirant le regard, de créer une zone d'intimité, de faire vivre le jardin, en complément ou en contraste de cet espace végétal. Ne le surchargez pas de constructions, mais ne vous contentez pas d'une pelouse, de massifs, d'arbustes et de buissons.

3. Gérer les circulations

Les accès à la maison, les circulations dans le jardin doivent d'abord être fonctionnels et, faciles à utiliser. L'emplacement du portail, d'un éventuel portillon est essentiel, car vous les emprunterez tous les jours. La largeur des accès tiendra compte du gabarit des véhicules à y faire passer. Les allées devront être à la fois commodes à utiliser mais aussi agréables à regarder, car elles participent au décor de la maison et du jardin. Leur revêtement sera adapté à leur utilisation selon qu'il s'agit d'y faire passer des véhicules ou de les parcourir à pied.

Faire un plan

Si vous engagez un remaniement important au jardin, dressez un plan simple de la maison et de son environnement, où seront localisées les zones paysagées. Pensez à mentionner les pentes, car la plus petite dénivellation peut poser des problèmes pour la moindre construction et il sera trop tard de s'en apercevoir sur le terrain. Avant d'arrêter toute décision, schématisez l'aménagement envisagé au moyen de cordeaux tendus sur le terrain.

Concevoir et structurer le jardin

La conception et la structuration d'un jardin sont déterminées par l'élaboration et la mise en place des murets, clôtures, terrasses et dallages. C'est autour de ces éléments que vous pourrez implanter la pelouse, les massifs, plates-bandes et plantations qui relèvent du jardinage. Prenez le temps de la réflexion, car on ne déplace pas un muret comme un massif de fleurs.

MURETS

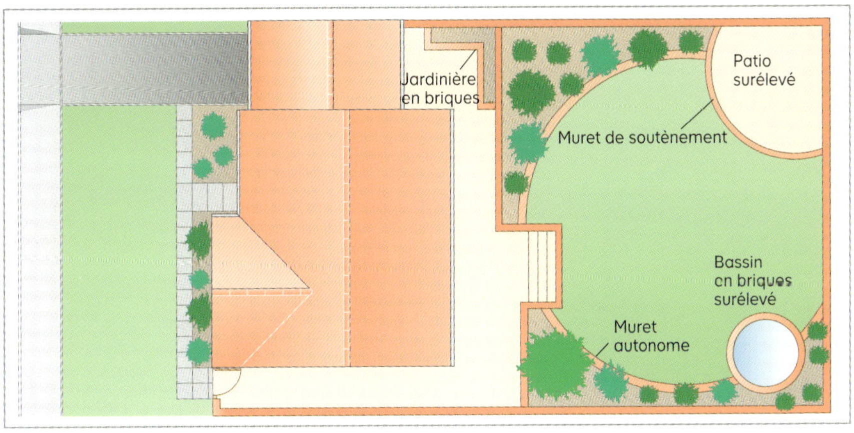

La vocation des murets est multiple :
- un muret de soutènement permettra d'aménager les différents niveaux d'un jardin en en atténuant la pente ;
- séparer deux zones du jardin ;
- délimiter une terrasse ;
- créer une jardinière, des bacs ou un muret fleuri.

Ces éléments maçonnés peuvent être en briques, en pierres ou en blocs de pierre reconstituée. Ils doivent faire l'objet d'une préparation soignée, notamment de fondations en rapport avec leur poids et leurs dimensions.

CLÔTURES

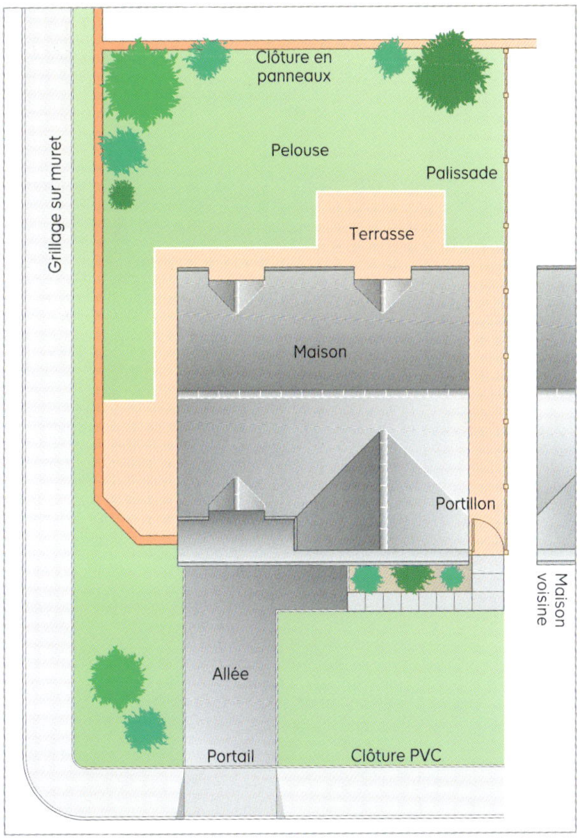

Les clôtures entourent votre jardin pour séparer votre environnement du domaine public ou du terrain voisin. Elles ont pour vocation principale d'empêcher les personnes et les animaux d'entrer chez vous. Elles peuvent jouer un rôle décoratif, mais aussi couper le vent ou créer un ombrage.

Des clôtures peuvent également structurer l'espace intérieur du jardin ; pergolas, treillis, balustrades délimiteront des zones de repos ou de circulation.

TERRASSES ET PAVAGES

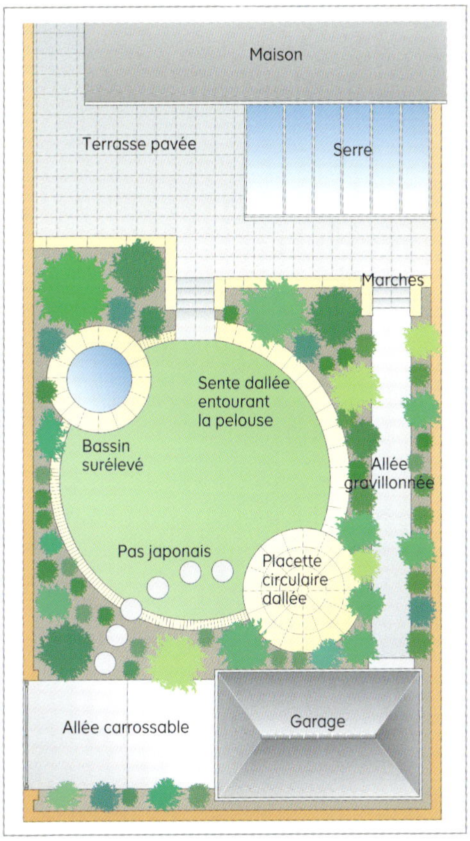

Une terrasse conçue pour le farniente ou les repas à l'extérieur peut se situer n'importe où dans un jardin, mais il est plus pratique de la placer près de la maison. Son sol peut être dallé, pavé, garni de pierres de récupération ou de gravier. Des escaliers et/ou des allées la relient aux autres parties du jardin.

La terrasse est devenue le prolongement incontournable de la maison, une véritable pièce supplémentaire en plein air. Le bois est la solution idéale pour le bricoleur, surtout en adoptant des méthodes de montage simples, pouvant être mises en œuvre sans outillage important. Bien conçue, elle sera un véritable trait d'union entre la maison et le jardin.

LA BONNE **INFO**

Réglementation
Aucune demande n'est nécessaire pour les terrasses de moins de 60 cm de haut. Pour les terrasses plus hautes, vous devez faire :
- une déclaration préalable de travaux jusqu'à 20 m^2 ;
- une demande de permis de construire pour une terrasse de 20 m^2 et plus.

Consultez également les éventuelles spécificités du règlement local d'urbanisme ou de résidence.

1. Sur quel niveau ?

Le niveau de construction de la terrasse est directement lié à la configuration de la maison et au positionnement des ouvertures en façade. Une maison de plain-pied, sans vide sanitaire, conduit à élaborer une terrasse posée au sol, en continuité de celui de la maison. En revanche, une maison avec vide sanitaire ou demi-étage amène à bâtir une terrasse surélevée. Plus complexe à réaliser, elle procure l'avantage d'offrir un meilleur point de vue sur le jardin et sur le paysage environnant.

2. Quelle implantation ?

La terrasse peut avoir différentes vocations selon sa taille, son orientation et son accès depuis la maison. Dans la majeure partie des cas, elle est située en façade, en prolongement de la salle à manger ou du séjour. Elle offre ainsi un dégagement à ces pièces, via le plus souvent une large baie vitrée. Dans certains cas, notamment dans une configuration de plain-pied, une terrasse peut aussi prolonger la cuisine si elle donne sur l'extérieur. C'est l'implantation idéale pour en faire une salle à manger estivale.

LA BONNE **ASTUCE**

Dalles modulables
Cette terrasse est constituée de dalles modulables en bois exotique de 60 x 30 cm, assemblées par clipsage sans aucun outil. Vous pourrez les démonter et les emportez si vous déménagez.

3. Mode d'assemblage

La terrasse idéale est constituée d'un plancher en bois ou en composite, monté sur un solivage, bordé d'une balustrade en bois garantissant sa sécurité quand elle est surélevée. L'assemblage des éléments par des tire-fond dispense de tout assemblage de menuiserie compliqué. Quant à la liaison avec la façade, indispensable pour la stabilité de la construction, elle se fera simplement par des goussets métalliques, tels que ceux utilisés pour la fabrication des charpentes industrielles. Un tel projet est donc à la portée de tous les bricoleurs, sans équipement ni outillage spécifique.

Terrasses en bois ou dérivés

Pour commencer, tracez les contours de la terrasse sur un plan intégrant la maison et le jardin. En l'établissant au sud, elle bénéficiera d'un ensoleillement maximum. Tenez compte davantage de la vue et du panorama que vous pourrez y admirer, mais aussi de l'intimité par rapport à vos voisins, ou encore de l'accès éventuel au jardin et de sa proximité avec la maison.

• Si la terrasse jouxte la maison, assurez-vous que la porte qui y donnera accès est suffisamment large et facile à manier. Vérifiez qu'elle ne va pas gêner le passage d'une descente de gouttière qui, par la suite, déboucherait sous son plancher. Si c'est le cas, prévoyez un regard fermé par une grille.

• Si vous établissez la terrasse autour d'un arbre, laissez assez d'espace autour du tronc pour qu'il puisse se courber librement sous le vent. Prévoyez sa croissance par des éléments amovibles.

Ne voyez pas trop grand : une terrasse surdimensionnée peut "écraser" la maison. N'oubliez pas, aussi, qu'il faudra en entretenir régulièrement le bois.

TERRASSES EN LAMES AU SOL

Veillez à planifier les travaux et à vérifier les mesures dès le stade de l'élaboration et pendant toute la durée du chantier. Il faut être deux pour se lancer dans ce type de projet. Les bois employés, traités en autoclave, bénéficient d'une garantie contre les attaques des champignons et des larves d'insecte du bois. Cela ne doit pas vous dispenser de traiter les surfaces sciées, rabotées ou poncées avec un produit insecticide et fongicide.

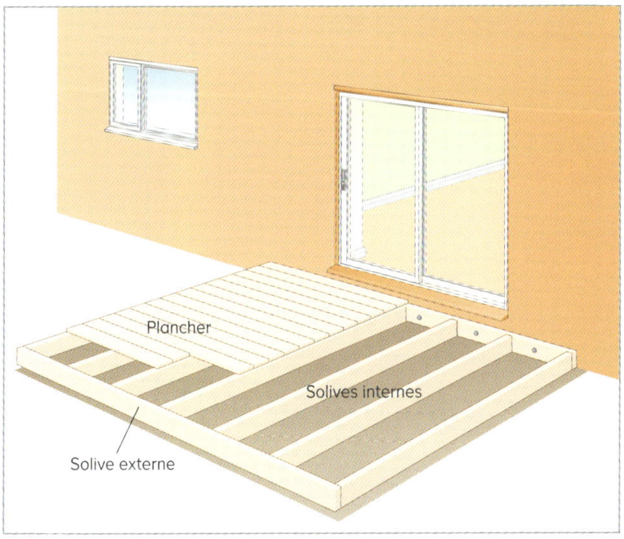

TERRASSE POSÉE AU SOL

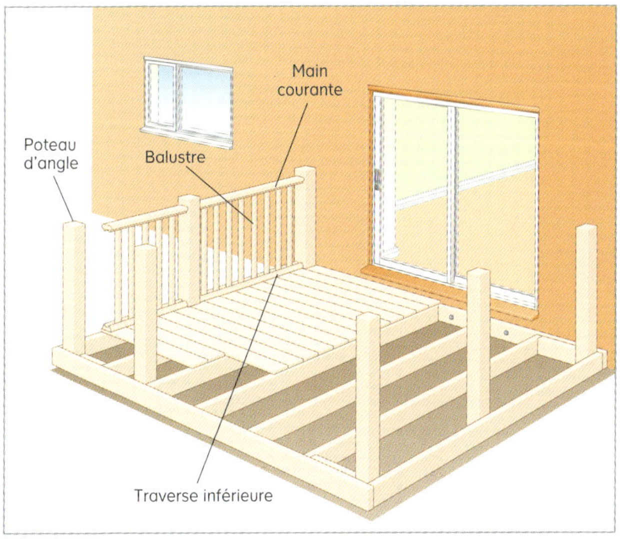

TERRASSE AU SOL FERMÉE PAR UNE BALUSTRADE

TERRASSES EN LAMES SURÉLEVÉES

Une balustrade portée par des poteaux agrémente le style de la terrasse et participe à sa sécurité.

L'escalier d'accès peut être facilement réalisé avec des éléments standards. Il devra comporter une rambarde s'il se compose de plus de cinq marches ou monte à plus de 0,60 m. Si l'espace sous la terrasse ne sert pas à quelques rangements, fermez-le, par exemple avec des panneaux décoratifs en lattes. Doublez-les d'un grillage à petites mailles pour empêcher les feuilles et les débris de s'accumuler sous le plancher.

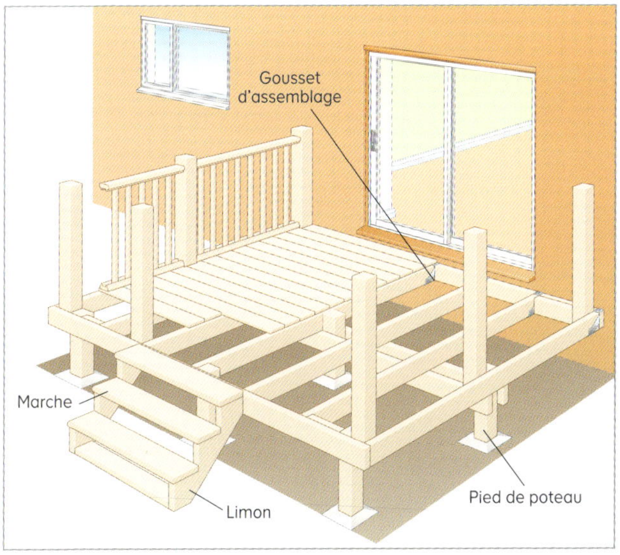

TERRASSE SURÉLEVÉE AVEC BALUSTRADE ET ESCALIER

LES BONS OUTILS

Outils
- Cordeau de maçon
- Piquets en bois
- Marteau
- Bêche
- Règle
- Niveau à bulles
- Crayon
- Scie égoïne, scie circulaire
- Perceuse avec mèches et tête de vissage
- Tournevis
- Jeu de clés à douilles
- Pinceau

Matériel
- Film plastique
- Gravier
- Béton prêt à l'emploi ou parpaings
- Poteaux
- Tire-fond
- Vis autoforeuses
- Pointes galvanisées de 50 ou 63 mm (selon épaisseur des lames)
- Papier abrasif
- Lames de plancher
- Produit de traitement du bois
- Saturateur
- Solives de 7,5 x 20 cm
- Lattes de 5 x 15 cm
- Caillebotis

La réalisation d'une terrasse de plain-pied est une opération assez facile. Vous pourrez ajouter ultérieurement des éléments tels que poteaux et balustrade. Des dalles de caillebotis pourront également constituer une terrasse ou encore une allée qui permettra de préserver la pelouse.

Choisir le matériau

BOIS RÉSINEUX
Pin ou sapin, les résineux sont les mieux placés en terme de prix. Traités en autoclave, ils seront peints ou lasurés.

BOIS EXOTIQUES
Avec leurs teints chauds et leur aspect huilé, ils ne demandent pas ou peu d'entretien. Ils affichent une belle longévité.

COMPOSITE
Mélange de bois recyclé et de polyéthylène haute densité, le composite ne demande aucun entretien ni traitement.

Monter une terrasse en lames de plain-pied

La pose droite, perpendiculaire aux solives est la plus simple, mais vous pouvez opter pour une disposition en diagonale ou même en chevrons, avec un solivage adapté. Laissez un espace de 3 mm entre les lames pour permettre à l'eau de pluie de s'écouler. Vous pourrez adopter une pose clouée (directement sur les solives) ou avec des clips.

PRÉPARER LE TERRAIN

La plate-forme doit reposer sur un sol plan et uniforme. Une fois l'emplacement et les dimensions de la terrasse déterminés, marquez son périmètre avec des cordeaux tendus entre des piquets d'alignement.

Pose sur sol humide

Si le terrain retient l'eau, placez la plate-forme hors sol, sur des plots bétonnés coiffés d'une plaque étanche. Creusez en périphérie de plate-forme des trous d'environ 15 cm de côté et de profondeur, espacés de 1,20 m. Coulez du béton dans ces trous, en dépassant légèrement le niveau du sol, pour former 4 plots dont vous dresserez le sommet pour les aligner dans le même plan. Contrôlez l'alignement avec une règle et un niveau à bulles. Vous pouvez aussi remplacer ces plots coulés par des parpaings (Bloc béton). Recouvrez toute la surface d'une feuille plastique. Découpez-la autour des plots. Étalez une couche de graviers sur cette feuille d'étanchéité et disposez sur chaque plot un carré de feutre bitumeux. Posez la structure en bois.

1. Enlevez le gazon couvrant la surface à la bêche, en veillant à ne pas endommager d'éventuelles canalisations enterrées. Avec une grande règle et un niveau à bulles, vérifiez si la zone mise à nue est plane et horizontale. Corrigez les défauts.

2. Couvrez la surface d'un film plastique pour empêcher la repousse de l'herbe, et recouvrez-le de graviers sur une épaisseur de 4 à 5 cm.

ASSEMBLER LE PLANCHER

Cette terrasse est constituée d'une plate-forme, posée au sol, faite de solives de 75 x 200 mm de section, posées sur chant. Assemblez d'abord les solives extérieures, puis les solives intérieures espacées de 45 cm maximum, sur lequel vous visserez les lames. Les solives de deux des quatre côtés doivent être assez longues pour recouvrir l'extrémité des deux autres.

Jonctions

S'il faut prolonger deux solives, posez-les bout à bout sur un établi et calez une éclisse : un morceau de solive d'environ 6 cm de long, à cheval sur le joint. Maintenez l'ensemble par des serre-joints, sur la face intérieure du chevron. Assemblez l'éclisse par huit tire-fond, tête à l'extérieur.

1. Positionnez les solives en angle. Percez des trous dans le bout des solives extérieures et amorcez le perçage dans les solives de traverse du cadre. Assemblez les solives entre elles avec des tire-fond que vous serrerez à la clé à douille. Si vous voulez accoler la plate-forme à un mur ou ajouter une balustrade, vous devez le faire avant de poser le plancher.

2. Fixez les lames du plancher sur les solives avec des vis galvanisées. L'emploi de vis autoforeuses vous évitera de percer des avant-trous pour que le bois ne se fende pas. Laissez un interstice de 3 mm entre les lames, pour l'écoulement de l'eau et le travail du bois. Utilisez une pige en contreplaqué de 3 mm d'épaisseur pour calibrer cet espacement.

3. Vissez les lames au centre des solives. Alternez les joints. Si nécessaire, recoupez une partie des lames pour obtenir une répartition régulière de ces joints.

4. Traitez toutes les extrémités des bois sciés.

LA BONNE **ASTUCE**

Plots pour terrasse
Ces supports de plancher en béton pour terrasse en bois ou abri de jardin dispensent de creuser des trous et d'avoir à gâcher du béton.

Poser une terrasse en caillebotis

Les dalles en caillebotis permettent de réaliser une allée en peu de temps. Elles sont assemblées sur une structure en lattes à chanfrein, dans laquelle il suffit de les insérer. Vous pouvez poser la structure sur un lit de graviers, étalé sur un plastique noir qui empêchera la végétation de pousser.

1. Assemblez la structure avec des vis enfoncées perpendiculairement dans l'extrémité des lattes, dont l'espacement est égal au côté des dalles. Utilisez des vis autoforeuses pour ne pas faire éclater le bois.

2. Assemblez les traverses de la structure pour obtenir un solivage à "mailles" carrées. Le chanfrein doit se trouver tourné vers le haut.

3. Glissez chaque dalle dans l'un des carrés, bien calée au fond des chanfreins, en alternant, ou non, le sens des lattes selon l'aspect recherché. Pour empêcher les dalles de se vriller, fixez-les par une vis dans chaque coin.

LA **SECURITE**

Protections
Portez des gants, un masque antipoussière et des lunettes de sécurité pour scier les éléments. Ne brûlez pas les chutes de bois traité, pour éviter un dégagement de fumées toxiques : jetez-les à la déchetterie.

LES BONS **OUTILS**

Outils
- Mètre
- Massette
- Cordeau de maçon
- Bêche
- Marteau d'emballeur
- Niveau à bulles
- Crayon
- Perceuse avec foret et mèche
- Scie égoïne, scie sauteuse
- Clé à douilles
- Étau, taquets
- Serre-joints

Matériel
- Piquets en bois
- Clous
- Poutre
- Goujon à expansion
- Lattes de 2,5 x 10 cm pour les chevalets
- Craie
- Béton prêt à l'emploi
- Film plastique
- Tourillons

Quand un terrain est en pente, très inégal ou très humide, il faut faire une terrasse surélevée, qui peut constituer en outre un prolongement intéressant de la maison. Une balustrade, un escalier, participeront à son esthétique et à sa sécurité.

Monter une terrasse en lames surélevées

Le montage d'une terrasse surélevée est une opération complexe, qui demande du temps et une certaine pratique de la menuiserie, même si les assemblages peuvent être facilités par l'utilisation de goussets et de liaisons boulonnées. On est ici en présence d'une véritable construction qui passe par le respect de règles de sécurité pendant la construction (maniement de pièces de bois importantes, travail à une certaine hauteur) et dans la perspective de son utilisation.

PRÉPARER LE TERRAIN

Commencez par nettoyer le terrain, enlevez les pierres et arrachez les éventuelles souches d'arbres et arbustes, tout en veillant à ne pas abîmer les réseaux d'eau et d'électricité pouvant être enterrés. Retirez l'herbe ou le gazon et assurez-vous que le sol est bien drainant. S'il est très humide, faites-le drainer par une entreprise.

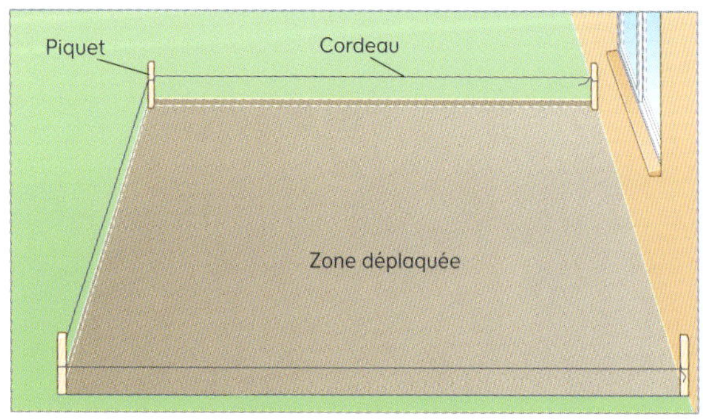

Mesurez la superficie de la future terrasse et délimitez-la avec des **piquets** et un **cordeau.**

Si c'est un gazon, enlevez-le avec une bêche et conservez quelques plaques pour aménager par la suite le tour de la terrasse. Si c'est de l'herbe ou un terrain encore non-aménagé, contentez-vous d'enlever l'herbe. La **zone déplaquée** correspond à la superficie de la terrasse.

Corrigez les éventuels dénivelés et irrégularités de terrain. L'opération est souvent difficile et vous gagnerez du temps à louer le matériel nécessaire si vous ne le possédez pas : motoculteur, voire mini-pelleteuse.

LA BONNE **INFO**

Niveau à bulles

Pour vérifier que le cordeau est bien horizontal, demandez à quelqu'un de le tenir tendu au maximum pendant que vous posez le niveau à bulles dessus, à peu près en son centre.

Terrasse adossée à un mur

Si vous aménagez la terrasse contre la maison, veillez à ne pas obturer une bouche d'aération, ni à dégrader la bande d'étanchéité au-dessus du sol. Fixez une poutre d'appui directement dans le mur, puis montez le reste du solivage en appui sur cette poutre. Percez la poutre tous les 40 cm, alternativement en haut et en bas pour ne pas créer une ligne de fissurage. Calez la poutre horizontalement au niveau à bulles et reportez l'emplacement de chaque trou sur le mur. Retirez la poutre et percez aux emplacements ainsi repérés. Insérez une cheville à expansion dans chaque trou, puis les goujons dans la poutre, sans omettre leur rondelle. Plaquez la poutre et bloquez les goujons avec une clé à douille.

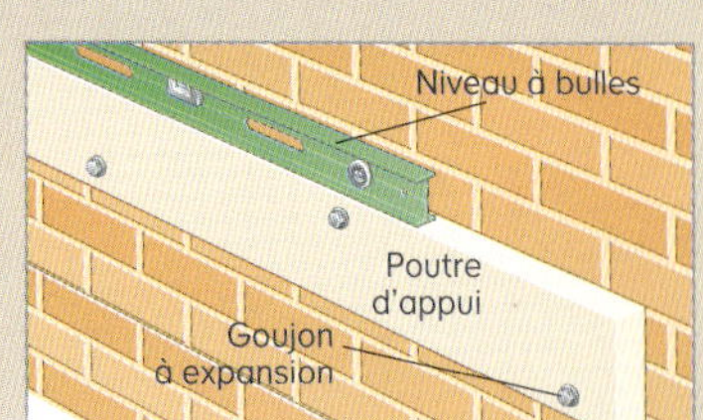

ARPENTER LE TERRAIN

Tracez avec le plus grand soin le périmètre de l'ouvrage. La méthode de triangulation 3-4-5 assure l'équerrage précis des angles, donc la qualité esthétique de l'ouvrage fini. Cette opération d'arpentage va en effet vous permettre de déterminer avec précision la position des poteaux de soutien de l'ouvrage.

1. Pour réaliser les **chevalets** d'alignement, coupez des pièces dans des lattes. Chaque chevalet est composé de trois éléments de 2,5 x 10 cm. Taillez en pointe l'une des extrémités de deux d'entre eux : ils serviront de pieux. Clouez le troisième à 5 cm du sommet des deux pieux, pour constituer le chevalet.

2. Près de chaque coin à environ 45 cm du bord de la surface déplaquée, plantez un chevalet parallèlement à chacun des côtés. Tendez un cordeau entre le milieu des chevalets opposés et entre les chevalets et la **poutre murale**. Assurez-vous que la traverse de chaque chevalet est bien horizontale et enfoncez les pieux jusqu'à ce que le cordeau soit parfaitement horizontal.

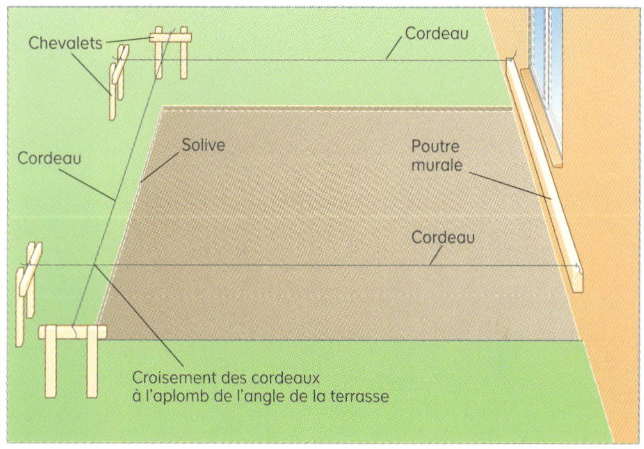

3. Pour vous assurer que les **cordeaux** se croisent bien à l'aplomb de chaque angle, placez une **solive** sur le côté de la surface, puis calez le niveau verticalement contre cette solive, juste sur le coin. Réglez la position des cordeaux sur les traverses des chevalets jusqu'à ce que les quatre se croisent parfaitement à l'aplomb des coins de la surface.

4. Formez les angles à 90° par la méthode 3-4-5, (voir ci-dessous) toujours en faisant glisser latéralement les cordeaux sur les traverses des chevalets jusqu'à obtenir l'équerrage parfait. Quand vous êtes certains que les angles sont bien d'équerre et à l'aplomb des coins, marquez la position des cordeaux sur les traverses d'un trait de scie. Glissez le cordeau sur le côté pour donner un coup de scie sur le trait. Coincez ensuite le cordeau dans cette encoche.

TRIANGULATION 3-4-5

Vous ne pouvez pas aller plus loin sans être sûr que les côtés du tracé sont parallèles deux à deux et que les angles sont bien à 90°. La méthode de la triangulation dite "3-4-5" est la plus simple pour contrôler cette géométrie. Elle est fondée sur la règle qui veut que dans un triangle dont le rapport des côtés est de 3, 4 et 5, les deux plus petits côtés forment un angle droit parfait.

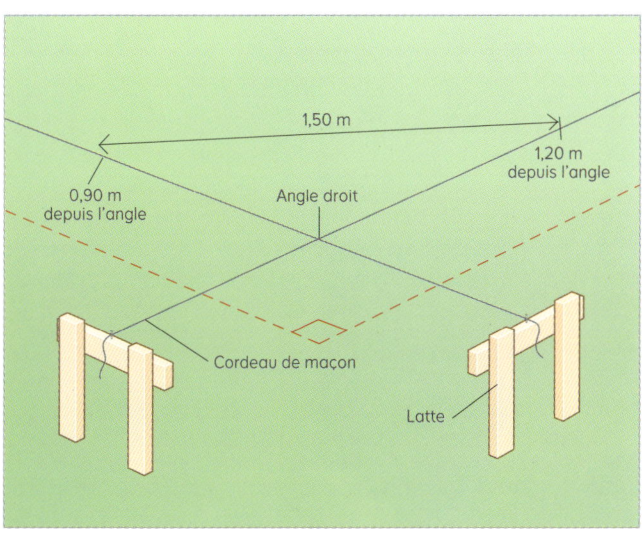

Assurez-vous d'abord que les cordeaux se croisent exactement à la verticale des quatre coins, avec un niveau à bulles ou un fil à plomb. À défaut d'employer une équerre de maçon, découpez dans du ruban à masquer une bande de 90 cm et collez-la sur un côté en partant d'un coin, puis une de 1,20 m en partant du même coin mais de l'autre côté.

Mesurez la distance entre les extrémités de ces deux bandes : si elle est exactement de 1,50 m, l'angle est parfaitement droit. Si nécessaire, rectifiez en faisant glisser les cordeaux latéralement.

LA BONNE INFO

ÉQUERRAGE EN DIAGONALE
Pour une ultime vérification, mesurez les diagonales de la surface déplaquée : si elles sont identiques, vous êtes sûr que les quatre angles sont bien droits.

PLATE-FORME SUR DALLE EN BÉTON
Si la plate-forme surplombe une aire bétonnée, inutile d'ôter le béton. Il suffit alors d'insérer les poteaux dans des supports métalliques, dont la semelle sera vissée dans le béton au moyen de goujons à expansion. Effectuez le traçage à la craie et placez les piquets d'alignement hors de l'aire bétonnée. Déterminez l'emplacement des poteaux et de leur ancrage.

FIXER LES PIEDS DES POTEAUX

La plate-forme est portée par des poteaux. Ceux situés dans les coins ne sont pas implantés sur l'angle du solivage, mais décalés d'une largeur afin de pouvoir insérer ultérieurement les poteaux de la plate-forme. Ce travail est plus facile à deux.

1. À l'emplacement de chaque poteau, creusez un trou d'environ 30 à 40 cm de large sur 60 cm de profondeur. N'espacez pas les poteaux de plus de 1,20 m. Placez-les à 10 cm du cordeau. Placez le poteau dans son trou et vérifiez sa verticalité avec le niveau à bulles.

2. Calez le poteau avec deux étais, puis versez le béton dans le trou.

3. Une fois tous les poteaux en place et le béton solidifié, vous pouvez ôter les cordeaux et les chevalets d'alignement.

4. Couvrez la surface d'une feuille de plastique noir pour empêcher l'herbe de repousser et recouvrez-la de gravier pour laisser l'eau de pluie s'écouler. Attendez 48 h avant de vous attaquer au solivage.

CONSTRUIRE LE SOLIVAGE

La structure de cette terrasse est composée d'une **poutre d'appui** fixée le long du mur, de deux **traverses latérales,** d'une **traverse frontale** et de **solives internes.** L'assemblage sur la poutre d'appui se fait par des **goussets** métalliques cloués avec des pointes galvanisées de 50 mm. La liaison entre les autres éléments est réalisée à l'aide tire-fond.

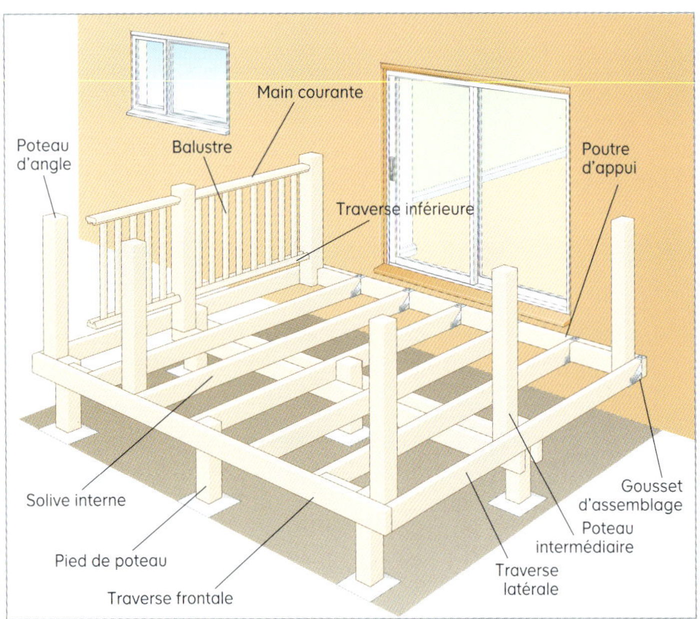

ÉLÉMENTS D'UNE TERRASSE SURÉLEVÉE

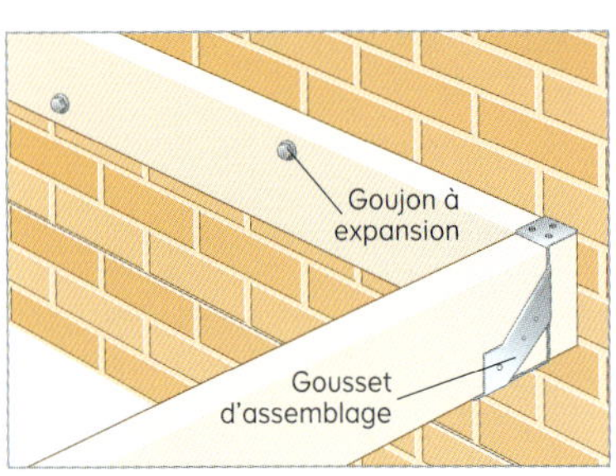

ASSEMBLAGES PAR GOUSSET
Les liaisons entre la poutre fixée sur le mur, les solives et les traverses extérieures se font par des goussets métalliques.

1. Fixez les solives périphériques sur les poteaux d'angle, en contrôlant leur horizontalité au niveau à bulles. Faites-les dépasser d'une largeur de poteau et fixez-les avec deux tire-fond engagés dans des trous prépercés. Assemblez les traverses frontale et latérale avec deux autres tire-fond. Utilisez une clé à douille.

2. Poursuivez l'assemblage de l'entourage du solivage en fixant de même les traverses latérale et frontale sur chaque poteau.

3. Pour renforcer l'ensemble, fixez deux solives de part et d'autre de chaque paire de poteaux intermédiaires se faisant face. Positionnez-les accolés sous les traverses latérale et frontale.

4. Coupez les solives à longueur et fixez-les entre la traverse frontale avec deux tire-fond et avec la poutre d'appui avec des goussets métalliques. Si vous prévoyez de placer les lames dans une disposition droite, espacez les solives de 40 cm ; pour une disposition diagonale, espacez-les de 30 cm.

POSER LA BALUSTRADE

L'assemblage de la balustrade se fait ici sur le solivage fini, avant de poser les lames du plancher. Les barreaux de la balustrade seront coupés à la longueur souhaitée, qui ne doit toutefois jamais être inférieure à 1,10 m au-dessus du plancher. La traverse inférieure de la balustrade doit se trouver au maximum à 10 cm du plancher. Pensez à laisser néanmoins un écart suffisant pour pouvoir insérer aisément les lames.

1. Choisissez l'espacement des barreaux et coupez la traverse inférieure et la main courante à leur longueur exacte. Bloquez un élément de main courante sur l'établi et percez sur son axe une rangée de trous espacés de 10 cm ou moins si vous voulez que les barreaux soient plus rapprochés.

2. Bloquez la main courante dans un étau (ici des taquets) et engagez dessous les barreaux en les bloquant dans la rainure avec des vis placées en diagonale. Utilisez un bloc de bois comme cale d'écartement pour assurer un espacement régulier (jamais plus de 11 cm).

3. Posez la traverse inférieure sur les barreaux et fixez-la avec des vis autoforeuses galvanisées de 50 mm, dans des avant-trous. Calibrez l'écartement entre barreaux au moyen d'une cale en bois.

4. Insérez un poteau d'angle de balustrade contre le pied de poteau de la terrasse qui supporte les traverses latérale et frontale et maintenez-le en place à l'aide d'un serre-joint. Fixez le poteau de balustrade à la traverse latérale avec deux tire-fond insérés dans des avant-trous.

5. Confortez les poteaux d'angle avec un morceau de solive contre la traverse frontale, entre chacun d'eux et la traverse latérale. Fixez-le avec des vis autoforeuses. Placez le poteau suivant et fixez-le avec une seule vis de manière à pouvoir l'ajuster lors de la pose de la main courante.

6. Faites 2 trous de 35 mm de profondeur avec une mèche de 12 mm de diamètre à chaque extrémité de la traverse inférieure de la balustrade et de la main courante. Insérez des tourillons de 12 mm dans les trous et marquez leur position en haut et en bas du chant des poteaux d'angles. Percez à 35 mm de profondeur aux points ainsi repérés.

7. Collez les tourillons dans les trous des poteaux et insérez la traverse et la main courante sur ces tourillons. Maintenez ces assemblages en place avec des serre-joints jusqu'à prise complète de la colle. Ajoutez alors une seconde vis à la base du poteau intermédiaire pour renforcer la fixation.

Réglementation sur les balustrades (garde-corps)

Les balustrades ou garde-corps font l'objet d'une réglementation très précise, en application de la norme NF EN 85-015. Celle-ci précise les cotes minimales que doit faire ce type d'ouvrage pour prévenir tout risque de chute, notamment pour les enfants. Il est aussi indiqué que la balustrade doit être solidaire du bâtiment auquel la terrasse est accolée, ce qui conduit, dans le cas présenté ici, à ancrer les poteaux d'extrémité, côté maison, à la façade, au moyen de goujons à expansion, dans les mêmes conditions que la poutre d'appui fixée au mur.

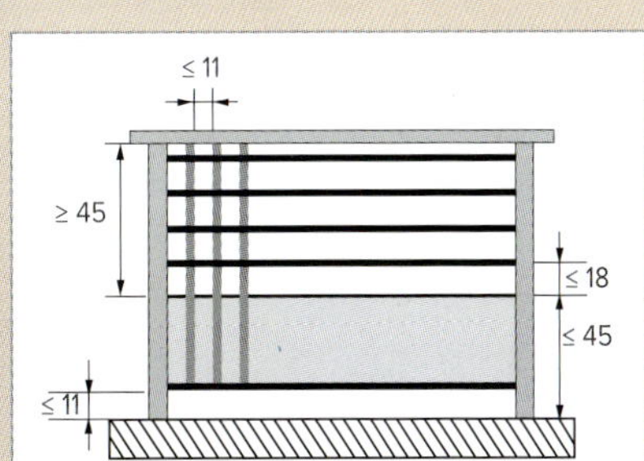

Dimensions en centimètres

LA BONNE ASTUCE

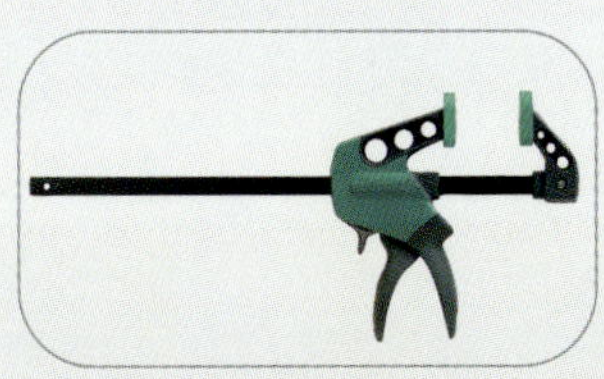

SERRE-JOINT À POMPE

Ces serre-joints sont faciles à placer. Ils maintiennent les pièces avec précision pendant que vous percez et vissez, libérant vos deux mains pour effectuer le travail.

LA BONNE
INFO

Protection du plancher
Passez sur le plancher une lasure protectrice incolore, imperméabilisant le bois tout en le laissant respirer. Pour rénover un plancher, décapez-le avec un nettoyant spécifique qui enlève les moisissures et élimine la grisaille du bois.

POSER LE PLANCHER

Les balustrades étant en place, vous pouvez maintenant poser le plancher. N'oubliez pas que les lames se posent perpendiculairement aux solives, espacées de 40 cm.

1. Posez les premières lames contre un côté de la plate-forme et progressez vers le centre. Il faut entailler les lames au niveau du pied des poteaux. Coupez la lame à longueur et maintenez-la contre les poteaux d'angle avec des serre-joints, sur le solivage. Reportez très précisément le profil du poteau sur la lame.

2. Retirez la lame et fixez-la solidement sur l'établi. Découpez l'encoche tracée à l'aide d'une scie sauteuse.

3. Glissez la lame en position. Si nécessaire, rabotez ou sciez la face externe de manière que le bord interne s'aligne contre le flanc intérieur du poteau d'angle. Ainsi, vous disposerez d'un bord droit à partir duquel vous pourrez poser les autres lames. Fixez la lame dans les solives avec des vis autoforeuses galvanisées de 50 ou 65 mm (selon l'épaisseur des lames).

4. Fixez chaque lame par deux vis dans chaque solive avant de placer la suivante, sans oublier de laisser un interstice de 3 mm entre elles. Positionnez les extrémités des lames, exactement au milieu d'une solive. Alternez les joints, et répartissez-les de façon à former un dessin esthétique.

5. Ne sacrifiez pas un arbre : bâtissez la plate-forme autour de son tronc. Le solivage sera renforcé autour de l'ouverture ménagée à cet effet en utilisant des chutes de solives fixées avec des vis autoforeuses. Pensez à laisser un espace suffisant pour que l'arbre puisse fléchir sous le vent, sans peser sur le plancher, et en prévision de la croissance du tronc. Découpez les lames pour épouser les contours du tronc.

LES BONS
OUTILS

Outils
- Mètre
- Crayon
- Scie sauteuse
- Marteau
- Perceuse

Matériel
- Panneaux de treillis
- Vis galvanisées de 30 mm
- Vis autoforeuses de 75 mm
- Grillage à petites mailles
- Agrafes de 20 mm

Poser des panneaux d'entourage

Des panneaux en treillis, découpés, permettent d'entourer une plate-forme surélevée d'une "jupe" esthétique. En doublant ces panneaux d'un grillage à mailles fines, vous empêcherez les débris et feuilles mortes d'aller s'accumuler sous la plate-forme, et vous empêcherez les petits animaux d'aller y nicher.

1. Relevez la cote entre la base du solivage et le sol. Avec la scie sauteuse, coupez le panneau de treillis à cette cote. Retirez la baguette de cadre de la partie enlevée en donnant quelques petits coups de marteau pour la déboîter. Replacez-la sur la partie que vous venez de couper et fixez-la avec des vis galvanisées de 30 mm.

2. Relevez les dimensions du panneau de treillis (à l'intérieur du cadre) et découpez une bande de grillage à ces dimensions. Fixez le grillage sur l'intérieur du cadre avec des agrafes clouées au marteau.

3. Percez des avant-trous dans l'encadrement du panneau de treillis et fixez la bordure supérieure du cadre dans la solive latérale.

Poser une balustrade métallique

Une balustrade en aluminium est à la fois moderne, résistante et solide. Elle est proposée en éléments à assembler facilement avec un minimum d'outils. Elle est vissée, soit directement dans le sol si la terrasse est bétonnée ou carrelée, soit montée sur une terrasse en bois. Elle doit aussi impérativement être fixée dans le mur de façade par l'intermédiaire de pattes de retenue.

À l'aide d'un mètre, déterminez l'emplacement des fixations des montants correspondant aux longueurs de balustrade. Repérez-le, marquez-le sur la dalle de l'escalier ou sur la terrasse en bois.

1

2

3

1. Prévoyez un montant à chaque angle de la balustrade. Percez la dalle sur les repères tracés, à l'aide d'une perceuse à percussion munie d'un foret à béton, ou d'une perceuse simple avec mèche à bois s'il s'agit d'une terrasse en bois. Placez dans chaque trou un goujon à expansion dans le cas du béton, ou prépercez dans le bois en vue de pose de tire-fond. Posez un montant sur l'emplacement préparé, bloquez la vis de serrage au bas du pied avec la clé. Vérifiez la stabilité et la solidité de la fixation de chaque montant, en forçant pour le renverser.

2. Assemblez l'élément constitué par la main courante et les barreaux sur les montants en engageant les têtes des montants dans les encoches prévues sous la main courante. Appuyez fermement sur l'ensemble pour le caler.

3. Serrez les vis de blocage (qui sont situées à la base des barreaux) sur les pieds de la balustrade. Cette fixation relie définitivement les barreaux et les montants, empêchant ainsi tout basculement de la balustrade vers l'extérieur.

4

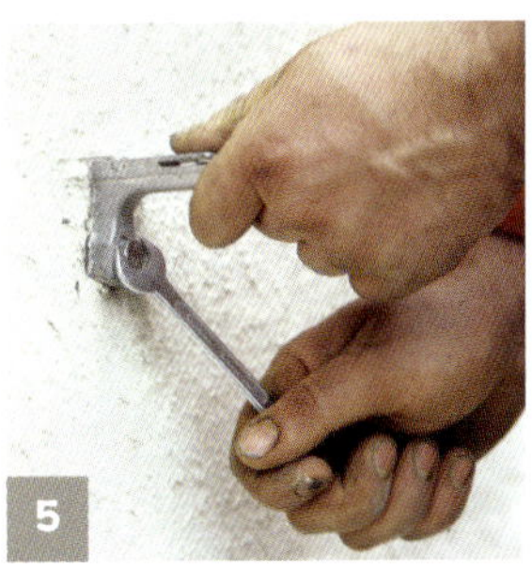
5

6

4. Engagez le raccord coudé dans la main courante de la partie à poser. Il forme un angle droit avec la balustrade déjà fixée. Serrez la vis de blocage du raccord, située sous la main courante. Faites de même sur la traverse basse.

5. Il est obligatoire de relier solidement la balustrade à la façade. Percez un trou à la hauteur de la main courante, pour poser la patte de fixation. Introduisez-y une cheville à expansion. Vissez et bloquez la patte contre le mur. Faites la même opération pour fixer la partie basse.

6. Engagez la rampe d'angle dans les deux pattes mises en place sur le mur de façade. En même temps, enfoncez les raccords coudés de l'autre extrémité dans la main courante et la traverse basse perpendiculaires. Serrez les deux vis de blocage des raccords d'angle, puis les deux vis fixant la rambarde.

LES BONS OUTILS

Outils
- Mètre
- Perceuse, foret à béton ou mèche à bois
- Clé à œil coudée
- Tournevis

Matériel
- Balustrade
- Goujons à expansion
- Tire-fond
- Patte de fixation
- Cheville à expansion

LA BONNE INFO

Entretien de l'aluminium

L'aluminium ne demande pratiquement pas d'entretien. Néanmoins, il est bon de le nettoyer régulièrement pour éviter l'incrustation de particules qui peuvent favoriser une corrosion spécifique qui se traduit par l'apparition d'une sorte de résine silicone.

LES BONS **OUTILS**

OUTILS
- Tournevis
- Fausse équerre
- Niveau à bulles
- Mètre
- Crayon
- Marteau
- Serre-joints
- Scie circulaire ou scie sauteuse
- Scie à onglets
- Scie égoïne
- Perceuse avec mèches et tête de vissage
- Règle

MATÉRIEL
- Poteaux
- Poutres et solives
- Lames de parquet extérieur
- Vis autoforeuses galvanisées de 50 ou 63 mm (selon l'épaisseur des lames)
- Goussets métalliques et pointes galvanisées de 50 mm
- Produit de traitement du bois
- Tire-fond

Une terrasse en bois peu facilement évoluer si vos besoins changent. Il suffit d'ajouter un solivage pour l'agrandir. Si cette extension se prolonge au-dessus d'une pente, vous pouvez régler la hauteur de la partie ajoutée en agissant sur la taille des poteaux qui la supportent, et même ajouter un escalier donnant accès au jardin.

Extension d'une terrasse en bois

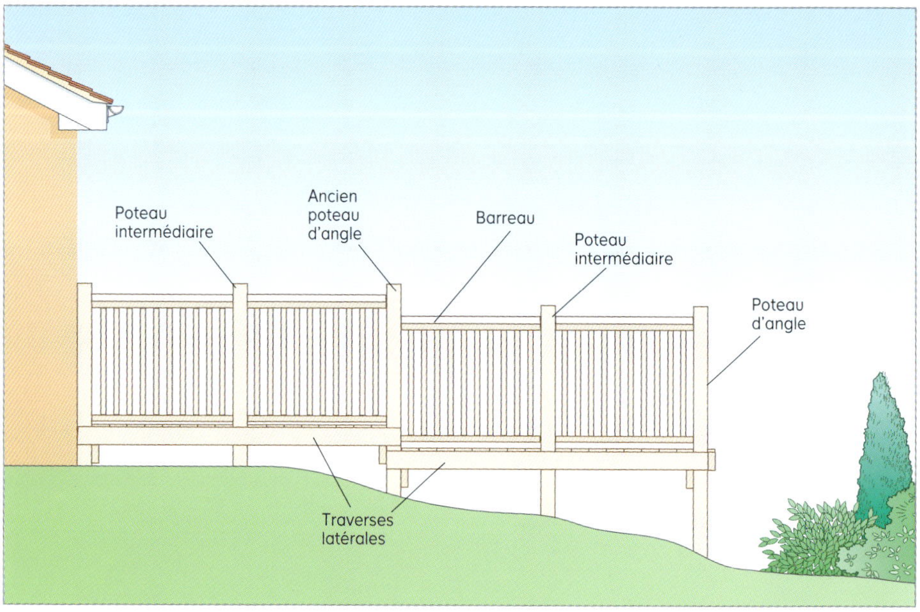

EXTENSION AU MÊME NIVEAU

Pour agrandir la terrasse, il suffit souvent d'ajouter des éléments prolongeant la plate-forme existante. En général, vous devrez d'abord retirer une partie de la balustrade.

1. Retirez les lames recouvrant le bord de la terrasse, du côté de l'extension à réaliser, pour mettre le solivage à nu. Pour agrandir celui-ci, vous devrez dresser des poteaux supplémentaires pour y fixer des solives couvrant la surface de l'extension.

2. Fixez des lames neuves par deux vis sur la partie de solivage que vous venez de découvrir, en alternant leurs joints et en veillant à ce qu'ils tombent au milieu des solives. Sciez les parties des lames qui dépassent du bord de l'extension.

EXTENSION LATÉRALE

Si l'extension est perpendiculaire au solivage existant ou se raccorde avec une autre terrasse, vous pouvez avoir à modifier la disposition du plancher.

1. Fixez une nouvelle pièce de bois contre le solivage existant avec des tire-fond. Tracez le périmètre de l'extension, placez les poteaux et fixez-y les solives (espacées de 40 cm ou de 30 cm pour une pose en diagonale). Fixez l'extrémité de celles-ci sur la poutre avec des goussets cloués.

2. Fixez chaque lame avec deux vis dans chaque solive. Pour une disposition en diagonale, calez la lame sur l'établi et tracez l'angle de 45° avec une fausse équerre, puis coupez à la scie circulaire ou sauteuse. Posez les lames, puis sciez leur extrémité au ras de la rive du solivage.

EXTENSION DÉCALÉE

Si l'extension surplombe un terrain en pente, vous pouvez être amené à relever le niveau de la partie d'origine ou, au contraire, préférer construire la nouvelle partie sur un niveau différent.

1. Réalisez le nouveau solivage en appui sur la partie déjà réalisée. Assemblez avec des goujons deux traverses latérales à une traverse de départ posée sur l'extrémité de la terrasse initiale. Faites des avant-trous et vissez des tire-fond avec la clé à douille. Les nouveaux poteaux portant le solivage doivent être plus hauts que ceux d'origine, pour tenir compte de la différence de niveau.

2. Fixez le nouveau solivage : les solives sont espacées de 40 cm, et fixées par deux tire-fond insérés dans des trous percés dans la solive latérale, en regard de chaque extrémité de solive. Les lames doivent être perpendiculaires aux solives.

3. Coupez trois lames de la longueur des traverses latérales et frontale pour réaliser un bandeau qui habillera proprement les côtés du nouveau plancher.

4. Coupez les lames à la longueur voulue et placez la première contre le nez de la marche entre les deux niveaux de la terrasse. Fixez chaque lame avec deux vis insérées au niveau de chacune des solives qui la supporte.

LA BONNE INFO

Solive bombée

Si vous découvrez qu'une solive est légèrement incurvée, placez la partie bombée au-dessus. Vérifiez la rectitude des poutres et des solives avec une longue règle et, si nécessaire, rabotez la face bombée afin d'obtenir une surface plane pour la pose du plancher.

COIN DE TERRASSE EN PAN COUPÉ

Pour réaliser facilement un coin en pan coupé, il faut recouper les solives selon l'angle voulu, puis recouvrir avec des lames, elles-mêmes recoupées au ras de la nouvelle rive.

1. Avec une règle ou un niveau à bulles, tracez l'angle du pan coupé sur les éléments du solivage. Sciez-les sur le tracé.

2. Mesurez un morceau de solive se raccordant exactement sur les extrémités des solives recoupées. Fixez-le sur les extrémités des solives avec deux tire-fond.

3. Posez et vissez les lames débordant du pan coupé. Calez avec deux serre-joints une autre lame sur le pan coupé pour vous servir de guide de coupe. Coupez les dépassements des lames, à l'aplomb de la rive d'angle, avec une scie circulaire. N'oubliez pas de traiter toutes les coupes avec un produit de protection du bois.

LA BONNE ASTUCE

Scie circulaire

Une scie circulaire facilite les coupes des charpentes et planchers. La profondeur de sciage étant réglable, déterminez-la avec soin pour couper les lames de plancher sans entamer les éléments du solivage.

LES BONS OUTILS

OUTILS
- Mètre
- Scie égoïne ou scie sauteuse
- Perceuse avec mèches
- Ponceuse
- Marteau
- Tournevis
- Crayon
- Clés

MATÉRIEL
- Pavés en béton
- Marches
- 2 limons
- Tire-fond de 75 mm
- Chutes de lame de plancher
- Vis autoforeuses galvanisées de 50 mm
- Planches rabotées

Sauf si la terrasse est au niveau du sol, vous devrez réaliser un escalier pour accéder facilement au jardin ou pour relier deux plates-formes de niveaux différents. Une balustrade et une main courante sont indispensables pour la sécurité.

Réaliser un escalier en bois

La solution la plus simple consiste à scier les différents éléments dans des planches rabotées de 27 mm d'épaisseur. Il faut au moins deux limons et un nombre de marches correspondant aux niveaux à raccorder. Une échelle de meunier (sans contremarches) suffit dans la plupart des cas, mais vous pouvez préférer un escalier plus complet.

Pour empêcher l'ouvrage de s'enfoncer dans un sol trop meuble, calez-le. Vous pouvez aussi opter pour des pavés ou des dalles, pour une semelle en béton de 10 cm d'épaisseur, un pavage auto-bloquant ou un lit de graviers posé sur un feutre géotextile. Pensez à calculer la hauteur de la volée en partant de cette surface d'appui.

ASSEMBLER LIMONS, MARCHES ET CONTREMARCHES

Une largeur de 90 cm permet de réaliser un escalier pratique et il ne doit jamais faire moins de 75 cm. Si la volée de marches dépasse 90 cm de large, elle devra être soutenue par un limon central pour que le bois ne fléchisse pas. Donnez aux marches une hauteur, qui ne rend pas la montée pénible, l'idéal se situant entre 15 et 18 cm.

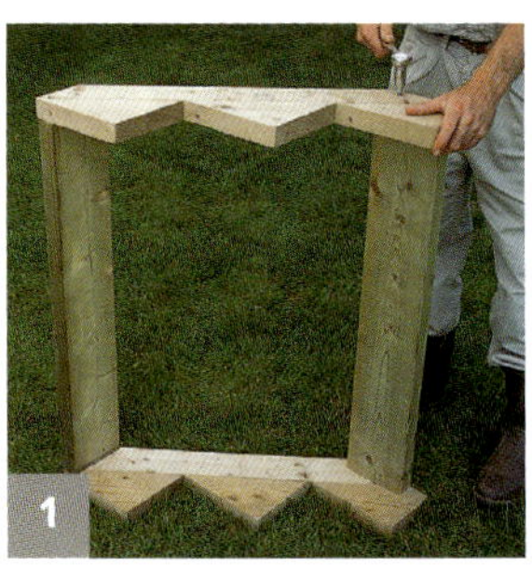
1

2

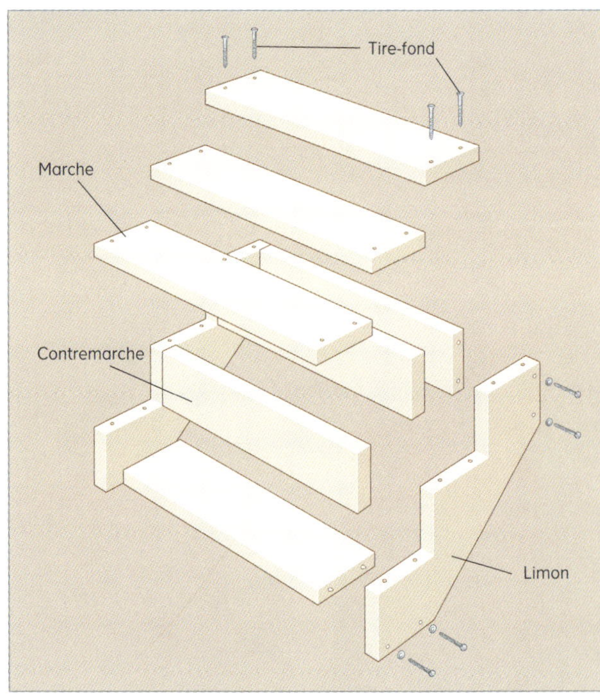

1. Sciez les différents éléments de l'escalier dans des planches rabotées de 27 mm d'épaisseur. Fixez deux traverses d'extrémité entre les limons, en haut et en bas, avec deux tire-fond à chacune des extrémités.

2. Calez cet ensemble contre la solive extérieure de la terrasse, en centrant sa base sur la surface d'appui de la volée. Percez des avant-trous dans la traverse haute et la solive de rive. Solidarisez ces éléments avec quatre tire-fond.

3. Arrondissez le nez des marches à la ponceuse. Fixez les marches de chaque côté par deux vis autoforeuses galvanisées de 50 mm, pour garantir la solidité de l'assemblage.

4. Si vous préférez un escalier complet plutôt qu'une échelle de meunier, ajoutez des contremarches taillées, par exemple, dans des chutes de lames de plancher. Coupez-les à mesure et fixez-les avec deux vis à chaque extrémité.

3

4

FIXER LES RAMPES

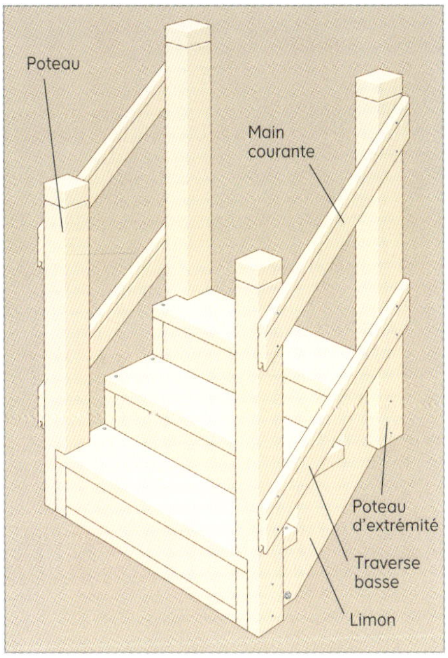

STRUCTURE DE L'ESCALIER

Pour équiper un escalier de rampes, vous devez d'abord placer des **poteaux d'extrémité** chacun étant fixé sur les **limons** par deux tire-fond. Plaquez une **main courante** sur la face externe des poteaux, parallèlement à la volée, et tracez le chant des barreaux sur la main courante. Sciez sur le tracé. De cette façon, la main courante de la rampe bordera les barreaux sans les dépasser.

Vissez les barreaux, entre la main courante et une traverse basse, identique à la main courante. Coupez ensuite les barreaux à longueur et vissez-les.

Réglementation sur les rampes d'escalier

Quelques règles simples doivent être retenues pour éviter tout risque d'accident. Dans l'absolu, les rampes ne sont pas obligatoires pour une terrasse, mais on ne saurait trop vous conseiller d'en installer une, voire deux dans la mesure du possible. C'est une garantie de sécurité pour les jeunes enfants et les personnes âgées. Quelques règles simples :

- hauteur de rampe :
  – au moins 90 cm pour la volée de marche
  – au moins 1,10 m sur la terrasse
- espace entre barreaux :
  – 11 cm maximum. C'est la réglementation édictée pour éviter qu'un bébé puisse tomber ou passer la tête entre les barreaux.

Ajouter une balustrade

Quand on installe un escalier avec une rampe, la logique veut que l'on construise aussi une balustrade en prolongement des poteaux d'extrémité, c'est une garantie de sécurité et aussi l'assurance d'une belle finition de l'ensemble.

1. Choisissez l'espacement des poteaux (tous les 1,20 m au maximum) et fixez le premier sur le solivage avec deux tire-fond. Mesurez les éléments de solive à placer sur la rive du solivage entre les poteaux. Fixez-les, comme les poteaux ou les barreaux, avec des tire-fond. Dans un angle, mesurez et coupez une solive à placer sur la rive du solivage. Placez le pilier d'angle sur la rive adjacente du solivage, en recouvrement de cette solive pour conserver l'alignement des piliers et des barreaux.

2. Mesurez et coupez à 45° à l'aide d'une scie à dos et d'une boîte à onglets les longueurs de main courante pour un assemblage de qualité. Calez un élément de main courante en place, côté rainuré vers le bas. Vérifiez son horizontalité au niveau à bulles, percez des avant-trous à l'aplomb des piliers et vissez l'élément.

3. Servez-vous du poteau pour déterminer la position de la traverse basse. Veillez à ce que l'espace entre cette traverse et le plancher ne dépasse pas 10 cm. Calez la traverse en place et fixez-la sur chaque pilastre avec deux tire-fond.

4. Placez le premier barreau, contrôlez sa verticalité et fixez-le sur la main courante et la traverse avec des vis autoforeuses. Servez-vous d'une chute de bois comme cale pour obtenir une distance constante entre les barreaux. Cet espacement ne doit jamais excéder 11 cm. Veillez à maintenir un espace uniforme entre les poteaux et les barreaux.

LES BONS OUTILS

Outils
- Mètre
- Crayon
- Scie égoïne ou scie sauteuse
- Boîte à onglets
- Clés
- Perceuse avec mèches
- Serre-joints
- Niveau à bulles
- Tournevis

Matériel
- Pilastres à pied tenonné
- Tire-fond
- Solives
- Main courante et chevron de traverse
- Vis autoforeuses galvanisées de 50 ou 65 mm (selon l'épaisseur des lames)
- Chutes de solive

La maçonnerie tient une place importante au jardin. Elle permet de réaliser des murets, des bassins et d'autres structures comme des marches ou des bordures. Les murets organisent l'espace ou réduisent les pentes trop fortes pour parvenir à une utilisation optimale du jardin. Leur élévation ne demande pas d'outillage important ni de compétences spécifiques.

LA BONNE **ASTUCE**

PIERRE RECONSTITUÉE
La pierre reconstituée permet de monter des murets, des jardinières, des marches à partir d'éléments en kit, faciles à monter, puisqu'ils s'assemblent sans mortier, avec du ciment-colle. C'est la solution idéale quand on veut obtenir rapidement un décor offrant le charme des matériaux naturels sans leurs contraintes.

1. Choisir le matériau

La réalisation d'un muret décoratif ou d'un muret de séparation peut faire appel à des matériaux très divers. Il faut avant tout tenir compte de l'environnement du jardin. Respectez son cadre architectural. Inutile d'implanter un muret en briques rouges à proximité d'une maison en pierre de pays ou l'inverse ! En revanche, la brique se mariera à merveille avec une terrasse sobre en lames sombres de style contemporain. Pensez aux produits de reconstitution qui imitent aujourd'hui parfaitement les matériaux naturels comme la pierre ou même la brique, et facilitent grandement les opérations d'assemblage.

2. Préparer votre mur

La construction d'un muret passe par une soigneuse préparation. Son poids, sa hauteur, justifient une assise solide. Il n'est pas question ici d'improviser, aucun terrain n'étant assez stable pour supporter une construction maçonnée quelle qu'elle soit. Il vous faudra donc creuser et couler une fondation en béton, généralement sous la forme d'une semelle d'une vingtaine de centimètres plus large que le muret lui-même. Dans certains cas, vous gagnerez à réaliser une dalle de béton d'une quinzaine de centimètres de profondeur. Mais un muret n'ayant pas vocation à supporter une construction, il ne sera pas nécessaire de ferrailler l'ouvrage.

LA BONNE **INFO**

BIEN JOINTOYER LES BRIQUES
Le bon jointoiement des briques est à la fois une marque de qualité d'un muret et un gage de solidité.
Formez la surface du joint en creux, au moyen d'un fer à joint, d'une anse de seau ou d'une tige de métal. Laissez les joints formés sécher encore un peu, puis brossez les débris de mortier avec une brosse, en veillant à ne pas arracher le mortier des joints.

3. Conduire votre projet

La maçonnerie ne demande pas un outillage très important ni beaucoup de machines ou équipements, surtout s'agissant de la réalisation d'un simple muret décoratif. Néanmoins, il vous faudra réunir des outils et accessoires spécialisés, voire en louer, comme la bétonnière si vous avez beaucoup de béton ou de mortier à gâcher. N'oubliez pas que le ciment brûle la végétation et que toute dispersion de mortier ou de béton sur la pelouse se traduira par des dégâts inesthétiques difficiles à rattraper. N'hésitez pas à bâcher le sol, notamment pour gâcher le mortier. Attention aussi aux résidus de mortier pouvant s'éparpiller quand vous maçonnez des pierres ou des briques. Multipliez les contrôles de niveau et de verticalité, car toute imprécision de départ ne peut que s'accroître au fil de la construction.

Choisir le matériau d'un muret

Un muret est un ouvrage construit pour durer longtemps. On ne peut pas le remplacer aussi facilement qu'une clôture en bois. Il faut donc bien réfléchir avant de le construire.

TYPES DE MATÉRIAUX

Les murets de jardin peuvent être en briques, en pierres naturelles ou en pierres reconstituées. Vous trouverez une large gamme d'éléments préfabriqués imitant parfaitement les matériaux naturels.

BRIQUES
Matériau de construction, la brique a une couleur qui dépend de la nature de l'argile employée pour sa fabrication et du procédé de cuisson. Sa teinte est plus ou moins homogène et sa structure peut être lisse ou rugueuse.
Les briques de récupération ont, la plupart du temps, un aspect patiné qui s'accorde parfaitement avec une construction ancienne.

PIERRES NATURELLES
On peut acheter des pierres de type blocaille non triée ou pierres brutes de carrière. Certaines sont taillées en bloc plus ou moins uniformes, aux surfaces inégales. Elles se maçonneront avec un mortier bâtard (2/3 de chaux, 1/3 de ciment). Ce type de muret est le plus difficile à réaliser.

PIERRES SEMI-SÈCHES
Un bon mur de pierres sèches est bâti avec des éléments soigneusement appareillés de manière à assurer une stabilité parfaite sans aucun mortier. Le mur ci-dessus est dit "semi-sec", car les pierres sont assises sur du mortier invisible depuis le parement.

PIERRE RECONSTITUÉE
L'une des faces de ces pierres reconstituées présente l'aspect des pierres taillées en carrière. Elles sont proposées dans des teintes diverses.

PIERRES SÈCHES
Les pierres reconstituées employées dans ce mur permettent d'obtenir sans grand effort l'aspect d'un mur en pierres sèches.
L'assemblage se fait par collage des différents blocs. Ces pierres conviennent pour une retenue de terre inférieure à 1 m.

FORMATS ET TYPES DE BRIQUES

On trouve des briques de différentes dimensions, formes et résistances au vieillissement. Les tailles les plus courantes sont de 22 x 10 x 5 cm ou 28 x 14 x 5 cm, à quelques millimètres près. Elles peuvent être pleines ou perforées, certaines présentent une grande face creuse.

BRIQUES PLEINES
La brique pleine standard est tout à fait appropriée à la réalisation de murets de jardin. Classiquement rouge pour la construction de murs porteurs et de structure, elle est souvent flammée, telle la brique de Beauvais pour les parements décoratifs ou les murets.

BRIQUES MULOTS
Les mulots sont des demi-briques (dans le sens de la largeur), utilisés surtout pour des cloisonnements, des parements ou des ouvrages décoratifs. Il en existe dans toutes les qualités de briques et spécifiquement dans les décors flammés.

BRIQUES PERFORÉES
De tailles équivalentes à celles des briques pleines, ces briques ont l'avantage d'alléger les constructions qu'elles composent.
Elles conviennent aussi bien pour les structures porteuses que pour les parements.

ÉLÉMENTS PRÉFABRIQUÉS

BLOCS DE CONSTRUCTION
Des éléments préfabriqués en pierres reconstituées ou en briques de formes très diverses, sont employés pour les ouvrages décoratifs (par exemple une jardinière) et pour le couronnement des murs. Un couronnement n'a pas qu'un rôle décoratif : il sert aussi à empêcher l'eau de pénétrer dans l'ouvrage (où elle peut geler en hiver). Les éléments de couronnement sont proposés sous différentes formes et largeurs, selon l'épaisseur du mur à coiffer.

LES BONS OUTILS

OUTILS
- Pelle
- Truelle
- Bétonnière
- Seau
- Auge

MATÉRIEL
- Feuille plastique
- Arrosoir
- Boîte de conserve
- Ciment
- Chaux
- Sable
- Brouette

Si les maçons appellent le mortier la "colle", c'est bien pour évoquer le rôle de ce matériau: réunir les pierres ou les briques entre elles. Il y a différentes façons de faire du mortier.

Gâcher du mortier au sol

La façon la plus simple de gâcher du mortier est de le faire au sol. Il faut protéger celui-ci avec une feuille plastique, surtout s'il s'agit d'une pelouse. Sinon, le ciment va brûler durablement l'herbe, l'empêchant de repousser pendant très longtemps.

1. Disposez sur le sol une feuille plastique d'environ 1,50 m x 1,50 m. Déversez la quantité de sable nécessaire. Prenez du sable sec, propre, homogène. Si nécessaire, tamisez-le. Mélangez le sable à la pelle. Formez une sorte de pyramide. Déversez au sommet de celle-ci la quantité de ciment voulue, déterminée en fonction de l'utilisation du mortier. Les proportions varient suivant l'utilisation prévue pour le mortier.

2. Mélangez le sable et le ciment à la pelle. Vous devez obtenir une poudre gris clair bien homogène. Si le mortier est destiné à un enduit de finition, tamisez le mélange pour avoir une poudre très fine.

3. Une fois le mélange effectué, formez à nouveau la pyramide et pratiquez un cratère en son sommet, destiné à l'eau de gâchage. Le ciment est un liant "hydraulique", ce qui veut dire qu'il durcit au contact de l'eau. Elle doit être parfaitement propre. Pour bien doser le mortier, utilisez un récipient calibré (un seau par exemple).

4. Ramenez le mélange à la pelle vers le centre du cratère au fur et à mesure que vous versez l'eau. Mouillez progressivement le mélange. Il doit prendre une consistance pâteuse. Ajoutez plusieurs fois de l'eau en petites quantités.

5. Hachez le mortier avec le tranchant de la pelle pour arriver à la consistance voulue.

© CP

LA SECURITE

PROTÉGEZ-VOUS DU CIMENT
Portez des lunettes de sécurité, des gants et un masque quand vous gâchez du mortier ou du béton. Le ciment est très agressif pour la peau. Prenez de préférence du ciment "sans poussière".

DOSAGES DES MORTIERS	
Mortier bâtard **(contraintes de charge et de tension modérées)**	1 part de ciment 1 part de chaux 6 parts de sable fin
Mortier fort **(contraintes de charge et de tension importantes)**	2 parts de ciment 6 parts de sable fin
Mortier très fort **(exposé à la neige, à la pluie et vents violents)**	1 part de ciment 4 parts de sable fin

Gâcher du mortier bâtard à l'auge

Quand on n'a besoin que d'une petite quantité de mortier, il est possible de la gâcher à l'auge. Pour l'assemblage des pierres ou des briques d'un muret, vous pouvez utiliser un mortier bâtard (de ciment et de chaux). Plus onctueux, bien que moins solide, il est plus facile à travailler.

1. Versez dans l'auge la quantité de sable tamisé et de ciment. Ajoutez la chaux hydraulique, que vous doserez avec une boîte de conserve.

2. Le mortier doit être gâché sur le lieu des travaux. Mélangez tous les composants avec la truelle.

3. Ajoutez l'eau et malaxez. Le mortier bâtard a une consistance onctueuse. Un aspect grumeleux révèle un manque d'eau.

4. Quand le mortier ne glisse plus sur la lame de la truelle inclinée, c'est qu'il a atteint la bonne consistance.

Gâcher du mortier à la bétonnière

L'emploi d'une bétonnière facilite le gâchage d'une quantité importante de mortier, ou encore de béton. Si vous n'en avez qu'un besoin très occasionnel, vous pourrez la louer. Elle fonctionne avec une cuve plus ou moins cylindrique qui mélange les composants et les brasse pour obtenir une pâte homogène propre à être utilisée.

1. La bétonnière possède un moteur pour entraîner la cuve. Il est électrique pour un chantier de proximité, à essence pour un chantier sans branchement électrique.

2. Mettez la machine en marche et apportez d'abord le sable. Le dosage se fait ici simplement à la pelle. Utilisez du sable propre et sec.

3. Introduisez ensuite le ciment dans la cuve en le dosant à la pelle. Pour les murets, on utilise du ciment Portland CEM 1 en classe 42,5.

4. Versez l'eau dans la cuve, toujours en rotation. Elle doit être parfaitement propre.

5. Le gâchage dure de 1 minute et demie à 3 minutes selon le volume de la cuve et la vitesse de rotation du moteur. Arrêtez la machine et faites basculer la cuve pour verser le mortier dans la brouette.

LA BONNE **INFO**

Outils propres

Ne laissez pas le béton ou le mortier sécher sur vos outils. Nettoyez-les de temps à autre avec une brosse en coco.

LES BONS OUTILS

Outils
- Cordeau et piquets
- Petit et grand niveau à bulles
- Truelle
- Crayon
- Règle graduée
- Équerre de maçon
- Fer à joints
- Brosse

Matériel
- Chevron rectiligne
- Mortier
- Briques pleines ou perforées
- Crampons de harpage galvanisés ou inoxydables (modèle torsadé)
- Carton mince

Établir la rangée d'assise

Le muret est construit ici sur une assise de briques perforées établie sur une semelle de fondations en béton. Utilisez des briques non gélives robustes pour les deux couches d'assise. Gâchez le mortier à la bétonnière ou sur une feuille plastique.

1. Tendez des cordeaux par pan de muret. Tenez un niveau à bulles à la verticale contre ces cordeaux et marquez les bords du mur sur le béton, puis tracez les côtés en joignant ces marques au moyen d'une règle.

2. Déposez un peu de mortier sur la semelle de fondation, dans un angle. Posez la première brique. Assurez-vous qu'elle est bien horizontale avec le niveau. Corrigez sa position si nécessaire.

3. Posez une brique-guide, à peu près 1 m plus loin, en l'alignant sur la première au moyen d'un grand niveau à bulles ou d'une règle. Cette brique pourra être repositionnée ultérieurement.

4. Tendez un cordeau de nivellement entre deux piquets plantés et établissez une double rangée de briques.

5. Répétez l'opération pour l'assise de la rangée interne. Vérifiez l'équerrage des angles avec l'équerre de maçon.

Maçonner les briques

1. Étalez le mortier sur 5 ou 6 briques en le lissant avec le plat de la truelle. Sillonnez le milieu de la bande de mortier frais avec la pointe de l'outil.

2. Prenez une brique et garnissez de mortier l'une de ses extrémités. Si le mortier a été gâché correctement, il ne doit pas couler.

3. Donnez quelques petits coups sur la brique avec le manche de la truelle, pour caler la brique dans le mortier, en équilibrant les joints horizontaux et verticaux à 10 mm d'épaisseur.

4. Enlevez le mortier en excès sur le parement du mur d'un mouvement rapide de la lame de la truelle, de bas en haut.

LA SECURITE

Chaussures de sécurité
Quand on maçonne un mur, on est amené à manier un nombre important de briques. Sachant qu'une brique peut peser jusqu'à 2,8 kg, on comprendra qu'il est prudent de porter au minimum de grosses chaussures et, dans l'idéal, des chaussures de sécurité à bouts renforcés.

Construire les angles

Une fois la première rangée en place, l'étape suivante consiste à monter les angles, en veillant aux alignements de niveau.

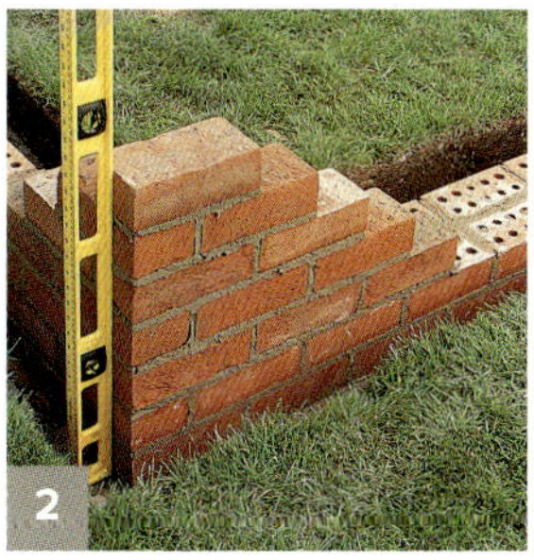

1. Dans chaque angle, posez 3 briques dans chaque direction et montez les briques sur 5 ou 6 rangées, en escalier. Vérifiez la hauteur de chaque rangée avec une règle graduée.

2. Contrôlez la verticalité du mur avec le niveau à bulles et la rectitude de l'angle avec l'équerre. Solidarisez les deux épaisseurs de briques en noyant à espaces réguliers des morceaux de fils de fer torsadé (crampons de harpage) dans le mortier, tous les 90 cm au maximum horizontalement, et tous les 45 cm au maximum verticalement. Cette opération est inutile pour les appareillages anglais et flamand (voir ci-dessous).

3. Vérifiez l'alignement des briques de parement en plaquant une règle ou un grand niveau à bulles contre les flancs du mur. Une fois les angles et les extrémités réalisées, montez les parties droites. Pour guider l'alignement de la deuxième rangée, tendez un cordeau entre deux piquets plantés dans les joints verticaux à chaque extrémité du mur. Remontez ce cordeau après chaque rangée terminée. Comblez au fur et à mesure le joint entre les deux parois.

LA BONNE **INFO**

COURONNEMENT EN DALLES

Les dalles de couronnement d'un muret de jardin peuvent servir de banc. Elles doivent dépasser de 25 à 30 mm de chaque côté. Calez-les fermement sur un lit de mortier après avoir mouillé leur face de contact, surtout par temps très chaud, afin d'améliorer leur adhérence au mortier. Alignez-les au cordeau et au niveau à bulles.

Appareillage des briques

Un mur en briques est constitué d'une superposition de rangées, réunies par du mortier. L'appareillage, correspond à la disposition des briques. Il consiste à ne jamais aligner les joints de deux rangées superposées. La charge du mur se trouve ainsi répartie sur toute sa longueur, assurant sa résistance et sa stabilité. Nous présentons ci-dessous les trois types d'assemblages les plus couramment employés pour les murs et les murets de jardin. Pour tenir compte des coupes et de la casse, majorez de 5 % le nombre de briques correspondant à l'assemblage choisi.

ASSEMBLAGE RÉGULIER

On l'emploie pour les murs pleins ayant l'épaisseur d'une seule brique, et pour les doubles parois (réunies par des entretoises). Toutes les briques sont posées bout à bout, dans le sens de la longueur. Pour assurer le décalage des joints verticaux d'un mur droit, chaque rangée se termine ou commence en alternance, par une demi-brique. Un angle se construit en alternant un départ de rangée en long avec un départ en travers (boutisse). Comptez environ 60 briques/m².

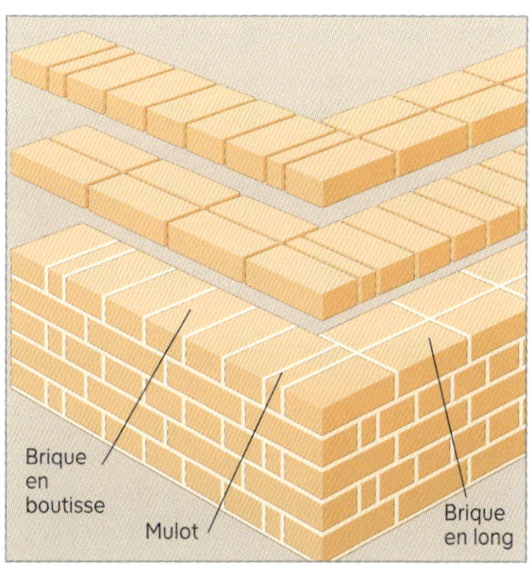

ASSEMBLAGE ANGLAIS

Cet assemblage est formé de rangées alternant briques en long et briques en boutisse, dans un ordre lui-même alterné d'une rangée sur l'autre. Pour conserver l'alternance des joints, on place un mulot (demi-brique dans le sens de la longueur) avant la dernière brique placée en long, en retour d'angle.
Comptez environ 120 briques/m².

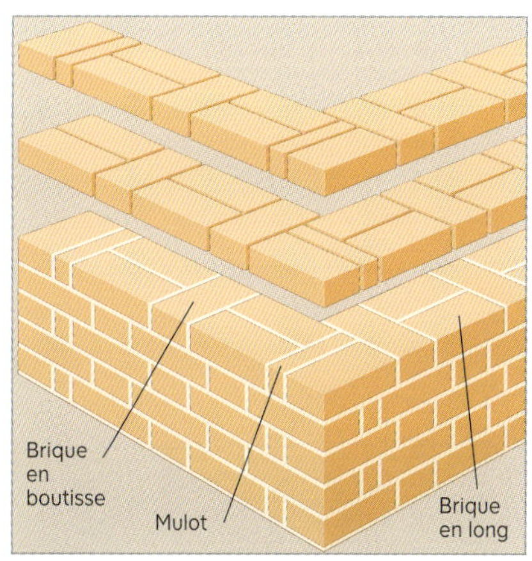

ASSEMBLAGE FLAMAND

Briques en long et paire de boutisse alternent dans chaque rangée. Le décalage des joints est assuré par des mulots, ajoutés dans une rangée sur deux.
Comptez environ 120 briques/m².

La construction d'un muret de jardin est assez simple. Cependant, s'il est assez long ou s'il doit retenir un terrain en pente, il est important de le renforcer. Pour cela vous pouvez aussi lui adosser une jardinière en briques. Ce petit ouvrage se monte aussi facilement que le muret.

LA BONNE INFO

RENFORCER UN PILIER
Si le pilier d'extrémité d'un muret dépasse 1 m de haut, ou s'il doit porter une porte ou une grille, il faut le renforcer. Pour cela, remplissez son cœur creux avec du béton, armé d'un fer axial, scellé auparavant dans le béton de fondation.

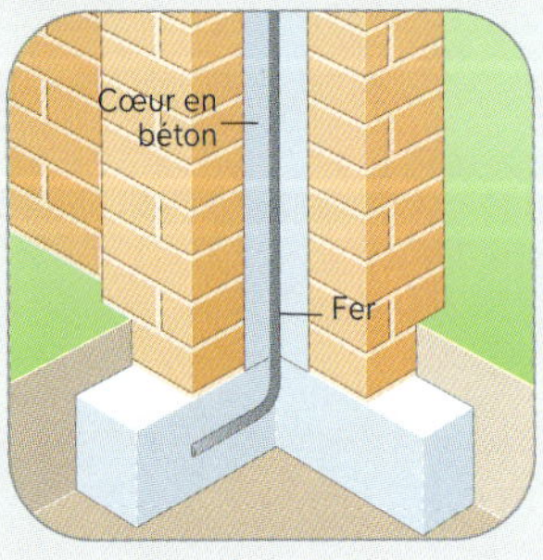

Pilier en briques

Les murs constitués d'une seule rangée de briques de plus de 45 cm, doivent être renforcés par des piliers d'appui (raidisseurs), tous les 3 m. On peut aussi en incorporer dans un mur en double paroi, en tant que pilastres décoratifs ou encore pour porter les montants d'une pergola. Ils sont indispensables pour tout mur à double paroi dépassant 1,35 m de haut. Ci-dessous la construction d'un muret monoparoi en appareillage classique.

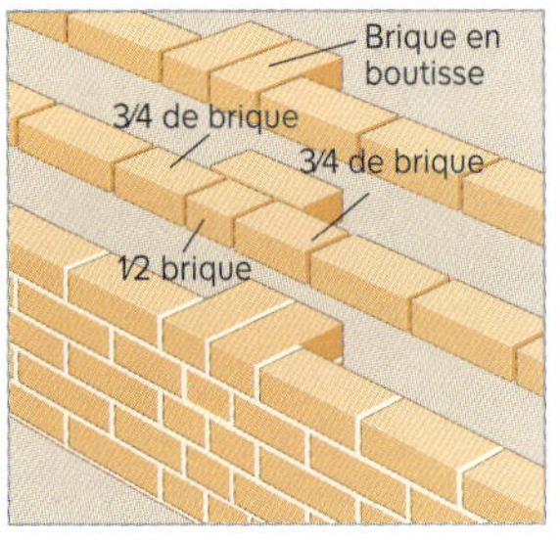

Pilier d'appui : pour construire un pilier dépassant d'un seul côté du muret, maçonnez deux briques côte à côte en travers (boutisse) à la place d'une des briques en long, de manière qu'elles dépassent du mur d'un seul côté. À la deuxième rangée, recouvrez la partie en dépassement avec une brique en long. Placez dans la rangée du muret deux éléments en 3/4 de brique, encadrant une demi-brique.

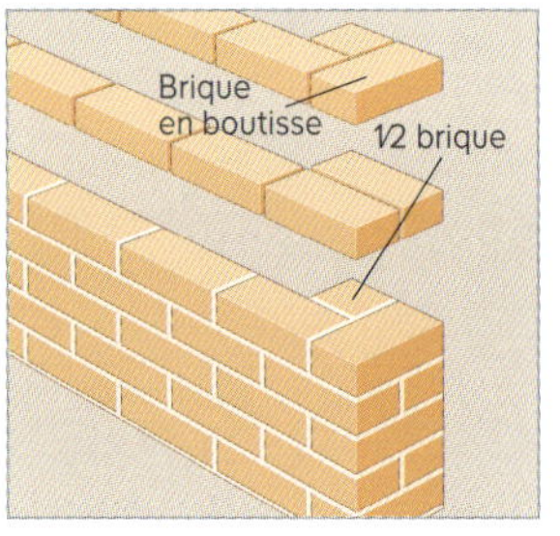

Pilier plein en bout : pour un pilier plein dépassant d'un seul côté au bout d'un muret, posez une brique en boutisse sur la dernière brique en long, avec une demi-brique parallèle à celle-ci, calée contre la boutisse. Dans la rangée suivante, accolez deux briques en long.

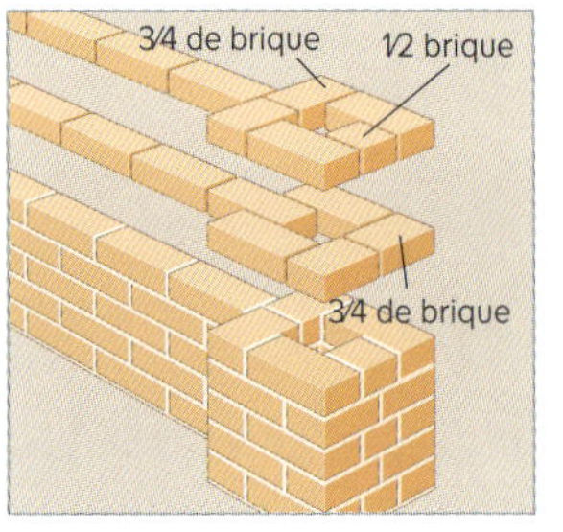

Pilier creux centré : terminez la rangée d'assise avec deux trois quarts de briques en boutisse. Calez une brique en long contre chacune, alignée sur son extrémité, et fermez le dernier côté du carré avec une demi-brique en long. Dans la rangée suivante, couvrez ce dernier côté avec deux trois quarts de briques bout à bout en boutisse.

LA BONNE ASTUCE

NIVEAU LASER SUR TRÉPIED
Un niveau laser posé sur un trépied réglable permet de matérialiser un alignement sur une grande distance. Il s'avère fort utile pour aligner un mur de grande longueur.

Joints de dilatation

Un mur peut subir des déplacements plus ou moins importants, sous l'effet des variations de température ou de mouvements du terrain. Espaces verticaux dépourvus de mortier, les joints de dilatation évitent la fissuration du mur que ces mouvements peuvent provoquer.

Un muret de jardin de moins de 6 m de long, ne supportant aucune charge structurelle, n'a pas besoin de joint de dilatation. Au-delà de 6 m prévoyez de répartir les joints de dilatation. Normalement, ces joints ont une largeur de 10 mm ou de 1 mm au moins par mètre de longueur du mur. Chacun va de la fondation au sommet du mur, couronnement ou faîtage inclus.
Ce type de joint se masque plus aisément en le plaçant à la liaison entre le mur et un pilier. Montez le mur et le pilier normalement et insérez une bande de polystyrène de 10 mm d'épaisseur à la place du mortier entre mur et pilier. Une fois le mur terminé, garnissez chaque côté du joint de mastic d'étanchéité.

Construire une jardinière en briques

Cette jardinière est simplement constituée de quatre murets. Elle permet de cultiver toutes sortes de plantes dont le développement des racines est limité. Étant un ensemble de murets, une jardinière doit être construite sur une semelle de béton, condition de sa solidité et de sa stabilité. Il n'est pas nécessaire de creuser 4 tranchées et de couler autant de semelle, mais simplement une fouille permettant de réaliser une dalle de béton de 15 cm sur laquelle seront édifiés les murets, à 10 cm de ses bords.

1. Établissez la première rangée de briques sur un lit de mortier de 1 cm et vérifiez son horizontalité avec un grand niveau à bulles.

2. Laissez des joints verticaux sans mortier entre les briques de la couche d'assise, pour permettre le drainage de l'eau d'arrosage des plantes. Un passage toutes les deux ou trois briques doit suffire.

3. Montez les rangées de briques, jusqu'à 60 cm de haut environ (des murets plus élevés risquent de s'écarter sous la pression de la terre). Posez les dalles de couronnement. Réalisez les joints avec un fer. Laissez sécher avant de la remplir de terre.

4. Quand la maçonnerie est sèche (environ une semaine), versez 40 cm de gravier ou de caillasse au fond de la jardinière. Cette couche assurera le drainage et protégera les plantes des problèmes de rétention d'eau.

5. Coupez un morceau de film géotextile et posez-le sur la couche de gravier, pour qu'elle ne se mélange pas au terreau.

6. Remplissez la jardinière avec un mélange de compost, de terreau ou de terre de jardin et de sable, en fonction des plantations.

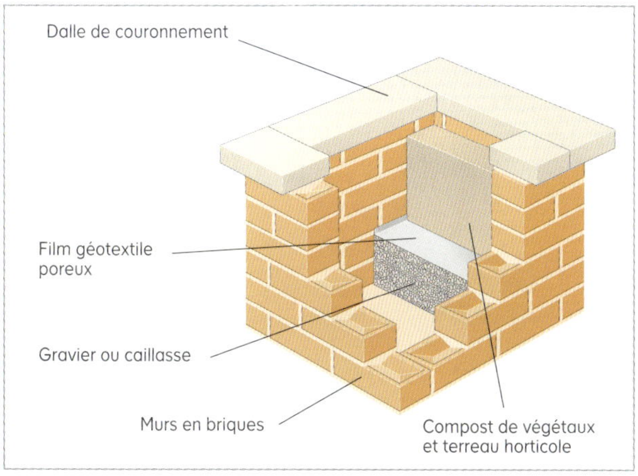

JARDINIÈRE

LES BONS OUTILS

OUTILS

- Pelle
- Seau
- Truelle
- Niveau à bulles
- Mètre
- Fer à joints

MATÉRIEL

- Béton
- Mortier
- Briques non gélives
- Dalles de couronnement
- Gravier ou caillasse
- Film géotextile poreux
- Compost
- Terreau ou terre de jardin
- Sable

LA BONNE INFO

LE BON MÉLANGE

Une jardinière doit être remplie avec un mélange réalisé en fonction des besoins des plantations. On compte en général 1 part de terreau, 1 part de compost et 1 part de sable fin. Certaines plantes ont des besoins plus spécifiques : il faut alors revoir les proportions du mélange.

La construction d'un mur en pierres de pays nécessite une certaine habitude des travaux de maçonnerie. On a utilisé ici des pierres moyennes et quelques grosses pierres à maçonner.

LES BONS OUTILS

Outils
- Martelet
- Truelle
- Niveau à bulles
- Cordeau de maçon

Matériel
- Pierres naturelles
- Mortier
- Agrafes métalliques
- Brosse
- Gants de protection
- Lunettes de protection

Construire un muret en pierres de pays

Coulez la fondation comme pour un mur en briques. Un mur isolé à deux parements doit avoir une épaisseur d'au moins 45 cm et sa fondation doit s'étendre sur 15 cm de part et d'autre. Tracez sur la fondation les côtés du mur fini. Il existe plusieurs façons de couronner un mur, avec des pierres plates ou avec des briques. La méthode choisie ici est une alternance de grosses pierres et de plus petites, posées à la verticale et scellées au mortier.

1. Déposez une pierre d'angle dans chaque coin, face alignée sur le tracé réalisé au sol, sur une couche de mortier.

2. Posez de la même façon sur la ligne toutes les pierres qui constitueront la base du muret. Vous pouvez utiliser des pierres de grosseurs différentes, mais leur face externe doit être alignée sur un côté du tracé.

3. Commencez par monter les angles et les extrémités. Vérifiez la verticalité des pierres d'angle. Tendez un cordeau d'un bout du mur à l'autre à 30-40 cm de la fondation. Remontez-le au fur et à mesure de l'avancée des travaux afin de vérifier l'horizontalité du mur.

4. Montez un côté du mur jusqu'à une hauteur de 50 cm au plus, puis passez de l'autre côté et montez l'autre face jusqu'à la même hauteur. Vous pouvez placer de grosses pierres maçonnées dans la longueur, qui feront varier la hauteur dans leur rangée. Vous n'êtes pas obligé de faire toute la longueur du mur en une fois.

5. Noyez des agrafes métalliques espacées au maximum de 90 cm dans le plan horizontal et de 45 cm dans le plan vertical. Comblez l'espace médian avec du mortier chargé de débris de pierres.

6. Pour le haut du mur, étalez du mortier sur la totalité des pierres et posez des pierres à la verticale en alternant leur grosseur. Avant que le mortier ne soit complètement sec, ôtez le surplus avec une truelle et brossez les pierres.

RETAILLER LES PIERRES D'ANGLE

Si aucune pierre n'a la forme adéquate pour constituer une pierre d'angle suffisamment régulière, taillez-en une avec un martelet. Prenez de préférence une pierre calcaire, plus facile à travailler que du schiste. Portez des gants et des lunettes de protection pour effectuer ce travail.

Construire un mur en pierres reconstituées

La pierre reconstituée est disponible dans une grande variété de teintes, formes et tailles. Utilisez, comme ici, des éléments autobloquants, qui facilitent l'assemblage.

1

2

1. Posez la rangée d'assise sur une couche de mortier étalée sur la fondation. Montez rangée sur rangée, en garnissant les joints de mortier.

2. Quand la hauteur prévue est atteinte, étalez du mortier sur la dernière rangée et posez des dalles de couronnement.

Réparer un mur en pierres

Il arrive qu'une pierre se descelle et qu'elle se brise, soit sous l'effet du gel, soit en tombant au sol. Il faut alors la remplacer. Nous montrons ici le remplacement d'une pierre calcaire d'angle. Comme il est rare de trouver une pierre qui se substitue facilement à l'ancienne, il faut donc la façonner pour qu'elle puisse se loger dans l'emplacement qui lui est dévolu.

1

2

1. La pierre calcaire présente l'avantage de pouvoir être sciée. Utilisez une lame adaptée montée sur une scie à monture.

2. Nettoyez la cavité où doit prendre place la nouvelle pierre avec la lame de la truelle puis avec une brosse.

3

4

3. Déposez un lit de mortier dans la cavité après l'avoir aspergée d'eau avec une éponge, pour que la maçonnerie n'absorbe pas l'eau de gâchage du mortier.

4. Déposez un peu de mortier au sommet de la pierre et faites-la entrer en force avec une massette.

5

6

5. Assurez-vous que la pierre affleure bien le plan vertical du mur avec le niveau à bulles. Corrigez à la massette si nécessaire.

6. Réalisez les joints pour achever le scellement de la pierre. Donnez-leur une légère pente vers l'extérieur pour évacuer la pluie.

LA SECURITE

TRONÇONNER AVEC UNE MEULEUSE D'ANGLE

Cet outil équipé d'un disque diamant permet une coupe précise et rapide des matériaux de construction.

- Portez toujours des lunettes de sécurité et des gants renforcés pour tronçonner des matériaux, ainsi qu'un masque antipoussière.
- La meuleuse tourne encore quelques secondes après la coupure de son alimentation : attendez qu'elle soit immobile avant de la reposer.
- Ne la laissez jamais branchée quand vous ne vous en servez plus.
- N'utilisez jamais un disque de meulage pour tronçonner.

LES BONS OUTILS

OUTILS

- Scie à monture
- Chemin de fer
- Truelle
- Niveau à bulles
- Massette

MATÉRIEL

- Éponge
- Brosse
- Mortier

FAÇONNER LES PIERRES D'ANGLE

Le chemin de fer est un outil spécifique permettant de dresser les faces d'une pierre calcaire. C'est une sorte de rabot rudimentaire à lames multiples.

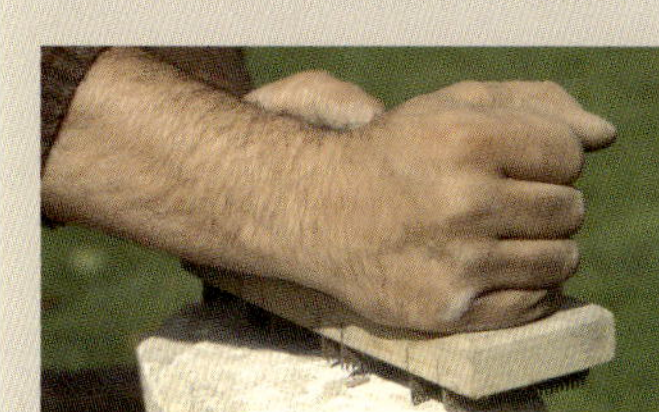

Allées, aire de stationnement, trottoir périphérique de la maison peuvent être réalisés avec des dalles ou des pavés qui offrent une surface régulière, stable et solide pour marcher ou assurer le passage d'une voiture. Une bonne préparation du sol garantit le résultat.

LA BONNE **INFO**

GRAVIER
À défaut de paver ou de daller une allée, vous pouvez la gravillonner, à condition qu'elle ne soit pas en forte pente. Si l'allée n'a pas de bordures, étalez une fine couche de goudron sur le sol pour assurer l'ancrage du gravier.

1. Choix du pavage

Les pavés et dallages ornent les allées et les cours en offrant une surface suffisamment solide pour supporter le passage des voitures. Matériaux naturels ou artificiels, dalles en pierres naturelles, en pierres reconstituées ou dalles en béton pressé permettent de retrouver le charme du granit, de la pierre blanche ou bleue. Les formes se diversifient, de la réplique des pavés urbains aux modèles stylisés contemporains.

LA BONNE **ASTUCE**

PAVÉ DRAINANT
Aussi faciles à poser que les autobloquants, les pavés drainants consolident et stabilisent durablement le sol des allées, des cours et des aires de stationnement. Ils évitent toute stagnation d'eau en facilitant l'écoulement naturel et progressif de l'eau de pluie.

2. Préparation du sol

La qualité d'un pavage est directement liée à celle de la préparation du sol. La planéité du terrain est bien sûr essentielle, mais c'est surtout sa stabilité qui compte. Pour cela, il faut qu'il soit bien drainé et constitué de terre et de matériaux compactés et stables. S'agissant de l'environnement d'une maison neuve, laissez le sol se tasser pendant plusieurs mois avant de le paver ou de le daller. Placez un film géotextile pour prévenir la repousse des mauvaises herbes. Les dalles se posent sur un lit de sable ou une dalle de béton selon le type de produit. Dans le cas d'un passage de véhicule, la pose sur une dalle en béton est obligatoire.

3. Finition du projet

La finition d'un dallage ou d'un pavage passe par le remplissage des joints. Cette opération participe à la cohérence des dalles ou des pavés, mais elle assure aussi la parfaite finition de l'ensemble. Le sable est le matériau classique pour ce type d'opération, mais on peut être amené à utiliser du ciment. Les pavés autobloquants dispensent de la réalisation des joints.

Appareillages

On peut disposer des dalles ou des pavés de même forme et de même taille, dans un appareillage ordonné, ou les placer de façon aléatoire. Les dalles hexagonales permettent une configuration en nid-d'abeilles.

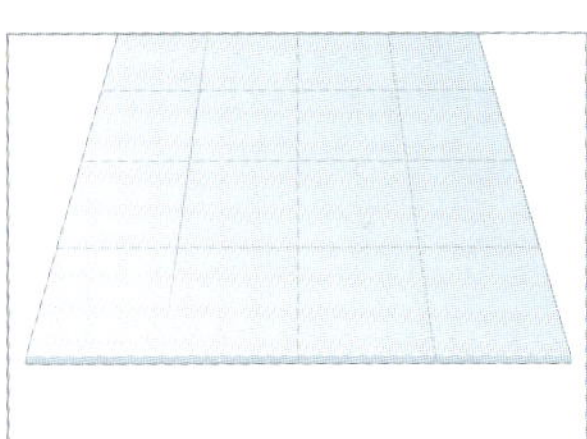

APPAREIL RÉGULIER

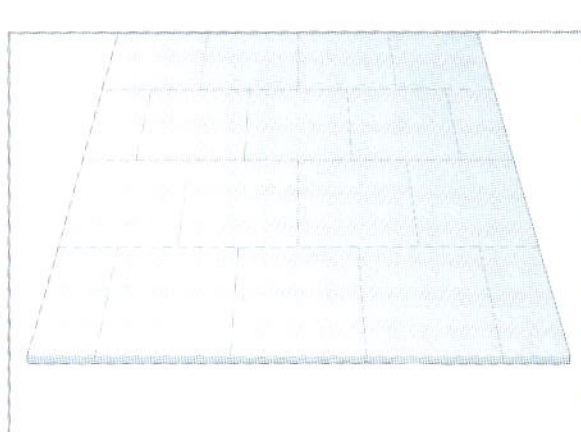

APPAREIL ANGLAIS

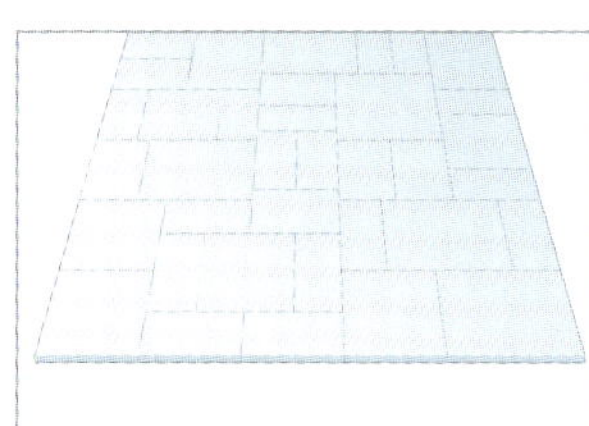

CALEPINAGE

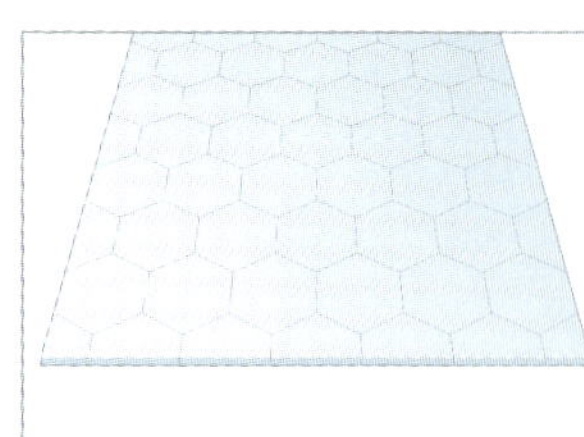

NID-D'ABEILLES

Dalles

Les dalles d'extérieur sont en pierres naturelles, en gravillons, en pierres reconstituées pigmentées de différentes couleurs. Vous avez le choix entre une grande variété de finitions : lisse, structurée ou moulée pour imiter la pierre naturelle. Proposées dans des tailles et des épaisseurs variées, elles sont en général assez faciles à poser.

Dalles lisses : ces dalles de pierre naturelle à surface lisse peuvent se combiner avec des dalles de teintes et de textures différentes.

Dalles structurées : elles sont proposées en différentes teintes d'aspect naturel. Elles présentent l'avantage d'être antidérapantes.

Dalles vieillies : les dalles à la surface patinée par le temps donnent un aspect ancien qui s'harmonise bien avec un jardin implanté de longue date.

Pierre bleue : ces pierres naturelles à l'aspect vieilli offrent une très belle esthétique. Ce ne sont pas les plus économiques.

Dalle imitation bois : il existe aujourd'hui des caillebotis en béton ou en pierre reconstituée qui imitent parfaitement le bois, sans demander le moindre entretien.

Dalles clips : en galets, en pierres, en bois exotiques ou encore en composites, ces dalles s'assemblent très facilement par clipsage.

Pavés

Un pavage peut être réalisé avec des pavés individuels ou avec des dalles imitant le pavage. On les pose directement sur la terre, sur un lit de sable ou sur le béton. Les joints sont ensuite remplis de sable, de gravier fin ou de terre. Pour un pavage posé sur un lit de mortier ou directement sur du béton frais, les joints sont réalisés avec un mélange de sable et de ciment sec.

PAVAGE RÉGULIER

PAVAGE EN ARC

PAVAGE AVEC ROSACE

Pavés autobloquants

Un pavage peut également être constitué de blocs de terre cuite ou de béton qui se bloquent mutuellement. Ils peuvent être associés à des éléments d'angle et de rive, assortis aux formes, textures et nuances des éléments principaux. Ils s'assemblent en divers appareillages sans joints maçonnés.

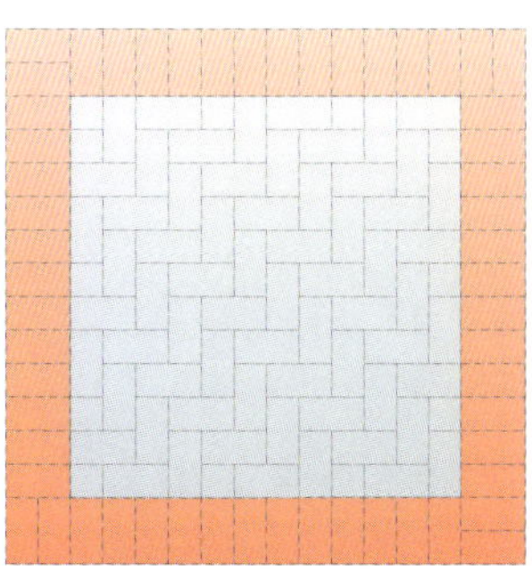

CHEVRONS DROITS

CHEVRONS DIAGONAUX

PAVÉS AUTOBLOQUANTS

PAVÉS AUTOBLOQUANTS

PAVAGES | Pavés autobloquants et dalles

LES BONS OUTILS

Outils

- Cordeau traceur
- Niveau à bulles
- Pelle
- Maillet en caoutchouc
- Dame
- Balai-brosse

Matériel

- Tasseaux de 40 x 30 mm
- Règle en bois
- Gravier, sable fin
- Morceau de bastaing de 1 m
- Pavés autobloquants

Pavés autobloquants et dalles naturelles ou artificielles permettent de constituer des surfaces stables sur lesquelles on peut marcher, voire faire rouler une voiture. Deux techniques de pose sont possibles : sur lit de sable ou sur une aire bétonnée. La première convient bien à la pose de pavés autobloquants, la seconde plutôt à des dalles.

Poser des pavés autobloquants

Les pavés autobloquants présentent le double avantage d'offrir une surface solide et plane, autorisant la circulation des voitures, et une pose simple, garantissant une parfaite stabilité des pavés entre eux. La forme de ces pavés permet leur emboîtement les uns à côté des autres les rendant solidaires sans nécessiter de scellement ou même de calage périphérique particulier. Si nécessaire, ils se coupent avec un disque de tronçonnage pour le béton.

1

2

1. Tracez sur le mur un trait avec le cordeau traceur correspondant au niveau du sol fini souhaité. Creusez sur 20 cm. Établissez une couche d'assise de graviers et de sable de 10 cm. Tassez-la, épandez une couche de sable fin.

2. Pour niveler la couche de sable, posez deux tasseaux en bois de 4 cm sur la couche d'assise de chaque côté de l'allée. Contrôlez leur horizontalité ou leur pente (voir page ci-contre) au niveau à bulles. Tirez vers vous une grande règle en bois en appui sur ces deux tasseaux. Ôtez les règles puis rebouchez les vides laissés dans la couche de sable. Tassez légèrement.

3

4

3. Posez un pavé le long du mur et assurez-vous qu'il affleure la ligne précédemment tracée. L'épaisseur des pavés est ici de 6 cm.

4. Commencez la pose dans un angle. Posez les pavés jointivement, en les emboîtant. Martelez leur surface avec un maillet en caoutchouc pour les asseoir fermement sur la couche de sable.

5

6

5. Progressez en posant les pavés un à un, sur toute la largeur du pavage. Vous pouvez obtenir des motifs décoratifs en utilisant des pavés de couleurs différentes. Damez la surface pavée en plaçant sur les pavés un morceau de bastaing de 1 m, sur lequel vous frapperez avec la dame.

6. Une fois toute la surface parfaitement damée, jetez sur le sol quelques pelletées de sable fin.

7

7. Étalez le sable avec un balai-brosse pour remplir les joints entre les pavés. Cette opération donne sa cohésion au pavage ainsi qu'une résistance importante.

Traitement anti-mousse

Pour éviter le développement des mousses sur les pavés autobloquants, traitez le pavage régulièrement avec un anti-mousse appliqué au pulvérisateur. N'utilisez jamais de sulfate de fer qui tacherait de rouille irrémédiablement vos pavés. En cas d'encrassement du sol, vous pouvez utiliser un nettoyeur haute-pression.

Déterminer la pente

DÉTERMINER LA PENTE

Un dallage ou un pavage doit avoir une surface légèrement en pente pour faciliter l'écoulement de l'eau. Une pente dans une seule direction est en général suffisante si le terrain est bien plan. La pente idéale d'une cour ou d'une allée piétonnière est d'environ 2 cm/m. Pour une allée sur laquelle une voiture peut passer, comptez 2 à 3 cm/m. On détermine la pente au moyen d'un niveau à bulles, d'une règle de 1 m et de cales de calibrage en bois d'épaisseur égale au dénivelé par mètre.

1. Matérialisez trois des côtés du dallage avec des cordeaux tendus entre des piquets. Vérifiez l'équerrage des angles avec une équerre de maçon.

2. Plantez aux quatre coins de l'assise des piquets marquant le niveau du dallage fini en tenant compte d'un lit de mortier d'au moins 3 cm. Pour vérifier la pente, placez le niveau à bulles sur une grande règle calée sur les piquets.

La couche d'assise

Le coulage d'une couche d'assise en béton est l'une des solutions pour soutenir un dallage ou un pavage de terrasse, une allée ou une aire de stationnement. Il faudra creuser sur au moins 20 à 30 cm pour couler une dalle sur laquelle vous pourrez sceller les dalles ou les pavés. La profondeur de la "fouille" sera majorée de l'épaisseur des dalles ou des pavés.

Le creusement réalisé sera comblé d'abord par une couche de gros cailloux sur lesquels vous verserez du gravier pour remplir les interstices. C'est la couche de blocage. Vous pouvez terminer par du béton mais aussi avec du sable bien compacté. Dans ce cas, déroulez un film géotextile qui va éviter que le sable ne s'écoule entre les pierres et le gravier. C'est la méthode classique de réalisation des chaussées en pavés.

LES BONS OUTILS

Outils
- Cordeaux
- Piquets
- Équerre de maçon
- Niveau à bulles
- Massette
- Truelle

Matériel
- Brosse
- Seau
- Dalles

LA BONNE INFO

Marquer la pente du dallage
Même si la pente du dallage est déterminée par celle de l'assise, il est important de tirer des cordeaux marquant la surface du dallage, pour vous guider pendant la pose des dalles.

Poser la première dalle

Les dalles se calent sur des plots de mortier gâché avec 4 parts de sable pour 1 part de ciment. La première dalle, qui sert de guide pour toutes les autres, doit être placée dans un angle. S'il faut entourer une grille ou un couvercle de regard, faites en sorte d'avoir le moins possible de dalles à recouper. Vous pourrez le faire avec une tronçonneuse à béton.

1. Pour un dallage piétonnier, déposez 5 plots de mortier à l'emplacement de la dalle, un à chaque coin et un au milieu. Pour une allée où des véhicules doivent circuler, étalez un lit continu de mortier sur toute la surface de la couche d'assise. Humectez le dessous de la dalle avec la brosse, pour améliorer son adhérence et faciliter sa mise en place.

2. Amenez avec précaution la première dalle au-dessus de son emplacement et faites-la reposer sur les plots de mortier.

3. Placez un morceau de chevron diagonalement sur la dalle et calez-la en place à petits coups de massette.

4. Comblez le dessous de la dalle avec du mortier et arasez-le à l'aplomb des côtés.

LA SECURITE

Transport des dalles
Ménagez votre dos quand vous manipulez des dalles de 40 x 40 cm. Faites-vous aider s'il y en a beaucoup à transporter. Utilisez une brouette.

Si la surface d'une aire ou d'une allée est importante, il ne suffit pas de laisser l'eau s'écouler dans le gazon ou dans une plate-bande adjacente : il faut établir un caniveau de drainage pour récupérer l'eau et la conduire vers un point raccordé au réseau ou à un puits perdu.

LES BONS OUTILS

Outils
- Bétonnière
- Mètre
- Pelle
- Truelle
- Niveau à bulles
- Règle
- Scie égoïne

Matériel
- Sable et graviers
- Ciment
- Éléments de caniveau
- Mastic d'étanchéité
- Grille couvre caniveau

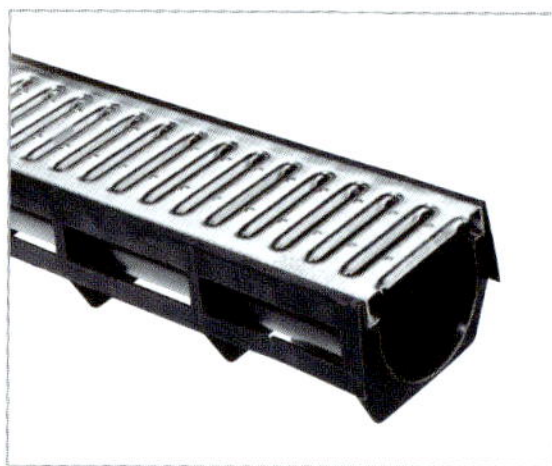

CANIVEAU EN PEHD, GRILLE GALVANISÉE

Grâce à sa composition en PEHD (polyéthylène haute densité), ce caniveau est à la fois très léger et très résistant. Il possède deux cornières parallèles recevant une grille de recouvrement métallique. Très lisse, il évite l'accumulation des feuilles et de débris de toutes sortes.

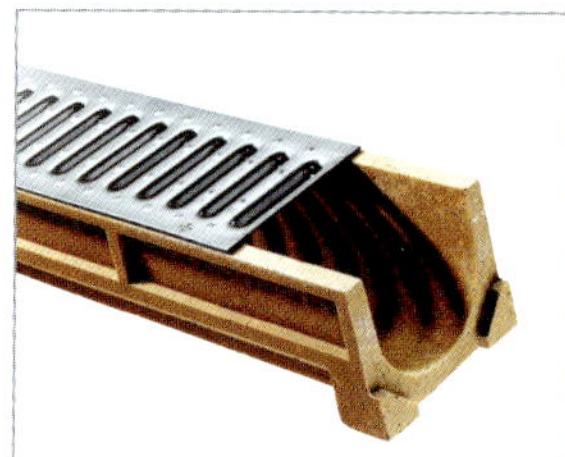

CANIVEAU EN BÉTON POLYMÈRE

Le béton polymère est un produit très utilisé pour la réalisation des caniveaux. Très rigide, souvent renforcé par de la fibre de verre, il est conçu pour le passage de véhicules légers.

CANIVEAU EN PEHD À GRILLE INTÉGRÉE

Léger, facile à transporter et à mettre en œuvre, sa grille en PEHD permet des coupes aisées (mise à la longueur et coupes d'angle). La forme en caillebotis de la grille limite la pénétration des déchets dans le caniveau (feuilles, papiers, etc.). Idéal pour des installations en entrée de garage et autour des terrasses.

Poser un caniveau

La mise en place d'un caniveau est la garantie d'un drainage efficace de l'eau, ce qui éloigne les risques de soulèvement des dalles, notamment en cas de gel.

1. Étalez un lit de béton (3 parts de sable et de graviers, 1 part de ciment) sur quelques centimètres d'épaisseur. Alignez le premier caniveau sur le béton en commençant par l'élément aval, préalablement raccordé au tuyau d'évacuation. Prévoyez une pente de 2 cm/m.

2. Déposez un cordon de mastic d'étanchéité dans la rainure d'emboîtement à l'extrémité de l'élément. Calez l'élément suivant. Vérifiez la pente à chaque élément. Vous pouvez recouper les éléments, si nécessaire, avec une scie égoïne à denture fine (pour les caniveaux en PEHD).

3. Ramenez le béton contre le flanc du caniveau, en lui donnant une légère pente vers l'extérieur. Garnissez le joint entre le caniveau et le dallage. Posez la grille.

4. Vous pouvez intégrer un caniveau au milieu d'un dallage, en donnant à chaque moitié de celui-ci une pente menant vers le caniveau.

Évacuer l'eau stagnante

Un terrain où l'eau stagne durablement doit être drainé. On peut améliorer l'évacuation des eaux de surface en creusant des fossés de drainage. Cependant, dans les terrains où la nappe phréatique est proche de la surface, il faut évacuer les eaux stagnantes par un réseau de drains, vers une mare ou dans un puits perdu. S'il existe un collecteur spécifique pour les eaux pluviales dans le réseau de tout-à-l'égout, elles doivent impérativement être dirigées vers celui-ci.

Le creusement des tranchées nécessaires à la pose des drains bouleverse le jardin. Dans la mesure du possible, réalisez ces travaux en automne ou en hiver, quand il est possible de déplanter et de replanter sans dommage les végétaux, avec la perspective de ressemer la pelouse après les travaux.

Drainer une grande surface

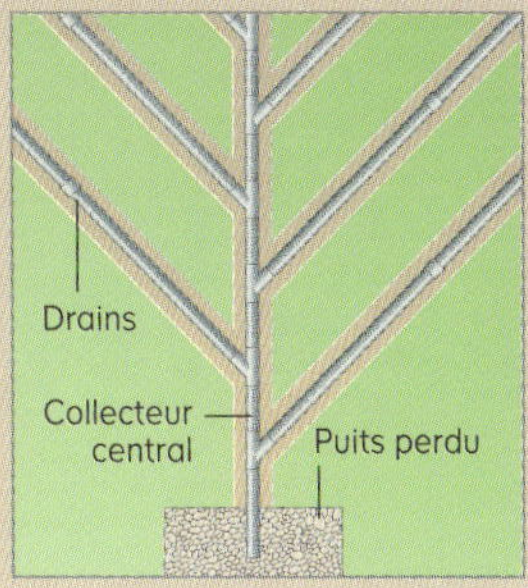

Quand la surface à drainer est importante, et/ou que le terrain se révèle peu perméable, la solution du problème passe par l'implantation d'un réseau. Il comporte plusieurs drains raccordés à un collecteur principal, l'ensemble étant disposé en arêtes de poisson. Suivant l'importance des besoins de drainage, l'espacement des tranchées peut aller de 3 m dans un sol argileux à 6 m en sol spongieux. Ils se raccordent sous un angle d'au moins 45° au collecteur, implanté au point le plus bas. Celui-ci évacue l'eau drainée vers un puits perdu.

POSER UN TUYAU DE DRAINAGE PERFORÉ

- Creusez une tranchée d'au moins 1 m de profondeur et 35 cm de large, au fond en pente vers un fossé, le tout-à-l'égout ou un puits perdu.
- S'il y a du gazon, découpez-le en plaques bien nettes avec une bêche et conservez-les pour les remettre en place ultérieurement.
- Garnissez la tranchée d'un film géotextile perméable et étalez sur 7,5 cm une couche de gravier lavé, en respectant la pente. Posez dessus un tuyau de drainage en plastique perforé de 10 cm de diamètre.
- Recouvrez ensuite le drain avec du gravier jusqu'à 20 à 30 cm du niveau du sol, en veillant à ce que le tuyau reste bien centré dans la tranchée.
- Repliez le film géotextile par-dessus et comblez avec la terre et les plaques de gazon. Vous pouvez aussi entourer le tuyau de drainage de géotextile.

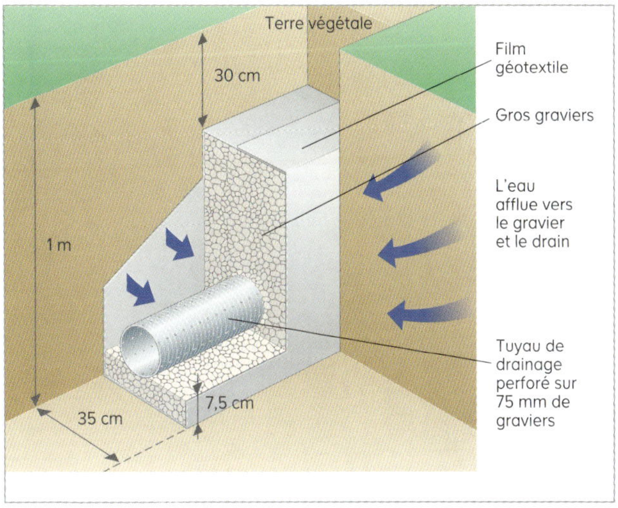

CONSTRUIRE UN PUITS PERDU

Un puits perdu est une excavation profonde garnie d'un film géotextile et remplie de gros graviers. L'eau drainée jusqu'à ce puits s'infiltre lentement dans le terrain profond.

- Creusez un trou carré de 1,20 m de côté et 1,20 m de profondeur. Lorsque vous aurez atteint cette profondeur, vérifiez que vous avez trouvé un terrain suffisamment perméable pour assurer la dispersion de l'eau.
- Remplissez l'excavation d'eau et voyez le temps qu'elle met à disparaître :
  – s'il faut plusieurs heures, l'emplacement ne convient pas pour un puits perdu efficace ;
  – si l'eau s'infiltre bien, garnissez les parois de l'excavation avec un film géotextile, en superposant les bords sur 30 cm minimum.
- Le collecteur de drainage doit déboucher dans le puits à une profondeur d'environ 60 cm. Remplissez le puits de gros graviers, ou de caillasses bien concassées jusqu'à 30 cm du niveau du sol.
- Rabattez le film géotextile sur le gravier et recouvrez avec de la terre de surface.

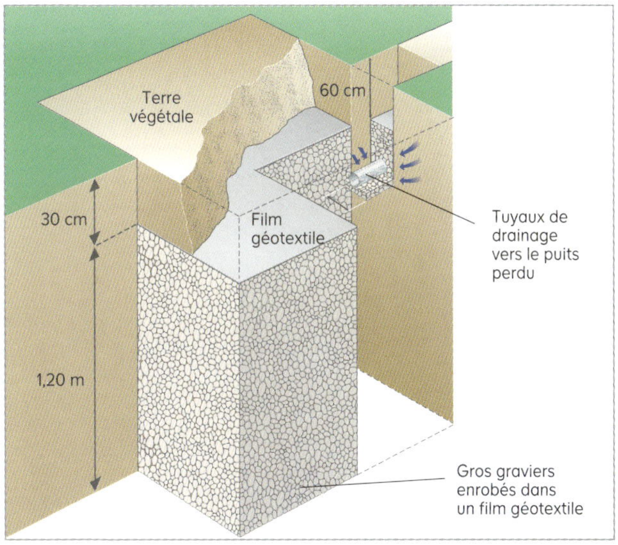

Le jardin gagne à être rehaussé par de belles finitions. Une terrasse peut être habillée d'une balustrade, une allée peut recevoir du gravier et une plate-bande peut être délimitée par des bordures.

Balustrade en béton

Les balustres en béton permettent de délimiter une terrasse en rez-de-jardin, de réaliser une main courante pour un escalier extérieur, d'élever un garde-corps de balcon, de rehausser un mur de clôture avec des balustres de petites hauteurs. Une balustrade est composée de piliers d'extrémités, de balustres, de tablettes qui servent aussi bien de socle que de main courante.

• Commencez par installer le pilier de départ. La pose de piliers et de socles se fait sur une semelle de béton. Les piliers doivent être renforcés de 4 fers à béton (reliés à la semelle) et de béton. Posez le chapeau du pilier.

• Placez les tablettes socles en vérifiant le niveau. Les tablettes sont prépercées latéralement. Continuez à placer les tablettes jusqu'au prochain pilier que vous poserez.

• Répartissez les balustres entre deux piliers. Pour 1 m, il doit y avoir entre 4 et 5 balustres. Le perçage vertical des tablettes se fait suivant le nombre de balustres placés. Collez les tablettes avec les balustres avec le produit de liaison adapté.

• Placez les tablettes d'appui pour la main courante en fixant des goujons entre les balustres et les tablettes. Liez les tablettes d'appui entre elles en utilisant les goujons et le produit de liaison.

• Une fois la balustrade terminée, emplissez les joints avec du mortier-colle. Mettez une bande adhésive de chaque côté des joints pour ne pas abîmer les pièces. Laissez sécher 5 h et nettoyez les joints avec une brosse. Laissez sécher 8 h et mouillez l'ensemble afin de permettre un séchage lent et durable du béton et du mortier-colle. Renouvelez cette opération pendant deux jours. Attendez une semaine et appliquez sur tout l'ensemble un produit hydrofuge pour obtenir une protection supplémentaire.

BALUSTRADE EN ARC DE CERCLE

• Commencez par placer les tablettes d'appui pour le socle.

• Remplissez les cavités de mortier-colle.

• Créez la courbe, soit à l'aide des joints avec un produit joint souple pour extérieur, soit en coupant les tablettes.

• Dressez ensuite les piliers aux extrémités de la balustrade.

• Fixez les balustres au socle. Posez les tablettes d'appui avec des goujons et du mortier-colle.

RAMPE D'ESCALIER

• Commencez par monter le pilier en bas des marches. Si la hauteur de l'étage est supérieure à 2 m, armez-le avec 4 barres de fer et du béton maigre (125 kg/m³).

• Placez les tablettes de socle sur le sommet des marches. Pour les tablettes près des piliers, coupez-les selon l'angle de la pente avec une meuleuse d'angle. Remplissez de mortier l'espace vide entre les marches et les tablettes.

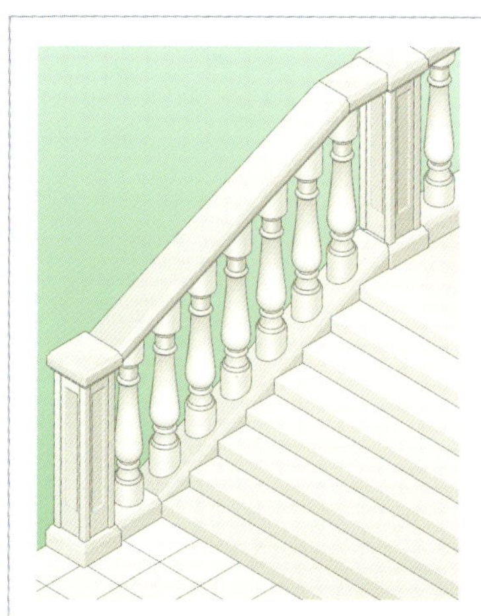

• Posez les cales (vendues avec une découpe de 30°) sur les tablettes socles et laissez sécher 3 h.

• Posez ensuite les balustres. Sur celles-ci, posez les cales supérieures et les tablettes d'appui pour la main courante.

Faire une allée en graviers

Une allée gravillonnée doit comporter des bordures, sans lesquelles le gravier serait peu à peu dispersé. Établissez une couche d'assise de 10 cm d'épaisseur, tout comme pour un dallage.

1. Creusez de part et d'autre de l'assise de l'allée une tranchée de 10 x 10 cm environ dans laquelle vous coulerez du béton pour servir de fondations aux bordures.

2. Alignez les blocs de bordure au cordeau, et posez-les sur un lit de mortier. Alignez-les avec soin en les posant bout à bout.

3. Ramenez le mortier contre le flanc des éléments de bordure avec une truelle, sans dépasser le niveau final de l'allée, ni celui du terrain de l'autre côté de la bordure, de façon que ces cordons restent ultérieurement invisibles.

4. Assurez-vous que la couche d'assise est fermement tassée. Recouvrez-la d'une couche de 5 cm de gros graviers mélangés à du sable. Étalez-la au râteau.

5. Tassez la couche de gravier et de sable en passant un rouleau de jardin préalablement lesté avec de l'eau.

6. Recouvrez l'ensemble par une couche de 20 à 25 mm de petits graviers, tassée à nouveau au rouleau de jardin. Dans ce cas précis, l'allée comportant une bordure, il n'est pas nécessaire d'étaler du goudron au sol.

Bordures

L'installation de bordures droites, à colonnades, en demi-rondins, en piquets n'est pas très difficile. La profondeur de la tranchée à creuser doit correspondre à 30 % de la hauteur de la bordure. Sa largeur ne dépasse pas 15 cm. Dans le fond de la saignée, déposez un lit de béton maigre de 2 à 3 cm. Ajoutez du mortier de chaque côté de la bordure. Vérifiez les niveaux et l'aplomb.
Beaucoup de bordures du commerce peuvent être simplement plantées grâce à des piquets qu'il suffit d'enfoncer dans le sol.

BORDURE COURBE

BORDURE DEMI-RONDIN

BORDURE RONDIN

LES BONS OUTILS

Outils
- Mètre
- Niveau à bulles
- Bêche
- Truelle
- Équerre de maçon
- Râteau
- Rouleau de jardin

Matériel
- Mortier
- Gros graviers et sable mélangés
- Graviers fins
- Caillasse
- Éléments de bordure

LA BONNE ASTUCE

Bordures plates
Ces bordures plates en béton teinté dans la masse sont faciles à implanter et ont l'avantage de permettre le passage de la tondeuse sans risque d'abîmer la lame, mais aussi de couper l'herbe au plus près du massif de fleurs.

LES BONS OUTILS

Outils
- Brouette
- Pelle
- Marteau d'emballeur
- Niveau à bulles
- Tenailles
- Piquets, cordeaux
- Râteau
- Platoir ou truelle

Matériel
- Béton
- Planches de 34 x 120 mm
- Tasseaux de 50 x 50 mm
- Arrosoir avec pomme ou jet d'eau
- Treillis de ferraillage
- Fers à béton
- Fil de fer recuit
- Morceaux de briques
- Feuilles de Polyane
- Profilés en PVC pour joints de dilatation
- Clous à chevron

Quelle que soit son utilisation, le béton doit être coulé dans un coffrage. Il commence à prendre 2 h environ après avoir été gâché. Vous pouvez marcher sur le béton au bout de 3 jours, mais attendez 5 jours avant de le décoffrer et au moins un mois avant de rouler dessus avec une voiture.

Couler le béton au sol

Il faut être deux pour couler du béton. Avec du béton livré malaxé, deux personnes peuvent couler 8 à 9 m² avant que le béton ne commence à prendre. Pour qu'il ne se fissure pas, il faut en ralentir le séchage pendant les premiers jours, en le bâchant avec des feuilles plastiques, voire en l'arrosant.

1

2

3

4

5

1. Tendez des cordeaux entre des piquets matérialisant les contours de la dalle à réaliser. Constituez à l'aplomb de ces cordeaux un coffrage de planches de 34 mm clouées entre elles et sur des piquets en tasseaux de 50 x 50 mm de section enfoncés dans le sol. Ces piquets ne doivent pas dépasser le sommet des planches de coffrage, pour qu'ils puissent ensuite servir d'appui à la règle de nivellement du béton.

2. Mouillez la couche d'assise et le coffrage avec l'arrosoir ou au jet. Disposez un treillis de ferraillage (voir encadré, page ci-contre), calé sur des morceaux de briques à quelques centimètres de l'assise. Intégrez d'éventuels profilés de dilatation (voir page ci-contre).

3. Préparez le béton à la bétonnière ou faites-vous livrer du béton prêt à l'emploi par un camion toupie pour un cubage important. Versez le béton dans le coffrage, en partant d'un coin. Assurez-vous que le ferraillage est bien noyé dans le béton.

4. Hachez le béton frais à coups de pelle, en insistant le long des parois du coffrage pour chasser les bulles d'air. Étalez le béton avec un râteau ou une pelle, en créant une surépaisseur de 1 ou 2 cm au-dessus du coffrage. Remplissez-le ainsi sur 1 m à 1,50 m depuis le côté d'où vous êtes parti.

5. Pour "tirer" le béton, utilisez une règle constituée d'une planche rabotée (section de 34 x 120 mm, par exemple), plus longue que la largeur du coffrage. Saisissez les extrémités de cette règle à deux et faites-la glisser sur le coffrage en lui imprimant un mouvement de cisaillement pendant que vous progressez d'un bout à l'autre du coffrage. Égalisez ainsi toute la surface.

6

7

6. Après ce travail, la surface brute du béton peut être lissée, brossée ou striée (voir page ci-contre). Vous pouvez terminer en taillant les arêtes des bords à l'aide d'un platoir ou d'une truelle.

7. Pour ralentir le séchage du béton et éviter ainsi qu'il se fissure, recouvrez-le de feuilles de Polyane. Supportez-les pour qu'elles ne touchent pas la surface du béton et calez leurs bords avec des briques.

Joints de dilatation

Les grandes surfaces bétonnées et les allées dont la largeur dépasse 5 à 6 m doivent être divisées, à intervalles réguliers, par des joints destinés à compenser les dilatations du béton dues aux variations de température, afin d'éviter qu'il ne se fissure.

Lors de la réalisation de dallages ou d'une chape en béton, les variations dues aux retraits doivent être rendues possibles par la mise en place de joints. Le joint est un espace compris entre deux parties de construction. Il a pour but de limiter les fissurations de dallage pouvant résulter de variations thermiques ou de tassements entre deux parties de dalle. Il peut être réalisé par un profilé en PVC qui sert de joint de dilatation. La pose de ces profilés se fait juste avant le coulage du béton.

La surface maximale qu'une dalle en béton peut couvrir d'un seul tenant sans risque de fissuration dépend de sa largeur et de son épaisseur : ce risque augmente quand l'épaisseur et la largeur diminuent (voir tableau ci-dessous).

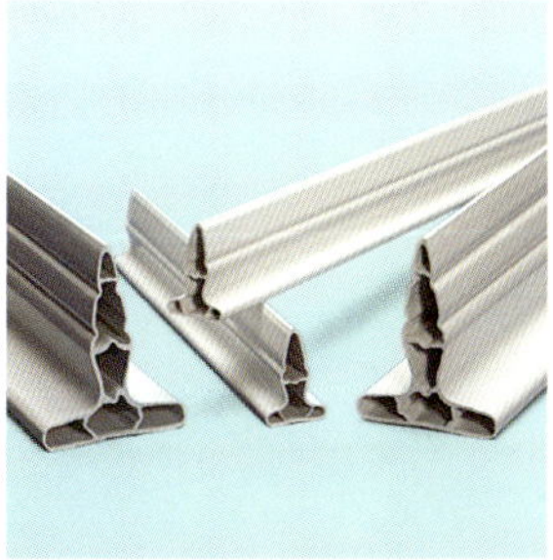

Ces profilés en PVC sont à mettre en place avant le coulage du béton. Pour un meilleur alignement des profilés entre eux, raccordez-les en enfonçant un fer à béton à l'intérieur de l'alvéole supérieure du profilé.

Sciez le profilé à la largeur du coffrage et posez-le sur des plots de béton espacés de 70 cm environ. Contrôlez la mise à niveau et l'alignement au cordeau. Évitez de poser les plots de béton en bout de règle ou aux intersections. En cas de ferraillage, celui-ci doit être fractionné en autant de parties que les joints de dilatation en auront déterminées.

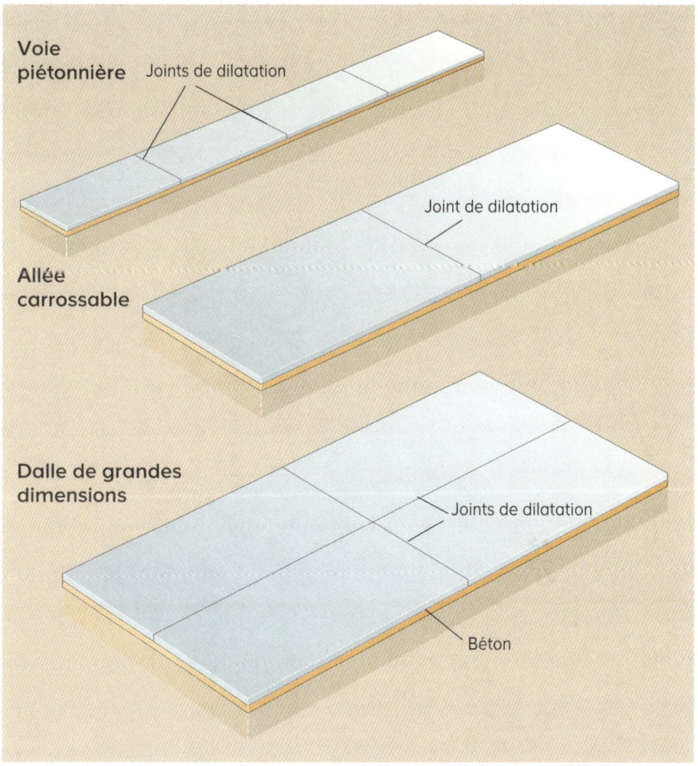

ESPACEMENT DES JOINTS

Largeur du béton	Épaisseur du béton 75 mm	100 mm	150 mm
Moins de 1 m	tous les 2 m		
1 à 2 m	tous les 2,4 m	tous les 2 à 3 m	tous les 3 à 4 m
3 m	tous les 3 m	tous les 4 m	tous les 5 m

Finitions du béton

En général, on peut laisser le béton brut de coulage et de décoffrage. Vous pouvez obtenir une finition plus élaborée avec un balai ou un platoir. Avant de passer ces accessoires, il faut que le béton ait commencé à prendre, sinon vous feriez remonter l'eau à sa surface, ce qui le fragiliserait.

LISSAGE AU PLATOIR OU À LA TALOCHE
Un platoir ou une taloche permettent d'obtenir une surface lisse, presque glacée.

SURFACE BROSSÉE
Brossez la surface avec un balai de coco, un peu incliné. Une brosse souple donne un fini plus lisse.

SURFACE STRIÉE
Les stries d'une surface brute de nivelage ont un effet antidérapant.

LA BONNE **INFO**

TREILLIS DE FERRAILLAGE
Lorsqu'une dalle est soumise à des charges importantes, il est nécessaire de réaliser une armature en treillis soudé. Celui-ci doit être à mi-épaisseur de la dalle en béton. Ligaturez les fers entre eux à la pince avec du fil de fer recuit.

VALORISER VOTRE HABITAT

Quand le terrain d'un jardin est en pente, il faut généralement y installer des marches. Elles peuvent être soit maçonnées, soit réalisées à partir de blocs standardisés ou encore faites en dalles, voire simplement en rondins. Une ou deux longues marches sur une faible déclivité suffiront parfois pour "casser" la pente.

LA SECURITE

Réducteur de glissance
Les marches d'un escalier de jardin en pierre, en pierre reconstituée ou en béton peuvent devenir très glissantes par temps de pluie. Si elles sont très lisses, appliquez-leur un traitement réducteur de glissance qui préviendra tout risque d'accident.

1. Choisir l'emplacement

Un escalier de jardin peut avoir une vocation pratique (faciliter le gravissement d'une pente) ou purement esthétique, parfois les deux. L'emplacement d'un escalier dans le jardin constitue toujours un travail important qui mérite que l'on réfléchisse bien à son emplacement. Un minimum de calculs sera nécessaire pour adapter la hauteur et la profondeur des marches à la pente et à la distance à couvrir par l'escalier. Tenez compte aussi de la nature du terrain à l'emplacement projeté, la réalisation d'un escalier de jardin entraînant toujours certains travaux de terrassement.

Les éléments en pierre calcaire reconstituée peuvent permettre la mise en place de quelques marches entre terrasse et jardin.

2. Déterminer le matériau

Brique pleine, pierre naturelle ou reconstituée, béton pour des éléments préfabriqués, rondins de bois, les matériaux pour faire un escalier de jardin sont multiples et variés. Tous ceux qui engagent des travaux de maçonnerie supposent un minimum de fondations pour en supporter le poids. C'est la rançon de la solidité dans le temps, car les ouvrages en bois, notamment en rondins, ne résistent jamais très longtemps, même quand ils ont été sérieusement traités contre le pourrissement.

LA BONNE INFO

Éclairez les marches
Les marches d'un escalier de jardin peuvent se révéler très dangereuses la nuit si elles ne sont pas éclairées ou au minimum balisées. De simples bornes solaires suffiront et ne demanderont aucune installation électrique.

3. Conduire votre projet

Comme tout travail d'extérieur, la réalisation de marches dans le jardin sera à entreprendre de préférence à la belle saison, quand le terrain n'est ni trop ameubli par la pluie, ni trop compacté par la sécheresse. Ne vous lancez pas dans ce type d'opération en hiver quand il risque de geler : non seulement la terre serait impossible à travailler, mais en plus vous ne pourriez pas couler de béton ou de mortier. Ne travaillez pas, non plus, quand il fait trop chaud. Le coulage du béton au grand soleil impose des protections voire un arrosage des ouvrages pour éviter une déshydratation trop rapide. Prévoyez une durée de chantier tenant compte du séchage du béton.

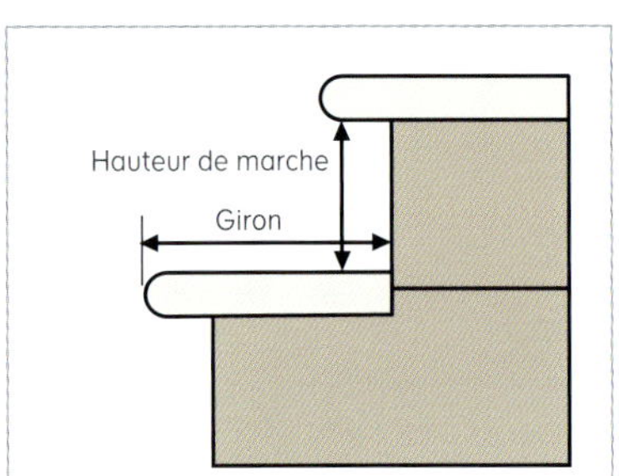

DIFFÉRENTES PARTIES D'UNE MARCHE

LA COTE DES MARCHES
Divisez la hauteur de la volée par celle d'une contremarche pour obtenir le nombre de contremarches de la volée. Divisez ensuite la longueur de la volée en un nombre entier de marches. Les combinaisons giron-hauteur de marche indiquées ci-contre donnent un escalier pratique et sûr. Mais on ne peut pas toujours faire correspondre ces deux mesures, il faut parfois raccourcir ou allonger le giron, et réduire la hauteur des contremarches ou relever un peu le niveau de départ. Ne vous éloignez pas trop des chiffres du tableau et notez qu'aucune marche ne doit avoir un giron inférieur à 30 cm.

COMBINAISON **GIRON-HAUTEUR**

Giron de marche	Hauteur de marche
46 cm	10 cm
43 cm	11,3 cm
40 cm	12,5 cm
38 cm	14 cm
36 cm	15 cm
33 cm	16,5 cm
30 cm	18 cm

Marches maçonnées

Il y a deux façons de réaliser un escalier extérieur maçonné : assembler classiquement des pierres, des dalles et des briques ; ou encore utiliser des éléments préfabriqués, des "blocs marches" que l'on réunit comme les pièces d'un jeu de construction. Dans les deux cas, il est essentiel que l'assise soit solide pour supporter le poids de la construction.

Un escalier n'est pas toujours établi sur une pente. On peut fort bien construire une volée autonome contre un mur de clôture (mais jamais directement contre un mur d'habitation, car elle interromprait sa protection hydrofuge).

Si le mur est en briques, la volée devra être construite dans le même matériau. Les contremarches ne sont rien d'autre que des murets entre lesquels on dispose de la caillasse compactée.

Jusqu'à 5 marches, on peut les centrer sur une base en béton. Pour une volée plus longue, il faut prévoir un soubassement sur toute la longueur.

Les contremarches peuvent s'élever depuis le niveau du sol, ou sur une assise en béton de 10 cm coulée à l'arrière de chaque marche sur de la caillasse compactée, où la dalle sera posée, la contremarche suivante reposant sur l'arrière de cette dalle.

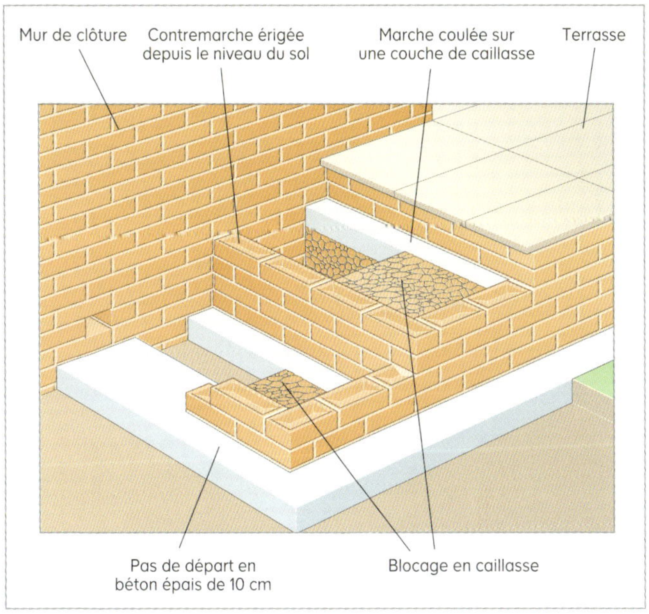

Escalier avec des blocs marches

Pour faciliter la réalisation de votre escalier extérieur, vous pouvez utiliser des blocs marches. La profondeur des marches est réglable. Avant de commencer, mesurez la hauteur et la longueur du futur escalier. Ensuite, suivant la taille des blocs marches que vous avez choisis, calculez le nombre de marches nécessaires.

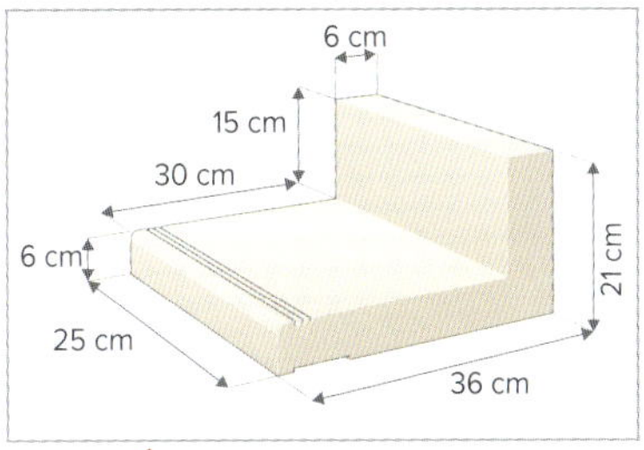

SCHÉMA D'UN BLOC MARCHE AUX DIMENSIONS STANDARDS

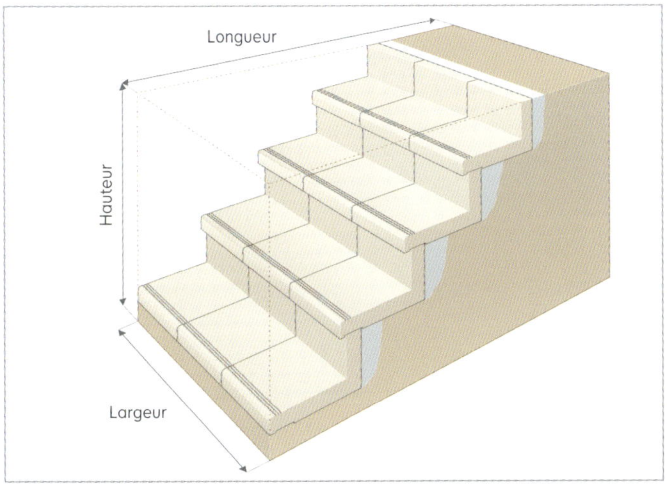

- Calculez le nombre de blocs marches par marche en divisant la largeur de votre escalier par 25. Prévoyez un joint de 15 mm entre chaque bloc marche.
- Calculez le nombre de marches de votre escalier en divisant la hauteur par 21, la partie haute de la marche supérieure correspond au niveau du sol fini.
- Déterminez l'emplacement de la première marche. Celle-ci se situe verticalement par rapport à la dernière marche à une distance égale au nombre de marches multipliées par 30 cm.
- Égalisez la pente. Préparez l'emplacement de la première marche. Enlevez la terre végétale sur 5 cm. Remplissez avec un béton maigre.
- Posez la première rangée en laissant un joint de 15 mm entre chaque bloc marche. Vérifiez les niveaux et l'alignement.
- Préparez la seconde marche et selon le profil de la pente, enlevez la terre en surplus ou comblez avec un béton maigre.
- Répétez les opérations ci-dessus jusqu'à la hauteur souhaitée.
- Jointoyez à l'aide d'un mortier à base de ciment blanc hydrofugé, lissez avec un fer à joint.
- Nettoyez les éventuelles salissures sans délai à l'eau claire.

LES BONS OUTILS

Outils
- Cordeau
- Équerre de maçon
- Marteau
- Mètre
- Grand niveau à bulles
- Longue règle
- Bêche
- Brouette
- Truelle
- Dame

Matériel
- Piquets de 40 x 60 mm
- Béton
- Briques
- Mortier
- Caillasse
- Cales calibrées de 10 mm
- Dalles

Différents matériaux peuvent servir à la réalisation d'un escalier sur un terrain en pente: briques et dalles en béton, rondins et gravier, etc. Le profil du dénivelé et de la longueur de la pente sont essentiels, mais le giron (profondeur d'une marche) ne doit jamais être inférieur à 30 cm, et la hauteur de marche devant être comprise entre 10 et 18 cm.

Construire des marches en dalles

Commencez par dresser le dessin de la volée avec les dimensions des marches, une fois retenues les valeurs du giron et de la hauteur. Vous apprécierez de pouvoir vous y reporter au cours de la construction de l'escalier. Si vous devez manutentionner de grandes dalles, faites-vous aider par sécurité.

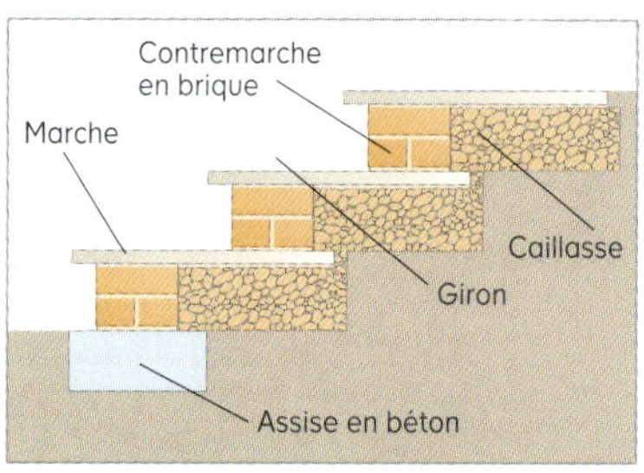

COUPE DE L'ESCALIER

1. Creusez une tranchée profonde d'environ 15 cm pour la contremarche de départ. Marquez la hauteur de la marche avec deux piquets et réglez leur tête de niveau avant de couler le béton. Si une surface dallée conduit à l'escalier, creusez plus profond et posez une ou deux rangées de briques sur lesquelles vous calerez les dalles contre la première marche.

2. Bétonnez la base de la première marche au ras de la tête des piquets, et laissez sécher 24 h avant de poursuivre la construction à partir de cette assise.

3. Maçonnez la première contremarche sur l'assise en béton, avec deux rangées de briques en pose alternée. Contrôlez leur horizontalité. Laissez sécher pendant 2 h.

4. Derrière la contremarche, comblez avec de la caillasse, sur toute la profondeur de la marche. Compactez la caillasse avec une dame.

5. Étalez une couche uniforme de mortier sur la contremarche et la caillasse et posez dessus la dalle de la première marche, qui doit déborder à l'avant et de chaque côté sur 4 cm environ. Posez le niveau à bulles sur le nez de marche pour vérifier le nivellement latéral. Si vous accolez deux dalles, assemblez-les avec un joint de mortier.

6. Surélevez l'arrière de la marche avec la cale de 10 mm pour lui donner une légère pente vers l'avant. Contrôlez celle-ci avec le niveau à bulles. Lissez ensuite les joints.

7. Poursuivez la construction de la volée, en contrôlant l'inclinaison de chaque marche. Posez le grand niveau à bulles ou une longue règle sur le nez des marches pour vérifier leur alignement. Les deux côtés de la volée peuvent être remblayés. On pourra y semer du gazon et y repiquer des plantes de rocaille.

Construire des marches en rondins

Cette marche en rondins s'harmonise avec une allée de promenade. Vous pouvez remplacer les rondins par des traverses ou des morceaux de poutres. Constituez chaque contremarche avec un ou deux rondins, selon leur épaisseur. Veillez à traiter le bois avant de le mettre en place.

1. Creusez le terrain de part et d'autre de la marche, en le nivelant grossièrement. Compactez le terrain avec une dame. Sciez le ou les rondins à la longueur voulue avec une scie à bûche et appliquez un produit insecticide et fongicide sur les surfaces de sciage. Posez un premier rondin à l'emplacement déterminé pour la contremarche. Coupez deux bouts de rondins longs d'environ 45 cm et taillez l'une de leurs extrémités en pointe. Enfoncez-les à la masse de chaque côté de la marche, leur tête dépassant un peu de la hauteur de celle-ci.

2. Posez le deuxième rondin sur le premier et assurez-vous qu'il est bien horizontal, avec le niveau à bulles. Repoussez les rondins et ajustez le niveau de la terre en dessous, si nécessaire.

3. Enfoncez de nouveau les piquets à la masse jusqu'à ce que leur tête affleure le haut de la contremarche.

4. Retirez le rondin supérieur. Faites vous aider pour appuyer la masse sur le devant du piquet et clouez le rondin sur les piquets avec des clous à chevron en acier galvanisé de 125 mm. Prépercez le rondin inférieur dans l'axe du piquet pour ne pas faire éclater le bois. Répétez l'opération avec les deux piquets et avec le rondin supérieur.

5. Épandez une couche de caillasse derrière la contremarche. Damez-la de façon à laisser la place pour une couche de gravier de quelques centimètres.

6. Recouvrez la caillasse de gravier. Nivelez cette couche de finition avec le râteau. Donnez éventuellement quelques légers coups de dame pour ancrer le gravier.

Confectionner des pas en bois

Des disques découpés dans de gros rondins ayant bénéficié d'un traitement permettent de réaliser une surface plane et stable dans un jardin.
Vous pouvez remplir l'espace entre eux de graviers, de pierres ou d'écorces de pin. Vous pouvez aussi engazonner cette surface.

LES BONS OUTILS

Outils
- Bêche
- Mètre
- Niveau à bulles
- Scie à bûche
- Masse
- Perceuse avec mèches
- Dame
- Marteau
- Râteau

Matériel
- Rondins de 75 mm de diamètre environ
- Produit de traitement du bois
- Clous à chevron en acier galvanisé de 125 mm
- Caillasse
- Gravier

LA BONNE ASTUCE

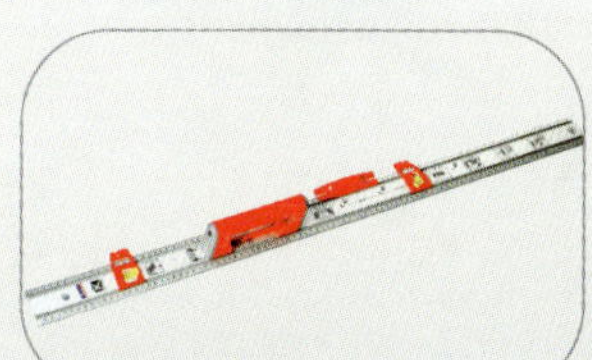

Règle multifonction
Ce grand niveau à bulles à poignée à blocage par pression permet tout à la fois de tracer, mesurer et guider la coupe.

Un jardin bien éclairé

Plusieurs raisons plaident en faveur d'un bon éclairage du jardin :
- éclairage et balisage des allées ;
- mise en valeur des arbres, des arbustes et des parterres ;
- disparition des zones d'ombre sources d'insécurité.

L'installation électrique doit être réalisée dans le respect le plus stricte de la norme (NF C 15-100) pour les luminaires alimentés en moyenne tension (230V), mais beaucoup d'éclairages le sont aujourd'hui en très basse tension (12V), quand ils ne bénéficient pas de leur propre alimentation, via des capteurs solaires photovoltaïques.

Ces appliques flambeaux sont commandées par un détecteur de présence infrarouge.

LA BONNE **ASTUCE**

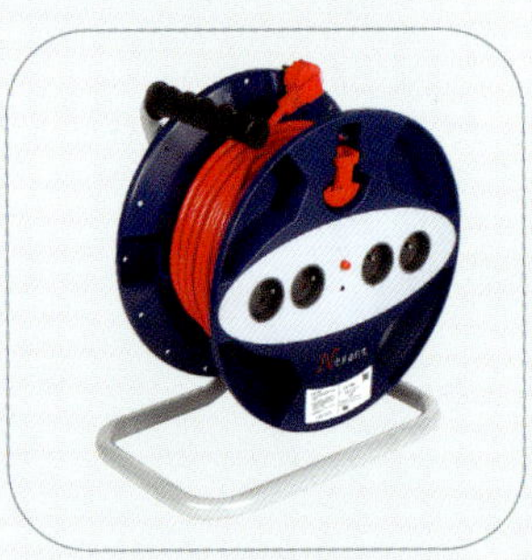

L'ENROULEUR : INDISPENSABLE ENTRE MAISON ET JARDIN

Cet enrouleur bénéficie d'un tambour tournant et d'une platine de prise qui reste fixe. Finis les cordons électriques emmêlés ! Un guide-fil facilite l'enroulement et le déroulement de la rallonge de 25 m.

Le jardin est perçu aujourd'hui comme le prolongement de la maison, la terrasse étant le trait d'union entre ces deux univers, qui partagent certaines installations, l'eau et l'électricité notamment. Certains équipements sont complémentaires de la maison, comme l'abri de jardin ou la serre. Leur implantation doit faire l'objet d'une réflexion d'ensemble permettant un aménagement harmonieux.

1. Bien utiliser l'eau

L'eau est aujourd'hui un bien précieux : c'est une ressource fragile qu'il ne faut pas gaspiller, mais elle représente aussi un poste de dépense important dans le budget d'une maison. On a donc tout intérêt à l'utiliser de façon rationnelle. Tout plaide désormais en faveur de la récupération de l'eau de pluie mais aussi d'une utilisation cohérente de l'eau au jardin comme dans certaines parties de la maison. Récupérateur d'eau de pluie, pompe, arroseur, système d'arrosage doivent faire l'objet d'une réflexion fondée sur l'analyse des besoins et les contraintes du terrain.

2. Ranger et stocker

La maison et le jardin sont des univers complémentaires. Sauf à disposer de vastes annexes comme le permettent parfois les maisons de campagne, il est rare que l'habitation possède un local suffisamment vaste et assez accessible pour stocker tout ce qui sert au jardinage et à l'entretien du jardin. Souvent, on renonce à garer sa voiture au garage pour l'utiliser en espace de rangement. Mais l'édification d'un abri de jardin est toujours une meilleure solution. Et une fois que l'on sera rôdé à sa construction, nul doute que vos enfants vous encourageront à passer à la construction d'une maisonnette qui leur procurera les joies d'un univers bien à eux dans le jardin.

3. Produire et protéger les plantes

La serre est assurément l'équipement auquel on passera une fois que l'on aura réalisé les travaux structurant du jardin. Utile pour protéger les plantes fragiles, indispensable pour produire soi-même les fleurs qui agrémenteront le jardin à la belle saison, c'est aussi un élément décoratif. Qu'on y ajoute un bac à compost et l'on bouclera la boucle du parfait jardinier.

Un carport en bois (comme ici en pin traité autoclave) ou en métal est un utile complément à la maison et participe déjà à l'équipement du jardin.

L'eau au jardin

L'eau au jardin est indispensable pour arroser pelouses et plantations et pour alimenter d'éventuels bassins et pièces d'eau. C'est aussi l'occasion de mettre en place un système de récupération d'eau de pluie qui vous permettra de faire des économies mais aussi de participer à la préservation de cette ressource menacée.

Un récupérateur d'eau peut être associé à un système d'arrosage par goutte-à-goutte, idéal pour le potager.

Une piscine hors sol

Parmi les équipements qu'il est possible d'implanter au jardin, vous pouvez choisir d'installer une piscine en bois hors sol. Choisissez un modèle en pin traité autoclave classe 4. Aucune autorisation administrative n'est requise pour les piscines de moins de 10 m² et de moins de 1,80 m de haut. Attention, cependant aux éventuelles restrictions locales (renseignez-vous en mairie).

Abris et constructions de jardin

Avant de vous décider à acheter un abri de jardin, passez en revue un certain nombre de points.
• **De quelle taille de bâtiment avez-vous besoin?** Au-delà de quelle taille risque-il de nuire à l'esthétique du jardin?
• **Comment y accéderez-vous?** Un chemin est-il nécessaire pour protéger la pelouse et éviter de se mouiller les pieds?
• **Où l'implanter?** N'érigez pas une construction là où elle créerait un espace mort, ni dans un emplacement manquant de lumière. Le plus souvent, ce genre de construction est édifié contre une haie ou adossé à un mur.

• **Aura-t-il assez de lumière l'hiver?** Ne risque-t-il pas d'être écrasé de chaleur l'été?
• **Devrez-vous y amener l'électricité?** Si oui, n'est-il pas trop éloigné d'un point de branchement?
• **Aurez-vous besoin d'y amener l'eau?** Existe-t-il un robinet de puisage à proximité du lieu choisi pour l'implantation? Pourrez-vous installer un récupérateur à proximité?

Un abri de jardin doit pourvoir s'intégrer dans l'environnement du jardin.

Serres

De dimensions et de formes très variées, les serres comportent une structure rigide en bois ou, de plus en plus souvent, en aluminium ou en PVC qui dispensent de tout entretien.

VITRAGE

Trois types de vitrage s'offrent à votre choix.
• Le verre horticole, économique, est le plus couramment employé.
• Le verre trempé, plus résistant.
• Les feuilles de polycarbonate, encore plus robustes, permettent de réduire le risque de brûlure des végétaux.

VENTILATION

Une ventilation bien adaptée est très importante pour la régulation de la température et du renouvellement de l'air. Si la ventilation est insuffisante, l'hygrométrie augmente et favorise le développement de certaines maladies. La plupart des structures de serre sont dotées d'un ou plusieurs vasistas. Vous pouvez installer des vasistas à régulation thermostatique peu coûteuse et ne nécessitant aucune alimentation électrique.

OMBRAGE

Pendant les jours les plus chauds, un système d'ombrage évitera la surchauffe et le brûlage des plantes. Trois possibilités s'offrent à vous.
• Application sur la face externe des vitrages d'une peinture spéciale filtrante, résistant à la pluie, mais qui s'élimine à la brosse.
• Fixation de stores, ou rideaux, d'ombrage à l'intérieur ou à l'extérieur de la structure.
• Pose de protections dédiées au-dessus des plantes les plus fragiles.

CHAUFFAGE

Il peut s'avérer nécessaire de chauffer la serre, pendant les périodes de froid ou pour favoriser le développement de certaines plantes. Trois options vous sont proposées.
• Un chauffage à combustible liquide (type pétrole), économique à l'achat, mais qui consomme un carburant relativement cher. Il est difficile à réguler et favorise la condensation qui peut nourrir certaines maladies.
• Un radiateur à bouteille de gaz bénéficiant d'une régulation thermostatique, mais qui favorise lui aussi la condensation.
• Un chauffage électrique, plus performant, mais qui nécessite un branchement. Un radiateur soufflant présente l'avantage de brasser l'air dans la serre.

IRRIGATION

Vous pouvez arroser régulièrement le sol de la serre ou poser un programmateur d'arrosage, associé à un système de brumisation, très utile si vous vous absentez pendant plusieurs jours. Une nappe capillaire qui retient l'eau, placée sur un plateau rainuré, diffuse l'eau à la demande des plantes. Elle convient pour la plupart des serres où sont entreposées des plantes fragiles ou des bacs de repiquage.

LA SECURITE

EAU DE PUITS NON POTABLE
Attention ! l'eau de n'importe quel puits ou de n'importe quelle source est a priori considérée comme non potable. Il est dangereux de la boire sans s'être assurée qu'elle est potable par une analyse réalisée par un laboratoire de la DDASS.

La façon la plus simple d'utiliser de l'eau au jardin, c'est évidemment de se brancher sur l'eau de la ville. Ce n'est pourtant pas la façon la plus économique ni la plus écologique de se procurer de l'eau et de la répartir dans le jardin pour arroser les plantes ou alimenter un bassin.

Alimentation par le réseau

L'alimentation à partir du réseau public se fait le plus souvent par l'intermédiaire d'un robinet de puisage, c'est-à-dire d'un robinet simple, en laiton, à poignée en potence double qui permet de distribuer l'eau de la ville directement au jardin. Le raccordement sur l'installation se fait en principe avant la répartition vers les différents appareils sanitaires de la maison.

TUYAU D'ARROSAGE SUR ROBINET DE PUISAGE

Le tuyau d'arrosage est ici relié à un robinet de puisage par un raccord automatique. Un dévidoir compact fixé au mur permet de dérouler et d'enrouler le tuyau sans difficulté. L'eau est distribuée par une lance multijet. C'est le système classique d'arrosage manuel.

Que dit la loi ?

La loi sur l'eau et les milieux aquatiques du 30 décembre 2006 a introduit l'obligation de déclarer en mairie les ouvrages domestiques, existants ou futurs, et a conféré aux services de distribution d'eau potable la possibilité de contrôler l'ouvrage de prélèvement, les réseaux intérieurs de distribution d'eau ainsi que les ouvrages de récupération des eaux de pluie. Pour un forage ou la remise en fonction d'un puits, il faut déposer à la mairie un formulaire de déclaration de l'intention de réaliser un ouvrage, au minimum 1 mois avant le début des travaux. Ce formulaire est accompagné des résultats de l'analyse de la qualité de l'eau lorsque celle-ci est destinée à la consommation humaine au sens de l'article R.1321-1 du Code de la santé publique.

Alimentation par puits ou forage

L'eau de la nappe phréatique est souvent assez proche de la surface pour que l'on puisse l'utiliser soit par l'intermédiaire d'un puits, soit par un forage. Si elle n'est pas potable, l'eau servira au moins à l'arrosage du jardin.

POMPE IMMERGÉE

Lorsque le niveau dans un puits risque de descendre en dessous de 8 m (limite de puisage de la plupart des pompes de surface), il faut recourir à une pompe immergée comme celle-ci, dont la profondeur d'immersion peut être de 15 m et la hauteur de refoulement de 55 m. Elle délivre une pression maxi de 5,5 bars pour un débit maxi de 4,5 m^3/h. C'est aussi le type de matériel que l'on doit utiliser lorsqu'on veut faire réaliser un forage de grande profondeur.

POMPE DE SURFACE

Dans un puits dont le niveau ne descend pas en dessous de 8 m, une pompe de surface comme celle-ci peut convenir pour tirer l'eau nécessaire à l'arrosage du jardin. Choisissez toujours un modèle auto-amorçant.

Récupérer l'eau de pluie

Avec l'augmentation du prix de l'eau municipale, mais aussi par souci de ne pas gaspiller cette ressource menacée, beaucoup récupèrent aujourd'hui une partie de l'eau de pluie qui ruisselle sur les toitures. Cette eau est stockée dans des citernes de plus ou moins grande capacité. Pour l'utiliser, il est souvent nécessaire d'avoir un système de pompage et de mise en pression spécifiques.

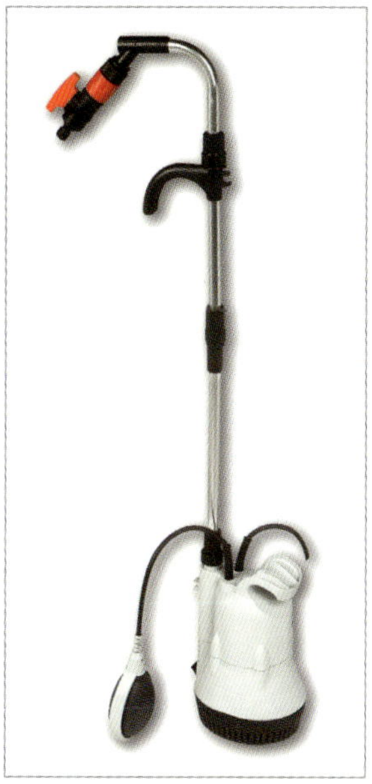

POMPE POUR COLLECTEUR D'EAU DE PLUIE

Pour utiliser l'eau d'un récupérateur d'eau de surface, le puisage par gravité (robinet en bas du réservoir) est vite insuffisant. Il ne permet que le transport de l'eau à l'arrosoir, qui est peu efficace si les besoins d'arrosage dépassent ceux de quelques jardinières et plantes en pot. Pour distribuer l'eau par un tuyau d'arrosage, une lance réglable, un pistolet d'arrosage, voire des arroseurs, il faut un système de pompage et de mise en pression. C'est ce que permet cette pompe pour collecteur d'eau de pluie (ci-contre), dont le débit est de 4 m³/h et la capacité de refoulement en hauteur de 11 m.

DE LA PRESSION POUR LA MAISON

Un surpresseur augmente la pression délivrée par la pompe et permet d'utiliser dans la maison l'eau d'une citerne de récupération enterrée dans le jardin. Ainsi, vous pourrez utiliser l'eau de pluie dans les étages pour les W.-C. ou un lave-linge.

LA BONNE **INFO**

ÉCONOMISEZ L'EAU
En vous équipant d'un récupérateur d'eau, vous pouvez récupérer (selon la région et la surface de votre toit) jusqu'à 90 m³ d'eau par an.

Utilisation de l'eau d'un cours d'eau ou d'une pièce d'eau

Les particuliers qui utilisent ou envisagent d'utiliser une eau prélevée dans le milieu naturel pour un usage domestique doivent respecter de nouvelles règles. Tout prélèvement, puits ou forage réalisés à des fins d'usage domestique de l'eau doit faire l'objet d'une déclaration auprès du maire de la commune concernée. La loi définit l'usage domestique de l'eau comme "les prélèvements (...) destinés exclusivement à la satisfaction des besoins des personnes physiques propriétaires ou locataires des installations et de ceux des personnes résidant habituellement sous leur toit, dans les limites des quantités d'eau nécessaires à l'alimentation humaine, aux soins d'hygiène, au lavage et aux productions végétales ou animales réservées à la consommation familiale de ces personnes" (Art. R214-5 du Code de l'environnement).

Une pompe de surface permet le pompage de l'eau d'une rivière.

LA BONNE **ASTUCE**

POMPE VIDE-CAVE
Il suffit parfois d'un gros orage ou de pluies diluviennes pour que la cave ou le vide sanitaire se remplisse d'eau. Il n'y a pas d'autre solution, alors, que de la vider avec une pompe adaptée. Cette pompe conjugue 3 fonctions : elle pompe les eaux claires, les eaux chargées et bénéficie d'une aspiration par la base. Son rendement est très élevé (8 000 l/h) et elle refoule à 5 m.

Arroser le jardin

L'arrosage du jardin se fait classiquement en surface par un tuyau associé à différents accessoires de distribution, ou bien en enterrant des canalisations alimentant des arroseurs ou des prises de raccordement.

Cet ensemble réunit un dévidoir sur roue, 25 m de tuyaux, une lance multijet et deux raccords de robinet.

Cet arroseur canon en métal est idéal pour l'arrosage d'une grande partie de pelouse (jusqu'à 24 m).

Vous trouverez des kits permettant d'installer vous-même un système complet d'arrosage enterré.

Récupérateurs d'eau de pluie

Pour un jardin de grandes dimensions, on peut enterrer une cuve pouvant aller jusqu'à 9 000 l. Du fait de la taille de celle-ci, et donc du volume de l'excavation nécessaire pour son implantation, il faut envisager cette solution au moment de la construction d'une maison plutôt que dans un jardin déjà structuré. Ce type de citerne est raccordé à la gouttière par un déversoir. Il intègre une pompe qui permet une distribution facile de l'eau, via un tuyau d'arrosage et un système de gestion de l'eau pour la maison. Ce dernier ne peut alimenter que les appareils n'imposant pas l'utilisation d'eau potable (W.-C., lave-linge, lavage du sol, etc.).

RÉCUPÉRATEUR DE GROS VOLUME POUR LE JARDIN

RÉCUPÉRATEUR DE GROS VOLUME POUR LE JARDIN ET LA MAISON

RÉCUPÉRER L'EAU POUR LE JARDIN

C'est un grand gaspillage que d'arroser des plantes avec de l'eau potable. La récupération et le stockage de l'eau de pluie gagnent du terrain, notamment avec l'apparition de matériels faciles à mettre en œuvre et de cuves de stockage qui savent se faire de plus en plus discrètes ou occuper moins de place près de la maison.

RÉCUPÉRATEUR EN POLYPROPYLÈNE

Cette cuve en plastique noir de 200 l possède une jauge de niveau, un robinet, un couvercle de sécurité et un système antidébordement.

RÉCUPÉRATEUR EN SAPIN

Constituée de lattes de sapin maintenues par cerclage imitant un tonneau, et d'une bâche plastique étanche, cette cuve peut contenir 200 l d'eau.

SET DE JUMELAGE

Ce kit comprend deux embouts et 25 cm de tuyau qui permettent de jumeler deux cuves de récupération et doubler ainsi facilement la capacité de récupération.

RÉCUPÉRATEUR MURAL

Également en polypropylène, mais de couleur blanche, traitée anti-UV, cette cuve murale de 300 l prend peu de place en épaisseur (55 cm). Un collecteur universel pour gouttière de 65 et 100 mm de diamètre permet un raccordement à la descente d'eau. Il intègre une grille filtrante et un système de trop-plein.

Installer un récupérateur d'eau

Vous pouvez protéger l'environnement, mais aussi réduire votre facture d'eau en récupérant et en stockant l'eau de pluie.

INSTALLER ET RACCORDER LA CUVE

Non seulement l'eau de pluie est gratuite, mais elle est aussi bien meilleure pour le jardin que l'eau du robinet, car elle ne contient pas de produits de traitement. De plus, n'étant pas calcaire, elle ne laissera pas de traces sur le feuillage et n'augmentera pas le pH du sol. La collecte de l'eau de pluie se fait dans un bac relié à une descente de gouttière. Installez-le du côté le moins ensoleillé de la maison.

1. Déterminez l'endroit où vous pourrez poser le bac, à proximité d'une descente de gouttière. Il doit être bien à plat, sur un sol stable, assez haut pour qu'un arrosoir puisse se glisser sous le robinet.

2. Amenez le récupérateur en position et faites une marque sur la descente de gouttière correspondant à sa hauteur. Si l'accessoire collecteur n'est pas autoperçant, coupez la gouttière 3 cm plus bas à l'aide d'une scie adaptée au matériau.

3. Fixez le kit collecteur d'eau de pluie à la descente de gouttière. Le collecteur vient s'ajuster sur la partie coupée de la descente.

4. Si la cuve ne comprend pas de perçage d'origine, faites un trou à 10 cm du bord supérieur qui servira à raccorder le tuyau du collecteur.

5. Enfoncez le raccord du collecteur d'eau par le trou et maintenez-le en place. Le perçage à la scie cloche ne doit pas être trop large car le raccord doit pénétrer en force.

6. Reliez le collecteur à la gouttière par le raccord du kit. Posez un couvercle sur le bac : il est indispensable, car il empêchera les moustiques d'aller pondre leurs œufs dans l'eau.

LES BONS OUTILS

OUTILS
- Perceuse
- Scie cloche (ou trépan)
- Scie

MATÉRIEL
- Récupérateur et support
- Kit collecteur d'eau de pluie

LA BONNE INFO

QUALITÉ DE L'EAU DE PLUIE

La qualité de l'eau de pluie issue d'une citerne est souvent meilleure que celle d'un puits pour arroser un jardin. Elle est très douce, donc idéale pour laver le linge, mais elle n'est pas considérée comme potable. C'est pourquoi elle ne peut pas servir à alimenter les appareils à vocation alimentaire comme le lave-vaisselle ou la douche, la baignoire, le lavabo ou l'évier.

Utilisation des eaux grises

Une grande partie des eaux usées de la maison peut être utilisée dans le jardin. On les appelle aussi "eaux grises". En revanche, les eaux noires, ou eaux-vannes (celles qui proviennent des toilettes) ne doivent jamais être recyclées.
Chaque foyer produit une grande quantité d'eaux grises qui peuvent, pour certaines, convenir aux plantations à condition cependant qu'elles ne contiennent pas trop de détergents, de savon ou encore de résidus culinaires.

- N'utilisez jamais d'eau contenant des agents de blanchiment, des désinfectants ou autres produits détachants.
- N'utilisez jamais d'eau grise pour arroser des plantes comestibles ou pour remplir des pièces d'eau.
- N'arrosez pas les boutures ou les jeunes plants avec l'eau grise.
- N'utilisez jamais d'eau grise dans les machines à laver la vaisselle ou le linge.
- Ne stockez pas les eaux grises.
- Versez cette eau dans le sol et non pas sur le feuillage.
- Ne l'utilisez pas avec un système d'arrosage ou d'aspersion.

LES BONS OUTILS

Outils
- Couteau

Matériel
- Kit d'arrosage goutte-à-goutte
- Paillis
- Programmateur

Des cônes en céramique, vissés sur le goulot de bouteilles en plastique arrosent graduellement les plantes.

Installer un goutte-à-goutte ou un système d'asperseurs

Un bon système d'arrosage doit délivrer de l'eau aux plantes au bon moment en fonction de leurs besoins. Les arroseurs standards consomment beaucoup d'eau sans toujours atteindre la plante qu'ils doivent arroser. Les tuyaux microporeux ou les systèmes goutte-à-goutte sont plus efficaces, car ils dispensent de l'eau à l'endroit précis que vous avez choisi. Ils sont simples à installer. Vous contrôlerez leur débit manuellement ou avec un programmateur.

1. Déroulez le tuyau et disposez-le sur toute la surface que vous voulez arroser. Travaillez méthodiquement, car il faut faire passer le tuyau au milieu des plantations sans les abîmer.

2. Lorsque le tuyau est en place, fermez le circuit en le raccordant sur lui-même ou en plaçant un bouchon d'extrémité.

3. À l'aide de l'outil fourni avec le système d'arrosage, percez des trous dans le tuyau aux endroits où vous voulez installer un goutteur ou un asperseur.

4. Prévoyez autant de goutteurs que nécessaire. Coupez les tuyaux de dérivation à la bonne longueur, posez les goutteurs qui seront raccordés au réseau.

5. Lorsque toute l'installation est raccordée au réseau, fixez le tuyau avec les crochets fournis avec le kit et recouvrez le tout d'une couche de terre ou de paillis.

6. Installez un programmateur sur le robinet du jardin. Alimentez le kit par un tuyau d'arrosage ordinaire raccordé au programmateur. Déterminez les horaires et plages d'arrosage.

7. Testez le système, procédez aux éventuels ajustements notamment sur les goutteurs ou asperseurs lorsqu'ils sont réglables.

LA BONNE INFO

L'arrosage de nuit

Il est toujours préférable d'arroser la nuit, pour les plantes comme pour l'environnement. En effet, comme il fait plus frais la nuit, l'évaporation naturelle est moindre. Arrêtez les arrosages par temps humide (sauf celui des balconnières et des pots).

Kit d'irrigation

Parfaits en association avec un récupérateur d'eau, les kits d'irrigation peuvent constituer un système complet d'arrosage goutte-à-goutte et de brumisation pour balconnières, massifs et bordures. Certains kits sont également conçus pour l'arrosage d'un potager ou d'une terrasse.

Comment réduire les arrosages

LE PAILLAGE

Une fois terminées vos plantations, vous pouvez passer au paillage. Cette opération permet de limiter la croissance des mauvaises herbes et limite la fréquence et l'abondance des arrosages. Pour certaines plantations arbustives ou potagères (fraisiers, par exemple), on peut étendre sur le sol du film de paillage noir biodégradable (voir en bas de page) et faire les plantations en le trouant. Il permet aussi de diminuer l'épaisseur de paillage végétal ou minéral.

Avant de commencer à pailler, il est important que le sol soit bien humide. Le paillis empêchant purement et simplement la pluie d'atteindre le sol, vous devrez compenser ce manque par de copieux arrosages au pied même des plantes, mais sans aucun gaspillage alentour.

N'importe quel matériau en particules, végétal ou non, peut servir de paillis. Il suffit de l'étendre à la surface du sol pour conserver l'humidité et empêcher la croissance des mauvaises herbes. Les végétaux le plus souvent utilisés sont les écorces de pin, le compost ou encore les déchets de tonte. Ils peuvent aussi servir pour améliorer la fertilité du sol, mais dans ce cas, il faudra les retourner de temps en temps. On peut aussi établir un "paillage" avec des graviers, de l'ardoise pilée ou des débris de verre recyclé.

LE PAILLIS VÉGÉTAL
Parfaitement biodégradable, le paillis végétal présente l'avantage d'apporter des nutriments aux plantes.

LE PAILLIS MINÉRAL
Ces paillis ont une durée de vie assez longue et s'accordent avec les jardins modernes.

FABRIQUER SON PAILLIS

À l'origine, le paillage consiste à couvrir le sol avec de la paille (généralement celle du fumier bien décomposé), d'où le nom de "paillis". Aujourd'hui on utilise encore de la paille, mais aussi toutes sortes d'autre débris de végétaux comme les écorces de pin broyées que l'on trouve en sacs dans le commerce. Si vous disposez d'un broyeur de végétaux vous pourrez en produire avec des branches et des débris de taille. Vous en utiliserez le produit soit pour pailler, soit pour faire du compost.

Pailler les cultures

Cette technique est excellente pour limiter l'évaporation et pour éviter la prolifération des mauvaises herbes. On la limitera donc au potager ou pour la plantation d'arbres et arbustes dont l'accès est difficile et limite la fréquence des interventions de nettoyage. Elle consiste à étendre sur le sol un film opaque en polyéthylène ou un feutre en fibres végétales et de pratiquer des fentes là où l'on veut faire pousser des plantes.

1. Préparez le terrain en l'ameublissant et en l'affinant. Étalez le film de paillage sur le sol. Coupez le film en croix avec un cutter à l'emplacement voulu pour les plantes. Portez des gants.

2. Creusez les trous au transplantoir ou au plantoir selon la taille des mottes. Repiquez les plantes après en avoir taillé les racines. Rabattez les coins de film sur le collet des plantes.

3. Arrosez chaque plante au pied abondamment. Pour améliorer l'esthétique de votre plantation, épandez sur le film de paillage des écorces de pin, des copeaux de bois ou même du gravier.

UN BINAGE VAUT DEUX ARROSAGES

La terre travaillée pour des cultures est directement exposée aux rayons du soleil et au contact de l'air sec et chaud de l'atmosphère. Elle se dessèche et forme une croûte qui agit ensuite comme un buvard. Par effet de capillarité, elle accélère la remontée de l'humidité contenue par la terre vers la surface accentuant le phénomène d'évaporation. En rompant cette croûte, on ralentit l'évaporation et donc on limite les besoins d'arrosage.

LES BONS **OUTILS**

OUTILS
- Cutter
- Transplantoir ou plantoir

MATÉRIEL
- Gants
- Film de paillage
- Paillis (éventuellement)

LA BONNE **ASTUCE**

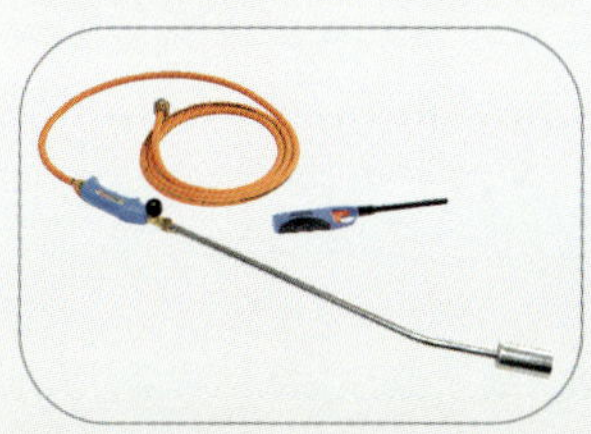

DÉSHERBAGE AU NATUREL
Le désherbeur thermique permet d'éliminer les mauvaises herbes sans substances toxiques et polluantes. Il suffit d'appuyer sur la gâchette et un choc thermique détruit naturellement la plante en 2 à 3 jours. Le désherbeur thermique est parfait pour le nettoyage des allées, bordures et surfaces gravillonnées. Il élimine aussi la mousse des arbres.

LES BONS **OUTILS**

Outils
- Mètre
- Cordeau de maçon
- Bêche
- Équerre de maçon
- Niveau à bulles
- Truelle
- Tournevis à lame plate
- Tournevis cruciforme
- Clé plate de 10 mm
- Perceuse à percussion avec forets à béton
- Gants à paumes renforcées
- Lunettes de protection

Matériel
- Contreplaqué ou panneaux de particules, si besoin
- Embase de serre en kit
- Béton pour fondation, caillasse
- Briques
- Mortier
- Goujons à expansion de 25 mm
- Serre en kit

Une serre est un vrai lieu de vie au jardin. Elle crée un environnement qui permet la multiplication des plantes, leur culture précoce, la protection des plus fragiles contre le gel. Elle offre une ambiance adaptée à la croissance des espèces exotiques toute l'année. Choisissez une situation bien ensoleillée, avec le plus grand côté face au sud.

Monter une serre

ÉTABLIR L'ASSISE

La serre comprend une embase de fixation à monter, sur laquelle l'ossature de la serre est fixée. L'embase de fixation présente l'intérêt de surélever l'ouvrage, ce qui facilite sa construction. Le fait de monter la serre sur une embase ne vous dispense pas de lui offrir une assise suffisamment solide et régulière. Il faut en effet toujours monter la serre sur un sol plan et de niveau et l'y fixer fermement.

Plusieurs méthodes peuvent être employées pour réaliser cette assise.

• Sur une semelle en béton de 20 cm de large et de 10 cm de profondeur. L'embase se fixe alors par des boulons à expansion qui doivent être insérés dans les trous percés dans le béton.

• Sur un simple lit de briques (établi de préférence sur une semelle en béton) où vous fixerez l'embase ou la structure de la serre. Très esthétique et particulièrement solide, cette solution surélève la serre d'une quinzaine de centimètres.

Si vous n'employez pas d'embase, les fabricants recommandent d'interposer des bastaings entre les briques ou le béton et les longerons de base de la structure.

INSTALLER L'EMBASE

Voici la procédure à suivre pour fixer la base de la structure sur une rangée de briques ou une fondation de béton. Lors de l'achat du kit, assurez-vous qu'il contient toute la quincaillerie de fixation.

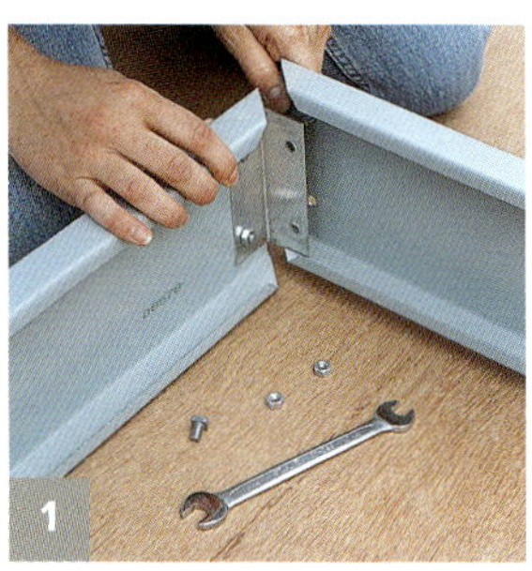

1. Assemblez l'embase en profilés d'acier galvanisé, en suivant les instructions de la notice de montage. Opérez sur une surface plane et uniforme, comme un panneau de contreplaqué ou de particules. Ne bloquez pas complètement les écrous.

2. La serre est établie ici sur une assise de 4 rangées de briques délimitant des espaces de culture séparés eux-mêmes par une allée centrale constituée de briques posées à plat. Le fond de l'espace est simplement gravillonné pour accueillir un ensemble d'étagères sur pied. Vous pouvez aussi vous contenter d'une simple semelle en béton d'une dizaine de centimètres d'épaisseur, coulée sur un hérisson de caillasse.

3. Faites-vous aider pour amener l'embase que vous aurez montée séparément sur l'assise de briques. L'embase doit affleurer l'extérieur de l'entourage de briques.

LA BONNE **INFO**

Vasistas à ouverture automatique
Installez un système d'ouverture automatique pour votre vasistas de serre. Ce dispositif ouvre et ferme le vasistas en fonction de la température, évitant l'échauffement excessif ou le refroidissement trop rapide de l'atmosphère de la serre sans que vous ayez à intervenir.

MONTER L'OSSATURE ET LE VITRAGE

Vérifiez que vous disposez bien des instructions de montage et de tous les éléments avant de commencer. Lisez attentivement la notice de montage et respectez à la lettre la succession des opérations préconisées par le constructeur : vous éviterez ainsi de fastidieux démontages successifs. Ne vous lancez pas dans le montage quand il fait froid et prévoyez très largement le temps d'installation.

1

2

3

4

1. Certaines notices préconisent un montage des pignons à plat. Disposez les pièces sur une surface plane. Positionnez les profilés métalliques et les boulons à leur place. Procédez aux assemblages.

2. Assemblez le premier pignon en serrant les boulons à la main. Procédez de même pour l'autre pignon et ensuite pour les autres côtés.

3. Réunissez maintenant les côtés et les pignons et vissez le tout sur l'embase. Serrez la visserie à la main sans la bloquer. N'oubliez pas les rondelles.

4. Reliez les pignons par le profilé de faîtage, sans bloquer les boulons pour l'instant. Glissez dessus le support du vasistas, puis fixez les profilés des vitrages du toit.

5

6

7

8

5. Avec l'équerre de maçon et le niveau à bulles, vérifiez l'équerrage des éléments et la verticalité des montants.

6. Après avoir vérifié l'équerrage des pièces entre elles, bloquez leur visserie, et terminez par le blocage des vis de fixation de la structure sur l'embase.

7. Percez les briques à travers les orifices de fixation de l'embase. Fixez-la avec des goujons à expansion de 25 mm, insérés dans des trous percés dans la brique.

8. Assemblez la structure du vasistas. Glissez-le dans le profilé du faîtage. Mettez en place le dispositif de blocage.

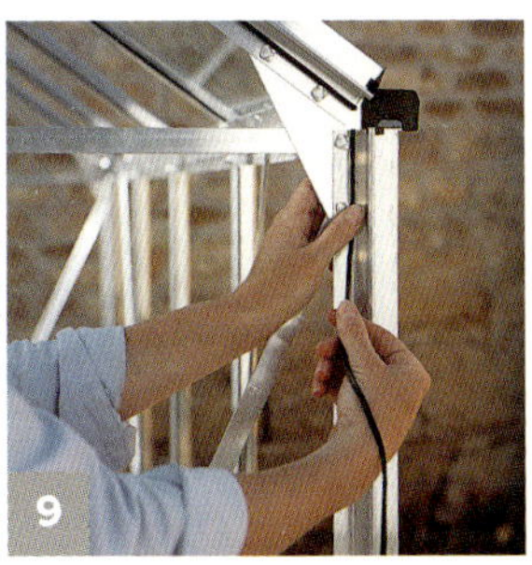
9

10

11

12

9. Cette serre comprend des joints d'étanchéité et d'insonorisation pour les vitres (qui sont en verre). Elles sont bloquées par des clips métalliques. D'autres sont dotées de vitrages en polycarbonate tenus par des joints extérieurs. Glissez ici le mince ruban souple dans les petites rainures des profilés tout autour de la structure.

10. Commencez par le toit. Portez des gants à paumes renforcées pour ne pas vous couper. Placez chaque vitre dans son cadre et bloquez-la avec des clips. Procédez avec délicatesse et précision, en vérifiant que chaque vitre s'adapte bien à la section à vitrer.

11. Mettez les clips de blocage des vitres en place. Espacez-les régulièrement, conformément aux instructions de la notice de montage.

12. Assemblez la porte, posez les vitres et glissez-la en place. Elle peut être montée avec glissement à droite ou à gauche.

LA SECURITE

VITRAGE DE SÉCURITÉ

Préférez le vitrage en polycarbonate pour votre serre. Le verre horticole classique présente un danger de blessures graves quand il se brise.

De la simple cabane à outils jusqu'au chalet d'été doté d'une installation électrique, bien isolé, voire chauffé, la gamme des abris de jardin est très vaste. Ils se distinguent par l'épaisseur des planches, la surface, le type et le nombre d'ouvertures, la présence ou non d'un plancher, la nature de la couverture.

LES BONS OUTILS

OUTILS
- Mètre
- Crayon
- Tournevis
- Perceuse avec forets et mèches
- Marteau
- Niveau à bulles
- Équerre de maçon

MATÉRIEL
- Abri en éléments
- Chevrons
- Vis, équerres
- Pointes galvanisées ou Inox
- Feutre asphalté

LA BONNE INFO

QUE DIT LA LOI ?
Deux cas de figure sont à prendre en compte.
- **Abri de moins de 20 m²:** déclaration préalable de travaux.
- **Abri de plus de 20 m²:** permis de construire.

Renseignez-vous aussi sur les contraintes éventuelles du PLU (Plan Local d'Urbanisme) ou d'un éventuel règlement de résidence ou de lotissement.

Monter un abri en panneaux

L'abri présenté ici est constitué de panneaux préassemblés, ce qui permet de gagner beaucoup de temps au montage. Il est installé sur des traverses en bastaings, qui doivent reposer soit sur des parpaings permettant de le décoller du sol, soit sur une dalle en béton lui assurant une parfaite stabilité.

ASSEMBLER LES PANNEAUX

1. Centrez le plancher par rapport à la dalle en béton, avec un débord de 25 mm de tous les côtés. Mesurez et repérez le centre de chaque côté, ainsi que celui de chacune des traverses inférieures des panneaux latéraux.

2. Montez le pignon sans ouverture et calez-le en place par un chevron en biais. Placez l'un des côtés sur le bord du plancher.

3. Assemblez le pignon avec le côté, par leurs montants adjacents, au moyen de vis de 50 mm insérées dans des avant-trous, trois en haut, trois en bas et trois au milieu.

4. Assemblez l'autre panneau de côté de la même manière. Montez et fixez ensuite le pignon comportant les ouvertures. Mais ne fixez pas encore les murs avec le plancher.

5. Posez la panne faîtière, insérée dans les encoches aménagées au sommet de chaque pignon. Vérifiez que l'abri repose bien sur ses quatre côtés et que la porte s'ouvre sans forcer. Fixez alors la panne faîtière sur les pignons par des équerres métalliques et des vis de 30 mm.

6. Posez les panneaux de toiture au sol l'un après l'autre, rives (bordées d'une baguette) placées en dessous. Mesurez et tracez six points de fixation équidistants. Percez des avant-trous et enfoncez les pointes pour solidariser chaque panneau avec sa panne sablière.

7. Posez chaque panneau de toit. Alignez les côtés sur le plancher au moyen des repères tracés au début avant de fixer les panneaux sur la panne faîtière par des vis de 30 mm. Fixez-les sur les côtés et les pignons avec des pointes de 40 mm, ou de 30 mm sur le linteau des fenêtres. Vérifiez à nouveau l'équerrage avant de fixer définitivement les côtés et les pignons au plancher avec des pointes de 50 mm.

COUVRIR LE TOIT

L'étanchéité de la toiture de l'abri est assurée soit par du feutre asphalté présenté en rouleau, soit par des bardeaux constitués d'une armature en fibres de verre imprégnée de bitume imitant les tuiles ou les ardoises. Le feutre asphalté se coupe facilement avec un cutter à forte lame.

1. Déroulez le feutre asphalté et découpez-le en trois pièces : une pour chaque pente du toit, et une bande destinée à être placée à cheval sur le faîtage. Les pièces couvrant les pentes doivent déborder de 50 mm sur les rives et sur les pignons. La bande de faîtage doit recouvrir les pièces des pentes sur 75 mm au minimum.

2. Posez une première pièce sur l'une des pentes, avec un débord de 50 mm sur la rive. Clouez son bord au faîtage avec des pointes espacées d'environ 30 cm. Clouez les bords sur les pignons et sur la rive tous les 10 cm. Répétez l'opération sur l'autre pente. Placez la bande de faîtage et clouez ses bords tous les 10 cm.

3. Moulez le feutre sur les coins : fendez la diagonale et rabattez franchement les bords. Clouez les planches sur le rabat du feutre avec quatre pointes de 40 mm pour chaque côté.

4. Arrêtez le rabat dans chaque coin avec trois pointes de 30 mm équidistantes.

FENÊTRE ET VERROU

Les fenêtres des abris sont généralement en polycarbonate. Les vitres se glissent dans le cadre des fenêtres. Après pose d'un verrou sur la porte, il ne reste plus qu'à décorer l'intérieur. Vous pouvez traiter l'extérieur avec une lasure.

1. Depuis l'extérieur, glissez les traverses métalliques d'appui des fenêtres en position sur la base de l'ouverture.

2. Toujours depuis l'extérieur, clouez avec des pointes de 40 mm les lattes qui maintiendront en place les traverses métalliques.

3. Passez à l'intérieur pour glisser le vitrage reposant sur la traverse. Les parcloses sont clouées par des pointes de 25 mm. Pointez-les d'abord, puis présentez-les contre les bords du vitrage puis clouez-les. Ôtez ensuite le film qui protège le vitrage.

4. Fixez le verrou de porte par des vis insérées dans des avant-trous. Posez un modèle pouvant être bloqué par un cadenas.

LES BONS OUTILS

Outils
- Mètre
- Scie égoïne
- Pelle
- Serre-joints
- Marteau
- Établi
- Fausse équerre ou boîte à onglets
- Perceuse, mèches
- Fourche
- Cutter

Matériel
- 8 planches traitées, de 47 x 150 mm
- 4 lames de parquet traitées de 28 x 144 mm
- Tire-fond de 75 mm
- Pointes galvanisées de 100 mm et pointes de 25 mm
- Clous tapissier de 10 mm
- Connecteurs métalliques de charpente
- Film plastique résistant ou liner de piscine
- Pâte à bois
- Colle à bois pour l'extérieur
- Peinture
- Sable propre

Si vous possédez un grand jardin, quoi de mieux que d'y aménager un coin pour les enfants, avec des jeux, un bac à sable et une maison bien à eux. Les petits y passeront des heures et s'y créeront leur univers.

Construire un bac à sable

Un bac à sable peut avoir n'importe quelle forme et taille, mais un simple carré de 1 x 1 m constitue déjà une bonne aire de jeu. Vous le remplirez de sable de rivière tamisé.

1

2

3

1. Coupez huit planches de 1 m afin de former deux éléments carrés à superposer. Percez des avant-trous dans les angles et assemblez-les avec deux clous galvanisés de 100 mm. Constituez ainsi deux cadres que vous allez pouvoir superposer.

2. Superposez les deux éléments en les réunissant par deux grands serre-joints, l'ensemble étant posé sur un côté. Veillez à leur bon alignement et réunissez-les avec un connecteur métallique de charpente. Clouez-le avec des pointes galvanisées de 25 mm.

3. L'encadrement extérieur formant le rebord est réalisé en lames de parquet. Utilisez quatre lames de 28 x 144 mm. Fixez chaque lame sur l'établi et sciez-la en onglet (à 45°) pour réaliser l'assemblage.

4. Sur une surface plane, présentez les pièces à l'envers, encollez le chant des angles avec de la colle à bois pour extérieur. Renforcez l'assemblage avec un connecteur de charpente sur la face inférieure de chaque angle. Bloquez le connecteur avec des pointes galvanisées de 25 mm.

4

5

5. Quand la colle est sèche, percez des avant-trous dans le rebord et fixez-les sur les côtés du bac avec des tire-fond de 75 mm. Masquez les têtes avec de la pâte à bois et poncez après durcissement.

6

7

8

6. Peignez la structure, avant de fixer dessous un carré de liner de piscine ou de bâche plastique avec des clous tapissier de 10 mm.

7. Posez le bac à l'emplacement voulu, sur une mince couche de sable.

8. Avec une fourche, perforez le film plastique pour empêcher le bac de se remplir d'eau. Remplissez-le de sable de rivière tamisé.

Construire une maison d'enfant

Quand vous achetez une maisonnette en kit, assurez-vous qu'aucun élément n'a été traité avec un produit toxique et que les vitrages sont incassables. Commencez par l'assise qui peut être soit une semelle en béton, soit une structure en bois. Vitrez les ouvertures avant d'assembler la maisonnette.

LES BONS OUTILS

OUTILS

- Tournevis
- Perceuse, mèches
- Visseuse-dévisseuse
- Mètre
- Crayon
- Équerre de maçon
- Marteau
- Cutter
- Brosse de peintre

MATÉRIEL

- Maisonnette en kit
- Peinture ou lasure
- Pointes
- Feuilles asphaltées

1. Posez le plancher et montez les pignons et les côtés. Vérifiez avec l'équerre que tous les angles font bien 90°, puis posez la faîtière. Clouez les tasseaux d'appui du toit et les baguettes d'angle, avec des pointes de 40 mm. Posez les plaques du toit.

2. Si la maisonnette comporte une petite terrasse, placez son plancher devant l'entrée. Immobilisez le plancher en clouant la base avec des pointes de 40 mm espacées régulièrement.

3. Vous pouvez mettre une balustrade sur cette terrasse. Fixez-la sur la façade et sur le plancher de la terrasse. Prépercez les points d'ancrage sur la maison.

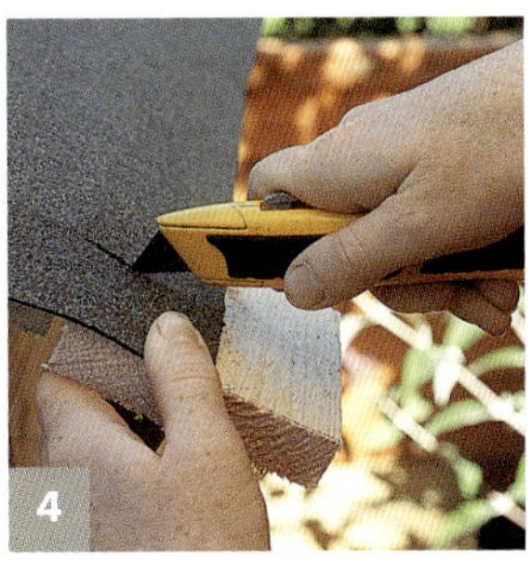

4. Couvrez la toiture avec une feuille asphaltée. Sous la partie qui dépasse du faîtage du pignon, placez une baguette et, au moyen d'un solide cutter, pratiquez une entaille rectiligne depuis le coin du toit jusqu'à la rive du panneau de toit.

5. Rabattez la bande recoupée et clouez-la dans les coins avec deux pointes par élément.

6. Si la maisonnette est posée sur une estrade en bois, percez des trous de 100 mm dans les solives du plancher. Vissez celui-ci sur l'estrade pour que la maisonnette ne glisse pas. Cela n'est pas nécessaire pour une semelle en béton.

7. Vous pouvez traiter la maisonnette avec un produit protecteur, ou la peindre, à l'intérieur comme à l'extérieur avec une peinture spécial bois microporeuse.

MODÈLES DE MAISONS D'ENFANT

Cette élégante maisonnette est en pin. Elle fait 2,40 m de haut et possède 6 fenêtres fixes.

Cette amusante maisonnette pour enfant est vendue en bois brut et pourra être peinte selon votre goût.

Cet ensemble comprend une maisonnette en forme de tour de jeu, un double portique et un toboggan.

Un bac à compost sert à produire de quoi améliorer la fertilité et enrichir le sol, voire à fabriquer soi-même du terreau. Le compost peut être fait à partir de n'importe quelle matière organique. Vous pouvez y mettre des épluchures de légumes, des fibres de laine ou de coton ou encore du marc de café.

LA BONNE INFO

LE BROYEUR

La manière la plus rapide de débroussailler un jardin et de remplir un bac à compost est d'utiliser un broyeur. La taille des haies, des branchages et de toutes les petites branches peut être ajoutée au bac à compost. Certains modèles broient des branches de 3 cm de diamètre.

À quoi sert le compost ?

Le compost ne contient pas seulement des nutriments pour le sol ; sa grande qualité organique améliore aussi la structure du terrain, augmentant la rétention de l'eau dans les terrains calcaires ou sableux, et facilitant le drainage des sols tourbeux ou argileux.

Couche d'engrais ou d'accélérateur de compost : elle fera descendre le niveau plus rapidement.

Déchets de tonte et de mauvaises herbes : ils doivent rester dans la partie supérieure du bac, séparés par des couches de branchages broyés.

Branchages broyés : chaque couche ne doit pas être trop épaisse ou trop tassée ; les branchages devront avoir été broyés avant d'être placés dans le bac.

Couche inférieure : elle sera constituée de végétaux peu compacts laissant circuler l'air : paille, déchets de coupe, etc.

La recette du compost

Bien qu'il existe des produits activateurs de compost, vous trouverez tout ce dont vous avez besoin à la maison ou dans le jardin. Aussi longtemps que vous ne jetterez pas n'importe quoi dans votre bac à compost (voir le tableau ci-contre) et que vous sélectionnerez les matériaux, ils se mélangeront aisément.

Les bactéries sont responsables de la décomposition des matières placées dans le bac à compost, mais pour cela, elles ont besoin d'air, d'humidité, d'azote et de chaleur. C'est en superposant des couches différentes que vous obtiendrez les meilleurs résultats. Commencez par des couches de matériaux fibreux (du bois) afin que l'air circule dans le bac. Placez ensuite différentes couches de matériaux broyés en veillant à ce que chacune ne soit pas trop épaisse ou trop dense.

Vous pouvez placer le bac dans n'importe quel endroit du jardin, mais essayez de le mettre hors de vue. Si ce n'est pas possible, habillez-le de planches.

Le bon compost

La décomposition dure de 3 à 6 mois en fonction de ce qu'il y a dans le bac, du climat et de la mise en place des couches. Une fois le compost prêt, son volume aura diminué d'environ 70 %. Il sera de couleur sombre, se désagrégeant, un peu comme du marc de café. Il ne doit plus y avoir de gros morceaux non décomposés. C'est pour cette raison que vous devez broyer très fin tous les branchages. Vous pouvez accélérer le processus avec un activateur de compost ou simplement en l'arrosant tous les mois avec de la bière, qui est riche en levures.

Les matériaux autorisés ou interdits

Autorisés

- Déchets crus : épluchures de légumes, sachets de thé, marc de café et coquilles d'œuf
- Mauvaises herbes annuelles (avant la montée en graine)
- Surplus de boutures de plantes ou de fleurs
- Résultat de la taille des haies (bois tendre)
- Petits branchages
- Tonte
- Fibres naturelles déchirées : papier non imprimé, coton et laine
- Carton
- Sciure
- Paille

Interdits

- Déchets d'aliments cuits
- Croquettes pour animaux et os
- Pain
- Plantes infestées ou malades
- Pesticides
- Mauvaises herbes en graine
- Tissus synthétiques
- Matière non biodégradable
- Excréments d'animaux
- Bois non broyé
- Matières plastiques

Construire un bac à compost

On peut bien sûr faire du compost sans bac, mais la succession des couches sera bien moins organisée et un tas de compost au fond du jardin ne sera pas des plus esthétiques. Les couches se réchaufferont plus rapidement et seront mieux humidifiées dans un bac. Si vous optez pour un modèle à habillage en bois, assurez-vous que les lattes ont bien été traitées.

1. Assemblez les quatre côtés du bac en plaçant des vis de 65 mm dans les angles du bac.

2. Un crochet de maintien assure ici la fermeture du bac. Vissez-le en place.

3. Un deuxième crochet assure la fermeture du battant qui vous permettra de récupérer le compost. Assurez-vous de son bon fonctionnement.

4. Mettez en place la feuille plastique translucide qui protégera le compost des pluies trop abondantes.

5. Tirez la feuille plastique vers l'arrière du bac. Placez une planchette sur la feuille et clouez-la sur l'un des montants du bac.

6. Commencez à remplir le bac avec des déchets végétaux. La couche inférieure ne doit pas être trop dense pour que l'air circule.

Ce qu'il faut éviter

La plupart des problèmes que l'on rencontre avec les bacs à compost sont facilement évitables. Certains ne jurent que par le "mélange" du compost. Ils sortent régulièrement le contenu du bac, le retournent puis le remettent dans le bac. Cette opération n'est en fait pas nécessaire si, dès le départ, vous installez correctement toutes les couches de végétaux dans le bac.
Vous pouvez toutefois augmenter la vitesse du processus de décomposition en ajoutant un accélérateur de compost ou en versant de la bière sur le compost.

Pour bien réussir son compost	
Des couches peu épaisses	Des couches trop épaisses et trop denses tels des résidus de tonte mettent longtemps à se décomposer, ont tendance à sentir mauvais et à rendre le compost visqueux. Faites des couches minces et mélangez l'herbe à d'autres matériaux.
Broyer	Les branchages épais mettent plus de temps à se décomposer et à se transformer que les autres végétaux, et de ce fait, ils ralentissent la formation du compost. Il vous faudra donc les broyer finement avant de les verser dans le bac.
Un peu d'humidité	Le compost a besoin d'humidité et craint la sécheresse, mais il ne doit être ni trempé, ni sec. S'il est nécessaire de l'arroser pendant les mois d'été, vous devez aussi le recouvrir d'un couvercle pour le protéger des intempéries.
Accélérer	Vous pouvez acheter un activateur de compost qui va accélérer la formation du compost. Vous pouvez aussi incorporer tous les 30 cm, du terreau ou du fumier ou encore l'arroser avec de la bière.

LES BONS OUTILS

Outils
- Marteau
- Tournevis ou visseuse-dévisseuse
- Bêche

Matériel
- Éléments en kit
- Vis
- Feuille plastique

LA BONNE ASTUCE

Activateur
Ce produit sans danger pour l'environnement favorise la décomposition des végétaux et accélère la production de compost.

LA BONNE INFO

Le composteur en plastique
Pour les petits jardins, il existe des bacs en plastique. Ils ressemblent assez à une grande poubelle de cuisine, mais avec une porte en bas pour récupérer le compost.

LA BONNE **INFO**

Incinérateur

Cet incinérateur en tôle galvanisée est à allumage et tirage naturel. Il permet d'éliminer certains déchets végétaux mais aussi les vieux papiers. Clos par un couvercle, il prévient contre tout risque d'extension du feu dans les régions sensibles.

Matériels pour faire un compost

Il y a de nombreuses façons de préserver la biodiversité et donc la nature qui nous entoure. Cela va de l'incinération de certains déchets végétaux pour ne pas surcharger inutilement les services de ramassage des déchets verts, jusqu'à la production de bois de chauffage à partir de ressources locales qui seraient restées inexploitées. La transformation des déchets verts en compost est à la fois une façon d'alléger nos déchets et de produire un amendement ou un support de culture des plus intéressants.

Il est possible de réaliser soi-même un bac à compost ou d'assembler un modèle en kit. Les modèles du commerce permettent de produire une bonne quantité de compost, suffisante pour un jardin de taille moyenne.

COMPOSTEUR EN BOIS

Réalisé en pin FSC (provenant de forêts à gestion durable), ce composteur offre une capacité d'environ 1 m^3.

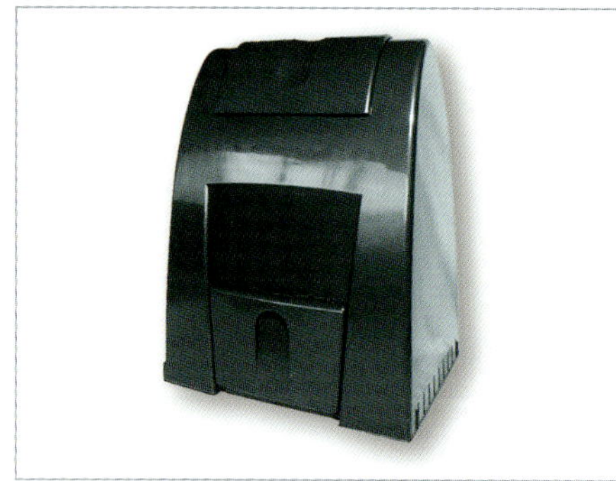

COMPOSTEUR EN PLASTIQUE

Ce composteur en polypropylène recyclable de 330 l possède une porte à glissière pour prélèvement du compost.

Choisir un broyeur

BROYEURS DE VÉGÉTAUX À MOTEUR

Les débris végétaux pulvérisés par les broyeurs peuvent servir au paillage comme au compostage. Les différences entre les appareils résident dans le taux de broyage (qui exprime la capacité de réduction du broyeur), le système de broyage (plateau ou rotor porte-couteaux), la hauteur de travail et la puissance exprimée en watts pour les modèles électriques ou en chevaux pour ceux à moteur thermique (essence).

BROYEUR ÉLECTRIQUE

Appareil de base (1 800 W) offrant un taux de broyage de 7/1 : diamètre de coupe maximum de 4 cm. Il convient pour les déchets d'arbustes et les jeunes rameaux de l'année.

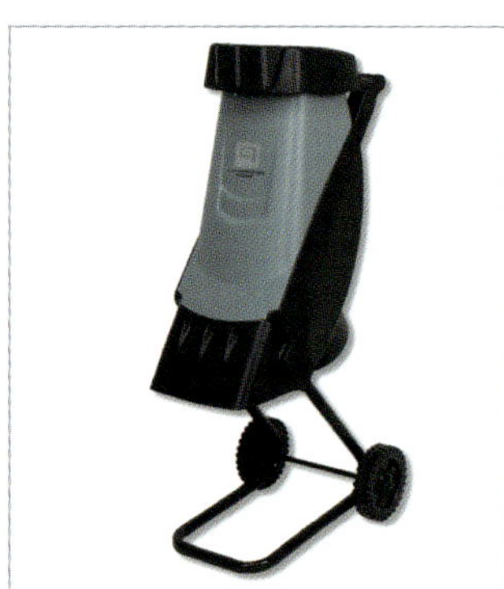

BROYEUR ÉLECTRIQUE

Appareil de milieu de gamme (2 000 W) à taux de broyage de 10/1 : diamètre de coupe de 4 cm.

BROYEUR THERMIQUE

Indispensable pour broyer en forêt, loin d'une alimentation électrique, cet appareil broie des branches de 4,4 cm de diamètre et a un taux de broyage de 10/1. Son moteur thermique permet une utilisation loin de tout raccordement électrique.

BROYEUR SOUFFLEUR

Permet de souffler les feuilles pour les rassembler, les aspirer, les broyer et les collecter dans un sac pour les déverser ensuite dans des sacs à déchets verts ou dans le bac à compost. Le moteur peut être électrique ou thermique (ci-dessus) et le taux de broyage peut aller jusqu'à 16/1.

Jardinage bio

Quand on veut jardiner en respectant la nature, il faut suivre un certain nombre de règles permettant de faire produire la nature sans l'épuiser, sans apport excessif d'engrais et sans polluer.

RESPECTER LA TERRE

• Ne plantez pas les mêmes légumes plusieurs années de suite à la même place pour ne pas épuiser le sol.
• Ne semez pas trop dense : espacez les graines pour éviter le gâchis d'une levée massive qui devra être suivie d'un éclaircissage.
• Favorisez les bons voisinages de plantes et évitez les mauvais : ainsi, les choux n'aiment pas la proximité des fraisiers et les haricots celle de l'ail, alors que les asperges apprécient celle des tomates et le céleri celle des poireaux.

COMPOSTER LES DÉCHETS

• Recyclez les déchets verts du jardin en créant votre propre compost naturel. Vous pouvez y mettre aussi quelques déchets ménagers végétaux comme les épluchures de légumes. N'y mettez jamais, des restes de plantes malades ou montées en graines, ou encore, bien sûr, des restes de viande, de poisson ou de produits laitiers, aucun emballage, même en papier ou en carton.
• Ramassez toujours l'herbe de tonte : elle peut rejoindre le compost, à condition d'aérer celui-ci. Ces déchets de tonte ayant tendance à le colmater.

TRAITER SANS POLLUER

• Utilisez en priorité les traitements et engrais prévus pour l'agriculture biologique, en respectant scrupuleusement les doses indiquées par les fabricants.

BANDE DE GLUE

Ce produit très ancien protège naturellement les arbres fruitiers et les arbustes d'ornement contre la remontée des insectes rampants (chenilles, fourmis, pucerons), le long du tronc.

PIERRE DE LAVE

Vous êtes envahi de limaces et d'escargots qui ravagent votre jardin : pourquoi les empoisonner ? Utilisez plutôt de la pierre de lave, véritable barrière naturelle qui résiste bien à l'humidité et respecte les animaux domestiques comme la faune sauvage.

ANTI-PUCERONS

Cet anti-pucerons autorisé en agriculture biologique est néanmoins à action rapide. Il convient aussi bien pour les arbres que pour les fleurs.

LA BONNE **INFO**

QUE VEULENT DIRE N, K, P

Les principaux éléments contenus dans les engrais sont indiqués par référence à leur classement chimique :
• **N pour azote**, stimule la croissance du feuillage et des tiges, donne une belle couleur verte aux plantes.
• **P pour phosphore**, stimule le développement des fleurs et donc des fruits, apporte vigueur et résistance aux plantes.
• **K pour potasse**, favorise l'épanouissement des fleurs, la saveur des fruits et des légumes, stimule leur résistance aux maladies et aux parasites.

SANG SÉCHÉ

Très vieille recette rurale, le sang séché convient pour fertiliser toutes les plantes du jardin. Son action est rapide.

ENGRAIS POTAGER

Présenté en mini-granulés, cet engrais potager permet d'obtenir des légumes et des fruits sains et savoureux.

CORNE TORRÉFIÉE

Cet engrais en poudre à base de corne torréfiée a une action de très longue durée. Il est utilisable en agriculture biologique.

LA SECURITE

Raccordement à la terre
Quand ils ne sont pas de Classe II, les appareils d'éclairage extérieur doivent impérativement être raccordés à une prise de terre.

Les installations électriques extérieures étant soumises à l'humidité, voire à la pluie, elles doivent être réalisées avec des matériels spécifiques étanches et conformément à la norme NF C 15-100. L'utilisation du courant moyen voltage (230 V) doit se faire avec beaucoup de précautions.

Éclairage sur un mur extérieur

Les éclairages fixés en applique sur le mur extérieur de votre maison peuvent être commandés de deux façons différentes :

- soit manuellement par un interrupteur situé à l'intérieur ou à l'extérieur de l'habitation ;
- soit automatiquement, à l'aide d'un interrupteur détecteur de mouvements.

Beaucoup d'éclairages extérieurs intègrent un détecteur de mouvements ce qui réduit leur installation au raccordement à une ligne électrique constituée d'un câble étanche, intégrant les conducteurs actifs (phase et neutre) et de protection (terre). La liaison se fait de préférence sans boîte de connexion extérieure, par raccordement direct dans l'appareil doté d'un presse-étoupe d'étanchéité.

ALIMENTATION EN MOYENNE TENSION

Les éclairages de forte puissance destinés à l'extérieur sont en majorité alimentés en 230 V. Ils doivent donc bénéficier d'une totale étanchéité aux projections d'eau, garantie par un indice de protection IP24 ou IP25 (dans les emplacements susceptibles d'être arrosés par un jet d'eau). Leur ventilation intérieure induit la puissance maximale des ampoules, qui ne doit jamais être dépassée.

APPLIQUE FLAMBEAU

Alimentée directement depuis l'intérieur de la maison, cette applique en flambeau diffuse une lumière d'ambiance au niveau du mur où elle est installée. Elle existe aussi sous la forme de bornes (haute et basse), avec alimentation enterrée.

APPLIQUE À DÉTECTION

On trouve aujourd'hui des appliques classiques intégrant un système de détection automatique d'allumage. En ABS, ce type de matériel est insensible à la corrosion.

DEMI-APPLIQUE

Cet éclairage en demi-applique participe à l'ambiance plus qu'à l'éclairement d'une zone importante. Il est constitué d'un support et d'un écran de diffusion décollé du mur qui met en valeur la maçonnerie du pilier sur lequel il est installé.

LA SECURITE

Cohabitation des conducteurs
Une canalisation électrique enterrée ne doit pas côtoyer ou croiser une autre canalisation (électricité, eau, gaz, évacuation, etc.) à moins de 20 cm. Elle doit être signalée par un grillage rouge imputrescible.

PROJECTEUR HALOGÈNE À DÉTECTEUR

Conçus pour l'éclairage puissant d'une zone déterminée, les projecteurs halogènes sont généralement associés à un détecteur de mouvements à infrarouge permettant de choisir la durée de fonctionnement et la portée de détection.

Spots et bornes

Le balisage des allées et l'éclairage d'une zone ponctuelle au jardin peuvent être obtenus par des spots ou des bornes réparties sur la surface à éclairer. Les bornes à énergie solaire ne demandent aucune installation particulière puisqu'il suffit de les planter dans la pelouse ou les parterres. Certains luminaires peuvent être alimentés avec un câble étanche cheminant sur le sol. Pour une intégration meilleure et plus durable, on utilise des bornes sur socle ou encore enterrées, des lampadaires ou des potelets, ce qui suppose le passage d'une ligne enterrée, en respectant des règles très strictes.

BALISE SOLAIRE

Les balises solaires à LEDs sont équipées d'une batterie qui se recharge la journée sous l'effet de la lumière et assure une autonomie d'éclairage nocturne maximum de 8 h (ou moins en fonction de l'ensoleillement dans la journée). Simplement piqué dans le sol, ce type d'éclairage ne demande aucune autre alimentation électrique.

SPOT HALOGÈNE

Très résistant, il est recommandé pour l'éclairage des massifs, plantes, arbustes, etc. À piquer dans le sol, il peut éclairer différents emplacements en fonction des saisons.

SPOT ENTERRÉ

Composé d'un cylindre et d'un cuvelage en fonte d'aluminium anodisé, ce spot affleure le gazon et constitue un éclairage balisant discret et esthétique. Certains modèles possèdent une tête orientable pour un éclairage ponctuel et directionnel. Alimenté par une ligne enterrée.

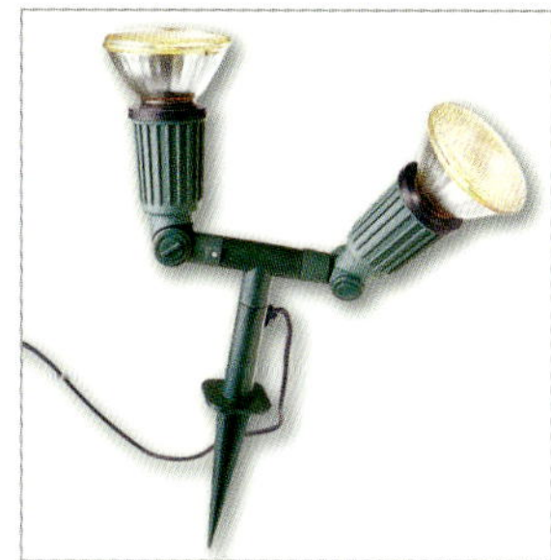

DOUBLE SPOT À PIQUER

Entièrement en plastique (polyamide) et fibres de verre, ce double spot précâblé est préservé des risques de corrosion. Alimenté par un câble extérieur.

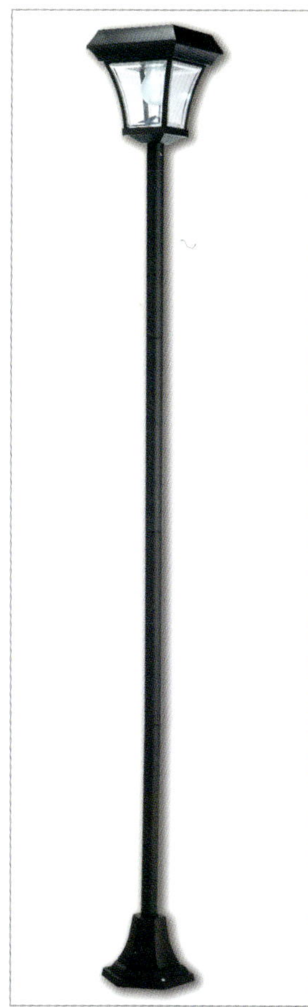

LAMPADAIRE SOLAIRE

Ce lampadaire de 1,90 m de haut en plastique et matière synthétique est doté de 4 LEDs. Son autonomie peut atteindre 8 h par fort ensoleillement.

Alimentation électrique enterrée

Le passage de canalisations électriques dans le sol peut être rendu nécessaire pour l'alimentation de bâtiments annexes ou celle d'appareils d'éclairage qui ne sont pas fixés sur la maison. L'installation doit se faire avec des matériels strictement normalisés, dans des conditions prévues par les textes. Les conducteurs individuels sous conduits, en particulier, sont strictement interdits, au profit de câbles spécifiques protégés ou non par un conduit.

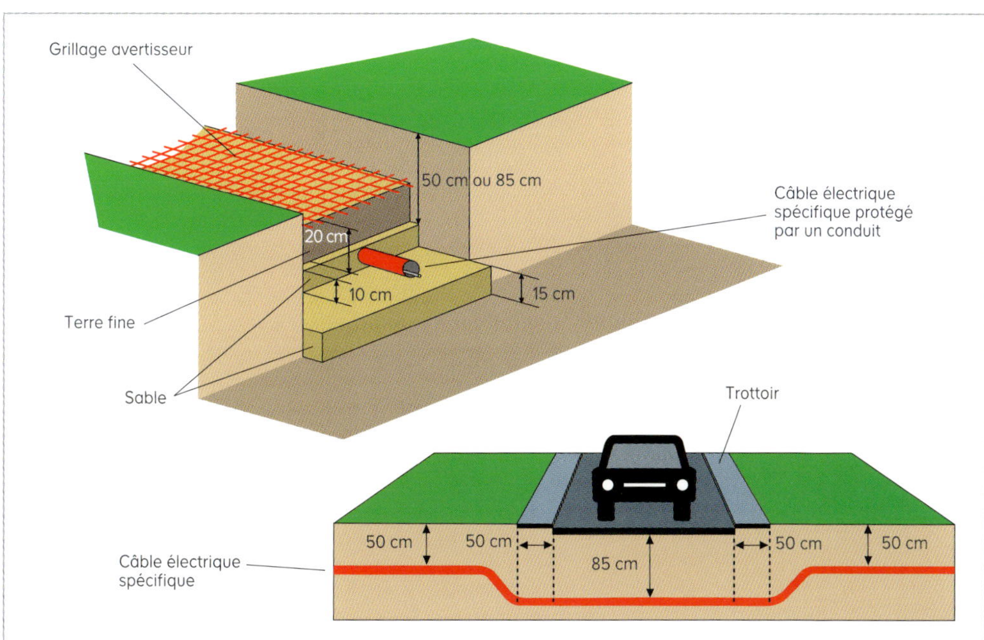

INSTALLATIONS ENTERRÉES

Protégez les objets de valeur

Une fois entrés dans la maison, les cambrioleurs n'y restent jamais bien longtemps. Si vos bijoux et objets de valeur sont à portée de mains, ils ont vite fait de disparaître. S'ils sont dans un petit coffre-fort, il y a peu de chance qu'ils perdent leur temps à le forcer. Vous pourrez facilement l'encastrer dans un endroit peu accessible.

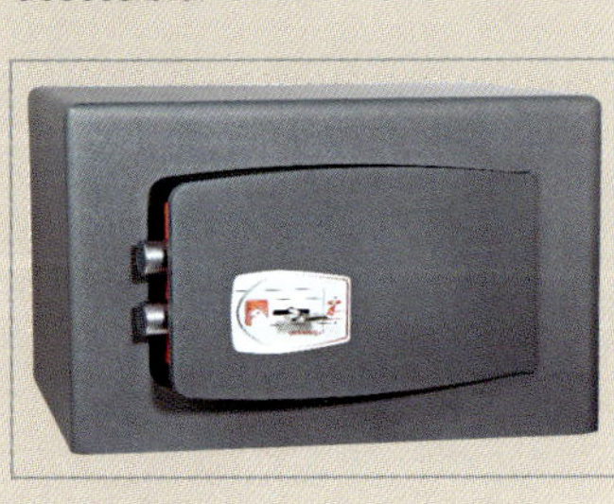

Il est normal de vouloir protéger son domicile, sa famille et ses biens contre le vol et les intrusions malveillantes. Il ne s'agit pas pour autant de vivre dans une forteresse. Un certain nombre d'équipements très accessibles et faciles à installer permettent de se protéger, ce qui n'exclut pas de prendre certaines précautions élémentaires.

1. Identifier le risque

La bonne attitude consiste d'abord à identifier les risques pour adopter les bons systèmes de protection au bon endroit. Inutile, par exemple de poser un détecteur d'ouverture sur une fenêtre située en étage et inaccessible de l'extérieur. En revanche, il peut s'avérer judicieux d'adopter une porte blindée sur une porte palière unique au 5e étage ou de placer une grille sur une fenêtre en rez-de-chaussée.

2. Choisir les systèmes de protection

Aucune protection ne peut garantir l'inviolabilité absolue d'une maison face à des cambrioleurs déterminés. Les systèmes de sécurité ont donc avant tout pour objet de retarder les effractions, ce qui dissuade très vite un cambrioleur. Une porte d'appartement peu exposée, par exemple au-delà d'un sas de sécurité, pourra éventuellement n'être dotée que d'une solide serrure, alors qu'une maison isolée gagnera à être équipée d'une alarme avec une puissante sirène intérieure et de la télésurveillance. Sélectionnez des matériels certifiés NF, labellisés A2P.

3. Poser les systèmes de protection

Une fois que vous aurez identifié le risque et sélectionné le système de protection, il faut passer à la pose des équipements choisis. Si l'on exclu la porte blindée, tous les systèmes de sécurité peuvent être installés avec un minimum d'outils basiques. De la pose d'un verrou à l'installation d'une alarme sans fil, il vous suffit de suivre les notices de pose pour obtenir une sécurité optimale.

LA SECURITE

VÉRIFIEZ PILES ET BATTERIES
Des voyants indiquent généralement si la batterie de secours ou une pile du détecteur est faible. Dans ce cas, reportez-vous à la notice de votre système d'alarme pour changer les piles sans déclencher celui-ci. Néanmoins, il est recommandé de vérifier l'état des piles des détecteurs au moins deux fois par an.

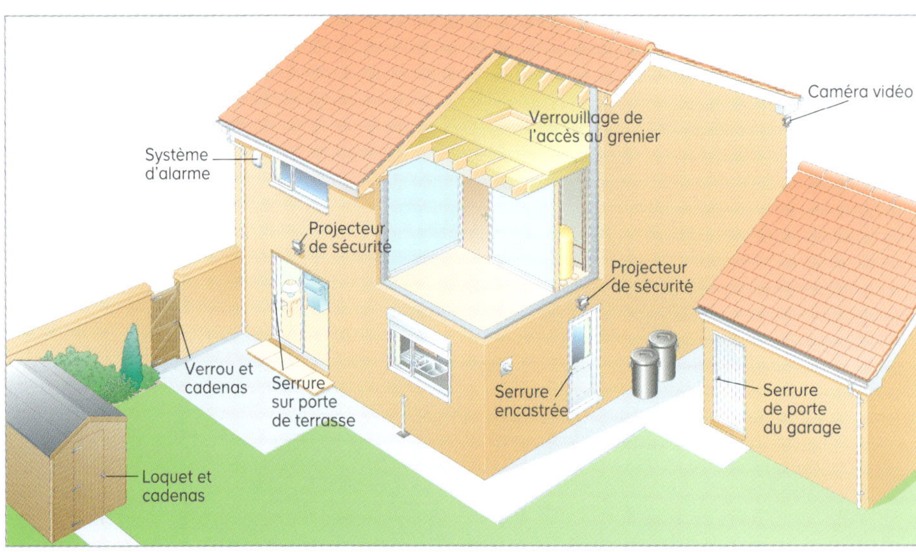

LES POINTS DE LA MAISON À SÉCURISER

Protection de la maison

ALARMES

L'alarme périmétrique avec sirène et flash constitue l'un des moyens les plus dissuasifs contre les intrusions. Une sirène intérieure de forte puissance rend difficilement supportable une présence dans la maison. Le système d'alarme doit combiner des détecteurs de mouvements (radar et/ou infrarouge) et des détecteurs de chocs et/ou d'ouverture sur les portes et fenêtres facilement accessibles.

Certains systèmes sont filaires, d'autres, plus faciles à installer, reposent sur le principe de la transmission radio entre les composants, évitant ainsi la pose de fils. Les systèmes d'alarme peuvent aujourd'hui être facilement associés à un transmetteur téléphonique, lui-même envoyant les informations vers un service de télésurveillance.

SIRÈNE AUTO-PROTÉGÉE

PORTES

Une porte d'entrée doit être équipée au minimum d'une serrure encastrée, complétée par un verrou de sûreté, plus une chaîne de sûreté ou d'un entrebâilleur et d'un œilleton.

Implantez un éclairage sous le porche ou au-dessus de la porte. Si vous habitez en appartement, envisagez d'équiper la porte d'entrée d'une serrure multipoint, ou au moins d'un ensemble de verrous haut et bas à double entrée. Le blindage est une solution aujourd'hui abordable.

En pratique, les cambrioleurs préfèrent s'introduire par une porte donnant à l'opposé de la rue, plus discrète par rapport à la vigilance des voisins.

Un éclairage de sécurité à allumage automatique a un effet dissuasif sur ce type d'intrusion. Les portes de service doivent également être équipées d'une serrure de sûreté et d'au moins un verrou.

SERRURE ENCASTRÉE

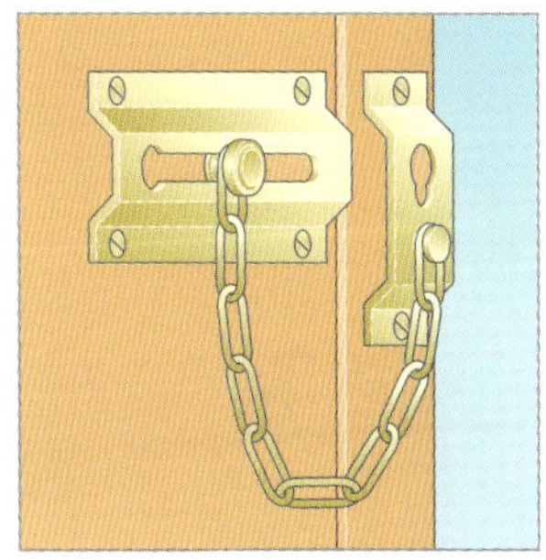

CHAÎNE DE SÛRETÉ

FENÊTRES ET VITRAGES

Équipez toutes les fenêtres aisément accessibles d'une poignée de sécurité ou d'une crémone en applique. Les vitres pourront être équipées de parcloses afin que l'on ne puisse pas les démastiquer. En site très exposé, vous pourrez faire poser des vitrages anti-effraction. À défaut, protégez par une grille une fenêtre en rez-de-chaussée ouvrant directement sur une voie, surtout si elle est peu fréquentée.

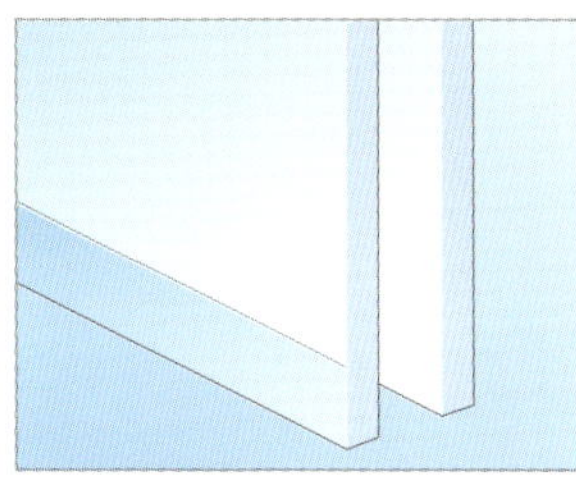

VITRES ANTI-EFFRACTION

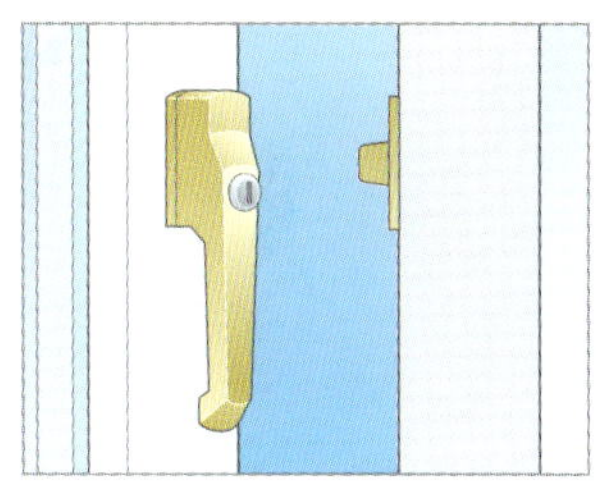

POIGNÉE DE SÉCURITÉ

MANSARDES ET LUCARNES

Si votre habitation est mitoyenne et que son grenier communique avec celui des voisins. Les cambrioleurs peuvent passer de l'un dans l'autre assez facilement. Sécurisez la trappe d'accès au grenier en l'équipant d'un loquet à cadenas. Pensez à doter les fenêtres de toit de fermetures de sécurité ou d'un détecteur d'ouverture.

GARAGES ET REMISES

L'outillage de jardinage et de bricolage intéresse aussi les cambrioleurs. Assurez la protection des portes de garage et de remise avec un loquet à cadenas, solidement fixé dans la porte.

LOQUET À CADENAS
DE VOLET

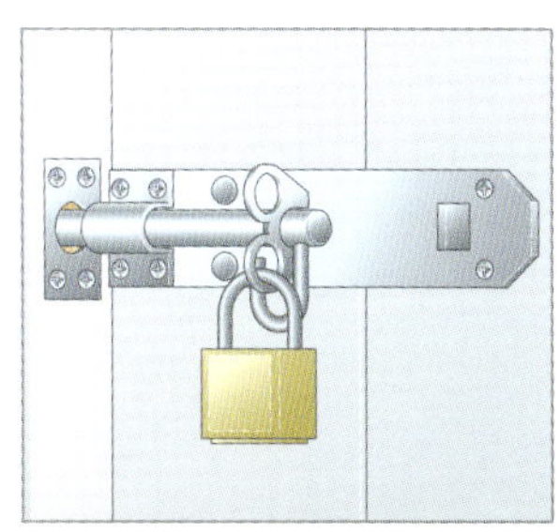

LOQUET À CADENAS
DE PORTE DE REMISE

OUTILS

Rangez tous les outils qu'un cambrioleur pourrait employer pour percer une porte ou forcer une serrure. Rangez dans une armoire fermée à clé les batteries chargées de la scie circulaire ou de la scie sauteuse.

Ne rangez pas d'escabeau dans l'abri de jardin. Ne laissez pas d'échelle le long d'un mur sans protection. Si vous n'avez pas la place pour la ranger dans la maison, accrochez-la sur un mur, en la sécurisant avec un système cadenassé, à la rigueur avec une grosse chaîne et un cadenas.

VOLETS

Sécurisez les volets des fenêtres de rez-de-chaussée avec des barres de sécurité, et surtout, pensez à la fermer lorsque vous vous absentez, même pour un court laps de temps.

Le plus souvent, les cambrioleurs entrent et sortent simplement par la porte. Il est donc essentiel d'équiper toutes les ouvertures donnant sur l'extérieur de serrures et dispositifs de sécurité efficaces et adaptés. La télésurveillance et la vidéosurveillance associées aux alarmes sont des moyens de sécurité efficaces.

Systèmes d'alarme

Le choix d'un système de surveillance se fait en fonction de différents éléments : la technologie des liaisons entre les détecteurs et la centrale d'alarme ; le type des détecteurs ; les performances de la centrale et le mode de dissuasion et d'information ; la possibilité de raccordement à un service de télésurveillance.

Une installation comprend des détecteurs de violation des ouvertures, placés sur les portes et les fenêtres, et des détecteurs volumétriques qui repèrent tout corps en mouvement dans le volume surveillé. Les fenêtres gagnent à être équipées de détecteurs qui se déclenchent aussi bien en cas d'ouverture que si l'on brise une vitre.

LES ALARMES SANS FIL

Un système d'alarme sans fil, dont les divers composants sont reliés par signaux radio, s'installe bien plus facilement qu'un équipement à liaison par fils. De plus, on peut aisément l'améliorer ou le modifier ultérieurement par adjonction de capteurs supplémentaires, par déplacement de certains capteurs et/ou remplacement de la centrale par un matériel plus performant (par télétransmission, par exemple). On optera pour une installation filaire pour des locaux très vastes ou ceux dont la nature des murs perturbe le passage des ondes radio.

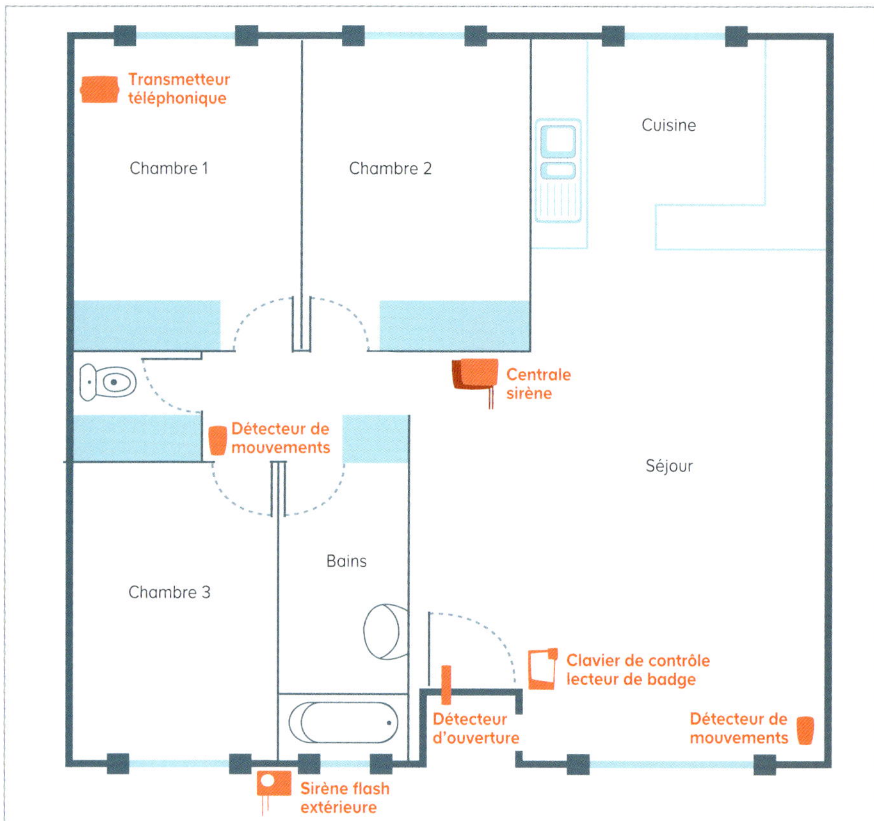

SYSTÈME D'ALARME POUR 3 OU 4 PIÈCES

Caméras et portiers

CAMÉRA VIDÉO

L'effet dissuasif des caméras de surveillance vidéo est certain. Les équipements les plus perfectionnés sont couplés à un système de détection d'intrusion qui déclenche l'enregistrement automatique des images sur un magnétoscope. Ils peuvent aussi être associés à un dispositif de télésurveillance.

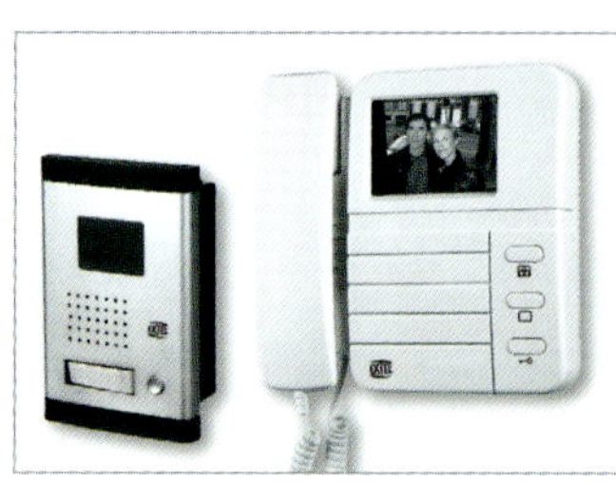

PORTIER VIDÉO

Cet appareil permet de converser avec le visiteur qui se présente à la porte. Les portiers vidéos sont équipés d'une caméra à forte luminosité, grâce à laquelle vous pourrez mieux identifier le visiteur même de nuit.

Serrures et verrous

Les serrures simples et les verrous constituent les moyens de fermeture de base de toute porte extérieure. Même si elles ne forment pas une barrière infranchissable pour un cambrioleur, elles suffisent souvent à le retarder suffisamment pour qu'il renonce à poursuivre son cambriolage.

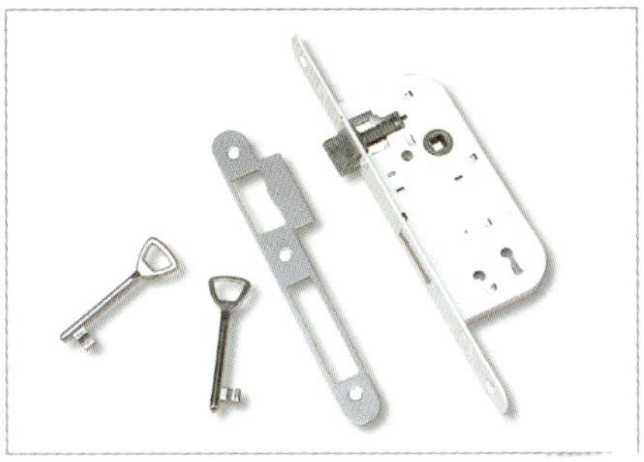

SERRURE À LARDER

Les serrures à larder, ou encastrables sont des fermetures de sûreté basiques, adaptables à presque toutes les portes, notamment aux portes isoplanes. Elles se placent dans un logement creusé dans le montant du vantail, la serrure se trouve complètement dissimulée dans l'huisserie, dont l'esthétique est préservée. Pour certaines portes intérieures, la serrure ferme avec une clé simple.

SERRURE EN APPLIQUE

Les classiques serrures en applique, horizontales ou verticales bénéficient d'un coffre en acier, d'une peinture et d'un traitement anticorrosion, et d'un cylindre extérieur permettant l'utilisation de clés de sécurité incopiables.

VERROU À BOUTON

Pour pouvoir fermer la porte sans clé depuis l'intérieur, le verrou comporte un bouton. Ce type de verrou est évidemment à proscrire si la porte possède une partie vitrée permettant un accès au bouton de manœuvre quand la vitre est brisée.

VERROU À DOUBLE ENTRÉE

Les verrous à double entrée sont normalement équipés de cylindres symétriques. Toutefois, il existe des cylindres asymétriques pour les portes de grande épaisseur. Les verrous de sûreté doivent être conformes aux normes A2P (voir ci-dessous).

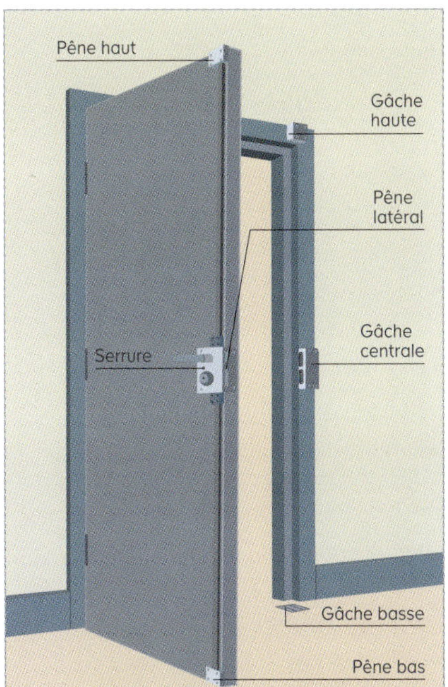

SERRURE MULTIPOINTS

Les cylindres des serrures multipoints sont capables de résister aux crochetages et aux perçages.

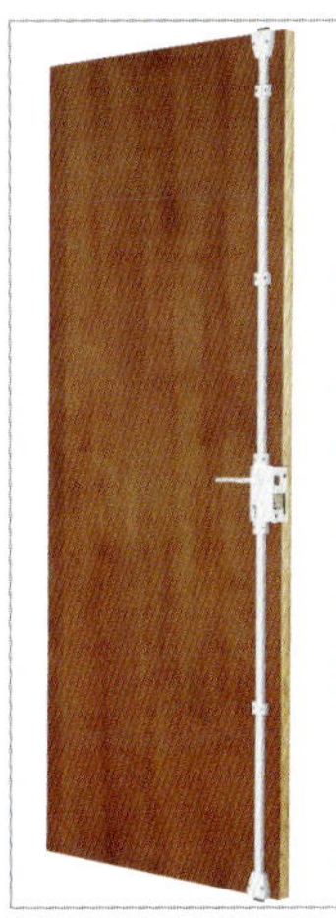

SERRURE MULTIPOINTS

Une serrure multipoints (ici 3 points) permet une protection répartie de la porte. Une tringlerie permet la fermeture de deux pênes (haut et bas) en plus de celui de la serrure elle-même. L'ensemble peut être apparent ou encastré dans l'épaisseur de la porte.

BOUTON DE PORTE VERROUILLABLE

Une chaîne de porte coulissant dans un rail fixé à l'intérieur du vantail, ou un entrebâilleur, ne constitue pas des barrières infranchissables, mais elles permettent d'identifier le visiteur sans lui ouvrir.

LA BONNE INFO

LA NORME A2P (ASSURANCE PRÉVENTION PROTECTION)

C'est un certificat de qualification attribué à certains systèmes de protection ayant subi avec succès des tests précis de résistance à l'effraction. Son sigle est accompagné d'un certain nombre d'étoiles symbolisant le temps de résistance à l'effraction (perçage, crochetage, découpage).

a2p ★	5 minutes
a2p ★★	10 minutes
a2p ★★★	15 minutes

SÉCURITÉ Détecteurs et extincteurs

Toute habitation comprend des sources d'incendie potentiel. Des détecteurs de fumée et de monoxyde de carbone (CO), ainsi que des moyens d'extinction toujours en état et à portée de main constituent la meilleure des sécurités. Vérifiez-les régulièrement pour être sûrs qu'ils restent opérationnels ; testez la pile des détecteurs tous les ans, et respectez la date de contrôle et d'entretien des extincteurs.

Détecteurs de fumée

La fumée d'un feu qui couve peut vous asphyxier sans même vous réveiller. Les détecteurs de fumée assurent une protection capitale, en déclenchant une alarme à temps. Choisissez toujours un matériel certifié NF 292 / EN 14604.

Toutes les habitations devront en être équipées d'ici le 8 mars 2015.

Dans une maison de plain-pied, placez un détecteur de fumée dans le couloir entre le salon et les chambres. Vous l'entendrez dans toute l'habitation, même pendant votre sommeil. Le plafond constitue l'emplacement idéal pour un détecteur de fumée, à plus de 30 cm des murs et de tout appareil d'éclairage. Sur un mur, le détecteur doit se trouver entre 15 et 30 cm du plafond. Inutile en revanche de placer un détecteur dans une salle de bains ou une cuisine, où la vapeur d'eau pourrait le perturber. Dans une maison à plusieurs niveaux, placez des détecteurs au départ de l'escalier et sur chaque palier.

Les équipements photoélectriques détectent parfaitement les grosses émissions de fumées d'un feu qui couve.

Les détecteurs avertisseurs autonomes de fumée fonctionnent avec une pile alcaline 9V 500 mAh minimum. Elle doit être vérifiée au moins une fois par an, bien que l'affaiblissement des piles soit signalé par un signal sonore et un voyant clignotant. Optez de préférence pour un appareil à pile au lithium.

Détecteur de CO

Incolore, inodore et sans saveur, le monoxyde de carbone (CO) résulte d'une combustion incomplète dans un appareil de chauffage à combustible (gaz, bois, charbon, pétrole, etc.), mal entretenu ou dont l'évacuation des gaz brûlés est mal installée ou plus ou moins obstruée. Dès qu'il atteint une concentration importante, le monoxyde de carbone devient mortel. Ce tueur invisible est responsable d'environ 200 décès chaque année en France. Les symptômes de son attaque ressemblent tant à ceux d'affections courantes (toux, fatigue, maux de tête, troubles digestifs) que généralement l'on n'y prend pas garde assez tôt pour pouvoir bénéficier de soins appropriés. Comme pour le détecteur de fumée, ne retenez que les appareils normalisés (EN 50291). En cas de présomption d'intoxication, ouvrez immédiatement les fenêtres et appelez les pompiers.

La meilleure prévention consiste à installer un détecteur de monoxyde de carbone, associé à un détecteur de fumée. Vérifiez régulièrement le niveau de charge de sa pile.

Ceci ne vous dispense cependant pas de faire vérifier les appareils de chauffage à combustion par un spécialiste agréé chaque année, et de faire ramoner leur cheminée au moins une fois (chauffage au gaz) ou deux fois (autres combustibles) par an. Ne bouchez jamais les orifices de ventilation des pièces où se trouve l'un de ces appareils.

Les commandements de la sécurité incendie

- Équipez chaque étage d'habitation d'un détecteur de fumée. Testez les piles annuellement et remplacez de suite toute pile déchargée.
- Placez un extincteur tous feux, bien visible et très accessible, et une couverture anti-feu près des appareils de cuisson.
- Attaquez un départ de feu le plus rapidement possible et assurez-vous que votre extincteur l'a complètement circonscrit.
- Débranchez tous les appareils électriques inutilisés pendant votre sommeil, et ne faites jamais cheminer de fils sous les tapis.
- Ne laissez jamais brancher les transformateurs, même appareil éteint.
- Ne laissez jamais fonctionner une friteuse sans la surveiller. Si l'huile s'enflamme, arrêtez la source de chaleur et couvrez la friteuse avec une serpillière mouillée ou une couverture anti-feu. Laissez-la ainsi au moins 30 minutes pour que l'huile refroidisse.
- Rangez allumettes, briquets et bougies hors de la vue et de la portée des enfants.
- Ne branchez pas une couverture chauffante sur une multiprise, au risque de la mettre sous tension accidentellement.
- Ne laissez jamais sécher du linge ou du matériel devant le feu.
- Si un incendie se déclare, appelez les pompiers et n'ouvrez les portes et fenêtres que si les circulations ne sont pas envahies de fumée. Si elles le sont, mieux vaut calfeutrer les portes, les arroser et attendre l'arrivée des secours en se couchant au sol.

Les extincteurs

Dans de nombreux pays européens, il est obligatoire de posséder chez soi un ou plusieurs extincteurs pour attaquer tout début de feu. Le bon sens et la prudence commandent de s'en équiper, même si ce n'est pas encore une obligation en France. Se pose alors la question du choix de l'extincteur, de l'achat ou de la location. Il faut ensuite savoir s'en servir mais aussi le placer au bon endroit dans la maison.

CHOISIR LE BON EXTINCTEUR POUR LE BON FEU

Il existe quatre catégories d'extincteurs : à eau pressurisée, à mousse carbonique, à poudre, à mousse. En plus de ces distinctions, liées au type de produit contenu dans l'appareil et utilisé pour éteindre le feu, chaque extincteur doit mentionner, de manière très visible, le type de feu pour lequel il est homologué.

- Classe A : feu de solides : bois, papiers, tissus, etc.
- Classe B : feu de liquides ou de solides liquéfiables : carburant, huile, alcool.
- Classe C : feu de gaz.
- Classe D : feu de métaux.

UTILISER UN EXTINCTEUR EFFICACEMENT ET EN TOUTE SÉCURITÉ

Placez-vous de manière à accéder aisément au plus près du feu, en veillant à conserver une voie de retraite pratique et rapide. Dégoupillez l'extincteur, puis pressez fermement sur la poignée, qui doit vous servir également à soulever et à transporter l'appareil. Orientez le jet vers la base des flammes. Arrosez-les jusqu'à extinction totale et surveillez pour qu'il ne se produise pas un nouveau départ de feu.

NE VOUS OBSTINEZ PAS À COMBATTRE LE FEU SI :

- son développement vous met en danger ;
- sa progression risque de vous couper toute possibilité de retraite ;
- malgré votre intervention il continue à s'étendre ;
- sa propagation se fait en direction de bouteilles de gaz.

Quand vous quittez la zone, fermez autant que possible toutes les portes et fenêtres derrière vous. En présence d'un feu de gaz (à attaquer avec un extincteur de classe C), la priorité est de couper son alimentation et d'appeler les pompiers. Ne mettez pas votre vie en péril.

EXTINCTEUR À POUDRE

Ces extincteurs conviennent pour tous les feux domestiques (électrique, bois, huile, liquides ou gaz inflammables, etc.).

AÉROSOL ANTI-INCENDIE

Sans avoir l'efficacité d'un extincteur, la bombe aérosol anti-incendie peut permettre de circonscrire un départ de feu si l'on agit sans délais. Elle est efficace sur tous les types de feux.

LA BONNE **INFO**

CONNAISSEZ LES NUMÉROS D'URGENCE

Ne perdez pas de temps avant d'appeler les pompiers. De nombreux téléphones ne fonctionnent plus en cas de coupure électrique. Programmez le 112 sur votre portable.
Ne combattez pas le feu avant d'avoir appelé les secours.

ATTENTION À LA FUMÉE

Souvent toxique, la fumée est très dangereuse. Si de la fumée apparaît, fermez les portes et colmatez-les avec des linges mouillés. Dans une pièce remplie de fumée, baissez-vous pour respirer l'air frais près du sol et rejoignez la sortie.

METTEZ-VOUS À L'ABRI

Si vous êtes à un étage inférieur au feu ou près de la sortie, sortez au plus vite. Prévenez vos voisins en criant "au feu" et en frappant aux portes. Si vous êtes à un étage supérieur, restez sur place et manifestez-vous aux fenêtres.

Couvertures anti-feu

La couverture anti-feu reste le moyen le plus efficace pour éteindre un feu de friteuse.

Éteignez la source de chaleur, tenez la couverture de manière à protéger vos mains et vos avant-bras des flammes, puis plaquez-la sur la friteuse. Une fois les flammes étouffées, laissez la couverture en place pendant au moins 30 minutes pour que l'huile refroidisse. **Ne tentez jamais d'emporter à l'extérieur une friteuse ou une poêle contenant de l'huile en feu.**

Ces couvertures ignifugées en fibres de verre tissées peuvent aussi servir pour envelopper une personne dont les vêtements viennent de prendre feu.

LE BALCON

- Installer des pots colorés sur votre balcon.
- Créer une cloison végétale.
- Poser des dalles clipsables.
- Faire un mini-potager dans un bac.
- Repeindre les chaises de couleurs différentes.

Ces pots de couleurs se posent simplement à cheval sur le garde-corps.

Que ce soit pour donner du renouveau à votre intérieur ou pour mieux vendre votre bien immobilier, de nombreuses solutions permettent aujourd'hui de réaménager un logement, sans pour autant tout changer. Il faut d'abord regarder l'organisation des lieux et la place des meubles et des objets. Ensuite, avec un minimum d'esprit critique, conjugué à une bonne dose d'imagination vous trouverez des bonnes idées.

Transformer la maison à faible budget

On peut changer l'intérieur de sa maison sans faire de gros travaux avec un budget minimum. Il suffit souvent de changer quelques éléments de votre décoration pour transformer complètement un intérieur. Vous pouvez aussi conserver des éléments existants tout en les rhabillant d'un nouveau style ou bien encore remplacer quelques éléments ou accessoires. En résumé, bien souvent, ce sont les petits changements… qui changent tout !

Avant

Après

Il aura suffi de repeindre le carrelage, d'habiller les portes de vinyle adhésif, d'en remplacer les poignées et de poser des étagères pour métamorphoser cette cuisine.

LA CUISINE

- Repeindre le carrelage.
- Changer ou résiner le plan de travail.
- Repeindre les portes de placard ou appliquer un adhésif autocollant.
- Changer les poignées de porte.
- Poser des tablettes de rangement.
- Changer ou repeindre la crédence.
- Peindre un mur avec une peinture ardoise ou magnétique.
- Repeindre le réfrigérateur, le lave-vaisselle ou la cuisinière.
- Poser des spots push-it ou réglette lumineuse à scratcher avec télécommande.
- Repeindre les chaises de couleurs différentes.

LES CHAMBRES

- Créer une tête de lit avec des lés de papier peint.
- Poser une frise adhésive ardoise ou magnétique.
- Repeindre un mur avec de la peinture magnétique ou ardoise.
- Poser des tablettes pour créer du rangement.
- Customiser un bureau ou une commode.
- Changer les interrupteurs.

Avant

Après

Le coin bureau de cette chambre a fait une cure d'originalité grâce à de la résine sur le plateau, une peinture pour mélaminé pour le rayonnage et une peinture magnétique sur le mur.

LE SALON

- Reteinter le sol.
- Customiser un meuble avec du papier peint, ou le repeindre pour créer des effets avec des produits d'ébénisterie.
- Changer les boutons des meubles, les poignées de porte, et les interrupteurs.
- Créer une bayadère avec des panneaux MDF, du papier peint et de la peinture.
- Poser des panneaux japonais ou des cloisons mobiles pour créer plus d'intimité dans le salon.
- Changer l'éclairage pour créer une ambiance et contribuer à votre bien-être.

Avant

Après

Pour métamorphoser le salon, créez une bayadère avec des panneaux de MDF, de la peinture et du papier peint.

LA SALLE DE BAINS

- Poser de la mosaïque adhésive.
- Repeindre le carrelage.
- Résiner la baignoire ou le lavabo.
- Rénover les joints.
- Changer les accessoires de salle de bains et les tapis.

Plus d'angoisse pour la pose du carrelage mosaïque mural : il peut être auto-adhésif.

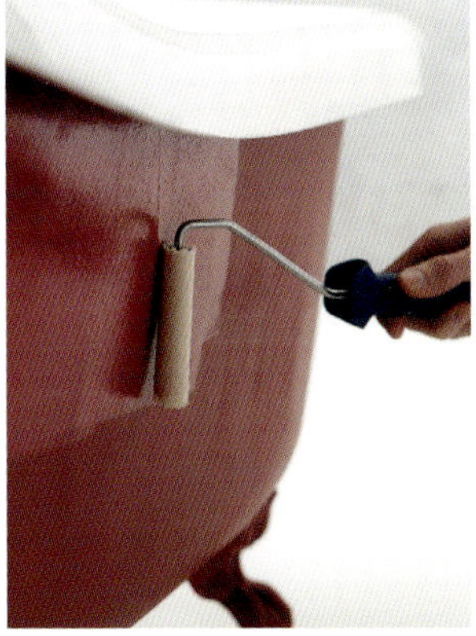

Une couche de coloration, une de résine incolore... et la baignoire est transformée.

Avant

Après

Une peinture à effet minéral et une couche de glacis nacré ont transformé ce meuble banal en buffet design new-yorkais.

Avant

Après

Une peinture à la caséine suivie d'une peinture à effet patiné et quelques tablettes font de cette vieille armoire un vrai secrétaire.

LA BONNE INFO

Ranger avant d'arranger
Aux yeux du visiteur, une maison bien rangée est une maison bien entretenue. C'est aussi le signe qu'elle contient suffisamment d'espaces de rangement (placards, dressing, buanderie, etc.). Mais ne les surchargez pas, car l'acheteur ne manquera pas de les ouvrir. profitez-en pour faire du rangement par le vide.

Le home staging ou préparation à la vente, c'est l'art de mettre en scène son intérieur avec comme unique but, vendre son bien immobilier. Vous devrez donc préparer votre logement afin que tous se sentent à l'aise et projettent leurs envies lors de la visite car un acheteur se décide dans les 90 premières secondes. Il faut donc séduire du premier coup d'œil en attirant l'attention sur les points forts et ainsi, favoriser le coup de cœur chez un acheteur potentiel.

UN MINIMUM D'INVESTISSEMENT

Avec un minimum de temps et d'argent, le home staging permet de préparer un environnement propice à la vente grâce à une mise en scène. En investissant 2 à 4 % du prix de vente pour améliorer son bien, on peut le vendre deux fois plus vite et éviter de lourdes et coûteuses négociations.

Le home staging, ce n'est pas cacher les imperfections d'une maison mais jouer sur l'espace et la lumière afin de mettre en valeur tout le potentiel du bien. Il met en œuvre un certain nombre de principes : désencombrer, dépersonnaliser, réparer, nettoyer et harmoniser.

DÉSENCOMBRER

• **Désencombrez son intérieur** est un passage obligatoire pour vendre rapidement un bien immobilier. Cela consiste à ranger, rassembler, stocker tout ce qui n'est pas utile pour la mise en valeur de la propriété. L'objectif est d'éviter de faire paraître votre intérieur exigu. Il faut parvenir à créer un espace épuré afin d'éviter au maximum la sensation d'étouffement et surtout montrer le potentiel de chaque pièce.

• **Limitez la concentration d'objets** en un même lieu. Quelques objets par ci, par là mettront en valeur la pièce. Le principe est d'aérer la pièce au maximum afin d'optimiser l'espace. Pour cela, enlever tout ce qui prend de l'espace ou qui n'est pas à sa place (bibelots, cartons, boîtes...). Il ne faut conserver que l'essentiel dans les pièces afin qu'elles mettent en évidence leur grandeur et tous leurs attraits lumineux et architecturaux.

• **N'hésitez pas à retirer certains meubles** de votre logement, notamment les plus volumineux (armoires, buffets, etc.). La disposition des meubles et même des autres éléments d'une pièce peuvent influencer grandement la perception de l'espace. Une pièce trop encombrée aura forcément l'air plus petite, voire même plus sombre.

• **Créer de l'espace** consiste également à retirer certaines portes (entre l'entrée et le salon, entre le couloir et la salle à manger, entre une chambre et un espace de rangement ou une penderie, etc.). L'ouverture ainsi créée donnera de la perspective à vos pièces et les agrandira visuellement.

• **Ne bloquez pas la circulation de votre logement.** Elle doit être fluide. Pensez à ne pas bloquer l'accès à une pièce ou la fermeture d'une porte.

La sensation d'espace est l'un des arguments de séduction majeurs pour un acheteur. Dégagez le centre de la pièce, repoussez meubles et objets de décoration près des murs.

Votre salle de bains doit être impeccablement rangée. Retirez serviettes et produits de beauté à l'abri des regards afin de mettre en valeur l'espace et procurer une sensation de netteté.

DÉPERSONNALISER

Le logement qui est mis en vente doit devenir un lieu neutre. Ce qui est indispensable, c'est de dépersonnaliser au maximum le logement sans pour autant qu'il perde son âme. L'objectif est de présenter un cadre qui plaira au plus grand nombre.

• **Éliminez tout ce qui est trop personnel.** Dégagez les étagères, les plans de travail, tablettes de lavabo. Aucuns posters, aucunes photos de famille, pas non plus de souvenirs de vacances ou de collections de petites voitures. Une personne extérieure au foyer ne doit en aucune façon être capable de cerner la personnalité ou les goûts du propriétaire lors de sa venue, car ils ne sont pas forcément ceux du futur acheteur.

Un lieu trop personnalisé présente un risque de réaction d'un acheteur potentiel. Qu'il adore ou qu'il déteste, le visiteur sera alors confronté à émettre une critique personnelle. Or, il faut que celui-ci puisse se projeter dans le lieu et imaginer comment il peut y vivre ou occuper cet espace avec ses effets personnels plutôt que d'accorder son attention aux vôtres.

Une décoration sobre et élégante doit donner à tout acheteur potentiel le sentiment qu'il aimerait vivre dans cet endroit.

RÉPARER

Réparer son logement, c'est prendre garde aux petits défauts et usures de son intérieur. Tout comme le ménage, ces éléments donnent une idee du soin que vous apportez à votre logement, ils peuvent donc être un frein à la vente.

Lors de la visite, le regard de l'acheteur potentiel est inévitablement attiré par tous les détails que l'on ne voit plus lorsqu'on y habite. Il faut bien avoir en tête que les trois quarts des acheteurs souhaitent signer pour un achat "clé en main" et non pour un logement à rénover. De plus, ces petites réparations peuvent diminuer la valeur d'un bien, le futur acquéreur s'en servira pour faire baisser le prix de vente.

Pour les habitations les plus anciennes, l'essentiel sera de remettre en état les pièces qui en ont besoin : des volets délabrés, une vitre cassée, une tuile à changer, une douche qui fuit, etc. Pour les logements récents, l'accent sera mis sur les travaux de finition : peinture des portes, pose de prises électriques ou de lustres, ampoule à remplacer ou encore de l'huile dans une porte qui grince.

Faites les petites réparations qui s'imposent : ici celle d'une lame de parquet.

Pensez aux extérieurs ! Enlevez la mousse de la terrasse au nettoyeur haute pression.

NETTOYER

Une maison sale et désordonnée semblera mal entretenue et fera douter le visiteur. À la portée de tous et maximisant considérablement les opportunités de vente, certains gestes simples sont parfois oubliés ou négligés. Ainsi nettoyez avec soin les éléments souvent oubliés comme les plinthes, les radiateurs, les poignées de porte, les ampoules, les dessous de placard. Récurez aussi les cheminées, éliminez les traces de graisse, débarrassez-vous du calcaire et blanchissez les joints. Il est primordial de neutraliser les odeurs d'animaux, de cigarettes ou encore de fritures.

• **Ventilez les pièces, lavez vos rideaux, désodorisez vos tapis et videz votre poubelle.** N'hésitez pas à masquer les odeurs en utilisant des désodorisants ou des bougies.

• **Ne négligez pas l'extérieur** qui est un peu la vitrine de la maison. Les premiers pas sont souvent décisifs. En effet, la première impression qu'ont les visiteurs est inspirée par son extérieur. Jardin, terrasse et balcon sont des excellents arguments pour la vente de votre propriété.

• **Pensez à tondre la pelouse, ramasser les feuilles mortes et tailler les haies** mais aussi à ranger les outils de bricolage, les vélos, jeux d'enfants et empiler les bûches.

• **Passez un coup de nettoyeur haute pression** sur les sols des balcons et terrasses et lessivez les rambardes. Enfin, vous pouvez ajouter quelques pots de fleurs, des photophores et un joli mobilier de jardin pour donner un aspect harmonieux à votre extérieur.

HARMONISER

• **Première étape** pour harmoniser au mieux votre intérieur, réorganiser et optimiser l'espace.

– Créez un effet cocooning au sein d'une pièce immense et l'impression d'espace dans un petit studio n'est pas toujours évident. Certaines astuces simples peuvent suffire à faire illusion. Il faut mettre en scène la maison et non la décorer.

– Rafraîchissez la décoration en mettant une couche de peinture ou du papier peint, en optant pour des couleurs neutres, claires et élégantes (blanc, perle, beige, gris). Ces couleurs s'harmonisent avec les autres couleurs et tous les styles de décoration. De plus, elles donnent une impression d'espace et apportent beaucoup de luminosité.

– Réorganisez la disposition des meubles : alignez-les le long du mur afin d'éclaircir la pièce.

– Installez un ou plusieurs miroirs. Ils ont l'avantage de donner de la profondeur et de capter la lumière.

• **Deuxième étape,** privilégiez la lumière.

– Favorisez des voilages plutôt que des rideaux épais pour laisser pénétrer la lumière naturelle.

– Éclairez au-dessus des tables et des bureaux, posez des bougies sur la table basse et les commodes. Veillez cependant, à ce que la lumière n'éblouisse pas et qu'elle ne produise pas d'ombres qui donneraient le résultat contraire à celui escompté.

• **Troisième étape,** créez une ambiance neutre. Le plus important est d'éviter les styles trop marqués. Ni trop moderne, ni trop traditionnel. Il faut suggérer, ce qui signifie rester sobre et neutre. Cependant, il est important que la maison reste vivante et ne paraisse pas figée.

– Choisissez des tissus unis de couleurs neutres pour vos nappes, coussins et rideaux.

– Achetez des plaids pour couvrir les vieux canapés et changez le couvre-lit, toujours avec des tissus sobres (lin, gris perle, blanc cassé, etc.).

– Accessoirisez avec parcimonie les pièces avec les objets conservés.

© CP

Refaites les joints maçonnés entre les pierres des murs dès qu'ils commencent à s'effriter et à devenir poreux.

L'entretien de la maison doit être une préoccupation régulière. Il ne faut pas attendre l'apparition de dégâts ou de dysfonctionnements pour intervenir. Procédez régulièrement à une inspection du bâti, contrôlez les différents appareils et équipements et intervenez le plus tôt possible quand c'est nécessaire. Une simple fissure ou une petite fuite risquent d'être à l'origine de problèmes beaucoup plus graves.

Entretenir le bâti

Une maison est constituée de quatre murs porteurs, d'une couverture, d'un sol et de planchers, de portes et de fenêtres. Si l'on veut qu'elle dure longtemps, ces éléments doivent être surveillés en permanence car la dégradation de l'un d'entre eux entraîne immédiatement des problèmes en cascade qui peuvent aller jusqu'à mettre en péril la solidité même de l'édifice. N'attendez pas que votre maison se dégrade. Examinez-la régulièrement et procédez aux réparations qui s'imposent.

© CP

La moindre tuile déplacée peut être à l'origine d'une fuite en toiture risquant d'abîmer très vite la charpente. Replacez toute tuile décalée par le vent.

MURS

- **S'assurer que les fondations sont solides.** En cas d'affaissement lié à des mouvements de terrain notamment après de fortes sécheresses, faites renforcer leur stabilité par un professionnel.
- **Surveiller l'apparition éventuelle de fissures** et leur évolution. Identifiez les causes et intervenez rapidement en faisant traiter la maçonnerie et/ou les fondations et en rebouchant les fissures une fois qu'elles sont stabilisées.
- **Surveiller les éventuelles traces d'humidité.** En trouver la ou les causes. En cas de remontées capillaires, drainez en périphérie de la maison et confortez l'étanchéité des fondations.
- **Vérifier la stabilité et la solidité des linteaux** au-dessus des ouvertures. En cas de fissures, faites intervenir un professionnel.
- **Réparer toute dégradation de la façade.** Refaites les joints des murs en pierres apparentes, rénovez les crépis et les enduits dégradés.

TOITURE

- **Intervenir à la moindre fuite** en appelant un couvreur.
- **Remplacer ou faire remplacer les tuiles défectueuses,** poreuses, fendues ou disparues. Faites de même avec les ardoises brisées, déplacées ou décrochées. Remplacez les plaques de couverture poreuses ou fendues.
- **En cas d'humidification d'un mur intérieur,** ou d'un conduit de fumée maçonné, contrôlez et réparez les solins (joints de mortier entre maçonnerie et couverture).
- **Vérifier régulièrement la bonne évacuation de l'eau par les gouttières.** Nettoyez-les et débouchez régulièrement. Remplacez les éléments percés ou disjoints.
- **Contrôler la bonne évacuation de l'eau collectée** par les descentes. Nettoyez les grilles des regards et débouchez ces derniers.
- **S'assurer de la stabilité des souches de cheminée** ainsi que leur sortie. Remplacez les souches détériorées par des sorties de toit manufacturées. En profiter pour remplacer les conduits.
- **Contrôler l'état de la charpente et des chevrons.** Traitez si vous constatez la présence de larves d'insectes du bois (xylophage) ou de termites.
- **Nettoyer la mousse ou les lichens** pouvant s'incruster à la jonction des tuiles et sur les ardoises.

© CP

Entretenez les revêtements de sol et tout particulièrement les parquets. La "vitrification" (en fait un vernissage) se fait avec une brosse très large, après ponçage et dépoussiérage.

SOLS ET PLANCHERS

- **Contrôler la stabilité et l'étanchéité** du sol du rez-de-chaussée ou de la cave. En cas d'infiltration ou de remontées capillaires, envisagez le coulage d'une dalle avec nappe d'étanchéité et isolation thermique intégrée.
- **S'assurer de la solidité et de la stabilité des planchers d'étage.** Renforcez le solivage et/ou les poutres, remplacez éventuellement les lames ou les panneaux du plancher.
- **Nettoyer, rénover ou remplacer les revêtements de sol,** carrelage, parquet bois, parquet de recouvrement, moquette, PVC. Cirez, huilez ou revernissez le parquet régulièrement.

Entretenir les équipements

Les équipements d'une maison sont constamment sollicités. Si l'on ne veut pas s'exposer à des pannes ou à de mauvais fonctionnements, il faut les entretenir régulièrement. Quelques heures par mois suffisent généralement pour assurer la maintenance d'une maison. Certaines des opérations d'entretien ne peuvent être réalisées que par des professionnels pour des raisons de sécurité. C'est le cas, par exemple de l'entretien de la chaudière ou du ramonage de la cheminée. La vigilance est de rigueur pour ne pas oublier de les faire intervenir au moment nécessaire.

© diP étanch

Rénovez les joints sanitaires en mastic silicone pour éviter les infiltrations d'eau et l'humidification de la maçonnerie.

PLOMBERIE ET SANITAIRES

- **Remplacer les joints de robinet** dès que celui-ci commence à goutter.
- **Réparer toute fuite** sur une canalisation d'alimentation d'eau dès le premier suintement.
- **Remplacer les joints sanitaires en mastic silicone** entre le carrelage et les appareils (lavabo, douche, baignoire, etc.) quand ils jaunissent, noircissent ou se craquellent.
- **Déboucher les canalisations d'évacuation** des eaux usées quand le débit d'évacuation de l'évier, du lavabo ou de la baignoire ralentit. Préférez une action avec une ventouse.
- **Rénover baignoire et lavabo avec une résine** dès que l'émail ternit, se raye ou s'ébrèche.
- **Remplacer la robinetterie** à poignées rotatives et joints de clapet dès qu'elle est usée par des mitigeurs thermostatiques.
- **Détartrer le mousseur des robinets** en le plongeant dans du vinaigre blanc très chaud.

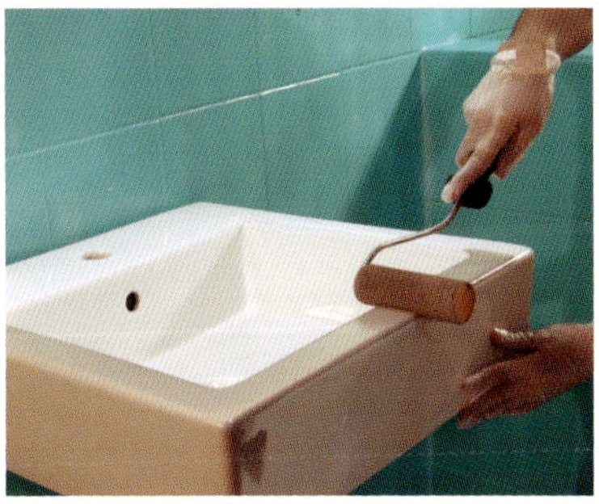
© Résinence

L'application d'une résine colorée et d'une résine transparente permet de redonner une nouvelle jeunesse aux appareils sanitaires dont l'émail est rayé, dépoli ou ébréché.

CHAUFFAGE ET VENTILATION

- **Faire ramoner les conduits de fumée** deux fois par an pour les appareils de chauffage à combustible solide (bois, charbon) ou liquide (fioul) et une fois par an pour les appareils à gaz. Les bûches ou poudre d'entretien ou encore un ramonage mécanique par soi-même ne peuvent se substituer au travail d'un ramoneur, même s'ils participent au nettoyage.
- **Faire réviser la chaudière** au moins une fois par an. Il est prudent de souscrire un contrat d'entretien couvrant les pièces et la main-d'œuvre.
- **Nettoyer la vitre des foyers et inserts** pour éviter qu'elle ne s'encrasse. En profiter pour brosser les briques réfractaires du foyer.
- **Remplacer le joint des vitres des foyers et inserts** dès qu'il commence à s'effilocher.
- **Vider les impuretés de la cuve du filtre à décantation** du circuit d'alimentation des chaudières à fioul.
- **Purger les radiateurs** de chauffage central en cas de gargouillement ou de mauvais fonctionnement partiel ou total d'un radiateur.
- **Rétablir la pression d'eau dans le circuit de chauffage** dès qu'elle baisse en dessous de 1 bar (chauffage en marche).
- **Dépoussiérer la grille** des convecteurs électriques et nettoyer la façade des appareils caloporteurs ou radiants.
- **Désembouer le circuit de chauffage au sol** en introduisant un produit adapté dans le circuit dès que l'on constate une baisse de rendement et le refroidissement de certaines zones du plancher.
- **Dépoussiérer et/ou remplacer le filtre du climatiseur** selon les recommandations du fabricant ou dès que le voyant d'alerte s'allume.
- **Dépoussiérer et nettoyer les bouches d'aspiration de la VMC** (ventilation mécanique contrôlée) ou celle des fenêtres. Faites nettoyer tous les ans les gaines de la VMC.

© GEB

Nettoyez la vitre de l'insert ou du foyer fermé ou encore celle du poêle à bois dès qu'elle commence à noircir.

ÉLECTRICITÉ ET ÉLECTROMÉNAGER

- **Tester chaque mois les disjoncteurs différentiels** au tableau de répartition ou au bouton de test des appareils qui en possède un.
- **Resserrer les vis des bornes** des appareils émettant des grésillements.
- **Tester les détecteurs autonomes de fumée et de monoxyde de carbone** une fois par mois. Remplacez les piles alcalines tous les 5 ans et celles au lithium tous les 10 ans. N'utilisez jamais de piles rechargeables.
- **Nettoyer le filtre d'évacuation** des lave-linge et lave-vaisselle en cas de vidange difficile.
- **Manœuvrer une fois par mois le robinet de vidange du chauffe-eau** pour éviter son blocage par le calcaire.
- **Démonter et nettoyer ou remplacer la résistance du chauffe-eau** électrique en cas de baisse de la température d'eau chaude.
- **Remplacer le filtre à graisse et le filtre à charbon actif de la hotte de cuisine** suivant l'indication de fréquence du fabricant ou l'allumage du voyant d'alerte.
- **Nettoyer régulièrement le four** s'il n'est pas à nettoyage par catalyse ou pyrolyse.
- **Dégivrer le compartiment congélateur** dès que la couche de givre atteint 1 cm.
- **Nettoyer le joint du réfrigérateur et du congélateur** à l'eau savonneuse une fois par mois.
- **Changer le flexible d'alimentation de gaz** en fonction de la date de péremption ou remplacez-le par un tube métallique.

© CP

Lorsque le lave-vaisselle peine à vidanger ou s'y refuse, il faut sortir la grille et la crépine pour enlever les déchets qui bouchent l'évacuation.

LA BONNE INFO

Facture et crédit d'impôt
La plupart des crédits d'impôt ne portent que sur le matériel et non sur la main-d'œuvre (sauf certains travaux d'isolation). Il est donc essentiel que la facturation fasse clairement la distinction entre les deux postes. Il faut aussi que les critères ouvrant droit au crédit d'impôt soient clairement stipulés sur la facture.

Du simple dépannage à la réalisation de travaux de rénovation importants, la loi vous protège en imposant des entreprises la rédaction de devis et de factures dans des règles précises. De même, l'achat d'un bien immobilier ou la prise en location d'un logement doivent être précédés d'une série de diagnostics qui vous permettent de prendre une décision d'acquisition ou de location en toute connaissance de cause.

Les devis

Avant de faire réaliser des travaux par un professionnel, celui-ci doit vous proposer un devis détaillé. Ce document, encadré par la réglementation, devient, une fois approuvé par le maître d'ouvrage (c'est-à-dire vous), un véritable contrat. Faites-en réaliser plusieurs pour comparer prix et prestations.

À QUOI SERT UN DEVIS ?

Il s'agit en fait d'un descriptif estimatif (ou forfaitaire) mais détaillé, de toutes les prestations réalisées par un professionnel. Il permet de vérifier dans le détail la qualité, la quantité des matériaux nécessaires aux travaux (construction, rénovation, entretien, etc.) commandés, la main-d'œuvre nécessaire, ainsi que le prix pratiqué par les professionnels sollicités. Pour chacune des indications inscrites, l'artisan ou l'entreprise devra réaliser l'estimation la plus objective possible.

Selon l'article 3 de l'arrêté du 2 mars 1990 relatif à la publicité des prix des prestations de dépannage, de réparation et d'entretien dans le secteur du bâtiment et de l'électroménager, le professionnel doit remettre un devis détaillé préalablement à l'exécution de toute prestation, dès lors que le montant des travaux est supérieur à 150 euros toutes taxes comprises.

QUELLES SONT LES MENTIONS QUE DOIT CONTENIR UN DEVIS ?

Un devis doit contenir un certain nombre d'informations précises vous permettant de connaître le détail des produits, matériaux et équipements, distinctement de la main-d'œuvre.

Il doit mentionner
- **La date de la rédaction.**
- **Le nom et l'adresse de la société ou de l'artisan**, avec leur immatriculation à la chambre de métier et/ou de commerce (SIRET, RCS, avec indication de la ville d'inscription).
- **Le lieu du siège social de l'entreprise.**
- **La nature de l'entreprise** et si c'est une société, le montant de son capital.
- **Le nom du client et l'adresse** de l'exécution des travaux.
- **Les activités de l'entreprise.**
- **Le décompte détaillé, en quantité et en prix, de chaque prestation et produits** nécessaires à l'opération prévue, en précisant à chaque fois la dénomination, le prix unitaire et la désignation de l'unité de référence pour le calcul (taux horaire de la main-d'œuvre, ou mètre linéaire, ou mètre carré) et la quantité prévue.
- **Les frais de déplacement** le cas échéant.
- **La somme globale à payer hors taxes** (HT).
- **Le ou les taux de TVA et leur montant** rapporté au total du devis.
- **La somme globale à payer toutes taxes comprises** (TTC).
- **La durée de validité de l'offre.**
- **L'indication si le devis est gratuit ou payant.**

Vous pouvez aussi faire porter sur le devis
- **La durée et surtout la date de fin des travaux.**
- **D'éventuelles pénalités de retard** à la charge de l'auteur du devis.
- **Les conditions et délais de règlement** après réception des travaux.

Pour avoir valeur de contrat entre les parties, le devis doit être signé et daté manuellement par le client, précédé de la mention "devis reçu avant exécution des travaux, lu et accepté". C'est au devis que le tribunal se rapportera en cas de litige.

ATTENTION! En cas d'exécution de travaux non prévus au devis, l'entrepreneur doit établir un avenant à son devis qui doit être accepté et signé par le client.

LA BONNE INFO

Arrhes et acomptes
Les arrhes ou les acomptes ne sont en aucune façon obligatoires avant le début des travaux ni au cours de ceux-ci.
- **Les arrhes** constituent une somme versée d'avance, déductible du solde du paiement. Le client peut se désister en perdant ce qu'il a versé. Le professionnel peut aussi se désister mais en versant au client deux fois le montant des arrhes.
- **Les acomptes** constituent des sommes versées d'avance, à la commande, ou en cours de chantier, au fur et à mesure de son avancement. L'avance initiale vaut engagement pour le client de payer le solde du prix du bien ou du service commandé. Le professionnel ne peut pas, lui non plus, se désister et doit achever les travaux commencés.

Les diagnostics immobiliers

Afin de garantir l'acquéreur d'un bien ou le candidat locataire contre certains vices cachés, et de protéger le vendeur ou le bailleur contre toute réclamation de l'acheteur ou du locataire à ce titre, un diagnostic immobilier contre certains risques et niveau de prestation du bien immobilier est désormais obligatoire avant la signature de tout compromis de vente ou avant la signature du bail.

AMIANTE

Si le permis de construire d'un logement a été déposé avant le 1er janvier 1997, un diagnostic pour repérer la présence d'amiante est obligatoire pour les particuliers, préalablement à la vente, la rénovation ou la démolition. Depuis janvier 2003, ce diagnostic, comme tous les autres, doit être établi par des techniciens qui ont suivi une formation certifiée et qui possèdent l'attestation de compétence correspondante. La durée de validité de ce diagnostic est illimitée.

PLOMB

Depuis juillet 1999, tout propriétaire d'appartement ou maison individuelle construits avant le 1er janvier 1949 voulant céder son bien ou le mettre en location, doit fournir lors de la promesse de vente ou à la signature du bail un "diagnostic d'accessibilité au plomb". Il est valable 1 an ou de façon illimitée si aucune présence de plomb n'a été relevée dans les peintures.

TERMITES

Depuis juillet 2000, tout occupant ou propriétaire d'un bien immobilier bâti ou non bâti doit déclarer en mairie la présence de termites dès qu'il en a connaissance. En cas de vente d'un bien immobilier situé dans une zone infestée (se renseigner en mairie), un état parasitaire doit être annexé au compromis, puis à l'acte notarié. À défaut, si la présence de termites ou autres parasites se révélait ultérieurement, le vendeur serait tenu responsable vis-à-vis de l'acheteur au titre des vices cachés. Ce dernier aurait alors le choix entre l'annulation de la vente ou une réduction du prix de vente. Ce diagnostic est valable 6 mois.

PERFORMANCE ÉNERGÉTIQUE

Obligatoire pour les ventes depuis le 1er novembre 2006 et pour les mises en location depuis le 1er juillet 2007, ce diagnostic a pour but d'informer l'acheteur ou le locataire en identifiant les consommations prévisionnelles d'énergie des logements. Des recommandations indiquent les mesures les plus efficaces pour économiser l'énergie. Ce diagnostic a une valeur informative. Il est valable 10 ans.

GAZ

Obligatoire depuis le 1er novembre 2007 à l'occasion de la vente de logement de plus de 15 ans, ce diagnostic porte sur l'état des appareils fixes de chauffage et de production d'eau chaude sanitaire ou mettant en œuvre un moteur thermique, alimentés par le gaz, sur l'état des tuyauteries fixes d'alimentation en gaz et leurs accessoires et sur l'aménagement des locaux où fonctionnent les appareils à gaz permettant l'aération de ces locaux et l'évacuation des produits de combustion. Ce diagnostic est valable 3 ans.

ÉLECTRICITÉ

Il concerne les installations électriques de plus de 15 ans et est exigible à la vente depuis le 1er janvier 2009. Il porte sur la présence d'un appareil général de commande et de protection, ainsi que de son accessibilité, d'au moins un dispositif différentiel de sensibilité approprié aux conditions de mise à la terre, à l'origine de l'installation électrique, d'un dispositif de protection contre les surintensités, enfin d'une installation électrique adaptée aux conditions particulières des locaux contenant une baignoire ou une douche. Ce diagnostic est valable 3 ans.

LOI CARREZ

Depuis le 19 juin 1997, si vous vendez un appartement ou une maison en copropriété, sa surface habitable doit être indiquée dans la promesse de vente, faute de quoi l'acquéreur peut invoquer la nullité de la vente dans le mois qui suit la signature de l'acte définitif. Il perd ce recours si la superficie figure dans l'acte de vente définitif. Si la surface mentionnée est inférieure d'au moins 5 % à la surface réelle, il dispose d'un an, à compter de la signature de l'acte définitif, pour obtenir une diminution de prix proportionnelle à la surface manquante. Dans la pratique, on s'adresse à un organisme spécialisé, habilité à certifier le métrage du bien. La validité de ce diagnostic est en théorie illimitée, mais il est conseillé de faire effectuer un nouveau mesurage si des travaux d'aménagement ont eu lieu depuis son édition. Un mesurage de la surface habitable est aussi exigé au moment de la signature d'un bail de location.

RISQUES NATURELS OU TECHNOLOGIQUES

Avant une vente ou une location, les appartements et maisons individuelles situés dans des communes faisant l'objet d'un plan de prévention des risques technologiques, de prévention des risques naturels, ou situés dans une zone de sismicité, doivent faire l'objet d'un état indiquant les risques naturels (inondations, mouvements de terrains, etc.) et technologiques (industriels, chimiques, etc.) auxquels le logement est exposé. Cet état est valable 6 mois.

La profession de diagnostiqueur est aujourd'hui très encadrée. Ils sont regroupés dans des organismes professionnels comme la FNECI (Fédération de diagnostic du bâti).

LA BONNE **INFO**

COMPÉTENCES PROFESSIONNELLES

Depuis le 1er juillet 2007 les diagnostiqueurs doivent bénéficier d'un certificat de compétence délivré par un organisme accrédité par le Comité français d'accréditation (COFRAC). Les critères de compétences contrôlés par l'organisme certificateur sont définis par des arrêtés ministériels.

La réalisation de travaux suscite souvent un certain nombre de nuisances qu'il nous est déjà difficile de supporter. On peut comprendre que nos voisins puissent en être irrités. De bons usages sont faciles à mettre en œuvre pour le bien-être de tous.

Bons usages

La vie en société est faite d'une série de bons usages qui, lorsqu'ils ne sont pas respectés, conduisent souvent à des conflits. C'est le cas, par exemple, du bruit qui est ressenti par beaucoup comme la principale des nuisances, notamment en ville.

LE BRUIT

L'ADEME a édité une charte du bon voisinage portant essentiellement sur le bruit.

- **Je n'ai pas le droit de gêner mes voisins,** ni le jour, ni la nuit.
- **Je marche avec des chaussons,** des chaussettes ou nu-pieds à la maison.
- **J'évite de courir** dans l'appartement.
- **Je m'habitue à ne pas crier** et je constate qu'on me comprend quand même.
- **Je modère le son** de ma télévision et de ma chaîne hi-fi.
- **J'achète des appareils électroménagers silencieux** et je ne les fais pas fonctionner la nuit.
- **Je bricole et je tonds la pelouse** à des horaires acceptables par tous.
- **Je ne claque pas les portes.**
- **Je descends les escaliers** sans faire trop de bruit.
- **J'apprends à mon chien à ne pas aboyer** inconsidérément.

Moins on fait de bruit, mieux on s'entend.

> **LA SECURITE**
>
> **CHANTIER INTERDIT AU PUBLIC**
> Si vous devez engager des travaux pouvant constituer un risque pour des tiers, veillez à bien le fermer et à le protéger. Prenez la précaution d'indiquer qu'il est "interdit au public" pour prévenir tout risque d'accident dont vous pourriez être jugé responsable par imprudence.

LES NUISANCES PENDANT MES TRAVAUX

Les conflits de voisinage naissent souvent à l'occasion de travaux dont les nuisances sont perçues comme de vraies agressions par les voisins. Là encore, de véritables règles de conduites s'imposent.

- **J'informe mes voisins de mes projets** assez longtemps à l'avance.
- **Je préviens mes voisins de la durée des travaux.**
- **Je ne fais du bruit qu'aux heures** où je ne gêne pas mes voisins, et je m'abstiens de travailler le soir après 20 h, le matin avant 8 h, le samedi et le dimanche matin.
- **Je clos bien mon chantier** et j'évite la propagation de la poussière, notamment lorsqu'il fait un grand vent.
- **Je ne laisse pas s'entasser les gravats sur le palier ou devant la maison** et je prends la précaution de les entreposer le moins longtemps possible dans des sacs de chantier.
- **Je m'informe régulièrement des nuisances ressenties par mes voisins** et je les tiens au courant de l'avancement des travaux.
- **Je les invite** quand mes travaux sont finis et je leur fais visiter les lieux des travaux qui les ont tant perturbés.

RESPECT DE L'ENVIRONNEMENT

Beaucoup de travaux peuvent constituer de réelles agressions sur l'environnement. Pour l'éviter, je prends un certain nombre de précautions.

- **Je collecte soigneusement les déchets** dangereux et nuisibles pour l'environnement dans des sacs solides, hermétiques et je les porte systématiquement à la déchetterie.
- **Je ne fais pas brûler de déchets à l'air libre** sans m'être assuré qu'ils n'étaient pas nocifs pour les gens et nuisibles pour l'environnement. J'évite l'émission de fumée pouvant gêner les voisins ou constituer un risque pour la circulation.
- **J'évite d'utiliser des produits solvantés** constituant des nuisances olfactives pour les gens qui m'entourent.
- **Je protège le sol et notamment la pelouse** avec un bac ou une feuille de plastique quand je gâche du mortier ou du béton à l'aire.

Organismes d'aides

Au-delà des aides apportées par l'État, principalement sous forme de crédits d'impôt, un certain nombre d'organismes publics ou para-publics participent à l'amélioration de l'habitat et en particulier aux travaux en direction des économies d'énergie. Ces dispositions sont souvent d'un montant assez faible, mais leur cumul peut devenir très significatif.

PRÊT POUR L'AMÉLIORATION DE L'HABITAT – CAF

www.caf.fr

Si vous percevez au moins une prestation familiale, la Caisse d'allocations familiales peut vous aider dans vos travaux d'amélioration de logement (réparation, assainissement, chauffage, etc.) que vous soyez locataire ou propriétaire avec un prêt à l'amélioration de l'habitat à 1 % plafonné, remboursable en 36 mensualités.

LES SUBVENTIONS POUR L'AMÉLIORATION DE L'HABITAT – ANAH

www.anah.fr

L'Agence nationale pour l'amélioration de l'habitat subventionne les travaux d'amélioration de l'habitat. Les cadres de l'ANAH sont très ciblés, ainsi que les conditions d'éligibilité.

LES PRIMES ET SUBVENTIONS POUR LES TECHNOLOGIES PROPRES ET ÉCONOMES – ADEME

www.ademe.fr

Depuis le 1er janvier 2005, l'Agence de l'environnement et de la maîtrise de l'énergie a remplacé les applications individuelles (chauffe-eau solaire et système solaire combiné) par un dispositif de type crédit d'impôt.

LES CERTIFICATS D'ÉCONOMIES D'ÉNERGIE

Les vendeurs d'électricité, de carburants et de combustibles sont désormais obligés de réaliser des économies d'énergie ou d'engager des actions de soutien en faveur de leurs clients qui veulent faire des efforts dans ce sens. Certaines grandes enseignes se sont engagées dans des incitations financières sous la forme de "primes énergie" avant la réalisation de travaux tels que l'installation d'une pompe à chaleur, d'un chauffe-eau solaire individuel, d'une chaudière biomasse individuelle, d'une chaudière à condensation, l'isolation des combles ou des toitures, etc. En justification de cet effort, les acteurs du secteur reçoivent des "certificats d'économies d'énergie" qui les dispensent de payer une taxe à l'État.

LES AIDES DES CAISSES DE RETRAITE POUR L'ÉQUIPEMENT

Votre caisse de retraite peut vous aider à effectuer dans votre résidence principale des travaux d'équipement comme le chauffage ou des travaux de revêtement (sols ou murs).

LES AIDES POUR LES TRAVAUX DE SORTIE D'INSALUBRITÉ

Vous pouvez demander une aide pour certains travaux, dits de sortie d'insalubrité. Ces travaux concernent impérativement la toiture, les murs, l'isolation thermique ou les parties communes d'un logement. Adressez-vous à votre Direction départementale de l'équipement (DDE).

LES AIDES POUR LA PROTECTION ARCHITECTURALE

L'architecte des Bâtiments de France peut vous accorder des fonds pour la rénovation de votre demeure si cette dernière présente un intérêt historique et architectural. Adressez-vous à la Direction départementale de l'équipement (DDE).

LES SUBVENTIONS POUR LES GÎTES RURAUX, CHAMBRES D'HÔTES ET DE SÉJOURS, FERMES-AUBERGES

Les Conseils généraux et Conseils régionaux peuvent subventionner certains travaux concernant ces structures. Le niveau des aides varie selon les départements et les régions. Renseignez-vous en préfecture.

LES SUBVENTIONS POUR LES MONUMENTS HISTORIQUES

Si vous possédez un bâtiment classé ou inscrit à l'inventaire des monuments historiques, vous pouvez toucher une subvention pour sa rénovation. Adressez-vous à votre Direction régionale des affaires culturelles (DRAC).

LES AIDES ET SUBVENTIONS RÉGIONALES

Les régions dispensent un certain nombre d'aides et de subventions souvent conjointes à celles d'organismes comme l'ANAH ou l'ADEME. Il convient de se renseigner auprès des différents Conseils régionaux.

LA BONNE **INFO**

NE SURESTIMEZ PAS LES AIDES ET SUBVENTIONS

Avant de vous engager dans un plan de rénovation, ne surestimez jamais les aides et subventions dont vous pourriez bénéficier. N'oubliez pas qu'elles sont toutes sujettes à remise en question sans préavis par les organismes qui les délivrent en fonction de critères parfois imprévisibles. Même les fameux crédits d'impôts gouvernementaux sont révisés maintenant à la baisse chaque année, à chaque nouveau plan de finances. Soyez très rigoureux dans la production éventuelle de pièces aux services fiscaux, car ils sont prompts à réaliser des redressements envers ceux qui ne suivent pas à la lettre le Code des impôts.

GLOSSAIRE

Aboutement
Assemblage de deux pièces de même nature (tiges, planches, profilés, etc.) bout à bout, sans encastrement ni chevauchement.

Abrasif
Support en papier ou toilé enduit de grains durs utilisé pour poncer une surface (papier abrasif ou papier de verre).

Affleurer
Mettre en coïncidence parfaite l'une des surfaces de deux pièces ou éléments assemblés.

Agrégats
Mélange de graviers et de sable de granulométries variées qui, associés au ciment et à l'eau, forment le béton et lui donnent sa résistance.

Anaérobie
Caractère d'un micro-organisme (bactérie) qui se développe dans un milieu privé d'air.

Araser
Couper un revêtement (mur ou sol) de façon très nette le long d'un élément de construction (plinthe, huisserie, plafond, etc.).

Appareillage (maçonnerie)
Disposition des éléments assemblés d'une construction (pierres, briques, etc.).

Apprêt
Substance appliquée sur une surface pour la protéger, obturer les petites irrégularités et défauts, et permettre l'adhérence du revêtement final (peinture, vernis, etc.).

Balustrade
Barrière de protection bordant une volée d'escalier, un palier ou une terrasse, constituée d'une main courante portée par des balustres, ou poteaux verticaux.

Bande d'arase
Film de matériaux hydrofuges interposé entre le mur et les fondations, afin d'empêcher l'humidité de remonter dans les murs par capillarité.

Bande d'étanchéité
Bande en alliage de zinc ou en cuivre, apposée sur le raccord entre des ouvrages pour empêcher l'eau de s'y infiltrer, telle que : bande de solin de cheminée, couverture de faîtage, bande de rive (sur le chevron ou le lambrequin de rive d'une couverture), bande d'ourlet (sous le rang de départ d'une couverture) ou encore bavette d'entourage de fenêtre de toit.

Barbotine
Mortier fin assez liquide, éventuellement coloré, coulé dans les joints d'un carrelage pour en assurer l'étanchéité.

Bastaing (ou basting)
Pièce de bois, généralement en résineux, de section rectangulaire allant de 50 x 150 mm à 63 x 175 mm inclus.

Béton
Mélange de ciment, de sable, de graviers et d'eau formant une pâte qui durcit en séchant, utilisé pour former une dalle ou différents éléments de maçonnerie tels que poteaux, linteaux ou poutres. Ces éléments structurels doivent être ferraillés intérieurement.

Bonde
Dispositif de vidage des appareils (lavabo, baignoire, etc.) comprenant le siphon et le clapet de commande.

Bornier
Ensemble de bornes d'un boîtier de connexion ou de dérivation électriques.

Boutisse
Élément de construction (brique, pierre ou parpaing) maçonné perpendiculairement au parement du mur.

Caisson
Structure et panneaux fixes d'un élément de meuble, disponible prêt-à-assembler, sur lequel viennent se fixer les tiroirs et/ou les portes.

Caillasse
Pierres, gros graviers et/ou résidus de matériaux de construction (brique, parpaing) grossièrement concassés, utilisés pour réaliser un remblai drainant ou remplir une tranchée ou un puisard.

Calepinage
Technique de composition décorative d'éléments de revêtement de dimensions et/ou de décors différents (notamment du carrelage ou du parquet).

Chantourner
Scier en suivant une ligne courbe.

Chape
Couche fine de mortier ou de matériau isolant posée sur une dalle en béton pour égaliser la surface avant la pose d'un revêtement.

Chaperon
Élément de maçonnerie recouvrant le sommet d'un mur de clôture, et qui dépasse en général l'aplomb des parements, pour éviter que la pluie dégoutte sur le mur. Il peut être recouvert d'ardoises ou de tuiles.

Chevêtre
Pièce de bois placée entre deux poutres ou chevrons pour constituer le côté d'une ouverture lors de la création d'une trémie d'escalier ou pour le passage d'un conduit de cheminée.

Chevron
Pièce de charpente, de section carrée de cote comprise entre 38 et 125 mm, la différence de dimension entre les côtés d'une pièce ne pouvant dépasser 20 mm.

Coffrage
Assemblage de planches ou de plaques métalliques constituant le moule dans lequel on coule le béton d'un ouvrage.

Contremarche
Partie verticale située entre deux marches d'un escalier.

Cordeau traceur
Fil enroulé dans un boîtier contenant de la craie, permettant de tracer de longues lignes de repères sur des surfaces planes (murs, planchers, plafonds, etc.) après avoir été déroulé, tendu et pincé.

Corniche
Moulure décorative appliquée habituellement dans l'angle entre un plafond et les murs, parfois un peu plus bas, par exemple pour masquer un éclairage indirect.

Crémone
Système de verrouillage des battants d'une fenêtre ou d'une porte composé de deux tiges métalliques s'enfonçant dans le dormant de l'huisserie et d'une poignée rotative centrale.

Délesteur
Équipement électrique qui coupe automatiquement les circuits non prioritaires, comme le chauffage. Dès que la consommation baisse, les circuits délestés sont rétablis.

Désordre
Détérioration d'un ouvrage résultant de la rupture de certaines parties (effondrement, fissure) et pouvant menacer la solidité de l'ouvrage.

Détrempe
Peinture à l'eau mélangée à un liant organique (colle, gomme), de type badigeon, utilisé autrefois pour peindre les plafonds (blanc gélatineux).

Disjoncteur différentiel
Dispositif de sécurité coupant l'alimentation électrique d'un circuit lorsqu'une différence de potentiel entre la phase et le neutre révèle un défaut d'isolation dans le circuit ou sur un appareil électrique.

Disjoncteur divisionnaire
Appareil de coupure de sécurité placé dans le tableau d'abonné et protégeant un circuit, dont il coupe automatiquement l'alimentation électrique dès que l'intensité qui le traverse dépasse un seuil préréglé, appelé "calibre" et inscrit sur l'appareil.

Empreinte
Marque creuse imprimée dans une vis ou un boulon pour en permettre le serrage. Les empreintes peuvent être à fente, cruciformes ou à pans creux.

Enduit
Mortier fin appliqué sur la surface d'une maçonnerie pour la lisser et/ou servir d'accroche à un revêtement décoratif.

Épissure
Mode de raccordement des conducteurs consistant à torsader les brins ou l'âme massive de deux fils électriques pour les rassembler. Aujourd'hui totalement interdit.

Ferme
Élément de charpente formant un triangle réalisé par assemblages de deux chevrons et d'une poutre, éventuellement renforcé de contrefiches, et placé verticalement en appui sur les murs, pour former l'ossature de la charpente.

Fermette
Ferme de petites dimensions.

Feuillure
Entaille à deux faces perpendiculaires pratiquée dans une pièce de bois pour recevoir une autre pièce accolée.

Fil méplat
Conduit électrique souple constitué de deux fils câblés conducteurs jumelés.

Film hydrofuge
Film d'étanchéité, en plastique ou en feutre asphalté, parfois armé de fibres de verre, interposé entre le sol et les fondations et/ou le hérisson du plancher du rez-de-chaussée.

Fongicide
Se dit d'une substance qui détruit les champignons et moisissures.

Fouille
Excavation réalisée dans le sol pour couler des fondations ou recevoir une cuve ou un réservoir.

Fraisage
Usinage régulier d'une pièce de bois ou de métal réalisé à l'aide d'un outil rotatif coupant pour former une rainure, une moulure ou une feuillure. Désigne aussi l'évasement conique exécuté pour noyer la tête d'une vis sous la surface du bois ou du métal

Gâche
Composant d'une serrure, fixé sur le dormant de la porte, dans lequel le pêne s'insère.

Géotextile
Film poreux imputrescible en matériau synthétique utilisé pour séparer deux matériaux de terrain différents (en général du gravier ou du sable et de la terre).

Giron
Largeur d'une marche d'escalier.

Hérisson
Sous-couche de cailloux réalisée avant le coulage d'une dalle sur un sol de terre. Elle assure la stabilité et le drainage du sol.

Hourdis
Éléments de béton assemblés pour constituer le dessous d'un plancher.

Huisserie
Système d'obturation d'une ouverture (porte ou fenêtre) composé d'une partie fixe (le cadre ou dormant) et d'une partie mobile (l'ouvrant ou le vantail).

Jambage
Montant vertical placé de chaque côté d'une ouverture et supportant le linteau.

Joint de dilatation
Interstice aménagé entre deux éléments de maçonnerie, pour autoriser les petits mouvements qui se produisent sous l'effet des variations de consistance du terrain, et éviter leur fracture.

Lambourde
Longue pièce de bois de section rectangulaire (5 à 12 mm d'épaisseur) posée sur les solives ou au sol pour supporter les lames d'un parquet.

Lambris
Lames de bois ou de PVC accolées et assemblées (par rainure et languette) puis fixées au mur par collage direct ou agrafage sur des tasseaux, pour constituer un revêtement décoratif.

Lame d'air
Espace réservé entre l'isolant et un support permettant la ventilation et l'élimination de la condensation résultant des chocs thermiques.

Lé
Bande de revêtement souple (par exemple de papier peint) coupée à la longueur voulue pour recouvrir une surface.

Liner
Plastique souple que l'on pose dans une piscine maçonnée pour en assurer l'étanchéité.

Linteau
Poutre horizontale en bois, en béton ou en acier qui ferme le haut d'une ouverture (porte, baie ou cheminée) et supporte la maçonnerie montée au-dessus.

Lisse
Planche ou tasseau, de section triangulaire ou arrondie, reliant les montants d'une clôture, sur lesquels peuvent être cloués ou vissés des éléments verticaux. On en trouve en bois, en PVC et en béton.

Liteau
Pièce de bois de section rectangulaire de faible section de 12 à 40 mm d'épaisseur, utilisée principalement pour l'accrochage des tuiles ou des ardoises (pose au crochet) d'une couverture.

Maroufler
Appliquer une forte pression avec une spatule, une brosse ou un rouleau sur un revêtement souple pour le faire adhérer sur le support.

Mélamine
Film de résine synthétique très dur et pigmenté, appliqué sur des panneaux de particules, de contreplaqué ou de fibres, pour réaliser un placage décoratif.

Mortaise
Entaille réalisée dans une pièce de bois pour insérer l'élément mâle (le tenon) et pour constituer un assemblage.

Mortier
Mélange de ciment, de sable et d'eau formant une pâte qui durcit en séchant. Le mortier est principalement utilisé pour les scellements, les enduits, les rebouchages et l'assemblage des blocs de maçonnerie (pierres, parpaings et briques).

Mulot
Brique pleine ou perforée, d'une demi-largeur de brique standard.

Onglet
Coupe d'extrémité de deux pièces à assembler, réalisée sous un angle égal à la moitié de celui de l'assemblage final.

Opus incertum
Assemblage de pierres ou de dalles sans appareillage régulier, respectant la diversité de formes des matériaux.

Parclose
Baguette employée pour maintenir en place les vitres en fond de feuillure, dans leur encadrement.

Passe-câble
Pièce annulaire en caoutchouc ou en plastique destinée à protéger l'isolant d'un câble ou l'extérieur d'un tuyau souple à l'endroit où il traverse une paroi rigide.

Paumelle
Système d'articulation des portes et des fenêtres composé d'une partie mâle et d'une partie femelle.

Pêne
Élément de fermeture d'une serrure qui est situé sur la partie mobile de la porte et s'encastre dans la gâche sur le dormant.

Pige
Tige ou barre portant des repères, servant à reporter une ou plusieurs longueurs sur des éléments répétitifs d'un ouvrage.

Pilastre
Montant vertical placé à chaque extrémité d'une volée d'escalier et en haut duquel l'extrémité de la main courante est encastrée.

Plat-Joint
Moulure en bois fixée autour du dormant d'une fenêtre ou d'une porte pour recouvrir le joint entre celui-ci et la maçonnerie. Le style de cet élément est assorti à celui de l'huisserie et de la pièce.

Platoir
Petite taloche à lame métallique (en général rectangulaire), servant à lisser une couche de plâtre ou encore d'enduit.

Poutre
Pièce de bois, de section carrée, de cote supérieure à 125 mm, utilisée en construction traditionnelle, comme support principal d'un plancher. Quand elle est métallique, on parle de poutrelle.

Ragréer
Égaliser une surface en appliquant un enduit auto-lissant pour obtenir une surface capable de recevoir un revêtement ou une finition.

Rechampir
Technique de peinture employée pour réaliser une bordure nette et régulière, au moyen d'une brosse (pinceau) de section ronde, pointue.

Refend
Se dit d'un mur porteur reliant deux murs parallèles et destiné à rigidifier l'ensemble de la construction.

Solin
Garnissage, souvent en mortier, assurant l'étanchéité entre une partie de maçonnerie verticale et un pan de toiture.

Solive
Pièce de bois rectangulaire, dont le petit côté est égal ou supérieur à 100 mm, supportant un plancher.

Suspente
Pièce métallique permettant de suspendre une ossature, généralement métallique, sous un plafond ou sous une charpente, destinée à recevoir des panneaux composites ou des plaques de plâtre habillant une couche d'isolant (laine verre, de roche ou de chanvre, par exemple).

Tableau d'abonné
Support des coupe-circuits d'une installation électrique et, par extension, ensemble des éléments constituant celui-ci : disjoncteur principal (situé juste après le compteur), appareils de coupure de sécurité (porte-fusibles, disjoncteurs, interrupteurs différentiels) ou de service (délesteur, parafoudre, minuterie, télérupteur, relais, etc.).

Taloche
Outil de lissage des enduits et mortiers constitué d'une lame métallique ou en plastique et d'une poignée parallèle à celle-ci.

Tasseau
Petite pièce de bois de section carrée d'environ 20 x 20 mm, utilisée surtout pour le support de lambris, des panneaux muraux ou de bardage, mais aussi pour l'assemblage des éléments de certains meubles.

Temps de serrage
Durée pendant laquelle deux pièces à coller doivent être maintenues serrées par une presse ou un serre-joint.

Tenon
Entaille pratiquée en bout de pièce à deux ou quatre épaulements, destinée à prendre place dans une mortaise.

Tourillon
Barre de bois cylindrique de faible section utilisée pour assembler deux pièces de bois, en angle ou dans le prolongement, notamment pour la réalisation des meubles.

Traverse
Pièce horizontale de la structure d'une cloison, d'un volet ou d'une porte.

Tyrolienne
Appareil constitué d'un boîtier métallique ouvert, formant une petite cuve, à l'intérieur duquel tourne une brosse métallique, sous l'effet d'une manivelle, pour projeter du crépi.

Volige
Pièce de bois de section rectangulaire et de faible épaisseur (12 à 22 mm) utilisée comme support de couverture pour certaines techniques de pose (ardoise clouée, par exemple).

INDEX

D

E

F

G

H

I

J-K

L

M

R

S

T

U, V, W, Z

Remerciements

Castorama remercie les sociétés ci-dessous pour l'utilisation de visuels et l'aide apportée :

ADEME
Aldes
Arkè by Albini & Fontanot
Atmos SA
Aube Technologies
Betafence SA
Black & Decker
Blanchon SA
Brandt
Bricard
Cadelec
Caminos Kaminoten
Cavers SAS
Centaure SA
CQFD
Deltadore
Depro-profiles NV
Devaux SA
Deville Thermique
Dinac GPI
Dip'étanch
Dreyer Agriline
Extel-CFI
Facom
Fischer Darex Outillage SAS
Geb
General electric
Gerflor
Gerin SA
Giacomini
Graham Brown
Grosfillex
Hansgrohe
Henkel France
Henri Savy SAS
Imberty
Inotech
Intergestion
Interplast
Isover
Karcher
KDI
Kidde Safety Europe Limited
Kronospan Luxembourg SA
Lamborghini
Legrand
Lutece GPFB
Marquardt SA
Monitor SAS
MTS SA
Nicoll
Noyon & Thiebault SAS
Ocai Distribution
Osram
Otio France
Pierdor
PK diffusion
Placo
Poujoulat
Reflectiv
Resinence
RM Distribution
Rothenberger France SA
Sanitrap
SAS Keller
SAS Cheminées Diffusion
SAS Préfabricados de Hormigòn
Schertz SAS
Schulte
Scover Plus
SE Denis Finance Orbey SA
Seigneurie Gauthier
SFA Grandform
Sika France SA
Socadif SA
Somatherm
Sotralentz
Stanley France SAS
Steico AG
Supra
Terreal
Thermor
Tivoly
Tomecanic
Toupret SA
Ubbink France - Nortene
Vachette
VELUX
Vicat - Satma
Wirquin Plastiques SASU
Wolfcraft SARL
Woody
Xella Thermopierre

Réalisation éditoriale
CP Éditions
Responsable d'édition et de la rédaction : Christian Pessey
Mise en pages assistée par ordinateur : Anne Gaubert, Alain Neuville
Préparation et coordination des reportages : André Canivet, Gary de Gennevilliers
Responsable de la photo : Christian Dubourguey
Suivi de planning et de la relecture : Anne Laurence

Conseils créatifs
Publicis Activ Paris / Publicis Royalties

Castorama
Directeur commercial : Christophe Mistou
Directrice communication externe : Maxellende Hersoy
Responsable Pédagogie Client : Frédéric Guezou
Chef de projet : Juliette Dennequin
Coordinatrice de projet : Pauline Lazard

Reportage vidéo : Vente en Vidéo, 117 rue Montgolfier - 59100 Roubaix

Édition originale
réalisée à l'initiative de David Roth, directeur du marketing de B&Q
Directeur de projet et rédacteur : Nicholas Barnard
Conseiller éditorial : Ken Schept
Coordinateur de projet B&Q : Geoff Long
Photographe : Lucy Pope
Illustrateur : Peter Bull Art Studios

Édition originale parue sous le titre You Can Do It: The Complete B&Q Step-by-Step Book of Home Improvement chez B&Q plc et Thames & Hudson Ltd en 2003.

La première édition française (2006) et la deuxième édition française (2008) furent publiées chez Castorama France S.A.S.,
Parc d'activités – B.P. 101, 59175 Templemars.

Nouvelle édition publiée en 2011.

Fabrication et droits exclusifs d'impression :
Thames & Hudson Ltd, Londres

Cette édition est publiée par les Éditions Solar

ISBN : 978-2-263-05897-4
Code éditeur : S05897
Dépôt légal : mars 2012
Troisième tirage

Imprimé en Chine par C&C Offset Printing Co.,Ltd